レオポルト2世のハンガリー国王戴冠式の行進。1790年、ポジョニ（ブラチスラヴァ）にて。（ハンガリー、セーチェーニ図書館所蔵）

総覧
東欧ロシア史学史

ニーデルハウゼル・エミル❖著

渡邊昭子・家田修・飯尾唯紀・平田武・三苫民雄・鈴木広和・
秋山晋吾・戸谷浩・山本明代・姉川雄大・吉橋弘行❖訳

NIEDERHAUSER EMIL

A történetírás története
Kelet-Európában

北海道大学出版会

ニーデルハウゼル・エミル NIEDERHAUSER Emil
1923年、チェコスロヴァキア第一共和国時代のブラチスラヴァで生まれる。歴史家でハンガリー科学アカデミー会員、ブダペシュト大学名誉教授、ハンガリー科学アカデミー歴史学研究所学術顧問であり、東欧史研究において世界的に有名な泰斗である。16の言語を操る語学力を基礎に、主に東欧ロシア地域を対象にして、幅広い視点から歴史を論じた。本書の他にも多くの著作があり、英語、ドイツ語、スロヴァキア語などにも翻訳されている。
2010年3月26日、永眠。

ニーデルハウゼル・エミル

総覧　東欧ロシア史学史

訳

家田　修

飯尾唯紀

平田　武

三苫民雄

鈴木広和

秋山晋吾

渡邊昭子

戸谷　浩

山本明代

姉川雄大

吉橋弘行

北海道大学出版会

Niederhauser Emil
A történetírás története Kelet-Európában
História · MTA Történettudományi Intézete
Budapest, 1995

はじめに

　本書はポーランド、チェコ、ロシア、クロアチア、ルーマニア、セルビア、ブルガリア、スロヴァキア、およびスロヴェニアの史学史を読者に提供する。(比較のための章ではハンガリーにも言及する〔加えて、日本の読者のために書き下ろされたハンガリーの章をこの日本語版は含んでいる〕)。扱うのは歴史叙述の創始期から第二次世界大戦までだが、ロシアについては第一次世界大戦までとする。その理由は、国家が後押ししたマルクス＝レーニン主義による歴史研究は扱わないためである。将来、それにふさわしい歴史的な視野が醸成されたあかつきには、この時期を新たな著述の対象とするであろう。〔ただし本訳書には著者の書き下ろしによる 20 世紀後半を扱った章を収めている〕。

　筆者の語学力不足のゆえに、本書はすべての史学史を網羅できたわけではないことをお断りしておく。ビザンツおよびギリシアの史学史は本書に含まれていない。さらにバルトとアルバニアの史学史も含まれていないが、後者はその歴史叙述が 20 世紀に始まったばかりだからである。ビザンツの年代記編纂を欠くのは本書の不備である。ブルノ大学の J. マツーレク教授が 1946 年に著した『東欧史学史』は、ビザンツの歴史叙述も丹念に跡づけている。本書は、検討の対象とした範囲がマツーレク教授の書物に比べて大きく限定されており、また主要な歴史家の主要な業績のみに絞っている。マツーレク教授も時系列順に叙述しており、大きな時代区分を設け、19-20 世紀以前の時代については、文化的影響を支配的に及ぼした強国に対応して論じている。しかし本書では、国別ではなく、国民ごとに章立てを行なった。

　ここで国民という表現を用いるのは、これ以上にふさわしい表現を見つけられないからであるが、事実としても本書が扱う内容の多くは、国民という言葉で語ることができる時代に属している。さて、その国民であるが、二つの基準で分類できる。この二つの分類は、歴史叙述の発展という視点から見ても本質的に重要である。

　第一の分類基準は、近代に至る過程において、封建制度に起源を持つ、封建的性格を有するエリート層が、自国民の内に存在したか否かである。第 1 章から第 6 章で扱う国民にはこのエリートが存在した。またブルガリアとセルビアは中間的である。なぜなら両者には確かに封建エリートが中世には存在したが、オスマンの支配により消滅してしまったからである。スロヴァキアとスロヴェニアの中世エリートは、かなり早い時期に、スロヴァキアの場合はハンガリーのエリートに、スロヴェニアの場合はドイツのエリートに同化したため、歴史叙述という観点から見て役割を担いえなかった。

　エリート層の役割を本書は重視する。なぜなら、こうしたエリートが存在したところでは彼らが国家を指導し、その事実そのものがエリート自身の記憶や意識に刻印されたからであり、彼らの歴史意識は各時期の歴史展開と十分に近い関係にあったからである。こうしたエリート層を欠いたところでは、歴史意識に大いなる欠落を生じることとなり、いうまでもなくそれは歴史叙述の発展に甚大な影響を与えた。エリート層が存在した場合は、ずっと早い時期から歴史叙述が始まる。

　本書においては、以下、煩わしい定義づけを避けるために、第一の集団を貴族的国民と名づけ、第二の集団を非貴族的国民と呼ぶ。むろんこの命名は、価値判断や序列づけとは無縁である。単なる学術用語法に過ぎない。かつて、歴史的国民、歴史なき国民という表現が使われたが、そこでは暗黙裡に価値づけが行なわれていたので、本書はこの命名法を取らなかった。

　二つ目の基準は別の視点から組み立てる必要がある。すなわち、西と東(ビザンツ)、どちらの文化圏に属したのかという視点である。ポーランド人、チェコ人、ハンガリー人、クロアチア人、スロヴァキア人、スロヴェニア人は前者に、それ以外は後者に属した。前者の文化圏では識字文化がより強まり、知的関心の強化がもたらされた。これに比べ東の文化圏は、神秘体験による真の信仰を頑なに守ること、およ

び「西」を拒絶することを重視した。中世において前者に当てはまるのは、ポーランド、チェコ、ハンガリーであり、近世においてはポーランド＝リトアニア国家とハプスブルク帝国である。前者の文化圏にはゴシック、ルネサンス、宗教改革、そしてバロックという大きな精神潮流が流入したのに対し、東の文化圏にこれらが及ぶことはなかった。啓蒙思想を抜かしたのは偶然ではない。なぜなら啓蒙思想は東の文化圏にも、おおむね到達したのである。そして啓蒙思想を画期として、二つの文化圏の違いは次第に縮小し、いずれの側の国民にも国民再生が起こった。ただし二つの文化圏の違いが完全になくなるのはやっと20世紀に入ってからである、いや、20世紀ですら違いは完全に消滅はしなかった。歴史叙述にとって重要な分水嶺は、歴史叙述がいつ始まったか、あるいは歴史叙述を語ることができるのはいつからか、ということである。

おいおい明らかにするが、歴史叙述に対して同時代の政治が本質的な役割を果たしたと見なせる。これは本書の独創的見解ではない。歴史叙述が正当化の機能を果たすことは古くから知られた現象である。本書で、最初に東欧の歴史展開について何かしら鳥瞰図を示すことが望ましいのかもしれないが、だが、そうしてしまうと、東欧全体の共通点や類型可能な特徴が強調されざるを得ず、かえって「国民的な」特徴が見失われてしまうだろう。そこで、各国民の歴史展開の概要を各章の冒頭で示すことにした。

あらかじめ説明しておくべきことは、各国民を列挙するその順番である。これは主観的であり、恣意的なものだ。本書で採用したのは単純な基準である。すなわち、対象となるその国民の歴史叙述が20世紀までにどの程度の水準に達していたのか、それがヨーロッパにとってどの程度に重要だったのか、に応じた順番である。さらに、歴史叙述が始まったと見なしうる時系列の順番にも従っている。あらゆる主観的な順位づけが被るように、本書の場合も批判を受けるのは覚悟の上である。しかし、機械的なアルファベット順を適用しないとするなら、何らかの順位づけが必要なことは明らかである。

〔各章の冒頭では、〕極めて大づかみに歴史を概観するが、そこで触れるのは政治的展開の主な節目だけである。各国の史学史においても、歴史叙述の対象に政治史が筆頭となるのは既知の事実である。歴史叙述に関連のある事件や問題点については、本論で史学史を論じる際に必要に応じ言及しよう。しかし経済史や社会史、文化史的発展に関して、各国均等に概観する必要はないと考える。文化的発展は歴史叙述の発展と緊密に関連するものだからである。

全体に関わる次のことだけは述べておこう。すなわち19世紀後半になると、どこでも市民的、ブルジョワ的体制が築き上げられたが〔市民とブルジョワの原語はpolgárであり、以後、文脈によりこの語を訳し分ける〕、この時期に自らの国家を持っていたのはロシアとバルカン新生国だけであった。それ以外の国民は外国の支配下に置かれていた。ポーランドは三つもの帝国に分割されていた。資本主義の発展は、当たり前だが、すべての地域で同じ水準に達していたわけでない。ハプスブルク帝国が最も先進的だった。それですら西欧の発展と比せばかなり遅れていた。ロシアでは斑模様のように、いくつかの地域に資本主義の発展が見られたに過ぎず、独立を成し遂げたバルカン諸国の資本主義はといえば、全く初期的水準にとどまっていた。この状態は両大戦間期となってもあまり変わらず、場合により退歩したところさえあった。住民の多くは農民だったが、ほぼすべてが農民であるのか、あるいは過半数が農民なのか、というその割合については、経済発展の達成度に応じて異なった。最後に知識人について一言述べると、19世紀初頭まで知識人の多くは聖職者層から輩出した。市民的、ブルジョワ的な変容により、新しい世俗的知識人が初めて生み出されるのである。この新しい知識人層の数や構成も、経済水準に呼応していた。こうして世紀転換期以後になると、いずれの地域にも世俗的知識人が登場することとなる。

日本語版によせて

　私がこの本を書いたのは、章によってばらつきはあるものの、おおむね 20 世紀最後の 10 年間においてであった。執筆時に私が念頭に置いた主な読者は、語学能力の面で東欧諸国民の史学史に不案内なハンガリー人の歴史家だったため〔近隣諸民族の中でハンガリーは言語的に孤立している〕、本書には本来、ハンガリー史学史に関する章はなかった。しかし「まとめ」に、ハンガリー史学史上の問題を加えておいた。また、本書を執筆した時代の背景のせいで、第二次世界大戦以降に関しては、いくつかの例外を除いてほとんど触れなかったが、そのこと自体がこの本の歴史である。

　しかしながら、この本が『総覧　東欧ロシア史学史』という題のもとで 21 世紀初頭に、しかも日本の読者に向けて刊行されるにあたっては、ハンガリーの史学史、および 1945 年以降についても一瞥すべきであろう。ゆえに日本語版の刊行に際して、ハンガリー語原書になかった二つの章を新たに加筆した。1 章はハンガリー史学史の短い概観であり、他の 1 章は 1945 年以降の展開についてである。この点で本書の日本語版とハンガリー語版は異なっている。ハンガリー語原版所収の文章は、すべてをそのまま日本語版にも収めた。

　本書の邦訳および出版に尽力してくれた日本の友人たちに、この場を借りて感謝の意を表したい。彼らが私に与えてくれた親愛と尊敬に対し、高齢の私が何をもって応えられるかは心もとない。だが、一念は天に通ず、と私は信じることにしよう。Faciant meliora potentes!

総覧　東欧ロシア史学史

目　次

はじめに

日本語版によせて

凡　例

第1章　ポーランドの歴史叙述　1

第1節　専門化以前の歴史叙述　3
　1.　編年史と年代記　3
　　　　ドゥウゴシ　4
　2.　人文主義の歴史叙述　6
　3.　啓蒙の歴史叙述　8
　4.　国民再生の歴史叙述　11
　　　　レレヴェル　13
第2節　専門化した歴史叙述（1918年まで）　16
　1.　制度的基盤　16
　2.　公　募　18
　3.　雑　誌　18
　4.　1918年までの歴史叙述　19
　　　　クラクフ学派　20／シュイスキ　21／ボブジンスキ　23／ワルシャワ学派　25／スモレンスキ　26／ザクシェフスキ　34／アスケナーズィ　36／ハンデルスマン　37／ソビェスキ　39／コノプチンスキ　41
　5.　法および制度史　43
　　　　バルゼル　43／クチシェバ　44
　6.　教会史　45
　7.　経済史　45
　　　　ブヤク　45
　8.　歴史補助学　47
　9.　文化史　49
　10.　古代世界史　49
　11.　考古学　50
　12.　科学史　50
　13.　世界史　50
　14.　マルクス主義に基づく歴史叙述の開始　51
　15.　第一次世界大戦中　52
第3節　専門化した歴史叙述（1918年以降）　54
　1.　制度的基盤　54

2. 変化と持続　55
　　3. 歴史家たち　59
　　　　　ハレツキ　59
　　4. 軍事史　65
　　5. 法制史　65
　　6. 教会史　66
　　7. 経済史　66
　　8. 歴史補助学　68
　　9. 文化史　68
　　10. 科学史　69
　　11. 世界史　69

第2章　チェコの歴史叙述　71

第1節　専門化以前の歴史叙述　73
　　1. 伝承・編年史・年代記　73
　　2. 人文主義の歴史叙述　77
　　　　　ハーイェク　78／バルビーン　81
　　3. 啓蒙の歴史叙述　82
　　　　　ドブナー　83／フォイクト　84／ペルツル　85／ドブロフスキー　86
　　4. 国民再生の歴史叙述　88
　　　　　パラツキー　89／シャファーリク　92／トメク　93／ギンデリ　95
　　5. モラヴィアの歴史　98
第2節　専門化した歴史叙述（1918年まで）　99
　　1. 制度的基盤　99
　　2. 歴史家たち　102
　　　　　ゴル　102／ペカシュ　106／シュスタ　109／ノヴォトニー　112／ネイェドリー　114／クロフタ　116
　　3. 経済史　121
　　4. 法制史　123
　　5. 教会史　125
　　6. 歴史補助学　126
　　7. 地方史　128
　　8. 考古学　129
　　9. 世界史　131
　　10. スラヴ史　132
第3節　専門化した歴史叙述（1918年以降）　135
　　1. 制度的基盤　135
　　2. 歴史家たち　136
　　　　　ウルバーネク　137／ハロウペツキー　138／ヴェルシュタト　145／スラヴィーク　146
　　3. 経済史　148
　　4. 法制史　150

  5. 教会史　151
  6. 科学史　152
  7. 歴史補助学　152
  8. 考古学　153
  9. 地方史　155
  10. 世界史　155
     マツーレク　156
  11. マルクス主義の歴史叙述　157
  12. 両大戦間期最後の数年　158

第 3 章　ロシアの歴史叙述　161

第 1 節　専門化以前の歴史叙述　163
  1. 編年史　163
  2. 新たな作品様式　165
  3. 啓蒙の歴史叙述　167
     タティーシチェフ　167／ドイツ系の歴史家　169／ロモノーソフ　169
  4. ロマン主義の歴史叙述　172
     カラムジン　172
  5. 専門的歴史叙述の端緒　174
     ポゴーディン　174
  6. 精神的潮流　176
     スラヴ派　176／革命的民主主義者　177／ナロードニキ　178／初期マルクス主義者　179

第 2 節　専門化した歴史叙述（1918 年まで）　180
  1. 制度的基盤　180
  2. 史料出版　182
  3. 雑　誌　183
  4. 歴史家たち　184
     チチェーリン　186／シチャーポフ　187／ソロヴィヨフ　188／コストマーロフ　190／
     クリュチェフスキー　195／プラトーノフ　201／ミリュコーフ　203／
     パヴロフ＝シリヴァンスキー　206
  5. 世紀転換期　207
  6. マルクス主義の歴史叙述　211
     ポクロフスキー　211
  7. 経済史　212
  8. 教会史　213
  9. 歴史補助学　215
  10. 歴史地理学　217
  11. 地方史　217
  12. 書誌学　218
  13. 考古学　218
  14. 世界史　220

15．古代史　221
　16．ビザンツ学　226
　　　　ヴァシリエフスキー　226／ウスペンスキー　227
　17．スラヴ人の歴史　228
　18．中世史　231
　　　　グラノフスキー　231／ヴィノグラードフ　233／ペトルシェフスキー　234／グレフス　235／
　　　　コヴァレフスキー　237
　19．近代史　239
　　　　ゲリエ　240／カレーエフ　241／タルレ　243
　20．東洋学　244
　21．亡命研究者　245

第4章　ハンガリーの歴史叙述　249

第1節　専門化以前の歴史叙述　251
第2節　専門化した歴史叙述（1918年まで）　260
第3節　専門化した歴史叙述（1918年以降）　266

第5章　クロアチアの歴史叙述　273

第1節　専門化以前の歴史叙述　275
　1．年代記・伝記・編年史　275
　2．人文主義の歴史叙述　276
　3．啓蒙の歴史叙述　280
　4．国民再生の歴史叙述　282
第2節　専門化した歴史叙述（1918年まで）　283
　1．制度的基盤　283
　2．歴史家たち　285
　　　　ククリェヴィチ＝サクツィンスキー　285／ラチュキ　287／スミチクラス　289／トカルチチ　291／
　　　　ロパシチ　291／クライチ　294／ホルヴァト　298
　3．ダルマチアにおけるクロアチア歴史叙述　301
　　　　ブリチ　301
　4．ボスニアにおけるクロアチア歴史叙述　303
　5．クロアチアにおけるクロアチア歴史叙述　306
　6．法制史　307
　　　　ボギシチ　308
　7．経済史　309
　8．教会史　309
　9．考古学　310
　10．世界史　312
　　　　ノディロ　312
第3節　専門化した歴史叙述（1918年以降）　314

1. 制度的基盤　315
2. 歴史家たち　315
    シシチ　315／シュフライ　323
3. 経済史　331
4. 法制史　331
5. 教会史　332
6. 歴史補助学　333
7. 考古学　333
8. クロアチア独立国の歴史叙述　335
9. マルクス主義の歴史叙述　336

第 6 章　ルーマニアの歴史叙述　339

第 1 節　専門化以前の歴史叙述　341
1. 年代記　341
2. 人文主義の歴史叙述　343
    ウレケ　343／コスティン　343
3. 啓蒙の歴史叙述　345
    カンテミール　346
4. 国民再生の歴史叙述　349
    トランシルヴァニア三巨星　349／コガルニチェアヌ　353／バルチェスク　355／ハスデウ　357
第 2 節　専門化した歴史叙述（1918 年まで）　360
1. 制度的基盤　360
2. 歴史家たち　361
    フルムザキ　361／クセノポル　362／マヨレスク　364／オンチウル　366／ボグダン　368
第 3 節　専門化した歴史叙述（1918 年以降）　370
1. 制度的基盤　371
    ヨルガ　372
2. 考古学　376
    プルヴァン　377
3. 歴史家たち　379
    ルパシュ　381
4. 経済史　384
    ゼレティン　385
5. マルクス主義の歴史叙述　386
6. 世界史　388
7. 「新学派」　389
    ジウレスク　391／パナイテスク　391／ブラティアヌ　392

第 7 章　セルビアの歴史叙述　395

第 1 節　専門化以前の歴史叙述　397

1. 年代記・伝記　397
    ブランコヴィチ　400
2. 国民再生の歴史叙述　401
    カラジチ　403
3. 制度的基盤　405
4. 初期の歴史家たち　406
    スレチュコヴィチ　408

第2節　専門化した歴史叙述（1918年まで）　410
1. 制度的基盤　410
2. 歴史家たち　411
    ルヴァラツ　411／ノヴァコヴィチ　413／ガヴリロヴィチ　418／トミチ　419／ジヴァノヴィチ　421／ラドニチ　422／イヴィチ　424／ツヴィイチ　426／ストヤノヴィチ　427／スケルリチ　428
3. 経済史　429
4. 世界史　430
5. 法制史　430
6. マルクス主義の歴史叙述　431

第3節　専門化した歴史叙述（1918年以降）　432
1. 制度的基盤　433
2. 歴史家たち　434
    スタノイェヴィチ　434／S. ヨヴァノヴィチ　438／J. P. ヨヴァノヴィチ　441／ヤクシチ　442／チョロヴィチ　443／ラドイチチ　446／ポポヴィチ　451／チュブリロヴィチ　452
3. 教会史　453
4. 世界史　454
5. 法制史　454
6. 考古学　455

第8章　ブルガリアの歴史叙述　459

第1節　専門化以前の歴史叙述　461
1. 年代記　461
2. 人文主義の歴史叙述　466
3. 国民再生の歴史叙述　467
    パイスィー　467
4. 専門化した歴史叙述の始まり　470
    パラウゾフ　470／ドリノフ　472

第2節　専門化した歴史叙述（1918年まで）　474
1. 制度的基盤　474
2. 回　想　475
3. 第一世代　479
4. 1918年までの歴史家たち　481
    シシュマノフ　481／ズラタルスキ　482／イヴァノフ　485／スタネフ　488／ラデフ　489

5. 隣接の学問　489
6. 法制史　492
7. 教会史　494
8. 古銭学　494
9. 考古学　495
10. 古典学　496

第3節　専門化した歴史叙述（1918年以降）　497
1. 回顧録　498
2. 制度的基盤　503
3. 史料刊行　505
4. 歴史学者　506
    ニコフ　507／ムタフチエフ　509／ベシェフリエフ　513
5. 隣接の学問　514
6. 歴史家たち　517
    オルマンジエフ　519
7. 最も若い世代　523
8. 経済史　524
    サカゾフ　524
9. 法制史　526
10. 教会史　528
11. 歴史補助学　529
12. 地方史　530
13. 考古学　531
14. 世界史　535
15. マルクス主義の歴史叙述　536

第9章　スロヴァキアの歴史叙述　539

第1節　専門化以前の歴史叙述　540
1. 人文主義の歴史叙述　540
    マギン　544
2. 啓蒙の歴史叙述　544
    コラール　544／セヴェリニ　545
3. 国民再生の歴史叙述　546
    パパーニェク　547／ファーンドリ　547／スクレナール　548／フロジャンスキー　551

第2節　国民覚醒の歴史叙述（19世紀後半）　553
1. 制度的基盤　553
2. 歴史家たち　555
    サシニェク　556／ボト　558／ツァムベル　561／クリシコ　561／マトゥナーク　562／クヴァチャラ　564

第3節　専門化した歴史叙述の始まり（1918年以降）　565
1. 制度的基盤　565

2. 歴史家たち　569

　　シクルテーティ　571／ラパント　573／ヴァルシク　575／フーシチャヴァ　575／ボケス　576／フルショウスキー　578

3. 経済史　580
4. 法制史　581
5. 教会史　581
6. 考古学　582
7. マルクス主義の歴史叙述　582

第10章　スロヴェニアの歴史叙述　585

第1節　専門化以前の歴史叙述　586
1. 年代記　586
2. 人文主義の歴史叙述　586
3. 国民再生の歴史叙述　587

第2節　専門化した歴史叙述の始まり　590

　　ディミツ　591／F. コス　593

1. 隣接の学問　595

第3節　専門化した歴史叙述（1918年以降）　598
1. 制度的基盤　598
2. 歴史家たち　598

　　ハウプトマン　598／M. コス　599／マル　602／ツヴィテル　604／カルデリ　605

3. 経済史　606
4. 隣接の学問　607

第11章　20世紀後半の歴史叙述　613

1. 全　般　613
2. ソ　連　617
3. バルト三国　618
4. ポーランド　619
5. チェコ　619
6. スロヴァキア　620
7. ハンガリー　621
8. ルーマニア　622
9. クロアチア　622
10. スロヴェニア　623
11. セルビア　624
12. ブルガリア　625
13. マケドニア　625

第12章 ま と め　627

1. 歴史叙述の時代区分　627
2. 歴史家と歴史学の目的　630
3. 国民的契機　633
4. 主題設定の仕方（1）：分野　635
5. 主題設定の仕方（2）：時代　638
6. 主題設定の仕方（3）：歴史補助学と隣接学問　641
7. 国民の問題領域（1）：運命的問題　642
8. 国民の問題領域（2）：教会の役割　643
9. 国民の問題領域（3）：敵イメージ　643
10. ヨーロッパとの関係　645
11. 歴史家と同時代　647
12. 西欧の歴史叙述の影響、東欧・ロシアの歴史叙述の意義　648

主要参考文献　651

訳者あとがき　655

人名索引　657

地名国名索引　681

付録 CD 収録ファイル

第1章から第12章までの文献一覧（章ごと）

人名索引（現地語綴りと生没年・在位年も収録）

地名国名索引（現地語綴りも収録）

雑誌名索引

学術組織名索引

その他事項索引

各国別文献調査案内

凡　例

1. 記号等
- （　）は以下の場合に用いる。
  原文にある場合
  生没年、出版年
  地名、人名、組織名等の別言語での言い換え
- ［　］は原著者による注記である。
- 〔　〕は訳注である。東欧関連を専攻する人を読者として想定し、限定的に施した。

2. 章、節、項
- 原著で「はじめに」に含まれていた各国別概観は、著者の同意を得て、各章の冒頭に分割して置き、枠で囲んだ。
- 章、節、項のタイトルは基本的に原文のままだが、節と項に関しては番号を付し、原則として、各章を3節構成にした。
  第1節　専門化以前の歴史叙述
  第2節　専門化した歴史叙述（1918年まで）
  第3節　専門化した歴史叙述（1918年以降）
ただし、スロヴァキア、スロヴェニア、ロシアの各章に関しては、この限りではない。
- 第4章（ハンガリー）および第11章（20世紀後半）は、日本語版のために著者が書き下ろしたものである。このため他章と形式が異なるが、著者の意向を受けて第4章と第11章として組み込んだ。章の順番の理由は「はじめに」と第12章（まとめ）にある通り、歴史叙述の発展ならびに伝統を基準にしている。
- 第11章（20世紀後半）と第12章（まとめ）は、原著では節や項に分けられていないが、読みやすさを考えて訳者が項で区切り、見出しをつけた。

3. 固有名詞表記
- 人名と地名、そして固有名詞に近い特殊な用語はカタカナ表記にする。後者は可能な限り日本語訳にしたが、（　）でカタカナ表記を入れたり、原語をカタカナ表記して〔　〕で説明を補ったりした場合もある。
1) 人　名
- 原則として、当該章国家の主要原語の発音に従った。
- 支配者の名前も国民史別に書き分ける。他の表記がある場合、索引で併記する。
- ハプスブルク家君主のみ、例外として、ドイツ語読みに統一する。
- 東欧ロシアの歴史家の名前は、その人物が主要に扱われている章の表記に合わせる。複数の章で主要な歴史家として扱われる場合、また、複数の言語による呼び方がある場合、各章の初出で別表記を（　）に示す。また、別表記がある場合、索引に示す。
- イニシャルは、原則として、東欧ロシアの人物に関して、主として論じられる場所、もしくは初出の場所で記す。名をイニシャル化し、姓の前に置く。ハンガリー人も同様に統一する。また、キリル文字を使う言語の場合も、ラテン文字で統一する。イニシャルの書き方は各言語の正書法や慣用表記に従う。
- 生没年で、原著にあるものはそのまま記す（誤記は適宜修正した）。東欧ロシアの人物の場合、原著にない場合でも、できるだけ調べ、主として論じられる場所、もしくは初出の場所に加えた。
- 東欧ロシアの人名については、可能な限り調査し、現地語表記と統治者の在位年も加えて付録CDの人名索引

に掲載した。
・該当する国民史の章に登場せず、他章のみに登場する人物については、初出の章にイニシャルと生没年を入れ、以降の章では姓のみとした。

2）　地　名
・基本的に、現在その土地が属する国家の主要言語の発音による。索引に他言語の表記を併記した場合もある。
・現在の地名が複数の国にまたがる場合、章ごとに初出のところで（　）に別表記を示した。
・スロヴェニア章に登場する領邦名については、原則としてラテン語読みで記す（同章の冒頭部分の訳注を参照）。
・東欧ロシアの地名の現地語表記は、可能な限り調査し、付録CDの地名表に記した。

4．　文献表記について
1）　タイトルと出版年
・本文中の日本語タイトルは場合により簡略化した。
・論文は「　」、博士論文、修士論文も「　」で、書名と誌名は『　』で示した。

2）　文献番号
・[PL 0001]等、角カッコで囲まれ、アルファベットと数字が付されているものは文献番号である。原著には正確な書誌情報が記されていないため、協力者および訳者が調査して文献番号を付し、付録のCDに文献情報を収録した。文献番号が付してあっても、調査が及ばず、文献情報が記されていない場合もある。
・アルファベットは章ごとの略号で、以下の通りである。PL：ポーランド、CZ：チェコ、RU：ロシア、HU：ハンガリー、HR：クロアチア、RO：ルーマニア、SR：セルビア、BG：ブルガリア、SK：スロヴァキア、SLO：スロヴェニア、ZZ：まとめ。

3）　文献情報
・文献情報は付録CDに収録する。章ごとにPDFファイルに収めてある。

5．　組織名等
・大学名について、原著では地名で示していることから、本訳書でも基本的にそれに倣う。ただし、プラハのカレル大学のように、一般に大学の通称として正式名称等が使われる場合、初出箇所で訳注を入れた。

第 1 章

ポーランドの歴史叙述

　ポーランド人の場合、先史時代は単純である。なぜならそれはスラヴ人の歴史と同じものであり、少なくともその領域はスラヴ人揺籃の地と部分的に重なっているからである。それに比べて国家の始まりは複雑である。確実なのは 963 年で、この年にポーランド国家は北ないし西から攻撃を受けた。通常、ポーランド史はここから始まるとされる。したがって、ポーランド国家はすでに 963 年に先立って存在していたと仮定される。965 年、ポーランドはキリスト教を受容するが、それは西方教会からだった。以来、ポーランドは西の文化圏に入ることになった。初期の統一王国は 12 世紀前半に終焉を迎え、これ以後は分裂が続いた。すなわち、名目上はクラクフ公が大公となったが、領土は王族の間で分割されたのである。この時期のポーランド国家は地理的に見て、現在のポーランドの南半分に相当する位置に存在した。13 世紀末から国土統一の試みが始まり、最終的にほぼ統一を達成したのはヴワディスワフ短身王だった。しかし、1370 年にピャスト朝の直系がカジミェシ 3 世〔大王〕(1310-70) で絶えると、ハンガリー王だったルドヴィク (1326-82) が王位を継承し、貴族層が特権を拡大する長い過程が始まった。それは、最終的に、中央権力に対する貴族勢力の優位へと行き着いた。もっとも、それに先立ち大きな変化が起こった。すなわちルドヴィクの娘、ヤドヴィガ (1374-99) が女王となり、彼女はリトアニア大公であるヨガイラ (ポーランド風にはヤギェウォ) (1351?-1434) のもとに嫁いだのだが、ヨガイラは西方キリスト教会に帰依し、洗礼名としてヴワディスワフを授けられたのである。こうしてポーランド＝リトアニア連合が成立した。この連合は、当初は単なる王朝間のものであり、多くの場合は国王個人レベルの人的結合だった。しかし、最終的な決着が 1569 年のルブリン合同によって行なわれ、両国は同君連合となった。国土は 2 倍以上に広がり、そこにはリトアニア領に属したかつてのキエフ・ルーシの多くの小公国も含まれた。こうして国土の南東部は黒海に達した。またドイツ騎士修道会との何十年にも及ぶ戦いの末、1466 年にドイツ騎士修道会がポーランドに忠誠を誓うことになったため、ポーランドはバルト海沿岸での地歩を確実なものにした。宗教改革もポーランドに及び、まずは改革派、次にユニテリアン派の影響が見られた。後者はポーランドでアリウス派と呼ばれた。

　1572 年、ヤギェウォ朝が途絶え、ポーランドは原則的に選挙王制となった。ポーランド貴族はフランス国王の弟、ヘンリク (1551-89) を国王に選出したが、その際、貴族特権を認めること、王権を大幅に制限することを認めさせ、以後、国王は選出されるたびにその遵守を宣誓しなければならなかった。こうして貴族民主政と呼ばれる制度が完成し、形式的には貴族はハンガリー身分制期の県議会に類似したセイミク、およびセイムと呼ばれた議会で権力を掌中に収めた。もっとも、実際上は、平貴族の大半は貧しく、大貴族に仕える者が多かった。このため議会では大貴族の意志が実現することが多く、国王の意志が実現することは稀だった。17 世紀の前半になると、リベルム・ヴェト（自由拒否権）が行使されるようになり、貴族が一人でも反対すると法案は破棄された。さらには、全会一致ですでに採択されていた立法でさえ、破棄

できるようになった。そのような場合は、貴族連盟を形成することで打開を図ることができた。というのも、そこでは多数決が採用されたからである。それでも、ポーランドは対外的に大国であり、ヨーロッパ全体の問題にも影響力を持った。しかし、1655年にスウェーデンがポーランド領土のほとんどすべてを占領するという事態が起きると、何とかこれを撃退したものの、大国としての権威は地に落ちた。

18世紀初頭になると、ザクセン朝のもとで衰退と無秩序がさらに深まった。国内においては、ロシアの影響力が決定的となった。これに対し、1764年の新国王選出に際しては、初めて自国の王、スタニスワフ・アウグスト（ポニャトフスキ）（1732-98）が選ばれた。ポニャトフスキの治世下では、一部の貴族の呼びかけで改革が始まり、近代化への第一歩が踏み出された。そこでは、当然ながらポーランド国家の強化が打ち出され、それは周囲にとって脅威と映った。このため、隣接する三列強すなわちロシア、プロイセン、そしてハプスブルク君主国は、1772年、プロイセンの呼びかけで第一次ポーランド分割協定を締結した。これによりロシアはウクライナ人とベラルーシ人が住む地域の大半を獲得し、プロイセンはドイツ人が相当数居住する北西部を、そしてハプスブルク君主国はガリツィアを獲得した。

ポーランドの改革は継続された。1791年5月3日、世にいう四年議会が当時のフランスを範とした新しい憲法を制定した。これによりポーランドは立憲王制となった。ただし、農民の農奴的隷属は変わらなかった。1793年、ポーランド分割を図る三列強はさらなる領土要求を突きつけた。1794年にこれに反対する蜂起が起こったが鎮圧され、1795年、ポーランドは最終的に分割された。ワルシャワはプロイセンの手中に収められた。

これに対して、ポーランド貴族はまずナポレオンと手を結ぼうとした。実際、ナポレオンは1806年、ワルシャワ公国（のちに大公国となる）を立憲王制国家として打ち立てた。その領域はポーランド人が住む地域の大半を含んだ。ナポレオン失脚後の1815年、ウィーン会議により立憲制ポーランド王国が建国された。この王国は独自の議会と軍隊を備えていたが、国王はロシア皇帝が兼任し、アレクサンドル1世が即位した。これに対してポーランド人はすぐに不満を覚え、1830年11月、ロシア支配に対する反乱を起こした。しかしロシアはこれを鎮め、ポーランドの自治を剥奪した。1万人近くのポーランド人が主としてフランスに亡命した。その後も1846年にクラクフとガリツィアで、1848年にプロイセン領で、そして1863年にロシア領ポーランドで反乱が起こったが、いずれも鎮圧された。ポーランド社会はこの時期においても変わることなく貴族の支配下にあったが、三列強が歩調を合わせてポーランドを分割している限り、ポーランドの復活はないと考えられた。このため人々は、いわゆる「有機的労働」、すなわち経済力を強化することに努めた。こうしてポーランド社会の一部で近代化すなわち市民的な社会再編が始まった。ガリツィアでは1868年、相当な範囲で自治権が認められ、ある意味で、ここにポーランドの国家性が継承された。

第一次世界大戦の開始は、ポーランドを分割してきた三列強相互をついに対立させた。三列強はいずれもポーランド人を自らの陣営に引き込もうとした。三国同盟側はロシアから旧ポーランド領の大半を奪い取った後、1916年にポーランド人による傀儡政権を打ち立てた。しかしポーランドの指導者たちは次第に西の列強にポーランド国家の再建を期待するようになり、1918年、最終的にこの期待はポーランド共和国という形で実現した。そして1920年の対ソ連戦勝利により、新生ポーランド国家は東方の領土の一部を取り戻すことに成功した。またポーランド回廊を経て、再びバルト海への道が通じた。新生国家は事実上、J. ピウスツキ将軍（1867-1935）を終身の指導者とした。新生ポーランドは隣接するドイツとロシアが弱体化したことにより、大国に近い地位を獲得した。しかしこの二つの隣国は1939年に協定を結び、再び

> ポーランドを完全に消滅させたのである。

第 1 節　専門化以前の歴史叙述

1. 編年史と年代記

　ポーランドは西方キリスト教会圏に属したため、その歴史叙述は西欧の形式、中でもベネディクト会が始めた形式で始まった。歴史叙述の始まりは、修道院や司教座聖堂参事会で記された編年史風の一連の記述に遡る。キリスト教を導入するミェシコ公（935?-92）がチェコ公の娘ドゥブラフカ（?-976/77）と 965 年に結婚したこと、その翌年に洗礼を受けたことなど、信頼に足る最古の史実はこうした記述として残された。編年史は国の出来事を記したものだが、修道院では、「修道士の書」、「死者の書」が修道院から見て重要な人物や庇護者について記録したものとして書かれた。司教座であれば、そこには司教の名前が順に記された。そうした記録はクラクフやヴロツワフで 13 世紀から残っているが、明らかにそれ以前にも存在したと見られる。

　最初のまとまった編年史は、12 世紀初頭のウィサ・グラ聖十字架修道院の古編年史である。初めの部分は原初の記述の形で残っており、18 の異なる筆跡が見られる。続く部分は編集が加えられたものである。そこには西方ベネディクト会士から伝承された記述と並んで、10 世紀後半以降のポーランドの情報が見出される。その後、他の修道院や司教座聖堂参事会でも編年史が作成された。有名なのは、クラクフ司教座聖堂参事会のものである。そこでは、聖書の歴史叙述と中世初期の諸作品、フランクやドイツの編年史（おそらくフルダの編年史）が要約された後、やはりドゥブラフカの事項からポーランド関連の記述が続き、13 世紀になるとかなり豊富な記述が見られる。現存の手稿は、手が込んだ豊かな装飾が施されている。

　編年史は 15 世紀にも作成され続けたが、それらは編纂本で、思いもよらない組み合わせのため史料的価値は減じている。なお、そこにはすでに大きな戦いに関する年代記風の叙述が見られる。これらの編纂本では、ミェシコ以前の口承時代にも言及されている。

　西方から編年史の文体と情報をもたらしたベネディクト会修道士は、聖者の伝記、聖人伝も持ち込んだ。初期の伝記は多くの歴史情報を含んだ。例えば聖アダルベルト（956-97）についての三つの伝記がそうである。うち二つは外国人の手になる。12 世紀になると、奇跡の叙述が主な内容となった。言及に値するのは、11 世紀のクラクフ司教、聖スタニスワフ（1035?-79）について書かれた 2 冊の聖人伝と、彼が起こした奇跡の歴史である（13 世紀のもの）。そこには政治史的に見て重要な情報が含まれている。他の作品は心性史研究にいくらかの情報を供するのみである。なお、14 世紀からはドミニコ会士らが活発に活動したが、彼らの書く伝記は型にはまりすぎている。

　中世歴史叙述の本流はいうまでもなく年代記だが、これもポーランドではかなり早くに現れた。初期の重要な作者の代表は聖ジル修道院出身〔ガリア出身との説もある〕と見られる名前不明のベネディクト会士で、ガル・アノニム（?-?）と呼ばれた。彼は 12 世紀初頭のボレスワフ 3 世（口曲公、1086-1138）のお抱え歴史家で、おそらく長期のポーランド滞在に基づき、『事績』を作成した[PL 0001]。彼はミェシコの先祖など異教時代の伝承も扱ったが、それは導入部に過ぎない。続く二つの部分でボレスワフの統治開始まで、すなわち 1113 年までのポーランド史が扱われた。彼は宮廷史家であったため、当然ヴロツワフ系ピャスト家の立場を代弁した。しかし、それまでに記された多くの記述を利用し、彼なりに捏造は控えたことにより、彼の作品は史料的に価値ある、

事実上、最初の歴史叙述となった。

続く作者は名前も判明しているマギステル・ヴィンツェンティであり、姓はカドゥウベク（1150?-1223）といった。彼は騎士あるいは平貴族の出であり、パリで教育を受けマギステルの称号を得た。帰国後まもなく司教座聖堂参事会員となり、1207/08年からクラクフ司教として教会改革派陣営についた。10年後にイェンジェーユフのシトー会修道院に戻り、5年後にその地で死去した。この地で彼はガルと同様、事績を執筆、ないし少なくとも擱筆した[PL 0002-0003]。おそらくパリ留学の影響のためか、フランスやイギリスの叙述を模範とした。記述内容はガルや他の史料に依拠しつつ、1202年までのポーランド史を描いたものになっている。確かに、ヴィンツェンティは自分が仕えたカジミェシ公正公（1138-94）を大いに称えたが、公の任命でなく、選挙で選ばれて就任した最初の司教だったこともあり、ガルほど王朝寄りではなかった。当然ながら、ガルと異なり、公よりも聖スタニスワフに味方した。叙述において個人的共感を隠さず、事実からさまよい出て哲学・倫理的思索を叙述に織り交ぜることもしばしばだった。史料として最も重要なのは第4部、すなわち同時代の叙述である。ガルが外国人の目で出来事を見たのに対し、ヴィンツェンティは内部から、より批判的に観察することができた。もう一つ重要な点は、ガルが事件の評価で中世的普遍主義を体現したのに比べ、ヴィンツェンティは異教時代の部分から一貫して、反ドイツ的立場を打ち出し、ポーランド歴史叙述の主要な態度の一つを基礎づけたことである。

13世紀には、多くの者がヴィンツェンティの作品を継承した。彼らが行なおうとしたのは、最初の二つの事績の不備を埋めることだった。その不備とは、叙述において時系列が意識されず、出来事の年代が読み取れないことだった。そこで彼らは、編年史によりつつこの不備を可能な限り補完した。後継作品の中で有名なのは、ヴィンツェンティの反ドイツ的態度を13-14世紀の世紀転換期まで敷衍したシロンスクの『ポーランド年代記』[PL 0004]である。この作品では、主に封建分裂期のシロンスク公や司教の歴史が描かれた。遅くとも1384/85年に完成した『ポーランド諸公の年代記』[PL 0005]も、やはりシロンスクに関するものである。シロンスク諸公が王位継承から締め出されたことを嘆いていることから、この作品は1370年のカジミェシ大王死去の後、1386年のヤドヴィガとヴワディスワフ・ヤギェウォの結婚までの間に書かれたと見られる。

この年代記は先行する諸作品と比べると、かなり独自であり、特にドイツやチェコの影響に対抗して作成された。独自さの面でさらに上を行くのが、いわゆる『ヴィェルコポルスカ年代記』[PL 0006]である。これはおそらく1365年以降に作成され、ヴィンツェンティ以後の時代については、ポズナン司教座聖堂の編年史が主な史料とされた。この作品は、シロンスクから遠く離れた場所で書かれたため、反チェコ的ではなく、より広いスラヴの一体性意識に特徴づけられている。

14世紀には、もう一つ政治的傾向の強い年代記が記された。チャルンクフのヤンコ（1320頃-86/87）の作品である[PL 0007-0008]。彼は高貴な出自の聖職者で、カジミェシ大王の尚書副局長を務めたが、王の死後、祖国を追われた人物だった。このためカジミェシ大王期の記述には個人的感情が持ち込まれ、1370年以後については、彼を追放した人々に報復するかの如く、叙述が展開されている。

15世紀初頭には、1434年から1436年にかけてクラクフ大学教授J.ドンブルフカ（?-1472）がヴィンツェンティへの注釈を著した。この作品にはすでに、深い識見に裏づけられながらも、ヤギェウォ朝の政治的立場が投影されていた。

ドゥウゴシ

13世紀には、年代記と編年史との融合が特徴的となり、また単なる編纂事業も行なわれるようになった。さらに、体系的な情報収集に努めたあまり、かつて編年史が無味乾燥になったのと同じように、年代記という作品形式の魅力も失われていった。こうした中で〔15世紀に〕大きな成果を上げたのが、司教座聖堂参事会員J.ドゥウゴシ（1415-80）が著した『ポーランド史』[PL 0009-0021]だった。それは熱心な情報収集を基に描か

れた中世年代記叙述の集大成だった。それゆえ彼には、トゥローツィやそれ以前のアノニムス、ケーザイ、J. キュキュレイ（1320 頃-93）との類似点が見られる。

　この貧しい騎士身分出身の少年は、クラクフ大学神学部に学び（学位は未取得）、まもなく時の最重要人物の一人、クラクフ司教 Z. オレシニツキ（1389-1455）に 17 年仕え、その後国王に仕えた。彼はオレシニツキの尚書局に勤めている間に、クラクフ司教領の管理のため、司教文書館内外の資料を含めて注意深く諸資料を収集した。また、司教や国王カジミェシ 4 世（1427-92）の特命外交使節に同行もした。ただし、固有の任務が彼に委ねられたことはなかった。彼はそれらの旅行を資料収集に利用した。成人してからドイツ語を習ったのも、ドイツ騎士修道会文書館から送付された資料を利用するためだった。この頃に彼は、司教の望みもあって、ポーランド史の執筆を人生の目的と定めた。

　ドゥウゴシは年代記や編年史の他、多くの国王文書（その前文を政治史に利用した）や、ロシアの編年史も史料として用いた。14 世紀初頭のポーランド国家とドイツ騎士修道会の間の裁判資料を発見し、調査したのも彼である。15 世紀半ばまでについて収集したポーランド史料の内容を、彼はすべて知っていた。ドゥウゴシの叙述から、重要なドイツの年代記（例えばティートマル年代記）のいくつかを彼が知らなかったことがうかがわれるが、多くのポーランド関連の外国史料を知っていたことも了解できる。イタリアにも行ったし、クラクフ大学を中心とした人文主義者サークルにも属していた。しかし彼の世界観を決定したのは、何よりもオレシニツキから受け継いだ中世的視点である。すなわち、教会に奉仕することこそ国家の任務とする視点である。

　ドゥウゴシは意識的に、非常に近代的な手法で仕事を進めた。年代記作成のため、まず 2 編の紋章研究を含む多くの予備的論考を著した。『プロイセンの旗』[PL 0022]ではグリュンヴァルトの戦いで奪ったプロイセン側の紋章について記し、『ポーランド王国の紋章すなわち至宝』[PL 0023]ではポーランドの国章と家紋について、いくつかの主要家門の歴史とともに記した。さらに、知りえたすべてのポーランド司教の伝記を記し、クラクフ司教区の贈与文書目録も作成した。

　オレシニツキの死後、ドゥウゴシはこれらすべての知識を基に、イタリアで知り愛読したリウィウスに倣って、12 巻構成で主著に着手した。その比類なき力量は、作品冒頭のポーランド自然地理の叙述、とりわけ水系知識の驚くべき正確さに示されている。大量の史料の批判的分析を試みたが、自らも認めたように、それは常に成功したわけではない。彼は後代の者に対し、よりよく知りえた点を修正するよう呼びかけた。また、ポーランド史を世界史の中に据えようとも試みたが、知識の欠如のため、その構想は実現できなかった。自ら生きた時代には精通していたが、変化や発展についての感受性に欠け、自らの時代の傾向を過去に投影しがちだった。その作品は年代記という作品形式の避けがたい制約を受けているが、15 世紀に関しては基本的著作である。

　さて、ドゥウゴシの作品からは教会的、愛郷的、王党派的という三つの傾向が感知される。最も強いのは疑いなく第一の教会的傾向で、これが人文主義的な外見やリウィウスを範とした形式にもかかわらず、作品を本質的に中世的なものにした。これはドゥウゴシがクラクフの司教座聖堂参事会員だったため当然といえる。作品を仕上げたのは死の直前で、最晩年にはリヴィウ大司教に任命された。彼は任地に赴いたが亡くなってしまい、職務に就くことはできなかった。第二の愛郷的傾向は穏健に表明された。ドゥウゴシが生きた時代は神聖ローマ帝国が力を失い、1466 年にドイツ騎士修道会がポーランド王を封主と認めた頃であり、またモスクワを中心に統一を進めるロシアはいまだ深刻な脅威でない時だった。ドゥウゴシに見られるポーランドの敵への相対的な穏健さは、彼の教会的傾向ばかりでなく、この稀有な瞬間に生きたことにもよっている。もっとも、この二つの傾向に反した事実を無視することもあった。これに対し、おそらく最も本質的な点は、ドゥウゴシが貴族身分に対して、明確に国王の側に立ち、当時すでに力を蓄えつつあった等族に抗して、強力な中央権力を主張したことだった。これもオレシニ

ツキから学んだ点であり、カドゥウベクの反ドイ
ツ的態度と並んで、後代に引き継がれた。

2. 人文主義の歴史叙述

　総じてドゥウゴシは人文主義でなく、中世的文
化の後継者だった。これに対し、クラクフ大学教
授 M. ミェホヴィタ（ミェフフのマチェイ、1457-
1523）は典型的な人文主義的博学の士で、医師に
して天文学者、占星術師であり、人文主義的歴史
叙述への移行を画した人物である。その著作『ポ
ーランド年代記』[PL 0024]は、1513 年から 1521
年の間にクラクフで出版された。1480 年までの部
分は、事実上ドゥウゴシの著作からの抜き書きだ
が、そこから 1506 年までの部分は同時代人とし
ての著者の覚書である。その叙述は偏りがあるも
のの、親ヤギェウォ的ではなく、反ヤギェウォ的
である点が特徴的である。特に国王アレクサンデ
ル（1461-1506）の評価について国家の上層部が
同意せず、国王、元老院、および首座大司教の命
により、この著作は没収された。その結果、第 2
版において修正が加えられた。将来的に見てより
重要なのは、『アジアとヨーロッパの二つのサル
マチアについての論考』[PL 0025-0027]と題する
書物だった。この作品はポーランドで 3 版を重ね
た他、イタリアで 3 版〔ラテン語版を含めると 4
版〕、ドイツで 1 版が刷られた。これは東欧（大
まかにいえば、ロシアのヨーロッパ部分およびそ
の南の地域）の人々に関する記述だった。のちに
見るポーランド貴族の「サルマチア人」意識は、
少なからずこの作品により育まれたものである。
　しかし真の人文主義的作品、すなわち統治者の
偉大さを謳い上げた歴史叙述の最初の重要な作品
は、やはり外国人の筆になるものだった。ズィグ
ムント 1 世（1467-1548）の秘書官で、世俗の教
養を備え世俗の職業に就いたアルザスのドイツ人、
J. L. デツィウシ（1485-1545）である。彼は宮廷
で得た知識に基づき、随所に讃辞をちりばめなが
ら、王の 1516 年までの生涯について、『ズィグム
ント王の時代について』[PL 0028]と題する作品
を著した。また 1518 年には、ズィグムントとボ
ナ・スフォルツァ（1494-1557）の結婚について
別の作品を著した[PL 0029]。他にも『ポーラン
ドの古き時代について』[PL 0030]、『ヤギェウォ
家』[PL 0031]の 2 著をまとめ、またミェホヴィ
タのサルマチア論を 2 度出版して 2 度目には自ら
続編を書き加えた。
　もっとも、最初の職業的宮廷史家はデツィウシ
ではなく、同じく法学を修めた俗人 B. ヴァポフス
キ（1475?-1535）だった。彼もズィグムントの秘
書官を務めており、1535 年に死去した。彼による
ポーランド史は 1380 年までの部分が失われたが、
M. ビェルスキ（1495 頃-1575/76）による後代の
ポーランド語訳が存在する[PL 0032-0035]。自ら記
したように、1516 年までについては、独自性を求
めずに、諸作品から抜き書きをした。一方、
1516-35 年の時期に関しては、宮廷で得た知識に
基づいて叙述し、実質的に同時代人の回想録とな
っている。この作品には古代からの引用（ローマ
時代の出来事を同時代に当てはめる）が多く見ら
れ、優雅な文体形式に相当配慮しているが、内容
への配慮はそれに劣っている。
　対抗宗教改革の重要な支柱の一人、M. クロメル
（1512-89）は他者への要求水準が高く、自ら探
究せずに他人の叙述を取り入れる者たちを非難し
たが、自分が同じことをしているとは気づかなか
った。彼はクラクフの他イタリアでも学業を修め、
やがてヴァルミアの司教座聖堂参事会員となり、
同時に国王文書館を事実上取り仕切った。このこ
とはクロメルに非常に大きな可能性を与えたが、
彼は抜き書きを選んだ。叙述を促したのは、対抗
宗教改革の指導者の一人、司教 S. ホジウシ
（1504-79）だった。『ポーランド人の起源と事績
について』[PL 0036]と題する書物は、（ガルとカ
ドゥウベクも読んでいたが）1480 年までの部分を
ドゥウゴシから、またそれ以後の部分をミェホヴィ
タとヴァポフスキからまとめたものだった。初
版では 1506 年までしか扱わなかったが、1589 年
の第 4 版では 1535 年までを扱った。ここで興味
深いのはその内容ではない。クロメルはラテン語
を自在に操り、要領よく巧みにまとめることがで
きた。このため著作は国内ではなく、国外で広く
読まれた。外国では彼の著作が長らくポーランド
についての知識を与え続けたのである。一方、ク

ロメルは対抗宗教改革の代弁者であるだけでなく、平貴族と対峙して国王と大貴族に味方したため、その著作は国内ではあまり好まれなかった。また、『ポロニア』[PL 0037-0038]と題する書物は政治組織に触れつつ、国の地理と民俗を記しており、やはり外国において有益な情報源となった。

クロメルの書物よりも好まれ、簡単に読むことができた作品は、M. ビェルスキがポーランド語で記した『全世界の歴史』[PL 0039]と題する年代記である。この書物は宗教改革に共感を示し、特段優れていないが、うまく叙述された編纂本だった。言葉が似ているため、同書はロシアやモルドヴァでも読者を得ることができた。この作品の中でビェルスキはポーランドの年代記の執筆も始めた。1586 年の S. バトーリ（1533-86）の崩御までの部分を完成させたが、1597 年にそれを出版したのは、息子で人文主義者の J. ビェルスキ（1540/50 頃-99）だった[PL 0040]。

さらに人文主義的歴史家の名前を挙げることができる。聖堂参事会員 S. グルスキ（1497/89/92-1572）は、政治的目的を隠すことなく、多くの近世史料を収集した。これはアクタ・トミキアナ[PL 0041-0057]の名で親しまれ、のちの歴史家も好んで利用した。M. ストリィコフスキ（1547 頃-82 後）は 1569 年のルブリン合同後に『ポーランド＝リトアニア年代記』[PL 0058-0059]を記し、リトアニアの先史時代をローマ史と結びつけた。同じくカルヴァン派の S. サルニツキ（1532 頃-93/97）も『編年史あるいはポーランド人とリトアニア人の起源と事績について』[PL 0060]という 8 巻本のポーランド＝リトアニア史を書き、1587 年にクラクフで出版した。ストリィコフスキの作品は、1578 年にクラクフで出版されたイタリア人 A. グアニーノ（1536-1614）の『ヨーロッパ・サルマチア人の記述』[PL 0061]と題する書物に利用された。ストリィコフスキは自分が書いたということを証明しようと試みたが無駄だった。西欧の読者はこの書物を通じてポーランドの彼方、リトアニアから始まる東欧を知ることになった。また、Ś. オジェルスキ（1549-98）は『ポーランドの空位期』[PL 0062]と題する 8 巻の書物で、ヤギェウォ家断絶以後の歴史をプロテスタントの立場から描いた。B. パプロツキ（1543 頃-1614）は国王選出で親ハプスブルク陣営に属したため、チェコへの亡命を余儀なくされ、そこでチェコとモラヴィアの紋章学と取り組んだ。ただし、より重要だったのは、『ポーランド騎士の紋章』[PL 0063]と題して 1584 年に出版された浩瀚なコレクションであり、この作品はポーランド紋章学の基本文献となっている。

16 世紀末の数十年の同時代史として最も価値ある史料は、ポモジェのドイツ人、R. ハイデンシュタイン（1553-1620）の著作である。彼は、政治において指導的役割を果たした J. ザモイスキ大法官（1542-1605）の秘書を務め、政治状況を知るようになった。彼はラテン語で庇護者の伝記[PL 0064]を著した他、1572 年から 1602 年までのポーランド史[PL 0065]、そして『ポーランド・モスクワ戦争の解説』[PL 0066]も記した。

ハイデンシュタインは、貴族身分の代弁者だったザモイスキがのちに強力な中央権力の重要性を説き、それを実現していった過程を描いた。彼に対抗して司教 P. ピャセツキ（1579-1646）は、対抗宗教改革が勝利を収めたのちに、『ヨーロッパにおける特記すべき事績の年代記』[PL 0067]と題する著作を出版した。これは 1587 年から 1638 年の数十年間に関するもので、1606 年までについては国内外の史料により、またそれ以降については自ら経験した知識を基に著した。イエズス会の教育を受けたこの司教は、カトリック的、対抗宗教改革的な人文主義者を代表した。さらに重要なのは、彼が国王絶対主義に抗する貴族支配の信奉者だったことである。彼はヴァーザ朝期の政治的傾向を体現した。

17 世紀という時代は、対抗宗教改革の勝利をもたらしたが、同時にプロテスタント信奉者をも生み出した。改革派の A. ヴェンギェルスキ（1600-49）は、1652 年にユトレヒトで出版した『スラヴ人の教会の歴史・年代体系』[PL 0068]と題する書物の中でスラヴ人へのカルヴィニズム普及について描いた。アリウス派（ユニテリアン）の K. サンディウス（1644-80）はアリウス派の人々の書簡を集め、彼らの伝記を著した。その作品は、死後の 1684 年に『反三位一体派文庫』[PL 0069]と

題して出版された。最初の批判的な教会史の作品は、西欧の教会史研究の影響をいくらか受けたカトリック側から現れた。S.シュチギェルスキは『ティネキア』(1668年)[PL 0070]と題してティニェツのベネディクト会修道院の歴史を書き、S.ナキェルスキ（1584-1652）は聖墳墓騎士修道会のミェフフ修道院史を記した[PL 0071]。やはりアリウス派のS.ルビェニェツキは『ポーランド宗教改革史』[PL 0072]を著した。

このように多くの名前が挙がるにもかかわらず、若干の例外はあるが、個々の作品の重要性は減じていった。かつてドゥウゴシの作品は徹頭徹尾教会的だったにもかかわらず、国家をイデオロギー的に補強する上で基本的役割を果たしたが、いまや歴史叙述にその面影はなかった。その原因は、おそらく、近代初期にポーランド国家が分裂してしまい、ヨーロッパの通常の発展経路である絶対主義化の道を歩めなかったことに求められる。17世紀において等族とりわけ平貴族は政治生活において形式上は支配者だったが、実際は大貴族の利益に奉仕していることに気づかなかった。彼らはほとんどあらゆる方向から脅かされたが、内側に引きこもり、貴族の黄金の自由こそが最も完全な国家形態だと考えた。17世紀半ば、ポーランド国家を一掃する勢いを見せたスウェーデンの大規模な攻撃の後、この考えを信じることなど、もはや困難だったが、ポーランド貴族はますます頑迷にこの考えに固執し、まさにこの一点で大貴族と一致できた。目前の恐怖は、栄光ある過去によって相殺されねばならなかった。このことは、一見すると歴史叙述の発展を促すように思われる。しかし実際には、まさに反対のことが起こった。貴族が想像したような栄光ある過去はそもそも存在しなかったのだが、この都合の悪いことを述べたてかねない歴史家は不必要とされた。この世紀の初め、ドゥウゴシの著作の再版が6巻目で打ち切られたのも、大貴族が祖先についての記述を侮辱と受け止めたためだった。

栄光ある過去とは、貴族自身の自画像に他ならなかった。そのような過去への視線には、変化が入る余地はない。ポーランドの貴族身分制度は、過去においても現在と同様、常に完全無欠だった。

こうした貴族の見方を支えるイデオロギーこそ、サルマチア主義だった。ポーランド貴族が農民と異なり、征服者たるサルマチア人に由来するという確信である。つきつめれば、この異なる出自こそが、彼らの農民支配に正当性を与えた。サルマチア主義というイデオロギーは、すでに触れた諸作品にも含まれる。その集大成として最大の影響力を持ったのが、A.M.フレドロ（1620-79）の『政治的、道徳的警句集および様々な気質の型』（1664年）[PL 0073-0074]と題する作品だった。この作品は、ラテン語で21版、ドイツ語で2版を重ねた他、1781年にポーランド語でも出版された。

サルマチア主義というイデオロギーの本質は、ポーランド人、より正確には、ポーランドすなわちサルマチアの貴族が選ばれた民であること、そして、中央権力に対する彼らの優位こそが、可能な限り最善の政体であることにあった。国内の深刻な混乱を無視することはすでに困難だったが、それを目前にしてなお、混乱こそがポーランドを支えているのだと結論することしかできなかった。災厄には様々な原因がありえたが、現存の政治体制だけは問題にされなかったのである。

3. 啓蒙の歴史叙述

よそ者への嫌悪も含むサルマチア主義イデオロギーの後退は、緩慢にしか進まなかった。18世紀後半においてすら、多くの小貴族の間にその思想が生き続けていた。しかし、貴族出身の思想家の間では、またスタニスワフ・アウグスト（ポニャトフスキ）が王位に即いた1764年以後の統治集団の間では、より強力な近隣諸国が国土全体を分割する前に早急に改革を進めて状況を打破する必要があるとの認識が支配的となった。国王周辺に形成された改革者集団は、遅かれ早かれ、啓蒙思想の諸原理をさしあたり温和な形でポーランドに移植しようと試みた。1772年から1773年にかけての第一次分割の衝撃は、これら改革者たちの決意をより強固にした。当然ながら、改革のために現在の状態やそれを生み出した過去と向き合わねばならなかった。そのため、ポーランドの改革時

代は過去に批判的となった。同時に、国家権力が決定的に無力化した理由を見つけるため、過去の探究が望まれた。言い換えれば、彼らは様々な批判をしながら、自らの目的のために、過去を利用しようとしたのだった。

　過去、とりわけ国家の過去を実際に即して認識するためには、既知の歴史叙述の他に、異なるタイプの史料を公表することが不可欠となった。改革作業に重要な役割を果たしていたピアリスト会（エスコラピオス修道会）は、この史料出版事業の始まりにおいて、代表的人物を輩出した。S. コナルスキはすでに 1732 年に『法典（ヴォルミナ・レグム）』[PL 0075-0084]第 1 巻で法文の出版を開始した。また、M. ドギェル（1715-60）は 1758 年と 1764 年の間に『ポーランド王国およびリトアニア大公国の文書集成（コーデクス）』[PL 0085-0087]の出版を始めた（第 1、4、5 巻のみ出版）。啓蒙思想の最も優れた代表者である S. スターシツ（1755-1826）や H. コウォンタイ（1750-1812）も、のちに見るように歴史の諸問題と取り組んだ。

　政府は、また国王本人も、さらに進んで時代の要請に則して国家の過去を詳細かつ完全に解明することを望んだ。というのも、啓蒙思想の一つの支流が西欧的理念の中から貴族支配の新たな論拠を作り上げたからである。ルソーすら、貴族的民主主義のために援護射撃を行なった。これに対して、啓蒙思想の支配的潮流は、必要な改革を断行し、隣国の脅威に対して国土を防衛するための唯一の選択肢として強力な中央権力を要請した。政府や国王は、強力な中央権力を前面に押し出し、その強調を通じて政府の努力を支持するような歴史作品を必要とした。F. ボホモレツ（1720-84）は、同時代の歴史家の水準には達しないながらも、ザモイスキと J. オッソリンスキ（1595-1650）の伝記[PL 0088-0090]を出版し、君主政擁護の潮流を支持しようと試みた。

　最終的にこの課題に取り組んだのは、スモレンスク司教にして国王の信任厚い A. ナルシェヴィチ（1733-96）だった。この作業には先駆的業績があった。外国人 P. ド・ヴァリル（1707-1800 頃）が、『政治略説あるいはポーランド国家の変容に関する小論（コンペンディウム）』（1760 年）[PL 0091]と題した作品で君主政支持者の歴史観を構築していたのである。そこでは、ポーランド史が 3 時代に区分された。第一の時代は君主政（公・国王）の時代でありガジミェシ大王の時代までとされた。それは絶対的支配を伴うものだった。第二の時代は（大貴族の）貴族政の時代で、カジミェシ 4 世の時代まで（これは特権と貴族の自由を伴った）、最後の時代は民主政ないし議会（セイム）支配の時代であり、その行き着いた先が自由拒否権による混乱だった。〔ヤン・〕ソビェスキの時代までは周囲の環境に問題があったが、それ以後はむしろ人々に問題があるとされた。

　同書の出版には、ポニャトフスキが資金援助した。しかしこの作品は、いまだエッセーないし理論的概観といったものだった。より詳しい作品叙述のため国王が適任者と見なしたのが、ナルシェヴィチだった。彼はもちろん位の高い貴族出身で、伝承によると、その家系はリトアニア大公アルギルダス（1296?-1377）に由来した。祖先には尚書局長官や財務長官、軍事司令官（ヘトマン）を務めた者もいた。ナルシェヴィチは任地不在司教だったため、歴史叙述に全力を費やすことができた。（時に彼は文学も著し、国王スタニスワフの供としてカーニウでのエカテリーナ 2 世との会談に参加した際は女帝に頌歌を献じ、そのことで恩給も与えられた。）1775 年、準備中の浩瀚なポーランド史総説の基本的枠組みを示す覚書が作成された[PL 0092]。実際に彼はこの仕事を真剣に捉え、幅広い史料探索を行なわねばならないこと、多様な史料を収集しなければならないことに言及している。特に重要と見なしたのは、外国人がポーランドについて記した作品や、王権衰退を最もよく示す史料としての議会文書だった。無論、真の啓蒙思想家だった彼は政治的出来事のみを記録しようとしたわけではない。覚書では、国民精神を示すものとして社会慣習を紹介すべきであることも述べられた。集めた史料は篩にかけて整理しなければならず、その後初めて国民に関する国民のための作品作成に取りかかることができるとされた。

　計画が野心的だったため、多くの支援者が現れても、一人では実現困難だった。国王からは毎日

のように作業の進捗状況を尋ねられた。ナルシェヴィチの支援者は膨大な史料を収集し、「ナルシェヴィチ文庫」は、のちの研究者が長い時間をかけても汲めども尽きない宝庫として用いられた。ナルシェヴィチ自身もこれらを利用し尽くすことはできなかった。結局、1780 年から 1786 年の間に 6 巻を著したが、あいまいな先史時代を含む第 1 巻は死後しばらくした 1824 年にようやく出版された [PL 0093-0103]。著作全体は 1386 年までを扱っている。各巻冒頭に、国王へ向けた様々な推薦文が記され、また各時代の冒頭には重要な展開の概要が記された。ナルシェヴィチは、歴史が政治的出来事であるという見方を拒否しようとしたが、実際に出版された 6 巻は政治的出来事のみを述べるものとなった。随所に長大な脚注が付され、当時の社会について、例えば農民についての概観も見られた。史料に現れる農民を指す様々な用語は彼らの生活の多様な側面を示すに過ぎないという興味深い指摘もしている。もちろん、農奴制度そのものは国外からもたらされたとされた。叙述には全体的に啓蒙思想の影響が強く見られるが、「1334 年 4 月末、5 日間にわたって大雪が降ったが、神の恩寵ゆえにその雪解けは豊作につながった」といった記述も見られる。

　ナルシェヴィチは国民のための国民史を書いた。彼にとって、国民とは貴族のみを意味したわけではなかった。しかし、それは農民までを含んだわけでもなく、財産を有する自由な住民を含むとされた。社会的不平等は自然の理と考えられた。国家は征服から生まれたのであり、被征服者へは同情することがせいぜいだった。国家に先行する原始的共同体と比べれば、ピャスト朝の絶対的統治は完璧な国家組織だった。それでも、ナルシェヴィチは支配者に対して批判的でなかったわけではなく、カジミェシ大王にすら過ちを見出そうと努めた。貴族に大幅に譲歩した国王ルドヴィクを明確に批判したが、彼のみに諸問題の原因を帰したわけでもなく、問題の根源を 12 世紀に求めた。貴族批判は彼の詩作におけるほど直接的でなかったが、同時代にも向けられていた。このため、同時代の人々は、その作品を評して、国民を犠牲に国王を称えているとした。ナルシェヴィチは強力な王権を支持する立場からそれまでの歴史の捉え方を再構成したが、同時に多くの点でそれまでの歴史認識を継承し、その流れに連なった。

　ナルシェヴィチが職業的歴史家となったのは、国王がそれを希望したからであり、ふさわしい学識があったためではない。同時代人の中で歴史の諸問題に取り組んだ者は幾人かいたが、彼らの場合、政治的に利用しようとの目論見がいっそう明白だった。例えばパリで外交官として活動した F. ウォイコ（1717-79）は、第一次ポーランド分割の根拠を批判してその不法性を論証するパンフレットを作るため、大量の文書館史料を収集した。彼は注意深く史料批判を行なったが、それでも職業的歴史家と見なすには不十分だった。スターシツもまた歴史の議論を利用した。彼は、18 世紀の世界の中でポーランドは 15 世紀にとどまっていると論じ、後進性を解消する改革の必要性を説いた。S. ジェヴスキ（1743-1811）は啓蒙思想に立脚しながらも、強力な支配者権力に真っ向から反論した。(『常に選出されたるポーランド王座の性質に関する歴史的、法的根拠』1791 年 [PL 0104])。コウォンタイ一派の F. S. イェジェルスキ（1740-91）はクラクフ大学図書館で働き、いくらかの専門知識を身につけた。彼は急進的立場を代表し、ナルシェヴィチとは対照的に農民を国民の一部と見なし、しばしば貴族を国民範疇から除外した。彼はピャスト朝の絶対的支配を認めたが、それを全く否定的に捉え、農民抑圧を批判した。また、カジミェシ大王の人格を積極的に捉えつつも、13 世紀末からカジミェシ大王の死までの時代を流血に満ちた時代と形容した。

　最後に、M. ヴィェルホルスキ（1730 頃-1814）に触れておこう。彼も反中央権力陣営に属し、啓蒙思想の立場から自陣営の見方を広めていた。国王スタニスワフによれば、ヴィェルホルスキは、ルソーとマブリーの所説を広めていた。1775 年に『共和国の本来の国制に基づく旧き秩序の再建について』[PL 0105] と題する作品を出版した。その著作では、民衆の古い祖先として中世における口承中の人物、伝説のレフが歴史的に実在した人物とされている。なぜなら、彼の時代に選挙に基づく共和主義的統治が始まったからである。

4. 国民再生の歴史叙述

過去においては絶対主義的統治として現れ、同時代の綱領としては立憲君主政の形を取る強力な中央集権を目指すのか。それとも、今後も進歩のために貴族共和政を維持するのか。あるいは、農民をも国民の中に含める形で共和政を農民まで拡張するのか。こうした議論は、第二次分割および決定的に思われた第三次分割によって、突如として過去のものとなった。ポーランド国家はもはや存在しなくなった。同時代人はこの事実を受け入れられず、四半世紀に及ぶ革命を通じて様々な方法で国の再興を試みた。国家衰退は歴史的省察や歴史叙述のその後の流れに大きな影響を及ぼすことになった。

イエズス会士の J. アルベルトランディ（1731-1808）は、イタリア出身の父からその名を、また母からは熱心な愛郷心を受け継いだ。1世代前、あるいはより古い世代の代弁者だった。アルベルトランディの教会寄りの解釈や忍耐強い史料収集はナルシェヴィチを想起させる。彼は難解なスタイルで著述し、生前はその出版を許さなかった。しかし、出版された時には、その古めかしさのため読者に影響を与えることができなかった。せいぜいのところ、その中で用いられた新史料が興味を引いたに過ぎない。例えば宗教改革の積極的評価に反論して書いた作品で、16世紀ポーランドの政治的著作を使ったことである。もっとも、勤勉な仕事ぶりは多大な敬意を集めた。1808年、ポーランド国家再建の期待を抱かせたワルシャワ公国設立後にワルシャワで設立された学術友好協会（TPN）総裁に選ばれたのは、まさにそのためだった。しかし、まもなく訪れた死により実質的な仕事をなすには至らなかった。

10年以上にわたる国家喪失の末に国家復興の兆しを目の当たりにして、新たな状況下で、新たな国民史叙述を引き受けたのが学術友好協会だった。1809年、協会は新しい歴史叙述の計画を作成した。ナルシェヴィチの同様の計画から34年が経過しており、取り巻く環境も全く変化した。この計画が俎上に載せられたのはその前年だった。ワルシャワ公国首相の S.K. ポトツキ（1755-1821）に計画の立案が要請され、その任が素人史家の聖職者 A. プラジュモフスキ（1764-1836）に託された。この計画では、過去から教訓を得ることが基本目的とされた。そして、ナルシェヴィチの場合と同様に、再び国民性、衰退そしていまや、没落の原因といった問題が取り上げられた。あまり希望に満ちたものといえない政治史と並んで、宗教、統治、国内平和、経済、対外的安全保障といった要因と取り組むことが必要だった。協会の会合でコウォンタイも自説を展開し、それは多くの点で計画と一致した。

ところがこの計画は、ナルシェヴィチのそれと比べてもわずかな成果しか生まなかった。学術友好協会の設立事情と同様、計画立案にも革命後の貴族と市民の妥協の刻印が見られ、執筆陣の選定にもその傾向が反映された。彼らは新しい視点も取り入れようと試みたが、結局は確実な方法を踏襲した。つまり、歴史を統治者ごとに区分し、それぞれの時代の執筆をしかるべき年齢の、身分の高い素人史家に委ねたのである。その中には執筆の開始すらしなかった者、長年にわたり研究継続中と言い続けた者、早々と辞退した者などがいた。1846年から1848年にかけ、Ł. ゴウェンビョフスキ（1773-1849）が多くの新史料を用いて、3人のヤギェウォ朝の国王を扱った3巻をまず出版した[PL 0106]。しかしこの作品は政治史の枠を出るものではなく、70年前であれば時宜にかなっていたであろう君主政の観点から描かれた。当初の構想通りに完成したのは、J.U. ニェムツェヴィチ（1758-1841）によるヴァーザ朝の初代統治者ズィグムント3世（1536-1632）時代の部分だけだった[PL 0107]。作品は熱を込めて仕上げられたが、専門知識が欠けていた。一方、K. クフィヤトフスキ（1769-1852）はヴワディスワフ4世時代を執筆したが、1823年に学術友好協会と無関係に出版した[PL 0108]。このように、理論上の問題のみならず個人の資質という問題があったため、壮大な計画もせいぜいいくつかの断片に結実したのみで、その断片も本質的に本来の構想にかなったものではなかった。専門的知識を備えた者はいたが、学術友好協会は J.S. バントキェ（1768-

1835) のケースのように、白羽の矢を立てても説得できず、あるいはレレヴェルに対して行なったように、専門的観点からすれば望ましかったにもかかわらず執筆を要請しなかった。バントキェはのちの 1810 年に『ポーランド王国史短描』[PL 0109]と題する 2 巻本の一般向けポーランド史を一人で出版した。バントキェの作品は新史料を提示したものではなかったが、ナルシェヴィチの君主政中心史観を継承するにとどまらず、それを乗り越えていた。また、ナルシェヴィチと同様に大貴族を批判したが、さらに進んで貴族全体をも批判対象とした点で価値あるものだった。ここで初めて、国家崩壊の原因が政治組織にあるというのちの思想が表明されたのである。

　総合的歴史の計画よりもかなり早い 1803 年、出版されなくても容易に人口に膾炙するよう、詩の形式でポーランド史の最も重要な出来事をまとめるべきだとの考えが提起された。この時点でポーランド国家は影も形もなく、試みは過酷な迫害を引き起こす可能性すらあったため、口承という形式への後退を余儀なくされたのである。この仕事に取り組んだのがニェムツェヴィチだった。彼は 1783 年にウィーン包囲の解放戦争 100 周年を記念した詩を発表していた。1813 年に歴史歌謡の形でポーランド史が完成し、1816 年に第 1 版が出版された[PL 0110]。その後まもなく、同書は全く異なる環境で版を重ねた。というのも、ナポレオンを頼みとしたポーランドの再生は水泡に帰し、代わってロシアを頼りにする状況が生じたからである。ポーランド人が居住する地域の大部分が、ポーランド王国の名のもとに、ロシア皇帝の立憲支配下に置かれることになったのである。

　分割前の歴史叙述が、凋落の原因とその解決策を見出すために過去の過ちを探究したのとは異なり、ニェムツェヴィチは 33 の歌で栄光のみを謳い上げ、明るい面のみを取り上げようとした。9 つの歌の英雄は軍事指導者だったが（最後はナポレオンとともに戦ったポーランド軍団長の J. ポニャトフスキ（1763-1813））、それに先立つ時代の英雄は〔ヤン・〕ソビェスキであり、その間の時代については詩によせた散文体の注釈で論じられたに過ぎなかった。おそらく、中間の時代には栄光ある事柄をほとんど見出せなかったためだろう。その作品は 1831 年以後の大亡命時代において大きな影響力を持ったが、もちろんそれで総合的通史の欠如が解消されたわけではない。作品に現れた反教会的性格は、多くの者の不興を買った。1791 年 5 月 3 日憲法に具現された立憲君主政が理想とされていたのである。

　すでに見たように、1815 年以後はロシア政府との協調が一定の可能性を与えた。この動きと関連したのが、スラヴ派（スラヴォフィル）という借用語で呼ばれた潮流だった。代表者の一人、W. スロヴィェツキ（1769-1827）は、スターシツ流の啓蒙思想に近い立場で著した 1807 年の著作で、いち早く先史時代のスラヴ人に潜む長所に触れた[PL 0111]。ポーランド人の壊滅的状況は彼らの過ちが引き起こしたのではなく、まさにその長所が肥大化したためだったというのである。彼はスラヴ人の先史共同体を理想と見なした。冷静で批判的な視点を保ち、すべての古代人のうちにスラヴ人を見ることを批判したが、それでも先史時代史の著作には多くの伝説的要素が取り入れられた。スロヴィェツキが示したスラヴ人全体への関心は、スロヴァキア人シャファーリクの先史時代スラヴ人に関する思索にも影響を及ぼした。ロシアのカトリック司教にしてのちの大司教、S. ボフシュ＝セスチシェンツェヴィチ（1731-1826）も、こうした潮流に位置づけることができる。また、Z. ドウェンガ＝ホダコフスキのペンネームで著作を発表した A. チャルノツキ（1784-1825）にも触れないわけにはいかない。彼はスラヴ人の先史時代より古い時代に遡ってポーランド地域に見られた古代の諸文化の（無論、スラヴ派の精神に沿った）解明に努め、ポーランド考古学の基礎を作った。また、T. チャツキ（1765-1813）はポーランドとリトアニアの歴史に取り組み[PL 0112-0114]、ポーランド国家の創設をノルマン人と結びつけて説明しようとした最初の人物だった。

　比較スラヴ史の開拓者としては、『ルスカヤ・プラウダ』を他の初期封建時代の史料と比較した I. B. ラコヴィェツキ（1783-1839）がいた[PL 0115-0116]。すでに触れた歴史家の弟である J. W. バントキェ（1783-1846）は兄より堅実な分野を

選び、中世法制史料の出版（『ポーランド法（ユース）』[PL 0117]、『クルム法（ユース）』[PL 0118]）に取り組んだ。ガル・アノニムの年代記を出版したのも彼である。

W. A. マチェヨフスキ（1792-1883）は、結論からいえば、スラヴ派の潮流を、とりわけその後期のロマン主義を代表する人物と見なされるべきである。大学で法学を修め、古スラヴ人の法制度の研究を生涯の目標と定めた。その作品にはロマン主義的誇張も多いが、価値ある指摘が少なからずある。専門的知識があり、同時代のアマチュアの一群の中で際立った存在だった。にもかかわらず、歴史叙述の主流から取り残され、後代に有意な影響を及ぼすことはなかった。それはマチェヨフスキが、1863年の一月蜂起の鎮圧後もなお、親ロシア的傾向に固執したためだった。実際には、1831年以降、ロシア政府と協調する限り、前進できないことははっきりしていた。マチェヨフスキは、世紀半ばの変化を全く理解していなかった。それゆえ彼は、新たな段階に達したレレヴェルやクラクフ学派の設立者シュイスキより長生きしたにもかかわらず、スラヴ先史時代のロマン主義的解釈のために、同時代人から取り残されてしまった。マチェヨフスキが自らの時代を過ぎて2世代分長生きしたことは、知識人としては稀な悲劇といっていいだろう。

ロマン主義的歴史叙述はポーランド人にとって、単なる啓蒙思想への反動ではなかったし、啓蒙思想と截然と区別できるものでもなかった。両者の本質的な違いは、ポーランド人が置かれた状況すなわち国家滅亡とその付随現象によるものだった。最も深刻だったのは、国による支援の欠如ないし減少だった。国内では大貴族が果たした学芸庇護の役割がその不足を補った。ワルシャワの学術友好協会が生き長らえたのも、結局のところ大貴族の学問保護によるところが大きい。より大きな困難の原因は、崩壊の諸原因の考察にとどまらず過去の教訓から復興の可能性を引き出そうとする歴史叙述を、他の諸国家すなわち三列強が支持するはずがない点にあった。この困難はしかし、まだ克服不可能なものとは見えなかった。

レレヴェル

困難を克服した最も明らかな例が、19世紀前半の歴史叙述の最も優れた書き手で、専門的観点から見てもポーランド史を一挙に同時代の水準に引き上げたJ. レレヴェル（1786-1861）である。彼は正規の学歴は高くない独学の人だったが、その根気強い仕事を通じて歴史家としての技術的知識を獲得した。すでに1815年に『ヒストリカ』[PL 0119]と題する手引書を出版して専門知識をまとめて提示するとともに、歴史叙述とは何たるかについての思索を公にした。

まだ30歳にも満たない若き知識人は、すでに1815年にヴィリニュス大学教授に任命されるほどの名声を博し、1819年から1821年の間はワルシャワ大学で教鞭を取った。その後、再びヴィリニュス大学に戻ったが、そこでの活動は長く続かず、政治的立場を理由に1824年に職を追われた。1830年の十一月蜂起では、確信的左派として指導的役割の一端を担った。蜂起鎮圧後は亡命を余儀なくされ、そののちに故郷へ戻ることはなかった。レレヴェルは徐々に貧しく、孤独になる中で活動を続けた。また、大亡命の中でも左派民主主義勢力に属し、長年その代弁者であり続けた。ポーランド民主社会協会に集った亡命者たちは、人民すなわち農民に依拠して新たに蜂起を起こし、三列強に対する武力闘争によってポーランド国家を再建することを目指した。そのため彼らは、農民を国民解放闘争に参加させようと農民の諸要求の充足を企図し、勝利後には平等原則に基づく民主主義社会を打ち立てることを望んだ。この立場は、貴族が率いて崩壊したポーランド国家からの根本的決別のみならず、新国家を貴族の率いる旧国家の継承と想定した、あるいは列強間の戦争から利益を引き出そうとしたあらゆる潮流からの根本的な決別をも意味した。

こうした政治的立場は、当然ながら旧来のポーランド史の評価に根本的革新をもたらさずにはいなかった。レレヴェルが1830年以前に、専門的観点から見ても古い歴史叙述に対する革新者として登場したことを考えれば、なおさらである。レレヴェルもまた、歴史の枠組みを社会、経済、精神に関わる現象に広げた。確かに、理論的にはす

でにナルシェヴィチがその必要性を説いていたが、自分ではそれを実現できなかった。

　祖国で活動した時代、レレヴェルはポーランド史の広範な領域に関心を広げ、原史料にも接することができた。その作業がまさに開花しようとした時、レレヴェルは亡命を余儀なくされ、史料を手にできなくなってしまった。金銭的理由から、公刊された史料集すら利用できないこともあった。ある手紙では、「歴史を捏造しろというのか」と嘆いている。

　こうした外的要因と個人的関心から、レレヴェルは世界史に取り組むようになった。それはパリやブリュッセルでも可能な仕事だった。1835年に『中世古銭学』[PL 0120-0122]と題する3巻の作品を発表し、早くも外国での名声を確立した。さらに古代史にも取り組み、一般世界史の導入部分として古代史総説を記した。1850年から1857年に第二の大作『中世の地理』全5巻[PL 0123-0127]を公にした。それは同時代に知られていた情報の単なる寄せ集めではなく、ある意味で近代的な体系化だった。もちろん、当時の世界史叙述は学問としての成立途上にあり、最初の近代的意味での歴史作品、すなわち一次史料に基づく研究が現れ始めた段階だったことを念頭に置く必要はある。いずれの主題も大規模な共同研究を必要とする類のもので、一人の人間、ましてや亡命者が、有益な後代まで残すべき仕事を行なうことは不可能だった。したがって、これらの研究は、今日では学問史的な興味を引くに過ぎない。しかしそのことは、レレヴェルの偉大さを損なうものでは決してない。

　レレヴェルにとってより重要な領域は、もちろん祖国の歴史だった。しかし、すでに見たように、この領域での仕事は史料的制約のため困難だった。それゆえレレヴェルは、総合的叙述を好む自分の特徴を活かして、一連の長短の総説を著した。ポーランド史全体に関する著作や各時代を扱う著作がポーランド語、フランス語、そしてドイツ語で出版された。ポーランドとスペインの発展を比較した注目すべき作品[PL 0128]はとても近代的だった。この著作は単に形式的基準によって比較した箇所もあるが、いくつかの興味深い類似点と相違点を提示した。そもそも、比較という方法が取られたこと自体が注目に値する。相違点は、第一に地理環境の違いから説明された。共通点の主な判断基準となったのは、近世ヨーロッパにおける強大さとその後の衰退だった。

　ポーランド史に関する彼の理論の基本要素の一つは、初期すなわち先史時代における自由人の平等性と共有財産の存在、すなわちグミノヴワツトフォ（民衆共同体—この表現自体は彼以前にも用いられていた）だった。これに最初の一撃を加えたのが、私有財産の出現だとされた。ここにはレレヴェルのユートピア主義が見られる。彼が自由の時代と見なしたのは、1139年のポーランドの封建的分裂までだった。早くもその時点で、絶対主義がスラヴ民族の本性に反して導入されたとされる。ここにはレレヴェルのロマン主義が見られる。続く1375年までの時代は、大貴族が成長し、民衆ないし農民の地位が大幅に悪化し、外部勢力の影響が増大した時代だった。ドイツ法に基づく入植は、ポーランドの発展に外的要因を導入したという理由から、非常に否定的に評価された。にもかかわらず、中世ポーランド国家では封建制度は形成されなかったと記している。これはレレヴェルが当時の認識に従い、封建制を忠誠契約に基づく紐帯と見なしたためである。実際それは、フランスに典型的に見られた形でポーランドに成立することはなかった。レレヴェルによれば、封建制が成立、展開したのは征服を推し進めたリトアニアにおいてのみであり、しかもそこでも封建制はポーランドとの合同によって崩壊したとされた。

　レレヴェルは1375年から1607年までをジェチポスポリタ（共和政）の時期と捉えた。この時代には、少なくとも大勢の貴族たちの間で新たにある種の平等性が実現し、貴族が議会を通じて権力を維持し、スラヴ人の本性に反する絶対主義の形成を許そうとしなかった。共和主義者レレヴェルにとって、失われた先史時代の平等に次いで、この時代こそが理想だった。貴族共和国の国内体制は、他の民族も進んで参加するほど当時のヨーロッパで魅力的なものだった。しかし1607年から1795年には、貴族の平等に反して大貴族が優位に立ち、貴族の平等は衰退した。

レレヴェルにとって中心的なポーランド史上の問題は、どの時代についても、民衆すなわち農民の地位だった。いうまでもなく、それは自らの時代の問題と深く関わっていた。この主題はレレヴェルの世界史にはほとんど現れず、農業問題は全く扱われていない。世界史で常に経済的要因として取り上げられたのは、商業と工業だった。

最後の時期すなわち衰退期については、レレヴェルも18世紀最後の三半期の改革運動を大きく取り上げた。もっとも、記述の中心に国王が据えられることはなかった。他方、国家崩壊については内的衰退からでなく三列強の暴力的介入から説明した。ポーランドとスペインを比較した著作以外でも、ポーランドの西欧的発展からの逸脱、その結果としての東欧諸国家ないし東欧諸民族への接近がしばしば強調された。

ポーランドの若者向けに書かれ、1829年に初版が出た作品『平易な言葉で語ったポーランド史』[PL 0129]では、愛郷的な意図がはっきりと見られる。ポーランド人は常に偉大な国民であり、ヨーロッパで重要な役割を演じたが、隣国の暴挙により崩壊した。しかしポーランド人は、光輝あふれる将来にふさわしい国民として生きるために、過去を忘れてはならないとされた。レレヴェルはこうした情熱的な表現から距離を置くことはなかった。

レレヴェルの理論には、ドイツ人との恒常的戦い（反帝国、反騎士修道会、反プロイセン）も含まれていた。また、ロシアとの恒常的戦いというモチーフもあった。オーストリアも例外ではなく、数百年にわたるポーランドとドイツの戦いの一事例とされた。亡命を余儀なくされたレレヴェルが隣国を好まなかったのは十分に理解できる。しかし、それは時として誤った結論を導かせた。

慎重に検討すれば、レレヴェルがすでにのちのポーランド史学が直面するあらゆる問題を提起していたことがわかる。リトアニア大公国との関係、あるいはポーランド国家が中世以来多民族国家であり、リトアニア人以外にも東スラヴ人（当時のポーランドの用語法でルーシと呼ばれた人々）、すなわちのちのウクライナ人やベラルーシ人が帰属していたことも扱われた。もっとも、レレヴェルにとって（そしてその後も長い間）、これらは中心的問題ではなかった。というのも、彼にとってこれらの人々は、つまるところ、ポーランド人でもあったからである。この点でもレレヴェルは同時代の理解に忠実だった。かつてのポーランド＝リトアニア国家に帰属していた人々は、当然ながらポーランド人と同様の熱心さでポーランド国家の再興を願っていると考えたのである。この点にレレヴェルは慎重な注意を払わなかった。また後の世代も、そうでないことが明らかとなった時にすら、事態を呑み込むことができなかった。

*

国民の偉大さ、悲運、外因による凋落、自由で平等なポーランドの到来。こうしたレレヴェルのロマン主義的理論は、多くの点で旧来の観念を受け継ぎ、また多くの点で根本的に異なっていた。ポーランド救世主思想（メシアニズム）は当時の支配的観念の一つであり、当然レレヴェルや同時代人にとって身近なものだった。多くの者がレレヴェルの見方に同意したが、彼の歴史理論の基本的諸要素に対して批判的な人も多かった。例えばM. I. ジェドゥシツキ（1813-77）はレレヴェルの反聖職者的な視点を批判し、キリスト教の導入が先史時代の平等主義を破壊したという議論に反駁した。またプロイセン支配下で活動したJ. ウカシェヴィチ（1793-1873）は、プロテスタントの立場からレレヴェルを批判した。ウカシェヴィチは同地域の歴史、宗教改革そして学校の発展を扱い、多くの文書館史料の情報を未消化のままにまとめて、いくつもの著作を著した。その中で彼は宗教改革の重要性を強調し、ポーランドの衰退原因を宗教改革の後退ないし対抗宗教改革から説明した。

J. モラチェフスキ（1802-55）は、1843年から1855年にかけて9巻本のポーランド史[PL 0130-0138]を出版した。彼はレレヴェルに同調し、共和主義者の視点から（そして既知の資料を基に）ポーランドの過去を描いた。モラチェフスキを介してレレヴェルの影響を受けたK. ヤロホフスキ（1829-88）は、1850年代から60年代にかけて6巻本の史料集[PL 0139-0144]を出版した。これはグニェズノ大司教の文書集で、17世紀末の歴史に光を当てた。さらにアウグスト2世の治世につい

ても著作と多くの個別研究を残した[PL 0145]。こうして、部分的に新しい史料を駆使し、しかしやや時代遅れの手法で衰退期を中心に検証したが、その作品はナルシェヴィチの実用主義を超えるものではなかった。ヤロホフスキは崩壊の根本原因をザクセン朝期の大貴族の態度に求めた。また、啓蒙思想は、あらゆる長所にもかかわらず、ポーランドの伝統的文化と対立したことにも言及した。この点でヤロホフスキは伝統的捉え方を踏襲していたのである。

モラチェフスキとヤロホフスキは、ウカシェヴィチと同様にプロイセン領ポズナン大公国で活動した。そこではロシア領ポーランドで不可能だった歴史研究の可能性が残されていた。オーストリア領ポーランドは1867年以前でも、さらに状況が恵まれており、この地から現れたのがK.シャイノハ（1818-68）である。彼は研究手法の上でレヴェルの影響を受けたが、カトリックの立場から彼を否定もした。シャイノハも好事家的だったが、ポーランド中世史に関して最初の国王ボレスワフ勇敢王（966?-1025）と、分裂を収拾して統一国家を再建したヴワディスワフ（短身王）を比較した興味深い著書[PL 0146]を記した。また、アンジュー朝統治期についても『ヤドヴィガとヤギェウォ』[PL 0147]と題する優れた概観を残した。とりわけ初期の歴史の諸問題に積極的に取り組み、ポーランド貴族のノルマン起源説に同意して、国家や社会的不平等の出現を征服によるものとした。これにより、同時代の対立の矛先を国民的一体性の名のもとに収めようとしたのだった。

ポーランドの比類ない運命は国外、より厳密にはドイツの歴史家の関心も引きつけた。すでに1840年にR.レペル（1809-93）のポーランド史第1巻[PL 0148]が出版され、その後はJ.カロ（1835-1904）が仕事を引き継いだ[PL 0149]。こうした前例に19世紀後半のポーランドの歴史家は言及せざるを得なかったが、それはポーランド人自身による概説史、すなわち長年待ち望まれた総合的通史の実現を促すためでもあった。彼ら新時代の歴史家たちによってポーランドの歴史叙述は最終的にアマチュアリズムや善意だけに基づく域を脱し、時代の水準に見合った専門分野へと発展するのである。

第2節　専門化した歴史叙述（1918年まで）

1.　制度的基盤

1860年代はポーランド史の発展においてだけでなく、その歴史叙述の発展においても、新時代の始まりだった。1863年の一月蜂起の敗北は、ポーランド王国における歴史研究の環境を非常に厳しいものとした。ワルシャワ大学ではロシア語が用いられることになった。同様にロシア語の大学となった旧ポーランド領の他の大学でも、ポーランドの研究者たちは活動ができず、途方にくれた。ロシア領ほどではなかったが、かつてのヴィエルコポルスカの大部分に相当し、ポーランド人が多数を占めたポズナン大公国や、プロイセン支配下に入ったポーランドでも、彼らの活動の余地は狭まった。これに対し、ガリツィアでは、1860年代に始まった立憲主義時代が1867年の妥協で完成し、1868年にはガリツィアに対するさらなる譲歩がもたらされ、かつてない良好な可能性が一挙に生み出された。そこには大学など専門的活動にとっての前提条件があった。指導的役割を担ったのはクラクフ大学だったが、オーストリア統治の初期に設立されたリヴィウ大学でもポーランド語が用いられるようになり、ポーランド史講座を始めとしてポーランド史研究のための新しい可能性が開かれた。クラクフには学術アカデミーが設立された（公式にポーランドという名を冠するのは1918年以後だが、事実上、同組織は設立以来、全ポーランド国民のアカデミーとして機能した）。オーストリア政府はガリツィアの大部分を、住民の約半数を占めたウクライナ人を含めてポーランド大貴族に委ねた。1871年にはすでにアカデミー設立を決定し、翌年その決定を公式に、そして、荘厳に発表した。実質的な活動は、1873年に始ま

った。アカデミー内部では、すでに 1870 年に設立された歴史学委員会が活動し、歴史研究の計画と方向づけに大きな役割を担った。アカデミーが事実上ポーランド国民の組織だったことは、構成員がオーストリア臣民のみでなく他の二つの旧ポーランド領からも選出可能で、実際に選出されていたことから明らかである。

アカデミーの設立と二つの大学の活動は、別の点でも根本的な変化をもたらした。一つは研究の財政的援助と組織化が可能になったことである。これは、従来の私的な文化保護すなわちポーランド大土地所有貴族の援助が、資本主義普及という経済的変化のために完全に消失したとはいわないまでも、相当に落ち込んだ中で、非常に重要だった。いま一つは、この時にようやく学問的な後継者育成が可能になったことである。在外研究が制度的に可能になったこともあって、二つの大学の存在はその後数十年間に活躍する歴史家世代の多くを育て上げた。また師弟関係の形成が可能となり、それによって理論、方法論、そして解釈における継承が実現したのである。

主としてオーストリアの諸大学で専門教育を施され、既存の講座や新設講座を引き継いだ教師の世代は、いまやその水準を後の世代に伝授できるようになった。はっきり記しておきたいのだが、この水準とは、当時の歴史叙述の支配的水準を意味した。それは要するに、『ドイツ史料集成（モヌメンタ）』出版を通じてドイツやオーストリアの大学、あるいはウィーン歴史学研究所において培われた史料調査と史料批判の潮流のことである。そこに哲学的基礎があったとすれば、それは実証主義だった。もっとも、それは社会発展の法則性を唱える学派ではなく、むしろ歴史史料とそこに現れた歴史事象の詳細な知識の注意深い研究という、主流派的な潮流の方だった。しかし、主流派とはいえ、実証主義の本来の構想とは異なり、歴史の伝統的対象たる政治的事件史が優位を占め続けた。とはいえポーランド人の場合にも、この点で世紀転換期頃にようやく変化が訪れる。

先に『モヌメンタ』叢書を引き合いに出したのには理由がある。ポーランド史学も、まず史料出版に取りかかり、非常な早さでそれを進めたからである。もっとも、その後も数十年の間、十分な史料出版がなされていないという批判や、次々に新しい作業に着手すべきとの要請がささやかれ続けた。

史料出版の始まりは遠い過去に遡る。好事家的性格を持ったいくつかの出版物にはこれまでも触れてきた。国家の保護がなかったため、個人が主唱して最初に史料出版が行なわれたのは、19 世紀半ばのポズナン大公国においてだった。1840 年、E. ラチンスキ（1787-1845）がポズナンで『大ポーランド文書集成（コーデクス）』[PL 0150]の第 1 版を出版し、5 年後にはヴロツワフで『リトアニア文書集成（コーデクス）』[PL 0151]を出版した。さらにラチンスキは、当時としては珍しく 18 世紀関連の史料も出版した。また、K. J. ストロンチンスキ（1809-96）は 1839 年にクラクフで『古い文字の範形』と題して石版印刷として文書を出版した[PL 0152]。ガリツィアでは 1847 年に『ポーランド文書集成（コーデクス）』[PL 0153]の出版が始まり、A. Z. ヘルツェル（1808-70）の加入によって水準が一気に引き上げられた。ヘルツェルはまた『古ポーランド法制史料』の出版を主唱し、1856 年にその第 1 巻を出版した[PL 0154]。ポズナンでは A.T. ジャウィンスキ（1796-1861）が、ジャウィンスキ家の基金として 1852 年に『アクタ・トミキアナ』[PL 0155-0173]叢書を出版し始め、まもなくポーランド＝リトアニア合同に関する史料を出版した[PL 0174-0175]。アカデミーの創設後、史料出版はさらに勢いを得た。A. ビェロフスキ（1806-76）が手がけて 1864 年に始めた中世記述史料集『ポーランド史料集成（モヌメンタ）』叢書[PL 0176-0181]の出版が継続され、マウォポルスカの中世文書の出版も始まった。後者については 1874 年から 1887 年に 3 巻が[PL 0182-0184]、さらにクラクフ司教の文書から 2 冊[PL 0185-0186]、そしてクラクフ市の文書から 2 冊[PL 0187-0188]がそれぞれ出版された。アカデミー歴史学委員会リヴィウ支部では、1878 年から W. ケンチシンスキが『ポーランド事績史料記録（アクタ）』叢書[PL 0189-0204]として、1506 年から 1795 年の時代に関する 13 巻を刊行した。同じく、1872 年から『ポーランド文献集成（スクリ

プトーレス）』叢書[PL 0205-0226]の刊行が始まった。また歴史学委員会は小規模な史料の刊行のため『歴史学委員会文庫（アルヒヴム）』[PL 0227-0242]と題して別の出版事業も開始した。世紀転換期後も、新たに叢書を創刊し、史料出版が続いた。1913年にヴァティカン文書館の貴重な史料から『ポーランド・ヴァティカン史料集成（モヌメンタ）』の第1巻[PL 0243]が出版された。1906年から1910年には、バルゼルが『ポーランド法集成（コルプス）』の第3巻と第4巻第1部を出版し[PL 0244-0245]、1506年から1534年の法律を公にした。中でも重要だったのは、クシジャノフスキが手がけた史料収集だった。それは中世ポーランドのあらゆる文書を包括することを企図しており、1907年から1910年にかけて『ポーランド古書体学集成（モヌメンタ）』と題して、幾千もの写しの中から1216年以前の68通の文書の正確な写しを出版した[PL 0246-0247]。この作品は、歴史補助学教育の基礎となった。個人的史料公刊の企ても完全になくなったわけではなく、リヴィウではA.スタドニツキ伯（1806-61）が赤いルーシ〔ガリツィアとロドメリア〕に関する史料刊行を開始し[PL 0248-0272]、死後その全財産は作業継続のために残された。

2. 公募

いまや大土地所有者の多くが財産の一部をアカデミーに基金として残し、作品の顕彰に充てるようになった。すでにアカデミー設立以前に、時宜にかなった歴史作品の顕彰のためニェムツェヴィチの名を冠した基金による公募が行なわれていた。1850年にはパリで、匿名の篤志家が亡命下で活動する歴史学協会に金貨3万枚を寄付した。基金設立者がZ.クラシツキと判明したのは1883年になってからだった。最初の公募は1867年に公示された。形式的には、その後しばらくパリの協会が基金を運営したが、審査はほどなくアカデミー歴史学委員会に委ねられた。1893年にはアカデミーが基金を正式に受け継ぎ、他の基金と同様に該当者に褒賞を与えるようになった。ただし、該当者がいた場合の話である。この基金の歴史に関する詳細な研究によって、公募の内容設定や審査は当初からクラクフの保守主義陣営の手中にあったことが明らかにされた。保守主義者（とりわけ国外滞在中ながら同陣営と近い立場にあったW.カリンカ）は、自らの政治的観点に適合的な主題を設定し、それにふさわしい作品に褒賞を与えた。それゆえ、設定された主題に応募がないこともあった。興味深いのは、最初の主題が、17世紀から18世紀におけるポーランド国家の弱さの原因を問うものだったことである。この公募は、レレヴェルに触発され亡命者の間で広まっていた構想に対抗し、当時形を取り始めていた新しい動きを助成しようとした。それは、ポーランド救世主思想を批判する動きだった。公募を勝ち抜いたのは、亡命者でパリの協会副会長だった。彼は3巻本の研究で、ポーランド国家は自らの内的な過ちのために自壊したのであり、国王の問題ではなかったことを論証した。紙幣の形で蓄えられた資金は第一次世界大戦を経て無価値なものとなり、この公募は1922年をもって終了した。

3. 雑誌

ニェムツェヴィチ基金の公募が研究を組織する役割を果たせなくなった理由の一つとして、それまでと異なり、当時の研究活動が雑誌の形態で組織され始めたことが挙げられる。アカデミーの歴史・哲学部門は『歴史・哲学部門論集』を発刊し、多くの重要な研究がそこで発表された。部会会議やその他の活動は、『アカデミー会議報告』で報告された。歴史家にとって最も重要な専門誌となったのが、1886年にリヴィウで発刊された『歴史季刊誌』と題する季刊誌である。これは実に近代的な出版物で、そこには論文、研究ノートと並んで多くの書評が載せられた。書評の多さは驚くべきもので、例えば同時代のハンガリーの作品でポーランドに関わらない研究についてすら掲載された。この雑誌はあらゆる意味で開かれており、ガリツィア在住ウクライナ人作家で歴史研究も手がけたI.フランコ（1856-1916）もしばしば寄稿した。この雑誌は、将来をも見据えて、ウクライナ人との関係を保とうと試みた。さらに、ロシア人

のカレーエフの作品、例えばロシア史学の西ヨーロッパ史に関わる研究の報告なども掲載した。世紀転換期以後、ヨーロッパにおけるポーランド歴史叙述の権威が高まるにつれ、国際関係にも常に注意が払われるようになった。もちろん、ガリツィアに在住しないポーランド人も、当然、この雑誌に執筆した。

　ロシア領ポーランドの歴史家の状況は、20世紀初頭までガリツィアの可能性に遠く及ばなかった。1905年の革命を経て初めて幾分か活動が可能となり、同年には『歴史展望』と題する季刊誌が発刊された。創刊号の序文でW.ソビェスキはガリツィアを含めたポーランドの出版事情の悪さに触れ、ドイツ人の歴史家ははるかに大きな可能性を持っていると記した。この雑誌はまもなく『歴史季刊誌』と並ぶ重要性を持つようになる。

　『歴史季刊誌』創刊は、実のところ、別の企画の産物だった。本来はリヴィウで K. リスケ (1838-91) に敬意を表した記念論文集が出版される予定だったが、それが歴史学協会の設立にまで発展したのである。1886年10月14日にリヴィウで設立会議が開かれ、終身会長にリスケが選出された。これによって、それまで支配的だったクラクフの拠点と並んで、ガリツィア・ポーランド人の学術の重要な結節点となる第二の組織が設立されたことになる。この団体はまもなく地方支部を設置し、構成を変えつつも常に数百人を抱えて、歴史叙述の発展に対してクラクフと同等の役割を果たすようになった。歴史学協会はポーランド歴史家会議の開催も引き受けるようになった。

　最初の会議は、1880年に、当時のアカデミー歴史学委員会が組織して、クラクフで開かれた。会議はもともとドゥウゴシ没年を記念することを唯一の目的としていた。このため最初の偉大な歴史家の祝福の機会を捉えて国境を越えたポーランド歴史学の一体性を記録に残そうと、ガリツィアの外で活動する歴史家たちも招待された。ところが、歴史家たちの人的交流や活発な論争が非常に有益であることが明らかになったため、会議はその後10年ごとに開かれることになった。著名な専門家が歴史叙述の諸領域の進展について報告を行ない、次第に多岐に分化した部会でその他の研究主題についても議論されるようになった。第2回会議は1890年、歴史学協会に敬意を払ってリヴィウで開催され、第3回会議は1900年にクラクフで開催された。その後は、世紀初頭の政治的混乱のため一時中断されたが、1925年に再開された。

　20世紀初頭、歴史学協会の活動にはいくらか翳りが見え始めていた。というのも、協会指導層が歴史学内の発展においてすら世界の変化についていけず、古い方法の保守的継続にとどまったからである。また、歴史学協会および『歴史季刊誌』は公的に維持された組織ではなかったため、常に財政的問題を抱えていた。『歴史季刊誌』の分量は半分にまで落ち込み、会員数も1910年代まで増加しなかった。当初の企図に反して、会員の大半はガリツィアの歴史家であり、20世紀初頭の時点で、外部からの参加者は36人にとどまった。1910年代に増加傾向が見られたが、その傾向も第一次世界大戦のために無に帰してしまった。

　国境を越える国民的連帯は美しい標語であり、しばらくは影響力を持ったが、理論的対立と避けがたい人的対立がそれを幻想にしてしまった。政治的現実がこれに拍車をかけた。1863年以後、ポーランドの政界では、蜂起は国家再建でなく流血の敗北をもたらすものであり、最良の愛国者が戦場に散っても状況は好転しないという見方が優勢となった。さらにこの教訓ほどには明瞭に公言されなかったが、三列強が平和裡に共存している間は、状況は変わらないともささやかれた。三列強は分割したポーランドに関して相互に支配を保障し、これが三国を結びつけていたからだった。このような状況下におけるポーランド人の任務は、分割時代を生き抜き、資金と精神を蓄え、国民意識を維持し、三列強が戦争に至る瞬間を待つことだけだった。19世紀末の時点でこの瞬間がそう遠くはないと予想できた者はほとんどいなかった。

4.　1918年までの歴史叙述

　必要なのは、武力闘争でなく日々の些細で有機的な労働である。これが公に喧伝され、多くの場所で受け入れられた標語だった。後知恵でいえば、これは資本主義的発展の推進であり、実際に市民

層の間ではそのことが十分意識されていた。それが国民的目的に奉仕するというのだから、聞こえのいい話である。ただし歴史家は、標語と資本主義的発展の関係を意識していなかった。彼らは、それが目下の最も重要な国民的課題であると心から信じる者と、少数ながら全く同意しない者とに分かれた。経済史家ですら、資本主義の発展に無頓着だった。彼らは依然として、ポーランド国家崩壊という問題に関心を寄せていた。19世紀初頭から続いた問題を単純化すれば、それは「崩壊は内的問題により引き起こされたのか、外的暴力によるのか」という問いだった。この単純化はそれほど乱暴ではない。実際に、彼らは基本的にこの二者択一の可能性しか想定できず、両者を組み合わせることに考えを及ぼすことはなかったからである。（政治史の独占的地位を維持したまま）閉じられた問題領域で二つの立場は次第に葛藤を深め、やがて黙示録的な膨らみを示すようになった。ことは単なる原因如何ではなく、世界観の問題となり、より直接的には歴史観の問題となった。まもなく互いのレッテル貼りが始められた。内的要因を主張した陣営は、その反論にもかかわらず悲観論のレッテルを貼られ、他方の陣営は楽観論を広めているとされた。問題は崩壊論にとどまらず、ポーランド史全体に関わるものとなった。これに応じて、クラクフ学派とワルシャワ学派という二つの学派が形成された。この呼び名は1890年の歴史家会議の時点ですでに広く受け入れられており、みなそれぞれが何を意味しているかを知っていた。優位にあったのはクラクフ学派だった。彼らは大学を拠点に活動したため、弟子にその旗印を継がせ、その捉え方を伝えることができたからである。リヴィウの人々はクラクフ学派と完全に歩調を合わせたわけではなく、大学で独自に弟子を育成し、ワルシャワ学派の陣営に与することもなかった。他方、ワルシャワ学派は常に劣勢にあった。彼らはそもそも職業があれば幸運な方で、大学が機能していなかったために弟子を育てることも難しく、常に逮捕と背中合わせの非合法的状況で弟子の確保を試みねばならなかった。根深い対立に和解への道が開けたのは、世紀転換期、世界史叙述の成果として歴史叙述全体に新たな傾向が現れた後のことである。

クラクフ学派

　クラクフ学派から話を始めよう。それはこの学派が多数派で、有利な状態にあったためではない。彼らも結局相手に打ち勝つことができたわけではなかった。また、彼らの主張にこそ真理があったからというわけでもない。ただし、結論を若干先取りすれば、最初の根本問題〔すなわち、国家崩壊の原因〕に関してはワルシャワ学派より彼らの方が真実に近かったように思われる。ともあれ、この学派から論述を始めるのは、この潮流が早くも1860年代に胚胎していたからに過ぎない。この時期にヴィスワ河岸領（1864年以後のポーランド国家の正式名称。ワルシャワ県とも呼ばれたが、ポーランドという名を冠することはなかった）でポーランド史に関する思索を合法的に出版することなど、想像すらできなかった。

　クラクフ学派の指導的人物がみな、政治的立場において保守的だったことに疑いの余地はない。彼らはポーランドの大土地所有貴族に見られた保守主義の立場を継承し、スタンチクというあだ名で呼ばれた。ズィグムント1世の宮廷道化師スタンチクは、16世紀初頭のポーランドが統治権の弱さから衰退へと進んでいるとの苦い真実を、媚びへつらう取り巻きの中で諫言した人物であり、彼についてはのちにボブジンスキが研究を著している。クラクフ学派の考えでは、ガリツィアから発せられた有機的労働というスローガンに見られるように、必要なのは蜂起ではなく、既存の社会と政治の枠組みの中で真摯に労働と富を蓄積することであり、より重要な契機は社会的枠組みの方だった。クラクフ学派は猛烈に反農民的立場を取ったというわけではないが、政治における大土地所有者の指導的役割を疑問視することは望まなかった。そしてオーストリア政府が権力、地位、政治的影響力の面でポーランド人に与えたものを感謝して受け入れた。クラクフ学派の人々は、フランツ・ヨーゼフと彼が実現した体制の忠実な臣下であり、自分たちの地位が他の二つの領域のポーランド人と比べていかに有利かを知っていた。ただし、クラクフ学派も現状を最終的解決と考えてい

たわけではない。とはいえ、その期間は長く続くだろうと考えた。しかし実際には思ったより早く終わりが来た。

　対立陣営であるワルシャワ実証主義派は、クラクフ学派のカトリック的な宗教性を批判した。確かにカリンカはカトリックの聖職者だったし、シュイスキが自らの信仰心を隠すことはなかった。しかし、ボブジンスキは決して非難されるほど教権的ではなく、その弟子に至ってはいかなる形でも教皇至上主義に固執してはいなかった。

　続いて王政擁護派という非難が浴びせられた。ある意味で、クラクフ学派自身もそう呼ばれることをよしとした。というのも、彼らは強力な中央権力、より一般的には強力な国家権力こそが歴史の基本的要素であり、その欠如こそポーランド国家崩壊の原因だと考えたからである。彼らは王政擁護派であり、明らかに過去や未来における強力なポーランド君主を信奉していた。ボブジンスキは生涯の数十年間を政治に捧げ、ガリツィア総督やオーストリアの大臣としての活動の中で、権力の在り方や行使について内側から観察することができた。クラクフ学派の人々は既存の国家権力から支持されており、彼らにとって国家が重要なことは明らかだった。一方、ワルシャワ学派の人々は国家を敵対するものとしか見なさず、共和主義的な自由を選択するのに躊躇はなかった。

　最後になされたのは教条主義者という非難だった。(これまでに列挙した非難は、ワルシャワ学派の指導的人物 W. スモレンスキの主張である。)まず、過去を蘇らせる際に何らかの一般的立場からその作業を行なうという意味で、すべての歴史家は実際上、教条主義者である。その立場は様々でありうるが、何かが存在するはずであり、立場選択や作品形成において歴史家自身が生きている時代から根本的な影響を被っていることは、今日の目から見れば指摘するまでもないことである。クラクフ学派が問題視されたのはそうしたことではなく、彼らのキケロへの言及だった。すなわち、歴史は人生の教師であるとする立場である。彼らはポーランドの発展から現在と未来への教訓を引き出そうとした。彼らと歴史の捉え方で近いナルシェヴィチもそれを目指していたし、正反対の立場に立つレレヴェルも同様だった。ワルシャワ学派も同じだったはずだが、クラクフ学派を非難できなくなるため、そのことを認めなかった。標語をめぐって多くの議論がなされたが、それが引き起こす嵐は次第に小さくなり、世紀転換期には、若者にとってどちらにつくかは無意味なことと映るようになった。世紀転換期にクラクフ学派から育ったバルゼルは、クラクフ学派などすでに存在しないと言い切った。しかし、クラクフ学派の長所は弟子に受け継がれた。それは何よりもまず専門知識や技術的道具立て、研究手続きや着想だった。また、歴史家は国民史を過度に熱狂することなく批判的に見るべきであるとする態度も継承された。若い世代による批判は行き過ぎた点もあったが、基本的な立場は正鵠を得ていると思われる。

　クラクフ学派が批判的精神と冷静さをもって立ち向かった相手がレレヴェル史観だったことに疑いはない。ただし、彼を評価しなかったわけではないし、ボブジンスキに至ってはレレヴェルをポーランド歴史叙述の巨人と呼んだ。しかしレレヴェルと彼らとでは確かに政治的立場も、また多くの問題において、歴史観も対立的だった。

シュイスキ

　クラクフ学派の最年長者で、最も早く活動を開始したのはカリンカだった。しかし、同学派の指導的人物を列挙するにあたっては、学派の指導的人物中で最も権威があり、疑問の余地なく非常に重要な代表者だった J. シュイスキ (1835-83) から叙述を始めたい。1869 年に創設期のポーランド史講座で教鞭を取り始めたとき、シュイスキは、数年前には当地でも祖国の出来事を講ずることはできなかったし、別の場所では現在もなおそれができないことを強調し、オーストリア国家において自由の精神が支配的になったと述べた。もっとも彼は、オーストリア国家に対して述べるべき謝辞はそれだけで切り上げ、続けて歴史について自らが信ずる理解を開示した。優勢となりつつあった実証主義的見方に対し、シュイスキの本質的主張は、歴史は自然科学の手法で研究できるものではなく、厳密な意味での学問ではないというものだった。すなわち、主体としての個人の役割こそ

が重要だと主張したのである。彼によれば、個人の役割は、歴史家が知性と感性に耳を傾け歴史を再構成する時だけでなく、歴史の流れそのものの中でも重要だった。またシュイスキは国民史を歴史叙述の中心に据えたが、それが世界史の一般的潮流から乖離した場合は、誤解や誤った説明に至ると明確に述べた。歴史的出来事は秤にかけられ、その冷静な評価から教訓を引き出すべきとした他、コスモポリタニズムの立場には慎重でなければならないが、国民的特殊性を強調することにも同様に慎重でなければならないと説いた。

シュイスキの立場をより詳細に見る余裕はないが、さらにいくつかの点を論じておかなければならない。彼は 1862 年から 1866 年にかけ、レレヴェルの後で初めて、独自の観点と、部分的だが、自身の研究にも基づいた 4 巻本の総合的通史『ポーランド史』[PL 0273-0276]を発表した。1880 年には、その一般向けの簡約版も出版された[PL 0277-0278]。この浩瀚な通史は、1795 年までのポーランド史を扱ったものである。これ以後の時代については、数頁にまとめて冷静にいくつかの事実を記しただけだった。彼もたびたび総合的な歴史叙述の必要性を説いたが、ナルシェヴィチを大きく超えることはできなかった。通史の大部分は政治史であり、しばしば退屈になるほど詳細に事実関係が叙述された。確かに、社会発展や文化について脚注ではなく独立した章で論じたが、それらは際限ない政治的事件の叙述の中に埋没している。これに対し、もう一つの基本原則だった世界史との連動については、慎重な配慮が見られる。各時代の最初の部分に、ヨーロッパ史の発展の主要な特徴、とりわけ国家間の関係、紛争についての明快な見取り図が置かれ、その中にポーランドの出来事が配置されたのである。

シュイスキによれば、ポーランドの文明は西欧より若く、後発で、より未発達だった。西欧に対する後進性はポーランド史を貫く特質だった。おそらくこれが、レレヴェル史観やポーランド救世主思想全体と最も鋭く対立した点だった。ここで想起しておきたいのは、通史第 1 巻がすでに 1863 年の蜂起より前、すなわちポーランドのヨーロッパ的使命とされた自己と他者の自由のための闘争という考えがまだ広く合意を得ていた状況下で出版されたことである。

ポーランドの過去の内実は、東方における西欧文明の拡大だったとされた。(この点に関して、マルクス主義史学を含めた後代のポーランドの歴史家は、西に向いたピャスト朝の政策と、東を征服して文明を広めるヤギェウォ朝の政策という二重性の中で思索し、選択することになる。)シュイスキは、西欧文明に順応する過程をポーランドの過去の内実としてあまり重視しなかった。

小さな作品も多く残し、論敵に応えて自説を擁護した論争的文章では、自由拒否権と議会の混乱こそがポーランド国家を崩壊させたと論じた。そこでは、混乱が政府と社会的正義の間の不調和に端を発したものであり、これに列強の非道義性(三大国すべての!)が加わって崩壊がもたらされたと論じた。若い時期に書いたある論文では、分割に関してより単純に三列強に第一義的責任があるとし、生涯の終わり近くに編まれた業績集成にもこの論文の収録を許した[PL 0279]。しかし、その後時代を経るにつれ、内的要因の解明を前面に出すようになった。

シュイスキは常に自らの宗教的信念を隠すことはなかったが、その信念は年を経るにつれて、疑いの余地なくはっきりと表に現れた。1881 年に出版された晩年の著作『ポーランドのルネサンスと宗教改革』[PL 0280]には、それが明確に示されている。この著作では、ルネサンスの世俗性が近代の物質主義の直接的先駆として非難され、宗教改革のポーランドへの波及がポーランド衰退の本質的要因の一つとされた。

専門家の中には、シュイスキではなく W. カリンカ (1826-86) こそがクラクフ学派の創設者であり父だったとする者もいる。しかし、カリンカの生涯の一部は全く逆のことを示しているように見える。法学を修めた若きカリンカは、1846 年のクラクフ蜂起に参加し、当然ながら、そののちに亡命した。亡命中は A. チャルトリスキ公 (1770-1861) 率いる右派勢力に加わった。また、1863 年蜂起も支持し、その後ようやく武力闘争を国民運動の主たる形態とする夢から覚めた。そして教会に復帰するため、1868 年に修道士となった。カリ

ンカはすでに 1846 年からの亡命中に近代史の研究を始め、フランスやベルギー、オランダの文書館で調査を行なった。1868 年になって、大部の史料に長大な序文と解説を付した『スタニスワフ・アウグスト支配の晩年』[PL 0281]を出版し、これは大きな反響を呼んだ。彼の理論はここですでに完成しており、1880 年から 1888 年にかけて出版した大著『四年議会』[PL 0282-0284]の中でさらに展開された。

カリンカ自身の告白によれば、民主主義者として出発したカリンカは、国家が完全に分割された原因はポーランド人自身にあるという苦々しい事実に史料研究を通じて到達した。それ以前にチャツキやニェムツェヴィチらがすでにこの過ちに気づいていたが、その後のポーランド人は理想を追い求め（これはレレヴェルに向けた言葉）、詩人が歴史を書くようになった（これは明らかに A. ミツキェヴィチ（1798-1855）と J. スウォヴァツキ（1809-49）を指す）。外国史料からカリンカが導いた結論は、強国に敗れたという当時のポーランド側の理解がヨーロッパ諸国では信じられていなかったというものである。当時の西欧は、ポーランドの国民性、より明確には貴族の態度に基本的原因を見ていた。こうしてスタニスワフ・アウグストが名誉回復された。というのも、国王にはもはやどうしようもなかったからである。内的混乱は以前から存在しており、その責任は全国民にあった。この国民が貴族を指すことは、カリンカも認識していた。そのことは、彼が 19 世紀には他の人々が貴族から美点とともに欠点を引き継いでしまったと記し、それゆえ過去を知り、教訓を引き出すことが必要だと論じたことにも現れている。

ボブジンスキ

M. ボブジンスキ（1849-1935）はクラクフ学派の若手世代の代表的人物だった。彼から見ればシュイスキやカリンカは、レレヴェル学派の空想的見方からの転換、分袂をもたらした偉大な先達だった。シュイスキとともにクラクフ大学で教鞭を取ったが、1880 年頃に政界に入った。彼が歴史叙述を再開したのは、すでに晩節にあった 1918 年以後だった。

ボブジンスキの作品の大部分は 1870 年代に書かれた。法学の学位を有し、法制史と国家組織の歴史に関心を寄せた。最初のまとまった仕事は、中央権力に対する貴族身分の優位の始まりを意味したヤギェウォ朝カジミェシュ 4 世のニェシャヴァの特権を分析したものだった[PL 0285]。1874 年に『ポーランドの古き法、法学と法学研究について』[PL 0286]、翌年に『クラクフ・ヴァヴェル城におけるドイツ法上級法廷設置について』[PL 0287]、さらに 1876 年には『オルブラフトとアレクサンデルの時代におけるポーランド議会』[PL 0288]を出版しており、他にも多くの著書を挙げることができる。これらはいずれも、学問的方法論においても史料の面でも優れた業績だった。ボブジンスキは史料を探索して高い水準で公刊し、弟子にも同じ作業を促した。法制史と並んで特に中世の社会発展に関心を寄せ、この領域でも 1881 年に大著を発表した[PL 0289]。1892 年には『村人の歴史についての一断章』[PL 0290]を著し、専門的歴史学者として初めてポーランド農民史を扱った。その著作では、1496 年から 1520 年の間に農民の地位が大きく転換し、それまでの展開からは予期しえない形で土地緊縛制が出現したこと、この長期的過程が 1573 年に最終的決着を見たことを論じた。この結果、その後は農民が国民史から脱落し、国家の運命に無関心となったのである。彼はそれゆえにこそ農民史を扱う必要性を感じていた。

もっとも、ボブジンスキの影響力は何といっても 1879 年に初版が出た総合的通史『ポーランド史概観』[PL 0291]によるものだった。著作では 1772 年まで、すなわち第一次分割までの展開が概観された。1918 年に第 4 版のため 1772 年以後の歴史も記し、自らの専門的見地からポーランド国家再興の経緯を扱った[PL 0292]。その部分はもちろん、もっぱら外交事件史を検討したものだった。ボブジンスキもこの作品も、自らの時代を超えて長生きすることになる。

影響力は初版の方が大きかった。シュイスキと同じくボブジンスキも第一に政治的事件の歴史を記したが、それにとどまらず、歴史の他の諸領域に関する記述を有機的に組み込むことに成功した。

また事件の詳細な記述ではなく、大きな発展の流れの解釈に重心を置いた。ボブジンスキは、ポーランド史を三つの大きな時代に分けた。第一は13世紀半ばまでの黎明期、第二は15世紀末までの中世、第三は第一次分割までの近代である。この時代区分について、シュイスキや他の論者との間で多くの論争が行なわれ、論争相手は各時代の内部に重要な区切りを提示した。細部では他の論者に理があるところもあったが、ボブジンスキが重視したのは、本質的な要素だった。一見したところ伝統的で無味乾燥な彼の時代区分は、実のところ、シュイスキやスモルカ、〔T.〕ヴォイチェホフスキがしかけた議論と比べ、よりよく本質を捉えていたと思われる。ボブジンスキの全作品に貫かれているのは国家権力の強調であり、国家権力の強化に努めた統治者や政治家が扱われた。通史の初版では1772年以後の改革時代を扱わなかったため、当然ながら衰退の面が強調された。さらに次の点も付言しておかなければならない。ボブジンスキは、ポーランドの歴史叙述の展開を概観した序文において、歴史叙述を雄弁術の世界から引き出して真の学問にしたのはレレヴェルだったと明言した。ただし、レレヴェルの構想は自らが利用した諸事実に反しており、ヘーゲルやロテック、ギゾーの影響を受けたアプリオリな思索に過ぎないとした。ボブジンスキによれば、レレヴェルは歴史哲学に到達したのでなく、そこから出発したのだった。

ボブジンスキの通史の反響は、当初は否定的だった。多くの読者は、この作品で初めてレレヴェルを否定する新しいコンセプトを知った。多くの専門家というより批評家が、この著作を批判した。それらの批評に対してボブジンスキは、出版した1879年のうちに反論した。彼は「歴史的真実の名のもとに—歴史学の任務とその今日的立場について」[PL 0293]を著して改めて史料の本質的役割を強調し、ナルシェヴィチやレレヴェルが史料に精通していたことに言及した。ただしボブジンスキは、レレヴェルの単視眼的理解に反対し、理論的、方法論的思考によって自らの捉え方を擁護した。既知の歴史的事実は社会科学や政治学の知見に基づき1本の紐に結ばれるべきというのが、彼の主張だった。もし我々が当時の実証主義がまさにこの点を強調していたことを知らなければ、この見方は非常に近代的な印象を与える。そしてこの点でも、歴史の1回性を強調するシュイスキと対立した。ボブジンスキによれば、歴史学の任務は法則性の発見にあった。もちろん、歴史こそ人生の師であるという捉え方はここでも強調された。また、歴史的事実は党派性を帯びない、今日風にいえば価値自由なものでありうるが、歴史家はある立場を選択して、党派性を帯びざるを得ないと言明した。ボブジンスキは苦い真実を語ったため非国民的と攻撃された。しかし、彼が記しているように、国民の敵とは過去の否定的な側面に目を塞ぐ者である。ボブジンスキは肯定的な側面も取り上げたが、誰もその点を認めようとしなかった。こうした盲目的な情熱は、国民にとって損失でしかありえない。

実用主義者にして現実主義者のボブジンスキは（彼は今風にいえば「脱英雄化の人」とでも呼ばれよう）、政治活動でも現実の範囲の中で行動した。この現実が短期的な有効性しか持たなかったことを、彼はのちに経験することになる。ボブジンスキが忘れていたのは、所与の状況下で歴史叙述から人生の教訓を引き出そうと望む者にとり、レレヴェルの情熱のほんのひとつまみこそが必要だということだった。

*

クラクフ学派第一世代のもう一人の代表的人物、S. スモルカ（1854-1924）は、しばしばボブジンスキと論争したが、彼に似たところがある人物だった。彼はリヴィウでリスケの弟子として歴史学を学び、その後ゲッティンゲンでヴァイツに師事して、史料批判の最先端の形式を直接に身につけた。

クラクフ学派の最大の関心は中世史にあったため、スモルカもはじめピャスト朝期と取り組んだ。最初の重要な作品『ミェシコ老公とその時代』（1881年）[PL 0294]には、すでにこの歴史学者の特色が現れている。その分析的手法はボブジンスキを想起させるが、スモルカが何より好んだのはランケ流の叙述的手法だった。彼はシャイノハからこの手法を学んだが、シャイノハほど親しみ

やすく描くことはできなかった。1875年にはクラクフ大学で私講師となり、シュイスキの早逝後に講座を受け継いだ。スモルカは政治史の優位を主張したが、それは国家組織の歴史を内包し、広く社会構造全体を考察対象に含めたものだった。1872年に著したシロンスクのヘンリク1世髭公（1163頃-1238）の伝記［PL 0295］は、すでにミェシコ老公（1121/25-1202）伝を思わせる作品で、13世紀の政治史が描かれた。また、文書公刊にも携わり、初期ポーランド年代記やリトアニアとスラヴの歴史叙述の始まりを扱い、『ルーシ＝リトアニア歴史叙述の最古の記録』（1889年）［PL 0296］を著した。やがて重心をピャスト朝からヤギェウォ時代へと移し、「ケーストゥティスとヤギェウォ」（1889年）［PL 0297］と題する作品を著した。また1893年に、ボブジンスキと共同でドゥゴシのモノグラフを著した［PL 0298］。しばらく政界に出入りした後、20世紀初頭に19世紀の歴史に取り組んだ。

スモルカは歴史叙述の方法論的問題にさほど関心を示さなかったが、それでも1879年にボブジンスキとの論争を通じて理論的作品を著した。その改訂版は1882年の著作に「歴史についての一提言」［PL 0299］と題して収録された。そこでのボブジンスキ批判は、第一に、ボブジンスキの語る歴史の法則性に向けられた。スモルカによれば、そうした法則は存在するかもしれないが証明されてはおらず、我々の知りえぬことだった。また、歴史は偉大な人物の役割抜きに語りえないが、彼らが抽象的法則に従って行動したわけではないことは明らかだと説いた。スモルカはこの著作で、学問足りうるのは法則性探究の作業だけであるとする捉え方に対して、極めて意識的に歴史学を擁護した。彼は世紀末にヨーロッパの歴史叙述に強い影響を持つことになる視点を、かなり早くから主張していたといえる。また、世界史的観点抜きで国民史の検証はできないにもかかわらず、ボブジンスキは国民的観点からのみ議論していると、独自の批判を展開した。さらに、歴史学者にとって政治学や社会学の概念、方法の知識は必要だが、そこから出発すると、近代的概念をそれ以前の時代に押しつける危険が生じるとも論じた。スモルカは心理学も重要な歴史補助学と考え、例えばヤドヴィガの特徴についての記述では、心理学を大いに利用した。さらに彼が強く主張したのは、歴史家の史料調査と研究においては、非党派性が義務づけられるということだった。

1883年、シュイスキの講座を引き継ぐ就任講演で、スモルカは理論的問題を再論した。彼は一方で、ボブジンスキを批判して、国家の強弱が進歩の唯一の基準ではないこと、歴史は流れであり肯定的な力とともに否定的な力が働いていることを強調した。他方で、レレヴェルに対しては、貴族の自由の理解に関して批判を展開した。ただし、レレヴェルがそれを理想視していなかったことは認めた。また、スモルカは「有機的労働」という概念によって、積極的な生産行為の重要性を強調した。かつては武力による防衛がポーランド人の国民的使命だったが、今日では、有機的労働によりポーランドが西欧文明を防衛していると論じた。

ワルシャワ学派

クラクフ学派の人々はポーランド分割に加わった三列強すべてを有罪と見なし、この点でオーストリアにも特別な親近感を示さなかった。ただし、カリンカに特徴的に見られたように、彼らが最も危険な敵と見なしたのはロシアだった。ワルシャワ学派の人々は、もちろんこうした立場を取ることができなかった。しかし、すでに述べたように、最大の見解の相違はこの点にはなかった。さらにもう一つの視角に触れておく必要がある。すなわち、クラクフ学派の人々、特に創設者たちよりも弟子たちは、中世を研究対象とした。これに対し、ワルシャワ学派の人々は18世紀や19世紀をも扱い、ポーランド史全体を別の側面から捉えた。クラクフ学派が悲観的だったのに対して、ワルシャワ学派はガリツィアよりも耐えがたい環境の中にあったため、将来への楽観論を取るしかなかった。これが歴史全体の捉え方にも反映された。そしておそらく、例えばスモレンスキの反クラクフ主義に見られる恨みがましい感情には、彼らが大学で講座を得られなかったことも作用していた。

この学派からは二人の著名な代表的人物を紹介しなければならない。一人は年長のT.コルゾン

(1839-1918)である。彼はベラルーシの小貴族出身で、1861年から1867年の間シベリア送りを経験したのち、ワルシャワでザモイスキ基金の図書館長となった。研究には片手間で従事することしかできず、史料へのアクセスも容易でなかった。

コルゾンの最初にしておそらく最も重要な作品は、6巻本〔初版は4巻本〕の『スタニスワフ・アウグスト時代のポーランド国内史 1764-94年』[PL 0300-0305]である。その序文で、この時代の特に下層の人々についてはほとんど知られていないと述べた（これは明らかにカリンカへ向けた言葉だろう）。確かに、カリンカは宮廷人や外交官らの上流社会のみを研究したのであり、この指摘は正しかった。コルゾンはこの欠落を埋めようとしたのである。実際、政治的事件史だけでなく民衆の状態や軍隊、行政組織について検討することで、その時代を「下から」描くことができた。確かにコシチューシコ蜂起に関しては情報が著しく欠けていたが（これは彼の過ちではない）、それでも全体として適切な像を描くことができた。T. コシチューシコ（1746-1817）についてコルゾンは、1894年にモノグラフを著した[PL 0306]。もちろんコルゾンは肯定的側面を強調し、蜂起を擁護する立場を取った。また、ロシアとドイツの歴史学者は自らの責任を軽くするためにポーランド分割を国内の過失から説明しようとしていると指摘し、崩壊の決定要因が三列強にあったことを裏づけようとした。1898年には『ヤン・ソビェスキの栄光と挫折』[PL 0307-0309]と題するモノグラフを著した。この作品は、それまで等閑視されていた軍事史への関心の広がりを示している。1912年に『ポーランドにおける戦争と戦術の歴史』[PL 0310]と題して概括的にポーランド軍事史を著したのもコルゾンだった。生涯の最後に概説も著したが、出版は死後の1918年を待たねばならなかった[PL 0311]。この作品の重要性は、もっぱらワルシャワの楽観論的観点で貫かれている点にある。

1890年の第2回歴史家会議では「ポーランド史の構築における歴史叙述の誤謬」と題する講演を行ない、クラクフ学派を論駁した。講演は形式的には様々な歴史学者がポーランド史の主要人物をいかに描いたかを扱ったものだった。しかし、その実質はクラクフ学派を論駁し、そのキケロ的基本姿勢を攻撃したものだった。コルゾンによれば、クラクフ学派は一貫して真実を力説しながら、実際には正反対の意見を述べ立てるものだった。最大の問題は、彼らが国家と統治の基本的諸問題を理解しないままに、歴史叙述でなく政談にふけることだった。クラクフ学派は概説的作品を著したが、大衆が必要とするポーランド史の総合的通史はいまだに存在しないとされた。またコルゾンの批判によれば、クラクフ学派は哲学に疎く（この批判にはなにがしかの正しさもある）、主観的立場を代表し、過度にカトリック的視点にとらわれていた。さらにコルゾンは、クラクフ学派が世界史を扱わないことも批判し、会議の場で「歴史学協会」に世界史部門と理論・方法論部門を設けることを提案した。提案自体は歓迎すべきものだったが、実質的にそこから何かが生まれることはなかった。

コルゾンは理論に関する論文を残したが、それらが特別な影響力を持つことはなかった。彼自身も他者に要求したほど哲学に通じてはいなかった。一貫した唯物論者にして実証主義者だったのは、むしろ、ワルシャワ学派のいま一人の指導的人物だった。

スモレンスキ

マゾフシェ地方の小貴族出身のW.スモレンスキ（1851-1926）は、コルゾンが鉄道職員として働いたように、法学を修めた後しばらくワルシャワで検察局事務官として働いた。その後、生活を支えるために私立の女子中学校で教え、さらに女性向け、のちには男性向けに非合法の授業を行なった。こうした非合法の授業はポーランドにおける大学の不在を幾分か埋め合わせる役割を果たした。スモレンスキは常に逮捕の危険と隣り合わせで、頻繁に居所を移した。当局が集まりに目をつけないように、授業後に各自が帰宅する順番と時間まで割り振られた。こうした状況は、ロシア革命後にようやく緩和された。スモレンスキは絶え間ない地下活動に慣れてしまったため、1918年に、いまやポーランドの大学となったワルシャワ大学の

教授に就任した後も、訪問先では密偵が潜んでいないか常にタンスの中まで検査した。

スモレンスキにとって、実証主義は単なる哲学や世界観ではなく信仰だった。歴史学の任務とは歴史の発展法則の解明だと明言した。これが達成されれば学問や学者は不必要となり、法則を様々な主題に適用して啓蒙書を執筆する者がいれば十分とされた。幸いなことに、彼が授業の合間をぬって行なった学術活動では、その言葉を厳密に守ることはなかった。

スモレンスキも18世紀を研究対象とした。最初の研究で、18世紀マゾフシェ小貴族の生活形態という自らの故郷の小世界の歴史を扱った。この作品『貴族自身の見た貴族』（1880年）[PL 0312]や、のちの『マゾフシェ貴族の歴史から』（1908年）[PL 0313]の中で、貴族の心性をも検討したことは革新的だった。1880年代の諸研究ではイエズス会の悪影響と17世紀の精神的暗黒を紹介したが、まもなく彼が好んだ18世紀研究に戻った。

スモレンスキは、コウォンタイが組織した「鍛冶場」（友好協会）について作品を記した[PL 0314]。そこでは当時の急進主義者を擁護する立場を明確にし、社会思想への関心を示した。『大議会最後の年』（1896年）[PL 0315]と『タルゴヴィツァ連盟』（1903年）[PL 0316]という2冊の基本的作品では、詳細な史料調査に基づき1791年から1792年の歴史を論じた。文書館へ入館が許されない状況の中で、スモレンスキは当時のパンフレットや新聞を主たる史料としながら、比類ない深みをもってそれらを分析した。もっとも、この2作品といえども伝統的な政治史の枠内にあったことは否めない。第二次分割以後の時代と蜂起について論じることはなかったが、もし扱っていれば、急進的民主主義者を擁護する政治信念を表明したことだろう。のちの作品『ワルシャワの風紀委員会』（1913年）[PL 0317]では第二次分割後の時代が扱われたが、それは概説を意図した著作ではなかった。かつて行なった心性史研究を継続した『18世紀ポーランドにおける思想上の転換』（1891年）[PL 0318]は実に重要な作品である。この作品も、形式的に見ると有機的に構成された総合ではなく、独立した諸論文によって18世紀最後の三半期の改革時代を検討したものだった。そこでは、社会上層において、伝統的な教権的見方が時代に適合的な唯物論的思考に取って代わられる様が示された。1917年の『18世紀末のワルシャワ市民』[PL 0319]と題した著書では、新しい領域に踏み込んだ。かつて小貴族や精神的指導層に関して行なった研究を、市民にまで敷衍したのである。この作品では、経済状況の解明を可能にする史料など、第二次世界大戦で消失することになる多くの史料が用いられた。

スモレンスキの仕事を代表するものではないが、1886年に出版された『ポーランドにおける歴史諸学派』[PL 0320]にも触れておく必要がある。そこでは17世紀の宗教的視点に基づく著作から歴史叙述の代表的作品が順に取り上げられ、1860年代以降については主題別に論じられている。中世史に関しては注目すべき多くの批判的論評が加えられたが、近代史に関しては名前や表題が列挙されただけだった。近代史ではロシアが重要な役割を果たしており、ロシアの役割に対する否定的評価を、ワルシャワで出版される書物で述べることは不可能だったからである。この研究の眼目は、シュイスキとボブジンスキを論駁した「新しい一般化」と題する最終章にあった。控えめにいっても不当な批判であり、この章は明らかにパンフレット的性格を帯びていた。そこでは、ナルシェヴィチに関するボブジンスキの知識を不十分で表面的と断じており、この批判はボブジンスキの知識一般に向けられたと理解することもできる。さらに著者は、ナルシェヴィチは立憲君主政を望んだが、クラクフ学派は専制を望んでいると述べてクラクフ学派を批判した。クラクフは言葉の広い意味で教条主義の牙城とされた。

スモレンスキの議論をこれ以上追うことはせず、次の点のみを指摘しておきたい。すなわち彼もスタニスワフ・アウグストを扱った研究では実質的に強力な国家権力の必要性を説き、さらにコウォンタイの「鍛冶場」に関する著作では革命のテロルを正当化したのである。

1897-98年、スモレンスキは中等学校の授業のため、最新の研究を利用しつつ2巻本のポーランド史概説を偽名で著した[PL 0321-0322]。しかし

それは教科書にしては水準が高すぎ、本格的な総合というわけでもなかった。彼の著作に共通した特色は、事実のみを列挙して結論を読者に委ねる点にあり、この本にも教科書本来の目的に反してその特色が現れていた。1918年以後、教授として、より本格的に活動したが、この時期の作品は以前の作品にはるかに及ばず、それまで彼の作品には見られなかった形の愛郷心も示されるようになった。それは『分割後の時代のポーランド歴史叙述における愛郷主義』(1920年)[PL 0323]や翌年出版された有名なポーランド史[PL 0324]に見ることができる。

スモレンスキには弟子がなく友人もわずかだった。個人的危険を顧みずにロシア政府に抵抗する一貫的態度のため、1918年秋にピウスツキ本人が首相の地位を委ねようと面会すらした。しかし、彼は統治でなく教育を選んだ。

*

1918年以後、当然ながら二つの学派間の熾烈な論争の重要性は最終的に失われた。もっとも、ポーランドの歴史叙述はすでに世紀転換期にその局面を乗り越えていた。1907年に法制史家のシェミェンスキが『我々の歴史叙述と政治的自覚』[PL 0325]と題した研究で、すでにこの問題を論じていた。シェミェンスキによれば、クラクフ学派の歴史学者は優れた専門家であり学問的成果を上げたが、その成果を大衆に還元しなかった。また彼らの悲観論は正当でなかったし、貴族による搾取を強調しすぎていた(これは保守的なこの学派にはむしろお世辞になる)。彼らの基準では、ギリシアの民主政すら批判対象となるだろう。確かに、ポーランドの議会主義は住民の1割に権利を与えたに過ぎないが、それはイギリスの議会主義と比肩しうるものであり、自由を行使したのは狭い集団だが、その範囲はロシアと比較にならないほど広かった。

1年後にW.ソビェスキが「ポーランド歴史叙述における悲観論と楽観論」[PL 0326]と題する作品でやはり二つの学派の遺産について論じた。彼は両学派を批判したが、特に重点を置いたのは、シェミェンスキと同様、クラクフ的伝統の検証だった。クラクフ学派の成立に一定の理解を示し、若きシュイスキがポーランド国家消滅の象徴であるヴァヴェル城の廃墟について詩を詠んだことにも言及した。しかし、クラクフ学派の捉え方にとどまっていることはできないのである。同時期にクチシェバも、ほぼ同様の議論を展開した。

批判が両学派に向けられた点は興味深い。しかし、歴史叙述の多様な発展に果たした功績は理解されたものの、実質的にはクラクフ学派の人々が論難された。世紀転換期の変転する社会の中で、クラクフ学派は第一にその保守主義において、そして世界観や専門以外の分野における活動においても時代錯誤的だった。もちろん批判の背後には、ワルシャワ学派と比べてクラクフ学派の方が多くの人に影響を与え、世紀末の数十年間に歴史叙述の潮流を強力に動かしたという事実認識が潜んでいた。なぜこれが可能だったかは、これまで述べたことから明らかであろう。この頃に現れた新世代の歴史学者は、大部分がクラクフ(ないしリヴィウ)の学者の教え子だった。彼らは前の世代と対決せざるを得ず、また楽観論者となるか、あるいは少なくともより楽観的となることも避けがたかった。付け加えておけば、新世代の多くの者が1918年以後に楽観論が正しかったことを経験したが、そのうち何人かは、1930-40年代において、短期間にせよ楽観論の誤りを経験することにもなった。

我々もいまやクラクフとワルシャワの対立から離れ、第一次世界大戦までの歴史叙述の著名な代表者を概観することができる。必要とあれば、より古い時代にも遡ることにする。

まずR.フベ(1803-90)が挙げられる。彼は1863年以後の状況下でもロシア評議会の成員として将来を嘱望された法学者であり、二つの学派の対立の中で思考していなかった。フベはヨーロッパ全体で重要性を持ったサヴィニー法制史学派の考えをポーランドに適用し、中世ポーランド法を論じた諸作品でポーランド法制史の基礎を築いた。『13世紀のポーランド法』(1874年)[PL 0327]、『ニェシャヴァの特権』(1875年)[PL 0328]、『14世紀のポーランド法—カジミェシ大王の法制定』(1881年)[PL 0329]、刑法史と司法史に関する他の諸研究などがその作品だった。実定法に対

抗して、自然の成り行きの中で発展した慣習法の重要性を学んだのは、サヴィニーからだった。それゆえフベは、カジミェシ大王の諸立法が、実際にはそれまで有効だった慣習法の体系に適応しえた限りで、効力を持つことができたと記したのだった。法制史の確立におけるフベの重要性は、おそらく、ヘルツェル以上である。

F. ピェコシンスキ (1844-1906) は独特だった。彼は中世史料、とりわけ文書の出版に偉大な功績を残し、紋章学や印章学、そして古銭学を扱った研究から、のちに歴史補助学の体系が発展した。その分析には多くの価値ある指摘が見られたが、総合の試みは全く的外れに終わった。1880 年代にポーランド社会の起源について行なわれた論争で発言し、その後の諸作品『ポーランド貴族の王朝的起源について』(1888 年) [PL 0330]、「中世ポーランド貴族の形成に関する最新の諸見解」(1890 年) [PL 0331]、『中世ポーランド騎士』(3巻、1896-1901 年) [PL 0332-0334] でその理論を明らかにした。ピェコシンスキは紋章の検討の結果、ポーランド貴族はノルマン人出身だとする結論に達した。この見方については、すでにチャツキに触れた部分で見た。同時代人の多くがこの見方を批判したが、彼はこの考えを固持した。1899年に中世ポーランドの紋章学をまとめ [PL 0335]、ルーシ人の紋章史料についても記した [PL 0336]。それぞれの作品で非常に多くの有益な史料を発掘したが、主張の核心部分は受け入れがたいものだった。ピェコシンスキの著作のうちで最も利用価値があるのは『中世ポーランド紋章の書』(1899年) [PL 0337] である。また、彼の法制史の諸論文も学問発展に寄与するものだった。

ピェコシンスキの主な論争相手の一人が A. マウェツキ (1821-1913) だった。彼はプロイセン領からリヴィウ大学に移り、ポーランド語と文学を教えた。スモルカは彼の教え子である。マウェツキが何より関心を寄せたのは中世ポーランド史、特にその社会形成の問題だった。1890 年に 2 巻本で出版した『紋章学研究』[PL 0338-0339] と題する作品で、ピェコシンスキよりはるかに信頼できる見解を提示した。ただしマウェツキも、貴族家門の由来を先史時代の相当古い時代まで遡らせた。

また『歴史的批判に照らしたレフ族』(1897 年) [PL 0340] と題する著作でも、ピェコシンスキの見解を説得的に論駁し、ポラニェとレフという名前が同一のポーランド人エトノスを示すことを指摘して征服理論を論難した。同時代人は、その行為を先史時代についての幻想の清算と評価した。より小さな研究ではピャスト朝期の政治史の諸問題を扱い、1904 年に 12 世紀と 13 世紀前半の偽造文書に関する詳細な論文を著した [PL 0341]。ハレツキの鋭い表現を用いれば、マウェツキは常に重要な問題を取り上げたが、それらを常に巧みに解決したわけではなかった。自身でもそれら著作はポーランド社会の形成に関する将来の総合の準備作業に過ぎないと記している。

ここでリスケの名前にも触れておく必要がある。彼は 16 世紀の諸問題に関する研究を行なったが、より重要だったのは、リヴィウの教授にして史料公刊者、歴史学協会の代表にして長年にわたる『歴史季刊誌』編集者として果たした役割だった。

リスケとやや似た位置にあったのが W. ザクシェフスキ (1844-1918) である。ロシア領出身でサンクトペテルブルク大学において研究を開始し、ヴロツワフ (すなわちブレスラウ)、イェーナ、ベルリンで研究を続けた。この間にシュイスキも高く評価した方法論上の技術を獲得した。リスケを通じてリヴィウに赴き、まもなくシュイスキに招かれてクラクフに移った。1870 年に最初の大作『ポーランドにおける宗教改革の成立と発展 1520-72 年』[PL 0342] を出版した。その後もこの時代の研究に専心し、対抗宗教改革の指導的人物ホジウシの諸文書など様々な史料を公刊し、また史料公刊の規則も作成した。『ヘンリク逐電後の空位期の歴史 1574-75 年』(1878 年) [PL 0343] はバトーリに関するモノグラフの準備作業と見ることができる。しかし実質的には、そののちになされるべき研究課題が略述されたのみで、モノグラフ作成には着手しなかった。個別研究だが方法論的見地から興味深いのが、全体で本並みの厚さになる「16 世紀のワスキ家」と題する一連の論文だった [PL 0344]。そこでは、異なる分野で活躍したこの家族の成員間に共通した特徴があったかという心理学的な問題が扱われた。ザクシェフスキ

は1880年代に研究をやめ、大学向けの世界史教科書をシリーズで著した[PL 0345-0347]。自らの保守的な政治的見解を学生に押しつけることはなく、また自身の著作に反映させることもなかった。研究の技術的問題にも精通しており、博士論文の審査でも方法論的成熟度という観点を重んじた。1874年から1877年まで『批評展望』の編集者時代に残した多くの書評でも、この原則を適用した。

T. ヴォイチェホフスキ（1838-1919）は文献学的批判の手法の導入者だった。ただし自身では弟子を育成しなかった。いずれの学派に分類することも困難な人物である。クラクフ生まれで、その伝統の中で中世史、とりわけ著しく史料の少ない初期中世史に取り組んだ。困難な史料状況にもかかわらず難問を取り上げたため、優れた方法論を持ちながら、あるいはそれゆえに拡大解釈を行なって、しばしば誤った結論を導いた。本格的な総合のためのコンセプトを持っていたが、中世初期に限ってもそれを完成させることはなかった。

大きな話題を呼んだ最初の著作『フロバツヤ―スラヴ古事の解明』（1873年）[PL 0348]で、ポーランドにおいて初めて地名分析の手法に基づいてこのポーランド人エトノスが居住地における先住民だったとする議論を展開した。フロバツヤという名はコンスタンティノス7世が白クロアチアと呼んだことに由来する。ヴォイチェホフスキはここで用いた方法を、確かな知識から不確かなものへ、あるいは、より確かな知識からより不確かなものへ、と特徴づけた。彼によれば、研究者は常に自らに近い時代の情報から出発しなければならない。しかし一方で、この方法を世界史に一般化することはできず、スラヴ人ないし国民史に関してのみ適用しうるとも述べている。史料集も編纂したが[PL 0349]、ピェコシンスキの場合と同じように、その利用価値は今日すでに失われている。1895年のピャスト朝の出自に関する著書[PL 0350]も同様である。そこでの結論は、西欧との類比をあまりにも前提にしすぎたものである。さらに、1880年には年代記に関する大作を準備した。こちらは文献学的手法を効果的に駆使して年代記における西欧の影響を提示した価値ある仕事だったが、未完に終わった。のちに残る最良の業績は『11世紀論集』（1904年）[PL 0351]所収の諸論文である。そこでは多くの有益な批判的視点が示され、その後の検証で多くの仮説の正しさが認められた。1883年に著した理論的、方法論的覚書『歴史とは何か、なぜそれを学ぶのか』[PL 0352]では、心に留めおくべき事柄が述べられている。すなわち、歴史には征服史だけでなく社会や文化、宗教も含まれること、歴史の対象は全人類だが、実際は古代の歴史家すら各国民の歴史と理解していたこと、歴史には医学の如き直接的効用はなく、人生の師とすべく学ぶという以上のことはいえないこと、その内容は時代によって変わることなどである。

ヴォイチェホフスキとやや似ていたのがW. ケンチシンスキ（1838-1918）である。ヴォイチェホフスキよりも分析的才能に優れていたが、彼ほど多く仮説を提示しなかった。ケンチシンスキはドイツ化したポーランド人家系の出身で、父親の代はなおフォン・ヴィンクラーと名乗っていた。多くの中世記述史料を公刊し、編年史研究やその他の史料批判的研究を著した。文献学的批判という方法は時として行き過ぎることもあった。1874年にポモジェの人口増加について[PL 0353]、また1882年にはドイツ騎士修道会について価値ある作品を著した[PL 0354]。騎士修道会国家の誕生について記した『コンラト公によるドイツ騎士修道会招致』（1903年）[PL 0355]は良書である。スラヴ人の先史時代については当時有力であったドイツ的観点を論駁しようとしたが、その主張は不十分であり、課題が果たされることはなかった。

A. レヴィツキ（1842-99）はリヴィウで学び、クラクフでオーストリア史の教師となった。彼はピャスト朝時代、特に11世紀の研究に従事し、1876年にミェシコ2世ランベルト（990-1034）に関するモノグラフを出版した[PL 0356]。のちに15世紀に関心を移し、『シフィドリギェウォの反乱』（1892年）[PL 0357]を著した。

A. セムコヴィチ（1850-1923）はリヴィウでリスケのもとに学んだ後、1889年にリヴィウ大学教師に就任、1892年から図書館長を兼任した。中断を挟んで1895年から1922年まで『歴史季刊誌』の編集者としても活動した。セムコヴィチも中世

史を専攻した。非常に重要な著作『ヤン・ドゥウゴシによる「ポーランド史」の 1384 年までの部分の批判的分析』(1887 年) [PL 0358] では、ドゥウゴシが利用した史料を正確に明らかにした。この詳細な文献学的、批判的分析は、今日まで学問的意義を失っていない。ティミェニェツキはその重要性をバルゼルによるピャスト朝の系図学に匹敵すると評した。

貴族出身の多くの歴史学者の中で、L. クバラ (1838-1918) 一人だけが農民出身だった。彼はウィーンとクラクフで学び、若き日には文学に従事し、戯曲も書いた。文学への傾倒は歴史作品にも受け継がれ、やや時代遅れの形式だったが、詳細な物語的歴史を記した。それゆえにクバラの著作は非常に人気があり、彼が提示した情報と歴史の見方は H. シェンキェヴィチ (1846-1916) の歴史小説の一部にも霊感を与えた。モスクワ大公国 [PL 0359]、スウェーデン王国 [PL 0360]、ブランデンブルク国家との戦争 [PL 0361] とオリヴァ和約について記した著作 [PL 0362] では、1632 年と 1660 年の間の時期を詳細に検討したが、デンマーク戦争について記した著作は手稿のまま残された。

クバラと同様に多くの読者を得たのは W. ウォジンスキ (1843-1914) の著作だった。彼がそれまでの歴史学者たちから際立っていた点は、政治史でなく物質文化や慣習、生活様式の歴史を扱った点だった。リヴィウの金細工の歴史 [PL 0363]、リヴィウの都市貴族と市民 [PL 0364]、リヴィウの文化について [PL 0365] 著作を発表した他、『オモテからウラから』[PL 0366] と題した著作では、17 世紀の裁判記録を基に赤いルーシの貴族の生活を描いた。ウォジンスキは瑣事から徐々に総合的な主題へと進んでいった。1907 年には遺作『過去数世紀におけるポーランド人の生活』[PL 0367] を出版し、物質・精神文化を総体的に扱うことで生活様式を説得的に描いた。しかし、のちの専門教育を受けた社会経済史家の域に達することはなかった。

S. ワグナ (1833-1900) はフベと同様にロシア領で暮らした。彼も法学を修めたが、法制史に限らず中世史のあらゆる問題に関心を示した。ピェコシンスキの理論を批判し、アブラハムのポーランド教会に関する著作やバルゼルのピャスト朝系図学に関する著作をも批判した。ワグナが関心を寄せた主題は中世ポーランド教会へのグレゴリウス主義の導入であり、その研究はそれなりに興味深い。自分の研究がややアマチュア的であることを自覚しており、いくつもの手稿が未完に終わっている。

A. パヴィンスキ (1840-96) は、例外的なことに、ワルシャワ大学の教授を務めた。1890 年の歴史家会議で当時のポーランドの歴史叙述を概観し、なお活発だったクラクフ・ワルシャワ間の論争、あるいはピェコシンスキの理論に対して興味深い立場を表明した。また、この講演をあらかじめロシア語で雑誌『歴史展望』に発表したことも興味深い。実直なアマチュア史家のヤブウォノフスキと共同で経済生活と国家財政について編纂した史料集 [PL 0368] は、高い価値を持っている。1881 年にバトーリの財政について著した基礎的な著作 [PL 0369] を、クチシェバは手放しで新発見と評した。1895 年には、地方議会史にも取り組んだ [PL 0370]。さらに、15 世紀の優れた政治思想家 J. オストロルク (1430 頃-1501) について詳細な著作 [PL 0371] を著し、他の歴史学者がこの政治思想家の作品に関心を持つ契機を作った。

リヴィウでのリスケのお気に入りの弟子だった F. パペー (1856-1940) は、リヴィウの後ウィーンでシッケルとツァイスベルクのもとに学んだ。リヴィウで教授となり、歴史学協会の設立と発展にも多大な役割を果たした。彼は『ポーランド史料集成 (モヌメンタ)』と題した史料集の多くの巻に携わり、ポーランドの識字文化開始の問題にも取り組んだが、実質的にはヤギェウォ時代を専門とする歴史学者だった。この時代についてパペーは 2 冊の浩瀚なモノグラフを残した。1 冊はカジミェシ 4 世の統治に関するモノグラフにふさわしい基本的な研究であり [PL 0372]、もう 1 冊はヤン 1 世オルブラフト王 (1459-1501) の統治に関する研究だった [PL 0373]。同じ時代に関して多くの予備的論考を著し、1907 年には 1878 年から発表してきたカジミェシ時代に関する論考をまとめて、著書として刊行した [PL 0374]。彼のモノグラフを特徴づけたのは、おなじみの政治史的

関心だった。しかし、同時代人と異なり文体に対して非常にこだわり、服装に凝ったのと同じように凝った文章を書いた。

A. プロハスカ（1852-1930）もやはりヤギェウォ時代と取り組んだが、パペーと異なり、初期の時代を扱った。彼は史料に精通し、多くの貴重な論文を発表した。

W. アブラハム（1860-1941）は法制史と、特に教会史に従事した。最も重要な著作『12世紀半ばまでのポーランド教会組織』（1890年）[PL 0375]では、それまでの知識の総括にとどまらず、自ら詳細な研究を行なって司教領の拡大と教会の状態を明らかにした。1904年には、東方への文明の伝道を擁護して『ルーシにおけるラテン教会組織の成立』[PL 0376]と題する著作を発表した。また13世紀初頭の教会と国家の関係や、ヴワディスワフ短身王の時代についても作品を残した[PL 0377]。

ウクライナに関心を示したもう一人の代表的人物は、先に言及した A. ヤブウォノフスキ（1829-1913）だった。彼は赤いルーシの歴史に関する多くの著作を残し、史料集には常に詳細な序文を付した。ブヤクによれば、ヤブウォノフスキが作成したルーシの土地の歴史地図[PL 0378]は秀逸だった。研究においてもポーランド人の文化的使命の諸問題が扱われた。『キエフ・モヒラ・アカデミー——西欧文明の一般的発展に照らしたルーシの歴史概観』[PL 0379]、『ポーランド共和国崩壊までの南ルーシの歴史』（1912年）[PL 0380]はそうした著作だった。老年期には、革命の結果合法化されたワルシャワの学術協会の会長にも選ばれた。

T. ヴィェジボフスキ（1853-1923）は活発に史料公刊を行ない、ヤギェウォ朝カジミェシからズィグムント1世、部分的にはズィグムント2世アウグスト（1520-72）までの公文書集（発給文書記録）に取り入れられた文書の摘要を8巻の史料集として公刊した[PL 0381-0388]。公文書集第1巻については全体を公刊し、それ以前のヴワディスワフ1世期からの断片も公刊した。ポーランド史文献目録の作成は、フィンケルと並んでヴィェジボフスキによるところが大きかった。

A. レンボフスキ（1847-1906）は法学を修め、特定の時代に縛られずに研究を行なった。S. レシチンスキ（1677-1766）について書くのと同じようにオストロルクについて記したのである[PL 0389]。また、幅広い比較の素材に基づいて、法制史的観点から村落共同体と国家の間の初期の関係を研究した[PL 0390]。その主著はおそらく、ポーランドの法発展における連盟とロコシュ〔王権に対する武装貴族の異議申し立て〕の問題を論じたものだろう[PL 0391]。

B. ウラノフスキ（1860-1919）は、クラクフの法学部教授だったボブジンスキの弟子で、特に13世紀初頭について多くの法制史的論考を残した。またポーランドにおける教会法の発展についても、チェコやハンガリーと比較しながら論じた[PL 0392]。しかし、早くに史料公刊事業に重点を移して、ピェコシンスキとレヴィツキに続いてアカデミー歴史学委員会の史料編纂事業の組織者となった。そこでウラノフスキは、実に多くの国外史料を発掘、公刊した。彼が公刊した史料の中で特に重要なのは、15世紀末から16世紀初頭に作成された教会領巡察記録だった[PL 0393]。これはまもなく開花する経済史研究を準備した。

1892年以来リヴィウの教授職にあった L. フィンケル（1858-1930）は、16世紀を専門とし、1910年に『ズィグムント1世の選出』[PL 0394]を著した。しかし彼が歴史叙述の発展に果たした役割はこの分野ではなく、また多数の厳しい書評（『歴史季刊誌』は書評欄によって一種の民主主義的チェック機能を確保していた）によるのでもなかった。それは1891年から1914年にかけ3巻本で刊行されたポーランド史文献目録[PL 0395-0398]によってであり、この目録では黎明期から1815年に至る時期の文献の大部分が収集された。1815年という設定には意味がある。なぜなら、それは世紀転換期の研究が、1795年の第三次分割という長らく魔力を持った時代区分の束縛を力強く振りほどいたことを示しているからである。

フィンケルの死後かなり経ってから、世界史叢書の序文のために記した試論『世界史の概念、広がり、そして課題』（1935年）[PL 0399]が出版された。フィンケルはそこで歴史家としての信条を告白し、歴史学者は事実評価のみでなく事実調査

自体においてもある程度の主観論を免れえないと述べた。彼は一貫して国家発展に歴史潮流の屋台骨を見ていたが、他の生活領域の描写を排除はしなかった。しかし、当時のポーランド歴史叙述全体に特徴的だったように、フィンケルはこの 7 巻本の世界史[PL 0400-0409]の序文で、人類は諸国民から成り立っているのだから、歴史叙述の効用と意味は国民の歴史、国民の集団的記憶と知識探究のうちにあるとした。すべての国民にとって世界史は必要だが、それは各国民の視点から書かれた世界史だとしたのである。

すでに 1900 年の歴史家会議で、B. デンビンスキ（1858-1939）はこれと全く異なるより近代的な立場を主張していた。このドイツ領ポーランド出身の若き学者は、ヴロツワフにおけるポーランド史研究に少なからぬ役割を果たした。レペルとカロ、クラクフではシュイスキの薫陶を受け、1892 年にはリヴィウでリスケの世界史講座を引き継いだ。世界大戦の終結後にはワルシャワとポズナンで教鞭を取った。1908 年に、シュイスキの総合的通史について記した作品[PL 0410]では、シュイスキへの敬意を表明した。はじめは講座に合わせて世界史の諸主題について研究し、トリエント公会議の時代やイタリアの政論、文化に関する問題等を扱った[PL 0411-0413]。「ヴィーコと歴史の方法」（1893 年）[PL 0414]と題する研究は、理論への関心を示している。

デンビンスキのイタリア研究は、ローマその他のイタリアの文書館に派遣された文書館調査団に参加したこととも関係していた。途中でポーランド史の主題に立ち返ったが、常に世界史的観点への感覚を失わなかった。ベルリンとモスクワの文書館における継続的な研究に基づき、1902 年に第二次分割と第三次分割に関する史料を[PL 0415]、また 1904 年に国王スタニスワフ・アウグストと甥の J. ポニャトフスキの書簡集[PL 0416]を公刊した。『革命期の 1791-92 年間におけるフェリクス・オラチェフスキのパリ使節』（1900 年）[PL 0417]では、やはり西方との外交関係という観点から時事的な個別問題を論じた。「ロシアとフランス革命」（1896 年）[PL 0418]でも同様に、外交史の諸問題を扱い、革命の影響力という問題をより広く扱うことはなかった。『歴史季刊誌』で展開されたデンビンスキ論争は有名である。そこでは、1791 年締結のポーランド＝プロイセン同盟問題について、ロシアでなくプロイセンの支持を当てにしたのは正しく、かつ現実的でもあったかという問題が論じられ、デンビンスキはこれを否とした。

1913 年に出た分割時代の総合史的作品『転換期のポーランド』[PL 0419]は、新史料を用いた研究だったが、かつてのカリンカやのちのスモレンスキの作品のような新たな視点をもたらすものではなかった。また、分割時代の個別主題、特に 5 月 3 日憲法の評価についても諸論文を著し、『国民の歴史と生活から』[PL 0420]と題して出版した。ただし第一次、第二次分割の間のポーランド史について企図した作品は未完に終わった。1918 年以後、デンビンスキは日常業務、特に国際歴史学委員会副会長としての学会業務に忙殺されるようになった。

1900 年の会議で、デンビンスキは「方法論的見地から見た歴史学の状況」と題して報告を行ない、啓蒙と革命の時代の反歴史主義に対する 19 世紀の歴史復興を取り上げた。そこで彼は、世紀転換期の新潮流をポーランドの伝統的な観点の中に位置づけようと試みた。まず、デンビンスキは、政治史の研究だけではすでに不十分であり、より広い局面を検討するべきだと述べた。当時、ランプレヒトの理論とドイツ史学により示された実践の興奮は冷めつつあり、デンビンスキはすでにその欠点を指摘していた。しかし他方で、歴史叙述の基礎とは事実を正確に確定することであるとも述べて、伝統的観点に回帰している。歴史には自然科学の法則に似た厳密な法則性を見出すことはできないが、単に個人の役割を強調する捉え方もまた不十分だとした。結論として、デンビンスキは、歴史哲学や社会学が歴史叙述を補完し、その課題を引き受けることはできないとして、理論に対して慎重な立場を示した。

K. ポトカンスキ（1861/62-1907）は王国領からクラクフに移ったが、孤立し、中世史への関心にもかかわらず周囲に順応することはなかった。理由はおそらく、クラクフの伝統的国家史を超えた

関心にあった。彼は言語学、民族学、そして人類学の方法論に通じており、かなり早くから近代的な視点を利用することができた。いくつかの研究で 14 世紀初頭の政治史を扱ったが、まもなく初期ピャスト朝時代や先史時代を研究の中心とした。『ピャスト朝時代以前のクラクフ』（1897 年）［PL 0421］やその他の研究では、すでにこうした主題が扱われている。外国の研究の影響を受けて初期の歴史における農業組織の重要性を強調し、初期の定住史を扱った。同時に精神生活の諸現象にも関心を寄せ、伝説や神話の研究を通じて宗教の始まりの問題にも接近した。ポトカンスキがさほど影響力を与えなかったのは、同時代における孤立した状況とは別に、その研究の主要部分が『遺稿集』2 巻本［PL 0422-0423］として 1922 年から 1924 年にようやく出版されたという事情にもよっている。

ポトカンスキは理論的見地からも興味深い存在だった。というのも、すでに形骸化していたがなお支配的だった実証主義に対して歴史認識の不確実性に着目しており、実証主義者たちの方法論的楽観論に与せず、世紀転換期の哲学の影響を受け、相対主義に傾斜したからである。特にバルゼルと頻繁に論争したが、多くの場合は一方的だった。

クラクフの中世史家では、S. ザホロフスキ（1885-1918）にも言及しておくべきだろう。彼はクシジャノフスキとウラノフスキの弟子だったが、13 世紀に関する諸問題で師匠の理解と対立した。著作では教会組織の歴史をも扱い、アブラハムの作品では正面から取り上げられなかった教区教会組織の始まりや教会法について論じた［PL 0424-0425］。また、地方の民会（コロクィウム）に関する史料を収集したが［PL 0426］、その重要性は認識していなかった。さらに、中世におけるハンガリーとポーランドの関係をも扱った。注目すべき指摘はできなかったが 14 世紀までのスピシ地方の定住地について叙述し、またハンガリー政治の影響についても論じた［PL 0427］。

F. ドゥダ（1878-1945）は、『11 世紀から 13 世紀のポーランド、ポモジェ地域の発展』［PL 0428］と題する大作を 1909 年に著したが、この作品は東方地域に目を向けていたポーランドの歴史学者の視野から幾十年にもわたって抜け落ちていた主題に触れた点で注目に値する。

ここまでの叙述では、世紀転換期に活動を開始し、1918 年以降、場合によっては 1945 年以後まで活動した歴史学者たちも扱ってきた。彼らを世界大戦に伴う変動の前の部分で取り上げたのは、その作品の主要部分が 1918 年以前に著されたからである。

ザクシェフスキ

中でも独自の位置を占め、ある意味で移行期に位置するのが S. ザクシェフスキ（1873-1936）である。彼はクラクフ大学でスモルカ、W. ザクシェフスキ、クシジャノフスキに師事し、リヴィウで教授職に就いた人物だった。学界の公的生活においても多方面に活動し、まずは歴史学協会で、やがてそれが彼には狭すぎるために、国民民主党の側に立って政治の世界にも手を染めた。世界大戦中の過酷な時期やロシアの占領下でもリヴィウに留まり『歴史季刊誌』の編集を続けた。戦後の 1923 年からしばらくは、歴史学協会の会長も務めた。1919 年からポーランド・アカデミーの準会員、1927 年から正会員となったばかりか、1928 年にはチェコの、1929 年にはハンガリーのアカデミー名誉会員にも選ばれた。歴史学協会の会長時代には協会の改組と拡大があったが、それについては後述する。

『ヨアヒム・レレヴェルの学術活動概観』（1896 年）［PL 0429］を出版したのは、ザクシェフスキがまだ大学生の時だった。1903 年にクラクフで『ピャスト朝の時代』［PL 0430］と題する作品により教授資格を獲得した。その作品にはすでに、彼の戦闘的な側面や歴史観の片鱗が現れていた。彼はピャスト朝時代を王家の人々の時代と捉え、王朝が衰えることなく優れた支配者を輩出したことを示し、王朝こそがこの数世紀とポーランド国家そのものを形作ったとした。

1906 年、ザクシェフスキは『歴史文化』［PL 0431］と題するエッセーを発表し、歴史叙述の理論的諸問題に関する見解を述べた。歴史への関心が薄れつつあることに心を痛め、その最大の責任が支配的潮流である実証主義の無味乾燥にあると

断罪した。特に問題視したのは、実証主義者たちが過度に批判的に過去と向き合うことだった。実証主義の事実探究に対しザクシェフスキが当時の哲学の影響下に強調したのは、直感の重要性だった。ナルシェヴィチからシュイスキまで多くのポーランドの歴史学者は詩人として活動を始め、それゆえ彼らの作品がかくも大きな影響力を持ったと論じたのである。ただし、すべてを直感に委ねるのでなく、理性的活動もまた研究の重要な側面であるとした。また、歴史叙述にできるだけ広く社会科学の方法を適用すべきとする考えを激しく攻撃した。その理由は、社会科学の方法を適用し、さらに自然科学的な法則性を歴史に求めれば、最も重要である人間が取り残されてしまうからだという。一方、その人間の活動に関して彼が課題としたのは、多面性の探究ではなかった。むしろ、歴史を記憶に値する諸事件の学問だと見なすことで、事実上政治史の単独優位に回帰してしまった。ザクシェフスキは、強力な国家集権化をもたらしたフランス史の総体を単純にフランスの地理的状況から説明しようとしたフランスの入門書を一笑に付した。また、歴史ある国民と歴史なき国民は確かに存在すると強調したことも、政治の基礎的重要性という主張に由来した。さらに、歴史を語ることができるのは個人が登場してからであり、これは経済史にも当てはまると論じた。最後に、次の発言が注目に値する。人々が何を食べたかに生きたかは、些事ではないにせよ、歴史を説明するものではない。しかし、それが生起した枠組みとなる組織は、歴史の主題となりうる。ここでザクシェフスキは、のちに構造と呼ばれるものについて語っている。また彼は、ポーランド史の世界史的観点からの検討も不可欠だと考えた。

ザクシェフスキは数年の私講師期間の後、1907年にリヴィウ大学教授に任じられ、「ポーランド史における西と東」[PL 0432]と題した就任講演を行なった。そこで彼は、ポーランドの発展が特にヤギェウォ朝時代以来、ヨーロッパ東部に多くの点で確かに結びつけられていたこと、しかし実質的には常に西欧に帰属し、その文明を東欧の人々に広めたことを示した。彼は比較の方法を以前から重視していたが、この講演でもポーランド=リトアニア合同に類似する現象として、1526年以後のオーストリア諸邦とチェコ、そしてハンガリーの緊密な関係を指摘した。さらに興味深い点を付け加えれば、講演で彼は、ハンガリーがパンノニアを介してローマ帝国と直接結びついていたため、中世にはポーランドより効果的に西欧文明を東欧に広めることができたと述べた。

ザクシェフスキはピアスト朝期のいくつかの問題に取り組んだ。政治史的観点が優位を占めたことは確かだが、それだけを扱ったわけでもなかった。ピアスト朝の統治者に関する魅力に富む伝記では、歴史における個人と国家の本質的役割について論じた。これらの研究の多くは1918年以後に出版された。リヴィウの教授として、当然ルシン（ウクライナ）とリトアニアの問題にも取り組まねばならなかった。ザクシェフスキは初期の緩やかな合同の締結に際してのリトアニア大貴族の主導的役割を強調し、彼らが合同によって他のスラヴ人への支配を維持しようとしていたと指摘した。1913年に歴史学協会で行なわれたホロドウォの合同に関する講演では、現在の諸問題に直接言及した。ザクシェフスキによれば、リトアニア人はポーランド人との協力を望まないため、かつての結びつきまでも過ちとするが、この合同はポーランド人だけでなくリトアニア人にも有益なものだった。1919年に、新聞の論説でも現状の最良の打開策として、かつての合同の復活を説いた。当時にはそれは四つの民族の統一を意味しただろう。

初期ピアスト朝期の諸問題やポーランド・教皇庁関係、ポーランド・チェコ関係について残した著作はさほど重要でないが、1917年に著された『ドナウ北岸地域の都市と地域の記述』[PL 0433]は重要である。これはバイエルンの地誌作者の有名な中世初期史料の詳細な分析だった。

論文集はまず1908年に、そして1936年に補定されて出版された[PL 0434-0435]。戦後はポーランド学術アカデミー事典に12世紀までのポーランド史を書き[PL 0436]、1921年にはミェシコ1世の[PL 0437]、1925年にはボレスワフ勇敢王のモノグラフを公刊した[PL 0438]。後者は、ボレスワフ戴冠900年記念に間に合わせるため十分に考察を深められず、自分でも満足できない出来と

ザクシェフスキは中世の主題にも自らの同時代との関連を見出すことができたが、1918年以後は、歴史作品で直接に同時代の問題を扱った。1923年に『国家の再生に関するポーランドの歴史叙述』[PL 0439]を著し、当時出版されたボブジンスキの著書に近い立場を取った。

　理念と方法の面で新しい特徴が示されたものの、1918年以前にザクシェフスキが扱った主題はかなり伝統的なものだった。これまで扱ってきた歴史学者たちを振り返ってみても、16世紀から18世紀の歴史よりむしろ中世史に取り組んだ歴史家が多いことがわかる。しかし、フィンケルの文献目録からは、第三次分割後の時代、すなわち国家史のみを重要と見なす歴史叙述では国家なき時代とされた時代が、19世紀に大量に現れた回顧録作者だけでなく、専門家の興味を引き始めていたことがわかる。この動きに関しては、二人の重要な人物を紹介する必要がある。彼らは歴史の主題としての1795年以後の時代を発見し、その発掘に大きな功績を残した。

アスケナーズィ

　S. アスケナーズィ（1865/66/67-1935）は王国領出身で、法学を修めた後、2年間判事として活動した。その後、パヴィンスキの勧めでゲッティンゲンに留学し、主にレーマンの講義を聴講した。パヴィンスキは自ら収集した史料の主要部分をアスケナーズィに与えすらした。帰国後、ロシア領ポーランドでは歴史学者として活動できないことが明らかだったためにガリツィアに移り、リヴィウ大学で教鞭を取った。この時期に分割時代から分割後の数十年間へと関心を移し、この時代の専門家とすべく弟子たちを養成した。世界大戦が勃発すると、ハプスブルク君主国内ではロシアの臣民として困難な状況に置かれることが予想されたため、スイスへ向かいポーランド人支援組織で活動した。また政治情勢やポーランド国民の任務についても評論や論文を発表した。しかし、アスケナーズィが落胆して書き残したところによれば、それらはポーランド人からもロシア人からも、君主国からも否定的に受け止められた。1917年にワルシャワに帰郷し、再建された大学で教師となった。しかし、政府が彼の外交史の経験を別の面で利用しようとしたため、長く大学に留まることはなかった。1920年から1923年には国際連盟のポーランド常駐代表を務め、その後、残念なことに異例の早さで年金生活に入った。こうしてアスケナーズィは、新生ポーランドで歴史学者の後継者育成を続けることはできなかった。

　パヴィンスキから受け取った史料は1763年から1764年の国王不在期に関するものだった。アスケナーズィはこれを用いて最初のまとまった著作を著したが、そこでは国際関係が詳細に記述され、彼の外交史家としての能力が発揮されていた[PL 0440]。四年議会の外交政策やポーランド＝プロイセン同盟について記した1900年の作品[PL 0441]では、その能力にさらに磨きがかけられていた。カリンカの理解に反対して、反ロシア政策を正当なものと見なしたが、上述したデンビンスキとの論争では、プロイセン政府への幻想を根拠のないものだと指摘した。

　世紀転換期頃には扱う時代をさらに広げた。1900年の歴史家会議における講演では、1795年以後の時代に関する史料は、いかにして、どこから収集すべきか、はじめにどのような問題を解決すべきかについて、大きな展望を描いた。ただし、そこで語られたのは、1830年蜂起までの時代だった。自ら活発に外国史料の収集に参加し、ベルリンとサンクトペテルブルクでは数カ月間を調査に費やした。また自分で主だった史料を公刊するとともに、弟子たちをも史料公刊に動員した。1905年にJ. ポニャトフスキについてのモノグラフを著し[PL 0442]、これは事実上、ポーランド軍団に関する最初の研究となった。1908年のW. ウカシンスキ（1786-1868）に関する著作[PL 0443-0444]は困難を極めたロシアでの史料収集の成果であり、そこでは1815年から1830年の間にポーランド王国領でなされた地下組織活動の歴史が初めて水準の高い専門研究により明らかにされた。ツァーリの秘密文書館の史料は、1929年の第2版[PL 0445-0446]で初めて本格的に利用された。1805年までのナポレオンとポーランドの関係を論じた著作[PL 0447]は戦前に完成していたが、出

版は 1918-19 年を待たねばならなかった。アスケナーズィは、自ら嘆いたように、1918 年以後に上述した理由から本を読むことも少なくなり、教育との結びつきも失ってしまった。

アスケナーズィは全く新しい主題を扱ったが、方法論ではむしろ保守的だったといえる。1903 年に発表した『近代史における学問的批判の方法と条件』[PL 0448]と題する作品では、政治史の第一義性、特に重要な個人の役割の大きさを主張しようとした。政治と経済の関係については全く耳を貸さなかった。また、ここでも近代史を論じることの重要性を強調し、それまでこれが蔑ろにされた原因は、ドイツ史学の影響と関心の欠如にあるとした。

アスケナーズィはもはやクラクフ・ワルシャワ間の論争には加わらなかった。専門的関心と 1795 年以後の運動への肯定的立場にはワルシャワ学派に近いものがあったが、個人を強調した理論的立場や政治史への関心はむしろクラクフ学派を近代に敷衍したものと見ることができる。彼の全作品は、両者の対立が世紀転換期以後にはすでに過去のものとなっていたことを示している。

アスケナーズィは、世界大戦中に評論活動を行なっただけでなく、1905 年のロシア革命に際しても自らの態度を表明した。例えば 1906 年に『フランクフルト時報』に寄稿して、ロシア革命をフランス革命と比肩しうる出来事と論じた[PL 0449]。ロシア出身で当時ヨーロッパ中に知られた知識人として、彼の見解は外国にとっても目安となるものだった。

アスケナーズィはすべての作品において、客観性や、彼が歴史学者の義務であり実現も可能だと考えた冷静さを保とうと努めた。しかしある一点で、決して自らの党派性を隠すことはなかった。すなわち、アスケナーズィは常にポーランド国民の問題を重視し、複雑なヨーロッパ情勢をいかにポーランド人のため、国家再生のために利用できるかについて検討したのである。大戦直後には、戦争においてポーランド問題が果たした役割を検討した諸論文を発表した。それらの論文や、すでに 1916 年に書かれた論文で、彼はポーランドの復活のためにはロシア政府や見かけだけの手段を講じた同盟国側に頼ることはできず、西欧諸国に期待すべきこと、戦後はブルジョワ民主主義的ポーランドの誕生を待望していることを明快に論じた。ここでアスケナーズィがポーランド愛郷者であると同時にブルジョワでもあったことを強調すべきだろうか。彼は 1917 年に二月革命を歓迎し、自らの諸作品はロシア人でなくロシア政府に反対したものであるとして、いまやロシア人民が権力を握ったことを歓迎すると表明した。しかし、十月革命についてはいくつか反対の言葉を述べただけだった。その点でアスケナーズィは他の歴史学者仲間やポーランドの支配層と同じ見方を取っていた。少なくともポーランド愛郷者である以上、彼が例外的な立場など取りえなかったことは明らかである。

ハンデルスマン

多くの点でアスケナーズィを想起させる二人目の大家は M. ハンデルスマン（1882-1945）である。彼の研究課題と方法論的深みは、おそらくアスケナーズィよりも深遠だった。大学時代にレンボフスキから最も大きな影響を受け、中世史および法制史と取り組むようになった。1918 年以後はワルシャワ大学の教師となり、多くの弟子を育成した。歴史学者として公的生活にも活発に関与し、優れた言語能力と外交官的ふるまいによって長期にわたって歴史学協会の対外国関係を取り仕切った。しばしば政治にも関与し、1905 年にはポーランド社会党に近い立場に、また戦後はピウスツキ支持者のうち左派グループに属しながらピウスツキへの忠誠を保った。しかしほどなくしてピウスツキに幻滅すると、ブルジョワ民主主義的自由の維持のために組織された民主主義クラブの設立メンバーとなった。国際歴史学会議では、デンビンスキやハレツキと共同でポーランド歴史叙述の発展に関する報告を準備した。

初期の研究は上述したように法制史の主題を扱ったものだった。『ポーランド最古の法における刑罰』（1907 年）[PL 0450]、『カジミェシュ大王勅令の中の刑法』（1909 年）[PL 0451]、『1388 年のピョトルクフ特権状』（1907 年）[PL 0452]、『マゾフシェの家門の特権状』（1914 年）[PL 0453]と

いった優れた作品を著し、練り上げた方法論を巧みに駆使して中世史を描いた。それでもこの主題はハンデルスマンを満足させなかったようである。一つには、彼が封建時代の研究からも理論的、方法論的諸問題を見通すよう望んでいたことがある。そこで生まれたのが 1917 年の『封建制研究の方法論について』[PL 0454]だった。もちろん彼もポーランドの発展を西欧と比較し、ポーランドが多くの特殊性にもかかわらず、基本的に西欧に属することは疑念の余地がないとした。

理論と方法論は、その後もハンデルスマンが好む研究課題となったが、その前にいま一つの研究課題だった近代史研究にも触れなければならない。ハンデルスマンはアスケナーズィの研究を継いだが、扱う時代範囲の面ではアスケナーズィを凌駕した。彼は法制史的関心に導かれながら、分割時代から研究を始めた。1907 年に 5 月 3 日憲法に関する研究を[PL 0455]、またその後すぐに〔実際はその前に〕『三つのポーランド憲法』[PL 0456]を発表した。そこで、レレヴェルが行なった同様の研究に少し立ち戻り、1791 年 5 月 3 日憲法をワルシャワ公国の 1808 年憲法やポーランド王国の 1815 年憲法と比較した。いうまでもなく、よりよいとされたのは最初の憲法だった。1914 年に、ワルシャワ公国の歴史に光を当てるべく 1807-13 年間の書簡集[PL 0457-0458]を公刊した。また 1915 年には、ワルシャワのフランス公館についての研究[PL 0459]を著した。すでに 1914 年にフランス語で出た『ナポレオンとポーランド』[PL 0460]と題する概観的著作は、こうした研究課題に関する最初の研究だった。

1795 年以後の近代の展開の中で彼がポーランド史の基本問題と見なしたのは、国家なき国民の存続という問題だった。『プロイセンとロシアの間で』（1922 年）[PL 0461]や『近代国民の発展』[PL 0462]、さらにその第 2 巻『近代国民の発展――1795-1845 年におけるフランスとポーランド』（1926 年）[PL 0463]は、本質的にこの問題を論じた著作だった。

これまで見たことからわかるように、ハンデルスマンはポーランド史を常に世界史、より正確にはヨーロッパ史との関係で検討することを望んだ。それゆえ 19 世紀のヨーロッパ史に関心を寄せ、戦時下〔および戦後〕に『イタリアの統一』（1921?年）[PL 0464]、『1814-64 年におけるイギリスとポーランド』（1917 年）[PL 0465]という 2 冊の一般向けの著作を発表したのだった。さらに、全く異なる主題の作品を仕上げる余裕も持ち合わせており、1919 年には『ワルシャワにおける大学設立』[PL 0466]と題する作品を発表した。

最後に挙げた作品は、もちろんより広い研究の一つの副産物と考えられる。ハンデルスマンは 1830 年代までに関しては、すでにアスケナーズィとその弟子たちが多くの事柄を明らかにしたと考えた。そこで彼はアスケナーズィより先へ進んで、1825-30 年から 1861 年までの史料を国内外の文書館で大規模に収集する作業に着手した。この時期のポーランドの鍵となる人物といえば、もちろんチャルトリスキ公爵である。ハンデルスマンは、彼の伝記を中心に当時の政治史を構成しようとした。すでに第二次世界大戦中に大部のモノグラフを脱稿したが、出版時まで生き延びることはできなかった。著作は新生ポーランドで 1948 年から 3 巻本で出版された[PL 0467-0469]。

理論的、方法論的作品で最も重要なのは『ヒストリカ』[PL 0470]と題する著作である。序文では、この作品が諸外国の成果をまとめたものに過ぎないと控えめに述べられている。選ばれた表題は、著作がレレヴェルを追悼し、彼に献呈されたものであることを示している。というのも、レレヴェルは 1 世紀前に同じ表題で手引書を著していたからである。ハンデルスマンによれば、著作の最後の部分では自らの視点を開示しており、それゆえ他の箇所と異なり記述は不確かだという。作品は高等教育用の手引書として書かれたため、観念論や経験批判論、唯物論のいずれの立場に立つ歴史学者でも利用できるようになっている。確かに、多くの点で概括的な手引書としての性格を備えており、特に世紀転換期フランスの方法論学派の成果がまとめられている。もっとも、実際には著者の個人的見解も織り交ぜられている。彼はもはや、熱心な史料調査と批判を通じて歴史的真実が解明されるとする素朴な実証主義の立場に従うことはできなかった。数十年後には実証主義は不

十分となるとも記している。

　ハンデルスマンは、人間こそが歴史の第一の対象だとした。人間は多様な社会組織の一部であり、その中で最も発展した組織とは、国民と、国民の上に聳える国家だった。それゆえ、叙述の第一の枠組みは国民史であり、各国民史を並行して検証することで文化や文明の発展の一般的特徴にたどり着くことができるとした。また、いわゆる歴史的国民だけを検証すればよいわけでもなかった。歴史の任務は、1）歴史的事実の関連づけと発展の提示、2）国民生活の研究、3）近代文明誕生の検証とそこにおける各国民の役割の解明、4）各国民の歴史における支配的現象の検証にあるとされた。法則性の問題も取り上げたが、もちろん決定論と非決定論の厳格な対立ではなく、一種の蓋然性論を注意深く提示した。例えば、地理的要因は多くの面で国民の発展を規定するが、すべてを決定するわけではないというようにである。これにより、事実上ハンデルスマンは個性記述の立場を取ることになった。彼は個性記述的な要素を持つ学問は、地理学や地質学、天文学のように自然科学の中にも存在すると記している。ハンデルスマンの観察によれば、世紀転換期以後のポーランド歴史叙述では、直感の重要性を主張し、歴史叙述を学問から芸術へと近づけようとする者が多数派だった。この問題でも、彼は中間的な立場を取り、フランスの例に倣って歴史叙述は学問であるとともに芸術であるとした。これと関連して、次のことも強調した。歴史において認識される事象の多くは、客観的で合理的な原因に帰することができるが、実証主義者たちは認めたがらないものの非合理的要因は常に残る。したがって、確定できるのは事象の不可避性ではなく可能性に過ぎないのだと。この主張こそが、先に触れた蓋然性論である。

　『ヒストリカ』の第2版（1928年）[PL 0471]では、「歴史認識の理論的基礎」と題して、いまだ結晶化していなかった諸問題が取り上げられた。ここでハンデルスマンは歴史認識の障害や限界を強調し、これらの問題に確かな答えがないことも明言した。歴史学者は歴史的真実でなく偶然残された事物の記録を検証できるに過ぎないが、そこから過去を再現し、他の残された事物との関係を構成しなければならない。この再現の作業では、歴史学者の経験や視点、時代が果たす役割が大きく、歴史認識は機能的、社会的特質を持っている。常に新しい世代が同じ主題に立ち返るのはそのためである。彼はポーランド歴史叙述の発展を概観した経験から、このような認識に至ったのだった。

　1931年にヴィリニュス大学設立750周年事業として準備された著作では、「歴史潮流における可能性と必要性」と題して蓋然性論を再論した[PL 0472]。この名称はその中で初めて用いられた。それまでに比べて進んだ点は、おそらく、歴史における人間中心の立場が個人でなく社会的契機の重要性を意味しているとはっきり強調したことである。また、決定論に対しては、あらかじめすべてが決定されている事象は存在するが、予測不能な事象もあると述べた上で、例えば政治家にとっては、すべてが人間の意志に基づくかのように行動し、決定する必要があるとする点も認めた。

　悲しいことに、その指摘にはいくらかの真実があり、残念なことにハンデルスマンは、自らの運命でそれを悲痛のうちに経験しなければならなかった。彼は第二次世界大戦の終結の年、ノルトハウゼンの強制収容所で死亡したのである。

ソビエスキ

　アスケナーズィやハンデルスマンと異なる特徴を備え、実質的にクラクフ学派の継承者となったのがW. ソビエスキ（1872-1935）だった。彼はクラクフでW. ザクシェフスキに、ライプツィヒでランプレヒトに師事した。クラクフの伝統に適応して中世史の主題をも扱ったが、実際に好んだのは近世史だった。ソビエスキはしばらくの間ザモイスキ基金図書館の館長代理を務めたが、その際、ザモイスキに偉大な人間性を見出し、付設文書館が所蔵していた史料を用いて彼の歴史に取り組み始めた。ザクシェフスキの後にクラクフの世界史講座を引き継ぐと、ポーランド史を世界史と結びつけることを義務と感じるようになった。彼はほとんど自分一人でこの課題を掲げたが、ある程度は達成した。まもなく、カリンカとボブジンスキの悲観論に反論してワルシャワ学派の見解へと接

近した。もう一つのソビェスキの特徴は、主題を同時代の問題と結びつけることを好んだ点だった。もちろん、それはポーランドの歴史学者として珍しいことではなかった。

　最初の注目すべき作品は、彼にとっての英雄ザモイスキの書簡集出版だった[PL 0473]（この作業はシェミェンスキが引き継ぐことになる）。1905 年に、『シュラフタの護民官』[PL 0474]という非常に特徴的な表題の伝記を出版した。ソビェスキはこの作品で、貴族の自由と平等のための闘士であり、他者からの影響への寛容精神を擁護したこの人物への思い入れを明らかにした。ザモイスキの時代と 17 世紀初頭はその後も頻繁に扱われた。『ズィグムント 3 世時代における民衆の宗派的敵愾心』（1902 年）[PL 0475]、『サン・バルテルミの夜以後のポーランドとユグノー』（1910 年）[PL 0476]、『忘れがたき議会─偽ディミトリーとポーランド』（1912 年）[PL 0477]、『クレムリンのジュウキェフスキ』（1920 年）[PL 0478]、「プロイセン公国における統治の計画と方法をめぐる闘い」（1932 年）[PL 0479]、『アンリ 4 世、ポーランド、およびスウェーデン 1602-10 年』（1907 年）[PL 0480]がそうした作品である。これらの著作におけるポーランドとロシアの対抗関係は、疑問の余地なく同時代と接点を持っていた。これについては、ソ連・ポーランド戦争の数カ月後、1921 年に S. ジュウキェフスキ（1547-1620）についての著作がどのような意味を持ったかを考えれば明らかだろう。中世を論じた作品では、13 世紀シロンスクのコンラト公（1191/98-1213）について著した研究[PL 0481]などに見られるように、非常に早くから反ドイツ的視角が提示された。これは戦後に海への出口の獲得を正当化した際にも示された。1928 年に出た『ポモジェをめぐる戦い』[PL 0482-0483]と題する著書は、1933 年にドイツ語でも出版された。より直接的に歴史を現在の問題と結びつけ、同時代に直接発言することもできた。第一次世界大戦期に記した諸論文では、コシチューシコとビスマルクを同時代への含意を込めて扱い、ロイド・ジョージを直接「野蛮なデマゴーグ」と名指しした。1918 年には『アメリカにおけるコシチューシコ』[PL 0484]を公表した。また著名な国際関係史の専門家として 1919 年にポーランド和平交渉団の一員となり、熱心に活動した。（実際に「野蛮なデマゴーグ」とも出会っただろうか。）

　ソビェスキの世界史関連の研究は、常にポーランド問題との関連で行なわれた。ただし、専門とする時代に関しては、イギリス革命とクロムウェルを主題にそれぞれ大衆向けの作品も著した[PL 0485]。

　両大戦間期にソビェスキの活動を決定づけたのは、反ドイツ的な態度だった。1930 年の歴史家会議で早くも問題提起を行ない、プロイセン獲得 700 周年を祝っているドイツに反論すべきだと論じた。1933 年、ワルシャワで開催された国際歴史学会議では、彼に促されて数人のポーランドの歴史学者がバルト問題を論じる講演やコメントを行なった。

　もちろんソビェスキは、戦後の新たな要請を満たすため、新しい大衆向け概説の作成にも参加した。アカデミー版百科事典で、ヘンリク・ヴァレズィ、バトーリ、ズィグムント 3 世の項目を執筆し[PL 0486]、『ポーランドの歴史と文化』[PL 0487]と題した論文集では 1769 年までの概説を書いた。また、1923-25 年に大衆向けの 3 巻本のポーランド史[PL 0488-0490]も作成した。この作品は、対象について何も知らない人々に向け非常に通俗的に叙述されたため、専門家からは受け入れられなかった。その後、1931 年に一書にまとめられた新版[PL 0491]は、若干ながら歴史学者の要請に応えたものとなった。当時のソビェスキは、かつてのクラクフの恩師たちから遠く隔たり、著書の中核はポーランド貴族の黄金の自由の賞賛やポーランドの大国性の強調で占められた。ソビェスキは、いつもの敏感さで、当時の社会というよりむしろ、政府の期待に応じることができたのだった。

*

　W. トカシ（1873-1937）もクラクフにおける W. ザクシェフスキの弟子だった。彼はここで研究を開始し、同時代人の証言によれば、非常に優れた史料批判の能力を発揮した。早急に結論を下すことに慎重だったことは確かである。第一次世界大

戦期にピウスツキの軍団に参加し、軍事史への関心を持つようになった。その間も研究活動を中断することなく、戦後はワルシャワで教授職に就いた。

最初はワルシャワ学派やアスケナーズィと関係を持たなかったが、18-19 世紀転換期の歴史や 18 世紀ガリツィア史の研究に従事した。1908 年に W. ザクシェフスキ記念論文集によせた論文で、オーストリア治下のガリツィア貴族が国民的諸問題では低姿勢であるのに、自らの特権確保には全力とはいわないまでも頗る活動的だったことを非常に批判的に論じた。比較的大部の『フーゴ・コウォンタイの晩年』［PL 0492］と題した作品は、1794-1812 年の間の急激な変化がポーランドの社会思想にもたらした影響を詳細に分析したものだった。1915-16 年に続編として『一月蜂起の開始期におけるクラクフ』［PL 0493-0494］を、また 1917 年には軍団での経験を活かし、1815-30 年の軍事行政の歴史を専門的に扱った『ポーランド王国の軍隊』［PL 0495］を世に出した。戦後も研究活動を続け、1830 年蜂起を準備した士官候補生らの陰謀事件を忠実に描いた『ヴィソツキの陰謀と 11 月の夜』（1925 年）［PL 0496］や、『1830-31 年の戦い』（1930 年）［PL 0497］と題した十一月蜂起の軍事史を著した。晩年には、分割前の時代に戻っていくつかの研究を著した。1918 年から自ら創刊した『ベローナ』という軍事史雑誌の編集を務め、1925 年の歴史家会議では、軍事史叙述の理論的諸問題も取り上げた。

A. シェロンゴフスキ（1873-1961）はランプレヒトのもとで学んだ後、リヴィウで近代史の教授となった。近世史、特にバルト問題の研究に従事し、『バルト海をめぐる戦い 1544-1621 年』（1904 年）［PL 0498］、『ヴィスワ川河口を求めて—大プロイセン戦争』（1905 年）［PL 0499］、『ヴワディスワフ 4 世時代の神聖ローマ帝国の混乱とポーランド』（1907 年）［PL 0500］、1618 年のチェコ等族の蜂起を論じた『チェコ蜂起に対するシロンスクとポーランドの関係』（1904 年）［PL 0501］、『15-16 世紀におけるポーランド国家の成長—中世から近代移行期のポーランド』（1904 年）［PL 0502］などの作品を残した。これらはもっぱら事件史的な研究だが、これまで扱ってきた研究者の作品がしばしばそうだったように、多分に同時代的な含意を持っていた。もっとも、第一次世界大戦前において、ポーランド国家がすぐにも海への出口を持つに至る可能性など誰にも見えなかった。

シェロンゴフスキはやや副業的にだが、社会経済史の問題も扱った。1899 年に『13 世紀末までのポーランド法に基づく村落における土地相続農民』［PL 0503］、そして 1909 年に『ポーランドから東へ向かう最古の道』［PL 0504］を出版した。晩年には、1918 年の国家再生に類比すべきものを探すかのように、『北米合衆国—国家と憲法の成立』（1929 年）［PL 0505］と題する著作を出版した。

コノプチンスキ

W. コノプチンスキ（1880-1952）は非常に興味深い人物である。S. ザクシェフスキを想起させる激しやすい性格で、疲れを知らない驚嘆すべき仕事量を誇り、彼自身が述べるところでは、同僚には「文書館の虫」と呼ばれた。コノプチンスキはシュイスキの弟子ないし信奉者を自認していたが、彼が大学で学び始めた時にはシュイスキはとうにこの世を去っていた。一方、実際に教わったスモルカについてそれほど言及することはなかった。シュイスキを自らの模範と見なしたのは、もっぱら歴史学者の責任意識においてであり、また近世への関心においてだった。コノプチンスキはクラクフで学んだが、むしろワルシャワ学派の楽観論に加勢した。ティミェニェツキの機知に富んだ表現を借りれば、彼が関心を寄せた 17-18 世紀については、それは非常に困難な課題だった。というのも、楽観論はこの時代に関して最大の試練に立たされたからだった。ただし、コノプチンスキも歴史を「人生の師」とする原則に立っており、その意味ではクラクフの先人たちに倣った。近代研究に関しては、個人的な対話を通じてアスケナーズィから多くを学んだ。

コノプチンスキの最初の著作は、七年戦争期のポーランドの状況について多くの文書館史料を駆使して論じたものだった［PL 0506］。それは、かつて誰もモノグラフで扱っていない主題だった。彼は生涯を通じて、困難かつ複雑なために未開拓

となっている主題への関心を持ち続けた。すでに何度か言及したアカデミー版百科事典では、ソビェスキおよびアウグスト 3 世（1696-1763）の時代を扱った[PL 0507]。『バール連盟指導部の政策と組織』（1928 年）[PL 0508]や『1768-74 年連盟戦争史料集』（1938 年）[PL 0509]に見られるように、バール連盟に関する諸問題に幾度も立ち戻った。1911-37 年にその時代に関する議会の議事録[PL 0510-0512]を出版し、1936-38 年に『バール連盟』[PL 0513-0514]という 2 巻本の総論的なモノグラフを著した。1931 年に出版した K. プワスキ（1745/47-79）の伝記[PL 0515]では、ロシアとの同盟を支持した連盟が軍事的に失敗だったことを明らかにした。

より広い世界史に関しては、1924 年にオリヴァ和約（1660 年）からポーランド国家崩壊までのポーランド・スウェーデン関係を論じた作品を出版し、1935 年に再版を出した[PL 0516]。『カール 12 世とポーランド』[PL 0517]と題した作品は、スウェーデン語で出版された。スウェーデン史学への関心は大きく、その成果を定期的にポーランドの歴史学者たちに伝えていた。また、1683 年のウィーン包囲期におけるポーランド・オスマン関係についても扱い、七年戦争とバール連盟時代のヨーロッパ諸政府のポーランド政策についても多くの研究を残した。

コノプチンスキは事件史と並んで国家組織の問題にも関心を寄せた。1917 年には『常設委員会の起源と成立』[PL 0518]と題した著作で、1764 年以後に設立され、改革を試みた最初の政府機関を扱い、1918 年には自由拒否権について作品を著した[PL 0519]。

モノグラフでは細部や短い期間も扱ったが、総合への志向を捨てたことはなかった。1936 年には 2 巻本の『近代ポーランド史』[PL 0520-0521]と題する作品を出版した。その大部分は、自身の研究に依拠しながら楽観論的な歴史観に沿って描かれた。

さらにコノプチンスキは、大規模な共同企画と総合にも関心を持った。1918 年以後、少なくともその事業を始めるための一定の可能性が生じた。1922 年には、早くもポーランド人名事典の作成を提案し、それは彼を主編者として 1935 年に実現した。戦争のため中断したが、1960 年代からは新しい編集でポーランド人名事典各巻が出版された。

1917 年、ポーランド国家の再建の実現が近づいた時、コノプチンスキは 1795 年までの全歴史を扱った 10 巻本のポーランド史の共同執筆を提唱した。いくつかの手稿は 1939 年に完成したが、その後の戦争で失われた。

コノプチンスキの同僚は、精力的で万事に口を出すこの口喧しい歴史学者をそれほど好まなかった。おそらく、実際に付き合いにくい人物だったのだろう。それでも、ポーランド歴史叙述の発展において、彼の業績は 20 世紀前半の重要な一部をなしている。

*

J. K. コハノフスキ（1869-1949）は興味深い人物だが、特別な成果を上げたわけではない。彼は社会学者グンプロヴィチの影響を受け、ドイツで学んだためランプレヒトからも影響を受けた。法廷文書群から優れた公刊史料集を作成したが、その研究に取り組むことはできなかった。カジミェシ大王について記した伝記（1899 年）[PL 0522]は、その時代の全体像を示すものではなかった。中世の生活についての概説が最良の作品で、これはフランスの作品を模範として叙述された。大きな歴史の連関に関心を寄せ、『ラインとヴィスワの河畔で―歴史的対比』（1913 年）[PL 0523]ではポーランドとドイツの歴史的発展の比較を試みた。1904 年に出版された試論[PL 0524]では、当時の歴史叙述の最新の動向として、リッペルトの社会学的視点とランプレヒトの心理学的視点を取り上げた。もっとも、当時注目を集めていたドイツの恩師には批判的で、その「音域」理論を受け入れることはできなかった。コハノフスキは社会学への関心により、特に第二次世界大戦後であれば影響力を持ちえたかもしれない。しかし、第二次世界大戦後には、彼の学んだ社会学理論は時代遅れとなり、時代は移り変わってしまった。

S. プタシツキ（1853-1933）は歴史叙述と並んで文学史や史料公刊にも従事した。『アルケイオン』[PL 0525]と題した雑誌の設立者であり、リトアニアのロシア編年史について記した諸作品は

価値がある[PL 0526]。

K.M. モラフスキ（1884-1944）は純粋に文献学者だったが、クラクフ大学の歴史について 2 巻本を記した[PL 0527-0531]。S. ザクシェフスキとアスケナーズィのもとで学び、1914 年に、「二つの方法」[PL 0532] と題した作品で当時は古典的と見なされていたベルンハイムの教科書を取り上げ、個性を強調するフランスの方法と比較した。そこでは、ドイツの無味乾燥とフランスの様式美が比較され、後者に軍配が上がった。ポーランドの歴史学者を見渡しても、持続的影響を持ったのは個性的様式を示した者だけだったというのである。またモラフスキは、歴史が人生の教師としての役割を持つという見方を、当然で所与のこととして受け止めていた。

1905 年以前のワルシャワでは、歴史学者はクラクフに比べて困難な環境にあったが、プロイセン領ポーランドの状況はさらに苛酷だった。19 世紀半ばに当地でも活発な活動が見られたが、世紀末には、残った数人が史料公刊を続けただけだった。ポズナンで活動していた学術友好協会が徐々に減少する個人篤志家の支援でなしえたのは、史料公刊の事業だけだった。言及に値するのは、おそらく K. ヴァホフスキ（1873-1943）の名前だけである。彼は 1902 年にゲルマン人の犠牲になった西スラヴ諸族についての研究を著したが[PL 0533]、ポズナンで出版することはできなかった。

軍事史は政治史の中で自立性を備えた一部門としていまだ成立していなかった。このことは、この領域で最初の一歩を踏み出したのがトカシやコルゾンといった政治史研究者だったことにも表れている。もっとも、最初の試みを行なった人々として、この分野を好んだ二人の好事家には触れておかねばならない。K（コンスタンティ）. グルスキ（1826-98）はロシアに仕えた職業的士官にして軍事法廷の裁判官だった。軍事専門知識を持っていただけでなく法学も修めており、引退後にワルシャワで軍事史に関心を持ち始めた。彼はワルシャワのポーランド人研究者の中で唯一、ワルシャワ文書館に入館を許された人物だった。かくしてポーランド歩兵隊の歴史（1893 年）[PL 0534]や騎兵隊の歴史（1894 年）[PL 0535] を著し、死後の 1902 年には砲兵隊の歴史についての著作[PL 0536]が出版された。1886 年に最初の研究を著したが、この年は一般にポーランド軍事史の始まりの年とされている。しばしばワルシャワの歴史学者の助言を得たものの、歴史叙述の専門教育を受けておらず、素人の大胆さと自信で自らの学説を提起した。それでも、グルスキが収集した史料は非常に利用価値が高かった。それまで彼以外には誰も知らなかった史料だからである。彼の仕事を 20 世紀初頭に受け継いだのが、A. ヴォランスキ（1852-1933）（ペンネームは T. ソプリツァ）だった。しかし、彼にはグルスキのような史料知識上の長所はなく、残されたのは素人の短所だけだった。やがてアスケナーズィの弟子の中からこの分野の専門知識を備えた最初の歴史学者が登場するが、それは第一次世界大戦後のことである。

5. 法および制度史

法制史は早くからポーランド歴史叙述の一部門だった。これまでの記述で触れた幾人かの代表的人物は、特に中世法の諸問題を考察した。彼らはすでに実質的に法制史を国家と結びつけて考察していた。もっとも、国家組織の研究を最大の課題と見なす研究部門が開花したのは、世紀転換期の新しい方法論上の思想潮流を受けてのことだった。それは、ポーランド語でウストルイ〔国制〕と呼ばれ、特に 1918 年に S. ザクシェフスキが批判的論文を記してからは、「国制史」という専門用語が完全に定着した。

バルゼル

シュイスキやボブジンスキは、事実上、国制の問題と取り組んだ。しかし、弟子を育て影響を残した最初の重要な代表的人物は、O. バルゼル（1858-1933）だった。彼はリヴィウにおけるリスケの弟子で、自らもリヴィウで活動した。リヴィウの学術協会に精力的に参加し、リスケの後長い間『歴史季刊誌』の編集者を務めた。

バルゼルの初期の研究は、中世ポーランド政治史上の個別問題を扱ったものだった（『クラクフ公位をめぐる戦い 1202 年と 1210-11 年』1894 年

[PL 0537]、『13世紀半ばの史料におけるポロニア、ポロニ、ゲンス・ポロニカ』1916年[PL 0538]）。最初の大作は、基本書として長らく他の追随を許さぬものと見なされた『ピャスト朝系図学』（1895年）[PL 0539]と題する作品である。これはそれまで知られていたすべての史料を駆使した詳細な王朝家系史であり、実際に長い間手引書とされた。彼はこの作品で史料批判の才能を示した。この本の欠点を挙げるとすれば、1370年以後もシロンスクを統治し続けた小ピャスト諸侯の歴史を論じなかったことくらいである。その後20年以上を経た1916年に、963-1138年のポーランドの首都について論じた著作を発表した[PL 0540]。ただしこれは、いまだ首都すなわち恒常的国王滞在地が存在しない時代にそれを探し求めたという批判を免れない。

またバルゼルは、リヴィウで『ポーランド法大全』第3、4巻を出版し[PL 0541-0542]、他の法制史料の出版物も編集した。

個別研究では、様々な国家制度の歴史を論じた。例えば、王国裁判所の誕生について（1886年）[PL 0543]、そしてポーランド王冠の国庫と文書館の歴史についてである（1917年）[PL 0544]。他にも14世紀の諸制度に関して多くの論文を書いた。司法の発展に関しては、近世までの流れをたどった。また、『初期定住に関する諸学説の検討』（1898年）[PL 0545]、『スラヴのザドルガについて』（1899年）[PL 0546]、『比較スラヴ法制史』（1900年）[PL 0547]などによってマチェヨフスキ後の比較スラヴ法制史を発展させた。最後の大作の一つは、1928年に出たピャスト時代の国家財政を検討した作品[PL 0548]である。

『ポーランド王国 1295-1370年』（1919-20年）[PL 0549-0551]と題した3巻本の総説は、ポーランド分裂後の中央集権化、すなわちポーランド国家再建について論じたものであり、出版直後から現代的意義を持ち、反響も大きかった。その他にもより大きな計画に基づいて研究を行なったが、カドゥウベクについての史学史研究[PL 0552-0553]が出版されたのは死後の1934-35年だった。カジミェシ大王の立法について論じたモノグラフは未完に終わり、1947年に遺稿の中から一部が出版された[PL 0554]。

歴史家論争で、バルゼルはリヴィウ派の指導的人物として活躍した。1890年の会議で、コルゾンの報告に関し「我々の歴史叙述の擁護のために」と題して行なった報告は、重要な役割を果たした。そこでバルゼルは、クラクフ学派と呼ばれる人々の中に著しく相反する見解が存在しており、事実上そのような学派は存在しないと主張することで、クラクフ学派を擁護した。またバルゼルは、歴史学者が誤り、新たに発見された史料により立場を変えることは起こりうるため、あらゆる意見に耳を傾けるべきだと述べた。しかし、クラクフ学派が意図的に捏造するというワルシャワ学派の批判は断固として退けた。歴史学者はもちろん主観に左右されるのであり、それは避けられないとも述べている。

クチシェバ

この分野において、もう一人の大家は、多くの点でバルゼルの競争相手だったS.クチシェバ（1876-1946）である。彼はバルゼルが総合史への試みを欠いたとして、総合の分野で重要な作品を残した。1905年、ポーランド国制史について最初の作品[PL 0555]を著したが、そこではリトアニアを扱わなかった。ちなみに、クチシェバもはじめはモノグラフの手法で行政や財政など国家組織の個別問題を検討した。また、『古ポーランド裁判法略史』（1921年）[PL 0556]や『ポーランド私法略史』（1920年）[PL 0557]などの手引書も著した。その後、ポーランド法制史料についての総説『古ポーランド法史料史』（2巻、1925-26年）[PL 0558-559]を著し、また『ポーランドとリトアニアの合同』（1914年）[PL 0560]で、リトアニアとの関係にも取り組んだ。1920年代には、ポーランド国家組織の歴史について大部の総合史[PL 0561-0564]を出版したが、そこでは近代やリトアニアの諸問題も扱っており、長らく最上かつ最も詳細な概説と見なされた。この分野で彼の著述活動を特徴づけたのは、はっきりとした方法論に則った仕事と情報への厳格な忠実さであり、それまでの歴史叙述が等閑にしてきたいくつもの主題を探究した。クチシェバは学術組織の上でも重要な

役割を果たした。新国家でしばらくアカデミーの事務局長を務め、1939年に総裁に選ばれた。

バルゼルやそれ以前の人々はもっぱら法発展の側面から国家組織に接近しようとした。もちろんクチシェバも同様の観点を持っていたが、彼はそれを経済発展への関心で補強し、経済史でも重要な功績を残した。1910年にプタシニクとともに中世クラクフの商業と商人の歴史を著し[PL 0565]、それ以前の1899年にも、単独でこの都市の中世財政史を記した[PL 0566]。1903年に、「ポーランド商業関係の枠組みにおける中世クラクフ商業」[PL 0567]と『ポーランドが東方と行なった商業の歴史』[PL 0568]という、商業史に関する二つの重要な研究を出版した。『ヴィェジネク家の歴史』(1899年)[PL 0569]では、あるクラクフ商家を通じて社会史上の成果をもたらし、『14世紀末におけるカジミェシの領民と領地』[PL 0570]と題した研究では、農業史にも手を伸ばした。

世界大戦期には、もちろんクチシェバもポーランド歴史叙述の新しい潮流に関する論争に活発に参加し、バルゼルを最も鋭く批判した。戦後は『再生したポーランド』(1921年)[PL 0571]と題して国家再建の歴史を著し、その著作は1935年までに3版を増版するほど成功を収めた。1926年にはポーランド外交の現在的な課題にも発言した。これらの作品は、もはや厳密な意味での学術的作品と見なすことはできない。

J.シェミェンスキ(1882-1941)はバルゼルの弟子だった。これまでの二人とは対照的に、組織への関心から近世史に取り組むようになった。W.ザクシェフスキからザモイスキ文書出版を引き継いだのはシェミェンスキだった[PL 0572-0573]。16世紀の地方議会の組織と特徴や1573年のワルシャワ連盟について著作を残し[PL 0574-0575]、ポーランド王冠文書庫の歴史[PL 0576]やキリスト教内の各宗派の信徒への法的規制についても分析した[PL 0577]。バルゼルのもとで研究を始めたが、バルゼルよりもはるかに明確に「楽観論」の潮流に近い立場を取っていた。1916年にはっきりとした楽観論の立場から『ポーランド政治文化の表現としての5月3日憲法』[PL 0578]と題する作品を著した。もちろんここでは、何よりもまず戦争がもたらした期待感の影響を考慮すべきである。戦後は、かつての三列強の後継国家からのポーランド文書館史料の再獲得事業に多大な尽力をした。

6. 教会史

ほとんど発展が見られなかった教会史も、歴史叙述の一部門としての国制史の発展に歩調を合わせた。1884年、W.ザクシェフスキはこの分野にほとんど何の変化もないと不満を述べたが、世紀転換期には研究の幅が広がり、さらなる研究の基礎となる史料公刊が活発化した。研究はまずキリスト教布教の始まりや教会組織の発展という問題へ向けられ、まもなく、近代の諸問題、宗教改革や教会合同が扱われるようになった。もちろん、この分野でもより大きな進展は1918年以後を待たねばならなかった。

戦前の最初の重要な研究者はJ.フィヤウェク(1864-1936)だった。叙階された後ローマで古書体学と文書館学を修め、帰国後にクラクフ大学神学部で中世教会史の教授となった。研究者としてはこの領域にとどまって、バーゼル教会会議やフス派と戦う十字軍など、ポーランド教会史だけでなく教会史一般の問題にも取り組んだ[PL 0579]。また、注意深く史料批判を行ないながら、中世ポーランド教会組織に関して多くの個別問題を解明した。『存在しなかった最初のヴィリニュス司教補佐について』[PL 0580]は、すでにその題名がフィヤウェクの研究を特徴づけている。ポーランドの典礼の歴史に最初に取り組んだのは彼であり、ポーランドの聖人伝についてもいくつかの優れた研究を記した。分析的な性格ゆえに、より大きな総合史やハンドブックの編纂は考えすらしなかった。

7. 経済史

ブヤク

クチシェバのところで見たように、研究者の一部は国家史との関連という文脈で経済史の諸問題に関心を寄せていたが、国家史から独立した関心

も見られた。実際に経済史学派全体を作り上げたのはF.ブヤク（1875-1953）だった。彼はクシジャノフスキの弟子で、歴史補助学から研究を開始したため方法論や史料批判に精通しており、もっぱらリヴィウで活動して弟子を育て上げた。経済史に転じたのは、理論的、方法論的思慮の結果だった。すなわち、歴史叙述が過度に個人に関心を注ぐ状況の中で、ブヤクは集合的な諸力を扱いたいと考えており、また政治史の優位に代わって全体史を望んでいたのである。1905年に、私講師としての講義の導入として、初めて自らの見解をまとめた。ブヤクは経済学の歴史ではなく、経済生活そのものを、経済生活の重要性が増していた自らの時代から遡って研究することを望んでいた。また、歴史の唯物論的解釈には与しないと述べたものの、経済現象を通常の理解よりずっと重要なものと見なした。さらに、些細な現象をも本質的な事柄と捉えることで、自らの立場を経済学からも峻別した。これによって、自らの研究を経済学的というよりむしろ歴史学的なものと考えた。

ブヤクは『マウォポルスカの定住について』（1905年）[PL 0581]という定住史研究から始め、初期の諸研究では、中世ポーランド国の領域がもとは沼地と森林で覆われていたとするそれまで支配的だった見方を批判した。彼は常に地勢学的影響力の役割を重要と見なした。のちの諸作品では、定住史的関心を近代にまで敷衍した。1918年以後は、自らの時代の経済生活、特に村落の状況とその変化に関心を寄せた。

ブヤクが指摘したように、経済学で中世を扱うことは困難だった。というのも、その概念体系は中世に適用不可能だったからである。

1918年の「経済史の必要性についての考察」[PL 0582]において、ポーランド経済史の課題に関する全体的研究事業計画を発表した。ブヤクが特に重要と見なしたのが史料出版だった。彼は文書館では法と並んで経済生活に関して最も多くの史料が発見されるが、それらは掘り下げて検討されてこなかったと指摘している。またこの事業計画では、人口、価格、度量衡や自然災害の研究など非常に近代的な研究課題が示され、所領史や個々の村落や都市の発展を解明するモノグラフ研究こそ基礎的重要性を持つとされた。

新ポーランド国家の誕生後、ブヤクは経済史と並行して国家組織の発展に関する個別問題の調査も行なった。彼はそれまでの手法通り、細部の慎重な解明から始め、総合はのちになされるべきだと考えた。もっとも、1918年に、ルトコフスキの4巻本のポーランド経済史の計画を妥当と評価した。ただし、ブヤクは細部で時折間違いを犯したようだ。例えば、15-16世紀の世紀転換期に発展した新しい現象としての領主直営農場経営の全国的な重要性を認識しなかった。1922年にリヴィウで「歴史における総合の問題」と題して行なった報告に見られるように、彼は長期的には総合的作品が重要であることを強調した。その中で、自らの実践に基づき、個別研究を出発点として徐々に総合へと至ることができると述べた。また、人類発展の法則性を解明するという歴史叙述の責務を強調し、これとの関連でレレヴェルに言及しながら比較研究の重要性を強調した。

ブヤクによれば、ポーランド経済史が解明すべき課題は一人の人間が取り組めるものではなく、多くの研究者の協力が必要だった。そのため彼は、弟子を育成してこの目的に向けて力を尽くし、実際にも、それによって達成された成果は、彼の最大の遺産となったといえよう。

*

ブヤクがもっぱら農業発展に関心を寄せたとすれば、J.プタシニク（1876-1930）は中世の都市発展を研究の中心に据え、それを通じて経済史を社会史や文化史へと広げた。彼が多くの作品で取り組んだのは、中世クラクフとイタリアとの関係だった。『クラクフにおけるイタリア的文化の歴史から』（1906年）[PL 0583]、「カジミェシュ大王とヴワディスワフ・ヤギェウォの時代のイタリア的クラクフ」（1911年）[PL 0584]、「中世クラクフ都市貴族研究」（1913年）[PL 0585]などがそれである。クラクフ都市史研究の頂点が、都市の手工業と物質文化の歴史を詳細に考察した『職人たちのクラクフ 1300-1500年』（1917年）[PL 0586]だった。そしてまさにイタリア人が果たした役割の分析に際して、彼は中世ポーランド経済史を閉鎖的に検討していた当時の研究枠組みを超えたの

だった。クチシェバと共同で行なった商業史研究にはすでに言及した。『教皇庁財務局の徴税史』(1907年)[PL 0587]、「ポーランドにおける政治と教会の一体性の守護者としての聖ペテロのデナリウス貨」(1908年)[PL 0588]に見られるように、その関心はポーランドの経済生活とヴァティカンの関係にも及んだ。また都市の制度的諸問題(国制!)にも関心を寄せた。クラクフの文化発展に関する重要な作品に、『15-16世紀クラクフの印刷業者』(1922年)[PL 0589]がある。

さらにプタシニクは、『中世ポーランドにおけるイタリア文化』(1922年)[PL 0590]や『中世文化―中世の宗教・社会生活』(1925年)[PL 0591]で総合も試みた。また、理論的観点から文化史の重要性に着目し、1925年にポーランド文化史叙述の課題について論じた。そこでプタシニクは、中世教会文化についてすでに一定の知識が蓄積されたが、都市・世俗文化に関してはなすべきことが多いと指摘した。様々なタイプと内容を持つ史料の公刊について詳細な計画を提示したが、クラクフに関してはすでに言及した彼の二つの研究〔『職人たちのクラクフ』と『15-16世紀クラクフの印刷業者』のことか〕がそれにあたる。世界史総合の試みは、ポーランドに関する彼の作品の水準に達しなかった。ブヤクと同様にプタシニクも細部から総合史へ到達しようと望み、生涯の最後にその実現を試みた。しかし、『古ポーランドにおける諸都市と都市民』(1934年)[PL 0592]と題した概説が出版されたのは没後のことだった。

ガリツィアにおける研究とは全く関係を持たなかったが、経済史との関連で、ワルシャワ学派に属した I. バラノフスキ (1879-1917) にも言及すべきである。彼はモスクワで大学教育を受け、ガリツィアの人々とは異なり、もっぱら近世に関心を寄せた。最初はリトアニア領域の発展、特にリトアニアの大貴族の問題に取り組み、そののちに(マゾフシェの小貴族の役割などといった)王冠領の問題も扱った。常に原史料に基づいて研究を行ない、所領文書を頻繁に活用した。その研究論文集は『村落と領主直営地経営』[PL 0593]と題して出版され、1907年に、1765年から1788年にかけて活動した都市問題担当の政府諸委員会に関する研究[PL 0594]が出版された。没後、『16世紀ポーランドにおける手工業』[PL 0595]と題した書物が出版されたが、それはこの問題についての包括的研究ではなかった。

8. 歴史補助学

文書形式学、古書体学、紋章学、古銭学といった歴史補助学の古典的部門の始まりは、非常に古い時代まで遡る。というのも、ポーランドの人々が当時西欧で形成されつつあった新しい学問分野について知識を得ていた最初の兆候が、すでにワルシャワ公国時代に見られるからである。1814年1月には、W. スコロフト＝マイェフスキ (1764-1835) がワルシャワの協会で「文書の技術について、あるいは文書と手稿の理解と評価の学問について」[PL 0596]と題する講演を行なった。彼は何巻にも及ぶ研究成果を発表すると述べたが、実際には単にガテラーの成果をまとめ、スラヴ語資料で補完しただけだった。すでに見たように、レレヴェルは独自に文書形式学と古銭学を開拓した。もっとも方法は初歩的であり、レレヴェルや1839年に文書をファクシミリ出版したストロンチンスキは、なお手作業で筆写していた。

学術的水準に達する研究はヘルツェルに始まり、それは19世紀中葉の大規模な史料公刊事業と連動していた。すでに触れた数人の歴史学者がこの作業に参加した。文書形式学の領域では、1870年代までに二つの学派が形成されたことにも触れておきたい。クラクフのピェコシンスキは、特別な理由がない限り文書を信頼すべきだと見なす立場を代表した。これに対し、リヴィウではリスケと W. ケンチシンスキが反対の立場を代表し、些細な間違いがあればその文書は疑わしいとした。文書に対する無警戒な信頼と過度に批判的な不信の二極分化状態から、長期にわたる論争を経て、徐々に文書形式学が発展した。すでに見たように、ケンチシンスキは、12世紀末までのポーランド文書作成慣行をめぐる主要な問題を、この慣行の独自性を強調しながら、初めて適切な批判に基づいて概観した。すぐ後で論じるクシジャノフスキはこれに反対した。

紋章学では、すでに言及したピェコシンスキの活動が先駆となったが、その作品には多くの不確実さや明らかに根拠を欠いた点が認められる。同じ時期、W. セムコヴィチ（1878-1949）は別の角度から問題に取り組んだ。すなわち彼は、個々の家門の歴史を基礎と見なし、これが紋章学上の問題に説明を与えると考えたのである。セムコヴィチは『パウカ家の歴史』（1907 年）[PL 0597]で模範を示し、弟子たちを同様の作業に導いた。弟子以外の多くの者もこれに加わり、第一次世界大戦前に各家門の一連のモノグラフ的研究が行なわれた。1908 年にはリヴィウで紋章学協会が作られ、はじめ年報を、のちに定期刊行雑誌を発行した。

古銭学ではストロンチンスキの 3 巻本のファクシミリ出版『ピャスト朝およびヤギェウォ朝時代のポーランドの古銭』（1883-85 年）[PL 0598-0600]の出版が研究の端緒となった。1888 年にはクラクフに古銭学協会が形成され、その会報は 1908 年から月刊誌となった。

ポーランドの年譜学については、1908 年にヴィェジボフスキが大学での教育のために『ヴァデメクム〔道案内〕』[PL 0601]と題した手引書を作成した。

歴史地理学のいくつかの問題には、ブヤクの最初の定住史研究が触れていた。これとは別に、パヴィンスキとヤブウォノフスキが 1883 年にワルシャワで『地理学的、統計学的観点から見た 16 世紀ポーランド』[PL 0602-0614]と題した最初の歴史地理学の研究を出版した。彼らは 1904 年に、16-17 世紀ルーシ人諸地域の地図出版を開始した [PL 0615]。ブヤクは先駆的試みの困難さを認めつつも、1905 年にそれらを批判した。彼は歴史地理学の諸問題に関していくつもの論文を記し、それらは 1925 年に一書にまとめられた[PL 0616]。にもかかわらず、セムコヴィチは 1918 年に記した概観において、歴史地理学を最も研究の進んでいない研究分野の一つとした[PL 0617]。セムコヴィチがそこで提起した問題は、実際その後も解明されていない（例えばポーランドの君主の移動行程や中世の官職表研究）。W. ケンチシンスキが 1892 年に記した著作『10 世紀ポーランド国の境界』[PL 0618]は問題への接近の第一歩に過ぎなかった。

第一次世界大戦前の歴史補助学の最重要人物は、S. クシジャノフスキ（1865-1917）だった。彼ははじめクラクフでスモルカの弟子として中世史を修めた。その後はウィーンのシッケルのもとで学び、さらにヴァティカンでも学んだ。文書形式学を独立した（補助）学問と初めて呼んだのは、クシジャノフスキだった。彼はポーランド文書作成慣行の国内における発展自体を研究した W. ケンチシンスキに反対し、1892 年の『歴史季刊誌』に発表された長文の批判の中で、ポーランドの文書が西方とりわけ帝国に範を取ったことをはっきり示し、その後の研究の基礎を築いた。さらに、それまでの多くの文書出版が多くの誤りを含んでいたことも証明した。それゆえ 1896 年に、12-13 世紀のポーランドの文書を撮影し、そこから後代に資料目録を作成して残すことを改善への第一歩として提案した。1907-10 年に、その素材の中から『ポーランド古文書体学集成（モヌメンタ）』[PL 0619-0620]と題したファクシミリ版を出版した。1901 年に発表したカジミェシ大王のアヴィニョンへの使節派遣と最初の大学に関する文書に関する作品[PL 0621]は、新発見として当時の人々に感銘を与えた。

ポーランド古書体学の基礎を築いたのもクシジャノフスキだった。彼は筆記が文化水準を示す非常に重要なものであり、かつ幸運なことに、痕跡を比較的よくたどりうるものであることを明らかにした。先の出版物は書体学の発展にも寄与した。

同時代の多くのポーランドの教授と同じく、クシジャノフスキも自らの学問的活動より教育と後継者育成に多くの時間を割いた。この面でも、彼は卓抜した成果を上げることができた。20 世紀のポーランド歴史補助学研究の大部分は、彼の弟子の業績だった。

その中でいま触れるに値するのは、W. セムコヴィチである。彼は後継者育成においてクシジャノフスキの活動を受け継ぎ、研究面でも優れた成果を残し、師よりも多産ですらあった。すでに戦前にクラクフで歴史補助学の教授となると、歴史補助学の全領域に関心を向け、それぞれの領域で個別の研究成果を示すことに成功した。クシジャノ

フスキが古書体学と文書形式学の学問的基礎を築いたように、セムコヴィチは紋章学と系図学の基礎を築いた。すでに言及したように、1918年に将来の研究方針を示し、特に家門研究において、1945年以後もしばらく新しい研究成果を上げ続ける一学派を作った。1937年と1948年に出版された2冊の浩瀚な著作では、自らの役割にも言及しながらポーランド歴史補助学の歴史を概観した[PL 0622]。

9. 文化史

文化史に関しても、既出の名前ばかりに言及しなければならない。この学問分野は世界的にも形成途上にあったし、少し意地の悪い言い方をすれば、今日なお形成途上にある。それがどの程度歴史学に属し、またどの程度、19世紀末までに歴史学から分離して長い時間が経過していた他の学問分野に属するかは、当時からあいまいだった。すでに言及したモラフスキは、クラクフ大学についての研究に限られるが、エリート文化を扱った。すなわち、中世の教会的思想潮流からルネサンスと人文主義への転換を、大学との関連で扱ったのである。ウォジンスキとプタシニクについてもすでに触れた。ブリュックネルの名がここで挙げられるべきだが、彼については戦後の発展との関連で見ることにしたい。ブリュックネルの手になる大部の総合は戦後に出版されたからである。

10. 古代世界史

古代史の分野でも、第一次世界大戦まで大きな成果は生まれなかった。このことは、ポーランドが古典古代と直接的関係を持たず、価値ある史資料が残されていないという、すでに指摘した要因と明らかに関係していた。ロマン主義者のマチェヨフスキはヴィスワ河畔の「ゲト・ダキア人」の中にポラニェ族の祖先を発見した。1829年に、J. シュファイニツ（1795-1867）が護民官に関する博士論文を作成した[PL 0623]。また、1845年から1847年にかけてワルシャワで『史料と新知見に基づいたローマ人と国家の歴史』3巻[PL 0624-0626]を著した。それは実質的にニーブールの業績をポーランド語に翻訳したものだった。シュイスキも2度にわたって古代ローマ史の領域に手を伸ばし、1879年に著したネロの伝記[PL 0627]は彼の著作選集にも収録された。マルクス・アウレリウスについても似たような試論を書き始めたが、未完に終わった。これらすべては、まだ独立した学問研究といえるものではなかった。

1880年代に若干の変化が生じた。一つは、古典文献学ブームがポーランドに達したことである。これは当時の人文科学で最高に位置づけられる部門の一つだったが、その発展はもちろん我々の検討対象ではない。T. ジェリンスキ（1859-1944）が1880年にドイツ語で著した作品『第二次ポエニ戦争の最後の数年間』[PL 0628]は、原史料に基づく研究だった。もっともジェリンスキは1920年までポーランドで活動しておらず、ポーランド語で研究を発表することもなかったため、弟子を通じて研究を進展させることはできなかった。P. ブレシュコフスキは古代史からまもなく古典考古学へと転じたため、やはりポーランドの歴史叙述との関係はわずかなものにとどまった。

最初のポーランドの古代史家は、祖国クラクフで教授資格を取得したS. ヴァシンスキ（1872-1908）だった。彼はベルリンで研究した時期に『アテナイの公職について』[PL 0629]を著し、1905年にはドイツ語の教授資格取得論文『土地賃借—農業史的パピルス研究』[PL 0630]をベルリンで出版したが、1908年に夭折してしまった。

古代オリエント研究も当然ポーランドではほとんど地盤を見出すことができなかった。T. スモレンスキ（1884-1909）は、エジプトでの発掘を基に興味深い書物『ラムセス2世とメルエンプタハの時代の北方海洋民』（1912年）[PL 0631]を著すことができたが、その出版は彼が夭折した後だった。アッシリア学者M. ショル（1874-1941/43）はオーストリアのアカデミーの著名な雑誌『会議報告』に多くの史料を発表した。また彼は、法と文化の発展に関するいくつかの問題についても論じた。しかし、これらすべては断片的で、ポーランド歴史叙述の発展と有機的結びつきを持たなかった。

11. 考古学

考古学と歴史学の間にも有機的関係は見出せない。というのも、先史時代の考古学研究は、歴史叙述におけるポーランド人の土着性や移住に関する研究とも、関わりを持ちえなかったからである。また、歴史時代の考古学研究は、まもなく美術史に吸収された。この学問分野の二人の最初の重要な代表的人物の経歴がこのことを明確に示している。W. ウシチキェヴィチ（1828-1900）はもともと画家であり、パリで学ぶ過程で世紀末の偉大な修復家ヴィオレ＝ル＝デュクの活動を学んで、帰国後クラクフ美術学校の教師としてポーランド、より正確にはガリツィアの史跡について同様の事業を実施しようとした。技術的知識は優れていたが、歴史学の観点から利用できる方法論的知識はほとんど持たなかった。M. ソコウォフスキ（1839-1911）も美術史家としては優れた教育を受けたが、やはり歴史家に提供できるものは持ち合わせていなかった。

12. 科学史

自然科学史も多くの成果を示すことができなかった。歴史学者にとって非常に異質と感じられたため、それぞれの学問分野の人が歴史研究に関する若干の知識を基に独学で課題に取り組んだに過ぎなかったからである。また、自然科学の代表者たちは自らの学問分野の最新成果を誇りに感じ、現在よりむしろ未来に向かって生きていた。そのため、自身の学問分野の過去にはほとんど関心を持たなかった。科学史は数十年間にわたって、いずれの分野でも、ひとかどの研究者が学問的名声を危険にさらしてまで扱おうとはしない境界領域であり続けた。当時、自然科学史は多くの大学で講座を有したり、多くの学生を集めたりする専門領域でなかったことも、この状況を助長した。1918年以後も、科学史講座はクラクフとポズナンの大学にだけ設置され、より正確には、この二つだけが若干活動したに過ぎなかった。

医学史だけは幾分かよい状況にあった。というのも、医学部では医学史が必修科目だったからである。この分野では、最初の先駆的総合としてL. H. ゴンショロフスキ（1807-63）の著作『ポーランド医学史知見集』（1839-55年）[PL 0632-0635]が出版された。1910年に、研究を組織するためアカデミーに委員会が設置された。その他に1918年までになされたことは、ポーランドにおける他の二つの学問分野の発展に関する弱々しい基礎に立つ概観が出たことくらいである。1872年にはF. クハジェフスキ（1849-1935）が天文学の歴史を著した[PL 0636]。そこではもちろんコペルニクス（1473-1543）が中心的位置を占めた。W. R. レッペルト（1848-1920）は、1917年にいくらか現代的に化学の歴史を描いた[PL 0637]。1918年に出版された論集『世界文化の中のポーランド』[PL 0638-0639]は大戦中の変化の影響を受けていた。この論集は個々の自然科学分野の歴史についても短い章を設けたが、それは比較的手早く集めることのできた素材をまとめただけのものだった。

13. 世界史

これまでに見てきた諸分野と同様に、ポーランドの世界史研究については多くを語ることができない。もちろん、これはポーランドだけの特徴ではない。若いヨーロッパ諸国民の歴史叙述はほぼ完全に自らの国民史の解明にかかりきりで、そこから離れる時間はほとんどなかった。せいぜい、すでに見たように古代史が例外をなした程度だが、それは全くポーランド史との関わりを持たなかった。

専門家はポーランド史から独立した中世・近代世界史の諸問題にいかなる関心も示さなかった。彼らは、参照できる史資料ではポーランド史の諸問題の研究しか行なうことはできず、一次史料なしでは専門家の仕事は果たせないという、もっともな事実に言及することができた。それゆえ、世界史の問題に関心を寄せたのは専門家以外の人々だけだった。例えばJ. クワチコ（1825-1906）はルネサンスと同時代の外交史に[PL 0640]、K. フウェンドフスキ（1843-1920）はイタリア・ルネサンスに関心を持ち[PL 0641]、またZ. ウェンピ

ツキ（1886-1943）はヨーロッパ・ルネサンス、啓蒙思想、そしてロマン主義を一つの著作で取り上げた[PL 0642]。デンビンスキは 16 世紀と 18 世紀のヨーロッパ外交史を扱い[PL 0643]、K. ヴァリシェフスキ（1849-1935）はフランスで集めた多くのしばしば瑣末な情報を基に、フランス語でロシア諸皇帝の伝記を記した[PL 0644-0648]。

比較史叙述の分野でもレレヴェルがよい出発点となったが、それを発展させようとした者は多くなかった。比較のために何かがなされた場合も、ポーランドの発展をより克明に浮き彫りにし、その独自性を示すためだけのものだった。かくてレンボフスキはポーランドの貴族連合を検討した著作で外の世界に目を向け、バルゼルは国家組織に、アスケナーズィはザクセン朝時代の二人のアウグストのザクセンにおける政治に目を向けた。専門家が世界史に関して自身の立場から扱うことが可能と考えた唯一の主題は、ポーランドがヨーロッパ政治の中で果たした役割だけだった。この点でも、やはり既知の名前に言及するだけで十分である。シェロンゴフスキや W. ソビェスキ、コノプチンスキの作品は、16 世紀から 18 世紀のバルト問題やポーランドの東欧における役割を検討した。ポーランド人が国外で果たした役割を検討する研究も、こうした研究に含めることができるだろう。ナポレオン期の軍団や 1831 年以後の大亡命などがそれにあたるが、1918 年以前には、それらはわずかに触れられる程度の主題だった。

政治史叙述では、国民の偉大さを示すことができることから、ポーランドの東欧での役割の描写が支配的だった。これに対し、文化史ではむしろポーランドが常々西欧といかに緊密な結びつきを持っていたかが検討され、東欧の文明化活動は重要な意味を持たなかった。この点に変化が生じたのは、1918 年以後である。

ポーランド歴史叙述の主潮流から遠ざかったついでに、ある独特な集団にも触れておきたい。その集団は、やはり歴史の専門家ではなく、幾人かの社会学者や評論家からなっていた。彼らは国民史を超える視野を持っており、新しい見方だった唯物史観を取り入れ、その原則をポーランド史で軽視されてきた諸問題に敷衍しようと試みた。

まず、思想的にはなお社会主義と隔たりを持ち、またポーランド学術発展の一部とは見なしきれない知識人の話から始めよう。L. グンプロヴィチ（1838-1909）はグラーツ大学の社会学教授であり、彼がドイツ語で記した書物や論文はこの新しい学問分野がヨーロッパで定着する際に無視しえない役割を果たした。ポーランド語でも 1899 年に『歴史の社会学的理解』[PL 0649]と題する研究を著した。その中でグンプロヴィチは、今日ではもはや啓示的な力を持たないが、事件史に沈潜していた当時のポーランドの歴史学界にとって興味深かったはずのいくつかの考えを論じた。すなわち、確かに国家建設をすべて外からの征服によって説明した点は正しくないが、グンプロヴィチは、歴史の最大の動因が社会的対立であること、あらゆる歴史的現象が社会的性格を持ち、個人、民衆、そして国民さえそれに従属せしめられていることに注意を喚起したのである。すべてを物質利益から演繹する歴史叙述を退屈だという者もいたが、これに対するグンプロヴィチの答えは、学術の目的は退屈しのぎではなく真実の解明だというものだった。

14. マルクス主義に基づく歴史叙述の開始

L. クシヴィツキ（1859-1941）は博学の社会学者で、唯物史観の立場から研究を行ない、社会学の雑誌も編集した。1899 年に「歴史諸科学」[PL 0650]と題した研究〔『独学者のための手引書』の序論〕で同時代のポーランド歴史叙述を、木を見て森を見ず、大きな潮流ではなく個人を検討していると痛烈に批判した。クシヴィツキは、時代が古ければ古いほど非個人的要因が明確になるとした他、世界史上の大きな時代区分は公式の学問が考えるようなものではなく、河川文明、地中海文明、海洋文明という諸段階だとした。また、真の歴史研究のために『独学者のための手引書』[PL 0651]と題した理論的、方法論的手引きも編集した。

K. ケレス゠クラウス（1872-1905）は 1896 年に『中世の経済学的解釈』[PL 0652]と題した著書を上梓し、1902 年に『経済を基礎としたポーラン

ド史』[PL 0653]と題する概説を出版した。

ワルシャワの M. クレチマル（1881-1939）は、1905 年に『社会科学と社会に関する学問としての歴史学』[PL 0654]と題した研究を著した。この著作は、社会の一般的発展とその法則性を研究する世界史こそが真の学問だと強調し、主流派の歴史叙述を攻撃した。社会学的基礎を持たない歴史叙述は、真の学問でないとしたのである。

公式の歴史叙述は、こうした意見の表明を全く理解しなかった。B. リマノフスキ（1835-1935）も善意のアマチュアとして扱われた。彼はポーランド政治生活に独特の位置を占めた人物で、1861 年から 1867 年までは追放されて北ロシアに住み、その後、亡命先でポーランド革命運動の歴史研究を始めた。1893 年に社会党を設立したが、のちにブルジョワ・ナショナリズムの側に立った。一方、著作では後々まで強固なマルクス主義の基礎に立ち、労働者階級を前面に出し続けた。ポーランド農民について記した著作[PL 0655]は、もちろんボブジンスキの著作よりはるかに詳細で、同時代に最も大きな関心を払った。

H. グリュンヴァセル（1895-1944）が 1918 年に出版した『貴族民主政 1795-1831 年』[PL 0656]と題した著作は、専門の批評において当時の貴族を不当に批判したものと評された。しかし、当時の専門の歴史学はすでに将来を期待させる政治的変化に関心を向けていたため、この著作がさほど大きなスキャンダルとなることはなかった。

15. 第一次世界大戦中

第一次世界大戦とその結果は、全東欧の歴史叙述にとって本質的な分水嶺を意味するが、変化が実際に感知されるようになるのは 1918 年以後のことだった。もっとも、ポーランド人の場合は、世界大戦下の時代も別に扱う必要がある。というのも、戦争がポーランドの領域と直接関わりを持ったからである。1914 年秋にロシア軍がリヴィウを占領すると、『歴史季刊誌』は軍総司令官の指示に従った。数カ月後には軍事情勢が反転し、まもなくポーランド王国のほぼ全領域はヨーロッパ中核勢力〔ドイツ・オーストリア〕の統治下に入った。

いまやついに、人々が数十年来待ち望んでいた状況が訪れた。三列強は戦争の中で相互に対立し、それぞれがポーランド人の支援を求めた。こうした状況下で、最初の数カ月間、ポーランドの歴史叙述は麻痺した。リヴィウで開催予定の歴史家会議は開催日未定のまま延期された。しかし、ポーランド史学はまもなく息を吹き返し、戦後にポーランドの復活が確実になると、かつての歴史観全体の再検討が始まった。

1915 年、バルゼルが『ポーランドの国制上の諸問題について』[PL 0657]と題した著作を出版し、それはのちに「新たな知見と所見」[PL 0658]との副題を付して増補された。批判者は、バルゼルがそこで楽観論へと転向したと指摘した。バルゼルは 1891 年に古いポーランド政府を真の政府と見なさなかったが、1915 年には国王とセイムの均衡によってポーランドが時代に先んじていたと論じ、また 1891 年にポーランドの農民を領主の所有物としていたが、1915 年には、西欧の農民と同じ状況にあったと述べるようになったと批判されたのである。S. ザクシェフスキは 1918 年に国制史全体、より正確にはバルゼルの国制史を攻撃し、総合の必要性を重視したクチシェバに理があるとした。シェミェンスキは、この時すでに楽観的雰囲気が持つ危険性について発言する必要性を感じていた。

クチシェバは 1916 年に「我々の歴史叙述の誤りと課題」[PL 0659]と題する論考を発表し、かつてのクラクフ学派の悲観論を批判した。彼の見るところ、戦後のポーランドでは歴史への関心が後景に退くため、今から事態に備える必要があった。歴史は言語に次いで国民を結びつける紐帯であり、それを放棄すべきではないからだった。また、広く一般大衆に語りかける作品を数多く著さなければならないと述べ、歴史学者は狭い専門化や、国民的課題から遊離して細部に沈潜するそれまでの態度と決別しなければならないと論じた。クチシェバによれば、社会的、国民的課題の設定において、ポーランドの歴史叙述はハンガリーより遅れていた。コハノフスキが正確な統計で示したところでは、ポーランド史のいくつかの問題に

ついては、ポーランド人より外国の歴史学者の方が多く取り組んでいた。

1917年、ある評論家の著作が歴史学者たちを動揺させた。A.ホウォニェフスキ（1868-1924）が『ポーランド史の精神』[PL 0660]と題した著作でレヴェルに立ち返り、楽観論的なポーランド歴史像を描いてみせたのである。そこではすべてが輝かしく描かれ、国家組織が3世紀を通じて変化せず存続したことは、その力を示していると論じられた。それはS.ザクシェフスキがまさに停滞と見なしたものだった。ドイツ占領軍はホウォニェフスキの作品を発禁処分にしたが、それでも即座に品切れとなった。クチシェバは、歴史学者の無味乾燥なモノグラフと異なって、ポーランドの過去に関して統一的で人々を鼓舞する像を与えることができたとして、この本の立場を受け入れた。一方、ザクシェフスキやボブジンスキ、そしてバルゼルは、ホウォニェフスキがポーランド史に通じておらず、歴史学者の著作を誤読しているとして、彼の立場を拒絶した。ホウォニェフスキの熱狂的な幻想の中には、ポーランドでは現代人が戦争で勝ち取ろうとしているすべてのことがはるか昔に実現されていたという見方まで含まれていた。かつてポーランドが敗北したのは、まさにそれが同時代のヨーロッパにおける他の国家と比べて完璧で、発展した政治体だったからだとされた。ロシア人民の革命とは、かつてのポーランドの自由理念の実現に他ならなかった。クチシェバはこの本が過去の過ちに触れていない点だけを批判している。しかし、この本はまさにポーランドの発展の無謬性という長所を強調することを意図したものだった。トカシは1917年12月に協商国寄りの政策を批判し、親協商国派を18世紀の貴族になぞらえた。彼らは何事かを起こすのでなく、事が起きるのを見ているだけだと論じたのである。

1917年春、歴史学界の指導的人物たちは自らも発言しなければならないと考えた。4月のクラクフの歴史学者サークルの催しでは、実際に最も著名な歴史学者たちが講演を行なった。主題は「ポーランドの崩壊の諸原因」、つまりそれまでの数十年間における中心的な主題だった。細かな点では多くの対立する見解も見られたが、すでに全員が楽観的論調に与するようになっていた。講演では、ポーランドの発展が近世の平均的発展と比べて良くも悪くもなかったこと、国家組織は疑いなく弱まったが、近隣諸国の攻撃がなければ自壊することはなかったと主張された。しかし、崩壊の原因解明は副次的なものへと変わってしまった。というのも、新たな見通しに立つと、分割時代は単なる挿話であり、いまや独立ポーランド国家の歴史の続きが始まるからだった。講演を単行本として編纂したパペーは、序文において、いまや楽観論と悲観論の対立の時代は乗り越えられたと明言した[PL 0661]。1918年、コノプチンスキは国民の力を表現する自覚的な新しい歴史観念が欠如していることを遺憾とし、読者はそれを要望していると述べた[PL 0662]。S.ケンチシンスキは、1918年9月、老いた歴史学者と若い歴史学者の間の巨大な空隙を嘆いた[PL 0663]。彼は歴史学者の数を増やし、国家がこの学問を支援するように要請した。もっとも、国家による支援はすでに確実なことだった。さらにケンチシンスキは、ポーランドの歴史学者が単に民族的なポーランドの領域の歴史研究に満足することなく、より広い視野を持つべきだと主張した。また、当面なお仮想の存在に過ぎなかった新ポーランド国家が歴史の領域でなすべき課題を具体的に示し、外国文書館での研究と外国に設置するべき研究機関についても言及した。

この作品にも、また他の多くの意見表明の中にも、新興国家ポーランドが領域的にも1772年以前のそれと実質的に同じとなるべきだという見方が明確に含まれていた。1918年2月、S.ザクシェフスキはリヴィウでポーランド＝ロシア国境の歴史について講演を行ない、かつての東方領域ではポーランド人エトノスは相対多数を占めるに過ぎなかったかもしれないが、彼らは唯一の自覚的国民であり、それゆえこれらの領域は保持されるべきであることを示そうとした。その数カ月後、リヴィウはウクライナのナショナリスト勢力によって3週間にわたって占拠された。

第3節　専門化した歴史叙述
　　　　（1918年以降）

　実際に出現した新興国家ポーランドは、先の期待を部分的に実現しただけだった。もっとも、その完全な実現が議題から外されたのは公式の場だけに過ぎない。歴史学者たちは、新しい国家権力に結集した。ウクライナによる占領の数週間後、バルゼルはまさにリヴィウで、1295年のポーランド国家再建前夜についての講演を行なった。それが同時代へのメッセージだったことに疑いの余地はない。ワルシャワでは3月にW.セムコヴィチが講演を行ない、ポーランドがスピシ地方やオラヴァにいかなる歴史的権利を持っているのかを論じた。

　ポーランド歴史叙述が新興国家建設にどう関わったかを詳細に跡づけることはしないでおこう。重要なのは、彼らがいまや自らのものとなった国家を喜んで受け入れたことである。それまでは自国民の国はなく、せいぜい支持を与えてくれる国外の勢力が存在しただけだった。ポーランドの歴史叙述はこの国家をブルジョワ国家として、つまり、東の隣国のような将来が定まらない社会主義の試みから距離を置く国家として受け入れた。また、ポーランドの歴史叙述はこの国家を連続性を備えた国民国家としても受け入れた。つまり、分割は一時的なものだったと見なしたのである。1920年12月に開催されたワルシャワの学術協会の記念集会に、ピウスツキ元帥と首座大司教A.クラコフスキ枢機卿が参加した。元帥は2度にわたってポーランド歴史家会議にも参加し、1928年には歴史学協会の名誉会員に選出された。彼の死に際して当時の協会長S.ザクシェフスキが追悼文を寄せ、ピウスツキの本能にはポーランド史が生きていたことを強調した。

　新生国家は、かつてのポーランド領西部の一部とリトアニア人、ウクライナ人、そしてベラルーシ人を含む東部の諸領域の一部を再獲得した。さらにバルト海にまで領土が到達し、一気にヨーロッパの中規模国家となり、政治的にはあたかも大国であるかの如くふるまった。おそらく、ルーマニアを除くすべての近隣諸国と未解決の問題を抱えており、あらゆる面で自らの歴史的権利を留保した。

1.　制度的基盤

　歴史叙述の新しい制度的枠組みも国家の要求に応じて設定された。以前から存在した二つのポーランドの大学に加え、ワルシャワ、ポズナン、ヴィリニュス、ルブリンに新しい講座とポストを備えた大学が新設されるか、あるいはポーランド人の大学へと改組された。ガリツィアには専門教育を受けた水準の高い歴史学者が最も多くいるため、多くの場合、彼らがこれらの講座のポストを占めた。それはちょうど政界において、適切な訓練を積んだ多くのガリツィア出身者が自己実現したのと同じだった。

　大学における講座の他にも、大学と関連し、あるいはそこから独立した研究機関が出現した。カトヴィツェでは1934年にシロンスク研究所が、ヴィリニュスでは1930年に東欧学術研究所が、ワルシャワではウクライナ学術研究所と民族問題研究所が設立された。

　『歴史季刊誌』や『歴史展望』に代表される旧来の権威ある雑誌は、引き続き発行された。このうち後者はもちろんワルシャワで発行されたが、『歴史季刊誌』はその中心的性格にもかかわらず、伝統を重んじてリヴィウで編集が続けられた。その他、1929年から『軍事史評論』、1931年から文書館問題を扱う『アルケイオン』、そして『社会・経済史年報』など、歴史学の専門各分野のための雑誌が発行された。さらに個々の地域を扱う雑誌も現れた。『歴史年報』はポーランド西方領域の歴史を扱い、『ヴィリニュスのアテネウム』はリトアニアの歴史を、『チェルヴォナの地』と『ヴォウィンの地』はそれぞれ東南部と東部（すなわちウクライナとベラルーシ）の歴史を扱った。『独立』と題する雑誌は革命時代と解放闘争を扱うことを目指しており、ピウスツキ寄りの立場に

立っていた。1935年にポーランド社会党の出版物として始まった『革命運動の年代記』は、もっぱら労働運動の諸問題を扱った。

歴史学者全体を包括する最も重要な制度は、引き続き歴史学協会だった。その所在地は『歴史季刊誌』と同じくリヴィウのままとされた。W. セムコヴィチによれば、東方の文化的拡張に脅かされている都市であるという理由づけだけで十分だった。しかし、協会はすべての大都市に支部を有し、中には地方の歴史団体が自らの名前を保持したまま協会支部として活動し、講演を行ない、出版物を発行した場合もあった。そうした支部の一つが、かつてチャルトリスキ公爵が建物を寄贈したワルシャワの歴史愛好者協会だった。1914年以前の歴史家会議の継続とは、大規模で定期的な歴史学者の会合を意味した。会議はいまや5年ごとに開催された。1925年にポズナンで（ボレスワフの戴冠と西方領域の再獲得が旗印にされた）、1930年はワルシャワで開催された。1935年にはヴィリニュスで開かれた（ポーランド＝リトアニアの歴史的共生が掲げられた）。

1925年、ポーランドの歴史学者たちは国を代表して国際歴史学委員会に加盟した。1933年にはポーランドで国際歴史学会議が開催され、その他の年の会議でも、ポーランドからの参加は活発だった。それ以外にも国際的な結びつきが作られた。ポーランド側の要請で東欧歴史学協会連盟が設立され、近隣諸国の歴史学者との合同委員会が作られた。1935年には、ハンガリーの歴史学者との共同作業としてフランス語でバトーリについての豪華な論文集[PL 0664]が出版された。

1919年には、クラクフを本部とした歴史教育委員会が設立された。それは明らかに、歴史教育を新興国家の要求に沿って再編成するためだった。

二つの巨大な隣国に関する歴史叙述の立場は一様でなかった。ソ連やその歴史叙述との関係は、むしろ客観性や冷静な認識に特徴づけられていたが、体制全体を非難する論調も見られた。ドイツに関しては、当初から論争が多く、1933年以後は論者間の対立がさらに深まった。ドイツ歴史学の偉大な成果を認める見解もしばしば見られたが、ドイツの政治構想に対しては徐々に不安が高まった。

2. 変化と持続

爆発的に拡大した組織と制度の枠組み、外国支配に取って代わった自前の国家、ポーランド史の発展全体の中での新しい局面など、舞台装置は根本から変化した。では、歴史叙述も1918年以前と根本的に異なるものとなったのだろうか。

まず、歴史叙述の可能性だけでなく、基本的なコンセプトが変化した。しかし、個人や制度の面では実質的な変化はなかった。個人と制度が変わらなかったことはいずれも重要である。すでに述べたように、1918年以前に活動していた者の多くが戦間期にも活動を続けた。そして、以下で見るように、1918年以後の部分で論じる歴史学者の多くは、1918年、さらには1914年以前にも作品を発表していた。二つの時期を分けることは、全く形式的で恣意的である。学派に関しても、新しい事柄を述べることはできない。クラクフ学派の継承はまずボブジンスキという個人に体現された。ボブジンスキにとって、1920年代は18世紀を彷彿とさせ、多数決により一票差で土地改革が採択されたことは自由拒否権を思い起こさせた。ボブジンスキに限らず、一般にクラクフ学派は保守主義として受け継がれた。この学派は労働運動だけでなく、国民民主党（エンデツィア）の国民民主主義の潮流にすら反対した。これに対し、かつてのワルシャワ学派の出身者たちはより左派的であり、保守的立場を拒絶した。ここでは、一つの例のみを挙げておきたい。1935年に出版した著作で、モラフスキは、ポーランド分割の原因がフリーメーソンにあるという〔スタニスワフ・アウグスト？〕ポニャトフスキの言葉を繰り返した[PL 0665]。データの裏づけを欠いたこの主張を、コノプチンスキは啓蒙的な上からの目線で否定し、モラフスキが語らなかった事実、すなわちポニャトフスキ自身やコシチューシコ、そしてチャルトリスキらがすべてフリーメーソンだったことに言及した[PL 0666]。ここで興味深いのは、事実関係そのものでなく、蒙昧への戦いを掲げたコノプチンスキの自信に満ちた論じ方である。もちろん、

いわば自由に思考する彼の態度もブルジョワ的思考の内だった。専門的歴史叙述は、このように相変わらずブルジョワ的だった。こう指摘したからといって、何か全く新しい事柄を発見しようとしているわけではないし、そこに否定的含意を込めているわけでもない。単にこれから述べることの理解の助けとしたいだけである。

　最初の数年間の中心的問題の一つは、国家の再建だった。ボブジンスキですらこの問題について一書を著すに吝かでなかった。彼は歴史的視点の重要性を強調していたにもかかわらず、である。だが、これは最初の表面的な立場の表明すらも重要であると考えられた問題だった。実際には、再建の詳細な政治史が興味深かったわけではない。なぜなら、再建は明らかに協商国の活動の成果という方がふさわしかったし、それと矛盾するピウスツキの活動を同時に賞賛すればよかったからである。国家の復活は、むしろ、ポーランドの歴史像全体の修正をもたらすことで波紋を呼んだのである。

　ボブジンスキもこの変化が重要だと考えた（『世界大戦と我が歴史学者たち』1920 年［PL 0667］）。分割はもはや、ポーランド歴史叙述の基本問題ではなくなったとしたのである。もっとも、ボブジンスキは、楽観論か悲観論かが問題ではなく、誰に真理があったのかが問題だと述べ、事実上なおクラクフ学派の立場を擁護した。彼はクラクフ学派こそがポーランド史の偉大さを示し、その発展を西欧と結びつけたのだと説いた。また、新しい国家が 1795 年以後の時代を自らの直接の前史と見るのであれば、そこには革命だけでなく有機的労働も含まれるとし、現在の国家も、自由よりむしろ労働と義務を強調すべきだと論じた。

　他方、S. ザクシェフスキは 1923 年に歴史学協会で国家復活の研究史に関して講演を行ない、分割の諸原因の研究が依然として最重要課題であるとの考えを示した。この問題は、ようやく感情的な責任追及から自由に考察できるようになったという。ハプスブルク君主国の崩壊もポーランド分割に新しい視点を与えるものとされた。また、ザクシェフスキは、国家なき時代に国民と国家の関係という問題がいかなる形を取ったかという問題を提起し、さらに国民という言葉自体も単にポーランド人を指すこともあれば、旧国家の他の諸民族を含むこともあり問題含みだとした。ザクシェフスキによれば、こうした問題領域には誰一人取り組んでいなかった。さらに、この時代に大論争を引き起こした問題の一つであるピャストとヤギェウォの理念（あるいは西方と東方の理念）の問題をも論じ、ピャスト理念をナショナリズムの立場とした。この問題は新国家でも変わらず存在するという。また、かつての多民族国家群が複数の国民国家に再編されたことから、1918 年以後の国民と国家の関係の新しい評価が導かれる必要があると指摘した。さらに、ポーランドの歴史叙述は、それまで支配的だったドイツの影響から解放され、世界史にも注目すべきだと論じた。

　1929 年には、シェミェンスキが歴史叙述に同時代が与える影響について述べた。彼は戦時中に、ポーランド人の統治能力欠如というポーランド側の捉え方を敵が逆手に取ったことを指摘して、この見方を再検討する必要があると述べた。

　かつての軍団員で戦後は外交活動に従事した M. ソコルニツキ（1880-1967）は、1930 年に、史料の利用可能性と膨大な量の回想録の存在に触れながら大戦と国家再生に関する歴史研究の方法論的問題を論じた。ソコルニツキは事実関係の正確な同定こそ事実解釈よりはるかに重要だと述べるが、すぐ後で次のような解釈も示している。すなわち、大戦下でポーランド人が適切な政治行動を取ることができなかったのは、国民が分裂したためだったとしたのである。戦争を通じて 80 万から 90 万人のポーランド人が動員されたが、軍団員の数は合わせて 6000 人だった。それでも国民の基盤をなしたのは、彼ら軍団員だったという。

　A. プルフニク（1892-1942）は社会党員で、文書館の司書だったが、その後、抵抗運動に参加した。彼は二つの論文において、大戦期のポーランド史だけでなく、国家樹立後の 15 年間の歴史をも記す必要性を訴えた。距離を保って観察できないことによる難しさを承知していたが、それでも最初の総合史を書くことを事件に関与した者の使命と考えた。

　このような総合史が実現することはなかった。

しかし、戦後の数年間には、研究よりむしろ研究計画の面で目覚ましい活況がもたらされた。概観やプログラム、原則的、方法論的提案が次々に出された。S.ケンチシンスキは1919/20年の『歴史展望』で、外国に存在する大量の情報がポーランドにとっても有益であることに触れつつ、ポーランドの学問が組織すべき諸外国との連携についての構想を発表した[PL 0668]。彼はローマとパリを手始めに諸外国に学術機関を置くことを提案し、すべての在外公館に学術アタッシェを送るべきだとした。また、ポーランドはバルカン諸国においてかつてロシアが果たした役割を受け継ぎ、指導や西欧との関係維持に役割を果たすことができるとした。

ケンチシンスキの提案は具体的かつ実際的であり、膨らみ始めた大国としての野心にも適合的だった。ゲルマニストにして文化史家で、のちにアウシュヴィッツで亡くなるウェンピツキは、1921年に「経験的歴史哲学の諸問題から」[PL 0669]と題して何らかの理論的指針を提示することを試みた。彼は歴史を動かすのは個人でも集団でもなく両者の恒常的相互作用であり、それぞれの重みは文化領域ごとに異なると論じることで、それまでの個人主義と決別しようとした。歴史における法則性や蓋然性を強調することによって、ウェンピツキは先に見たハンデルスマンの蓋然性論に近い立場に立った。

1923年にはルトコフスキも地方史研究の課題を指摘した[PL 0670]。彼はかねてから求められている総合史が、地方の史資料発見と地方史のモノグラフの上に初めて実現できると論じた。ルトコフスキは地方史家が他の学問分野（法学、経済学、工学）の専門知識を身につけ、当該分野の過去の諸問題を詳細かつ分析的方法で研究すべきだと述べ、地方の史料公刊に関しても非常に具体的な助言をした。

ブヤクは1920年の第1回ポーランド学術会議で学問の組織化について論じ、1922年にその内容を拡充して出版した[PL 0671]。彼は学問の社会的有用性を論じつつ、特に突如現れたデモクラシーが無政府主義に陥ることを防ぐべきだと論じた。また、学問の発展を外国からのみ期待することに注意しながら、外国と隔絶することも警戒した。ポーランドが戦後の困難な状況から抜け出すためには、学問の助けが必要だとも論じた。ブヤクのこの一般的な論説は『学術と社会』[PL 0672]と題する本に収められた。

ティミェニェツキは、「歴史学の方向づけが不十分であるためにポーランドは何を失ったか」[PL 0673]と題して理論的問題と実践的問題の両方に関する具体的な専門的課題を指摘した。新しい状況での最初の課題とされたのは、救世主思想からの断絶と、分割を中心としない新しい総合史叙述だった。ティミェニェツキは研究が不十分な理由が歴史学の評価の低さにあると見て、改善の必要性を考えた。これまでドイツとロシアの歴史学者が盛んにポーランド史に取り組んできたが、それはいまやポーランド人の課題とされるべきだった。シロンスクの歴史も、ドイツ人の手に委ねてはならないとされた。さらに、世界史も等閑にはできなかった。知識人たるもの、社会に奉仕する役割を引き受けなければならないとされた。

ハンデルスマンは1925年に学問の一般的な社会的機能について述べる中で、やはりこの義務を強調した。同時に、彼は学問が独立を保つべきことにも言及した。もっともそれは実現せず、1930年代に、例えばW.ソビェスキやS.コト（1885-1975）が反体制的として職を追われた。ハンデルスマンは、学問が社会にとっていかに有益かは、国家でなく社会が当否を判断すべきだと論じた。

コノプチンスキは1925年に「歴史研究の組織について」[PL 0674]の中で、1920年頃に企画された作業がほとんど何一つ実現しなかった点を鋭く指摘した。その理由は、国が研究に財政的手段を与えなかったことにあったという。コノプチンスキによれば、確かに歴史学協会は活動していたが成員は少なく、歴史学者の間には緊密なつながりが欠け、設定した共同主題も引き受けられず、また若者たちは作品を発表する機会に十分に恵まれなかった。

同じ頃、R.ルトマン（1897-1973）は「歴史における真実の問題」[PL 0675]において、それまで支配的だった実証主義的見方に疑問を呈した。ルトマンは、歴史学者が直接に事実と関わるのは

史料研究においてのみであり、史実の選別、再構成、そして最終的には解釈も思念による構築物だと論じた。歴史学者にとってそれぞれの時代は常に異なる解釈を生み、同じ主題が20年から30年ごとに再論されなければならなかった。ルトマンの主張は、つまるところ歴史叙述は物理的真実に到達できないとするものであり、あまりにも驚くべきものだったため、かえって反響が少なかった。すでに見たように、ハンデルスマンもこの問題には非常に慎重に触れただけだった。大多数の人々は、それまでのナイーヴな信仰にとどまった。この信仰の上にH.ラドリンスカ（1879-1954）は「歴史を普及させるための諸問題」[PL 0676]と題した報告を行ない、歴史の教育的役割について論じた。しかし、彼女も偉大な人物への崇拝から決別することを望み、外国の成果に言及しながら日常生活史の研究を促した。歴史を一般に普及させるためには周年記念を利用できるとも論じている。1925年という年は、まさに最初のポーランド国王戴冠の900周年にあたっていた。

文書館長のK.コナルスキ（1886-1972）は、1929年の「ポーランドの近代的文書館学とその諸問題」[PL 0677]において、概念のあいまいさを排することにより、ポーランドの文書館活動の活性化が期待できると論じた。また、ハンデルスマンは、「文書館研究の方法」で有益な実践的助言を行なった[PL 0678]。

1939年までシロンスク研究所所長を務めたルトマンは、1927年に自らの研究の延長線上で歴史哲学の諸問題を取り上げ、興味深い3区分を示した[PL 0679]。すなわち、歴史的事実からは出来事を、物的な遺物からは制度を、また歴史学者が構成した像からは基本的過程を推論することができるとした。一方、歴史的概念やウェーバーの理念型の如き類型は補助的な構成物に過ぎないにもかかわらず、従来の歴史哲学はそれらを中心に扱ってきたとも論じた。

ルトマンは歴史学の内側から新しい観点を打ち出し、歴史叙述を異なる理論的、方法論的方向へ導こうと試みた。すでに述べたように、歴史への関心の低下に気づいたのは彼だけではなかった。一般大衆の関心低下の基本的な原因は、おそらく新たな時代状況にあった。しかし、精密科学が魅力を持つようになった時代に、もはや歴史学者たちの従来の方法が十分信頼に足るものでなくなっていたことも原因の一つと考えられる。「社会学と歴史学の方法」[PL 0680]と題した社会学者S.チャルノフスキ（1879-1937）の1931年の論文は、随分と高慢な物言いで次のように歴史学者を論じている。歴史学者はそもそも認識不可能な個別現象を探究しており、それゆえに客観的方法によって認識可能な一般的現象を研究する社会学に遅れを取っているのだと。

ルトマンについて見たように歴史学者の間でも疑念が生じており、新しい道を模索するいくつかの試みがなされた。アウシュヴィッツで亡くなったギムナジウム教師A.ザント（1904-43）は、1929年に『近代史と新しい歴史補助学に必要な特別の方法論について』[PL 0681]を著した。そこで彼は、ポーランド人に広く普及していたラングロワやセニョボス流の捉え方を問題視し、中世を基に作られた歴史補助学に対して、近代以前に存在しなかった史料類型を理論的に研究することを提案した。また、ブヤクは1933年の歴史学協会の会議において、「歴史研究の改革」と題して自己批判に近い議論を展開した[PL 0682]。すなわち彼は、これまで歴史学者が歴史の意味を探究せず、伝統的な手法で研究だけを行ない、教育は政治家や中等学校の教師に委ねてきたと論じたのである。

ブヤクは歴史学者養成のためいくつかの現実的課題だけを取り上げ、特に大学用教科書の作成を促した（いずれにせよ実現しなかった）。W.モシチェンスカ（1896-1974）は1933年にワルシャワで開催された国際歴史学会議で「歴史研究の方法論的特性の帰結としての歴史の方法の特性」と題する講演を行なった[PL 0683]。彼女は自然科学的方法から距離を置くことを依然として主張し、歴史的事実が無数にあることに触れながら、素材を限定して叙述でなく歴史的価値を摘出することを課題として示した。

ここで少し立ち止まり、ある観点に注目しておきたい。ハンデルスマンの著書にもいえることだが、これら方法論上の思索は、結局のところ、旧

来の実証主義の方法論が時代遅れとなり、歴史的真実の摘出がより複雑な（そしてますます疑わしいものに見える）課題となったことをめぐるものである。興味深いのは、前世紀末からまさに実証主義に反対してドイツの精神史が新しい理論的、方法論的な解決策を提示していたにもかかわらず、それがポーランドの歴史叙述に理論面のみならず実践面でも実質的影響を与えなかった点である。多くの者はポーランドにおけるドイツ史学の支配的影響に言及したが、伝統的な反ドイツ主義も手伝ってポーランドの歴史叙述はこの潮流を回避したように見える。

　ポーランドの歴史叙述を熱くしたのはこうした問題ではなかった。専門の枠を超えて反響を呼び起こしたのは、理論的問題をめぐる議論でなく、以前と同様にポーランドの過去の解釈、あるいはその解釈に生じた変化だった。特徴的な一つの例に言及しておこう。1934 年に O. グルカ（1887-1955）の『『火と剣によって』と歴史的真実』[PL 0684]と題する書物が出版された。表題にある『火と剣によって』は著名な作家シェンキェヴィチが中世の騎士修道会との戦い〔ウクライナ・コサックとの戦いの誤りか〕を描いた小説であり、著作はシェンキェヴィチに代表される英雄史観を批判したものだった。歴史学者の幾人かがシェンキェヴィチを擁護したため、あたかもかつてのクラクフ学派とワルシャワ学派の論争が再燃したかのような様相となった。ピウスツキ陣営に属する作家兼政治家で、大衆向けの歴史読本も著した A. シリヴィンスキ（1877-1952/53）は、「歴史の移り変わる相貌」[PL 0685]と題した雑誌記事において、中立的で冷静な立場に立とうと試みた。すでに他の歴史家のところで紹介したのと同様に、歴史叙述ないし歴史の解釈は常に特定の時代の見方に適応するということを強調したのである。だからこそ解釈が 20 年ごとに変化するとまでは記さなかったけれども。もちろんこれは論争の熱を冷ますものとはならなかった。

3. 歴史家たち

　一般的な俯瞰はここまでにして、再び幾人かの重要な歴史学者の作品を通じて 20 年間のポーランドの歴史学について知識を深めていきたい。この時代の代表的人物を探すと、すでに論じた幾人かの名前に言及しなければならなくなる。バルゼル、S. ザクシェフスキ、ハンデルスマンの名前は欠かせない。まだ論じていない人々としては、おそらく、ハレツキから始めるべきだろう。彼は外国での活動を通じて、ハンデルスマンと並ぶ外国で最も有名なポーランドの歴史学者になった。

ハレツキ

　O. ハレツキ（1891-1973）はオーストリア＝ハンガリー君主国の職業士官の息子（父は将軍）であり、クラクフではクシジャノフスキと W. ソビエスキの弟子だった。戦前からすでに論説を発表し始め、名声を得て、1918 年以後にワルシャワ大学の教授に任じられた。1939 年にはたまたまアメリカ滞在中であり、戦争が勃発したためそこに留まってヒトラーの大量殺戮を免れた。しかし、ハレツキは解放後のポーランドを異質と感じ、故郷に戻ることはなかった。

　クラクフで中世への関心を受け継ぎ、まもなく関心を 16 世紀まで広げたが、中世への関心は長らく重要であり続けた。最初の数年間は中世初期を扱い、貴族家門のモノグラフ執筆の事業にも参加した。やがてヤギェウォ時代に関心を移し、その分野で専門家として名を馳せた。ハレツキは特にポーランド・リトアニア関係に関心を持って、この時代と取り組んだ。初期の作品『シフィドリギェウォの晩年とカジミェシ・ヤギェロンチク治世下のヴォルィニ問題』（1915 年）[PL 0686]、『リトアニア大公国の構成要素としてのリトアニア、ルーシ、ジムジ』（1916 年）[PL 0687]が発表された時、リトアニアが合同の復興を望まないことはすでに明白だったが、状況はなお流動的だった。ハレツキはその後も完全な分離には賛同できなかった。もちろん彼は暴力的解決を考えたのでなく、歴史の議論を通じてリトアニア人を説得しようと試みたのだった。1919 年から 1920 年にかけて、2 巻本の『ヤギェウォ合同の歴史』[PL 0688-0689]と題する大作を出版した。それは 1386 年から 1569 年の間の合同成立に関する事件史の

性格を持つ著作だった。ハレツキはその後もリトアニアの諸問題、リトアニアにおける議会主義の始まり、ヴィリニュス司教区の最古の文書[PL 0690]、合同を表明した様々な文書の文書形式学に関わる側面について多くの研究を著した。1937年には、『歴史季刊誌』の歴史学協会設立50周年記念号に「ヤギェウォ理念」[PL 0691]と題する大論文を発表した。そこでハレツキは、彼と並ぶヤギェウォ朝期の専門家コランコフスキの見解に論争を挑んだ。コランコフスキによれば、合同は事実上リトアニア国家のポーランド国家への吸収を意味するものだった。ハレツキは同権の同盟という以前からの自らの主張を改めて並べ立てた。いわく、リトアニア貴族をポーランド貴族と同権としたことは、実際に家族的な調和をもたらした。いわく、ポーランドはのちに実現する教会合同と並んでポーランド・リトアニア関係の中に自らの東方への文化伝道の情熱を示したのであり、その使命はコンスタンツ宗教会議ですでに承認されていた。このように、ハレツキの研究ではヤギェウォ理念は同等の人民（あるいはむしろ国民というべきか）の兄弟同盟を意味していた。戦後の最初の短い総合史となったアカデミー百科事典で、ハレツキがヤギェウォ朝の最後の二人の王、ズィグムント1世と2世の項目を執筆したことは、彼の関心の重点が16世紀に移ったことを示している[PL 0692]。

1930年代にケンブリッジ大学近代史叢書として2巻本のポーランド史が刊行された際、ハレツキが編集者の一人として選ばれ、ヤギェウォ時代の部分を執筆したことも、彼の国際的名声を示す事実である。その第2巻は1941年、第1巻は1950年に刊行された[PL 0693-0694]。1933年には、国外への紹介のため、フランス語で『963-1914年のポーランド―総合の試み』[PL 0695]を公刊した。彼の著作は、以前から情熱的に書かれていたが、この作品ではその情熱がほとんどすべての題材を覆った。この総合史は国民精神とカトリック精神に貫かれており、ハレツキが生涯こだわった二つの基本原理が浮き彫りにされた。もちろん政治史の著作だが、事件史というよりむしろポーランドのヨーロッパ的役割の歴史、その解釈と評価を示したものであり、単なる叙述ではなかった。確かにいえるのは、ハレツキが崩壊の原因を古い対立軸を超えて総合的に考察しており、もはや分割を基本的な問題とは見なさなかったことである。

ハレツキにとってより重要だったのは、ポーランドのヨーロッパ的、より正確には、東欧的な使命だった。すでに1923年にブリュッセルで開かれた国際歴史学会議で、彼は東欧の発展に関する講演を行なった。そこでは東欧とは事実上ポーランドとロシアを指すと述べられ、両者の関係が東西フランク帝国の関係と類比して説明された。すなわち、後者にとってのロタリンギア〔東フランクと西フランクが分割した地域、現在のロレーヌ地域など〕のように、前者にとってはキエフ・ルーシあるいはのちのウクライナが境界領域であり、これをめぐってポーランドとロシアは数世紀にわたり争いを繰り広げたとしたのである。東欧問題は次第にハレツキの関心を引きつけ、彼のイニシアティヴによりすでに触れた東欧学術研究所が設立された。

ハレツキの東欧概念や歴史作品全体から明らかなように、彼は先に指摘したピャスト朝とヤギェウォ朝という対立軸においてヤギェウォ朝の立場、すなわち東方への文化伝道の立場を重視した。さらに、その同時代の政治的含意を、穏和な表現ではあったが、明確な反ソ的立場に見出した。

〔上述の〕1937年の論文では、ヤギェウォ理念がチェコやハンガリーまで拡大されなかったことについて論じた。そこでハレツキは、1526年にハプスブルク家がヤギェウォ朝の相続者として現れポーランドの隣国となったため、ハプスブルク家をポーランドの敵と見なすのが妥当だが、実際にはこの国はポーランドと戦火を交えなかった唯一の国だったと述べた。ちなみに、1918年以後は、かつてのガリツィア住民さえオーストリアから距離を置いた。オーストリアは1867年以後、ウクライナ人を犠牲にしてではあるが、受け入れ可能な環境を作り出した唯一の列強だったにもかかわらず、一定の敬意を示したのは非常に年老いた者たちだけだった。若い世代は、その事実すら想起したがらなかった。したがって、ここでのハレツキの態度は、ポーランド歴史叙述の中で独自のも

のといえる。

　ハレツキは反ソ的だったが、疑いなく同程度に反ヒトラー的でもあった。1945年以後の亡命生活では、前者のみが生き続けた。この時になると東欧全体を扱うようになり、1952年に『西欧文明の境界地域』[PL 0696]と題する著書を出版した。これはドイツ人とロシア人の間に住む小民族の概説史であり、表題が著書の主張をはっきり示している。ここでは1923年当時の構想から抜け落ちていたバルカンの発展にまで筆が及んでいるが、もちろん中心にはポーランドが存在した。のちの著作『ヨーロッパ史の時間と空間』(1950年)[PL 0697]や『ヨーロッパ1000年』(1963年)[PL 0698]では、ヨーロッパ全体の発展の概観を試みた。彼はヨーロッパ全体を四つの地域に区分できると考えた。一つは西欧、一つは東欧であり、その間に西中欧と東中欧が存在した。後者二つには説明が必要だろう。西中欧はドイツ、イタリア領域を指し、東中欧は東欧の小民族を指した。ヨーロッパ史はこの4区分の確立に始まり、それがこの大陸に世界の中での支配的役割を与えた。しかし20世紀には重心が移り、それによってヨーロッパの真の歴史は終焉したと論じている。

　亡命時代のこれらの作品は多くの興味深い観点を取り上げており、そのいくつかは実際に注目に値する。しかし、全体として見ると、著作は徐々に史料や歴史的事実から離れ、壮観な構築物となっていった。ハレツキは本国での影響を失っていったが、それは自明の政治的理由によってだけでなく、彼の基本的立場がポーランドの歴史学者にとっても異質となったためだった。1939年までのハレツキは、示唆に富むと同時に十分に学問的に基礎づけられた著作によって、本国の大衆に大きな影響を持った。

＊

　L. コランコフスキ（1882-1956）は、すでに見たようにハレツキの論敵だったが、別の観点から見ると仲間でもあった。コランコフスキはフィンケルの影響のもとに中世と近代を結びつけようとし、両時期に明確な境界線を設定する伝統に立ち向かった。ハレツキと異なって、コランコフスキは16世紀から研究を開始し、そこから中世後期へと時代を遡っていった。1930年代にはしばらく政治にも手を染めた。

　論文にも重要なものは多いが、コランコフスキはむしろ総合史の書き手だった。1930年にリトアニア大公国の中世史を論じた著作の第1巻（1377年から1499年まで）[PL 0699]を出版し、1936年に『ヤギェウォ朝期のポーランド』[PL 0700]を出版した。これらの概説的著作でも、彼は常に幅広い一次史料の基盤の上に構築物を組み上げた。とりわけポーランドの東部、南東部領域の発展によく通じていた。タタール問題、クリミア・ハン国に関しても膨大な情報を収集したが、これは戦時下に消失した。

　コランコフスキは、ハレツキと同様にポーランド＝リトアニア合同に関することであれば何にでも手を出し、1935年のホロドウォ合同記念年の準備では中心的役割を果たした。この記念事業は、1935年の歴史家会議の中心でもあった。自らの基本的立場を粘り強く堅持し、反対意見にほとんど理解を示さなかったため、多くの論争に巻き込まれた。

　S. ケンチシンスキ（1876-1950）は既出のW. ケンチシンスキの息子である。彼はクラクフでクシジャノフスキのもとに学び、歴史補助学の作品を書き、リヴィウではフィンケルのゼミナールに参加して、ガル・アノニムについて論文を仕上げた。T. ヴォイチェホフスキも、彼に大きな影響を及ぼした。さらに、1898年からローマ、ミュンヘン、パリでやはり主に歴史補助学の分野の知見を広めた。ケンチシンスキは1920年にワルシャワで大学教授に任命されたが、まもなく政治に手を染め、教授職の傍ら、外務省でも活動した。1925年にワルシャワ〔モスクワの誤りか〕、次いでハーグで公使を務めた後、1931年に外務省を引退して再びワルシャワ大学に戻った。ドイツ占領下でも非合法で教育を続けたため、1943年にゲシュタポが彼を捕えて死刑判決を下し、著書を没収した。回想録類もワルシャワ蜂起の際に消失した。しかし彼は生き残り、1945年から1946年にかけてクラクフで教育を続けた。

　ケンチシンスキの研究領域の一つは、中世ポーランドの文書だった。多くの論文を著した他、

1934年に『中世ポーランド文書に関する研究の概観』の第 1 巻（13 世紀末まで）[PL 0701]を出版した。第 2 巻の完成原稿は、やはり戦時下で消失した。この著作で、すべての問題に決着をつけたわけではないが、それまでのポーランド学術研究の成果をまとめ上げた。彼によれば、11 世紀のポーランドでは、まだ文書は書かれていなかった。

この見解に対して、W. セムコヴィチはチェコやハンガリーとの類比に基づき疑義を呈し、文書の欠如は歴史的偶然の結果に過ぎないとした[PL 0702]。一方、13 世紀に初めて文書を発給する尚書局が置かれたとするケンチシンスキの見解には、セムコヴィチも同意した。ヴォイチェホフスキを含めたかつてのポーランド研究者は、現存する文書を基に、12 世紀に尚書局が活動していたはずだとの結論を導き出したのだった。

歴史補助学と並ぶケンチシンスキの主要な研究領域は、ポーランド中世初期だった。ミェシコ 1 世[PL 0703]やカジミェシ 1 世復興公（1016-58）[PL 0704]について研究を著し、さらにはピャスト朝の苗字などの個別問題についても記した。これら中世を論じた研究でも、幅広い史資料の知識や言葉の伝統的意味での史料批判の感覚が示された。もちろんケンチシンスキの作品においても、伝統的な政治史志向が支配的だった。彼は王朝間関係やその政治的背景および重要性について、非常に興味深い細部の情報を知っていた。社会発展の解明については幾分用心深すぎたようであり、ミェシコ以前の時代について確かなことは何一つ知りえないと記すにとどまった。このような文字史料への固執は疑いなく相当に冷静な用心深さを意味したが、彼の可能性を狭めるものでもあった。確かにケンチシンスキは大胆な仮説を立てることもあったが（仮説が必要だということは、以前の作品において自ら主張したところだった）、スモルカは、ケンチシンスキが博士論文で根拠の薄い仮説を排除したことこそを賞賛した。10 世紀のイブラヒム・イブン・ヤクブ（?-?）の情報に対しては、総じて非常に注意深い態度を取った。3000 人の従者という記述はお伽噺的要素と考えた。しかし、10 世紀にポーランドが最大の東欧国家だったとするイブラヒムの記述は証拠として受け入れ、ノルマンによる征服の不可能性を主張する際に援用した。ピャスト朝の苗字に関する論文からは、ハンガリーにおける新たな諸研究を知らなかったことがうかがわれる。

ハンガリー語に通じていた J. ドンブロフスキ（1890-1965）について、同じことはいえそうもない。彼の叔父はペーチの大聖堂参事会長だった。熱心にハンガリーの歴史叙述を紹介し、中世のハンガリー・ポーランド関係について多くの新事実を記すことに成功した。クシジャノフスキとウラノフスキの弟子だったが、戦後は彼自身がクラクフ大学教師となって多くの弟子を育て上げた。ドンブロフスキは弟子の関心を特にシロンスクとポモジェの歴史へと導き、自らも国家の諸地域の歴史を論じた共著[PL 0705]の中で、14 世紀シロンスクの歴史を記した。この作品において、ドンブロフスキは、シロンスク諸公国が自発的にポーランドから分離したとするドイツ側の理解を批判し、暴力的に分離させられたと主張した。

ドンブロフスキは、当時支配的だった実証主義の詳細さをもって 13-14 世紀の政治的諸事件について研究した（「ウォキェテクの娘エルジェビェタ」1914 年[PL 0706]、「ウォキェテク時代について」1916 年[PL 0707]、『ルドヴィク・ヴェンギェルスキの晩年』1918 年[PL 0708]、『ハンガリーにおけるヴワディスワフ・ヤギェウォ』1922 年[PL 0709]）。また、都市史にも関心を寄せ（「中世のクラクフとハンガリー」1911 年[PL 0710]）、この分野でも数人の弟子を育成した。類い稀なハンガリー語能力のため、ポーランド・ハンガリー関係は作品中で特別な位置を占めたが、彼の関心はポーランドと他の中欧、南東欧の関係、さらにはポーランド文化とイタリアの関係にも向けられた。またクラクフでの研究を通じて、クラクフ大学の中世史についてもいくつかの研究を残した。

研究目的でなく幅広い読者へ向けて、1930 年代に編集された世界史において、中世史一般の部分を執筆したのもドンブロフスキだった。1918 年以後はいささか古めかしく見え始めていた彼の実証主義の手法と、同時代の、特に軍事史（中でも中世の諸問題に関心があった）への彼の旺盛な関心を両立させることは困難だった。それでも、1937

年に、世界大戦の概説［PL 0711］を著し、軍事史的側面を特に強調した。

R. グロデツキ（1889-1964）は才気あふれる論争的人物で、これまで扱った人々よりも近代的な性向を持っていた。クシジャノフスキの弟子だったため歴史補助学の分野に通じており、古銭学に取り組んで中世ポーランドの造幣所の歴史を研究した［PL 0712］。政治史を扱う際にも中世へのこだわりを持ち、ドンブロフスキとともに著した手引書『中世のポーランド』［PL 0713-0714］やシロンスクに関する論集ではいずれも初期ピャスト朝期について執筆した。また、初期の記述史料にも関心を寄せ、ガルやカドゥウベクについても作品を著した［PL 0715］。それらの史料を基にグロデツキが研究したのは、13-14 世紀の世紀転換期におけるポーランド国民意識の形成という主題だった。もっとも、彼の作品中で最も後代まで価値を有したのは、中世の社会・経済発展について記した詳細な研究である［PL 0716］。グロデツキは中世初期の公領と修道院領の組織を分析し、公領における賦役の存在を示すとともに、インムニタスや初期国家の財政問題への関心を示した。グロデツキは中世史のもう一人の著名な専門家、ティミェニェツキと関心や作品の性格の面で最も近い立場にあったように見えるが、両者は頻繁に論争した。

K. ティミェニェツキ（1887-1968）は、第一次世界大戦下でワルシャワがドイツの占領下にあった時期にワルシャワ大学の教授となった。新生国家のもとで、それまでほとんど注意が払われてこなかった西方諸地域の歴史分析に専念し、その分野で弟子を育成するためにポズナン大学に移った。彼はグロデツキと同じく中世初期に特別な関心を寄せ、公領の状況について研究を進めた。また、かつての自由農民の生き残りだったクミェチ（土地保有農民）層をも研究対象とした。ドイツ法に基づく定住と都市発展についても多くの研究を著した。1919 年に著した『ポーランドにおける歴史学の必要性とそのさらなる発展の条件に関する所感』［PL 0717］と題する著作では、冷静さを保ちながら批判を展開した。彼によれば、レレヴェル以来のポーランドの歴史叙述は非常に分析的な手法を採用したため、西欧の歴史叙述の水準に達することができていた。しかし、そのために、少数の専門家の関心しか引かないような細部に迷い込んでしまうこともしばしばあったという。ティミェニェツキは、新しい状況の中で総合史が必要とされていることを理解していた。しかも、総合史を表面的な大衆啓蒙書にとどまらせないために、総合史が共同研究として執筆されるべきことも強調した。つまり、分析的かつ批判的な方法で歴史家が達成した成果は維持されなければならないと考えたのである。

もちろん、ティミェニェツキ自身もより狭い領域では概説的著作に取り組み、1921 年に『中世ポーランド社会成立の過程』［PL 0718］を著し、また 1928 年に『レフ・スラヴ人の社会―氏族と部族』［PL 0719］と題してより古い時代まで遡って初期ポーランド社会の歴史を扱った。彼は精神文化にも関心を持った。ポズナンで活動したためドイツとの関係にも関心を示し、特に政治史の領域で多くの作品を著した。第二次世界大戦後は、近代までのドイツ史を［PL 0720］、さらに 1948 年には短いが非常に有益なポーランド史学史の作品［PL 0721］を著した。

東方諸領域の歴史を扱う研究者も依然として存在した。『ヴィリニュスのアテネウム』の創刊者 K. ホディニツキ（1890-1942）はヴィリニュスで活動し、のちにポズナンに移った。専門領域はリトアニア史とリトアニア史学史だったが、1934 年に第 1 巻が出たポーランドの正教会史も重要である［PL 0722］。L. I. ビャウコフスキ（1885-1952）は裁判記録史料も用いながら南東諸領域を扱ったが、ヴィェルコポルスカの中世史も手がけ（『17 世紀ヴィェルコポルスカの生活』1925 年［PL 0723］）、さらには中世の非ポーランド系住民や経済、社会の諸問題、日常生活や習慣などにも関心を示した。ビャウコフスキはルブリン大学で教鞭を取り、弟子の関心を都市手工業と村落の歴史に向けた。ルブリン財務局記録を出版したのも彼だった［PL 0724］。東方諸領域に関してビャウコフスキが著した最も重要な概説は『16 世紀におけるポドレ』（1920 年）［PL 0725］だった。S. ザクシェフスキの弟子グルカは、中世シロンスクの歴史に関する

作品を残した[PL 0726]。S.F. ザヨンチコフスキ（1890-1965）は戦争が始まるまでヴィリニュス大学で教鞭を取り、14-15世紀の東方諸領域の歴史や騎士修道会、ブランデンブルクとの関係について作品を残した。彼は『リトアニア史』（1930年）[PL 0727]、「ヴォルィニ史」（1931年）[PL 728]、『プロイセン史』（1934-35年）[PL 0729-0730]、「ポドラシエ史」（1936年）[PL 0731]などの概説的作品も著した。B. ヴウォダルスキ（1895-1974）は中世のポーランド・チェコ関係[PL 0732]やポーランド・ロシア関係[PL 0733]を検討した。多産だったK. マレチンスキ（1897-1968）はテクスト批判を加えてガル年代記を出版した他、フィンケルの文献目録を改訂して出版した[PL 0734]。また、ポーランドの文書慣行についても発言し、経済的な諸問題にも目を向けた（『最も古いポーランドの市場』1926年[PL 0735]）。

短い期間だったが、ティミェニェツキの周囲にポズナン学派ができた。才能に恵まれながら早逝したT. ティツ（1896-1927）は、ポモジェと騎士修道会の歴史に取り組み、ガルや15世紀の文化についても作品を著した[PL 0736]。代表作は『ヴィエルコポルスカにおけるドイツ法に基づくポーランド村落定住』（1924年）[PL 0737]である。L. コチ（1900-81）はコノプチンスキの関心を受け継いで、スカンジナヴィアとの関係、あるいはより広くスカンジナヴィアの歴史叙述の成果に関心を持っていた。彼は初期の両地域間関係に関する史料を詳細に分析し、それらの史料を公刊した。また、騎士修道会のバルト政策[PL 0738]やポーランド人による古プロイセン人への最初の布教の試み[PL 0739]、さらにはポズナンとトルンの中世商業と都市制度について、価値ある諸研究を残した[PL 0740-0741]。

J. ヴィダィエヴィチ（1889-1954）にも簡単に触れておきたい。彼はバルゼルの弟子であり、ピャスト時代の国税について研究を著し[PL 0742]、その後、特にポーランド人より西方にいたスラヴ系住民[PL 0743]やスカンジナヴィアやドイツとの関係に着目しながら、初期ポーランドの歴史に関心を移した[PL 0744]。

もう一人のポズナンの指導的歴史家A.M. スカウコフスキ（1877-1951）は、アスケナーズィの弟子で、アスケナーズィにより近代史研究者に育て上げられた。第一次世界大戦前にアスケナーズィの影響を受け、ポーランド軍団とナポレオンのポーランド政策を包括的に扱い、1908年と1912年にこの問題について2冊の論文集を公刊した[PL 0745-0746]。1911年には、ポーランドに関連するナポレオンの新たな書簡を公刊した[PL 0747]。第一次世界大戦後は、1921年から1929年にかけて5巻本のJ. ポニャトフスキ書簡集を出版し[PL 0748-0752]、それに先立つ1913年に、すでにポニャトフスキの伝記を著していた[PL 0753]。スカウコフスキはナポレオン時代に関する回想録も出版し、その時代の個別主題に関するモノグラフや数人の伝記を次々に出版した（「百日天下のもとのポーランド人」1915年[PL 0754]、『サン・ドマングにおけるポーランド人』1921年[PL 0755]、『ニェゴレフスキ』1924年[PL 0756]、『1794年の蜂起の歴史から』1926年[PL 0757]、「ヴィビツキ」1927年[PL 0758]、『ミチエルスキ』1933年[PL 0759]）。その後は19世紀まで研究対象を広げ、1947年に19世紀半ばの興味深い政治家、A. ヴィエロポルスキ侯（1803-77）について3巻本の伝記を出版した[PL 0760-0762]。

J. フェルドマン（1899-1946）の研究領域は近代史、特にヨーロッパにおけるポーランドの位置づけだった。彼はポーランド人の平均から見れば非常に短い生涯の中で多くの重要な著作と論文を残した。最初に取り組んだのは、ザクセン朝アウグスト2世と反体制派との関係についてだった[PL 0763]。その後、分割から1863年蜂起までのポーランド・フランス関係、ポーランド・イギリス関係を扱い、1929年には1863年蜂起と列強の態度について研究[PL 0764]を残した。また多くの論文でビスマルク時代を論じ、それらを基に1933年に『ビスマルクとポーランド』[PL 0765]と題する研究を著した。1930年代からは次第にポーランド・ドイツ関係全般と取り組むようになり、すでに1934年にポーランドとドイツの敵対関係に関する著作を、また1946年には内容や解釈においてこれとあまり変わらない著作『歴史におけ

るポーランド＝ドイツ問題』[PL 0766] を著した。これらの概説的作品の弱点は中世を論じた部分であり、そこでは史料に基づく知見が欠けていた。

K. ティシュコフスキ（1894-1940）はリヴィウで、ズィグムント 3 世時代、コサックの役割 [PL 0767]、そして 1613 年から 1615 年のスモレンスク戦争と取り組んだ [PL 0768]。また同じ時代に属するが、1581 年から 1621 年のリヴォニアにおけるポーランドの教会政策についても作品を著した [PL 0769]。

ポズナンの A. ヴォイトコフスキ（1891-1975）ももっぱらヴィエルコポルスカの 19 世紀史に従事し、それについて概説 [PL 0770-0771] を著した。彼が記したポズナンの学術友好協会の歴史（1928 年）[PL 0772] は文化史研究において重要な位置を占める。

ここからは 1945 年以後のポーランドのマルクス主義歴史学において指導的役割を果たすことになる人々の名前が次第に多く挙がるようになる。彼らは 1939 年以前から若者たちの中で頭角を現していた。G. ラブダ（1916-2010）は中世初期の歴史、特に西スラヴ人に取り組んだ。S. アルノルト（1895-1973）は社会と経済の諸問題と歴史地理学、T. マントイフェル（1902-70）は中世の世界史や封建制の理論的諸問題、M.H. セレイスキ（1897-1975）は史学史、A. ギェイシトル（1916-99）は歴史補助学と中世世界史、M. マウォヴィスト（1909-88）は経済史を扱った。また、H. ウォヴミャンスキ（1894-1984）はリトアニア中世史（『初期リトアニアの社会と国家に関する研究』2 巻、1931 年 [PL 0773-0774]）やリトアニアの封建制、ドイツ征服前の異教時代のプロイセンに取り組み、K. レプシ（1904-64）はバトーリとズィグムント 3 世時代、S. ヘルプスト（1907-73）は中世工業史と 16-18 世紀の軍事史の諸問題、S. キェニェヴィチ（1907-92）は分割時代の最初の数十年、W. ヤクブチク（1909-86）はプロイセン領ポーランドの有機的労働、Z. カチマルチク（1911-80）はドイツ人の植民およびカジミェシ大王の時代を扱った。H. バトフスキ（1907-99）もすでに現代世界史に通暁しており、頭角を現していた。

H. パシュキェヴィチ（1897-1979）についても一言述べておきたい。彼は中世の東部諸地域に関する詳細な諸研究ゆえに、ここに列挙した人々のうちに含められてしかるべき人物である。しかし彼は、第二次世界大戦後しばらくして西側に移住した。祖国で培った博識をもって浩瀚なロシア史に関する書物を著したが、ノルマン説を拡張しすぎたため、西側においてすらもっぱら批判の対象となった。

4. 軍事史

軍事史は政府の強い支援が得られた分野だった。重要な代表的人物は、もと軍団員でのちに将軍となった M.W. クキェル（1885-1973）である。彼は 1926 年に文民生活に戻ってクラクフのチャルトリスキ博物館館長となり、特に 19 世紀ポーランド軍事史に関して多くの研究を残した。1925 年に著した軍事史大綱はいささか情熱的に、この学問分野が広く軍隊組織やその発展をも扱うべきこと、そして一国史の枠組みでは研究できないことを論じた。1912 年に、ナポレオン戦争の中でポーランドに関わる事柄を [PL 0775]、また 1937 年には、1812 年に関する総合史を著した [PL 0776-0777]。さらに、ポーランド軍事史の総合史も著した [PL 0778]。第二次世界大戦後は亡命生活となったが、活動を続け、より広く分割時代、特に亡命者について扱うようになった。

5. 法制史

ポーランドに特徴的な国家・法制史を代表する二人の大家、バルゼルとクチシェバは両大戦間期も延々と論争を続けた。この二人以外にも数名の新しい人物も登場した。A. ヴェトゥラニ（1901-76）は、クラクフにおけるクチシェバの講座と教会史講座をともに引き継いだ。最初の重要な個別研究『クラクフ条約からアルブレヒト公の死までのプロイセンにおける封建的忠誠 1525-68 年』（1930 年）[PL 0779] は純粋に法的な見地から問題を検討しており、それまでのような政治史への貢献を目指す傾向とは異なる作品だった。この著作でヴェトゥラニは、異国の領域で封主権を取得

することが、西欧と常に同じ内実ではなかったものの、ポーランドで古くから見られたことを強調した。注目すべき作品は、『プロイセン公国へのポーランドの政治的影響』（1939年）[PL 0780]のように、むしろ政治史に近づいた研究だった。

ポズナンでは、バルゼルの弟子 Z. ヴォイチェホフスキ（1900-55）がこの学問分野を代表した。ポーランド西方領域の歴史研究を任務とする西部研究所を組織したのも彼だった。ヴェトゥラニと異なり、ヴォイチェホフスキは広い関心を持って国家・法制史の諸問題を論じた。はじめは初期ポーランド史、特に帝国との結びつきや13-14世紀の王権の特徴、騎士の権利やインムニタス問題を国制の見地から検討した。古ポーランド都市を論じた作品に関して論争も提起した。制度史研究の最も重要な作品は、城塞を基盤とした13世紀の領域組織と司法に関するもので、この研究は従来の理解を本質的に修正した[PL 0781]。中世ポーランドの国家組織を概観した作品も著したが、その出版は1945年を待たなければならなかった[PL 0782]。個別研究では、初期に分離したシロンスク諸侯国の国家組織も扱った。また、プロイセンのポーランド国家に対する領域的関係や貴族身分の成立についても検討した[PL 0783]。さらに、1945年と1947年に、ポーランド・ドイツ関係およびポーランド・チェコ関係の概観をそれぞれ出版した（後者は共著）[PL 0784-0785]。戦争を直接体験したことが影響して、前者は否定的、後者は肯定的に描かれたが、これは避けがたいことだろう。

ヴィリニュスでは、J. アダムス（1896-1962）がヴェトゥラニと同様に厳密な意味での法制史研究を行なった。彼は公法、私法ともに扱い、ポーランドとリトアニアの公法上の関係および、より古いピャスト朝期の相続法と取り組んだ。1927年には、ポーランドとスラヴの婚姻法の始まりに関して興味深い比較研究を著した[PL 0786]。W. ヘイノシュ（1895-1976）はリトアニア大公国のスラヴ人領域の法関係や各社会階層の法的地位の研究に従事した[PL 0787-0789]。

6. 教会史

1918年以後、教会史は力強く躍進した。『ポロニア・サクラ』、『新ポロニア・サクラ』、『ポーランドの宗教改革』といった雑誌が現れ、宗教改革史研究のための協会まで作られた。雑誌の他にも、1935年に始まったモノグラフ叢書『教会史研究』が、カトリック教会史の開拓に寄与した[PL 0790-0793]。一方、ヴィリニュスの東欧学術研究所は『正教神学研究』と題した正教会研究叢書の刊行を開始した[PL 0794]。しかしこれらの研究叢書は1939年まで多くを刊行することはできなかった。内実を伴って発展したのは、地方教会史研究だった。もっとも、総合的通史に至るほど研究全体が成熟したわけではなかった。

7. 経済史

社会経済史の領域でブヤクやプタシニクと並んでこの時代に指導的役割を果たすようになったのが、J. ルトコフスキ（1886-1949）だった。彼はS. ザクシェフスキの薫陶を受けて中世史家として研究を開始したが、やがて近世に関心を移した。すでに1919年に経済史家育成のため有益な提言をし、1925年には経済史の総合的通史に向けて基本原則に関する構想を示した。すなわちルトコフスキは、法則性の探究は理論的作業であると見なし、むしろ物質文化、法、そして経済に関する専門的研究を含む経済・社会組織の発展を研究しようとした。彼は経済発展の一元的説明を拒否した。物質的財の配分こそ主要な問題だと考えていたが、それはわずかな刊行史料のみで把握することは困難な課題だった。

ルトコフスキは、それまで見過ごされてきた個々の主題のモノグラフ研究を方法論的に追究した。特に関心を向けたのが、ポーランド経済発展の最重要分野としての近代農業史だった。早くも第一次世界大戦下で、統計的に利用が可能な大量の史料を渉猟して16世紀の大所領を分析し[PL 0795]、17世紀のスウェーデン侵攻後の村落状況について研究を著し[PL 0796]、19-20世紀の農民

について多くの作品を著した[PL 0797]。別の研究では、鉱業と手工業の諸問題を探究した。

　ルトコフスキは総合史の構想の大部分を実現できた類い稀な幸運の持ち主だった。早くも1923年に、経済史総説の初版が出版された[PL 0798]。そこでは、1772年および1795年にポーランド国土が縮小する時期までの発展が扱われた。1927年には、フランス語の簡略版も出版されている[PL 0799]。この総説は疑いなく経済史叙述の最大の成果である。特にすばらしいのは、16-18世紀における領主直営地経営の発展を詳細に提示した部分である。すべての分野を同じ深さで掘り下げるだけの予備研究は行なっていなかったが、それでも、経済生活のあらゆる領域に目を向けた。表題は経済史とされているが、社会史の主要な諸問題、すなわち社会構造の発展の問題も扱った。ポーランドの歴史家が幸運だということは相対的にそうだというに過ぎない。これについては、1795年以降の発展を扱った部分の手稿が戦時下で消失したという事実を挙げれば十分だろう。

　ブヤクの弟子 S. イングロット（1902-94）はクラクフで中世の植民に関する諸問題を研究した後、近代農業史へと関心を移した。1938年には、企画されていた世界経済史総説にヨーロッパ中世経済史部分を執筆した[PL 0800]。

　N. ゴンショロフスカ＝グラボフスカ（1881-1964）はアスケナーズィの弟子だった。1916年に発表した最初の作品は19世紀ワルシャワの検閲史を扱ったもので、師の影響が強く出た作品だった[PL 0801]。しかし、その後は社会経済史へと方向転換し、1916年に王国の鉄鉱業、1922年に鉄冶金業について、それぞれ文書館史料に基づいた概説を著した[PL 0802]。学界内部の歴史家で労働運動の歴史に初めて取り組んだのも彼女だった。そのために1939年以前のゴンショロフスカ＝グラボフスカはワルシャワ大学の准教授職どまりだった。その他にワルシャワのポーランド自由大学でも教鞭を取っていた。まずウッチで、次いでワルシャワで教授職を得たのは1946年のことである。彼女は1932年から1933年に著した理論的諸論文で、1918年以後の経済史の興隆を、政治的な動機や、幅広い大衆への関心の高まり、戦争において基盤となる経済生活への関心の高まりによって説明した。また、この時すでに、経済史を歴史学と経済学の間に位置を占める独立した研究分野だとはっきり述べた。彼女はルトコフスキと同じく経済史の対象を非常に広く設定したが、社会運動研究もその重要な領域だとした点でルトコフスキと異なった。また、経済史は社会的に重要だとして経済史教育を初等・中等教育段階で行なうことを主張し、経済史家育成にも特別の注意を払った。W. クラ（1916-88）は彼女の弟子であり、彼が1945年以後に論じる経済史の世界史的側面は、かつてゴンショロフスカ＝グラボフスカが強調したものだった。

　経済史研究と関連してさらに言及しておきたいのは、ブヤクの提唱で多くの研究者が定住史の研究に従事し、個別の地域や村の定住史に関する多くのモノグラフが生み出されたことである。それらの作品では、もっぱら経済史と人口史の側面に注意が向けられている。また、やはりブヤクの主導でいくらか実現したのが災害史研究だった。A. ヴァラヴェンデル（1903-60）はポーランドおよび周辺国に関して2巻の作品で1450-1586年における天災の歴史を出版し、悪天候や疫病の他に戦争による荒廃や大火について概観した[PL 0803-0804]。農業史では、1936年から1937年にかけて刊行された戦前に関する農民の回顧録集[PL 0805]に触れなければならない。これはもともと社会学に資するよう作成され、実際のところ経済史より社会史により多くの情報を提供した。一方、都市史研究は都市の起源に関する諸仮説の検討と並んで、かなり早くから都市の民族構成に研究が集中した。いうまでもなく、それはドイツ人集団の優位を強調するドイツの研究に対抗して行なわれたものだった。近代工業史には素人も取り組み、個々の工業の諸部門や工場についてさえ研究がなされたが、専門的分析はほとんど現れなかった。ブヤクは弟子を価格史研究に向かわせ、研究叢書も創刊した。彼らはポーランドの各大都市の価格史をそれぞれ出版した。

8. 歴史補助学

歴史補助学分野で指導的な人物に関してはすでに言及したが、より若い人たちにも言及しておく必要がある。K（カロル）.グルスキ（1903-88）はW.セムコヴィチのもとで紋章学と系図学を学び、ポズナンで行なった研究の一部もその分野を扱うものだった。H.ポラチクヴナ（1881/84-1942）はポーランドのみでなく世界史を素材に紋章学の研究を行なった。歴史補助学の中には以前の萌芽的研究の中からこの時代に重要な進展を見せた分野もある。歴史地理学がそれであった。

歴史地理学という概念は長い間輪郭がはっきりせず、これまでにも多様な接近法が存在するのを見てきた。ハレツキは1917年に「ポーランドとリトアニアのルーシ人地域の政治地理 1340-1569年」[PL 0806]を著し、J.ナタンソン＝レスキ（1883-1969）は16世紀後半についてその続きを著した[PL 0807]。彼らの興味を引いたのは政治的境界であり、それはその後の人々にも強固に引き継がれた観点だった。政治的考慮が働いていたことはいうまでもない。1930年、政治的観点に沿って今日的概念を過去に投影することを批判したのが、マントイフェルだった[PL 0808]。彼は中世の国境が現代のように正確に引かれたものではなく、1本の線で引かれる地図上の表示は現実に即さないと論じた。もっとも、この注意はそののちにおいても、誰も深刻に受け止めることはなかった。

自然地理情報やその変容も記録する広義の歴史地理学概念は、地理的環境の影響をめぐる論争の中で形成された。1937年、T.ブジェスキ（1884-1958/60）は『歴史季刊誌』に地理学者E.ロメル（1871-1954）の手になるポーランド地図によせた論考を著し、物理的、地理的環境は歴史の流れに影響を及ぼすものではなく、考慮すべきは政治地理的な要因のみだと論じた[PL 0809]。これに対しW.セムコヴィチは、多数の研究において、決定的とまではいわないものの自然環境の役割を強調した。彼は弟子たちをこの分野へと促し、ブヤクの弟子らの定住史研究と並んで、中世ポーランドの自然地理的条件に非常に重要な新しい知見をもたらした。学術アカデミーは歴史地図研究に対して相当の金額を確保した。若きアルノルトは1929年に歴史地理学の課題と方法を論じ、それが文化的自然景観と歴史・政治的景観の両方を再構成することを目的とする学問であることを強調した。この知見には、教会史研究も貢献した。セムコヴィチは1935年の会議において、ヴィリニュス司教区の過去について作成した地図を紹介した。しかし、この分野でも1939年までに総合と呼ぶべき作品は現れなかった。

9. 文化史

1918年以前には、文化史はなお周辺的な研究領域だったが、その後次第に市民権を獲得していった。ただし、物質文化と精神文化の研究は依然として分断されたままだった。歴史家は経済史の枠内で物質文化の検討を行ない、重要な成果を上げた。だが、1935年にS.J.ゴンショロフスキ（1897-1962）はクラクフで講演を行ない、芸術史の観点も取り入れて、物質文化の概念を具体的な用途のための人間活動全般と定義した。これによりゴンショロフスキは独自の研究領域としてこの分野が発展する道を切り開いた。

しかし、多くの者はまだ精神文化により強い関心を寄せていた。ウェンピツキは、1925年にポズナンで開かれた歴史家会議の報告において文化についての解釈を見渡し、結論として、検討すべきことは文化的創造の過程および可能性の構造、社会への影響、そしてこれらすべての時間的変化であると述べた。また彼は文化庇護の問題についても基本的な作品を著した。

A.ブリュックネル（1856-1939）は、諸理論にとらわれず文化史の総合において名をなした大家だった。1918年以前から長い間ベルリン大学の教授を務め、第一に文学史家として知られていた。第一次世界大戦前、ハンガリーでG.ハインリヒ（1845-1922）が編纂した世界文学史選集の中で、ポーランドおよび他の少数スラヴ民族の文学を担当したのも彼だった。ブリュックネルの関心の一部は確かに文学史にあったが、文学史を知識史と

して広く捉え、膨大な量の発表論文において教育・学問史に関する多くの問題を扱った。特に、単なる影響関係を超えた外国との関係に注意を払った。1931年の『ポーランド文化史』全4巻[PL 0810-0813]は、1830年までを扱ったものだった〔第4巻のみ1946年刊、1914年までを扱う〕。これにより、実証的水準を保った一種の総合史を作り上げた。物質文化も扱ったが、個別研究は残していない。精神文化に関しては、おそらく過度に文学の問題を強調し、瑣末な細部に入り込み、大胆に単純化しすぎることもあった。それでも、彼の作品は今日に至るまで統一的観点に基づいて書かれた唯一の総合史である。

ブリュックネルに比肩しうる研究者として、コトを挙げることができる。1920年から1933年に反政府的立場のために職を追われるまで、コトはクラクフで教育史の教授職にあった。世界教育史の序文で、この学問が実践と理論を同時に研究するものだと論じた。1924年にポーランド教育史の最初の総合史を出版し[PL 0814]、その後、2巻本の史料集[PL 0815-0816]も編んだ。弟子には教育史のみでなく精神的諸潮流の研究にも目を向けさせようとした。

10. 科学史

科学史の分野では、それまでに始まっていた研究が継続された。自然科学の各分野に関して、ポーランドにおける歴史が、歴史家でなく当該学術分野の専門家によって記されたのである。彼らは包括的とはいえないものの、多くの有益な素材を集めたが、ポーランド史の発展一般と関連させようと試みることはなく、素材を列挙しただけだった。このようにして著されたのがL. ゼンブジュスキ（1871-1962）の外科学史[PL 0817-0818]やB. フリニェヴィェツキ（1875-1963）の植物学史[PL 0819]、A. ペレンツ（1888-1958）の獣医学史[PL 0820]だった。また、1933年には外国向けにフランス語で『ポーランド科学小史』[PL 0821]が出版されたが、それはもちろん簡単な情報を提供するものでしかなかった。

この分野には今日ではむしろ社会史の一部と見なされる日常生活習慣を扱う作品も含まれており、ここで触れておく必要がある。民族学者にして社会学者のJ. S. ビストロン（1892-1964）はこの主題で古い時代を扱った論文を2巻本として出版した[PL 0822-0823]。近代に関して言及に値するのは、M. エストライヒェルヴナ（1876-1966）の『クラクフの社会と習慣1848-63年』（1936年）[PL 0824-0825]と題した著作である。

11. 世界史

1918年以後に開かれた幅広い可能性により、古代史研究の領域でも視野が広がった。いくつかの講座が新設され、従来の研究も活発化した。国外で活躍していた数人の研究者も祖国に戻って活動を開始した。そうした人々の中では、まずジェリンスキを挙げるべきである。1922年から1924年に2巻本の『古代文化史』[PL 0826-0827]を、また1927年には大論争を巻き起こす『ヘレニズムとユダイズム』[PL 0828-0829]を2巻本で出版した。1928年にオスロで開かれた国際歴史学会議での報告では、知性的な古代人と近代の主意主義者を対比してみせた。またそこでは、ギリシアとヘブライの歴史叙述の比較も試みた。S. ヴィトコフスキ（1866-1950）は1925年から1927年にかけ3巻本の『ギリシアの歴史叙述と隣接諸学』[PL 0830-0832]と題する基本的内容を収めた著作を出版した。T. ヴァウェク＝チェルネツキ（1889-1949）は1924年にマケドニア君主国の衰退に関するモノグラフを著した[PL 0833]。ジェリンスキが1933年から1934年にかけて2巻本で出版した共和政ローマの宗教に関する作品は、一次史料に基づく研究だった[PL 0834-0835]。ローマ史に関しては、L. ピョトロヴィチ（1886-1957）が『プルタルコスとアッピアヌス―革命期ローマ史の史料研究』（1921年）[PL 0836]を出版し、1935年にリヴィウで開かれた歴史家会議で帝政後期の地方住民の状況に関する分析を行なった。古銭学者M. グモフスキ（1881-1974）は「古代の貨幣」（1928-30年）[PL 0837]と題する概説を公刊した。ピョトロヴィチはポーランドにおけるローマ時代の出土貨幣について多くの研究を残した。彼は古

代のポーランド地域の歴史をも扱い、『古代のシロンスク地域』(1929年)[PL 0838]、『古代のポーランド地域』(1933年)[PL 0839]を出版した。後者はフランス語でも出版された。

しかしながら、全体として見ると古代史はまだ歴史叙述に近づき始めたという段階にあり、歴史家会議で常に古代史部会が設置されたものの、他の部会から孤立した感があったことは否めない。

1918年以後、歴史家たちは特に世界史的視野を時代の要請と考え、折に触れて強調するようになった。大部の概説的モノグラフがこの課題を部分的に実現したことは疑いがない。それどころか、これまで見てきたように、ヨーロッパにおけるポーランドの役割を研究の主要課題とする作品も生まれた。

しかし、学界内部の専門家たちは、一般啓蒙書を別とすれば、ポーランドの発展に関わらない世界史を書くことはなかった。L. ヴィデルシャル(1909-44)は19世紀のヨーロッパ政治におけるカフカースの役割に関する作品を著し[PL 0840]、1937年の著作で1856-72年のブルガリア国民運動を扱った[PL 0841]。彼がこうした主題に取り組んだのは、ポーランド国内や国外の文書館資料を利用できたからという理由に過ぎなかった。1934年に7巻本の世界史[PL 0842-0852]が出版され始めたが、それは幅広い一般読者向けに叙述され、著者もポーランド人に限定されなかった。第3巻にあたるローマ史は、ピョトロヴィチが記した[PL 0853]。これは専門書の枠に入るものではなく、J. クハジェフスキ(1876-1952)の著作『白いツァリーズムから赤いツァリーズムへ』[PL 0854-0860]も同じ類の著作だった。この本の主題と内容についてのコメントは不要だろう。

1937年にポーランドにおける近代世界史の研究を検証したフェルドマンは、ポーランド人だけによる研究は実質的にヨーロッパにおけるポーランドの役割を議論したに過ぎないと断じた。しかし彼は、必要性の観点から見て、将来多くの新しい領域で研究が行なわれるだろうと報告を締めくくった。この言葉は戦間期のポーランド史学全般に当てはまるといってよい。新生国家の蜜月時代に多くの人々が期待したほどには質的、量的発展は見られなかったが、それでも成果は得られ、さらに重要な研究が準備された。

その後に、暗い夜の時代が訪れた。『歴史季刊誌』の1939-45年合併号には、ポーランド歴史学の戦時中における損失について心痛む長大なリストが掲載されたのである。

第 2 章

チェコの歴史叙述

　チェコ人は 6-7 世紀頃に現在の地域にやってきて、〔9 世紀の後半の〕短期間は大モラヴィア国にも属していた。9 世紀の終わり頃、部族間の抗争を経て、最終的にチェコ部族の指揮のもとに統一国家が生まれたが、この統一国家もすぐに東フランク、すなわちのちの神聖ローマ帝国（ドイツ人のローマ帝国）の封建的上位権を受け入れざるを得なかった。それでも、国内のプシェミスル家出身の大公は大幅な自治を維持することに成功し、1208 年には〔プシェミスル・〕オタカル 1 世（?-1230）が皇帝から世襲の国王の称号を獲得した。モラヴィアは、プシェミスル家のいずれかのメンバーの支配のもとで、いくらかの独自性を持っていたが、大規模な分割状態に至ることはなかった。むしろ、14 世紀の初めには、それまで明らかにチェコ国王の後見のもとにおいてではあったが、数多くのピアスト家の傍系が支配していたシレジアを獲得することに成功した。国内出身の王家が断絶した後（1306 年）、チェコはルクセンブルク家の掌中に至り、同家のカレル 4 世（1316-78）〔皇帝カール 4 世、ボヘミア王としてはカレル 1 世だが、チェコ史上でも皇帝で数えて 4 世と呼ばれる〕、ヴァーツラフ 4 世（1361-1419）は皇帝でもあった。これによって、帝国内でのチェコの地位は向上し、1356 年の金印勅書によれば、チェコ国王は世俗の選挙侯の中で筆頭に列せられていた。

　15 世紀初頭、チェコの宗教改革者ヤン・フス（1370 頃-1415）が処刑されたのを受けて、1421 年にフス派運動が始まった。フス派運動は、貴族の教会に対する闘争、都市市民層の政治権力のための闘争、農民の権利を求める闘争であり、それと同時にチェコ人のドイツ人に対する闘争でもあった。ドイツ人は、13 世紀以来チェコ諸邦のかなりの地域に植民を行なっていた。戦いはフス派内の穏健派と教会側との間の妥協によって終焉を迎え、フス派内強硬派は穏健派自身の手によって鎮圧された。

　ルクセンブルク朝の後、1437 年には一時的にハプスブルク家がチェコ王位を獲得したが、その後はポジェブラディのイジー（1420-71）、次いでヤギェウォ家が王位を継承し、1478-90 年の間にはハンガリー国王マーチャーシュがモラヴィアとシレジアを掌中に収めた。1526 年にヤギェウォ家の国王ルドヴィーク（1506-26）が死去すると、ボヘミア議会はハプスブルク家のフェルディナント 1 世（1503-64）を国王に選出した。当初は大幅な自治を備えていたとはいえ、ボヘミアはこれ以降長期にわたって、ドナウ川流域を治めるハプスブルク帝国の一部を構成することになった。1547 年には都市の市民層が蜂起したが、貴族がこれを支持せず、政府によって鎮圧された。1618 年には貴族、正確には大貴族が蜂起を始めたが、これもやはり 1620 年に〔ビーラー・ホラの戦いによって〕鎮圧され、これによってチェコ諸邦の自治は大幅に削減された。ハプスブルク絶対主義は等族の抵抗を打ち破る一方で、経済的発展を促進した。とりわけ、オーストリア継承戦争によって君主国の最も豊かな領邦であったシレジアが、そのわずかな一部を除いて失われて以後は、チェコ諸邦においてマニュファクチュアの発展が強力に推進された。他方で、ハプスブルク絶対主義は、疑いなくドイツ語に対するチェコ語の後退をもた

らし、チェコ語は下層の民衆諸階級が話す方言に転落した。

　これに対して、主として啓蒙思想の影響下で、チェコ人が国民復興と呼ぶ運動が始まった。これは、言語の刷新を伴った、言語・文化運動として始まった。チェコ人は一般にこの運動の時期が 1780 年、すなわちヨーゼフ〔2 世（1741-90）〕時代から始まると考えており、啓蒙からロマン主義へほとんど意識されずに移行したことになる。チェコ国民復興運動は、あくまで身分的領邦制の基盤に立ってではあるが、大貴族からも長期にわたって支持を受けた。もっとも、大貴族は以前からドイツ語話者となっていた。最大の政治的要求も、せいぜいチェコ語をドイツ語と同等にすることであった。1848 年革命も、わずかな譲歩を要求したに過ぎず、新しく持ち出されたのは、何よりもそれまでの絶対主義に代えて立憲制を導入することであった。大学生と労働者によるプラハ蜂起も政府によって容易に鎮圧された。チェコ社会の大多数は革命によって得られた成果、すなわち農奴制〔正確には隷農制〕の廃止に満足していた。チェコの政治的指導層は、チェコ国民が最も安心できる状態にあるのはハプスブルク帝国内においてであると考えた。なぜなら、脅威となりつつあったドイツ統一に対して、この帝国がチェコ国民の防壁になりうると考えたからである。

　様々な試みがなされた後に、1867 年のオーストリアとハンガリーの間の妥協によって帝国内に新たな秩序が成立した。しかし、チェコの政治エリートはこれに不満を持ち、チェコ諸邦の統一と、ボヘミアにハンガリーが得たのと同等の地位を付与することを要求した。当初、政府はこれを受け入れる姿勢を見せたが、結局のところ、ドイツ人とハンガリー人の抵抗によって、要求された譲歩は与えられなかった。最終的には、経済的発展によって有利な状況が作り出され、ボヘミアの大工業は帝国内で最強となり、関税で手厚く保護された帝国全体の内部市場がそれに販路を提供した。

　この状態は〔1914 年の〕世界大戦の勃発によっても基本的に変わらず、亡命したチェコの政治家たちのみが、チェコスロヴァキア共和国の建国を協商国側に説得しようと試みていた。最終的には、1918 年初秋にこの試みが功を奏し、連合国はチェコスロヴァキアを参戦国と認め、この頃にはもう、チェコ国内の指導者たちもこの解決策を受け入れていた。こうして 1918 年 10 月 28 日にチェコスロヴァキア共和国の建国が宣言された。

　パリ郊外で締結された一連の講和条約によって新生国家の国境が画定され、スロヴァキアとザカルパッチャ〔ルテニア。ハンガリー語ではカールパートアイア、チェコ語やスロヴァキア語ではポトカルパツカー・ルス〕もその中に組み込まれた。かつてのチェコ諸邦の領域はそのまま新生国家に継承された。もっとも、チェコ人はこの新生国家の中では少数派であった。というのも、スロヴァキア人の相当部分は野党にとどまり、その他のドイツ人、ハンガリー人、ルシン人は、合わせると少なくとも全人口の 3 分の 1 を占めたからである。この民族問題は、ヒトラー支配下のドイツがチェコスロヴァキアを解体するのに利用された。〔1938 年 9 月の〕ミュンヘン協定により、チェコスロヴァキアはドイツ人が居住する国境周辺地域をドイツに割譲し、スロヴァキアとルテニアには自治政府が設立された。ただし、これらは一時的なことに過ぎなかった。1939 年 3 月 14 日にドイツは残された領土をも占領し始め、〔16 日には〕いわゆるボヘミア＝モラヴィア保護領を設立して、公式名称の上でもチェコの従属性が明らかにされた。チェコの政治生活は終焉し、その文化も逼塞状態となった。

第1節　専門化以前の歴史叙述

1.　伝承[CZ 0001]・編年史・年代記

　チェコ史の始まりにおける有名な出来事の一つが、935 年に起きた大公ヴァーツラフ（907-29/35）の殉教死であり、歴史書の性格を持った最初の著作はこの出来事に結びついている。最初のヴァーツラフ伝[CZ 0002]は、ほとんど同時代の、おそらくは目撃者の一人が書き記したもので、古代教会スラヴ語で書かれており、プシェミスル朝の権力の正統性を支持していた。これに次いでラテン語で記された伝承には、ヴァーツラフのものだけでなく、のちに同様に列聖された、彼の祖母にあたるルドミラ（860?-921）の生涯と殉教が記されており、同様に王朝の利益のために書かれたもので、ラテン語の文面にもかかわらずスラヴ典礼語〔古代教会スラヴ語〕を褒め称えている。著者は修道士で、自らをクリスチアーンと名乗り、記述の時期を 10 世紀末としていた[CZ 0003-0005]。はるか後になってだが、この伝承をめぐって大論争が持ち上がり、幾人かはこれを 14 世紀の作品と主張した。今日でも完全な確証を持って結論づけることはできないが、10 世紀起源のものであり、したがって真作であるとおおむね受け入れられている。ヴァーツラフ伝の他には、聖ヴォイチェフ（アダルベルトゥス、957 頃-97）について、多くはボヘミアの外で書かれた聖人伝が、最も初期のチェコ史のもう一つの史料群をなす。これらはすべて、聖者の生涯にまつわるよくあるステレオタイプが書かれているもので、このため歴史に関する記述は乏しいが、その中では古代教会スラヴ語で書かれたヴァーツラフ伝から最も多くの情報を汲み取ることができる。

　ヴァーツラフとヴォイチェフ（アダルベルトゥス）に次いでは、サーザヴァのベネディクト会修道院の設立者、聖プロコプ（970 頃-1053）についても複数の伝承が記されており、その中で最も重要なものは 1200 年以降に修道院内で作られた『小伝』[CZ 0006]である。こちらの伝承群において独自の特徴をなすのが、ドイツ人に対する敵意であり、チェコ人＝ドイツ人対立の強調である。カレル 4 世の時代、14 世紀には「ドイツ人を追い出す者」プロコプについて、チェコ語の詩文でも伝承が記されている[CZ 0007]。

　ベネディクト会修道院においては、どこでもそれが習慣であったように、修道会の会士や寄付者の死亡についての記録（死亡者名簿）、それから殉教者についての殉教伝や、それらと比べるとずっと多くの情報を含んでいる編年史が作成された。最も古いのは、12 世紀半ばに書かれたブジェヴノフ修道院の死亡者名簿[CZ 0008-0009]である。フラジシュチェでは、西暦 1163 年にまで至る編年史が書かれ始めている[CZ 0010-0011]。ベネディクト会修道院と並んで、国家の中枢であるプラハの司教座聖堂参事会においても、明らかに同様の編年史的な記録が作られていた。

　現存している最古のひとつながりの記述史料である『ボヘミア年代記』[CZ 0012-0018]の作者、プラハ聖堂参事会員で、のちには聖堂参事会長を務めたコスマス（1045 頃/56-1125）はこれらを利用したのであろう。彼は同時代で最良の教養を持ち、リエージュでも学んだことがあり、チェコの司教たちに同伴したり、外交上の目的で派遣されたりした際には、ドイツやイタリアも訪れており、古代の歴史家たちについても知っていたらしく、直接話法の多用は彼らに学んだものであろう。彼が年代記を著したのはその生涯の最後においてであり、実際には短期間で書かれたものである。その導入部には、いわば世界の年代記が記されており、バベルの塔と諸言語の誕生から書き始められている。その後には、リブシェとその夫（畑を犂で耕していたところを彼女の夫に、すなわち首長になるよう呼ばれたプシェミスル）にまつわる、伝承に見られる神話的な要素も記されており、したがってここでも王朝の利益が図られている。信用できるのは 10 世紀、もっと厳格に見れば 11 世紀に関する部分であり、この時期については編年史的に出来事を伝えている。最終的には大公ヴラ

ジスラフ 1 世（?-1125）が死んだところまで記しているが、〔1092-1125 年を扱った第 3 冊の序文で〕作者自身が記しているところでは、直近の時代について語るのは望んだことではなかった。なぜなら、作者は真実を書きたかったのだが、それは必ずしも常に語れるわけではないからである。自らの時代の出来事に関しては、もう彼が立場を表明したくなかったことは明らかである。しかし、王朝に対する忠誠にもかかわらず、国家と教会の間の紛争がボヘミアにおいて最初に大きく現れた、大公ヴラチスラフ〔2 世〕（?-1092）と司教ヤロミール（1040 頃-90）との間の対立においては、司教側の立場を取った。コスマスは一般に自らの共感や反感を隠さなかったが、彼が事実を突き止めようとしたことは疑いない。彼の年代記が明らかにしようとした根本的な問題の一つは、その後の幾世紀にもわたってすべてのチェコの歴史叙述にとっての根本的な問題ともなる、神聖ローマ帝国との関係であった。コスマスは明確に王家の側に立ち、帝国への帰属、すなわち封建的主従関係については、国の上にある普遍的な制度としての神聖帝国のみがこうした優越的地位を主張できるものとして、限定的に解釈した。実際には、これが現実の権力問題であったことは、コスマスが内紛、王位争いを非難していることに示されている。なぜなら、これらは明らかに帝国の主張に対して抵抗する可能性を弱めたからである。彼の場合には、ヴァーツラフ崇拝が王朝とチェコの独立性を支える上で大きな役割を演じていた。コスマスの場合に、ドイツ人と並んで常にポーランド人が敵手とされるのは、初期チェコ史の対ポーランド戦争に遡るものだろう。

コスマスの年代記の続編[CZ 0019-0020]を書いた者はあちこちに幾人もいるが、コスマスにはまだ存在した統一的な構想や相対的な事実認識が、続編作者たちには乏しい。出来事を 1141 年まで書き継いだ無名のヴィシェフラトの聖堂参事会員[CZ 0021]にとって、主人公は大公ソビェスラフ 1 世（1075?-1140）であり、彼自らがドイツ人と戦った戦闘が描かれている。ちなみに著者は、天空に現れる兆候や天災に対して示すその関心によって、政治的事件史よりも、同時代の心性の理解に多くの手がかりを与えている。サーザヴァ修道院の一人の修道士は 1162 年にまで至り[CZ 0022]、主としてヴラジスラフ 2 世（?-1174）の治世を論じているが、反ドイツ的姿勢ははるかに弱い。なぜなら、ヴラジスラフは国王の地位を、その忠誠な奉仕の見返りとして皇帝フリードリヒ 1 世〔バルバロッサ〕（1122-90）から授けられたからである。

プラハの聖堂参事会員、ヴィンツェンツィ（1130 頃-67）が書き記したのは 1140-67 年の間の時期で[CZ 0023-0027]、コスマスの続編作者とは、もう間接的にしか見なすことができない。中でも 1158 年の戦役におけるように、記述の多くは目撃者としてのもので、このために彼の作品はもう回想録を思わせるものとなっている。13 世紀初頭にこれを書き継いだのが、ミレフスコのプレモントレ会修道院の初代大修道院長ゲアラハ（チェコ名ヤルロフ、1165 頃-1228?）であり[CZ 0028-0032]、彼はおそらくザクセン人である。いずれにせよ学問を身につけたのは外国においてであり、12 世紀最後の三十数年の出来事を 1198 年まで書き留めた。彼の場合に支配的なのは、もはや王朝や国家の利益ではなく、教会のそれであり、歴代皇帝のチェコ国家を弱体化させようとする試みは、まさにこの観点から好意的に観察されているのである。

この記録を 1196-1278 年に関して書き継いだのがプラハの編年史[CZ 0033]だが、無名作者はまさに出来事を年ごとに列記するだけに努めている。『オタカル編年史』[CZ 0034]の無名作者は、これよりいくらか水準の高い文体を操り（もっとも、コスマスの芸術性には達していないが）、〔プシェミスル・〕オタカル 2 世（1228-78）の晩年と彼の死後に起きた出来事を、こうした作品においては珍しい農奴への共感をもって書き記した。

もうこの後に続く者たちは、プシェミスル朝断絶後に王位に上った新王朝、ルクセンブルク家の要求を満たさなければならなかった。この仕事が始められたのは、ズブラスラフ修道院においてである。〔年代記の最初の部分を作成した〕初代大修道院長オットー（チェコ名オタ、?-1314）はまだ単に、修道院を設立した（まだプシェミスル

家の）ヴァーツラフ 2 世（1271-1305）の栄誉を後世に伝えようと、具体的には修道院の年代記を書き記そうとしたに過ぎなかった。しかし、第 3 代大修道院長のツィタウのペーター（チェコ名ペトル・ジタフスキー、1260/70 頃-1339）はもっと大きな企てに乗り出した。13 世紀末にボヘミアにやってきたこのドイツ出身の聖職者は、当初はプシェミスル家の支持者であり、新しい王朝を正当化するために国王ヨハン（チェコ名ヤン、1296-1346）が妃としたプシェミスル家最後の王女、エリシュカ（1292-1330）の支持者であった。ペーターを 1316 年に大修道院長にしたのはヨハンであったにもかかわらず、彼は国王をその外国遠征のために好まなかったが、王位継承者、のちのカレル 4 世には再び強い結びつきを持っていた。高い教養の持ち主で、芸術的感性を備えており、彼の作品の中では強調された箇所で、時にレオニヌス詩体（行中韻を伴う 6 歩格）さえ用いられている。同時に王宮にも足繁く赴き、決定にすら参加していた人物であり、また常時情報提供者を抱え、史料として文書も参照し、彼の修道院には文書の立派なコレクションがあった。したがって、チェコの年代記作成において、コスマスに次ぐ新たな頂点を画する条件はすべて整っていた。『王宮年代記』[CZ 0035-0037] の題で編纂された作品は 1278-1338 年の間の時代を扱っており、秩序を保つ王権を常に賞賛したが、ヨハンは暴君として非難した。自らの時代に対しても批判的であった。そして、この外国から来た人物が、外国人の支配に対してしばしば強い不満を表すのは、極めて中世的である。同時代の人々の金銭欲を非難する時には、彼の教会人としての考えが表されていた。

ツィタウのペーターの同時代人にもう一人の年代記作者がおり、彼の作品は後の時代になってもチェコ人に大きな影響を及ぼした。数多くのラテン語で書かれた歴史書の後に、ついに祖国の言語であるチェコ語で書かれた、しかも韻律の詩文の作品 [CZ 0038-0041] が生まれたのである（同じ 14 世紀には、他の地域でもこうした作品が生み出された）。のちの 17 世紀の学者による人文主義研究は、ボレスラフの聖堂参事会長であったダリミル・メジジーチスキー（?-1315 後）をこの作品の著者だとしたが、その後、偉大な文献学者のドブロフスキーはこれが誤りであることを示した。著者自身が自らをダリミルと名乗っていることは事実だが、これ以外で本当らしく思われるのはただ一点、著者がこれまでの年代記作者たちのように聖職者ではなく、貴族であるということだけである。ただし、それにしては珍しく高い教養を持ち合わせていた。もう一つの点でも、これまでの作品とは異なっていた。これまでの作品は、いかに初歩的な形であれ、それでも歴史的過去を描き出そうとしていた。ダリミルにとって重要だったのは、過去ではなく、そこから引き出される教訓であった。そして引き出された教訓とは、チェコ人は外国人を警戒すべしというものだった。外国人とは、この時代にはますますドイツ人のことを意味していた。まさにこの点がダリミルの後代における人気を説明し、1786 年になっても、ということはもはやチェコの過去についてずっと多くのことが知られていたにもかかわらず、まだ刊行されている。1830 年にはハンカが出版しようとしたが、まさにその反ドイツ的傾向のために当局は許可しなかった（最終的には、1849 年になって、1786 年のものと同様の近代化された版で再刊された）。ダリミルは、プシェミスル朝断絶後の混乱した時代にチェコ語を話す貴族のために年代記を著したのであり、彼が単一の言語の支配を主張する時、これは当然チェコ語でしかありえなかった。外国人の流入を阻止することを望み、ドイツ人市民の財産については激しい敵意（と若干の羨望）を持って書いている。同時に、何か原初的平等の体験も彼の中には生きていた。これは、単に平貴族が大貴族に対して持ち出した要求に過ぎなかったのかもしれないが、いずれにせよ、彼は等族が農奴に対して示す狭量さを非難していた。

ルクセンブルク王朝は、プシェミスル家ほど年代記作者に恵まれなかった。カレル 4 世は実際にあらゆる援助を与えたし [CZ 0042-0043]、プラハ司教のドラジツェのヤン（1260 頃-1343）も仕事を鼓舞したにもかかわらずである。フランチシェク・プラシュスキー（1290 頃-1362）が聖ヴィート司教座聖堂の編年史〔前出、プラハの編年史〕の続編 [CZ 0044-0045] を書いたのは、彼に要請さ

れてであり、彼は二つもの版を書いている。というのも、最初の版はカレルの父、ヨハンの治世を批判していたために（ヨハンの存命中はもちろんカレル自身もこうすることが嫌いでなかったのだが）、カレルの気に入らなかったからであり、二つ目の版は 1353 年まで書かれている。この続きを書いたのが、プラハ聖堂参事会員のヴェイトミルのベネシュ・クラビツェ（?-1375）である[CZ 0046]。カレルの考えに従って執筆し、1374 年まで書き及んだ。ラデニーンのプシビーク・プルカヴァ（?-1380 年）の年代記[CZ 0047]執筆に着想を与えたのもまたカレルであり、彼には国王の文書庫の利用も許可された。作品には公式の立場が書かれており、彼もバベルの塔から書き始めたが、実質的には大モラヴィア国から 1330 年まで、王妃エリシュカの死まで書き及んだ。年代記にモラヴィア国を組み込むことは、これによってチェコ国家の歴史をもっと古い時代にまで遡らせることができるために重要だった。ヴァーツラフにまつわる伝承も大きな役割を演じており、プルカヴァはカレルの書いたヴァーツラフ伝[CZ 0048]をも作品の中に収めている。

　というのも、カレル自身も皇帝である他に著述家であり、もちろんラテン語で、『皇帝カールの生涯』[CZ 0049-0051]という題のもと、自らの伝記を著してもいるからである。おそらくは即位してまもなく書き始めたものと思われ、常に神による君主の召命という意識を持って、1340 年まで書き及んだ。一時期ペトラルカが彼の書記を務めていたが、カレルの教養の中にどれほど人文主義的な要素があるにせよ、それでも実のところ、これは中世の作品であり、自らの見た幻視をまるで軍事遠征のどれかと同じ事実であるかのように書き記している。自伝は無名の著者によって 1346 年まで、すなわちカレルの治世の始まりまで書き足された。したがって、〔後代に付されたと思われる〕題名と内容とは互いにあまり対応していない。

　14 世紀末に無名作者によってもう一つの『ボヘミア年代記』[CZ 0052]が書かれており、これはのちにフス派の時代まで書き足され、いくつかのチェコ語による続編も編まれている〔後出、『チェコ古編年史』〕。だが、フス派の時代には、関心は遠い過去から再び年代記作者自らの時代へと移っていった。

　しかしながら、その前に一言でも人文主義者のエネア・シルヴィオ・ピッコローミニ（1405-64）、のちの教皇ピウス 2 世に触れなければならない。彼は『ボヘミア史』[CZ 0053-0060]という題名の作品の中で、チェコ史を世界史（ここではヨーロッパ史）と結びつけるという、カレルの壮大な構想を実現したのである。この実質的な部分は、もちろん彼の場合にも 15 世紀に、つまり筆記者自らの時代に関連している。

　フス派の時代の最も有名な歴史家はブジェゾヴァーのヴァヴジネツ（1370-1437）である。ヴァヴジネツは市民的な環境の出身で、自身も世俗の人間で、法学を修め、国王ヴァーツラフ 4 世の尚書局で働いた。彼は『フス派年代記』[CZ 0061-0064]の中で、反教皇派、フス派の立場から運動の歴史全体を書き記そうとし、フス派の中では急進的なターボル派に対して、市民的部分を代弁していた。実に多くの事実を収集したのだが、おそらくは意図的に、作品は最終的に未完のまま残された。フスの処刑から出来事を跡づけているが、実質的には 1419-21 年のフス派左派支配の時期を書き記した。ルクセンブルク家のジクムント（1368-1437）を政治的な観点から危険と見なし、ターボル派を思想的な理由から恐れ、両者に一様に国が荒廃した責任を帰している。彼はまた、『際立てるボヘミア王冠の詩』[CZ 0065-0067]の題で、ドマジュリツェの合戦〔1431 年、対フス派の第 5 回十字軍に対してフス派軍が伝説的な大勝利を収めた合戦〕に関する短い作品も書いている。その政治的な偏向にもかかわらず、彼の著作はこの数年間に関して疑いなく最も重要な史料である。

　ムラドニョヴィツェのペトル（1390 頃-1451）は、目撃者として、フスのコンスタンツにおける裁判と処刑をラテン語で書き記し（『バーゼル公会議におけるチェコ人の行ないについての日誌』[CZ 0068-0072]）、多くの文書や書簡も盛り込み、明らかにフス派運動の宣伝のために、のちにそこからチェコ語の抜粋を自ら編纂した。ペルフジモフのミクラーシュ・ビスクペツ（1385-1459 頃）は、1434 年のリパニの合戦〔フス派急進派が、和

解のなった同穏健派とカトリック派の連合軍に敗れ、フス派戦争を終結させた合戦〕の後で『ターボル派司祭の論拠を含む年代記』[CZ 0073-0076]という題名の作品を書き始め、ヴァヴジネツに対しては左派の立場を代弁し、出来事よりも教義の発展に関心を寄せて、1444 年まで書き及んだ。彼はバーゼル公会議にも参加した。この会議とそこで行なわれた交渉については、ペトル・ジャテツキー（15 世紀）が短い、むしろ日記を思わせる記録を作成している[CZ 0077]。プラハの大学〔1348 年にカレル 4 世によって設立され、1654 年から 1918 年末までの正式名称は、ドイツ語でカール＝フェルディナント大学、チェコ語でカレル＝フェルジナント大学、1882 年にチェコ語大学とドイツ語大学に分離、1920 年以降はカレル大学〕で行なわれた神学論争については大学の年代記[CZ 0078]が紹介している。1419-43 年の間の軍事的出来事は、ドラホニツェのバルトシェク（1380 頃-1443 頃）が詳細に記録しているが[CZ 0079-0080]、ただし、ジクムントの支持者であるため、カトリックの立場からである。

国王ポジェブラディのイジーの時代からは、いくつかの日記や対外使節の記録[CZ 0081-0082]に触れなければならないが、これはもうあまりにも仔細に及んでしまうだろう。最後の、しかしながらまだ中世的な性格の年代記の編纂として、複数の著者によって継続して書かれ、パラツキーによって『チェコ古編年史』[CZ 0083-0086]の題で出版された作品がある。実のところ、これは 1378-1527 年の時期に関する実際に編年史風の記録である。おそらく、この記録はもともとプラハのある市民が、フス派戦争の始まった 1419 年にほとんど日ごとに書く形で始めたもので、のちに 1378 年から始まる時期にも拡張されたものである。のちに他の者も補足して、すべてで 35 の手稿が知られているが、以前の時期の統一的な観点から書かれた年代記とは、実際のところ比較のしようもない。出来事を知る上では重要だが、言葉のかつての中世的意味合いにおいても、またのちの人文主義的意味合いにおいてはなおさら、歴史家の作品ではない。しかしながら、出来事が記録されたことと並んで、複数の著者によるにもかかわらず、

それでも 1 世紀半近くに及ぶ真に激動の時代についての「国民的年代記」となっていることは大きな長所であり、他の地域では例えばドゥゴシやトゥローツィが成し遂げたことを、独自のやり方で補っている。

2. 人文主義の歴史叙述

人文主義的歴史叙述の最初の登場はバルトシュ（1470 頃-1535）に求められることが多いが、その業績よりもむしろルター派であることが、彼を人文主義的方向性に近づけているに過ぎない。ヴルタヴァ川左岸プラハの市書記官だったが、1524 年の失敗に終わったルター派の蜂起の後でウトラクイスト派〔フス派内の穏健派で、聖杯派とも呼ばれる〕によって追放され、帰郷できたのは後年のことであった。織物商でもあり、教養はあったが、歴史の面ではあまり広い視野を持ち合わせていない市民であった。1529 年に、自らの免罪のために、『1524 年プラハ蜂起年代記』[CZ 0087-0088]という題の作品を書き始めた。前史部分はピッコローミニの年代記のチェコ語訳から取られているが、実際のテーマに関してはかなり多くの正確な情報を提供している。義務となっている反ドイツ性は、バルトシュの場合、以前の筆者たちほど激しくないが、これは彼のルター派への思い入れのためである。教養の点では、同時代人のロプコヴィツェのボフスラフ・ハシシュテインスキー（1461 頃-1510）は、バルトシュよりも本質的に高いところにあった。彼は才能ある作家にして詩人で、当時の筆鋒鋭い風刺作家であったが、歴史書を書こうとして果たせなかった。

16 世紀（1620 年に至るまで）は、チェコの人文主義とルネサンスの偉大な時代である。全般的な精神的活況は歴史叙述にも作用を及ぼし、ごく狭い範囲の人々の目にしか触れないような手書きのものだけでなく、もう印刷された形でも作品が出版されたことによって、その影響は大きなものとなった。こうした最初のものが、ウトラクイスト派の聖職者 B. ビーレヨフスキー（1480-1555）の 1537 年に出版された『チェコ年代記』[CZ 0089-0090]である。実のところ、これはむしろ

チェコの教会史に過ぎず、それもかなり表面的なものであった。しかしながら、その重要性は、フス主義とそれを継承したウトラクイスムをキュリロス（826/27-69）とメトディオス（815-85）のスラヴ語による布教活動や、同様にスラヴ語の東方教会に結びつけ、これによって聖杯派教会の伝統の切れ目ない連続性を創出したことにあった。

ビーレヨフスキーがまだ多くの点でチェコの伝統の枠内にとどまっていたとすれば、詩人であるシュプリンスベルクのマルチン・クテン（?-1564）は、まさしくその教養のゆえに、その枠を超え出ていた。なぜなら、彼はすでに古代の歴史家をよく知っていたからである。チェコの歴代の大公および国王に関するラテン語で書かれたリストも作成しているが、それよりも重要なのがチェコ語で 1539 年に出された『チェコ諸邦の成立とその最初の住民に関する年代記』[CZ 0091-0092] である。彼は、チェコ人を原住民と見なしてきたそれまでの知識一切を打ち破り、まさに古代の著述家たちに基づいて、国の最初の住民はチェコ人ではなかったことを示した。後の時代に対しては関心を示さなかった。彼もウトラクイストだったが、カトリックへの結びつきを強く持っており、このためにフス派時代のどの時期に関しても彼の本音を述べることは、いずれにせよ不可能だっただろう。そのために、彼は歴史の始まりにとどまったのである。

ハーイェク

この時代の最も影響力の大きい、のちにもしばしば言及され、また読まれた歴史家が、カトリックへの改宗者であったリボチャニのヴァーツラフ・ハーイェク（?-1553）である。もはやハプスブルク家の統治下にあるボヘミアにおいて、カトリックへの改宗は、彼にプラハの聖堂参事会員の地位をもたらした。しかしながら、彼の最大のパトロンはハプスブルク家ではなくてチェコの大貴族たちであり、彼らがボヘミアの歴史について、すべての問題に（つまり、大貴族にとって関心のあるすべての問題に）わたる、信頼できる通史を書くよう彼を鼓舞したのである。カトリック化したチェコの大貴族は、文書庫の資料も口頭での詳細な情報も彼に提供した。ハーイェクは情報の中から、一方では最も本当らしいものを、他方では彼のパトロンである大貴族に最も気に入るものを選別した。情報のない場合には、自分で考え出した。自らの主観性を、すなわちカトリックの教会と大貴族の栄光を称えようとしていることを否定しもしなかった。同時に強い愛郷心を持って、良質な楽しめるスタイルで書いた。根拠のない彼の歴史は、賞賛を捧げられている人々を除けば、同時代人には好まれなかった。他方で、その愛郷的熱情によって実に長いこと生命力を保ち、啓蒙の時代がやっと彼の権威を動揺させることになるのだが、その後になっても、国民再生の時代には〔読み物として〕まさに国民的な役割を果たすことになったためもあって、ほとんどその人気を失わなかった。彼の空想は許されて、その熱情は徳と見なされたのである。のちにパラツキーが、その創作された歴史を初めて厳しく批判し、この評価が長く定着した。これに対して最新の研究は、それでも多くの場合に全くの想像で書いたわけではないことを明らかにしている。それにハーイェクは、正確で批判的な学問的作品ではなく、読み物としての物語を書こうとしたのである。彼の人気は、殊に彼のパトロンに有利な場合には（人文主義者にはふさわしくないが）言い伝えも利用し、また、親しみやすい造語を語りの中に織り込んだ（こちらは、まさに人文主義者らしく）ことにもよっていた。依頼人たちは完成した作品にさらに手を加え、最終的には 1541 年に印刷された形で、『チェコ年代記』[CZ 0093-0095] の題名で、もちろんチェコ語で出版された。まるで初期中世の編年史のように年ごとに書き進み、ある年について情報がない場合には、なにがしかを創作したのである。しかし、歴史家であることには誇りを持っており、歴史叙述の任務とは何かに関しては、キケロを引用している。1620 年以降は何度も出版された。というのも、等族の蜂起が鎮圧された後の対抗宗教改革的絶対主義の時代にも、その改宗者らしいカトリック信仰の熱心さによって許容されえたからである。奇妙なことだが、これとは反対に 16 世紀末には、プロテスタントによってドイツ語で出版されていた。この頃には、もうその人

気のために権威も備わっていたからである。

*

ハーイェクを基にしたのが J. スカーラ（ドゥブラヴィウス）(1486-1553) である。1552 年に『ボヘミア王国史』[CZ 0096] という題で出版された彼の作品は、ほとんど単にハーイェクをラテン語に翻訳しただけのもので、最後の数年を自らの経験と知識で補っただけである。

これはすでにボヘミア市民層、諸都市の力を挫いた 1546-47 年の等族蜂起が鎮圧された後である。蜂起にも人文主義的教養を持った歴史家が現れた。オタースドルフのシクスト (1500-83) である。彼はプラハの市民で、旧市街区の書記官を務め、自身も蜂起に参加して、このために投獄された。国王フェルディナント〔1 世〕は等族、主に諸都市に対抗する彼の措置を、後から公式の記録を用いて正当化しようとした。シクストはこれに対抗しようとした。出獄後、自分も夥しい量の書類を集め、そのかなりの部分は自身の作品の前半部に完全な形で収録し、後半部は事件に関する自身の日記を公にした。このようにして誕生したのが、『書類ないし回想の書、もしくは 1546 年と 1547 年のボヘミアにおけるかの動乱の 2 年の歴史』[CZ 0097-0098] であり、これは諸都市の行動を正当化しようとしているので、当然ながら一面的な作品である。この作品は、もちろんその時代に印刷された形で刊行されることはなかった（1920 年になってようやく出版された）。

この世紀には、フス派運動をその政治的な要求を除いて、純粋に宗教的な基礎の上に継承したチェコ兄弟団の側でも、興味深い歴史書や、あるいはむしろ資料集が作成されている。15 世紀半ばに始まったこの宗教運動の指導者たちは、当初から彼らに関する記録類を収集し、それらから文書庫を設けたのだが、これはリトミシュルで 1546 年に火災で焼失してしまった。J. チェルニー（ニグラヌス、1510-65）は、この時改めて資料収集に取り組み、『兄弟団書類集』[CZ 0099-0101] の題で、フォリオ版 15 巻を資料の複写で埋めた。彼の死後、資料の収集は他の者によって 1589 年まで続けられた。これは複写ばかりだったが、その後オリジナルの書類は大概失われてしまったので、貴重な史料集となった。これを素材にしてチェコ語で作成されたのが『神の特別な御業』[CZ 0102] という題名の作品で、これは 1540 年代のチェコ兄弟団と福音派教会の合同を目指した試みについて、多くの詳細を伝える唯一のものである。ちなみに『御業』はこの試みを厳しく批判している。

チェコ兄弟団の監督（司教）、J. ブラホスラフ (1523-71) はまだ若い頃に護教論的な作品、『兄弟団の起源と内部秩序』[CZ 0103-0104] を著しており、これを膨らませて 1556 年に作成された『兄弟団の起源と行ないの大略』[CZ 0105] という題の作品の中で、チェルニーの資料集の他に口述史料も利用して、運動の発展を始まりから 1555 年まで跡づけた。彼の勧めに基づいて、彼の死後、1577 年から『死者の書〔死者略伝〕』[CZ 0106-0110] が作成され、そこには 1467 年以降の高名な兄弟団信徒の略歴が集められている。ブラホスラフの収集した素材は V. オルリーク (1520-87) によって整理され、〔16〕世紀末にこれを基にして作られたのが著者名なしの『チェコ兄弟団史』[CZ 0111-0113] という題の作品で、1542 年までの宗派の発展を紹介している。

16 世紀後半、等族蜂起の後でも歴史への関心はまだ強かった。これを満足させようとしたのが、著名な外国の世界年代記の翻訳や、それぞれの日付に結びつけて有名な歴史的出来事を読者に教えるような暦の出版であった。これをモデルにしてチェコの歴史暦も作られた。1578 年の『歴史暦』[CZ 0114] や P. ルパーチ（1530 頃-87）の『ボヘミア日誌、もしくは歴史暦』[CZ 0115-0116] はこうしたものである。人文主義の歴史家であるダニエル・アダム (1546-99) は、1578 年版の『歴史暦』の第 2 版を 1590 年に出版した [CZ 0117-0118]。それ以前にも、彼は 1585 年に『チェコ諸邦の成立に関する二つの年代記』[CZ 0119] という題でピッコローミニとクテンの年代記を出版している。

貴族は 1547 年の敗北をまだ特に深刻に感じてはおらず、経済的、政治的権力の最盛期にあって、自分たちの家系の栄光を調べさせ、系図学的作品を作らせることもまだ可能だった。〔16〕世紀後

半には、とりわけモラヴィアにおいて、こうしたものが複数書かれた。ポーランド出身の B. パプロツキー（1543 頃-1614）は、そのモラヴィアにおいて『モラヴィア辺境伯領の鏡』[CZ 0120-0122] という題でモラヴィア貴族諸家系の歴史を1593年に出版した。その後、これをモデルにしてボヘミア[CZ 0123-0124]とシレジア[CZ 0125-0126]それぞれの概観も作られた。17 世紀初頭の時期から、もう一つの興味深い作品に触れておくと、J. マティアーシュ（1575?-1617）の『チェコ人とスラヴ人の起源について』（1615 年）[CZ 0127]という書物は、クテンも書いたように、チェコ人が原住民ではないことを明らかにしただけでなく、彼らがクロアチアから来たのではなくて、ロクソラニア、すなわちロシアから来たということも示した。本はその題名によっても、より広範なスラヴ人どうしの結びつきを示唆しており、この観念にはボヘミアにおいていずれ大きな前途が待っている。

16 世紀にはまた、多くの手書きの都市年代記が、ラテン語・チェコ語・ドイツ語のいずれでも作られた。〔16-17〕世紀転換期以降は指導的政治家の中でも何人かが、自分たちも関与した同時代の出来事を記録にとどめようと筆を執った。ジェロチーンのカレル（父）（1564-1636）は世紀転換期のプラハでの裁判[CZ 0128-0129]や、世紀末に開催された議会[CZ 0130-0132]について書いており、V. ブドヴェツ（1551-1621）は 1608-10 年の出来事を書いた[CZ 0133-0134]。彼は、実質的に完全な信仰の自由を保障したルドルフ〔2 世〕（1552-1612）の 1609 年の勅書の発布において大きな役割を果たした、まさにその当人である。プラハ大学の天文学者、M. ビジョフスキー（1540-1612）は国王マクシミリアン（1527-76）についてラテン語の作品を物し、ルドルフの治世には詳細な日記を記した[CZ 0135-0137]。

しかしながら、チェコ・ルネサンスは 1620 年のビーラー・ホラ（白山）の敗北で終焉し、対抗宗教改革と絶対主義の時期、暗黒時代、のちにつけられた名前では国民的抑圧の時代が始まり、これは歴史叙述の発展をも後戻りさせることになる。しかし、まさにこれが継承を必要なこととしたのであり、歴史叙述は再び政治的かつイデオロギー的に本質的な機能を担うことになった。ただ長いこと、これは亡命生活の中でしか実現できなかった。

これを行なったネオ＝ウトラクイスト（新聖杯派）の P. ストラーンスキー（1583-1657）は、かつて学校長だったが、追放された後にトルン大学の教授となった。1634 年にライデンで出版された（その後も版を重ねた）『ボヘミア共和国』[CZ 0138-0141]という題名の彼の作品は、実際には、短い歴史的概観を利用して現在を説明し、1620 年以後に導入された絶対主義に反論しようとしたものである。彼の主張は、のちにヨーゼフ 2 世に対しても活用されることになる。

歴史的資料の点ではるかに重要だが、出版されなかったのが、P. スカーラ（1583-1640）の 10 巻に及ぶ作品、『教会史』[CZ 0142-0148]である。高名なプラハ市民の家系出身である著者は、ヴィッテンベルクで法学を修め、1626 年にリューベックでこの作品を書き始めた。原則として、使徒の時代から始まる教会史全体を包括しようとしたのだが、実質的に書かれているのはルターの登場からで、1639 年まで書き及んだ。最後の 4 巻はボヘミアの宗教改革の歴史を膨大な資料に基づいて紹介したもので、出来事の説明には宗教的なものと合理的なものとが混ぜ合わされている。

出版され、影響力を持ったのは、このような詳細な歴史書ではなく、多数の著者によって書かれた『ボヘミア教会迫害史』[CZ 0149-0151]の方だった。これは 1647 年に初版が、翌年にはもう第 2 版が出版され、いくつもの外国語にも翻訳された。関心を呼んだのは、内容、つまり出来事の記録ではなくて、対抗宗教改革に反対する、やむことのない行動だったことは明らかである。多くの著者によって書かれた素材を 1 冊に編集したのはおそらく、チェコ人亡命者の中で最も偉大で、今日まで最もよく知られた人物である J. A. コメンスキー（コメニウス、1592-1670）であった。彼は若い頃に歴史書も書いているのだが、これらは失われてしまった。彼の歴史面での重要性は、学校における教科として、彼が教養の最も美しい部分と考えていた歴史に、大きな役割を充てたことにある。歴史叙述の目的に関しては、彼も当然のことなが

らキケロを引用しており、歴史叙述は、もちろん進歩のために、真実を伝えなければならないのであった。

　チェコ国内に留まった者たちの中では、時をたがえず新しい権力の側についた者が成功した。それでも、彼らの中で、1618 年 5 月にプラハ城の窓から放り出された国王代理の一人には触れなければならない。V. スラヴァタ（1572-1652）は、『歴史の記録』[CZ 0152-0156]という題名で 14 冊の本に、とりわけ自分が重要な役割を演じた 1608-19 年の時期に関して、自らの回想を書き記した。

バルビーン

　〔17〕世紀後半には、バロックの教会と宮殿で飾り立てられたチェコ諸邦において、新しい世代が育ってきた。もはや宗教改革と対抗宗教改革の時代がもたらした良心の苦悩を知らず、カトリックをチェコ人の真の宗教と見なしていたが、同時にチェコ人国民感情を保ち、これを権力のために犠牲に捧げるつもりはなく、チェコ諸邦の独立の伝統を放棄するつもりもない人々の世代である。この世代の最も優れた代表者は、奇妙なことにイエズス会士の B. バルビーン（1621-88）であり、彼は国民の過去が公式には全く好まれていない時代にあって、国民の栄光の過去を語った人物である。イエズス会士にとってあからさまに立場を表明するのは難しく、バルビーン自らが皇帝に宛てて書いているように、真実でないことを書くことは学んでおらず、真実を書く勇気はなかった。後段は正確にいえば、それでも書いたのであり、そのために一つ二つの作品は存命中に公表できなかったのである。まずもって、ラテン語に対してというよりは、むしろますます広まっていくドイツ語に対して、チェコ語の権利を擁護しようとした作品がまさにその例である。『スラヴ語、就中チェコ語擁護論』[CZ 0157-0160]（題名はこれを出版したペルツルが与えたもの）は 1775 年になってようやく出版された。近年では、実はこの作品こそ彼が公表を意図していなかったものだったこともわかっている。

　半ば貴族、半ば市民出自のこの愛郷者は、イエズス会内部でも一度ならず迫害に遭っており（彼の愛郷心のためではないが）、それでも意志を曲げずに、おそらくなおも公刊できるという望みを持って、資料を集め、整理した。手始めにいくつかの聖徒伝研究を試みた[CZ 0161-0163]。それから『ボヘミア史抄録』[CZ 0164-0166]という題の作品を書き始め、1668 年には書き終えた。年代記の他に文書も利用した作品で、スタラー・ボレスラフ市の発展を描く中に実質的にはボヘミア全体の発展を示そうとしたのだが、これには成功していない。作品は大幅に検閲され、結局 1677 年になって、切り刻まれた形であれ出版はされたのだが、大きな反響を呼ぶことはできなかった。それでも、チェコの発展の全体について全般的な像を描くこと、すなわち、ほとんどある種のチェコ百科事典を作ることを意図して、生涯を通して資料の収集を続けた。彼は作品を各 10 巻からなる 3 部構成で計画していた。『ボヘミア王国史雑録』[CZ 0167-0177]が全体の表題となるはずで、実際のところバルビーン自身も単なる資料集を意図していたのだが、結局未完に終わった。1679 年に第 1 部第 1 巻が出版され、バルビーンの存命中には、第 1 部の 8 巻、第 2 部の 2 巻が刊行された。第 1 部の残り 2 巻部分は『文芸のボヘミア』[CZ 0178-0180]の題名で 1776-80 年に出版され、これはボヘミアの文学作品を概観する、ある種の文学史を書く最初の試みであり、この時代にはどこでもそうであったように、ここでいう文学史は狭義の文学だけでなくあらゆる印刷物を包含していた。手稿で残された彼のその他の資料集は『クーリア書』[CZ 0181-0184]の題名で 1787-93 年の間に出版され、国の官庁、議会、裁判所組織に関する資料を含んでいる。

　彼はイエズス会の聖人伝集編者（ボランティスト〔聖人伝の収集・刊行を行なった低地諸邦のイエズス会士の集まり〕）のために聖ヤン・ネポムツキー（ネポムクの聖ヤン、?-1393）の伝記も書いた[CZ 0185-0189]。彼自身の時代においては、ラテン語に固執したことだけからも（本を読む人は、すでに見たようにハーイェクを読んだ）、また膨大な資料が形を整えられていないことからも（ハーイェクは読み物として楽しめた）、広範囲の人々に影響を与えることはできなかったが、そ

れでも知識人の狭い範囲の人々には影響を与え、幾人もが彼の例を踏襲しようとした。信仰厚いカトリックであるにもかかわらず、愛郷心に源を発する霊感、他方では真実の解明に向けた要求、広範な資料の収集は、どこか近代的な歴史叙述の先駆者の間に彼が場を占めることを示している。聖人伝集編者（ボランティスト）たちとの関係もこれを示唆する。

　バルビーンは狭義のボヘミアの過去を解明しようとした。ハプスブルク領内でボヘミアとはある程度別個に発展したモラヴィアに関して、同じことをしようとしたのが T. J. ペシナ（1629-80）である。在俗聖職者で、器用な人物だった。プラハの聖堂参事会員、司教総代理として生涯を終えた。政治史の資料を収集し、1526 年までの部分は出版することができて、これは 1663 年に『モラヴィア誌の先駆』[CZ 0190]という題でチェコ語で刊行されたが、1677 年に『モラヴィアの軍神』[CZ 0191]の名でラテン語で出版された彼の作品の方が知られている。1526 年以後の政治史のために収集した資料は刊行されずに残されたが、執筆した歴史の方は 1630 年にまで至っている。モラヴィア等族の公式の歴史家として、ある種の学問的組織者としての活動も行なっており、都市の年代記を作成させている。プラハの聖堂参事会の歴史に関する彼の作品は、プラハで『七芒の明星』[CZ 0192]の題名で出版された。

＊

　〔17-18〕世紀転換期はまだバロック的かつ対抗宗教改革的な精神のもとにある。これまでに触れた人々と比べると、十字騎士修道会の修道士、J. Fr. ベツコフスキー（1658-1725）は教養も才能も慎ましい歴史家だった。彼は騎士修道会の財政を取り仕切っており、愛郷的意図を持って歴史書を書いたのは余技に過ぎなかった。『古きチェコの物語』[CZ 0193]という題の彼の作品は 1700 年にチェコ語で出版され、1526 年までが書かれているが、実際にはハーイェクをなぞったものに過ぎず、彼の根拠のない主張もすべて信じ込んでいる。彼の国民的使命感を弱めていたのは、例えばバルビーンなどよりもはるかに戦闘的な対抗宗教改革の支持者だったことである。1526 年以後の時期についても書いており、この時期に関してはハーイェクは助けにならないために、自分で史料を探し出すことを余儀なくされ、相当な量を集めもしたのだが、彼の作品のこの後半部分は手稿のまま残された[CZ 0194-0197]。プラハの司教座聖堂の歴史を論じた彼の作品は 1721 年にラテン語で出版されたが[CZ 0198]、これも例えば、J. シュミット（1693-1762）が 1747-59 年に 4 巻にわたって出版したボヘミアのイエズス会管区の歴史に関する作品[CZ 0199-0203]同様、こなれない情報の集積である。18 世紀前半のカトリックの歴史叙述には、バルビーンやペシナに匹敵するような代弁者は現れなかった。

3. 啓蒙の歴史叙述

　他の多くの国の歴史叙述の場合にもそうであるように、ここにおいても啓蒙思想の登場が転換をもたらした。おそらく、ここにおける特徴としては、言語上の理由からもまずもってドイツ啓蒙、その中でも穏健派の代表者たちが影響を及ぼしたことと、彼らにしても多くはまずボヘミアのドイツ人、しばしば司祭や修道士の間に影響を及ぼしたことが指摘するに値する。しかしながら、身分制的諸制度を後景に退けるヨーゼフ 2 世の諸措置の結果、まさしくこのドイツ人たちが、ボヘミア（そしてモラヴィア）領邦の身分的権利の擁護を通して（この場合の強調は身分ではなく領邦にある）、チェコの芽生えてくる国民運動に近づくことになったのである。国民の覚醒はこの啓蒙された穏健派知識人の活動から出発したのであり、歴史叙述はその後のロマン主義のもとでは完全にチェコの国民的学問となるが、しかしながら、基礎が据えられたのはこの 18 世紀後半のことだったのである。チェコ（あるいはボヘミア）史叙述の担い手となった者が、チェコ的環境から来た場合であろうと、ドイツ的環境から来た場合であろうと、またその仕事を何らかの形で国民に仕える職業として実践していようとも、啓蒙期の代表者たちが、国民に仕えることと真実に仕えることとは互いに対立しうることを（この時期にはまだ）意識していたことも付け加えなければならない。た

とえそのために後で激しい攻撃に身をさらすことになっても、こうした場合に彼らは一義的に真実の側についたのである。

等族は、以前の時代にもそうであったように、この時期にも公式の歴史家を抱えていたが、歴史叙述の組織建設のごく初歩的な段階において最も重要だったのはこれではなく、一方では 1781 年からプラハ大学の（教養課程的性格を持った）哲学部と法学部において、歴史が教科となったことと、他方では 1774 年に、自らをその名前においても私的と銘うった学術協会が結成され、翌年には論説集の定期的出版を始めた（が、じきに協会の活動停止に伴って、出版も中止された）こと、まもなく国家の補助で設立された王立チェコ学術協会がこの役割を継承したことであり、後者は、以後数十年にわたって、論説や研究を公表することのできる唯一の学問的フォーラムだった。

もう一点だけ指摘しておかなければならない。すでに最初の学術協会の時から、論説はドイツ語で公刊されていた。すでに見てきたように、以前の時期には作品の大多数はラテン語で書かれており、この学問上の国際語はボヘミアにおいてもまだ〔18〕世紀末までは通用していた。また、かつてはチェコ語の作品も出版されていたが、これらの数は減少していた。そしてまさに啓蒙期において、ラテン語が大部分ドイツ語によって置き換えられたのである。これには、チェコ語の使用がますます下層諸階級の間に限定されていき、16 世紀以降実質的に変化することもなく、近代的学問には使用不可能に思われたという状況も作用していた。次の世紀の最初の数十年の言語刷新運動によって、初めてこの点に変化が引き起こされることになる。まだそれ以前の啓蒙の時代には、学問にとって適当な言語と思われたのはドイツ語だけだった。しかしながら、この時期のこの地域では、ドイツ語はむしろはるかに国際的な学問上の言語を意味し、またそれゆえに通用したのであって、ドイツ人の国民言語としてなどではなかった。これが、啓蒙期の、意識的にチェコ人感情を持って生み出された、国民に仕える意図を持った作品が、一つならずドイツ語で公にされたことの説明である。

しかし、まだそれに先立ってラテン語でなされた、膨大な資料収集活動にしばし立ち戻らなければならない。これは、総合を目指す後代の作品のために原資料を編纂しようとしたものだった。ライフラトのベネディクト会修道院において、南ドイツ出自の M. ツィーゲルバウアー（チェコ語ではジーゲルバウエル、1689-1750）と B. ピター（ピテル、1708-64）の指導のもとにこうした収集が始められた。ツィーゲルバウアーはオロモウツのある学術協会の書記でもあったが、イエズス会が反対したために、その学術誌は国外のライプツィヒでしか出版することができなかった。『ボヘミア文献集成』[CZ 0204] という題で、古い時代のボヘミアの作品を出版しようと望んだのだが、出版許可を得ることができなかったので、彼は自らの修道会の文学史しか出版できなかった[CZ 0205-0209]。ピターは二つの大きな出版計画を温めていた。一つはチェコの記述史料を公刊しようとした『ボヘミア文献集』で、もう一つは 11-14 世紀の文書を含むはずだった『文書・歴史・年表に見るモラヴィア修道院』である[CZ 0210-0212]。とりわけ前者の計画において、イタリアのムラトーリ〔歴史家、Rerum Italicarum scriptores（28 巻、1723-51 年）の編者〕の影響が感じられ、ピターは彼をモデルとしていた。

ドブナー

ピアリスト会（エスコラピオス修道会）の G. ドブナー（チェコ語ではドブネル、1719-90）は、彼らよりもう少しだけ成果を上げることができて、収集した原資料とそれに基づく研究の少なくとも一部は存命中に出版された。ドブナーは、領邦愛国主義〔愛邦主義〕に基づいて、歴史を明らかにすることによってチェコ国民意識を基礎づけようとチェコの歴史研究に向かったボヘミア＝ドイツ人の特徴的な例である。もちろん、ドブナーは真実をより重要と捉える者たちに属しており、ここから生じる厄介事に実際に巻き込まれもした。まずは、まさにピターの企画を引き継いで、かつての記述史料を出版しようとした。1764-85 年の間に 6 巻が刊行された『未公刊ボヘミア史料集成（モヌメンタ）』[CZ 0213-0219] は、主としてプ

ルカヴァ以後に書かれた年代記を集めたものだった。注意深い史料批判も行なおうとしたが、この時代にありがちだったように一度ならず批判的すぎたことがあり、クリスチアーンのヴァーツラフ伝説が 14 世紀のものであると最初に学問的に証明しようとしたのは彼であった。『史料集成（モヌメンタ）』には文書も含められているが、大量に収集した資料の大部分は遺稿の中に手稿のままで残された。

まさにその批判的な筆鋒を示した彼の代表作が、ハーイェク年代記のラテン語訳に批判的注釈を施した新版の出版である[CZ 0220-0226]。1761-82 年の間に、いわば『史料集成（モヌメンタ）』と並行して、こちらも 6 部まで出版されたが、未完に終わり、年代記の 1198 年のところまでしかたどり着かなかった。あらゆる批判的なコメントがこの作品の中に盛り込まれた。特徴的な成果を収めて、といわなければならない。ハーイェクの誤り、創作、歪曲は、実際のところ簡単に証明された。この点で実際に、評釈は合理的批判の成果であった。チェコ人の始祖をチェフとする言い伝えを否定したのはドブナーが最初であり、彼はチェコ人の名称をカフカース諸語の zich という単語から説明しようと試みた。これによって、努めて意識的な、偏見を排除した合理的批判精神の持ち主が、いかに誤った道に迷い込みうるかをも示したのである。

イエズス会士が彼を攻撃することを可能にしたのは、まさに彼の批判だった（もちろん、これにはピアリスト会とイエズス会の対立も役割を演じていた）。イエズス会士のプビチカに関してはのちほど論じることになるが、彼はチェコ国民の立場から、ドブナーをチェコ人の過去の栄光も始祖も否定しようとする非愛郷的ドイツ人として攻撃した。チェコの歴史叙述における最初の大きな歴史家論争が生じたのは、この問題をめぐってであった。ドブナーが、ハーイェクの功績をすべて、愛郷的なものも含めて否定していたことは疑いないが、同時に、チェフを取り除くことを通して、彼がある種の原始スラヴ人の民主政を示唆しようとしていたこと、これに対して、イエズス会はチェフとともに君主政原理を擁護していたことは忘れてはならない。他方で、彼がハーイェクの批判に注いだ努力は、ドブロフスキーも余計なものと見なしていた。ドブナーがこの問題にあまりにも多くの労力を浪費したと考えたのである。実際に、大量の批判的注釈はあくまで原材料にとどまっており、ハーイェクは覆したが、その代わりに別の総合的通史を打ち立てることはなかった。もっとも、彼は注目すべき見解も持っていたのであり、同時代のスラヴ研究者たちとは反対に、グラゴール文字がキリル文字よりも古いことを小さな研究の中で論じた[CZ 0227]。かつてのモラヴィア国の境界[CZ 0228-0230]やモラヴィアの辺境伯領への格上げ[CZ 0231-0232]に関しても、注目に値する論文を発表した。

フォイクト

ドブナーに似た経歴を歩んだドイツ人出自のもう一人の歴史家に、1770 年代からウィーン大学の教授を務めた A. フォイクト（チェコ語では M.A. ヴォイクト、1733-87）がいる。これ以降も優勢な地位に留まる政治史を文化史のいくつかの分野によって拡張した歴史家であり、まだ一貫して行なったわけではないとしても、これはチェコの文化的価値を強調するためであった。彼は、1773-75 年に『ボヘミア・モラヴィアの学識者および芸術家の肖像』という題の〔ラテン語の〕作品を I. ボルン（1742-91）とペルツルとともに出版し[CZ 0233]、のちにはドイツ語でも公刊した[CZ 0234]。これは広い意味での文学史・美術史であった。その直後、まだ 1774 年のうちに、『ボヘミア・モラヴィア文学集』の第 1 巻を出版し（第 2 巻は 1783 年に出された）[CZ 0235-0236]、この中でラテン語で書かれたチェコの文学作品を公刊した。プラハ大学の歴史を文書館史料に基づいて論じた作品は手稿のまま残された。彼の代表作は、ドイツ語で 4 巻にわたって出版された『これまでに知られているボヘミアの貨幣の描写』（1771-87 年）[CZ 0237]であり、まだ満足できるものではないとはいえ、既知の資料を初めて整理したことだけでなく、貨幣史をボヘミアの銀鉱山業の歴史と関連させた点もその功績に数えられる。ヨーゼフ〔2 世〕の時代には、彼の考えが伝統的すぎると君主

に見なされ、ウィーン大学を追われた。この時に、ヨーゼフの教会政策にも対抗して、同様にドイツ語で書かれたのが、彼の最後の作品、『ボヘミア法の精神について』（彼の死後、1788年になって初めて出版された）[CZ 0238]であり、この中で彼は絶対主義批判を行なったが、もちろん身分制秩序の立場からであり、このパンフレットはチェコの法と身分制組織の発展を描いた最初の素描である。

フォイクトの貨幣史との関連で指摘に値するのが、同様にドイツ人出自のJ.T.パイトナー（チェコ語ではパイトネル、1727-92）の1780年にドイツ語で出された作品、『ボヘミア・モラヴィアの鉱山の自然・政治史試論』[CZ 0239]（自然史とはここでは博物学を意味している）である。パイトナーは歴史家ではなく、プラハ大学では鉱山学の教授だった。

ペルツル

Fr. M. ペルツル（1734-1801）は、名前からすると同様にドイツ人だが、彼はすでにチェコ化した家族の出身で、最初から自分をチェコ人と考えていた。そして、数多くの聖職者の後で（かつ、まだ多くいる聖職者の傍らで）、彼は俗人である。長いこと大貴族の家々で家庭教師を務め、これを通してイギリスやフランスを訪れる機会があり、これは彼の教養を広げる助けとなった。1793年にプラハ大学におけるチェコ語およびチェコ文学の最初の教授となったのが彼である。彼がバロック期対抗宗教改革のカトリック的考えを激しく批判したことは、ヨーゼフ主義の時代において彼の経歴を後押ししたが、同時に彼は中央権力に対して等族の利益も擁護し、これは彼が故国で成功するのを助けた。

ペルツルは二通りの歴史家の仕事を区別して、これにチェコ語で別々の名前を充てた（歴史研究と歴史叙述）。一方の課題は史料の発掘、分析研究であり、他方の課題は、もはや専門家だけを対象とするのではない総合である。自らの時代においては、この二つのうちで後者をより重要なものと見なし、いずれにせよ彼自身はまずもってこの領域で仕事をしようとした。すでに1774年にドイツ語で短いチェコ史（『ボヘミア簡略史』[CZ 0240-0242]）を出版しており、これは3版を重ね、1791-96年にはその内容を膨らませて『新チェコ年代記』[CZ 0243-0245]の題でチェコ語でも出版した。カレル4世[CZ 0246-0247]とヴァーツラフ4世[CZ 0248-0249]についてはドイツ語で伝記を書いた。目的に沿って、事件に焦点を当てた、描写的性格の作品を書いたが、記述史料の他に文書も利用した。彼の考えでは、より広い読者公衆を対象とした作品においては、君主についてだけでなく、他の諸階層についても語られなければならなかったのだが、理論的立場を実践に移すことはわずかしかできなかった。彼の総合的通史はフス派時代までしか到達しなかった。自身のチェコ人・スラヴ人意識に対応して、フスに共感を示した（同時代の聖職者の歴史家たちは、まだ異端としてしか彼の名を挙げることができなかった）。ドイツ的環境からの疎遠化は、ボヘミア＝ドイツ人の歴史と言語に関して冷めた客観性を持って研究を執筆しえたこと（1789-91年）[CZ 0250-0251]にも表れている。かつては、殊に修道士批判などにおいて、彼には多くのヨーゼフ主義的特徴が見られたが、1793年の大学での初講演[CZ 0252]ではもはや身分制秩序の立場を代弁した。ドブナー〔の『史料集成（モヌメンタ）』〕を継承して、ドブロフスキーとともに『ボヘミア文献集（スクリプトーレス）』[CZ 0253-0255]をスタートさせ、この中でコスマスとその続編作者たちの作品を出版し、ドブナーよりも高い水準の批判を付した。バルビーンの、すでに触れた、チェコ語擁護論を初めて印刷された形で出版したのがペルツルだったことは、彼のスラヴ人としての自己意識を明瞭に示している。

Fr. F. プロハースカ（1749-1809）は、むしろそれ以前の数十年間に行なわれた資料収集活動の方に関連して、1786年にダリミル[CZ 0256]とプルカヴァ[CZ 0257]の年代記を出版し、1782年にはボヘミアのラテン語文献の概観をラテン語で出版し[CZ 0258]、1784-85年にはラテン語とチェコ語で書かれた人文主義作品の歴史をドイツ語で出版した[CZ 0259]。

ドブロフスキー

J. ドブロフスキー（1753-1829）は、本来はチェコ文献学の最初の巨匠なのだが、歴史に関する問題においてもしばしば意見を述べ、またこれをドイツ語で極めて高い水準で行なったために、それによって外国においても評判を得て、ゲーテのような大人物が彼を歴史的批判の巨匠と呼んだほどであった。ハンガリーのバラッシャジャルマト〔スロヴァキア側の現在の呼称はスロヴェンスケー・ジャルモティ〕に生まれたのは全くの偶然で、これは彼の父が軍曹で（今日であれば職業的下士官というところだろう）、当時ここに勤務していたためである。貧しい出自の者に典型的な経歴を選択してイエズス会士となり、1773年に会が解散された時にはまだ若かったために在俗聖職者の経路へ進み、数年は神学校長も務めたが、のちには大貴族の子弟の家庭教師となった。しかし、その学問的活動によってじきに権威を得たため、家庭教師というのは単なる口実で、ノスティツ家はパトロンとして彼の研究に必要なものをすべて与えたほどだった。

ラテン語と、さらに多くをドイツ語で著述し、チェコ語は学問的文章に向かないと考えていた。チェコ語にはたして未来があるのかどうかすら、完全には確信を持っていなかったのだが、それでも彼の大きな業績はこのチェコ語に関するものだった。1822年にはラテン語で古代教会スラヴ語の文法書[CZ 0260]を、それ以前の1802年にはドイツ語＝チェコ語辞典の第1巻を（第2巻は1821年）[CZ 0261-0262]、1809年にはドイツ語でチェコ語文法[CZ 0263]を出版した。最後のものがおそらく彼の最も重要な作品であり、彼の出した結論や彼が取った構成は、本質的に今日に至るまで維持されている。F. カズィンツィ（1759-1831）を思わせる組織者であり、ただ彼のように文学においてではなく、学術の領域においてだったが、二人に共通していたのは言語刷新への意欲である。彼の広範囲に及ぶ文通は、単にチェコ言語学のみでなく、近代チェコ学術全体の基礎を据えたといってよい。

常にオリジナルの史料に頼り、新しい情報の発掘に努めた。（偶発的な出生地同様に不慮の死をブルノで迎えるが、この時も資料収集の途上だった。）歴史の観点からも多くのことを成し遂げたのが、史料分析と史料批判においてだった。1778年に最初の大きな研究をラテン語で物したのは、プラハで保存されていたマルコ福音書の断片についてであり[CZ 0264]、この中で彼は断片が福音書作者の直筆手稿ではないことを証明した。今日では当然と思われる結論も、その当時は感情的な激論を巻き起こした。というのも、これが国民的な誇りを傷つけたためであったが、その後もドブロフスキーがこうしたことにしり込みすることはなかった。もちろん、彼の批判的な研究にも、状況によって画された限界というものはあった。聖ヤン・ネポムツキーに関する伝承の根底的な批判[CZ 0265-0266]は公衆に受け入れられず、ドブナーさえもこの問題ではドブロフスキーに反対した。しかし、2年後の1785年に〔正確には、1786年に刊行された学術協会論説集の1785年号で〕ブジェヴノフ修道院の設立文書が偽書であることを証明した時には[CZ 0267]、もう受け入れられた。この研究も、他の多くのものと同様に、学術協会の論説集においてドイツ語で公表された。1803-19年に彼がここで発表した一連の論説は、共通して「古き時代のチェコ史を後代の作り事から浄化する批判的試み」[CZ 0268-0271]という特徴的な題を与えられていた。晩年にはキュリロスとメトディオスについて記された伝承を、単に言語学の観点からだけでなく、歴史の観点からも検証した[CZ 0272-0273]。

骨の髄まで啓蒙精神のしみ込んだ人物であり、まず何よりも真実に関心を寄せた。そうだからこそ、1825年にハンカの二つ目の発見、いわゆるゼレナー・ホラ手稿の発見が伝えられた時には（これについては、まだたびたび取り上げることになる）、ドブロフスキーは偽造と断じたのである。このことによって、最も優れた弟子であるユングマンや、当時すでに国民史学の大きな期待を担っていたパラツキーも、彼から疎遠になった。すでに年老いていたドブロフスキーは気力を失い、論争を引き受けることなく、ただ世論の激しい非難を甘受した。

*

だが、これはすでに次の時代に足を踏み入れてしまっている。啓蒙期に立ち戻って、この時代の、だがここに入れるのは少し難しいような人物を取り上げよう。すでに彼の名前には触れたが、Fr. プビチカ（1722-1807）は、ドブロフスキーと同様に、イエズス会士から在俗聖職者となったのだが、彼は戦闘的なカトリシズムを維持した。ドブナーを国民的立場から攻撃したことはすでに見た。ただ、『スラヴ人のもとにあるボヘミアの時系列的歴史』[CZ 0274-0284]という題で、1770-1801 年の間に 6 部、10 冊構成で出版された作品は、幅広い読者を想定したので、もちろん彼もドイツ語で書いたのである。彼の批判が、ドブロフスキーはおろか、ドブナーと比べてもはるかに浅いものだったといわざるを得なくても、明らかに驚くべきことではない。文体も劣り、題名の通り年代順に国の歴史を語ったもので、身分制秩序の立場から、大政治のみが紹介されている。これらはすべてその通りなのだが、それでも、長い空白を経て、多くの中途で終わった試みや、あるいはまさにしり込みして総合的通史の執筆が避けられた後で、これが国の歴史を通して書かれた、客観的観点から見てもおおむね適切な、初めての通史だったのである。

ちょうど 18 世紀最後の数十年には、この他にもいくつかの、もちろんプビチカの長大さにははるかに及ばないが、チェコ史や、さらに別個にモラヴィア史を執筆する試みが、明らかに幅広い読者に（ある本の題名では、国家市民に）向けて行なわれた [CZ 0285-0286]。マリア・テレジア（1717-80）の農奴制改革に関連して、法律家の P. T. ヴォコウン（1740-1805）は、1775 年に農奴の起源に関する論文をドイツ語で発表した [CZ 0287]。彼の引き出した結論は、スラヴ人の移動してきた少し後にはもう成立しており、それも刑罰からであるというものだった。

歴史的資料集の別の形態で、この時代にも流行したが、のちの時代にもこの例に倣ったものが作られたのが歴史地誌（トポグラフィー）である。ピアリスト会士の J. シャラー（チェコ語ではシャレル、1738-1809）は、1785-90 年の間に 16 巻でボヘミア地誌 [CZ 0288] を、1794-97 年には 4 巻でプラハの地誌 [CZ 0289-0292] を出版し、Fr. J. シュヴォイ（1742-1806）は、同じくドイツ語で 3 巻のモラヴィア地誌を出版した（1793-94 年）[CZ 0293-0295]。

啓蒙された見方の興味深い代表だったのが、もとイエズス会士の I. ツォルノヴァ（1740-1822）であり、多くのドイツ人出自のチェコ愛郷者の後でようやく一人、その先祖がかつてイタリアから移住してきた人物である。ストラーンスキーが 17 世紀に国から追放された時にチェコ国について書いた作品のために評釈を準備したのだが、実際にはここからレオポルト〔1 世〕（1640-1705）期までの政治史についての総合的通史が生まれた。これは、1792-1803 年の間にドイツ語で 7 巻にわたって刊行された [CZ 0296]。1801 年にはヨーゼフ 2 世の伝記 [CZ 0297]、1804 年にはイエズス会の教育史 [CZ 0298]、1808 年には人文主義者、ロプコヴィツェのハシシュテインスキーの伝記 [CZ 0299] が出された。ちなみに、ツォルノヴァは世紀転換期にプラハ大学の世界史の教授となった。もう一人の歴史学教授は、同様にもとイエズス会士の J. H. ヴォルフ（1745-94）であり、彼はツォルノヴァとは異なって科目を真面目に受け取り、当時のドイツの大学における学問を代表していたシュレーツァーやガテラーに倣った講義を行なった。1783 年に行なわれた大学での初講演 [CZ 0300] では、世界史の真の概念、特性、有用性について論じ、その対象を、記憶に値する事柄を哲学的高みにおいて語ること、その有用性を、社会も個人も一様にそこから教訓を学ぶことができることにあるとした。この捉え方の中には、究極的には啓蒙的功利主義さえもが含まれていた。ツォルノヴァはこれほど遠くまでいくことなく、彼の場合、歴史の最終的根拠と意義は神性の中に総括されるものだった。

ここ数段落で紹介してきたことすべてを、啓蒙された歴史叙述と呼ぶことにはたして根拠があるだろうか、という正当な疑問が持ち上がるだろう。これらはすべて、ヴォルテールから、ギボンから、ヒュームから、どれほど隔たっていることだろう。先にすでに指摘したが、チェコ啓蒙はまずもってドイツの、その中でもまさに実践的効用志向の、

穏和な市民層のヴァージョンから栄養を摂取して育った。これは、マリア・テレジアの帝国においてさらに穏健なものになり、ヨーゼフ改革には熱狂するより、むしろしり込みした。それでも、その批判は後代の役に立つものであった。そして、批判的精神の持ち主であろうと、逆に無批判的に信奉する性質であろうと、国民史を信奉していようと、それに批判的であろうと、国民史を（民衆に対してではないにせよ）市民層に教え始めたのである。

以前に触れた著者たちの仕事も、特にドブロフスキーのものは、次の時代に踏み込んでいた。ついでにいえば、啓蒙はその鋭利さを失いつつも（その点で秀でていたわけでもないが）、チェコにおいてもフランス革命を超えて生き延びた。いわば余生を生きながらもいくつかの作品が出されたが、以前の時代の場合と同じように、むしろ単なる倦むことのない資料収集の成果である。ストラホフ修道院の図書館司書、J.B.ドラバチ（1758-1820）は1803年に、チェコ語で出された新聞について本を著しており[CZ 0301]、これは関心を引く現象である。1815年には、美術史人名事典をドイツ語で3巻にわたって著し[CZ 0302]、このために多くの文献資料を集めた他に、多くの存命の人からの聞き取りも行なった。プラハの市民、J.ルリーク（1744-1812）は、1793年に『優れたチェコ国民についての真にためになる歴史』[CZ 0303]という題名で一般向け通史をチェコ語で書いた。1807-08年には、3巻本で『ボヘミア学識者録』[CZ 0304-0306]という題の伝記データ集を出版した。J.シフナー（チェコ語ではシフネル、1760-1817頃）は、1816年にヨーゼフ2世の即位からパリ講和までのボヘミアの近代史をドイツ語で書いた[CZ 0307]。第二次パリ講和の1年後にはもうできているのだから、ほとんど同時代史である。実質的には、革命期の主要な出来事を、ジャコバン独裁に脅えた市民の目から見て、極めて保守的に列挙しただけのものであった。教養を備えた大貴族、カスパール・シュテルンベルク伯（1761-1838）は、鉱業関連の法律に基づいて、1836-37年に3巻にわたってチェコ鉱業史を[CZ 0308-0309]、もちろんドイツ語で書いたのだが、彼ですら、チェコ人はすべてをドイツ人から学んだわけではないという愛郷的主張を強調した。1817-18年には、チェコの植物学史についての研究を書いた[CZ 0310]。こういってよければ、チェコ啓蒙は歴史叙述のテーマを、すでに見たように経済史へ、あるいは科学史や文化史へ向けて拡張し始めたのである。もちろん、世紀転換期にはまだそれほど高かったわけでもない同時代の〔歴史叙述の〕水準には、まだ到達していなかった。

4. 国民再生の歴史叙述

J.ユングマン（1773-1847）のチェコ文学史[CZ 0311]がチェコ語で出版されたのはこの時、いわば時代の最後においてだった。ユングマンは言語刷新、つまりチェコ文学が成人となる上では実に重要な人物だったが、歴史叙述の観点から見るとそれほど重要ではない。というのも、彼の歴史知識はまだハーイェクから得たものであり、啓蒙の信奉者たる彼が、啓蒙期の歴史家の批判からは、師匠のドブロフスキーからさえ何一つ学んでいなかったのである。なぜなら、彼は啓蒙の時代を代表するとともに、そこから出発してもう次の時代を代表していたからである。この次の時代は、チェコ国民の復興を、現実には真の市民〔社会〕的変容を望み、それが歴史に対して第一に要求したことも、真実の究明ではなく、復興する国民への奉仕であった。

地方の一文書館司書であったV.ハンカ（1791-1861）が望んだのも、まさにこれであり、彼はこのうちの、全くもって特異な、しかしこの時代にはまさに流行であった方法を選び取った。本質的に史学史には属さない人物なのだが、それでも、彼の行動を通して引き起こされた、数十年の間波紋を広げ続けた論争のために、一言触れないわけにはいかない。彼は、1817年にドヴール・クラーロヴェーで古い手稿を発見したと発表した。それは、13世紀にチェコ語で書かれた叙事詩の断片の、手書きの原文であった。この知らせは途方もなく大きな熱狂を引き起こした。1年経って再び、もっと大きな発見が続いた。ゼレナー・ホラ〔西部チェコ地方のネポムクのそばの城館〕で、今度は

10 世紀のチェコ語の詩である。内容は〔伝説上の〕初代の女性首長リブシェが、二人の兄弟の裁判においてどのように判決を下したかを詠っていた。手稿はまたしても当時のゴシック文字で書かれており、信じるに値するものだった。唯一人ドブロフスキーが、これはもう度を超えていると抗議の声を上げた。しかし、彼の持っていた権威にもかかわらず、誰も彼の意見に耳を貸さなかった。二つの手稿はハンカ自身によって書かれたものであり、大反響を巻き起こした「発見」も彼自身の演出だったことを、完全に説得的な形で示すことに成功したのは、ずっと後のことだった。これらの他にも、ハンカはまだいくつかの「当時の」断片を発見したが、こちらはもうそれほど大きな反響を呼ばなかった。今日に至るまで解明されていないことが一つある。二つの「手稿」(数十年に及ぶ論争の中で、誰もが単にこう呼ぶようになった)は、審美的な観点から見ると、〔19〕世紀初頭チェコ文学の実に重要な創作である。そのすすけた羊皮紙に〔ハンカによって〕書き込まれた手稿ではなくて、詩の原文は一体誰が創作したのだろうか。

パラツキー

これ〔手稿に書かれた詩文〕は、ロマン主義の傑作であった。ゆえに、自身もロマン主義者だったある歴史家にあれほど気に入られたことも不思議ではない。その歴史家は、やや教養人を気取っていたが、結局のところ最初の偉大な、同時代人に比肩しうる、当時の水準で見て傑出した国民的歴史家となった。Fr. パラツキー(1798-1876)は東モラヴィアの福音派学校教師の子に生まれ、トレンチーンとブラチスラヴァでギムナジウムに通った。詩人・美学者になるつもりで、まだ若い時にシャファーリクとともに『チェコ語韻文、特に韻律法の基礎』(1818 年)[CZ 0312]という題の作品を書いている。歴史家としての教育は形式的には受けていないが、それでもこの職業に必要な技術は最も細かな点に至るまで習得し、それもヨーロッパで評判となるほど熟達して、ヴァティカンの文書館で調査を許された初めてのプロテスタントの歴史家になるほどの権威となった。1823 年にプラハに移住し、二人のシュテルンベルク伯、フランツ(1763-1830)とカスパールに気に入られ、こうして、のちにチェコ等族の公式の歴史家になったのである。それ以前に、裕福な大土地所有者である弁護士の娘と結婚することに成功して、経済的な独立性は獲得していた。それでも、この結婚は幸運に恵まれた、幸福なものだった。等族お抱えの歴史編纂官への任命状に署名したのはフェルディナント皇帝(1793-1875、オーストリア皇帝。ボヘミア王としては 5 世)自身であった。

1840 年代にはすでに政治生活においても指導的役割を演じるようになり、1848 年にはフランクフルト・アム・マインのドイツ国民議会準備委員会に宛てて有名な書簡をしたためた。その中で彼は、自分はチェコ国民に属するスラヴ人であるから、フランクフルトには何の用もないと述べた。ドイツとロシアという二つの塊の間に挟まれた小国民群は、オーストリアに結集しなければ、強大な隣人のどちらかの犠牲となってしまうだろう。したがって、もしオーストリアが存在しなければ、人類のためにオーストリアを作り出さなければならない。もちろん、これまでのオーストリアではなく、自由な諸国民の連邦した共同体としてである〔と、彼は書き送った〕。1848 年初夏にプラハで開催された、帝国内スラヴ諸国民が一堂に会したスラヴ人会議の組織者の一人であったが、プラハの武装蜂起にはもはや支持を与えなかった。帝国議会において大きな役割を果たし、他の人々とともに帝国の連邦的再編成のための草案を作成した。〔新〕絶対主義の時代には歴史家の仕事場に隠遁し、立憲制が回復した後になって初めて、再び政治闘争の場に足を踏み入れた。成立しかけていた二重制的解決策に対しては激しく反対し、1865 年の『オーストリア国家の理念』[CZ 0313]という題のパンフレットでも反対の論陣を張った。この時には 1848 年の自分の考えにも背を向けて、チェコ人はオーストリア以前からここにいたのであり、オーストリア以後もここにいるであろうと述べた。彼の穏健な自由主義は徐々に保守主義へと姿を変えていったが、彼自身は最後まで自分を自由主義者と見なしていた。1867 年の妥協以後は政治的受動戦術を唯一の方策と見なし、チェコ人議

員は彼の死後になって初めて、帝国議会やボヘミア領邦議会に出席することができた。

どれほど政治的活動を行なっていたとしても、歴史家は、歴史の仕事の中では日常政治から距離を置かなければならず、その歴史の捉え方にそれが影響を及ぼしてはならないという立場に常に立っていた。(のちの世代の歴史家たちの間でも多くの者が、以後何十年間も彼の立場を信じていた。)実際にそう努めもしたのだが、それでも彼は歴史作品においても政治活動を行なったのだといわなければならない。なぜならば、自らの国民の過去における偉大さ、ヨーロッパ全体にとっての重要性を示すことで、その専門的な仕事をも意識的に国民に奉仕させたのだからである。

彼に与えられた元来の任務はプビチカの通史の続きを書くことで、実際に 1618 年まで書き及んだのだが、彼自身も仕事の委託者たちも、いまや全く新しい、時代に見合った、専門的観点から見ても受容できる学問的な総合を書かなければならないということにじきに気がついた。もちろん、このためには膨大な予備的研究を行なわなければならなかったし、新しい史料を探し出さなければならなかった。最初に記述史料を通観し、1829 年に「ボヘミアの歴史研究と歴史叙述について」[CZ 0314]という論文をドイツ語で書いた。この中で、歴史は全体的なものであり、生活の全側面にわたらなければならないという原則的立場を表明してもいる。すでに啓蒙時代にも設定されていたこの目標は、もちろん彼にも達成することができなかったが、それはまた別の問題である。もうこの年に、1378-1527 年の間に作成された記述史料の大部分をチェコ語で出版し[CZ 0315]、1830 年にはより古い時代のチェコ史学史をドイツ語で書き著した(『古き時代のボヘミア史家の正当な評価』[CZ 0316]。題名も興味を引く)。プラハの中央の諸文書館だけでなく、地方の家族文書庫も閲覧し(人脈を利用して)、1830 年代にはハンガリー、ドイツ、フランス、イタリア領内の外国のものも訪れ、イタリアでの調査についてはドイツ語で報告を発表してもいる(『1837 年のイタリアへの文献調査旅行』[CZ 0317])。

歴史補助学も、実質的に彼が作り出した。すでに 1832 年には、主要な国家官職について、その始まりから同時代までの一覧を作成した[CZ 0318]。1848 年には、『チェコ王国地誌』[CZ 0319]という地誌研究を出した。1836 年に彼がリトムニェジツェの聖堂参事会の文書についてチェコ語で書いたもの[CZ 0320]は、史料批判の模範となった。歴史資料としてのボヘミアの書式集について書かれた 2 巻にわたる論説(1842-47 年)[CZ 0321-0323]は、長いこと基本的な文献だった。学問的な史料出版も彼が始めたもので、1840-72 年の間に『アルヒーフ・チェスキー(チェコ文書庫)』という題のシリーズで、大部分はフス派時代に関連して、6 巻を出版した[CZ 0324-0329]。オーストリア当局に 15 世紀に開かれた公会議の記録の出版を提案し、バーゼル公会議のそれは彼自身が担当して 1857 年にウィーンで出版され[CZ 0330]、また『オーストリア歴史史料集』のシリーズでポジェブラディ時代に関する巻[CZ 0331]を担当するなどした[CZ 0332]。

チェコ史のいくつかの問題に関して、多くの部分的研究も物しており、サモ(?-658)の国について書かれたものもあるし[CZ 0333]、国王ラディスラウス(1440-57)が毒殺されたのではないことを証明したものもある[CZ 0334]。いくつかの、どちらかといえば一般向けの世界史研究も書いており、例えば十字軍とか[CZ 0335]、様々な暦について[CZ 0336]、通俗的な性格にもかかわらず専門的水準の大変高いものを著した。とりわけ興味深いのが、14 世紀のセルビア君主、ステファン・ドゥシャンの法典について書いた比較研究であり[CZ 0337](これはのちに彼の大部の通史にも組み込まれた)、この中で彼は、どの国の法律も外国の影響から完全に独立してはいないことを示したのである。

しかしながら、世界史に関する研究は短期間の寄り道を意味していたに過ぎなかった。というのも、主たる努力を注いだのはやはり、彼が引き受けた大きな任務であるチェコ史の新しい総合的通史の執筆だったからである。1836 年に『ボヘミア史』の第 1 巻がドイツ語で出版された(完結したのは 1867 年のことである)[CZ 0338-0348]。依頼者たちは彼にドイツ語で書くことを義務づけた。

というのも、チェコの等族は、この当時も中央権力に対して強い領邦意識を持っていたが、チェコ語で読むのは難しいし、喜んで読んだわけでもなかったからである。これに対してパラツキーは、この仕事に国民的な任務を見出していたから、並行してチェコ語でも執筆し、むしろ後者の方が少し詳しかった。こちらは 1848-67 年に出版され〔第 2 巻のみ 1875-76 年出版〕[CZ 0349-0359]、その後再版されて、さらに 1876-78 年にカロウセクによって、決定版といってよい第 3 版が出版された[CZ 0360-0371]（もちろん、その後も版を重ねたし、専門的な脚注を除いた一般向けの版でもそうである）。チェコ語版では、題名はすでに『ボヘミアとモラヴィアにおけるチェコ国民の歴史』である。同時代人にとって、彼の権威はそれ以前から大きなものだったが、後代は、彼の仕事の中でこの総合的通史こそ不朽のものと見なした。

この大部の作品は 1526 年まで、したがってボヘミアが独立していた時期を扱っていた（神聖ローマ帝国との関係は、君主にのみ関わるもので、国自体には無関係なものと見なした）。彼の歴史観も、この作品に明瞭に表れている。国民について、国民に向かって書いたのである。もちろん、別の作品の中で、これをより正確に言い表したこともある。高位の者たちに向かってでも、無知な民衆に向かってでもなく、教養ある諸階級に向かって書いていると。ごく当然のことながら、自覚的に市民であった。それで、少なからず啓蒙の信奉者でもあったのであり、さらにいえば、むしろ青年期に吸収したドイツ観念論哲学の信奉者だったのである。歴史の中では、精神の活動を根本的なものと見なした。経済的要因を認めることは決して厭わなかったが、ただそれでも副次的なものとしか見なさなかったし、国民に向けて書かれた通史ではそれよりも重要なことについて論じなければならないのだから、叙述の中には組み込みにくいと考えていた。

意図して国民のために書いたが、それは、国民の前に鏡を差し出して、良い特徴も悪い特徴も合わせて、自身をよく知ることができるようにである。時代の精神に沿って、平和的なスラヴ人の先祖について牧歌的な像を描いた（ポーランドのマチェヨフスキの空想に富んだ文章に感化されていた）。チェコ史の基本的問題をチェコ人・ドイツ人対立の中に見出し、〔彼によれば〕最初からこの闘争が国民の発展を規定した。パラツキーがすでに中世において当然のように国民について語っていることを改めて述べる必要はないだろう。このチェコ人・ドイツ人対立が歴史全体を通底する。ドイツ人は悪を、チェコ人は善を代表する。ドイツ人が、スラヴ人元来の自由の代わりに、農奴制・身分制・不平等を持ち込んだとされる。この歴史が、政治的出来事の歴史、国内外の大きな紛争のそれ、議会のそれであることは明らかである。物語的歴史であって、分析的歴史ではないが、なぜなら同時代の歴史家はみなこうしていたからである。

チェコの歴史発展の頂点を、彼はフス派運動に見出した。ドイツの哲学者たちから継承した二元性概念は、彼にとって、精神と物質、知識と信仰、自由と権威、国民性と世界的規模の集権化の形を取って、また、独自の形ではチェコ人とドイツ人の対立の形を取って現れ、それがフス派運動をもってチェコ人を世界史的重要性の域に持ち上げた。なぜなら、この運動は権威の支配に対する自由な思想、良心の自由の闘争だったからである。特徴的なことに、パラツキーはフス派の神学をほとんど取り扱わなかった。彼にとっては、闘争の政治的意義が重要だったのである。生涯の最後に近く、1868 年に、プラハ大学教授の C. ヘフラー（1811-98）に対して論争を挑んだ長文の論文を書いた[CZ 0372]。ヘフラーはドイツ人の側からフス主義を調べ（場合によっては、パラツキーよりも徹底した史料批判を行なって）、そこにおける国民的な契機を強調した。パラツキーは激しく反駁し、宗教的、倫理的問題が根本的なものであったと主張した。奇妙なことだが、革命を好まず、最終的な手段としてしか認めていなかったパラツキーが、フス派戦争に関しては急進的な左派に同情的だった。しかし、運動の頂点については、より一貫した立場を取って、これをポジェブラディの治世に見出した。彼の治世は、紛争と騒乱の後における秩序だったのであり、しかもローマとすら対立する意志を持った秩序だったのである。

パラツキーは、感動を与える文章を書くことのできる文才に恵まれ、生き生きとして、読みやすい文体を操った。中でも、フス派について書かれた部分は最も美しい頁に数えられる。チェコ人・ドイツ人の間の永劫の対立というほとんど黙示録的な幻影は、ここでは、良心の自由のために闘う闘士たちの描写、彼らの担った世界史的使命の感動的な提示を前に、ほとんど後景に追いやられている。パラツキーは、歴史家となった当初に自らの思い描いた作品を実際に書き上げるという、現実には稀にしか可能でないことを達成した。チェコ国民意識をさらに広げ、発展させる上で、変わることなく大きな役割を果たすことになる作品をである。パラツキーは、あらゆる運命の試練にもかかわらず、彼の国民が生き残ることを、彼の最晩年の年月には見かけ上その反対に思えたとしても、(少なからず、自分自身に言い聞かせるためにも)まさに証明してみせたのである。

シャファーリク

パラツキーの陰に隠れて、P. J. シャファーリク (1795-1861) はチェコの歴史叙述においてはやや後景に押しやられてしまい、むしろスラヴ学の歴史が彼の名をとどめている。J. コラール (1793-1852) 同様スロヴァキア人であり、二人はともに 19 世紀前半のスラヴ人の覚醒に大きな影響を与えた。ノヴィ・サドで数十年にわたってギムナジウムの学校長を務め、学問的楽しみに没頭するためにプラハに来たのはかなり遅くなってからであった。これもコラールと同じように、福音派の牧師になるつもりでいたが、ドイツで過ごした学生時代にスラヴ人の祖先のことに熱中するようになった。プラハに移住した時には、名前をシャファジークとチェコ風に綴らなければならず、これは彼の気に入らなかったといわれている。

彼が名を馳せたのは、ドイツ語で書いたスラヴ文学史によってであり(『全方言のスラヴ言語・文学史』1826 年[CZ 0373])、コラールの考えに従って、スラヴ人を一つの国民として、個々の言語はその方言として扱った。ロシア・ポーランド文学に関して新しいことを述べることはできなかったが、チェコ、スロヴァキア、セルビア、クロアチア文学に関してはこれを成し遂げた(ブルガリア人のことはまだ何も知らなかった)。パラツキーの勧めで書いたのが彼の代表作となった『スラヴ古事(古代)』(1836-37 年)[CZ 0374]であり、これはもうチェコ語で書かれており、1833 年以来編集者・検閲官として働いていたプラハで出版された。モスクワも含めて、いくつもの大学が彼にスラヴ研究の講座を担当するように誘ったが、プラハ大学の申し出さえ引き受けなかった。

『スラヴ古事(古代)』では、全スラヴ人の歴史を始まりから書こうとしたのだが、キリスト教の受容までしか書き至らなかったので、実質的にスラヴ人の古代史を内容とするものとなった。当時のまだ初歩的な考古学の成果も利用したが、基本的には文字史料に基づいて書いた。スラヴ人の故地をカルパチア盆地に置き、これによって自らの属するスロヴァキア国民に先住民としての地位と、一般的にオーストリア帝国におけるスラヴ人の重要性とを証明しようとしたのは、至極当然のことだった。ヨーロッパの成立において、ローマ人とゲルマン人だけでなく、スラヴ人も役割を果たしたことを立証しようという野心も持っていた。スラヴ人の文化的発展を紹介する第 2 部を計画していた。だが結局、これはスラヴ人の当時の状況を論じた『スラヴ民族誌』(1842 年)[CZ 0375]という題の概観にしかならなかった。1845 年に古チェコ語の文法書を著し[CZ 0376]、1858 年には手堅い文献学的論証によって、グラゴール文字がキリル文字よりも古いものであることを立証した[CZ 0377-0378]。

*

大学の講座を引き受けなかったので、シャファーリクには教え子がおらず、これはパラツキーも同じだった。ただパラツキーの周りには、一部は実際に彼の直接の影響下にあった人々、一部は彼に範を取ろうとする人々からなる小さなグループが、もう世紀中葉には存在していた。K. J. エルベン (1811-70) は、職業からすると法律家であり、後世においては詩人として知られているが、彼はパラツキーの文書資料収集において実際の共同作業者だった人物である。彼は 1855 年に『ボヘミア・モラヴィア文書摘要(レゲスタ)』の第 1 巻

を出版し[CZ 0379]、これは 600-1253 年までのチェコの発展に関する史料、まずもって文書の抜粋を含んでいた。フスのチェコ語の作品も 3 巻本にして出版した（1865-68 年）[CZ 0380]。すでに紹介したハンカも史料を出版したが、「手稿」を作った時ほど細心に取り組んだわけではなかった。A. ボチェク（1802-47）はモラヴィアの等族お抱えの歴史家であり、彼らの委任を受けて 1836 年に『モラヴィア文書集成（コーデクス）』の出版を開始し、死ぬまでに 5 巻が完成した[CZ 0381-0386]が、その中には真摯な愛郷的確信から彼が偽造した文書が多数含まれている。

1848 年革命の急進的民主主義者も歴史叙述を手がけているが、それはもちろん、彼らの専門的業績としてではなく、彼らの政治活動の中から生まれたものであり、むしろ思想史にとって重要な作品である。E. アルノルト（1800-69）は 1848 年に『フス派の歴史』[CZ 0387]という作品を出版し、その中で J. ジシュカ（1360 頃-1424）の革命下の厳戒態勢と彼が行使した恐怖政治（テロル）を肯定し、ジシュカの中にほとんどある種の農業社会主義者を見出したが、こうすることで彼は自身の土地分割構想の祖先を探したのである。K. サビナ（1813-77）は 1863 年に「パラツキーとチェコの歴史叙述」[CZ 0388]という題の作品を公刊し、その中でストラーンスキー以降の先行研究者たちを紹介して、パラツキーの自由主義的憲法理念を批判した。彼らと一緒に挙げることができるのが、プラハのドイツ人で、1848 年にはチェコ人側の立場に立っていた A. シュプリンガー（チェコ語ではシュプリンゲル、1825-91）である。彼はこの時、ヘーゲルの歴史哲学を論じた作品を出版し[CZ 0389]、人類の発展の終着点をプロイセン王国に指定したことでヘーゲルを批判した。1 年後には『革命の時代の歴史 1789-1848 年』[CZ 0390]を著し、文書館資料を用いないで書いたことをむしろ誇っていた。革命の始まりを宗教改革の中に見出した。スラヴ人は生来備わっているその徳性のために、ドイツ人も含めて西欧の大きな国民にできなかった連邦的社会主義国家を実現するのにふさわしいと、彼は論じた。1850-51 年にチェコ語で英国の社会的状態について一連の論文を公表した際には[CZ 0391]、エンゲルスの著作も利用した。1850 年には『革命後のオーストリア』[CZ 0392]という題の作品も出版した。だが、この時にはもうチェコとの結びつきから遠ざかりつつあり、のちにはドイツの大学で教授となり、それ以降の著作はもうドイツ国民精神のもとで書かれている。

世紀中葉にはもうかなり高い水準に達していた専門的な要求を指針として採用したのは、パラツキーの他には、革命に対して彼よりももっときっぱりと反対の立場を取った人々、さらにチェコ国民の将来像の観点からも後期のパラツキーとは手を切って、親オーストリアの立場を維持し、祖国の幸福をオーストリア帝国の中に見出した人々だけだった。

トメク

しかしながら、彼らの中で最も重要だった人物は、そもそもはパラツキーの側から出発しており、1848 年にはまだ革命家だった。V.V. トメク（1818-1905）は、長靴職人の家に 10 人兄弟の 8 番目の子供として生まれ、パラツキーの支援を得て、一時期までは彼に自らの後継者と見なされていた歴史家だった（彼よりも、ちょうど 20 歳年下だった）。1848 年には、強いカトリック信仰を持っていたにもかかわらず、フス派運動を彼自身も肯定的なものと見なし、等族の蜂起も熱心に支持した[CZ 0393]。レオ・トゥン伯（1811-88）に、家族文書の整理係として彼を推薦したのはパラツキーだった。トゥンは、革命後に宗教・公教育大臣になった時に、トメクを教育省に連れていき、のちにプラハ大学のオーストリア史の教授に任命した。トメクが保守主義に転換したのはこの時である。1843 年に出版した短いチェコ史の本[CZ 0394]を、1850 年にはオーストリア的精神に沿って書き直した[CZ 0395]。この時にはもう、1620 年の敗戦をむしろ肯定的な転換点と見なした。後になって初めて、1620 年以後の政府の政策には否定的側面もあったことを認めた。

大学ではドイツ語で講義しなければならなかったが、自身の歴史論は 1854 年にチェコ語で書かれた「オーストリア史における共時的手法につい

て」[CZ 0396]という論文の中で表明した。彼は、各領邦の歴史を時代ごとに別個に論じ、同時に相互の間での影響を指摘する形を取って、帝国の歴史を現出させようとした。彼によれば、ボヘミアとハンガリーはオーストリアの函数ではなく、それはオーストリアがドイツの函数でないのと同様である。帝国はオストマルクが分離して成立したのではなく、オタカル2世が最初に実現しようと試みたもので、1526年に現実のものとなったのである。それ以降、帝国はもう有機的な統一体をなしており、かつ各構成要素に独立した発展を保証してもいる〔と、彼は主張した〕。

トメクは、1848年にはまだハプスブルク家のイタリア=スペイン的マキャヴェリズムに抗議の声を上げたが、1854年にはもう帝国に帰属していることの積極的側面を強調した（「等族の騒擾について」[CZ 0397]）。対抗宗教改革も、これがチェコ人の真の道徳性を創出したのだから、恩恵であったと見なした。チェコ人は15-16世紀の出来事から教訓を学ばなければならず、帝国とカトリシズムの側につかなければならないと彼が述べたのは、まさにこの作品においてであった。後になって、ネイェドリーは彼の超保守主義を激しく非難し、機知に富んだ表現で、彼のことを電気の時代になっても蝋燭の灯で書いているといった。もちろん、トメクは1848年におけるパラツキーの立場を、一貫して最後まで維持しただけであることを忘れてはならない。強力なオーストリアと、その中で繁栄するボヘミアの発展を1860年にも完全に両立可能なものと見なし、その立場は1867年の妥協によっても揺るがなかった。1858年にオーストリア史のハンドブックを出版し[CZ 0398]、1887年にもオーストリアの1860年までの現代史を執筆した[CZ 0399]。

もちろん、オーストリアとチェコの愛郷者として、すでに1857年にボヘミアはドイツ帝国〔神聖ローマ帝国〕の臣下であったことは一度もないと書いていた[CZ 0400]（この点でパラツキーと同じ立場を取っていた）。チェコ諸領邦の一体性を強調するに至ったのは、1860年代における出来事の推移のためだった（『フェルディナント2世〔1578-1637〕の改訂領邦条令によるチェコの諸議会』1868年[CZ 0401]）。彼にとってはフスも実質的に〔カトリック〕教会の内部改革の主唱者であったのと同じように、聖杯派にもある程度の肯定的側面を認めた。

彼の歴史家としての重要性は、これらの極めて現実政治的な動機に基づいて書かれた作品にではなく、彼の代表作『プラハ史』の中にこそある。若い頃、彼はすでに1844年に短い都市史をドイツ語で書き[CZ 0402]、翌年にチェコ語でも出版していた[CZ 0403]。プラハ大学の教授になってからプラハの詳細な歴史を書き始め、最初の巻が1855年に出た。全部で12巻を公刊し、1608年まで書き及んだ[CZ 0404]。1860年代以降、これ以外のテーマについてはほとんど書かなかったが、それでも教皇十分の一税簿に関する研究[CZ 0405]と、フラデツ・クラーロヴェー市の歴史[CZ 0406]は書くことができた。しかし、実質的にいって、彼はプラハの歴史に専念していた。この都市史が、ある意味でパラツキーの総合的通史に相当する作品であることは疑いない。というのも、トメクは首都の歴史の中に、意図的に全国民（ないしは全国）の歴史も書き込もうとしたからである。この膨大な作品のいわば副産物だったのが、『古き時代のプラハ地方史の基礎』（3巻、1866-75年）[CZ 0407-0410]であり、これは1350-1450年の間のプラハの、実に詳細な、各戸のたどった運命に至るまでの紹介である。1892年には、中世プラハの地図を、13-15世紀の時期について編集した[CZ 0411]。

彼の都市史の大きな長所は、全国的重要性を持った政治的出来事を跡づけていることと並んで、自身のテーマをより幅広い経済的、社会的関連においても説明しており、この点でパラツキーと比べてほとんど近代的ですらある点にある。市政記録簿を史料として用いたのは彼が最初だった。時には都市の日常生活や経済活動について、幅広い社会的パノラマを描いてみせることで、パラツキーの時系列的な物語的記述をも凌駕している。細部に関しても、しばしばパラツキーより優れているが、ただこうした細部の中で道を失いがちである。パラツキーの統一的なヴィジョンの代わりに、ここには歴史的な日常の断片性が立ち現れる。パ

ラツキーのような名文家には遠く及ばず、このため、あらゆる努力にもかかわらず、彼の作品がパラツキーの総合的通史のような重要な国民的役割を獲得することはなかった。かつてほど、同時代の政治的出来事が彼の歴史解釈に影響を及ぼすことはもうなくなっていたが、対象に対する共感や反感は相変わらず隠し立てすることなく、ただ巧妙に出来事の中に織り込んだ。まさにこのためにペカシュは彼を、まるで裁判所の審理のように偏見なく描写すると評したのである。実際には、彼がターボル派とチェコ兄弟団を嫌っていたことは疑いない。しかし、ジシュカの中には思慮深い政治家を見出していた（パラツキーは、彼を第一に戦争指導者として賞賛していた）。R. G. プラシュカ（1925-2001）によれば、トメクは登場人物をいわば部屋着姿で描いてみせたのだった。

1904-05 年に回想録[CZ 0412]を出版した時に彼の周りを取り囲んでいたのは、彼にとって異質な、完全に新しい世界だった。自分の世代だけでなく、ほとんど次の世代よりも彼は長生きした。

ギンデリ

痛烈な文章を書く両大戦間期の歴史家ヴェルシュタトは、トメクのことを親オーストリアのチェコ人、その同時代人であるギンデリのことを親チェコのオーストリア人と評した。実際には、A. ギンデリ（1829-92）はおそらくさらにいっそう謎めいた人物である。ハンガリーのドイツ人を父とし、チェコ人を母として生まれた彼は、二つの国民帰属の間を最後まで揺れ動いたが、それとは別にハンガリー語でもかなり多くのものを公刊している。その史料紹介や論文に基づいて、ハンガリー史学においても彼は 17 世紀の専門家として記録されている。1850-60 年代にはおおむねトメクと同じ立場を取っており、帝国の一体性を肯定して、この時には政党を設立しようとさえした。後になると政治には背を向けたが、チェコ人にも背を向けた（彼の公刊物の中ではドイツ語で書かれたものが最も多い）。以前にはトメク同様に確信的なカトリックだったが、後になると宗教的問題にはむしろ無関心になった。トメクに失望したパラツキーは、一時期彼を自分の作品を継承する適任者と見なしたが、その後、まさにギンデリの政治観のために彼にも失望することになった。1859-61 年に長期の国外調査旅行に出て、西欧の重要な文書館を歴訪し、ボヘミアの歴史家の中でシマンカスのスペイン中央文書館でも調査を行なった最初の人となった。論敵にも認められた彼の幅広いヨーロッパ的視野は、この調査旅行のおかげでもあった。1862 年に国立文書館の館長、そしてプラハ大学ではオーストリア史の教授となった。プラハの文書館長として、いくつもの大規模なシリーズものの史料集を刊行するイニシアティヴを取り、その中の数巻は自ら編集した。

彼にはパラツキーの継承、したがって 1526 年以降の歴史を書くことが期待されていたのだが、その前史を研究して、実質的にチェコ兄弟団の歴史を調べることから始めた。彼らに関する文書館史料の多くは彼が初めて調査したもので、そこから多くのものを出版した。彼らに関する研究を書き始めたのは 1850 年代で、1854 年には彼らの教義面での考えを明らかにし[CZ 0413-0414]、翌年にはコメンスキーの伝記を出版した[CZ 0415-0417]。1857-58 年にはチェコ兄弟団の歴史をドイツ語で 2 巻にわたって出版し、1609 年まで書き及んだ[CZ 0418-0419]。しかし、この時にはもう 17 世紀の研究にも向かい、1858 年には 1609 年の勅書についての研究を書いて[CZ 0420]、その中で、この当時には大胆なことと考えられた、チェコ兄弟団に対する積極的な評価を明らかにした。この時、1618-48 年の時期について執筆する準備に取りかかり、調査旅行に出かけたのはこのためだった。最初の成果が、ドイツ語で書かれた 2 巻本の作品、『ルドルフ 2 世とその時代』（1862-65 年）[CZ 0421]であり、実質的に 1600-12 年の出来事を描いていた。ギンデリは、常に客観的な真実を探究することを強調したが、実際には、彼の『ルドルフ』はむしろはるかに彼自身の時代の問題に応じたものだった。〔彼の考えでは、〕一旦オーストリアが成立してしまえば、この枠組みの中で考えなければならず、ドイツとフランスの例は強力な国家の重要性を示している。主要な組織勢力としての国家、これが彼の基本原理であり続けた。ただ、時間の経過とともに、オーストリアが現時

点で真に必要とされる強力な国家であるという確信は揺らいだ。1867 年以降になると、現在と歴史研究の間の結びつきは弱まった。1869-80 年の間に、彼の最大の作品である 1618 年のチェコ蜂起の歴史を 4 巻にわたって出版した [CZ 0422]（パラツキーと同様に両方の言語で出され、ドイツ語版の題は『三十年戦争の歴史』[CZ 0423-0425] となっているが、題名に反して 1623 年までしか書かれていない）。宗教問題はここではもう二義的なことと見なされており、事象の政治的意味に関心を寄せた。

何度も国外への調査旅行を行なったが、徐々に、すべての予備的研究を一人で行なうことはできないことに思い至った。すでに 1869 年に、1526-1618 年の間のチェコ財政史についての論説を公表していた [CZ 0426]。1880 年には、1648-1848 年の時期におけるボヘミアの農民の状況について、ここではもう彼らの置かれていた状況や対抗宗教改革の引き起こした精神的困難に対して深い共感を示しながら、論説を書いた [CZ 0427]。ボヘミアの対抗宗教改革全体を論じた作品は、死後の 1894 年にドイツ語で出版された [CZ 0428]。1620 年の転換点の原因を国家財政に見出せると考えて、他方でこれに対する理解も示したために、チェコ側から攻撃を受けることになった。1880 年にはプラハ大学をチェコ語とドイツ語の二つの大学に分割することを要請する要望書に彼も署名したが、1882 年にこれが実現した際にはドイツ語の大学の方でポストを引き受けた。この頃には、ヴァレンシュタイン（ヴァルトシュタイン、1583-1634）に関する研究を書いており、その中で最も重要な『ヴァルトシュタイン最初の総司令官時代』（1886 年）[CZ 0429-0430] は 1625-30 年の時期に関するもので、ドイツ語で 2 巻にわたって出版された。また、カール 6 世（1685-1740）の異端迫害に関しても書いている [CZ 0431]。しかしながら、17 世紀全体、あるいは少なくとも三十年戦争の歴史を書き上げることはできず、1882 年に〔三十年〕戦争に関する一般向けの概説を、当然ドイツ語で出版しただけに終わった [CZ 0432-0434]。

オーストリアの愛郷者だったが、1860 年代以降はますますオーストリアの将来に自信を失っていった。チェコ人としてはあまりにもドイツ人でありすぎ、ドイツ人は彼をチェコ人と疑い、ハンガリー人は彼の反プロテスタント的態度に傷つけられ、彼に期待された偉大な作品は実現できなかった。それなりにライフワークを実現したというるパラツキーやトメクと並べると、ギンデリの経歴はまるで中途で打ち切られたもののように映る。

＊

もう一人の同時代人の経歴はもっと直線的であり、少なくとも自身に関してもその業績に関しても彼は常に満足していた。J. カロウセク（1838-1915）は、この時代におけるチェコの国民的野心の正確な表現者であり、ギンデリの主要な批判者の一人であったが、まだこの論争の中では度を超した誇張は見られない。農民の子に生まれ、〔ウィーン〕工科大学に学び、したがってパラツキーと同様の独学の人であり、一時期はパラツキーの孫の家庭教師を務め、保守的な老チェコ党のメンバーとして政治にも関わり、同党の『国民』という題名の機関紙の執筆者を長年務めていた。新聞記者としての経歴が彼の活動全体に刻印を押しており、何よりも論客として発言した。チェコ語大学でチェコ史の教授となったのは、ようやく 1882 年になってからのことだった。それ以降は、おおむね研究に専念することができたのだが、どうやらこれは彼にはもう遅かったようである。

ナショナリストであり、当初は自由主義者だった。前者であることは決してやめなかったが、後者であることはかなり早くにやめた。歴史観においては、大変に観念論的であり、後になるにつれ強まったカトリック感情がこれを補強していた。1883 年に出た「歴史と唯物論」[CZ 0435] という題の研究では、歴史家は、実際にあったことだけでなく、あったはずのことも書かなければならないと述べた。これが、史料に基づいて結論に至らなければならないという彼の掲げた原則と一致しがたいということは、どうも彼の頭には浮かばなかったようである。すでに 1876 年に、パラツキーの新版の序文において彼の短い伝記を執筆しており [CZ 0436]、これを膨らませて 1898 年のパラツキー生誕 100 周年記念論集に収めた [CZ 0437-0438]。ここでも、歴史家の倫理的判断は真実の

表明とは矛盾しえないと書いていたが、何が国民の役に立ち、何が国民に害を与えるかは、自分にとって無関心な事柄ではないとも書いている。

実際に彼が目立った活動をしたのは、1867年の妥協後のチェコの国家権に基づく実験の時期のことであり、1870年に『チェコ国家権のいくつかの基盤』[CZ 0439]という題の本をドイツ語で出版した。ドイツ語で出版したのは、ドイツ人に理解してもらうためであり、理解してもらえれば問題が解決できるというナイーヴな考えからだった。彼の作品の大部分は論争であり、最も多かったのは主としてドイツ人に対して展開した擁護論だった。1872年には聖ヴァーツラフ公が力のない政治家ではなかったと論証した[CZ 0440]。ウィーン大学教授のO. ローレンツ（1832-1904）に反論した際には、オタカル2世が優れた軍事指導者であったと[CZ 0441]、J. ロザート（1846-1936）に対しては、フスはその教義をウィクリフから取ったのではないと、ペカシュに対しては、クリスチアーンの伝承は14世紀の偽作であると、ロシアのスラヴ派に対しては、フスの教えはスラヴ語典礼とは何の関連もないと（「フス主義以前の時代の聖餐杯の歴史」1881年[CZ 0442-0443]）主張した。時には、例えばスラヴ語典礼の件など、彼が正しかったこともあった。

だが、多くの場合には彼が間違っていた。「手稿」をめぐって再燃した論争において、その信憑性を頑なに擁護した時には、全くもってひどい間違いを犯していた。パラツキーに従っただけに過ぎなかったのは事実である。というのも、パラツキーは1858年になっても、たとえハンカ自身が偽造を告白したとしても、自分は問題の詩文を本物と見なすだろうと書いていたからである。カロウセクはといえば、1886年に始まった論争においてさえ、徐々に薄弱になる論拠と、論敵の発言の歪曲を用いて、「手稿」を擁護する立場を固持し、死ぬまで自らの誤りを認めようとしなかった。もっとも、その頃にはもうチェコの世論でさえも真実と和解していたのだが。

では、功績としては何が挙げられるだろうか。1885年の設立100周年に際して王立チェコ学術協会の歴史を執筆し[CZ 0444-0445]、また農民史に関する資料集を出版している[CZ 0446-0450]。相変わらず実態の研究ではなく、法規制のレベルにとどまっていたのは事実だが、農民の法的地位だけでなく、農業の発展にも関心を寄せた点には価値がある。トメクほどではないにせよ、彼も自らの時代を超えて少し長生きしすぎたのだが、おそらくトメクよりはるかに、自分の方が正しいと確信していた。ギンデリのような疑念は、最後まで彼には無縁だった。

A. レゼク（1853-1909）はトメクの教え子であり、その考えにおいても性向においても彼に近い立場にあり、自らの時代とそこで起きた政治事象との関係は彼よりも密接であった。おそらくはこのためもあって、彼は近代政治史に向かった。なぜなら、17世紀の歴史の中に同時代の前史を見出し、その同時代の方を説明したいと思ったからである。1876年に大学教授資格を取得し、1883年に世界史講座の員外教授となり、1888年にはトメクの後任としてオーストリア史講座の正教授となった。世紀末の数年間には、教育省の指導的官吏を務め、1900-03年の間はケルバー（1850-1919）内閣においてチェコ担当無任所大臣となった。これによって、実質的に学問的活動からは遠ざかった。

教授資格取得論文はフェルディナント1世の国王選出と戴冠に関するものであった（両言語とも、1878年刊[CZ 0451-0452]）。多くの史料を刊行し、1880年代の数年間は雑誌編集者でもあった。彼の最良の作品は、1887年に出た『寛容令発布から今日までのボヘミアにおける一般民衆の宗教運動史』[CZ 0453]であり、題名に反して、実際にはその近世史における前史を調べ上げ、本論は18世紀半ばまでしか到達しなかった。それ以降の時期については、いくつかの論文が死後に公刊された。一般向けの『ボヘミア＝モラヴィア年代記』という題のシリーズには彼も何巻かを寄せており[CZ 0454-0455]、仰々しい文章で1631年からレオポルト1世の時期までを書いている。いくつかの研究は1850年代のプロイセン・オーストリア対立を扱ったもので、1867年の妥協も取り上げた。

対抗宗教改革の犠牲者には同情を寄せたが、等族の蜂起は心の底から非難した。絶対主義の支持

者であり、ペカシュによれば、正確には啓蒙絶対主義が彼の理想だった。いずれにせよ、強力な国家の支持者であり、この点でトメクに忠実だった。彼が認めたところによると、歴史家が評価を下す時に自分を打ち消すことはできないが、だからこそ客観的真実を求めるように努めなければならない。客観的真実の探究に奉仕することと同時に、民衆の政治的成熟を促進することも望んだ。宗教セクトの登場を説明する際には、経済・社会的原因も取り上げ、また宗教的弾圧にも要因を求めた[CZ 0456]。このような宗教的弾圧を彼は非難していた。

　J. エムレル（1836-99）は全く異なるタイプで、政治からは極めて遠く離れていた。チェコ人の側からウィーンのオーストリア歴史学研究所（1854年）に通った最初の生徒だった（その後、数名がここで職業上の技術を習得した）。ちなみに、パラツキーと密接な関係にあり、中世史の史料調査を進めたのは彼の指南を受けてであった。プラハのチェコ語大学において補助学の最初の教授となったのが彼であり、同時にプラハ市の文書館主任司書を務め、したがって文書館資料に真っ先に触れることのできる立場にあった。控えめに身を引いて、様々な論争に参加することもなく、史料の出版に励んだ。1870-72 年に、1541 年に焼失したゼムスケー・デスキ（意訳すると、大所領の全国リストに相当するだろう〔領邦裁判所を指すが、そこで記録された領邦台帳のことも意味する〕）から残ったものを出版した[CZ 0457]。エルベンの『文書摘要（レゲスタ）』の出版を継承して、1873-93 年の間に 3 つの巻を出版し、1253-1346 年の時期からの 7000 以上の文書の抜粋を公にした[CZ 0458-0460]。記述史料を伝える『ボヘミア歴史史料集』の最初の 5 巻は彼が出版したもので（1873-93 年）[CZ 0461-0466]、1865-89 年の間には教会の土地所有関係に関する極めて重要な史料である、プラハ司教区の『聖職禄認証書』[CZ 0467-0475]の 10 巻を 8 巻本で出版した。1881 年にはフス戦争以前の時期の 10 の土地台帳を出版した[CZ 0476]。職務上からも、まずは中世に取り組んだのだが、チェコ国民復興期の素材を豊かにする、もっと小さな史料の刊行も手がけた。最初のチェコ文書形式学と年表[CZ 0477]の手引書を執筆したのは、教育上の目的からである。オタカル 2 世とヴァーツラフ 2 世の尚書局に関しては、優れた研究を書いている[CZ 0478]。土地台帳の資料的価値について最初に書いたのは彼であり、市政記録簿についても[CZ 0479]、これとの関連で都市法についても[CZ 0480]そうである。1871-90 年まで、当時の最も重要な専門雑誌である、『チェコ博物館雑誌』の編集者を担当し、とりわけ国外の専門文献について、若い歴史家たちの視野を広げるために、多くの書評を彼自身も書いたし他人にも書かせた。これによって、のちのペカシュの数十年に及ぶ仕事の基礎を築いたのである。彼の周りでは感情的な論争が起こることもなかったが（もし起こっていれば、死ぬほど怯えたことだろう）、静かで、（編集を除けば）同時代にはほとんど気づかれなかったような彼の仕事は、それでもチェコ歴史叙述が世紀転換期に実現する輝くような隆盛の本質的な先駆だったのである。

5. モラヴィアの歴史

　パラツキーや、あるいはトメクの場合でも、そのテーマ設定がどれほど全国民的なものであろうと、モラヴィアは常に周辺に置かれていたに過ぎない。しかしながら、モラヴィアの〔領邦〕身分制的自意識は（さらに強い二言語性を伴って）、自分たちの祖国の発展をボヘミアと同格のものと見なしていた。これが、世紀半ば頃にモラヴィアにおいて重要な地方史研究が成立したことを説明する。それを担ったのはここにおいても独学の人々だったが、彼らはパラツキーの水準には遠く及ばなかった。

　すでに 18 世紀にも知られていたライフラトのベネディクト会士の中から登場したのが、B. ドゥジーク（1819-90）であり、彼はまず 1849-68 年の間に 2 巻にわたって修道院の歴史をドイツ語で書き上げ[CZ 0481-0483]、それから（移動性に富んだ人物だったので）三十年戦争の過程で持ち去られた文書庫の調査のためにスウェーデンに派遣された。国外では、他の地方も訪れており、1866 年には戦争中のイタリアで従軍特派員を務め、

1869年にはスエズ運河の開通式のためにフランツ・ヨーゼフ（1830-1916）に同伴したことは、彼の移動性をよく示している。1855年にはモラヴィアの国史編纂官に任命され、この時から大部の通史の執筆に取りかかった。1860年に『モラヴィア全史』の第1巻（大モラヴィア国末まで）がドイツ語で出版された。彼自身がいくつかの疑問を持っていたために、例えば、当時のヴェレフラトがかつて大モラヴィア国の首都であったとは信じなかったために、チェコ側から多くの攻撃を受けた。それでも仕事を続け、1888年までに12巻を出版して、1350年までたどり着いた[CZ 0484-0498]（1871-84年にチェコ語でも出版された[CZ 0499-0508]）。政治史だけでなく民衆の生活も描きたかったのだが、先行研究がないのでこれを実現することはできなかった。

チェコ側からドゥジークを批判した一人に、1861年以降モラヴィア領邦文書館主任司書を務めたV.ブランドル（1834-1901）がいる。モラヴィア関連の史料出版の継続を推進したが、自覚的なチェコ人としてこれよりも国民的任務を重要なものと見なし、このために1863年に『すべてのモラヴィア人のための本』[CZ 0509]という題で1620年までの短い通史を著した際には、ボヘミアと結びついた国家権的統一性を強調した。モラヴィアの『文書集成（コーデクス）』の出版を継続し（1874-97年）、8-13巻までで1407年まできた[CZ 0510-0515]他にも、ジェロチーンのカレル（父）が記した文章（5巻、1866-72年）[CZ 0516-0520]、1612年のモラヴィア議会の書類（1864年）[CZ 0521]、モラヴィアの慣習法書（2巻、1868年）[CZ 0522-0523]、オロモウツとブルノの裁判所の14-15世紀転換期の判決書（6巻、1872-95年）[CZ 0524-0533]、いわゆるロジュンベルク法書（1872年）[CZ 0534]を、以前の版に修正を加えて出版した。市政記録簿に関する法制史研究を物した他、ドブロフスキー（1883年）[CZ 0535]、シャファーリク（1887年）[CZ 0536]、エルベン（1887年）[CZ 0537]の伝記を執筆し、これらは入手可能な書簡類を通して明らかにした本当に狭い意味での伝記であって、作品を取り上げたものではなかった。モラヴィアの歴史資料を紹介したラテン語の作品を1876年に公刊し、モラヴィアの諸制度や地名に関する事典を書いて付した[CZ 0538]。ボチェクの『文書集成（コーデクス）』における偽造を初めて指摘したのも彼だった。20年前であれば、これらすべては偉大な業績に数えられたであろうが、チェコ歴史叙述の進んだ水準から見ると、すでに極めて偏狭なものに映った。

第2節　専門化した歴史叙述（1918年まで）

1. 制度的基盤

〔19〕世紀最後の三半期には、歴史叙述はもはや専門的学問として姿を現し、その制度体系も拡充した。学問分野〔としての歴史叙述〕の発展をこの先跡づけていく前に、制度体系についていくらか語っておかなければならない。歴史教育が導入されて以降、はじめはラテン語で、次いでドイツ語で教育が行なわれていた大学も（とても控えめなものではあれ）枠組みを提供したのだから、出発点は昔に遡る。1785年に設立された王立チェコ学術協会は出版の可能性を提供していた。等族の制度も、パラツキーの場合のように等族お抱えの歴史編纂官を雇用することで、いくらかの援助を施していた。

最初の実質的な機関であり、国民復興において指導的な役割を果たすことになったのが、1817年に等族の援助によって設立されたチェコ王国博物館であり、1827年に創刊されて、じきに『チェコ博物館雑誌』を名乗ることになる雑誌もここが出版した。その編集長を務めたのはパラツキーであり、他の多くの学問分野からも論文が掲載されたが、これが最初の歴史学の専門雑誌だった。モラヴィアでも1817年に領邦の博物館が設立された。1831年に結成されたマチツェ・チェスカーは、もはや当局から独立した社会的機関であり、その主

たる目的はチェコ語による出版の振興であった。以前には記録を管理する機能しか果たしていなかった文書館は、領邦規模のものであれ、都市のものであれ、いずれも〔19〕世紀後半にはもはや学問的な活動にも手を染めていた。しかしながら、重大な飛躍をもたらしたのはプラハ大学の分割であり（1882年）、これにまもなく続いたゼミナール形式の教育の導入（最初の指導教員はトメクとレゼクであった）によって、研究者の制度的な養成・指導が可能になったのである。

組織的な史料出版の始まりについては、すでに幾人かの歴史学者に関連して述べた。ここでは、1840年以来、叢書『アルヒーフ・チェスキー』[CZ 0539-0575]が実に様々な史料を刊行していたことに触れておこう。『モラヴィア文書集成（コーデクス）』[CZ 0576-0580]や『ボヘミア文書摘要（レゲスタ）』[CZ 0581-0590]にはすでに触れたが、これらの刊行は継続されていた。1877年に1526年以降のボヘミア議会の書類[CZ 0591-0607]の刊行を始めたのはギンデリであり、それ以前の1865年に『ボヘミア史料集成（モヌメンタ）』[CZ 0608-0613]の刊行を手がけたのも同様に彼である。1873年には、パラツキーが生誕70周年を記念して受け取った国民からの寄付によって設けられた基金によって『ボヘミア歴史史料集』[CZ 0614-0624]の刊行が始められた。世紀転換期にはさらにこれに、ローマでの調査の成果である『ボヘミア・ヴァティカン史料集成』[CZ 0625-0637]の刊行が加わった。モラヴィアのマチツェ〔マチツェ・モラフスカー〕は『モラヴィア歴史史料集』[CZ 0638-0642]を刊行して『チェコ歴史史料集』に倣った。1890年に近代的な基盤の上に編成されたチェコ学術〔・芸術〕アカデミーも、特定のテーマに関する数多くの叢書を刊行し、中でも最も成果を上げたのがボヘミアの歴史・芸術作品の総目録[CZ 0643-0644]であり、これは1914年までに40巻が刊行された。

歴史学だけを扱う協会の結成が始まるのは、1860年代に立憲制への復帰によってこれが可能になってからであり、1862年に設立された最初のものはボヘミア＝ドイツ人の歴史を扱ったものであったが、1866年にはもうチェコ歴史学協会も活動を始めており、この協会が史料出版の面倒を全般に引き受けた。最初は大学生の団体として1871年に設立された歴史家クラブは、じきに同業者の間で最も重要な組織となり、のちには専門書の刊行の大部分を引き受けることになった。考古学や、地方史の協会も次々に結成された。

学術活動の観点から実に重要だったのが、雑誌の発行である。もちろん、初期のものには歴史学だけでなく他の学問分野の研究も掲載されたのだが、しかしながら、常に指導的役割を演じたのは歴史学のものだった。チェコ博物館の雑誌にはすでに触れたが、モラヴィアのものもドイツ語で論説集を刊行した。プラハの博物館の考古学コレクションは1852年から両言語で、1854年からはチェコ語だけで『考古学的・地誌学的遺産』を発行し、これは1893年から考古学だけの雑誌になり、地方史は『チェコ古事友好協会雑誌』が引き継いだ。1869年には、ブランドルのイニシアティヴで『マチツェ・モラフスカー雑誌』が発刊された。明白にチェコ歴史学の雑誌といえるものが1895年にようやく始まったというのは、特異な現象である。これはゴルとレゼクが創刊した『チェコ歴史学雑誌』であり、1898年からは、もうこの雑誌の編集者の一人をペカシュが務めていた（そして、彼は亡くなるまでそうすることになる）。1904年以降、この雑誌が毎年歴史学の専門文献に関する新刊書誌を掲載した。1861年に創刊された『法律家』、1900年に創刊された『法学・国家学論集』などの法学雑誌も、法制史をテーマとする論説を掲載した。農業史の雑誌は、1902年に『農村アルヒーフ』の題で創刊されたが、順調には刊行されず、1914年から新たに『農業アルヒーフ（農村史雑誌）』という題のものが発刊された。重要なのが、1898年に主に文献学の雑誌として創刊された『スラヴ展望』であり、また世界大戦下には、『チェコ評論』という、こちらはむしろ総合誌的な性格のものだが、主として若い歴史学者の世代が多くの論文を寄稿した雑誌だった。まだ長々と数え上げていくことができるだろう。

〔こうして〕広がっていった可能性は上首尾に活用された。〔19〕世紀末には、すでに大学において同時代の方法論のあらゆる技巧を身につけた

新しい世代が登場し、自信と熱意とを持って、ますます増加していくテーマの研究に取りかかった。これ以降も、チェコ政治史が第一の地位を占め、したがってこれが自国史であった。しかしながらやがて、まだ市民的〔非マルクス主義的〕な基盤に立ちながらも、西欧の歴史叙述が示した新しい傾向に適応して、経済的、社会的発展にも関心が払われるようになった。国家権に関する諸問題には、以前から旧世代の人々も熱中していたが、いまや専門に法学を習得した研究者たちが、国制だけに限定することなく、この領域に乗り出してきた。ところによっては、これらの〔国家権に関する〕諸問題を超えるテーマさえも登場した。

帝国内におけるボヘミア、正確にいえばチェコ諸邦（ボヘミア、モラヴィア、シレジア）の従属的な地位は、当時変更しがたい事実と見なされており、このもとで歴史学者たちも、当局に対しては常にしかるべき敬意を払って、あるいは少なくとも用心して、研究を行なっていた。このためもあって、忠誠心を完全に保つことが困難である1620年以降の時代は（トメクですら完全にはそうできなかった）、大概避けられていた。ポーランドの歴史学者たちが、ガリツィアにおいて随分と長く続くことになる〔にせよ、あくまで〕暫定状態〔と見なしたもの〕に適応したのに対して、チェコの歴史学者たちは、むしろ状況を永続的なものと見なしていたのであり、これは第一次世界大戦中でさえも大抵はそうであった。

チェコの歴史学者たちにとって、論争は必ずしもオーストリアの歴史学者たちとの間にあったわけではなかった。幾人ものチェコの歴史学者たちが、大学卒業後はウィーンの歴史学研究所で実に徹底した専門教育を受けたのであり、オーストリアの歴史学者たちとの関係は少なくとも妥当なものといってよかった。はるかに多くの論争が起こったのが、ボヘミア・モラヴィアのドイツ人歴史学者たちとの間においてであり、彼らはプラハのドイツ語大学を通してチェコ人と同様の組織的な背景を持ち、彼らもまた第一に自国史に取り組んでいたのだが、ただチェコ人の代わりにドイツ人集団の役割を強調したのであり、さらに、ドイツ人は中世の植民活動の過程で初めて国内に現れたのではなく、かつてのゲルマン諸部族の生き残りとして、スラヴ人の到着する以前からここにいたと主張した。したがって、チェコ盆地は少なくともチェコ人と同様の権利をもって彼らの祖国でもあった。論争は時に激しく燃え上がり、それからまた沈静化した。二つの大学と二つの歴史叙述は、大概はお互い知らぬ顔で生活し活動していたのであり、ただ必要な場合にだけ相手の存在を認めた。チェコの政治が（さらには経済や金融機関が）すでにスロヴァキア人との間に結びつきを築き上げていたにもかかわらず、チェコの歴史学者たちはまだこのことをあまり認識していなかった。それでなくても、国内のドイツ人に対しては国家権に基づく立場の相違を強調しなければならなかったのに、スロヴァキア人はこの枠組みにどうしてもうまく当てはまらないように見えたからである。

もう一つの問題、つまりヨーロッパ的視座の問題に触れておくべきだろう。〔19-20〕世紀転換期の新しい世代は、諸外国の歴史学に関してはるかに幅広い知識を獲得することができた。ウィーンの大学だけでなく、ドイツやフランスの大学に通った者も数多くいた。このことは、単に学問的水準を引き上げただけではない。ただ単に、この頃にはもうチェコの歴史叙述が成人となって、ヨーロッパ的水準に達したということを意味しただけではなく、自国の歴史がより広い視野の中に置かれ、ヨーロッパ全体の発展の中に位置づけられるに至ったということも意味していた。他方で、目を向けなければならないのは西欧にであって、隣人たちはせいぜい論敵でしかないというのは、当然の、少なくとも同時代の人々には当然に思われた事柄だった。

パラツキーの生誕100周年は、ある種の概観の機会を提供した。学界を代表する指導的人物であったゴルはこの時、自立した国民の存在はもはや確保されており、チェコの歴史学者はすべてのチェコ人とともに、希望を持って将来に目を向けることができると見ていた。この楽観主義は国民的なものであるだけでなく、市民〔ブルジョワ〕的なものでもあった。ゴルは階級闘争の重要さや、さらには革命の重要さでさえ、どうしても必要とあらば認めはしたが、これよりも有機的な発展や

連続性が優越することを強調した。そして、彼が最も断固として主張したのは、日々の政治が歴史叙述に介入するのを避けなければならないということであった。真剣な学問的レベルではこの介入を避けることができると、彼は真面目に信じてもいた。これが、歴史叙述を第一に国民への奉仕と見なし、歴史の真実を明らかにすることはあくまで副次的なことと考えていたパラツキーの世代からの断絶を意味していたことを忘れないでおこう。しかしながら、ネイェドリーが1914年に、チェコの歴史叙述があまりにも自らの内に籠ってしまい、幅広い公衆、つまり社会に向かって語りかける代わりに、狭い範囲の人々を相手にしか語っていないと非難した時、彼はまさにこの考えに反旗を翻したのである。この頃には、もう多くの人が問題を感じ取っていた。歴史叙述は、歴史の真実より多くのことを、再び国民だけのために語らなければならないのではないだろうか。そこからは、何かもっと高次の意味さえもが汲み出されなければならないのではないだろうか。

この点に関連して、プラハのチェコ語大学の哲学教授だったT.G.マサリク（1850-1937）の名前に触れなければならない。歴史学の専門の著作を物したわけではないが、いくつかの研究で彼はまさにこの問題を提起し、これによってチェコ史の意味をめぐって大きな論争を引き起こした。この論争は両大戦間期にも新たな波紋を広げることになるが、これに関してはその場所で触れることになるだろう。

2. 歴史家たち

ゴル

しかし、ここでは歴史学者たちに話を戻すとして、まずは、自らの人格と、その示した模範と、弟子たちに及ぼした影響によって、世紀転換期の歴史叙述の真に指導的な人物を取り上げよう。彼の影響は、弟子のそのまた弟子たちをも通して、数十年にわたって広がり続けた。J.ゴル（1846-1929）は、弟子の一人がロッテルダムのエラスムスに譬えたほどの多才な人物だった。若い頃には詩を書き、それを公刊してもいる。ドイツ語から翻訳したり、自分の詩を自らドイツ語に訳したりした。美術史家になりたかったのだが、大学に入った当時にはこのような専攻がなく、こうして歴史学者になったのだが、多方面への関心は維持し続けた。プラハやウィーンのコンサート・ホールにも足繁く通った。哲学もよく知っており、この分野で教授資格取得論文を書きかけたほどだった。

大学では歴史・地理専攻で、歴史ではトメクと、ボヘミア＝ドイツ人のフス派研究者であるヘフラーの教えを受け、ゴルは学問的観点から後者をトメクよりも高く評価していた。大学卒業後は1871-72年にゲッティンゲンでヴァイツのゼミナールに通い、その後1年間、公使として当時ベルリンに滞在していたアメリカの歴史学者、バンクロフトの秘書を務め、学問的資料収集の手助けをした。その後、オランダとイギリスでも知識を補った。1875年に世界史で教授資格を得て、1880年にこの科目の員外教授となり、1885年に〔プラハの〕チェコ語大学で世界史の正教授となった。学生は、彼が古代ローマについていかにすばらしい講義を行なったか、のちに感激した口調で回想している。自らの研究においては、古代ローマにせよ、古代は一般に決して取り上げなかったにもかかわらずである。世紀転換期には、もう広く認められた専門家となっており、1905年には貴族院、すなわち帝国議会上院の議員に任命された。後進に道を譲るために、時期よりも早く、1910年に引退した。

彼は、歴史叙述の理論的問題にも触れた数少ない一人に数えられる。1888-89年には、マサリクの雑誌である『アテネウム』誌に「歴史と歴史叙述」[CZ 0645]の題で連載論文を執筆した。実証主義史観を掲げて、歴史的事実の認識を第一義的なものと見なしながらも、歴史学者と事実との間には史料・記録が存在し、それは事実の認識を可能にもするが、また困難にもするということを認めた。諸事実は発生論的関係に並べられなければならず、これが歴史家の仕事である。歴史叙述が自然科学のような性格の法則性を発見しなければならないという考えは否定した。歴史叙述は過去の持つ重層的な性格を示さなければならないのであった。歴史学者が問うのは、どうあったのか、

そしてそれはなぜかであった。これを超えるような評価、価値判断は、もはや重要なものと見なさなかった。すでに見たように、政治の影響には常に抗議の声を上げた。こういってよければ、世紀転換期を迎える頃になると、結局のところこういう実証主義的な立場はもうあまり流行らないものとなっていた。しかしながら、ゴルは、一つにはまさにこの世紀転換期の新たな問題提起を拒絶することもなかったし、また、弟子たちにも自分の歴史観のみを受け入れるよう一方的に教育することもなかった。

彼が生涯に書いたものは、実のところ量の多いものではないし、彼の弟子たちの方がはるかに多くのものを書くことになる。しかし、彼の書いたものは、いずれも後世に残るものである。すでにヘフラーのもとで、しかしヴァイツのもとにおいてさらにいっそう、史料を尊重することを学んだ。できるだけ多くの史料を。もちろんこれは、一次史料から遠ざかることを避けるがゆえに、真に学問的な作品では個別問題しか扱えなくなるということも意味していた。しかしながら、これとまさに矛盾することだが、彼は傑出した分析的作品を著しながらも、実際には総合の方にいっそう大きな関心を寄せていた。ただ、彼の学問的な良心がこの方向に進むことを許さなかったのである。しかし、ギンデリ以降では彼が初めてチェコの歴史学者たちの視野を広げたのであった。

初期の作品ではむしろ近代を扱ったが、のちに中世のテーマも取り上げ、歴史学者はすべての時代に通暁していなければならないことの手本を示して、これもまた後に続いた多くの者が彼から学んだことだった。教授資格取得論文はチェコを対象としたものではなかった。『フランスの結婚、1624-25 年におけるフランスとイギリス』(1876 年) [CZ 0646] は、三十年戦争期のある外交史上の問題を解明したものだった。いくつかの研究においてこの時代のヨーロッパに関する他の問題も取り上げたが、17 世紀初頭のボヘミアの諸事件についても書いた [CZ 0647-0651]。不可避的にコメンスキーにも突き当たらざるを得ず [CZ 0652-0653]、ここからチェコ兄弟団の問題に至ったのである。1878-82 年には、2 巻にわたって兄弟団に関する史料と分析的研究を公刊した [CZ 0654-0655]。P. ヘルチツキー（1390 頃-1460 頃）をその生きた時代の中で説明した [CZ 0656] のは、彼が初めてであった（ちなみに、これはゴルにとって方法論的な原則でもあった）。

1886 年には、「手稿」をめぐる新たな論争の中で彼も発言し [CZ 0657]、マサリクと同じ立場に立って、それが偽作であることを示した。まず何より、彼はハンカが〔「手稿」に描かれた〕チェコ社会像の中に、近世チェコの社会発展に関する知識を前提とするような契機を織り込んでいることを指摘した。ゴルもチェコ兄弟団からさらに遡って、フス派時代に至り、まず史料集を刊行した（ヴァヴジネツの新版、1893 年）[CZ 0658]。彼の物した最も大部の作品、『中世におけるボヘミアとプロイセン』(1897 年) [CZ 0659] はこれと関連しており、ヴォイチェフ（アダルベルトゥス）から騎士修道会の世俗化までの問題を通観し、不可避的にチェコ・ポーランド関係の発展も論じた。

彼の大学の講義録は残されておらず、研究として公表された一部が知られているのみである（『イギリス議会の成立』1879 年 [CZ 0660]、「アッシジの聖フランチェスコ」1896 年 [CZ 0661]）。むしろ重要だったのは彼の執筆した書評であり、その中で彼は外国の作品の批評に関連させて世界史上の問題に関する立場を表明した。ちなみに、彼は外国の研究成果を国内に紹介しただけでなく、国内の成果を外国に紹介することも行なった。1880 年から 1905 年まで毎年、チェコ歴史叙述の成果をフランス語の『歴史評論』誌上に要約して伝え、1926 年にはシュスタとともに『チェコ史学の最近 50 年の活動』の題で、再度要約的な概観を行ない、これはチェコ語でも出版された [CZ 0662]。

「手稿」に関してはマサリクと同じ側に立ったが、他の問題では何度も彼と論争し、1895 年に書かれたマサリクの研究、『チェコ問題』[CZ 0663] については殊にそうだった。マサリクはこの中で、フス主義、宗教改革、チェコ国民復興の間に直線的な関連性を構築したのだが、ゴルはこれを根拠のないものと評した。マサリクが事実への執着を批判したことにも同意できず、ゴルはまさにこれ

を根本的なことと見なしていた。歴史叙述はまずもって価値評価を行なわなければならないというマサリクの主張も、彼は受け入れなかった。

　この論争だけでなく、他の契機も与って、彼の関心は再び近代へと向かった。1907 年の学長就任講演では、彼自身が事象の参加者でもあった〔プラハの〕チェコ語大学の成立を論じた [CZ 0664]。1902 年の『民族間の敵愾心とオーストリアの諸大学』[CZ 0665] という題のドイツ語の作品においては、完全に現実政治上の問題に対して発言し、二つ目のチェコ語大学の設立を求めた。第一次世界大戦の時期には、新聞論説において同様に政治的な問題に関する立場を表明し、本質的に君主国の存続支持の側に立った主張を述べた（のちに、1918 年以後になると、この時の主張が非常な悪意を持って取られることになる）。そして、1915 年には新しい作品、『チェコ王冠諸邦のための闘争 1740-42 年』の最初の巻を公刊したが [CZ 0666]、初めの部分を描くことしかできなかった。より多くの史料に固執したために、彼は作品の続きを書くことができなかったのである。というのも、〔オーストリア〕継承戦争の初めには、チェコ諸邦をバイエルン、ザクセン、プロイセンの君主たちの間で分割するということが話題になっていたからである。このテーマ選択は、チェコ諸邦をチェコ人地域とドイツ人地域に分割するという当時盛んに取り上げられていた問題と関連していた。（おそらく、厳格な専門的学問の領域に、現実政治はそれでもなお介入するということなのだろうか？）

　君主国の崩壊は彼をも意気消沈させ、新しい世界にはもう居場所を見出すことができなかった。しかし、学界の指導的な地位には、どこでもすでに彼の弟子たちが就いており、彼らは政治的な意見の相違にもかかわらず、以後もかつての師匠に対して敬意を払った。実際に、ゴルの活動の中でも、彼に強みのあった部分が弟子の育成であった。弟子たちには厳格な専門的批判能力を身につけさせ、労苦を惜しまない研究を要求して譲らなかった。しかし、常に人間としても接し、弟子たちの個人的な問題にも自分の心配事のように共感を寄せた。彼は政治的な見解においてだけでなく、習性（ハビトゥス）全体において保守的であった。しかしながら、すでに 1949 年になってからも、ネイェドリーは彼の教育者としての活動だけでなく、専門業績に対しても大変肯定的な評価を与えた。当時これは流行のことではなく、こうすることができたのはネイェドリーだけであった。

＊

　ほぼゴルの世代に属している歴史学者のうち、幾人かについてはすでに以前に触れたが、ゴルの弟子たちに、それとともにチェコの歴史叙述の成熟期に向かう前に、ここで残りの幾人かについて語っておかなければならない。Z. ヴィンテル（1846-1912）は、ギムナジウム教師に留まり、歴史小説も著した。他方で、多くの文書館資料を渉猟し、これを基にして 15-16 世紀のチェコ史、とりわけ都市史、経済生活、行政、教会と学校の発展に関して夥しい素材を出版したが、整理されてもいないし、形が整えられてもいないので、史料としてしか使うことができない。2 巻を『チェコ諸都市の文化的相貌』の題で刊行し（1890-92 年）[CZ 0667-0668]、同じく 2 巻をチェコの教会生活について（1895-96 年）[CZ 0669]、1 巻を 15-16 世紀の教会学校について（1901 年）[CZ 0670]、1 巻を 1526-1620 年の手工業について（1909 年）[CZ 0671]、さらに 1 巻を 16 世紀の工業と商業について（1913 年、死後出版）[CZ 0672-0673] 出版した。

　J（インドジフ）. ヴァンチュラ（1855-1936）はトメクの弟子で、ゴルと対立したマサリクの信奉者となった。1910 年にはチェコの歴史観に対するマサリクの影響について一つの作品を著したが [CZ 0674]、ゴル学派の水準には達することなく、マサリクにはあまり助けにならなかった。地方史にも取り組み、1923 年に E. ドゥニ（1849-1921）の伝記を物した [CZ 0675]。（ドゥニはビーラー・ホラ以後のチェコの発展を書き記し [CZ 0676-0679]、実質的にパラツキーの続きを書いた人物で、このために尊敬されてもいた。）

　Č. ジーブルト（1864-1932）は同様にゴルの弟子たちの論敵として有名になった。彼は大学の講座を持つに至り、世界文化史の教授となった。1892 年には、文化史の展開とこれまでに著された

文献を紹介する学問的指針を公表したが［CZ 0680］、この科目について理論的なスケッチを描くことさえできなかった。彼も細部に迷い込んだだけだったのだが、民俗学者であったので、この点では多くの興味深い事実を提供することができた。一面的な政治史の支配に対して戦いを挑もうとしたが、その武器はあまり鋭利なものではなかった。1892-93年にはフス派戦争期までのチェコ民族衣装の歴史について本を著し［CZ 0681］、1894年には8世紀の異教徒の習慣について（民俗資料を利用して）［CZ 0682］、1913年にはチェコの印刷業の歴史についてのスケッチを描いた［CZ 0683］。歴史叙述の観点からは、何より初めての回顧的なチェコ史文献目録の編者として重要であり、5巻まで公刊されたが（1900-12年）［CZ 0684-0688］、この頃には課題が、一人の人間の持つ労働遂行能力を上回り、未完に終わった。それでも、もう計り知れないほどに膨れ上がっていた歴史学の成果を目録にしようとする意義ある試みだった。

J. ヴルチェク（1860-1930）は文学史家であり、1908年からはプラハ大学のチェコ文学史教授を務めており、この意味では本書のテーマには属していない。それでも彼に触れなければならないのは、彼が半ばスロヴァキア人出自で、スロヴァキア問題に対して心が開かれていたためである。1893年からチェコ文学史を刊行し始めたが［CZ 0689-0697］、この中にスロヴァキア文学も取り込み、また別個にスロヴァキア文学史も著した。チェコ文学史は未完に終わり、没後に学生のノートを基にして完成された。文学の美的側面に対する感覚はあまり持ち合わせていなかったが、やや啓蒙的科学の精神で、文学史の名のもとに精神生活全体の概観を行なったことが彼の重要性を高めている。それと、歴史学者たちとは反対に、パラツキーとマサリクの歴史観を受け入れたこともそうである。シャファーリクの伝記も物している（1896年）［CZ 0698］。

ヴルチェクに少し似ていたのがJ. ハヌシュ（1862-1941）であり、こちらはのちの1918年以後にブラチスラヴァ大学〔1919年創立、正式名称はコメンスキー（コメニウス）大学、1940-45年はスロヴァキア大学〕において文学史講座を獲得することになる。作品では、チェコの国民再生の周辺を取り上げ、夥しい量の資料を用いたが、文体は重苦しく読みづらい。まず、フォイクト（1910年）［CZ 0699］、ペルツル（1914年）［CZ 0700］、文学史家のプロハースカ（1915年）［CZ 0701］といった啓蒙期の指導的人物についてのポートレートを書いた。彼の編纂した最も重要な史料集が、2巻からなる『国民博物館と我々の復興』（1921-23年）［CZ 0702-0703］である。運動におけるボヘミア貴族の役割は誇張されていたが、〔国民〕再生の国内における起源が示されていた。「手稿」に関しても、もはや真相が明らかとなった論争後の状況において、つまり、その信憑性を擁護したり攻撃したりしなければならないのではなく、この現象全体をその時代の中に位置づけることが課題となった状況において、いくつかの研究を書いた。事実関係については、おおむねこれに成功してもいる。

ゴルの弟子の中で唯一人、師匠の足元にも及ばなかったのが、ブルノ工科大学の文化史教授、Fr. カメニーチェク（1856-1930）である。ジーブルトとは反対にこのテーマを試みることもなく、政治史の史料を調査するにとどまった。1894年にはI. ボチカイ（1557-1606）のモラヴィア侵攻に関する史料を刊行し［CZ 0704］（題名がすでに価値判断を示している）、1900-05年には3巻にわたって、1526-1628年の間に開催されたモラヴィア領邦議会の資料を、半ば研究書に加工した形で公にした［CZ 0705-0707］。

全体像が明らかでないと批判され、中でもまさにゴルの他の弟子たちに攻撃された。もっとも、カメニーチェクも、事実に対して払う敬意という点においてゴルをいくらか継承しており、この点ではゴルの弟子たちの一方のグループと同じであった。このグループの代表者となるのがV. ノヴォトニーであり、彼は分析的研究の名手、詳細な事実解明の達人にとどまって、ゴルからは歴史的真実の完全な認識可能性に対する揺るぎない信念を継承した（おそらくゴルの信念ですら、これほど揺るぎないものではなかっただろう）。他方で、政治面ではゴルを凌駕し、保守主義とは手を切っ

て、とりわけ 1918 年以後は進歩的な市民的〔ブルジョワ的〕見解を代弁した。

しかしながら、ゴル学派にはもう一つの方向性もあり、こちらはむしろゴルの持っていた総合への志向と、また全面的に彼の保守主義を継承した。この代表がペカシュであった。特異なことに、経済・社会的問題に対する関心を示したのはこちらの方向性の側で、ノヴォトニーは政治史中心にとどまった。また同様に、歴史認識の直線的性格に対して、もはや確信を持てなかったのもペカシュの方向性の側であり、ペカシュはこれを直感によって補おうとした。1918 年以降になると、二つの方向性はもう完全に分離した。二つの間で優勢な地位を占めたのは、ペカシュのおかげで後者の方向性の側であった。そこで、こちらの方から議論を続けよう。

ペカシュ

J. ペカシュ（1870-1937）は、編集者としての活動も重要な要素をなしているその生涯になした仕事によって、たとえその責めうる否定的側面を考慮したとしても、チェコ歴史叙述の傑出した代表的人物に、それも第一級のそれに属している。ゴルの教え子であったことについては、もう何度も触れた。彼のドイツへの留学はゴルが手助けをし、ベルリンではレンツのもとで学び、1897 年にオーストリア史で教授資格を得て、レゼクの後任としてプラハ大学でこの教科の教授となった。1918 年以降は、チェコスロヴァキア史講座を引き継ぎ、また 1898 年から死ぬまで『チェコ歴史学雑誌』を編集し、この二つの点が彼を学界の指導者とした。その作品によって、とりわけ 1918 年以降、彼以前にはおそらくパラツキーしか持っていなかったような権威を獲得した。とても閉鎖的な学界の中にあって、彼は幅広い公衆にとって最も知られた人物であった。このことは、死後に書かれた死亡記事や、学界の外から表明された弔意にも示された。ペカシュの死は、いうなれば国中に動揺を与えた。彼の持っていた権威のために、マサリクが 1935 年末に大統領職を辞任した際、ベネシュの対立候補としてペカシュを擁立することさえ話題になった。彼自身もこの考えを真剣に考慮した。しかし、彼の政治的見解に最も近いカトリック政党のチェコ人民党がベネシュを支持することが明らかとなった時、彼は候補を断ることにした。

理論や方法論に対する関心は、それらに対する疑問も含めて、彼の経歴の初めにおいてすでに現れており、1897 年に外国留学の成果として著した「歴史叙述における個人主義と集団主義に関する論争」[CZ 0708]の題にも示されている。この論争は当時のヨーロッパの歴史叙述において、とりわけマルクス主義が普及した結果、多くの人々を刺激していたものだった。常に極端な立場に反対したペカシュは、二つの間を仲介する立場を取ろうとし、個人の役割を重要なものとしつつ（彼の初期の研究は、まさにヴァレンシュタインを扱ったものだった）、集団主義の立場を完全に否定するのではなく、歴史学者にとっての社会心理学の重要性を指摘し、歴史学者の視野には政治的事象と同様に、経済的、社会的、文化的問題も属するということを強調した。

大学時代にはマサリクの影響も受け、この結果として不毛な国制論に背を向けたのだが、世紀転換期にはゴルと同じようにマサリクに否定的な立場を取った。論争は 1910 年に、マサリクの生誕 60 周年の記念と関連して巻き起こったもので、論争のテーマとなったのは、多くの人がそう論じたように、チェコ史の意味であった。ペカシュは 1912 年に「マサリクのチェコ哲学」[CZ 0709-0710]の題で発言し、ゴルに関連してすでに言及したマサリクの理論を退けた。マサリクに対して、誤った方法を用いており、十分に批判的でないと指摘した。歴史的事実から出発するのではなく、歴史の中に自らの先達を探し、それを自分の考えに当てはめ、当てはまらないところは捨象しているとして、批判したのである。マサリクは、もうその年のうちに、それもかなり容赦ない反論で応えた[CZ 0711]。ペカシュには哲学的教養がない、したがって彼には歴史的教養もありえないとまで言い切った。マサリクは、歴史学をそれ自体のために研究しようとするゴル学派全体の考えを攻撃した。これに対して、マサリクによれば、歴史に携わるのは社会のためであった。対立する両者の

立場は、明らかに和解不可能なものであった。ペカシュは随分後になってから、もう 1 回この問題に立ち返った。1928 年にチェコ史の意味について論文を執筆し［CZ 0712-0714］、彼はこの中で、チェコの発展が常に外的な影響によって前進してきたことを強調した。また、1931 年の〔プラハ大学〕学長としての年頭の講演（「チェコ史の時代区分について」［CZ 0715-0717］）においては、これをさらに具体化して、自らの理論的立場の概要も挿入した。歴史の大きな時代区分を規定するのは、彼によれば、まさにここ数十年、ランプレヒトからフロベニウスまで多くの人たちがそうしているように、時代精神である。時代精神は国民精神よりも強力なものである。ヨーロッパの精神的諸潮流の中では、ゴシックとロマン主義の二つがチェコ人に最も強い影響を与えた。ゴシック時代がもたらしたのが、隷属民の〔土地保有〕農奴への上昇であり、都市市民層の登場であった。その影響は実質的に 18 世紀まで残り、これがチェコの中世である。啓蒙とともに近代が始まり、じきにロマン主義、すなわちチェコのもう一つの重要な時代が登場する。この二つは、どちらも楽観的な意識のあり方を示唆するものであった。ロマン主義に代わったのがリアリズムであり、彼自身もこれを代表していた。ボヘミアにおいて時代思潮が大きな影響力を持ったのは、チェコ人がそれを必要としていたためである。以上の全体から、チェコ史の意味は時代ごとに異なるという結論も引き出される。ペカシュによれば、それを一体に結びつけるのが国民意識である。

ペカシュの政治的立場についても少し語っておかなければならない。正確には、君主国に対する関係についてである。第一次世界大戦の時期に、彼はゴルと同じように君主国の側に立った新聞論説を数多く執筆し、1917 年には新しい君主〔カール 1 世〕に対して大部の請願を提出して、国家権を基盤にチェコ側の要求を満たすことを要請した。新聞論説は 1917-19 年に 2 巻にまとめられ［CZ 0718］、請願は 1930 年に公刊された［CZ 0719-0720］。1921 年には『世界大戦、その成立と運命に関する論説』［CZ 0721］の題で新刊を著した。1918 年以降彼に向けられた攻撃に対しては常に、君主国の崩壊は、ほとんどその最後の瞬間まで確実なものではなかったのであり、チェコの政治にとって、この可能性だけに賭けることはできなかったのだと自己弁護した。ちなみに、1922 年に V. ビブル（1870-1947）のオーストリアの崩壊に関する有名な作品を批評した際には［CZ 0722］、実に多くの力が君主国を支えていたのであって、1918 年に生じた例外的な状況のみがこれを破壊したのだと述べている。もちろん、反ロシア政策もこの状況を引き起こす上で役割を演じており、これを要求していたのはハンガリー人だけだったといっている。1923 年には、ちなみにあるチェコ人がマサリクの理論を批判した作品に関連してだが、ペカシュは 1918 年以前のチェコの歴史書もハプスブルク家を批判していたと述べた［CZ 0723］。1923 年には、『土地改革の誤りと危険』［CZ 0724］という題のパンフレットにおいて、大農場の清算に関して、これによって数多くの文化的な価値も失われてしまうと批判したことも、彼の保守主義を証明している。もちろん、原理的には彼も土地所有関係の修正を肯定していたが、ただその急進主義を否定したのである。

これらすべては、ペカシュの歴史作品を理解するための単なる背景に過ぎない。1895 年には『ヴァレンシュタインの陰謀の歴史 1630-34 年』［CZ 0725］を執筆したが、これは実質的に 1620 年の問題に関する立場の表明でもあり、ペカシュは三十年戦争の経済的結果を政治的衰退よりもずっと重要なものと見なした。この問題には、1921 年にもっと直接的な形で立ち返っており（『ビーラー・ホラ、その原因と帰結』［CZ 0726］）、戦争をドイツ系のプロテスタンティズムとラテン系のカトリシズムとの間の一大闘争と捉えながら、他方でチェコの発展の観点から見れば一大不運だったとした。対立を乗り越える国民的な統一の精神のもと、コメンスキーとバルビーンの活動をともに肯定的に評価した。

1897 年には、チェコ人を野蛮人と呼んだ古代史家のモムゼン（1817-1903）の攻撃に対して、威厳を持って反論した［CZ 0727］。ドイツ人たちとは彼も論争を続けたが、〔チェコ〕愛郷者たちに対しては、常にドイツの影響にどのような積極的

側面があったかを強調した。世紀転換期に書かれた研究においては、最も古い時代のチェコ史の問題に取り組み[CZ 0728]、スラヴ人を奴隷であったとするパイスケルの説を否定して、〔別の機会に〕彼がスラヴ的現象ではないことを示したザドルガの場合[CZ 0729]と同様に、ここにおいてもヨーロッパ的比較が必要であるとした。1903年には『クリスチアーンの伝承』〔クリスチアーン作とされるヴァーツラフ伝〕が真作であることを示し[CZ 0730]、1906年にはドイツ語で書かれた研究において、これをさらに敷衍して、この伝承をヴァーツラフとルドミラに関する伝承群の中に位置づけた[CZ 0731]。

中世から再び近世へ向かい、1909-11年には、17世紀の東ボヘミアの城と所領における生活に関する、2巻からなる『コスト城の書』[CZ 0732-0733]を著した。この本には、彼の故郷とチェコのバロック期に対するある種のノスタルジーが込められているが、同時に農奴がどのような義務を負っていたのかについての、実に詳細な計算が盛り込まれていた。彼が領主と農民の間の家父長的な一体性と結びつきを理想化していたことは疑いない。1654-1789年のチェコの土地台帳について書かれた作品（1913-16年、論文）[CZ 0734-0735]は、この本のいわば3巻目に相当するものであり、この中で彼は、チェコの貴族が農奴とほとんど同じくらいの租税を負担していたと強弁した。同時に、領主制よりも国家の方が、農奴からもっと多くを収奪していたことを証明しようとした。

1914年になっても、彼は『我が帝国の歴史、殊に帝国議会に代表される諸王国について』[CZ 0736]を、短い一般向けの概説書の形で出していた。しかしながら、彼が1918年の変革〔チェコスロヴァキアの建国〕を歓迎したことは疑いなく、新国家において出された『チェコ歴史学雑誌』の最初の号に掲載された編集部の歓迎の辞においては、歴史叙述がチェコの解放のために闘ってきたことを強調した。1919年に、変革の1周年を記念して大学で行なわれた講演においては[CZ 0737]、1918年10月28日について、それをすでに歴史的事件として、学問の規則に則ってその前史と経過を論じ、君主の主たる目的は流血を回避することだったのであり、このために結局のところオーストリア当局が自発的に権力を委譲したということも無視しなかった。現状に対して、チェコ人はドイツ人とハンガリー人の過ちを繰り返してはならず、国民的少数派に対して公平でなければならないと訴えた。

1921年の『聖ヤン・ネポムツキーをめぐる闘争についての三章』[CZ 0738]という題の作品では、聖人信仰の国民的機能を擁護した。この年には、ヤン・ネポムツキーを暗黒期の聖人と名づけたF. M. バルトシュの本を手厳しく否定した書評も掲載された[CZ 0739-0740]。（ちなみに、ペカシュは福音派のバルトシュに好意的でなく、書評や論争的文章においては、常に彼の非学問的姿勢をあげつらい、彼の作品に何か価値ある新しい点を見出すのは、極めて稀なことだった。）

1929年は、当時の知識によれば、聖ヴァーツラフの没後1000周年にあたっており、新国家はその世俗的性格にもかかわらず、この記念祭を大いに重視して、記念論集も出版された。ペカシュはこの中で序論部分の研究の一つを執筆し[CZ 0741-0742]（かつての、まだ1914年以前に書かれた論文を根本的に膨らませて）、細心の注意を払った史料分析の上に堂々たる総合を築き上げ、そこにおいてヴァーツラフは、手本となる聖人であるにとどまらず、優れた政治家として描かれている。記念祭自体は、戦勝国の自信に満ちて執り行なわれた。ペカシュはそのような自信を感じることができず、パラツキーの没後50周年〔の1926年〕には[CZ 0743]、未来を不確かなものであると述べて、社会の責任あるふるまいを訴えた。今後も常に真実を求めて闘うならば、恐れる必要はないと、そこでは述べている。しかしながら、そのすぐ後に発表された別の論文では、ゴルの生誕80周年〔同じく1926年〕を記念して[CZ 0744]、師の懐疑主義と、歴史において物事は相対的であるという見解とを人々に思い起こさせた。

フス派の問題はペカシュも避けることができなかった。若い頃には（例えば、1900年の『フス派時代について』[CZ 0745]）運動をフランス革命と同列に置いて、宗教的契機の他に国民的、経済

的、社会的な諸契機も同様に強調した。1917年〔のロシア革命〕以降になると、もう否定的に評価した。『ジシュカとその時代』（4巻、1927-33年）［CZ 0746-0749］という題の作品においては、さらに厳しくなった。ちなみに、この作品は歴史学者が行なう史料の研究・分析の手本でもあり、同時代の史料と後世の記述とが、いわば証人のように列挙されている。時として彼自身も揺れ動き、ジシュカの中に積極的な側面も見出すのだが、それでも、むしろ彼を、理念のためにはテロルをも辞さない宗教的な狂信者と見たのだった。全体として見れば、運動はチェコの発展に対してむしろ害を与えたが、ビーラー・ホラはその帰結ではない〔と、ペカシュは評価した〕。ジシュカの宗教的動機を強調することで、ペカシュは実質的にパラツキーの評価に立ち戻っていた。もちろん、ペカシュの批判者は（その中では、明らかにバルトシュも、そしてクロフタも）、この点を強調したりはしなかったが。

マサリクがスロヴァキア人とともにしか新国家を想定しえないと見ていたのに対して、ペカシュが、1918年以前には、国家権のみを強調し、スロヴァキア人に無関心だったことがしばしば批判された。それでも、早くも1921年に『チェコスロヴァキア史』［CZ 0750］というタイトルで中等学校向け教科書を書いたのはペカシュであり、彼はこの中で、二つの国民の歴史に何とかして共通項を見出すという困難な課題に取り組んだ。もちろん、実質的には相変わらずチェコ史が論じられていたのだが、経済・社会史の知識も多く盛り込まれた。

ペカシュの編集者としての活動についてはすでに触れた。『チェコ歴史学雑誌』において、また同誌を通して、彼はチェコの歴史学を支配したが、決してそれを私物化しようとはしなかった。ノヴォトニーとは個人的にお互いをあまり好んでいなかったが、彼について高く評価する論文を掲載したこともあった。他方で、彼の支配は積極的な成果ももたらしたのであり、ペカシュは同誌を、自ら執筆した書評や批評で埋め尽くした。それらはあらゆる時代やテーマに及ぶものだったが、ペカシュには常に何らかの実質的に新しい事実や観点

を伝えることができたのだった。そして、書評やニュース記事を通じて、彼は歴史学者たちの精神的地平をかつてなかったほどに広げたのである。

ネイェドリーは、1949年にゴルについて肯定的に書いたように、ペカシュについてはなおさらであり、学界の代表者にして模範であるといった。1948年と1950年には、J.パフタ（1906-77）がペカシュについて、かつてないほど厳しく非難する2本の作品を著すことになる［CZ 0751-0752］。

シュスタ

J.シュスタ（1874-1945）は、ゴルの弟子の中でペカシュの方向性に属し、殊に両大戦間期においては、ペカシュとともに学界の指導者の地位にあった。父が農場職員であり、彼のペカシュをも上回る経済問題に対する関心は、ここから受け継がれたものかもしれない。ゴルからは、ボヘミアが西欧に属するということを学び取った。大学卒業後は、ウィーンとローマで研究を続けた。彼の持っていた世界史や美術史への関心もゴルを思い起こさせるものであり、傑出した美術史家であったウィーン大学教授のM.ドヴォジャーク（1874-1921）は彼の個人的な友人だった。1910年にゴルが大学を引退したのは彼にポストを譲るためであり、シュスタが世界史講座の主任を引き継いだ。生涯の最後の数年にはアカデミー総裁を務めたが、それはナチ占領期のことだった。その権威によって数多くの人を守ることができたのだが、その職に留まったことだけでも対ナチ協力の疑いをかけられ、解放後すぐに非難が彼に対しても浴びせられることになった。彼が自殺したのは、まだ〔戦争終結直後の〕1945年5月のことだった。

彼の取り上げたテーマは、ゴルやペカシュと同じほど多岐にわたっているが、彼らよりもはるかに多く世界史にも取り組んだ点が異なり、後で世界史家を紹介する際に、彼の名を挙げてもよいところである。しかしながら、彼の作品の多くはチェコ史の様々な時代に関連しており、ここで論じておく方が正しいだろう。

経済への関心は当初から明らかであり、最初に着手した研究は土地台帳と収支帳簿の分析であった。歴史学者が各所領の歴史を手がけること、そ

の際に経済的な動向にも十分な注意を払うことの必要性を主張し、したがって農業史家にとっては中世の農業技術の知識が重要であることを指摘した。1899 年に発表された彼の研究、「チェコにおける奴隷制と大所領」[CZ 0753]はチェコの初期農業史の問題を解明したもので、1906 年にはロジュンベルク家の所領の土地台帳を[CZ 0754]、1909 年にはノヴォフラト家の所領の 1390-91 年の収支帳簿を公刊した[CZ 0755]。しかし、彼は農業史にとどまってはいなかった。1906 年には 1306 年の国王選出の歴史を論じ[CZ 0756]、1904-14 年には 4 巻にわたってトレント公会議のピウス 4 世（1499-1565）期の記録を公刊し[CZ 0757]、教授資格取得論文はこのテーマで書いた（『ピウス 4 世、その教皇就任以前と教皇在職初期』1900 年[CZ 0758]）。世界大戦期には、オタカル 2 世についてと、ヴァーツラフ 2 世の時代について、複数の研究を著した[CZ 0759-0761]。書式集の中にしか残されていない、オタカルの 1249 年に遡る文書について、彼は、それが偽作であり、おそらくはハンガリー王イシュトヴァーン 5 世（1239-72）のいずれかの文書を基に偽造されたものであることを示した。これらの研究を基にしてでき上がったのが『チェコ史についての二書—第 1 巻 プシェミスル朝末期とその遺産』（1917 年）[CZ 0762]と同『第 2 巻 ルクセンブルク朝初期』（1919 年）[CZ 0763]の 2 冊である。この作品は、中世を対象とした彼の研究の頂点を画するものであり、方法論的観点から見てもそういってよく、詳細にわたる史料批判を広範に及ぶ一般化と整合させることに成功し、社会的上昇、つまり半自由農奴層と等族の成立が銀鉱山の活況と結びつけられている。ただし、J. B. ノヴァークの批判が指摘したように、彼が貨幣の役割を過大評価して、近代の経済的合理主義と資本主義の始まりをこの時代に遡らせて投影していたのは事実である。のちに、多くの巻に及ぶチェコ史の刊行計画の中で、ノヴォトニーが執筆した数巻の続きを依頼された時には、この成果をさらに膨らませて 4 巻にして出版した。1935 年から『プシェミスル朝の黄昏とその遺産』[CZ 0764]によって刊行が始まり、ルクセンブルク家のヨハンに関する『外国人王』[CZ 0765]は 1939 年に出されたが、残りの 2 巻は死後になって初めて、『カレル 4 世、父と子 1333-46 年』[CZ 0766]が 1946 年に、『〔カレル 4 世、〕帝冠を目指して 1346-55 年』[CZ 0767]が 1948 年に公刊された。この最後の巻では、ノヴォトニーの始めた微に入り細を穿つような史料分析の手法にはもう固執していない。

近代への関心は決して新しいものではなく、1909 年にはすでに「近代帝国主義の歴史的前提」[CZ 0768]の題で作品を著していた。1918 年の後には、外交官養成のための教育課程の教科書を書こうとしたのだが、このレベルをはるかに上回ることになり、1 巻ではなく 9 巻からなる大作、『ヨーロッパ史 1812-70 年』（3 巻、1922-23 年）[CZ 0769-0770]と『世界政治 1871-1914 年』（6 巻、1924-31 年）[CZ 0771-0776]を著した。当初の目的にふさわしく、もちろん外交史が骨格をなした。文書館資料ではなくて公刊資料と専門文献を（しかし、それを熟練した扱いで）利用したものだったが、西欧の諸大国を検討しただけでなく、経済・政治理論の歴史にも説き及び、可能性の枠内で心性の発展にも言及した。そして、このような大部の概説を書く傍らで、彼には同時代の事件にも反応して、新聞論説や他の形で発表する余裕があった。ボリシェヴィキに対しては（彼いわく）反知識人的であるとして批判した。

『歴史叙述、中世・近代西欧文化圏におけるその発展』（1933 年）[CZ 0777]は、大学の講義録から公刊された。イギリス、フランス、ドイツ、そして彼の考えでは西欧に属するチェコの歴史叙述の発展を論じ、主として実によく書かれた歴史家個人ごとのポートレートの形を取っていたが、それぞれの時代ごとに短い概観も付されている。古い時代の方が入念に書かれており、19 世紀に関してはもはや〔主要な〕テーマしか論じられていない。

世界史について彼の上げた業績に基づいて、1936 年には世界史の大規模な総合的通史、『先史時代から現代までの人類の歴史』の編集を委ねられた。計画された 6 巻のうち 1938 年までにすべてが出版されたわけではなく、残りの巻はのちに補われた〔計画された 8 巻のうち、1-6 巻（4 巻

の後半を除く）が 1942 年までに刊行され、フランス革命前まで至った〕[CZ 0778-0784]。ビドロとヒーブルも編集に参画したが、作品全体の構想はシュスタに由来するものであり、各時代の短い特徴づけも彼が執筆した。

　大変失礼な比喩だが、ペカシュがチェコ歴史叙述のマサリク（あるいは王様というべきだろうか？）であったとすれば、シュスタはベネシュであったといえるかもしれない。ペカシュは外国の学界との関係を彼に委ね、フランス語の『歴史評論』のためにゴルが書いていた学界動向の要約も、1925-35 年の間は、それ以前からゴルに協力していたシュスタが引き継いでいる[CZ 0785-0786]。国際学会にも、どちらかといえば彼の方が出席した。

*

　しかしながら、ゴルの最もお気に入りの弟子で、大きな期待をかけられていたのは、彼ら二人のどちらでもなく、早世した L.K. ホフマン（1876-1903）の方であった。ゴルが彼を好んだのは、彼が農民の子だったからでもある。また、彼は世紀末頽廃派の詩人ともなって、このために強いカトリック信仰と完全な不信仰との間を揺れ動いた。ゴルとペカシュが、歴史認識の可能性に関する疑念を、私的な場ですらごく稀にしか表明しなかったとすれば、ホフマンは、ランケ流に実際にどうであったのかを確定することが歴史の目的なのではなく、なぜならそれはいずれにせよ不可能なことだからと、公言する勇気を持っていた。〔ホフマンによれば、〕歴史学者は、自らが過去をどのように見ているのかを書き記すのである。

　ちなみにホフマンは、ゴルの教え子であるだけでなく、マサリクの教え子でもあり、マサリクからも多くの刺激を受けた。ベルリンとパリに留学し、フランス革命を研究し、その中でも特に世論に興味を持った。このこと自体、伝統的なテーマを大事にしてきたチェコの歴史叙述において、かつてなく新しいことだった。1901 年に公刊された研究、「フス派とバーゼル公会議 1431-32 年」[CZ 0787-0788]の中でも、彼はこれに関心を払っている。彼が自立した存在であったことは、1897 年に（「チェコ宗教改革についてのドブロフスキーの見解」[CZ 0789-0790]において）最初にマサリクのフス主義理解を否定したことに表れている。他方で、1899 年には、まさにマサリクの影響で「ミツキェヴィチと社会主義」[CZ 0791-0792]という題の研究を書いており、そこでは空想社会主義者たちに倣って展開されたミツキェヴィチのメシアニズムを論じた。未完に終わった研究では、プロイセンのフリードリヒ 2 世（1712-86）の「修行時代」を論じ、ビスマルクと〔その評伝の著者である〕レンツに関しても性格描写を残している[CZ 0793]。彼の取り組んだ主たる問題は、明らかにこれもマサリクに倣って、人間性と暴力の関係であった。早すぎた死のために、この問題の 20 世紀的側面を自ら経験することは免れることができた。1904-05 年に出版された彼の全作品集は、2 巻に収まるものであった[CZ 0794-0795]。

　J.B. ノヴァーク（1872-1933）の経歴は、はるかに散文的である。ゴルとエムレルの教え子として、補助学の道に進むことをあらかじめ定められ、このためにウィーンの歴史学研究所に送り出された。1916 年に国立文書館館長となり、1918 年以後の時期には文書館高等専門学校の教師も務め、この機関の設立にも大きな役割を演じた。

　補助学上の職責は、初期の論文によって十分に果たした。すなわち、13 世紀末のチェコの文書書式集に関する研究（1903-06 年）[CZ 0796-0797]、そして、中世の書簡書式集（ディクタミナ）とその古代・ルネサンス期との関連についての研究（1909 年）[CZ 0798-0802]である。その後、チェコのナショナリズムの歴史を書こうとし、ここからカレル 4 世の愛郷主義に関する研究（第一次世界大戦中に書かれたものだが、公表されたのは 1926 年）[CZ 0803-0804]と、題名が出来栄えを上回っている、「ローマ帝国の理念とそのチェコ政治思想に対する影響」（1924 年）[CZ 0805-0806]が生まれた。『ヴァティカン史料集成』の 4 冊目になる第 2 巻は彼が出版し[CZ 0807]、1907 年にはこの史料に基づいた研究、「アヴィニョン教皇庁と、聖庁に対するチェコの抵抗の萌芽」[CZ 0808]を著した。いくつかイタリア関連の論文もあり、その中にはピッコローミニのチェコ年代記〔『チェコ史』〕に関するもの[CZ 0809]が含まれ

近代にも関心を寄せ、1913 年にはドイツ語で、シュヴァルツェンベルク将軍（1771-1820）の妻宛の書簡集を出版し[CZ 0810]、よくできた彼の素描も書いた[CZ 0811-0812]。父親が公爵家の教師を務めており、このテーマはここに由来するのだが、しばしば貴族たち本人よりもその雇用人たちに特徴的な、ある種貴族的なノヴァークの態度もここから来ている。1914 年には、ナポレオンに対する解放戦争とチェコの〔国民〕復興の関連を論じた[CZ 0813]。世界大戦後には、これに関する研究文献にも興味を引かれ、『チェコ歴史学雑誌』に多くの書評を書いた。1918 年以降は、文書館に勤める者としてボヘミア議会の書類を公刊する史料出版に再び関与しなければならなくなったが、1611 年議会の資料しか出版されなかった[CZ 0814-0815]。他方で、生涯における主要な（未完の）作品である『ルドルフ 2 世とその挫折』（1935 年、死後出版）[CZ 0816]はこれに関連しており、ほとんど日ごとに事象を追いかけたものである。シュスタと並んで、彼が最も多くの国際会議においてチェコの歴史学者を代表したのは、おそらく彼の貴族的な態度のゆえだったのだろう。

ノヴォトニー

ゴル学派の他方の一翼の代表者が V. ノヴォトニー（1869-1932）であった。ゴルとエムレルの教え子であり、したがって優れた中世研究者となる養成を受け、トメクの資料収集も手伝った。中世チェコ、その中でも殊にフス主義が彼の関心テーマであった。1911 年には、プラハ大学のチェコ史担当教授となった。分析の名手であり、師たちからもこれを最もよく吸収したのだが、総合に怯むことは決してなかった。彼は後者を、一般向けの形でも学問的な形でも書いたが、分析者という体質を背後に押しやることができず、必ずしもしかるべき成功を収めることはできなかった。

フス主義に対する関心と肯定的な先入観は、すでに家庭に由来するもので、この点ですでにペカシュとは異なっており、ペカシュとの間の距離は、彼が世紀末にマサリクの政党〔リアリスト党〕に参加したことによっていっそう広がった。もっとも、彼がとりたてて政治的な活動を行なうことは決してなかった。

フスに与えられた自由通行証について書いた論文で 1896 年に教授資格を取得し[CZ 0817-0818]、この論文の中では、（カトリック側は常に否定していたが、）ジクムントと公会議が約束を破ったと断定した。ローマでの研究の際にもこの時代を扱い、一般向けにフスの伝記も書いて、これを膨らませる形で 1919-21 年に 2 巻の学問的な総合、『ヤン・フス師、その生涯と作品』[CZ 0819]にした。この本〔全 5 巻〕のフスの神学に関する部分〔3 巻からなる第 2 部〕は、キバルが執筆している。1915 年には、フス没後 500 周年の機会に、もう 1 冊の一般向けの本、『コンスタンツにおけるフスとチェコの貴族層』[CZ 0820]を書き、同じ年のうちにさらにもう 1 冊、『14-15 世紀におけるチェコの宗教運動、第 1 部、フス以前』[CZ 0821]も出版した。彼が運動を、大学の反対派の学者、大学とは独立した人文主義者、民衆の宗教的心性の三つの構成要素に区分したのは、とても優れたやり方だった。いずれ、これらがまとまって、運動それ自体になるのである。一般向けの本だが、これがおそらく彼の最も優れた、いずれにせよ最も読みやすい作品である。もちろん、フスについては他にも、それ以前にいくつもの研究を著しているし、1920 年にはフスの書簡や文章を公刊している[CZ 0822]。特に伝記においては、それ以前の教会反対派、とりわけウィクリフに対するフスの独自性を強調し、フスがまさにウィクリフに対してどれほど批判的であったかを指摘した。

フス没後 500 周年にはカトリックの側からも、セドラークの筆による伝記が出され、ノヴォトニーはこれを厳しく批判したが、他方で彼自身が常に、フスは実際には公式の教えのうちにとどまろうとしていたということを強調していた。実質的にいって、彼はパラツキーの見解を代弁していた。当然のことながら、細部においてや証拠資料の面では、彼を随分と乗り越えることはできていた。したがって、実際のところマサリクの捉え方にも近かったのだが、フス主義と国民復興とを直接に結びつける見解は、彼でさえも受け入れることができなかった。1923 年にはジシュカの生涯が描か

れた〔作者不詳の〕『ヤン・ジシュカについてのいとも美しき年代記』[CZ 0823]を刊行し、1932年にはムラドニョヴィツェのペトルが書いたものを『ボヘミア歴史史料集』叢書の中で刊行した[CZ 0824]。

フス主義に対する関心は基本的に衰えなかったのだが、ちょうど1910年代からは彼を新しい任務である、初期チェコ史の執筆が待っていた。ボヘミア＝ドイツ人の歴史学者、A. バッハマン（1849-1914）が『ボヘミア史』という題の総合的通史の第1巻を公刊したのは、まだ1899年のことだった（第2巻は1905年に出た）[CZ 0825-0826]。これが何よりもドイツ人の観点から書かれていたことは疑いないが、それでも、結局のところ最新の水準にある総合的通史であり、チェコ側からこれに対比させることができたのは相変わらずパラツキーしかなく、こちらは、二世代とはいわないまでも、少なくとも一世代は古い水準を代表していた。さもなければ、学問的観点からは完全に正当なゴル学派のモノグラフへの固執が、ここでは仇となった。ノヴォトニーは、すでに1903年にバッハマンに対する批判を書いたが[CZ 0827]、これで総合的通史の欠如を補うことはできなかった。

ノヴォトニーは1906年に、『チェコの政治』という題の、実質的にチェコの発展全体と現在の問題とについての信頼できる像を提供しようとする共著の作品において、総合執筆への意欲を示して、1620年までのチェコの教会・宗教史を書いていた[CZ 0828]。このため、数多くの歴史書の刊行も手がけたチェコの精力的な出版社の一つであるライヒテルが、1911年に新しい総合的通史の構想を持ち出した時には、ノヴォトニーもこの試みに参加したのである。目的は、新しい史料を用いて、パラツキーからさらに前進することだった。多数の巻に及ぶことが計画されたこの作品には『チェコ史』の題名が付された。ノヴォトニーは1437年までのチェコ史全体を執筆することを引き受け、1437-1526年の時期はウルバーネクが、1526-1620年の時期はナヴラーチルが、1620年以降の時期はキバルが担当した。

ノヴォトニーは、はりきって仕事に取りかかった。扱う時代は、彼にとって未知のものではなく、すでに彼は初期の記述史料についていくつかの研究を公にしていた。1912-13年にはもう、1197年までの問題を扱った『チェコ史』の最初の2巻が出され、これ以後、ノヴォトニーは何よりもこの仕事に取り組んでいた。第3巻は1928年に出版され、第4巻は死後かなり経ってから刊行されたが未完であった[CZ 0829-0832]。というのも、政治的事件史は1271年まで書き及んだが、ドイツ人の植民と全都市の発展というテーマ群を仕上げることがもうできなかったからである。だが、本当はこれが彼の代表作となるはずであった。とりわけ、結果的には書くことのできなかったフス主義全体についての総合がそうなるはずだったのである。ノヴォトニーには、これが広範な読者に向けられた作品であることはわかっていたが、それでも学問的な野心を抑えることができず、史料の詳細な分析によって問題を解明しようとし、かつての見解には論争を挑み、作品を脚注で埋め尽くし、結局のところ、論争の相手である学界内部の人々向けの、読みにくい作品に仕上がった。当然のことながら、政治史と、ちょうどこの扱われた時代にはそれと密接に関連していた教会史とに最大の比重が置かれ、社会の発展も相当徹底して扱われたが、経済的問題と文化は軽視された。元来の意図に比べると、この作品が失敗であったことは彼自身も感じており、このために1918年以後に、『チェコの政治』を思い起こさせる共著の作品、『チェコスロヴァキア郷土学研究』の中でチェコ中世史の全体を書いたのだが[CZ 0833]、これは本当に一般向けのもので、彼の内にある意欲を満たすものではなかった。

ヴァーツラフの没後1000周年に先立って、1928年にはヴァーツラフの伝記を出版し[CZ 0834]、そこでは何より君主としての側面を強調した。1930年には、前述したクリスチアーン伝承に関するペカシュの考えに反対して、これは12世紀の偽作であると書いたが[CZ 0835-0836]、ペカシュが以前に挙げた論拠に対して、これを説得的に証明することはできなかった。ただし、伝承の真正さを擁護するペカシュの主張に、今日に至るまでも誰もが納得しているわけではないこと

すでに見たように、チェコ歴史叙述について国外に伝える仕事はゴルとシュスタの担当だったが、ノヴォトニーは歴史学の成果についての意見を自分も述べなければならないと考えた。1929年に『共和国最初の10年間におけるチェコの歴史叙述』[CZ 0837]を出したが、いくつかの辛辣なコメントを除けば、これは単なる文献目録的な概観に過ぎなかった。

　ノヴォトニーはペカシュ（とゴル）よりも左に位置しており、二人ともお互いにかけ離れて遠くにいると思っていた。実際には、ノヴォトニーもブルジョワ的な思想と政治の内にとどまっていた。しかしながら、ゴルの弟子の中には、ブルジョワ急進派的な立場から（時とともに）マルクス＝レーニン主義にまで至り、〔第二次世界大戦後の〕2回目の解放後には大臣とアカデミー総裁を務め、チェコの学問世界全体の長老として、かつてない権威を誇ることになるような人物もいた。

ネイェドリー

　Zd. ネイェドリー (1878-1962) は、いずれにせよ例外的な存在であった。1918年以前においても、以後においても、いささか歴史学界における向こう見ずといった存在であったが、その前後では切っ先の向く方向が異なっていた。同時に、彼は信じられないほど幅広い関心を持ち合わせており、ゴルのようにコンサートに通うのが好きだっただけでなく、音楽を学んで、音楽史の作品も著し、また文学史も書いたのである。いつも何か大部のモノグラフを計画し、その一部は実際に書きもしたのだが、その頃には別の計画が思い浮かぶといった具合だった。ある書評が彼を評して、ネイェドリーは何についてでも書き足りないよりは書きすぎるといったのは、特に好意的とはいえないが、的を射ていた。

　歴史の中ではフス主義に関心を持っていたが、スメタナを通して国民復興にも関心を引かれた。ゴルの弟子であっただけでなく、マサリクの学生でもあり、美学者のO. ホスチンスキー (1847-1910) の学生でもあった。1905年に国民復興のテーマで教授資格を取得し、1909年に員外教授、1919年にはこのテーマを担当する正教授となった。第一共和国時代には左翼社会主義者を結集した雑誌を発行し、1930年代にはもう共産党に属し、第二次世界大戦期にはその終わりまで、大学教授にして戦闘的な評論家としてモスクワで亡命生活を送った。

　初期の研究はフス派時代の歴史を扱ったもので、プラハ司教 J. ロキツァナ（ロキツァニのヤン、1396頃-1471）の青年時代についてのもの[CZ 0838]と、ジョヴァンニ・ダ・カピストラーノ (1386-1456) のボヘミア布教活動についてのもの[CZ 0839-0840]を公にしている。1900年には、プラハ派とターボル派の間で1441-44年に開かれた宗教会議の記録を公刊した[CZ 0841]。その間に、いわば副業的に始めたのが、最初の大部のモノグラフである、生まれ故郷のリトミシュル市の歴史であり、1903年に第1巻が出版されたが[CZ 0842]、計画されていた残りの2巻を書く余裕はもうなかった。（それでも、1934年には、一般向けの本の中でこの都市の歴史を書いている[CZ 0843]。）というのも、フス派の問題が彼を音楽史研究へ向かわせたからである。1904年に『チェコにおけるフス派以前の歌謡の歴史』[CZ 0844]が出され、本書におけるこの問題の扱いは今日に至るまでの手本となっている。1907年には、同様に高水準のその続編、『フス派歌謡の始まり』[CZ 0845]、1913年には『フス派戦争期のフス派歌謡の歴史』[CZ 0846]が出された。この三部作は、彼の唯一の完結した作品であり、彼の作品の中で後世に最も長く残るものである。それは、音楽史という狭い観点からだけではない。ネイェドリーも歴史の全体的な性格を強調しており、実際に、このトルソともいうべき作品の中において、ゴルからこの点で学んだことを最も完全な形で実現しているのである。彼はフス派の歌謡を運動の基本的な特質の一つとして描き、それが運動の中で果たした機能を論じた。彼は幾編かの優れた伝記を、ワグナー[CZ 0847]、マーラー[CZ 0848]といった作曲家や、例えば Zd. フィビヒ (1850-1900) [CZ 0849]のようなチェコの作曲家について書いている。しかし、彼が真の大きなテーマを見出したのは、国民復興期を代表する偉大な作曲家、B. スメ

タナ（1824-84）の中にである。スメタナの生涯を通して、彼は時代全体を、チェコ国民の興隆を描こうとした。1924 年に彼についての短い伝記も書いているが［CZ 0850-0851］、すでにこの年のうちに大部のモノグラフの最初の巻が出版され、続く 6〔3〕巻が 1933 年までに出されたのだが、1840 年代の初頭までしか至らなかった［CZ 0852-0856］〔初版は 4 巻本で、7 巻編成になったのは 1950 年代の作品集において［CZ 0857-0864］］。あらゆる情報を調べて、しかもそれを本に書き込んだので、1 巻目のほとんど半分は、14 世紀にまで遡って彼の家族の歴史と、それから両親の生涯とを（それほど詳しくはないが、もちろんスメタナの母親の家族も）扱うことに充てられている。さらに、1916-30 年には世界の音楽史を書こうとしたのだが、この場合にも古代音楽の始まりより先にはいかなかった［CZ 0865］。これに対して、1935-36 年には別の計画を再び完成まで持っていき、モーツァルトから 1918 年に至るまでのプラハ国民劇場におけるオペラ上演の歴史を書いた［CZ 0866-0867］。

　B. ニェムツォヴァー（1820-62）［CZ 0868］と A. イラーセク（1851-1930）［CZ 0869］についても伝記を書いた。チェコの偉大な散文作家たちの中に彼が関心を抱いた点は、いかにしてその時代の真実を芸術に昇華するのか、いかにしてこうした芸術が進歩的な思想の助けとなるのかであった。これはもう後の、マルクス主義時代の作品である。

　音楽と文学史が長いこと彼を歴史研究から遠ざけていたとしても、そこから離れてしまうことは決してなく、いずれ後になると、勢い込んでそこに立ち戻った。1914 年には『チェコ史の意味をめぐる論争』［CZ 0870］の題でペカシュとマサリクの立場を一致させようと試みた（もちろん、彼にも、また彼以降に試みた誰にも、これは成功しなかった）。すでにこの時にも、彼にはマサリクの歴史哲学の方がペカシュのものよりずっと近いものだったが、それでも方法においてはゴルの伝統に忠実であり、したがってマサリクが行なった論敵の無知に関する主張は受け入れなかった。新時代〔チェコスロヴァキア建国後〕に至って 1919 年には、「歴史叙述における自由主義の終焉」［CZ 0871］の題で、集団主義的歴史観を擁護する戦闘的な論説を書き、倫理的判断を自制していたことも理由に挙げて、旧学派（つまりゴル学派）を非難した。歴史学者は断固とした立場を代弁し、目的を掲げなければならない。学問をそれだけのために行なってはいけないというのは、ネイェドリーがすでに前から主張していたことだった。これに対して、新時代の左翼の代表者であったヴェルシュタトは、まさにこの論説に関して、チェコ歴史叙述にとって集団主義的な見方はもう全く不慣れなものではなくなっているのだから、ネイェドリーの攻撃は時機を逸した余計なものであると書いた。1920 年には『ビーラー・ホラ、ハプスブルクとチェコ国民』［CZ 0872］の題でもっと長い研究を著し、等族蜂起を民衆的運動ではないとして批判した。しかし、ここでもヴェルシュタトの批判は引用に値する。いわく、ネイェドリーは、彼が批判している自由主義者たちと同じように、今日の観点を過去に投影しており、これはフス派が普通秘密選挙制を備えた共和国を望んでいたと示唆するようなものである。（それでも、おそらくネイェドリーにはこれほどの皮肉を書かれるいわれはなかっただろう。）

　スメタナの巻を書いている最中にも、また新しい大規模な試みに取りかかり、今度はマサリクの伝記を書き始めた。これは、スメタナのシリーズと同じく、個人を通して時代の全体と個人の代表している階級とを描こうとしたもので、ただ後者〔のスメタナ伝〕においては市民層がまだ進歩的で国民的であるのに対して、前者〔のマサリク伝〕において描かれるのはすでに凋落しつつある市民層である。1930-37 年の間に 4 巻が出版され（スメタナ伝と同じく 1 巻が数百頁に及ぶ）［CZ 0873-0876］、1886 年にマサリクがプラハ大学の教授となったところまで書き及び、「手稿」をめぐる論争も分析した。後年のマサリクの誤りの根源をすでにここに見出し、積極的に評価したのは君主国内の状況に対する批判だけだった。

　ネイェドリーは、最初の瞬間から〔ロシア〕十月革命の熱心な支持者であり、これが彼を共産党へと導いた。このためもあって、1937 年にはレーニン伝に取りかかり、翌年にはもう 2 巻目が出た

が、結局レーニンの青年時代までしか至らなかったことは、おそらく記すまでもないことだろう [CZ 0877-0878]。71 歳を迎えた 1949 年に、これまでの中でも最も野心的な長編の通史に取りかかった。『チェコ国民の歴史』[CZ 0879-0880] という題はマルクス主義に基づく大部の総合を予見させるものだが、この場合にも初めの史学史部分に迷い込んでしまった。冒頭に引用した評価は、これに由来する。結局、全部合わせても初期中世までしか書き至らなかった。これ以後も、一般向けの小論はまだ数多く書いた。結局のところ、彼が生涯に残した作品は、どれほど未完成であり遠回りに満ちていたとしても、その分量だけでなく、利用された資料と最後まで維持された学問的な批判精神とによって敬服に値するものである。

クロフタ

K. クロフタ（1876-1945）は、ネイェドリーと同じようにゴルの弟子たちの若い世代に属した。彼の大学生活の始まりには困難が伴い、歴史学者になったのは偶然で、入学手続きを友人に委ねたら、この友人が歴史を専攻に選んだからなどといわれた。ウィーンの歴史学研究所とヴァティカンで研究した後に、ノヴォトニーと同様に国立文書館に勤務した。1912 年にはプラハ大学でオーストリア史の員外教授となった。フス主義とチェコ宗教改革全般の研究から始め、ほとんど生涯を通じて最後までこのテーマを扱ったが、近世に関しても相当な研究を物した。父親は老チェコ党の代議士であり、クロフタの政治的立場にもこのことが一時期までは影響を与えて、1918 年まではマサリクに反対していたが、その後は批判を持ちつつも彼を支持する側に回った。ただ、それ以前から彼の影響は感じられた。

最初は 15 世紀の年代記や神学上の論争書に関する〔史料〕批判について研究を著し [CZ 0881-0883]、ヴァティカンでの収集の成果や [CZ 0884-0885]、1605-10 年のボヘミア議会についてなど [CZ 0886-0887]、何巻も史料集を編纂した。世紀初頭には、連載論文において、幅広いヨーロッパ・レベルの比較のもとでボヘミアと教皇庁との間の関係に取り組み [CZ 0888-0890]、ボヘミアの反ローマ的姿勢のより深い原因を指摘した。宗教改革の研究が彼を 16-17 世紀へと向かわせることになり、1911 年には「1562-75 年におけるウトラクイスト派教会会議のための闘争とその歴史的基盤」[CZ 0891-0892] という題の研究で、題名をはるかに超えて、チェコ兄弟団と福音派の接近の前史を論じた。その 2 年前には、300 周年に際して、彼が最初にルドルフ 2 世の 1609 年の勅書の信頼できるテクストを公刊した [CZ 0893]。1913 年には、『ビーラー・ホラ』[CZ 0894] という題の文章において、等族側の政策を以前と比べると比較的肯定的に論じた。フスの没後 500 周年〔1915 年〕を機に以前のテーマに立ち返り [CZ 0895-0896]（時代の転換の影響を受けて、様々な時期に彼がフス主義の何を強調したのかは興味のある点である）、この時には、個別問題を論じた研究においてすら、まずはペカシュのカトリック的な立場を批判した。世界大戦下には「ボヘミア・モラヴィアの農民身分史の概観」が『農業アルヒーフ』誌に連載され、1919 年には単行本としても刊行された [CZ 0897]。これは農民史の初めての概観であり、大半は封建時代に関して、まずは法規制に基づいて書かれたもので、したがって大抵は農奴の法的地位を論じることができただけで、農業技術や生産の問題を論じる素材は持っていなかった。それでもパイオニア的な業績であり、このためもあって、彼にはチェコ社会史の全体を書くことが期待されたのである。

1910 年の「チェコの歴史叙述へのマサリクの影響」[CZ 0898]、1912 年の「マサリク、ゴルとチェコ歴史叙述」[CZ 0899] といった題の作品では、まだゴルを支持していたが、1930 年に大統領の 80 歳を記念して行なわれた『マサリクと彼の学問的作品』[CZ 0900] という題のアカデミーの講演においては、もう一義的に肯定的な評価を彼に与えた。もっとも、この時にも、マサリクは時として歴史学者にあまりにも多くを求めすぎると述べていた。しかし、この同じ年に、ペカシュについても大変敬意を払った文章を書いており [CZ 0901]、まるで二人の間を仲介しようと望んでいるかのようであった。

戦時下の 1917 年になっても、まだオーストリ

ア帝国史や[CZ 0902]、1526年から1848年までの共通の身分代表制設立を目指した試みについて書いており[CZ 0903]、したがって、熱狂的にではなくとも、彼も君主国の枠組みの中で思考していたことになる。

すでに幾人もの歴史学者について、その活躍した時期が両大戦間期にずっと入り込んでいたり、さらにそれを超えていた場合もあることには触れたが、彼らのほとんどにとって、少なくともその研究において1918年は大きな転換点を意味しなかった。この問題はいずれ詳細に扱わなければならないが、クロフタの場合には1918年が彼の生涯に大きな転換をもたらしたために、この点を強調することは避けられない。1918年の後で彼はブラチスラヴァ大学の教授に任命され、この時に彼はスロヴァキア問題にもハンガリーとの関係の問題にも接することになった。1924年からは外交官となり、チェコスロヴァキアのウィーン駐在公使を務めた。この時には大学で講義を行なうためにウィーンからブラチスラヴァに通ったのだが、その後は外務省に入り、ベネシュが大統領に選出されると彼が外務大臣となった。当然のことながら、これによって彼はある程度研究や学問の世界から遠ざかることになったが、それ以降も作品を公刊し続け、フス主義についても書いた。

1924年には「旧ハンガリーの最後」[CZ 0904]という題の小品において、歴史的ハンガリーが瓦解した原因を民族問題に求め、そこから教訓を引き出そうともしている。チェコスロヴァキア国家の将来は、国民的少数派を公平に扱った時に初めて確実なものになるという教訓である。公使に任命された際のスピーチとして、ブラチスラヴァで行なわれた『スロヴァキア歴史叙述の課題について』(1925年)[CZ 0905]という講演においても、同様の立場を代弁した。この中で彼は、スロヴァキアの歴史学者たちは1918年までの自分たちの歴史を、ハンガリーの、さらには帝国の枠組みの中で研究しなければならず、オーストリアやハンガリーの歴史学者たちの研究成果にも関心を払わなければならないということを指摘した。同時に、チェコとスロヴァキアの共通する歴史的伝統の研究にも注意を喚起した。チェコ人がかつてしたように、スロヴァキア人は多くの幻想を捨て去らなければならないが、チェコ人ほど論争をせずにこれを成し遂げるようにと呼びかけた。いずれにせよ、取り除くべき歪曲のほとんどは、ハンガリーの作り上げたフィクションの生き残りである。1924年には、スロヴァキアの国制史について、つまりハンガリーにおけるスロヴァキア人の地位を論じた講演が刊行された[CZ 0906]。チェコ・スロヴァキア関係の問題には、のちにも立ち返り、『国家合同以前のチェコ人とスロヴァキア人』(1932年)[CZ 0907-0908]においては、何よりフス主義の持つ両者を結びつける力を強調した。1931年に出された、かつてのチェコとハンガリーの国制に関する研究は[CZ 0909]、この結びつきの強化を目指したものだった。

外交官として現実問題に関わりの強い作品も公刊し、例えば『新旧の中欧』(1929年)[CZ 0910]においては、当然のことながら、新しい方の利点を詳述した。その他、以前の資料収集に基づいて、古い時代のチェコの租税種目について(1929年)[CZ 0911-0912]や、チェコの課税(ベルニェ)の始まりについて(1931年)[CZ 0913-0914]小さな研究も著した。1931年には短いチェコスロヴァキア史も書き[CZ 0915]、これは教科書として使われた。以前に出した研究を論文集にまとめて再刊し[CZ 0916]、チェコ史の意味をめぐって再燃した論争でも発言した。

占領下にはもう公的な任務はなかったから、再び学問に打ち込むことができ、ほとんど信じがたいことだが、しばらくはそれを出版することもできた。1939年には『我が第一共和国時代から』[CZ 0917]という題で、やや回想録的な作品を公刊したが、当時の状況においてこれは実に大胆な行ないだった。1940年には『不死身の国民』[CZ 0918]という題の研究において、1620年以前の時代をチェコ文化の頂点として描いた。そして、ハプスブルク家によるこれの抑圧が、1940年に実際には何を意味していたのかに気がつかなかったのは、どうやら検閲官だけだったようである。他方で、その他のこの時期に書かれた作品は、実質的にチェコスロヴァキア史を膨らませたもの(1946年)[CZ 0919]や、『我々の古き伝承と我々の精神

生活の始まり』(1947 年) [CZ 0920] のように、解放後になって初めて刊行された。

*

J. グリュクリヒ (1876-1950) は、1920 年にブルノの新設大学〔1919 年創立、正式名称は 1960 年までマサリク大学、1960-90 年は J. E. プルキニェ大学、体制転換後の 1990 年以降、再びマサリク大学〕で教授となる前は、中等学校の教師を務めていた。哲学への関心の他に神学の知識もあり、このためもあってチェコ教会史の研究者となったが、社会的な問題に対しても心が開かれており、伝統的な政治史もおろそかにしなかった。1848 年についてと二重制時代についてはいくつもの研究を書いており、短い書評においても 19 世紀のテーマを好んだが、長編の作品は 1620 年以前と以後の数十年間に関わるもので、1600 年代に大きな役割を演じたブドヴェツの文書を 2 巻にして公刊し [CZ 0921-0922]、彼が 1609 年の勅書の発布において果たした役割をいくつもの研究で取り上げた。1930 年代に刊行された世界史の総合的通史の第 5 巻では、彼がイギリス、フランス、そしてスイスの宗教改革の歴史を書いた [CZ 0923]。

ゴルとペカシュの関心は中世にとどまりはしなかったが、彼らにしても、彼らの弟子たちにしても、大半の者は古い時代に取り組んだ。1918 年以前にはまだ、最近数十年間の歴史に手を出そうとする者は少なかった（グリュクリヒにしても、ほんのついでにそうしただけだった）。最初にこれに手をつけたのが Zd. V. トボルカ (1874-1951) であり、彼は 1896 年にはまだポジェブラディのイジーの国王選出について書いていたが [CZ 0924-0925]、じきに 19 世紀史へと関心を移した。史料となる素材のあまりの多さのために、近代史において史料批判を実践するという問題を解決できず、史料を刊行する傍らで、それを研究書に加工したものは、むしろ評論に近づいていき、ややもすると回想録風のものを書いた。大学図書館に勤務し、1918 年以後は議会図書館の館長を務めた。こうした職務上、文献目録や出版史関連の仕事もあり、こちらの方が後世に残るものである。1910 年には、1500 年までに出されたボヘミアの印刷物の目録を出版し [CZ 0926]、1926 年には『ボヘミア印刷物集成』という題でファクシミリ版の叢書を開始した [CZ 0927-0946]。1925 年には 1500 年以前についての改訂された新版を [CZ 0947]、1935 年からは 1501-1800 年について、こちらはチェコ語の出版物だけのカタログを出版した（後者はもう彼の個人的な作品ではなく、彼は編者に過ぎない）[CZ 0948-0951]。

マサリクの政党のメンバーだったこともあり、1918 年以後は社会民主党に属した。明らかに、このことも彼が近代史に関心を寄せたことを説明する。1898 年にはボヘミアにおける立憲政治の始まりについて論じ [CZ 0952]、1901 年には 1848 年にプラハで開催されたスラヴ人会議を論じた [CZ 0953]。後者は、主として印刷物を素材とするものだが、いずれにせよこれがこの問題に関する初めての詳細な研究であった。1900-03 年には K. ハヴリーチェク (1821-56) の政治的文書を 3 巻にまとめて出版し [CZ 0954-0956]、これは 19 世紀中葉の政治史にとって重要な貢献であった。1908 年には、すでに触れた『チェコの政治』の第 3 巻のために、近代チェコ政治史（1879 年まで）を執筆した [CZ 0957-0958]。1920 年代初頭には、「チェコスラヴ社会民主党の始まりからハインフェルト大会までの歴史」[CZ 0959-0961] という題で、その内容を広げた。他のいくつもの史料出版と並んで、彼の代表作となったのが 5 巻にわたる『1848 年から現代に至るチェコスロヴァキア国民の政治史』(1932-37 年) [CZ 0962-0966] であり、このための素材を、彼は大胆な楽観主義でもってすでに第一次大戦下に集め始め、以前に書いたいくつかの研究も中に織り込んだ。本当にその題名にふさわしく、政治闘争の歴史が書かれたもので、これも部分的には回想録風に書かれているが、ここでいう政治闘争はかなり狭い意味のそれである。実質的に、政党の議会内外における、時によってはかなり些細な闘争が、チェコスロヴァキアへの熱情を持って書かれているのだが、意識的にチェコ諸邦の中に閉じこもっており、帝国レベルの問題すらあまり認識しようとせず、闘争のもっと深い根源やその意味については論じられていない。しかしながら、この時代の研究者にとっては、事件史的な細部の確定のために時には史料として役

に立つ。

　J. ハイドレル（1883-1923）はすでに第二世代を代表する人物で、ペカシュの弟子だったが、マサリクの影響も強く受けており、むしろ後者の影響の方がより強かった。ペカシュに倣って、三十年戦争からマリア・テレジアの改革までのモラヴィアの経済史に取り組んだものの、むしろはるかに 19 世紀政治史の方に関心を引かれた。1918 年以後はブラチスラヴァ大学の教授となったが、早世したため彼の多くの構想は実現されずに残された。何よりその中には、老チェコ党の政治家、Fr.L. リーゲル（1818-1903）の伝記の執筆が含まれていたのだが [CZ 0967-0968]、書簡の一部を集めることができただけで、これも彼の死後になって、シュスタの手で 2 巻にまとめて出版された（1924-26 年）[CZ 0969-0970]。最初は 1848 年革命の問題を取り上げ、1907 年には 1848 年のボヘミア議会について [CZ 0971]、その後は深い共感を持って急進派についての研究を著し [CZ 0972-0973]、J.V. フリチ（1829-90）の回想録が持つ史料的価値を示した [CZ 0974-0975]。1911 年にはパラツキーの歴史哲学と政治綱領がヘーゲルから影響を受けたのは、弁証法だけであって、哲学的内容ではないことを指摘した [CZ 0976]。1913-14 年には A.M. ピンカス（1800-65）[CZ 0977] とシュプリンガー [CZ 0978] が 1848 年前後に果たした役割を論じ、チェコ人の側からドイツ人の側に立場を変えたのは個人的な理由からであったことを示した。1914 年にはチェコの政党について書いたが [CZ 0979]、歴史的観点からというよりは、政治的観点から書かれたものである。世界大戦下にマサリクの路線に加わり、可能性の枠内で国内の評論活動でもこれを代弁した。1921 年には、チェコ人作家たちの戦時下における反君主国的な立場を紹介した [CZ 0980]。1848 年以前の政治的パンフレットに関する分析（1920 年）[CZ 0981] は、まだ世界大戦下に書かれたものであった。1918 年以後、彼の関心はさらに強く現実政治に関する問題へと向かい、1921 年の「社会問題と政治問題」[CZ 0982] ではもう改革派の立場からマサリクを批判し、1922 年には『近代民主主義』[CZ 0983] の題で、技術革新が政治生活に及ぼした影響を実に個性的な形で示した。

　B. ナヴラーチル（1870-1936）は、まだゴル、レゼク、エムレルの教え子の世代に属し、モラヴィアの文書館に勤め、『マチツェ・モラフスカー雑誌』の編集者を長いこと務めた。1918 年以後は、新設のブルノ大学で世界史の教授となった。若い頃にはドイツの諸大学にも通い、ここから対抗宗教改革期への関心を持ち帰った。モラヴィア教会史に関する研究を公表し [CZ 0984]、オロモウツに置かれていたイエズス会の対抗宗教改革期に由来する記録を公刊した [CZ 0985]。文書館の前任者たちの活動にも触れて、ボチェクがパラツキーに宛てた書簡を公刊した〔パラツキーがボチェクに宛てた書簡を公表した論文 [CZ 0986] の存在は確認できたが、ボチェクのパラツキー宛書簡については不明〕。彼の大学の前史も「モラヴィア最初の大学設立の試み」（1927 年）[CZ 0987] として書いた。エムレルの弟子としても、文書館司書としても、一次史料に対する敬意を身をもって学んだが、ここから何か大きな刊行物を実現するまでには至らなかった。

　ここまでに論じてきた人々と比べると、V. キバル（1880-1958）は際立った独自の存在である。それは、ドイツ語の大学で大学院教育を受けたゴルの弟子たちのほとんどとは異なって、彼が何度もパリに留学し、スペインの文書館においても調査を行ない、その際に言語も習得したからというだけではない。むしろはるかに、世紀転換期フランスの理論的、方法論的な革新の試みについて、そこから自身も多くを学び取り、それをチェコの歴史学者たちに伝えようとした最初の人物だったからであり（「フランス歴史学の手法」1908 年 [CZ 0988]）、政治史を初めて文化史の方向に拡張しようと試みたからである。1918 年にはプラハ大学の中世・近代世界史の教授となったのだが、じきにクロフタと同じ運命が彼を襲い、外交官としてロマンス語諸国において祖国を代表しなければならなくなり、このために真剣な史料研究からは遠ざかることになった。

　初期の作品においては、彼もフス主義の問題に向かった。彼は、むしろ思想面での前史に関心を引かれ、1905 年には、フスの先駆者の一人で、14

世紀後半に生きたヤノフのマチェイ（1350/55?-93）の生涯と業績について、長編の作品を公にした[CZ 0989]。そこでは、彼を独創的な思想家だが受動的な人物として描いた。他方で、マチェイの『旧約および新約聖書の規則』という題の作品に対しては、それまであまり一般的でなかったような事実認識と共感能力とを持って分析を行ない、1914年までにこれを5巻に分けて出版し（正確にいうと、第5巻は、のちに1926年にオドロジリークの手で出された）[CZ 0990-0996]、アンチキリストの捉え方に焦点を当てて、マチェイとスティーブロのヤコウベク（1371/73?-1429）の神学的見解を比較した[CZ 0997]。フスについては、1915年にその政治・国制面での思想について作品を著したが[CZ 0998]、同時にアッシジの聖フランチェスコと初期のフランチェスコ会修道士について洞察の深い研究を物し[CZ 0999]、彼らの哲学的、神学的、社会的見解の比較を試みた。ノヴォトニーの総合的概論〔『ヤン・フス師』〕に対して、フスの教えを分析した3巻の長大な総括（1923-31年）[CZ 1000-1002]を書き、受動的で理論の段階にとどまったヤノフのマチェイに対して、まさに実践的な説教師としてフスを描き出した。フスを自身の時代の中に位置づけることには成功しなかったが、もちろんこれはノヴォトニーの、結局は書かれなかった総合〔『チェコ史』〕の方の課題だったはずである。

16-17世紀転換期のヨーロッパで起きた出来事に関して、多くの外国文書館資料を収集し、手始めにフランス王アンリ4世と皇帝ルドルフ2世の関係を分析して[CZ 1003]、『1609-10年におけるアンリ4世とヨーロッパ』（2巻、1909-11年）[CZ 1004-1005]という、チェコ政治史の伝統にふさわしい長編のモノグラフを執筆した。1912年には『E. ドゥニとビーラー・ホラ』[CZ 1006]という題で、フランスの歴史学者の考えを否定し、1620年の崩壊は国内的衰退の結果だったのではなく、不運な展開を示した対外的環境の帰結だったと主張した。外交官時代にはむしろ概説的な一般向けの通史を、読んで楽しめる文体で著した（『チェコスロヴァキアとイタリア』1925年[CZ 1007]、『スペイン』1928年[CZ 1008]、『スペイン史上の偉人たち』1935年[CZ 1009]）。新しい情報を最も多く含んでいたのは、イエズス会使節の活動を取り上げた、『ラテンアメリカにおけるチェコスロヴァキア人の足跡を訪ねて』（1935年）[CZ 1010]という題の本である。こうした類の執筆活動は、1945年以後も続けた。

古い時代と考え方を代表するもう一人の人物が、ブルノの聖堂参事会員だった J. テノラ（1863-1936）であり、彼は教会の立場に立って、それに応じた先入観を持って対抗宗教改革の始まりを論じた。彼の作品の主人公はオロモウツ大司教のディートリヒシュタイン枢機卿（1570-1636）であり、教皇大使の報告書と〔ディートリヒシュタイン家の居城が置かれた〕ミクロフの同家文書を基にして、ルドルフ2世（前出、1552-1612、ボヘミア王在位1576-1611）とマティアス大公（1557-1619、のちにボヘミア王、在位1611-19）の間の諍いにおいて彼の演じた役割を論じた[CZ 1011]。しかしながら、ペカシュと Fr. フルビーに倣って、のちに農業史の方へ向かったのもテノラであり、『ブルノにおける聖ペテロ所領』（1934-37年）[CZ 1012-1013]という題の2巻にわたる作品において、ブルノ聖堂参事会の大所領の歴史を、所領の農奴の状態にも注意を払って調べた。

J. ヴォルフ（1878-1937）は国民博物館付属図書館の館長を務め、様々なテーマを扱って、そのすべてにおいて有用な情報を掘り起こしたが、どれ一つにおいてもそれ以上にはいかなかった。最初にテーマにしたのは、16-17世紀のチェコ人文主義、中でも対抗宗教改革によって追放されたチェコ亡命者たちの活動であり[CZ 1014-1015]、ここから秘密結社に至り、これを通してフリーメーソン、そして検閲制度に至った。『1848-1914年のボヘミアにおけるフリーメーソンの刷新の試み』（1933年）[CZ 1016]という題の彼の作品は興味を引くもので、フリーメーソンの資料も公刊し、各ロッジの歴史については論文を著している。おそらく、彼の最も有益な作品はドブロフスキーの伝記によせて書かれたものであり（1934年）[CZ 1017]、証拠は信頼できる。最終的には、検閲制度を経て印刷史にたどり着き、1926年に多くの小論をまとめて1848年までのチェコの書籍出版の

歴史を書いた[CZ 1018]。1930 年には、同様に 1848 年までのチェコの新聞の歴史を著した[CZ 1019]。もちろん、新しい情報を最も多く提供したのは、検閲に関しても、18 世紀、就中その最後の数十年に関してであった。

R. マルシャン（1875-1938）は、もともと法制史家になろうとしたのだが、じきに警察の歴史を調べ始め、この領域で多くの文書館資料を見出して、3 巻にわたるオーストリア警察組織の歴史を執筆した（1904-11 年）[CZ 1020-1022]。そこでは、都市の治安維持制度の発展を中世から、領主のそれをマリア・テレジア期から説き起こしている。革命 50 周年の 1898 年には、さらに政治史の方に近づき、『1848 年におけるチェコ人とドイツ人、およびフランクフルトをめぐる闘争』[CZ 1023]やその後の作品において、1848 年以前の時期の政治問題やオーストリア憲法の発展に対するフランクフルト議会の影響を論じた。同様に、チェコ社会民主党の 1878-84 年の歴史を論じた作品（1923 年）[CZ 1024]も資料的観点から見て大変重要であり、それは関連する警察の報告書を彼が初めて利用したためである。後になると、ルクセンブルク朝からヴァレンシュタインの病気を経て第一次世界大戦の前史に至るまで、もう真剣に一次資料の調査をすることもなく、一般向けの作品しか書かなくなった。

3. 経済史

これまでにもすでに、たとえその研究の一部に過ぎなくとも、一人ならず経済史を扱った歴史学者を見てきた。正確にいえば、彼らは農業史を扱ったのだが、あれほど市民〔ブルジョワ〕的なチェコ社会においても、経済生活の他の領域よりはるかにこの部門が歴史学者たちの関心を引きつけたことは、全くもって特異なことである。最初の専門雑誌、つまり経済史のための雑誌ですら、農業史に特化していた（『農業アルヒーフ』とその後継諸誌）。この雑誌の創刊号において、農業史の国内での学問的指針を表明したのは、M. ヴィスティト（1885-1914）であった。ちなみに、彼はペカシュの弟子で、将来を嘱望されていた一人だ

った。ウィーンの歴史学研究所のメンバーでもあり、シュタイアーマルクの韻文の年代記と、同様に 14 世紀に由来するズブラスラフ年代記（研究はドイツ語で発表されたので、ケーニヒスザール年代記〔ズブラスラフ修道院で作成された『王宮年代記』のこと。なお「王宮」は同修道院のラテン名 Aulae Regia に由来する〕である）とを比較した優れた研究を著した[CZ 1025]。14 世紀の大領主、ファルケンシュテインのザーヴィシュ（1250 頃-90）についても書いたが[CZ 1026]、世界大戦の初期に戦死した。

独学の人、Fr. ヴァツェク（1858-1940）は、1890 年にチェコ教会史の最初の巻を公刊し[CZ 1027]、カトリック系の教会史家として出発したが、それ以前は、好事家的な地方史家らしい熱意で無批判に地方史に取り組んでいた。時とともに、初期の教会史から古い時代の社会史に至り、1899-1901 年にかけてはボヘミアにおける社会とスラヴ法の発展に関する一連の論文を執筆し、修道院の所有する大所領や、商業と外国商人の役割を論じた。これらは、1905 年に『古き時代のチェコ社会史』[CZ 1028]という題で刊行された。第一共和国期になるともう、学問的観点から見ても以前よりは役に立つものを書き、13-14 世紀の永代借地について[CZ 1029]、15 世紀の村落の権利について[CZ 1030]、1419-1620 年のボヘミアの農民について[CZ 1031]、14 世紀までの都市と領主の裁判権について[CZ 1032]の論文を発表した。他にも、1848 年までの時期について教会十分の一税の歴史を論じており（1935 年）[CZ 1033]、おそらく彼の最も優れた研究は、ドイツ植民から 1680 年までの賦役の発展を論じたものである[CZ 1034]。これらのテーマを扱う上で必要な学問的教育を受けていれば、チェコ歴史叙述の近代化に大きく貢献したはずである。

Fr. テプリー（1867-1945）は地方司祭で、チェルニーン家文書庫の司書を務めた人物である。同様に好事家的に、だが大変な熱意を持って地方史に取り組んだが、むしろ彼の場合、これは信徒にとっての教訓を引き出すために始めたことだった。この点での彼の主著は、もうかなりの実践を積んだ後に書かれた、7 巻に及ぶ南ボヘミアのインド

ジフーフ・フラデツ市の歴史（1926-37 年）[CZ 1035-1041]で、他のいくつかの都市の歴史も書いており、関心は多岐にわたっているが、むしろ年代記的な性格のものである。じきにチェコ諸都市の裁判権に服した農民に関心を寄せ、この領域で役に立つ作品を物し、論文はのちに論文集にまとめて出版された。これらのうち『チェコ農業史によせて』（1926 年）[CZ 1042]は実質的に 16 世紀の大所領に関するもので、『農民騒擾』（1931 年）[CZ 1043]は 18 世紀の農民蜂起に関するものであり、『チェコ養魚池業史によせて』（1937 年）[CZ 1044]では、15-16 世紀の過程でとても重要な役割を演じた養魚池の設置が、彼によって初めて取り上げられた。1926 年には 2 編の研究の中で、西ボヘミア独特の農民、ある種の屯田兵であるホトの歴史を分析した[CZ 1045-1046]。

　J. サラバ（1866-1945）は、もう専門教育を受けた歴史学者に属し、外国にも留学したことがあり、国家学も学び、社会学への関心も示した。地方文書館司書として、最初は 17 世紀初頭のロジュンベルク家最後の当主たちが演じた役割に、その後はロジュンベルク年代記に取り組んだが、じきに農業史に向かい、1911-19 年にかけてはいくつもの論文の中で、農業博物館の設立を呼びかけた。彼は土地台帳を多く公刊して、それらに関する研究も書いた他、住民調査の研究を手がけた。農業技術の発展にも熱意を向けたことは、大きな功績であった。しかし、1918 年以後は、やや時代遅れの反資本主義的立場から、土地改革に反対の声を上げた（『資本に対する土地の闘争』1922 年 [CZ 1047]、「経済的過ちとその社会的帰結」1927 年[CZ 1048-1049]、「革命とその帰結」1933 年[CZ 1050-1051]）。

　ここで触れた人々の中にも、農業史だけに携わったわけではない人がいたにせよ、経済史の他の部門や、とりわけ現代の経済史に関心を寄せたのは、最初のうち経済学者だけで、彼らは自分たちの専門の観点に従って直近の過去を検討した。政治的にも重要な役割を演じた A. ブラーフ（1851-1912）はこうした一人で、彼は北ボヘミア地方の労働関係について（実質的には農業労働者に関して）ドイツ語で（1881 年）[CZ 1052]、1848-98 年の間のオーストリアにおける農業信用について（1899 年）[CZ 1053]書いたが、1895 年にはヨーロッパ諸国の労働保護法制に関して比較研究を物し[CZ 1054-1055]、1907 年には 18 世紀末-19 世紀前半のボヘミアにおける国家学の発展に関する作品を著した[CZ 1056]。青年チェコ党の政治家、J. カイズル（1854-1901）は、1895 年に農村住民の下僕への転落と解放について書き[CZ 1057]、翌年に『チェコ思想』[CZ 1058]という題で初めてマサリクの考えに背を向けた。経済学者のブラーフの弟子にあたる J. グルベル（1865-1925）は、1911 年に『チェコの政治』の第 4 巻において、18-19 世紀のオーストリア工業の発展、正確には政府の工業政策を執筆した[CZ 1059-1060]。1914 年に出版された彼の作品、『農業制度、過去と現在のチェコ諸邦における農村住民の法的・経済的状態』[CZ 1061]は、法律に関する点では時にクロフタよりも正確であったが、ただ、他ならぬ歴史的見方という点では劣っていた。プラハ大学の経済学教授、C. ホラーチェク（1862-1943）は 1860-70 年代のチェコの初期労働運動に光を当てようと試みた（初版は 1896 年[CZ 1062]、1933 年の新版[CZ 1063]では〔20〕世紀初頭まで議論を延ばした）が、実にわずかな資料に基づいていた。その他、経済の細かな部門について歴史的発展を示そうと試みた大変素人的な作品をいくつか挙げることができるが、これらは歴史学者ではない当該部門の専門家によるものであって、彼らの利用した資料ですらとても場当たり的なものである。例えば、J. ケブルレ（1847-1925）は養蜂業の歴史を（1879 年、1922 年）[CZ 1064-1065]、J. V. ジヴィシュ（1848-1923）は製糖業について 2 巻本を（1891-94 年）[CZ 1066-1067]、J. E. ハト（1860-1925）はいくつもの研究において、狩猟の発展（1909-13 年）[CZ 1068-1069]や林業のそれを（1913 年）[CZ 1070]、J. フラバーク（1833-1921）は鉄冶金業の展開を（1909 年）[CZ 1071]執筆した。この他では、J. ルージチカ（1880-1954）が一言触れるに値する。彼は歴史・地理専攻の中等学校教師として生涯を終えた。作品を公刊したのは若い頃に限られており、例えば、カール 7 世（1697-1745）の皇帝選出に際しての選挙

侯たるボヘミア王の投票権をめぐる論争について、正規の学位論文を発表している（1902 年）[CZ 1072-1073]。彼は、ラツェル〔人文地理学者で、文化や政治のような人間生活の諸形態に対する自然条件決定論を唱えた〕の影響を伝えようとして、ラツェル自身に関する研究を 1 本（1905 年）[CZ 1074]、自然環境が国家機構にどのような影響を及ぼすかについての研究を 1 本[CZ 1075]著した。しかし、この興味深い試みを続けることはなかった。

4. 法制史

法制史の最初の試みは、すでに 19 世紀初頭に、法曹人たちが自分たちの専門についてかつての発展を回顧しようと試みた際に見られる。しかしながら、最初に挙げるべきなのは、はるかに後の H. イレチェク（1827-1909）の名である。彼は、法律家としての教育を受けていたが、歴史に対するある程度の感覚を持ってチェコ法の発展に取り組んだ。もっとも、彼はまだ 19 世紀ロマン主義の精神のもとにあり、法の発展に国民精神の反映を見ていたことは事実である（ちなみに、彼は〔ハンカの〕「手稿」の熱心な支持者だった）。しかし、中世チェコ法の文献史料の分析を始めたのは彼であった。1867 年から『ボヘミア法集成』を刊行し始め、12 巻を公刊した[CZ 1076-1089]。これには、法律のテクストだけでなく、重要な法書のテクストも含まれている。1880 年には、最も重要なスラヴ諸法典のテクストを刊行し[CZ 1090-1091]、1896 年にはチェコ王冠文書庫の資料を刊行し始め[CZ 1092]、1904 年には、（この時にはもうだいぶ時代遅れだったが）まだロマン主義の精神に則って、スラヴ法についての語釈歴史辞典を作った[CZ 1093]。しかし、1863-72 年の間に 3 巻にわたって刊行された『ボヘミアとモラヴィアにおけるスラヴ法』[CZ 1094-1096]という題の彼の作品は、カレル 4 世の時代までのチェコの中世法体系に関する最初の体系的な総論であり、20 世紀の初頭に至るまでその地位を保った。彼は本のテーマを広く解釈し、国家機構の発展についても多くの興味深いことを述べている。裁判の発展や、近代も含めたそこにおける代表的人物について、数多くの論文を書いた他、さらには初期の年代記にも取り組んだ。ボヘミアとモラヴィアが常に一つの国家機構の中にあったと主張したのは、同時代の政治状況と無縁ではない。また、この法律家は、1897 年にアカデミーに対して、学問的なチェコ歴史地図編纂の計画を提案した人物でもあった。

H. トマン（1838-98）はパラツキーやリーゲルらの周辺に属した弁護士で、彼らに促されて当時の政治闘争に関与する中で、1870 年には 1620-27 年におけるチェコ国家権の消長をドイツ語で執筆し[CZ 1097]、すぐにこれを膨らませて、『チェコ国家権とオーストリア帝国理念の展開 1527-1848 年』（1872 年）[CZ 1098]という題の著作にした。この二つの作品が政治闘争の道具として書かれたことは明らかである。しかしながら、歴史を書くことはトマンの気に入り、ジシュカの書簡を公刊して、彼についての実に巧みに書かれた短い伝記を物し（1893 年）[CZ 1099]、さらにフス派の戦術について執筆した（1898 年）[CZ 1100]。

サヴィニー流の法制史観は、世紀転換期頃になっても、まだ法学者たちの間で影響力を持っていた。E. オット（1845-1924）は、裁判制度と教会法を担当していたプラハ大学の教授で、教会法の浸透とローマ法の受容[CZ 1101-1102]、教会裁判所の実践[CZ 1103-1104]に関していくつもの研究を著し、オーストリア帝国の法制史をまとめようと試みた[CZ 1105]。L. ヘイロフスキー（1852-1924）は、プラハのチェコ語大学におけるローマ法の教授で、彼の書いたローマ法学提要（1886-88 年）[CZ 1106-1107]や、ローマ私法の歴史と体系（1901-03 年）[CZ 1108]は、むしろ教科書的なものである。中世におけるローマ法のあり方を論じた研究[CZ 1109]の方が個性的なものだった。J. ハネル（1847-1910）は、ザグレブ大学の法制史の教授としてクロアチアの歴史叙述の発展においても役割を演じたが、1881 年にプラハ大学に移ってドイツ法の教授となった。1874 年にはドイツ法の影響に関する研究をチェコ語で出版し[CZ 1110]、そこでは都市身分の成立をドイツ法の影響に結びつけた。オットと同様にオーストリア帝国の法的発展の問題に関心を寄せ（「オーストリ

ア法制史の概念と内容について」1880年［CZ 1111-1112］）、ドイツ法の継受の中にオーストリア法体系の前史を求めた。ドイツの国家と法について長編の総合的通史を書こうとしたが、5分冊で（1886-90年）［CZ 1113-1114］フランク時代までしか到達しなかった。理論的問題や比較法制史にも関心を持っていた（「ドイツ法制史の方法論について」1901年［CZ 1115］、『一般法・国家学』1909年［CZ 1116］）。しかしながら、オーストリア帝国法を崇敬する彼は、チェコの独自性を渇望する母国の公共生活の中では孤立した。

その分、大きな人気を誇ったのが、有名な老チェコ党の政治家の息子で、パラツキーの孫にあたるB.リーゲル（1857-1907）であり、彼は意図して同時代の政治的立場を、すなわちボヘミアに国制上もっと大きな権利を求めるが、あくまで帝国の枠内においてという政治的立場を、自分の研究によって支えようとした。1880-90年代には、帝国の中央集権制の問題［CZ 1117-1118］、マリア・テレジアの諸改革［CZ 1119-1121］、ヨーゼフ2世とドイツ化［CZ 1122-1124］といったテーマで研究を書いた。1893年にはオーストリア帝国史の教授に任命され、このため1898年以降はオーストリア帝国の歴史を書き始めたが、断片しか書き上げることができず［CZ 1125］、統一的な総合にあたるものとしては、オットー百科事典の項目の一つとして書かれたものがあるに過ぎない［CZ 1126］。同時に、その他の研究においては、チェコの国家権に基づく独自の地位について、その前例と正当性の根拠とを示した。2巻にわたる『ボヘミアにおける県制度』（1889-93年）［CZ 1127-1128］という題の彼の作品はチェコ国制史の概説で、1620年が身分秩序的国制の最後を意味し、身分制下の諸機関から近代絶対主義国家の諸官庁が生じたことを明らかにしたが、絶対主義については多くの場合、その負の側面を前面に押し出した。もっと小さな研究の中では、過去数十年間におけるチェコの国制の発展についても論じ（『1848年以降における我が国の憲法の発展』1897年［CZ 1129］、「1848-65年におけるチェコ国家権の問題」1901年［CZ 1130］）、いくつかの研究においては地方自治制度の問題にも取り組んだ［CZ 1131-1132］。

J.チェラコフスキー（1846-1914）は、プラハのチェコ語大学において最初のチェコ法制史教授となり、B.リーゲルよりも関心は多方面に及んで、研究は堅実だったが、公共生活においてもかなり重要な活動を行なったにせよ、戦闘的な国民意識の点では彼に及ばなかった。教授に任命されるまでは、長いこと文書館司書を務め、一時期はプラハ市文書館の館長でもあり、都市の発展が彼の本当の専門領域であった。議会における都市の役割に関する最初の論説（1869年）［CZ 1133-1134］が出された時、彼はまだ大学生だった。いくつもの論文において都市参事会の活動を論じ［CZ 1135-1137］、都市の法制史料についても書いた［CZ 1138-1139］。このテーマで大規模な史料集の刊行も計画したが、『ボヘミア王国都市法集成』という題名を与えられた叢書の最初の2巻を刊行しただけに終わった（1886-95年）［CZ 1140-1141］。その中には、プラハを構成する三市に関する最古のものから同時代に至るまでの特権状や、1225-1419年の地方の王国都市に関する特権状が含まれている。財務局裁判所については以前にも取り組んでいたが、1887年以降その記録を『アルヒーフ・チェスキー』から刊行し始め［CZ 1142-1144］、ヴラジスラフ2世（1456-1516）の時代におけるその活動を執筆した［CZ 1145-1146］。1900年にはチェコ法制史の概説を執筆したが［CZ 1147］、彼の場合にもこれはオットー百科事典の項目［CZ 1148］を膨らませたものであった。世紀初頭には、比較の手法を用いた都市の発展に関する研究をいくつか書いている［CZ 1149-1151］。

K.ヘネル（1861-1928）は教会法の教授で、異端に対する教皇の裁きについて（1890年）［CZ 1152］、ドイツ帝国〔神聖ローマ帝国〕教会裁判所をめぐる論争について（1913年）［CZ 1153-1154］などの歴史研究も書いたが、主著の『教会法の基礎』（1918-22年）［CZ 1155］は体系的な解説書である。冒頭の導入部にあたる歴史編も書きたかったのだが、これは実現しなかった。Fr.ヴァヴジーネク（1877-1944）は憲法の教授で、19世紀オーストリア憲法の諸問題を論じ、『チェコの政治』第2巻では1848年からのオーストリア憲法の発展を執筆（1907年）［CZ 1156］して、か

つてボヘミアが自らの国制上の分離を維持しつつ、神聖ローマ帝国と特殊な関係にあったように、各領邦はシスライタニア領域においても国制上の独自性を維持しなければならないと強調した。

第一義的には法学者であった法制史家たちの中にあって、J. カプラス（1880-1947）は唯一人、むしろ歴史学者だった、正確には歴史学者でもあった人物である。プラハ大学においてチェコ法制史の教授を務めた。初期の研究ではチェコ私法の問題を論じたが[CZ 1157-1159]、その後は彼も憲法に関心を移した。モラヴィア出自だったことを通して、殊にチェコの3番目の領邦であるシレジアに対して関心を寄せ、1906-08年にはオパヴァ公領〔シレジア領〕の残された法制史料や[CZ 1160-1161]、その他の史料を刊行し[CZ 1162-1165]、シレジアにおけるチェコ語の公的地位に関する研究を書いた[CZ 1166]。変革〔1918年のチェコスロヴァキア建国〕以降にも一般向けの概説書、『チェコ領シレジアの歴史から』（1922年）[CZ 1167]を出版した。主著となった『チェコ王冠諸邦の法制史』（3巻、1913-20年）[CZ 1168-1171]は、学問的価値において、かつてのH. イレチェクによる総合に取って代わった。

カプラスもテーマを広く解釈し、国家の発展も属領諸邦とシレジアの喪失部分も存分に取り上げ、法の発展と並べて国家機構についても同様に論じた。すでに世界大戦中に君主国に反対する側に加わって評論活動を展開し、1918年以降になるとさらに公共生活に深入りして、チェコスロヴァキア国家の領土獲得のための闘いにも参加した。『チェコ国家の歴史的発展と今日の形態』（1920年）[CZ 1172]や、すでに1918年に出された「チェコ国家の一部としてのチェシーン地方」[CZ 1173-1175]は特徴的である。「チェコ国家における大所領と限嗣相続領」（1918年）[CZ 1176-1177]という題の研究においては、大規模な土地改革を支持する法的議論を展開した。1930年代に入ると、公共生活の他にはもう小さな研究にしか時間を割くことができず、チェコ諸政党の構想の変遷を論じた「変革までのチェコの政治綱領によせて」（1932年）[CZ 1178-1179]や（全く異なるテーマで）「チェコ法における神明裁判」（1933年）[CZ 1180-1181]などを著した。彼の業績の中でいっそう重要な部分を占めていたのは教育であり、法制史学派を築き上げ、弟子たちが学位論文を刊行できるように叢書を設けた。

B. バクサ（1874-1942）は、オーストリア帝国法制史で教授資格を取得し、1918年の後にブルノ大学においてチェコ法制史の教授となった。カプラスと同様に彼も評論活動を展開したが、その研究は狭義の国制上の問題から議会主義にまで及んだ。初期の研究は相当な文書館資料に基づいたもので、『レオポルト〔2世、1747-92〕復古から近代的転換の始まりに至るまでのチェコ諸邦における公法史によせて』（1906年）[CZ 1182]、『1749-1848年のチェコ王冠諸邦における貴族その他等族の国家的帰属』（1908年）[CZ 1183]、「チェコ等族の憲法上の権利・自由の法的連続性についての推論」（1912年）[CZ 1184]といった題名を一瞥しただけでも、身分制秩序のもとでの〔チェコ諸邦の〕独自の地位を強調していることは明瞭に見て取れる。1913年に議会主義に関する一連の論文を書き始め[CZ 1185-1186]、1924年にはこれらをまとめて『議会と議会主義』[CZ 1187]の題で出版した。変革以降はむしろ概説的な教科書を著し、これらの中では新しい国家形態が国制上の正当性を有していることを主張した（『1848年までの中欧における公法史』1926年[CZ 1188]、『チェコスロヴァキア公法』1933年[CZ 1189]、『チェコスロヴァキア共和国の領域における法制史』1935年[CZ 1190]）。チェラコフスキーとカプラスは、国内の法的発展に基づいて、13世紀と1628年の領邦体制の改訂と1848年とに転換点を見出したのに対して、バクサは国家機構の独立性を前面に押し出し、このために1526年〔ハプスブルク家がボヘミア王位を獲得した〕と1749年〔マリア・テレジアのもとで国制改革が行なわれ、チェコとオーストリアに対する行財政上の中央官庁が一体化された〕に時代の区切りを置いた。彼はその政治活動のために、ドイツ占領下で処刑された。

5. 教会史

教会史には、すでに以前からある程度の前例が

あった。カトリックも福音派も同様にこれに携わった。プラハの聖堂参事会長となった A. ポドラハ（1865-1932）は、長いこと参事会の文書館司書を務め、世紀初頭に史料出版の叢書を二つもスタートさせ、1905 年にはプラハ大司教区文書館・図書館の出版物から［CZ 1191］、1908 年には 16-18 世紀のチェコ教会史史料から［CZ 1192］、史料集の編纂を始めた。これらの中でも価値の高いのが『聖職者議事要録 1395-1416 年』（1920-22 年）［CZ 1193］であり、フス派運動の始まりに多くの光を当てる。史料を研究書に加工することも二つ試みており、一つはイエズス会のコレギウムの歴史を 1654 年から修道会の解散まで論じ［CZ 1194］、もう一つはプラハ大司教区の歴史を 17 世紀末から 19 世紀初頭まで論じた［CZ 1195］。だが、どちらも未完に終わり、実際には研究というよりも史料を書き改めただけのものであった。美術史に対する自らの関心も教会史と融合させ、『チェコ王国の聖地』（7 巻、1907-13 年）［CZ 1196-1202］という題の作品の中で聖堂参事会文書館にある草稿の目録を公刊し、また文献目録はもう一つ、19 世紀におけるカトリックの宗教関連文献に関するもの（1912-23 年）［CZ 1203］を出版している。ブルノの神学〔校〕教授であった J. セドラーク（1871-1924）は、1914 年からその研究の一部を『チェコ宗教史によせた研究とテクスト』［CZ 1204-1207］という題で 3 巻の本にまとめ、1915 年の没後 500 周年には彼もフスの伝記を書き［CZ 1208］、いくつもの研究においてフスの神学的見解を論じ、彼の作品を多く出版し、しかるべき神学的知識によって、だが異端を敵視する強い偏見を持ってそれを分析した。ただし、彼はこの優れたチェコ人聖職者が異端となったことを残念がっていることを感じさせた。フスと論敵の間の神学論争や、ウィクリフとワルド派に見られるフスの見解の源泉にも触れた。

　福音派の教会史家たちは、激しい偏見を抱くことのなかった分、より客観的に書いた。G.A. スカルスキー（1857-1926）は、ウィーン大学の福音派神学部教授だったが、1918 年後にそこから〔福音派神学部の新設された〕プラハ大学に移った。1781 年までのオーストリアの福音派教会組織の歴史を書いた作品を 1898 年にドイツ語で出版し［CZ 1209］、同じ年に 1848-61 年の間の国家と福音派教会の関係を論じた［CZ 1210］。のちにはチェコ兄弟団の歴史にまつわるいくつかの問題に取り組み、兄弟団の記録やその他の史料を出版したが、彼はまだ極めて伝統的な年代記風のスタイルで書いた。より近代的な捉え方の教会史を代表したのが F. フレイサ（1867-1953）であり、彼も同様にプラハ大学の福音派神学部教授だった。『チェコの信仰告白、その成立、本質、歴史』［CZ 1211］という彼のモノグラフは 1912 年に出され、この中で 1575 年の信仰告白がフス主義と関連を持っており、したがってチェコの福音派は、フス派とチェコ兄弟団の継承者であるということを示し、彼はそれを理由に彼らをネオ＝ウトラクイストと呼んでいる。チェコ兄弟団の代表的人物についても、これとは別に書いている。1931 年には、ベドナーシュと共著で、ヨーゼフ 2 世の寛容令の成立と意義を分析した［CZ 1212］。1927 年にはプラハと中央ボヘミアの福音派教会教区の歴史を著し［CZ 1213］、1928 年にはパラツキーの福音派との関係を分析した［CZ 1214］。寛容令の後にボヘミアに入ったハンガリー人改革派牧師に取り組んだのは彼が初めてであり、1930 年には J. ヴェーグ（1755-1830）について［CZ 1215］、1931 年には J. サラトナイ（1758-1827）について［CZ 1216］、個別に伝記を著した。1938 年には「ビーラー・ホラ以前のモラヴィアにおけるルター主義、カルヴァン主義とウトラクイスム」［CZ 1217］という題で書いた他に、1939 年にもチェコ兄弟団の歴史についての研究を出したが［CZ 1218］、これらはむしろもうその当時の国民的な欲求を満足させようとしたものだった。

6. 歴史補助学

　歴史補助学の発展は、かなり遅くなるまで始まらなかった。実質的に、専門家にとって補助学が意味していたのは、史料出版を行なうことと、それに関連する方法論上の問題の解決、もしくは未解決な状態のことであり、古銭学のようないくつかの分野は善意の素人や収集家の領域にとどまっ

ていた。Fr. マレシュ（1850-1939）はウィーンの歴史学研究所でも学び、その後トシェボニにおけるシュヴァルツェンベルク家の文書庫の司書となった。「手稿」をめぐる論争においてはマサリクを手助けし、ボヘミアン・グラスの歴史について本を著し（1893 年）[CZ 1219]、当時刊行中だった叢書の中で、プラハ市の書式集を始めとする多くの史料を出版した[CZ 1220-1221]。F. タドラ（1844-1910）はマレシュとともに 1877 年に初めてヴァティカンに派遣された調査団のメンバーであり、その後プラハ大学図書館の館長となった。彼も多くの（不正確な）史料出版の編者であり、ルクセンブルク朝時代の国王尚書局とその書記官について出来のよくない研究を書いており[CZ 1222]、フス派時代以前のボヘミアの対外関係についても、これを実質的に対ドイツ関係に狭めた上で書いている[CZ 1223]。V. J. ノヴァーチェク（1852-1916）はトメクとヘフラーの教え子から国立文書館の館長となった人物で、14 世紀の史料の他に、パラツキーの 3 巻にわたる書簡集（1898-1911 年）[CZ 1224-1226]や小論集〔3 巻[CZ 1227-1229]のうちの第 2 巻）（1900 年）を出版した。職務上、長年にわたって彼が『アルヒーフ・チェスキー』の編集者を務めた。J. テイゲ（1862-1921）はプラハ市文書館の館長として都市史の年報を編集し、トメクが始めたプラハ市の地誌を引き継いだ[CZ 1230-1232]。

　補助学の最初の重要な代表者は、G. フリードリヒ（1871-1943）である。彼はチェコの文書形式学と古書体学を一挙にヨーロッパ的水準に引き上げた。ゴルとエムレルの教え子として出発して、ウィーンの歴史学研究所に勤務し、1898 年に補助学で教授資格を取得した。初期の研究では、中世の文書資料調査に役立てるために、君主の尚書局やその他の文書関連の問題に取り組んだ。プラハ大学における補助学の講座主任になったのはフリードリヒである。1198-1239 年における二人のモラヴィア辺境伯、ヴラジスラフ〔3 世インドジフ〕（?-1222、ボヘミア大公在位 1197、モラヴィア辺境伯在位 1197-1222）とプシェミスル・オタカル〔1 世〕（ボヘミア大公在位 1192-93、97-98、ボヘミア王在位 1198-1230）の尚書局とその文書について執筆し（1896 年）[CZ 1233]、この類の文書としてはボヘミア最古のものであるリトムニェジツェ聖堂参事会の設立文書を分析し（1901 年）[CZ 1234]、教皇ヨハネ 15 世が 993 年にブジェヴノフ修道院に与えた文書が本物であることを実証し（1905 年）[CZ 1235]、ライフラト修道院最古の二つの文書も（1906 年）[CZ 1236]、1409 年のクトナー・ホラの有名な勅令のテクストも分析した（1909 年）[CZ 1237]。ずっと後になってからだが、1927 年に古書体学の観点から「手稿」はハンカが書いたものであることを証明し、当時の字体ではない、他の場所に見られるハンカの筆跡に酷似した文字を、延々と列挙した[CZ 1238]。

　1900 年には『チェコ歴史学雑誌』において、文書集出版の原則についての自らの考えを表明した[CZ 1239]。これは中世ボヘミアの全文書の校訂版を準備する上で書かれたものだった。実際に、『ボヘミア王国文書集成（コーデクス）』の第 1 巻が 1904 年に出版され、1942 年に第 3 巻の 1 が出されて 1238 年まで到達した[CZ 1240-1242]（彼自身は 1310 年までいきたかった）。各文書すべてについて、どれほど本物であると見なすことができるのかを確定し、評釈も添えた。1904 年にはむしろ一般の読者に向けて、筆記芸術の遺産として文書をファクシミリ版で出版し[CZ 1243]、1908-35 年には教育上の目的から、国王文書を複写印刷して 3 巻にわたって出版した[CZ 1244]。同様に教育目的で、1898 年にはラテン語古書体学の教科書を[CZ 1245]、1934 年にはキリスト教暦学手引書を[CZ 1246]出版し、1919 年からはこの時に設立された文書館高等専門学校でも教鞭を取った。こうした活動をしながらも、伝統的な史料出版の仕事を続けることにも時間を割き、1918 年からは『アルヒーフ・チェスキー』の編集者も務めた。1380-1480 年に出された〔封主たる国王への復帰財産に関する宮廷裁判所の〕布告文を 4 巻にわたって出版し（1921-41 年）[CZ 1247-1252]、1382-1407 年の〔封臣間の封土をめぐる争いに関する同裁判所の〕召喚記録の最初の巻を出版し（1929 年）[CZ 1253]、チェラコフスキーの始めた財務局裁判所記録の出版を完成させた[CZ 1254]。

大体においてフリードリヒと同年代の L. クリツマン（1867-1943）は、将来を嘱望された人物で、フス主義の先駆に関して一連の研究を書き始め（1893-96 年）[CZ 1255-1257]、プラハのイェロニーム（?-1416）に対して 1410-12 年にウィーンで行なわれた裁判の記録や（1898 年）[CZ 1258]、1342-52 年における教皇クレメンス 6 世のチェコ関連の資料を出版した（1903 年）[CZ 1259]。1898 年には、モラヴィアのドウブラヴニツェ修道院の設立に関するもっと長編の研究に取りかかった[CZ 1260]のだが、完成することなく、彼自身は役人となってしまった。1919 年に、かつての総督府文書館が内務省文書館となり、研究機関に格上げされたこの文書館の館長となっても、役人のままであった。

H. コルマン（1864-1938）はエムレルの弟子で、『ヴァティカン史料集成』が始められた時にはローマで 3 年間を過ごし、布教聖省のチェコ関連資料の大部分は彼が出版した[CZ 1261-1265]。というのも、彼の関心は中世から 17 世紀に向かったからで、1898 年にはハラフ枢機卿（1598-1667）とウィーン宮廷の間の宗務関係交渉について研究を書き[CZ 1266]、ヴァレンシュタイン問題によせた研究も書いた[CZ 1267]。1923 年には布教聖省シリーズの最初の巻（1622-23 年に関する）が出され、1939 年にはこの組織全体に関するラテン語での紹介を書いた[CZ 1268]。クリツマンと同様に、結局のところ彼も嘱望された将来を実現することなく終わり、これ以後歴史研究を出すことはなかった。

J. トルフラーシュ（1840-1914）はボヘミア人文主義についていくつかの研究も物しているが（1892-94 年）[CZ 1269-1270]、後世に残る彼の作品はプラハ大学図書館所蔵の手稿に関する『ラテン語手稿カタログ』（2 巻、1905-06 年）[CZ 1271-1273]で（彼自身がこの図書館の司書だった）、これと並行して 1906 年には図書館が所蔵するチェコ語の手稿に関するカタログも出版した[CZ 1274]。

チェコで初めての紋章学〔研究〕は、1902 年に M. コラーシュ（1836-98）の遺稿から出版された（未完の）もので[CZ 1275]、ちなみに彼の書いたフス派運動のターボル派に関する研究も、死後の 1924 年になってしか出版されなかった[CZ 1276]。彼はギムナジウムの歴史学教師だったのだから、完全に素人というわけではなかった。

古銭学を最初に手がけたのは数学教師の J. スモリーク（1832-1915）で、彼は数学史からこのテーマに至り、素人だったにもかかわらず、1300-1547 年の間のプラハのグロシュ貨について（1894 年）[CZ 1277]とか、モラヴィア分国侯のデナリウス貨について（1896 年）[CZ 1278]とか、3 人のボレスラフとヴラジヴォイ〔いずれもボヘミア大公、ボレスラフ 1 世（?-967/72）、2 世（?-999?）、3 世（?-1037）、ヴラジヴォイ（?-1003）〕のデナリウス貨について（1899 年）[CZ 1279]信頼できる研究を物し、『文と絵で見るオーストリア＝ハンガリー君主国』〔世紀末に編纂された、君主国を構成する各領邦を紹介する美装の叢書〕シリーズのためにボヘミアの造幣の発展を初めてまとめたのは彼であった[CZ 1280]。もう一人の素人収集家で技師の E. フィアラ（1855-1924）は、その作品においてボレスラフ 2 世から 13 世紀末までのチェコのデナリウス貨の発展を紹介した（1895 年）[CZ 1281]。

7. 地方史

地方史には、重要な歴史学者の中でもネイェドリーのように何人かが取り組んでいたが、その他にも、時には有用な情報を集めることもあった実に多くの熱心な好事家たちが取り組んでいた。それでも、幾人かの名前と情報は指摘しなければならないし、特にモラヴィア史に取り組んだ人々には触れないわけにはいかない。Ř. T. ヴォルニー（1793-1871）は、ライフラトのベネディクト会修道士であり、まずドイツ語で修道院の歴史を書き[CZ 1282]、それから（重要なのはこちらである）多くの地方史料も用いて二つの大作、『地誌・統計・歴史に見るモラヴィア辺境伯領』（6 巻、1835-42 年）[CZ 1283-1289]と、『モラヴィア教会地誌』（9 巻、1857-63 年）[CZ 1290-1300]を物した。A. セドラーチェク（1843-1926）はギムナジウム教師や文書館司書を務め、文化史に携わろう

として、それを整理する原理を地誌の中に見出した。彼の代表作は、1882-1927年に15巻にわたって出版された『チェコ王国の城・城館・防塁』[CZ 1301-1316]である。郡ごとに、その中でも所領ごとに進んで、それでもついには完成させることができた（最後の巻は死後出版だったにせよ）。対象に対する彼のロマン主義的な思い入れは別としても、実に多くの信頼できる情報をその大部分は原史料から集め、こうして封建的支配階級の社会・政治史にとってかなり大量の素材が積み上げられた。地方史事典も出版しており（1908年）[CZ 1317]、2巻にわたってボヘミア＝モラヴィア紋章学〔研究〕を物している（1902-25年）[CZ 1318-1319]。このため、補助学の項目に彼を置いてもよかっただろうが、その他の、例えば地名や度量衡に関して収集した情報は、晩年になって素材のままで公にされた（1920、23年）[CZ 1320-1321]。こうした仕事の他に、彼にはまだ狭義の地方史の作品を書く余裕もあった（例えば、3巻に及ぶピーセクの歴史、1911-13年[CZ 1322-1324]）。Fr. A. スラヴィーク（1846-1919）は中等学校教師で、『モラヴィア郷土学研究』[CZ 1325-1326]の編集者であり、三十年戦争後のモラヴィアの状況について価値のある作品を書いており（1892年）[CZ 1327]、前者で収集した素材の中では、いささか平民的な自意識を持って経済・社会史に関心を向け、同書では土地台帳史料も利用した。1906年にはモラヴィア・シレジアの都市と農村の紋章・印章を出版した[CZ 1328-1329]。また、ついでながら、1868-71年の政治闘争へのチェコの大学生の参加についても作品を著した（1874年）[CZ 1330]。V. プラセク（1843-1912）はシレジアの地方史家で、1888年から4巻にわたって『シレジア郷土学研究』を編集した[CZ 1331-1334]。J. ズカル（1841-1929）は、プラセクと同様に中等学校教師で、オパヴァ公領の歴史について出版した[CZ 1335-1338]。K. V. アダーメク（1868-1944）は東ボヘミアの地方史に携わり、18-19世紀の民衆の宗教運動[CZ 1339-1341]や18世紀の農民蜂起に関する史料も出版している（1928年）[CZ 1342-1343]が、すでにそれ以前にも18世紀の農民に関する研究を著していた（1897年）[CZ 1344]。

世紀転換期には、正規の大学教育を受けた歴史学者たちの中からも、まずは地方史に向かうという者が現れた。J. V. シマーク（1870-1941）は、北部・北東部ボヘミアの歴史を中世から19世紀に至るまで多面的に調査した人物で、組織者としての才能を発揮して、他の人々もその調査に巻き込んだ。政治史よりもはるかに経済や社会の発展、特に植民に対して関心を向け、これらの問題について多くの作品を公表した。「チェコの郷土学の状況と課題について」[CZ 1345]という題で、学際的なものとして想定された新しい研究領域に関する指針も発表している。その他に、中世の歴史家たちに関する優れた研究も書いており、これは1918年に発表された[CZ 1346]。彼が関心を寄せたのは、彼らの資料価値である。新しい共和国が成立すると、一般向けの概説史として出された『チェコスロヴァキア年代記』という題の作品のために、中世史をカレル4世まで執筆した[CZ 1347-1350]。

最後に、モラヴィア史に取り組んだR. ドヴォジャーク（1861-1919）に触れなければならない。彼は1792-1835年と1835-48年のモラヴィア議会の書類を出版し[CZ 1351-1352]、1821年に勃発した最後の反賦役蜂起についての歴史研究を物し（1907年）[CZ 1353]、警察の報告書に基づいて農民たちがどう見ていたのかまで推測しようと試みている。彼の主著は5巻にわたる『モラヴィア史』（1899-1905年）[CZ 1354-1359]であり、1848年まで書き及んだが、ほとんど内部の政治的展開しか扱われていない。しかしながら、『モラヴィア辺境伯領史』という一般向けの短い作品（1906年）[CZ 1360]からは、ドヴォジャークが広範なヨーロッパ的連関にも目を向けていたことがうかがえる。

8. 考古学

チェコでも考古学は他の歴史研究から分離していったが、それでも、考古学はスラヴ人と関連を持つことから重要と見なされ、このために、歴史学者たちも少なくともその主要な成果には注意を

払っていた。その出発点については、シャファーリクを思い起こさなければならない。しかしながら、(その領域的な意味における)チェコ考古学の創設者はJ.E.ヴォツェル(1802-71)である。いささか考古学のパラツキーといった趣があるが、それは単に彼も独学の人であり、ついでに詩人でもあり、一時期は大貴族の家で家庭教師を務めていたからに過ぎない。ここで並行性は終わり、1850年にヴォツェルはプラハ大学の考古学教授となった。これは、1845年にドイツ語で出された彼の『チェコ考古学の基礎』[CZ 1361]という本のおかげであり、この中で彼は、当時知られていた異教時代・キリスト教時代の芸術遺産の概観を行なった。考古学と美術史への関心は、当時の一般的な認識においてもまだ分離していなかった。大学教授に任命されてから、彼は先史時代チェコの包括的な歴史を執筆することを自らの義務と感じた。この準備のために書かれたのが「考古学的並行性」(1853-55年)[CZ 1362]という題の一連の研究であり、彼はスラヴ時代を超えて以前に遡ろうと試みている。実際に概説を書き上げ、しかももうチェコ語で書かれている『チェコ地方の先史時代』(1868年)[CZ 1363]では、大部分は思いがけない発掘の結果であった当時知られていた資料をまとめて、ケルト時代とスラヴ時代に整理することを試みた。スラヴ時代に関しては言語史料にも重要性を認めた。世紀転換期まではこれが唯一の概説であった。その他に、ヴォツェルはチェコの中世美術史について、とりわけゴシック期のパネル画やミニアチュールについて多くの個別研究を発表した[CZ 1364-1366]。もちろん、対象を記述する基本的手法にとどまった。

考古学は世紀転換期にはもう成人に達していたのだが、ヴォツェルの世代よりはるか後にくるJ.L.ピーチ(1847-1911)も、まだこの同じ手法を用いていた。ギムナジウムの教師だった時には、スラヴ人とルーマニア人の歴史に民族誌と国制の観点から取り組もうとし、1882年に出された『ハンガリー国家権に対する国民闘争』[CZ 1367]というパンフレットの中ではスロヴァキア人への自治を要求した。スラヴ・オーストリア史で教授資格を取得したのは、その翌年のことである。もとは古い時代のスラヴ文化について本を著そうとして、そのために1887年に論文を発表し始めたのだが、じきに文字史料だけでは十分でないことに気がつき、こうして彼は考古学者になった。『ロシア国民の歴史』(1889年)[CZ 1368]は、以前の構想から生まれたものである。ピーチは1890年代に改組された国民博物館の考古学コレクションの管理者となったが、大学に採用されなかったことに憤慨していた。1889年に始めた現地調査について初めて報告を行なったのが1893年のことであり、1893-97年にかけて、中央ボヘミアの発掘の成果について、3巻にわたって多くの挿絵を交えた詳細な概観を行なった[CZ 1369-1371]。ヴォツェルに代わる概説となる『チェコ地方の古事(古代)』は3部、6巻に及ぶものだった(1899-1909年)[CZ 1372-1378]。この頃にはもう多くの実践を積み、外国の比較可能な出土品もよく知っていた。存在する資料をうまく整理して、先史時代、歴史時代の始まり(民族移動の時代といってもよいだろう)、そして(チェコ人)大公時代の三つの時代を区別した。多くの功績もあったが、多くの誤りも犯し、ニーデルレやブフテラら大学の考古学者たちは、すでに1巻目からこのことを指摘していた。しかしながら、ピーチは長い間これを認めようとせず(後の巻でも、論敵の見解に歩み寄りを見せたに過ぎなかった)、自分の抱いた先入観にあくまで固執した。この頃になると、彼はもう考古資料にしか信を置かず、これに反する文字史料の証言は無視した。チェコ地方に新石器文化の存在を認めず、ラウジッツ文化を一義的にスラヴ人のものとして、スラヴ人の故地をドイツ東部地方に求めた。チェコ史の初期の時代については、彼によって奴隷身分とされたかつての原住民の末裔と、自由人であるスラヴ人とを区別した。チェコ国民は、この二つの要素の融合から生じたとされた。

ピーチを批判した一人、L.ニーデルレ(1865-1944)は、チェコ考古学において初めて世界的な水準に立った、その著名な代表的研究者である。外国留学中、最初は民族誌に対しても興味を示し、マサリクの影響を受けて原始文化に関心を寄せ、他の人々には古典古代の考古学に携わることを勧

められたが（チェコ地方にはその基礎があまりなかった）、1893年のロシア留学の後にスラヴ先史時代に取り組むことを決意した。初期の研究においては人類学の理論的問題とそれまでの発展を論じ[CZ 1379-1382]、先史時代一般についていくつもの研究を物した[CZ 1383-1384]。プラハ大学では民族誌と先史考古学の教授となった。初期スラヴ史に関するいくつかの予備的研究を書いた後に、シャファーリクに敬意を表して、同じ『スラヴ古事（古代）』という題を冠した、彼の代表作となる作品を1902年から発表し始めた。各6巻からなる2部構成を予定された本書の第1部は、スラヴ人の故地と分散移住の模様を論じた歴史部分で[CZ 1385-1389]、1911年に刊行の始まった第2部は、広義のスラヴ文化を扱ったものであった（題名も『古代スラヴ人の生活』である）[CZ 1390-1396]。後者は1925年までかかって第5巻までしか完成せず、それは古い時代のスラヴ法を論じる巻の執筆に、自分は専門分野的に適任でないとして、他人にこれを委ねた（委任されたカドレツはこれを完成できなかった）ためであった。この全11巻は、本当に印象的な総合的概論である（1923-26年には短縮版をフランス語でも出版した[CZ 1397-1398]）。文字史料、考古学的出土品、同時代の民族誌的素材のいずれをも利用し、限定的に仮説も援用して、スラヴ人の初期の発展に関して、実際のところおおまかには今日に至るまでも有効な像を描いたのである。もっとも、のちの調査によって細部は多くの修正を被ることになったし、前史について後代の考古学者たちはもっと多くを知っている。その後は、ビザンツの影響に関する部分的研究を著した[CZ 1399-1400]。もう一つの作品、『スラヴ世界』（1909年）[CZ 1401-1402]でもシャファーリクに倣い、当時の状況を地理と統計の観点から描き出した。1912年に出されたスラヴ人の民族誌地図は[CZ 1403-1404]、これに関連するものだった（スロヴァキア人に関しては、すでに1903年にこうしたものを出していた[CZ 1405]）。20世紀初頭のチェコ人歴史学者の中で、外国において飛び抜けて最もよく知られていたのが彼であった（もちろん、これは彼のテーマとも関連していたし、業績が世界的言語でも発表されたことにもよっていた）。

K. ブフテラ（1864-1946）は、法学部出身だったが、ニーデルレの影響で考古学者になった。ピーチの批判者として最初に名乗りを上げたのが彼だった。ドイツ語で発表された作品、「ボヘミアの前史、第1部、紀元頃までの北ボヘミア」[CZ 1406-1407]において、彼はこの地域にも新石器文化が存在したことを示した。1906年には同様にドイツ語で、ラウジッツとシレジアの焼畑農耕文化のボヘミアにおける遺跡を分析し[CZ 1408-1409]、1910年には教育上の目的から、ニーデルレと共著でチェコ考古学の手引書を出版した[CZ 1410]。

ニーデルレがスラヴ人に関して、ブフテラがボヘミアに関して行なったことを、モラヴィアにおいて継承したのが、ブルノの博物館員だったI.L. チェルヴィンカ（1869-1952）で、彼もブフテラと同じように他の専攻から考古学にたどり着いた（元来は土木技師であった）。もう1902年にはモラヴィアの先史時代を短くまとめており[CZ 1411]、1911年にはこれから焼畑農耕文化に関する作品が生まれ[CZ 1412]、その中で彼はラウジッツ文化をスラヴ人の先祖と見なした（ニーデルレはこの点に懐疑的だった）。1908-11年には『モラヴィア古事（古代）』[CZ 1413-1414]を公刊し、スラヴ時代の土塁に関する多くの資料に基づいて、文字史料に登場する場所の特定を試みた。大モラヴィア国について数多くの論文を執筆し、『モラヴィアのスラヴ人と大モラヴィア国』はこれらを集めて1冊にまとめたものである（1928年）[CZ 1415]。

9. 世界史

近代チェコ歴史叙述は国民的課題から生まれ、そこから成長したのだから、祖国の歴史を研究することをその第一義的な任務と見なしていたのは、当然のことに過ぎなかった。もっとも、歴史叙述も成人に達すると、これを幅広いヨーロッパ的視座に置かなければならないことは認識していたが、他でもない世界史に携わることは（一つを例外として）むしろ周辺的な現象だった。この周辺的な性格は古代史研究にも当てはまることで、この点

にはボヘミア＝モラヴィア領域がかつてのローマ帝国領ではなかったことが役割を演じており、したがって、古代史への関心は内部から生じる学問的な要請というよりは、むしろ奉仕活動の類であった。時代的にも、最初の代表者を見出すのに、さほど遡る必要はない。

J. V. プラーシェク（1853-1924）は中等学校の教師で、一般向けに二次文献を焼き直す著述家と独自の研究者との間に位置していた。古代オリエント諸国の歴史（2 巻、1900-02 年）[CZ 1416-1417]、ギリシアの歴史（2 巻、1916-21 年）[CZ 1418-1419]、それとは別にメディアとペルシアの歴史（ドイツ語、2 巻、1906-10 年）[CZ 1420-1422]を書き、最後のものが最も優れているといわれる。E. ペロウトカ（1860-1912）は古典文献学の教育を受け、プラハ大学で最初の古代史教授となった。帝政時代と哲学に関心を持ち、ユリアヌス帝について書き（1902 年）[CZ 1423-1424]、また、マルクス・アウレリウス帝の『自省録』を訳して序文を書いた（1908 年）[CZ 1425]。この他に、ギリシアに関する長編の総合的通史を出版しようとしたが、先史時代を論じた第 1 巻までしかいかなかった[CZ 1426]。J（ヨゼフ）. ヴァンチュラ（1870-1930）はローマ法の教授で、パピルス学とエジプトの土地台帳に取り組み、共和政ローマの農業法を執筆した（1908 年）[CZ 1427]。

この周辺的領域の中で唯一の傑出した、しかもニーデルレと同じようにヨーロッパ規模でそうだった人物が、プラハ大学においてオリエント学教授を務めた、アッシリア研究者の B. フロズニー（1879-1952）である。楔形文字で記されたボアズキョイの出土品に基づくヒッタイト語の解読は世界的な発見であり、『ボアズキョイ出土のヒッタイト語楔形文字文』[CZ 1428]は 1919 年にドイツ語で発表され、1922 年には『ヒッタイト法典』[CZ 1429]がフランス語で、1933-37 年には象形文字で書かれたヒッタイト語の碑文を同じくフランス語で公刊した[CZ 1430]。1939 年には『最古の民族移動と前インダス文明の問題について』[CZ 1431-1432]という題の作品を著した。フロズニーは例外的な成果を収めた例外的な人物であり、ここではこれくらい簡単に思い起こすことで十分である。なぜなら、彼はチェコの歴史叙述の発展にはほとんど関係なかったからである。

10. スラヴ史

すでに触れたように、チェコの歴史叙述が世界史の領域で価値のあることを述べることができた例外が一つだけあり、それがスラヴ史の問題であった。チェコが 19 世紀の過程で最も市民〔社会〕化し、最も先進的でありながら、多民族国家の中に閉じ込められたスラヴ系の国民であったことが、これとどのように関連していたのかを詳しく説明する必要はおそらくないだろう。もうずっと以前から、国民意識は他のスラヴ系の兄弟の中に解放の道を、あるいは少なくともその証明を探してきた。すでにシャファーリクを動かしていたのもこれであったし、ニーデルレはこれを基にして偉大な学者となった。歴史学者の中にはこの他にもまだ何人か、政治を抜きにしても、この問題を真剣に捉えて、後世に残る学問的な成果を上げる者が現れた。

もちろん、時系列上最初に触れなければならない人物については、後者の点は当てはまらない。それでも、J. パイスケル（1851-1933）はドイツ留学の過程でランプレヒトとマイツェンから近代的な新しい観点を学び[CZ 1433]、政治史からの脱却の一助になろうとしたのであって、ドイツで始められた試みを 1894 年に「社会史の始まり」[CZ 1434]という題で紹介しており、彼自身も自らを文化・社会史家と捉えて、1918 年以後は実際にプラハ大学哲学部において経済・社会史の教授となった。のちには、理学部において全くもって独自の学問領域を教授し、それは、もしこういう表現があるとすれば、自然科学の文化学とでも呼ぶべきものであった。定住史の分野において、土地台帳の地図から時代を遡って農業の発展を再構成する手法を始めたのは彼であり、のちにシュスタとペカシュは彼からこれを学んだ。しかしながら、スラヴ人の発展に関する彼の学説は大きな反発を呼び、実際にこれは失敗であったといってよいだろう。1905 年に、「古代におけるスラヴ人のテュルク＝タタール人とゲルマン人との関係、お

よびその社会史的意義」[CZ 1435-1436]という題で彼の研究がドイツ語で出された。その中で彼は、牧畜は後者の特権であり、スラヴ人は農業のみに携わる従属的な奴隷であったと主張した。1910 年に同じくドイツ語で出された「スラヴ考古学の新しい基礎」[CZ 1437-1438]という題の作品においても、彼がスラヴ人の移住の歴史を執筆した『ケンブリッジ版中世史』[CZ 1439]においても、1921 年にチェコ語で出された『我々の祖先とその遺産』[CZ 1440]においても、これを引き続き唱えた。しかしながら、この最後のものは、もうニーデルレや言語学者の J. ヤンコ（1869-1947）が唱えた根拠ある主張[CZ 1441-1443]に対する後衛戦であった。スラヴ人が隷属民であり、貴族がテュルク人・ゲルマン人出自の指導層から生じたという主張は、国民的自尊心には我慢できないものであったが、このような極端な形では学問的にも否定されたのである。

シャファーリクの孫にあたる K. イレチェク（1854-1918）は、パイスケルとは異なって一様に評価され、それもより高い評価を、彼よりもずっと前のまだ若い時分に獲得した。そのブルガリア史〔研究〕のおかげで、1878 年以後の解放後のブルガリア〔公国〕において短期間文部大臣を務めた。若い頃ウィーンで過ごした後、プラハのドイツ語大学で准教授となり、その後 1883-93 年の間はチェコ語大学で教授を務めたが、1893 年にウィーン大学にスラヴ文献学・考古学講座の主任として招かれ、彼の作品はほとんどドイツ語で発表された。それでも、彼はチェコ歴史叙述の発展の有機的な一部をなしている。彼は 22 歳で著した『ブルガリア国民史』（1876 年）[CZ 1444-1445]によって一挙に名声を得たが、これは根拠のないことではない。なぜなら同書は、可能な範囲で一次史料に基づいて、中世ブルガリア国家とオスマン支配期に関する知識をまとめ上げた最初の学問的な総合だったからである。すでにここにおいて、文学史、文献学、民族誌にも関心を抱き、これらの成果も利用するという彼の長所（と、時には短所）が現れていた。ブルガリアは彼の関心の地平上に長いこととどまって、1891 年には再興したブルガリアの現代史を紹介した[CZ 1446]が、じきにバルカンの他の人々にも関心を向けた。ドゥブロヴニク（ラグーザ）の中世と 18 世紀の歴史について本を出し[CZ 1447]、ロマンス語系集団のバルカンにおける役割には熱心に取り組んで、これについて 3 巻に及ぶ作品を著し（『中世ダルマチア諸都市におけるロマンス系住民』1901-04 年[CZ 1448]）、晩年の数年はセルビア人について同様に深く取り組んで、1911-18 年には『セルビア史』[CZ 1449-1450]を出した。この作品はもう完成させることができなかったが、1912-19 年に出された『中世セルビアにおける国家と社会』[CZ 1451]という作品は、少なくとも中世セルビアに関する限りほとんど全体に及ぶ、これも一次史料に基づく像を与えるものであった。そうはいっても、彼はチェコ語でも研究を著しており、例えば「南スラヴ人の間での P. J. シャファジーク〔シャファーリク〕」（1895 年）[CZ 1452-1453]では、彼のノヴィ・サド時代とそこでの影響を論じた。

ゴルとエムレルの教え子であった Fr. ヒーブル（1875-1929）も、最初はゴルに倣って分析的研究とチェコ中世史に引かれたが、結局はイレチェクの例に倣うことになった。初期の研究は前者のテーマに関するもので、「ボヘミア・モラヴィアにおけるフランチェスコ会の始まり」（1896 年）[CZ 1454]では、13-14 世紀におけるその普及と影響とを紹介し、1898 年にはクヴェルフルトのブルーノ（974 頃-1009）と彼の書いた聖ヴォイチェフ（アダルベルトゥス）に関する伝承について執筆した[CZ 1455]。彼の関心は初期チェコ史からスラヴ語典礼問題へと至り、それを経て正教スラヴ人へと向かった。1908 年にモラヴィアの 9 世紀のスラヴ語典礼を分析した優れた研究を発表し[CZ 1456]、この研究は、このテーマに関して西方と東方のキリスト教という二つの世界の対決を示したものであった。キュリロスとメトディオスの弟子の一人、ナウムに関するある伝記が、彼の関心をブルガリア史に向けることになり[CZ 1457]、1919 年にはもう中世ブルガリア史によせた研究を公にし[CZ 1458]、それ以降ブルガリアをテーマとする研究の数が増えていった。ここから生まれたのが、1930 年に（死後に）出版された 2 巻の『ブルガリア国民の歴史』[CZ 1459]であり、彼

はこの中で最新のブルガリアの研究を利用しただけでなく、イレチェクと同じように自身も史料を用いて、だがイレチェクとは異なってもう新しい独立ブルガリア〔王国（1908年-）〕の歴史も書くことができた。以後長いこと、これがブルガリア史の最も詳細で学問的な水準の総合としての地位を保った。一般向けのローマ史も書き（1914-16年）[CZ 1460-1462]、2巻にわたって古代史全体を描き（1924-25年）[CZ 1463-1464]、『チェコの政治』の第1巻にオーストリア＝ハンガリー君主国の領土的変遷と民族構成の歴史を執筆した（1906年）[CZ 1465]ことは、彼の多面性を示している。

ヒーブルは、誘われたものの、決して教壇には立たなかった。プラハ大学でスラヴ・東欧史の最初の教授となったのは、J. ビドロ（1868-1937）であった。イレチェクのバルカンに対する関心を、彼は全東ヨーロッパに広げたのだが、正確には彼が東ヨーロッパと捉えた地域に広げたのであり、彼はこれを正教会の領域と同一視した。若い頃は聖職者になるはずだったのだが、この道を捨て、その後、彼のローマに対する敵意は、時に彼の歴史への見方を歪めることになった。彼はゴルの弟子で、例外的に留学の針路を西ではなくて東にとり、クラクフ、サンクトペテルブルク、モスクワで学び、ポーランド語とロシア語を習得した。前者を身につけたのは、何よりもポーランドに亡命したチェコ兄弟団の歴史に取り組むためであった。なぜなら、これが彼の最初のテーマだったからであり、その後、ここから彼の関心はビザンツと東ヨーロッパに向かったのである。もちろん、チェコ兄弟団をテーマに西欧の文書館での調査も続け、1900-32年の間に4巻にわたって『最初の亡命期の兄弟団』[CZ 1466-1469]という題の作品を著し、彼らの教義の発展（これは、時の経過とともに、彼らをカルヴァン派に結びつけることになった）、教会組織、学校や文化生活をも詳細に論じ、ポーランドでの亡命に多くの積極的側面を見出した。1915-23年には、兄弟団の1437-1524年の間の書類を刊行し[CZ 1470-1471]、この続きは出されなかったが、モノグラフが部分的にはこれを補った。

東ヨーロッパとビザンツについて、最初は例えば19世紀ロシア史（1907年）[CZ 1472-1473]のようなむしろ一般向けの性格の作品を書いていたが、その間にスラヴ人全体の歴史に関する彼なりの捉え方が生まれ（1911年にはこれに関する研究を執筆した[CZ 1474]）、そこでは宗教の分断と関連した西方と東方への結びつきの二重性が強調されていた。1912年には彼も編集に参加した論集（『スラヴ人』[CZ 1475]）において、スラヴ人の歴史的発展[CZ 1476]と宗教・教会関係[CZ 1477]を執筆し、1923年にはブリュッセルで開かれた国際歴史学会議において、彼の東欧概念を披瀝した〔1923年のブリュッセル大会ではハレツキが持論を展開し、ビドロがそれへの批判として自分の東欧概念を披瀝したのは1933年のワルシャワ大会において[CZ 1478-1479]〕。その本質はビザンツとスラヴ人の二重性と正教とにあり、主要な問題は真の信仰を維持することであって、歴史的時代すらも正教をどれだけ純粋に維持できたか、いつ様々な異端の教えが前面に登場したかによって区分された。これはとても興味深い文化史的な捉え方（軽くスラヴ派的味つけを加えた）だが、もちろん問題の社会的基盤については触れられていない。『スラヴ人の歴史』という題の概説の中で詳細な説明を行なおうとしたのだが、1927年にその第1巻が公刊されただけに終わった[CZ 1480]。

この他に、あともう二人の法制史家に触れなければならない。K. カドレツ（1865-1928）は比較スラヴ法制史に携わり、プラハ大学における最初のスラヴ法教授となった。1898年にザドルガについて最初の長編の研究を著し[CZ 1481]、彼はこの大家族組織をスラヴ人の特殊性と見なした。南スラヴ人のテーマから派生したのが『ヴェルベーツィの三部法書とそこに収められたハンガリー貴族とクロアチア貴族の私法』（1902年）[CZ 1482]であり、ハンガリーの法的発展におけるスラヴ的要素の継受を示した。1903年に出された『ボスニアとヘルツェゴヴィナにおける農業法』[CZ 1483]では、南スラヴ人の法的発展に関するもっと一般的な像も描いている。しかし、ハンガリー・スラヴ比較には引き続き関心を引かれ、「ハンガリーとクロアチアの国制の主要な特徴」（1906年）[CZ 1484-1485]と、「古ハンガリーの国制」（1908年）

[CZ 1486]は、同様にこの関心から生じたものであり、時としてスラヴ的影響を過大評価することがあったにせよ、ハンガリーの法学者たちに、〔彼らが読んでいれば〕多くの熟考すべき論点を提供したはずのものだった。『スラヴ人』という題の論集には、スラヴ人の同時代における状況の概観を寄せた（1912年）[CZ 1487]。『スラヴ諸国とハンガリーにおけるヴラフ人とヴラフの法』（1916年）[CZ 1488]では、ヴラフ人は元来ルーマニア人と同じであるが、知られている多くのヴラフの法は、エトノスと無関係に羊飼いの生活様式に結びついていることを示した。『中欧における公法史』（1920年）[CZ 1489-1491]はいわば彼の研究の集大成であり、殊に中世におけるチェコ・ポーランド・ハンガリーの発展の並行性が幅広く比較されている。ニーデルレが欠落している〔『スラヴ古事（古代）』〕第12巻の執筆を彼に依頼したのは、当然のことだったが、これを果たすことはもうできなかった。同様に、スラヴ比較法制史の用語辞典にしても、そのために収集された素材しか残されていない。

　M. スティーベル（1865-1934）はプラハ大学におけるドイツ法制史の講座主任であり、これにふさわしく、まずはチェコ・ドイツ相互間の影響に関心を寄せ、1901年には上下オーストリアの行政にチェコ人集団が及ぼした影響を論じた[CZ 1492]。1910年には13-16世紀のチェコの国家条約を概観したが[CZ 1493]、やや後代の法学者の観点を遡らせて投影している。『境界裁判所』（1914年）[CZ 1494]は興味深い研究であり、再びまずはチェコ・オーストリア関係を事例に、相異なる法体系の中に生きる人々の間の紛争を検討した。カドレツと同じように彼も中欧公法史の概観を著し（1923年）[CZ 1495-1497]、同時に中欧の私法史も書いた（1923年）[CZ 1498-1499]。カドレツとは異なって教科書的なまとめに過ぎず、史料を用いたのは一部だけなのだが、これを犠牲にすることで彼は全体の概観を達成した。

　それと、この時期全体を通して、読者層の側から示された世界史的な問題に対する関心、もっと正確にいえば、おそらく外国の歴史に対する関心が、とても大きなものだったことには一言触れておいてよいだろう。数多くの（そして当然、読者にとって容易に読める）ドイツ語の文献と並んで、チェコの著者たちも二次文献の焼き直しを多く書いた。テーマと刊行年が興味を引くに過ぎないが、1849年にイギリス、ロシア、ドイツ、フランス史が、1853年にはアメリカ合衆国についての本がチェコの著者によって書かれ、その後、フランス革命とナポレオンが何度も書かれるテーマに昇進し、世紀転換期には自然科学と技術の歴史が書かれた。一般向けの本の著者の多くはジャーナリストであり、じきにチェコ史にも立ち返り、殊に、公式の歴史叙述は時期が近すぎるために扱わない、1848年以降の展開を書いた。

第3節　専門化した歴史叙述（1918年以降）

　何人かの著者の場合には、1918年以後の業績についてもすでに十分に取り上げたし、これらの著者たちとの関連で、すでにこの時代のいくつかの基本的な問題にも言及しなければならなかった。ここでようやく、1918年以後の展開に全面的に向き合う時が来た。

　『チェコ歴史学雑誌』の1918年の合冊号の最初の頁には（2年前には同じ場所で、皇帝にして国王フランツ・ヨーゼフの崩御が同様に特別に報じられていた）、ペカシュによって書かれた、ただし、レゼクの筆によるという者もいる（もっともJ.P. という頭文字は前者を示すが）、新たに獲得した自由〔独立〕への祝辞が掲載され[CZ 1500]、そこではチェコの歴史が（つまり、チェコの歴史叙述が）この自由を勝ち取ったと述べられていた。君主国からの解放、民主的共和国という国家形態の実現が、歴史叙述にとっても根本的に新しい状況を生み出したことは疑いない。

1. 制度的基盤

　このことは、何よりも歴史叙述の組織的枠組み

の拡大に現れた。1919 年にはすでに二つの新しいチェコ語、もしくはスロヴァキア語の大学が、ブルノ〔マサリク大学〕とブラチスラヴァ〔コメンスキー大学〕に設立された。世界大戦下の解放運動、まずもって国外組織や軍団の史資料の収集のために解放記念館文書館が設立された（数年後にこれは、現存する軍事史研究所に再編された）。プラハ大学にはチェコ福音派神学部が設置された。すべての文書館事業が新生国家の管理下に置かれ、早急に専門家を育成しなければならなかったので、この目的のために大学を卒業した学生向けの一種の大学院として国立文書館高等専門学校が設立された。1920 年には国立歴史学研究所が設立されたが、この研究所の任務は研究ではなくて、歴史学の成果の出版を世話することであった。しかしながら、研究機関も複数設立され、これには部分的にマサリクの 70 歳の誕生日に集められた国民の寄付が用いられた。1924 年には考古学研究所、1927 年にはスラヴ研究所と東洋研究所が設立された。かつての総督府文書館、いまや内務省文書館も同様に研究をも行なう学問的機関となった。ローマでは、何よりヴァティカンの文書館の調査を継続するために、ここにもチェコスロヴァキア歴史学研究所が設けられた。1935 年にチェコスロヴァキア歴史学協会が設立され、1937 年に最初のチェコスロヴァキア歴史学会議が開かれている。

雑誌の数も徐々に増えていった。1921 年から『宗教改革論集』が、1923 年からは『文書館学校雑誌』と解放の研究のための『我々の革命』が、1926 年からは『内務省文書館論集』が、1928 年からはまずもってフス主義の歴史に充てられた『南ボヘミア歴史論集』が、1929 年からは『系図学協会雑誌』が出版され、そして軍事史研究所の雑誌が 1932 年以降は『軍事史論集』の題で出版された。若いマルクス主義者たちは 1937 年に、『歴史と現代』という題で雑誌を発刊したが、これは 2 年しか続かなかった。組織的な枠組みや出版の可能性は、それまでも小さくなかったが、それと比べてもかつてないほどに拡大し、これらの可能性は存分に活用された。実際のところ、両大戦間期には歴史出版が多すぎたという意見さえあった。

〔第一次〕世界大戦の終戦以降、〔独立のもたらした〕自由はもっと広範に国外から情報を得ることを可能にし、これには例えばソ連の新しい歴史叙述への関心も含まれ、新しい精神に基づく歴史学の最初の成果については続々と紹介がなされた。

2. 歴史家たち

「チェコの自由〔独立〕は新しい歴史をも我々にもたらす」と 1918 年の祝辞には述べられていた。実際に、新しい状況にふさわしく、新しい歴史観が作り上げられることにもなった。なぜなら、いまやハプスブルク家に配慮することなく、国家的独立の高みから過ぎ去った時代を振り返ること、ハプスブルク支配を新たに、基本的にはもちろん否定的に、解釈することが可能となったからである。そして、この新しい歴史観は、どこかでスロヴァキア人も考慮に入れなければならなかった。

1918 年に『チェコ歴史学雑誌』はチェコの自由に言及していたが、新国家はチェコではなくてチェコスロヴァキアであり、チェコ人とスロヴァキア人とは公式の立場によれば一つの国民をなしていた。この立場を多くの歴史学者も受け入れ、こうした事例はすでにペカシュとクロフタの場合に見たところである。スロヴァキア人の反応については、彼らの章で取り上げることになる。チェコ人の歴史学者にとっては、この問題全体がやや突然のことであったし、ほとんど困難を意味してさえいた。1920 年に G. スカルスキーがホーマンの『ハンガリー貨幣史』[CZ 1501]を紹介する中で[CZ 1502]、今後はスロヴァキアのことも考慮しなければならないのだが、チェコ人の歴史学者たちはハンガリー語ができないということに、ほとんど不本意ながらも言及している。多くの者はチェコスロヴァキア国民単位の歴史という概念を、結局のところ、チェコの歴史、チェコ国家の歴史を書きながら、スロヴァキア人の発展も眺望するのだが、こちらはそのチェコ史の付録に過ぎないという形で、新しい捉え方の中に組み込んだ。スロヴァキア人の歴史は 1918 年まではハンガリー国家の枠組みの中で検討しなければならないとい

うすでに言及したクロフタの立場は、チェコ人の側でもスロヴァキア人の側でも、熱意を呼び起こすことはなかった。結局のところ、研究はチェコ史のテーマ設定の中にとどまったのである。

もう一つの言及すべき契機がある。チェコスロヴァキアのデモクラシーは多数の政党の存在を可能にしていた。場合によっては新しい名前でだが以前のものも残っていたし、共産党も含めて新しい政党も作られた。与党は権力にある立場を利用して、非公式に歴史叙述にも口を挟むことができた。この結果、1930年代にはもう歴史叙述が政党別に分節化し始めることになった。まずは最大の与党である農業党と、与党に加わったり、野党になったりした社会民主党とが多くの歴史学者を引きつけ、流行となった現代史をそれぞれの政党の捉え方に沿って描いたのである。1918年までは、国民問題が歴史叙述をおおむね統一していたのだが、そうした時期は終わった。のちに1930年代末になって、国民的脅威が再びチェコ史の意味の問題を提起することになる。

1918年以前には歴史叙述は（散発的な試みを除くと）認識論や方法論の問題にはあまり頭を悩ませなかったが、これはその後も変わらなかった。このような問題に取り組んでいたのは、共産党と結びついたマルクス主義者たちだけだが、彼らには学界内部で広範な影響を及ぼすことはできなかった。J. スラヴィークは1937年に、アナーキー、つまり方法論的無関心の時代はすでに黄昏れたと楽観的に書いたが［CZ 1503］、メンドルは学界を代表して、実質的にこれを否定したのだった［CZ 1504］。

もちろん立場は入れ替わったが、ボヘミア＝ドイツ人の歴史叙述との間で論争が恒常化し、これは以前よりも強くライヒ＝ドイツ人たちとの間の論争に拡大した。これに新しい契機としてハンガリーの歴史叙述との間の恒常的な論争が加わり、これにはチェコ人の歴史学者たちも最初から参加して、ハンガリー人たちは歪曲しており、スラヴ人集団を無視していると批判したが、多くの場合これは当たっていた。しかしながら、この論争はむしろ種々の否定を中心としたもので、つまるところ防御であった。のちの1938年になるとハロウペツキーが、防御から積極的な立場へと転換しなければならず、歴史叙述において常にそうであったように、新しい時代は新しい問題を提起するのだ、と原理的な表明を行なった。ハロウペツキーは論文の題名において、以前の捉え方を逆転させ、「現在は過去の教師である」［CZ 1505］と記した。

先行する時代の指導的な歴史学者たちはこの時期にも大部分まだ活動しており、彼らの業績についてはすでに触れた。しかしながら、この期間に発表された業績の大部分は、すでに1918年以前に教育を受け終えた、場合によってはすでに研究者の道を歩み始めていたような、新しい世代によるものであった。以下では、この世代をざっと概観しなければならない。

ウルバーネク

R. ウルバーネク（1877-1962）は、実質的には先行する世代に数えることもできるが、1920年になって初めてブルノ大学のチェコ史の教授となったので、彼から始めることにしよう。彼はまだゴルの弟子に属し、フス派時代とポジェブラディ期が最後まで彼の関心の中心にあった。いくつかの研究の中で古い歴史家たちを取り上げており、1935年には自分たちの世代を『オムラジナ』［CZ 1506］という題で紹介している。ちなみに、数多くの個別研究の他には、実質的に最後まで、代表作である『チェコ史』の中で彼の担当する時代に取り組んでいた。元来は1437-1526年の時期を書かなければならなかった。第3巻のうち、1437-56年までを扱った最初の2冊は、かなり早く1915-18年に刊行されたのだが、続編のポジェブラディ期を扱った2巻は、随分遅れて刊行された［CZ 1507-1511］。ウルバーネクにとって、ノヴォトニーよりもさらに事態を難しくしたことに、この時代はパラツキーとトメク以来、実質的に誰も研究してこなかったのであり、このために彼も基礎史料にまで遡らねばならず、それに応じてノヴォトニーと同じように、詳細にこの時期を論じることになった。彼はポジェブラディの中に自分の主人公を見出し、彼の絶対主義的な野心を強調した。彼の作品の中では国民意識の検討が一つの筋

をなしていたのだが、ただこれはまさに多くの細部の中で失われてしまった。

　ウルバーネクは別個の研究の中でもこの問題を取り上げており（「チェコのメシアニズムの始まり」1929 年[CZ 1512]、「英雄時代におけるチェコのメシアニズム」1930 年[CZ 1513]）、ポジェブラディについては『フス派の王』[CZ 1514]という題で 1926 年に一般向けの概説も書いており、またラディスラウスの死に対してポジェブラディは無実だったことを明らかにしている（1924 年）[CZ 1515]。複数回にわたる論文の中でチェコ人のナイーヴな君主主義を扱った（1915-18 年）[CZ 1516-1517]。当然のように彼もフス派のテーマ群の魅力に抗うことはできず、1924 年にはジシュカの記憶が民衆の間に残ったこと[CZ 1518]、軍事史における彼の役割を論じ[CZ 1519]、1925 年にはジシュカの伝記を執筆して[CZ 1520]、1931 年に 500 周年を迎えた記念にドマジュリツェの合戦について[CZ 1521]、1934 年にはこれも 500 周年を迎えたリパニ戦役について、こちらは 2 本の研究を物し[CZ 1522-1523]、後者のうちの 1 本ではその詳細な軍事史的分析を行ない、もう 1 本ではその意義を強調した。その後にチェコ国民が二つの宗教に割れたこと、大土地所有の支配が後に続いたことから、それを悲劇と見なした。フス派の軍事史のその後の展開についてはもう仕上げることができず、ただ J. イスクラ（1400 頃-69 頃）の時代について研究を 1 本書いただけだった（1939 年）[CZ 1524]。別の研究ではウラースロー 1 世（1424-44）〔ハンガリー王。ポーランド王としてはウワディスワフ 3 世〕とヴァルナ戦役の問題を取り上げ[CZ 1525]、ウラースローが誓約に背いたことを悔いていたと考えた（シュスタはこれを信じなかったが、彼が当時のチェコの戦争について新しいことを書くことができたことは評価していた）。ウトラクイスト派の人文主義者たちについては、何本かの論文を書いている。世代の観点からのみならず、習性（ハビトゥス）においてもウルバーネクは前の時代の人物であり、確実に分析できる事実を恭しく尊重し、彼自身の時代はせいぜい何周年という記念の折に歴史学者の仕事に口を挟むことができるに過ぎないと考えていた。

ハロウペツキー

　まさにこの点で全く異なるタイプを代表していたのが V. ハロウペツキー（1882-1951）である。ペカシュの弟子で、ついでに才人気取りの詩人でもあり、ペカシュに倣ってチェコ中世史に関心を持ち、その中でもルクセンブルク朝期の文化史について、アヴィニョン教皇宮廷の文化的影響を書こうとした[CZ 1526-1527]。フス派時代にも触れて、同時代の神学論文に基づいて同時代人の農民の状態に関する意見を紹介し、その後に素描的に実際の状態も検討して、農奴が比較的よい状況で生活していたと考え（『フス主義における農民問題』1926 年[CZ 1528]）、フス派時代以前にすでに人文主義的啓蒙が存在したことを示した。しかしながら、1918 年には 1620 年以前に起きたある農民蜂起について書いており[CZ 1529]（この時にはまだロプコヴィツ家のロウドニツェにある文書館司書で、そこで資料を収集したのである）、また、1919 年にはチェコの過去について熱意にあふれた一般向けの研究を複数書いた。

　これに対して、1919 年にブラチスラヴァ大学のチェコスロヴァキア史の教授に任命されたことで、彼の扱うテーマに大きな転換が起こった。この時からスロヴァキアの問題群に取り組み始め、短期間で実によく調べた。1922 年に就任講義を『チェコスロヴァキア史』[CZ 1530]の題で刊行し、この中で、チェコスロヴァキアの国土は地理的にも一体をなしており、過去においても、それまで考えられていたよりもまとまりは大きかったということを示した。歴史とは支配者のみでなく民衆の歴史でもあるという主張をうまく利用したのだが、もっとも 1490 年以降は共通の王朝の存在も国民的一体性の発達に貢献したのであって、ちなみに、これはまさにスロヴァキア人たちが気づかせた点であった。すでに 1920 年には M. ホジャ（1878-1944）の業績を紹介する中で[CZ 1531-1532]、ハンガリー人たちが言い張る 1000 年にわたる国境なるものが国民の成立を妨げなかったこと、シトゥールの言語改革の重要性はまさにハンガリーからスロヴァキア人を切り離した点にあることに言

及した。

　スロヴァキアに関する調査の最初の成果が『古きスロヴァキア』（1923年）[CZ 1533]であり、この領域に関する中世における文書資料を詳細に見渡し、各地の地名も入念に利用して、その主張の中でこの領域の中世におけるスラヴ系住民の優位を示した。中部スロヴァキアが無人の状態だったことは彼も認めており、スロヴァキア人定住地の核を西部のニトラ周辺地方に見ていた。その2年後には、ザカルパッチャの中世の歴史を論じた[CZ 1534-1535]。1926年には、まずもって1086年の写本に残されたプラハ司教座の設立文書に基づいて、チェコ国家の東部国境を明らかにしようと試み[CZ 1536]、この当時にはハンガリー国家が決して、ハンガリー人の歴史学者たちが主張するほど、あるいは後期中世にそうなるほどには広くなかったことを示した。10-11世紀にはヴァーフ川が境界だったのである。それ以降は、史料が（チェコ側の立場を否定しないのと同じように）ハンガリー側の立場も「残念ながら」否定していないという表現は、彼が史料にこだわる学者であったことを示している。1927年には「聖ヴォイチェフ（アダルベルトゥス）の友人、ラドラ＝アナスタシウス」[CZ 1537-1538]という題で、ハンガリーにおけるキリスト教の受容に対するスラヴの影響を論じた。1934年にはジリナの14世紀のチェコ語で書かれた都市法書を[CZ 1539]、1937年にはスロヴァキアに関する文書、中でも15世紀にチェコ語で書かれたものを出版し[CZ 1540]、これらを国民語で記されたものと呼んだ。現代に対しても発言し、「マルティン宣言とその政治的運命」（1928年）[CZ 1541-1542]では、1918年10月のスロヴァキア人の宣言に関連して、スロヴァキア人たちの自治要求を批判し、『1918年のスロヴァキアをめぐる闘争』[CZ 1543]では、ハンガリー人との間の交渉において不利な停戦ラインでの合意に応じようとしたことでホジャを批判した。1938年にはブラチスラヴァ大学を去らねばならず、1939年にプラハ大学の講座においてペカシュの後任となって、再び初期中世チェコ史に立ち戻った[CZ 1544-1545]。このテーマに関しては、占領下においても彼には公刊することができたのである。

クトナルは彼を、ペカシュ同様にすべての時代を論じることのできた、しかもそれがチェコ史に限定されなかった、最後の普遍的歴史学者と呼んでいる。事実を尊重することと並んで、強い推論の能力も持ち合わせており、仮説を立てることに決して躊躇しなかった。現実政治上の任務に意識的に奉仕したが、常に、学問的良心に反することのないようにそうした。〔第二次世界大戦後の〕解放以後にも、多くを刊行した。

＊

　K. ストロウカル（1887-1957）はシュスタの弟子で、もともとは国民博物館の文書館司書として対抗宗教改革の始まりを研究していた[CZ 1546-1547]。のちには、プラハ大学で世界史の教授となった。初期の研究は、教皇の政策と皇帝の宮廷との間の関係（1925年）[CZ 1548]、プラハの教皇大使館の始まりとその対抗宗教改革における役割（1928年）[CZ 1549-1550]、スピネッリ教皇大使（1566-1616）によるルドルフ〔2世〕の素描（1930年）[CZ 1551]、1599-1608年におけるチェコ宮廷尚書局（1931年）[CZ 1552]といったように、16-17世紀転換期の諸問題を提起したものだった。「ビーラー・ホラ以前の時代におけるチェコ問題」（1934年）[CZ 1553]という題で、この時代について一般向けの概説も書いている。この頃には19世紀に関心が移り、Fr. L. リーゲルを研究して、家族との書簡（1930年）[CZ 1554]や、のちに彼と結婚したパラツキーの娘に宛てた恋文（1932年）[CZ 1555]を出版し、国民劇場建設に果たしたリーゲルの役割について書いている（1935年）[CZ 1556-1557]。思想史にも関心を持ち、記念の年に関連してチェコ史における〔929年（もしくは935年）に没したとされる〕聖ヴァーツラフの理念が持つ重要性を論じ（1929年）[CZ 1558]、1936年に『歴史における国民理念』[CZ 1559]という題で小さな総合を物した。1934-36年には『歴史を作った人々』という題の、愛郷的意図を持った叢書を編集し、その中で自らも執筆した[CZ 1560]。取り上げたのはチェコ史上の偉人たちに限られなかったが、それでもチェコ史偉人伝の方が本質的な事柄だった。

　J. ボロヴィチカ（1885-1971）は、国立文書館

の職員からブラチスラヴァ大学の近代世界史の教授となった。もともとは 17 世紀初頭の領邦議会に取り組まなければならず、このために外国の史資料も発掘し［CZ 1561］、この中にはルドルフ 2 世の時代のスペイン大使の報告書が含まれている。チェコの文書館事業に関しては独自の構想を持っており（「チェコ文書館事業の課題について」1915 年［CZ 1562］、「チェコ国家における文書館」1918 年［CZ 1563］）、近代的構造に再編することを望んでいた。ブラチスラヴァ大学に任命されてからは、対抗宗教改革の始まりについてのものを公表し［CZ 1564-1565］、1932 年には、ボチカイの運動に対する等族の関係について書いた［CZ 1566］。パラツキーの書簡集の出版を完成することを目指して［CZ 1567］、パラツキーの若い頃のイタリア旅行について複数の研究を書いている［CZ 1568-1569］。ブラチスラヴァでは、スロヴァキア史に対しても発言しなければならないと感じ、世界大戦下の亡命運動における M. R. シチェファーニク（1880-1919）の役割について［CZ 1570］や、1918 年の 5 月から 10 月の間のスロヴァキア人の動きについて［CZ 1571］論文を書いた。

J. H. オポチェンスキー（1885-1961）は文書館司書で、1918 年以降は外務省に勤めた。彼も対抗宗教改革の始まりから研究を始め、スラヴァタの回想録からの抜粋を出版し［CZ 1572］、ビーラー・ホラ以後の対抗宗教改革について概説を執筆し（1914 年）［CZ 1573］、これはヨーゼフ〔2 世〕の寛容令〔1781 年〕まで書き及んだ。1918 年以後は、19 世紀の諸問題に移り、アルザス＝ロレーヌ併合に対するチェコ人議員の抗議に関するフランス語の研究や（1930 年）［CZ 1574］、普仏戦争時のハンガリー人の態度について（1931 年）［CZ 1575］書いた。最も重要な、新資料を用いた研究は、チェコスロヴァキア国家の独立に関するもので、アンドラーシ（1860-1929）［Gy. アンドラーシ（子）、ハプスブルク君主国共通外相（1918 年 10-11 月）］の 1918 年 10 月 28 日付け覚書（ノート）の成立過程について（1925 年）［CZ 1576］、1918 年 10 月 14 日について（1926 年）［CZ 1577-1578］、チェコ政治指導者たちの 1918 年 10 月のスイス行きについて（1927 年）［CZ 1579］書いた。「1918 年 10 月 28 日に関する批判的覚書」［CZ 1580-1581］においては、史料批判の手法の適用を促し、回想録の比較検討の必要性を説いた。彼自身も、主として回想録に基づいて、1918 年における諸国民国家の成立を描き（1927 年）［CZ 1582］、君主国の崩壊を描いた本（1928 年）［CZ 1583］においてもそうだが、これによって当時の雰囲気をよく伝えることができた。もう 1 本、「戦争開始についてのオーストリア＝ハンガリーとドイツ帝国」（1932 年）［CZ 1584］という題で作品を書き、この中ではドイツの責任を強調した。『戦後世界史』（1933 年）［CZ 1585］という題の本は国別に重要な出来事を列挙したものに過ぎない。もちろん、何か統一的な捉え方を編み出すというのは、この時点ではまだ過大な要求だったであろう。

F. M. バルトシュ（1889-1972）はノヴォトニーの弟子で、フス派時代の研究に向かったのは彼の示唆によるものであった。文書館司書を務め、のちにプラハの福音派神学部の教授となり、当然ながらこの側面から運動を詳細に検討した（このために、ペカシュは彼を好まなかった）。細部の問題について実に多くのものを書き、このテーマには繰り返し立ち戻った。当時の神学論文に最も精通していたが、作者の特定に関しては時にあまりにも仮説に頼りすぎることがあり、この手法は彼の一般的な特徴でもあった（ペカシュが彼を好まなかったのは、明らかにこのためでもあった）。聖書の翻訳について［CZ 1586］、運動の代表的人物たちについて［CZ 1587-1590］、ジシュカとその時代について［CZ 1591］、多くの研究を書き、論文はテーマ別に分けて本にして出版した［CZ 1592-1593］。ちなみに、総合にたどり着いたのは 1947 年になってから（『フスの時代におけるボヘミア』［CZ 1594］）であり、この時点ではすでに時代遅れになっていたのだが、この時にもまだ何よりも宗教運動をそこに見出していた。（のちに書いた作品の中では、これを修正することになる。）中世の年代記にも取り組んだ［CZ 1595］。占領期にはその地位のおかげで、歴史的な比喩によって希望の火を絶やさないようにすることができた（『戦士と殉教者』1939 年［CZ 1596］、『チェコ

史上の幾人かの人物』1941年[CZ 1597])。

　K.カズブンダ(1888-1982)は外務省文書館の職員で、1918年以後の中央ウィーン文書館資料を国別に分割した際の主要な組織者の一人であったので、これに応じて、中でも警察資料その他の史料を詳しく知る人であった。このことが彼のテーマ選択も決定し、ハヴリーチェクを中心人物に据えて、1848年以前の時代にも遡りつつ、1848年以後のチェコの政治的諸問題を明らかにし[CZ 1598-1601]、また1867年のチェコ人のモスクワ行きについても書いている(1924年)[CZ 1602]。これらの研究においてすでに、公式資料を詳細に紹介し、ここからいわんとすることを組み立てるために、強いチェコ人意識によってバランスを取ろうと努めているのだが、不可避的にややオーストリア側の観点から物事を見ているという彼の特徴が明らかとなっている。最初の大部な研究は1848年におけるチェコ人の運動を、ウィーンの十月革命まで紹介したもので(1929年)[CZ 1603]、10月6日〔十月革命勃発の時点〕に転換点を見ていた。1930年代には時期的にさらに先に進んで、1860年代の政治闘争のいくつかの問題[CZ 1604-1607]、1871年のオーストリア・チェコ間における妥協の試みの失敗[CZ 1608]、1890年の交渉[CZ 1609]を論じた。情報が豊富でありながら、これをつまらなくする無味乾燥さという彼の作品の特徴は変わらなかった。プラハ大学の歴史学講座の研究にも着手し、1930年にはマリア・テレジアとヨーゼフ2世の時期についての部分的研究を出版した[CZ 1610](モノグラフの形では、1964-68年になってようやく、3巻本で完成した[CZ 1611-1613])。

　同様のテーマに取り組んだのが〔ブルノ〕工科大学の准教授であったH.トラウプ(1879-1942)で、まずもってモラヴィアの政治発展との関連で、保守派の政治的役割を取り上げた[CZ 1614-1615]。のちには、1848年革命の民主主義者たちに関心を向け、1848年に関する一般向けの概説を著し[CZ 1616]、1849年5月のチェコの陰謀について書かれた本は、多くの新しい情報を含んでいたが、史料の典拠が示されておらず(1929年)[CZ 1617]、その後1830年七月革命のチェコにおける反響について書いた(1932年)[CZ 1618]。老チェコ党のFr.L.リーゲルについて最初の伝記を書き(1922年)[CZ 1619]、これはその後も唯一のものである。彼の研究に対しては、当時すでに資料による裏づけが十分でない点が批判されており、同じ時代に関する資料出版の方がよい評価を受けている(『リーゲル演説集1868-78年』1923年[CZ 1620])。1926年には、『我が国の19世紀政治史』[CZ 1621]という一般向けの概説を物している。1939年のフリチの回想録からの抜粋[CZ 1622]には、明らかに政治的意味が込められていた。

　全く異なるタイプに属していたのがZd.カリスタ(1900-82)であり、若い頃には共産党に近い、J.ヴォルケル(1900-24)のようなタイプの詩人で、のちにはネオカトリック系の歴史学者となり、詩人であったことから文化史に対する感性を持ちつつ、そのカトリシズムからバロック期に対する積極的評価を持ち込んだ。初期の作品は17世紀の政治史上の問題を、通常の実証主義的手法で扱ったものだった[CZ 1623]。じきに、若干精神史的な手法を交えて、それぞれの時代の「精神」に関心を寄せるようになり、まずバロック的ゴシック期について書き(1931年)[CZ 1624]、次いで真のバロック期に移った(『チェコ・バロックの政治的イデオロギー序論』1934年[CZ 1625]、『チェコ・バロックの伝承から』1934年[CZ 1626]、『聖プロコプ崇拝の国民的モチーフ』1935年[CZ 1627])。バロック期に関する総合を1941年に出版し[CZ 1628]、この頃には、例えば『世界史を作ったチェコ人』(1939年、16-17世紀の人物たちに関するもの)[CZ 1629]のような、明らかに国民を勇気づけようとする作品もいくつか著しており、チェコ人宣教師の書簡を出版し(1941年)[CZ 1630]、19世紀にも残っていたバロック期の村の民衆劇について書いた(1942年)[CZ 1631]。この他にも、1622年にブラチスラヴァ〔当時のポジョニ〕で開かれたハンガリー議会におけるヴェネツィア政策について専門研究を著している(1942年)[CZ 1632]。シュスタ編の世界史の第6巻の中で西ヨーロッパの絶対主義を書いたのは彼である(1939年)[CZ 1633]。

　B.イェンショフスキー(1889-1942)は国立文

書館の館長だった人物で、1620年以前の政治史について研究を著し（『ルドルフ2世の治世晩年におけるボヘミアでのザクセン選挙侯の政治』1913年[CZ 1634]）、ローマの資料の中から複数の史料出版を行ない[CZ 1635]、ローマのチェコスロヴァキア・アカデミーについても書いており（1931年）[CZ 1636]、〔1611年の〕ボヘミア議会の記録に関して、シリーズの第15巻として、大変便利な索引を作成した（1939年）[CZ 1637]。

V. レトシュニーク（1891-1955）はビドロの弟子で、これにふさわしく、16-17世紀のオーストリア・ポーランド関係、チェコ・ポーランド関係について研究を著した。最良の研究は1934-37年に発表された、1626-29年におけるポーランドとハプスブルク家とヴァレンシュタインとの間の関係を論じた一連の論文[CZ 1638]であり、この時代に関する史料出版も手がけた。

J. プロケシュ（1895-1951）はノヴォトニーの弟子で、内務省文書館の館長となり、のちにプラハ大学でチェコスロヴァキア史の教授となった。当然のように、彼もフス派時代に取り組むことから始めて、1920年代にはいくつもの研究を公にし、ヴァティカン図書館のフス派資料については、抜粋を含めて別個に論文を書いている（1928年）[CZ 1639]。文書館資料との関連で彼の関心は後の時代に向かい、まずビーラー・ホラ以後の時代についてモラヴィアとの関連で研究を著し[CZ 1640]、史料も出版し、その後は18世紀にまで進んで、1775年農民蜂起以前の時期についてボヘミアの経済状態に関連する回想録や（1924-25年）[CZ 1641]、マリア・テレジア期の行政改革についての資料を刊行し[CZ 1642-1643]、ウィーンの史料に基づいてチェコ＝オーストリア尚書局の歴史を書く準備をしていた。18世紀の公的に開始された反ユダヤ主義とボヘミアでのその影響について複数の研究を著し（1929、36年）[CZ 1644-1646]、チェコ学術協会の歴史の第1巻、18世紀末までの部分を執筆した（1774-89年について、1938年）[CZ 1647]。〔彼の研究対象は〕さらに19世紀前半にも及んで、1850-60年の間の「マチツェ・チェスカー」の困難な時代について（1930年）[CZ 1648-1649]、1813年のプラハ講和会議の試みについて（1938年）[CZ 1650]論じた。このために、『チェコスロヴァキア郷土学研究』の中で1648-1918年までの歴史の執筆を依頼されたのである[CZ 1651]。これは明瞭に一般向けの作品であり、1930年に書かれた『絵で見る我が国の独立の歴史』[CZ 1652]も、第一次世界大戦に関するもの（1933年）[CZ 1653]も同様である。『郷土学研究』第10巻には、チェコの歴史叙述の発展に関して興味を引かれる概要を書いており（1931年）[CZ 1654]、国民的観点が強まる傾向を結論づけている。彼も普遍的歴史学者だったのだろうか。おそらくは、単に関心が広く、まさにこの関心によって丹念な仕事をなすことができなかったのである。

Fr. ロウビーク（1890-1974）は文書館司書で、彼もウィーンの資料の分割に携わり、このことを大いに活用して、数多くの史料群を発見した。彼が強く関心を寄せたのは、農民の状態であり、また、近代の政治史〔上の事件〕、およびその反響であった。これに関しては、同時代の心性にも光を当てる情報を提供したことが重要な点であった（「1793-94年のチェコの農村におけるフランス革命の反響」1923年[CZ 1655]、「1877年の露土戦争のボヘミアでの反響」1927年[CZ 1656]、「1859年の戦争に関する風刺歌」1929年[CZ 1657]。見ての通り、意図して記念の年に出されている）。1848年の国民委員会の名簿をウィーンで発見し、これを出版した（1928年）[CZ 1658]他に、1848年についての概説も著しており（1931年）[CZ 1659]、地方における革命の反響についてはそれよりも前に書いていた（1928年）[CZ 1660]。西ボヘミアの屯田兵、ホトの歴史[CZ 1661]と彼らの蜂起[CZ 1662]については、複数の研究を著しており（1931、37年）、1940年には彼らの特権状を公刊した[CZ 1663]。ユダヤ人の解放には複数の研究の中で取り組んでいる（1933、35年）[CZ 1664-1665]。近代行政の発展にも関心を寄せ、プラハ警視庁の初期の歴史（1926年）[CZ 1666]、1547-1785年の間のプラハを構成する三つの市における国王長官の役割（1933年）[CZ 1667-1668]、1850-68年の間のボヘミアの行政区画の歴史（1939年）[CZ 1669]を書いている。輸送交通の

歴史も論じている（16-18 世紀のボヘミアの郵便組織、1937 年[CZ 1670]、ボヘミアの道路網の発展、1938 年[CZ 1671]、プラハの道路交通、1939 年[CZ 1672]）。1527-89 年の間の時期に関するプラハの〔内務省〕文書館軍事関連資料目録[CZ 1673]の作成は厳密に学問的なものだった。驚くべき生産性であり、さらに、そのテーマのためにしばしば、他の研究者の視野には入らなかったような史料を活用した。さらにこうしたことの他に、地方史研究の組織においても大きな役割を演じ、1940 年にはそれ以前の地誌的研究の発展を概観した[CZ 1674]。1941 年には郷土学研究の手引書を刊行している[CZ 1675]。ここでも、このことの当時における政治的意義は強調するまでもない。

Zd. クリステン（1902-67）は国立文書館に勤め（のちの 1947 年に、オロモウツ大学〔16 世紀中頃にイエズス会の大学として創立、1869 年に一旦廃校、第二次世界大戦後の 1946 年にパラツキー大学として再興〕において〔歴史〕補助学の教授となる）、ローマでの長い滞在期間中にも多くの資料を収集した。カレル 4 世から 1620 年までの間にチェコ尚書局によって出された回状について（1927 年）[CZ 1676]、15 世中葉の宮廷裁判所について（1931 年）[CZ 1677]、そしてカルメル修道会の再導入の試みについて（1932 年）[CZ 1678]研究を物した。1944 年には、G.S. フェレーリ教皇大使（1568-1610）の 1604-07 年の間の資料を刊行した[CZ 1679]。

M. ヴォルフ（1902-82）も同様に国立文書館で働いていた。テーマは 16-17 世紀であり、16 世紀最後の三半期におけるチェコ領の共同防衛の問題について（1932 年）[CZ 1680]、16 世紀から 17 世紀初頭にかけての塩の独占について（1933 年）[CZ 1681]、土地台帳の発展について（1939 年）[CZ 1682]、そして、ビーラー・ホラ以前のチェコの租税行政について（1941 年）[CZ 1683]書いている。そしてこの間、職務上の仕事を超えて、ロシア史とウクライナ史の関連でソ連の歴史叙述を多く紹介し、労働運動にも関心を寄せて、1936 年には大陸の労働運動史の専門文献を概観している[CZ 1684]。（のちに 1947 年には、チェコ労働運動史の最初の概説を執筆し[CZ 1685]、この中では、その国民史全体の中で占める位置を画定しようと試みている。）

R. ホリンカ（1899-1953）はペカシュの弟子で、ブラチスラヴァ大学准教授となり、この時にハロウペツキーの影響を受け、のちにブルノ大学で中世世界史の教授となった。チェコにおけるキリスト教の始まりについてとか、フス主義についてとか、また、初期の宗教セクトについての研究（1929 年）[CZ 1686]を物し、原因を農村住民の貧困の中に見て、敬虔なカトリック教徒としてこれを残念がった。ヴァーツラフ 4 世の時代の国家と教会の関係について論じた（1933 年）[CZ 1687]。「スロヴァキアの聖人、聖スヴォラトと聖ベネディクト」（1934 年）[CZ 1688]という題の作品や、聖イシュトヴァーンの伝承に関する研究（1939 年[CZ 1689]、これも〔没後 900 年の〕記念の年に結びつけられている）は、ブラチスラヴァへの赴任に関連している。ペカシュが亡くなった後に、彼について最初のバランスの取れた短い伝記を書いている（1937 年）[CZ 1690]。

O. オドロジリーク（1899-1973）はノヴォトニーの弟子で、イギリスへの調査旅行ではチェコ兄弟団の亡命者を研究し、当然のことながら、フス主義も彼のテーマだった。プラハ大学においてチェコスロヴァキア史の教授となった（1945 年以後はアメリカ合衆国で教えた）。多作であり、しかも多方面にわたった。フス派運動の前史や、初期の改革者たちについて数多くの研究を著し（1924-25 年）[CZ 1691-1694]、史料も出版している[CZ 1695]。チェコ兄弟団研究の過程でコメンスキーの活動を複数の側面から検討して、中でもイギリスの議会に関する彼の意見を論じ（1928-29 年）[CZ 1696-1699]、チェコ兄弟団のスロヴァキアにおける活動についても書いた（1931 年）[CZ 1700]。ビーラー・ホラ以後の時代と亡命者についても、彼の国外への調査旅行から、新しい情報がもたらされた（1932-33 年）[CZ 1701-1702]。若い文書館司書であった時期には、まだ 1848 年革命のいくつかの問題を検討しており、中でもスラヴ人会議とこれに関するハンガリー政府の政策を論じた（1928 年）[CZ 1703]。『郷土学研究』の第 4 巻ではノヴォトニーを引き継い

で、彼が一般向けに 1526-1648 年の間の時期を執筆し（1932 年）[CZ 1704]、1937 年にはチェコスロヴァキア史の素描を書いている[CZ 1705]。シュスタ編の世界史の第 6 巻では、17 世紀前半のイギリスとオランダに関する部分を執筆した[CZ 1706]。多作で仕事熱心であっただけでも、ノヴォトニーから史料を検討する手法を学び取っただけでもなく、もっと深い解釈へと向かった点では師よりも先へ行った。

内務省文書館司書だった V. ペシャーク（1899-1979）は 16 世紀中葉から 1620 年までのチェコ宮廷尚書局の記録を刊行し、一部は自身で研究を物した（1929 年）[CZ 1707]。チェコ国王財務局の成立を執筆し（1930 年）[CZ 1708]、それからこの機関のその後の発展について（1933 年）[CZ 1709]、その財政についてさらに研究を書き、1527 年と 1528-29 年のチェコの租税についての研究（1935 年、1937 年）[CZ 1710-1711]ではハプスブルク行政がヤギェウォ朝期の改革にどう関連していたかを示したのだが、資料に埋没してしまった。チェコ諸都市の三十年戦争期における負債を論じた論文の方が優れている（1933 年）[CZ 1712-1713]。最も優れているのは、スミジーツ一門の所領の 1609-18 年の間における歴史を論じた作品で、これは一つの所領を具体例にして、直営農場経営のシステムをとてもわかりやすく示したものである（1940 年）[CZ 1714]。

J. クリク（1896-1965）はペカシュの弟子で、ペカシュの死後一時期『チェコ歴史学雑誌』の編集者を務め、ペカシュの学術組織者としての活動を継承しようと努めたが、これにはもう多くの時間が残されていなかった。フス主義からビーラー・ホラまでのボヘミアの民族関係の展開に関する作品（1922 年）[CZ 1715-1716]においては、ルターの宗教改革を通してドイツ人集団が前面に出て、チェコ人の一部を同化したことを強調した。1848 年以前の国民運動についての論文も書いた（1930 年）[CZ 1717]。1941 年には、ゴルとペカシュの間で行なわれた文通を『尊敬と友情の書簡集』[CZ 1718]の題を付して刊行した。

J. マトウシェク（1906-39）は文書館司書で、世界史の准教授となったが、彼も託された希望を実現できなかった。ドイツ人によって処刑されたためである。19 世紀のチェコ史と世界史を研究領域に選び、K. スラトコフスキー（1823-80）とチェコの急進派の 1849 年以降の活動について（1929 年）[CZ 1719]、そして、1860 年における『国民新聞』というタイトルの新聞発刊の試みについて（1928 年）[CZ 1720]書き、その後、イタリアのリソルジメント研究に取り組もうとしたのだが、それまでの専門文献の概観までしか至らなかった（1933 年）[CZ 1721]。しかしながら、副業的に中世の史料批判にも取り組んで、対抗宗教改革の始まりについて論文を執筆し、ウトラクイスト派教会会議の禁止に向けた試みについて（1931 年）[CZ 1722]、その後、対オスマン戦争期の 1592-94 年における外交について（1935 年）[CZ 1723]書いている。史料の観点から見ても、最後のものが彼の最も優れた研究である。世界史の第 5 巻の中では、16 世紀におけるカトリック内部の改革の歴史を書いている[CZ 1724]。

現代について、実質的に〔チェコスロヴァキア〕共和国創設のための闘争については、専門家も、回想録を書いた出来事の参加者も含めて、多くの者が取り組んだ。J. クデラ（1886-1942）は国外のチェコスロヴァキア国民評議会のロシア支部のメンバーで、帰国後はブルノの中等学校の教師となり、自らの回想録を 2 巻本で刊行し（『ロシアにおける我々の軍隊とともに』1922-26 年[CZ 1725-1727]）、他の人々の回想録も出版し[CZ 1728]、ロシアでの戦いについて（1926-32 年）[CZ 1729-1730]、そして、軍団兵士への十月革命の影響について（『ロシアにおけるチェコスロヴァキア軍の第 2 回大会』1934 年[CZ 1731]）部分的研究を執筆し、ロシアにおけるチェコスロヴァキア部隊とポーランド部隊の歴史について概説を書いた（1938 年）[CZ 1732]。彼もドイツ人によって処刑された。

Fr. シュタイドレル（1887-1974）は解放記念館文書館の司書となった。彼もロシアで軍団に参加し、その当時から委任を受けて関連資料の収集を始めていた。いくつかの研究を書いただけだが、その中では学問の最も厳密な規則に従って資料を検討し、同時に内戦を扱ったソ連の専門文献も注

意深く追っていた。1917年におけるチェコスロヴァキア軍団のズボーリウ〔現ウクライナ領ガリツィアに位置する。チェコ語ではズボロフと呼ばれる〕近郊での戦闘を記述し（1922年）［CZ 1733］、ハヴリーチェクの名を冠した第9歩兵連隊の歴史を執筆した際には（1937年）［CZ 1734］、軍事史の他に連隊の政治的発展や社会関係にも注目し、平均的な回想録の類に比べると実に貴重な作品である。別の研究の中では、1914年の時点で、ロシアにいたチェコ人が将来のチェコ国家の領域をどのように想定していたかを論じた［CZ 1735］。

　J. パポウシェク（1890-1945）は、大学卒業後の教育をウィーンの歴史学研究所で受けた最後の人々の一人で、これにふさわしく、15世紀における教皇庁の歴史と公会議をめぐる問題群とに取り組むことから始めた。しかし、彼も戦争捕虜としてロシアに渡り、軍団に参加した。帰国後、外務省の職員となり、副業として世界大戦中の出来事やその前史に取り組んだ。軍団の軍事史ではなくて、問題の外交的関連とロシア内政との関連に関心を寄せた。最初に『ツァーリ・ロシアと我が国の解放』という概説を執筆し（1927年）［CZ 1736］、その中でロシア政府がチェコスロヴァキア部隊を好意的に見ていなかったことを強調した。このために、その前史に取り組むことから始めて（「ロシアとチェコの1871年の国家権闘争」1928年［CZ 1737］、「ロシアとチェコスロヴァキアとの間の政治的関係の諸前提 1907-17年」1930年［CZ 1738］）、その後に、より詳細に戦争期間中のその展開を跡づけた（『1914-18年におけるロシアとチェコスロヴァキア軍団』1932年［CZ 1739-1742］）。国外亡命者たちの公式資料も刊行した。『外交政策』という名の外務省の雑誌の編集者として、同時期の国内外の出来事を記した年代記風の常設コラムを執筆した。また、1930年代にチェコ史の意味をめぐって湧き起こった論争でも発言し、「マサリクとチェコスロヴァキアの歴史叙述」（1938年）［CZ 1743-1744］という題で仲介的な立場を取り、この論文はいわば論争の終結点と見なすことができる。ドイツ人によってかなり早くに逮捕され、獄中で死亡した。

　J. クラトフヴィール（1885-1945）も同様に軍団に従軍した。『革命の道』（1922年）［CZ 1745］という題の彼の作品もまた、軍事史の紹介ではなくて、それよりもはるかにチェコスロヴァキア軍団兵の内部における危機、社会主義理念の広まりを研究したものである。兵士たちは革命の大義を支持しており、ソヴェト権力との戦闘は誤解の結果に過ぎなかったと結論づけた。

　ロシアにおける軍団の歴史については、まだ多くの個別研究も書かれているが、その多くは回想である。それでも、同様に世界大戦下の活動を主要な点としながらも、もっと幅広くチェコの軍事史全体の総括を試みた総合の類については、一言触れなければならない。これらの研究は軍事史研究所が組織したものである。経済学者の O. フランケンベルゲル（1884-1941）は、1921年に『我々の偉大な軍隊』［CZ 1746-1749］という題で（3巻本）フス派の軍事史をリパニの合戦まで仕上げ、新しい史資料を用いたわけではないが、世界大戦の経験に基づいて既存のものを専門的な観点から解釈した。1938年には、いま一度、フス派の戦略について一般向けの概説を著し［CZ 1750］、幾人かのフス派の軍事指導者に関する諸論文と、計画されていた大部の通史の最初の一部としてボヘミアにおける騎兵戦の歴史を紹介したもっと大きな作品、『鷲と獅子と聖杯の印のもとに』［CZ 1751］とを書いた。Fr. クルフュルスト（1892-1978）はチェコスロヴァキアの軍事史の概説（1937年）［CZ 1752］を一般向けの形で執筆したが、軍人によればあまり専門的なものではなかった。これに対して、Fr. マルチーネク（1877-1944）は、リュツェンの戦い〔1632年〕［CZ 1753］とヤンコフの戦い〔1645年〕［CZ 1754-1755］の歴史とを軍事的専門性を持って書き著した。

ヴェルシュタト

　両大戦間期において、J. ヴェルシュタト（1888-1970）は特異な人物であった。解放記念館、のちの軍事史研究所のメンバーで、『我々の革命』誌の編集者であり、したがって国家機関の被傭者であったし、『チェコ歴史学雑誌』にもしばしば寄稿したが、それでも一貫して歴史学全体に対して、とりわけゴル＝ペカシュの路線に対し

て、反対派の立場に立っていた。マルクス主義に近い立場にいて、社会学的歴史観を創出したいと望んでいた。1930 年代に若いマルクス主義者の世代が組織化を始めた時には、彼も彼らの側に与した。作品は少ないが、彼の研究には常に、理論上や方法論上で注目に値する考えが多く含まれていた。控えめにいうならば、実証主義による事実の羅列を好まず、まさにこれを超えようと望んでいたという理由だけからしても、大学の歴史学には背を向けた。世界大戦以前には K. クラマーシュ（1860-1937）の国家権派の党に加わり、このためにマサリクとも対立したが、1918 年以後はマサリク＝ベネシュの路線を受け入れた。『新しいヨーロッパ』という題で 1918 年にパリで出版されたマサリクの作品について、1919 年にはもう高い敬意を表した紹介を書き [CZ 1756]、1920 年には『『チェコ問題』から『新しいヨーロッパ』へ』[CZ 1757] という題の研究の中でマサリクの〔思想的〕展開を素描して、自らの立場の変更を正当化した。

　この年に、『チェコ歴史学雑誌』において「19 世紀の政治史叙述とそのチェコの代表者たち」[CZ 1758] という題の彼の研究が発表された。外国の歴史学者たちの中からはおおむね自由主義者たちを紹介しているが、本質はチェコ歴史叙述の描写である。パラツキーはまだロマン主義者に数え上げており、その後で 19 世紀後半のチェコの歴史学者たちと、それに加えて Fr. L. リーゲルのような政治家も論じた。ゴルにはもう言及していないが、研究全体が実質的にゴル学派への批判であり、ゴルたちの史料批判は認めており、これを受け入れたが、自己目的として学問に携わることは否定した。学問は〔現在を〕生きることに奉仕するものでなければならず、なぜなら過去は現在の中に生き続けるのだからである〔と主張した〕。細部の研究に代えて、総合と哲学的理念を要求した。歴史上の真実は倫理的な価値をも意味する。歴史上の事実を単に職人として史料の中から取り出さねばならないだけではなく、直感によってその真の意味を把握しなければならない。論文の結語では、奇異なことに、ペカシュの中に自らの意見の体現者を見出している（が、これは単に編集者に敬意を表するそぶりを示しただけかもしれない）。世界史の時代区分における中世の位置を論じた研究（1932 年）[CZ 1759] も理論的な性格のもので、そこでは中世と封建制に関するマルクス主義的概念の関連を論じていた。

　職務上の仕事として解放闘争の記録を収集し、職場の雑誌上で多くの史料も公表しており、具体的な問題に関して研究も発表した（「独立チェコに関するマサリクとシートン＝ワトソンの最初の計画」1926 年 [CZ 1760]、「大戦初年度におけるチェコ・マフィア〔国外のマサリクと連絡を取っていた国内の非合法組織を指す〕の政治的企図」1930-31 年 [CZ 1761]、「我々の闘争におけるクラマーシュの役割によせて」1938 年 [CZ 1762]）。1933-35 年には、連載論文の中で 1918 年のプラハにおける転換に関する多数の回想を公表し [CZ 1763]、上で行なわれていた政治的交渉に代えて大衆の集団的行動に強調点を置いた。『解放の日』（1936 年）[CZ 1764] という題の小論では、まさに集団的な民衆の契機が果たした役割を強調した。

　1937 年には、『チェコ歴史哲学について、パラツキー＝マサリク＝ペカシュ』[CZ 1765] という小論で彼もチェコ史の意味をめぐる論争に参加して、この中ではパラツキーの捉え方に、それによってマサリクのそれに、あくまで固執することを綱領に掲げた。なぜなら、それは諦めることに対して、チェコの独立性を宣言することだからである。もちろん、1937 年の時点で、この結論にはすでに将来をも見越した暗示が含まれていた。

スラヴィーク

　J. スラヴィーク（1885-1978）はヴェルシュタトよりもさらに左翼的だった。ペカシュとビドロの教え子だったが、じきに彼らにも、公式の歴史叙述全体にも背を向けた。マルクス主義に近づいただけでなく、意識的にマルクス主義の基礎の上に立ち、これによって若い世代に強い影響を与えた。中等学校の教師だったが、のちに外務省所管のロシア在外歴史文書館の館長となった。ロシアとソ連関連の資料収集がその任務だった。彼自身もまずもってロシアとソ連の歴史に取り組んだのだが、副業的にチェコ史の問題に対しても考察を

行なった。

　その影響力は、具体的な歴史作品によるよりも、ほとんど彼の唱えた方法論的な原理によるものであった。若者たちは、彼がペカシュたちの実証主義、勤勉な情報収集活動を峻拒したことに熱狂した。彼は、歴史的思考、理論的一般化の方をはるかに重要なことと見なした。ビドロの弟子として、「ポレーノフからラディーシチェフまで」という題の、18世紀ロシア思想を分析した作品を書こうとし、その導入部として「ロシアにおける農奴制廃止論と革命性」という論文（1920年）[CZ 1766]を執筆した。その中で、ロシアにおいては広大な領土の広がりのために革命運動が常に困難を伴ったことを論じた。社会的解放の最初の一歩だったのがエカテリーナ2世（1729-96）のもとでの貴族層の解放であり、農奴制改革が次の一歩であったが、真の一歩を意味したのは、もうヨーロッパに追いつくことではなく、それを追い越すことが目的とされた十月革命だけである〔と主張した〕。しかし、この論文では、方法論的原理についても、歴史的概念の変容しやすさと、歴史認識の問題を孕む性格とを論じている。1928-29年には2本の新しい研究の中で（『フス主義についての新しい捉え方、パラツキーかペカシュか』[CZ 1767]、『ペカシュ対マサリク、チェコ史の意味をめぐる論争によせて』[CZ 1768]）ゴル学派に対する批判を表明した。1932年には学派の歴史を「チェコ歴史叙述の詩的段階」[CZ 1769]という題で素描し、同時に『歴史と現代』[CZ 1770]という題で歴史学者自身の属する時代が歴史的見方に及ぼす影響を、こうした真実を決して認めようとしなかった「大学の」歴史叙述の観点からすれば疑いなくあまりにも粗雑な形でではあるが、指摘した。付言するならば、彼のマルクス主義には、彼自身は正統なものと考えていたが、マサリクとウェーバーに由来する見方が混合していた。

　彼の最初の作品は、まだ伝統的なビドロ流のテーマ選択で、「16世紀におけるハプスブルク家とロシア」（1906年）[CZ 1771]であった。1920年代には、レーニンについて（1924年）[CZ 1772]、ロシア革命の歴史について（1926-28年）[CZ 1773-1778]、ツァーリズムの基盤について（1927年）[CZ 1779]の研究を執筆し、この最後のものの中ではツァーリ体制が革命の基本的原因であったと主張した。彼自身、何度もソ連を訪れ、報告を書いた（1926-32年）[CZ 1780-1782]。革命を基本的に農民革命と見なし、それ以後についてもこれと民族問題とが彼の関心を捉えていた。例えば、「ソヴェト＝ロシアにおける民族問題の理論家としてのスターリン」1931年[CZ 1783]、『ソ連における民族政策』1937年[CZ 1784]。後者ではレーニンとスターリンの見方を要約した。1934年にはレーニンに関するモノグラフを出版し[CZ 1785]、1935年には1917-24年の間のレーニンの統治を分析した[CZ 1786]。ロシア革命に関するいくつかの一般向けの作品も書いた（『ロシア革命の意義』1927年[CZ 1787]、『参加者の回想に見る三月〔二月〕革命』1930年[CZ 1788]、『参加者の回想に見る十一月〔十月〕革命』1931年[CZ 1789]）。1931年にはマサリクの『ロシアとヨーロッパ』という題名の著作の新版に序文を書き[CZ 1790]、社会主義革命にも言及して、その最初の段階は古いものの破壊を意味し、第二の段階は積極的な建設の時代を意味すると述べている。革命後の時期に関して、新しいものを、ある期間までは不可避的にツァーリ体制から残されているものから巧妙に区別した。

　1934年には『フス派革命』[CZ 1791]という題で本を出版し、これをペカシュは非学問的評論とけなしたが、賛成できる部分もあるということは認めた。運動をヨーロッパ大の諸農民蜂起の視座のもとに置いて、その中に封建制の危機を見出し、革命の急進化の過程で様々な階級が脱落していくことを繊細な感覚を持って分析している。フス主義の中に、近代チェコ国民の成立、すなわち国民意識の成立の端緒を見出し、それをヨーロッパ規模の重要性を持つ運動と見ていた。1939-40年の過程では、チェコ史の最古の時期についての研究を公表し[CZ 1792-1794]、冊子を重ねる形で大部の総合を書こうとしたが、1945年以後になっても中世までしかたどり着かなかった[CZ 1795-1796]。激しやすい性格から、敵も友人もともに多く作った。

3. 経済史

いかにスラヴィークが史的唯物論に最も近いところにいたとしても、彼の関心は基本的に伝統的な政治史にあった。経済・社会史に携わっていたのは、依然として伝統を継続していたブルジョワ史家たちであったが、何人かの才能ある代表者の場合には伝統を超え出ることもあった。最初に挙げなければならないのは、B. メンドル（1892-1940）であり、彼はプラハ大学の最初の経済・社会史教授となった。〔第一次〕世界大戦下にプラハの歴史に取り組み始め、その後ドイツの経済史家たちの作品を読み、彼らの方法論的原理を移植しようと試みた（「経済・社会史における新しい潮流」1929 年 [CZ 1797]）。狭義の経済的諸契機の他に、心性の研究もこれに関連づけようとして、ウェーバーの理念型と構造の研究を紹介した。伝統的な性格の研究も物し（「プファルツ侯フリードリヒ〔1596-1632〕とビーラー・ホラ以後のチェコの希望」1918 年 [CZ 1798]、「ボヘミアのドイツ帝国〔神聖ローマ帝国〕に対する関係」1917-18 年 [CZ 1799]）、農業史のテーマに関するものも著し（「近代農業史から 1789-1848 年」1919-20 年 [CZ 1800]）、Fr. A. ラープ（1722-83）〔宮廷顧問官。マリア・テレジア治世下に賦役の買い戻しに基づく直営農場の分割を立案し、国営農場などで実施に移した〕の試みについて優れた素描を行なった。しかし、彼の主たるテーマは中世都市の発展であり続けた。これに関してはすでに 1916-17 年に最初の重要な研究を著している（「プラハ諸市における経済社会関係 1378-1434 年」[CZ 1801]）。1924-26 年には西欧の発展との比較も行ない [CZ 1802]、それ自体をも十分に分析して 14 世紀社会の危機を描いた。1925 年には中世プラハ経済史の諸問題を検討した [CZ 1803]。都市の諸史料、租税調査などの綿密な分析、定量的手法によって都市住民の大部分の貧困化を明らかにした。チェコ都市史についていくつもの史料も公刊しており、ギルド組織の始まりについてはいくつかの研究を著して、そのビザンツとの並行性について論じた（1927、28 年）[CZ 1804-1805]。1931 年にはヨーロッパの経済発展についての概観を著し [CZ 1806]、この中ではもう近代の発展の重要性を強調した。近代についても著作を公刊し（「100 年前のチェコ工業と工業協会の始まり」1934 年 [CZ 1807-1808]）、〔国民〕復興期の経済的上昇を目指した努力を紹介した。国立歴史学研究所の研究員として、エムレル編の『文書摘要（レゲスタ）』の刊行をカレル 4 世の時代について継続し、1355-60 年の時期について全部で 6 巻が公刊されたが、その多くは 1945 年以後になって出版された [CZ 1809-1815]。さらには、中世の恋文についても小論を書いた [CZ 1816]。小規模なものだが、総合も著しており、シュスタ編の世界史のいくつかの巻によせて、古代の経済と社会について、地理上の発見について、植民地戦争とイギリスの産業革命について書いている（第 2、5、6 巻、1936-39 年）[CZ 1817-1819]。占領下に迫害を逃れて、自殺を遂げた。同時代人の中では、その近代的な捉え方において、はるかに抜きん出ていた人物である。

というのも、いまだに歴史学の専門教育を受けないで、それぞれの専門分野の知識に基づいて出版する者がいたからであり、例えば Fr. ズマン（1870-1955）は、ボヘミアの製紙工業の歴史、いくつかの工場 [CZ 1820-1823]、製紙技術の発展について（1937 年）[CZ 1824]、すかし模様について（1939 年）[CZ 1825]、有益な描写を含む、役に立つ部分的研究を著した。K. ホフ（1884-1962）は、もう歴史家で、大学図書館の職員であり、自由主義的精神で現代チェコ政治史にも取り組み、〔独立後のチェコスロヴァキア共和国で大蔵大臣を務めた〕A. ラシーン（1867-1923）について書いたり（1934 年）[CZ 1826]、チェコの 1860 年以降の新聞・雑誌の歴史を著したりしている（1933 年、『郷土学研究』第 7 巻の中で [CZ 1827]）が、まずもって資本主義経済の発展に関心を持っていた。ラシーンについても彼の経済政策を最も詳細に分析したし、1932 年には 1848 年以前の経済・社会関係について書いて [CZ 1828]、大部分ここから革命を説明した。『近代経済のとばロにおけるボヘミア』（1936 年）[CZ 1829] という題の作品では、1790-1918 の間の時期を資本主

義の始まりと見なした。V. チェペラーク（1899-1982）はプルゼニ高等専門学校におけるチェコスロヴァキア史の教授で、1848 年の政治史にも取り組んだが［CZ 1830-1831］、鉄冶金工業の歴史を扱ったものを公にした［CZ 1832］。J. カジモウル（1881-1933）は農業史家で、ラープの土地分割について書いており（1921 年）［CZ 1833］、また国有の森林経営についてのパイオニア的な研究をウィーンの文書館史料も用いて執筆し、1754 年から始めたが、ナポレオン戦争までしか至らなかった（1933 年）［CZ 1834］。所領史研究もいくつか刊行している。J（ヨゼフ）. フィシェル（1878-1944）と O. プラフト（1890-1959）は国家の課税とその社会的影響について調べて［CZ 1835-1837］、プラフトは 1517-1652 年の間の租税種目について最初の正確な分析を著した（1924 年）［CZ 1838］。J. ポール＝ドベルスキー（1888-1967）はプラハ大学における人文地理学の教授であり、近代の農村の諸問題に取り組み、1850-1930 年の間のボヘミア農村の人口減少について研究を執筆し（1932 年）［CZ 1839］、農村のタイプについて［CZ 1840-1841］、また自分の出身の村を例に、ボヘミアの農村一般の発展について［CZ 1842-1843］書いている（1937 年）。

　近代農業史の諸問題を高い水準で検討したのが、V. チェルニー（1894-1962）であり、彼は農務省文書館の館長で、カジモウルの後を継いで『農村史雑誌』の編集長を務めた。土地改革以降に所領文書庫資料を文書館に収集したのが彼だったが、資料の詳細な研究にまでは手が回らず、彼はむしろ中央の規制に基づいて検討した。賦役の廃止を命じた勅令の成立について（1923 年）［CZ 1844］、1848 年の帝国議会における農民解放に関する審議について（1928 年）［CZ 1845］、オーストリア最初の農務省について（1929 年）［CZ 1846］、1768-1848 年における共有放牧地の分割について（1924-25 年）［CZ 1847］、また、愛国農業協会の発展についての研究［CZ 1848］を執筆している。ラープの試みの歴史について詳細に書き著したのが彼である（「18 世紀における土地改革」1928 年［CZ 1849-1850］）。彼の最も重要な作品である『経営指示、15-19 世紀における家産制大所領時代の農業史の概観』（1930 年）［CZ 1851］では、彼が収集し、部分的に公刊もした資料に基づいて、農業全体の発展を概観したが、もちろん実際の状況の輪郭を描くことができたに過ぎない。1680 年と〔、戦後には〕1775 年の蜂起についても書いており［CZ 1852-1853］、1941 年には 17-18 世紀におけるプルゼニの権利要求の闘争について詳細に記した［CZ 1854］。

　Fr. フルビー（1887-1943）は、ペカシュの弟子からブルノの領邦文書館館長となり、1918 年以後は大学でチェコスロヴァキア史の教授となった。モラヴィアの農業史に取り組もうとし、1620 年の敗戦の原因をこの側面からも説明することを構想した。17 世紀前半のオロモウツ司教領の収入を分析し（1917 年）［CZ 1855-1856］、より長編の二つの研究では（「15-16 世紀のチェコ経済の転換の歴史について」1924 年［CZ 1857］、「ビーラー・ホラ以前の時代の農民と領主の財産目録について」1927 年［CZ 1858］）直営農場経営の様々な側面を、養魚業、牧羊業、鉱山業の諸問題も含めて検討し、ここから生じる農民の階層分化によって農民運動を説明した。豊かな史料源として財産目録を使用したのは彼が最初である。1622-23 年に没収されたモラヴィアの大所領の規模を確定しようと試み（1927 年）［CZ 1859］、1348-1642 年の間のモラヴィアの領邦台帳を基に国王所領の消滅していく経過を示した（1931 年）［CZ 1860］。しかしながら、モラヴィアの大所領の検討は 17 世紀の等族蜂起の歴史へと向かわせ、その細部についてとか［CZ 1861-1862］、幾人かの代表者について［CZ 1863-1867］、数多くの研究を物し、貴族層の負債にも触れて［CZ 1868-1869］、その経済的な利己主義と無思慮さを批判したが、政治的経験の不足から敗れたものの、国民の独立のための闘争における彼らの善意は評価した。このテーマ群からは多くの資料も公刊した［CZ 1870-1871］。さらにテーマにおいて歩を進めて、モラヴィアの再洗礼派に向かい、1935 年に彼らについてドイツ語で概説を執筆した［CZ 1872］。

　Fr. クトナル（1903-83）は、ハロウペツキーを最後の普遍的歴史学者と呼んだが、彼自身もややそうした歴史学者であり、ここで扱っている時代

には中等学校教師でしかない（1947年以降も〔大学〕准教授でしかない）が、歴史学者たちの世界ではかなり重要な役割を演じた人物であり、その関心は実に広範にわたった。農業史に民族誌の成果をも利用し、農民の心性にも関心を持っていた。農業史に関する彼の業績が本当に展開されたのは、1945年以降のことである。ここで扱っている時代には、〔国民〕復興期の経済・社会と政治・文化の諸問題のいずれにも関心を寄せた。彼の最初の研究は歴史家のツォルノヴァに関するもので（1930年）［CZ 1873］、フランス革命のボヘミアへの影響について（1937年）［CZ 1874］、〔国民〕復興期のナショナリズムについて（1940年）［CZ 1875］論文を執筆した。占領下には、チェコの農村の過去における相貌について一般向けの概説を書き（1942年）［CZ 1876］、同時代の多才な農民たちの伝記を描いている（1941年）［CZ 1877-1878］。

農業史には経済学の専門家たちも取り組んだ。農業大学教授のFr. ロム（1901-85）は1820年代の農業危機について調べ、18世紀末の大農場における土地改良の試みをシュヴァルツェンベルク家の所領を例に調査し（1938年）［CZ 1879-1880］、1848年以降の農業全体について概観を執筆した（1938-39年）［CZ 1881］。E. ヤノウシェク（1897-1970）は、最初、チェコ・ポーランド関係の諸問題について評論的な性格の小論で登場し、1920年代末になって初めて農業史に向かった。カルルシュテインの国有農場におけるラープの土地分割の実施を明らかにし（1930年）［CZ 1882］、その後、いくつもの所領を例に挙げて森林経営を論じた（1936、38年）［CZ 1883-1886］。J. プロハースカ（1902-48）はカプラスの弟子で、それにふさわしく、法制史的観点からマリア・テレジアの農業改革を検討して、チェスケー・ブジェヨヴィツェを例にラープ改革を論じ（1925年）［CZ 1887］、その後、外国における同様の例を探した。だが、食料の保存についての研究も物しており（1931年）［CZ 1888］、チェコ経済史研究の成果と課題を総括することも試みている（1930年）［CZ 1889］。J. ノヴォトニー（1891-1968）はペカシュの弟子で、伝統的な資料を用いてモラヴィアの農業の発展を検討し、徴税組織の発展も論じた［CZ 1890-1891］。Fr. ガブリエル（1901-75）は、一時期までザカルパッチャでギムナジウムの教授を務めていたため、この時にこの地域の農業史に取り組み、これに関する史料も出版し［CZ 1892］、18世紀末のウージホロド〔当時のハンガリー領ウングヴァール〕の財務局所領の状況について（1932年）［CZ 1893-1894］、ウージホロドのドルゲート家の所領について（1932年）［CZ 1895-1896］、18世紀前半のウング県〔ハンガリー領時代の同地域内に位置した県〕の人口移動について（1935年）［CZ 1897-1898］、論文を執筆した。J. クレプル（1907-65）はペカシュの弟子で、メンドルの影響も受け、都市と工業の発展を研究し、散在するマニュファクチュアの痕跡を調べた。18世紀初頭の国王諸都市の状況について研究を書いて（1932-33年）［CZ 1899］、それらの衰退に関するペカシュの説を裏づけ、その後は1848年以前における工業協会の端緒を検討し（1934年）［CZ 1900-1901］、1941年には亜麻布工業の始まりについて小さな概説を執筆した［CZ 1902］。J. ノジチカ（1906-72）は、最初の研究では北ボヘミアにおけるある所領の農奴の状況を検討し（1931年）［CZ 1903］、その後、1860-70年代の同地方における経済的ナショナリズムの始まりを分析し［CZ 1904-1905］、1939-40年にかけては農村貯蓄協会の成立と、資本主義時代における農民協会一般の発展について紹介した［CZ 1906-1907］。

4. 法制史

法制史において最初に挙げなければならない名前は、R. ラウシェル（1896-1941）である。彼はまずブルノ大学で、次いでプラハ大学で中欧法の教授だった。チェコ法制史の関連では、それまで検討されてこなかった細部の問題を解明した（『チェコ法による相続権』1922年［CZ 1908］、『チェコ法における殺人』1927年［CZ 1909］、『窃盗と強盗』1929年［CZ 1910］）。中欧の君主たちの選挙・戴冠に際しての誓約文書に関する作品（1925年）［CZ 1911］では比較の手法を適用して、ポーランドとハンガリーとの並行性を検討した。

スロヴァキアとの関連でハンガリーの法的発展にも多く取り組み（『中欧の法的発展の枠組みにおけるスロヴァキア法制史』1927 年[CZ 1912]、『スロヴァキア法制史料の歴史的概観』1930 年[CZ 1913]、「ヴェルベーツィの三部法書までのハンガリー法における兄弟の養子縁組みについて」1928 年[CZ 1914]、「三部法書以前のチェコ法とハンガリー法における家族共有財産について」1928 年[CZ 1915-1916]）、1440-1562 年の期間のシレジアの裁判所記録を出版して（1931 年）[CZ 1917]、これらにおけるチェコ法の影響を明らかにした。

V. ヴァニェチェク（1905-85）は、プラハ大学のチェコスロヴァキア法制史講座でカプラスの後任となった人物で、プシェミスル期の法制史を社会史の方向に拡張して、初期の自由農民について（1926 年）[CZ 1918]、14 世紀までの教会領のインムニタスについて（1928 年）[CZ 1919]、そしてモラヴィアの教会領のインムニタスについて（1931 年）[CZ 1920]執筆し、12-15 世紀の修道院と修道院領大農場の法的地位について大部のモノグラフを著し（3 巻、1933-39 年）[CZ 1921-1923]、また国王と大貴族の寄贈について書いている[CZ 1924]。多くの仮説も提示したが、彼の業績は当時の諸概念を正確に腑分けして、その法的内容を解明した点にある。Fr. チャーダ（1895-1975）は、長いこと文書館司書を務めた後に、ブルノ大学で中欧法制史の教授となった。いくつもの作品の中で、中世チェコの〔貴族の慣習法をまとめた〕法書の重要性を明らかにし（1928 年）[CZ 1925-1927]、そのうちの一つに優れた校訂版を作成し（1930 年）[CZ 1928]、1535 年のモラヴィア領邦条令の校訂版も公刊しており（1937 年）[CZ 1929]、教育上の目的から中欧法制史の史料抜粋も出版した（1931 年）[CZ 1930]。R. ホルナ（1892-1953）は、ブラチスラヴァ大学、のちにプラハ大学でチェコスロヴァキア国制史〔憲法史〕および法制史の教授を務めた。モラヴィアの国家役人について大きめの作品を編纂し（2 巻、1922-23 年）[CZ 1931-1932]、モラヴィア分国侯について、チェコ国家の紐帯から切り離されてはいなかったことを示し（1926 年）[CZ 1933]、13 世紀初頭のモラヴィアにおける集権化の始まりについて（1929 年）[CZ 1934]、領邦条令の中に見られる国道に関する規定について（1930 年）[CZ 1935-1936]執筆した。ブラチスラヴァ時代の活動と結びついているのが、スロヴァキアの「さらし者の柱」に関する研究であり（1937 年[CZ 1937-1938]、この問題については、1941 年に一般的な大衆向けの作品も出版している[CZ 1939]）、ブラチスラヴァの葡萄栽培について（1935 年）[CZ 1940]、さらにこれに基づいて葡萄栽培農のワイン販売権について（1940 年）[CZ 1941-1944]書いている。J. マルコフ（1890-1976）はブラチスラヴァ大学のチェコスロヴァキア法制史教授を務め、のちにプラハ大学ではスラヴ法の教授となった。彼は 13-14 世紀のチェコ刑法の諸問題を比較の手法で検討した[CZ 1945-1949]。J. クリメント（1901-78）は、境界事例といってよい、自由通行証に取り組み（1928 年）[CZ 1950]、その諸類型と法的効力の諸形態とを解明した。1620 年以前におけるチェコ国家の外交関係の組織機構も明らかにし（1929 年）[CZ 1951]、1620 年以前のチェコ法における市民権と国民帰属の問題を検討して（1930 年）[CZ 1952]、神聖ローマ帝国に対する関係が国際的性格の、すなわち国家間の性質のものであったと証明した。また、ある国際的な組織の設立を目指した 1463 年のポジェブラディの計画を公刊し（1935 年）[CZ 1953]、これを教皇の普遍主義に対する攻撃と評価している。

5. 教会史

教会史においては、カトリックと福音派の二元性が継続していた。A. A. ノイマン（1891-1948）はオロモウツ大学のカトリック神学教授で、多くの文書館史料を活用したが、常に一方的な護教論を伴った偏向した用い方であった。フス主義以前の聖職者の歴史に関する史料を出版しており（1926 年）[CZ 1954]、この中では聖職者を擁護して、フス派の礼拝を論じた作品ではフス派の教義を批判し（1923 年）[CZ 1955]、フス派のフランスとの関連にも取り組んだ（1930 年）[CZ 1956-1957]。フス派戦争までの修道院の歴史について多くの情報をもたらし（1936 年）[CZ 1958]、

それから後の時代に移って、ピアリスト会とチェコ・バロックの重要性を強調した（1933 年）[CZ 1959]。18 世紀の民衆の宗教性についてもフラデツ・クラーロヴェーの教会会議の資料に基づいて作品を著しており[CZ 1960]、この資料は彼しか利用できなかったもので、少なくとも情報の点では役に立つ。J.K. ヴィスコチル（1886-1956）は、フランチェスコ会のプラハ大学神学教授で、同様の偏向を持っていた。彼は、14 世紀のバイエルン公ルートヴィヒ（1282-1347）と教皇ヨハネ 22 世の間の闘争に対するフランチェスコ会の参加について（1926-29 年）[CZ 1961]、ボヘミアの福者アネシュカ（1211 頃-82）について（彼女にまつわる伝承も出版した）（1932-33 年）[CZ 1962-1963]、〔戦後には、〕カレル 4 世の助言者であったプラハ大司教、パルドゥビツェのアルノシュト（1297-1364）について（1947 年）[CZ 1964]研究を執筆した。

Fr. ドヴォルニーク（1893-1975）プラハ大学神学教授は、はるかに高い水準を代表しており、パリで学業を修め、ビザンツ学も学んだ。教会史の中に幅広い政治的関連を常に探し、そのテーマを偏見なしに論じた。1926 年に最初の大部な研究を（フランス語で）、9 世紀のビザンツとローマの間でのスラヴ人の状況について執筆し[CZ 1965]、スラヴの発展にとってはビザンツの方が重要であったことを示した。キュリロスとメトディオスの伝承を翻訳して評価を加え（1933 年）[CZ 1966]、フォティオス総主教（820-97）についてはいくつもの研究を物し（1936、38 年）[CZ 1967-1968]、彼の業績を復権させた。ヴラジスラフ 2 世（?-1174）の時代のチェコ・ビザンツ関係について短い研究を公にし[CZ 1969]、1929 年の記念祭には彼もチェコ語でヴァーツラフの伝記を書いた[CZ 1970-1971]。国際的なレベルで活動を展開するのは、1945 年以降の、亡命してからのことである。

福音派の教会史家の中では、Fr. ベドナーシュ（1884-1963）神学教授に触れておこう。彼はチェコ兄弟団の 16 世紀における歴史についての研究を書き[CZ 1972]、彼らの回想録の中から出版を行ない[CZ 1973]、1777-81 年における宗教の自由を求めるモラヴィア福音派の闘争を描き（1931 年）[CZ 1974]、1781 年の寛容令に関して、大部分は公式の資料を出版した[CZ 1975-1976]。

6. 科学史

学術史の状況は、以下の点で経済史のそれを強く思い起こさせる。すなわち、当該学術分野の代表者が自分たちの学問の発展を、世界全体に関して、あるいはチェコに関連する部分だけについて書いていたのであり、これは以前の時期でもそうだった。多くの、どちらかといえば二次文献の焼き直し的な性格のものや、専門の観点からは興味深くても歴史的観点からすると周辺的な研究の中で、Fr. ドルチナ（1861-1925）の 2 巻本の哲学史、『ヨーロッパ人類の思想的発展』（1914-26 年）[CZ 1977-1978]が取り上げるに値する。哲学者の J（ヨゼフ）. フィシェル（1891-1945）は、2 巻にわたってパラツキーの思想体系を再構成しようと試みた[CZ 1979-1980]。

7. 歴史補助学

歴史補助学は歴史学者たちにとって必修科目であり、したがっていくつもの大学に作業場があり、以前に学んだ手法に基づいて、生み出される作品も随分と増えていった。V. ヴォイチーシェク（1883-1974）はプラハ大学で補助学の教授を務め、文書形式学を法制史の方向に拡張し、市政記録簿についての研究を著した[CZ 1981-1985]。ファクシミリ版を作成してプラハの市政記録簿を出版（1928-31 年）[CZ 1986]したのは、教育上の目的からである。それよりも重要だったのは、印章学上の業績であり、長年の資料収集に基づいて、13 世紀以降のプラハその他チェコ諸都市の紋章を編集し（1928 年）[CZ 1987]、かつてフリードリヒが文書形式学についてしたように、これによって印章学・紋章学をこの時代の水準にまで引き上げたのである。ちなみに、彼は市政記録簿の検討を通して中世都市史にまで至り、いささか地域愛郷者風にまずもってプラハに取り組んだ。文書館の組織に関連する論文も重要なものであった（「チェコスロヴァキアの文書館組織の主たる問

題点について」1934 年[CZ 1988]、「文書館と図書館の関係について」1934 年[CZ 1989]）。

V. フルビー（1885-1933）はブルノ大学で補助学の教授を務め、古書体学に携わり、それを補助的学問などではなく、まさしく基本的学問であると見なしていた。初期のチェコの文書について価値のある研究を物し[CZ 1990-1993]、古書体学的観点からハンカの偽造を証明したのが彼であり[CZ 1994-1995]、文書館司書養成のための教科書を書いた（1930 年）[CZ 1996]。他人の作品に対して、研究に匹敵する分量の論争的文章を書こうとしなければ、もっと多くの研究をなしえたであろう。

ブラチスラヴァ大学教授、V. クレツァンダ（1888-1946）はパリのエコール・デ・シャルト〔古文書学院〕の講義も受けたが、行政史に取り組んで、貴族としての居住権〔所領を有してその国の貴族として認められること〕について[CZ 1997-1998]、外国人の帰化なしの所領獲得について（1926 年）[CZ 1999]、近代初頭における騎士身分への叙位について（1928 年）[CZ 2000]執筆し、ズボーリウの戦いについて軍事史研究も書いている（1927 年、10 周年記念）[CZ 2001]。

J. シェバーネク（1900-77）は、フリードリヒの弟子で、その後ブルノの〔モラヴィア〕地方文書館勤めを経て、そこの大学で補助学の教授となった。他の問題にも取り組んで、1740 年以前のブルノの商業について（1928 年）[CZ 2002]、カウニツ家のモラヴィアにおける織物業マニュファクチュアについて（1931-32 年）[CZ 2003]執筆しているが、主としてモラヴィアの文書の実践について執筆し[CZ 2004-2006]、ボチェクの文書集に収められているかなりの数のものを詳細に取り上げ、ボチェクの偽造であることを証明したのが彼である[CZ 2007-2008]。

古銭学は、国民博物館の二人の研究員が、以前の単に収集し記述する手法を超え出た時に初めて学問となった。一人は G. スカルスキー（1891-1956）であり、彼はウィーンの歴史学研究所で学び、1925 年からは『古銭学雑誌』の編集者を務めた。彼は古銭学の経済史的重要性を強調し、つまるところ、貨幣はいかなる文字資料よりも客観的な史料であることを指摘した（「古銭学の本質と課題について」1931 年[CZ 2009]、「歴史研究にとっての物質史料の重要性」1938 年[CZ 2010]）。チェコの各君主の造幣について何本もの研究を書いており、1929 年〔聖ヴァーツラフの没後 1000 周年〕にはもちろん聖ヴァーツラフのデナリウス貨について[CZ 2011]、1938 年には 11-12 世紀のチェコの貨幣と印章について[CZ 2012-2013]書いている。『チェコ造幣発展の短い概観』（1937 年）[CZ 2014]は実際に短い、しかし最初の学問的水準の総括である。〔もう一人の〕E. ノヘイロヴァー＝プラートヴァー（1900-95）は結局、ブルノ大学で古銭学の教授となった。彼女は、フリードリヒとシマークの弟子で、プラハとブルノの造幣について[CZ 2015-2016]、芸術作品としての貨幣について[CZ 2017-2018]、チェコ古銭学の発展について、多くの研究を執筆した。最も重要なのは貨幣の支払い手段としての機能であり、したがってその購買価値を時代ごとに正確に確定すべきだと強調した。V. カッツ（1880-1940）は法学士であり、郵便局の上級官僚層に属していたが、チェコ最大の貨幣コレクションの一つの所有者として、中世チェコの硬貨について[CZ 2019-2020]、芸術としての貨幣について、大変優れた専門的研究を書くことができた。16 世紀の鉱山地帯で作られた貨幣の平価に関するドイツ語の作品（1931 年）[CZ 2021]は基本的な研究である。

8. 考古学

考古学は、考古学研究所の設立によってだけでなく、〔新設大学の〕ブルノ大学とブラチスラヴァ大学の講座を通しても研究者が増加したが、まだ多くのアマチュアも活動していた。1928 年からは発掘に関する報告がベームの編集で定期的に刊行され〔『チェコスロヴァキア国立考古学研究所報』[CZ 2022]〕、のちの大きな総合を準備する目的で多くのモノグラフが作られた。専門教育を受けた考古学者は一般にみなニーデルレの弟子であった。A. ストツキー（1876-1934）でさえそうであり、彼はもとは技師で、1918 年以後になって初めて大学を修了し、講座におけるニーデルレの後

任を短期間務めた後に、国民博物館の先史時代コレクションの管理者となった。彼のテーマは先史時代であり、新石器時代について多くの論文を書き［CZ 2023-2025］、1926 年には『チェコ地方の先史時代』［CZ 2026］という題名で総括を書いたが、石器時代を扱った最初の部分しか出なかった。それ以降の時代については、青銅器時代（1928 年）［CZ 2027］、鉄器時代（1933 年）［CZ 2028］と、一般向けの概説の中で明らかにしたにとどまった。

E. シメク（1883-1963）はブルノ大学教授で、先史時代と初期スラヴ時代のどちらにも取り組み、大胆な仮説を立てる傾向があり、ジェヴィーンと大モラヴィア国の首都であるヴェレフラトとの同一性を提起したのは彼が最初である。ローマ時代のチェコ地方について研究を執筆し（1923 年）［CZ 2029］、チェコスロヴァキアの領域へのケルト人とゲルマン人の登場について（1934 年）［CZ 2030］、モラヴィアの先史時代の諸問題について（1935 年）［CZ 2031］、ローマの文化的影響に基づいて、土塁を建造するスラヴ人たちが、クアディ人たちの生きていた時代にすでにここに到来していたという結論を引き出した。土塁群の位置から、プシェミスル家とスラヴニク家の支配下にあった領域を区別しようと試み、プラハの始まりにも新しい理論を持ち出した［CZ 2032］。彼の最大の作品は、4 巻本の『クラウディオス・プトレマイオスの大ゲルマニア』（1930-53 年）［CZ 2033-2036］である。

J. シュラーニル（1893-1940）はニーデルレとストツキーの弟子で、ストツキーの後を継いでプラハ大学の教授になった。パリで学業を補充し、青銅器時代について最も多くを出版したが［CZ 2037］、総合も試みており、これも成果を上げた（『ボヘミア・モラヴィアの前史』1928 年［CZ 2038］、『大公時代のチェコ諸邦』1932 年［CZ 2039］）。世界史の第 2 巻でゲルマン人と古代の関係を紹介し（1936 年）［CZ 2040］、彼がヨーロッパの先史時代を旧石器時代から鉄器時代まで論じた同じ概説史の最初の巻は、1940 年に出版された［CZ 2041］。

J. アイスネル（1885-1967）は、ブラチスラヴァ大学で、その後 1945 年以降はプラハ大学で考古学の教授を務め、スラヴ人の先史時代をテーマとして、ジェヴィーン周辺とジェヴィーンスカ・ノヴァー・ヴェス周辺で発掘を行ない、ロマン主義的なスロヴァキア人の想定にも、スラヴ人集団を軽視するハンガリー人の捉え方にもともに戦いを挑んだ。『先史時代のスロヴァキア』（1933 年）［CZ 2042］という題名の総合は、この時までに知られていた出土品に基づいてしかまだ書くことができなかったために、多くの問題において最終的な立場に至らなかった。彼は、初期スラヴ人が発達した農業を営んでおり、鉱業も知っていたことを示した。

J. ベーム（1901-62）はニーデルレとシュラーニルの弟子で、1924 年にウニェチツェ文化について最初の大きな論文を書き［CZ 2043-2044］、1937 年にはボヘミアのハルシュタット〔文化〕時代を紹介した［CZ 2045］。1941 年には国内の先史時代全体について一般向けの概説を執筆した［CZ 2046］。アイスネル同様に、彼にも 1945 年以降の考古学研究における指導的な役割が待っている。

J. ネウーストゥプニー（1905-81）は新石器時代に取り組んだ［CZ 2047］。先史人の精神文化を国内の関連において検討したのは、彼が最初である（『ボヘミア・モラヴィアにおける先史人の宗教』1940 年［CZ 2048］）。J. スクチル（1904-65）はブルノの考古学者で、石器時代について二つの概説を執筆した（『チェコスロヴァキア領域における旧石器時代』1938 年［CZ 2049］、『スロヴァキアとポトカルパツカー・ルス〔現ザカルパッチャ〕の旧石器時代』1938 年［CZ 2050］）。

J. フィリプ（1900-81）はニーデルレ、ストツキー、シュラーニルの弟子のプラハ大学教授で、ハルシュタット文化の国内の遺物を編纂し（1934-35 年）［CZ 2051］、ラウジッツ文化について執筆した際には（1936-39 年）［CZ 2052］、これをスラヴ人のものであると捉えたが、ケルト人とゲルマン人がそこに重なって定住してくるとした。また、ボヘミアにおける鉄器時代の始まりを論じ（1937 年）［CZ 2053］、ボヘミアの先史時代の植生と天候について（1930 年）［CZ 2054-2056］、先史時代の荷車と近代の荷車の始まりについて（1936 年）［CZ 2057］研究を著した。彼も広い意

味での先史時代の文化に取り組み（1940年）[CZ 2058]、特に先史時代の工芸を扱った（1941年）[CZ 2059]。

9. 地方史

　地方史はこの時期にも部分的にはアマチュアたちの手中にあったが、この頃にはすでにこの分野に専門化した学界内部の人間がますます多くなっていた。何人かの名前を挙げるにとどめるが、L. ホサーク（1898-1972）は、数多くの部分的研究の他に、9巻本でモラヴィアの地誌を刊行した（1933-38年）[CZ 2060]。Fr. マハーチェク（1884-1954）は、プルゼニの歴史を[CZ 2061-2065]、大部分は地方の政治史の観点から調べたが、南ボヘミア都市の発展のもっと一般的な問題も提起した[CZ 2066]。ペカシュの弟子のJ. ムク（1901-80）は、インドジフーフ・フラデツ市の歴史に取り組み[CZ 2067-2070]、18-19世紀も扱って、その際には全国的な政治史の問題にも書き及んだ（『ビーラー・ホラ以後のチェコ貴族の国民意識の足跡』1931年[CZ 2071]、『1836年の最後のチェコ王戴冠式』1936年[CZ 2072]、これはフェルディナント5世の戴冠式の記念祭の年に出版され、同時代の反響にも触れている）。都市史においては、むしろ政治的出来事と民族比の変遷に関心を寄せた。

　あと、二人の言語学者に触れなければならない。A. プロフォウス（1878-1953）は、すでに1920年に書いた研究の中で地名の重要性を主張し[CZ 2073]、生涯をその収集に捧げた。収集した成果はようやく1947-57年に、『ボヘミアにおける地名』という題で4巻本で出版され[CZ 2074]、最後の巻はJ. スヴォボダ（1899-1973）が編集したもので、のちに補遺を含む第5巻も出版された[CZ 2075]。V. シュミラウエル（1895-1983）はプラハ大学のチェコ言語学の教授であり、彼の主著『古スロヴァキア水路学』（1932年）[CZ 2076]は、適切な感性によって、どこでも古風な響きのする河川湖沼の名称を収集して分析し、今日のスロヴァキアの領域におけるスラヴ人定住地が古いものであることを証明した。

10. 世界史

　古代史はこの時期にも古典文献学者の領域であった。J. ドビアーシュ（1888-1972）もその一人で、プラハ大学で古代史の教授を務め、古代の農業史についてとか、ヘレニズム時代について、有益な専門研究を物し、帝政期のシリア地方の歴史全体を書き上げた（1924年）[CZ 2077]。帝政期との関連で民族移動に、チェコスロヴァキア国家の領域におけるスラヴ人以前の歴史に関心を移した（彼が『郷土学研究』の中でこの時代を執筆した。1932年[CZ 2078]）。しかし、まさにドビアーシュが地方史にも取り組んで、故郷のペルフジモフ市の歴史を5巻で書き著したことは[CZ 2079-2084]、おそらく古代史研究の〔チェコの歴史叙述との〕有機的な連関の稀薄性を示唆するものである。この都市史は、全国的な政治史に多く取り組みすぎたために、17世紀までしか至らなかった。O. ソメル（1885-1940）はブラチスラヴァ大学、次いで1928年からはプラハ大学でのローマ法の教授で、ローマ私法に取り組んで[CZ 2085-2086]、その史料を紹介し（1928年）[CZ 2087]、帝政期にも取り組んだ。世界史の第2巻では、彼がローマ法とローマの国家行政の精神とを執筆した（1936年）[CZ 2088]。

　M. パウロヴァー（1891-1970）はビドロの弟子で、プラハ大学の東欧・ビザンツ講座における彼の後任になったのが彼女である。最初の大きな研究はフス派とビザンツ教会の関係を論じたもので（1918-19年）[CZ 2089]、1933年にはフランス語の研究で（『イスラームと地中海文明』[CZ 2090]）イスラームの拡大は文化面での分化を引き起こした原因ではなく、それを加速したに過ぎないことを示した。世界史の中ではローマの衰退を執筆し（1936年）[CZ 2091]、第4巻の中では13世紀までの北欧・東欧の歴史を（1942年）[CZ 2092]、第6巻では17世紀後半の東欧の歴史を執筆した（1939年）[CZ 2093]。しかしながら、特異なことに、最も多くの成果を上げたのは、広範な文書館史料の発掘に基づく第一次世界大戦下の国内と南スラヴの歴史研究によってであった。小

さな研究の中で、世界大戦下の南スラヴ人をめぐる外交闘争（1923年）[CZ 2094]、南スラヴ人亡命者の活動（1925年）[CZ 2095]、1918年に開かれた君主国被抑圧民族のローマ会議（1926年）[CZ 2096]、南スラヴ人の闘争のチェコ・マフィアとの関係（1928年）[CZ 2097]、リイェカ決議の成立（1928年）[CZ 2098]、マサリクと南スラヴ人亡命者との関係（1938年）[CZ 2099]を論じた。すべての問題についてその前史も明らかにしようとしたため、膨大な資料を克服することができず、『マフィアの歴史、世界大戦のもとでのチェコ人と南スラヴ人の闘争』（2巻、1937-39年）[CZ 2100-2101]は未完に終わった。多くの政治家の私文書も利用することができたのが彼女の大きな利点だった。

マツーレク

　もう一人のビドロの弟子、J. マツーレク（1901-92）はブルノ大学でスラヴ史の教授を務めた。ビドロよりも東欧概念を広く捉え、正教会の領域と同一視はしなかった（ただし、ボヘミアはそこに組み入れなかった）。例外的な言語の知識が、実に広範な比較研究を可能にし、幅広いテーマ設定にもかかわらず、常に文書館の一次史料を参照することに努めた。最初はルーマニア・スラヴ関係に取り組み、長期にわたるトランシルヴァニアの文書館調査を踏まえた最初の成果が「ルーマニア諸邦におけるフス主義」（1927年）[CZ 2102-2103]であり、ルーマニア人に及ぼしたスラヴ人の影響について何本かの論文を執筆した。『過去と現在におけるルーマニア』（1930年）[CZ 2104]は歴史に強く力点を置いた概説である。ハプスブルク・ポーランド関係にも関心を寄せ、黒海への出口を求める両者の抗争〔を執筆し〕（1931年）[CZ 2105]、のちには1618年のチェコ蜂起のポーランドとの関連を明らかにした（1937年）[CZ 2106]。1934年には『マジャール人とハンガリー国家の歴史』[CZ 2107]が出版された〔ハンガリー語ではハンガリー人 magyarok もハンガリー国家 Magyarország の場合も、表記の上ではマジャールとハンガリーとを区別することはできない。だが、チェコ語やスロヴァキア語ではマジャールとハンガリーとを区別でき、ここではハンガリー国家 uherský stát という表現がその多民族性を強調するために用いられている。本訳書では「マジャール人」という表記を用いないことを原則としているが、チェコ語の原題を考慮して、上記のように訳出した〕。マツーレクは〔ハンガリーという〕国のハンガリー人国民国家としての性格を否定しようとしたため、ハンガリー人を〔ハンガリーという〕国から区別したのであり、すべての時代について非ハンガリー系諸民族の役割を強調した。題名に厳格にこだわって、1541-1867年の間の時期はトランシルヴァニアを取り上げなかったので、当然、この諸民族のほとんどはスラヴ人であった。ハンガリー国家の境界を、常に実際の状況に応じた形で地図上にも描くことに努めた（このために、イシュトヴァーン1世の治世前半におけるハンガリーはトリアノン〔条約以後〕のそれとほぼ同じである）。ハロウペツキーは編者の注釈の中で、ブルガール＝テュルク人と同様に、ハンガリー人もスラヴ人に同化してスラヴ語話者となる可能性は現実に存在したとも記している。ちなみに、マツーレクの本は実際のところ多くの点で現実的な像を描いており、もちろん当時のハンガリー人の立場からは遠かったが、今日のハンガリーの見解にはずっと近いものである。マツーレクの活動がその意義を十全に展開するのは1945年以後のことである。

＊

　V. ジャーチェク（1905-86）はシュスタの弟子で、内務省文書館の司書、次いでスラヴ研究所の研究員であった。19世紀の革命をめぐるチェコ・ポーランド関係に生涯を捧げたが、チェコ・スロヴァキア関係にもチェコ・南スラヴ関係にも触れている。最初の研究は1863年のポーランド蜂起のボヘミアにおける反響を論じたもので、1935年にはこのテーマで1冊の本を書いた[CZ 2108]。彼が大きな総合を書くのは1945年以後のことである。しかし、他の関連でいくつかの個別研究も物しており、国内の史料を再読する過程で、急進民主派のサビナが1849年以降は警察のスパイだったことを発見したのは彼である。寛容令後の北東ボヘミアにおける民衆の信仰運動についても論

文を執筆した[CZ 2109]。

Th. サトゥルニーク（1888-1949）はカドレツの弟子で、彼もプラハ大学でスラヴ法の教授となったのだが、師匠の幅広い視野は継承していなかった。古いスラヴ法に関するカドレツの未完に終わった巻を書こうとして、ここからスラヴ私法に関する研究が生まれた（1934 年）[CZ 2110]が、完全な像を提示しようとしたために、これは 10 世紀以後にも及ぶものとなり、したがってそこで主張されていることはかなりの動揺を示している。もっと信頼できるのは、ビザンツ法のスラヴ人の間での普及に関する研究（1922 年）[CZ 2111]とか、さらには、南スラヴ私法に関するもので（1926 年）[CZ 2112]、これは民衆の法習慣も史料として考慮したものである。のちの研究においては、中欧の法発展の細部を論じた[CZ 2113]。

世界史に対する関心の高さを示すのが、すでに多くの著者との関連で触れた〔シュスタ編の〕世界史と並んで、1938-39 年には『技術の世界史』[CZ 2114-2119]という題で 5 巻のシリーズが、技術の各分野別に（車、鉄道、船、飛行機、照明の歴史）出版されたことだが、もちろん通俗的なもので、独自の研究に基づくものではない。

11. マルクス主義の歴史叙述

労働運動の歴史にはブルジョワ側からも何人もが取り組み、該当する著者のところではこのことに言及した。付言すれば、E. ベネシュ（1884-1948）も、近代社会主義の歴史を取り扱った複数の著者による作品の第 4 巻の中で回想録と専門文献に基づいて、オーストリアとボヘミアの労働運動についての概観を執筆している（1911 年）[CZ 2120]。

他方で、マルクス主義的歴史叙述の始まりに目を向けるならば、他のいくつかの国の場合にはすでにブルジョワ時代においても見られるような、優れた研究者がこの国には見当たらない。ヴェルシュタトや[J.] スラヴィークは、多くの理由から、完全にマルクス主義的歴史叙述の代表者と見なすことはできない。1932 年には歴史学研究所に併設して、労働運動と社会主義の歴史を研究するための歴史委員会が設けられたものの、専門家の間でこの〔マルクス主義の〕基盤に立って問題に取り組んだ者はいなかった。

このために、マルクス主義的歴史叙述の始まりは、労働者政党の指導的政治家の著作の中に求めなければならない。これらは実際にも、一度ならず価値のある結論に至っているからである。共産党設立者の一人である B. シュメラル（1880-1941）は、1908 年にマルクス（1818-83）の史的唯物論について書き[CZ 2121]、1909 年には労働者向けの新聞雑誌に基づいて、ハインフェルト大会までの社会民主党の立場の変遷を検討した[CZ 2122]。労働運動の他の指導者たちも、論文の中で歴史の問題に触れている。J. シュヴェルマ（1901-44）は、1848 年に対する最初のマルクス主義的な評価を 1928 年に執筆した[CZ 2123-2124]。『マルクス主義に照らして見たチェコ問題』（1933 年）[CZ 2125]では、チェコ問題とはチェコ・ブルジョワジー〔の問題〕を意味しているということを示し、マルクスの 1848 年における立場は何らかのドイツ・ナショナリズムから生じたものであるという先入観を払拭した。戦時下には、国民的な契機に対してもっと理解を示すようになった（『チェコ政治におけるスラヴ思想』1943 年[CZ 2126]）。ドイツ人に処刑された K. コンラト（1908-41、本名はベール）は、いくつかの論文において、フス主義の中に中世の危機を描き、スペイン革命について執筆した（1937 年）[CZ 2127]。Z. カランドラ（1902-50）はリパニ戦役の重要性を強調し（1934年）[CZ 2128]、のちには 1848 年革命とオーストリア・スラヴ人について何本か論文を書いた。V. チェイハン（1904-73）は数少ない学界内部の人間で、シュスタの弟子であり、1848 年のボヘミアでのバクーニンの活動について[CZ 2129-2130]、彼のスラヴ人に宛てた宣言について[CZ 2131]、スラヴ人会議の前史について[CZ 2132]、何本もの研究を執筆し（1928-32 年）、それから 1848-49 年におけるチェコ急進主義に関する総括を書いた（1937 年）[CZ 2133]。それから、もう 1930 年代後半になると、1945 年以降にマルクス主義歴史学の指導的な人物となる、例えば O. ジーハ（1911-74）とか、V. フサ（1906-65）のような

名前に言及することができる。フサの1937年の「階級闘争―チェコスロヴァキア歴史叙述のタブー」[CZ 2134]という題の研究の場合、優れていたのは主としてブルジョワ史学が〔階級闘争を〕扱っていないことに対する批判の部分だったが、同年のヤギェウォ時代の農奴反乱に関する研究は[CZ 2135-2136]、もう学問的業績に要請されることをすべて考慮して書かれたものだった。

この初期のマルクス主義的歴史叙述が、まずもってチェコの発達した労働運動の歴史を明らかにしようとしたのではなく、国民史の主要な問題に関心を集中したことは、特徴的なことである。唯一の明瞭に労働運動史の作品と呼べるのが、〔共産〕党の結党10周年に出された、P. ライマン（1902-76）の『チェコスロヴァキア共産党の歴史』（1931年）[CZ 2137]であり、当然のことながら、まだこれは価値のある歴史描写を提供するものではなかった。

12. 両大戦間期最後の数年

しかしながら、マルクス主義歴史叙述の前途有望な始まりが見られた1930年代後半には、それまでの自信に満ちたチェコ歴史叙述が、いよいよ大きくなる政治的危険に不可避的に注意を払わざるを得なくなった。国内外のドイツ人の歴史叙述との論争も頻繁になった。『チェコ歴史学雑誌』に1938年に連載された「ファシズムとイタリアの歴史叙述」[CZ 2138]という題の研究は、歴史叙述の全体主義的な特徴を批判していたものの、穏健な抑制されたものであった。いくつかの研究は、かつての先鋭な論争の後で仲介的な立場を探して、例えば、パポウシェクの「マサリクとチェコスロヴァキア歴史叙述」（1938年）[CZ 2139-2140]は、ゴルとその弟子たちの捉え方に対して、いまやマサリクを完全に支持し、マサリクにとってはチェコ問題は常にチェコスロヴァキア問題でもあったのに対して、ペカシュにとってそれはチェコの問題でしかなかったことも強調したが、方法論の領域における学界内部の人間の業績も否定はしなかった。ヴェルシュタトは、『チェコ歴史哲学について』（1937年）[CZ 2141]の小論の中で、マサリクの国民的人文主義とペカシュの人文主義的国民主義との融合を試みた。ストロウカル（「チェコ史の意味について」1937年[CZ 2142]）は、むしろパラツキーとマサリクの観念論的＝目的論的立場とペカシュの経験的＝実証的立場とを区別したが、ストロウカルの場合も同様に両者を結びつけるためにそうしたのであった。チェコスロヴァキア史の意味は、ペカシュが主張した国民意識〔の涵養〕と並んで、〔独立〕国家の中で確保された国内の自由の中に見出している。

政治的地平にはいよいよ暗雲が立ちこめ、これまで日々の政治の影響からは距離を置いてきた専門家であっても、それらを認識せざるを得なくなった。1938年号の『チェコ歴史学雑誌』に掲載されたストロウカルの1938年チューリヒ国際歴史学会議に関する報告[CZ 2143]は、哀歌の調子に黄昏の色彩を混ぜ込んだものであった。彼の意見では、会議におけるドイツ人史家の優位は（政治情勢の不安のために、西欧からは多くの者が来なかった。なぜなら、会議は8月28日から9月4日まで開かれたからである）、1933年以降に起こった政治的変化に完全に対応しているという。

1937年5月2-8日に開催された第1回チェコスロヴァキア歴史学会議は、まだ危険をそれほど認識しておらず、もっと楽観的であった（なぜなら、マサリクはまだ存命だったし、他方でペカシュはすでに亡くなっていた）。会議は、理論的問題、歴史叙述と現在との関連、各専門分野の状況と課題、史料出版の問題、歴史教育、の五つの大きなテーマを討論した。主として3番目と4番目のテーマに関連して、多くの優れた考え、真剣な計画が提示された。しかしながら、まだ1937年の時点でも、会議に関するクトナルの報告が、まるで2番目のテーマが会議全体を支配していたかのようだったと指摘しているのは偶然ではない[CZ 2144]。もちろん、会議では学界内のイデオロギー対立も鋭く衝突したことが、このことに貢献していた。それでも、積極的な計画の方が多く生まれた。しかし、1938-39年にかけて事態が推移する中で、会議の内容が1938年に出版された頃には[CZ 2145]、もはや呼びかける相手がいなかった。

出版が完全に途絶えたわけでないことはすでに見てきた。『我が国はヨーロッパと人類に何を貢献したか』[CZ 2146-2148]という、その題名がすでに生存意欲を証明する、例の人気を博した本が出版されたのは 1940 年のことである。『チェコ歴史学雑誌』は 1940 年まで発行されたが、その後はすでにできていた組版も破棄しなければならなかった。出版の可能性はますます狭まっていき、もちろん戦時の物資不足のためでもあったが、主としてそのためだったわけではない。地方史や文化史、厳密に専門的な問題についてはまだ発言することができた。こうしたテーマにおいては、行間を読み込むことで、将来に対する楽観主義を汲み出すことができた。

　1918 年に『チェコ歴史学雑誌』は何といっていただろうか。歴史学は国民の自由〔独立〕闘争を戦った、と。今度も同じことが起きていた。ただ、存命の最も老齢の人でも、これに比肩するものを思い起こすことのできないような深刻な状況のもとにおいてであったが。

第3章

ロシアの歴史叙述

　ロシア諸部族の居住地はおおむねスラヴ人揺籃の地と重なる。9世紀、ノルマン人（ヴァリャーグ人）はスウェーデンからコンスタンティノープル〔イスタンブル〕へと広がる地域において商業や戦争を行ない、この地域にいたロシア諸部族を国家へと組織した。首都はまずノヴゴロドに置かれたが、まもなくキエフに遷都された。その支配はドニエプル川沿いに拡大し、近隣のスラヴ諸部族からも貢納させた。この国家はノルマン人を通して非常に早い時期からビザンツと交渉を持った。ノルマン人は数の上で著しく上回るスラヴ系の大海に比較的早く同化したと考えられる。ごく初期の公の名前にゲルマン系の名前を見出すことができるだけで、10世紀の第3四半期に現れるスヴャトスラフ〔スヴャトスラフ・イーゴレヴィチ〕(?-972)の場合は、名前から見てすでに同化が進んでいたことがわかる。

　スヴャトスラフの息子、ヴラディーミル公(?-1015)は988年自ら洗礼を受け、臣民に対してもキリスト教を強要した。もちろんビザンツとの関係を基に、東方キリスト教会が受け入れられた。この国家は比較的統一性を保っていたが、11世紀中葉になると分裂が始まり、領土はリューリク朝の一族の間で分割された。形式的にはキエフに居を構える大公が存在したが、事実上は完全な分裂国家だった。小さく分裂した公国からなる国家は南のステップから攻撃してくる遊牧民、オグズ人、ペチェネグ人、クマン人と絶え間なく戦わなければならなかった。そして13世紀にはさらに危険な敵であるモンゴル人がステップを通ってやってきた。小公国はモンゴルへの貢納を強要されたが、貢納徴収役をいずれが行なうか、さらにその延長線において、誰がモンゴルの信任者であるかで、相争うようになった。この間、農業に従事していた人々は次第に北東の方向へと移動し、フィン・ウゴル系の人々の中に移り住むようになった。また彼らのうち相当部分を自らの中に取り込んでいった。ロシア国家の重心もこうした状況に合わせて、北西の方角に移った。

　モスクワが歴史の上で初めて役割を演じるのは1147年だが、分裂した小国家群の一つに過ぎず、この状態はその後も長期にわたって続いた。小公国の中にはうまく立ち回って貢納徴収権を獲得するものも現れ、次第に多くの小公国をその配下に収めた。こうしてロシア人が住む領域の統合が始まった。1480年になると、貢納徴収権を持った小公国の一つがタタール人〔モンゴル人〕に対する貢納支払いを拒否したが、もはやタタールには貢納を強制する力がなくなっていた。モスクワ公国の特徴は、公の権力が貴族評議会であるドゥーマに対して極端に強かったことである。かつての小公国もドゥーマの一員に組み入れられ、厳格に決められた階層性に従わねばならなかった。

　最終的に統一されたロシア国家は16世紀、イヴァン雷帝〔イヴァン4世〕(1530-84)の治世下において拡大を始めた。イヴァンは1547年にツァーリを公称し、諸々の改革を試み、それによって国家を弱めることにもなった。他方、かつてのキプチャク・ハン国の末裔である三つのタタール・ハン国を支配下に収め、シベリアへの進出も開始した。シベリア進出にあたっては

農奴制から逃れようとする農民、そしてしばらくしてからは中央政府が重要な役割を果たした。イヴァンはバルト地域へも手を伸ばそうとしたが、ここではバトーリ国王のもとにあったポーランド人がその試みの前に立ちはだかった。

1598年にリューリク朝が途絶えると、四半世紀にわたって混沌とした状況が続き、歴史文献もそのような時代だったと名づけているが、隣国はこの隙に乗じて利益を得ようとし、ポーランドは一時的にせよモスクワを占領した。この混乱した時期に終焉をもたらしたのは比較的広範囲に起こった人民反乱であり、一貴族家の出身だったミハイル・フョードロヴィチ〔・ロマノフ〕（1596-1645）がツァーリに選出された。こうしてロマノフ家がロシアの王家となった。ロシアはこの後も西とははっきりと一線を画す政策を取ったが、それは西に「ラテン」的な敵性を見て取ったからに他ならなかった。二つのキリスト教会の対立もこれを増幅させた。

17世紀末になると、アレクセイ・ミハイロヴィチ帝（1629-76）が改革の必要性を真剣に考慮し始めた。彼の息子の一人、ピョートル1世（1672-1725）も1689年に権力の座に即いた時、父の目指した改革を実行に移した。それは欧州化であったが、本質的に社会や政治の基本構造にまで手をつけるものではなかった。それでも近代的な、ヨーロッパに範を取った中央政府が作られ、バルト海へと通じる出口も確保された。さらに南部へと拡大の手を伸ばし始めたが、基本的に失敗に終わった。ヨーロッパの慣習が封建エリートに強制された。商人や農民は昔ながらの状況にあり、支配者に反キリストを見た。しかし最終的に大半の人々はピョートルを受け入れた。専制の根強い伝統が存在したし、ピョートルもこれを変えようと真剣に思ったことはなかった。1721年、ピョートルは皇帝（インペラートル）の称号を冠した。1703年にバルト海の端にサンクトペテルブルクが築かれ、恐るべき強制力と犠牲を強いてペテルブルクの建設が行なわれた。そしてここに首都が遷された。もう一つの都、モスクワは戴冠を行なうためだけの場所となった。またピョートルは社会の内部構成にまで介入し、社会全体を身分制の中に無理やり押し込め、誰もがいずれかの身分に生まれ、その中で死んでいくことになった。

ピョートルの死後、改革は頓挫し、それが再び着手されたのはエカテリーナ2世（1729-96）によってだった。エカテリーナ2世は意識的に改革を遂行し、後々にまで残る改革を導入した。18世紀全体を通して貴族が台頭した時代だった。すでにピョートルが貴族を統合していたが、エカテリーナは貴族特権を強化した。またピョートル時代に強制された国家勤務制を廃止した。貴族はそもそもピョートルの改革を受けて社会全体の中で孤立した存在となったが、この時代にいっそう内向きの存在となり、それを補うため世界に対する倫理的使命感を持つようになった。この使命感から次の世紀の精神的な潮流が生み出された。ともあれロシアはヨーロッパ列強の仲間入りをし、七年戦争においてはロシアの参戦が決定的な意味を持った。

このことは革命の四半世紀においてさらに明らかとなった。ロシア軍は対ナポレオン戦争において幾度となく戦い、多くの場合敗退した。しかし1812年のロシア戦役では、ナポレオンを撃退し、ロシア皇帝はヨーロッパの守護者としてウィーン会議に臨むことができた。シベリア支配もとうの昔に達成していた。エカテリーナは黒海まで進出した。確かにロシアの領土と人口は大国にふさわしいものだった。ヨーロッパにとってこれは織り込み済みのことだった。この時期のロシアはすでにバルトの諸民族とバルト・ドイツ人を配下とし、ポーランド分割を通してウクライナ人やベラルーシ人をも服属させていた。ポーランドに比べ、後二者はさほど問題にならなかった。というのはウクライナ人もベラルーシ人も公式にはロシア人と見なされ、小ロシア人というのがウクライナ人の名前だったからである。ロシア領ヨーロッパにはタタール人やトルコ系諸民族がいたし、シベリアには多種多様な先住民が住んでいた。19世紀中葉において中央アジアが植民地化され、そしてカフカース、さらにそれを越えた地域の帝国への編

人が始まり、短期間でこの過程は完了した。ヨーロッパには民族的にこれほどに斑な領域は存在しない。この領域の中で、ロシア人は常に多数派を占め続け、非ロシア人は単純に「異族人」と名づけられたが、このような命名にも少なからぬ軽蔑的意味合いが込められていた。

アレクサンドル1世（1777-1825）は中央政府の組織をヨーロッパ化する仕上げを行なった。すなわち彼の時代に役割ごとの大臣が置かれ、任命制によってではあるが法案作成の国家評議会が設置されたのである。ニコライ1世（1796-1855）はこの組織に変更を加えなかったが、農民問題解決のために秘密委員会を設けた。というのはこの問題が最火急の懸案だったからである。農奴問題は長年の準備を経て、最終的にアレクサンドル2世（1818-81）が1861年に「農民改革について」定めた勅令に署名し、ここに農奴制は廃止された。これに引き続いていくつかの基本的な改革が実施され、ロシアにおける市民的発展のための条件が作り出された。他方、専制体制については実質上、何も変わることはなかった。

1840年代、ヨーロッパとロシアの関係はロシア精神生活における決定的に重要な問題となる。単純化していうならば、ロシアはかなり遅れながらにせよヨーロッパと同じ発展の道を歩むのか、それとも全く異なる独自の発展を歩むのかという問いである。ロシアの精神的諸潮流はこの二つの選択肢の間で形成され、しばらくすると政治党派さえも同様の様相を呈した。

1905年、革命が勃発した。大工業は発展したが、何百万もの農民という大海の中における孤立した近代に過ぎず、緊張はあまりに大きく、暴発は避けられなかった。一度に堰を切ったようにありとあらゆる政党がヨーロッパを範として結成され、極右を別として、決定的問題に対して次のような答えを与えた。すなわちロシアはヨーロッパを範として発展する。そしてロシアはいまや絶対主義を廃し、立憲君主政を導入することでヨーロッパに追いつくと考えたのである。もっとも、立憲制ではあるが議会制ではなかった。どちらともつかない解決だった。この後も中央政府はしばらく優勢を占めることができ、専制への後戻りは成功しなかった。

1917年、革命が勝利した。二重革命だった。一つはブルジョワ的民主主義革命であり、二つ目はボリシェヴィキの社会主義革命だった。ここから始まる時代がどのような時代だったのか、その価値判断はさておき、新しい時代の始まりであったことには誰もが同意しうるだろう。ただ国外亡命者たちだけが古い体制を継続しようと試み、新しい体制はすぐに崩壊するだろうと期待した。

第1節　専門化以前の歴史叙述

1. 編年史

　西方キリスト教会の地域では、中世の歴史叙述は編年史の編纂とともに始まったが、これはロシアの封建国家においてもそうだった。編年史の叙述はキエフ大公国の中心で開始したが、それは当然ながら、宮廷の要請に応えるものだった。そして、その後、最初の記録と同時期に初期ロシア国家が諸公国に分裂し、これらの諸公国において、常に時の政治的観点にふさわしい形で編年史が書き継がれた。ただし、ロシア全体に関わる初期の部分は慎重に踏襲された。こうして地域ごとに異なる編年史が徐々に増えていったが、当然のこととして、初期の部分は後世の写本においては、各地域の編年史の前に置かれる形で残されることになった。最古のオリジナルな写本は13世紀末のもので、ノヴゴロド版編年史である。

18世紀に編年史が研究されるようになり、その100年ほど後に近代文献学の方法による調査が始まると、編年史はもともといわゆる編年史のスタイルで書かれたのではなく、関連する文章や物語からなり、したがってむしろ年代記と呼ばれうるものであり、源泉は民間伝承にあると推測された。だが、後世に残ったものは、出来事が年ごとに厳密に記録されている。慎重で精巧な調査によって一致しない箇所、すなわち、別々の時期に制作されたものや、後世に差し挟まれたものが突き止められた。もっとも、これらはすべて学問的仮説に過ぎず、決定的な解決が完全にもたらされるとは到底思われない。

最古のものと仮定される文章は、ノヴゴロドの編年史の中に残存する。おそらく、それを利用して、1093年頃に公国の中心で新たに編集がなされ、それがキエフ公国に受け継がれたのだろう。1113年頃に編纂されたのが今日知られているもので、『原初年代記』の名で登場する文書であり(もっとも、正確には「年代記」ではない)、ロシアの専門文献では『過ぎし年月の物語』という名で知られている[RU 0001]。これはキエフのペチェルスキー修道院で編纂され、その一つ一つの版にネストル(11世紀末-12世紀)という修道士の名が著者として記されている(そしてこのネストルは別の著作では自分こそが『原初年代記』を書いたと言及してもいる)。このため18世紀には、『ネストルの年代記』という名称でA.L.シュレーツァー(1735-1809)による国際的な専門文献の一つに登場した[RU 0002]。最も包括的な版は1113-16年の版に基づくラブレンチー写本であり、1118年版は別のイパーチ写本に残っていた。おそらく前者が最も原版に近く、1110年までは史実の記載がある。ラブレンチー写本はキエフのヴィドゥベツキー修道院で修行していたシリヴェストル(?-1566)という名の修道僧の手になるものである。

後世における『原初年代記』研究の第一人者A.A.シャフマートフ(1864-1920)は次のように考えていた。すなわち、最初の版は1039年のロシアで府主教座が設立された時に作成され、他方、ノヴゴロド版の最古のものはソフィア大聖堂の献堂時、つまり1050年に作成された。シャフマートフは1073年と1095年にも新たに編纂がなされたと推定した。元来一連の物語としての特徴を備えていることを示すのは、『原初年代記』がこう始まることによる。つまり「ルーシ(すなわちロシア国家)が何に由来し、どのように成立し、どのような運命にあるのかを示したい」と。しかし、冒頭の文章の後、始まるのは厳密な年代記録で、その編年史は(無数の続編も含めて)終始、天地創造(ユダヤの伝統から取り入れられた)から数えた年ごとに出来事を列記する。関連する物語がしばしば登場するが、それもいずれかの年のところで語られる。基本的には宮廷で知られた出来事を叙述するのが『原初年代記』であり、当然ながら教会の見解や、第一義的にはなお君公の政治的利益が配慮されている。現実の政治的事件の記述に関して主要な典拠が明示されることもあったが、『原初年代記』ではビザンツの年代記も使われた。のちの分領公国の版では当然ながら、もはやその地域の事件しか扱われないし、外国の史料は使われなかった。のちに諸公国は編年史を継続的に編纂するが、そこには諸公国の政治的利益が刻印された。例えばヴラディーミル・スーズダリ公国では、強大な公国権力の必要性を示すことが、幾度となく繰り返される動機だった。この公国から発展したのがモスクワ公国であり、政治的権利を主張するためだけに、編年史が編纂され、そこでは常にロシア全土の歴史が取り上げられた。もっとも、いつも成功したわけではない。しかし、このモスクワ公国版こそが、コンスタンティノープル陥落について、あるいは1439年のフィレンツェ公会議、すなわち最終的には失敗に終わる東西両教会の統一という試みについての物語を収めてもいる。このモスクワ公国編年史は15世紀のある時期に編纂されたと思われるが、これは当時すでにその大部分を利用することのできたビザンツ帝国年代記に基づいた初めての世界通史であり、10世紀末までの東方世界の皇帝の歴史も含めた「ギリシアとローマの編年史」だった。

蛇足ながら付言すれば、編年史という文献はまずもって政治史を描き出し、その範囲内でもっぱら君公の事績や軍事行動に触れるものである。その他にはせいぜい首都で起こった出来事を取り上

げる程度である。書かれたとしても民衆蜂起などは当然ながら批判的見地から触れるか触れないかといった程度である。せいぜい自然災害や珍しい出来事がその時々に記されたに過ぎない。

編年史叙述のこうした宮廷的な特徴は 16 世紀も変わらなかった。もっとも当時は、公国の分立状態が次第に解消され、それにつれて公国の編年史も沙汰やみになっていった。しかし、モスクワでは、いまや明確にロシア国家全体の歴史を対象として編年史の編纂が継続された。16 世紀半ばに成立したヴォスクレセンスキー修道院の編年史にしばしば公的な記録の文章が収録された。宗教的な解釈は徐々に形式だけのものに変化し、政治的関心が公然と幅を利かせるようになった。イヴァン 4 世は指導的人物の一人アダシェフ（?-1561）を編年史叙述の公式監修者に任命した。イヴァン 4 世は自らの支配の歴史を無数の挿絵とともに『君主の系図書』に叙述させた[RU 0003]。写本にしばしば訂正が見られるが、これは皇帝自身の手によるものかもしれない。というのも皇帝は疑いなく当時最も教養ある人物の一人でもあったからである。同様に宮廷で編纂されたのが、のちの所有者、ニコン総主教（1605-81）にちなんで名づけられたニコンの編年史である[RU 0004]。これはもはやいくつかの点で、それまでの編年史叙述の慣例を踏襲しなかった。そこでは他の種類の多くの史料、そして民間伝承までもが取り扱われ、昔の写本で不可解となっていた箇所の修正が試みられた。

2. 新たな作品様式

編年史叙述はモスクワではなお 18 世紀中も続けられた。というより正確には、修道院の要請に応えるために、古い編年史がさらに書写され続けた。だが、この形式は現実の政治的利益にとって、すなわち、皇帝の宮廷から見ると、次第にふさわしくなくなった。味も素っ気もない年代記から袂を分かつような、筋の通った物語への要求が大きくなった。例えば「カザン・ハン国について」述べた歴史がある[RU 0005]。おそらくこれは 20 年間にわたりカザン・ハン国の奴隷だったヨアン・グラザティー（16 世紀）によって 1564 年から 1566 年の間に書かれたものである。ハン国が征服された後で書かれたのはもちろんだが、その序文によれば、戦意を明確にすることが編纂の目的だったという。

同様に新たな様式を代表するものに『階梯書』がある[RU 0006]。この様式はおそらく 15 世紀にその原型が求められるが、現存する形式としてはイヴァン 4 世の時代に端を発する。『階梯書』の著者はモスクワの府主教アファナシー（16 世紀-1570 年代）ではないかと推定される。17 の階梯（時期、時代）に分けられた物語は、もはやどちらかといえば文学的な要請に応え、編年史の内容を自在に取り扱うものである。そして、オリガン（?-969）やヴラディーミルに始まる歴代の支配者や府主教たちに目を向け、一方で支配権力が神を起源とすることを、他方で教会の歴代の指導者たちを列挙し、国家と教会の緊密な関係を証明しようとした。その中で国家の決定的な役割が正当化された。

まだ 16 世紀前半ながら、ロシア政治思想の初期の極めて興味深い人物の一人、I. ペレスヴェートフ（16 世紀）は、コンスタンティノス 11 世とメフメト 2 世を比較することで、若きイヴァン 4 世に対してオスマン体制の利点、すなわち絶対権力の重要性を証明しようとした[RU 0007]。イヴァン 4 世の最も重要な対立者アンドレイ・クルプスキー公（1528-83）はイヴァン 4 世について『モスクワ大公の歴史』を記したが、これは歴史的な業績というより政治的小冊子の類である[RU 0008]。より歴史的な特徴を備えるのが、リヴォニア戦争での出来事、すなわち、ポーランド王バトーリのプスコフに対する進軍と都市包囲攻撃を扱った作品であり、それは不成功に終わった包囲攻撃終了後の 1581 年から間もない時期に記されたと思われる。

文学的、政治的そして学問的要請に等しく応えることができたのが『フロノグラフ』の名で知られる普遍的歴史理解であり[RU 0009]、同時にそれは世界史でもある。最初の版は 1512 年に書かれ、天地創造から 1453 年までの世界の発展を叙述した。ブルガリアやセルビアの資料が含まれる

ために、多くの者が南スラヴ起源だと考えているが、ロシアに関する諸資料も含まれていることから、ロシアで書き換えられたことは間違いない。『フロノグラフ』ではビザンツ帝国の年代記と並んで西欧のラテン語の著作、正確にはそれらのスラヴ語訳も参照されており、全 208 章の中で聖書の物語以後の偉大な東方諸帝国の歴史、次いでローマ帝国とビザンツ帝国の歴史が語られるが、その心は、ロシアこそが真実の信仰を守り通してきた唯一の国だという点にある。

17 世紀には、それまで大多数が教会関係者か、あるいはごく稀には封建領主階級出身だった著述家に並んで、都市民出身の歴史家も現れた。例えば、17 世紀初頭の農民蜂起のうちプスコフに関わる出来事を農民の視点から描き出した物語があるかと思えば [RU 0010]、同じくプスコフを扱っても、1625 年もしくはその後まもなく書かれたもので、ロシアに起こったこの災いはボヤール層が引き起こしたものだという物語もあったりする [RU 0011]。他方、『ロシア編年史』は、17 世紀初頭の農民蜂起、ボロトニコフの乱を封建諸侯の立場から断罪する [RU 0012]。公式の編年史も編纂され、フョードル帝（1557-98）の時代からミハイル・ロマノフが選ばれ即位するまでのいわゆる動乱時代の出来事を『新年代記作者』が扱っている [RU 0013]。そして、同様の公式の年代記が 17 世紀後半にも編纂された。『ロシア編年史』である [RU 0014]。これはスラヴ諸族によるノルマン人〔ヴァリャーグ〕招致からフョードルまで、すなわちリューリク朝の最後の人々に至るまでの国家の歴史を扱うが、この編年史は実際もはや厳密な年代順にとらわれていない。多くの写本が残されていることから、この編年史の人気が高かったことがわかる。それは、過去の栄光を語る『歴史について、言い換えればロシアの国土の始まりとノヴゴロドの成立について、そしてスラヴの諸公国の一族』も同様である。この作品は、表題が示す通り、おそらくノヴゴロドで書かれたもので、叙述には長い年月にわたってあちこちのスラヴ諸国で好まれるようになったスキタイ人とスラヴ人の同一視という命題が見られる。A. ルイズロフ（1655 頃-97 頃）の『スキタイの歴史』は 1776 年に出版されている [RU 0015]。

同じく 18 世紀に生まれたヨアキムの編年史は、V. N. タティーシチェフがのちに誤って最古の『原初年代記』の版だと見なしたが、後世の編集に過ぎなかった [RU 0016]。

歴史的な関心が大きくなったことを示すのは、多少なりともロシア人と名づけられうるこうした人々の著作と並んで、外国の歴史家による著作が少なからず翻訳されたことである。第一はポーランドの歴史家たちの著作であり、同時代のポーランドの人文主義者は、主題からしてもロシア人読者に最も近いところに位置した。プリカース〔官署〕の二人の書記が 1673 年に『フリスモロギオン』という複数の翻訳を基にした世界史（実際には古代史）を書いたが [RU 0017]、その中には、中国の史料に基づいて中国の「帝国」を記したものもある。前世紀に生まれた『フロノグラフ』にも新たな版が準備された。1617 年のものではロシア史の 1533 年までの原典史料が掲載され、イヴァン 4 世の時代についても描かれたが、そこではオプリチニナ制度が鋭く批判された。イヴァンは支配の前半はすばらしい君主だったが、後半は批判されるべき暴君だという、以後たびたび言及されるモチーフが、この著作の中で初めて姿を現す。1620 年以降の版ではさらに新たな史料が用いられた。

歴史的な関心とロシア人の読者について話題にしてきたが、片時も忘れられてならないことがある。それは、これまで取り上げてきた著作のすべてが手稿であり、たとえ数多くの写本があったとしても、それらは極めて限られた読者層にしか行き渡らなかったことである。それでもなお読者層が増加したことは、1674 年に印刷出版された『シノプシス』というロシアの最初の通史が、出版後まもなく（1678 年と 1680 年に）新たな版を重ねたのを見てもわかる [RU 0018]。おそらくここでもまたキエフの修道僧、インノケンティー・ギゼル大修道院長（1600-83）が編纂に当たり、初期からアレクセイ・ミハイロヴィチの治世までの国政の発展を、従来よりもさらに多く事件史に触れつつ説き明かした。時とともに増補された版は 30 に及び、たとえその資料が『フロノグラフ』や

『階梯書』よりも貧弱で不確かなものだったとしてもなお、この書ははるかに広い読者層を獲得したし、ウクライナ人の多くがポーランド＝リトアニア国家に属していた時期に、ロシア人とウクライナ人は一つの民族だということを確認するものだった。

3. 啓蒙の歴史叙述

　啓蒙期の歴史叙述の発展における最初の転回、つまり出来事をそのまま記録しながらも、完全に中世風かつ手稿中心だった時代から抜け出したのは、上記の作品からではなく、明らかに、すべてを刷新するピョートル1世の改革時代からである。ピョートルは政治宣伝にも並外れた感覚を持っており、自らの施策を記録して残すことだけでなく、歴史的知識の一般的な重要性も知っていた。1708年にすでに、フョードル・ポリカルポフ（1670-1731）という名の歴史編纂官を任命し、ロシア国家の歴史を書かせた。実験的に5年間の出来事について長いものと短いものを書かねばならなかったが、ピョートルは提示された章を書き直させた後でも、それを納得のいくものとは考えなかった。

　A. I. マンキエフ（?-1723）は1715年に『ロシア史の核心』という題名の通史を皇帝に献上したが、これはロシアの歴史をノアから始めて全7巻で叙述したものであり、もちろん第7巻でピョートル時代が褒め称えられている。ピョートルは、自身の時代を除けば、比較的古い時代に関心を寄せていたにもかかわらず、マンキエフは本の大半を1453年以降の時代の叙述に充てた。マンキエフはギリシア語やラテン語で書かれたものを用い、世界史的な事件（例えばアメリカの発見）も書き込み、史料に対して批判的であるよう努めた最初の人物である。著作の中心思想は、いうまでもなく、絶対王政の正当化とその賞賛であり、それによってロシア史叙述に、実に豊穣な伝統の基礎を据えることになった。出版物としてはミュラーが1770年に A. Ya. ヒルコフ公（1676-1718）の名で（マンキエフは公の秘書だった）公刊し［RU 0019］、その後さらに4版を重ねた。

　しかしながら、ピョートルの関心はやはり、何よりもまず自分の時代に置かれたように見える。北方戦争の歴史にしても、単なる戦闘の日誌にとどめず、戦争にまつわる諸問題を広く分析しながら書かせた。1715年に至る部分まではピョートル自らが目を通した。この作品もまたのちの1770年になってようやく公刊されたが、その時は、政治宣伝に関して同様によく理解していたエカテリーナ2世が、公刊事業を通じて、自分がピョートルの業績の真の継承者であることを証明しようとした。

タティーシチェフ

　だが、こうしたことはすべてほんの序の口、あるいはせいぜい転換の端緒に過ぎない。ロシアの歴史叙述における最初の、そしてある意味で今日に至るまで重要な人物は V. N. タティーシチェフ（1686-1750）である。タティーシチェフは商人の息子だったが、軍隊と官職における功績により貴族の称号を得た。そして、その作品は一貫して貴族の、あるいはより正確には、皇帝の権力の見地から書かれた。タティーシチェフはナルヴァとポルターヴァで戦い、ピョートル大帝の治世下にウラル鉱山の長となり、アンナ帝（1693-1740）のもとでさらに大きな鉱山地域（ペルミとシベリア）の責任者となった。1739年に汚職のため解任されたが、エリザヴェータ（1709-62）のもとで返り咲きを果たし、アストラハンの県知事を務め、没するまで数年をモスクワ近郊の領地で過ごした。

　タティーシチェフの最初の業績は1739年に発表されたが、本質的にはピョートルの活動と関係した。つまり、1720年頃から史料を収集し始め、重要な公務に就きながらも、この作品を考え続けたのである。本人によれば、ほぼ1000冊の書物を、英仏ラテン語によるものも含めて集めた。しかし、タティーシチェフはこれらの言葉ができなかったため、誰かに翻訳してもらわざるを得なかったが、ロシア内で適切な翻訳者を見出すことは困難だった。もちろん、彼は印刷された書物を利用するだけでなく、手書きの史料、何よりもまず編年史の重要性を感じ取っていた。1738年頃にすでに、ロシア最古の法典であるルスカヤ・プラヴダおよび1550年の法典を優れた注釈付きで編纂

して出版を準備した（もっとも、公刊されたのは1768年だった）[RU 0020]。

　タティーシチェフの主著はもちろん『最古の時代からのロシア史』である[RU 0021]。文章は1746年に完成しており、これをその後何度も見直し、修正を加えた。結局1768年から1774年の間に出版されたが、それは当初の原稿であり、改稿された最良のものではなかった。（興味深いことに、批判的修正版と呼びうるものが1960年代にモスクワで出版された。）『最古の時代からのロシア史』はロシアの歴史を4期に分けた。すなわち、第1期は860年まで、第2期は1238/39年まで、第3期がイヴァン3世（1440-1505）の時代まで、そして、第4期はミハイル・ロマノフがツァーリに選ばれた1613年までである。それ以降の歴史はもはや書こうとは思わなかった。というのも、彼自身の告白によれば、1613年以降の歴史は第一に、比較的よく知られているので書く必要がないからである。さらに、歴史の中で役割を演じる貴族の末裔が、もし先祖の過ちが書かれたならば、名誉を傷つけられるであろうし、もし書くのを控えたなら、真実が損なわれるからである。ということは、タティーシチェフは過去と現在の関係についての感性を持ち合わせていたことになる。シベリアの諸民族との接触から彼は、初期のロシア国家というものが、エトノス的にいかに多種多様だったかに気づいた。タティーシチェフが原則として採用したのは、自然法と自然道徳であり、おそらく彼はプーフェンドルフの作品を読んでいたのだろう。

　外国の諸史料は、何よりもまず、最初の860年までの時期の巻で利用された。そこでタティーシチェフは、初期のロシアに居住していたエトノスについて議論し、それが多種多様なスラヴ民族ではなかったかと仮定した。860年からのロシア史を年代順に書いたが、これは明らかに、当時の主要な史料だった編年史の影響である。その意義は（長い間、もっぱらこの意義だけが主張されていた）、ののち失われてしまった、あるいは、あるにはあっても所在不明になってしまった編年史が参照されていることにある。タティーシチェフの博識には驚かされる。史料批判についても確か

な感性を持ち、史料の中に見出したものすべてを素朴に叙述した後、自らの批判的注釈を付記した。例えば、リューリク朝が皇帝アウグストゥスを祖先に持つというのは作り話だと判断したのである。彼はいくつかのスラヴ史料文献の中に、聖ヒエロニムスがすでに聖書をスラヴ語に翻訳していたとの叙述を見出したが、これもまた真実ではないと判断した。というのも、これは17世紀の諸文献に書かれているが、それ以前の著者は、これに関する資料を用いた痕がないのである。対話体を多用し、編年史の方式で詳細に出来事を叙述するという、読者を少々うんざりさせる本文よりも、注釈の方が実際には重要であり、そこにタティーシチェフは批判的注釈を記した。

　もちろん、タティーシチェフは好事家に過ぎないが、批判的な感性を十分に備え、例えば自著の序章において、歴史の理解のためには年代学（これは出来事の正しい年代確定を意味する）、地理学、系図学（これはいうまでもなく支配者の順序と家族関係のこと）の三つが必要だと述べる時、驚くほど現代的な印象を与える。タティーシチェフは最初に、ポーランドの歴史家たちが地理学を知らないために間違った事実を主張していると非難した。彼は、世界史上最重要な三つの出来事は、文字の発明とキリストの誕生、それに書籍印刷の考案だと指摘した。

　そして、同様に現代的に思われるのは、序章の冒頭で歴史の効用について考察した時である。彼によれば、戦争指導者や政治家にとって、何よりもまず必要なことは、いうまでもなく自国史と世界史の知識である。他方、歴史を著す者は自分一人ですべてを知ることはできないので、国外の見解にも注意を払わなければならない。もしそれができないなら、臆して沈黙するべきである。また、タティーシチェフは、都市が手工業と商業の申し子だと述べたことも記しておこう。

　タティーシチェフの政治的な基本原理は当然のことながら、専制への崇拝である。彼は支配の形態を、君主政、貴族政および民主政に区別した。ロシアでは君主政と不安定な貴族政が交互に現れた。しかし、唯一の優れた政治形態は、タティーシチェフにとって、一般的に大帝国がそうである

ように、君主政（あるいは絶対主義）である。

タティーシチェフの著作の初版は18世紀に出された。彼は歴史の専門家ではなく、その作品は体系的な歴史教育を受けた学者の著作ではなかったが、このことに気づく者はいなかった。なぜなら、そもそも当時のヨーロッパ全体においても事情は別様ではありえなかったからである。ともあれタティーシチェフは同時代のロシアのアカデミー会員たち以上に、当時の学問的水準からはるか遠いところにいたのである。

アカデミーにロシアという言葉を冠するのはここでは少し大げさである。アカデミーは西欧を範に取り、ピョートル大帝が創設を望んだが、実際の活動は後継者たちの時代に開始され、アカデミー会員も長い間かなりの割合でドイツ人だった。彼らの中には、長期または短期の滞在後シュレーツァーのように、母国へ帰る者もいれば、ついにはロシアに住み着いてしまう者もいた。シュレーツァーもまたロシアの歴史叙述の発展においては、何よりも『ネストルの年代記』について、すなわち『原初年代記』について取り組んだ著作によって重要な役割を果たした。それでもなお別の二人のドイツ人について言及しておく必要がある。

ドイツ系の歴史家

G.S.（ドイツ人の間ではT.S.）バイエル（1694-1738）は1730年にロシアへやってきたが、ロシア語を覚えようという気さえなかった。このためコンスタンティノス7世のスラヴ語地名を解き明かすに際して、作家のV.K.トレジャコフスキー（1703-69）が手助けをした。バイエルは数多くの研究においてギリシア語およびラテン語の史料に基づき、初期のロシア史に取り組んだが、彼の功績はそれまで調べられていなかった史料へ目を向けたことにある。バイエルが活動したのは、アンナ帝の傍らでE.I.ビロン（1690-1772）やその他のバルト海沿岸部出身のドイツ人貴族が大きな影響力のある役割を果たした〔1730-40年にかけての〕10年ほどの時期だった。この事実も明らかに一因となって、バイエルはノルマン諸侯〔ヴァリャーグ〕招請を真剣に検討し始めた人物となった。正確にいえば、ロシアの国家形成にノルマン人の影響が決定的だったと彼は考えた。タティーシチェフもバイエルとは何度も議論を重ねたが、結局タティーシチェフ自身は『原初年代記』に含まれていたヴァリャーグ招請の事実のみを書き記すにとどまった。他方、バイエルはゲルマン的要素の解明に熱を入れるあまり、スヴャトスラフの名前、すなわち最初のスラヴ語の名を持つ公もゲルマンのスヴェンという名から説明した。こうして、他ならぬバイエルその人が、のちに台風の目となるノルマン説の父と見なされるようになった。

G.F.（あるいはロシア人が呼んだ名として、F.I.）ミュラー（ミュルレル）（1705-83）は、まだバイエルが来る前の1720年代にロシアにやってきて、1731年にはすでにアカデミー会員で大学教授だった。ミュラーはバイエルよりも順応性があり、若さのためだけかもしれないが、ロシア史の史料を発掘しなければならぬと真剣に考えた。膨大な資料コレクションをモスクワの文書館に収め、1766年には自らそこの館長に就任した。1733年に彼は10年にわたるシベリア探検に出発し、未整備のシベリアの文書館を訪ねて回っては、1734年に早くも、いかにこれらの文書館を整備するべきかという指示書をまとめた（もっとも、これはのちの時代においても誰からも注目されなかった）。ミュラーはシベリア探検で実に多くの資料を収集し、これによって『シベリア史』（2巻、1750年）をドイツ語で著した [RU 0022]。この本の中でミュラーは、地域の史料だけでなく、東方の資料も用い、さらに民俗誌の資料も数多く用いた。1748年にミュラーは歴史編纂官に任命され、ロシア史を書くという任務を与えられた。もっともミュラーはこの任務にタティーシチェフを推薦していた。

ロモノーソフ

ミュラーの最大の対立者で、愛国者的考察からノルマン説に対抗したのは、18世紀ロシアにおける桁外れの大学者M.V.ロモノーソフ（1711-65）だった。頭角を現したのは第一に自然科学者としてだったが、同時代の経済的、社会的諸問題にも取り組み、ほとんど行きがかりのような形で12年間を歴史学に捧げた。当初はノルマン説の論駁

のために初期のロシア史の解明を意図したが、その研究は1054年にまで及び、成果は本人の没後に公刊された。ロモノーソフはバイエルにおける体系性の欠如を指摘し、自ら次のような興味深い議論を展開した。すなわち、歴史的諸事実は過程として叙述しなければならず、歴史の課題とは国民の偉大さを示すことである、と。しかし、ロモノーソフはミュラーとバイエルを批判する際に、ヴァリャーグ人たちについて次のように述べたことは軽率な勇み足だった。すなわちロモノーソフは、ヴァリャーグという呼び名は幾種類もの民族を含むためノルマン人を指していると一概にはいえないとし、その代わりにロシアの発展におけるチュド人（すなわちフィン・ウゴル諸族）の役割について言及した。（ロモノーソフ自身も北部の漁師の子で、早くからこれらの非スラヴ系エトノスを知っていた。）ロモノーソフがチュド人とマジャール人との間の少なくとも言語的類縁性を推測したことは興味を引く。

ロモノーソフはもちろん基本的にノルマン人でなくスラヴ人に与して議論し、諸々の地名からスラヴ人はキリスト生誕以前からロシアに住んでいたという結論に達した。興味深いのは、ロモノーソフがここでのちの時代に登場するスラヴの先住地理論に接近していたことだが、当時そしてそれ以降も長きにわたって一般的だった理解は、スラヴ人がアジアから小アジア、ないしバルカンを経由してカルパチア盆地に到達し、そこがスラヴ人の実際上の先住地となったというものである。しかし、西ゴートのアラリック1世までもスラヴ人であると宣言したのは、明らかに行き過ぎだった。ロモノーソフはのちのパーヴェル1世（1754-1801）のために1760年に『簡約版ロシアの年代記作者』を編纂したが[RU 0023]、これは実際のところ支配者名の列挙に過ぎなかった。面白いのは、1682年に勃発した第1次銃兵隊反乱についてロモノーソフが1757年に付した注釈であり、これはヴォルテールが情報源として利用したこともある。

ロモノーソフはスラヴ人の世界史的意義を〔彼らが歴史に登場した〕当初から強調した。のちにこのことがあいまいになってしまった理由をロモノーソフは、スラヴ諸族が互いに対立した上、多くの国を作ってしまったためだと考えた。だが、これよりもさらにロモノーソフの興味を引いたのは、ロシア国家の世界史上の役割だった。これもまた同様に当初から計り知れない〔ほど偉大な〕ものだった。すなわち、ロシアはもともと生来的に平和を志向し、そのことはキエフ大公ヴラディーミル〔2世〕・モノマフ（1053-1125）がポーランドやチェコ、そしてハンガリーといった近隣諸国に加え、皇帝ハインリヒ5世とも平和的同盟関係を結んだことにより立証されるとした。

*

ロモノーソフに劣らないほどの好事家がM.M.シチェルバートフ公爵（1733-90）である。彼は元老院メンバーでもあり、タティーシチェフのタイトルを用い、『古代からのロシア史』と題した通史を7巻にまとめ[RU 0024]、1770年から1791年にかけて出版した。自らの死によって1610年までしか到達しなかったが、公は基本的にタティーシチェフと同様、編年史に基づいて執筆した。このため読み物としてそれほど優れたものにならず、タティーシチェフのような影響を及ぼすことはなかった。しかしながら、シチェルバートフ公が初めて行なったのは、編年史と並んで公式文書も史料として用い、記述史料を出版したことである。公は、タティーシチェフほど批判的ではないが、ロシア史を厳密な因果関係に基づき、合理的に説明しようと考えた。そして公もまた、歴史の本質とは、支配者をして幸福と進歩を民衆にもたらす支配者の意志であると確信していた。エカテリーナ2世の政治については、ピョートル大帝の踏襲であるとするような単純な解釈はできないし、実際、シチェルバートフもそのような単純な解釈を行なっていない。

I.N.ボルチン（1735-92）もまた同様に由緒ある貴族の生まれだった。このことから、ボルチンが西欧の猿真似やロシア的徳の矮小化に対して取った立場、および農民にあまり同情を寄せなかった理由が理解できる。だがボルチンの場合はむしろ啓蒙的な観点の帰結だった。ボルチンは20年近く軍務に就いた後に文官となり、サンクトペテルブルクでいくつかの文学サロンに参加した。

ボルチンが歴史叙述の分野に足を踏み入れたわけは、ロシアで K.G. ラズモフスキー伯爵 (1728-1803) の専属医を 10 年間にわたって務めた N. ルクレール (1726-98) というフランス人が、1783年にロシア史についての極めて表面的で無知な、しかも同時に軽蔑的で皮肉な著作を出版したからだった [RU 0025]。ボルチンは、この著作についての注釈を 2 巻にまとめ、5 年後の 1788 年に発表した [RU 0026]。資料は第一にタティーシチェフに依拠したが、注釈本という著作の性質上、まとまったイメージを与えたのではなく、ルクレールのいったことを逐一批判する形を取った。ロシア人はフン人起源ではなく、昔からヴェンドやゲナト、あるいはダキアの名で知られたスラヴ人である。また、ロシア人は遊牧民ではない。というのもリューリク以前にすでに都市が存在したからである。ノルマン人の役割は重要ではなく、どう見てもロシア人より洗練されていたとはいえない。ヴァリャーグはスカンジナヴィア人ではなくフィン人の可能性がある、云々。ルクレールの著作で中心的な役割を果たしたのは、啓蒙期の理解に由来する典型的な断定、すなわち、ロシア人には自由がなく、全員がツァーリの下僕だという断定である。ボルチンにとって本質的なことは次の二つである。まず彼が言及するのは、ロシア人は常にツァーリの下僕だったわけではないことである。というのも、初期には公と並び立つヴェーチェ（民会）が存在した。もう一つは、農民は移住の自由を持っていたので、16 世紀までは確かに自由だったといえるのである。ただ、当時の貴族が奸計をめぐらし農民を土地に縛り付けたので、ピョートル大帝の頃にはホロープ、すなわち奴隷の水準にまで引き落とされてしまった。啓蒙の影響を受けたボルチンは農奴の賦役を国家が規定すべきだと考え、さらに農奴解放の可能性にまで言及した。

実際、ボルチンこそは農奴制の問題を最初に直視した歴史家だった。先人たちに比べ、出来事ではなく慣習や道徳に関心を寄せた点で近代的だった。他方、農奴制に対する国民的な憤りの中、ボルチンはロシアにおける既存の社会状況の弁明者となった。すなわち、ロシアの民はフランスよりよい暮らしをしている、と。

都市民の見解をある程度まで代表したのは商人の I.I. ゴリコフ (1735-1801) である。ゴリコフはロシア帝国の賢人改革者であるピョートル大帝の業績を 30 巻の書物にまとめた [RU 0027]。この仕事のためにゴリコフは膨大な文書資料をコレギウム〔参議会〕の文書館から収集したが、いうまでもなくゴリコフ自身も、自分が歴史家としてこれに取り組むわけではないことを、はっきりとわきまえていた。というわけで、これは資料収集としてのみ賞賛に値する。P.I. ルイチコフ (1712-77) は、アカデミー初のロシア人会員だが、1762年にカザンの古い歴史について著作を出版した [RU 0028]。著述に際しては、編年史以外にタタール語史料も用いた。さらに 2 巻本のオレンブルク地方誌を書いた [RU 0029]。V.V. クレスチニン (1729-95) はホルモゴルイ [RU 0030] とアルハンゲリスクの歴史 [RU 0031] を書き、次いでピョートル時代の外国貿易 [RU 0032]、および北部地域の農業条件の発展を書いた [RU 0033]。こうした著作の書名は中身以上のことを推測させる。善意に基づく著作ではあるが、唯一の取り柄は、著作中で 17 世紀の土地と麦類の価格表を載せていること、および農民が所持する文書資料を北ドヴィナ川流域の農業事情研究に用いたことぐらいである。

シチェルバートフやボルチンは貴族の生まれではあったが、啓蒙期に教育を受け、それは彼らの歴史理解からもうかがえる。他方、先に言及した都市民の子弟たちは当然のことながら啓蒙思想家のことは知らないまま、もっぱら自らの市民的利益に導かれていた。ゴリコフの優れたところは、著作中に数多くの史料をそのまま掲載した点にあり、F.O. トゥマンスキー (1746-1810) はピョートル期に関係する資料を 10 巻本にまとめた。史料出版は 18 世紀半ばに早くも流行の作品形式となったが、これは注目すべきことに、またしてもシュレーツァーの影響によった。1767 年以来『ロシア歴史集成』として様々な編年史が出版されたが、もちろん学問的な専門性に基づいていたわけではない（学者シュレーツァーが上梓したものも問題がないわけではなかった [RU 0034]）。1768 年

にタティーシチェフの注釈によるミュラー版の1550年法典が出版され[RU 0035]、1775年に2巻本の『階梯書』が[RU 0036]、1767年にシュレーツァーの『原初年代記』と並んでルスカヤ・プラヴダの簡素本が[RU 0037]、そして1792年に拡大本が出版された[RU 0038]。

以上の出版活動にはロシア啓蒙運動の第一人者だったN. I. ノヴィコフ(1744-1810)も関わった。1773年から1775年の間に『古代ロシア集成』という10巻本の記述史料や文書類がまとめて出版され[RU 0039]、これはさらに1788年から1791年にかけて、20巻の増補版としても出版された。ノヴィコフは1773年に『初期のロシア水文学』という表題をつけて『大地誌』を出版したが[RU 0040]、これは、17世紀に作成されたのち失われてしまった地図のために用意された解説文である。軽視できないのは、ロシア人著作家に関する歴史事典の出版である(1772年)[RU 0041]。これはほとんどが18世紀の人物である317人の歴史家の生涯と著作を盛り込んだ人名事典だった。ノヴィコフがこの事典を出版したのは、祖国がいかに教養のある国なのかを証明しようという国士的な動機によるものであった。

しかしながら、それ以上にノヴィコフには、啓蒙的観点からここに登場する意味がある。彼の啓蒙的視点は後世に影響を与えたからである。それはまさしく、あの『ペテルブルクからモスクワへの旅』(1790年)[RU 0042]というすぐに没収された書物や頌詩などの著者A. N. ラディーシチェフ(1749-1802)が書き表した観点と同じであった。ただし、啓蒙絶対主義との妥協に積極的だったノヴィコフに対し、ラディーシチェフは、内心ではノヴィコフ的見解に傾いていたものの、主張としては絶対主義に対立する革命的歴史理論を代表した。もっとも、ラディーシチェフの思想が影響力を持ち、ロシア的歴史理論の中にまとめられるのは、ずっと後の時代になってからのことだった。ラディーシチェフの思想は歴史家には多少なりとも影響を与えたが、公衆に知られることはなかった。

4. ロマン主義の歴史叙述

カラムジン

公衆(と誇張するのはやめよう、むしろ教養ある読者層、すなわち、貴族の一部および知識人層のことである)が、さらに熱狂的な関心を持って、同意しながら、またごく稀に憤慨しながら読んだのは、N. M. カラムジン(1766-1826)による、最終的には未完の著作となった『ロシア国家史』12巻である[RU 0043]。初版の8巻本は3000部発行され、3週間で売り切れた。A. S. プーシキン(1799-1837)はある詩の中でカラムジンのことを怒りを込めて「刑罰棒の礼賛者」と名づけたが、自らもこれを通読した。プーシキンの史劇『ボリス・ゴドゥノフ』(1825年)の構想にはその影響が誤解の余地なく見て取れる[RU 0044]。当時はなお数十年にわたってこの書物は「唯一の」すなわち、誰もが知っておくべきロシア史であり続け、S. M. ソロヴィヨフの記念碑的な総合的通史さえ、学問的水準ではいかにこれを凌駕していても、カラムジンの人気を奪うことはできなかった。『ロシア国家史』の長期間にわたる比類なき影響は、何によって説明されるだろうか。

カラムジンは18世紀から19世紀への世紀転換期に特有の過渡的人物で、エカテリーナの時代、すなわち貴族の黄金時代に青年期を過ごし、自身もその貴族階級の一員だった。カラムジンは1789年から1年半(フランス革命の第1期に当たる年であることに注意)にわたる西欧旅行、すなわち、ドイツ、スイス、フランス、そしてイギリスへの旅行に出かけた。帰国後、文学に没頭し、感傷的な小説でも大きな成功を収めた。言語改革者としても他に遅れをとらず、今日それなしではロシア語を話すことができないいくつかの造語はカラムジンによるものである。感情的な気取り屋でもあったカラムジンは西欧の文学に熱中した。その後1811年に骨の髄まで保守的な上奏文により、皇帝に諫言することになった。すなわち皇帝アレクサンドル1世の始めた諸改革に反対したのである。それからまもなく、カラムジンは1812年〔ナポレオンのモスクワ遠征〕のもたらした大いなる苦

悩、そして、それに勝る大きな勝利を体験することができた。国民的熱狂にカラムジンは魅了された。もっとも、これ以前にも彼は国民的熱狂にとらわれていた。というのも、すでに1790年頃に祖国の歴史を書くことを考えていたからである。やがて宮廷の公式歴史編纂官になると、カラムジンは実際にこの肩書きで著作の執筆に着手した。カラムジンはタキトゥスと並んで、ヒュームやロバートソンといった自分のほぼ同時代人、そして一般的に啓蒙の歴史叙述に範を取った。結局、カラムジンはあらゆるロマン主義的要素を持っていたにもかかわらず、啓蒙と袂を分かつことができなかった。このことこそまさに過渡期の特徴を示すものである。

カラムジンはあらゆる文学的な水準の高さと並んで、学問的観点からも決して軽んじるわけにはいかない業績を残した。カラムジンはシチェルバートフの書物を基にしていたので、本質的には自らも記述資料に依拠した。だが、この史料の源泉をカラムジンは大いに広げ、多くの史料を聖宗務院図書館や、古さという点で魅力的なA.I.ムーシン＝プーシキン伯爵（1744-1817）のモスクワ文庫を利用した。この文庫はモスクワ大火で焼失したため、カラムジンもまた失われた資料を後世に伝え残す役目を果たすことになった。カラムジンは脚注において実に多くの史料に言及し、必要だと考えた箇所で史料批判を行なった。これらはカラムジンの業績の中で、今日でも評価できる部分である。彼は本文中で諸史料をやや自由に取り扱い、心理的洞察によって史料を補っては、道徳的観点を持ち込んだりもした。そして、何はさておき読者の関心を引いてやまないように書くことができた。カラムジンはだてに名文家だったわけではない。たとえ今日の読者の目にカラムジンの文体が感傷過多のため、少しばかり古びて映ったとしても、それを同時代人は楽しんだのである。さらに、ロシア国家史の光と影の両面を同様に描くことができた。詩人P.A.ヴャゼムスキー（1792-1878）がいうように、カラムジンこそは〔ナポレオン軍のように〕押し寄せる忘却を迎え撃ち、過去を救い出した総司令官M.I.クトゥーゾフ（1745-1813）であった。

カラムジンはロシア史をスキタイ人から始め、ノルマン人招請へと続ける。カラムジンが強調するのは、モンゴルの支配によりロシアはヨーロッパから閉ざされたが、モスクワの偉大さはまさしくその賜物であるという点である。ロシアの専制政治はイヴァン3世が作り出したが、以来、この専制はロシアの偉大さの基底となり、またそれを保障したという。カラムジンのこうした君主主義的理解は同時代人の間でも批判の的となり、後世にはさらに多くの批判を受けることとなるが、カラムジンの影響を減ずることはできなかった。

カラムジンが、それぞれの時代における国内情勢、国家体制、そして教会について概略を述べた部分は、基本的に事件史であり、その題も示している通り、ロシア国家の歴史であって、民衆や国民の歴史ではなかった。カラムジンが国民について何を語るつもりであったのか、もはや知ることはできない。彼の死により叙述は1610年で途絶え、全体像としてはかなり未完で、締めくくりもない。

結論として、カラムジンは歴史的正当性を公式的なロシア政治に認めていたのだろうか。疑いなく是である。例えば、彼は1573年に至って、多くのポーランド人がイヴァン4世をポーランド王に選出することを欲したと書く時、これは賢明かつ先見の明のある政治判断だとして、ポーランド人を賞賛している。（カラムジンがこのくだりを書いた時、アレクサンドル1世は、ウィーン会議で成立したポーランド立憲王国の支配者となっていた。）これに似た例は枚挙にいとまがない。とはいえ、カラムジンは弁護に終始しているわけでもない。カラムジンもまたイヴァン4世の治世を二つの時代に分けることを踏襲し、その前半は名君、後半は暴君で人殺しだとする。そして、イヴァン4世の息子の時代、すなわち、リューリク朝最後の治世に関して、次のように書いた。「こうしてフョードルの治世ないしゴドゥノフの支配の最初の数年間は平和で、野心的な政治が進行した。それは、狡猾でもなければ、不首尾でもなく、勇猛というよりは慎重に、脅したり媚びたり、そして様々な約束を積み重ねながら、常に正直とも限らないといった具合だった。」これはほとんど謎

といってもいいような文章である。カラムジンは進歩的かつ西欧的であると同時に、保守的でもあるロシア人であり、精神の自由と専制の信奉者でもあった。ありとあらゆることをいい、さらに多くを説明することができ、しかもそれを名文で書くことができた。成功のためにはそれで十分だろう。

18世紀人と並んで、もう一人のドイツ人を思い出しておかなければならない。J. P. G. エーヴェルス（1781-1830）である。彼はデルプト（タルトゥ）大学の教授であり、素人が続いた後にようやく出てきた専門家だった。彼はバルト海沿岸のドイツ人的優秀さに加え、絶対君主政に対して払うべき敬意を持ちながら、だが、どちらかというと外側からロシア史を見つめた。エーヴェルスもドイツ語で出版活動をし、1816年に『ロシア人の歴史』を世に問うた[RU 0045]。同書でエーヴェルスはこれまで多くの者が諸々の理由から叙述をやめていた17世紀初頭よりも後の時代まで書き続け、17世紀末まで、つまりピョートルの時代を扱った。もっともエーヴェルスは出来事にさほど関心がなく、むしろ、法制史的関心から、制度的発展、慣習や道徳、さらにいうまでもなく、文化や立法にも興味を示した。1826年にエーヴェルスが『史的発展におけるロシア最古の法』という本の表題で示したのは、国家が、家族から氏族や部族を経由しながら、いかにして自然な道筋に沿って発展したかであった[RU 0046]。フランス革命とナポレオンの四半世紀に同時代人として生きたエーヴェルスは革命を比類なき罪悪と見た。

5. 専門的歴史叙述の端緒

ポゴーディン

保守主義の領域ではM. P. ポゴーディン（1800-75）もエーヴェルスに引けを取らなかった。ポゴーディンの父はもともと農奴だったが、農奴解放後は所領付き管理人となる。おそらくは、この境涯こそポゴーディンの歴史観を説き明かす。ポゴーディンは1835年から1844年にかけて、モスクワ大学の教授職にあったが、その後、評論活動にいそしんだ。さらに、皇位継承者でのちのアレクサンドル2世の養育に携わり、重要な助言者でもあった。ポゴーディンは数多くの論文を書き、それを1846年から1856年にかけて『ロシア史に関する諸論考と注解および講義録』全7巻にまとめて出版した[RU 0047]。その中で、農奴制はボリス・ゴドゥノフ（1552-1605）が作ったのではなく、徐々に形成されてきたことを詳述した。学位論文では、当時浮上した懐疑的見解に対して、『ネストルの年代記』、すなわち『原初年代記』は統一的に叙述され、あらゆる部分で信頼の置ける作品であると論証した。ロシア史に関して、短い通史も書いており、主著は晩年の1871年に公刊された『モンゴルの軛までの古代ロシア史』全3巻だが、ここでも依拠したのは年代記の資料だけだった[RU 0048]。ポゴーディンの立場はスラヴ派に近く、スラヴ人の歴史に関心を持った。若い頃はシャファーリクやハンカそしてパラツキーのもとを訪ねたが、同時にシュレーツァーの強い影響下にあり、当時すでに一般的に受け入れられていたノルマン説を支持した。さらに、スラヴ派ほど反政府的ではなく、ピョートルの改革事業もすべて受け入れ、当時の政権を支持した。それでもクリミア戦争の頃は、この巨大な国がいかに遅れているかに目を向け、慎重な改革の必要性を認めざるを得なかった。1874年にクリミア戦争時に書いた歴史的、政治的書簡、および覚書を出版したが、この出版物には、ポゴーディン自身の正直な自問自答や初期の歴史観の修正がうかがわれ、彼の作品の中でも最も面白いものといえよう[RU 0049]。

*

ポゴーディンはかなり多くの史料を公刊した。これと同じことは、N. G. ウストリャーロフ（1805-70）にも当てはまる。ウストリャーロフは、公式的潮流を代表する人物と見なしうる。若い頃からすでにカラムジンと対立し、1836年に出版された『プラグマティックなロシア史の体系について』という題名の作品で、カラムジンを批判した[RU 0050]。すなわち、カラムジンが発展の本質的な特徴に注意を払わず、支配者層の瑣末な争いや出来事を前面に押し立ててしまい、国家がいかにして偉大な個人の行為の帰結として、ある

状況から別の状況へと移行したかに注意を払わなかったと批判したのである（これもまた、支配者層の瑣末な争いかもしれないが）。この批判の中にはもちろん一定の市民的要素も見出される。偉大な個人の行為が、ピョートル大帝を範として考察され、全6巻として計画された伝記のうち（第5巻を除く）5巻が1858年から1864年にかけて公刊された[RU 0051]。この特長は、それ以前に誰も利用しなかった文書館史料を用いたことである。

ウストリャーロフは教科書類も書き、それらは長い間使用され続けた。また、『ロシア史』という通史も書いている[RU 0052]。これは S.S. ウヴァーロフ（1786-1855）国民教育相お墨付きの公式な保守的潮流を歴史的に正当化したものと見なすことができる（少なくとも同時代人はそう見た）。同書で興味深いのは、基本的にウストリャーロフも国家の歴史を執筆したが、時に、社会関係や制度についてまとめた章が含まれていることである。この本は、アレクサンドル1世の時代の叙述で締めくくられ、最後は国内改革で終わる。学校制度の充実についてはその後継者（すなわちニコライ1世）に託された。この著作には近代的なところもある。すなわち、ウストリャーロフは、大多数の歴史家がピョートル大帝の時代にまでしか至らない時、紙幅の半分をピョートル期以降の時代に捧げ、ピョートルはいうまでもなく偉大な支配者だったが、それに劣らずアレクサンドルも偉大であるとしたのである。もし読者が多少なりとも検証するなら、実際のところ、書かれた当時のロシアが領有していた地域すべてが、この歴史の中で役割を果たしていることがわかるだろう。ウストリャーロフは、ロシアの東と西を区別し、前者はモスクワ国家であり、後者はリトアニア人、そしてのちにポーランド人の支配下に入る領域である。ウストリャーロフは後者についても17世紀末までモスクワ公国と同じくらい詳細に論じた。リヴォニア戦争の開始期についてウストリャーロフは、この地域を支配する権利がイヴァン4世にあったことを示した。またウストリャーロフは微妙な判断を迫られる問題に触れないところがあった。例えばパーヴェル1世の死は注釈なしに書き流され、暗殺については全く触れなかった。あるいは、アレクサンドルは、1812年から1815年にかけて、諸国民をナポレオンの専制から解放した時、権利を取り戻した人物として登場するのである。この本は、保守的立場のおそらく最も巧妙な通史である。ウストリャーロフは、イヴァン4世と A.M. クルプスキー（1528-83）の往復書簡[RU 0053]、および偽ディミトリーの支配に関する諸外国の叙述を公刊することに努めた[RU 0054-0058]。

ナポレオン時代の事件史は、この当時すでに登場していた専門的歴史家たちにとってまだあまりに近い過去のことであり、議論の対象にはなりえなかった。それでも公式的と見なしうる二つの業績が生み出された。D.P. ブトゥルリン（1790-1849）大尉は1823年にパリでフランス語による著作『1812年のロシアに対する皇帝ナポレオンの侵攻史』を公刊したが[RU 0059]（ロシア語版は1837-38年に出た[RU 0060]）、当然、主人公は人民ではなく、またクトゥーゾフでもなく、アレクサンドルだった。クトゥーゾフはもっぱらその命令を実行しただけとされた。ロシア語版の出版から1年たたないうちに、A.I. ミハイロフスキー＝ダニレフスキー（1790-1848）大尉の著書『1812年の祖国戦争の叙述』全4巻が公刊された[RU 0061]。ブトゥルリンと同様の精神で書かれ、国民的情熱の点ではブトゥルリン以上だったといえる。同時に非常に反革命的でもあった。というのも、ナポレオンは彼らの見方からすれば革命と同じだったからである。

幾分穏健だったのが、バルト地域出身でロシア化した男爵、M.A. コルフ（1800-76）である。彼は1857年にニコライ1世の皇帝即位の歴史を書き[RU 0062]、次いで1861年に19世紀の傑出した改革政治家、M.M. スペランスキー伯爵（1772-1839）の伝記2巻本を公刊した[RU 0063]。前者は兵士への保守的な賛美であるのに対し、後者ではスペランスキーに例を取ってこう述べる。すなわち、政府が進歩的な政策を実現するには、自由主義的な感覚を持つ国家官僚を頼みにする必要がある。

公式見解を代表する歴史家や体制の擁護者はの

ちにも出てくるので、その時に立ち戻ることにしよう。19世紀前半の多少なりとも公式的な歴史叙述についてのまとめを終えたところで、立ち止まることにしよう。19世紀前半における歴史叙述の大部分は18世紀からの継続であり、どちらかというと啓蒙に背を向けつつ、好事家趣味をもっぱら発展させたものであった。

6. 精神的潮流

19世紀中頃の成熟した、そしてより厳密な意味での歴史叙述と見なしうる作品へ進む前に、専門的歴史家の営為からは生まれなかった精神的潮流に言及しておかなければならない。

ここで取り上げる諸潮流は個別研究や論文を数多く生み出したわけではなく、専門という意味では常に部外者だった。それぞれの潮流の代表者たちは専門的教育を受けたわけではないが、のちに見るように、多くの場合、専門家でさえ避けて通ることのできない歴史理論的諸問題を提起した。

最初のこうした精神的潮流はデカブリストである。単に時系列的にデカブリストから始めるべきだというだけではない。デカブリストの思想は一様でなかったため、そこから幾通りもの道が導き出されたからである。左翼に属した K.F. ルイレーエフ（1795-1826）はラディーシチェフの革命性を継承し発展させた。すなわち、個人がそれぞれ歴史を作るのではなく、深層における法則性が歴史の流れを方向づけるとした。自由主義陣営に属した N.M. ムラヴィヨフ（1796-1843）も著書一冊を費やしてカラムジンの批判を試みた。そこにおいてムラヴィヨフは、歴史学とは皇帝のものではなく、人民の歴史に基づき、その原動力は新たな精神の系譜であるとした。専制政治への批判、専制政治に由来する影の側面の暴露はデカブリストによって先陣が担われ、その先は自由主義的精神や革命的精神として発展することが可能だった。また、ブルジョワ的ナショナリストも疑いなく存在し、そこから国民的精神によるロシア史叙述も生まれた。この潮流は国民を強調する点において、幾度となく公式の立場を凌いだ。例えば、ノルマン説はお伽噺か神話であると見なし、国民の偉大さを立証するため、F. グリンカ（1786-1880）などは、ナポレオンも実際のところ A.V. スヴォーロフ（1729-1800）から兵法を学んだとまで言い出した。

スラヴ派

スラヴ派は、まさにこうした国民的傾向を、自由主義的な保守主義もしくは保守的な自由主義に刺激されつつ、さらに発展させたかに見える。スラヴ派の中に専門的歴史家はいなかったが、それにもかかわらず、歴史的な諸問題についての叙述が少なからず残された。A.S. ホミャーコフ（1804-60）はスラヴ人の歴史を書くため、山のように膨大な資料を収集した。I.V. キレエフスキー（1806-56）はモンゴル支配を次のような理由で肯定的に評価した。つまり、モンゴル支配はロシアを西欧から切り離し、それによって、牢固とした原初の力を保存した、というのである。K.S. アクサーコフ（1817-60）はこう述べる。西欧には自由がないため、いつも革命が起こるが、対するロシアの発展は、支配者と人民との調和の取れた協働の上に築かれた。しかし、この調和的協働はピョートルの西欧化を進める改革によって混乱させられた。それまで権力は国家のものであったのに対し、言論の力は人民にあったとした。I.D. ベリャーエフ（1810-73）は『ルーシにおけるゼムシチーナ〔地方公民〕と選挙原理の運命』という著作でアクサーコフを支持した[RU 0064]。ベリャーエフによれば、人民の意見は全国会議すなわちゼムスキー・ソボールで明らかにされ、国家権力がこれに反対するようになるのは、17世紀後半を過ぎてからに過ぎなかった。1860年という農奴解放を準備する最後の時期に公刊されたのは『ルーシにおける農民』であり[RU 0065]、膨大な史料に基づいて、農民関連立法の歴史を議論したが、これは農民の日常生活についても多くの資料を提供した。

すでにアクサーコフのところで見たように、そして、スラヴ派の明らかな基本命題でもあるが、ピョートルの改革は、ロシアがあるがままに発展する経路を破壊してしまったという見方である。もっとも、この見解からピョートル以前の時代へ

の懐古趣味が一概に導かれるわけではない。スラヴ派は単に農奴解放思想の信者にとどまらず、中には実践面でも多くの貢献をした者もいた。スラヴ派はピョートルを西洋の「盲目的な」模倣者として批判した。ここで後回しにせずに言及しておくが、19世紀ロシア思想のおそらく最も根本的な問題がここに現れているのである。それは、実際すでに以前からもそれほど鋭い形ではないが提起されていたもので、のちにも常に歴史叙述の中で浮かび上がってくるロシアとヨーロッパの関係という問題である。ロシアとヨーロッパは、1）同じなのか、それとも、2）本質的に対立的なのか、またあるいは、3）独特な分岐により根本的な同一性が色違いのように見えるに過ぎないのか。たとえこれほど明瞭に言い表さないにしても、すべての人がやがてこの問題に向き合うことになる（し、これまでも向き合ってきた）。列挙されたものを吟味すると、18世紀はあたかも3番目を選んでいるように見える。デカブリストもこれに一票を投じたかのように見える。スラヴ派は当初は揺れたものの、2番目の選択を一貫して表明した。これらの選択肢はのちにもそれぞれの潮流内部で時とともに変化しえた。

　問題を最も鋭く表現したのは、またしても歴史研究者ではなく、医者のN.Ya.ダニレフスキー（1822-85）だった。ダニレフスキーは若い時から革命に心引かれるペトラシェフスキー団に属し、その後はっきりと右旋回した。1869年に『ロシアとヨーロッパ』という作品を公刊するが［RU 0066］、その書名からしてすでに綱領的だった。クリミア戦争後の傷心により書かれたもので、革命の嵐から救ってくれたロシアに対してヨーロッパが感謝しない以上、ロシアもまたヨーロッパに背を向けるべきだというのである。選択肢の2番目を最も詳細に示したのはダニレフスキーだった。彼の書物にはもう一つの問題群も存在するが、ロシアの歴史叙述において、その継承者は現れなかった。ダニレフスキーは大変に初歩的な形式ではあるが、20世紀にシュペングラーやトインビーが改めて試みたような問題を初めて設定しようとした。すなわち、ダニレフスキーは単なる諸国民の発展ではなく、より大きなまとまりを取り上げ、それを文化・歴史類型と名づけたのである。例えば古代世界であり、その後のローマ＝ゲルマン（つまり中世および近世ヨーロッパ）である。しかし、ローマ＝ゲルマン類型は古代世界が滅び去ったのと同じように斜陽にあり、崩壊の方向へと進む。それに代わって新鮮な力によって組織されたスラヴ人が登場する。スラヴ人についてダニレフスキーは、根本的にロシア人と同義であることは疑いないとした。言葉の上で、ダニレフスキーは歴史なき民という概念に対し異議を唱え、諸国民を平等の権利主体と見なした。だが実際のところ、ダニレフスキーにとって小さな民族や国民は、規模で勝る大民族にとっての民族学的対象を意味するに過ぎず、スラヴ諸民族の中でそうした重要性を備える民族は一つしかなく、それはロシアだと考えた。

　ダニレフスキーのピョートルに対する批判は、ピョートルが国民的契機を後退させたことだけであり、スラヴ派はその結果として国民的要素を追い求め、当然の帰結として反ノルマン主義者となった。すなわち、ロシア史は確かにヴァリャーグ人招請によって始まるが、ヴァリャーグ人は、ロシア全土を征服するには、あまりにもわずかな数しか存在しなかったというのである。

　ダニレフスキーの立場を、彼ほど独創的にではないが、より一貫した反動的立場でさらに先へ進めたのはK.レオンティエフ（1831-91）である。レオンティエフはもはやスラヴ人に対しても信頼を置かず、正教の南スラヴ人でさえも、西欧の影響に感染していると見なした。したがって、西スラヴ人についてはもちろん、カトリック信仰ゆえに最終的に袂を分かち、堕落してしまったと考えた。ロシアは現在の状態のまま、オプシチナすなわち農村共同体の維持を通して、新生ビザンツとして凍結され、西欧の有害な影響が及ばないようにしなければならない。このことがいずれ、ロシアの世界史的使命の基礎となるだろうと主張した。

革命的民主主義者

　これに対し、革命的民主主義者たちはいうまでもなく正反対の答えを出した。すなわち、ロシアは本質的にヨーロッパと変わらず、ロシアもまた

ヨーロッパの発展の一部をなしており、多くの点でヨーロッパと同じ方向を向いている。もちろんヨーロッパのブルジョワ的秩序（スラヴ派の目には崩壊の極み）も決して完璧なものではなく、ロシアには、西欧に先行して革命を起こし、社会主義世界へと前進する可能性があるかもしれないと考えた。（彼らの理論的活動が客観的に見てブルジョワ的変革に寄与したかどうかは別の問題であり、ここでの関心事ではない。）これ以外にも、革命的民主主義者には歴史一般に関しても、個別ロシア史についても、のちの人々が受け継ぐ興味深い主張が存在する。とりわけ初期を代表する二人の人物の場合がそうである。

V. G. ベリンスキー（1811-48）は歴史における法則の貫徹を強調した。それは全人類についても、個々の国民にも当てはまるという。原動力は大衆の創造的行為である。ロシアに関しては、ピョートルにその画期的性質を見た。すなわち、進歩を肯定する者はピョートルをも肯定せざるを得ないのである。ベリンスキー自身の時代のロシア国家が反動的だからといって、例えば国土の統一といった国家の肯定的な役割を認めることの障害とはならなかった。このため、イヴァン 4 世の施策にもはっきりと肯定的な判断を下した。他方、国民に関わる自己認識については、ベリンスキーもスラヴ主義者たちと足並みをそろえ、ノルマン説に背を向けた。ベリンスキーはイヴァン 4 世によるノヴゴロド征服を肯定した。というのも、さもなければノヴゴロドはスウェーデンやポーランドの支配下に入ったからである。それはロシア国民の視点から見れば損失だった。ベリンスキーは、ロシアが 18 世紀後半から国際的威信を高めたことを、大いなる喜びとして記録し、スヴォーロフを類い稀な英雄と見なし、1812 年のナポレオン軍撃退に、彼も鼻高々であった。ちなみに、ナポレオンについてベリンスキーは、単にロシアにとってだけでなく、フランスにとっても、否定的な現象と見なした。

A. I. ゲルツェン（1812-70）について、その見解がベリンスキーとほぼ同じ場合は、繰り返さないことにしよう。むしろ、非常に独特な事柄について注意を喚起する。ゲルツェンもベリンスキーと同様、ロシアとヨーロッパの対立から出発した。ゲルツェンの個人的な悲劇は、1848 年革命の個々の局面をパリで経験したことであり、それ以来、ゲルツェンも西欧に失望し、スラヴ人の偉大さに注意を向けるようになった。そして、ピョートルの無批判な西欧崇拝を批判した。すなわち、西欧かロシアかという二者択一の選択において、ゲルツェンは西欧から次第にロシアへと移行していった。彼の『ロシアにおける革命思想の発展について』という作品には、多少のロシア史とロシア文学史が含まれる [RU 0067]。ゲルツェンは亡命中の出版活動の中で、当時ロシア国内の専門家がまだ誰も取り組んでいなかった 18-19 世紀の史料を数多く公刊した。

ナロードニキ

ロシアとヨーロッパの全面的な対立への移行は、実際、ナロードニキにおいても見出される。というのも革命的ナロードニキはどちらかというと両者の類似性に言及し、それゆえ、3 番目の選択肢を受け入れたといえる。もっとも、実際には、革命的ナロードニキも両者を対立的に捉えていた。さらに自由主義的ナロードニキはいっそうこの傾向が強くなる。

実証主義はナロードニキの歴史観に強い影響を与え、当然、彼らも法則性および人民大衆の根本的な役割を強調した。もっとも、歴史的観点を詳細に叙述した P. L. ラヴロフ（1823-1900）は、批判的に思考する個人の役割を強調し、上記の点に疑問を投じたのも確かである。初期のナロードニキは政治革命と社会革命を区別し、前者は市民層により実行され、それが西欧で起こった。これに対し、後者はロシアでいずれ農民層により実現されるとした。農民たちの重要性を強調することで、明らかにナロードニキはヨーロッパとロシアの対立へと至った。

ナロードニキが真に関心を寄せたのはロシアの発展だったが、自分たちが導き出した理論に普遍性も付与しようと努め、特に歴史的発展に投影させようとした。ただし具体的なロシアの過去と取り組むことはあまりなかった。もちろん、ロシアの過去にナロードニキが意見を持たなかったわけ

ではない。ここで念頭に置いているのは、よく知られているナロードニキの将来的な展望、すなわち、ロシアにはまだ資本主義が発達していないので、社会主義へと直接移行しうるという説ではない。過去について考えているのである。つまり、ナロードニキの見解によれば、ロシア史は二つの原理の闘争から成り立っており、一つは国家的専制支配の原理であり、もう一つは人民的自由の原理である。もしナロードニキでさえも人民的自由は時々しか実現されず、国家的専制が優勢だったと考えるならば、あえて次のようにいうこともできる。すなわち、ナロードニキは別の根拠から出発しながら、実際には国家の全能性ないし、少なくとも、優越性を流布する公式の見解から必ずしも遠くに位置するわけではないのである。唯一の大きな違いは、将来の展望に関してだけであった。

　ナロードニキの系譜では数人の歴史家を挙げることができる。M. I. ヴェニュコフ（1832-1901）は 1878 年から 1880 年にかけて通史『クリミア戦争からベルリン和約にかけてのロシア史概説』全 4 巻を著し、ライプツィヒやプラハなど国外でも各巻が出版された[RU 0068]。この 4 巻本でヴェニュコフはニコライやアレクサンドル 2 世の時代についても論じ、アレクサンドル 2 世について 1866 年までを自由主義的改革の時代、そして、その後を反動的な時代として区分した。P. A. ソコロフスキー（1842-1906）は極北や南東のステップ地域で（1877 年から 1878 年にかけて）オプシチナの歴史に関する貴重な研究を続け、折しもオプシチナをめぐって交わされていた当時の議論に加わり、オプシチナの固有性を強調した[RU 0069-0070]。すなわち、元来ロシアのどこでも農民は分与地を自由に保有し、放牧地、採草地、森林は共有だった。また、所有者は個々の農民ではなく、共同体だった。オプシチナ制は世襲の大領地によって廃止されたが、実質的に大所領のない北方地域で 15 世紀から 17 世紀まで、固有の形態が存続したという。他方、北部および南部（ステップ）地域の農業発展に取り組み、歴史的作品を公刊した最初の女性は A. Ya. エフィメンコ（1848-1919）である[RU 0071]。エフィメンコはソコロフスキーの学説と真っ向から対立した。極北地域の大家族共同所有を観察し、この共同所有形態が発展すると小規模に分裂すること、そして、この過程が分与地経営と共同体経営のいずれにおいても起こりうることを明らかにした。エフィメンコはオプシチナの形成において、南部地域を除き、国家的所有の役割をはっきりと否定した。南部地域では分与地経営への発展が、国家の干渉により分断され、オプシチナが残された。A. I. ヴァシリチコフ公（1818-81）は 1876 年に、他のヨーロッパ諸国との比較を試みたロシア農業事情を 2 巻本で公刊し、ロシアが根本的に〔ヨーロッパと〕異なる性格であることを証明しようと試みた[RU 0072]。A. A. カウフマン（1864-1919）と V. P. ヴォロンツォフ（1847-1918）はロシアのオプシチナに関する研究成果[RU 0073]を世紀転換期に公刊した。さらに、カウフマンはシベリアのオプシチナに関する研究成果も刊行した[RU 0074]。

　しかし実際のところ、早めにこうした列挙はやめておくべきだったかもしれない。というのも、多くの著作は現状を述べるだけであり、前史は二次的にしか扱われなかったからである。すべてが農業変革に向けた様々な理念の理由づけに供するためだった。このため、ナロードニキは本質的に非歴史的であり、史料の発見やその体系的分析に専門的知識は用いられなかった。唯一人、ナロードニキ運動の内部にも体系的に農民問題を分析した歴史家が存在した。セメフスキーその人である。彼については、後段で他の歴史家とともに取り上げる。

初期マルクス主義者

　マルクス主義も早くからロシアに現れた。それはロシア国内の経済社会的発展がそれにふさわしいものとなるずっと以前のことだった。N. I. ジベル（1844-88）は史的唯物論に基づく経済学者であり、マルクスとエンゲルスの諸説を世に広め、オプシチナ解体が必然であることを示した。G. V. プレハーノフ（1865-1918）の活動を検討するのであれば、次のことにだけ言及しておく。すなわち、プレハーノフは史的唯物論および個人の歴史的役割について重要な著作を書き、単純にマルクスの主張を繰り返すのではなく、独自の方法でこ

れを深めた。一時期ナロードニキとしてプレハーノフはマルクス主義者とナロードニキとの論争に参加し、またマルクス主義労働者党の前身を作り出すことで、V. I. レーニン（1870-1924）の活動の地ならしをした。プレハーノフの活動が歴史理論の形成において役割を果たしたのは明らかである。ただし、その結実はかなり後になってからである。

再確認の必要もないことだが、『資本論』第1巻の外国語への翻訳はロシアが最初だった〔1872年〕。もっとも、少数の人々にしか行き渡らなかった。ナロードニキやのちのマルクス主義者の文献の多くは亡命者の間で読まれただけだった。本当に限られた階層に影響を与えただけであり、専門的歴史家もほとんどがその例外ではない。世紀転換期以降、状況は変化するものの、根本的には変わらなかった。

第2節　専門化した歴史叙述（1918年まで）

この時代はいまやどこでもそうであったように、ロシアでも学校教育が歴史理論を方向づけた。この点でロシアの特徴を最もよく示しているのは、学校教育が狭い範囲にしか普及しなかったことである。学校教育を受けた人々は、初期の歴史家たちの歴史理解を彷彿とさせる見方を教科書で知りえた。イロヴァイスキーの教科書は1860年代から1916年にかけて44版、M. Ya. オストロゴルスキー（1854-1921）の教科書は33版［RU 0075］、そして、ソロヴィヨフの教科書も13版を重ねた［RU 0076］。ただしソロヴィヨフの場合は必ずしも公式見解に従ったわけではなかった。また、大衆向けに N. マリニン（?-1899）の『人民のためのロシア史』（1872年）のような著作も出版されたが［RU 0077］、これは、エカテリーナ2世の治世を黄金時代とした。結局のところ、これから述べる歴史家の世代自体が子供の頃からこうした歴史理論の中で育ち、公僕としても、この立場と決定的に袂を分かつことはできなかった（もしそうするなら、その帰結を甘受する必要があった）。

実際のところ、以上で述べたことはこれ以降で述べる歴史叙述発展の前史と見なすべきである。体系的な専門教育および歴史叙述の学問的自立は19世紀前半に始まり、世紀半ばにその内実が伴ってくる。

1.　制度的基盤

最初に、当然のことだが、組織的枠組みの形成について一瞥しておかなければならない。ロシアの歴史叙述は他の多くの東欧諸国とはかけ離れており、制度面に関してもより恵まれている面もあれば、恵まれていない面もあった。恵まれている面は次の事実によるものだった。すなわち、ロシアの国民的歴史叙述は、外国の支配下やパトロンたちの援助に頼って発展する必要がなく（一時的にはありえなくもなかったが）、もとより、大学、博物館、そしてその他の機関や団体という形で歴史記述のいわばインフラが他ならぬ自分たちの国家によって生み出された。

だが、まさしくそのことが不都合な状況の理由にもなった。国家は、潤沢とはいえないものの、物質的手段を保証したが、当然ながらその代わりに、歴史叙述が国家の利益に奉仕することを望んだ。このこと自体はさほど特殊な事情ではない。ただ、ロシア国家は1905年までまさしく封建的絶対主義国家であり、イデオロギーにおいてはその後も大きく変わらなかった。この頃、東欧諸国ではすでに至る所で、大なり小なり自由主義的ブルジョワ体制が歴史叙述に正当性を求めるようになっていた。また、歴史家もほとんどの場合、国民的立場からではあるが、比較的広範囲な自由が許容された。したがって、歴史研究の可能性は、特殊ロシア的な事情によって非常に狭く限定された。しかし、驚くべきはこの事実ではなく、以上の状況にもかかわらず、歴史叙述が実に広範に発展できたという事態の方である。

最も重要だったのは大学網の創出である。新大学が次々と創設された。そして、大学内部で段階的に一連の大学改革が進行し、歴史文学部で専門

科目としての歴史教育が始まった。1755年に設立されたモスクワ大学やバルト諸国の（ドイツ語で講義された）大学と並んで、ロシア国家はワルシャワとヴィリニュスの大学をほぼそのまま受け継ぎ、その後、次々と新たな大学をサンクトペテルブルクやキエフ、ハリコフ（ハールキウ）、オデッサ（オデーサ）、そしてカザンに、また考古学の高等専門学校をペテルブルクとモスクワにそれぞれ設立した。19世紀半ば、すでにかなりの数の大学で歴史研究のための教育を受けることができた。同じくこの数十年の間に、学問的経歴を歩む道が形成され、大学教授は有望な教え子を学科に留め、幸運な場合は、西欧諸国へ留学させた。本人が本当に勤勉で有能だった場合、そして修士、次いで博士号請求論文の審査に合格すれば、大学の学部で教授の地位も用意された。真に権威ある大学教授は、政治的見解の上で多少問題のある学生が教え子として紛れ込むことも許容した。世紀転換期が近づくにつれて、専門的にも政治的にも明らかに可能性は広がった。大学間交流の可能性も存在した。大学の水準が一様でなかったことは確かだが、モスクワ大学、ペテルブルク大学、そして、いくつかの分野においてカザン大学も当時として高い水準に達しており、教授たちは相当数の学生を「抱えることができ」、指導的歴史家の周りにはたちまち学派が形成された。

歴史家の公的生活において、ポーランド歴史家会議のような場は形成されなかった。早くから「帝立」という修飾語を冠したロシア科学アカデミーは歴史家の中心組織になることはできなかった。しかし、財政的なことに関するアカデミーのパトロン的役割を軽く見てはならないし、学問的便益も提供した。他方、真の公的生活の場は様々な学術団体によって形作られた。これらもまた国家によって設立され、その数は当初慎重に制限され、常に信頼できる大貴族が長に任命された。参加者の一部もしばらくの間は好事家の貴族で構成されたが、講演や史料公刊活動により、学問の発展において重要な役割を担った。

最初の、そして、今日に至るまで最も重要な団体が1804年に結成された。ロシア初の国民教育相、P.V. ザヴァドフスキー（1739-1812）の提案による、ロシア史学および考古学会である。1811年の組織改編の際もまだ会員数を30人に限定していたが、それものちに変化する。翌年の1812年、カザンでロシア文化愛好会が、そして1817年に学術協会が結成された。ロシア地理学協会が設立されたのは1845年であり、この協会はそもそも貴族色が薄く、歴史学が主要課題でなかったにせよ、歴史学に対しても、また、様々な関連諸学問の発展に対しても支援を行なった。1839年にオデッサで、「歴史および考古学会」が、そして1873年にキエフでネストル学会が結成された。ネストル学会は当初13人の会員数だったが、1889年には91人を数えた。1878年にカザン大学に「考古学・歴史学および民俗学会」が、そして1877年に古代文化愛好協会が付設された。早々に中心的役割を引き受けたのは、1866年に創設されたロシア歴史学会であり、1873年から「帝立」の称号と年間6000ルーブルの国家助成を獲得した。これに伴い、国家の立場を代表し国家的要請に応えることになった。

歴史叙述の第一義的な資料である文書館文書の閲覧を可能にしたのは、かなり早い時代から国家機関として存在した（外務、財務等の）文書館の存在に他ならないが、それと並んで新たな可能性が生まれた。すなわち、1819年にモスクワで参謀本部文書館が、1827年にペテルブルクで海軍省文書館が、1845年に元老院事務書類の整理事業が、そして1852年に再びモスクワで法務省文書館が文書閲覧に道を開いた。1834年には文書館事業の中心的役割を果たすため文書学委員会が結成され、個々の政府機関内にも文書館を創設すべしとの政令が出された。1917年までにこうした政府の文書館が44も設けられたが、実際、そのうちの過半は1900年以降のものであり、文書館事業の統一的な方向づけの実現に成功したわけでもなかった。いうまでもなく、文書館史料に基づいて行なわれる研究は、その後も国家的視点から信頼しうる歴史家にしか許されなかった。

この困難な状況を一定程度改善したのは、いくつかの省庁が、特に19世紀後半の数十年間に、文書館の史料目録をシリーズで刊行したことである。また、国家の主導と支援により、文書館史料

の活字出版が始まり、それがかなり重要な成果を収めたことである。当局と並んで、さらにはそれに先行して、前述の学会がこの領域で非常に多くの貢献をしたが、次第に個人も史料刊行の一翼を担うようになった。

2. 史料出版

史料出版は当局が何を公刊可能とするか掌握しておくためにも、当初から国によって強力に支援された。このため人民運動や階級闘争に関する資料は滅多に公刊されず、刊行された場合でも、国家の出版物ではなかった。その一方で、モスクワの外務省文書館には1811年にすでに公式の文書や契約書を出版するため国家委員会が併設され、1813年から1894年にかけて実際に5巻が公刊された。当初、史料出版規則は作られておらず、そのため初期の出版物では正書法を恣意的に変更したり、細部まで注意が行き届かなかったりした。このシリーズの編者の一人、P. M. ストローエフ（1796-1876）は1823年のモスクワにおける会議の講演で初めて何らかの原則を制定しようと試みた。1829年から文書館調査の旅行が組織され、政府機関の記録、および政府機関の管轄内にある修道院の文字史料が発見された。文書学委員会は1836年から文書類を公刊し始め、最初は法律関連の文書が対象だった。しかし、それも17世紀の終わりまでだった。ピョートル大帝時代とその後継者たちはあまりに近すぎると考えられた。

1837年に承認されたのが、中世の最も重要な史料群である編年史公刊の法令であり、これによって『ロシア編年史全集』シリーズの刊行が開始した（シリーズは今日に至っても完結せず、ソ連時代にも何巻かが公刊された）。1859年までに8巻が刊行されたが[RU 0078]、そこに選ばれたのは常に、分領公国ごとに、同系列の編年史の中で最良と思われた手稿版だった。

外国の文書館史料はどの時代にも重要と考えられ、多数の歴史家が外国で調査した。1851年から1871年にかけて、ロシアと諸外国との関係についての外国の文書館史料が10巻本として公刊された[RU 0079]。

1843年にキエフでも文書学委員会が設立され、南西地域（すなわちウクライナ、および、かつてのポーランド＝リトアニア国家のウクライナ以外の部分）の史料公刊をその使命とした。1830年からスペランスキーの指導下で、1649年から1825年にかけて成立したロシアの法律が45巻のシリーズとして年代順に索引をつけて公刊された[RU 0080]。1830年から1885年の間には、1825年に続く年代の法律が1881年のものまで公刊され[RU 0081]、それ以降もこの刊行が継続された。1859年から1910年にかけて6巻に分けて公刊されたのは、16-17世紀のロシア農業史の重要な史料類型、いわゆる課税財産台帳、すなわち同時代の土地所有関係についての国家的調査結果である[RU 0082]。文学作品でさえも、その一部は歴史の史料として出版され、帝国の各地域に関する史料出版のために（例えばカフカース地方について）いくつかの委員会が設けられた。今日まで使用に耐えうる重要な公刊物はF. F. マルテンス文庫であり[RU 0083]、1648年以来いくつかの国と結ばれた条約を出版したものである。イギリス関連は1895年まで、オーストリアは1878年まで、ドイツが1888年、そしてフランスは1906年までの文書を収録している。これは、ピョートル時代を超えてのちの時代まで含む最重要の公刊物である。ロシア歴史学会はまさに18世紀、さらには19世紀の政府関係書類の公刊を使命として与えられ、外交文書資料47巻を含むシリーズを公刊した[RU 0084]。

19世紀末における編年史の出版および史料批判は、アカデミーの手稿資料室長シャフマートフの登場で新たな時代が始まった。シャフマートフが最初の著作を発表したのは17歳の時であり、33歳にしてすでにアカデミー会員だった。実際、1908年に公刊された業績、『最も古いロシア年代記の異本についての研究』でシャフマートフは驚くべき文献学的素養により、『原初年代記』から始めて、続編の各章と補遺を分類した[RU 0085]。今日に至るまで事実上、シャフマートフの分類が用いられている。教会文書や伝記の出版にも触れておくことにしよう。というのは文献批評の中でこれが基本的な資料類型と見なされるようになっ

たからである。シャフマートフと手稿資料室副室長のスレズネフスキーは原則に基づいて編年史の古い版の新たな改訂版を刊行した。P. G. ヴァセンコ（1874-1929）は1904年に『階梯書』の新版を出したが[RU 0086]、そこで彼は当時最新の史料批判の手法を用い、同書の起源に関連する史料の検討も行なった。個人出版としては、例えばヴォロンツォフ公爵家所蔵文書が40巻、クラキン家文書が10巻本で出版されている。国立文書館の目録では、20世紀の初頭に新たな時代が始まり、職業的歴史家たちは最も重要な文書の分類に取り組み始めた。1901年から1904年の間に聖宗務院文書館史料の詳細な目録が、1908年から1913年にかけて国家評議会文書館の時報が21巻で、また、1909年から1913年にかけて、元老院文書が3巻でそれぞれ公刊された。

3. 雑　誌

史料公刊は雑誌や年報上でも相当に行なわれたので、歴史雑誌についても一言触れておこう。専門性の発展や研究成果の出版という観点から、長期にわたり最も重要だったのは、ほとんどが大学付属の学会誌や年報であり、最古のものはモスクワ大学の季刊誌『講義集』である。「文書学委員会」は1862年から独自の年報を出版した。1891年にはサンクトペテルブルク大学の歴史学会がカレーエフの編集する雑誌『歴史評論』を発刊したが、これは多くの人が取り組んでいたロシア史と並んで、世界史的、方法論的研究も掲載した唯一と思われる雑誌である。

19世紀後半、いくつかの省庁も定期的に雑誌を刊行したが、歴史叙述の観点から有用で、長大な論文も掲載したのが国民教育省の『国民教育省雑誌』である。世紀転換期頃の最も重要な歴史研究は大部分がこの雑誌で発表された。

1863年に創刊された『ロシア・アルヒーフ』は単に専門家だけでなく、より広い読者層も取り込もうとした。この雑誌が初めて最新の歴史文献目録を、別の雑誌から集めたものも含めて掲載したが、広範な読者を得ることはできず、定期購読者数も1300人を超えなかった。1870年に刊行された『ロシアの昔』は時代と読者の関心をうまく捉え、購読者数は5000から6000の間を推移した。18-19世紀に関する研究も数多く発表し、さらに回顧録を載せたため、回顧録の執筆を促すことにもなった。1880年にサンクトペテルブルクで刊行された『歴史会報』は保守的な雑誌であり、人気を獲得しようと努めた。この雑誌も回顧録や歴史研究と並んで、地理学、民俗学、そして文学史の研究、さらには文学までも掲載した。『キエフの昔』は1882年に発刊され、主として考古学や中世をテーマにした論文を載せた。この雑誌はウクライナの民衆運動についても論文を掲載し、実際、ウクライナの歴史家たちの雑誌でもあった。彼らはロシア語で出版する以外に手だてを持たなかった。挿画入りの月刊誌が1875年から1881年にかけて刊行された『ロシアの今昔』であり、おそらくこの雑誌が最も通俗的な性格を持ったが、優れた歴史家も寄稿した。アレクサンドル3世（1845-94）にちなんで名づけられた歴史学会の『昔と今』という雑誌は1897年から1917年の間、刊行された。

歴史に特化した雑誌ではないが、とりわけ歴史的な、あるいは少なくとも今日の目で見て歴史的価値のある記事を掲載した2誌に触れておかなければならない。一つは1880年に発刊された『ロシア思想』であり、ストルーヴェの編集によるが、ストルーヴェはこの当時、政治的にはすでに右派に属していた。もう一つは自由主義的なナロードニキの雑誌であり、1876年発刊の『ロシアの富』である。こちらは1906年からエスエル党の理論と学術の雑誌となった。

19世紀の歴史、およびその中にあってまず進歩的で革命的な運動の歴史という観点から見て、今日極めて重要とされる史料集は1900年から1904年の間にパリで刊行された『過去』であり、亡命したナロードニキと革命家が出版した。1906年からはサンクトペテルブルクで刊行され、3万部を数えた。しかし、2年後に発行禁止になり、1913年までパリで『過ぎ去りし年月』の名で刊行された。1913年から再び祖国で『過去の声』と名を改め、自由主義的な方針で刊行され、革命運動や18-19世紀の日常生活に関する多くの資料と論文

が掲載された。ただ労働運動史だけは避けられた。1923 年まで刊行された。

長々しく文献を列挙してきたので、一息つくとしよう。すでに述べたように、ロシアの歴史叙述に固有の事情は長所も短所も合わせ持っていた。これまでの概観は短所の新たな付け足しだったかもしれない。というのも、確かに多くの史料が出版されたが、そのほとんどは当局が重要だと考えた出版物だからである。多くの学会が活動したが、すべて当局の指導によるものであり、さらに重要なことは、結局のところ、歴史家や専門の教育者をまとめる中心的学会が存在しなかったことである。多くの雑誌や年報が発刊されたが、やはり、それ自体が何らかの主導的役割を果たしうるような雑誌は一誌たりともなかった。

4. 歴史家たち

制度的な話題に寄り道した後は、再び歴史家に戻ろう。N. S. アルツィバーシェフ（1773-1841）はもっと前に触れておくべきだったかもしれないが、彼は史料批判を欠いているとしてカラムジンを何度か非難した。しかし当の本人は『ロシア国の物語』という 3 巻本の通史（1838-43 年）を書いただけで[RU 0087]、その他には編年史を書き換えたり、1628 年までの時期に関する史料の概観を史料批判に基づいて述べたりするにとどまった。

M. T. カチェノフスキー（1775-1842）はギリシア人の家庭に生まれた帰化ロシア人であり、1821 年から 1835 年の間、モスクワ大学でロシア史の教授を務めた。カチェノフスキーが範としたのはニーブールであり、伝説や神話の分布状況や信頼に足る史的真実を解明しようとした。カチェノフスキーは帰化ロシア人であるにもかかわらず、ロシア的栄光の礼賛者どころか、むしろその破壊者であった。1815 年から 1830 年にかけて、西欧的な傾向を代表した雑誌『ヨーロッパ通信』の編集者を務め、それゆえ一貫してピョートル以前のロシア国家に対して批判的だった。カチェノフスキーの批判は度を超すようになり、1809 年の時点ですでに研究論文の中において、ロシア史の起源は不明であり、ロシアの年代記を扱う際には史料批判が不可欠だと述べた。最大の論争は 1833 年に本人が発表した論文「ロシア史における神話時代について」が出発点になった[RU 0088]。そこでカチェノフスキーが述べたのは、『原初年代記』とキエフ国家時代のすべてが後世の創作に過ぎず、ロシア史は 12-13 世紀頃に始まり、年代記は 13 世紀以前に遡らない、というものだった。カチェノフスキーの虚無主義的立場はプーシキンを激しく立腹させ、ベリンスキーもカチェノフスキーの考えは批判に耐えられないとたびたび言及した。

カチェノフスキーは後世でももっぱら否定的に語られるのが常であるし、確かに彼の超越的批評はほとんどの場合、根拠のないものだった。しかし、それでもカチェノフスキーの批判の中には、封建的な観点に対立する新たな、ある意味で中庸ともいいうる声の響きがあった。19 世紀前半において、この中庸の声こそが専制政治の直截な礼賛に対抗するブルジョワ的視点の印だった。この立場をカチェノフスキーよりもおそらくもっと明瞭に代表した N. A. ポレヴォーイ（1796-1848）は、一時期、西欧派の傾向を帯びた『モスクワ通信』の編集に携わったが、実際、ポレヴォーイもどちらかといえば、独学者の系譜に属する。（同時代人一般と同様に）ポレヴォーイもシェリングとヘルダー、そして、同時代のフランスの歴史家の影響を受けた。彼もまたカラムジンを読み、カラムジンに対抗して、歴史家は支配者ではなく人民の歴史を、そして、個々の史実ではなく大きな流れを書かなければならないと述べた。ポレヴォーイはまた、祖国の歴史を世界史と結びつけなければならないとも述べた。しかしそれは、カラムジンのように、ロシアの発展に関わるすべての問題を東方の遊牧民に帰する類のものではない。ポレヴォーイはロシア国家が東と西との境界上に位置するという独自の状況を強調したのである。ポレヴォーイはしばしば懐疑学派に位置づけられる。というのもポレヴォーイは、歴史家というものは客観性を保たねばならず、断罪したり、道徳的になったりはできないと述べたからである。しかし、ポレヴォーイの七月王政への共感や西欧志向は、彼がロシア史を外側から傍観者として見ていたわけではないことを示している。

カラムジンの著作の出版が終わるか終わろうとする頃、ポレヴォーイも通史的な業績で世に出ることになった。1829年から1833年にかけて『ロシア人民の歴史』という総合的通史6巻を上梓したが[RU 0089]、その題名からしてすでにカラムジンに対抗するものだった。実際にはもちろん、利用しうる史料的制約ゆえに、ポレヴォーイもまた構想を実現することはできなかった。人民の代わりに最終的には、彼もまた支配者たちの歴史を、最もうまくいった場合でも、国家の歴史を書いたに過ぎない。ただ次の一点でポレヴォーイは本質的にカラムジンと違った。すなわち、ポレヴォーイによれば、ロシア国家の形成はモンゴル撤退後の14-15世紀頃になってからだった。初期の862年から1054年にかけてはノルマン封建制の時代であり、その後はポレヴォーイによれば、結局国家と呼べるようなものではなかった。(この考えは、当局や世論から一様に不興を買ったが、その後もなお多くの賛同者がいた。)ポレヴォーイは他の点でも独特であり、すべての国民との平等な関係を望み、過去においてもロシア国民の発展をそのように描写した。もっとも、ポレヴォーイも著作を完成させることはできず、1598年のリューリク朝断絶にまでしか至らなかった。ポレヴォーイは歴史批評においてニーブールを理想とし、自らの著作をニーブールに捧げたこともあったが、まさにその本のためにプーシキンが屈辱感を味わうといういわくも付いた。ポレヴォーイは晩年にもう一つ総合的通史『ロシア史概観—ピョートル大帝の専制支配まで』を上梓し[RU 0090]、強権の栄光を喧伝した。しかし、なおポレヴォーイは当局からも貴族からも支持を得ることはできず、誰からも拒絶された。のちにミリュコーフが正しく述べる通り、実際多くの人がポレヴォーイを読んだが、ただ、あえてその著作に言及する勇気がなかった。

K.A.ネヴォーリン(1806-55)は法学者で、M.A.バルギャンスキー(1769-1847)のもとで働いた。彼は、一つには1839年から1840年にかけて公刊された『法律学百科事典』により[RU 0091]、またもう一つには、豊富な史料を基に入念に執筆した法制史の総合的通史『ロシア民法史』により(1851年)[RU 0092]、ロシア法制史学史上、最初の重要人物となった。ネヴォーリンはまた、16世紀ノヴゴロドの行政についても作品を残した[RU 0093]。

ポレヴォーイの慎重なブルジョワ的見解は、彼自身が商人の息子であったことから理解できる。その一方、K.D.カヴェーリン(1818-85)は貴族の生まれで、それにふさわしく、やや政府寄りの立場だった。このためカヴェーリンは、いわゆる国家学派の一人に数えられたが、実際、彼は法制史に関心があり、ロシア国家にとって立憲制は夢物語だと考えた。彼は1844年から1848年にかけてモスクワ大学で、1857年から1861年にかけてサンクトペテルブルクで法制史の教授を務めた。1847年に初めての比較的長い論文「古ルーシの法形態概観」を公刊した[RU 0094]。この中でカヴェーリンはポレヴォーイよりも大胆な説を開陳した。カヴェーリンが自信に満ちた見事な語り口で議論したのは、いかにして血縁関係から地縁的単位であるオプシチナや大土地所有が自然に形成されたかということだった。カヴェーリンがそこから引き出した結論は、分領公国も互いに独立した大土地所有形態に過ぎないと見なし、モスクワ大公国も単なる大きな世襲領であると見た。イヴァン4世も、カヴェーリンによれば、国家を作り出すことはできず、のちにピョートルの営為によって初めて真のロシア国家が形成されたのである。

カヴェーリンを国家学派に加えることには疑問符が付く。というのも、カヴェーリンもポレヴォーイと同じく人民の歴史を書こうとしたからである(そして、やはり成功しなかったことも付け加えておこう)。カヴェーリンの歴史観も当時の流行だったヘーゲルの影響を受け、さらにエーヴェルスのロシア史理解もそこに加味されている。このため地理学的な事実と並んで、民族誌的特性にも注意が払われた。カヴェーリンはロシアの発展を三つの大きな時期で捉える。最初は部族時代であり、感動的に、かつ多くの想像を交えて描き出した。この時代に続くのがリューリク朝の時代であり(ロマノフ朝初期の支配者も含む)、そして最後は、既述のように、ピョートルにより打ち立てられた国家の時代である。

カヴェーリンはロシアとヨーロッパの発展をきっぱりと区別したが、少なからぬ同時代人も同意見だった。ロシアではすべてが上からの主導だが、ヨーロッパ（実際には西欧）における発展は下から、つまり社会の側から主導された。カヴェーリンは常々、人民（つまり社会）と国家の相互作用を根本的なものと考えていた。後年の二つの著作『ロシア史概観』（1864 年）[RU 0095]、および「ロシア史についての思索と覚書」（1866 年）[RU 0096]においてカヴェーリンは、西欧の市民的特徴を強調しながら、対するロシアを百姓の帝政と呼ぶことで、この対比をより際立たせた。彼は同時代の状況について楽観的ではなかった。大ロシアに見合う国民はいまだ形成されておらず、自らの時代をもっぱら倫理的堕落の時代と見た。この状況からの出口をカヴェーリンは心理学にのみ見出し、心理学の発展について著作も著したが、評判はよくなかった。

チチェーリン

モスクワ大学教授 B.N.チチェーリン（1828-1904）も国家学派あるいは法学派として数えるのが適切である。彼は貴族的自由主義の典型的代表であり、公的な職業においても、正真正銘の法制史学者だった。1856 年に論文「ロシア農村共同体の歴史的発展概観」によってチチェーリンは、農村共同体の実際的な社会・政治的意義について当時行なわれていた議論に加わり、多くの新史料に基づいて次のように論じた[RU 0097]。すなわち、元来氏族社会や、その後の大土地所有の時代にもオプシチナは存在したが、現行の形は 16 世紀末に税収確保のための財政政策の結果として生じたとした。チチェーリンがスラヴ派との議論の中で、またその後の論考によっても論証したのは、オプシチナがどう贔屓目に見てもロシア固有のものではなく、西欧でも知られているものだということである。チチェーリンは、オプシチナを国家権力に対立する、あるいは少なくとも国家権力から独立した制度と見なす革命的民主主義者たちに対抗して、国家の主導性を強調した。

1856 年にチチェーリンは学位論文「17 世紀ロシアの地方制度」を公刊し[RU 0098]、その 2 年後に論文集『ロシア法制史の試み』を上梓した[RU 0099]。これらの中でチチェーリンは、カヴェーリンと同様に、国家組織の形成が遅れたことを繰り返し証明した。原初的な血縁的紐帯は 12 世紀から市民的な紐帯に取って代わられ、ピョートルにより初めて国家的な紐帯が現れたと見た。2 番目の時代との関連で重要な著作が「分領侯の遺言状と条約文書」である[RU 0100]。ここでチチェーリンは、（国家の）市民的紐帯とは分領制の時代における公国間関係のことであり、それによって国がまとまったと述べた。彼は階級闘争史に与せず、国家組織への移行が緩やかに、実際には、気がつかないうちに進行したと見た。そしてその間の公国時代における私法的諸関係がロシアの発展に刻印を押すことになった。

ロシアが実際にもヨーロッパから外れた発展をしたこともあり、チチェーリンはしばしば、ロシアにおける国家と社会の関係は西欧とは正反対であることを強調した。西欧の発展は規則的で、社会自身が国家を生み出した（カヴェーリンがこう述べている）。他方、ロシアでは地理的条件、つまり果てしない平原のために住民は常にさまよい、そのため社会的諸関係も弱く、秩序は国家が作らざるを得ず、だからこそ国家は全能性を帯び、社会全体を自らの支配下に組み込むことができた。西欧では個人が自らを組織したため、身分制が形成された。しかし、ロシアでは身分制も国家が作り出した。こうした考えをチチェーリンは『人民代表制について』（1866 年）という著作で表明し[RU 0101]、さらにこうも述べた。ロシアの独自性は国家の全能性の帰結である。すなわち、ロシア人は自由に対してなすすべを知らず、もっぱら祖国への自己犠牲に長けている。

少し注意を払うなら、現存する絶対主義の正当化、洗練された言い方をすれば、理解だけでなく、それ以上のことを読み取ることもできるかもしれない。すなわち、チチェーリンがロシア身分制の脆弱さを示したのは、ずいぶん回り道だが、市民階級が指導的役割を果たさなければならない立憲主義に言及しようとしたからである。もしもロシアが主題でないなら、話はもっと簡単でありえただろう。1858 年に公刊された著書『イギリスとフ

ランスについての概説』において［RU 0102］、チチェーリンはあるフランスの著作に基づき、こう議論した。西欧では上流階級と勤労者大衆との間で、感情と利益のほぼ完全な一致が存在する。上流階級はすすんで権力を行使し、下層階級はすすんでこれに従う傾向がある。両者の間に位置するのが中産階級であり、財産と教養の両方を兼ね備えている。この知的勤労者階級は民主的でもある。国家権力は調和に向けて努力するが、これは内部の軋轢により妨げられる。このため進歩は周期的で、専制的な時代と自由な時代が交互に現れる。こうした思想を 1858 年という時期に、遠い国々に例を取ったにしても、表明するのはかなり大胆なことだった。1900 年にチチェーリンがベルリンで公刊した著作『20 世紀前夜のロシア』も忘れるわけにはいかない［RU 0103］。この中で彼は農奴解放など、アレクサンドル 2 世による改革の重要な施策を紹介し、今こそ立憲君主政が必要だと述べた。もちろん、当時こうした内容は外国でしか出版できなかった。

シチャーポフ

これまでに見てきたように、チチェーリンの考えは多くの点でカヴェーリンの理解と重なっているし、多くの問題においてソロヴィヨフも似た観点に立っていた。だが、ソロヴィヨフについて述べる前に、独特で個性的な人物について記憶にとどめておく必要がある。A.P. シチャーポフ（1831-76）である。彼は専門家の中で、歴史をはっきりと人民の側から見ようとした唯一の人物だった。父親は村の教会の堂守であり、母は文盲のブリヤート人女性だった。貧困層から抜け出す唯一の可能性、つまり聖職者になることを目指し、勉学に励んだ。こうして 1856 年、カザンの神学校でロシア史の教授となったが、この頃シチャーポフが研究し始めたのが、クリミア戦争のためにカザンに移転されたソロヴェツキー修道院の資料である。この資料からシチャーポフは東方正教徒について 2 冊の書物を著した。『古儀式派のロシア教会分離』（1858 年）［RU 0104］、および『ゼムストヴォと教会分裂』である（1862 年）［RU 0105］。シチャーポフはそれまで研究者が手をつ

けなかった資料を使って、重要な成果を上げた。最初の著作では教会分裂について伝統的解釈に立脚しながら、ニコン総主教の改革を理解しない人々の無自覚さが直接的な原因であると説明した。（改革前の慣習が、おそらくのちにコンスタンティノープルの総主教座が放棄した古いビザンツ教会の慣行をとどめていたであろうことは、別問題である。）したがって、古儀式派がロシアの発展を阻害したと見なした。ただし、シチャーポフは古儀式派に民主的な特徴を見出すようにもなっていた。このため、二つ目の著作では、シチャーポフの見解に根本的な変化が生じ、人々の運動は敵対的な国家に対する下からの正当な抵抗権だと述べた。

1860 年にシチャーポフはカザン大学で講義を担当するようになった。彼はここでも独特の立場を取った。しかし、それは民衆史を前面に押し出したことではない。すでに彼の前にかなりの人がそれを試みていた。むしろシチャーポフが独特だったのは、ロシア国家の集権的性格を自明として問題にすらしなかったそれまでの（そして、その後の大多数の）通説すべてに対してである。すなわち、シチャーポフは移動と定住に伴って形成された地域の特性から出発して、ロシアには連邦的な構成が望ましいと導き出したのである。1861 年、農奴制改革に反対して農民が蜂起した時、シチャーポフは農民の側に立ち、大学を追われることになった。1864 年までサンクトペテルブルクで新聞記者として生活し、その間に三つの基本原理を定立した。すなわち、連邦的連合、ミール（農村共同体）の精神に由来するゼムストヴォ（自治体）の必要性、そして、それを覆うものとしての国民会議、つまりかつてのゼムスキー・ソボールの再生である。シチャーポフは J.S. ミルの経済学を研究し、N.G. チェルヌイシェフスキー（1828-89）の影響のもとに経済的諸関係の重要性に注意を払った。こうした活動のため 1864 年にシベリア送りとなった。シチャーポフはシベリア流刑の中でそれまでに書いたすべての著作を否定し、唯物主義と自然科学に基礎を置いた自然科学的知識を紹介することが最重要と考えるようになった。そして、自然科学的方法によってロシア人民の知的発

展を分析しようとした。1870年にシチャーポフは著書『ロシア人民の知的発展のための社会的および教育的条件』を公刊した[RU 0106]。これはロシア文化史記述の試みだったが、シベリアではあまり意味のある史料を入手することができず、著作はいくつか興味深い指摘を含むに過ぎない。

いずれにしてもシチャーポフは個性的な人物であり、シベリアですでに『資本論』に目を通したが、人民＝農民という考えから離れることができなかった。また、唯物主義なら何でも受け入れたと同時に、スラヴ派の神秘思想にも影響された。ロシア人民は自己のためだけでなく、他者のためにも存在していると考えた。このメシアニズムは当時広く知られた流行の思想だったが、歴史研究ではあまり有用たりえなかった。他方、連邦構想については、シチャーポフは当時の（そしてその後も）多くの人々の憤激を招いた。

ソロヴィヨフ

19世紀半ばのロシアでは、スラヴ派の人民愛と神秘主義、公式イデオロギー、革命的民主主義、臆病な自由主義、さらにいくつもの観点が混じり合い、歴史研究者もその影響を被らずにはいられなかった。しかし、歴史研究者はあえて影響から逃れようとしたのも事実である。ロシアの市民的歴史叙述の最初の代表的人物、S.M.ソロヴィヨフ（1820-79）はその一人である。聖職者の家庭に生まれ、モスクワ大学でポゴーディンのもとに学ぶが、懐疑主義者のカチェノフスキーの影響も受けた。同時代の学生運動には参加しなかった。というのも、もともと早くから学者としての道を考えていたからである。外国で研究を続け、ベルリンでランケやリッターの、パリではギゾーとミシュレの講義を聴いた。ソロヴィヨフはもちろんロシア史に携わることを望んだが、世界史にも興味を覚え、中でもスラヴ民族の発展について多くの覚書を残し、シャファーリクに対してもあえて批判を行なった。この頃ソロヴィヨフがすでに完成させていた作品が「民族の歴史的生態についての覚書」であり（1860年になってようやく公刊された）[RU 0107]、自らの歴史哲学的見解が表明されている。ソロヴィヨフは一方で発展の法則的要素、すなわち発展法則の有効性を強調した。（クリュチェフスキーは公刊された著作の中では、終始並々ならぬ敬意を持って、比類なき先人かつ模範的人物としてソロヴィヨフに言及したが、自分自身のための覚書では、ソロヴィヨフは実際のところ国家発展、つまり政治史の中にしか法則性を見ていないと、やや皮肉を込めて書いている。）もう一つの基本原理は、ソロヴィヨフもまた、ヘーゲル（とエーヴェルス）から獲得したのだが、歴史の有機的で連続的な発展であり、彼はそこに主要な法則性を認め、それだからこそ時代区分にはこだわらなかった。歴史は常に流れ続け、まさしくそれゆえに現象間の有機的連関を探し求めなければならないと考えた。

ソロヴィヨフが1845年に修士論文「ノヴゴロドの諸大公との関係について」[RU 0108]の審査を受けたのは、25歳になるかならないかの頃だった。修士論文の2年後に主題が広がり、博士論文「リューリク朝のロシア諸大公との関係史」となった[RU 0109]。ソロヴィヨフはポゴーディンの後任として、モスクワの大学でロシア史の教授となり、亡くなるまで執筆を続けた。驚くほど多くの作品を残し、ロシア東欧全域を見渡しても、ソロヴィヨフを超えるのはのちのヨルガくらいしかいないだろう。1851年に主著となる『最古の時代からのロシア史』第1巻が公刊され、以後、正確に年に1巻ずつ世に送り出した[RU 0110]。そして、毎年1巻を刊行する傍ら、同時代に提起された諸々の問題に対して敏感に対応し、数多くの著作を残した。ソロヴィヨフは1858年に著作「歴史的書簡」で、近づきつつあった農奴解放について触れた[RU 0111]。また1863年に『ポーランド衰退史』を著し[RU 0112]、1863年およびそれ以前の数百年にわたるロシアの干渉を実証的に記述した。1872年のピョートル生誕200年記念祭では大帝について連続公開講義を行ない、1877年の初めにアレクサンドル1世の外交について論文を発表した[RU 0113]。ソロヴィヨフはロシア政府がオスマン帝国との戦争に踏み切ることを前もって明らかにしていたのである。

ソロヴィヨフは自らの優れた現実感覚にとまどいを感じていたようだが、それはソロヴィヨフが

他の人々よりも時事問題に敏感であったに過ぎず、書けることを書いたに過ぎなかった。もちろん、ニコライ1世の治世が牢獄だったことは、自分の日記の中だけにとどめしし、自分がルイ・フィリップ型の市民王に共感を抱いたことも、日記からしかうかがい知れない。というわけで、ソロヴィヨフは基本的には自由主義者で、諸改革の支持者だった。しかし、改革にはピョートル大帝のような偉大な個性が必要であると考えていた。仮にルイ16世やアレクサンドル2世のような人物が改革に取り組むならば、事態を把握することはできないだろうと述べた（後者の場合は、ずいぶん後になって初めて、優れた予言だったことが判明した）。

『最古の時代からのロシア史』は、今日においてもロシアの発展について最も詳細な政治史的通史である。ソロヴィヨフは年代記やその他の記述史料も、外国人旅行者が残した記録や刊行史料と同じように取り扱い、特定の主題においては、自ら文書館に赴いた。もっとも、ソロヴィヨフが過去の問題に立ち返った時、あるいは19世紀の主題を取り上げた場合でも、原史料から導き出したのは事実や出来事だけであり、それについて深い分析は試みなかった。ソロヴィヨフが見出したのはロシア史に働く三つの基本原理だった。一つ目は自然である。以前にも多くの人が自然に注目した。むしろソロヴィヨフが注意を喚起したのは、地理的状況を評価しすぎてはならないことだった。二つ目の要素は国民性、そして三つ目は外的影響である。国民性に関しては、ロシアの位置を強調した。すなわちロシアはヨーロッパとアジアからの侵攻の境界に位置し、そのことが国民性を基本的に規定したというのである。ソロヴィヨフは地理的環境に、どちらかといえば制約要因を見た。西欧には山が多く、それに伴って石が多いため、人々は容易に自分の永住地を築いた。ロシアの平原では木材から建物を作るしかなく、このため植民が恒常的な特徴となった。したがって農奴制が必要だったのであると説明した。

ロシアの発展に関するソロヴィヨフの見解をカヴェーリンやチチェーリンに比べると、いくつかの問題で考え方にはかなり開きがあるものの、多くの点で類似している。それらはキエフ時代を氏族的と見る点で似た立場にあり、その後大所領制（ヴォチナ）が続いたという点においても似通っている。もちろん、法制史学者のチチェーリンにとって、大所領制は単なる政治形態だが、ソロヴィヨフにとっては、社会組織の新しい類型だった。初期の氏族的関係は西欧の封建制度に対応しており、両者の発展方向の間に実質的違いは何もなかったという。ヨーロッパとロシアを劇的に対立させることは、ソロヴィヨフにとって全く無意味だった。モンゴル支配もソロヴィヨフは本質的な要因と考えず、発展の制約要因としか見なかった。イヴァン4世の施策と農民の土地緊縛は、どちらも等しく必要で進歩的契機だったと見なした。ソロヴィヨフにとって、ピョートル大帝がたとえどれほど偉大だとしても、歴史の整然とした流れという観点から帰結するのは、その父アレクセイ・ミハイロヴィチの政策が、実際には、のちの改革を準備したということであり、したがって、ピョートルはいかなる種類の新しい改革も行なっていないことになる。自由主義者のソロヴィヨフは同時代の体制を好んでいなかったが、19世紀半ばにはすでに革命を恐れて、当時の大規模な農民蜂起には否定的評価を下した。国家の成立についてもソロヴィヨフはカヴェーリンと近い立場にあり、16世紀以前に厳密な意味でのロシア国家を語ることはできないとした。大きな時代区分としてはそれでも、もちろんピョートルが基準であり、実際にソロヴィヨフ自身の著作でもそうだった。というのも、1725年以降の時代については、十分な先行研究が欠如しており、年代を記す程度だった。18世紀後半、すなわちエカテリーナ時代については、ソロヴィヨフは新たな傾向を見出し、その時代が1860年代の改革を準備したと読者に伝えた。ピョートルについてソロヴィヨフは、大部の著作で改革者として紹介したが、1872年の公開講義ではこの評価をあいまいにした。改革はいずれの立場においても周囲の状況から生まれたとされるが、それらの中でも国内の条件と要請こそが決定的であり、恒常的な戦争も従属要因に過ぎず、ヨーロッパの模倣などではないと述べた。公開講義でソロヴィヨフは、ピョートルに関してむしろ政治史

を前面に出して、こう考察した。すなわち、国家と国民は対立因子ではなく、統一されており、そこに国家が必要な形を与えるとした。したがって、国民の歴史は国家の歴史へと融合され、国家の歴史は偉大な支配者の行動によって決定されるが、支配者は国民と時代に依存しているのである。

以上のことからソロヴィヨフが書いたのは単なる政治史だと結論づけるのは正しくない。緩やかな植民の流れ、13 世紀以来の北東部への重心の移動、そして社会的諸関係はソロヴィヨフにおいても本質的な役割を果たした。しかし、まさしく国家と国民の統一原理から帰結するのは、最終的に、やはり政治的要素の偏重であることに間違いはない。少しばかり難解で、かなり長い文章の連なりから最初に現れるのは政治的、国家的発展の筋道である。

ソロヴィヨフの多作さの中にはロシア史学史についての多くの論文が含まれる。ソロヴィヨフにとってロシア史学史は 18 世紀に始まり、シュレーツァーやそれ以前のバイエルが真の先達だった。ソロヴィヨフはカラムジンについて連続ものの長編論文を書き[RU 0114]、同時代人に比べて極めて控えめな批判しかしなかった。他方、スラヴ派の見解には鋭く対立し、論文「シュレーツァーと反歴史的潮流」においてソロヴィヨフはシュレーツァーに同意し、被害者的国民意識に反対した[RU 0115]。したがって、ロモノーソフの歴史的業績に対してもソロヴィヨフは肯定的な評価を与えず、修辞学派の代表者と見なした。

先に、ソロヴィヨフも同時代の諸潮流による影響から逃れ出ようと努めた一人であると記した。彼にはあらゆる感受性が備わっていたにもかかわらず、なお逃れえなかった。しかしそれは自明のことだった。ソロヴィヨフが打ち立てた歴史理解の方法は最終的に、以前の貴族＝国家学派および同時代の自由主義学派の中間あたりに位置した。したがって、ソロヴィヨフはある意味で、大きな総合化に向けた役割を演じたのである。それも、同時代のヨーロッパ的学問で完全武装し、ロシア史に総合性を与えたのである。ソロヴィヨフを除いて何か新たなものを付け加えることができたのは、クリュチェフスキーだけである。たゆまぬ学問の発展、史料探索と史料批判への高まる要求を前に、ソロヴィヨフと同時代に育った世代にとって、ソロヴィヨフの仕事に匹敵する画期的事業に取り組むことはもはや不可能だった。ソロヴィヨフの通史は、高度な専門的水準で集積された知見の総合である。細部に立ち入ることは可能だが、概念的解釈のためには新たな事実ではなく、新たな視点の登場が必要だった。

コストマーロフ

ソロヴィヨフは極めて自覚的に目的意識を持ち、ほぼ一貫した総合的通史を著したにもかかわらず、ある意味で折衷的存在だった。ソロヴィヨフとほぼ同時代人であった N. I. コストマーロフ（1817-85）はさらに折衷的だった。コストマーロフは領主の非嫡出子で、母はウクライナの農奴の娘だった。この意味で彼にはロシア史学史と同様に、ウクライナ史学史に名をとどめる権利がある。それでもなおロシア史の中で議論しなければならないのは、コストマーロフの足跡がロシアの発展に結びついていたからだけでなく、研究テーマにおいてもロシアの歴史叙述に属するからである。コストマーロフは穏健野党的感情を内に秘めながらハリコフ大学で勉学に従事した。初期の著作ですでにウクライナの自治問題について論陣を張り、最後までロシア＝ウクライナの二重性、そして両民族関係が基本的なテーマの一つとして残った。そもそもこの点で当局はコストマーロフを快く思っていなかったし、同時代の専門家たちもウクライナのナショナリストを歓迎することはできなかった。

コストマーロフの修士論文は「西ロシアにおける教会合同の契機とその性格について」だが[RU 0116]、極めて王党派的な題名選択にもかかわらず、審査に合格しなかった。1844 年に『ロシア民衆詩の史的意義について』でようやく学位を得た[RU 0117]。翌年キエフ大学の教員となったが、ウクライナの国民運動を社会的要請に合体させた秘密結社、キュリロス・メトディオス団のメンバーとなり、1 年の禁固刑を受けた。その後、9 年間にわたってサラトフに追放され、出版活動も禁じられた。それでも専門的権威としては当時すで

に絶大なものがあり、1859年にサンクトペテルブルク大学で員外教授に任命された。禁止措置にもかかわらず、1857年にB.フメリニツキー（1595-1657）について［RU 0118］、また、翌年にS.ラージン（1630-71）の乱について［RU 0119］、原文の史資料を用いた著作が公刊された。再び教授として任命された後、コストマーロフはかつてに比べて慎重になり、1862年に教授陣による政治色の強いストライキが行なわれた時、これに参加しなかったため、学生たちから非難されることになる。チェルヌイシェフスキーは1860年にコストマーロフがロシア国家の起源について、ポゴーディンと公開討論に乗り気だったことを批判した。コストマーロフはこの論争によりポゴーディンを同水準の相手と認めたが、チェルヌイシェフスキーによれば、敵と口をきくことさえ許されなかった。この2年後、コストマーロフはチェルヌイシェフスキーと決定的に袂を分かったが、それに先立つ時期には『現代人』において論文を発表さえしていた。1860年代には、ロシアを主題にした多くの業績を公刊し（1861年に『ロシア史における大ノヴゴロドの意義』［RU 0120］、1862年に『16-17世紀のモスクワ国の商業概説』［RU 0121］、1868年に『17世紀初頭のモスクワ公国動乱期』［RU 0122］）、その後も著作を著し続けた（1873-88年に『最重要な活動家の伝記に見るロシア史』［RU 0123］）。1863年にコストマーロフが書いた研究論文「地理学および民族誌とロシア史との関係について」は重要である［RU 0124］。すなわち、コストマーロフは、たびたび繰り返された問題、つまり、ロシア歴史叙述における政治史偏重に触れ、民族誌的資料を導入することによって、歴史叙述を人民の歴史に近づけるという目的が達成できるかもしれないと考えた。

　コストマーロフは、キエフとモスクワの歴史を単一の発展における二つの時代ではなく、二つの異なる民族の歴史と見た。コストマーロフにとってキエフはすでに最古の時代からウクライナ人の国だった。二つの民族を互いに対立するものとして捉えたのである。また、ロシア史自体の中にも二つの原理の恒常的な闘争を見た。一つは専制的要素であり、これがロシアによって代表された。もう一つは連邦的要素であり、それはヴェーチェ、つまり古代の民会において形成された要素である。こちらはウクライナによって代表された。ロシア民族はいつも隷従を受け入れる用意がある。他方、ウクライナ民族は自由を愛するが、同時に無政府的でもある。コストマーロフは人民蜂起について説得的な説明を与えている。すなわち、彼はフメリニツキーやラージンの闘いをコサックだけの騒乱として描くのではなく、そこに全人民の反乱の姿も見て取ったのである。だが同時に、コストマーロフは自らの生涯に教訓を得ながら、次のように述べてもいる。つまり、これらの蜂起はいずれも無意味なものであった。なぜなら、一時的に勝利したにせよ、その後再び旧体制が戻ってきたのであるから。このゆえにウクライナはフメリニツキーの乱以降「廃墟」に変わったのである（「廃墟」は著書の題名にもなった［RU 0125］）。

　コストマーロフは新たな文書館史料を数多く発見したが、しばしば記憶にとどめただけであり、不確かな記述も多く、批評家はコストマーロフの誤りを追及した。だが、コストマーロフは名文家であり、カラムジン以来彼ほどロシア語の詩的文章で卓越した人物はいなかった。だからこそコストマーロフは、それまで専門家の間で見下されていた啓蒙的歴史書に取り組んだのである。もっとも啓蒙的な著作では（『モスクワの人々にとってのルーシの真実』［RU 0126］、『ポーランド人にとってのルーシの真実』［RU 0127］）、明らかに同時代のウクライナ・ナショナリズムの代表者としてふるまった。だが、上述のことすべてを考えるなら、コストマーロフをナショナリストと断定するわけにはいかないといわざるを得ない。それは単に政治的な考慮だけからのことではない。それとは無関係に彼の経歴を念頭に置くなら、コストマーロフは、少しばかりN.V.ゴーゴリ（1809-52）の例にも似て、ウクライナの発展と同じくらいロシアの発展にも結びついていたように思われるからである。

＊

　ここからは職業的歴史学者たちを、大学での専門教育や学位論文と合わせて適宜列挙していこう。これから登場する歴史家の中には徹頭徹尾体制派

だった者もかなりいる。その一方で最良の歴史家は自由主義者であり（どちらかというと政治に無関心といった方がよいかもしれない）、自由主義を標榜する中にも諸潮流があった。また体制派と自由主義派の間には様々な色合いの潮流も存在し、その他にマルクス主義者がいた。

体制への従順な奉仕者たちの中ではD.I.イロヴァイスキー（1832-1920）を挙げることができる。彼の書いた教科書についてはすでに述べた。彼はリャザン公国の歴史について書き（1858年）[RU 0128]、ポーランド＝リトアニア国家の諸問題についても（『1793年のフロドナ議会』1870年）[RU 0129]、またロシア国家の起源についても取り組んだ（1876年）[RU 0130]。イロヴァイスキーは5巻本の通史『ロシア史』を生涯の代表作と考えていたが[RU 0131]、唯一の新しい点は、ウストリャーロフ以降、ポーランド＝リトアニア史に特段の注意を払おうとしたことだけである。基本的解釈はカラムジンから、史料はソロヴィヨフからの借用といえる。イロヴァイスキーは入念に為政者を前面に押し出しながら、アレクセイ・ミハイロヴィチ帝の死までの発展を描き出した。

イロヴァイスキーに比べるとK.N.ベストゥジェフ＝リューミン（1829-97）はさほど主流派に属した歴史家とは見なせないが、イロヴァイスキーより高度な水準を代表する。ベストゥジェフ＝リューミンはカヴェーリンとソロヴィヨフの教え子であり、サンクトペテルブルクで教授になった。彼こそはサンクトペテルブルク学派の実際的創始者であり、その伝統をのちにプラトーノフがさらに高い水準にまで引き上げた。由緒ある貴族の家柄の出身で、アレクサンドル3世の家庭教師を務めた。しかし、ベストゥジェフ＝リューミンも若い頃は『祖国雑記』という進歩的な雑誌に寄稿していた。ダニレフスキーとも連帯したが、そもそもスラヴ派の影響を受けていた。年代記について書いた修士論文は、スレズネフスキーの講評に基づき、そのまま博士論文として受理された。教授としての活動は残念ながら短い期間しか行なわれず、1890年に健康上の理由で学科から職を辞した。

1882年にベストゥジェフ＝リューミンは論文集『伝記と分析』を公刊したが[RU 0132]、それは伝記的概論の形を取った史学史のようなものだった。そこでは彼が自由主義から右翼的王党派へと徐々に変遷したことが明らかに示されている。彼は初期の研究でカヴェーリンとソロヴィヨフを歴史家の中で最も高く評価した。なぜなら彼らは理論的にカラムジンよりも高い水準にあったからであるという。ところが、1866年になると、カラムジンを最も天才的なロシア人の一人と呼び、その著作は余人の追随を許さないとまで述べたのである。

先人や同時代人はもっぱら政治史に関心を示したのに対し、ベストゥジェフ＝リューミンはそれを大きく踏み越え、経済問題も議論し、文化の発展、慣習、そして倫理にも関心を払った。2巻本で著された『ロシア史』（1872-85年）はこうした視点の新しさで目をひくが[RU 0133]、資料的新しさという点では重要ではない。

N.F.ドゥブローヴィン（1837-1904）は主流派を代表する一人であるが、その活動は興味を引かないわけではない。なぜなら、彼はそれまで付け足しとしてしか扱われなかった軍事史という分野を開拓した歴史家だからである。露土戦争、クリミア戦争、そしてカフカースの征服・併合が主要なテーマだった。クリミア戦争に関し、まず1871年から1874年にかけてセヴァストーポリの包囲に関する4巻本の史資料集を公刊し[RU 0134]、1900年までに3巻本のクリミア戦史を書き上げた[RU 0135]。よりいっそう重要なのは、1871年から1888年にかけて出版された6巻本の『ロシア人のカフカースにおける戦争と支配の歴史』であり[RU 0136]、それは戦史や入植についてだけでなく、カフカースの諸民族の生活に関しても情報をもたらし、当時としては類例のない新しいものだった。つまり、彼は今日でいう同時代史を著したのである。ドゥブローヴィンの全く独自な業績は3巻本の『プガチョフと仲間たち』である（1884年）[RU 0137]。当然ながらドゥブローヴィンは、プガチョフ（1740/42-75）の乱をそもそも単なる逸話と見なし、共感を持たずに描き出した。しかし、同書の比類なき価値は、信頼に足る人物とされたドゥブローヴィンにして初めて閲覧が許された全裁判資料を用いて、それまでで最も

詳細な事件史を提供したことである。ドゥブローヴィンはプガチョフの乱を主としてコサックの動きとして捉えたが、農民についても忘れなかったし、さらに驚くべきことに、セメフスキーの著作から農民の困難な状況を表す具体的資料を引用し、蜂起への農民参加を説明したのである。

F. I. レオントヴィチ（1833-1911）はオデッサ大学でロシア法制史の教授を務め、1891 年にワルシャワ大学に移った。博士論文はなじみの薄いテーマ、すなわち「古代クロアチア＝ダルマチアの立法」（1868 年）を取り上げたが [RU 0138]、そこでルスカヤ・プラウダとの類縁関係を見出した。レオントヴィチが最も力を注いだのはウクライナとリトアニアの研究であり、南西部で多くの人口を抱えるユダヤ人居住地域の歴史についても注目した。レオントヴィチの重要な業績は『15-16 世紀における南西ロシアの農民とリトアニア法』であり（1863 年）[RU 0139]、ポーランドの歴史家ですらもっと後にようやく関心を抱くテーマに、レオントヴィチはかなり早くから取り組んだ。リトアニア国内で生じた展開から、レオントヴィチは次のような結論を導き出した。すなわち、リトアニアでの土地緊縛は、一編の法令によって生じたのではなく、長い過程の産物であり、このことはロシア本土でも同様であった。1867 年と 1874 年に発表した論考「古ルーシの政体の大家族＝オプシチナ的特色」は新味に欠けるが、視点は重要である [RU 0140]。というのも彼はルスカヤ・プラウダの条項で言及されているヴェルフィが家父長的な共同体と同一であることを示したからである。この論考はベストゥジェフ＝リューミンだけでなく、コヴァレフスキーにも影響を与えた。

V. I. セルゲエヴィチ（1832-1910）は主流派の最も若い世代に属した。彼もまた法制史家であり、新たなテーマ、すなわち国家の諸制度や行政の諸問題に関心があった。セルゲエヴィチの関心は、実際のところ、同時代の社会的要請から自由ではなかった。すなわちアレクサンドル 2 世の自由主義的で立憲制すら提起する政治の影響から免れえなかったのである。1867 年に書かれた修士論文「ヴェーチェと君公」[RU 0141] は、近代的諸概念を古い時代に投影させているとしてソロヴィヨフが批判した。もちろんセルゲエヴィチ自身は、まさにこの研究の中で、周知の理論を新たな証拠ないし別の側面から補強した。すなわち、ロシア史の初期段階における君公とヴェーチェとの契約は国家的紐帯を意味したというのである（他の見解では、これまでに見たように、君公の間の契約だとされていた）。セルゲエヴィチはヴェーチェを全人民の代表と考えた。彼の博士号請求論文（「国家学の課題と方法」）は法理論的性格のものだったが [RU 0142]、著書『モスクワ公国におけるゼムスキー・ソボール』では（1875 年）[RU 0143]、再び彼本来のテーマに戻った。セルゲエヴィチはゼムスキー・ソボールを重要な代表機関と見なし、スラヴ派のいう「人民の意見」という考え方を退けた。むしろ、西欧の身分制を念頭に置きながら、ツァーリの権力が民会によって制限されたと考えた。セルゲエヴィチの方法論においては理論的一般性に代わるものとして、経験的事実の重要性が強調されたが、法制史家にありがちな形式的な法的観点が骨の髄までしみ込んでいたため、ほとんどそこから踏み出すことができなかった。

A. D. グラドフスキー（1841-89）もまた法制史的関心によって、同じように国家制度の発展を研究した。1866 年に著書『18 世紀ロシアの最高行政機関と検事総長』でピョートルの行政改革を取り上げ [RU 0144]、その本質的な問題の一つを指摘した。すなわち、ロシアにおける発展の前史に言及した上で、ピョートルが多くの場合、外国の例を移植しようとしたことに触れたのである。グラドフスキーは制度の発展をアレクサンドル 1 世の時代まで跡づけた。彼は、ロシア国家では貴族身分であっても、実際には、支配者に対して従属的だったと述べた。その他、グラドフスキーは古い時代に関心を寄せた。1868 年に公刊された博士号請求論文『ロシアにおける地方行政史』は、大部の著作の第 1 巻に当たるものとして書かれた [RU 0145]。グラドフスキーは 16-17 世紀の郡の機能を分析し、西欧的展開に対比させながらこう述べた。この制度は西洋のように勝ち取らねばならなかったものではなく、郡を率いた指導者は地元における国家権力の体現者だった、と。グラド

フスキーは国家の全能性を強調したが、それに関して彼自身がそれほど新しいことを述べたわけではない。力点はむしろ、まさに郡こそがロシアの発展を西欧に対比させるものだということ、つまり、かの永遠の問題において、ロシアの特殊性を支持したことにある。グラドフスキーにおいても、これまで述べてきた人々と同様、新たな文書館史料を分析の対象としたことが大変に重要である。というのも、これらの問題を伝統的な記述史料に基づいて提起することは、ほぼ不可能だったからである。

　独特な個性であり、専門的歴史家の枠外にあるM.O.コヤローヴィチ（1828-91）は、歴史学の発展に乗り遅れたやや古臭い学派の代表者だった。サンクトペテルブルクの神学アカデミーで行なった講義から生まれた彼の著作は、すべての人を立腹させた。それは『歴史的記憶と学術的研究に基づく自己認識的ロシア史』（1884年）であり[RU 0146]、実際上、大部の引用集だった。最新の引用は1880年であり、極めて新しいものだった。コヤローヴィチは素人的な大胆さによって、大学の象牙の塔の中に鎮座する職業的歴史学者と対立した。コヤローヴィチが提示したロシア・ナショナリズムの発展についての形象は、実際のところ、強烈にスラヴ派的で、保守的情感に満ちたものだった。彼はスラヴ派から「ロシア主観主義」の概念を受け継ぎ、歴史学には（あるいはむしろ歴史叙述には）主観的な契機への偏りがあると考えたが、自分自身にその傾向が強いことには、なぜか気づかなかった。それでもなおコヤローヴィチは、資料に埋没する実証主義的なロシア史叙述に対し、歴史哲学的な試みを通じて新たな観点をもたらしたといえる。コヤローヴィチはタティーシチェフをロシア歴史叙述の父と理解したが、ポレヴォーイは西欧的規範の適用ゆえに歪曲者とされた。カヴェーリンとチチェーリンは直截に国益の裏切り者と見なされた。ソロヴィヨフについては強く否定できなかった。なぜなら、ソロヴィヨフの権威はあまりにも大きかったからである。また、ソロヴィヨフは西欧を過大評価したにしても、ロシアの偉大さを理解していたと考えたからである。シチャーポフに対しては、後年における反宗教的態度ゆえに愛着を持てなかった。コストマーロフには、馬鹿げた連邦構想のため、なおさら愛着を持てなかった。他方、客観的な歴史の見方ゆえに（コヤローヴィチによれば、これは稀なことだった）、ベストゥジェフ=リューミンには親近感を覚えた。コヤローヴィチに対する同時代の批評は拒絶的だったが、それは彼の反動的な観点ゆえというよりも、その素人性に対するものだった。19世紀最後の四半世紀、ロシアの歴史叙述は専門家の目から見ても高度な水準に達していた。

　S.S.タティーシチェフ（1846-1906）は職業的外交官であり、副次的に歴史叙述に取り組んだだけだった。彼がとりわけ熱心に取り組んだのは各時代の支配者たちの活動だった。結局のところそれがタティーシチェフの専門分野でもあった。全体としてタティーシチェフが取り組んだのは同時代史だった。しかし彼でさえ文書館へ入ることは許されなかった。このため、タティーシチェフは主に外国の刊行物や回想録を用いてニコライ1世の外交について、対西欧（欧州）外交と対東方外交を入念に区別しながら著作を著した（1887年）[RU 0147]。ナポレオン時代に関しては、タティーシチェフも国内の文書館やパリの文書館に入って調べることができたため、1891年にアレクサンドル1世とナポレオンの未発表往復書簡（1801-12年）に基づいたフランス語の著作をパリで出版した[RU 0148]。晩年にアレクサンドル2世について2巻本の伝記を出版し[RU 0149]、その中で同帝を偉大な改革者で人民の解放者として賞賛した。世界史におけるロシアの使命、あるいはバルカン半島の諸民族の解放についても多くの記述を残し、同時にロシアの領土拡大についても偉大な成果として誇示した。

　同様な為政者賞賛の響きを持つ文章を書いたのはロシア化したドイツ人、N.K.シルジェル（シルダー、1842-1902）である。シルジェルは『パーヴェル1世』（1901年）[RU 0150]、『アレクサンドル1世』（4巻、1897-98年）[RU 0151]、『ニコライ1世』（2巻、1903年）[RU 0152]という19世紀前半のロシアの為政者たちについての三部作と呼びうる著作を発表した。シルジェルは膨大で詳細な公文書史料を用い、これを大量に引用した

ため、時にはこれらの著作はむしろ史料集のように見えたほどだった。また、個々の文書の間隙を心理的描写でつないだことは類例がなかったし、その上さらに道徳的評価を加えた（これは当時すでにそれほど稀ではなかった）。シルジェルによればパーヴェル1世とアレクサンドル1世の治世における悲劇的要素は、エカチェリーナに対する政治的裏切り、そして1801年の〔パーヴェル1世〕暗殺に対する単なる罰でしかなかった。

シルジェルは保守主義の権化であったにもかかわらず、自由主義的な文体を用いたのは、世紀転換期の頃にはすでにそれ以外の書き方が時代に合わなくなっていたからである。N. ミハイロヴィチ大公（1859-1919）も同様だった。彼もシルジェルとほぼ同じような仕方で、1903年にP. A. ストロガノフ伯爵（1772-1817）について3巻の伝記を［RU 0153］、そして1912年にアレクサンドル1世の伝記を2巻本で出版したが［RU 0154］、シルジェルと違ってかなりへりくだった書きぶりだった。すなわち、アレクサンドル1世はまさしくナポレオンと対比されることで、その真の偉大さが示されるとされた。もっとも、いわゆる国家学派の歴史学者たちの間においてすら、19世紀の歴史は扱いたくないという態度がいまだ残っていた。

国家学派に属する一人として、さらにN. P. バルスコフ（1838-1906）を挙げることができる。バルスコフは1888年にポゴーディンの手稿の出版、およびその解説としてのポゴーディン伝の執筆を始めた。こうして（ポゴーディンの子孫が費用を支出して）22巻が公刊されたが［RU 0155］、優れた点は、ここでもまた、多くの史資料がもともとの姿で利用可能になったことである。確かに、ポゴーディンの政治的役割のゆえに、ポゴーディン伝は政権の歴史に対しても情報を提供したのであるが、さらに重要な史料はいまだ公開されていなかった。

キエフ大学教授V. S. イコニコフ（1841-1923）は、穏健な自由主義学派の一員に数えられる。彼はロシア史学史について最初の専門的概要を書いた。イコニコフは早くも1871年に概要的内容を含んだ『ロシアの歴史叙述における懐疑主義学派とその反対者たち』という論考を著し［RU 0156］、カチェノフスキーの業績を（もともと彼を論じていたこともあり）全体として大変肯定的に評価した。イコニコフはカチェノフスキーが愛国的な誇張を切り捨てたこと、比較の方法を採用したこと、そして全ヨーロッパ的な展望を持っていたことを賞賛した。したがって、イコニコフは1871年という時期にすでに時代遅れとなっていた初期ロシア史についての事実認識ではなく、方法論におけるカチェノフスキーの水準を評価したのである。

イコニコフの大著は1891年から1908年にかけて出版された『ロシア史学史の試み』全4巻である［RU 0157］。イコニコフは膨大な史料を収集し、第1巻で18世紀の終わりまでを叙述した。同時代の同様の通史と一線を画し、先行する時代の著作も含めたのが大きな利点だった。第2巻は19世紀のロシア歴史叙述の発展を示そうとしたが、世紀後半に関しては文献目録の解題の域を出るものではなかった。同書の価値は、厳密な意味での歴史学の研究論文と並んで、歴史補助学も、すなわち、文書館や史料に関する文献も含んでいたことにある。第3-4巻は、事実上、古代から始まる歴史叙述の特徴や課題に関する抜粋集に過ぎなかった。書名のつけ方にはイコニコフの慎ましさが現れているが、実際のところ、史学史の最初の試みである。資料集という方がふさわしいが、資料解釈はもはや本人の能力を超えていた。

クリュチェフスキー

史学史全体の中で脇役だった上述の歴史研究者に続いて、ブルジョワ歴史叙述において疑いなく最も偉大な人物V. O. クリュチェフスキー（1841-1911）を登場させるのは、時系列上の配慮に過ぎない。クリュチェフスキーもソロヴィヨフと同様に聖職者の家庭に生まれ、当初は聖職者になるべく教育を受けたが、その道を捨ててモスクワ大学を修了し、すぐに同大学で講座を受け持った。ソロヴィヨフと民俗学者のF. I. ブスラーエフ（1818-97）、世界史家のエシェフスキーに師事したが、シチャーポフの影響も受けた。1871年に修士論文「歴史資料としての古いロシアの聖者伝」で学位を取り［RU 0158］、10年後に「古ルーシの貴族会議」で博士号を得た［RU 0159］。早くも

1879年にモスクワ大学のソロヴィヨフが率いていた学科を継承し、それ以後何人もの後進を育ててモスクワ学派と呼ばれるようになり、プラトーノフのサンクトペテルブルク学派と競った。クリュチェフスキーはモスクワにある他の高等教育機関でも定期的に教鞭を取った。

クリュチェフスキーは1861年頃にチェルヌイシェフスキーを読んだが、学生運動には加わらなかった。1894年、アレクサンドル3世の追悼講演で、同帝が平和を維持したことを称え（実際、統治期に戦争をしない皇帝は長い間いなかった）学生から批判されたが、クリュチェフスキーの自由主義的な思考は全く揺るがなかった。私的な覚書では絶対主義を厳しく批判し、最後まで立憲君主政を支持した。半立憲的な時代の開始期に立憲民主党（カデット）に接近したのは、自分自身にとって一貫性を追求した結果に過ぎない。1905年の夏に、中途半端な解決を提案したいわゆるブルイギン国会の準備に加わり、国会の最も重要な使命は国の状況をそのまま伝えることだと強く主張した。1906年にカデットから立候補するが、第一国会に登院するには至らなかった。P. A. ストルイピン（1862-1911）の改革の後、階級を超えた国家という考えを信奉するようになり、急を要する問題の解決を国家に望んだ。この時期の私的な覚書で次のように記した。1856年、政府は自らが無用の長物であることを理解し、1878年に（ナロードニキの大きな波が収まった後で）知識人もこれを理解し、1905年に、ついに民衆自身が、政府も知識人も無用の長物であることに気づいた。クリュチェフスキーは立憲君主政の信奉者にしては楽観的な見方を取らなかったが、そこから政治的な帰結を導き出そうとしたわけでもなかった。

主要著作ともなった『ロシア史講話』については後述するが、多くの個別問題についても講義した。例えば1884-85年度には歴史学方法論について話をし、最も詳細に理論的な構想を展開した。クリュチェフスキーによれば、歴史学のテーマは人と人の結合における起源と発展である。この結合体（もしくは結合単位）には家族など自然な（原初的な）ものと、教会や国家など人工的な（二次的な）ものがある。前者は本能的に発生し、後者は目的自覚性を基に形成される。結合体の発展には結合要素（言語、親族関係、権力、労働、資本）と、要素を制御する諸力（物理的環境、人間の本性、個人、社会）を考慮する必要がある。また人々を行動へと促すのは渇望（性、年齢、資本）である。防衛的な性質の要素や規範もある。要素とは歴史的諸力の作用が発露したものであり、起源を考えると、物理的なものと社会的なものがある。歴史的過程は多層的で、目的設定が可能である点において、自然の過程と異なる。歴史的過程は、結合体相互における 1) 統合と衝突、2) 吸収と溶解、3) 歴史的継承から生じる。この3番目の過程は諸文化の変動である。歴史的変動は機械的であり、（今日的表現でいえば）価値自由だが、歴史的進歩は価値判断を必要とする。これは主観的な方法によってなされるかもしれない。つまり、現在を理解するために、現在の状況から出発して過去へと遡行し、そこで事実を選択し、その価値づけを行なうならば、事実相互の関係づけは学者自身が行なっていることになる。歴史的変動を検討する客観的方法においては、現在を出発点としない。歴史とは恒常的な過程であり、現在など存在しないからだ。歴史家の課題は現象に注目し、現象を比較し、これを一般化することである。ここから歴史的命題が作られる。この命題は現象や歴史的事実がどのように変化するかを明らかにし、また、変動が一体何であったのかに答えを与える。歴史的諸力の相互的な作用においては、心理学的、生理学的、物理学的、社会学的法則がいずれも効力を持つ。しかし、いかに客観的な分析が重要だとしても、クリュチェフスキーによれば、歴史的真実よりも歴史学者自身の観点が重要である。

ロシア史の史資料についても2回の講義を行なった。そこで史料批判についての見方を示し、史資料の正確な読み方だけでなく、その時代の用語法の正確な理解も含む文献学的批判を特に強調した。さらに重要なのは、史資料がいわんとすることについての実証的な批判である。もちろんクリュチェフスキーも当時優勢だった実証主義史観の外にいたわけではない。実証的な批判がもたらす成果は歴史的事実の確定である。

全く新しいタイプの史資料を検討の対象に取り上げ、実践的に自らの史料批判原則を鍛え上げたことは、クリュチェフスキーの大きな功績である。最初の大作（『モスクワ国家に関する外国人の物語』1865 年[RU 0160]）は、第一に、16 世紀における外国人による叙述を分析する中で、分析手法そのものを確立し、さらに史資料に潜む政治的傾向をどのように発見すべきかを示した。1865 年に新しい領域に踏み込み、1867 年に昔のロシアの修道院経営について研究を公刊し、修道院が農業発展に果たした役割を示した[RU 0161]。諸聖人の生涯の記述を扱った著作では、160 の伝記の 5000 に及ぶ異本を調査し、そこからどのように当時の日常生活や経済状態を浮かび上がらせるかを示した[RU 0162]。他方、これらの伝記を当時の心性研究の対象にすることは、独自の理由により避けた。つまり、心性という視点から見ると、伝記はあまりに紋切り型だと考えたからである。1870 年に異端運動について 2 編の論文を著したが（そのうち 1 編しか公刊されなかった[RU 0163]）、そこにはすでに異端を社会的現象として分析する萌芽が見られる。

貴族会議についての学位論文は、クリュチェフスキーにおける歴史観の完成を示し、それはのちの総合的通史の中でも貫かれた。彼はこの論文で貴族会議を最高かつ最重要な政府組織として位置づけ、10 世紀から 18 世紀初めまでを通して検討した。最高会議はモスクワ国家の軍事的性格のため、15-16 世紀の間はまずはじめに軍事評議会だった。1870 年代からクリュチェフスキーは農民問題に取り組み、1879 年に農奴解放前夜の農民の状況、および農奴制形成について研究した。奴隷的性格を持つホロープの法的地位が農奴にも広がったことにより、完全に隷属的地位にある農奴制が成立したと見た。16 世紀末の国家による法の整備は現状を追認しただけだった。1884 年には、今日いうところの穀物価格の時系列調査を基に、ロシアルーブルの実質的価値について最初の分析を刊行した[RU 0164]。1890 年には全国会議の構成について研究を著し[RU 0165]、その中で全国会議が立法府ではなく、政府と政府内組織との取り決めを行なう機関だったことを明らかにした。1901 年、ピョートルについて書き[RU 0166]、ピョートルの補佐たちを紹介した。1896 年、エカテリーナを主題に書き[RU 0167]、自由と文化の代弁者と見なした。クリュチェフスキーの多面性が示されるのは、1887 年に「エヴゲーニー・オネーギンとその祖先」というタイトルで行なった講演であり[RU 0168]、オネーギンを当時の社会に特徴的な人物として紹介した。ロシア史学史についても著し[RU 0169]、実質的には 18 世紀の歴史家について書いた。ボルチンは偏狭な愛国者ではなかったという。ボルチンの回想によれば、1765 年にシュレーツァーを帰国させようとしなかったのは、国外で出版させないためだった。個々の歴史家について個別にも論考を著した。常にソロヴィヨフが最も偉大だと公言し、コストマーロフの芸術的文体を好んだ。

クリュチェフスキーの著作をさらに列挙することは可能だが、ここで生涯の主要著作、すなわち今日の目から見れば慎ましやかなタイトル『ロシア史講話』に触れておかねばならない[RU 0170]。彼は主要な演習を長い間このテーマで開き、残された多くのノートをのちにクリュチェフスキー自身が読み直し、公刊に同意して、エカテリーナ統治終了までの 4 巻が出版された。第 5 巻はもはや一部しか公刊できず、1860 年代の改革までを扱ったに過ぎない。『ロシア史講話』はクリュチェフスキーが偉大な学者として一時代を築いた力を今に伝えているが、それと同時に、彼の生きた言葉が持った魔力をも我々に残している。

『ロシア史講話』の序章でも方法論が展開され、歴史学が扱いうる二つの主題が取り上げられた。一つは文化史であり、共存の方法や社会的慣習が検討される。もう一つは歴史社会学であり、歴史的諸力の変動が研究される。後者は結果の分析であり、前者は結果を得るための手段を分析する。地域の（つまり国家もしくは国民の）歴史では社会学的手法が支配的である。主要な歴史的諸力は人間の精神と外的な物質的自然である。精神の具体的な表出は個人と社会である。以上の三者が歴史を形成する。ロシアにおける歴史の過程は比較的単純だが、独自性も持ち、そのために興味深い。クリュチェフスキーが挙げる独自性の主要な点は

（すでにソロヴィヨフが説いていたように）継続的な植民である。この過程は政治的そして経済的事実を通して把握することができるため、国家およびエトノス（ナロードノスチ）がロシア史の主要な研究対象となる。

クリュチェフスキーは植民の進展を基にロシア史を四つの時期に大別する。第1期は8-12世紀であり、国は多様な地域に分かれていた。軸となるのはドニエプル川である。各地域の中心に都市があり、対外貿易と手工業が重要だった。第2期の重心は北東のヴォルガ上流域に移り、都市経済に代わって農業が主要産業部門となった。国は諸公の領地に分割された。第3期は大ロシア期と名づけられ、15世紀半ばから1610年代までの時期であり、主な特徴は農民経済の変容である。第4期は全ロシアの時代であり（1613-1855年）、新たな領土を獲得し、ボヤールに代わって貴族が中心となり、引き続き農奴制と農業に重心が置かれたが、工業も現れ始めた。

最初の3回の講義は（大学の講義であるため、章立ては慎ましくも講義ごとに構成される）ロシアの自然地理を紹介するが、歴史の著作でこのように多くの頁を割くのは珍しい。クリュチェフスキーはこの後の部分でも慣例的でないテーマを持ち出すが、議論は常に社会発展の基本問題に根ざしていた。理論的考察とひきかえに、いくつかの例外を除いて、政治的な事件史は大規模な社会的過程と組織の変化の陰で、二次的な役割を果たすに過ぎない。無味乾燥な事実の集積やソロヴィヨフによる際限なく詳細な著作の後で、クリュチェフスキーの著作は輝くような文体で書かれ、講義形式にもかかわらず、全体の構成が芸術的に統一されていた。このような作品は読者にとって異例であり、L.N.トルストイ（1828-1910）がしかめ面で、冗談好きの歴史家と呼んだほどである。実際、いくつもの講義において『原初年代記』とルスカヤ・プラウダを並べて分析し、そこに同時代の政治的出来事を織り込んだのであるから、尋常ではなかった。北東への民族移動は、とりわけ地名を精密に分析することによって実証された。結論の一つは、この民族移動期にエトノスとしてのロシア人とウクライナ人が分化したことである。

（1880年代のロシアで大学の教壇からこのようなことをいうのは、大変な勇気が必要だったことを忘れてはならない。）第3期では国民国家の思考が徐々に意識されるようになった。イヴァン4世の評価は否定的だが、彼の重要性を過大評価することもなかった。イヴァン4世がいなくてもロシアの運命は変わらなかっただろうが、より平易な道をたどったであろう。イヴァンはサムソンのように、敵の宮殿を倒しながら自らも破滅したのである。また、アレクセイ・ミハイロヴィチ帝は、不幸にも即位したりしなければ、昔のロシアを代表する最も傑出した人物になれたであろう（トルストイもそう考えたのかもしれない）。モスクワ公国は外敵から西欧を守ったが、まさにそれゆえに誰もこのことに気づかなかった。

最も単純に見える（それゆえに一般的に使われる）時系列的な記述方法ではなく、問題ごとに論じたため、関連する事柄が複数の箇所で描かれることもあった。総主教ニコンは3カ所で論じられた。クリュチェフスキーの死後に出版された最終巻では、ニコライ時代にも触れている。逼迫した状況の原因はデカブリストの乱ではなく、アレクサンドルの改革が失敗したことにあったという。すべてのことを一括りにして西欧から受け入れることは不可能であり、ふさわしい方法で応用していかねばならないことに、ロシア人はようやく気づいた。しかし、それは次の世代に託された課題である。自らの世代も含めて、これまでの世代はこの課題を解決できなかったと述べた。

ある箇所でクリュチェフスキーが書いていることを付記しておこう。1762年2月18日に貴族解放令が出された。歴史的論理からしても社会正義からしても、翌日には農奴の自由が認められるべきだった。確かに翌日の2月19日に実現したが、99年後のことだった。クリュチェフスキーはロシアのブルジョワ歴史叙述の最良の伝統を、とりわけ農民の運命と闘争とが常に基本的な問題であり続けたことを、最も高度な水準で総合した。しかし、クリュチェフスキーに前後する時代においては、まだ多くの人々が、農奴制と呼びならわされた恐怖、あるいは農奴制を維持する絶対主義と呼びならわされた恐怖と格闘していたのである。

*

　生涯を農民史の研究に捧げた歴史家についてここで記すのが適切だろう。ナロードニキとして言及することも可能である。医学の道に進みながらもサンクトペテルブルク大学歴史・文献学部を修了し、同学部のロシア史学科に勤めた V. I. セメフスキー（1848-1916）である。彼は 1881 年に最初の大きな著作『エカテリーナ 2 世治下の農民』第 1 巻を公刊した [RU 0171]。その 1 年後にモスクワで修士の学位を得た。サンクトペテルブルクでは誰も彼の論文を審査しようとしなかったからである。セメフスキーはこの論文を導入部にして、プガチョフに関する長編のモノグラフを書こうと考えたが、結局、完成にまで至らなかった。学位取得後サンクトペテルブルク大学で私講師となるが、1888 年に政府により解雇され、その後は文筆業で生計を立てた。貴族の家系出身だが、財産はなかった。1888 年に 2 巻本の『18 世紀から 19 世紀前半の農民問題』を出版し [RU 0172]、1 年後にこの本により再びモスクワで博士号を得た。シベリアを長期にわたって旅行した後、1898 年に、これまた 2 巻本の『シベリア金鉱労働者』を著した [RU 0173]。再び長い休止の後、1908 年にエカテリーナ 2 世時代の農民に関する本の第 2 巻を、そして 1 年後に『デカブリストの政治および社会思想』を著した [RU 0174]。後者はそれまでの主題と趣を異とするものだったが、ロシア革命前史に関心を向け始めたのである。政治においても活動し始め、1905 年に人民社会党に入党した。1917 年に『1840 年代末のロシア社会思想史』でペトラシェフスキー・グループについて書いた [RU 0175]。1911 年にキュリロス・メトディオス団についても論考を著した [RU 0176]。デカブリストについての著作は、1917 年に至るまで、この問題に関する最も浩瀚なモノグラフだった。デカブリストを 1812 年以前のアレクサンドル時代の自由主義の後継者と見なし、思想形成においては国際関係やフリーメーソンの影響にも言及した。

　しかし、何といってもセメフスキーの重要性は農民研究にある。エカテリーナ治下の農民についての本で、膨大な量の文書館史料を扱った。元老院の文書、A. M. ゴリツィン（1723-1807）大公の個人所蔵文書にある農場監督の報告や収支記録も用い、19 世紀にまで至る第 2 巻ではニコライ時代の秘密委員会の議事録も使うことができた [RU 0177]。エカテリーナ治下における 1767 年新法典編纂委員会の構成員に与えられた指令を初めて研究に用いたのもセメフスキーだった。エカテリーナ時代における農民の負担に関する記述は今日まで有効である。ただし当時から批判されたように、農民問題についての著作で彼は、為政者ごとに時代区分し、そこに合わせて主張を述べた。またクリュチェフスキーが言及したように、セメフスキーは様々な計画の本質に目を向けず、経済状況との関連も見なかった。すでにオプシチナが解体しかけていた時期にオプシチナを理想と見なし、自身の基準に従ってオプシチナの維持を望む計画を「好ましい」と判断した。社会問題のみを理解し、絶対主義制度を批判せず、しかもスペランスキーについては社会改革をせずに政治改革のみを急いだとして批判した。1861 年改革の最大の欠点は、土地を与えない農民解放を可能にしたことだと見た。あらゆるナロードニキ的傾向にもかかわらず、いわゆる国家学派の形式主義の影響から抜け出ることができなかったことは、1882 年に論文の審査員を務めたクリュチェフスキーが指摘している。

　さらに批判的評価を続けることもできる。例えば、デカブリストに関して外国の思想の役割を過大評価し、国内状況の方は過小評価した。実際のところ、これはデカブリストたちの告白を反映させたに過ぎなかった。1880 年代に社会史に関心を持つことは特殊ではないが、テーマ選択がもたらした結果は驚きだった。大学での出世を棒に振ったのである。当時の同輩たちと異なり、セメフスキーは政治的な慎重さに欠け、それゆえに傑出していた。ただし、実証主義的方法においては同輩たちと変わらなかった。

　別の点で特異なのが E. F. シュムルロ（1853-1934）であり、のちに亡命者たちの項目で言及するが、ポーランド化したリトアニア領主の息子であり、シベリアに流されたこともある。サンクトペテルブルクでベストゥジェフ＝リューミンに師事し、師の影響で文化史の問題を扱うようになった。シュムルロがとりわけ関心を持ったのは教会

史だったが、それはより広義の、文化史や精神史に関わるものだった。シュムルロは1899年にキエフの考古学会議で常設の古代ローマ研究グループ、および委員会の設置を提案し、1903年に実現した。シュムルロもローマで研究し、そこで発見した文書を数多く公刊した。比較的大きな最初の著作は1891年の『ロシア史における16世紀とその意義』であり[RU 0178]、1895年に勤務先のタルトゥ大学で『ロシア史における東と西』の題で講義した（これはさらに書き足して1926年に亡命先で公刊した[RU 0179]）。教皇庁のロシアとの関係について多くの論文を書いた（「東方正教圏におけるローマ教皇庁1609-54年」1918年[RU 0180]、『ユーリー・グリジャニッチ』1926年[RU 0181]、『ピョートル大帝期のロシアと教皇庁との関係1697-1707年』1928年[RU 0182]）。それ以前にもピョートルを扱い、1889年にロシアの文献に現れるピョートル像について書いた。亡命先での活動は第一にプラハと結びつく。そこでロシア歴史学協会を創設し、初代会長となった。1927年の研究で、ヴラディーミルが洗礼した事情を明らかにしようとした[RU 0183]。チェコ語で1926年に著した研究は「アジアとヨーロッパにおけるロシア」という題であり[RU 0184]、当時流行していたユーラシア理論に言及した。1925年にプラハで『ピョートル大帝とその遺産』を公刊した[RU 0185]。さらに付記するならば、1922年、亡命中の若者たちのために、862年から1917年までを扱った啓蒙的なロシア史を著した[RU 0186]。そして1931年から1935年にかけて『ロシア史講義』という1725年までの3巻本の通史を著した（これは合計100部印刷された）[RU 0187]。興味深いのは第2巻の付録で、ロシア史における未確定で論争中の諸問題を概観していることである。

シュムルロの活動に深入りして、先を急ぎすぎてしまった。世紀末の出来事に戻ろう。G.V. フォルステン（1857-1910）は外交の、特にバルト海の問題に関心を向け、国外の文書館にある多くの史資料を用いて『15-16世紀のバルト海覇権のための戦い』（1884年）[RU 0188]、『16-17世紀のバルト問題1544-1648年』（2巻、1893-94年）[RU 0189]などの研究を著した。国内の問題より他国に関心を持ち、ハプスブルクとフランスの対立がバルト海の問題にどれほど影響を与えたかに注目した。

A.S. ラッポ=ダニレフスキー（1863-1919）は多面的な人物であり、ロシア史学の外交担当といえるかもしれない。貴族出身者によく見られた通り、次第に自由主義的傾向を持つようになり、カデットに近い立場を取った。ギムナジウムの頃からすでに古代史に興味を持った。サンクトペテルブルク大学を修了し、私講師として残り、やがて教授になった。早期から国外とつながりを持ち、ロシアに来る外国人歴史家がこぞって訪れたダニレフスキーの月曜夕べの会には弟子たちも加わり、興味深い議論で盛り上がった。1913年のロンドン国際歴史学会議にロシア代表として参加し、この時、1918年にサンクトペテルブルクで開催予定だった次回大会の準備委員会委員長となった。

ラッポ=ダニレフスキーが関心を向けたものの一つに史学方法論がある。1906年からこのテーマで開講し、1910-13年に2巻本の『歴史方法論』を著した[RU 0190]。当時の西欧における方法論の中でもより新しい方法論の確立に加わり、ヴィンデルバントに倣って、法則定立的な学問と個性記述的な学問を分け、歴史学は当然ながら後者に含めた。歴史的知識の源を大きく二つに分けた。一つは、文化遺物すなわち直接的な史資料（記述史料だけでなく物質的遺物も）であり、もう一つは事実と同一視はできない歴史的伝承である。現代的なのは、認識と批評において心理学を重要な要素と見なしたことであり、史資料の価値は自然および意識の法則にどれほど従っているかによるとした。法則性の存在を認める点でも、当時のブルジョワ的潮流に同調したが、法則性は客観的な史的過程にあるのではなく、認識する意識の中に存在するとした。

1903年から経済史と社会史を目的として、弟子とともに私文書研究も開始した。そこからも付随的に方法論の著作が現れた。『ロシア私文書学概論』であるが、この講義録が公刊されたのは没後だった（1920年）[RU 0191]。ラッポ=ダニレフスキーはすでに以前から試行錯誤を繰り返していた公文書と私文書の分類を、西欧の文書学に基づ

いて行なうことにした。ロシアの慣行に基づけば資料を中世の公文書に限るわけにはいかなかったためである。私文書史料学のため綿密な手引書を作成し、史料の本来的読み方および作成意図を明らかにする解釈学、そして外的および内的な判断基準による信頼性の判定を史料学の内容と考えた。さらに私文書評価の指針を書き、そこに文書情報の判別や文書様式に関する知識だけでなく、より広い関連の中で公文書作成目的を明らかにする総合分析も含めた。法務的措置を取り扱わない文書は単なる覚書と見なした。

ラッポ゠ダニレフスキーは近代初期のロシア史における重要な史料群である課税財産台帳を初めて取り上げた一人だが、その他の未公刊史料も研究した。主著の一つ『動乱時代から改革期までのモスクワ国家における直接税制』において興味深いのは、統治組織の歴史分析を行なった点だけでなく、国家の活動が国民の組織化と国民的な自覚を促したことを示した点である（1890 年）[RU 0192]。確かにロシア史における国民の輪郭は、17 世紀の方がそれに続く時代よりもずっと明瞭に現れるのである。以上の他にラッポ゠ダニレフスキーは、1899 年に 18 世紀前半のロシアにおける工業者および商人団体について研究を発表し[RU 0193]、ロシアにおける資本主義の萌芽をその中に見出した。そして、これこそが国家の経済政策による成果であると強調した。

プラトーノフ

S. F. プラトーノフ（1860-1933）は印刷業者の息子で、おそらく弟子の存在ゆえにいっそう重要な役割を果たしたといえる。サンクトペテルブルク大学で文学史を学ぼうとしたが、よい教員が見つからず、法学部でグラドフスキーとセルゲエヴィチの講義を聴き、前者から学問の自立性について学び、後者からは何も学ばなかった。その後ベストゥジェフ゠リューミンのもとで卒業したが、この師は有能な弟子を嫉んだのか、全国会議についてのプラトーノフの卒業論文がそのまま学位論文のレベルにあると認めたものの、逆に、それを理由に論文を受理せず、他のテーマを勧めた。というわけで結局プラトーノフは別の私講師のもとで学業を修了した。1888 年に「17 世紀の動乱時代の史資料として見た古ルーシの説話と物語」で修士号を得たが[RU 0194]、この論文で彼は新しいタイプの史資料を歴史的検討の対象に引き入れ（もともと彼が文学史に進もうとしたのは偶然ではない）、そこからどのような史的事実を導き出せるかを正確に示した。その後も「動乱時代」のテーマを好み、博士論文では動乱時代を総合的に描いた（「16-17 世紀のモスクワ国家における動乱史概要」1899 年[RU 0195]）。1888 年にサンクトペテルブルク大学の教員となり、ベストゥジェフ゠リューミンと並び立った。まもなくしてベストゥジェフ゠リューミンが引退すると、クリュチェフスキーとはかなり異なるサンクトペテルブルク学派の中心人物として認められた。プラトーノフも原則的に自由主義者だったが、平均的な歴史家たちよりも穏健な自由主義であり、すぐに保守的と見なされるようになった。歴史家仲間との付き合いは意識的に避け、弟子たちを通して初めて影響を及ぼした。

動乱時代に関するプラトーノフの論文は、その後長い間最も完成された総合的研究と見なされた。夥しい史資料だけを見てもそうである。彼は非常に王党派寄りの立場を取り、動乱時代についても、国家の病的状態と見なした。その際、プラトーノフが最も中心に据えた視点は次のことだった。すなわち、権力が崩壊してもどこからであれ、再び新しい強力な中央権力が形成されることが肝心である。それがたとえポーランド皇太子ヴワディスワフによる統治という形態でも想定しうるとした。保守派はこのような反国民的態度を許すことができず、他方、プラトーノフよりほんの少し左寄りの者たちは、彼の王党派的見解を好まなかった。それでもなおプラトーノフは広い範囲に大きな影響を及ぼした。それは第一に、クリュチェフスキーに倣って 25 年間講義を続け、それを要約して刊行したことによる。1 巻にまとめられた講義録は 10 版まで発行された[RU 0196]。クリュチェフスキーの社会史への関心に対して、プラトーノフは国家中心の描写に回帰し、序論でその理論的根拠を述べた。それによれば、歴史学は社会学ではありえず、地域と時代に応じて具体的な物事を考

察しなければならないとした。しかし、こうした理論的な主張にもかかわらず事件史だけでなく、組織の発展についても叙述した。さらに自説とは裏腹に、基本的枠組みとしての社会発展を無視できなかった。プラトーノフは三つの時代を区分したが、もちろんそれは政治に基づき、クリュチェフスキーの植民に基づく区分とは異なる。最初の時代はイヴァン4世までであり、2番目は1682年まで（つまりピョートルが形式的に即位するまで）、そして3番目は1855年までだった。その後の時期はあまりに近すぎると考えた。第1期で強調したのは、16世紀においてすでに民衆は統合と独立の象徴をツァーリに見出し、そのため忠誠を示し、それを基盤に絶対主義制度が築かれたことである。イヴァン4世に対しては当時の他の研究者よりも寛容で、オプリチニナ制度に新たな社会構造創出の試みを見出した。動乱時代の研究者として、この転換期をピョートル期よりもはるかに重要だと見た。ピョートル期は17世紀に準備されたものを発展させただけだという。当然のこととしてデカブリストの運動を単なる騒乱と見なし、叙述が及んだ1860年代の改革については、アレクサンドル2世の行動を理想化した。

　他の多くの歴史家と異なり、十月革命以後も祖国で活動を続け、マルクス主義史観とはいっそう鋭く対立した。制度としてのキリスト教組織は、ロシアの発展という視点に立って、クリュチェフスキーよりもはるかに重要視した。

　1924年にボリス・ゴドゥノフについての本を出版し[RU 0197]、肯定的な姿を描き出した。クリュチェフスキーが書くような殺人者とは見なさなかった。1924年に動乱時代について一般向けの研究書を記し[RU 0198]、その後はより広げて、1925年に『16-17世紀のモスクワと西欧』の題で[RU 0199]、ロシア国家が西欧に対して閉鎖的になったのは国家の指導者が望んだのでなく、ポーランド人が望んだためであることを示そうとした。ボリスは西欧の状況を調査するため18人を派遣したが、1人も帰還しなかったことも書かずにいられなかった。1925年におけるこの回想は反ソヴェト的意図が明白である。同様に1926年の著作『ピョートル大帝―人と功績』でも[RU 0200]、新たな制度に対して間接的に闘った。すなわち、新たなソ連文学（A. N. トルストイ（1883-1945）など）によるピョートルの描写に異議を唱えながら、同時にミリュコーフにも批判を加えたのである。ミリュコーフによれば、ピョートルは計画を単に受け入れて実施させただけであり、実際は受動的だったという。

　プラトーノフは考古学専門高等学校で史資料について講義を行ない、それが1905年に公刊された。ロシア史のもっとも重要な史資料を年代記と法文書に大別した。

＊

　M. K. リュバフスキー（1860-1936）は保守主義という点ですべてにおいてプラトーノフを上回ったが、やはり祖国に留まった。1911年、他の多くの教授が国民教育相 L. A. カッソ（1865-1914）に対する抗議から辞職した時、リュバフスキーはモスクワ大学学長の職を引き受けた。『16世紀末までの古ルーシ史講義』は1915年に公刊された[RU 0201]。リュバフスキーは刊行当時の一般的慣行以上にリトアニア国家の発展に注目し、リトアニア議会と地方自治について論考を書いた[RU 0202-0203]。キエフの直接的後継者としてリトアニアを挙げるが、モスクワもキエフ国家から分枝したことも否定しなかった。リュバフスキーはスラヴ人の内的発展を外国からの影響より低く見る傾向があり、東スラヴの事例でハザール人を挙げ、ハザール・カガンを最初のスラヴ統治者と見た。それゆえに当然、ノルマン説を支持した。この頃、長い間交わされていた議論、すなわちロシアに封建制があったかどうか（それはヨーロッパとロシアを対照させる一要素でしかなかったが）について、初期的萌芽のみが見られたとした。

　D. I. バガレイ（1857-1932）は少し若い世代のコストマーロフのようであり、ウクライナの小工業者の息子で、ハリコフで大学教師となり、1918年まで国内に留まった。ウクライナへの関心は早くから現れた。1887年の修士論文の題は「モスクワ国家の植民史とステップ辺境の生活についての概観」であり[RU 0204]、16-18世紀においてロシア政府が主導した役割を強調し、さらに付随的に、これとは対照的に、ポーランド・ウクライナ植民

が私的な事業だったことにも触れた。1893-1904年にハリコフ大学の歴史を著し［RU 0205］、1895年に18世紀のウクライナの思想家G.S.スコヴォロダ（1722-94）について論考を著した［RU 0206］。他方、学位論文以外で主としてロシアについて書いた著作『ロシア史』（1909-11年）は大学での講義録の第1巻であり、非常に興味深い［RU 0207］。イヴァン3世までの発展を扱い、ロストフツェフに強く影響されて、スラヴ人以前のスキタイ人とギリシア人の定住史にも取り組み、重要な考古学的資料も用いた。

ミリュコーフ

世紀転換期の優れた歴史家P.N.ミリュコーフ（1859-1943）を特徴づけるのはその数奇な生涯である。父親は一時期モスクワ市の設計部長だった。富裕な市民の環境に育ったが、1877年にカフカースの前線に送られ、その時にダニレフスキーを読み、完全には理解できなかったが、それでもなお急進的ナショナリズムの正しさを確信した。戦後モスクワ大学に入り、最初は言語学と哲学の講義に出たが、ソロヴィヨフの講義には一度しか出席しなかった。最終的にクリュチェフスキーの門下に入り、ヴィノグラードフの世界史講義を聴いて、その演習で研究の手ほどきを受けた。1881年に、不許可の集会に参加したため（他の人々に参加しないよう説得しに行っただけなのだが）、1年間大学への出入りを禁止された。ヴィノグラードフとゲリエがミリュコーフに世界史学科の職を与えようとしたが、クリュチェフスキーが手元から放さなかった。

ミリュコーフはいち早く修士論文「18世紀最初の四半期におけるロシアの国家経済とピョートル大帝の改革」に取りかかった［RU 0208］。ミリュコーフはこの改革が他国の模倣ではなく、国内発展がまず始めにあったことを強調した。クリュチェフスキーは学位論文をもっと早く書き上げられるよう、他のテーマを提案したが、ミリュコーフはこのテーマにこだわった。師との対立が深刻化したのは、1892年、ヴィノグラードフとゲリエが論文審査員として博士の学位を与えようとしたにもかかわらず、クリュチェフスキーがそれを拒否した時だった。この時ミリュコーフは博士論文を書かないと誓った。1893年に大学のウヴァーロフ賞を得てフランスに留学し、パリではナロードニキの指導的理論家ラヴロフと対話した。帰国後、モスクワの教員養成課程でロシア文化史を講義し、それがのちに本となった。

モスクワ大学に職を得たが、1893-94年にニジニ・ノヴゴロド自由大学で講義を持ち、もはや政府は社会の要求を認めねばならない時だと主張した。このため大学を解雇され、あらゆる教育業務を禁じられた。リャザンに移り、そこで文化史を書いた。1897年にソフィア大学に教員として呼ばれるが、数カ月後に再びロシア在外公館と対立し、そのためソフィア大学も解雇された。1899年に帰国したが、1900年にラヴロフ死去に際して追悼講演をして、そのため半年間投獄された。釈放後はフィンランドに移り、さらにシカゴ大学に呼ばれた。獄中にある時、内相V.K.プレーヴェ（1846-1904）の抜擢人事で国民教育省での職を与えられた。クリュチェフスキーが皇帝にとりなしたためだった。

1903年にアメリカのシカゴに移り、のちにハーヴァード大学で講義し、クロポトキン（1842-1921）とともにロンドンに行き、エスエル党の「祖母」E.K.ブレシコ＝ブレシコフスカヤ（1844-1934）と対談した。現実政治の問題に取り組んだ書『ロシアとその危機』（1905年）はシカゴでの講義から生まれた［RU 0209］。同時代の主題を取り上げたにもかかわらず、かなりの部分は歴史の著作であり、専制的な公式のロシアを自由主義および集団主義のロシアに対置させた。民衆は長い間受動的だったが、前世紀に大転換が起こって、いまや民衆を念頭に置かねばならなくなり、変化は避けようがなかった。1905年革命でカデット党の先頭に立ったミリュコーフの政治的役割はすでに知られているので、ここで寄り道する必要はないだろう。

生涯における主要な著作は、追放中や投獄中に書いて亡命期に増補した『ロシア文化史の概要』である［RU 0210-0211］。当初は3巻の計画だった。個人的対立にもかかわらずクリュチェフスキーから少なからぬ影響を受け、文化史を幅広く意味づ

けた。第 1 巻で地理的環境以上に政府や経済活動、金融の発展を示そうとしたが、地理の部分のみを完成させ、他は草稿にとどまった。地理の部分では（亡命先で増補される）、古代スラヴ人の移動から始め、植民過程を詳細に示した。第 2 巻では宗教と文化活動、そして公教育について検討し、第 3 巻はナショナリズムとヨーロッパ性という表題だが、実際のところ社会思想を扱った。

ミリュコーフは政治的立場からも了解できるように、ロシアとヨーロッパとを対比させず、ヨーロッパと同様の過程がロシアでも進んだと考えた。ただし、ロシアを取り巻く環境はヨーロッパと異なり、状況はやや未開で、かなり後進的であると見た。ロシア的発展の特徴、つまり無垢性と未開性によって政治的発展が経済と社会の発展に先行したこと、そしてそのために、すべてを決定する国家の役割が生じたことが説明できるとされた。ミリュコーフは発展の動因を多面的に追究することを心がけ、同時に、発展には法則性があると指摘した。また、法則性は多くの要素の総体を意味した。法則性は他の学問分野では演繹的に導き出すことができるが、歴史学では帰納的に導き出される。また法則性は純粋に立ち現れることはなく、むしろ傾向を表すに過ぎない。出来事の経過の大部分は法則性から説明できるが、常に残る説明不可能なものは個人の行為の結果である。歴史発展の三つの基本要素は、1）内的傾向（ここから統一が生じる）、2）物質的環境（ここから多様性が生じる）、3）個人の影響、すなわち予測できない偶然性である。

ロシアにおいて社会を全能の国家から解放すること、そして諸身分を解放することはすでに始まっているが、社会はまだ弱い。このためにミリュコーフはクリュチェフスキーと同様に立憲君主政の信者となった。宗教の役割に関しては、民衆と知識人の分離が宗教の場で始まったが、宗教は進歩という点で何ら役割を演じず、教会は単なる国家機構に堕したという。第 3 巻で国民意識と社会意識の関係を考察し、伝統的な国民意識に社会意識が取って代わった〔と論じた〕。国民の基盤は言語と国民的身体である。ロシアの国民理念は 15-17 世紀に拡大し、17-18 世紀になると、ナショナリズムが最後の勝利を、そして社会意識が最初の勝利を収めたのである。19 世紀は危機の時代を意味した。

ミリュコーフにとって歴史発展における知識人の役割は重要な問題の一つだった。これについて多くの文章を書き、『ロシア知識人の歴史』として 1902 年に公刊した [RU 0212]。ここでまず検討されたのは 19 世紀前半における歴史思想であり、手法としては伝記的概観という形式を取った。

1886-87 年にモスクワ大学でロシア史学史を講義し、1894-95 年に『ロシア思想』に掲載した。さらに別刷りの形で出版され（1898 年）[RU 0213]、1913 年に早くも第 3 版が出た。ミリュコーフは多くの点でクリュチェフスキーに類似した評価を下した。すなわち、ミリュコーフも 18 世紀ではドイツ人歴史家を評価し、ボルチンも評価する。ただし、ボルチンへの評価は西欧志向のゆえである。カラムジンには新たな時代の始まりではなく、古い時代の終わりを見た。19 世紀半ば以降の時代には触れなかった。事実関係ではソロヴィヨフに大きく依拠した。

基本的にミリュコーフは自由主義的ヨーロッパ人であり、この立場からロシア史を見た。ヨーロッパの発展はやがてロシアにおいても実現されねばならないと考えた。ただ、これまであまりにゆっくりと進みすぎたため、ミリュコーフは待ち切れなくなっていた。彼の場合、ヨーロッパ志向ゆえにナショナリズムが完全に消滅することはなく、むしろそれが政治的立場に現れた。歴史の著作では、注意深く見ると、実質的にクリュチェフスキーを踏襲し、そこに合理的な改訂や統計を数多く付け加えた。合理性はヨーロッパ志向に由来する。若い時期にスラヴ派の神秘主義にかぶれたが、成年になってからは関心を示さなかった。このため教会にも無関心であり、時代遅れの国家への奉仕者とだけ見た。国家を時代遅れと見たのは、経済成長を促進するため過度の緊張を社会に強いて、結局は自らも破滅させたからである。20 世紀初頭の危機から脱出するのは立憲制自由主義と多元主義によるしかないと考えた。このゆえに、ミリュコーフは社会民主主義に対する反感を次第に強め、亡命によって反感はさらにつのった。

＊

　ミリュコーフと政治思想が近かった A. A. コルニーロフ（1862-1925）は官僚の息子であり、サンクトペテルブルク大学で法学を修め、自らもポーランド王国とシベリアで長い間官僚の職務に就いた。1892-93 年にタンボフ県で勤務した時、大飢饉を目の当たりにし、のちにそれを著作にまとめた。その後サンクトペテルブルクに至り、工科高等専門学校の歴史担当教員に採用された。この時までに歴史に関する業績をいくつも著していたからである。1905 年に農民改革の問題について『ロシアの社会運動と農民問題の歴史概説』を著した［RU 0214］。同年に刊行された『農民改革』は 1861 年改革の前史を 16 世紀からたどり、その後の帰結を 20 世紀初頭まで追った［RU 0215］。コルニーロフにとって農民問題が最終的に解決されるべき時代に到達したことは疑いなかった。農民に関する個人的体験のため、農民問題を超えてより広い社会運動にも関心を向けた。『アレクサンドル 2 世期の社会運動 1855-80 年』は 1905 年にパリで公刊された（祖国では 1909 年）［RU 0216］。ここで直接示されたのは、政府の不適切な措置が社会を革命的にしてしまったことである。

　コルニーロフは同時代的問題にも取り組もうとしたため、専門からかなり離れたようにも見える。工科高等専門学校の講義でも同時代を論じ、3 巻本の『19 世紀ロシア史講義』（1912-14 年）は 1918 年に第 3 版を出した［RU 0217］。第 1 巻はニコライ統治期の末期までを扱っている。コルニーロフによればアレクサンドル 1 世の時がロシア文化の黄金期だったが、国際関係が混迷したため、皇帝はロシアの発展を振興しようとする本来の計画を取りやめざるを得なかった。デカブリストの蜂起は時期尚早で、当時の進歩的な思想を持つ人々が滅びてしまった。ニコライを啓蒙専制君主の典型的な代表と見なすが、社会の教養ある階層を取り込まねばならない時代だった。これは 1860 年代の改革で実現し、大変肯定的に評価した。第 3 巻は 1890 年代までの発展を概観するが、革命運動には反対だった。なぜなら、革命運動は知識人社会を遠ざけたからである。しかし、進歩は国家と自由主義諸勢力が手を結んでこそ実現しうる。

コルニーロフはカデット党支持者である以上、このようにまとめることしかできなかったのは明らかである。もっとも、その後も革命運動に関心を向け続けたことは、1915 年に公刊したバクーニン家についての本が示している［RU 0218］。以後も M. A. バクーニン（1814-76）を扱ったが、『ミハイル・バクーニンの放浪時代』が公刊されたのは没後のことだった［RU 0219］。

　A. A. キゼヴェッテル（1866-1933）はコルニーロフ同様にカデット党員だが職業的歴史家である。クリュチェフスキーのお気に入りの弟子であり、修士論文の審査ではクリュチェフスキーが論文審査員となり、完全に対等な研究者としてキゼヴェッテルを遇した。制度と社会の相互作用への関心はクリュチェフスキーから学んだ。修士論文で当時進行中の改革の前史としてピョートルの都市改革を論じた。1903 年に『18 世紀ロシアのポサード共同体』を著し［RU 0220］、モスクワの都市共同体がエカテリーナ 2 世の時代にまで存続したことを明らかにした。『エカテリーナ 2 世の 1785 年の都市令』（1909 年）という大著を書き［RU 0221］、西欧的な意味での第三身分をロシアに作り出そうとしたエカテリーナの試みを検討した。法務省の文書館で時間をかけて調査し（マルクス主義者のロシュコフおよびオクチャブリストのボゴスロフスキーとともに）、かなりの資料をここで得た。2 巻本の論文集も公刊した［RU 0222］。1912 年に『歴史の概要』を著し［RU 0223］、政治思想、公教育、そして都市史の問題を解説した。1915 年に『歴史の反響』と題して、記念日に関する論考やかつての師匠たちについての回想をまとめて公刊した［RU 0224］。ラディーシチェフやゲルツェンからグラノフスキー、クリュチェフスキーまで、さらにアレクサンドル 2 世と N. A. ミリューチン（1818-72）も多少加えて、ロシアの政治思想における自由主義の直接的先例を見つけようとしたが、直線的に並べたことにより、錯覚をもたらした。1911 年にカッソ大臣への抗議からモスクワ大学の教員を辞し、1922 年に〔亡命後の〕プラハで法学部のロシア語教師となった。1925 年にペレスヴェートフについての論文を公刊し［RU 0225］、1929 年にエカテリーナ統治期最初の 5 年について

の研究を著した [RU 0226]。

M. V. ドヴナル＝ザポルスキー (1867-1934) は 1901 年にキエフ大学の教員となった。初期の著作でポーランド＝リトアニア合同の歴史を 1569 年まで検討した [RU 0227]。デカブリストに関する裁判資料が閲覧可能になると、それに取り組み始め、関係史資料を公刊し [RU 0228]、序章でデカブリスト運動の心理的動因を検討した。同じ年に『デカブリストの秘密結社』(1906 年) という総括的なモノグラフを著して [RU 0229]、カデットの前史をそこに見出した。そして、思想形成が国外からではなく、国内状況から行なわれたことを強調した。1906 年にドヴナル＝ザポルスキーはロシア経済史の第 1 巻を出版したが [RU 0230]、ブルジョワ的寄せ集めとして M. N. ポクロフスキーに強く批判された。1912 年、『ロシア現代史概観』の第 1 巻を著し [RU 0231]、パーヴェル帝とアレクサンドル 1 世の時代を論じたが、この時代については早くから複数の論考を著していた。ドヴナル＝ザポルスキーは政府に対してかなり批判的で、皇帝権力は強化されたものの、貴族層とも乖離したことを明らかにした。権力を制限する制度はなく、そのため、どうすれば絶対主義を制限できるかについて次第に多くの案が生み出された。ドヴナル＝ザポルスキーについては亡命についての項で再び取り上げる。

専門的研究者ではない V. Ya. ヤコヴレフ (1861-1915) は V. A. ボグチャルスキーの名で執筆した。マルクス主義者だったが、自由主義者の側に移った。19 世紀後半の革命運動について書いたが、やむを得ない事情により、一般的慣行と異なり、一次史料に基づくことはできなかった。『70 年代の活動的ナロードニキ運動』[RU 0232]、および『1870-80 年代の政治闘争の歴史』[RU 0233] の 2 作品を著し、ともに 1912 年に公刊された。後者はテロリストの「人民の意志」派の歴史である。ヤコヴレフは自由主義者の立場から、この頃までにロシアの知識人は社会主義ユートピアの理想主義を放棄し、社会的そして政治的な現実主義へと移行したこと、および労働者も西欧的な労働者階級の道を歩み始めていることを強調した (専門家でなかったから、はずればかりの予言者になったというわけではないだろう)。

パヴロフ＝シリヴァンスキー

プラトーノフ学派の最も才能ある弟子の一人が、N. P. パヴロフ＝シリヴァンスキー (1869-1908) である。外務省に勤め、その後サンクトペテルブルクで教授となるが、コレラのために早世した。1897 年の『ピョートル大帝と同時代人の記録に見る改革案』は原典も引用した論考であり [RU 0234]、さらに別の優れた論考では、改革案を賛同者と批判者ごとに分類した。ピョートルが計画的に改革に取り組むのは 1709 年からであり、それまでのものは場当たり的だったと見た。I. T. ポソシコフ (1652-1726) やデカブリストの研究を著すなど、ロシア歴史家の伝統に従って、多くの時代に取り組んだ。

最も重要な 2 著作は、『古ルーシの封建制』[RU 0235] (1907 年に試問を通ったがすぐには出版されなかった) と、『分領公国期ルーシの封建制、I. オプシチナとボヤール、II. 封建制の機構』であり (1910 年) [RU 0236]、後者は没後に公刊された。パヴロフ＝シリヴァンスキーはブルジョワ史家の中で、最も明確に封建制の存在を主張し、ソロヴィヨフもこれに同調していたと指摘して、封建制に関するロシア的発展の特殊性に対して異を唱えた。事実上、クリュチェフスキーも封建制の存在を指摘していたが、明言したわけではなかった。パヴロフ＝シリヴァンスキーはキエフ時代における封建制度を極めて巧みに西欧の初期封建制と比較し、オプシチナをゲルマンのマルク共同体と対比させた。また、ロシアでも西欧と同様に領主支配地への分割、封建的主従関係による統合、勤務に結びついた条件付き土地所有が見られたことを明らかにした。12 世紀までの第 1 期はオプシチナがロシアの発展において特徴的であり、地方自治が上は民会に至るまですべてを特徴づけた。13 世紀半ばから 16 世紀半ばまでの時代については、西欧の初期封建制との類似性が最も多く見出された。例えば、以前の自治組織を支配下に組み込んだ大領主の支配などである。分領公国は西欧的発展の初期における領主地の役割を果たした。16 世紀半ばから始まる時代は 19 世紀半ばまで続

く。身分制的君主政の時代であり、その第 1 期はモスクワ時代だった。まだ国家が諸身分に支えを見出していた時期である。ここでのパヴロフ＝シリヴァンスキーによる西欧との類比は行き過ぎのように思われる。つまり、三身分の正規の代表が全国会議に存在すると主張したのである。モスクワにおける身分制時代に続くのがサンクトペテルブルクの絶対主義時代であり、1861 年からは自由なブルジョワ的発展が始まる。

パヴロフ＝シリヴァンスキーの解釈において同時代人を驚かせるほど斬新だったのは、ブルジョワ的変革を肯定する自由主義でもなく、すでに多くの者が行なった身分制的君主政の提起でもなかった。それは西欧封建制と比べてロシアの発展が遅れていることを鮮明に示した西欧的発展との直截な対比である。ロシアとヨーロッパの同一性に対する信仰告白において彼ほどわかりやすい立場に到達し、これほどまでに後進性を認めたロシアの歴史家はほとんどいなかった。

＊

プラトーノフのもう一人の弟子 S. V. ロジェストヴェンスキー（1868-1934）は、1896 年に修士論文「16 世紀モスクワ国家における勤務的土地所有」の試問を受け、翌年これを公刊した［RU 0237］。それまでの研究と異なり、大量の文書館資料を用いて法律を紹介するだけでなく、実際の慣行も示し、勤務貴族の自覚と反発が時に政府の計画の実現を阻止したことにも言及した。後年、もっと新しい時代の文化史に取り組むようになり、1902 年に国民教育省史を著した（100 周年記念として）［RU 0238］。また 1910 年に 18-19 世紀におけるロシアの教育改革史に関する史料集を公刊し［RU 0239］、1912 年に 2 世紀にわたる国民教育制度の発展について総括する歴史書を著した［RU 0240］。1920 年にサンクトペテルブルク大学創設期の 1819 年から 1836 年までの歴史を大学史の第 1 巻として著した［RU 0241］。

M. M. ボゴスロフスキー（1867-1929）の最初の学位論文「ピョートル大帝の地方改革、1719-27 年における州」は、ミリュコーフのテーマの一つをより詳細に検討したものである［RU 0242］。詳細さという点でミリュコーフよりも幅広い文書館資料を用い、資料という点でボゴスロフスキーは後世にまで残る仕事を著した。彼はすぐに撤回されたピョートル大帝の改革構想が不首尾に終わったのは、強固な基本計画が存在せず、中央機関の全体的改革構想に適合していなかったからであると考えた。

さらに重要な作品は、博士論文「17 世紀北部ロシアにおける地方自治」（2 巻、1909-12 年）［RU 0243］である。この論文は何よりもまず、ヴェリーキ・ウースチュグの文書館で発掘した資料をふんだんに用いている。また、非常に専門的性格を持つモノグラフを稀有な美文体で著し、当時の農奴賦役、農民の階層分化、そして逃亡について全く新しい資料を示した。最下層のレベルで長い間自治が機能していたことを明らかにした。だが 17 世紀中葉から、動乱時代の再来を避けるため、政府は上から強力な官僚組織を作り出し、それによって国家を強化した。ボゴスロフスキーはこれを肯定的に記した。全 5 巻のピョートル大帝伝は数十年間公刊されなかった（1940-48 年に出版）［RU 0244］。

以上、ボゴスロフスキーを含めて、主要な業績が 20 世紀初頭に著された歴史学者にまで至った。ボゴスロフスキーに限らず、ミリュコーフを始めとして、亡命の中で役割を果たす者にもすでに言及した。また、ソ連時代にマルクス主義の重要な著作を残す歴史学者にも触れた。後者については、以下でさらに言及することになる。

5. 世紀転換期

そろそろ世紀転換期、つまり 20 世紀初頭の新たな現象について短く触れておくべきだろう。特徴的なのは、世紀初頭の非常に大きな政治的変化、革命、半立憲体制の定着、最終的に世界大戦へと流れ込む複雑な国際関係が、現実の政治状況や政治的課題にこれまであまりにも敏感だったロシアの歴史叙述に対して、珍しくもほとんど直接的影響を与えなかったことである。おそらく理由の一つと考えられるのは、ロシアの歴史家が政府の直接の影響下からある程度解放され、多くの著作が同時代の出来事に間接的にのみ反応するようにな

っていたことである。これはクリュチェフスキーの活動によるところが大きいことは疑いない。別の理由は、この頃までに歴史家のかなりの部分がブルジョワ自由主義の立場に立ち、立憲君主政を支持し、民衆運動と引き続き距離を置いていたことである。1905 年から理想的な状況が生まれたように思われた。つまり、出来事の過程に歴史家が何らかの形で口を挟んだり改革を促したりする必要はなくなり、比較的狭い専門的問題、あるいは現状から影響を受けない問題の検討に立ち戻ることができるようになった。

だからといって国家が歴史叙述に果たす役割が完全に消えたわけではない。それを示すのは、世紀転換期以降、記念日の折に次第に多くの論考が国家機関の歴史について著されるようになったことであり、しかも優れた歴史家もこれに加わり、専門的な水準に達したことである。1901 年に国家評議会の歴史が[RU 0245]、1902 年に 5 巻にわたる大臣委員会の歴史が[RU 0246]、1911 年には同様に 5 巻にわたる元老院（セナート）の 200 年史が著され[RU 0247]、さらにその間に多くの省庁について 100 周年記念の歴史が著された。ロジェストヴェンスキーの著作にすでに触れたが、国家つまりツァーリの領地管理省（とその前身）の歴史全 3 巻を 1902 年に著した[RU 0248]。1905 年には I.A.ブリノフ（1874-?）による県知事の歴史が[RU 0249]、1915 年には V.I.ヴェレチェンニコフ（1880-1942）によるエカテリーナ 2 世期までの検事総長の歴史が[RU 0250]、多くは未使用の文書館資料を基に書かれた。1911 年に農奴解放 50 周年を記念して大部の『大改革』が全 6 巻で公刊されたが[RU 0251]、ここには自らを自由主義的と公称する国家および自由主義的歴史家の新たな種類の協力といえるものが体現されている。もっとも、すでに 1905 年に農民について歴史を広く概観した共同研究が著されている[RU 0252]。記念日に関していうならば、1911-12 年に 7 巻にわたって公刊された 1812 年に関する論文集にも触れておこう[RU 0253]。これは 1812 年について幅広く分析したシリーズであり、1812 年の帰結に関する議論は神聖同盟にまで及んだ。また、1915 年には司法改革の準備と経過を明らかにする本が出版された[RU 0254]。

歴史学界の内的発展をよく示すのは、この時期、傑出した歴史家たちの記念論集刊行が流行となったことであり、弟子たちによる様々な問題についての論文が収められた。例えば、1909 年のクリュチェフスキー記念論集[RU 0255]、1911 年のプラトーノフ記念論集[RU 0256]、1917 年のリュバフスキー記念論集[RU 0257]などである。

同じく世紀転換期特有の現象は、歴史啓蒙書に対する広範な読者層からの需要が大きくなったことである。このジャンルでは、1910-11 年に出版された与党色の強い 2 巻本の論文集『大ロシア』があり[RU 0258]、その特徴はすでにタイトルに十分に表れている。1898 年には寄せ集めの論文集『最古の時代から動乱時代までのロシア史』が刊行されたが[RU 0259]、1912-13 年にその続刊として『三つの世紀』6 巻が著された[RU 0260]。これはロマノフ朝の周年祭を記念して作られ、1613 年から 1913 年までにわたるはずだったが、第 6 巻でようやく 18 世紀にたどり着いたに過ぎない。このシリーズはクリュチェフスキーとプラトーノフの弟子たちが書いたため、17 世紀がピョートル改革の前史として位置づけられたことも理解できる。これよりも早く 1907-11 年に公刊されたのは、全 9 巻の『19 世紀ロシア史』である[RU 0261]。ここでも君主ごとの時代について個別論文が連なっているが、主題別にも包括的な叙述があり、文化的発展にも珍しく多くの頁が割かれた。ポクロフスキーも執筆に加わり、ロシア外交に関するいくつかの章を担当した。

M.K.レムケ（1872-1923）は前の世代に属すが、重要な著作の刊行は、それまで未公開だった文書館資料が使えるようになった世紀転換期後である。まず 1904 年に『19 世紀ロシアの検閲とジャーナリストの歴史』が出版され[RU 0262]、1840-60 年代にかけての新資料を公にした。さらに成功したのは 1908 年の『ニコライの憲兵と文学（1826-55）』であり[RU 0263]、翌年に新版が出た。プーシキンと皇帝ニコライとの錯綜関係について、新たに多くのことを知ることができ、また、体制に反対する意見を多少なりとも公にできる唯一の場だった文学に対して、政府がどのように影響を及

ぼそうとしたのかといった多くの内部情報も明らかにした。

旧世代の代表として現れた M. O. ゲルシェンゾーン（1869-1925）も世紀転換期特有の人物だった。彼は自らの同化を深い神秘主義とロシア正教会によって補おうと努め、スラヴ派に傾倒してスラヴ派の著作を新しく刊行し始めた。1906 年にゲルツェンの伝記を書いたが［RU 0264］、これはより正確にはゲルツェンの社会的、および政治的視点についての著作だった。ゲルツェンにとって社会主義は新たな福音であり、ゲルツェンと F. M. ドストエフスキー（1821-81）、そして歴史家ソロヴィヨフの息子で理想主義者かつ神秘主義の哲学者 V. S. ソロヴィヨフ（1853-1900）の間に近親性があることを示した。1908 年、ロシア自由主義の最初の代表者 P. Ya. チャアダーエフ（1794-1856）および青年ロシアの初期ナロードニキ運動について著し［RU 0265］、1910 年には、イエズス会に入会した V. S. ペチョーリン（1807-85）の伝記を書いた［RU 0266］。

A. E. プレスニャーコフ（1870-1929）はプラトーノフの弟子であり、1907 年からサンクトペテルブルク大学で教鞭を取り、師よりも古い時期を扱った。最初の学位論文は、最も古い時代のロシアを論じた「古ルーシにおける大公、10-12 世紀史の概説」（1909 年）である［RU 0267］。プレスニャーコフは法的問題に強い関心を持ち、社会問題にはあまり関心を向けず、分領公国化は国家原則と家系的王朝原則の間の妥協の試みだったが、この妥協は失敗に終わったと論じた。大公権には独自の歴史があり、大公は配下に全く新しい社会を作り出し、長期にわたりそれを護持した。博士論文「大ロシア国家の形成」（1918 年）では前作に続く時代を 15 世紀まで扱うが［RU 0268］、特に外交に関して以前の通史に比べてより多くの新たな文書資料を用いた。ソロヴィヨフとクリュチェフスキーに対抗する形で、極めて意識的に社会的要因を退け、大公権問題を中心に置き、モスクワの領土獲得の役割ではなく、ロシア国民の形成を中心に置いた。キエフ・ルーシの後継をモスクワとサンクトペテルブルクのみに見るクリュチェフスキーとミリュコーフに代表される考え方も、ポランド＝リトアニア国家だけを後継者と考えるウクライナやポーランドの見方も、ともに一面的であるとの見解に立つことにより、プレスニャーコフはウストリャーロフに戻ったということができよう。プレスニャーコフは両者を同等の権利を持つ後継者と見なしうることを明らかにした。そして、この二分法によってウクライナとベラルーシの民族的な分化を説明した。国民的相違の本質は、言語や国家などの要因の中にあるのではなく、個人の文化的、心理的現象の中に見出しうると考えた。国民の指標は集団的な政治意志であり、比較的高度な集団的自覚が必要であるとした。プレスニャーコフはミリュコーフの大ロシア的ショーヴィニズムに反対したが、実は自らも別な類型のロシア・ナショナリズムを代表していた。

M. D. プリセルコフ（1881-1941）は市民層の出身であり、シャフマートフに師事し、最初の大きな著作は師から学んだ方法による 14 世紀の年代記叙述の検討だった（1911 年）［RU 0269］。一時期は教会史に関心を向けた。1913 年に『10-12 世紀のキエフ・ルーシの教会政策史概説』を著し［RU 0270］、年代記以外に重要なビザンツの史資料も用いた。多くの仮説は興味深いが、根拠は少ない。ロシア国家の発展におけるビザンツの役割を過大評価する一方で、ビザンツの影響に対するロシア教会の国民的ともいえる分離闘争を誇張した。教会的契機を国民的契機に同一化させることはいくらかの真実を含むが、それを 20 世紀初頭のナショナリズムの精神として表現するのは、時代錯誤である。

ナショナリズムと現実の結びつきについて P. V. ベゾブラーゾフ（1859-1918）の著書を例に挙げよう。彼の露仏関係についての本が発表されたのはまさに露仏同盟が成立した 1892 年だった［RU 0271］。そもそも 1890 年代には外交への関心が増大した。V. N. アレクサンドレンコ（1861-1909）は 1897 年に『18 世紀ロンドンにおけるロシア外交』を公刊し［RU 0272］、V. A. ウリャニツキー（1855-1917）は 18 世紀の在外ロシア領事について書いた（1899 年）［RU 0273］。M. A. ポリエフクトフ（1872-1942）も 18 世紀を扱った。『ニスタット和約後のロシア政治におけるバルト問題

1721-25 年』では（1907 年）[RU 0274]、個別問題でフォルステンより多くのロシア側資料を調べたが、広範な展望という点では及ばなかった。1914 年に公刊されたニコライ 1 世の伝記は[RU 0275]、もともとロシア人名事典のために準備されたものだが、その中でポリエフクトフは、ニコライ 1 世に率直さと無慈悲さが併存していたと見た。専制的統治は命脈の尽きた制度だが、肯定的な面も認めた。他方、ニコライの即位以来、次第に政府と社会（すなわち上層階級）が互いに不信を抱き、別の道を歩むようになり、今日では（すなわち 1914 年には）両者とも現実的基盤を失ったと認識した。エカテリーナ時代の外交問題について、主に刊行資料を用いた二つの著作が著された。N. D. チェチューリン（1863-1927）は 1896 年にエカテリーナ時代の初期（1762-74）における外交を検討し[RU 0276]、P. A. アレクサンドロフはさらに範囲を広げて『北方システム—エカテリーナ 2 世時代前半におけるロシア外交の思想と過程に関する試論』を 1914 年に著した[RU 0277]。

貴族出身の将校 A. M. ザイオンチコフスキー（1862-1926）は日露戦争および第一次世界大戦に従軍し、1918 年には赤軍に加わり、その傍ら軍事史に取り組んだ。セヴァストーポリ攻防に関する著作は 1904 年に第 2 版を出した[RU 0278]。主著は『1853-56 年の東方戦争と当該期の政治状況との関連』である（2 巻、1908-13 年）[RU 0279]。解釈は完全に軍人的であり、礼儀をわきまえている。ニコライを偉大で騎士的な人物に描き、クリミア戦争全体における主役として書いた。ザイオンチコフスキーは当時の革命運動がロシアでは全く根なし草だったと見た。彼の解釈は[S. S.] タティーシチェフやシルジェルと類似のものだが、興味深いのは彼が発掘して収録した大量の一次史料である。他の軍事史的著作はむしろ大衆向けの読み物的な性格である（ソ連時代には第一次世界大戦についても書いた）。

フランスからの亡命者を祖先に持つ Yu. V. ゴーチエ（1873-1943）は 1913 年に制度史に関するモノグラフの第 1 巻『ピョートル 1 世からエカテリーナ 2 世までの地方行政史』を著し[RU 0280]、ピョートル 2 世（1715-30）以後、政府がピョートル改革を離れ、エカテリーナになってようやく元に戻ったことを示した。ゴーチエは当時の社会的矛盾や政府の二面性を、すなわち貴族と貴族以外の階層に二枚舌を使ったことを適切に指摘した。ゴーチエも課税財産台帳を用い、それを基に『17 世紀の外モスクワ地方』を公刊し（1906 年）[RU 0281]、動乱時代の荒廃を描いた。

官僚の家系出身の M. A. ディヤコーノフ（1855-1919）は医学と法学を学んだ後で歴史学を修め、世紀転換期にタルトゥ大学の教員になった。修士論文は「モスクワ大公の権力」で[RU 0282]、政府の制度的発展を示した。1907 年に『古ルーシから 17 世紀末までの社会・国家機構概説』を著し[RU 0283]、これはすぐに二つの版を重ねた。既存の知識の手引書のようなものだが、概観するのによい通史である。これに先立つ時期に「モスクワ国家における農村住民史概観」で博士号を得た（1898 年）[RU 0284]。その価値は、16-17 世紀の発展を示す新たな文書館資料を用いたことにある。

もう一人、専門家から少し離れた者を挙げねばならない。P. E. シチェゴレフ（1877-1931）である。彼は最初の論考を V. F. ラエフスキー（1795-1872）と A. S. グリボエードフ（1795-1829）について書き[RU 0285-0286]、文学史への関心を後々まで保持した（獄中ではプーシキンについての本を書いた[RU 0287]）。ペステリが作成した憲法草案「ルスカヤ・プラヴダ」（1906 年）[RU 0288]など、デカブリストの著作をいくつも出版した。これらは文書館史料を基に執筆されて、『歴史論文集』の題で 1913 年に公刊された[RU 0289]。歴史叙述の視点から見ていっそう重要なのは『過去』という題の雑誌の編集者だったことであり、このため 1907 年に禁固刑の判決を受けた（ちなみに学生の騒乱に参加したため、すでに 1899 年に一度流刑に処されていた）。1917 年の臨時政府によって前体制の主要人物に対する査問委員会委員に任命され、1918-26 年の間は再び『過去』を編集した。この雑誌には、1917 年以後も亡命せず、祖国に残ってソ連の歴史叙述で傑出した役割を果たすことになる歴史家が集った。

6. マルクス主義の歴史叙述

おそらくここで1917年以前のマルクス主義の歴史叙述について多少記しておくのがよいだろう。当時の環境において独自の調査に基づいて作品が著されることはほとんどなく、せいぜいE.オルロフの仮名で1906年にチャーティスト運動について著したF.A.ロートシュテイン（1871-1953）のように[RU 0290]、部分的に原史料を用いて研究することが精一杯だった。

ポクロフスキー

初期のソ連歴史学を代表することになる重要な人物はM.N.ポクロフスキー（1868-1932）である。1917年以後、ソ連歴史学の組織化に傑出した役割を果たすが、主要著作は1917年以前に著した。専門の歴史家であり、死後にその周囲と本人に対して持ち上がった論争（と批判）の波は今日まで決着していない。知識人の家庭に育ち、モスクワ大学でクリュチェフスキーとヴィノグラードフに師事し、卒業後3年にわたって世界史のテーマに取り組んだ。専門家への第一歩とされる修士論文を執筆するためだった。その後ギムナジウムの教師となり、その頃にマルクス主義の影響を受け、そのため解雇された。1905年にボリシェヴィキに入党し、以後、全く横道にそれなかったわけではないが、革命運動に身を投じた。

1906年に『経済唯物論』で観念論的な歴史観、すなわち具体的にはカレーエフの著作を批判した[RU 0291]。だが重要なのはこの著作でも、また世紀初頭に著した多くの論考でもなく、全5巻の『古代からのロシア史』である（1910-14年）[RU 0292]。19世紀半ばからの発展を論じた最終巻の第9冊と第10冊は刊行直後に没収された。

ポクロフスキーはまさにマルクス主義によるロシア史の通史を書こうとし、商業資本の過大評価など、確かに批判できる点はあるものの、おおむね成功した。比類ないほど斬新ではないが、ある意味でクリュチェフスキーの総合を思い起こさせる。すなわちかつての師であるクリュチェフスキーと同様、文体が優れているだけでなく、経済と社会の問題を中心に据えて、政治的な事件史を後景に押しやったのである。政治的発展の詳細は知られていることを前提にし、経済的ないし社会的基盤を前面に置いたともいえる。前述の通り、大部分のブルジョワ史学が否定したロシアにおける封建制の存在を認めた。これによりヨーロッパとロシアの対照において、明快に同一性を強調した。これはロシアの発展に関する初期マルクス主義者の発言で非常に重要なものの一つである。ポクロフスキーの過ちは、本質的にせよ同一性をあまりに強調しすぎたことである。同時に、当時の強いナショナリズム的傾向を掘り崩すため、国民的要因の役割をないがしろにしたことである。世紀初頭の一マルクス主義思想家にとっては他に仕方がなかっただろう。モンゴル統治の肯定的な描写（モスクワ公国を準備した点）は、のちに容認しえない見方とされた。また、バルカンにおけるロシアの外交政策に対して非常に批判的だったが、これも同様に、後々多くの非難にさらされた。さらにその後の世界大戦の勃発についても、ロシアの責任をまず追及し、これも非難の対象となった。自国民への批判は当時のショーヴィニズムの大合唱の中では認められないものだった。

1915-18年に2巻本の『ロシア文化史概要』を著した[RU 0293]。先の著作が反ソロヴィヨフ的と見なせるならば（題も部分的にはそれを示している）、こちらの著作は明らかに反ミリュコーフ的である。すなわち、ポクロフスキーも、ミリュコーフと同様に、経済問題と国家組織つまり制度の発展をまず何よりも文化（おそらくより正確には文明）史の中に見たのである。

*

N.A.ロシュコフ（1868-1927）も同じく専門教育を受けたが、のちにメンシェヴィキの側に立った。少なからぬ当時の研究者と同じく、農業史解明のために課税財産台帳の史料群を用いた。1898年にこれらの史資料が唯物史観の観点からも信頼できるものであることを示す作品を著した[RU 0294]。翌年には、主にこの資料に立脚するモノグラフ『16世紀モスクワ公国の農業』を公刊した[RU 0295]。史資料を基に詳細な統計表を作り、社会史に関心を持つ歴史家たちが論じなかった農

民および当時の農業技術の状況を示した。同様に土地所有関係の変化も論じ、16世紀末期の危機を封土と修道院領の拡大によって説明した。

A. I. チュメニェフ（1880-1959）は 1907 年に『史的唯物論』という題の作品を著した [RU 0296]。それはマルクスとエンゲルスの理論の平易な注釈というだけではなかった。古代ギリシア史の一級の史資料を用いて、イデオロギーが下部構造によって立つことを描いた。1920-22 年には 3 巻の『古代ギリシア経済社会史概説』を著し [RU 0297]、マルクス主義理論によって古代ギリシアの発展をより広い基盤の上に示した。

7. 経済史

ロシア史学史は政治史、そしてのちになると社会史に関心を向けたため、狭義の近代的経済史学はほとんど形成されなかった。萌芽期に経済の専門家が、同時代の経済現象を叙述する際に、その前史に遡って何らかの歴史的視点を提供した。のちになると経済学者、とりわけマルクス主義者が、自らの時代の要請から出発して、ロシアの資本主義発展の諸問題を検討した。

最初に専門家の関心を引いたのが鉱山業である。I. F. ゲルマン（1755-1815）は『ロシア帝国における鉱業生産史概観』（1810 年）で鉱山関係法制史を書いた [RU 0298]。A. F. デリャビン（1770-1820）の『ロシア鉱業史』（1807 年）は 16 世紀から筆を起こすが、主に自らの時代について論じた [RU 0299]。V. P. ブルナシェフは 1883 年に『ロシアのマニュファクチュア史概観』[RU 0300] を公刊し、主にピョートル以降の国家による経済政策を概観した。同様に同時代に関心を向けたのは A. K. コルサク（1832-74）であり、『工業形態論および西欧とロシアにおける家内生産（クスターリと家内工業）』（1861 年）を著し [RU 0301]、1857 年に 18 世紀の中露貿易について書いた [RU 0302]。G. P. ニェボルシン（1811-96）はやはりロシアの貿易について 19 世紀前半に何巻にもわたる資料集を公刊した（1835 年と 1850 年に 2 巻ずつ）[RU 0303]。A. V. セミョーノフ（1799-1864）は主に立法措置を扱った『17 世紀中葉から 1858 年までのロシア貿易および工業史の研究』全 3 巻を 1859 年に著した [RU 0304]。O. トゥルチノヴィチは 1854 年の『ロシア農業史』で、実質的にピョートル期以降を扱いながら、最初の農業政策概観を示した [RU 0305]。農奴改革の準備期には、農業史の問題について、実際には政府の農業政策について、多くの著作が生まれた。すなわち、A. K. チュングノフ（1827-98）の『ロシア勧農政策史概観』（1858 年）[RU 0306]、キエフの農学教授 S. M. ホジェツキー（1820-86）による『ロシア農業発達史』などである（1856 年）[RU 0307]。

金融の発展については銀行頭取 E. I. ラマンスキー（1825-1902）の「1650-1817 年のロシアにおける貨幣流通の歴史概観」（1854 年）が嚆矢であり [RU 0308]、1769 年以後の紙幣使用にも言及した。同年に、1817-53 年における信用機関の活動についても作品を著した [RU 0309]。Yu. A. バゲメイステル（1806-78）は中世ロシア財政史をイヴァン 3 世期まで概観した（1833 年）[RU 0310]。V. A. ニェザビトフスキー（1824-83）はキエフの公法教授であり、モスクワ国家の税制をピョートル期まで概観した（死後公刊、1884 年）[RU 0311]。

A. I. ニキツキー（1842-86）はいわゆる課税財産台帳を基にノヴゴロドの経済史を書き、モスクワ公国の領主層の役割を肯定的に記した（これも死後公刊、1893 年）[RU 0312]。国外の資料も多く用い、貨幣経済の開始を 15 世紀にまで遡らせた。A. M. グニェヴシェフは総合的な通史の第 1 巻と考えていた著作で、1495-1515 年のノヴゴロドにおける農業を扱った（1915 年）[RU 0313]。大領主の文書庫を基に、その歴史に取り組んだ著作もある。例えば、A. I. ザオゼルスキー（1874-1941）はアレクセイ・ミハイロヴィチ帝の所領を検討し（1917 年）[RU 0314]、農業活動に加えて工業の問題も取り上げた。B. D. グレコフ（1882-1953）は『ノヴゴロドの聖ソフィア館』（第 1 巻 1914 年、第 2 巻はソ連時代に公刊）でノヴゴロド大主教の所領の歴史を扱った [RU 0315]。

S. B. ヴェセロフスキー（1876-1952）は『犂の書―モスクワ国家における土地台帳と犂耕による課税の歴史』（2 巻、1915-16 年）で実質的に 17 世紀を検討し [RU 0316]、政府と社会の何世紀に

もわたる協力を証明した。自由主義的なナロードニキ、I. I. イグナトヴィチ（1879-1967）は『解放前夜の領主地農民』（1902 年）で西部諸県の資料を基に、農民保有地の大きさや賦役、さらには農民反乱の形態についても適切な概観を書いた[RU 0317]。グレコフと同様にのちにソ連歴史研究の主要な代表者となる P. I. リャシチェンコ（1876-1955）も 20 世紀初頭に最初の重要な著作『ロシアの農業改革概説―第 1 巻、自然経済の崩壊と農業市場成立の諸前提』（1908 年）、『第 2 巻、ロシアの農民問題と農民改革後の土地整理政策』（1917 年）を著し[RU 0318]、部分的にはマルクス主義の影響も受けて、商業資本浸透の重要性を強調した。前述のチェチューリンは課税財産台帳を基に歴史統計学の方法を用いて、16 世紀の都市問題を検討した（1889 年）[RU 0319]。さらに P. P. スミルノフ（1882-1947）は 17 世紀前半について検討した（2 巻、1917-19 年）[RU 0320]。最後に、M. I. トゥガン＝バラノフスキー（1865-1919）がロシアのマニュファクチュアの過去と現在について 1898 年に著した本についても言及しなければならない[RU 0321]。多くの有益な解釈を含むが、国家により強制されたマニュファクチュアから小規模手工業に発展したという誤った見方をした。同様に正統マルクス主義者である P. B. ストルーヴェ（1870-1944）は 2 巻本の研究を著し、ロシアの中世を初期（850-1240 年）、中期（1240-1500 年）、後期（1500-1648 年）の 3 期に分け、さらにモスクワ時代（1648-1700 年）、サンクトペテルブルク時代（1700-1800 年）、全ロシア時代（1800-1917 年）とする時代区分を行なった[RU 0322]。

8. 教会史

以上のことから推測できるように、ロシア史学の特徴の一つは、社会史への強い関心と、経済史の従属的地位にある。つまり、歴史学者が経済史に携わるか、あるいは歴史家以外の人が何か経済史について書き記すかのいずれかなのである。もう一つの特徴は、経済史と補助学以外を除けば、独立した専門領域として語りうるのは、教会史だけであるという点である。そして教会史もまた、その多くが歴史学者ではなく、聖職者によって記述された。そのため著作は教義偏重主義に陥らざるを得ず、歴史学的な観点を第一義とするものではなかった。

先駆者の一人として P. G. レフシン（1737-1812）、すなわちモスクワ首都大主教プラトンに言及することができる。彼は、1805 年に短い教会通史を刊行し[RU 0323]、キエフとモスクワの首都大主教一覧をまとめた。主教アンブロシーである A. A. オルナツキー（1778-1827）は、1807 年から 1815 年にかけて、オランダ出身の正教修道士によるラテン語の著作を基に、ロシアの聖職位階制度に関する歴史を 6 巻本で著した[RU 0324]。E. A. ボルホヴィチノフ（1767-1837）は、エヴゲニーの名で、キエフ首都大主教大事典を編纂した。大事典は、ロシアの教会作家の巻（1818 年）[RU 0325]、ロシア宗務院の巻（1808 年）[RU 0326]、ノヴゴロド遺物の巻（1818 年）[RU 0327]、キエフのソフィア大聖堂の巻（1825 年）[RU 0328]、そして翌年のキエフ洞窟修道院についての巻からなる[RU 0329]。記述史料や教会の芸術遺産の保存という点で、これらの事典は優れて価値あるものだが、もちろん、学術的な研究というより、信心深い人のための読み物である。D. G. グミレフスキー（1805-66）は、フィラレートの名を持ち、チェルニーヒウの大主教だったが、1847 年から 1848 年に、ロシアの教会史を教会組織の形態に従って時代区分をしながら、5 巻本にまとめた[RU 0330]。彼は多くの事項を手書きの文書録を基に描いており、1856 年にロシアの教会文書総覧を出版し、405 名の、のちの版では 425 名の著作を列挙した[RU 0331]。

本格的教会史としては、おそらく最初に M. P. ブルガーコフ（1816-82）の名を挙げなければならないだろう。彼は、1879 年以降、モスクワ首都大主教マカリーとなった。キエフ神学アカデミーの歴史について修士論文（1843 年）[RU 0332]を著した 1840 年代に、すでに総論的なロシア教会史を構想していた。1855 年に教会分裂の歴史に関する著書を書いたが[RU 0333]、それは教会の公式見解に偏したものだった。ブルガーコフの総論は、

最終的に 12 巻本で完成し（第 13 巻も着手されていた）[RU 0334]、ニコンの時代まで書き進められた。総論の主たる観点はキリスト教諸宗派の合同問題にあり、それに従って時代区分が行なわれている。第 1 期はコンスタンティノープル総主教への従属期（992-1448 年）であり、それに続くのがロシア教会期（1448-1588 年）である。そしてロシア総主教の時代がこれに続く。個々の巻の付録には文書も添付され、主として教会組織の形成が論じられた。本書は最初の重要な教会史となった。

ブルガーコフは長い間、神学教師だったが、彼と同様に聖職者の家系の出身である E.E. ゴルビンスキー（1834-1912）はモスクワで神学教師をし、1880 年に教会史の第 1 巻第 1 分冊を博士論文として提出した。最終的に 4 分冊となった通史（1880-1900 年）は 16 世紀半ばまでを執筆対象範囲とし、ブルガーコフのものよりはやや時宜にかなっていた[RU 0335]。1871 年にバルカンの正教会に関する大衆向けの著書を出版し[RU 0336]、1903 年にロシアの聖人伝についての書も出した[RU 0337]。ブルガーコフは、古儀式派に関して本来否定的だった立場を後で変更するが、ゴルビンスキーは当初から、1667 年の古儀式派に対する非難は誤りだと考えていた。

19 世紀半ばになると、研究も活発化し、多くの教会関係の雑誌が歴史関係の論考を掲載するようになった。教会史においても、洗礼式やニコン総主教の活動、そしてもちろんピョートルの教会政策のようないくつかの重要な問題に関心が寄せられた。

近代的な研究の例は、モスクワの神学教師であった N.F. カプチェレフ（1847-1917）が示してくれる。事実上、初めて教会以外の史資料を用いたのがカプチェレフだった。彼は、外務官署の史料を基に、ロシアと東方正教会の 16-17 世紀における関係の特質を明らかにした著書を 1884 年に執筆した[RU 0338]。この著書で彼は、ギリシア修道士が物乞いや聖遺物商としてロシアにやってきた時期に、コンスタンティノープル教会の威光が低下したことを示した。彼はすでに 1887 年にニコンに関する著書の第 1 巻を著し[RU 0339]、1909 年から 1912 年にさらに 2 巻本を上梓した[RU 0340]。これらの著作には支配権力の増長に対する言外の批判が込められていた。

P.V. ヴェルホフスコイ（1879-?）は、1907 年にピョートルの教会改革に関する 2 巻本の著書を出版したが（第 2 巻は史料篇のみ）[RU 0341]、そこでの批判はさらに強烈だった。というのも、ヴェルホフスコイによれば、ピョートル以前の教会は決して国家に服従しておらず、ドイツのプロテスタントに範を取り、宗務院を組織していたからである。初期の著書（『18-19 世紀のロシア教会史概説』1912 年[RU 0342]）の中でヴェルホフスコイは、ピョートル改革の結果として規律と組織の点で教会が強固になった一方、親密さや人々への影響力を失っていったことをまさに強調した。

19 世紀の公式の教会史家は、カザンの神学教師だった P.V. ズナメンスキー（1836-1917）である。1870 年が初版で、いくつかの出版物をまとめた彼の著書『ロシア教会史の手引き』は、独創的な通史だった[RU 0343]。それは教義・典礼問題を論ずるのみでなく、国家との結びつきや社会における教会の実際的影響力をも論じた。彼はゴルビンスキーと同じく、中世について儀式を過度に強調したことを戒め、16-17 世紀については、宣教者としての大きな役割を教会に求めた。この書はまた、教会の影響力がすでに大きく減退していたとの認識を含んだ。理由の一つは、聖職者の倫理・教育水準の低さにあった。ズナメンスキーは 1873 年に、ピョートル以降における地方の教区在住聖職者の状況を扱った著書を刊行したが[RU 0344]、その論調は暗澹たるものとならざるを得なかった。彼はカザンの神学アカデミーの草創期（1842-70 年）について 3 巻本を著し（1891-92 年）[RU 0345]、さらに、1808 年に開始された組織改革までを扱った神学校史も執筆した（1881 年）[RU 0346]。

聖職者の家系を出自とする A.P. ドブロクロンスキー（1856-1937）は、ノヴォロシア大学の教会史の教師だったが、彼も 4 巻本のロシア教会史に関する手引書を出版した（1884-93 年）[RU 0347]。ズナメンスキーのものよりはるかに詳細で、1917 年までこの書が最良かつ最新の通史だった。

9. 歴史補助学

　補助学の発展には、西方教会に属する国々の場合と異なる特質が見受けられる。なぜなら、東方教会においては文字資料が、西方教会のように第一級の役割を果たすことがなかったためである。そして、このことは、狭い意味での補助学の発展に対しても、影響を与えずにはおかなかった。実際、単なる総論的な手引書や実際的な教科書は作成されるが、補助学の主題設定が他地域ほど歴史学一般に密接に連関することはなかった。

　古書体学の淵源は、V.N. タティーシチェフの注解の中に見出すことができる。ノヴゴロドの商人 I. ラプチェフ（1774-1838）が 1824 年に書いた『昔のロシア文書での経験または透かし入りの古い手稿の年代を知る方法』は、152 の透かしの存在を示し、それらを記述史料の時代を特定する要素として提起した [RU 0348]。19 世紀後半になると、比較的よく構成され、教科書としてのみ用いられた最初の通史が書かれるようになった。I.I. スレズネフスキー（1812-80）の『11-14 世紀のスラヴロシア古書体学』（1885 年）は碑文の文言も論じている [RU 0349]。N.S. チホンラヴォフ（1832-93）は、1889 年に『ロシア古書体学』の初版を出した [RU 0350]。A.I. ソボレフスキー（1856-1929）は、1895 年に『スラヴロシア古書体学』を刊行し [RU 0351]、1901-02 年に 2 巻本に増補して出版した [RU 0352]。また彼は、初期の秘密文書についても手引きを著した [RU 0353]。同様の教科書として、N.M. カリンスキー（1873-1935）の『スラヴ古書体学』（1904-05 年）[RU 0354]、I.A. シュリャプキン（1858-1918）の『ロシア古書体学』（1913 年）[RU 0355]、V.N. シチェプキン（1863-1920）の『ロシア古書体学教本』（1918 年）[RU 0356] なども出版された。これらの書がどれほど実用的であり、古い文書を読む際に手助けとなるかは、例えば、I.S. ベリャーエフ（1860-1918）の著書『15-18 世紀の手稿読解のための古ロシア草書研究実践講座』（1907 年）が明確に示してくれる [RU 0357]。透かしに関するより近代的な理解については、P.A. カルタノフ（1873-1941）が『ロシアにおける印章についての史料—第 1 巻 1699-1801 年』（1900 年）の中で触れている [RU 0358]。

　タティーシチェフを除外すれば、文書形式学の始まりは 19 世紀初頭に見出すことができる。S.G. サラレフ（1792-1820）は、『ヨーロッパ通信』に論文「ロシアにおける様々な種類の文書記述」を書き（1819 年）[RU 0359]、文書史料の整理を初めて試み、公の文書に加えて、私文書も引用した。19 世紀半ばになると、最も古い時期の文書を扱った研究も多様化し、公の歴史に関しては、一定の文書形式学的見地を取り入れることが不可避となった。グリゴリエフはモンゴルのヤルルイク（勅許状）について論じた（1842 年）[RU 0360]。シャフマートフはノヴゴロドの文書言語に関する著作において（1886 年）[RU 0361]、文献学的な観点から出発しつつ、誰よりも多くの新しい知見を提示した。個々の時代や文書の種類ごとに、文書の刊行も開始された。例えばグバー行政〔地方の公安組織〕の 16-17 世紀の文書を 1846 年に V. イェルリコフが出版した [RU 0362]。N.P. ザゴースキン（1851-1912）は、1875-76 年に出版した 2 巻本の著書の中で [RU 0363]、土地文書の整理を試みたし、D.M. メイチクは法務省のモスクワ文書館が所蔵する 14-15 世紀の文書の整理を試みた [RU 0364]。ピョートルに始まる時代の外交文書の整理は、いまだ行なわれていない。さらに前の時代の文書については、長らく法学的観点のみに配慮する分類が行なわれてきたが、20 世紀初頭になるとディヤコーノフが経済的内容も考慮の対象とし、他方で、シャフマートフは言語学＝文献学的内容を問題とした。N.P. リハチョフ（1862-1936）の『文書形式学—サンクトペテルブルク考古学高等専門学校における講義と講座より』（1901 年）[RU 0365]、および N.N. アルダシェフ（1862-1923）の『文書形式学—1907-08 年度講義』（1907-08 年に開講された講義の教科書）[RU 0366] のような、20 世紀初頭に刊行された文書形式学の教本は、明らかに文書学を信憑性に関する形式理論的な学問に過ぎないと見なした。内容に言及することは、あくまでも副次的だった。しかし文書学の活用はリハチョフにおいて歴史学の実践であり、歴史叙

述の真の課題ですらあった。

19世紀半ばに度量衡学的な諸問題を扱った論文が出版されたが、度量衡学や年代学はこの当時まだ登場していなかった。P.G.ブトコフ（1775-1857）はロシアの古い尺度について（1844年）[RU 0367]、D.I.プロゾロフスキー（1820-94）は長さの尺度単位について著作を著し（1872年）[RU 0368]、面積と容積の単位に関するA.I.ニキツキーの未完の著作は著者の没後、19世紀末に出版された（1894年）[RU 0369]。S.K.クズネツォフ（1854-1913）の『古代ロシア度量衡学』（1913年）は最初の問題整理の書だが[RU 0370]、それ以上のものではない。古ロシアの年代計算についてのプロゾロフスキーの論文は、1881年に出版された[RU 0371]。印章学の領域でもいくつかの出版物を散見できるが、教本の水準にまでは達していなかった。P.I.イヴァノフ（1794-1864）は、1858年に法務省のモスクワ文書館が所蔵する14-18世紀の封蝋印章の模写を出版した[RU 0372]。

資料出版がかなり以前から開始され、有意な成果を生み出しているのが古銭学である。その理由は単に、古銭収集熱が広く存在しただけでなく、大貴族が専門家を用いて収集品のカタログを出版させたこと、あるいは博物館による収蔵品も重要な要因だった。古銭学は教育制度が整備された最初の補助学でもあった。1878年に古銭学の講座がサンクトペテルブルクの考古学高等専門学校に開設され、のちにモスクワにも開設された。古銭学協会も1888年にモスクワに設立され、考古学協会が古銭学部会を組織した。I.I.トルストイ（1858-1916）は1882年にキエフ大公の最も古い貨幣に関する著書を[RU 0373]、また、1884年から1886年にかけてピョートル時代までのロシア古銭学を2巻にまとめた本を刊行した（実際、彼はノヴゴロドとプスコフの貨幣を収集していた）[RU 0374]。最も重要な書物は、1896年に刊行されたA.V.オレシュニコフ（1855-1933）の著書『1547年までのロシア貨幣』である[RU 0375]。同書はモスクワ歴史博物館の貨幣資料を基に執筆され、実際に存在する14世紀以降の貨幣について論じた。17-18世紀のロシア貨幣の目録は、1880年から1901年に11巻本で刊行され[RU 0376]、1801年から1904年の貨幣目録が1904年に[RU 0377]、そして1910年に1725年から1801年までの貨幣目録が刊行された[RU 0378]。出版にあたって、前述のトルストイと並んで、A.A.イリイン（1858-1942）が大きな役割を果たした。

考古学的な遺物あるいは別の場所から発掘されたローマや東方の貨幣に関して、ロシアの貨幣と同水準の研究が行なわれ始めたのは、19世紀後半のことだった。P.O.ブラチコフ（1815-94）は黒海で出土した古代の貨幣に関する目録を何の注釈も付さずに出版した（1884年）[RU 0379]。間を置かずにより専門的な出版物も刊行された。ビザンツの貨幣に関する無数の目録を基に、トルストイは395年から867年にかけての時代の貨幣を扱った9巻本を刊行した（1912-14年）[RU 0380]。

東方起源の貨幣に対する関心は、かなり早期から存在した。P.S.サヴェーリェフ（1814-59）は、すでに1847年に、『ロシア史との関係におけるイスラーム古銭学』を世に問うたし[RU 0381]、A.K.マルコフは、エルミタージュ所蔵の東方貨幣を整理しつつ、その目録を1896年に出版し[RU 0382]、他方、1910年に、東方の貨幣に関する出土分布図をまとめた[RU 0383]。

経済学者のI.I.カウフマン（1848-1916）の活動をここで取り上げるのは、適切ではないかもしれない。というのも、彼は正確には古銭学者ではなく、そのために誤りも犯したからである。また、カウフマンが経済史的な観点から資料を検討したのは、外国貿易の様子を再現しようとしたためだった。それでも、ロシアの貨幣発行と貨幣の流通に関する最も有用な研究に取り組んだのは、やはりカウフマンである（『古来のロシア通貨制度史との関連に見るロシアの衡量体系―その発展と起源』1906年[RU 0384]、『成立期から19世紀末までの銀ルーブル』1910年[RU 0385]）。

紋章学と系図学は、大貴族の嗜好によって活気が与えられた。ただし、この領域における歴史叙述も資料の収集と出版、そして初歩的な形態分類の域を出ることはなかった。それでも、貴族の意識からすれば、紋章と系図は重要な問題であり、非常に早期から出版が開始された。1787年にはすでに、1555年の原本を基にした、大貴族に関わる

初の氏族系図が出版され［RU 0386］、平貴族や外国（リトアニア）出身の家系も含まれた。法学者のA.B.ラキエール（1825-70）が、1855年に2巻本のロシア紋章学を出版したが（第1巻は、実際は、西欧の紋章とロシアの印章を扱っている）［RU 0387］、ロシア初の系図学的目録を4巻本で刊行したのはP.V.ドルゴルコフ公（1816-68）だった［RU 0388］。基本的な文献としては、1238年から1505年の間における諸公の系図を扱ったA.V.エグゼンプリャルスキー（1846-1900）の2巻本（1889-91年）［RU 0389］、およびG.A.ヴラシェフ（1841-1911）の『リューリクの子孫』がある（1906年、第1巻）［RU 0390］。19世紀の前半にはすでに多数の書籍や論考が出版された。ロシア貴族家系の紋章も10巻本としてまとめられ、そのうちの半分は刊行もされた［RU 0391］。V.V.ルンメル（1855-1902）とV.V.ゴルブツォフ（1856-92）は、1886年から1887年にかけて貴族の系図を2巻本にまとめ［RU 0392］、A.B.ロバノフ＝ロストフスキー公（1824-96）も、早くも1895年に、同じく2巻本のロシア系図学の第2版を出版した［RU 0393］。個々の地方や県でも、その土地の貴族家門の紋章と家系図を出版している（とりわけポーランド王国では、ロシア人系図学者がこうした書物を出版した）。ロシア系図学協会は19世紀に創設され、1904年に歴史系図学協会がモスクワに設立された。両者ともに雑誌を刊行し、ロシア系図学協会は、ピョートル以前にサンクトペテルブルクに伺候した貴族史研究で大きな成果を上げることができた。P.フォン・ヴィンクレル（1866-1937頃）は1900年にロシアの主要都市、総督府、州、地方都市の紋章を公刊した［RU 0394］。紋章学の手引きは、1908年にYu.V.アルセニェフ（1857-1919）が［RU 0395］、1915年にV.K.ルコムスキー（1882-1946）とN.A.ティポルトが出版し［RU 0396］、1912-13年にV.E.ベリンスキー（1861-?）が2巻本のロシア紋章学事典を刊行した［RU 0397］。系図学については、L.M.サヴョーロフ（1868-1947）が1908-09年に系図学の教本を出版し［RU 0398］、もはや単純に貴族の家系図や紋章の一覧をもって満足するのではなく、一族の活動を多面的に探究するという専門分野としての課題を示した。

10. 歴史地理学

歴史地理学や地理上の発見の歴史が、独立した学問分野としてかなり早期に誕生したという事実は、ロシア帝国の領域的な規模とおそらく連関している。ナジェジュジンは1837年の論文で地名を歴史資料として利用することを謳い［RU 0399］、それはエトノス的な起源を探ることにも利用可能であると考えた。N.P.バルソフ（1839-89）の『ロシア歴史・地理学事典（9-14世紀）』は編年史の事項を空間的に確定しようとしたものであり（1865年）［RU 0400］、さらに古い時代を調査した続編『ロシア歴史地理学概説—古代年代記の地理学』は、東スラヴ系部族の分散した定住地の概要を与えている（1873年）［RU 0401］。N.N.デボリスキー（1869-1903）は、モスクワ大公の遺言状や契約文書を歴史地理学の史料として分析した（2巻、1901-02年）［RU 0402］。20世紀初頭、この学問領域においても、いくつかの総論的な教本が出版された。クズネツォフは1910年に、モスクワ考古学高等専門学校において開講した講義の第1巻を出版した［RU 0403］。ただこの書物は、フィン・ウゴル系のいくつかの民族の定住地域を示したに過ぎなかった。彼は歴史地理学分野にも、高い水準の史料文化を導入したいと考えた。S.M.セレドーニン（1860-1914）のサンクトペテルブルクにおける考古学講義（1916年）は方言学を創造し、12世紀までの定住過程を明らかにした［RU 0404］。リュバフスキーはこれを19世紀末にまで延ばし、植民過程として論じたことは、書名にも示されている［RU 0405］。だが実際は、ロシア人とウクライナ人の定住的分岐を明らかにしただけだった（1909年）。1917年に出版されたスピーツィンの概説は全体で68頁だが［RU 0406］、18世紀末までのロシア歴史地理学を最も広範に検討している。

11. 地方史

地方史の一部は専門家が担っており、そのため

優れた著作も生み出された。例えば、クレムリンの歴史をまとめた I.E. ザベーリン（1820-1908）のモスクワ史の第 1 巻（1902 年）[RU 0407]、あるいは 1782 年までの都市史全体を明らかにした P.N. ペトロフのサンクトペテルブルク史である（1885 年）[RU 0408]。N.N. オグロブリン（1852-?）はシベリア入植に関する最初の概説を著し[RU 0409]、また、N.M. ヤドリンツェフ（1842-94）は、まさに現地の意識から、『植民地としてのシベリア』（1882 年）を執筆した[RU 0410]。その他の都市でも歴史の執筆が促され、史跡発掘にも資金が投入された。工場史、学校史、修道院史といった著作も刊行された。しかしながら、これらの大多数は好事家、ないしよくて高校教師の著作であり、叙述は往々にして発注者の嗜好に合わせなければならなかったため、作品は保守的で、さらには信心深さを装うものさえあった。

12. 書誌学

V.I. メジョフ（1830-94）は、1892 年から 1893 年にかけて、ロシア史に関する初の書誌を 3 巻本で出版した[RU 0411]。同書は 1800 年から 1854 年の間に発行された書籍と論文の書誌であるが、著作の質を度外視し、なるべく多く収録しようと努めたふしがある。こうした回顧的な書誌は多くは作られなかったが、19 世紀末以降は、既述の歴史学雑誌において年ごとの歴史学書誌が出されるようになった。それらは、当時の若い世代を代表する優秀な歴史学者がまとめたものであり、十分な信頼に値する。

13. 考古学

考古学に関しては、非常に簡単な分類と展望を示しておく。なぜなら、考古学は歴史叙述の発展と必ずしも密接な関係があるわけではなく、水準や方法論の点でも歴史学よりかなり立ち遅れていたためである。実際、考古学は、他の地域でもそうであるように、財宝や骨董品に対する関心から出発し、自らも骨董品に異常な興味を抱いていたピョートルの時代以降、本格的に開始した。黒海沿岸地域においては、古典古代の考古学的遺産に容易に接することができ、ここからまずはじめに学術的な水準での探究に至る研究が進展した。

スキタイ人の出土品は、エカテリーナの時代にすでに発掘され始めた。出土品の発見は、しばしば全く偶然の産物だった。最初にセンセーションを巻き起こした 1792 年の例もその一つである。すなわち、1068 年に作成されたトゥムタラカン公グレブ（?-1078）の碑文が、ケルソネソス半島のタマニで発見された事例である。多くの人々は信憑性を疑ったが、A.N. オレニン（1763-1843）は 1806 年に出版した著書の中で、本物であることを証明した[RU 0412]。オレニンは、好事家でありながら考古学を解した最初の研究者であり、美術アカデミーの総裁でもあった。オレニンはギリシアの壺に関する研究も著したが[RU 0413]、他方で中世ロシアの発掘品も研究対象とし、記述史料も参照しようとした。1809 年にユリエフ・ポルスキーで、銘刻が施されたフョードルの兜が発見された際には、オレニンは、それがヤロスラフ・フセヴォロドヴィチ公（1191-1246）がリペツキーの戦いで被っていたものである、と直ちに証明した。

古典古代の遺物を発見するための計画的な発掘は、フランス人亡命者の P. デュブリュックが 1811 年にケルチで行なったものを嚆矢とする。これを継いだのが、ナポレオン戦争後に 4 年間、ロシア駐留軍の武官としてパリに滞在し、こうした古典的な考古学を研究する道を選んだ武官 I.A. ステンプコフスキー（1789-1832）だった。デュブリュックとは異なり、ステンプコフスキーが古典語を解したことは、彼の業績に資するものでもあった。偶然の結果ながら、彼は紀元前 4 世紀のスキタイ人の王墓を発掘することに成功した。彼以降、この分野で再び好事家が発掘に携わるようになり、中でも国民教育相ウヴァーロフの息子〔A.S. ウヴァーロフ〕は有名だった。

中世に関しては、K.F. カライドヴィチ（1792-1832）の成果がある。彼は、リャザン県において、夥しい黄金の埋蔵品に巡り合った。画家の F.G. ソンツェフ（1801-92）はモスクワの武器庫にある武器を描写し、6 巻本にして出版した（1849-53

年）[RU 0414]。A. D. チェルトコフ（1789-1858）は、ロシアの古い貨幣の模写も出版したが（1834年）[RU 0415]、元来はモスクワ地方の墳墓の発掘を行なっていた。古代については、K. I. ニェヴォストルイエフ（1815-75）が最初に取り組み、1869年にモスクワで開かれた考古学者会議の場で、1854年に調査が開始されたアナニノの豊かな遺跡について初の報告を行なった。

　考古学的資料発掘には文化後援者が思いがけず、あるいは、その時々に出現するものだが、19世紀後半には国家が参入した。1859年に考古学委員会が、そして1864年にモスクワ考古学協会が設立された。後者は考古学の会議を定期的に開催し、1883年にはモスクワに歴史博物館を開館した。今日に至るまでこの博物館は存続している。これらの組織によって、学術研究にとって最も重要な前提条件が整えられた。

　考古学委員会の委員長は好事家のザベーリンだったが、彼は発掘を通じ、また独学で深い知識を獲得し、新しい発掘法も導入した。さらにスキタイ人の墳墓も、土壌を完全に除去する方法で発掘した。

　ロシアの墳墓発掘において業績を残したのは、モスクワのギムナジウム教師だったV. I. シゾフ（1840-1904）である。ゴロジシチと呼ばれるスラヴ式の土塁を最初に発掘したのが彼だった。前述のA. S. ウヴァーロフ（1828-84）は古典考古学から原始考古学へと転換し、1881年にロシアの旧石器時代の出土品に関する初の総論を出版した[RU 0416]。I. S. ポリャコフ（1847-87）はシベリアのコサックで、独学の徒であり、大学を卒業したのは年を取ってからだった。ポリャコフは生来の発掘屋で、旧石器時代や新石器時代の遺跡を次々に発見した。D. N. アヌチン（1843-1923）は民俗学者であり、地質学者であり、人類学者でもあった。彼にとって具体的な発掘はさほど重要ではなく、むしろ他の大陸の資料との比較研究をし、それを基に弓矢の類型化を行なった（1887年）[RU 0417]。アヌチンによれば、弓矢の発明は多くの場所でそれぞれ独立して生み出された。

　発掘の大半は単に実際的な理由だが、長い間、交通の便がよいヨーロッパ・ロシアで行なわれた。東洋学者で考古学者のN. I. ヴェセロフスキー（1848-1918）は、サンクトペテルブルクの東洋史学教師だったが、クバンでの第1回発掘の後、1885年にサマルカンド近郊で発掘を再開し、同地の古代の作品にギリシア美術の影響がうかがえることを明らかにした。1915年に執筆された研究でヴェセロフスキーは、神秘的な等身大の彫刻である、いわゆる石人形の起源について、それまでいくつかの説が提示されていたが、中世初期の遊牧民（おそらくはクマン人か）の手になるものであることを証明した[RU 0418]。言語学を発展させたことで知られるN. Ya. マール（1864-1934）は、アルメニアのアニで発掘を行なったが、マールが抱いた関心は美術資料だけだった。

　19世紀末になると、考古学にも専門的な教育を受けた研究者が何人も現れたが、専門的な学問への変貌は、同時に歴史学からの完全な分離を意味した。B. V. ファルマコフスキー（1870-1928）は古代考古学の専門家で、古代の壺の彩色に関する大部の書を著し（1902年）[RU 0419]、赤い壺の彩色年代学を確立した。彼は、重なって埋まっている層を、発掘の過程で、分離させる新たな手法を作り上げた。「ロシアの古代」（1914年）は間違いなく、彼の研究を総合するものである[RU 0420]。この中で彼は、スキタイ人の発掘品から、当時においてすでに昔から知られていた動物の文様が、ヒッタイト起源であり、そこから青銅器時代のロシア地域に入り、スキタイ人のもとに至ったと主張した。

　数的にも最多の出土品を発掘した考古学の重鎮が、A. A. スピーツィン（1858-1931）である。彼は長い間トゥーラでギムナジウムの教師をし、地方史家でもあった。発掘日誌の記載を義務づける制度を導入したのも彼であり、1909年にサンクトペテルブルク大学で最初に考古学を開講した。先史時代の出土品も発掘したが、ロシア中世初期の墳墓発掘が主要課題だった。彼はそれまでの出土品を基に墳墓年代学も確立し、かつてA. S. ウヴァーロフによって収集された資料についても、それらがスラヴ人のものであることを実証した。有名なモノマフの帽子については、東方のイスラーム地域から、おそらく中央アジアからもたらされた

ものであることを明らかにした（1906年）[RU 0421]。既述のトゥムタラカン碑文の信憑性を彼自身は、長い間疑っていたが、1915年に出版された著作では本物であると認めた[RU 0422]。彼は、アナニノ文化とファチャノヴォ文化の定義づけに際しても重要な役割を果たした。だが、ファチャノヴォの発掘については、V.A. ゴロドツォフ（1860-1945）の方がより重要だった。ゴロドツォフは歩兵将校出身であり、成人してからモスクワの考古学高等専門学校を卒業した。1916年に出版された著書の中でゴロドツォフは、まさにファチャノヴォの発掘品を基礎に、ロシアにおいては青銅器時代とは異なる銅器時代の文化が存在することを証明した[RU 0423]。

V.L. ヴャトキン（1869-1932）についても言及しておかねばなるまい。彼は中央アジアの封建制時代に関する研究の創始者であり、サマルカンドにおける調査を基に地層年代学を確立した。1908年に、ウルグ・ベクのサマルカンド天文台の遺構を発掘した。

考古学と歴史叙述の乖離は、単に具体的な資料ゆえに生起したのではない。また、ロシアの場合、東欧諸国における歴史叙述の場合と異なり、国民史学にとって考古学的資料がさほど必要とされなかったことに起因したというだけでもない。むしろ概念的かつ方法論的な思考によるものでもあった。こうした考えは、考古学がすでに学問的な水準に達したまさに19世紀末の頃に現れた。殊に古代考古学の研究者は、考古学を美術史の補助学と見なし、研究自体が古代考古学者をこの方向へ導くこともあった。例えば、ゴロドツォフは物理的な事実だけにこだわり、それを超えた解釈の試みは全くの仮説であるとして、考古学を基本的に自然科学の一分野と捉えたのである。唯一スピーツィンだけが歴史学との関係を維持し、それゆえ、彼は考古学から歴史地理学へと向かった。

14. 世界史

ロシアのもう一つの特徴にも、比較的多くの紙幅を割かねばなるまい。すなわち、東欧ロシアの歴史叙述において、単純に量的に見て世界史の領域で多くの成果を生み出したのは唯一ロシアだけであるという事実である。しかも質的に見ても、少なくともいくつかの分野でロシアは、同時代のヨーロッパ歴史学界全体を見渡しても先頭集団を走っていた。

この状況には、明らかに理由がいくつか存在する。まず、世界史の中には明らかに国民史にとって不可欠の分野がいくつかある。とりわけ国民史にとって大切な黎明期に関わる時代がそうである（例えばビザンツ学）。また、19世紀において国民史は、政府の外交政策と結びついていた（スラヴ学の場合がそうである。また、外交史への配慮がビザンツ学の研究をある程度促進した）。最後の理由は、しかし最後尾という意味ではなく（ここではこの言葉が非常にしっくりくる）、ロシア政府の威信である。この役割が重要だった。ヨーロッパ列強にとって世界史（もちろん、当時は実際上ヨーロッパ史）のいずれの時代についても専門家がそろっていないことなど論外だった。19世紀のロシアもそうであった。このため大学の文学部が創設される際に、世界史講座が開設された。ただ、長い間、教授枠は一つしかなく、一人の教授が人類の発展全体を講義せねばならなかった。さらに、世界史をどのような形であれ、研究することも求められた。このことが、最初の数十年間、世界史の教授が実際に一人で様々な時代の研究を行ない、異なる時代に関する著作を出版した理由である（こうしたことは世紀末においてもまだ目にした状況である）。

ここで個別研究をもう1点加えることは、おそらく許されるであろう。卓越した中世史家だったヴィノグラードフは1893年の論文において[RU 0424]、ロシア研究は世界史の一部であらねばならない、つまりロシア人は、他の規模の大きな国民にもまして、国民という存在に閉じこもることのできない存在だと言明した。これは決して強国の威信が表明されたのではなく、何か19世紀的な大ロシアの使命感、すなわち他者に向けられた使命感から表明されたものである。ここに見て取れるのは、歴史学に初めて取り組んだ貴族の広範かつ全ヨーロッパを一体と捉える視野である。そして、よく注意して見てみるならば、論文の末尾

に、変形してはいるが、時代を超えたロシア国民史の問題、すなわちヨーロッパとロシアという問題が顔を覗かせている。何世紀にもわたる問題に対して確実な回答を与えるためには、単にロシアのことだけを知っていれば十分というわけにはいかない。そのため、歴史叙述の主軸はロシアにおいても祖国の歴史であったにしても、かなり多くの世界史研究者が広範な分野にわたって仕事を残したのである。

15. 古代史

具体的項目に戻り、古代から始めよう。実際には、最初に世界史一般を講じ始めた人たちから述べることになる。モスクワ大学では、カチェノフスキーとポゴーディンの後を受けて、1831 年から 1835 年まで N. I. ナジェジュジン (1804-56) が教授職にあった。ナジェジュジンは考古学と美術史に関する高邁な講義を行ない、後任には、古典文献学者であった D. L. クリュコフ (1809-45) が就任した。クリュコフは、タキトゥスとクルティウス・ルフスに関するラテン語の論文を 2 本公刊し [RU 0425-0426]、タキトゥスの翻訳も行なった [RU 0427]。また彼は、タキトゥスにしばしば立ち返り、そこに専制政治への批判と同時に、悲劇的な人間の有り様を見て取った。というのも、ローマ社会の道徳的頽廃に到達せざるを得なかったからである。死後に出版された宗教史研究でクリュコフは、パトリキとプレブスの宗教理解の相違を描き、その相違を、パトリキがみなラテン人であるのに対して、プレブスの中には多くのエトルリア人がいたことで説明した。クリュコフはタキトゥスを隠れ蓑にして、それとなく絶対主義に反抗したが、ローマ皇帝以上に大衆こそ愚劣な存在だと見なした。

ナジェジュジンと同様に M. M. ルーニン (1806-44) も文化人だった。ルーニンはベルリンで学び、1835 年から没するまでハリコフで教授を務めた。何にでも取り組んだ典型であるルーニンの博士論文は、古代ギリシアについてだった [RU 0428]。ローマ史に関する論文も執筆し [RU 0429]、支配者にすべてが従属する古代の東方に対比して (ニコライ 1 世の治世にあって、他に誰のことを思い描きえただろうか)、ローマを積極的に評価した。インドについても書いたが [RU 0430]、さらに、スコットが中世研究にどのような影響を与えたのかに関しても著作を著した [RU 0431]。他方、ルーニンの見方に対して、一次史料の発見が影響を与えることはほとんどなかったのも明らかである。

M. S. クトルガ (1809-86) もあらゆることを教えた。1835 年にサンクトペテルブルクで、1869 年にはモスクワで教授になった。学術的な業績では古代、中でもギリシア史研究に精力を注いだ。クトルガは、ギリシア史研究が国民の自己認識を促進させると主張し、この要因が極めて重要であると考えた。と同時に、クトルガは民衆、すなわち下層の大衆に興味を抱く自由主義者でもあり、君主政を嫌悪するほどだった。青年期にはそれを隠すことさえしなかった。彼が保守的になるのは、晩年になってからだった。1864 年から 1865 年に、民衆史と国家史の違いに関する連続講義を開いた。クトルガには学問とその国家的意義に関する未完の著作も存在する [RU 0432]。彼の理論的視角は、ニーブール以降示されてきた古代史料に対する過度の批判に異論を唱えるものだった。彼は、作用と反作用の恒常的な衝突を歴史過程の中に見て取り、主たる傾向を注視することが重要だと考えた。民衆の行動が現れるのも主たる傾向の中においてである。クトルガは、学問が国民的性格を帯びることに対して、明らかに賛同した。自立的な国民文化は国民自身の個性から生まれる。個性が存在しなければ、国民文化も存在しない。したがって、歴史なき民も存在する。もちろん、ロシア人はそのような民族ではない。しかし、西欧モデルの無批判な導入は国民的個性を阻害する、とした。

実際クトルガは、ギリシア史への取り組みも、国民的観点から必要だと判断した。つまり、ヨーロッパはローマへと遡ることができるローマ=ゲルマン地域と、ギリシアに発するギリシア=スラヴ地域とに分かれるとした。クトルガはかつてのギリシアの発展と同種のものをゲルマン人の中に発見し、初期の著作の一つ、『6 世紀までのゲルマン人の政治組織』でこの問題を取り上げた (1837 年) [RU 0433]。この書の導入部で史学史に触れ、

非常に近代的な方法で、歴史家による理解の基礎が同時代の環境の中にあることを見出した。アテネの発展についてもいくつかの作品を著し、1875年にはペルシア戦争以前のギリシア人ポリスにおける貴族政と民主政の闘いについて書いた[RU 0434]。そこでクトルガは、国家の始まりをドーリア人とイオニア人による征服から説明した。しかし、晩年になるとアテネ政治におけるギリシア人の在地的な性格を強調し、征服説を否定した。また、アテネの奴隷と自由民については、かつて奴隷反乱を正当化したが、晩年には市民の融和が国家繁栄の前提条件であると見るようになった。

世界史の講座は徐々に時代（とテーマ）に従って区分されていき、専門化に向けて大きな可能性が開かれたのは僥倖だった。専門化が進行したおかげで19世紀の最後の数十年間を迎える頃には、古代オリエント史の中で個別分野の専門家が発言の機会を得るようになった。その最初の事例は、古代東洋史の専門家が史料出版で頭角を現したことである。独学でエジプト学者となったV.S.ゴレニシチェフ（1856-1947）もその一人だった。彼は広くエジプトを歩き、大量の資料を収集した。エジプト学と並行して、徹底した原典の翻訳によって、アッシリア学を創始したのも彼だった。M.V.ニコリスキー（1848-1917）は当初からアッシリア学に専念し、経済関連の原典を出版した[RU 0435]。1893年に、アルメニアへの研究旅行に参加し、それまで知られていなかった楔形文字の原典を収集した。

B.A.トゥライエフ（1868-1920）はサンクトペテルブルクでエジプト学を学び、5年間の国外留学の後、サンクトペテルブルク大学で教え始めた。彼は同大学でエジプト学全体を束ねる学派を創設し、彼の弟子たちはのちのソ連時代に傑出した存在となった。トゥライエフは文学と宗教の発展にまず興味を抱き、修士論文でエジプトのトート神について論じた（1893年）[RU 0436]。博士論文ではエチオピア史における神聖文字の史料について論じた[RU 0437]。1903年、それまで研究者にもほとんど知られていなかったフェニキア文献を初めて詳細に論じたのもトゥライエフである[RU 0438]。彼は、ロシア人の学者はまずは国内で入手可能な資料に取り組むべきであると説き、実際にもモスクワ博物館所蔵のエジプト学関連資料を3巻にまとめて出版した（1912-13年）[RU 0439]。主著は、1911年から1912年にかけて出版された2巻本の『古代東方史』である[RU 0440]（1913-14年には早くも第2版が出た）。同書は後期ヘレニズム時代に至る幅広い通史であり、アフリカも含まれるが、それはお気に入りのエジプトを落とさないためだった。

クトルガのギリシア研究を継承した弟子にF.F.ソコロフ（1841-1909）がいる。彼はサンクトペテルブルクで古典文献学の教師となり、当初は弟子たちに刻銘学を講じた。古代ギリシア史の名を冠した正規の講義を持ち、講義録が出版された[RU 0441]。ソコロフは最古の史料の信憑性を認める立場を取り、ホメロスの二つの叙事詩を一人の作者の作品と考えたが、シュリーマンのトロイに関する仮説は受け入れなかった。ソコロフはギリシア史を題材とした短めの論考をいくつも著したが、そのほとんどは碑文資料に基づくものだった。ソコロフの弟子の一人であるV.V.ラティシェフ（1855-1921）は、長くギリシア研究を行なった後、サンクトペテルブルクで教え始め、恩師と同じく、はじめは碑文資料を扱い、その出版も行なった[RU 0442]。ラティシェフの博士論文はオルビアの発展を論じ（1887年）[RU 0443]、5年後にボスポルス王国通史を公刊した[RU 0444]。ソコロフはラティシェフと共同で、スキタイ人に関するギリシア語とラテン語の史料を、2巻本の『スキタイとカフカースに関するギリシア人とローマ人の古代作家の叙述』として刊行した（1893-1904年）[RU 0445]。ソコロフのもう一人の弟子であるA.V.ニキツキー（1859-1921）も基本的に刻銘学者であり、ギリシアで研究を行なった時期に、デルフォイ、アイトリアおよびロクリス西部の碑文を鋭い鑑識眼で収集した。彼は諸都市の財政状況、さらに奴隷問題にも取り組んだが、直接史料を分析する以上のことは行なわなかった。ソコロフの第三の弟子であるN.I.ノヴォサドスキー（1859-1941）のテーマもこれに似ていた。彼は古典文献学の教師として、宗教史と文学史にも取り組み、修士論文はエレウシスの神秘的な儀式

について（1887年）[RU 0446]、博士論文は「オルフェウスの賛歌」について論じた（1900年）[RU 0447]。また、彼はギリシア刻銘学を教科書的にまとめた（1909年）[RU 0448]。

F.G. ミシュチェンコ（1848-1906）はキエフで学び、ギリシアの劇場について語る中でさえ、ウクライナの国民感情を吐露した。トゥキュディデスの合理主義を取り上げた博士論文は、ミシュチェンコ自身の自由主義的性格の表白だった（1881年）[RU 0449]。有史以前のギリシアを論じた著書では（1878年）[RU 0450]、多くの古代学者と同様に、過度の史料批判に対して反対の姿勢を示した。『連盟のヘラスとポリュビオス』は、都市国家の従属を防衛の必要性から説明したが（1890年）[RU 0451]、現実にはロシアとウクライナが念頭に置かれていた。ミシュチェンコはギリシア史における民衆の役割を強調したが、それは自由民のことに過ぎず、奴隷の問題は等閑に付されている。ちなみに、ミシュチェンコは1880年代に5年間、キエフ大学から停職処分を受けている。

V.P. ブゼスクル（1858-1931）はハリコフで教授職にあり、主たるテーマはアテネにおける民主政の発展だった。修士・博士の両論文も、ペリクレスとアリストテレスに関するものだった[RU 0452]。1909年に、アテネにおける民主政の歴史に関する大衆向けの著書も執筆した[RU 0453]。マイヤーの影響で、古代ギリシアの発展を近代的な概念から照らし出す傾向があり、アテネとスパルタの政策の中に国家資本主義を見出したりした。また、こうした研究を1巻にまとめてもいる[RU 0454]。ブゼスクルの著作でおそらく最も興味深いのは、1903年に出版された『ギリシア史入門』だろう[RU 0455]。同書は史料および課題の系譜を論じたが、のちの版では、実際に、ギリシア史研究を例として歴史的思考の一般的な展開についての解説を行なった。ブゼスクルの考えでは、20世紀初頭は経済史や社会史的な方向が支配的であり、これはマルクスの影響によるところだと批判的に論じた（この見解は、1917年以降、徐々に修正された）。ブゼスクルは極端な近代主義を非難したものの、彼自身も近代主義論者だった。

S.A. ジェベレフ（1863-1941）はサンクトペテルブルク大学で博士号を取得した。他の人々と同じく、彼も当初はギリシア史の問題に取り組み、修士論文でアテネ史を扱い（1898年）[RU 0456]、博士論文ではアカイア地方の歴史を論じた（1903年）[RU 0457]。ジェベレフもまた刻銘学、美術史、そして黒海沿岸で発見された文書の翻訳に取り組んだ。彼は出来事をただ記述するのではなく、それを説明することを心がけた。

R.Yu. ヴィッペル（1859-1954）はここで取り上げる対象としてふさわしくないかもしれないが、彼の業績をここで扱わないわけにはいかない。1917年以前の著作の中で、古代史研究が最も重要な役割を果たしているからである。ヴィッペルは、近代世界史の専門家だったゲリエの弟子であり、修士論文ではジュネーヴにおけるカルヴァン主義の定着を論じた[RU 0458]。彼には信じがたいほど多様な業績がある。修士論文は即座に博士号も授与されたほど完成度の高い論文であると評価された。カヴェーリンの死後、1899年にモスクワで教授職に就いた。1900年には、18-19世紀の社会思潮・歴史観について、またそれらと社会運動との結びつきについて書いたが[RU 0459]、マルクス主義的な立場はまだ決して強くない。1911年に、〔マッハの〕経験批判論に立脚した『歴史認識理論の概観』を出版した[RU 0460]。彼は一元論者と二元論者の論争を主観的社会学の観点で乗り越えたいと考えた。主観的社会学は客観的な歴史的真実と主観的な解釈を融合させたものであり、因果関係も個人的な経験の反映であると見なした。マルクス主義は下部構造と上部構造の関係を決定論的に理解していると批判し、階級闘争にも批判的だった。というのも、ヴィッペルによれば、国家は階級的暴力組織であるが、国家自身が階級を生み出すこともあるからだった。そもそもヴィッペルは階級闘争が基本であるとする見方を認めなかった。彼が歴史認識において大きな役割を果たすと考えたのは心理学だった。

古代史に関する膨大な著作の中で重要な作品は、大学の講義シリーズ『古典時代のギリシア史—紀元前9-紀元前4世紀』であり、1916年に改訂版が出た[RU 0461]。原則的に近代主義を拒否したが、実際には近代主義の視点が横溢している。例

えば、ソロンの改革を農奴解放と比較し、ホメロスの時代をギリシアの中世と見なし、その後の時代に資本主義を、さらに哲学者の中に社会主義者を見出したのである。また、アッティカに資本家とプロレタリアートの闘争を見出し、後者の要求が自然な発展に逆行していると非難した。彼の因果関係論に従えば、事件がなぜ起こったのかではなく、どのようにして起きたのかという問題こそが研究に値した。1908年に出版された『ローマ帝国史概説』も同様の方向性で執筆され[RU 0462]、後期共和政と初期帝政の問題が取り上げられた。すなわちヴィッペルは、アウグストゥスの元首政を最上流階級との妥協と見なし、モムゼンには明白に異を唱え、これは民主的ないし福祉国家的な君主政などではないと主張した。

M.M. フヴォストフ（1872-1920）はヴィノグラードフの薫陶を受け、経済・社会問題に関心を抱いた。歴史理論の論考（例えば、クリュチェフスキーの追悼本に収められた「歴史の課題に関する問題に向けて」[RU 0463]、および『歴史方法論と歴史哲学に関する講義』1913年[RU 0464]）で、マルクス主義からの影響も受けつつ、基本的に実証主義の立場から精神史的解釈と議論を交わした。フヴォストフの研究は、ギリシアの社会的および経済的発展を扱い、修士論文はギリシア・ローマによるエジプトとの東方貿易について論じている（1907年）[RU 0465]。この修士論文は、古代における交換経済の発展を概観しようとした大作の一部として準備されたものだった。フヴォストフは大学の講義録を1909年に『古代東方史』[RU 0466]、1915年に『ギリシア史』[RU 0467]として出版した。これらの著書で古代資本主義を現在のそれと区別したものの、自らは十二分に近代主義者であった。いずれにせよ、経済的な要因に通じていたことは重大な事実であり、フヴォストフは政治的な発展において経済が果たした役割を大変重要であると考えた。そして、文化の発展も経済抜きには語りえないとも考えた。

ヴィッペルもローマ史に取り組んだし、ヴィッペル以前ではのちに見るように、ゲリエも取り組んでいた。19世紀後半のローマ研究では、V.I. モジェストフ（1839-1907）のような文学史家も活躍した。モジェストフは自由主義者であったため、得られた職はあちこちでの、ラテン語教授に限られた。修士論文でタキトゥスを復権させ、タキトゥスが偏向していたとする議論を一蹴し、その存在も含めて共和政時代のローマを賞賛した[RU 0468]。他方、博士論文では帝政期の文学を扱った。本来3巻本で構想された『ローマ史入門』の価値も決して低くない（2巻、1902-04年）[RU 0469]。最古のローマ史とそれに先行する時代を扱い、第1巻では旧石器時代から始めて、考古学的資料も有効に取り入れた。第2巻ではオリエント起源といわれるエトルリア人の役割を検証した。第3巻でラテン部族の定住を論ずる予定だったが、数編の論文が出版されるにとどまった。

タキトゥスに否定的だったのが、ウクライナ人の歴史学者 M.P. ドラホマノフ（1841-95）である。彼は、1876年以降、亡命を余儀なくされ、亡命先でウクライナ国民運動の指導的人物の一人となった。古代史の著作はローマに関するものだった。年少にしてティベリウスについて作品を著し[RU 0470]、タキトゥスに対抗する意味で彼を復権させた。1869年の修士論文「ローマ帝国の歴史的意義とタキトゥス」は、タキトゥスなどに由来するローマに対する低い評価を不当であるとした[RU 0471]。ドラホマノフによれば、ローマを非難する立場はイデオロギー的な考えから生まれた。彼は帝政期についてさえ、むしろ肯定的事実をすすんで受け入れようとした。

J.A. クラコフスキー（1855-1919）はロシアで学んだ後、モムゼンのもとで刻銘学を修し、初期のローマ史に取り組んだ。修士論文でローマのコレギウム問題を論じ[RU 0472]、教授資格取得論文で退役軍人の定住と土地の供与について書き[RU 0473]、博士論文では、考古学的資料も取り入れながら、ローマの起源問題を扱った[RU 0474]。多くの点で細部に鋭い観察眼を持ったが、彼もまた近代主義に抗することができなかった。のちにビザンツ史も手がけた。

チェコ人である J. ニェトゥシル（1850-1928）は古典語を中等学校で教えた。必要な学位論文こそ言語学のテーマで執筆したが、I.V. ニェトゥシルの名で、王政期および初期共和政期のローマを

扱った作品を著し、そこから古ルーシの研究に入った。古代ローマ国家の遺物に関する総論を 3 巻にまとめて出版し（1894-1902 年）［RU 0475］、他方、ハリコフ大学の講義は『ローマ史と史料学総覧』の表題で出版された（1912 年）［RU 0476］。ニェトゥシルは考古学的な資料への目配りはしなかったが、歴史的伝統（リウィウス）に対してはやや懐疑的であり、そこから有用な洞察を数多く引き出した。

ソコロフの刻銘学派から、さらに数名を挙げることができる。全員が何らかの形で碑文資料を扱い、一様にローマ史を古典文献学の方面に押し広げた。I. V. ポムヤロフスキー（1845-1906）は文学史の論文に加えて、ローマの遺骨安置所の碑文も分析した［RU 0477］。I. V. ツヴェタエフ（1847-1913）はイタリアの碑文を出版し、その中にはオスクの諸言語で書かれたものもある［RU 0478］。M. N. クラシェニンニコフ（1865-1932）はローマ人の宗教と日常生活を扱い［RU 0479］、M. M. ポクロフスキー（1868-1942）はアウグストゥス期の歴史と文学についての著書を出版し（1907 年）［RU 0480］、政治思想の発展にも関心を寄せた。

法制史家の V. I. シナイスキー（1876-1949）は、狭義の法学史も著した。1911 年にローマ法の法源の歴史を刊行したが［RU 0481］、そもそもの関心はローマの農業組織にあった。シナイスキーは古代ローマに農村共同体が存在したことを強調したが、1915 年の著書でこの共同体をコサックのオプシチナと直接的に類比させたのは、少し行き過ぎだろう［RU 0482］。E. D. グリム（1870-1940）はサンクトペテルブルク大学の教授であり、1911 年に学長になった。皇帝権力の発展に関する彼の大著は重要であり（2 巻、1900-02 年）［RU 0483］、第 1 巻がネロまで、第 2 巻が西暦 180 年までを収めた。彼は、行政府がイデオロギー的な手段を用いてどのように元首政を確立したのかに特別な関心を寄せた。この点に関して、ディオ・クリソストモスや小プリニウスに関する著作の中で［RU 0484］、帝政初期における政治思想の一種の体系化を試みた。これは価値ある試みだった。

ロシアの歴史学界全体を通して最も傑出した古代史家は、疑いなく、M. I. ロストフツェフ（1870-1952）である。ギムナジウム校長の息子だった彼は、キエフとサンクトペテルブルク大学で学び、F. F. ゼリンスキー（1859-1944）に師事した。1895 年から 1898 年にかけて数カ国を遊学し、モムゼンの講義も聴いた。オックスフォードに移る 1917 年までの最大の関心事は、ヘレニズム時代、ローマの中でも特に帝政期、そして南ロシアにおける古代ヘレニズムおよびイランの影響だった。また、ロストフツェフもよきロシアの伝統を受け継ぎ、同時代の社会問題、より限定すれば、経済史的な問題にも関心を向けた。修士論文ではアウグストゥスからディオクレティアヌスまでのローマの徴税請負制を論じ（1899 年）［RU 0485］、ほどなくローマの鉛製モザイク片に関する博士論文を仕上げた（1903 年）［RU 0486］。博士論文において、真に革新的だったのは、古銭学的資料の体系化ではなく、帝政期の経済体制全体を叙述したことだった。ロストフツェフはマイヤーの影響を受けており、叙述は近代主義に強く染まっていたが、それでも、古代資本主義は現在の資本主義と同一ではないと明言した論文もある（1900 年）［RU 0487］。すでにこの研究においてロストフツェフは個々の地方の特質を強調しようと試みた。ローマのコロナートゥス問題に何度も立ち戻り、ヘレニズム起源説を唱え、帝国東部地域での農業の継続的発展がヘレニズム時代に始まっていたことを明らかにした。東方世界の史料を用いることを旨としたが、1910 年にドイツ語で出版した著書では、起源問題について明言を避けるようになる［RU 0488］。また、同書ではローマ的要素と東方的要素の相互作用が強調されるようになった。イランの影響については、その後、何冊もの著書の中で立ち返った（『ボスポルス王国と南ロシアの墳墓』1912 年［RU 0489］、あるいは 1913 年のロンドンでの国際歴史学会議で行なわれた報告「ロシア南部におけるヘレニズムとイラニズム」［RU 0490］）。後者は、亡命中に増補され、大部のモノグラフとなった。これらの問題群は、歴史の課題設定が自国であるロシアに根ざしていることを示している。ローマの立法者とストルイピンの間における類似性の指摘も同様である。つまり、ロストフツェフはローマ皇帝が大土地所有

者と小土地所有者を等しく援助したことを強調するのである。ロシア史に由来する問題提起と傑出した経歴は、1917年以降、ロストフツェフをして大部の経済史総論を執筆させ[RU 0491]、自らを古代史の国際的な大家へと成長させるのに大きな役割を果たした。ただ、もはやこれはロシア史学の領域を踏み越えている。

16. ビザンツ学

　古代学（考古学も）は自国で発掘された資料やロシアに由来する問題設定と結びつき、さらにイデオロギー的情熱も存在したが、中央政府にとってはビザンツ史に比べてさほど重要ではなかった。すでに19世紀前半に、いまだ一次史料に関する調査研究が一切なされていなかったにもかかわらず、ビザンツ史、ないしはビザンツ史の諸問題を扱った著作が何冊も出版された理由はここにあった。I. D. エルトフ（1777-1842）の『東ローマあるいはコンスタンティノープル帝国史』は、そうした潮流が生み出した最初の著作の一つである（3巻、1837年）[RU 0492]。世紀末に向けて、すでにかなりの成果を上げていたロシアのビザンツ学にとって政府の支援は大きな可能性を保証した。1894年から（今日に至るまで）『ビザンツ雑誌』が発行され、1895年には史料発掘のため、そして考古学研究のためイスタンブルにロシア考古学研究所が開設された。初代の所長に就いたのはビザンツ学者のF. I. ウスペンスキーだった。

　ビザンツが時宜にかなったテーマだったのは、次の理由による。すなわち、ビザンツを取り上げれば、正教会の世界史的な役割、および専制的君主権力の優位をまとめて証明することができ、また、ビザンツの農業発展について語れば、ほとんど常に同時代のロシアの問題を対象にすることにもなったからである。また、ビザンツについては、ギボン以来、どちらかといえば、衰退を強調する西欧の文献に対抗して、その偉大さや世界史における重要性を高く評価することさえ可能だった。ロシアのビザンツ学は、ロシア帝国の東方との結びつき（そして、その東方的な性格）ではなく、明らかに西欧派、すなわち西欧の発展に相応する現象を強調したため、ヨーロッパとロシアという問題提起においては実際のところ、間接的にせよ、両者の同一性に与した。他方、ビザンツ史に見られた宮廷革命への非難や、上からの国家改革への積極的な評価は国内の状況を考慮する中で提示された。したがって、ロシアにおけるビザンツ学の代表者たちはどちらかといえば自由主義者の陣営に属した。もっとも、世紀転換期に至ると、ロシアの歴史学者は大半が自由主義陣営に属していた。ただしビザンツ学者はロシア史の専門家とは異なり、専制政治の擁護に強くこだわった。

ヴァシリエフスキー

　ロシアのビザンツ学を代表し、最初にヨーロッパの水準に肩を並べたのが、司祭の息子だったV. G. ヴァシリエフスキー（1838-99）である。彼はスレズネフスキー、スタスユレヴィチ、クトルガの弟子として出発したが、これらの師はみな世界史のすべてを教授する教師だった。ヴァシリエフスキーは修士論文「古代ギリシアの衰退期における政治改革と社会運動」でヘレニズム問題を扱った（1869年）[RU 0493]。1870年からサンクトペテルブルク大学の中世世界史の教授となり、ロシア中世学の創成にも貢献した。彼も中世史の講義において社会経済史への強い関心を示し、中世の萌芽をローマ帝国の崩壊に求めた。すなわち、未開人の土地共同体および氏族社会とローマとの統合を説き、当時流行だったロマニスト（フュステル・ド・クーランジュ）とゲルマニストの行き過ぎに対して、等しく否定的態度を取った。

　1870年代の末、彼の関心はビザンツ史に向かうが、ロシアの発展という観点に強く引きずられていた。彼は外国のビザンツ学者と異なり、スラヴ関連の史料や、ビザンツの発展におけるスラヴ的要素の役割一般を極めて重要視した。例えば、ヴァシリエフスキーは彼にとって最初の大作となる書物の中で、偶像破壊を行なった皇帝による立法に関連して、農民法の重要性に言及している（1878年）[RU 0494]。つまり同法から、7-9世紀にスラヴ人がバルカンに定住し、スラヴ人の自由な土地共同体がビザンツ農業発展の基礎となったことが確かめられるというのである。ビザンツ

政府はこれを維持しようと努めたが、最終的に大土地所有者が優勢となり、ビザンツは封建国家となった。もちろん、ヴァシリエフスキーのいう封建制とは、もっぱら政治組織を意味し、中央権力の弱体化を指すに過ぎない。西欧に典型的な忠誠の連鎖の欠如は、強大な皇帝権力の存在によって説明された。多くの研究においてヴァシリエフスキーは、ビザンツ、南スラヴ、南ハンガリー、そしてロシアとの間の政治的な関係を分析し、ビザンツの発展におけるノルマン人の役割を論じた。だが、ノルマンとルーシを同一視することに対しては、ビザンツの発展という観点から異を唱えることに努めた。また、ビザンツとペチェネグ人の関係に関して研究し、遊牧民の攻撃に対しては、キエフ・ルーシのような強大な国家だけが防衛可能だったことを証明しようとした。

ウスペンスキー

ヴァシリエフスキーと同じく司祭の息子であった F. I. ウスペンスキー（1845-1928）はサンクトペテルブルク大学で学び、ロシア史講座において学問の道に踏み出す準備をしたが、ロシア中世を経て、やはりビザンツへとたどり着いた。1894 年から 1914 年の間、イスタンブルの研究所長として、また考古学者としても活動し、発掘を率いた。最初の著書はロシア北西部の王政について論じたものだった（1872 年）[RU 0495]。しかし、1880 年代にビザンツ農業史をテーマとした研究をいくつか発表し始めた。これらの研究は、複雑な法律用語を解説した点で価値が高い。1888 年の第 6 回ロシア考古学大会で行なった報告で、ビザンツ土地測量法問題を最終的に解決した。これも農業史的な観点から重要な業績だった。イスタンブル（コンスタンティノープル）の都市総督に関する研究では、都市の経済と行政にも目を向けた[RU 0496]。政治問題にも取り組み（1894 年、サーカス派諸党の政治的側面に注目する論文を執筆した[RU 0497]）、ビザンツの軍管区制度をスラヴ人の定住問題に関係づけた。ビザンツ文化に関しても 2 本の論考を残した[RU 0498-0499]。1913 年に出版された著書『ビザンツ帝国史』の第 1 巻（続刊の第 2 巻はかなり後に出版された）は、もちろん総合的通史だが[RU 0500]、何よりも叙述史料を参照した結果、必然的に最も詳細な政治史となった。君主政と正教会の肯定的な意義は、この書から間接的に読み取ることができるだけである。彼自身が語るところによれば、結論で明言する際には、むしろ慎重であろうとし、一般化はしなかったという。むしろ彼がこだわったのは、多様な史料について熟考し、信頼の置ける分析をすることだった。没後に刊行されたトレビゾンド帝国史を扱った著書は、1916 年から 1917 年にかけての発掘成果も含んでいる[RU 0501]。

ヴァシリエフスキーと同様に、K. N. ウスペンスキー（1874-1917）もモスクワ女子高等専門学校における講義で、古代ギリシアも扱ったが、主たるテーマはビザンツだった。彼は、同時代の他の人々と異なり、いくつかの問題において正反対の立場を取った。『ビザンツ史概説』という著書の第 1 巻（1917 年）において[RU 0502]、ビザンツの農村共同体は領主によってもたらされたとの考えを示した。つまり、スラヴ人の流入が大きな転換点となった事実など全くないという意味だった。また、彼は同僚たち以上に、東ローマ帝国とビザンツとの間の連続性を強固であると捉え、両者に明確な境界線は存在しないと考えた。こうした考えに従えば、ビザンツ性について論ずることは不可能であった。もちろん彼も、封建制度は政治組織の問題だと見なし、農民法の起源を 7 世紀として、そこにギリシア的な特徴を見出した。ウスペンスキーにとってビザンツの発展は、歴史の中に唐突な飛躍（ないしは革命的な変化）は存在せず、すべては進化のなせる業であることを証明するものだった。しかし、このことも自明ではなかった。なぜなら、ウスペンスキー自身が、歴史過程に法則性はなく、さらに因果律の存在さえも疑わしいとの結論を、世紀転換期の哲学から引き出していたからである。歴史学者の課題とは、ランケのように、出来事がいかに推移したかを書き記すことでしかないと考えた。

B. A. パンチェンコ（1872-1920）はサンクトペテルブルクにおけるヴァシリエフスキーの弟子であり、長期にわたる国外留学も経験した。ののち F. I. ウスペンスキーのいるイスタンブルのロシ

ア考古学研究所の秘書を務めた。プロコピオスの『秘史』に関する興味深い研究を著し、プロコピオスが作者であることを実証した[RU 0503]。また「ビザンツにおける農民の土地所有」という研究において（1904 年）[RU 0504]、11-16 世紀の文書を初めて活用し、問題の解明に当てた。パンチェンコは博識をもって私的所有が絶えず存在したことを証明し、農民の土地所有はビザンツのあらゆる時代を通して不変だったと考えた。つまり、農村共同体の存在を否定したのである。彼も、K. N. ウスペンスキーと同じく、スラヴ人定住説と一線を画し、農民法を 7 世紀のものであると断言した。

P. A. ヤコヴェンコ（1875-1920）はビザンツの免税特権（エクスクシア）の問題を検討し、もっぱら 11 世紀の史料に依拠して、古代にその前身がなかったこと、また、西欧のインムニタスとは無関係であることを証明しようとした[RU 0505]。1917 年に、キオスの新修道院の文書に関する著書において[RU 0506]、ビザンツにおける文書慣行の発展について重要な諸説を打ち立てた。

A. P. ルダコフ（1866-1940）はギリシアの聖人伝を基に、ビザンツの文化史に関する大著を 1917 年に出版した[RU 0507]。1204 年以前のおよそ 200 に上る伝記に基づいて、ビザンツ都市の発展に関して興味深い像を描き出した。ロシアにおける多くのビザンツ学者は、こうした問題群を無視していた。

S. P. シェスタコフ（1864-1940）は、D. F. ベリャーエフ（1846-1901）の弟子だった。カザンでギリシア文献学の教授となったが、ビザンツも対象とし、中でも文献学者にふさわしく、史料の分析に取り組んだ。ゲオルギオス・ハマルトロスの年代記に関して 2 冊の著書を上梓し[RU 0508-0509]（1891、92 年）、ケルソネソスについての概説も著した（1908 年）[RU 0510]。ロシアとビザンツの外交関係にも、当然ながら取り組んだ。大学の講義録の第 1 巻は、1915 年に刊行された[RU 0511]。

A. A. ヴァシーリエフ（1867-1935）の業績のほとんどは、1917 年以降に出されたが、ここでも言及しておかねばならない。彼はヴァシリエフスキーの弟子で、将校の家系だった。大学時代にロストフツェフやブルガリア人のズラタルスキと交友した。1904 年にタルトゥ大学に赴任したが、1917 年にサンクトペテルブルク大学に戻った。非常に詳細な政治史が彼の研究対象であり、1917 年に出版された大学講義録の第 1 巻（『ビザンツ史』）も同様の性格を有した[RU 0512]。後期の研究では、ビザンツの精神的な発展を明らかにするために、美術史の問題も詳細に論じた。

順序は逆になるが、ずっと古い世代に属する美術史家にも触れておかねばならない。N. P. コンダコフ（1844-1925）は 1876 年に、博士論文「ギリシア手写本の挿絵に基づいたビザンツ美術と聖像学史」を完成させた[RU 0513]。彼は 1888 年にサンクトペテルブルクで美術史の教授となり、1892 年にビザンツのエナメル美術に関する著作を著した[RU 0514]。さらに考古学的な研究も行なった。美術史的には、形態の分析と並んで、歴史的な解釈も非常に重要と考える立場を取った。実際、彼の研究や著作では、例えば、遊牧民とビザンツの関係のような歴史的なテーマに触れられることもかなりあった。1917 年に亡命したが、ビザンツ学の国際的な権威として、最初はソフィアに、その後はプラハに居を定めた。

17. スラヴ人の歴史

ビザンツ学と同様にスラヴ学も注目を集めた。その理由は数多くあるが、大きくは政府の判断からだった。1811 年、モスクワ大学にスラヴ文化講座が開設され、他大学でもさらにいくつかの講座がこれに続いた。政府の意図と並んで、スラヴ派の思想も極めて重要だった。スラヴ思想は、主にロシアの発展を中心に据え、その他のスラヴ系の人々に対しては二義的な関心しか示さなかったが、それでも、関心を示したことは間違いない。もちろん、次のことも付言しておかねばならない。つまり、スラヴ学とは、当時の理解では（その後も、ほぼその通りだが）、第一に文献学、すなわち言語学的な研究であり、徐々に文学史へと発展した研究のことである。歴史研究は二義的、三義的な意味しかなかった。つまり、ロシアの非常に優秀

な学者たちを突き動かしたのは文献学だった。このためロシア中世史の解明も、編年史やその他の史料の徹底した分析の成果であり、文献学から多大な恩恵を被った。他方、他のスラヴ人の歴史に関しては、ロシアとの関連以外に第一級の史料に基づく実証的新知見が現れなかったことも、いっておかなければならない。しかも、それらは多くの場合、従来の成果をまとめただけの、かなり広範な一般読者を対象にした著作に過ぎなかった。

こうした状況であったがゆえに、Yu. I. ヴェネェリン（1802-39）の著作について一言触れておくことは意味があろう。カルパチア・ウクライナ人の好事家だったヴェネリンは、1829年に著書『ロシア人との政治的、歴史的、宗教的関係における古代と現代のブルガリア人』を出版した[RU 0515]。彼はブルガール＝テュルク人もスラヴ人と見なした。このことはブルガリア人の間で大きな反響を呼んだが、実際には18世紀初頭の水準を反映したものだった。しかしながら、これはロシアのスラヴ学が歴史学へ踏み出す第一歩となった。

モスクワの講座では文献学者の O.M. ボジャンスキー（1808-77）が、スラヴ文字の始まりに取り組んだ（1855年）[RU 0516]。彼の弟子には、サンクトペテルブルクのスレズネフスキーのような歴史学者もいるが、ボジャンスキーの名が冠せられた文献学派が主流だった。V. I. グリゴロフスキー（1815-76）は多くの場所で教授職に就いたが、モスクワでも教授となった。彼はバルカンの正教徒スラヴ人に関心を抱き、それによってスラヴ学の価値体系にも影響を及ぼした。正教徒のスラヴ人だけが関心を払うに足る存在だった。バルカンの紀行文や（正教に近いと見なされた）フス主義の検討と並んで、まずはじめに南スラヴ人の中世史に取り組み、史料も刊行した[RU 0517]。

ドイツ出身だが、信念を持ったスラヴ派の A.F. ギルフェルディング（ヒルファーディング、1831-72）は、歴史の多種多様な側面を大衆に伝えた人だった。バルト地域のスラヴ人やそのドイツ人に対する戦いについて論文を書き、本としても出版された（1855、61年）[RU 0518]。クリミア戦争期に、原史料にも基づきながら、ブルガリア人とセルビア人の歴史について著した。南スラヴ人社会の構造も分析し、農村共同体の存在を指摘した。ブルガール＝テュルク人はもはやスラヴ人と見なされず、言語的にはハンガリー語やその他のフィン・ウゴル語と同系とされた。3年間、サライェヴォでロシア領事として活動した後、ボスニア、ヘルツェゴヴィナ、そして古セルビアに関する著書も出版した（1859年）[RU 0519]。クロアチア人は南スラヴ人であっても、カトリック教徒のため無視され、スロヴェニア人については認識さえなかった。1862年に出版された著書『ボヘミア史概説』の中で[RU 0520]、16世紀初頭のチェコに、ポーランド型貴族共和政を見出した。他方、チェコの民衆は常にハプスブルク支配に抵抗しながらも、諸身分の蜂起を支持することはなかったと述べた。

V. I. ラマンスキー（1833-1914）はスレズネフスキーの弟子で、サンクトペテルブルク大学の教授となった人物である。1859年の修士論文で、小アジア、アフリカ、スペインにおけるスラヴ人の痕跡を研究した[RU 0521]。彼は小アジアにスラヴ人の故地を発見したと主張し、その後スラヴ人はドナウ盆地に向けて、さらにそこから先へと移動したと考えた（非学問的なレベルでは、彼以前にもこの説は、多くの人が唱えた）。彼はヴァンダル人をヴェンド人と同一視することによって、スペインにおけるスラヴ人の存在を立証しようとした。他のスラヴ学者たちは、ラマンスキーの主張が学問的には疑わしいとして頻繁に批判した。1871年の博士論文で、ラマンスキーはギリシア・スラヴ世界の歴史研究に関する問題提起を行なった[RU 0522]。すなわち、スラヴ的要素に加えて、ビザンツも非常に重要であると主張したのである。他方で、ヴェネツィアの文書館で行なった調査は、15-16世紀の世紀転換期におけるヴェネツィアとギリシア人およびスラヴ人との関係について、価値の高い資料をもたらした[RU 0523]。

スラヴ学はスラヴ派から大きな影響を受けたが、その中で K. Ya. グロート（1853-1934）は、1881年に刊行された著書『9世紀半ばから10世紀初頭までのモラヴィアとハンガリー人』が示すように、独特だった[RU 0524]。同書においてグロートは、

ハンガリー人の攻撃がスラヴ人から見て全くの災難だったとする同時代人や前の時代のパラツキーの見解を排し、むしろハンガリー国家の存在がドイツの拡大に対抗する上で有効だったことを明らかにした。さらに、ボヘミアが西スラヴ人の精神的な中心になったことも、その結果であるとした（これにより、ポーランド人の重要性を低下させることもできた）。12 世紀のハンガリー人とスラヴ人の関係についても著作を著したが、ここではハンガリー人の役割をもはやあまり積極的に捉えなかった[RU 0525]。

V.V. マクシェフ（1837-83）はドゥブロヴニクの領事を務めた後、同市に関連した史料について研究を出版した（1867 年）[RU 0526]。1872 年に、ブルガリアにおけるオスマン支配に関する研究を著した[RU 0527]。彼は、オスマン支配がなければ、ブルガリア人はカトリックの影響下に入り、国民性喪失も生じただろうとし、オスマン支配を肯定的に捉えた。この分野の専門家であるキエフ大学教授 T.D. フロリンスキー（1854-1919）も同様の結論に行き着いた。彼はラマンスキーとヴァシリエフスキーの弟子だったが、一番の関心はセルビア人にあった。セルビアとビザンツの発展における類似性も認識していた（『14 世紀第 2 四半期における南スラヴ人とビザンツ』1882 年[RU 0528]）。セルビア皇帝ステファン・ドゥシャンの立法に関する著作は不朽の業績である（1888 年）[RU 0529]。同書において、法典のビザンツ的な形式と史料を示し、自ら多くの新たな法制史料を発見した。I.M. スミルノフ（1856-1904）は、クロアチアとダルマチアの問題に取り組んだカザン大学の教授である。1879 年に、10-11 世紀のダルマチア諸都市について論じ、ローマの制度がどのように浸透し、また、スラヴ的な要素の強化に伴って、それらがどのようにして徐々に後景に退いたかを明らかにした[RU 0530]。ほぼ同時期に、ダルマチア諸都市とヴェネツィアとの関係を検討した、12-16 世紀に関する研究も出版された（1880-84 年）[RU 0531]。古代史においてすでになじみの近代主義は、彼とも無縁ではなかった。彼は都市の社会的組織を解明したいと考えたが、満足のいく成果を上げることはできなかった。

キエフ大学の、のちにはタルトゥ大学の教授を務めた A.N. ヤシンスキー（1864-1934）はチェコ史を専門とした。1895 年に出版された著作において、10 世紀から 13 世紀の過程で、古代のチェコの法体系がドイツの影響によって後景に退いたと詳説した[RU 0532]。しかし同時に、ドイツ法の役割を過大に評価しているとして、チェコの歴史学者たちを批判してもいる。1901 年に、『中世チェコの社会史と経済史に関する概説と研究』の第 1 巻『慣習法支配期におけるチェコ人の社会組織の基盤』が出版された[RU 0533]。ヨーロッパとの比較も用いて、12 世紀から 13 世紀に農民たちが他の土地に移住することを強制され、これによって農民が農奴となる道が開かれたと説明した。

V.A. フランツェフ（1867-1942）は、チェコとポーランドの国民復興期を専門とし、1902 年に『チェコ再生史概説―18 世紀末と 19 世紀前半におけるロシアとチェコの学問的な結びつき』を出版した[RU 0534]。これは、要するにロシアを訪れたチェコ人たちとの関係を論じたものである。1906 年に出版された第 2 作『18 世紀末と 19 世紀の第 1 四半期におけるポーランドのスラヴ学』も同じテーマであり[RU 0535]、ロシアとの関係が第一に検討された。1917 年以降フランツェフは亡命し、プラハで大学教授となり、同地でもまず何よりも民族間関係の詳細な解明を継続した。

A.L. ポゴーディン（1872-1947）は（スラヴ人の移動の歴史に関して）1901 年においてもいまだ、スラヴ人はどこにおいても先住民だったとの立場を取った。『ポーランドの政治思想の本流 1863-1907 年』は価値ある史料を公開し（1907 年）[RU 0536]、公刊されたものに加え、個人所蔵の文書史料も渉猟した。彼は配慮に欠けるロシア化には与しなかったが、ポーランド人による自治もいかなる形であれ、現実的ではないと考えた。同時代の政党の中では、ポーランド社会党に共感したが、それも独自のやり方であった。1915 年に刊行された『19 世紀におけるポーランド民衆史』は、三分割されたポーランド領域すべての政治的な発展を明らかにしたが[RU 0537]、無論、ポーランド統一をロシアの指導のもとに実現するという、当時の政府の構想に基づくものだった。そこでは列強

の政策においてポーランド問題が果たした役割がよく描かれている。国内の発展に関しては、実証主義者の有機的労働という概念を積極的に評価した。

18. 中世史

グラノフスキー

スラヴ学に触れた後は、中世世界史の研究者について見ていこう。最初に挙げるのは、やはり優秀な研究者でモスクワ大学の教授 T.N. グラノフスキー（1813-55）である。何でも教えたが、主に中世に関心を向け、博士論文ではサン・ドニ修道院長シュジェについて書いた [RU 0538]。短めの論考をいくつか書いたのち、短い一生の終わりに、新しい教育要綱に従った世界史の教科書を執筆し始めた。しかし、この仕事をかなり嫌っていたようで、職務であるから仕方なく取り組んでいると私信に書いた。

スラヴ派的色彩も垣間見える。スラヴ人の未来は極めて明るいものと考え、ビザンツ帝国でさえスラヴ人が社会で重要な役割を担った間だけ大国でありえたと考えた。とはいえ、グラノフスキーは全般的に自由主義的な思想の持ち主であり、1840年代には西欧派のリーダーだった。後世の歴史家は彼をあまり高く評価しないが、それは彼が文書館史料に基づかず、しかもわずかしか著述しなかったからである。彼の重要さは歴史観にあり、それは公開講演で披露された。グラノフスキーの歴史観は長い間、当時の例に漏れず、ヘーゲル主義的だったが、絶対精神の実現は国家としてではなく、民族として現れるとした。発展はいうまでもなく対立の中で生まれ、だからこそ飛躍もある。過渡期には飛躍に驚かされることもあると説いた。

グラノフスキーは西欧派的色彩を持ちながら、自分なりにロシア人であることを自覚していた。つまり、まさにロシアの歴史家こそが世界史に取り組まなければならないと考えたのである。なぜなら、西欧はすでにこの分野でも衰退期に入っているからである。また後年のグラノフスキーはヘーゲル主義を捨てて実証主義に接近し、地理的環境が果たす決定的役割、そして諸民族の生物的特性を強調するようになった。歴史叙述を自然科学の水準にまで高めることが願望だった。

公開講演（1842-44年、1845-46年、1851年）では西欧の中世史を取り上げ、封建制が消滅したことを強調した。聴衆は、それならばロシアでも封建制を終わらせるべきだと認識するようになった。同時にグラノフスキーは、封建的無政府状態に対する君主政の優位と先進性について論じ、身分制的君主政が議会主義と共存することを示した。絶対主義に比べ立憲君主政の方が先進的であると訴えようとしたのである。この訴えに対して聴衆が何を考えたか、明らかだろう。第1期の公開講演はとりわけ大きな反響を呼び、社会的事件とまでいわれた。モスクワに住む大貴族の婦人たちは、グラノフスキーの示唆した貴族支配の間近い終焉に熱狂的拍手を送った。

グラノフスキーは君主政を放棄することは決してなく、その限りで、世紀転換期まで君主主義的性格を維持したロシアのブルジョワ的歴史叙述に忠実だった。こうしたグラノフスキーの穏健自由主義は、フス派運動の叙述においてターボル派よりも聖杯派に肩入れしたこと、あるいは、実証主義時代にふさわしく、革命回避のためには改革が必要であると理解していたことにもよく現れていた [RU 0539]。

＊

グラノフスキーの後継者は P.N. クドリャフツェフ（1816-58）だったが、長生きしなかった。クドリャフツェフも才人で、文化史や文学史にも携わった。ただしグラノフスキーとは異なり、過去と現在の間のつながりや類似性を否定した。しかしそれゆえに、より確信的な西欧派であり、そのため、常に西欧の初期中世史に立ち返った。もともと、ローマ史にも手を染めていたが（『ローマの女性たち』1856年 [RU 0540]）、修士論文「西ローマ帝国滅亡期からカール大帝による復興期までのイタリアの運命」で、古代と中世（これはイタリアではテオドリック大王から始まる）の断絶を強調した（1850年）[RU 0541]。イタリアについては近代にも関心を向け、ジョゼフ・ボナパルトの治世を断罪した [RU 0542]。これは、他国による支配がイタリアの統一を妨害したという認識に

基づくものだった。クドリャフツェフは上からの統一を支持し、一般的にも改革支持者だった。オランダ独立戦争も改革として扱い、カール5世の失敗の原因を反動政治に求めた。

S.V.エシェフスキー（1829-65）はクドリャフツェフの教え子だが、理論面ではグラノフスキーに近かった。エシェフスキーは二人の師に比べ、むしろ専門に特化した研究者だったが、グラノフスキーは専門家だけに向けて著述する者を嫌悪した。それでもエシェフスキーは、過去と現在の連続性と類似性を強調する点でグラノフスキーに共感を抱いた。エシェフスキーはアメリカ南北戦争に影響され、「歴史における人種の重要性について」で、黒人差別を非難した[RU 0543]。さらに一般論として、歴史を持つ国民と歴史を持たない国民を差別化することを否定した。

エシェフスキーは西欧への研究旅行の途中にランケの講義を聴いたが、エシェフスキーにとってランケはあまりにも詳細に過ぎた。歴史において探究すべきは、大きな発展の道筋、そして何よりも正義だった。クドリャフツェフから引き継いだのは西欧中世史への関心だった。修士論文でシドニウス・アポリナリスについて書き、この人物が古代から中世への移行期に果たした意義を論じた[RU 0544]。また、メロヴィング朝についても研究した。講義準備のため、古代にも手を広げ、大きな紙幅を割いて奴隷の重要性について論じた。エシェフスキーは、古代において共和政が君主政より優越したと論じることによりグラノフスキーを多少乗り越えた。さらに僭主政とそれと類似する近代絶対君主政をも一定程度進歩的と見なした。古代から中世への移行期に最も関心を寄せ、特にキリスト教の重要性を強調した。というのも、キリスト教は空洞化していたローマの宗教に取って代わったからである。民衆は宗教なしで生きていけない以上、それは本質的なことだった。キリスト教は普遍主義的な一体性および労働に対する新しい関係ももたらした。封建制の基盤を土地所有に求め、西欧のロマニストとゲルマニストの対立を不可解と見た。この時期は、エトノス的違いを本質的ではないと考えていたのである。

M.M.スタスユレヴィチ（1826-1911）はクトルガの教え子であり、2編の学位論文で、古代を主題に、アテネの支配構造とリュクルゴスの活動について書いた。その後中世に目を向け、教科書を書いた[RU 0545]。この他、1863-66年に史料と研究論文に基づいて3巻からなる中世の名文集を編んだ[RU 0546]。これは、長い間教科書として用いられた。1861年までサンクトペテルブルク大学で教えたが、その後失職し、1865年から『ヨーロッパ通信』という西欧派の自由主義的な雑誌を編集した。この頃『主要哲学史体系の史的概観の試み』を出版し、ヴィーコからヘーゲルまでの作品を分析した（1866年）[RU 0547]。その中でスタスユレヴィチは二つの基本類型を設定した。一方は不変性を強調するもの、他方は恒常的な進歩を強調するものである。彼は大学教育を受けていたにもかかわらず、グラノフスキー的な歴史家だった。彼の重要性は編集者としての活動にあるが、それはここでの主題から離れるので、触れなくてもよいだろう。

華麗な経歴を持つのはV.A.ビリバソフ（1838-1904）である。キエフ大学の教授であり、政治史以外にイデオロギー問題にも関心を示した。名文の伝記作家であり、西欧の刊行史料を次々に用いて新たな主題に取り組んだ。修士論文で皇帝フリードリヒ2世の十字軍について論じ（1863年）[RU 0548]、博士論文では皇帝に対立し教皇に支援されたハインリヒ・ラスペ対抗王について書いた（1867年）[RU 0549]。1868-71年に2巻本の『キュリロスとメトディオス』を出版した[RU 0550]。これは、当時のスラヴ学でしばしば取り上げられた主題を非宗教的な視点から書いたものだが、評判は芳しくなかった。しかし、多くの新史料を取り上げたことは評価に値する。他方、1869年に書いたフスについての著作では（実際はルターが書いた小冊子の翻訳に対する長い序文だったが）、ボヘミアにおける正教の影響の大きさを強調した[RU 0551]。すなわちボヘミアでは12世紀まで正教が優勢であり、フスの運動はそれを再生し、コンスタンティノープル陥落はチェコ人が正教と再合同することを阻んだと述べた。史料研究にも従事し、マシュー・パリス年代記の原文を明らかにした（1868年）[RU 0552]。10世紀に

興味深い作品を著した修道女ロスヴィータについても書き、のちにキュリロスとメトディオスの問題について再び取り組んだ（1885 年）[RU 0553]。その間、18 世紀ロシア史にも時間を割いた。エカテリーナ 2 世について 12 巻の歴史書を企画し、最初の 2 巻が 1890 年に出版された[RU 0554]（のちにベルリンで第 12 巻が出たが、その他の巻は結局出版されなかった）。日記、回想、書簡など非常に幅広く史料を用いたが、もっぱら登場人物に関心を寄せ、それぞれに特徴的な親密な人間関係について多くを語った。時にはあまりに赤裸々に書いたため、当時の読者には刺激的すぎた。結局のところ、エカテリーナ時代の年表的な出来事史に終始し、時代の特徴的な現象に潜む本質にまで食い込むことは全くなかった。

　N.A. オソキン（1839-95）はカザンで教授を務め、30 年にわたって中世史を講義した（これらは冊子として出版もされたが、繰り返し書き写されたためか、多数の間違いがある）。二つの学位論文のためパリで文書史料を収集し、『アルビジョワ派の歴史』という題の 2 巻本を出版した（1869-72 年）[RU 0555]。この著作でオソキンは、異端審問記録も利用し、精神史の考察に集中した。また、教皇を文明の使徒と見なした。アルビジョワ派運動の基盤を、南フランスの都市と都市民の発展に見、自由主義的志向ゆえに、異端審問を厳しく批判した。ギゾーとティエリに準じ、中世における都市の革命的役割に言及したが、その後の時代については革命に反対する立場を取った。封建制の終焉は、イギリス革命とウェストファリア条約がもたらしたと考えた。また、教会史を政治史や社会史につなげることに努めた。経済的要因も重視したが、正統派のヘーゲル主義者として、歴史とは精神史であるとした。発展に法則性があることを認めたが、これはヘーゲルに追従しただけであって、著書の中でそれを示すことはなかった。サヴォナローラについても若い頃に論文を書いたが[RU 0556]、宗教改革者としてではなく、社会主義者の先駆けとして扱い、政治活動に注目した。

　F.Ya. フォルチンスキー（1846-1902）はスレズネフスキーの教え子であり、中世に関してスラヴ人とドイツ人の関係を扱った。メルセブルクのティートマルの年代記について最初の大著を書き（1872 年）[RU 0557]、准教授になった。ヴァイツのもとで、またエコール・デ・シャルト〔古文書学院〕など国外でも学び、学位論文は、バルト海のヴェンド（スラヴ）諸都市がハンザの形成に果たした影響についてだった。また、ドイツ人の進出をめぐってスラヴ人の抵抗とスラヴ諸侯の臣従を対比してみせた[RU 0558]。大量の文書史料を駆使して諸都市の内的構造についても書いた[RU 0559]。しかし、後年は学問的意欲と当初の自由主義的傾向を放棄したのか、キエフ大学の学長を務めた晩年の 12 年間は、学生運動を激しく抑圧した。

　M.S. コレリン（1855-99）はゲリエの教え子であり、モスクワ大学で教鞭を取った。当初の文学史への関心を維持し続け、古代世界観の崩壊（1895 年）[RU 0560]や中世教皇制などについて多数の研究や本を発表し、啓蒙活動に努めた。講義では古代と中世を教え、文化史読本も編集した。また、美術史についても書いた。最も好んだ主題はイタリア人文主義だった。修士論文は当初ロレンツォ・ヴァッラについて書くつもりだったが、結局『イタリア初期人文主義とその史料』という題で書き（1892 年）[RU 0561]、これによって博士号も同時に取得した。同僚からの嫉妬もあって、心理分析的な研究や伝記は、あまり学問的でないとして評価されなかった。その著作は、『イタリア・ルネサンス概論』という論文集に収められ、版を重ねた[RU 0562]。

ヴィノグラードフ

　ロシアの中世史家の中で最初にヨーロッパに名を知られるようになったのは P.G. ヴィノグラードフ（1854-1925）である。高等学校歴史教師の息子で、学生時代から西欧の文学や哲学に関心を持った。モスクワ大学時代にゲリエの指導を受け、のちにモムゼンの講義も受けた。ヴィノグラードフは当初から世界史の研究者となることを目指した。修士論文「ランゴバルド期イタリアにおける封建関係の成立」で、封建制はローマ時代の社会関係が崩壊した結果として成立したと考え（1880

年）[RU 0563]、奴隷制は 3 世紀にすでに消滅しつつあり、その役割を紀元前 1 世紀に出現するコロナートゥスが担うようになったと論じた。中世の領主はローマ期の大土地所有者に起源を持つと考え、ランゴバルド人を例外として、ゲルマン人の影響はほとんどなかったとした。中世においても、諸階級の上に立つ国家の役割を重視した。この著作でも、多数の原史料を用いた。ヨーロッパで高い評価を受けた学位論文『中世イングランド社会史研究』は、1880 年代前半にイングランドで調査した文書館史料を基礎にしたものであり（1887 年）[RU 0564]、史料の大半は新たに発掘したものだった。この論文のうち二つの章は 1892 年に英語でも出版された。ヴィノグラードフによれば、イングランドにおける史的発展の基本線は、農村共同体が古来の氏族から形成されたことにあり、大土地所有には二次的な役割しか与えなかった。しかし 1905 年に出版された英語の著書では、大土地所有の決定的な役割を強調するようになった（『荘園制の拡大』[RU 0565]）。一方、農村共同体は社会平和を保つ手段であるとし、領主も共同体の決定には従わねばならなかったことを強調した。ただし、封建体制全体との関わりにおいては、領主の武装権とその役割を指摘し、これが社会の分権化につながったとした。もう一つの英語の著作でも（『11 世紀のイングランド社会』1905 年[RU 0566]）、大土地所有の重要性を強調し、荘園が農村共同体に勝利した時代として 11 世紀を扱った。1909 年に英語で行なった講演を出版し、その中で、中世におけるローマ法の役割について述べ、社会的な諸勢力の変化に対して精神が持つ組織力を強調した[RU 0567]。

ヴィノグラードフは史学史の分野でも、ロシア、西欧それぞれについて数多くの研究を刊行し[RU 0568]、オックスフォードではスラヴ派について講演した。「世界史の課題」では、歴史家の構想の中で重要なのは、歴史学の水準よりも、政治的志向だと論じた（1895 年）[RU 0569]。このことは自らの活動からも明らかである。彼は筋金入りの自由主義者であり、それゆえ 1901 年にモスクワ大学を辞めさせられ、イギリスへ渡った。1905 年にイングランドの地方自治について論文を書いたことからも、政治志向が明らかであろう。1908 年に再びモスクワ大学の教授に任命されたが、1911 年には多くの同僚とともにカッソの大臣任命に抗議して辞任した。1917 年にオックスフォードで教鞭を取るよう求められ、その後帰国することはなかった。その自由主義的志向は、ギムナジウム用に著した中世史の教科書にも見て取れる。そこにはすでに触れたような、諸階級の上に立つ国家という枠組みが強く示され、発展の頂点には西欧流の議会制があるべきとされた。同じような視点で読本も編集し、4 巻本で出版された（1896-99 年）[RU 0570]。そこには、ゲリエ、グレフス、リュバフスキー、さらにはヴィッペルや[M.N.]ポクロフスキーも執筆していた。

戦闘的だったのは政治志向だけでなく（1905 年に立憲制を支持する論説を新聞に書いている）、学問的な著作でも積極的に論争した。当時展開されていた国際的な論争にも加わり、ドプシュに反対して中世初期の自然経済を立証し、シーボームやメインとも論争した。第一次世界大戦後、それまで関心を持たなかった主題にも取り組み、あるシリーズでは戦争がもたらしたロシアへの影響を扱う巻の編集を引き受けた。もっとも、この仕事を最後までやりきることはできなかったが。いずれにせよ、ロシアの歴史家よりも、外国の歴史家の間で評価が高い人物だった。

ペトルシェフスキー

もう一人の著名で優れた中世史家 D. M. ペトルシェフスキー（1863-1942）も、最初に取り組んだのはイングランドの発展だった。ただし焦点を当てたのはヴィノグラードフよりも若干新しい時代である。ペトルシェフスキーはルチツキーの教え子であり、キエフとワルシャワで短期間教鞭を取ったのち、1911 年までモスクワ大学に勤めたが、ヴィノグラードフと同じ理由で辞任した（1917 年になって復帰した）。ヴィノグラードフが理論に関心を向けたことはすでに見たが、それはペトルシェフスキーにいっそうはっきりと見て取れる。1915 年に出版した『歴史学の論理形式の問題について』で、リッケルトの専門化志向に反対して、統一された学術用語の必要性を主張した[RU

0571]。新カント派に依拠し、歴史の発展に法則性を見ることを拒否したが、ウェーバーの理念型だけは受け入れた。理念型は論理的構造物に過ぎないが、これを駆使することで、多面的な現実を知ることができると考えた。

ペトルシェフスキーはワット・タイラーの蜂起に関する修士論文と博士論文からなる著作を 2 巻本で出版した[RU 0572]。この著作は大量の原史料の史料批判を基に書き上げられた。第 2 版ではさらに新しい史料を用いた。政治的、経済的そして社会的な原因から蜂起を説明し、蜂起をイングランド史の基本的転機と位置づけた。ただし蜂起は政治的転機にとどまり、新しい社会を生み出す闘争とは見なされなかった。ペスト大流行の後に労働力不足が生じ、このため領主たちは賦役を強化し、それが蜂起を誘発させたと考えた。ペトルシェフスキーにとってこうした物事の成り行きは身分制においては自然なことだった。身分は国家権力により作り出され、領主と農民の関係が封建的だったのと同じように、身分制もまた封建的なものだった。しかしペトルシェフスキーは、両者を結びつけようとしなかった。蜂起に現れた階級闘争は商品生産と貨幣経済の結果であり、すでに 14 世紀において大規模農場は賃労働を導入していたというのである。

ペトルシェフスキーは 1903 年に『中世イングランドの国家と社会の歴史概説』の第 1 巻を出した[RU 0573]。これは書名の通り、国家と国家機構の歴史を扱っており、第 2 巻で経済的、社会的発展の歴史を書くと公言したが、実現しなかった。中世については、1907 年の『中世の社会と国家の歴史概説』で、封建制を多様な形で現れる一般的な社会現象として捉え、歴史ではなく社会学の範疇に属する事柄だとした[RU 0574]（数年のうちに数版を重ねた）。つまり、おおむね同様の現象が様々な時代に現れ、例えば、ロシアの農奴制は後期ローマ帝政と比肩しうると考えた。この著作はワルシャワ大学での講義から生まれたものであり、ヴィノグラードフと同様に彼も、3 世紀に国家が諸身分を隷属させたとして、封建関係の端緒を後期ローマ帝政に見た。他方、大土地所有に対して国家はなすすべを持たず、そのため分権化と分裂が生じた。

近代主義に対してもペトルシェフスキーは少しもたじろがなかった。世紀転換期に流行したように、彼も古代に資本主義を見出した。それもあって世紀転換期に書いた著作で、マルクス主義の有益さを認めた。もっとも、唯物論と観念論の対立を乗り越える必要があると考えた。ヴィノグラードフと同様、1905 年に革命の展開について新聞で発言し、マグナ・カルタとイングランドにおける議会制の開始について著作を著した[RU 0575]。

グレフス

I. M. グレフス（1860-1941）は、ピョートル 1 世の時代にロシアにやってきたイングランド系の子孫であり、一家は領地を所有していた。グレフスはサンクトペテルブルク大学を卒業し、1879 年から革命運動に共鳴した。ヴァシリエフスキーの教え子であり、その影響で古代史研究から中世史研究に乗り換えた。またヴァシリエフスキーの後継者として、1895 年にサンクトペテルブルク大学の中世史講座を引き継いだ。1899 年に国民教育省と対立したため大学を追放されたが、1902 年に復帰した。グレフスは研究者としてよりも教育者としての活動を重要視したようであり、ゼミ形式の教育システムを導入したのは彼だった。修士論文は古代ローマの発展に中世の前史を見出すという、古代史と中世史への関心を折衷したような内容のものであり、『ローマ土地所有史の概観』と題され、1899 年に提出された[RU 0576]。ローマにおける発展の基本的な問題の一つとして、帝政初期の元首政期の大土地所有と小土地所有の対立を挙げ、小土地所有（と中規模土地所有）が一時的に影響力を取り戻したが、最終的に大土地所有が勝利したと論じた。ローマ農業史への関心から、ホラティウスの作品分析を通じて所領経営を研究した。その数年前にはフュステル・ド・クーランジュのロマニズムを批判し、ロマニストとゲルマニストのナショナリスト的行き過ぎを指摘した[RU 0577]。しかし、学位論文では（フランスでの長期の研究滞在ゆえに）ロマニストの理論を取り入れ、古代ローマの大土地所有が革命的な飛躍を経験せず、漸進的に中世の大土地所有に発展してい

ったと述べた。中世的発展への蛮族の寄与はわずかだったとした（中世という概念そのものについても議論した）。中世の高度な文化水準について数多くの論文を著し [RU 0578]、ブロックガウス＝エフロン百科事典に、フランスとイタリアの中世に関する項目を執筆した [RU 0579]。ソ連時代に書いた回想では [RU 0580]、ヴァシリエフスキーと並んでマルクスを読んだことが社会への関心を呼び覚ましたと記したが、学位論文では経済的唯物論を厳しく批判している。

*

これらの自由主義的な教授たちの間にあって、ほぼ唯一右派に属するのがキエフ大学教授の N. M. ブブノフ（1858-1943）である。当初から野心的な人物であり、修士論文として提出した『史料としてのジェルベール書簡集』（1888-90 年に 3 巻本で出版された）は、すぐに博士論文として受理された [RU 0581]。幅広く文書館史料を渉猟し、博覧強記の人だった。そうした緻密さはのちの著作にも現れている。しかし、フォルチンスキーが指摘しているように、過度に瑣末な主題に知力を浪費してしまうことにもつながった。また、経済的、社会的な問題を研究で扱うことは慎重に避けたため、同時代の歴史家の間で孤立することになった。

ハリコフ大学で教えた A. S. ヴァジギン（1867-1919）も同様に右派であり、内戦時に黒百人組として処刑された。自らの政治志向に沿って、中世の教会史を研究した。修士論文「11 世紀における教皇権力の歴史的概説」は、中世の宗教性を当時の生活不安から説明するものだったが（1898 年）[RU 0582]、史料批判が弱い（反革命派による説明としては興味深いものがある）。1912 年には『神の国の理想とカール大帝の君主政』を出版し [RU 0583]、あらゆる革命的なものに対して明確に反対した。

A. N. サヴィン（1873-1923）は、ヴィノグラードフによってイングランド史研究に導かれた。師よりも若干遅い時期を対象にし、モスクワ大学の教授になった。16 世紀イングランドの発展が主要テーマで、修士論文は『チューダー朝期におけるイングランドの村』としてまとめられ（1903 年）[RU 0584]、謄本所有農民を 13 世紀から 14 世紀に解放された農奴の子孫と見なした。サヴィンを中世史家として扱うのは、研究対象とした時代を後世への影響という視点ではなく、むしろ以前の時代との関係に注目して分析したからである。重要な著書として『イングランドの修道院財産の世俗化』（1906 年）を挙げることができる [RU 0585]。この中で、1535 年の修道院領記録に関して初となる大規模な分析を行ない、史料が信頼に足るものであることを証明した。詳細で仔細な考察を行なったが、前著と同じように、ここでも法的観点に注目し、修道院資産没収の過程に革命的な変化を見出すのではなく、没収を国家による法的な、つまり合法的な介入と捉えた。修道院領の大部分は兵士や国家官僚の手に移ったが、サヴィンによれば、王朝は社会の下層を優遇する立場を取った。また、大所領の歴史についても複数の論文を書いた [RU 0586]。これらも、著書と同じように細部にこだわりすぎる傾向があったが、その考察は説得力を持つ。

個性的な歴史家としてヴィノグラードフの教え子 D. N. エゴロフ（1873-1931）を挙げておこう。彼は中世初期から宗教改革までを研究対象とし、同時代の歴史家たちと異なり、イングランドやフランスではなく、ドイツを中心に研究した。大学での中世史の講義録は、繰り返し出版された。1902-03 年にカール大帝についての論文を発表した [RU 0587]。史資料学にも関心を向け、理論分析も書いた。宗教改革に関する主要史料を 2 巻本で公刊し（1906-07 年）[RU 0588]、その後、初期ワルド派に関する史料も出版した（1910 年）[RU 0589]。主著は『中世におけるスラヴ・ゲルマン関係—12 世紀メクレンブルクの植民化』であり（2 巻、1915 年）[RU 0590]、ヘルモールトの『スラヴ年代記』[RU 0591]のデータを批判的に検討し、スラヴ人がメクレンブルク地方で 12 世紀までに根絶されていたという説を退けた。すなわち、その後の時代においてもスラヴ人貴族が存在していたことを文書資料で証明したのである。ここで興味深いのはエゴロフがかなり反ドイツ的だったことである。他にも興味深いのは、世界史を国家や国民の歴史と厳密に対峙させ、真の研究のテーマは世界史にあると見なしたことである。

歴史観の基本は、発展の否定であり、同時代的な現象を古代にも見出した。また、歴史は連続的であり、大規模な破局は存在せず、革命に否定的な態度を取った。歴史家は事実を検討すべきであり、事実に優劣はなく、決定的なものも二義的なものもないと考えた。将来への展望は（自身の視点からすると当然であるが）悲観的であり、歴史の展開は過去によって規定されると見た。エゴロフは帝国主義についても独自の見解を持ち、帝国はどの時代にも見られる現象で、文化帝国主義という独自の区分も存在し、国民統一の試みもすべて帝国主義の一種だとした。

ロシアで最初の女性修士であり博士でもあるO.A. ドビアシュ＝ロジェストヴェンスカヤ（1874-1939）の主要研究テーマは、西方教会と宗教だった。グレフスの影響で中世史研究を始め、パリでラングロワとロットの指導を受けた。この時ラテン語古書体学の教養を身につけ、この学問分野のロシアにおける基礎を作った。ロシアの図書館が所蔵するラテン語手稿史料に関して多くの著作を発表した。最初の学位論文『13 世紀フランスの教会社会—1. 教区』で、教会収入の問題を検討した（1914 年）[RU 0592-0593]。次の学位論文『5-13 世紀の中世ラテン世界における聖ミカエル信仰』では、宗教と信仰世界の象徴論的な紹介に努めた（1917 年）[RU 0594]。『十字軍の時代』では、十字軍の経済的動機を興味深い方法で浮かび上がらせたが、やはり信仰心の発露が第一の要因だったと論じた（1918 年）[RU 0595]。

バレエ教師と女性舞踊家の子である L.P. カルサーヴィン（1882-1952）もグレフスの教え子であり、保守的な動機から中世における信仰心の研究に向かった。二つの学位論文は相互に関連するテーマだった（1912 年の『12-13 世紀イタリアの宗教生活』[RU 0596]、1915 年の「12-13 世紀における中世的信仰心の基盤—イタリアを中心に」[RU 0597]）。ここでは、純粋に信仰の問題として異端を考察し、社会的な原因に目を向けることはなかった。しかし、教会の公式教義と信者の日常生活との矛盾が異端の重要な契機になったことには言及した。亡命後にベルリンで出版した歴史哲学において、人間が過去を理解できるのは、神の創造した世界が統一性を有しているからだと説明した（1923 年）[RU 0598]。

コヴァレフスキー

ロシアの歴史家の中で最も独特な人物の一人M.M. コヴァレフスキー（1851-1916）を挙げよう。彼は中世史家の中で古い世代に属するが、近代史も手がけた。経歴や専門的観点から見ても例外的であり、歴史学を修めたわけでもなかった。裕福な貴族の家系に生まれ、父親は 1812 年の戦争にも参加した。ハリコフで法学を修め、懐疑主義者のカチェノフスキーの講義も聴いた。法学の中では公法に関心を持った。1872 年に長期の西欧留学に出発し、国家機構や地方自治組織を見聞した。パリではエコール・デ・シャルトに通い、イギリスではスペンサーやメインの知遇を得た。さらに、マルクスとエンゲルスとも交遊した。マルクスはコヴァレフスキーを学問的な友人と呼んだ。マルクスの影響でオプシチナ研究を始めたが、研究テーマの中には、マルクスに研究成果として評価されなかったためにやめてしまったものもある。マルクス主義の影響も受けたが、むしろ実証主義、のちにはマッハ主義の影響の方が強かった。帰国後の 1877 年にモスクワ大学公法学科の長に任命され、比較公法を教えた。しかし強い自由主義的志向のため、当局ににらまれることになり、必修科目から外された末、学科も廃止され、結局、彼自身も 1887 年に解任された。この時再び国外へ逃れ、ほぼ 20 年間にわたってパリでロシア社会科学高等専門学校を運営した。ここではミリュコーフやストルーヴェ、トゥガン＝バラノフスキー、さらにはレーニンも講義した。この亡命期に大部の概説書を書いた。1905 年に帰国し、最初の国会（ドゥーマ）選挙で議員に選出された。再選されなかったが、国家評議会の評議員に大学の代表として任命され（1905 年にモスクワ大学教授に復帰し、亡くなるまで務めた）、市民的自由主義に基づく政党の設立に尽力した。

そもそも人生が独特であり、研究テーマも多岐にわたる独特なものだった。法学者であり、歴史家とも見なされ、今日に至るまでロシアにおける社会学の第一人者として扱われている。初期の著

作の中にはオーストリアの公法とチェコ人の抵抗を扱ったものもある[RU 0599]。最初の国外滞在期にオプシチナに関する資料を集め、スイスのヴォー州では独自の質問票に基づく社会学的手法で調査し、その成果を出版した[RU 0600]。その後、カフカースでも資料収集した。修士論文は『中世イングランド治安行政史』であり（1877 年）[RU 0601]、また博士論文は『中世末期のイングランド社会構造』だった（1880 年）[RU 0602]。後者では、不動産の階層的構成、あるいは所有関係について考察し、加えて動産の階層的構成についても分析し、権力の基盤が土地所有にあると見なし、それゆえに土地収奪が行なわれたと考えた。また、資本制の出現における暴力的要素も明らかにした。ここには明確にマルクスの強い影響が見て取れる。オプシチナについて比較研究を行ない、土地共同体は相互に影響を受けずに、あらゆるところに成立したと論じた。この研究によって当時ロシア国内、および世界的にも展開されていた論争に加わり、特にチチェーリンと論争した。

国外で書いた最初の大著『家族と所有権の出現と発展の概観』は題名だけでなく、結論にもエンゲルスの『家族・私有財産・国家の起源』の強い影響が見て取れる（1895 年）[RU 0603-0604]。1899 年にはロシア経済の発展について著書を出版した[RU 0605]。この頃に主著である『現代デモクラシーの起源』（4 巻、1895-97 年）[RU 0606]、ならびに『ヨーロッパの経済発展—資本制経済の出現まで』（1898-1903 年）[RU 0607-0608]を出版した。『西欧における国民経済の発展』はロシア語版では 14 世紀を扱う第 3 巻までしか出版されなかったが（1899 年）[RU 0609]、ドイツ語版では 18 世紀を扱う第 5 巻まで出版された。ヨーロッパ経済の発展を扱った著作でコヴァレフスキーは、文書史料に至るまで極めて幅広い資料を駆使した。ただし資料はかなり断片的だった。それでもコヴァレフスキーは断片的資料を基に一般的な定式化ができるかのように叙述した。多くの場合、これが実状だった。コヴァレフスキーの基本的問いは、全体としての社会発展における経済の決定的な役割だった。しかも完全に今日的といえる発想を先取りして、経済発展の基盤は人口密度、あるいは人口学的要素であり、それが所有関係も決定すると論じた。ワット・タイラーなどの農民運動に共感し、農民運動を都市下層民と同盟した普遍的な民主的権利闘争と見なした。中世経済については、第一に都市の発展に関心を寄せた。当時において論争の的となっていた様々な理論にとらわれず、都市機能の基本を経済、すなわち交換の仲介として捉え、それゆえ当時流行した理論に反して、都市経済を閉鎖性ではなく開放性において理解した。確かに、都市が交換の場として出現したとするならば、形態とは関係なく、交換はいつの時代にも見られる現象だった。コヴァレフスキーは都市の内部ないしギルド内部における階級闘争も明確に認識し、実際の叙述でも言及した。他方、発展の最適な形態は平和的な妥協にあるとし、イングランドの発展を典型とした。そして、歴史的要素（君主政）と進歩的要素（代議制）の和解を当時における偉大な成果と考えた。つまり立憲君主政は 19 世紀末に広まった一般的形態というだけでなく、相対的に見て最良の国家組織形態だと考えた。

この考え方は、先のデモクラシーの起源についての著書でよりはっきりと表明された。第 1 巻でフランス革命以前におけるフランスの状況を分析し、農民の土地所有が存在したとしても、それはわずかな部分を占めるに過ぎず、さらに無産の農業プロレタリアートが大量に存在したという立場を取った。当然、そこで見ていたのは封建制の崩壊だった。封建制はもともと〔領主と農民〕双方にとって有益な制度のはずである。また、コヴァレフスキーは農民層の階層分化も論じ、よく知られていた陳情書の分析からこの結論を導き出した。第 2 巻と第 3 巻は憲法制定までの革命史であり、コヴァレフスキーが基本的に賛同できる時期までを扱った。第 4 巻はヴェネツィア共和国の崩壊についてである。

同時代人だけでなく、コヴァレフスキー自身も、自らを第一に社会学者と見なした。1905 年に『現代の社会学者たち』というタイトルで同時代の代表的な社会学者を列挙した[RU 0610]。ただ、取り上げたのはすべて西欧人で、ロシア人はいなかった。というのも、専門教育を受けた社会学者は

ロシア人では彼を除いて誰も知られていなかったからである。1910年に2巻本で理論的概論『社会学』を出したが[RU 0611]、すでに言及した歴史学の著作でも、社会学の視点が取り入れられていた。コヴァレフスキーは構造分析に対する感性も備えていた。ただし社会発展については多くの要因で説明し、構造論的な接近方法よりも因果関係分析を重要視した。それでも、もし構造が決まっていれば、決定的な役割を果たす要因は一つだけであり、構造の変化があらゆる場合において特筆された。もっとも、進化論的社会学は20世紀初頭においてすでに若干時代遅れになりつつあった。

コヴァレフスキーは1906年に『直接民主政から代議制へ、そして、家父長的君主政から議会制へ』という題で、大部分が既発表論文からなる3巻本の論文集を出した[RU 0612]。第4巻用の原稿は1905年のモスクワ蜂起の中、印刷所で焼失した。

あまりにも多くの問題に取り組んだため、勤勉さと他を寄せ付けない発想力を有したにもかかわらず、たびたび非常に不正確な記述を行い、想像力に欠ける同僚によって格好の批判の的とされた。新しい思想に安易に熱中し、すぐにまたより新しい思想、というより、より新しいと思ったものに乗り換えた。彼自身もマルクスの友人であることを隠さなかったが、政治的には立憲君主政より先に進まなかった。大量の資料を基に階級闘争を立証しながら、同じ情熱で、常にイングランドの平和的発展に言及した。政治的にはどちらかといえば、次第に右寄りになっていった。ロシアではようやく帝政期の最後になって初めて不承不承ながら自由主義を認めたが、そのような体制の中でコヴァレフスキーは生き、(場合によっては亡命し)何とか自由主義者に踏みとどまっていた。

このような経歴は本書のテーマとして二次的であるが、歴史家としてのコヴァレフスキーの業績を見ても、人生と同様に、矛盾した評価を与えることができる。天才的な洞察力と多くの事実誤認、大掛かりな総論と羊頭狗肉な内容、あるいは壮大な構想とそれに見合う緻密な分析の欠如である。先述のブブノフはコヴァレフスキーのような事実誤認を犯すことはなかった。コヴァレフスキーの著作にはそのままですべてが後世に残るような業績はなく、部分的な価値にとどまる。とはいえ、彼をロシア歴史学における天才的な異端児とすることはできるかもしれない。問題を提起し、それに何らかの解答を与えた。この点で彼は、正確で勤勉な同時代の他の歴史家よりも優れていた。論争を起こし、それによって学問を進展させた。導き出された結論ではなく、提起された問題の方が興味深かった。このことからも、多くの同時代の歴史家よりコヴァレフスキーの方が重要だといえる。さらにコヴァレフスキーは、ロシアにおける歴史叙述の大問題であるロシアとヨーロッパの対比をそもそも取り上げず、軽々と乗り越えた。ここにも彼の重要性が現れている。

19. 近代史

近代史研究に関しては、まずM.N.ペトロフ(1826-87)を挙げよう。モルドヴィン人で国有地農民でもあった家系に生まれ、あらゆる意味でロシアの歴史家の王道を歩んだ。ハリコフで学び、1850年に修士論文「ルイ11世の国家事業の性格について」を提出した[RU 0613]。グラノフスキーのシュジェ論文に若干類似する論文である。翌年にハリコフ大学で教鞭を取り、のちに数年間国外でさらに学んだ。1865年の博士論文では、ドイツ、イギリス、フランスの同時代史的な国民史叙述を議論し、その後、主にドイツ宗教改革を扱った。これらの論文は『世界史概説』として出版され[RU 0614]、第4版まで版を重ねるほど成功を収めた。ペトロフはルターだけでなく、おそらく出自のゆえに、ミュンツァーにも関心を向け、ミュンツァーを急進的な変革者と見た。しかし、ペトロフは単なる農民の子ではなく、大学教師でもあった。そのペトロフが民衆の真の営為を表現したと考えたのはルターであり、またルターが説いた穏健な宗教改革であって、民衆を理想化したミュンツァーではなかった。ペトロフも多くの同時代の歴史家と同様に、穏健な自由主義者だったのである。1872年の式典では、紋切り型の式辞、すなわち、ロシアの偉大さは専制のおかげだと述べた。この式典はピョートル1世生誕200周年を記

念したものであり、この式辞も理解可能である。4巻本の世界史講義が出版されたのは、彼が他界した後だった（1888-90年）[RU 0615]。ペトロフも世界史全般を教え、1792年の（フランス）国民公会まで扱った。そして、革命は必要ないという持論を明瞭に表明した。

ほぼ同時期のV.V.バウエル（1833-84）の主要テーマも宗教改革だった。クトルガの教え子であり、二つの学位論文で古代史を扱ったが（『アテネの覇権』[RU 0616]、『ギリシアにおける古代僭主政時代』[RU 0617]）、サンクトペテルブルク大学で近代世界史の初代教授となった。二つの学位論文を執筆する間の1860-62年に国外で学び、ランケの講義も受けた。しかしランケの方法は肌に合わなかった。バウエルはランケの過剰な史実よりも、筋道あるいは法則性を歴史に見出そうとした。主な講義は15-16世紀のゲルマン・ラテン世界についてなされ、それと並んで特殊講義として17-18世紀史、例えばルイ14世も取り上げた。旧態依然のオーストリアではなく、プロイセン史に発展の道筋を見出そうとした。法則性を探究する中で到達したのは、ロシア史には西欧の発展と同じ道筋が見出されるというものだった。したがって、〔西欧派とスラヴ派の対立という〕大問題には、完全な西欧派としての立場を表明した。宗教改革もドイツ特有のものではなく、普遍的な現象であって、たまたまドイツで早期に機が熟しただけだった。ドイツのプロテスタント史家たちが過度に強調しているような神学的な問題ではなく、政治的、社会的な問題が重要だったと考えた。自由主義者に多く見られる傾向はバウエルにも当てはまり、革命ではなく、皇帝が指導する改革でも解決しえたであろうと考え、15世紀の政治的ビラを用いて、神聖ローマ皇帝フリードリヒ3世による宗教改革の研究を著した[RU 0618]。

ペトロフとバウエルはともに古い世代に属する。自分で行なった史料研究に基づくのではなく、既存資料の再解釈によって新しい歴史像を描こうとした。ロシアにおけるビザンツ史や中世史の大家に匹敵するような優れた研究者は幾分後の世代から現れることになる。

ゲリエ

まずはV.I.ゲリエ（1837-1919）である。フランスから移住してきた一族でロシアに帰化した家族の出身である。モスクワでグラノフスキーとクドリャフツェフに師事し、ソロヴィヨフの影響も受けた。ソロヴィヨフの推薦でモスクワ大学歴史学科の長になった。第一に教育者としての活動、すなわち数多くの弟子を育成し、歴史学の発展に寄与した。少なからぬ教え子たちがゲリエを乗り越えていった。ゲリエも、世界史全般を教える教師の一人だった。その関心も実際に広範だった。ローマ史の講義も行なったが、史学史的な序章だけが意義深い。1865年に『歴史学の発展概説』という理論研究を出版したが[RU 0619]、かなり歴史家の取り上げ方は恣意的であり（古代史家の多くに言及していない）、実証主義に反対して、歴史学は自然科学と厳格に区別されなければならないと主張した。ヘーゲルを歴史哲学の頂点と見なし、歴史叙述の主観的要素を不可避としただけでなく、最重要なものと考えた。歴史の目的は神の探究とした。実証主義だけでなく、マルクス主義も批判し、これを危険な教義と見なした。カレーエフが講義の中で、マルクス主義史観を肯定的に評価したことを非常に不満に思っていた。

修士論文は1733年のポーランド王位継承問題についてであり、ロシアとポーランドの史料を用いて執筆した[RU 0620]。純粋に政治的な事件史には満足せず、理念の発展に強い関心を向けた。博士論文は「ライプニッツとその時代」の表題で、過渡期の特徴、正確には過渡期の段階的な特徴を描いた[RU 0621-0622]。この著作ではまだ既刊史料を用いたが、のちのライプニッツとピョートル1世の関係についての著作では、文書館の史料を中心に、啓蒙絶対主義を肯定的に描いてみせた[RU 0623]。18世紀への関心からフランス革命も視野に入れた。革命前の陳情書を原資料から検討したのは彼が初めてだった[RU 0624]。ここから社会史への関心を見て取れるが、全体としては否定的な評価を革命に対して与えた。1911年にフランス革命についてのテーヌによる再評価について書き[RU 0625]、そこではさらに保守的な表現を用いた。ちょうどこの頃、ロシアの最初の三つの

国会についてオクチャブリストに近い立場を表明した［RU 0626］。並行して中世の思想史にも関心を向け、聖フランチェスコを貧困と愛の使徒として描き（1908 年）［RU 0627］、また聖アウグスティヌスについて（1910 年）［RU 0628］、あるいは西方教会の修道会と教皇について（1913 年）［RU 0629］、そしてこれらと西欧の研究を総合した大著『歴史哲学—アウグスティヌスからヘーゲルまで』を著した（1915 年）［RU 0630］。この本でゲリエは、それまでの研究者より多くの資料を用い、神の国に関する思想的発展を描き、ロシア人としては珍しく、二つの教会、二つのキリスト教の合同を訴えた。『神の国の建設者と献身者』では、完全に西欧中世の教会を理想化し、後世の世俗化を批判した［RU 0631］。

　自由主義から保守主義への転向という典型的な人生を歩んだが、忘れてならないのは、女性のための高等教育の創設に大きな役割を果たしたことである。演習形式を大学教育と研究者養成の中心に据えたのもゲリエである。モスクワでは、ソロヴィヨフの後を受けて歴史家の組織作りを推進し、ソロヴィヨフ世代と新しく若い世界史研究者の橋渡し役を務めた。

カレーエフ

　この新世代の中で年齢順に最初に位置する代表者が、N.I. カレーエフ（1850-1931）である。没落貴族の家系に生まれ、ゲリエ門下で最初の優れた弟子だった。とはいえ、高校で革命的自由主義者の著作を読んでいたことを師匠が知ったら、喜ばなかったであろう。だがまさにそのゲリエから革命への関心を吹き込まれたのである。修士論文は 1879 年という政治的に緊迫した状況の中で審査され、彼自身もその状況に一役買っていた。『18 世紀末のフランスにおける農民と農民問題』は、農民層と革命の関係を明らかにするものであり［RU 0632］、フランスの原資料をゲリエの著書より格段に多く検討した最初の著作だった。準備段階で 2 年近くパリにおいて資料収集をした。パリでラヴロフとも出会い、ラヴロフは彼にキャリアのためには蛇のように賢くなれと忠告した。ちょうどコヴァレフスキーと同時期に国外に滞在し、彼との交友もその後に影響を与えた。ラヴロフの忠告は短期的に見ると、受け入れられなかったようだ。学位論文ではトクヴィルを批判しながら、フランス農民の一部は 1789 年以前にすでに所有権を持っていたが、農民の大部分は地代給付の見返りという条件付きで土地を保有していたに過ぎないと論じた。また、地代給付の量は増加すらしており、土地から完全に切り離された農民も相当数いたことを明らかにした。一方、ブルジョワジーは土地所有権と封建諸権利を買い取ることで、農民と対峙することになった。カレーエフは革命に対する関心を持ち続け、1912 年に、革命期のパリ市街区について研究を始め、議事録と他の資料を一巻にまとめて公刊した［RU 0633］。市街区活動の主要な原動力となったのは愛国心だったとし、それとともに困難な経済状況もあったとした。1916 年にジャック・ルーについての研究も発表した［RU 0634］。カレーエフは最初の著作の頃から、もし国家が適切な時期に改革を進めていれば、革命は回避可能だったと考えていた。フランス国家は農民との関係が病理的だったことを自認していたにもかかわらず、中央集権化を通して開始した封建制に対する闘争を続けなかったというわけである。

　1879 年の修士論文審査の際にゲリエと絶交したが、1884 年の博士論文審査にあたっては両者の関係は改善していた。カレーエフは翌年にサンクトペテルブルク大学の教授となった。次第にラヴロフの忠告に従うようになり、1896 年に経済的唯物論について論文集を出版し［RU 0635］、これを強く批判した。それでも 1899 年に〔教授職を〕解任され、1906 年にカデット党から第一国会の議員に選ばれ、これを機に大学にも復職した。

　1888 年にポーランド史について『ポーランドの崩壊研究史』［RU 0636］、および『ポーランド全国議会の歴史的概説』［RU 0637］の 2 冊を出版した。この出版の背景には、1879-84 年の間ワルシャワ大学教授を務めたことがあった。この著作でカレーエフは政治的諸問題を中心に扱い、権力の無力さを強調した。ポーランド分割の発案者をプロイセンだとし、ロシア政府は、ロシアに従属さえすれば〔ポーランド〕国家の存続は容認したは

ずであると論じた。フランス研究とは異なり、ここでは文書館史料を用いなかった。これは、大学での講義を基に 1892-1917 年に全 7 巻で出版した総論『西欧近代史』にも当てはまる[RU 0638]。この 7 巻本では、15-16 世紀から筆を起こし、フランス革命まで書くつもりだったが、最終的に 1901-14 年の時期まで扱った。西欧の文献にも通じ、完全に西欧派の立場に立った。西欧をロシア東欧より上に位置づけることで、ロシア史学の大問題に彼もまた西欧派的解答を出した。基本的に事件史の枠内にとどまったが、思想の影響（特にロシア東欧における西欧思想の影響）に注意を向け、また、経済的、社会的諸問題にも着目した。

カレーエフは自らの著作で後世まで残るのはフランス農民経済史研究と考えていたが、最も精力を費やしたのは博士論文でテーマにした理論と歴史哲学に関わる研究だった。ワルシャワ大学時代に、1 年間国外に出たのはこの研究のためでもあった。1883 年に全 2 巻の『歴史哲学の基本問題』を出した[RU 0639]。第 1 巻は歴史哲学の発展に関する史的概観であり、第 2 巻では同時代の歴史理論を列挙した。基本的に実証主義から出発したが、価値判断を持ち込むことで新カント派の要素も混ぜ、四つの分野を設定した。第一は歴史観と歴史認識の理論。次が歴史哲学、すなわち過去に関する哲学的観点。第三は社会学、すなわち社会の法則性。最後が本来の意味での歴史叙述だった。現象論的な学（まだコントに従った意味で）としての歴史学を、法則論的な自然科学と対比させたが、ある意味ではヴィンデルバントによる区分を先取りしていた。法則性の探究は社会学の課題であり、歴史家は因果関係と発展過程のみを研究することができるとした。どちらを選択するかは、枠組みの問題だった。『歴史過程の本質と歴史における個人の役割』でも同様の問題を扱い（1890 年）[RU 0640]、個人に認めたのは相対的な自律性のみだった。1913 年の『歴史認識の理論』で再び理論上の問題に取り組み[RU 0641]、発展と因果律を次のように関連づけた。すなわち、歴史において新しいものが生じるのは、古いものの中からか（つまり発展によってか）、あるいは闘争によってである。このうち闘争においては因果律の法則が貫徹するとしたのである。カレーエフの理論的業績は同時代の歴史家にほとんど影響を与えず、カレーエフを大いに失望させた。それでも講義の中などで努めて理論的見解を表明し、類型学コースの授業では国家類型について論じた。

*

I. V. ルチツキー（1845-1918）は神学校教師の家に生まれ、キエフ大学で学び、大学時代にビュヒャーやコント、そしてフォイエルバッハも読んだ。フランスの宗教改革に関心を持ち始め、そこに宗教的な問題よりも大貴族層と国王の権力闘争を見た。サンクトペテルブルクの公共図書館で見つけたフランス語の手稿を基に、修士論文「フランスにおける封建大貴族層とカルヴァン派」を書き上げた（1871 年）[RU 0642]。これは全 3 巻で計画された著作の第 1 巻になる予定で執筆され、全体としてフランスにおける封建的反動の歴史を解明しようとした（ルチツキーは封建制を中央集権に対する分裂としてのみ理解していた）。それゆえ、フランスの宗教改革を完全に大貴族的な性格のものと見なした。カザン大学に提出した修士論文は受理されなかったが、外国留学奨学金を得てフランスに渡った。そこでモノーと友人になり、またラヴロフやルイ・ブランとも交遊した。ゼムストヴォ議員として自由主義的姿勢を熱心に表明し、またナロードニキからも影響を受け続けた。1874 年に帰国した際、パリ・コミューンへの共感にも言及した。

フランスの文書館で収集した資料を基に博士論文「フランスにおけるカトリック同盟とカルヴァン派」を書き上げた（1877 年）[RU 0643]。その一部はすでに 1873 年にフランス語でパリにおいて出版したが[RU 0644]、2 年後にはフランスの地方諸都市における議事録を用いた研究を著し[RU 0645]、これもフランス語で発表した。この著作では、宗教改革運動の民衆的側面についても共感を込めて考察した。

この時期から農民問題に関心を向け始めるが、それはゼムストヴォの自由主義的活動と無関係ではなかった。1883 年に世界史に関する著作のロシア語訳に携わり、翻訳とほぼ同量の書き足しを行なった。書き足しでは、イングランドとイタリア

における農民の状況、そして共有地の強奪に関するデンマークとリヴォニアの事例を取り上げた。1890 年代初頭からの良好な仏露関係の恩恵を受けて、ルチツキーは 1894 年から第一次世界大戦まで毎年フランスで夏を過ごし、数多くの地方文書館で革命前夜の農民の状況について研究した。人生で最も活動的な年代をこの問題に捧げたのである。1900 年に『革命前夜フランスにおける農民の土地所有（リムーザンを中心に）』を書き［RU 0646］、統計資料や徴税簿を基に（陳情書は主要な史料と見なさなかった）、カレーエフとは逆に、農民的土地所有の重要性を主張した。1912 年にもう一つの大著『革命前夜のフランスにおける土地所有層と 1789-93 年の農地改革』を出版し［RU 0647］、農民の土地所有は増加傾向にあったとし、コヴァレフスキーと異なり、土地なし農民の存在を否定した。土地なしも、分益小作として土地を保有していたと主張した。農民層の階層分化はこの頃にはまだわずかであり、農業は全体的に立ち遅れていたと論じた。

ルチツキーは 1908 年に第三国会の議員となり、1918 年に地方に所有していた領地で他界した。

マルクス主義概念への接近において独自の位置を占めるのが V.K. ピスコルスキー（1867-1910）である。はじめはスペイン中世史に関心を持ち、修士論文は「中世から近代への移行期（1188-1520 年）におけるカスティリア身分制議会」（1897 年）［RU 0648］、そして博士論文は「中世カタロニアの農奴制」だった（1901 年）［RU 0649］。これらの論文では、絶対主義と農奴制に対する都市の闘争を検討し、都市が身分の中に加えられたのはスペインが最初だったと特徴づけた。同論文では、スペインに農奴制を導入したのはアラブ人ではなく、地域の社会的発展から発生し、15 世紀末の農民蜂起により崩壊したと論じた。後年はイタリア・ルネサンスに関心を移し、1891 年にフランチェスコ・フェルッチとその時代について書いた［RU 0650］。また、1378 年の蜂起について何編もの論文を書き［RU 0651］、これがフィレンツェ史の転換点となったと見た。1908 年に『西欧近代経済史』を刊行し［RU 0652］、封建制から資本制への転換を論じた。小規模商品生産と大量生産がそれぞれの本質的要素と捉え、ドイツとイタリアでの資本制の開始を 14-15 世紀とした。ピスコルスキーは革命期に左傾化したが、その際の独自な成果として 1906 年に出版した『世界史研究のテーマ、方法、および課題』がある［RU 0653］。この中でピスコルスキーはマルクス主義の有用性に注目しつつも、社会発展の法則性を認めず、因果関係のみを見出すという独自の解釈をした。ヨーロッパ全域で国民史観が歴史学を席巻した時代に、世界史の方法論を採用したことは大きなことであった。彼の仕事は、当時のヨーロッパでも優れて世界史への関心が高かったロシア歴史叙述の真骨頂だった。

P.P. ミトロファノフ（1873-1917）はカレーエフの弟子であり、サンクトペテルブルク大学で私講師を務める傍ら、女子高等専門学校でも教鞭を取った。当初、西欧中世史を専攻し、第 4 回十字軍について研究を発表した（1897 年）［RU 0654］。その後、オーストリア史にテーマを移した［RU 0655］。修士論文はヨーゼフ 2 世について書き（「ヨーゼフ 2 世の治世、その支持者と反対者」1907 年［RU 0656］。これは 3 年後にドイツ語でも出版された［RU 0657］）、ヨーゼフを戴冠した革命家と見なした。この著書のために大量の資料を収集した。引き続きレオポルト 2 世について研究を行なう意図だったが、これは第 1 巻の第 1 部までしか書き上げられなかった。1792 年までを扱った啓蒙書『オーストリアのレオポルト 2 世—外交』は1916 年に出版された［RU 0658］。

タルレ

1917 年以降の歴史叙述を代表するのは E.V. タルレ（1875-1955）である。キエフで学び、そこでルチツキーの指導を受けた。当初、中世史家を目指したが、徐々に新しい時代へと関心を移した。修士論文はトマス・モアの『ユートピア』について書いたが、その頃から 19 世紀史に関心を向けるようになり、チャーティスト運動やフランス革命についても執筆した。数回にわたって国外に留学し、主にフランスの文書館に足しげく通った。重要な史料の発掘に稀な感性を持っていたようだ。博士論文は、彼が発掘したフランスの資料を基礎

に書き上げた。『革命期フランスの労働者階級』であり、1909-11 年に全 2 巻で出版された[RU 0659]。1789-91 年を扱った第 1 巻は主としてパリの史料を用い、1792-99 年を扱った第 2 巻では地方の資料も駆使した。主に労働者の社会状況を検討し（それまでロシアの歴史家はすべて農民に注目した）、並行して経済問題や生産技術に関しても視野に入れた。この著作で扱った問題の一部はすでに 1907 年に『革命期フランスの国立作業所の労働者』としてまとめられていた[RU 0660]。この研究をある程度論理的に発展させ、ナポレオン期を扱った著作は、1912 年のロシア遠征 100 周年を機に出版された[RU 0661]（このことはタルレが同時代的な関心にも敏感だったことを示している）。1913 年にロンドンで開催された国際歴史学会議で、大陸封鎖の経済的影響について講演し、1916 年にはナポレオン期のイタリアについて研究を発表した[RU 0662]。大戦勃発を契機に外交史の研究を始め、外交史が主たる研究テーマの一つになる。1917 年に、ニコライ 2 世（1868-1918）とヴィルヘルム 2 世の 1904-07 年における往復書簡について書いた[RU 0663]。1913 年にタルトゥ大学で教職に就き、その間サンクトペテルブルク大学の私講師も務めた。1917 年にはサンクトペテルブルク大学の教授に任命された。

タルレは若い頃マルクス主義に関心を向けたが、その理解は若干表面的であり、経済唯物論と同一視した。また、あえて革命を強調せず、進化の方が根本的であると考えた。しかし、マルクス主義的方法論の有用性は認め、それが初めて大衆の役割への関心につながった。とはいえ、より重視したのは大人物たちの役割だった。のちの著作で明確になる長所、すなわち文体の美しさ、力強さ、そして幅広い史料の渉猟は、すでに初期の著作でも見て取れる。刊行事業にも才能を発揮した。1917 年以降、プラトーノフとともに「歴史家戦線における階級敵」となるが、紆余曲折を経て、第二次世界大戦期以降はアカデミー会員としてソ連歴史学の主導者となった。

かなり先走って、この本のテーマから離れてしまった。ここで挙げた一連の歴史家については、ソ連時代の活動にも言及できるからである。だがそれは、本書の課題をはるかに超える。

20. 東洋学

1917 年以前の歴史叙述に戻り、この先は概略だけを手短に書いていこう。すでに見てきたように、ビザンツ学や史的スラヴ学は、優れた成果を上げることで、ロシアの歴史叙述において、ロシア史と並ぶ一分野をなした。しかも、政府が政治的理由もあって強力に支援したことで、重要な分野となった。このような政府の思惑は、もう一つの分野の支援にもつながった。東洋学である。ロシアの外交的利害は多くの場合に国内問題へと転換していく利害関係であり、カフカースから中央アジア、そして中国、日本、インドまで広がった。他方、政府の政治的意図は学問的な下支えを必要とした。カザン大学が設立されたのも、第一に東洋学研究の拠点としてだった。その後まもなく、他の大学でもそれぞれに適した学科が創設され、最初は包括的な学科が、そして、その後は徐々に専門的な学科が開設されていった。当然、第一段階として、中東、中央アジア、東アジアの諸国・諸民族の言語を修得することから始まった。その後次第に現状分析に移っていった。しかし結局のところブルジョワ期においては、遅れて開始したこともあり、東洋の諸民族に関する歴史研究はどの時代についても、ビザンツ学に匹敵するような成果を上げることはなかった。文献学的調査、翻訳、史料収集がこの分野の主たる学術的領域だった。特徴的な人物として挙げることができるのは N. Ya. ビチューリン（1777-1853）である。彼は、1716 年に起源を持つ北京宣教団の団長を 1807-21 年に務めた。修道士名ではヤキンフと呼ばれ、資料発掘と史料収集で成果を上げ、1821 年に 6400 キログラムもの書籍を中国から持ち帰った。

V. V. グリゴリエフ（1816-81）は、1863 年にサンクトペテルブルク大学に東洋史学科が設立された時の学科長だった。それに先立つ 1861 年にキヴァ・ハン国についての地誌を書いた[RU 0664]。1876 年に第 3 回東洋学会をサンクトペテルブルクで開催し、ロシアの東洋学が国際的に知られることになった。トルコ学者 V. D. スミルノフ（1846-

1922）は、17 世紀のオスマン帝国の衰退について書き [RU 0665]、この他にクリミア・ハン国について 2 著作を発表した [RU 0666-0667]。アラブ学者 V.R. ローゼン男爵（1849-1908）は、アラブ・ビザンツ、アラブ・ロシア関係の掘り起こしに取り組んだ。

歴史叙述の発展に大きな成果をもたらしたのは、専門の点からすると、文献学者に属する二人の研究者だった。V.V. ラドロフ（1837-1918）はロシアにおけるトルコ学の父と称される。ベルリンに生まれ、1858 年にサンクトペテルブルクに移った。18 世紀のドイツ人と同様に、彼の作品もロシア学界の一部になっている。1884 年にドイツ語で全 2 巻の『シベリアについて』を出版し [RU 0668]、シベリア諸民族の遊牧生活や社会関係についての研究を発表した。今日に至るまで、騎馬遊牧民の歴史的解明において不可欠な著作である。テュルク系国家の歴史にとって最も重要な史料群であるオルホン碑文に翻訳を付して、1894 年に初めて公刊した [RU 0669]。

V.V. バルトリド（1869-1930）は文献学だけでなく、数多くの歴史学の基礎となる研究も行なった。1896 年に私講師としてサンクトペテルブルクでチンギス・ハン帝国の成立について講義を行ない、1901 年に教授になった。1898-1900 年に全 2 巻で出版された最初の大著『モンゴル征服期のトルキスタン』は征服による荒廃にはあまり詳細に触れず、むしろ諸民族の関係に注目した [RU 0670]。まもなく中央アジア全体の発展をテーマにし、1904 年にサマルカンドで発掘調査も行なった。『イスラーム世界』という定期刊行物の編集も行ない、しばしば検閲に対して不満をこぼした。1911 年に、ロシアにおける東洋学の歴史について大学で講義した。

A.E. クリムスキー（1871-1941）は、イスラム教の歴史について概説を書き（1904-12 年）[RU 0671]、さらにペルシアの歴史、文学、および哲学について（1909 年）[RU 0672]、トルコ国家と文学の歴史について（2 巻、1910-16 年）[RU 0673]、そしてアラブ人とアラブ文学の歴史について著作を著した（3 巻、1911-13 年）[RU 0674]。これらは専門書を基にした教科書だった。クリムスキーは副業としてウクライナ語で小説を著し、ウクライナ・ナショナリストとしてたびたび投獄された。

N.V. キュネル（1877-1955）は中国史に関する概説を書き [RU 0675]、その他に全 3 巻の東アジア諸国現代史を出版した（1908-10 年）[RU 0676]。書名に現代とあるが、実際のところ、〔東アジアにおける〕現代の開始はヨーロッパ人の到来時期に設定された。ロマノフ朝期の中露関係史も著している（1914 年）[RU 0677]。

21. 亡命研究者

1918 年はロシア東欧諸国民の歴史叙述にとって重要な年である。この年は、それぞれの国民にとって極めて異なる意味においてだが、新しい時代の開始、あるいは、何らかの形で飛躍を意味した。ロシアにおけるブルジョワ的歴史叙述の発展において 1917 年は断絶であり、飛躍とはならなかった。飛躍はロシア本国におけるソ連史の登場という形で現れた。一方、ロシアのブルジョワ的歴史叙述は亡命先で命脈を保ったが、衰退期に入ったといった方がよいだろう。それも長くは続かなかった。しかし、両大戦間期において亡命歴史家たちは帝政復古と帰国を期待しながら、努めて祖国で行なっていた学究生活を継続した。

研究拠点は二つ出現した。プラハとベオグラードである。プラハには一時期、チェコスロヴァキア政府の支援でロシア大学も存在したが、数年後に廃止され、教師はカレル大学に移籍した。大学の他、ロシア学術団体も結成され、定期刊行物も発行した。ビザンツ学者で美術史家だったコンダコフの死後、コンダコフ研究所が設立された。ベオグラードでもロシア学術団体が活動し、1935 年まで定期刊行物を発行した。ミリュコフはパリに行き、アイゼンマンとセニョボスとともにフランス語による『ロシア史』を編集した [RU 0678]。その他のヨーロッパ諸国の首都でも亡命歴史家が活動したが、中には北京に行った者もいた。第二次世界大戦、そして戦後におけるソ連の国際的立場の強化により、帰国の夢はあえなくついえた。まだ存命だった歴史家は、次々とアメリカ合衆国

の大学に移り、東欧およびロシア研究、あるいはソ連研究の進展に少なからぬ役割を担った。ただ、彼らの活動は、もはやロシア史学史というよりもアメリカ史学史の一部となる。ロシア史以外の研究者について触れる必要はないだろう。ロストフツェフは第二次世界大戦後も古代史研究の主導者だったが、彼やヴィノグラードフあるいはヴァシーリエフを、ロシアの歴史叙述を代表する者と見なすのは困難だろう。

それゆえこの節では、エピローグとして、亡命後もロシア史の検討を継続した研究者についてだけ触れることにしよう。当然のように非常に困難な状況の中で、原史料にあたることはできなかった（これはレレヴェルが抱えた問題でもあった。「資料を我が手で創作できるのか」）。それゆえ、各論を扱うモノグラフではなく、歴史の総合が亡命歴史家の主な著作形式となった。それぞれの研究者の構想は細部で大きな差異はあったが、全体として見ると非常に似通っている。両大戦間期には保守的傾向が強く、第二次世界大戦後はむしろ自由主義的となり、いわばブルジョワ民主主義の立場から、ツァーリ体制への批判を以前よりも強めた。

1920年代、革命の最初の衝撃を受け、当然の反応として保守主義の立場が現れた。M.A.トーブ男爵（1869-1961）はヨーロッパとロシアの関係に関わる問題を何冊もの本で論じ[RU 0679]、両者の一体性を強調することで、革命を脱線として、あるいはロシア的伝統の否定と見なした。N.ブリアン＝シャニノフは多くの逸話を織り交ぜ、皇帝の治世で時代区分した概説をフランス語で書いた（1929年）[RU 0680]。いわば素朴な保守主義と呼べるだろう。B.ノルデ（1876-1948）の『アンシアン・レジームとロシア革命』は、1917年の自らの体験に言及している点で目新しい著作である[RU 0681]。D.S.ミルスキー公（1890-1939）の『ロシア社会史』は保守を基調とする概論だが[RU 0682]、[M.N.]ポクロフスキーによって評価された。すなわち、ミルスキーは執筆途中からマルクス主義の視点を取り入れ、著書の後半ではそれに従って叙述することに努めたからである。彼は亡命者の中で唯一、ウクライナ人とベラルーシ人について相応の紙幅を割いた。

保守主義とは異なる自由主義的な立場からの最初の総合は、すでに言及したミリュコーフ、アイゼンマン、そしてセニョボスが編集したロシア史だった。ミリュコーフの他にキゼヴェッテルとミャコチンも執筆陣に加わった。1932-33年に全3巻で出版され、亡命先での出版としては際立った作品となった。というのは、それまでの保守主義的立場に明らかに対峙したからである。ただし西欧派の認識を取り入れ、ヨーロッパとロシアの同一性を謳った点では違いはなかった。同書は1855-1932年の間の時期に関して、それ以前の時期と同じくらいの頁数を割いた初めての概説書でもあった。

保守主義的志向の著作で最後に触れることができるのは、1938年にベオグラードで出版されたヴラディーミル編年史である[RU 0683]（キリスト教受容1050周年だった）。信仰心に厚いものではあるが、当然、最新の研究成果を欠いた論文が収録された。そして聖なるロシアとキリスト教を倫理的基盤とした。

保守主義的な亡命者は、自由主義者のように十月革命をロシアの発展として位置づけることができなかったが、頼るすべを持たなかったのは両陣営とも同じだった。帝政復古の可能性が消え失せるに従って、次第に信念も揺らいでいった。西欧派の立場に立ったとしても、説明ができたわけでもなければ、納得を得られたわけでもなかった。

こうした状況の中で、ユーラシア主義が現れた。これによって、ヨーロッパとロシアの対立あるいは一体という問題を乗り越え、ロシアを西でも東（すなわちアジア）でもなく、独自の第三極として（ユーラシアとして）捉えようとした。ユーラシア主義の主導者で、おそらく亡命者の中でも最も個性的な歴史家がG.V.ヴェルナツキー（1887-1973）である。ヴェルナツキーはモスクワでボゴスロフスキー、ペトルシェフスキー、そしてサヴィンの指導を受け、最初シベリアの歴史を研究し、1849年のハンガリー出征についても書いた（1915年）[RU 0684]。1917年にロシアのフリーメーソンについて論文を書き[RU 0685]、学位を取得した。平凡に見える経歴はここで断絶する。1918-

19年にペルミ大学で教え、その後シンフェローポリに移り、現地の家族文書を集めた。1920年にヴラーンゲリ（1878-1928）軍の広報官となり、その後イスタンブルに移動し、さらにアテネに行き、ビザンツ研究に手をつけた。1922年からプラハの大学で教鞭を取ったが、1927年にイェール大学にポストを得、1946年に教授となった。ロシア史の様々な時代について著述し、1929年に英語でロシア史概説を書いた[RU 0686]（1961年に第5版を数えた）。第二次世界大戦期に全10巻に及ぶ大著のロシア史を企画し、第5巻までを自ら執筆した（『古ルーシ』[RU 0687]、『キエフ・ルーシ』[RU 0688]、『モンゴルとロシア』[RU 0689]、『近世初期のロシア』[RU 0690]、『モスクワ公国 1547-1682年』[RU 0691]、1943-69年）。

彼のユーラシア主義は、時代区分からより明確に見て取れる。従来の歴史叙述から素材を取り入れ、ロシア史を森林と草原の闘争として描いた。第1期の6-10世紀には、森林と草原の統一が試みられたが、失敗に終わった。10-13世紀は両者の闘争とモンゴルの進出、1238-1452年の時期は草原が森林に勝利し、モンゴルの支配下で形式的な統一がもたらされた。1452-1696年の時期は、形勢が逆転し、森林が草原を打ち負かし、屈服させた。この時期が第三のローマ論に基づく時代である。1696-1917年には最終的に森林と草原が統合に成功し、東方へ拡大する時期となる。ヴェルナツキーと同時代の亡命歴史家は、ヴェルナツキーがモンゴルとビザンツの影響を過大評価しているとして批判した。ヴェルナツキーはあまり国民的でないと感じ取っていたのである。

M.M.カルポヴィチ（1888-1959）は、ポーランド人の技師の父とロシア人の母の間に生まれ、ボゴスロフスキーとペトルシュケヴィチのもとでごく普通に経歴を積み始めた。パリ留学を経て、1917年にワシントンのロシア大使館書記を務めたが、帰国することはなかった。1927年にハーヴァード大学教授となる。帝政ロシアについて著したものが唯一の総論的大著である（1932年）[RU 0692]。第二次世界大戦期にヴェルナツキーとともに10巻本のロシア史の編集に携わり、1932年の著作はその一部になるはずだった。しかし、その前に来るはずの巻を書くことはなかった。カルポヴィチはヴェルナツキーと異なり、西欧派の立場を代表した。1861年の改革は西欧諸国で19世紀前半に起こったことと完全に同じであると見なした。1943年に、ロシア史学史の発展を概観する研究を著し[RU 0693]、1946年に哲学者V.S.ソロヴィヨフについて論文を書いた[RU 0694]。その中で、狭隘なナショナリズムとキリスト教の倫理は共存しえないことを明らかにした。

さらに一連の名前を挙げ続けることができる。M.フロリンスキー（1894-1981）は1931年にロシア帝国の崩壊について本を書き[RU 0695]（世界大戦の影響を検討するシリーズの1冊）、1953年には全2巻[RU 0696]、1964年には1巻本[RU 0697]の通史を著し、ロシアにおける発展の基本問題は農民問題にあるとした。これは古い伝統的解釈の継承である。ユーラシア主義の影響が見られるのはA.ロバノフ＝ロストフスキー（1892-1979）である。古い公爵家の出身であり、『ロシアとアジア』（1933年）[RU 0698]、『ロシアとヨーロッパ 1789-1825年』（1947年）[RU 0699]、『ロシアとヨーロッパ 1825-78年』（1954年）[RU 0700]という題で概説を著した。彼はロシアの東方拡大を論理的に理解できるものと捉え、ロシア帝国主義をイギリス帝国主義よりも危険の少ないものと見なした。ロシア帝国の理念はビザンツの遺産であるというのが持論だった（1929年）[RU 0701]。L.ストラホフスキー（1898-1963）は、1924-28年にルーヴェンで、その後いくつかのアメリカの大学で活躍した。当初は、ニコライ1世およびロシア国民の精神について著作を著した[RU 0702]（1928年にフランス語で）。1949年にアレクサンドル1世についても書いた[RU 0703]。彼は1945年以降も保守主義を堅持した稀な例であり、アレクサンドルの緩慢で段階的な変革を支持し、デカブリストが正しい方向に進んでいた改革を台無しにしたと考えた。以上の他にも数人の名を挙げることができる。例えば、A.マズーア（1900-82）の世代であるが、この世代はもはやロシアにおけるブルジョワ歴史学の直接的な伝統のもとで育ったわけでもなく、その実際的な後継者でもなかった。さらに付け加えておくべきこと

がある。すなわち、亡命歴史家は単に原史料が入手できず、そのためロシアのブルジョワ歴史叙述を継承できなかったわけではないのである。亡命、そして祖国の社会関係が根本的に変容したという環境が、亡命歴史家のよって立つ土壌を一変させたのである。理論を作り出すことはまだできたであろう。ヴェルナツキーのように博学な本を書くこともできただろう。しかし、祖国の歴史を叙述することは、もはやできなかった。

第4章

ハンガリーの歴史叙述

　ハンガリーの歴史発展に関しては、いくつかの基本的な契機についてのみ注意を喚起しておこう。まず、中世のハンガリーはヨーロッパの大国だったということであり、多くの国がハンガリーの存在を視野に入れざるを得なかった。初期には〔東西教会の間で〕ある程度の揺れが見られたが、ポーランドやチェコ同様、最終的に西方キリスト教会と結びついた。西方文化圏と結ばれても、ポーランドやチェコ同様、ハンガリーもまさしく西方文化圏の辺境であった。これは誰もが認めることである。ただ、ハンガリーはその創成期からすでに多民族性を備えていたこと、中世にはさらにいっそう多民族的になったことはあまり注目されてこなかった。ハンガリーは東や南に勢力を拡大しようとし、時には西にも勢力拡大を試みて、神聖ローマ帝国およびビザンツ帝国の2帝国と戦いを交えた。ビザンツとの戦いのいきさつは明快だ。つまり力関係の衝突である。どちらの側から見ても、戦闘はいつでも境界線地域で生じた。これに比べ神聖ローマ帝国との関係は異なる。ビザンツ帝国がバルカンの諸民族にとって、模範であると同時に敵手でもあった如く、ドイツのハンガリーに対する関係も、模範でもあり敵でもあった。いや、ほとんど互角の敵として対峙していたとすらいえる。

　モハーチの戦いの敗北で事情は一変する。神聖ローマ帝国に代わってハプスブルクが登場し、ハンガリー国土の3分の1を領有した。同地域が狭義のハンガリーであり、中世ハンガリー国家を正統に後継する地域であった。しかし東部ではトランシルヴァニアが別な意味でハンガリーの連続性を継承した。第一に言語面での連続性である。さらにこの地で最終的にプロテスタントが勝利して、トランシルヴァニアがプロテスタント的ハンガリーを継承することになった。このため、ハンガリーにおいて、カトリックとプロテスタントの二重性はついに解消されることがなかった。また残る国土の3分の1はオスマンの支配下に置かれ、同地域がオスマン帝国にとっても、またハプスブルク君主国から見ても、最前線であった。

　しかしこの時期においても、中世ハンガリー国家としての意識はしっかりと保たれた。オスマン撤退の後、神聖なハンガリー王冠に法的に帰属する領域については、一瞬たりとも疑義が生じたことはなかった。無論、内部には様々な変化が生じえたのだし、トランシルヴァニアが歴史的に独自の地位にあったために、いかようにも好都合な解釈が可能になった。ただし対外的な境界は、1718年以降、誰にとっても不動のものであった。

　ハンガリーはハプスブルク家にとって前線基地であり、ハンガリーこそはハプスブルク家世襲諸邦の防波堤だった。ゆえに多額の資金がハンガリーに投ぜられた。他方ハンガリーは2世紀にわたり、常にハプスブルク家に対して、オスマンを撃退してくれること、および中世の自国境を回復してくれることを期待した。ハプスブルク家は神聖ローマ帝位を継承しており、フランスに対抗するというドイツ的使命も背負っていた。こちらの方が中央のウィーン政府にとっては重要だった。しかしたとえ次席とはいえハンガリー王位は権威を有しており、中世のハンガリー国家がすでに消滅していたにもかかわらず、その権威は保たれた。むしろ対オスマン

解放戦争の中でハンガリーの重要性が増したといえる。ドナウ帝国のほぼ半分をハンガリーが占めたからである。サトマールの講和はオーストリアとハンガリー間の第1回目の妥協だったが、ハンガリーはここに西方の諸領邦とは異なる地位を確保した。そもそもハンガリー等族は、他の諸邦と比べて強力な存在であった。

ただし150年に及ぶオスマン占領のゆえに、ハンガリーにおける非ハンガリー人口が増加し、さらに18世紀になると入植者も増加して、この傾向はいっそう強まった。ハンガリー語を話す人々は、18世紀には人口の半数以下となった。だからといって問題が起こったとか、問題だと見なされたということはない。なぜなら、身分制上の「ハンガリー国民（ナティオ・フンガリカ）」は言語としてハンガリー語を話さずとも、ハンガリー人意識を持つ者であり、より正確にはハンガリー等族意識を持つ者（フンガルス）だったからである。このような意識は、狭義の、すなわちトランシルヴァニアとクロアチアを除くハンガリーでは、ハンガリー人以外の諸民族にも長い間存在し続けた。国土のあちらこちらに分散して住んでいたドイツ人の場合、この傾向がいっそう強かった。彼らの祖国はハンガリーなのであって、例えばタトラ山とその一帯などという漠然とした認識ではなかった。18世紀に明瞭な経済的発展を見たことも、ハンガリー等族意識の存続に拍車をかけたことは明らかである。

状況は1790年頃に変化した。諸民族の間で、覚醒あるいは復興と呼ばれる国民的運動が始まったのである。これによって祖国が分裂へ向かうかに見えた。しかしハンガリーの政治エリートは、これらの諸民族にさほど恐れを抱かなかった。むしろスラヴの庇護者であるロシア人に脅威を感じた。いずれにせよハンガリーの政治エリートは、一貫して市民社会建設の推進者として奮闘し、市民的な諸権利の獲得を通じて民族問題は解決されると期待した。彼ら政治エリートは改革期において、農奴解放や農民への所有権付与等々の種々の改革を提唱し、他に類を見ないやり方で市民社会への変革を促したのである。

1848年には、こうした改革では不十分なのだということが明らかになった。諸民族の指導者たちは喜んで変革を、つまり市民的な諸権利を受け入れた。しかし彼らはさらに多くの要求、つまり独自の国民として存在することを承認せよと求めたのである。しかしハンガリーの政治エリートの側には、対クロアチアを例外として、この要求を受け入れるつもりはなかった。他方、諸民族の方はオーストリアの例に倣うこと、すなわち諸国民の同権を憲法に明記することを目指し、目的を達するためには武力に訴えることも厭わなかった。

武力抗争は最終的に1867年のオーストリアとの妥協をもたらした。この妥協によりオーストリア・ドイツ人とハンガリー人のみが帝国内で支配者の地位に就いた。ハンガリーは以降も多民族国家であり続けた。1910年にやっとハンガリー人は全人口の過半数に達したが、それには同化も重要な役割を果たした。この多民族の国家は同時にハンガリー国民国家でもあって、ハンガリーのエリートの目にだけそう映ったのではない。諸民族の、とりわけその指導者たちにもハンガリーが国民国家と映り、そのことが同時に彼らの不満をかきたてる種ともなったのである。

1918年およびトリアノン講和条約に衝撃を受け、状況は一変した。二つの革命〔M. カーロイとB. クンが指導した革命〕の試みを経て（潰えた後では両方を同様に批判することがふさわしかった）、保守的かつ権威主義的な体制が生まれた。この体制は保守的様式において、二重君主国時代の自由主義を継承しようとした。歴史的ハンガリーは、法と正義に従えば、依然として存在し続けているのであって、現状は暫定的なものに過ぎないと見なされた。歴史叙述もこの歴史的ハンガリーという枠組みの中で行なわれ、誰もが関心を注ぐ問題は、なぜ歴史的ハンガリーが崩壊しえたのかということであった。政治的に可能かどうかはおかまいなしに、全面的

> な修正主義、すなわちすべての失地を回復することが、国家後援の支配理念となった。
> 　1938年から1941年にかけて失地の一部を回復したことは、この修正主義イデオロギーを正当化するかに思われた。ハンガリー軍は複数の方面で旧国境まで到達したが、こうしたやり方が外交的にどれほどのつけを払う結果を招くか、ということにまで思いを致す者は稀であった。すなわち、ヒトラーが指導するドイツの影響力が計り知れないほど大きくなったのである。さらに、この体制の崩壊まで予見していた者は、いっそう少なかった。だが、体制の崩壊は1944年から1945年にかけて現実に起こったのである。隣接諸国では全く逆で、まさに戦前の秩序が回復された。ユーゴスラヴィアは例外だったが、国境に関する限りはユーゴスラヴィアでも原状が回復された。ハンガリーは敗戦国であり、全く新しい状況が生まれたのである。

第1節　専門化以前の歴史叙述

　ハンガリーの歴史叙述は西方ラテン・キリスト教文化の影響下で形作られ、ジャンル、世界観、水準のいずれにおいても、同じ文化圏に属するポーランド、チェコ、クロアチアなどの歴史叙述と類似している。しかし意図的な模倣の結果ではない。国王宮廷の求めに応じて最初の年代記を完成させたのが、いずれの国においてもベネディクト会修道士だったからである。初期の状況について仮説はあるが、確証はない。ハンガリーについていえば、ベネディクト会の本拠地パンノンハルマ修道院で歴史叙述が始まったことは確かなようである。同所でハンガリー最初の編年史がいくつか書かれたのであるが〔オリジナルは現存しない〕、その記述内容はのちに書かれた編年史〔『ポジョニ編年史』（13世紀初頭）〕に取り入れられたため、現存の写本中に見出すことができる。問題の技術的側面、すなわちどういった人々が最初の編年史を執筆したのかに関していえることはこの程度である。ハンガリーでも初めて記録作成の命令が発せられたのは、のちに国王の称号を持つこととなる君公の宮廷だったことは明らかだが、詳細な情報は残っていない。

　国王の宮廷は10世紀に形成されたハンガリー国家の頂点に立った。この国は瞬く間にカルパチア盆地全域を併呑し、時に神聖ローマ帝国の攻撃を迎え撃ち、それなりに戦果を収めた。結果としてこの国は一定の権威を獲得し、ここにヨーロッパ・キリスト教国家が誕生したのである。このことは君主と宮廷ばかりか、編年史や他の記録を記す修道士たちの世界観にも影響を与えた。

　ラテン・キリスト教圏のヨーロッパでは、国王の宮廷が成立すると、文字による様々な記録の編纂事業が始まるのが通例であり、国家の歴史が生まれる。従来の定説によれば、ハンガリーではこの頃（11-12世紀転換期）に最初の事績録、いわゆる『古事績録』が著された。『古事績録』の文章は〔原典が現存せず〕その変形や発展形を、後世の作品からうかがい知る他ない。『古事績録』のいわんとしたことは多くの者に書き継がれ、結局、中世における歴史叙述はすべて『古事績録』の継承であった。この点にこそ、ラテン・キリスト教世界の他の宮廷で書かれた歴史書との基本的な類似性を見て取ることができる。

　しかし、これと全く異なる方向性を持った作品がある。すなわち、ハンガリー最古の年代記として好んで取り上げられるのは『古事績録』の継承作品群ではなく、今日まで謎の多い歴史家、通称アノニムス〔逸名者〕（12-13世紀）の作品である [HU 0001-0003]。アノニムスはベーラ王の書記だと自分で記しているが、それ以上のことはわからず、彼が一体誰なのか今日まで様々な説が唱えられてきた。アノニムスの独自な点は、先人たちが筆をおいたところから事績録を書き継いだのではないことに加えて、全く新しいテーマである「国

土征服」の歴史を記したことにある。これにより国土征服に関する当時の口承を後世に残せた。さもなくば我々は国土征服について、宮廷の統一的な見解に合わせた歴史像しか知りえなかったであろう。これは重要な点であり、言及しておくべきである。というのも初期の時代において、東欧のエトノスの中で、自らを土着住民と見なさなかったのはハンガリー人だけだからだ。ちなみにアノニムスは自分が生きた時代、すなわち 13 世紀頃の所領関係を、10 世紀の記述に投影させている。

アノニムス以降の年代記記述は再び従来のやり方に戻り、事績録を書き継ぎ、それによって新たな作品が生まれた。歴史叙述が言及しえたのは、ほんの一握りの人々でしかないことを失念すべきではない。国王の宮廷の他には大貴族、またせいぜいのところ所領を持つ貴族にしか触れていないのである。彼らはこれらの作品に、自分たちの過去の栄光を見出した。13 世紀後半に事績録を書き継いだのは、やはり聖職者であるアーコシュ（?-1272 後）である。アーコシュは当時の人々が受け入れていた見方に留意して、〔アノニムスとは異なり〕国土征服時代の族長にはそれほど重要性を認めなかった。

13 世紀末にもう一人の重要な人物、S. ケーザイ（13 世紀）が歴史家の列に加わった。13 世紀に形成されつつあった平貴族層が王国史に書き込まれるようになったのは、ケーザイの功績だとされる[HU 0004-0007]。ケーザイはアーコシュも参照しつつ、〔古代〕自由民共同体を、平等で自由な人々の共同体として描いた。平貴族層はこの後何世紀にもわたり、ケーザイが描いた原初自由民共同体像に立ち返ることになる。フン人とハンガリー人とが同一だという認識をハンガリー人の通念に持ち込んだのもケーザイである（この認識は今日においてさえ消し去ることができない）。無論ケーザイのしたことは理解できる。同時代、あるいは前の時代に他のエトノスないし他の王国史を書いた修道士たちも、常に何かしら秀でた祖先を見つけようとしたからである。ハンガリー人は自分たちを西方の人々に似せたいと願ったにもかかわらず、残酷で悪名高いアッティラ大王（395?-453）が祖先として最良の候補でないことに気づく者は少なかった。なぜならハンガリー人はその冒険時代、すなわち 10 世紀のハンガリー人遠征時代（実際には略奪戦）も栄誉あるものだと、何世紀にもわたって信じていたからである。

14 世紀の新しい王家、アンジュー家にもお抱え年代記作者たちがいた。托鉢修道会の一つ、フランチェスコ会修道士である。アンジュー家最初の国王カーロイ・ローベルト（1288-1342）の時代を叙述したのもフランチェスコ会士だった。

新しく大部の通史『彩色年代記』が作成されたのは 14 世紀中頃だった[HU 0008-0011]。内容は既知の資料を加工したものに過ぎないが、多数の装飾画が施され、極めて豪華な作りである。この時代に同様の通史が他にも書かれたことは明らかだが、現存するのは『彩色年代記』だけである。そのため非常に貴重な作品だと見なされており、その装飾画はハンガリー史をひもとく外国人も至る所で目にするはずである。

15 世紀には複数の年代記編纂が行なわれた。その一つが『ブダ年代記』である[HU 0012-0013]。ドイツ人印刷業者 A. ヘス（15 世紀）が 1473 年にブダで出版したことから、こう命名された。

年代記は数世紀にわたって独自のやり方で国内の様々な歴史を記したが、15 世紀には、その後も繰り返し議論されることとなる問題を提起した。

15 世紀頃になるとハンガリー人の間でも、中世の修道士による記述に代わって他のジャンルが登場する。他のラテン・キリスト教文化圏の国と同様に、ハンガリーでも人文主義的な歴史叙述が新しい流行となった。中世の作品と同様にラテン語で書かれたが、より洗練されたラテン語であり、新しい世俗的な関心に基づいて著された。

ここで触れるべき歴史家は J. トゥローツィ（1435 頃-90 頃）である。彼は、中世を扱う段落の最後に言及してもよい歴史家である。トゥローツィは中世ラテン語年代記の最後を飾る者だからであるが、新しい潮流に属する歴史家と比較することもできる。確かにトゥローツィは中世の年代記叙述の最後に登場し、実際に中世の修道士とおおむね同様の視点で記述した。しかし、中世年代記の単なる幕引役と位置づけるわけにはいかない。なぜなら何よりもまず、トゥローツィは多くの先

人たちと異なり、修道士ではなく俗人、つまり中世ハンガリーの世俗知識人を代表する人物の一人だからである。トゥローツィは正式に法学を修めたわけではないが、中世の法慣行に精通していた。ゆえに当時の意味での「近代的」ハンガリー史を編纂することができた [HU 0014-0021]。裁判官として活動する傍ら、1480 年代に独自の年代記を執筆し始めたが、当時多くの人が最も偉大な中世王と見なしたマーチャーシュ王（1443-90）の治世だったことを忘れてはならない。やはりトゥローツィは中世の歴史叙述の最後を飾る人物でもあったのだ。トゥローツィは、フン人やスキタイ人とのつながりが大変重要だと考え、詳しく論じた。とにかくフン人とスキタイ人を魅力的に描こうとし、影を落とすような歴史事象は黙して語らなかった。年代記に記された最後の 100 年間の叙述はトゥローツィの独創である。法学知識と経験を活かし、のちに教皇ピウス 2 世となるエネア・シルヴィオ〔・ピッコローミニ〕（1405-64）を手本とし、これに倣おうとした。古い年代記の知識を活用しただけでなく、同時代文書も利用することができた。それでいて一方の軸足は一貫して中世に置いていた。彼の作品の構造全体にそれが表れている。ラテン語に堪能であり、新潮流に添うラテン語文体を用いた。

とはいえ当時の人文主義思想にふさわしい作品を書いたのはトゥローツィではなく、文体上の観点からも、二人のイタリア人であった。そのうちの一人、P. ランサヌス（1420-92 後）は 1488 年に使節としてブダを訪れ、ベアトリクス妃（1457-1508）から新しい時代にふさわしいハンガリー通史を書くように求められた。ランサヌスはこれを副次的な職務と見なして、トゥローツィ他の史資料に基づいて短い通史を書いただけである [HU 0022-0024]。もう一人の A. ボンフィニ（1427/34-1502）は、マーチャーシュ王が 1485 年に、やはり歴史を書かせるため宮廷に招聘した人物である。ボンフィニは仕事を引き受け、約束通りに書き上げた [HU 0025-0030]。彼は王室にあるすべての史料を自由に使うことができた。極めて貴重な当時の地誌も十分に利用し、宮廷に出入りする多数の政治上の要人とも時間をかけて話し合うことができた。今風にいえば、現代史家である。多くの逸話も書き記した。彼の非常に大部な作品は長い間、基本的な史資料と見なされた。結局のところボンフィニはブダの宮廷を訪れた客人でしかないが、その通史とともに一つの作品ジャンルが終焉を迎えただけでなく、一つの時代、中世ハンガリー国家の時代も幕を閉じた（続く時代があまりに嘆かわしい状況にならなかったならば、中世の大国時代と書くべきかもしれない）。

最近数十年の研究によると、マーチャーシュ時代をすべてバラ色に描くわけにはいかないようであるが、ともかくハンガリー国家は様々な要因のおかげで今しばらくは存続し、完璧とはいえぬが重要な存在ではあった。大きな転換はのちに訪れた。ただ、この時代を生きた人々は、強力な中世ハンガリー国家がオスマン人によって 1526 年にモハーチで大敗したことの意味を、いまだ十全に認識できなかった。

モハーチの敗北とその後の状況に続いたのが、国土の三分割だった。大規模な領土争奪戦の中で、国土の西部域はクロアチアとともにハプスブルク家の手中に落ち、トランシルヴァニアを含む東部域はオスマンの宗主権下に入った（後世のハンガリー史学は、今日に至るまでずっとこの汚点を認めることを好まず、トランシルヴァニアをほぼ独立国として語ってきた）。国土の南部および中央部は、150 年近くにわたりオスマンの直轄領になった。

強国ではないにせよ重要ではあった中世国家が崩壊し、消滅したのである。このことがハンガリー史に関する既成のイメージに影響を与えたことは、明白かつ完全に間違いのないところである。支配権の移動のみならず、宗教改革やそれに伴う多様な宗派の出現といった、ヨーロッパの変化も状況を複雑にした。諸宗派は無論、いずれも自らに都合のよいハンガリー史を描き出そうとした。その結果、最終的に、一方でハプスブルクか非ハプスブルクか（トランシルヴァニアではこの時代を全体として一つにまとめられないほど支配者が転変した）という支配の並立性が問題になった。他方、当然のことながら、カトリックと肩を並べようとするプロテスタント（多くは改革派）的な

見方が別のハンガリー史像を求めた。幸いにも、ハンガリーの非ハンガリー系の人々に関する非常に微妙な問題については、ここで答える必要がない。なぜなら本書ではハンガリー人以外の人々に関する歴史叙述は別の章で検討されるからである。

歴史叙述は、いうまでもなく、時々の権力と常に密接な関係にあった。ゆえにハンガリーでは、権力の分割によって少なくとも2世紀にわたって、多様な歴史解釈が提示された。中から最も重要なものをいくつか挙げておこう。

ハンガリー人はハプスブルクの支配を受け入れたのか、あるいは異教徒のオスマン人に与したのだろうか。この問いに限っていえば、カトリック教徒はハプスブルク側に立ち、プロテスタントはオスマン側に立ったことになる。しかしこうした図式が描けるのであれば、ことは確かに非常に単純明快なのだが、現実は複雑であり、政治的選択と宗派的選択は必ずしも一致しなかった。

歴史家としては、時代順にまずI.ブロダリチ（1480頃?-1539）に言及するのが有益であろう。彼はカトリック司教だったが、例外的な形で1526年以降すぐにトランシルヴァニア宮廷に仕え、外交活動に従事した。歴史に関する著作ではモハーチについて論じ、多くの事柄を詳細に記した[HU 0031-0032]。しかし本質的に何か新しい主張を提示したわけではない。彼は混乱の世紀にあって、他の多くの重要人物と同様に、歴史の動因を宿命の中に見出した。

ブロダリチと異なる立場を取ったのは、M.オラー（1493-1568）である[HU 0033-0034]。彼はその姓から明らかなように、実はルーマニア系である。しかし彼はカトリックの高位聖職者であり、ハプスブルク家の忠実な従者だった。寡婦となったマーリア王妃（1505-58）、すなわちラヨシュ2世（1506-26）の后（皇帝カール5世の妹）が、長年ネーデルランドで暮らしたのに付き添い、ネーデルランド総督としての彼女の活動を助けた。彼は国家の顕官として、高位聖職者として、政治家として、疑いもなく重要な人物だったが、歴史に関して彼が残した著作は重要な書物とならなかった。今日の史学史における彼の地位は慣例、ないし慣行によるものである。

オラーをルーマニア系とするなら、後任のエステルゴム大司教A.ヴェランチチ（1504-73）は南スラヴ系、より正確にはボスニアの出身だった。紆余曲折の末、最終的に彼は東ハンガリー王国側に立ち、数次の外交使節で活動した。ところが最後の最後に彼は西ハンガリー王国に身を寄せ、同時代人に関する記録を数多く残した[HU 0035]。この記録は決して価値のないものではないが、もともとの著作が断片的だった。ヴェランチチは批判精神が旺盛で、トゥローツィの叙述を受け入れたのも、ハンガリー人の歴史学者は自分が書くことを正確に知っておかねばならないという理由によるものだった。

ここで少し話を中断しなければならない。ハンガリー史学史の題のもとに二人のエステルゴム大司教について論じたが、二人ともエトノスとしてはハンガリーの出自ではない。しかしこれらの人物は王国の教会位階制において、殊に三分割以降にその置かれた歴史的状況や職位ゆえに、当時いうところのハンガリー国民（ナティオ・フンガリカ）の一員、つまり政治エリートに属していた。それは彼らの母語が何であるかとは無関係だった。

さてGy.セレーミ（1490頃-1548後）は真に歴史叙述といえる作品を著した人物だが、彼もまたその姓が示すように南スラヴ系である。つまり彼も職位によるハンガリー等族なのである。セレーミは聖職に就き、ヴェランチチに促されて短編とはいえない論考を執筆し、その中で事実上、中世ハンガリー王国の崩壊を論じた[HU 0036-0037]。この論考は、かなりの程度個人的体験に基づくものだった。彼は〔東ハンガリー王国の〕サポヤイ・ヤーノシュ王（1487-1540）側に立ったが、高位の職は得ることができなかった。彼の著作も結局は、いかに貴重とはいえ、不完全なものでしかなかった。

J.ジャーンボキ（1531-84）は16世紀の重要な歴史家である。彼は16世紀の半ばに通史執筆に必要な史料を収集し始めた。また自分以外の人々の著作を出版すること、つまり著作を後世に残す事業に携わり、のちの歴史家に対して多大な貢献をした。ジャーンボキもまたいずれかの立場を取ることから逃れえなかったが、逃れようと願った

わけでもなかった。彼は明らかにハプスブルク側に立った。ジャーンボキが傑出した手腕を発揮したのは、他の人々の著作を出版する事業においてだった[HU 0038]。大貴族出身の F. フォルガーチ (1530/35-77) は最初の真に重要な人文主義者と呼びうる歴史家だった。紆余曲折の末、彼は最終的にトランシルヴァニア側につき、そこで政治的な役割を担った。彼は年月をかけて比較的長い歴史書の執筆を準備した。1552 年から 1571 年に至るハンガリー史を著し[HU 0039]、さらに続編を執筆する予定だったが、ペストのためにイタリアで命を落とした。

この時代の最も秀でた歴史家はおそらく M. イシュトヴァーンフィ (1538-1615) であろう。彼はカトリック教徒であり、ハプスブルク派だった。彼もまたハンガリー史を執筆するために長期にわたって準備を行なった（当時の歴史家たちは常に自身が生きた時代を叙述したが、それはその時代についての史料が存在したからだということを忘れるべきでない）。イシュトヴァーンフィは最終的にエステルゴム大司教 P. パーズマーニ (1570-1637) に促されて執筆を始めたというが、実際のところその時にはすでに著述に取りかかっていた。最初からイシュトヴァーンフィは、かなり長期間の歴史について、つまり当時もハンガリー荒廃の世紀と呼ばれることの多かった 1490 年から 1606 年にかけての時代について書こうとした[HU 0040-0041]。だがイシュトヴァーンフィはそれだけでなく、フォルガーチの伝記も物して[HU 0042]、さらにハンガリーの印章に関する書も著した[HU 0043]。当時は歴史といえば疑いなく政治史を意味したが、イシュトヴァーンフィはいっそう限定された軍事的事件のみをまとめた。自著の中で自身の基本的立場を否定することはできなかったが、それでも彼は、自身が最後まで生きぬくことのできなかった長い時代の全体像、すなわち出来事の本質を見定めようと努めた。

特殊な状況下にいたもう一人の歴史家にも言及せねばならない。G. ヘルタイ (1490/1510-1574) である。彼はトランシルヴァニアのザクセン人でありながら、ハンガリーの通史を著したいと考えた。同時代の著作、中でもボンフィニの著作も活用したが、当然それはプロテスタント寄りで、東ハンガリー王国寄りで、トランシルヴァニア寄りの視点であった。さらにザクセン人でありながらハンガリー語で叙述したことも、ヘルタイの著作の特徴である。彼の作品に新しい成果を求めるのはないものねだりであるが、（多くのラテン語書籍の中で）ハンガリー語で書かれた彼の年代記は、当時の人々に大いに受け入れられた[HU 0044]。

トランシルヴァニア的な方向性、そしてそれに呼応したプロテスタント的かつ反ハプスブルク的な方向性は、当然トランシルヴァニア侯国領内では大きな役割を果たしたが、それは例えば J. バラニャイ・デチ (1560 頃-1601) の著作によっても証明できる。ただ彼の著作の大部分は後世に伝えられる前に散逸してしまった。現存するのは 1592 年から 1598 年にかけてのトランシルヴァニアの出来事を論じたものである[HU 0045-0046]。明らかにトランシルヴァニアでは、トランシルヴァニア的な視野の中で思考しなければならなかったが、それはウィーンやプラハで発想された見方に比較すると、明らかに地方的だった。

I. サモシュケズィ (1570-1612) はバラニャイ・デチと似た経歴を持ち、やはりハンガリー出身だったが、トランシルヴァニアの様々な時代に関していくつもの著書を残した。だが、それらは断片的にしか残っていない[HU 0047-0048]。彼の著作においても、もちろん政治史が根幹だったが、彼は経済的な要因が果たす役割に対しても一定の理解を示した。

トランシルヴァニア地域主義とは異なるハプスブルク地域の歴史や歴史家についても忘れてはならない。西ハンガリー王国、つまりハプスブルク派の歴史叙述の典型は、P. レーヴァイ (1568-1622) である。大貴族で、王冠保管官職にも就いていたので、ほぼ一生涯、お気に入りの歴史テーマである聖王冠に取り組むことができた。彼の著作は、聖王冠に関する最初の重要な書物となった[HU 0049-0050]。いうまでもなく、彼が聖王冠を通して見極めようとしたのは、ハンガリー王国全体の歴史だった。G. ペテー (1570 頃-1629 後) も同じ動機で著述に取りかかったが、実質的には、入手できた研究を詳細かつ実に適切に要約したに

過ぎない[HU 0051-0052]。

17世紀にはこれまで取り上げてきた歴史家よりもさらに重要な人物が一人いる。M. ズリーニ（N. ズリンスキ、1620-64）である。彼もまた南スラヴ系であり、ハンガリー人とクロアチア人のアイデンティティの狭間を揺れ動く代表的な人物だった。実際のところ、歴史家をはるかに超えた存在であり、むしろ名うての反ハプスブルク派の代表人物として重要である。彼の歴史観は数世紀にわたって影響力を持ち続けた[HU 0053]。2世紀近い時間が、ハプスブルクとオスマンの二分法という旗印のもとで過ぎた。（同時代人の間では、「二つの異教徒の狭間で」という言い回しがすでに用いられていた。）

舞台背景は2世紀を経て、再び一変した。中世ハンガリー国家の3分の1を占めたハプスブルク国家と別の3分の1を占めたトランシルヴァニアに代わり、元の中世ハンガリー国家が事実上復活したのである。復活は、17世紀末の数十年間に生じた国際的諸事件の中で実現した。ただし当時の歴史状況のために、分割を保ったままの復活となった。すなわち、ハプスブルク家の新たな統治者は、トランシルヴァニア侯国の独立性に手をつけなかったのである。ハンガリー等族の抵抗を分断するためだったことは明らかである。当時の人々もこの事実を無視することはできず、以後は二つに分かれた国土で二つの祖国が語られるようになった。本書の主題から見ると、この舞台背景の変化は非常に本質的といえる結果を伴った。ハプスブルクとの関わりを通じてもたらされた、啓蒙思想による明確な影響である。啓蒙思想は様々な功罪とともに、ハンガリー歴史記述に、古い見方に代わる近代的で啓蒙的な新しい見方をもたらした。特に大きな変化があったのは史料面だが、変化は主題面でも見られた。過去の栄光の賛美に代わり、国家に中心を置く近代的な見方が導入された。国家の役割を多面的に解明する官房学という新しい学問の影響を受け、歴史叙述の主題選択でも新しい視角と主題が取り上げられるようになった。新しい学問のほとんどはドイツ起源であったため、難なくハプスブルク帝国に流入した。

歴史叙述において、この新しい見方はまず史料面で刷新をもたらした。それまではまだ事実上中世起源の思考的枠組みが残っていたために記述史料が中心的役割を占めたが、代わって記述者の見解から独立した情報や解釈に関心が向けられるようになり、それを研究の中心に据えるという新しい動きが現れた。この動向においてイエズス会士が基幹的役割を果たしたことが特徴的であり、ハンガリーでも彼らが先駆者となった。具体名としては、G. ヘヴェネシ（1656-1717）の名を挙げることができる。ウィーンのカトリック神学組織パズマネウムの学長であり、ハンガリーの聖人の生涯に関わる情報を自ら収集した[HU 0054-0055]。より重要なのは、彼が大規模な史料収集を指揮したことであり、計画や主要業務を詳細に立案した。彼の主題は第一に教会史だが、他の歴史叙述の領域に対しても刺激と後援を与えた。ヘヴェネシは史資料収集のためローマにも修道士を送った。ハプスブルク帝国にとっても、再生した帝国内の史資料収集は好ましい動きと映った。プロテスタント側も、イエズス会士が始めたことを無視できず、多面的な史資料の探索を始めた。初期の代表的人物の一人はP. ボド（1712-69）であり、彼は4巻本の教会史総論を編纂した[HU 0056]。ボド以上に重要で影響力も大きかったのがM. ベール（ベル、1684-1749）である。ベールは福音派から頭角を現した人物で、人生の大半をブラチスラヴァ〔当時のポジョニ〕で過ごした。彼もまた非ハンガリー・エトノス出身の学識者であり、学問的関心を満足させることに努めた人物だった。すなわち、ベールにとって宗派的観点は最重要ではなかったのである。彼の最大の業績は、ハンガリーの諸県に関する詳細な研究であり、綿密かつ膨大なものとなったため、生前には一部分しか出版されなかった[HU 0057-0078]。ベールの研究成果は価値ある重要な資料と評価され、第一次世界大戦後になって、ハンガリーを含めたハンガリー王国継承諸国において次々と公刊された。しかも、それが最初の刊行だった。

もちろんカトリック側の史資料収集も進んだ。I. カプリナイ（1714-85）の計画は、明らかに文書資料の調査を意図したものだった[HU 0079]。しかし、イエズス会の解散によりこの仕事は中断

された。カトリック陣営はこの仕事の重要性を認めて継承し、単なる史料出版にとどまらず、原史料に基づいた研究を行なった。初期の代表者の一人が S. ティモン（1675-1736）である。彼はそれまでのように作業を単に継続するのでなく、総合的通史を描こうとした。また、中世ハンガリー史だけでなく、古代パンノニア、フン人、アヴァール人、異教時代のハンガリー人の歴史にも取り組んだ［HU 0080-0085］。

ここで、非ハンガリー・エトノスの人物の中から A.F. コラール（1718-83）に触れておく必要がある。彼は多くの主題で先駆的な著作を公刊したが、物議を醸すこともあった。ある作品ではハンガリーの教会保護大権の歴史を紹介し［HU 0086］、それがハンガリー側の押しつけから生まれたことを明示した。このためコラールは貴族層の強い反感を買い、著書は公開の場で焚かれた。しかしコラールは自らの立場を新著で再論し、これを通じてハンガリーの、より正確にはハンガリー国家の法制史の基礎を築いた［HU 0087］。コラールこそ、法制度の歴史を批判的に検証した初の人物だった。

コラールに続いたのは Gy. プライ（J. プライ、1723-1801）である。イエズス会で学んだプライは、エトノスとしてはハンガリー人だったという点で、例外的といえる存在だった。プライもやはり宮廷に仕え、マリア・テレジアの継続的な保護のもとに作品を著すことができた。やがてハンガリーの中心地となったブダに移り住み、主に中世を主題とする作品を次々に著した［HU 0088-0101］。その形式は今日から見るとやや風変わりである。というのも、彼の作品には史料紹介と研究が交互に記されたからである。この混合的な、ともすればすでに時代遅れの叙述形式は、依然として同時代に重要な役割を果たした。イエズス会の活動禁止という当時の大事件は、プライの生活にも影を落とした。しかし幸運にもこの時期にペシュト大学が重要な役割を果たすようになり、プライはそこに勤務し、後継者を育てることができた。当時のペシュトは、大学や国民博物館〔1802 年設立〕、アカデミー図書館〔1826 年設立〕、大学図書館のおかげで学問の拠点となりつつあった。

プライの弟子とも呼びうる人々のうち最重要人物は、やはりイエズス会士出身の I. カトナ（S. カトナ、1732-1811）である。彼は遠大な企てに着手し、『批判的ハンガリー王国史』という表題で、1810 年までの、すなわち同時代までの詳細な通史を著した［HU 0102-0122］。カトナは出版を待たずに亡くなったが、生前にカロチャ大司教区の歴史も著した［HU 0123-0124］。

カトリックとイエズス会について多く触れたので、再びプロテスタントについても述べておきたい。D. コルニデス（1732-87）はアノニムスに関する基礎的研究を始めた一人であり［HU 0125］、それ以外の多くのテーマにも取り組んだ。彼は、古い異教時代のハンガリー人の信仰世界を記した最初の歴史家である［HU 0126］。またコヴァチチ父子は、偉大な史料刊行者世代の最後に位置する。父の M. Gy. コヴァチチ（1744-1821）については、史料収集作業とともに、法制史研究にも言及すべきである［HU 0127-0136］。多数の古い法令文を最初に出版したのは彼であり、他の史料収集も貴重なものばかりだった。彼は息子の J.M. コヴァチチ（1798-1878）と一緒に、1810 年から 1815 年にかけて史料探索のため、全国を行脚した。

この大規模な史資料収集活動はのちに近代的な形で継続されるが、それはまた別の話として扱う。

その前に、当時のハンガリーにおけるもう一つの特徴的現象だった、ドイツ語によるハンガリー史叙述について触れておこう。二人の著作に簡単に触れる。一人は J. Ch. エンゲル（1770-1814）である。彼はスピシ〔当時のハンガリー北部のドイツ人入植都市群で、現在は主にスロヴァキア領〕の市民であり、作品からわかるように、自国の至福を願う熱心で確信的なハンガリー愛国者だった。彼はハンガリー通史執筆に 2 回取り組んだ。1 回目は『ハンガリー帝国と属領諸邦の歴史』という表題であり［HU 0137］、語りうることのすべてを語ろうとしたため膨大なものとなった。このため最初の通史はやや混乱ぎみである。

エンゲルは明らかにハプスブルク帝国信奉者であり、その枠内でハンガリー等族びいきの人物だった。彼は帝国に主眼を置いて、ハンガリー史と緩やかにしか結びつかない国家や領邦の多くについても、当時としては非常に高い水準で書き記し

た。ハルィチナ（ガリツィア）やヴォルィニ（当時の呼び名ではロドメリア）の歴史も記した[HU 0138-0139]。ゲッティンゲンではシュレーツァーに学び、その後ウィーンのトランシルヴァニア宮廷尚書局の役人となった。勤勉で熱心な官吏であり、歴史家としての活動も続けた。彼による書写のおかげで残された重要な中世文書が数多く存在する。

もう一人はプロテスタントの歴史家 I.A.フェスラー（1756-1839）であり、エンゲルに負けず劣らず熱心な愛国者だった。カプチン会修道士だったが、啓蒙思想に心酔して福音派に改宗した人物である。その生涯の大半をロシアで過ごし、ロシアのアウクスブルク信仰告白派（福音派）に属するドイツ人付き牧師となり、地区を統括する教会監督にまでなった。彼は 10 巻構成で『ハンガリー人とその領民の歴史』という題の通史を記した[HU 0140-0149]。10 巻というのは極めて膨大で、カトナを除けば、それ以上に詳細なハンガリー史を描いた者はいなかった。しかもフェスラーの作品は読みやすく、プロテスタント特有の無味乾燥さもない。このように長大な作品を残すことができたのは、彼が達筆な著述家だったからである。各巻とも相当な分量である。彼は個々の問題についてはラテン語で書かれた既存の作品を拠り所としたが、他方で、ほとんどロマン主義的といえるほどの情熱を持って、ハンガリー人の栄光の歴史（彼はこの表現を繰り返し用いた）を語った。彼の作品はドイツ語で書かれたために多くの読者を得た。少なからぬ外国人がフェスラーの作品からハンガリーの歴史を知ったのである。ただし、フェスラーにおける啓蒙思想の要素を強調しすぎてはいけない。彼は当時の流行に従っただけである。いずれにせよ、この作品はその恐るべき分量さえ厭わなければ、今日でも十分に楽しめる。

18 世紀には今まで見てきたように、ハンガリーの歴史叙述の舞台背景が大きく変わったが、19 世紀前半についてはさらにこれが当てはまる。この時期に新たな根本要因として国民再生が登場するのである。この現象については、本書でもすでに繰り返し扱った。ただ、ハンガリーの史学史に関していえば、この概念を知らないか、あるいは用いることがない。おそらく、これによって近隣諸エトノスの歴史とあまりに類似してしまうことや、同列になってしまうことを恐れたのであろう。ハンガリーの歴史叙述では、常にハンガリー史を、完全に特別な発展過程と見なすべく努めてきたのである。

革命の四半世紀を経て、ヨーロッパにはある意味で新しく同時に難しい状況が現れた。ハンガリー人もハンガリー語でハンガリー史を書く必要に迫られたのである。こんな伝統はそれまでのハンガリーにはなかった。

ともあれ、革命が全ヨーロッパ的現象となる 19 世紀初頭には、早くも最初の大部な総合的通史がプロテスタント側から現れた。若干の予兆を伴いつつ、ここに 20 世紀末までハンガリー歴史叙述を特徴づけることになる潮流、すなわち独立派史学と呼ばれることになる潮流が登場した。独立派史学の特徴は、ハンガリーの歴史を近代的ハンガリー国民の歴史と同一視する点にあり、ハンガリー・エトノス、あるいはハンガリー語を母語とする者が 19 世紀でさえ国内人口の半数を割っていたことには一切の関心を示さなかった。

1 番目の例として、時期的にも最も早い É.ブダイ（1766-1841）を挙げておこう。彼はゲッティンゲンで学んだ改革派の聖職者で、3 巻からなる通史『ハンガリー国の歴史』を 1805-12 年にデブレツェンで出版した[HU 0150-0152]。これは、長い間基本文献として扱われた。ブダイもハンガリー史をフン人から書き始め、1526 年を最初の時代区分とした。第 2 巻を分断された国について論じることにほぼ費やし、第 3 巻で同時代史あるいは「現代史」を論じた。時間的にこれほど近い時代を扱うということは、適切な距離を保てなくなるので、その後の歴史研究では避けるようになった。

ブダイは、まだ典型的な独立派歴史家とはいえない。なぜならハプスブルク支配に対して忠実であり、プロテスタント教徒であることを過度に強調しなかったからである。しかしその強烈な保守性のゆえに、のちの独立派史学によって易々と、また積極的に引用された。無論、革命から距離を保つことは、フランス革命から数年後の時期においては、プロテスタントにとっても必要だった。

プロテスタント側から出された新しい教科書に続いたのは、カトリック色の強い B. ヴィラーグ（1754-1830）の著作だった。ヴィラーグも歴史家ではなく、極めて感性豊かな詩人（そしてもちろん愛国者）だった。彼の『ハンガリー諸世紀』は重要な史実を平易に列挙しているが、通史としては不完全だった[HU 0153-0154]。事実上も中世史を描くにとどまり、宗教改革の諸問題には手をつけることができなかった。

　問題はそれだけでなかった。国民という問題関心の登場、またそれが前面に躍り出たことはハンガリー独自の現象ではなく、本書でも他の多くの箇所で扱ってきた。ただハンガリーの場合は国民という契機を貴族層が担い、彼らは自身の権力の由来を歴史に求め、実際にも歴史の中に見出したという特徴がある。このため、ハンガリーの先史時代への問い、またハンガリー人がどこから来たのかという問いが前面に出てくることになった（この問いは他の国民においては問題になりえなかった。現在いる場所に常にいたわけだから）。この時期に幾人もが先史時代の問題に取り組んだが、当時すでに明らかになっていたフィン・ウゴル的要素は完全に無視された（フィン・ウゴル的要素はあまり品格のあるものとは見なされず、「魚くさい親戚」は誰にとっても嘲りの対象でしかなかった）。それゆえ先史時代の要点として残ったのはフン人とハンガリー人の親近性、あるいはむしろ同一性であり、これは品格の備わったものとして受け入れられた。ピアリスト会士 A. ドゥゴニチ（1740-1818）は『エテルカ』という小説でこれを主張し、大きな影響力を持った[HU 0155-0156]。

　国民の誇りというのは蜃気楼であり、史実で満足することを知らず、ゆえに、誇れる祖先としてアッティラを崇拝し続けたのである。当時の学界でこれを代表したのは I. ホルヴァート（1784-1846）であり、その獅子奮迅の活躍ぶりは信じられないほどである。稚拙な俗流語源論を用いて、ハンガリー語が世界で最古の言語の一つであり、聖書にもハンガリーに関する記述があるなどと主張した。まもなくペシュトで大学教授となり、すべての世代をこの汎ハンガリー思想で汚染した（跡形もなくこの考えを除去することは、今でも成功していない）。しかしホルヴァートは当時としては高い教養を身につけた知識人であり、先史時代と無関係な領域では、意義のある仕事を残した。すなわちホルヴァートは、文書形式学や印章学、紋章学といった、貴族中心の社会に関する重要な研究領域の代表者だった。このことは、しばしば（一再ならず肯定的に）言及される彼の説と比べて、今日ではあまり知られていない。

　ホルヴァートの友人で、思想的な支持者だったのが Gy. フェイェール（1766-1851）である。もっとも彼はホルヴァートの友人としてではなく、史料公刊の業績ゆえに重要な人物である。19 世紀初頭の数十年間に、ドイツにおける史料研究と史料公刊は、ハンガリーでもある程度知られるようになった。フェイェールは『ハンガリー文書集成』という書名で、膨大な史料を公にした[HU 0157-0199]。確かに間違いは多いが、今日までこれを上回る詳細な資料集は現れていない。今でも中世史家は多くの間違いゆえにフェイェールを非難するが、それは研究の過程で日常的に彼の史料を使っていることの裏返しに他ならない。

　19 世紀も半ばにさしかかると、国と社会の発展に歴史叙述が非常に重要な使命を担っていることが、徐々に明らかになった。ただし専門的な態勢はまだ十分に整っておらず、幾人かの若い歴史家がこうした課題に取り組んだだけだった。歴史家の中から、P. ヤーサイ（1809-52）を挙げよう。彼はいわゆる改革期の最も有力な潮流である中央派の支持者だった。当初、ヤーサイは政治家として歩み始めたが、のちに 16-17 世紀のハンガリー史に取り組むようになった。『モハーチ敗戦以降のハンガリー国民の日々』という題のもとで、敗戦のせいで卓越した時代とはいえ、研究対象にもされなかった 1526 年以降の時代について、幅広い見取り図を書き上げようとした[HU 0200]。しかし、1527 年 1 月まで著した時点で早世したため、1848 年以前においても以降においても、ハンガリー史学の代表者にはならなかった。その座を占めたのは、M. ホルヴァート（1809-78）である。彼も独特の人生を歩んだ。司教まで務めたカトリックの聖職者だったが、1848 年には革命側に立ち、

革命が崩壊すると亡命した。イギリスに渡って結婚もしたが、1867年に妥協が成立すると帰国して、歴史叙述の中心人物の一人となった。ホルヴァートは経済史の諸問題にも取り組んだ[HU 0201]。1842年から1846年にかけて出版されたホルヴァートの4巻本ハンガリー通史の重要性は、自由主義思想で貫かれている点にある[HU 0202-0205]。従来は一般的だった保守的な解釈を捨て去り、〔道半ばで終わった〕ヤーサイとは異なって、自由主義的歴史観で最後まで書き上げたのである。ホルヴァートの概説は政治史に偏っているという意味で伝統的だが、工業と商業の発展に関する作品によって、経済史の分野でも業績を残した。ホルヴァートは自由主義思想に沿ってヨーゼフ2世（1741-90）を肯定的に描き、これはもちろん当時における貴族層には気に入られなかった。

　ハンガリーの歴史叙述は19世紀中頃になると、主題や問題設定においてヨーロッパの大勢に近づきつつあった（無論大きく遅れをとっていたが）。そうはいっても、最新の（あるいは流行の）方法論の習得という次元で卓越した状況にあったわけではない。こうした遅れを脱してヨーロッパ的水準に到達するには、道筋を根底から規定し、その後の展開を長期にわたって支配する1867年の妥協を待たねばならなかった。1848年革命鎮圧後の鬱屈した雰囲気の中で、政治的な制約が発展を常に阻害した。亡命者は国外にあってヨーロッパ的水準に遅れまいともがいていた。

　時代にふさわしい歴史学が出現しなかったのは、ごくありきたりな原因もあれば、技術的な原因もあった。とりわけ当時はまだ、大貴族の趣味としてではなく、召命として、俗な言い方では「職業として」研究に従事する社会層が出現していなかったからである。1850年代に活躍した歴史家はいずれも十分な財産と時間を有する大貴族だった。中には高い水準の業績を残す者もいた。

　トランシルヴァニアの大貴族 J. テレキ伯（1790-1855）はその典型である。テレキは1842年からトランシルヴァニア総督を務めた正真の政治エリートだった。革命の敗北後、すべての職務から退き、『ハンガリーのフニャディ時代』と題する12巻に及ぶ著作に取り組んだ[HU 0206-0218]。これは実際のところ古い様式の史料公刊であった。テレキの考えでは、フニャディ時代はまだ十分に資料が研究されておらず、それゆえ、フニャディ時代の史資料を整理して、幾冊にもわたって公刊したのである。彼の仕事は同時代の歴史家の手本ともなった。次から次へと新史料を公刊したが、それは、ひたすら研究を奨励するためだった。数十年分の史資料を徹底的に刊行しようとして、しばしば瑣末事に迷い込んでしまった。同資料集を読み通すことは大変だが、今日でも、この時代に取り組む歴史家にとっては避けて通ることのできないものとなっている。

　他方、L. サライ（1813-64）の歴史家としての活動は、亡命生活の中で始まった。1848年以前に彼も中央派に属していた。当初は法学者として知られ、自らもそう認識していたが、1849年から1855年のスイス滞在中に『ハンガリー史』を書き始め、1852年から出版し始めた[HU 0219-0224]。ハンガリーの史料を入手できなかったこともあり、まずは政治的、国制的発展に関心を集中させた。亡命者ゆえに、外国の影響力について鋭い感性を発揮し、ヨーロッパにおけるハンガリーの役割を提示することに重心を置いた。帰国後は史料公刊にも取り組んだ。法学に対する関心は帰国後も続き、その関心に触発されたこともあって、ヨーロッパにおけるハンガリーの役割を明示しようとした。サライの重要性は、帰国後、彼なりの方法で F. デアーク（1803-76）を支持した点にもある。サライはまたハンガリーの歴史意識からロマン主義的要素を排除することに努めた（これを試みた最後の人物だったわけではないが）。

第2節　専門化した歴史叙述（1918年まで）

　オーストリアとの間で結ばれた1867年の妥協によって、帝国全体におけるハンガリーの位置は本質的に変化し、ほぼ完全に独立した地位を得た。国王が保持する権利は、近代的な議会制国家を形

成する妨げにほとんどならなかった。妥協以後もハンガリーはハンガリー人の国家と見なされ、またクロアチアは独自の地位を認められた。

オーストリア＝ハンガリー二重君主国の崩壊（1918年）まで続くこの状況は、ハンガリーの歴史叙述にとって好ましい環境を作り出した。すなわち、モハーチ後のオスマン支配の時代はもはや単なる挿話としか見なされず、大国の後ろ盾を得たおかげで、独立ハンガリー国家の歴史を現時点において完成させることができるようになったのである。これまでも西欧から完全に取り残されたわけではなかったが、模範と見なす西欧といまや完全に足並みをそろえることができた。ヨーロッパの主要国としての歴史叙述を発展させるために必要な前提条件が整ったのである。

筆頭に挙げるべきはブダペシュトの大学である。人文学部には複数の歴史学講座が置かれ、異なる時代（古代、中世、近代）が講ぜられた。事実上、18世紀までが過去として研究の対象になったが、19世紀の出来事には歴史的な距離をまだ保てないという理由からだった。

初等・中等学校で近代的な歴史教育を実施するために、より多くの歴史教員が必要だった。そこでまもなく二つ目の大学設立が、国内で議論されるようになった。1874年にこれは実現する。歴史的な要因も考慮して、かつての「第二の祖国」トランシルヴァニアの中心都市クルージュ＝ナポカに開設された。ブダペシュトの大学と同様にここでも歴史家の養成が進められたが、当初の数年間は教員不足のために水準が多少低かった。この時代〔二重君主国時代〕の末期になると、大学はまだ不足していると考えられ、1912年にさらに2大学が設立された。宗派的な均衡も考慮して、一つは西部のブラチスラヴァに（ここはオスマン支配以降の数世紀にわたりハンガリーの首都だった）、もう一つは改革派のローマと称される東部のデブレツェンに置かれた。しかし世界大戦勃発のために、状況を抜本的に改善することは不可能になった。

二つ目の本質的な変化は、歴史学に携わる教員と研究者が組織を形成したことである。ハンガリー歴史学協会が1867年に設立され、今日まで活動が続いている。同協会は、大貴族と裕福な平貴族の後援にかなりの程度頼っていたが（貴族はそれぞれに各々の歴史の解明を新組織の活動に期待した）、実際に協会は歴史研究の中心的組織へと発展し、懸賞論文を募集し、研究テーマを設定した。また設立の初年から機関誌『世紀（サーザドク）』を刊行した（同雑誌も今日まで継続している）。『世紀』によって、研究の組織化を進める拠点となる機関が生まれた。『世紀』には研究と文献紹介を発表できた。雑誌編集者は、以後、一貫して卓越した地位と見なされたが、もっともなことである。

史料の公刊も始まった（より正確には、以前から続けられていたものが近代的な形式へ変わったのである）。家伝の中世文書を専門的な形式によって出版する大貴族もいた。史料公刊の専門誌も発行された。歴史学協会は「ハンガリー人物伝」シリーズを刊行し、次第にこれ以外の出版物も公刊するようになる。つまり研究成果を公にする手段としての出版も制度化されたのである。協会は史跡旅行も企画した。上部ハンガリー（現在のスロヴァキア）やトランシルヴァニアなど国内各地を巡り、その折に地方文書館で史料探索を進めた。

政府は多くの奨学金を出して、歴史家が国外で学び研究することを可能にした。ハンガリーで最も重要な史料を保存する国立文書館は、その立場にふさわしく史料紹介と史料公刊の拠点となった。

二重君主国体制によって作り出された安全と平穏は、ある意味で自己充足を人々にもたらし、歴史叙述にも影響を与えた。将来への楽観的視点が歴史叙述にも見出されるようになったのである。

無論、安堵感や楽観的視点と並んで、対立を招くような問題も依然として残っていた。すなわち二重君主国体制を、完全独立に至るまでの過渡的なものに過ぎないと見なす独立派の見解が、前の時代から引き続き残ったのである。ただしそのような見解でさえ、独立を果たしたのちも何らかの同君連合によって、ハンガリーは君主国と結合するだろうという目算によっていた可能性がある。事実、多くの歴史家が心理的には独立派の思潮に与したが、独立すれば強国の後ろ盾を失うのは明らかなため、実際は現状を尊重したのである。

この時代の歴史家には、「妥協」以前の世代が数多く含まれる。年代順に挙げるなら、まずS.スィラージ（1827-99）であろう。というのもスィラージは、専門教育を受けずに史料紹介に努めた比較的古い世代と、大学で何らかの方法論的訓練を受けた若い世代との中間にいるからである。学問の拠点である大学図書館の館長を務め、歴史学協会でも指導的役割を果たした。スィラージ自身の作品に重要な新機軸が見られるわけではない。主に取り組んだのは独立侯国期のトランシルヴァニア史であり、議会文書の刊行に着手し（『トランシルヴァニア議会史料集成』[HU 0225]）、21巻に及ぶ大著としてこの史料を利用可能にした。以後、同書はトランシルヴァニア近世史における政治上の出来事を知る基本的公刊史料となった。スィラージは史料公刊や編集活動を通して、この時期に研究を始めたほぼすべての歴史家と個人的な関わりを持った。このため彼の権威は高まり、新しいハンガリー通史を作りたいという、彼がかつて公言した望みも実現した。10巻本の企画で出版されたこの通史については、後で時代と著者に沿ってそれぞれ論じることにしよう[HU 0226]。いま触れておくべきことは、この通史がハンガリー建国千年祭の時期に出版され、前に述べたような自己充足的な思考が、各巻にみなぎっていることである。

第一の特色は、ハンガリーの歴史家はハンガリー国（これはハンガリー人を指し、それ以外の者は考慮されない）の歴史に専念するのが当然だという思考である。もちろんこれには、史料の大半がその目的のために利用できるという正当な根拠もあった。ほとんどの史料は祖国の歴史の中で成立したのだから。しかしそうした専門性と並んで、あるいはそれ以上に、国民という契機が働いた。すなわち、ハンガリー人の歴史を描かねばならぬ、歴史全体の歩みに決定的な像を描かねばならぬという契機である。この10巻本は、各巻に装飾が施され、図版も多い大著で、当時の歴史認識を反映しており、その意味で今日も史料的価値を保っている。

さらに付言すべきは、歴史家が歴史叙述の理論的問題に対して（今日に至るまで！）あまり関心を向けず、当時一般的に承認された命題から出発して、あらゆる作品においてその命題を踏襲したことである。当時の理論的基盤はかなり単純だった。すなわち、歴史は連続する出来事からなる。出来事は時に矛盾する結果を伴いながらも、様々な文書史料に残される。歴史家の仕事はこれらの史料を集め、意味づけし、信頼できる内容と出来事を確定し、論理的で因果律にかなう順番に並べ替えて、出来事を再構成することである、と。このような理論はのちに実証主義と呼ばれた。もっとも当時の哲学的観点は、実証主義に歴史の法則性を究明することを期待し、当時の人々もそう考えた。しかしこの時期のハンガリー史学の実証主義は、そこから遠く隔たるものであった。だがハンガリーの歴史家はこれで十分と見なし、実際に満足もしていた。

以降も内部には対立する潮流が存続した。一方に、公然と独立派と呼べる潮流がすでにあった。他方の潮流は通称を持たなかった。なぜならそこに属する者ですら、ハプスブルク派と名乗るのは適当でないと考えたからである。並行して、カトリック対プロテスタント（より正確にはカルヴァン派すなわち改革派）という宗派上の対立軸も、歴史家の立脚点を強く色分けした。だが同時に、ごくわずかの例外を除いて、ほとんどの歴史家が歴史的真実をあるがままに、つまり自身でそう見なしていたわけだが、全く偏見なく研究し描いていると信じていたことも付け加えておこう。

では次に、この時代の最も重要な人物を幾人か見ていこう。彼らの業績は歴史学界の見解に長期にわたって決定的な影響を及ぼした。まずGy.パウレル（1841-1903）から始めるのがいいだろう。パウレルの父は土地所有平貴族の代表者だと自認する人物であり、法務大臣を務めたこともある。息子のパウレルはある程度に近代的といいうる歴史研究を行なった。つまり彼は外国の大学に留学し、1874年に国立文書館の責任者（館長という肩書きと地位はのちに創出される）に就任したのである。国立文書館は再編されて当時の学問研究の中心となっていた。パウレルは当初、研究テーマを近世に求めた。理由は、近世が現在と近いにもかかわらず、かつ多くの根本問題を提起した重要

な時代であるにもかかわらず、ほとんど手つかずのままだと、当時の世代が見なしていたからである。パウレルは、17世紀後半の主要な問題の一つ、いわゆるF. ヴェシェレーニ（1605-67）の陰謀を取り上げた[HU 0227-0228]。それはレオポルト1世（1640-1705）の絶対王政に対するハンガリー政治エリートの抵抗だった。しかしこのテーマでは独立と宗派という問題に突き当たるのは避けられないため、続く研究でパウレルは中世へと、しかも最初の王朝であるアールパード朝時代へと遡った。これなら誰が見ても好ましい時代だ、といえなくはない。パウレルの2巻本の概説書は今日もなお、政治事件史に偏した叙述に不満を抱かぬならば、アールパード朝時代に関する最も詳細な研究である[HU 0229-0230]。ヴェシェレーニ事件については、カトリック政治エリートによる独立の試みであったと彼は結論づけた。これは当時「宮廷派」と名づけられた見解であり、この立場で発言する歴史家は人気がなかった。同分野の歴史叙述は独立派の歴史家が占有しており、大半がプロテスタントだった。

以下、順に独立派の歴史家を取り上げる。まず、特異な人物 H. マルツァリ（1856-1940）から始めねばならない。当時、おそらく最も権威のあったのは彼であり、多産な歴史家でもあった。彼は敵対し合ういずれの派にも属さず、どちらからも距離を置いた。実際、彼はハンガリー史の全時代を鳥瞰した。ハンガリー通史を書き[HU 0231-0239]、史料公刊にも従事した[HU 0240-0242]。しかし彼こそは、今まであまりに近すぎるせいで等閑視すべきと思われていた18世紀という時代に、初めて取り組んだ一人である[HU 0243-0244]。マルツァリはヨーゼフ2世について単著を著し、係争点となるあらゆる問題を取り上げた。

マルツァリの後に K. タリ（1839-1909）を挙げるのは奇妙かもしれない。なぜならタリは、史料に厳格に固執するマルツァリと全く異なるからである。タリは独立派の見方を代表する典型的人物で、模範だということさえできる。タリの専門領域は F. ラーコーツィ2世（1676-1735）およびクルツ、つまり反ハプスブルク派全般であり、著作もこれに関するものを出版した[HU 0245-0259]。タリの仕事は、同時代の史料批判の水準を常に満たすものとはいえないが、広範な読者層に大きな影響を与えた。

G. ヴェンツェル（1812-91）は専門教育を受けた歴史家に属さないが、彼の史料公刊の仕事は極めて重要である。とりわけ重要なのは、アールパード朝時代の文書を見つけ出し、公刊したことである[HU 0260-0271]。法制史についても数多くの業績を残し、実際にこの分野で開拓者の役割を演じた[HU 0272-0282]。ヴェンツェルはオーストリア生まれだったが、ハンガリーの同時代史に関してもいくつかの問題に関して業績を残した。

K. タガーニ（1858-1924）をここで紹介しよう。タガーニこそは1894年に雑誌『ハンガリー経済史評論』を創刊した人物である。雑誌そのものは長続きしなかったが（1906年まで刊行）、出版活動と仕事仲間を通じて、タガーニ自身は大いなる威光を発揮し、事実上の学派と名づけられるような経済史グループを組織することに指導的役割を果たした[HU 0283-0290]。タガーニは政治史に偏った従来の見方に代えて、経済発展の問題に研究者の目を向けさせるという重要な役割を果たした。無論この試み自体も、建国千年祭前後の思潮を免れているわけではない。タガーニもまたこの機会に何らかの大掛かりな通史を完成させようとしたからである。だがそれは実現しなかった。

ここで、ある意味で破格ともいえるこの時代の代表的人物 I. アチャーディ（1845-1906）に触れるのが適切だろう。アチャーディは当初、文学の領域で活躍したが、のちに歴史学に転じ、時代を担う歴史家となった。とりわけ16-17世紀の諸問題に関心を寄せ[HU 00291-0292]、千年祭通史のうち2巻を一人で著し[HU 0293-0294]、さらに『ハンガリー帝国史』と題する2巻本の通史も残した[HU 0295-0296]。この通史は題名のつけ方から見ても、同時代の観念や願望に引き寄せられていたことがわかる。今日に至るまで価値を失っていないのは、ハンガリーの農奴に関する著作である[HU 0297-0298]。というのも、アチャーディは他の点で同時代の見解に順応したが、にもかかわらず、この作品では同時代から非常にかけ離れたテーマを選んだからである。アチャーディは農奴

の経済的および法的状況を紹介し、可能な限り原型に遡ってそれを描いた。

このことは見方を変えれば、アチャーディが他の歴史家と同様に、ハンガリー史の多様な時代に取り組んだことを示している。当時も厳密な時代別の分業がなかったわけではないが、大勢だったとはいえない。ただし A. アールダーシ（1869-1932）を反証として挙げることはできるかもしれない。アールダーシはブダペシュト大学の中世世界史の教授だった。しかし彼も当時の大学における世界史講座主任が一般にそうであったように、ハンガリー史の様々な問題に取り組んだ。アールダーシは第一に中世を専門としたが、歴史補助学にも通じており、ハンガリーの紋章学をまとめた [HU 0299]。

オーストリア＝ハンガリー二重君主国時代のまぎれもなく重要な歴史家の一人が D. アンジャル（1857-1943）だが、その長い生涯は第二次世界大戦中に終わりを迎えた。ブダペシュト大学で最も人気のある教授の一人だったアンジャルは、ハンガリー建国千年祭の通史で 17 世紀ハンガリー史を執筆し [HU 0300]、17 世紀の二人の重要な登場人物、I. テケリ（1657-1705）とトランシルヴァニアの侯 G. ベトレン（1580-1629）の伝記も出版した [HU 0301-0303]。穏健保守的な見解の持ち主だったため、アンジャルは時代の求めにおおむね融和していた。アンジャルは当代の最も優れた歴史家ではなかったかもしれないが、今日もなお最も著名な歴史家の一人ではある。

クルージュ＝ナポカの大学教授、L. サーデツキ＝カルドシュ（1859-1935）はアンジャルほど名を知られていまいが、トランシルヴァニア史に専心し、トランシルヴァニア政治家数名の伝記を著した。しかしサーデツキ＝カルドシュの重要な著作はセーケイ国民の歴史を描いた書である [HU 0304]。セーケイ人はトランシルヴァニア侯国の住民で、母語はハンガリー語だが、そのエトノス的起源については昔から大論争が続けられ、彼らをハンガリー人だとすることに疑問を呈する者は多い。サーデツキ＝カルドシュは留保をつけずにセーケイ人をハンガリー起源と捉えた。したがって彼をロマン主義的国民観の信奉者と見なすこともできる。

A. ホディンカ（1864-1946）は独特な人物で、本章で議論する理由も十分に説明がつくわけではない。というのは彼の出自がルシン人だからである。ザカルパッチャに暮らすこのエトノスは、1945 年以前にはウクライナ人と見なされていなかった。知識人の仲間入りを果たしたルシン人は、ハンガリー人に同化するのが普通だった。ホディンカも同様であったが、ただし彼はスラヴ語を母語としたため、ハンガリーの歴史家の中では稀なことにスラヴ人の歴史、とりわけロシア史に対する障壁が低かった。ホディンカはロシア年代記中に記されたハンガリーとの関わりを、翻訳と研究の両方の形式において概観した最初の人物である [HU 0305]。このため、長いこと彼はハンガリーの歴史記述においてあまり好まれなかったばかりか、議論の対象にすらなりにくかったロシア関連の専門家だった。またホディンカは狭義の意味の母国についても取り組み、ムカーチェヴェ合同派（ギリシア・カトリック）司教区の歴史を、この上なく詳細に描き出し、同作品はルシン・エトノスに関する主要な概説書となった [HU 0306]。ホディンカの業績は限られた専門分野では重要だったが、影響を広く及ぼすことはなかった。

オーストリア＝ハンガリー二重君主国時代末期、ブダペシュト大学に文化史講座が誕生した。初代講座主任は R. ベーケフィ（1858-1924）で、シトー会士の教師だった。講座の研究領域は当初から確定しなかった。ベーケフィは慣れ親しんだ教会史のテーマとしてベネディクト会修道院の歴史を研究したが [HU 0307-0312]、公教育史、いや、そんな大仰な言い方をやめて、教育史と呼ぶべきものが彼の業績として意義深い [HU 0313-0319]。ベーケフィの研究によって、いわゆる聖堂参事会学校の歴史が明らかにされた。これは長期にわたり学校教育の基本的形態だったのである。

国立文書館の館長として、また、第一次世界大戦後に完成する文書館新館の設立者として、国内史料に関する重要な役割を果たしたのが D. チャーンキ（1857-1933）である。歴史家としての専門領域では、両大戦間期に活躍した。彼の研究は地方史と歴史地理学にとりわけ貢献した。チャーン

キは『フニャディ家時代の歴史地理』と題し、4巻本（第1-3巻、ならびに第5巻）の膨大な資料収集を行なった［HU 0320-0323］。今日に至るまで最も重要な公刊史料の一つである。チャーンキはブダペシュトの歴史に関しても実に多くの文書を公表した。またチャーンキはマーチャーシュ王時代に関する著作も残している［HU 0324-0327］。

20世紀の歴史家で個性的だったのは、はじめクルージュ＝ナポカの大学で、次いでセゲドの大学で教授を務めたL. エルデーイ（1868-1947）である。彼は中世ハンガリーの社会構造をめぐってタガーニと大論争を繰り広げた［HU 0328-0332］。論争は迷路の小道にはまり込んだ如き様相を呈したが、個々の社会階層の状況や権利義務について争われたのである。論争は細部にわたり、多くの史料が取り上げられ、今でも中世史研究家にとって参照に値する。

L. フェイェールパタキ（1857-1923）はウィーンで歴史補助学の研鑽を積み、当初は文書形式学に従事した。彼は演習でも文書読解を行ない、よく訓練された中世史研究家を育てて世に送り出した。研究分野としては中世の個別的問題を掘り下げた［HU 0333-0343］。彼の功績は何よりも、専門的訓練を受けた新世代を育て上げたことである。

広範な主題を提示したのは、カトリック司祭で聖堂参事会員、かつ名義司教でもあったV. フラクノーイ（1843-1924）である。彼はローマで名義司教を何年も務め、後年、その住まいは改装されてローマのハンガリー歴史学研究所となった。フラクノーイもまた史料公刊に功があった。ヴァティカン文書館のハンガリー関連資料集を4巻にまとめ［HU 0344］、マーチャーシュ王と教皇の間で取り交わされた書簡集も公刊した［HU 0345-0346］。千年祭記念通史では、フニャディ家とヤギェウォ家の時代、すなわち15世紀後半から16世紀のモハーチの戦いまでを執筆した［HU 0347］。さらにハンガリーとローマ教皇庁の関係史を3巻にまとめた［HU 0348-0350］。フラクノーイはマーチャーシュ王や、エステルゴム大司教T. バコーツ（1442-1521）、およびパーズマーニの伝記も著した［HU 0351-0355］。またフラクノーイは、18世紀末にI. マルティノヴィチ（1755-95）が主導し失敗に終わった陰謀の歴史を、詳細かつ批判的に描いた最初の歴史家でもあるが［HU 0356-0358］、この主題はその後長きにわたって、保守派と左派の間で格好の論題となった。

A. ガールドニ（1874-1946）も歴史補助学と広義の文化史に携わり、マルティノヴィチの陰謀について好意的な本を書いた［HU 0359］。ガールドニはハンガリーにおける歴史補助学の歴史に初めて目を向け、これを簡潔に記述した［HU 0360］。

I. ゴルドツィヘル（1850-1921）はハンガリーにおけるトルコ学の事実上の創始者であり、ブダペシュト大学のセム語文献学講座主任だった。彼こそはハンガリーで東洋学一般の地位を引き上げた人物である。文献学上の業績と並んで意義深いのが、東洋の諸民族史に取り組んだ一連の著作である［HU 0361-0367］。

A. ヴァーンベーリ（1832-1913）はゴルドツィヘルと双璧をなす重要な東洋学者であり、とりわけトルコ学の権威だった。またハンガリー・エトノスの起源にも取り組み、これをテュルク系と位置づけた［HU 0368-0371］。ヴァーンベーリの度重なるアジア調査旅行における報告書集は史料的な価値がある［HU 0372］。

J. イッレーシュ（1871-1915）は法制史学者で、のちに大学人になってからも法律実務業を兼務した。イッレーシュはハンガリー国制の発展を保守的な立場から解明した。彼はさらにハンガリーの紋章史を著し［HU 0373］、ハンガリー法制史の概説書も編纂した［HU 0374-0375］。

オラデアの司教A. イポイ（1823-86）は独特の人物で、多様な領域にまたがる業績がある［HU 0376-0391］。異教時代におけるハンガリー人の信仰世界を発掘することが研究の主目標だったが、美術史にも関心を持った。ハンガリー人が異教徒だった時代の、神話に関わる遺物を収集・整理したことが、最初のまとまった業績だが［HU 0392］、中世ハンガリー美術史についても研究を3点残した［HU 0393-0395］。イポイが神話学へ脱線したことは、研究として見ればあまり重要なものではないが、のちの研究者たちを触発するものではあった。

ウィーンで学んだÁ. カーロイ（1853-1940）は

専門教育を受けた歴史家の第一世代に属し、ウィーンのハンガリー歴史学研究所を長年にわたり指導した。彼もはじめ近世を研究したが［HU 0396-0406］、のちには、第一次世界大戦後に公開された文書館史料に心を奪われ、ハンガリー改革期の専門家として有名になった。1848年革命に関する史料を多数出版し［HU 0407-0411］、1848年以後のI. セーチェーニ（1791-1860）文書を利用可能にしたのも彼だった［HU 0412-0414］。しかしそれ以上に大きな業績は、1686年のオスマンからのブダ城解放戦に関するものである［HU 0415］。

ベネディクト会修道士の F.F. ローメル（1815-89）は古代史と中世史の史跡を研究し、中世考古学に関しても優れた業績を残した。生地ブラチスラヴァの史跡だけでなく、他の多くの中世史跡もないがしろにしなかった［HU 0416-0421］。

ほぼ全生涯を任地のウィーンで過ごした L. タッローツィ（1856-1916）は、多面的な研究を活発に行なった［HU 0422-0446］。タッローツィはハンガリーの平均的歴史家と異なり、ハンガリー内で話されていたスラヴ系諸語およびその他の言語をも解し、バルカンにまで関心を広げた。ハンガリーとバルカン諸国の関係について多くの史料を出版し［HU 0447-456］、さらにロシアとハプスブルク君主国の関係も研究した［HU 0457］。比較的若くして没したため、研究数は多くないが、他の研究者の関心を常に新しいテーマへと導いた。セルビア国家再生の緒となった19世紀初頭のセルビア人蜂起に関する著書もある［HU 0458］。

F. シャラモン（1825-92）は様々な領域に関心を寄せる古い世代に属したが［HU 0459-0465］、16-17世紀のオスマン支配期におけるハンガリーについて詳しく紹介する仕事を残し［HU 0466］、ブダとペシュトの歴史についても3巻からなる著作を著した［HU 0467-0469］。

ピアリスト会（エスコラピオス修道会）修道士、S. タカーチ（1860-1932）は近世から改革期にかけての史料を出版し、研究書も数多く著した。彼の方法は近代的といってもよく、日常的な諸問題についても論じ、当時の大衆にも受け入れやすいものだった。人気を博した彼の作品は今も多くの基本的史実を提供している［HU 0470-0495］。

第3節　専門化した歴史叙述（1918年以降）

1918-19年の革命期は、後代に残すほどの成果を蓄積するには短すぎ、史学史上の痕跡はわずかなものである。第一次世界大戦直後は激動期であり、一過性の意味しか持たなかった。

この状況を一変させ、歴史叙述の展開をも根本的に転換させたのは、1920年6月にトリアノン宮殿でハンガリーと協商国間に結ばれた講和条約だった。多民族の歴史的ハンガリーは、領土の3分の2を、隣国や講和条約で生まれた新生諸国家に分割された。かくてエトノス上のハンガリー人の3分の1が、新生諸国の版図で生きることになった。これほどの変化は実にオスマン支配期以来のことであった。この変化は受け入れざるを得ないものであり、遅かれ早かれ、将来の国民的歩みの教訓とせねばならぬものだった。幾百年にわたり続いて当たり前だと見なされていたものが、突然ここで断ち切られたのである。

この転換は歴史観に影響をもたらすはずだが、歴史叙述は第二次世界大戦終結まで、この転換を不承不承にしか受け入れなかった。しかしハンガリーの歴史像全体に関わる新しい要素が生まれたことはまぎれもない。最も重要だったのは国民の問題である。栄光に酔いしれた従来のハンガリー歴史叙述は、国内の非ハンガリー人の歴史にほとんど注意を向けなかった。その結末こそがハンガリーの分割だったのであり、それをもはや認めざるを得なかった。だが、ここに至ってもなお、非ハンガリー人の歴史をそれ自体として、また国全体の発展に関わるものとして、歴史の主題とすることはなかった。せいぜい、かつての国内諸民族の政治運動を取り上げただけであり、18世紀末以前についてはほとんど言及されなかった。

実際のところ、旧来の解釈はほぼ変化しなかった。ハンガリーの歴史はハンガリー人、つまり、ハンガリー・エトノスの歴史と同一であると理解

されたのである。東欧でよくある考え方、すなわち諸悪の根源は悪意の隣人である、という考え方が前面に出てきた。ハンガリーの歴史家が、隣人たちの 1918 年以前の史的発展に関心を持つことは事実上なかった。

　他方、眼前の現実を、国の後進性や発展の脆弱さから切り離さずに理解できないことも認めざるを得なかった。隣国に責任を押しつけるのは可能だが、内なる原因を検討することも必要だった。一方、支配的になったのは独立派の見解だった。実際、ハンガリーは形式的にも完全に独立を達成したのではある。したがって、こうした独立派の見解によるなら、歴史は 1526 年に中断された時点に立ち戻って、再開されたことになる。

　要するに、事実上これまで支配的だった歴史観を変える必要を認めようとしなかったのである。ただし、この時期の転換を一過性の変化だと見なす場合でさえ、歴史叙述の語調を、以前より哀愁を帯びた響きにせねばならなかった。歴史観を変えないことの最大の帰結は（ある意味で今日までこれは続いているが）、1918 年以前の歴史的ハンガリーを舞台としてハンガリー史を描き続けることだった。ハンガリー史を叙述するにあたり、1918 年以後も、舞台としては歴史的ハンガリー全体を視野に入れた。

　加えて、近隣諸国の歴史観も同様の状況だったことに言及しておくのは重要であろう。つまり近隣諸国の場合、歴史の舞台は常に現在の（つまり 1918 年以後の）版図とされ、過去に現在を投影させたのである。かくして同じ領域をめぐって複数の主張が競い合うこととなったが、それが問題になることはなかった。なぜなら各々の歴史叙述は、言語的な理由からにせよ、互いをほとんど気にかけなかったからである。

　この時代の歴史叙述は、従来同様に、同時代の社会秩序、つまり歴史的に形成された階級による支配について、あからさまに擁護することもせず、かといって疑問視することもなかった。国民にはなにがしかの平等性があったのだとか、少なくともハンガリー人として一体であったのだと述べることによって、問題にこれ以上立ち入ろうとしなかった。国民史の模範は、国が統一され、ハンガリーが偉大だった中世だった。逆に 400 年に及ぶハプスブルク支配は、歴史家の多くが眉をひそめるものとなり、1918 年以前に受け入れられていたような、あるべき姿だとは見なされなくなった。ここで確認しておくべき点は、数百年に及ぶドイツ人からの抑圧について、いまや気兼ねせずにこれを批判し、王朝支配のすべてをも非難できるようになったことである。

　他面でハンガリーは大国の後ろ盾を失って、国際情勢に翻弄され始めた。国境の修正を要求するには協力者が必要だが、長期間をかけて様々に試みた取り組みが徒労に帰し、つまるところ 1930 年代に残された選択肢は、親ドイツ政策のみであった。これを利用したのがヒトラーのドイツである。ヒトラーはハンガリーの修正主義的夢想を、正面切って退けはしなかった。こうして歴史的ハンガリーは仮想的に存在し続け、研究すべき真の国史と見なされ続けた。ハンガリーの一体性は常に強調されねばならなかった。ただトランシルヴァニア問題だけは、その歴史的前提の独自性ゆえに、別格に扱うことが可能だった。トランシルヴァニアが一定の自立性を有したことは、ハンガリーの一体性という歴史観に抵触しなかった。しかし、上部ハンガリー、すなわち現在のスロヴァキアが占める領域に関しては、このような独自性が存在したことはなく、オスマン支配期にもドナウ以西の諸地域とともに（ハプスブルク支配の）王国領ハンガリーを構成していた。だが、こうした諸地域の歴史は明らかに重要な問題ではなく、ハンガリー史における一体性という見方を変化させるものではなかった。

　ただし、例外を一つ指摘しなくてはならない。クロアチアである。中世以来、クロアチアは同君連合と見なされ、一定の自立性を常に保ってきた。ハンガリー王は同時にクロアチア王でもあった。ハンガリー王は戴冠式に際して、クロアチア王としても戴冠し、その都度、公法的に自立性が確認された。いまやこの状況は消滅した。にもかかわらず領土修正主義者が作成する地図では、依然としてクロアチアはハンガリーの一部として扱われた。もっとも、クロアチアがハンガリーの歴史叙述の主題となることはなく、せいぜいクロアチア

の政治エリートがハンガリー人だったのか、それともクロアチア人だったのかが議論される程度だった。両国間の関係や、クロアチア沿岸部を通じたアドリア海におけるハンガリーの役割が歴史学的主題となることはあったが、クロアチア国内の史的発展の諸問題にハンガリーの歴史家が介入することはなかった。クロアチア語ができる人を除いて、言語的に見て〔ハンガリーの専門家が〕クロアチアの専門家と見なされることはなかった。

同時代、つまり両大戦間期のハンガリーを以前の時代と比較研究したり、連続性の有無を問うことは、事実上、歴史叙述の主題にならなかった。トリアノン条約が生み出した状況は一時的だと見なされたので、この種のことは問題にならなかった。

要するに1920年以後のハンガリー史学は、1918年の革命によって中断された地点に立ち戻って〔あたかも革命の年月がなかったかのように〕続けられることになったのである。無論、史料は入手困難になり、もはやトリアノン以後のハンガリー領を大きく越えて研究ができなくなったが、1918年以前に関して、歴史的ハンガリー以外の枠組みを問題にしなければならないという考えは、一瞬たりとも現れなかった（今日でも、1918年以前に関しては同様である）。

ハンガリーの歴史学は、時に自由主義の色彩を放つことがあっても、基本的には保守的であり、それ以外の方向性が生じなかった。社会主義者がマルクス主義的考察を試みたことはあるが、真剣には取り上げられなかった。他方共産主義者は、主として第二次世界大戦期には、日々の政治状況にハンガリー史を引きつけようとし、事実上、当時の主流派だった国民的理解に近づいていった。ただしそうした理解を体系化したのは1945年以降のことである。

両大戦間期におけるハンガリーの歴史叙述を論じる際に、いわゆる精神史という方向性（あるいは学派といってもよい）について一言触れねばならない。精神史の登場は、ドイツ観念論哲学の影響に遡ることができるが、ハンガリーの歴史家たちは、若干の例外を除けば、慣習に堕していて、これを理論的に基礎づけることがなかった。とはいえ精神史の方向性が流行となり、影響も及ぼした積極的な側面が一つならず存在する。すなわち従来は事件史に偏った関心が極めて強かったのだが、それに代わって、精神史的方法論の支持者は、より広い基盤に立ち、より大きな視野でハンガリー史を検討しようと試みたのである。彼らは経済史に、またそれ以上に社会史に大きな関心を寄せ、単なる事件史的なものを超えて、歴史発展の構成要素に目を向ける感性を持っていた。精神史の支持者は構造に対しても関心を持ち、歴史発展をより広範に決定づける要因に対する感性を備えていた。しかしハンガリーの発展を独自のものと考えるドグマは数十年の長きにわたって根づいており、精神史志向の歴史家でさえこのドグマを受け入れた。彼らも大貴族的な傲慢さで、近隣諸国民や、かつての国内諸民族を気にもとめなかった。しかし、ハンガリー人とドイツ人の間に何らかの永遠の関係性があるとか、共通の運命があるとか、無条件に信奉したわけではない。彼らも国民という表現法から抜け出ることができなかったし、世論もそれを許さなかったであろう。とはいえ平板な実証主義に比べて、水準の高い作品を彼らは著した。彼らがマルクス主義者でなかったことは疑いない。そもそもホルティ時代のハンガリーにおいて、マルクス主義者たることは容易でなかった。野党運動創始者たちの苦労がそれをよく物語っている。のちの党国家体制時代においては、まさしく精神史の躓きを突くことで、ブルジョワ史学全体を攻撃する十分な根拠となった。

両大戦間期全体を決定づけた歴史家は Gy. セクフュー（1883-1955）である［HU 0496-0518］。紆余曲折をたどった彼の生涯は、当時の主流だった保守的見解と基本的に結びついており、事実、セクフューは保守的見解の代表者だった。セクフューは反革命時代の中心的イデオローグと見なされたこともあった。これは根拠のないことではない。しかしヒトラー時代になると、反ナチスの立場に立ち、ここでも代表的指導者となった。ドイツ占領期（1944-45年）には、地下に潜伏しなければならなかった。他方、1945年以後には、外交関係再開後の初代モスクワ駐在ハンガリー大使となった。このために、党国家体制時代にも非道な目に

は一切遭わずにすんだ。セクフューがまず着手したのは 19 世紀の諸問題だったが、ベトレンに関する丹念な取り組みのモノグラフもある [HU 0519]。

セクフューの業績で最大の影響力を持ったのは、B. ホーマン（1885-1951）との共著になる『ハンガリー史』と題する総合通史である。元来は 7 巻本だったが [HU 0520-0527]、版を重ねたのは 5 巻にまとめられた方だった [HU 0528-0532]。同作品は題名にも示されているように、1918 年以前に主流だったある種の国家主義的な見解に対して、より広い視座から国の歴史を眺めている。『ハンガリー史』はハプスブルク時代を（彼自身はマーチャーシュ時代以降の部分を担当）基本的には積極的に評価した。その理由は第一に、ハプスブルク家支配によって歴史的なハンガリー国家の存在が維持されたためであり、また国が左傾化せずに進むべき道が担保されたためである。当然のことながら、『ハンガリー史』は歴史的ハンガリーを国民的発展にとって所与の枠組みと見なし、疑問を呈することはなかった。しかしセクフューは 1918 年以降に関しては批判的視点を持ち、国民問題、つまり国内諸民族が 1918 年以前に果たした役割を重視して、歴代政府がとった民族政策を非難した。1919 年以後の体制、通称ホルティ時代に対しては非常に批判的で、ホルティ体制をネオバロックと表現する言い回しはセクフューに由来する。

セクフューとホーマンの総合通史は、ハンガリー史に全体像を与えるものであり、この全体像は第二次世界大戦末まで大方に受け入れられていた。同通史の中でハンガリーはキリスト教ヨーロッパの重要な強国の一つとして現れる。無論ホーマンが執筆した中世史の諸章に対しても、セクフューの執筆部分に対するのと同様に、今日では疑問を呈すことが可能だが、だからといってこの作品の重要性はいささかも損なわれるものではない。数世代が同書の見解で育ち、その影響は幾分なりとも今日も感じられる。『ハンガリー史』は保守的で国民的な見方に立つ通史だが、決してナショナリスト的ではない。同通史はそれまでの通史の本質的な結論を大筋で継承し、根本的な問題に関しては今日もなお疑問視されていない経典である。

ホーマンはセクフューと比べると、不運な道を歩んだ。彼もブダペシュト大学教授であり、ハンガリー中世史講座の主任だったが、長期にわたって宗教・公教育大臣を務めた。このため明白にホルティ時代と結びついており、戦争犯罪人とさえ見なされて、党国家体制時代には彼に言及することすら許されぬ時期があった。しかしハンガリー中世史、とりわけ中世後期に関していくつもの問題を解明し、その研究は今日も重要性を失っていない [HU 0533-0556]。中世ハンガリー社会のいくつかの階層について徹底的分析を行ない、この分野では他の中世学者の追随を許さなかった。

ホーマンとセクフューに並び、歴史学界の第一線に立ったのはブダペシュト大学の歴史学教授陣である。まず S. ドマノフスキ（1877-1955）に触れるべきだろう [HU 0557-0588]。彼は文化史講座の主任として教え子に様々なテーマを選択させたが、これは講座自体のあいまいな性格に由来するものだった。ドマノフスキは社会経済史のテーマを最も好み、教え子に所領研究を勧めた。こうしてドマノフスキは、ハンガリーにおける領主直営農場経営の普及に関する研究で多大の貢献をなし、教え子の仕事を『ハンガリー農業史研究』叢書として 15 冊にわたって公刊した [HU 0589-0603]。ちなみに、彼自身は中世後期のハンガリー年代記編纂、および年代記相互の関係を明らかにする研究によって、歴史学の発展に貢献した。ハンガリー史についてドイツ語で概説も執筆した [HU 0604]。さらに 50 年以上にわたり 19 世紀前半のハンガリー副王として重要な役割を演じたヨーゼフ大公（つまり、ハプスブルク家の人間である）に関わる文書が、ドマノフスキの強い発案によって刊行された（4 巻本で、出版は今も継続中である）[HU 0605-0609]。ドマノフスキは 30 年の間ハンガリーの中心的な史学雑誌『世紀』を編集し、同期間に歴史学協会副会長を務めた。ドマノフスキは歴史研究を方向づけ、組織化する点においても中心的役割を果たした。

E. マーユス（1898-1989）はドマノフスキより若い世代に属し、形式的にはハンガリー中世史講座の主任としてホーマンの後継者となったということもできる。しかしマーユスの重要性は中世史

の範囲を超えている[HU 0610-0660]。最初、マーユスはセゲドで教鞭を取ったが、のちにブダペシュトに活動拠点を移した。彼は自分の業績をセクフューに劣らないものと感じたので、セクフューとは不幸な対立関係に陥り、このことが彼を右翼の潮流に引き寄せた。それはマーユスを1945年以降に受難者とした。しかしながら、束の間の政治的立場よりも、彼の学問上の役割の方がはるかに重要である。マーユスは、疑いなくドイツ史学の影響も受け、民衆史と名づけられた研究方向を組織した。彼は自分の教え子にも民衆史に取り組むよう促した。マーユスはこの方向性の中で、まず中世を取り上げ、エトノスとしてのハンガリー人が国の発展に果たした役割を示そうとした。一方で、貴族エリートを主に取り上げつつ、他の社会階層をも考慮に入れた。さらにマーユスは中世における発展の様々な面、何より社会史的な面に関心を払い、中世ハンガリー社会の下層階層について立体的な像を描き出した。またマーユスは職務として、18世紀の社会的、政治的発展の諸問題に対して、中世に取り組むのと同じ丹念さで研究を行ない、同様の成果を上げた。

　マーユスと異なる特徴を発揮したのは、近代世界史講座の教授I. ハイナル（1892-1956）である[HU 0661-0669]。ハイナルは中世研究者として出発し、中世における識字文化の先駆をパリ大学の教育に見出した[HU 0670]。ハイナルはハンガリー史に対する責任も果たし、1848年革命の後日談、つまり亡命者の国際的活動について相当量の史資料を発掘した[HU 0671]。最終的に近代世界史講座主任としてブダペシュト大学に奉職した。ここでも職責を全うし、1930年代に4巻本で出版された『世界史』のうち、近代史の巻を一人で執筆した[HU 0672]。もっともこれは一般読者の要望に沿う視点で書かれている。ハイナルの真骨頂は、社会学の手法や成果を歴史研究に応用しようとした点にある。歴史発展の鍵を社会関係の中に見出し、中でも慣習の重要性に注目した。慣習的社会について書いた小さな論考[HU 0673-0674]と大学の講義録は前人未到の境地を切り開くものだった。初期の党国家体制は当然、彼を引退させたが、それはハイナルがマルクス＝レーニン主義による総括に対して、手強い競争相手となる可能性を秘めていたからである。もっともハイナルの見解はあまりに独自なものだったので、真の弟子といえる後継者が育たず、彼の始めた新しい試みのすべては、後継者の欠如ゆえに成果を結ばなかった。

　Gy. モラフチク（1892-1972）は古典文献学講座の主任だったが、実際にはビザンツ学の指導的碩学でもあった。モラフチクはビザンツ史について、またヨーロッパ中世で重要な役割を演じたビザンツ・ハンガリー関係史に多くの業績を残した[HU 0675-0701]。ハンガリーにおけるビザンツ学の誕生と発展に関して、自らの果たすべき中心的役割をよく心得ており、弟子の育成に努めた。最も嘱望されたのがM. ジョーニ（1913-55）で、実際その期待に応えた。ジョーニのいくつかの小論文は大きな将来を予感させるものだった[HU 0702-0709]。しかし、第二次世界大戦でソ連の捕虜となり、帰還した後に、かの地で経験したことが母国においてもじきに現実となることを悟り、自殺した。

　J. デール（1905-72）は少し後に生まれ、国外に亡命する可能性が開かれた世代に属する[HU 0710-0729]。中世史をやや精神史的な手法で論じ、異教の信仰世界からキリスト教への転換を注意深く跡づけ、アールパード家の王たちをカリスマ的支配者と見なして中世ハンガリー史に位置づけた。民族政策問題を取り上げた稀な学者であり、それも中世に関して研究を行なったのである。デールによれば、中世における為政者は非ハンガリー人エトノスに対して寛容であり、ハンガリー人への同化をもくろまなかった。

　F. エックハルト（1885-1957）は法学部出身の知識を活かして法制史を豊かにしたが、経済史にも関心を寄せた[HU 0730-0749]。彼はマリア・テレジア後期、ウィーン宮廷のハンガリーに対する経済政策の研究に従事し、同政策がハンガリーの経済発展を阻害したという命題を定式化した[HU 0750-0751]。彼の仕事は、重要な（しかし基本的に誤解へと導く）多くの論争を引き起こした。彼の命題はその後、党国家体制下の歴史叙述でも全面的に継承された。法制史家としてエックハルトがたどり着いたのは聖王冠説の問題である。この

主題に関しては多くの者が論陣を張ったが、エックハルトはその渦中で基本的概説となる書物を著した[HU 0752-0753]。今の歴史学は彼の理論的立場を承認しないが、多くの史資料を渉猟した彼の著作には、今日も学ぶべきものがある。

I. ルキニチ（1880-1950）は形の上では東欧講座の主任であり、トランシルヴァニア出身であるためこの地位に就いたが、実際には誠実な独立派としての観点から近世ハンガリー史を研究した[HU 0754-0785]。トランシルヴァニアは彼の中心的関心であり続け、オスマン時代における領土変遷に関する一書を著している[HU 0786]。また彼はラーコーツィの歴史的役割についても論じた。

I. セントペーテリ（1878-1950）の名前は歴史補助学の代名詞とされるほどに結びつき、長年にわたって歴史補助学講座の主任を務めた。セントペーテリは個々の学問分野について、いくつかの基礎的研究を著した[HU 0787-0793]。中には今でも利用される手引書がある[HU 0794-0797]。彼の主業績はアールパード家諸王の文書について校訂版を作成したことであり、その大部分を完成させた[HU 0798-0802]。

P. ヴァーツィ（1904-94）は長年にわたり中世世界史講座の主任を務め、ハンガリー中世史を研究主題の中心とした[HU 0803-0814]。ヴァーツィも一時期、精神史の影響を多少受け、精神史の理解に従ってハンガリー中世の時代区分を行なった。続く『世界史』の執筆では第2巻、すなわち中世史の巻を一人で担当し、ヴァーツィの個性を中世史に吹き込んだ[HU 0815]。

E. バルトニエク（1894-1957）は中世史研究に熱心に取り組み、重要な史料集を刊行した。最も主要な業績は王の戴冠に関する出来事と外交的背景に関する著作である[HU 0816-0824]。

Gy. バラニ（1886-1963）はピアリスト会士であり、大学の講座における中世史研究の職務を超えて、世界史に取り組む例外的な人物だった。現代史、中でも第一次世界大戦に先立つ諸事件にまず取り組んだ[HU 0825-0834]。中世史に関しては修道院史研究に従事し、自ら属するピアリスト修道会について、ハンガリーにおけるその発展史を論じた[HU 0835-0859]。

S. ボンカーロー（1880-1959）はいわば外来のスラヴ学者といえ、具体的にはルシン人の歴史に取り組んだ。これは第一次世界大戦後の激動期にさえ歴史学者があまり取り上げないテーマだった[HU 0860-0863]。スラヴ人についての概説やルシン文学史についても著作がある[HU 0864-0866]。

G. イシュトヴァーニ（1913-43）もある程度、精神史の影響下にあったが、精神史に何らかの客観的な拠り所を見つけようと努めた[HU 0867-0869]。優れた中世史家となるはずだったが、第二次世界大戦で早逝した。

I. デーカーニ（1886-1965）はハンガリーの歴史家としては例外的な方法で哲学に目を向け、社会哲学や社会心理学に関する本を書いた。歴史学の方法論についても1冊の書物を著した[HU 0870-0884]。社会学を志向したこともあって、デーカーニは歴史学の分野であまり認知されていない。

B. イヴァーニ＝グリュンヴァルド（1902-65）は経歴の終盤になって、西側に移住する機会を利用できた。彼は最初、セーチェーニの業績について、また改革期全般について取り組んだが[HU 0885]、まもなく、極めて異例なことだが、19世紀の世界史（あるいはヨーロッパ史）に関心を広げ、4巻本『世界史』のうち第4巻目の19世紀を担当した[HU 0886]。

輝かしい人物であったL. マッカイ（1914-89）は、改革派トランシルヴァニア地区監督S. マッカイ（1890-1951）の息子であり、ルーマニア統治下のクルージュ＝ナポカのルーマニア語大学で学問を修めた。すぐにトランシルヴァニアの狭い地方的視野から脱して、まず中世と近世のハンガリー史に、次いで1945年以降は、さらに広い東欧史全体に目を向けるようになった[HU 0887-0949]。膨大な研究を行なう傍ら、理論的問題にも感受性を発揮した。だがその感受性は過多だったというべきか、空想世界へと脱線することもあった。史料に関する広範な知識、とりわけルーマニア語の知識ゆえに、ハンガリーの歴史学者の間で高い尊敬を集めたが、理論的探究の方はあまり重視されなかった。着手した研究課題のほぼすべてを完成させた。年下の研究者に対してはあふれるほどに

助言や着想を与えた。マッカイは同時代における歴史学者の公的生活に欠かせぬ存在だった。

Gy.ミシュコルツィ（1892-1962）は特色がなくはないが、マッカイと比べて単調に映る人物である。ミシュコルツィはウィーンで長く働き、改革期を専門とする有能な研究者になった。改革期以外にもクロアチア人問題を研究し、側近顧問団（カマリラ）をハプスブルク時代における極めて有害なものと非難した[HU 0950]。ミシュコルツィにも亡命の機会が訪れ、国外でいっそう大きな総合研究に取り組み、ハプスブルク帝国内におけるハンガリーの状況を現実的に分析した[HU 0951-0954]。当然、そうした分析はハンガリー国内歴史学者の共通認識に照らして、強く非難されるものだった。

改革派だった I. ルゴンファルヴィ・キシュ（1881-1957）は宗派性にふさわしく、独立派の研究者だった。何よりも国民的ロマン主義の代表的人物の一人と見なすことができ、同時代における反ハプスブルク的潮流の中心的存在だった[HU 0955-0965]。観念論哲学の信奉者であり、研究の中にもその信念が現れている。彼の研究はいずれも専門性を満たしていたにもかかわらず、観念論哲学への激しい傾倒ゆえに、実証性の高い研究でさえ専門家に気に入られなかった。

改革派神学教師であり、のちに監督になった I. レーヴェース（1889-1967）は、まず改革派教会史に取り組んだが、1945 年以降はハンガリーの発展についてより広範囲な検討を行なった[HU 0966-0991]。1945 年以降も歴史研究をやめる必要はなく、むしろ改革派教会への献身ゆえに党国家体制はレーヴェースの忠誠心あふれる研究を好ましく思った。

A. ディヴェーキ（1880-1965）は言語の知識と外国での活動ゆえに特別な存在だった。彼はハンガリーと比較しつつポーランドの歴史を描き、各時代のハンガリーとポーランドの関係を検証した[HU 0992-1014]。しかし外国生活が長く、専門性の高い主題設定のため、ハンガリーの史学史から忘れ去られてしまった存在である。

デブレツェン大学の教授である D. サボー（1882-1966）は、マリア・テレジア（1717-80）時代の土地台帳整備の歴史に生涯をかけて取り組み、史料の大部分を出版した[HU 1015-1021]。サボーは世界史講座主任だったが、ハンガリー史の枠から踏み出そうとしなかった。サボーの土地台帳整備の研究は優れており、今も利用可能である。

上部ハンガリー出身の L. シュテイエル（1885-1938）は出身地ゆえにスロヴァキア人問題、とりわけ 1848 年革命期に関する専門家と見なされている。それ以外でもシュテイエルは 1848 年革命問題について多くの研究を著し、特に、革命敗北の原因とその背景に注目した[HU 1022-1032]。ゲルゲイ（1818-1916）とコシュート（1802-94）との関係について彼も論じたが、当然のことながら、ゲルゲイの立場に立った。

カトリックの聖職修習生から改革派教会史研究者になった J. ゾヴァーニ（1865-1958）は、ハンガリーにおける宗教改革史に関して大著の概説を刊行した[HU 1033-1043]。改革派教会内部において現れたピューリタン運動に取り組んだのは実質的に彼が最初である[HU 1044]。改革派の歴史学者にふさわしく、啓蒙期の歴史についても 1 冊の本を著し、当然のことながら、自らの視点に立ってセクフューの歴史叙述を批判した[HU 1045-1047]。

1918 年直後の中断を除けば、ハンガリーの歴史叙述は自信にあふれ、第二次世界大戦の終結に至るまで一貫した歴史観で研究が積み重ねられた。それは東欧小国の平均的な歴史叙述の姿でもあった。また、1945 年以降も、意図したわけではなかったが、同時代の平均的な歴史叙述に遅れをとることはなかった。

第 5 章

クロアチアの歴史叙述

　クロアチア人がスラヴ人の故地から今日の居住地域に移ってきたのは 6-7 世紀頃である。国家形成は 2 カ所で始まったと思われる。一つは沿岸地方であり、そこでビザンツ帝国との関係が生まれた。もう一つは内陸部で、フランクの勢力圏に属した。9 世紀初頭に反フランク蜂起があったことが知られている。二つの地域が統合されるのは 9 世紀末から 10 世紀初頭と思われ、925 年にトミスラヴ（位 910 頃-28）という名の支配者が、教皇の許可を得て、国王として戴冠した。この頃に住民はキリスト教に帰依するようになっており、帰属はラテン・キリスト教会だった。約 2 世紀にわたって土着の王朝が統治した。11 世紀から 12 世紀への転換期にクロアチア人はハンガリー王権と関わりを持つようになるが、契約に基づく関係だったのか、それともハンガリー人による征服の結果なのか、議論はいまも尽きない。ハンガリー王聖ラースロー〔1 世〕がこの地を支配下に置いてザグレブに司教座を設置した。次のコロマン王の治世下 1102 年に至って、ハンガリーとの関係が最終的に安定した。以降、ハンガリー王はクロアチア王でもあった。クロアチアの頂点に立つ太守は、しばしばハンガリー人から任命されたものの、クロアチアは大幅な自治を享受した。以降のクロアチアは、ハンガリーと同様に身分制、県、議会を備えるに至り、おおむねハンガリーと並行する国内的発展を見せた。クロアチア人はハンガリーの支配権を、常に重圧として受け止めた。他方、ハンガリーの封建的支配層はクロアチア人を唯一の対等な同盟者と考えた。それは大貴族の間でも、相当の数に上る貴族身分の間でも同様であった。ただしクロアチアの貴族は、ハンガリー本国におけるほど人口に占める割合が高くなかった。

　オスマン支配はクロアチアにも及び、国土のかなりの部分がオスマン帝国の直接統治下に置かれた。ダルマチアは元来クロアチアに属しており、したがってクロアチアと一緒にハンガリーに属した。しかしダルマチアをめぐっては、ヴェネツィアとハンガリーが恒常的に争い、結局 15 世紀の初頭からヴェネツィアの支配下に置かれた。ただしドゥブロヴニク（ラグーザ）はオスマン帝国に税を支払う見返りに、独立の都市共和国となった。

　対オスマン戦争を機縁に、クロアチアとハンガリーの政治エリートは互いに接近した。N. ズリンスキ（M. ズリーニ、1620-64）は自分を時にハンガリー人、時にクロアチア人と告白した。他方、弟の P. ズリンスキ（1621-71）はクロアチア人を自認したが、ヴェシェレーニの陰謀には加わった。これはある種の二重性であり、クロアチア人エリートは、この二重性からなかなか逃れられなかった。

　1526 年以降のオスマン支配期に、ハプスブルク宮廷は防衛のために軍政国境地帯を作り、そこに自由農民を住まわせた。自由農民は土地を得る見返りに軍事奉仕の義務を負った。軍政国境地帯はウィーンの直接的な軍事指揮下に置かれた。

　18 世紀後半になると、明らかに啓蒙思想の影響を受けて、国民再生運動の最初の兆しが現れた。変化は突然にもたらされた。1797 年に北イタリア地方を奪取したナポレオンは、見返りに

ダルマチアをオーストリアに割譲した。しかしナポレオンは 1805 年に、ダルマチアとクロアチアをともに奪取して、1809 年にこれを属州イリリアの名のもとでフランスに併合した。こうして数年の間、フランス統治下に置かれて、学校では母語教育が導入された。他の改革も始まった。この数年間が、クロアチア社会の意識覚醒に少なからぬ役割を果たした。しかし 1813 年に、クロアチア（およびスラヴォニア）はハンガリー王冠の諸邦として、ダルマチアはオーストリア帝冠の属州として、再びハプスブルクの支配下に入った。この二分割によってクロアチアの発展は、相互に隔絶した二つの舞台の上で進行することになった。一方ではセルビア、クロアチア、スロヴェニア三王国の統一が、1918 年まで恒常的に主張された。他方、ダルマチアでは都市住民、特にその上層民にはイタリア的要素が強く、このためクロアチア国民運動の重心となったのは〔内陸部の〕クロアチアだった。

国民運動の指導者ガイはセルビア人カラジチの言語改革を受け入れた。カラジチはヘルツェゴヴィナ方言をセルビア語の文語としたが、ガイはそれをクロアチア語の文語にも採用した。共通の文語に関する最終的な合意は、やがて 1850 年にウィーンでなされる。共通語だけが問題だったわけでないことは明らかである。ガイの運動はイリリア運動と名づけられた。この名称は、ナポレオンが建てた州の名から取られた。これによって究極の目標を南スラヴ人全体の統一に据えたのである。政府はしばらくの間この運動を支持したが、のちに禁止した。それでも南スラヴ統一問題が目標から消えることはなかった。当然、この目標によってクロアチア国民の独自性は不明瞭になった。

1848 年にクロアチア人は J. イェラチチ（1801-59）総督の指揮下でオーストリア側に立ち、武器を取ってハンガリー人と戦った。しかし 1849 年以降は、統合されたオーストリア帝国における絶対主義体制内で、クロアチアに与えられた地位は、帝冠諸邦の一領邦に過ぎなかった。しかしこの状況がアウスグライヒで一変した。1868 年にハンガリーとクロアチアは、オーストリアとハンガリーの関係に倣って相互に妥協し合い、クロアチアは独自の議会を含む強力な自治権を獲得した。共通事項の交渉に際しては、クロアチア人代表がハンガリー議会に出席し、ハンガリー政府にはクロアチア人閣僚枠が 1 名分設けられた。しかしクロアチアの政治エリートはこの妥協〔ナゴドバ〕に不満だった。南スラヴ統一の問題も立ち消えになったわけではない。確かにクロアチア政党の一つである権利党は、セルビア人もクロアチア人なのであって、宗派が異なるだけだという解釈に立ち、南スラヴの統一を念頭に置き続けた。ザグレブの科学アカデミーもユーゴスラヴィア科学芸術アカデミーと名づけられ、政治指導者は引き続きセルビア人との関係を維持した。20 世紀初頭には、クロアチア人政党とクロアチア領内のセルビア人政党の間に提携関係が成立し、現状を過渡的状態に過ぎないものだと見なした。また、皇位継承者フランツ・フェルディナントと結びつきを有するクロアチア人政治家の中には、次のように考える者もいた。すなわち、オーストリア＝ハンガリー君主国に属する南スラヴ人全体を統一して、それを第三極として国家経営に組み入れる、つまり二重君主国を三重君主国に変える、という考えだった。これには当然ダルマチアも含まれるはずだった。しかし実際のダルマチアにおけるクロアチア人の政治的発展は、オーストリアとのみ結びつくことになった。ダルマチアにも独自の領邦議会があり、ウィーンの中央議会と帝国評議会には、ダルマチアのクロアチア人代表の席が与えられていた。

1878 年のボスニア・ヘルツェゴヴィナ占領によって帝国内のクロアチア人口が増えた。ボスニア・ヘルツェゴヴィナには相当数のカトリック信者が暮らしており、彼らはそのカトリック信仰ゆえにクロアチア人と見なされたからである。

1918 年にクロアチア人は、セルビア人＝クロアチア人＝スロヴェニア人王国（1929 年以降の

> 正式名称はユーゴスラヴィア）に加わった。南スラヴの統一はついに実現した。しかしクロアチア政治指導者たちの不満は解消されず、新国家内部での自治が目指されて、1939年の夏にそれが実現した。さらに1941年4月のドイツ軍による占領後に、クロアチアのファシスト党はクロアチア国家の独立を宣言した。この独立国家はドイツの保護下で短期間だが存続し、ボスニア・ヘルツェゴヴィナの全域も掌握した。またクロアチアに住むセルビア人に対して、対パルチザン闘争の名目で戦闘を行なった。
>
> しかしクロアチアにもパルチザン運動が起こり、共産主義者の指導する反ドイツ抵抗運動が展開され、第二次世界大戦末期にはクロアチア領もパルチザンによって解放された。こうして新生ユーゴスラヴィアにおいて共産党が権力を掌握することになった。

第1節　専門化以前の歴史叙述

1.　年代記・伝記・編年史

　クロアチアにおける歴史叙述はダルマチア地方で始まった。それは西方キリスト教会によく見られる聖人伝の形式を取った。ダルマチア地方とクロアチア内陸部との発展の二重性は、その後一貫して19世紀末まで認められるのだが、我々はこの点に今後も繰り返し注意を向けることになるだろう。トロギル司教イヴァン（1034-1111）の伝記が1203年の翻案作品に残されている。J. コスティチ（13世紀中頃-1313）が古い注釈に基づいて、殉教者聖クリストフォロスの聖人伝を書き上げたのは、1308年のことだった[HR 0001]。

　しかし1308年までには最初の本物の年代記、すなわちスプリトの首席司祭トマ（1200/01-68）の『サロナの歴史』が完成していた[HR 0002]。作者はサロナ大司教（のちにスプリト大司教）たちの覚書を利用した。トマ自身はイタリア人で、スプリト市の上層階層に属した。ボローニャ大学で法学と神学を学んだ。トマは都市自治の支持者で、ラテン党派の一員として、クロアチア人に対立するだけでなく、ハンガリーの国家権力とも対立した。

　『サロナの歴史』は司教区（そしてもちろん都市部）の歴史を古代ローマ時代から扱っている。第24章までの記述には信憑性があるが、同時代を描く最後の7章には先入観による歪みが多い。それでもモンゴル軍襲来や、1243年にスプリト市とトロギル市の間に起こった戦争について、多くの有益な情報を含んでいる。トマはボローニャ大学時代に、〔清貧を唱え貧しい民衆によりそった〕アッシジの聖フランチェスコに直接会ったにもかかわらず、既存の教会制度を重視する傾向は変わることなく、民衆の異端性に対しては厳しい立場を取った。決して民衆のよき理解者ではなかった。トマの優雅なラテン語は、のちの人々が真似できないものだった。著作は死の直前の1266年に完成した。

　ダルマチア地方の歴史叙述は14世紀も盛んだった。しかも注目すべきことに、都市の急速な発展の結果として、早くもこの頃に俗人も歴史叙述に携わっている。例えばスプリトの都市貴族 M. マディエヴ・デ・バルベザニス（1284頃-1358後）がトマの仕事を継承した。また、作者不詳の反ヴェネツィア的なある作品は、1345-46年のヴェネツィアによるザダル市包囲を描いている[HR 0003]。ザダルの都市貴族 P. パウロ（1338頃-1416）は、1371-1408年の時期に関して多くの貴重な情報を『覚書』に書き留めた[HR 0004]。14世紀に書かれたゴリツィアの首席司祭イヴァン（1280頃-1353頃）の著作は、断片としてだが、現存する。これらを18世紀にクルチェリチが「年代学」と称して、自分の著書で活字にした

[HR 0005]。この作品の記述に対して、今日のクロアチアの歴史研究は信憑性を疑問視している。ドゥブロヴニクでは 1460 年代に初期の編年史が複数編まれ[HR 0006]、これらは 16 世紀の手稿中に残されている。

2. 人文主義の歴史叙述

人文主義的な歴史叙述への移行期を代表するのが、パドヴァ大学で学んだスプリト市民 M. マルリチ（1450-1524）である。1510 年に『ダルマチアとクロアチアの王国』を完成させた[HR 0007]。かなりの部分が、13 世紀セルビアのある逸名作者の作品、いわゆる『ドゥクリャの司祭（ポプ・ドゥクリャニン、1100 頃-12 世紀後半）の年代記』〔ラテン語〕の翻訳である。マルリチは、誰かが逸名でクロアチア語に翻訳した『ドゥクリャの司祭の年代記』をラテン語に再翻訳し、それを自分の作品の第 1 部としたのである。過去に関する記述の信憑性は低く、有用な情報は同時代に関するものだけである。それでもマルリチはシシチによって、クロアチア最初の歴史家と見なされた。マルリチはクロアチアにおける刻銘研究の創始者とも見なされている。なぜなら根っからの人文主義者として、ローマ期のサロナの遺跡から碑文を発見したからである。彼はスプリト市に住む友人 D. パパリチの家に、最初の碑文コレクションを創設した。

クロアチア史学よりもハンガリー史学において有名かもしれない L. トゥベロン（ケルヴァリウス/ツリィェヴィチ/A. ケルヴァ/A. クリエヴァ、1459-1527）は、モハーチの戦いを報告した S. ブロダリチ（1480 頃?-1539）とともに、最初期の歴史家と見なしてよいだろう。彼は世俗的な職業に就くためパリ大学で学んだが、離婚してベネディクト会士となった。帰国後ダルマチアの二つの修道院で院長を歴任した。1490 年から 1522 年まで、つまり自身が生きた時代に関して 11 巻の書物を著した。書名が非常に長いため、普通は短く『彼の時代の覚書』と呼ばれる[HR 0008]。印刷されたのは 1603 年である。真の人文主義者であろうとしてサルスティウスとタキトゥスに倣ったが、実際はこれら古典作家の抑制のきいた文章から影響を受けることなく、頻繁に途中で主題を変え、逸話を大いに盛り込んだ。教皇の言動を鋭く批判する独特の傾向があり、下層民への共感が含まれている。またハンガリーの内政に注目しつつ、ドゥブロヴニクの外交状況にも関心を持った。間違いなくスラヴ人意識を抱いていたが、同時にハンガリー＝クロアチア国家の枠組みで思考した。最終巻で 1521 年のベオグラード陥落について記した。オスマン帝国に関する著述を収集した作品は、まさに彼のハンガリーへの関心を示すが、出版されたのは 1590 年だった。『トルコ人の起源、習俗、事績についての覚書』である[HR 0009]。またドゥブロヴニク市に関する著述『都市ラグーザの起源と発展』が、はるか後年の 1790 年になって出版された[HR 0010]。

この時代を 1512 年まで編年史風に著したのが、フランチェスコ会修道士 Š. クリマントヴィチである。その後、同じくフランチェスコ会士の Š. グラヴィチが 1549 年までを書き継ぎ、さらに I. トマシチが 1561 年までを新しく書き継いだ。これらはグラゴール文字で書かれ、のちに「クロアチア王国小年代記」という題名がつけられた[HR 0011]。情報の信頼性よりもスラヴ人意識が優先されている。

16 世紀の歴史家を概観する前に、少しヨーロッパの状況に目配りしておく必要がある。M. ヴラチ・イリリク（1520-75）すなわち M. フラキウス・イリリクスは、全ヨーロッパのプロテスタント中で傑出した人物だが、己の故郷とスラヴ人であることを強く意識していた。狭義の故郷は生地ラビン〔アルボーナ〕だが、広い意味の故郷はイストリア、もっと広くとればイリリアである。彼のいうイリリアとは南スラヴ人の土地を意味するが、まずはクロアチアのことだと理解すべきである。青年期にヴェネツィアに渡り、数年後にバーゼル、そしてヴィッテンベルクへ赴き、同地でメランヒトンとともに研究し、熱心な福音派信徒になった（彼の結婚式にはルターも参列した）。1544-49 年にヴィッテンベルクでヘブライ語とギリシア語を教え、1557 年までマグデブルクで暮らして主な業績に着手した。その後イェーナで 4 年

間教鞭を取った。イェーナ以降も、町から町へと移り住んだ。ヨーロッパ中に名が知れ渡っていたにもかかわらず、まるで逃げ出すかのように新しい住処を求めて移動した。

フラキウスは反専制、かつ親貧民の立場で小冊子や諷刺文を書いた。クロアチア語の手稿が現存する。これは教皇至上主義者とルター派信徒との会話で構成された作品である。最初の比較的大きな著作は 1556 年出版の『真理の証人の目録』であり、キリスト教真理を証する引用文を収集したものである[HR 0012]。もう一つの偉大な作品である『聖書の鍵』(1567 年) は、実態として古代パレスティナの地理書であり、理解を助けるためにライン川地方と対比している[HR 0013]。

フラキウスの最高傑作は『マグデブルクの諸世紀教会史』であり、この業績ゆえに彼を取り上げる意味がある[HR 0014]。同書は 1559 年から 1574 年の間に全 11 巻 (形式上は 13 巻) で出版された。世界教会史だが、それを超えて、ある意味で世界史概観にもなっている。フラキウスは作品全体を構想しただけでなく、大半を自身で書き上げた。年代順に進めながら、すべての時代について 1100 の質問 (つまり主題) を設定し、これに従って書き上げた (また同僚にも執筆を依頼した)。フラキウスの構想によれば、世界史とは真実と虚偽という対立項の戦いである。フラキウスは歴史学的批判をしっかり行なった。つまり、当時の状況が許す限りの史料批判を加えたのである。例えばコンスタンティヌス寄進状の信憑性を否定した。この著作は詳しい事項・固有名詞索引をつけて出版されたため、1 万 2698 段もの大著であるにもかかわらず、利用しやすかった。スラヴ的な関心が明瞭であり、メトディオスに関して、彼が礼拝に外国語でなくスラヴ語を用いた点を強調した。またハンガリー史の情報も盛り込まれていることは、同書の視界の広さを示している。

同書はドイツのプロテスタントによる最大の成果の一つである。この出版が始まった頃のフラキウスは、のちに皇帝となるマクシミリアンがプロテスタントに帰依すると信じていた。しかしそれは実現しなかった。フラキウスは異郷の地で没した。クロアチアにプロテスタントが普及しなかったため、フラキウスのライフワークがクロアチア学術史の一部となるのは、数世紀を経たのちである。

ここで話をクロアチアの地に戻そう。A. ヴラメツ (1538-87) はフラキウスの同時代人だった。ローマで神学と哲学を修め、1567 年には神学博士の学位を得てザグレブの聖堂参事会員となった。ただし、のちに妻帯を理由にこの地位から追われ、数年間、各地で司祭を務めた。

ヴラメツに言及するわけは、カイ方言によるクロアチア史を最初に印刷物として著した人物だからである。これは『新編スラヴ語小年代記』であり、1578 年にリュブリャナで出版された[HR 0015]。したがって同書はある程度、スロヴェニアの史学史にも含まれる。同作品もまた、世界史〔普遍史〕であった。ヴラメツは世界の創世から出版年までを、聖書の 6 時代に合わせて区分し、15-16 世紀の人文主義者たちの著作を用いて編纂した。1530 年以降の時期については、独自の情報も含まれている。

F. チュルンコ (16 世紀) はスィゲトヴァールの N. ズリンスキ (1508 頃-66) の写字生兼近習だった。捕らわれの身だったのを J. ズリンスキ (1549-1603) が解放した。スィゲトヴァールの攻囲について、グラゴール文字を使ってクロアチア語で記し、これを S. ブディナがラテン語に翻訳した。『スィゲトヴァールの歴史』という題で 1568 年にウィーンで出版された[HR 0016-0017]。ドイツ語訳も出版されたが、原著のクロアチア語手稿 (あるいは写本) が日の目を見たのは、なんと 1912 年のことだった。

16 世紀末の手稿作品に少し触れよう。紋章学の最初の試みともいえる『イリリア諸国と住人の紋章集』がそれである[HR 0018]。伝承では、中世セルビアの卓越した支配者ドゥシャンに仕える聖職者が編纂したとされるが、おそらく実際は、ボスニア出身のあるスペイン海軍司令官の求めに応じて、1590 年頃に逸名のボスニア人が著したものと考えられる。現存する最古の手稿は 1595 年のものである。

この時期に関しては、非スラヴ系の歴史家数名にも言及しなければならない。彼らの業績の中に

は、後世になって初めて重要性を持ったものもある。ドミニコ会の S. ラッツィ（1531-1611）はフィレンツェで生まれ、イタリアで研究生活を送ったのち、16 世紀末にドゥブロヴニクにやってきた。先に言及した初期の逸名作者の編年史を基に『ラグーザの歴史』を著した（イタリア語）[HR 0019]。同書は歴史叙述の他に地名に関する記述も含み、ドゥブロヴニクの都市法と慣習も記している。歴史叙述の最後の 3 分の 1 は自身が生きた時代を対象としており、地名に関する記述と同様に、信頼できる情報が多い。同書は 1595 年に出版された。やはりイタリア語で書いた別の著作も手稿で残っている[HR 0020]。これにはドゥブロヴニク大司教の歴史、すなわち 980 年から 1559 年までの 49 人の司教と大司教の伝記が書かれている。

D. ザヴォロヴィチ（1540 頃-1608）の二つの作品も手稿で伝承している。1412 年までのシベニクの歴史をイタリア語で著し[HR 0021]、他方、1437 年までのダルマチア史をラテン語でまとめた[HR 0022]。1605 年にザヴォロヴィチ著ドゥブロヴニク編年史の抜粋が、J. ルカレヴィチ（G. ルッカリ、1551-1615）によってイタリア語で出版された[HR 0023]。

M. オルビン（1550?-1614）はドゥブロヴニク生まれのイタリア人だが、ヴェネツィアでベネディクト会士として学んだのち修道院長となり、その後ドゥブロヴニクに帰還した。彼の『スラヴ人の国』という作品は 1601 年に出版された（イタリア語）[HR 0024]。2 年後に教皇庁の禁書リストに載せられたが、バルカンのスラヴ人異端者を支持する立場を取ったからである。口承伝承、文書庫資料、ならびに出版された書物も利用したが、史料批判は十分でなかった（有用な情報が見出せるのは 14-15 世紀のドゥブロヴニク史に関してのみである）。しかしテーマに関してはかなり独創的だった。ただし多数のゲルマン、スキタイ、および他の諸部族をもスラヴ人と見なして歴史を書いたことは、さほど独創的なことではない。スラヴ人の範囲を広く取ったおかげで、彼は 2 世紀後に、スラヴ人の国民運動で有名になった。P. ナジは 1722 年に、この著作を古代教会スラヴ語に翻訳さ せた。その翻訳本が広く普及し、大きな影響を与えた。

J. ラトカイ男爵（1612-66）は没落大貴族だった。グラーツとウィーンで神学を修めた後、すぐにザグレブ聖堂参事会員となり（死の直前には女性問題で、短期間だが聖堂参事会員資格を剥奪された）、N. ズリンスキ（1620-64）ともつながりがあった（セルビア問題への対処を任された）。クロアチア等族の典型的かつ自覚的な代表者だった。このためにハンガリー＝クロアチア国家を支持した。対抗宗教改革の熱烈な支持者でもあり、ドイツでラトカイの歴史書は禁書となった。他方、彼は自己意識としてはスラヴ人ないしクロアチア人であり、『ダルマチア、クロアチア、スラヴォニアの王と太守たちの覚書』という題名でクロアチア史に関して、クロアチア初の「国民」的概説、つまり等族精神に基づく概説を書き上げた[HR 0025]。より古い時代に関しては既存の年代記、特に『ドゥクリャの司祭の年代記』を利用し、さらにチェコとポーランドの年代記、および人文主義者の著作にも依拠した（始祖がチェフとレフであるという話を真剣に受け取った）。16-17 世紀に関しては文書庫の資料も利用し、上層の人々から得た個人的な知見も用いた。作品の題名が示すように、クロアチアの全領域を完全に包括する叙述を目指した。だが実際には、古くから独自の地域であるダルマチアについてはほとんど資料を見つけられなかった。彼の作品は本質的に、ハンガリー等族と同盟したクロアチア貴族、ないしクロアチア＝スラヴォニア国家の歴史であり、批判性に乏しい素朴な歴史叙述である。信頼の置ける情報は 17 世紀前半に限られるが、貴族間では有名な書であり、よく読まれた。

フラキウスの世界教会史には歴史学的批判が認められることを先に指摘したが、歴史学的批判が本質的な役割を果たすのは、I. ルチチ（ヨアンネス・ルキウス、1604-79）の業績が最初である。のちにシシチは、ルチチをクロアチアにおける批判的歴史叙述の先駆者と見なした。（クライチはルチチをクロアチアのヘロドトスと呼んだ。）ルチチは法学を修め、イタリアで同地の人文主義者から影響を受けた。ウィーンで畢生の大作を書き

上げ、1666 年にアムステルダムで出版した。『ダルマチア＝クロアチア王国』(6 巻) である[HR 0026]。題名はまたもやクロアチアの全領域について叙述しようという意欲をうかがわせるが、実現せずに終わっている。特にクロアチア国家について論じた第 2 部は未完である。第 1 部は古代ローマ期からクロアチア人とセルビア人到来までの出来事を叙述している。結末を 1420 年まで書き進めたが、1420 年頃にダルマチアはすでにヴェネツィアの影響下に入っていた。ルチチは当時利用できたあらゆる手稿や文書庫資料を利用し、慎重に史料批判を行ないながら史料に語らせ、矛盾する情報は対比して考察した。ルチチの批判精神についてはラチュキも指摘している。他方シシチは、ルチチがクロアチア的というよりむしろヴェネツィア的であると非難したが、『ダルマチア＝クロアチア王国』の 1205 年までの部分に関しては、当時 (すなわち、シシチが活躍した 1930 年代) においても基本的な業績であると見なされていた。レオポルト 1 世とその宮廷は、ルチチの著作が聖イシュトヴァーンの王冠の権利を軽んじていると批判した。そのような理由もあってレオポルト 1 世は、誰か別の人物にクロアチア史を書かせようとしたが、構想を実現させることなく生涯を閉じた。

レオポルト帝が念頭に置いたという歴史家は、たとえ依頼されても引き受けなかったであろう。P. リッテル＝ヴィテゾヴィチ (1652-1713) のことである。彼はアルザス地方出身のドイツ人の父親と、セニのクロアチア人の母親の間に生まれた。イエズス会のギムナジウムを卒業した後に、しばらくウィーンで活動し、帰国後は総督 N. エルデーディ (1630?-93) に仕えた。軍人として戦っただけでなく、国会への使節、リカ＝クルバヴァ地方の副長官、そして宮廷顧問にもなった。男爵の称号も得たが、晩年はほとんど亡命者のようにしてウィーンで過ごした。大学は卒業しなかったが、歴史叙述にとどまらず極めて多方面にわたって活動した。まだ若い頃に、カルニオラ〔クライン〕地方の歴史を書こうとするヴァルヴァソルのために、同地方の各地域や都市の版画 54 枚を製作した。グシチ一門出のクルバヴァ伯家の歴史をラテン語で書き、1681 年に出版した[HR 0027] (これはヴィテゾヴィチ家が男爵の称号を受ける後押しとなった)。1896 年にヴラメツの年代記を近代的なものに書き換え、『年代記あるいは全時代の世界史』という題で出版した[HR 0028]。この作品にも、スラヴ人、特に南スラヴ人 (もちろんセルビア人とスロヴェニア人が含まれる) 意識がすでに認められる。当初は南スラヴ全域を指すのに、どちらかといえば彼はイリリアという語を用いたが、のちにはむしろクロアチアという語を用いた。

主要作品の一つ『蘇ったクロアチア』は解放戦争の終了直後に完成した (1700 年) [HR 0029]。複数のクロアチアの存在を示唆しているが、ヴィテゾヴィチのいうクロアチアは内陸 (山間) 部のクロアチアのことであり、カルニオラ、カリンティア (ケルンテン)、スティリア (シュタイアーマルク) などが含まれる。クロアチア史の黎明期に、この領域はパンノニア全体と一致していた。ヴィテゾヴィチは翌 1701 年に、ウィーンで『イリリクムの紋章』という著作を出版した[HR 0030]。56 の紋章が描かれ、のちに多くの人が同書から引用した。『イリリアの土地と人』という著作にも着手したが、完成しなかった。この中でセルビアだけでなく、他の聖人伝も描こうとしたことは、ヴィテゾヴィチの南スラヴ人意識を示唆している。1703 年に『クロアチア悲嘆の 2 世紀』という題で、16-17 世紀の歴史をラテン語 6 脚韻詩で書いた[HR 0031]。『ダルマチア＝クロアチア王国に関するルチチの欺瞞』という手稿があるが、中でヴィテゾヴィチは前述のルチチに論争を挑み、ダルマチアとクロアチア両国の一体性を強調した[HR 0032]。『クロアチア太守領論考 (ハンガリー法への服属)』という題の手稿は散逸してしまった。セルビア人商人たちの注文で『輝けるセルビア』という題のセルビア史を執筆した[HR 0033]。出版には 300 フォリントが必要だったが、費用を商人たちは集められず、著作は手稿のままだった。ヴィテゾヴィチの国民的発展への貢献は歴史叙述だけでなく、『ラテン語＝イリリア語辞典』の編纂にも及んだ[HR 0034]。同辞典には三つのクロアチア語方言〔シュト方言、カイ方言、チャ方言〕のすべてから単語が収録され、総数約 2 万

3000 語に及んだ。ヴィテゾヴィチ自身が、クロアチア語の詩作で3方言のすべてを使っている。クロアチア語の正書法にアクセント記号を導入した最初の人物でもある。もっともこの工夫は定着しなかった。ドイツ人を父親に持つ彼は（ヴィテゾヴィチという名は彼自身が採用したものである）、クロアチア国民の発展にとっても、また南スラヴ人一体論にとっても、先駆者と見なしうる人物であり、対立する立場のいずれの側もがヴィテゾヴィチを拠り所とすることがしばしばあった。

聖堂参事会員の T. コヴァチェヴィチ（1664-1724）は、教会史を編纂して手稿を残した。興味深いのは、農民運動に関して、他の著作からは知ることのできない多数の情報が収められている点である[HR 0035-0036]。他方、J. ラスティチ（レスティ、?-1735）は 1451 年までのドゥブロヴニク中世史を、現地の文書庫資料を多数用いて著した[HR 0037]。

3. 啓蒙の歴史叙述

17-18 世紀にヨーロッパで行なわれた大規模な史資料収集には、クロアチア関連の重要な業績が含まれる。1751-1819 年に〔ヴェネツィアで〕出版された大部の『聖なるイリリア』（8巻）は、古代ローマ期以来の文書および文字記録の集成である[HR 0038-0045, 0047]。題名に反して、教会史だけでなく、一般史の文字記録も大量に含まれる。長い間（ある部分に関しては今日に至るまで）、クロアチア史に関する最も重要な刊行史料の一つである。クロアチア国内の史料刊行が本格化するまで、19 世紀の歴史家にとっては、同書が主たる史料だった。最初の 2 巻はサロナ教会史を扱い、第 3 巻と第 4 巻はスプリト司教座（のちに大司教座）、第 5 巻はザダル、第 6 巻はドゥブロヴニクを対象とした。第 7 巻はモンテネグロ、アルバニア、スリイェム（スレム）地方に関する文字記録を掲載し、第 8 巻はセルビアとブルガリア地域に対象を広げている。この記念碑的な史料出版は、3 人のイタリア人イエズス会士による業績である。F. リチェプーティ（1667-1742）が 1697 年に史資料収集に着手し、1716 年に最初の 2 巻の出版を公式に任された。その仕事を D. ファルラティ（1690-1773）が引き継ぎ、全く新しい着想から政治史に関する史料を取り込んだ。それゆえに、また出版を開始したのがファルラティであったために、この作品を引用する場合には普通、彼の名前を用いるが、もっともなことである。最後の 3 巻は J. コレッティ（1734-1827）が出版した。コレッティは既刊各巻の補遺資料も収集した（これをのちに 1902 年から 1910 年にブリチが第 9 巻として出版した）[HR 0046-0047]。

クロアチアの国民精神を著したヴィテゾヴィチに対し、B. A. クルチェリチ（1715-78）は後世の目で見れば国民的とはいえず、ヨーゼフ主義者の先駆けだった。まさにそれゆえにマリア・テレジアから命じられたクロアチア通史の執筆を完遂できなかった。ウィーンとボローニャで神学と法学を学び、両方の博士号を取得した。しばらくの間はウィーンで聖堂参事会員を務めたが、被告となった訴訟が長引き、その間は参事会員の任を解かれた。のちにチャズマの首席司祭、やがてザグレブの聖堂参事会員となった。1747 年に匿名で、あるザグレブ司教の伝記を著した[HR 0048]。ウィーン滞在中の波瀾の時期にシュヴィーテンや A. F. コラールと親交を持ち、1764 年に『三部法書』についてコラールが書いたのと同様の著作を上梓した[HR 0049]。またスラヴォニアがクロアチアに属することを独自の見解で書いたが、明らかに国民的基盤には立たず、支配者の権利に基づいて証明しようとした[HR 0050]。

1748 年にマリア・テレジアはクルチェリチにクロアチア通史を書くよう依頼し、ヴィテゾヴィチが残した手稿のすべてを委託した。『ダルマチア、クロアチアおよびスラヴォニアの各王国に関する覚書』が 1770 年に刊行された[HR 0051]。1606 年までを扱うことになっていたが、実質的には 1564 年までの叙述である。啓蒙的歴史叙述の典型であり、優れた批判精神を発揮し、先入観にとらわれることからほぼ免れているが、結局のところ啓蒙専制に貢献するものだった。ここで表明された意見によれば、南スラヴ人の全領域は啓蒙的ハプスブルク帝国の領土となるべきであり、それは何より〔皇帝が〕ハンガリー国王として有する権利に

基づくからだった。無論この見解から、クルチェリチが親ハンガリー的だったと疑う必要などない。この著作は著者自身が述べているところによれば、歴史叙述ではなく、国王の諸権利の証明に過ぎない。地理に関する記述もあるが〔ハプスブルク〕帝国に属する地域のみである。当時ヴェネツィアとオスマン帝国の支配下にあった領域は扱っていないが、それはよく知らないからという理由によるものだった。確かにクルチェリチの批判的な主張は、のちに世に受け入れられるようにはなるが、その冷めた啓蒙的見解ゆえに、同時代にも後世にも影響力を持ちえなかった。

クルチェリチのもう一つの大作は『ザグレブ聖堂の歴史』である[HR 0052]。1602年までを扱う第1巻は1754年にすでに完成していたが、出版されたのはようやく1770年だった。他方、1667年までを記述する第2巻は手稿のままだった。なぜなら聖堂参事会の他のメンバーが、クルチェリチの著書は単なる自己顕示欲の表れだと激しく抗議したからである。有益な情報が含まれているのは、第1巻の16世紀の部分、および第2巻である。第1巻も自費で出版するしかなかった。部数は1000部である。別の著作『1748年以降の歴史』（1767年）も手稿のまま残された。これは自身が生きた時代の回顧録である。やや悪意ある批判は、これは一種の「ゴシップ集」だといった。1764年に書き始め、1767年に筆をおいた。1901年に手稿が出版されて初めてわかったことだが、記述は主観的であるにもかかわらず、無益なものではない（クロアチア語訳は1952年に出版された）[HR 0053-0054]。ただし批判的精神がないこと、さらに必ずしも美しいラテン語で書かれていないと非難する者もいた。

クルチェリチの啓蒙精神には人を引きつける力がなかった。この点で注目に値するのがA.カチチ＝ミオシチ（1704-60）である。彼はダルマチアのフランチェスコ会士で、1756年に『スラヴ（すなわちクロアチア）の人々のための談話』という著作を出版した[HR 0055]。散文と韻文が入り混じった同作品はアレクサンドロス大王から同時代に至るまでの、スラヴ人、および、時代が下るにつれて南スラヴ人の歴史となっている。1453年までは散文が多く、次いで対オスマン戦争を語るうちに、韻文が増えている。既存の史料をそのまま引用し、自分では調査をせず、歴史に通じているわけでもなかった。しかし民衆詩を熟知しており、その歴史像を著作に織り込んだ。過去については楽天的であり、神話や英雄への豊かなイメージを描いた。またボスニア人やブルガリア人にも言及した。南スラヴ人がいかに偉大であり、どれほど傑出した支配者を輩出したかを記した。30版を重ねても常に売り切れた。2世紀に及ぶ長い期間にわたって、人々にとって最も重要な歴史読本だった。著作はヴェネツィアで出版された上、カチチ＝ミオシチ自身もヴェネツィア領で活動することがあったため、執筆に際してはイタリア人に配慮しなければならず、多くのイタリア人歴史家を引用しようと努めた。

学問的な観点からすれば、クロアチアのイエズス会士 J.ミコツィ（1734-1800）の業績の方がはるかに有益だった。イエズス会の解散後にミコツィはギムナジウム教師となり、1792-98年にザグレブで図書館員として働いた。没後の1806年にブダで『クロアチア著作集第1巻』が出版された[HR 0056]。1102年までのクロアチア史上のいくつかの問題、とりわけハンガリー・クロアチア関係の始まりを論じた。彼の批判的精神ゆえに同書は重要である、とシシチは評価する。ミコツィは丹念な収集家だった。「15世紀までのダルマチア、クロアチア、スラヴォニアの太守」と題する業績は、14世紀中頃までを扱う第1部のみが、1872年にククリェヴィチによって出版された[HR 0057]。しかし『13世紀ザグレブ教会の文書』[HR 0058]、『歴史・地理事典』[HR 0059]、およびこれと関連する『クロアチア＝スラヴォニア地誌』[HR 0060]は活字にならなかった。

イエズス会士のF.K.ペヤチェヴィチの『セルビア史』は、セルビアとボスニアの支配者がローマ教皇庁に忠実だったことを示そうとしたが、内容の大半が事実に反している[HR 0061]。

フランチェスコ会のM.P.カタンチチ（1750-1825）は、ブダとオシイェクで神学を学んだ。最初の職業歴史家と見なすこともできる。なぜなら彼はペシュト大学の考古学と古銭学の教授だった

からである。歴史書の他には、クロアチア語とラテン語で詩も執筆し（1791年に『秋の果実』というタイトルで出版された[HR 0062]）、カトリックによる初の完全なクロアチア語訳聖書も完成させた（1831年にブダで刊行）[HR 0063]。カタンチチの著作はラテン語で書かれ、多くがブダで出版された。クロアチア国家の初期の広がりを見極めようとし（『古クロアチア探究』1790年[HR 0064]）、古代パンノニアを調査し（『パンノニアの言語と地理』1795年[HR 0065]）、大学での地位に準じて古銭学、特に古代貨幣を研究し（『古銭学試論』1797年[HR 0066]、『古銭学基礎』1799年[HR 0067]）、さらに古代史にも携わった（『イストリア論』1798年[HR 0068]）。最も重要な業績は晩年か、または没後に出版された。一つは古代世界の地理的布置を研究した2巻本である（『古代世界』1824-25年[HR 0069]）。もう一つは、クロアチア人を古代イリリア人の子孫と見なす2巻本の著作（『古代イストリア地理』）である[HR 0070]。ただし同説はカタンチチ以前にも、また以後の時代にも存在した。

4. 国民再生の歴史叙述

カタンチチまで来ると、のちに歴史研究が国民再生期と呼ぶようになる時代はもう目前である。クロアチア、厳密にはクロアチア等族は、ハンガリー王冠に属する諸邦中でも、身分制上で独自の地位を有していた。そのためハプスブルク帝国内で、権利獲得の根拠を過去に探し求めた国民と比べれば、クロアチア国民運動はそれほど歴史に意識を傾ける必要はなかったはずである。しかし、国民運動の著名な指導者 Lj. ガイ（1809-72）は歴史を意識した『大イリリア史』を書いた[HR 0071]（ただ、この書物はあまりに好事家的であるため、今日に至るまで活字となっていない）。とはいえ、ガイおよび彼より年長の指導者 J. ドラシュコヴィチ伯爵（1770-1856）が、自らの運動を推し進めるために著した著作は、実際のところ、彼ら自身が生きた時代とその時代の課題に関する自己表現ではあった。

しかし歴史叙述が全く生まれなかったわけではない。カチチ＝ミオシチの著作には学問的な信頼を期待できないため、ザグレブ大学神学部卒業の優れた司祭である I. シュヴェアル（1775-1839）は、クロアチア語による通史を書こうと専念した。ところが自身で記しているように、この仕事に4年間も過度に打ち込んだことが災いして病気を患ってしまい、とりわけオスマン帝国との戦いを書き続けることができなくなった。シュヴェアルが同作品を執筆したのは、自国民、すなわちイリリア人、のちにはスラヴ人、さらにその後にはクロアチア人、あるいはセルビア人と呼ばれるようになる人々の尊厳と栄誉のためだった。ただし同作品は生前には出版されず、没後に長い題名をつけて4巻本で出版された。普通は『イリリアの鏡』という題で言及される[HR 0072-0075]。計75葉〔1200頁〕に及ぶ同書はノアの大洪水以降のイリリア人、すなわち後代でいう南スラヴ人史について記した。最初の3巻は、コロマン王逝去までを扱い（誤って1114年没としている）、第4巻が1790年までである（病のせいで1790年以降については執筆できなかった）。第4巻では17-18世紀の記述に議会記録も使用しており、おそらくこれが最も有用な部分である。初期ロマン主義の水準で書かれたこの初のクロアチア通史は、大部に過ぎたためであろうか、さしたる影響を及ぼさなかった。

クロアチア等族はハンガリー人との政治論争において、常に都市民としての特権を根拠としたために、権利を証明する文書や法律を収集しようとした。J. クシェヴィチ（1775-1846）は政治パンフレット『ダルマチア、クロアチア、スラヴォニアにおける都市民の権利と法』を1830年に匿名で著し、歴史的な議論を展開した[HR 0076]。クロアチア議会は1836年、これらの権利を調査するため特別委員会を立ち上げた。

この時期に紋章学が始まったのは、等族の存在と等族の自意識とに関連している。ガイにも紋章に関する短い業績がある[HR 0077]。I. N. ラバシュ（1783-1849）は1840年に書き上げた原稿の中で[HR 0078]、626の紋章を彩色で描き、説明を付した（ただしそれが利用されるのは半世紀以上を経てからである）。スラヴォニアの過去と同地域

に住む人々の現状について、司祭 L. イリチ＝オリオヴチャニン（1817-78）が研究し、民謡を収集して S. スラヴォンチェヴィチという筆名で小著を出版した[HR 0079]。1848 年以前のことである。

第 2 節　専門化した歴史叙述（1918 年まで）

1.　制度的基盤

　1848-49 年の出来事によってすべてが一変した。歴史研究にとっても新しい状況が生まれ、まもなく新しい制度的な枠組みができた。1849 年以降、クロアチア人は自分たちを勝者と思ったが、それは長続きしなかった。文字通り絶対主義的だった 10 年間は、クロアチア人にとっても優遇された時期ではなく、1861 年以降の暫定的立憲制期には政治闘争に眼目が置かれた。安定化と制度の構築は、1867 年の〔オーストリアとハンガリーの〕妥協によって始まった。クロアチアにとって 1868 年のハンガリー・クロアチア間の妥協は、ハンガリーにとって 1867 年の妥協が意味したほどには明確な転換点にならなかった。それでも 1867 年以降は、クロアチアの歴史叙述の重点が、全般的にクロアチア＝スラヴォニア王国へと移り、クロアチア語でのみ書かれるようになった。ダルマチアはシスライタニア領域に属したため、公法上でクロアチアと区別されただけでなく、制度上も別であった。さらに当分の間ダルマチアでは、引き続いてイタリア文化が優越したため、歴史叙述もイタリア語で書かれた。クロアチア語による出版が可能になるまでには、まだ時が必要だった。他方、クロアチアの中心となったザグレブのクロアチア人は、無論ダルマチアの歴史叙述をも影響下に置こうとした。またボスニアにいるカトリック信者、すなわちクロアチア人に対しては、1878 年以前から関心を抱いていた。1878 年以降、すなわち二重君主国によるボスニア・ヘルツェゴヴィナの占領が承認された後は、当然のようにボスニアのカトリック信者をクロアチア人に含めるようになった。

　専門性の発展においても明確な転換があった。最高水準の神学教育（それは同時に歴史学者としての最低限の素養である）を受けた歴史家が、一瞬にして消滅してしまうことなどありえなかったし、ラチュキを筆頭とする彼らの役割は世紀末まで重要だった。しかし、次第に歴史学の専門教育を受けた研究者が登場し始める。

　比較的重要な最初の組織は、1850 年に創設されたユーゴスラヴィア歴史・考古学協会である。ククリェヴィチが設立し、翌年には早くも雑誌『ユーゴスラヴィア歴史集成』を創刊した。同誌でククリェヴィチは様々な論文を書き、史料を活字にし、一人で雑誌の全頁を埋めるかの勢いだった。（J. イェラチチと、亡命中のセルビア公ミハイロ・オブレノヴィチが同雑誌にかなりの資金援助をした。）

　より重要な次の段階は、1867 年 7 月 28 日のユーゴスラヴィア科学芸術アカデミーの創設である。前段落で触れた歴史・考古学協会の場合と同様に、「クロアチア」ではなく「ユーゴスラヴィア」という名前を冠することは、政治的綱領つまり南スラヴの統合を意味した。もちろん実際にはクロアチア人とセルビア人だけが取り上げられ、スロヴェニア人について真剣に考える人はまだ少なかった。当時一般的だったように、アカデミーは歴史・文献学、哲学・法学、数学・自然科学の 3 部門で組織された。この順序は重要性の順でもある。資金の一部はクロアチア国家が支出したが、一方で従来からそうであったように、（少なからぬ部分が）ジャコヴォ司教 J. シュトロスマイエル（1815-1905）によって、数十年間にわたり供与され続けた。シュトロスマイエルはクロアチア政界と知的世界を代表する立役者の一人であった。初のアカデミー会員となった 14 人は、形式的にはクロアチア議会に任命されたが、実質的にはシュトロスマイエルの構想に従ったものであり、総裁はラチュキだった。ラチュキはこの頃すでにあまたの業績によって名高い歴史家だった。南スラヴ主義を反映し、事務局長にはセルビアの詩人で文学研究者の D. ダニチチ（1825-82）が就任した。

歴史叙述にとっては、アカデミーへの資金援助ももちろん極めて重要だったが、最も重要なのは『ユーゴスラヴィア科学芸術アカデミー紀要』という定期刊行物が創刊されたことである。この雑誌は今日も最も重要な論壇であり、かなりの期間にラチュキが大量の論考を書いたが、他の代表的な歴史家も次々に執筆した。アカデミーはもちろん史料の出版にも着手した。

3番目の、そして歴史学の未来にとっておそらく最も重要な進展は、1874年にザグレブ法学アカデミーが、神学部、哲学部、法学部を有する大学となったことであろう〔1850年に（王立）ザグレブ・アカデミーの哲学部が廃止され、法学部のみのザグレブ法学アカデミーに再編された。かつては神学部も設置されていたことから、1874年のザグレブ大学開設はアカデミーから大学への昇格と同時に、神学、哲学、法学の3学部体制の復活という側面もある〕（医学部開設により総合大学になるのは1917年のことである）。以降、哲学部のクロアチア史講座と世界史講座において、歴史学者が養成されるようになった。二重君主国内の他の大学で学ぶことや外国で学ぶことも継続されたが、次第に補完的な役割を果たすようになった。ただし、なくなることはなかった。

マティツァ・フルヴァツカは1841年に活動を始め、出版活動も担ったが、その役割が上記の協会やアカデミーと同じくらいの重要性を持つに至るのは世紀転換期の頃だった。

ザグレブではすでに1846年に国民博物館が設立され、1867年以降は特にダルマチアにおいて、多数の市立や国立の博物館ができた。多くの博物館が独自の定期刊行物を刊行した。ザグレブ博物館の基礎となったのは、M. サブリャル（1790-1865）が整理した2万6500枚の貨幣コレクションだった。

歴史学界にとって最も重要な活動の場は、当然ながら、種々の専門誌であった。すでに言及したもの以外に、1869年創刊で古文献も扱う『いにしえ（スタリネ）』がある。対象を人文学と文学にまで広げた『冠（ヴィエナツ）』には、クライチが極めて熱心に寄稿した。短命（1864-66年）に終わった『文学者（クニジェヴニク）』も、基本的に歴史学の雑誌だった。『クロアチア考古学協会報』が1879年に創刊されたことは、考古学が独立の学問となったことを示した。ダルマチアの歴史叙述にとって重要だったのは、1878年からスプリトで刊行された『ダルマチア考古学・歴史学報』である。『クロアチア＝スラヴォニア＝ダルマチア王立文書館報』〔以下、『文書館報』〕は1899年に創刊され、主要な出版活動を担った。サライェヴォの博物館も歴史学にとって重要な機関誌『通信（グラスニク）』を発行した。さらに地方史の協会も作られるようになり、時に独自の雑誌を出版した。例えば1887年に設立されたクニン考証愛好家協会は、1895年から1903年まで機関誌『古クロアチア文化』を刊行した。

『アカデミー紀要』は南スラヴ主義的な綱領を重視し、（稀ではあるが）スロヴェニア人の業績がスロヴェニア語で、あるいは（スロヴェニアの場合よりは頻繁に）セルビア人の業績がキリル文字で掲載された。

南スラヴ主義志向は史料出版にも重大な影響を及ぼした。アカデミーが開始した初の大規模な出版シリーズの名称も『南スラヴ史料集成』だった。極めて多岐にわたるテーマで文字資料が刊行された。1870年代にザグレブ大学で教鞭を取ったチェコの法制史家ハネルが『南スラヴ法制史集成』の出版を提案し、それを受けて1877年から都市法や土地台帳が公刊された。中世文書史料のすべてを刊行する企画としての『クロアチア＝スラヴォニア文書集成』も、かなり後になるが開始された。ダルマチアに関しては、『ドゥブロヴニク集成』が最も重要なシリーズであり、1879年から出版が始まった[HR 0080-0084]。ラチュキが1885年のアカデミー総裁演説において、これらすべては単なる始まりに過ぎないと述べたように、専門的な観点からすれば、近代歴史学はこうした史料公刊があってこそ実質的にも成長できた。もちろん史料公刊は国民的課題ほどに人々の関心を引くものではなかった。ラチュキは1875年のアカデミー総裁演説で（総裁として毎年、簡潔で内容の濃い演説をしなければならなかったのだが）、歴史学に限らず、学問全般の唯一の目的は南スラヴ統合であると述べた。この目的を掲げる必要がなくな

ったのは、ようやく1918年のことである。

2. 歴史家たち

制度の構築や専門的な史料刊行の組織化と並んで、成熟した歴史叙述、それも当時の水準をほぼ満たす歴史叙述を実現するためには、課題がまだ一つ残っていた。国民史を全体として叙述することである。それはこの後も長い間、志ある歴史家にとって常に至高のライフワークを意味した。まだ暫定的な立憲制期に過ぎない1860年代前半に、クロアチア人は早くもこの課題に取り組み始めた。トカルチチが1861年に教師や知識人向けに『クロアチア史』を刊行した［HR 0085］。明らかに国制の完全な回復を目指してのことだった。リュビチも〔国民史の〕第一世代に属するが、1864年に『クロアチア史概観』を出版した［HR 0086］。リュビチは16世紀以降に関する新史料、すなわちヴェネツィアの報告書を利用した。しかし十分な予備的研究が欠けており（しかも時間的な余裕も与えられなかったため）、リュビチも短い通史しか書けなかった。結局のところ、どちらにしても政治事件史を超えることはなく、しかもクロアチア・ハンガリー間の国制上の対立が軸であった。Š. バレノヴィチは1870年に『クロアチア国民の歴史』という本を農民のために書いた［HR 0087］。これは当時でも専門家とは見なされなかった著者の作品であり、当然、他を凌駕するような総合的通史にはなりえなかった。この頃の通史は、数世紀にわたるクロアチアの過去よりも、むしろ同時代のクロアチアを反映する傾向があった。

ククリェヴィチ＝サクツィンスキ

専門性という観点から見て、最初の世代に属する重要な歴史家は、大半が独学者だった。1848年以前に登場した者もいたが、多くは1849年から1868年にかけて現れた。この世代の最年長者で、長期にわたり最も権威のあった人物がI. ククリェヴィチ＝サクツィンスキ（1816-89）である。パラツキーやレレヴェルと同様、1848年以前の国民運動の推進者だったが、比較的恵まれた状況にあった。というのも、裕福で名望ある中流貴族の出身だったからである（父親は1832-36年にハンガリーの国会議員だった）。軍人の道を選び、士官学校を卒業してハンガリー近衛兵になった。ガイとの交友およびイリリア運動への忠誠を守るため、若いうちに軍隊を退いて、貴族にふさわしく政治家の道に進んだ。1843年にクロアチア議会で初めてクロアチア語で発言したのは彼である。革命期にはJ. イェラチチ率いるクロアチア政府の一員として文教政策に携わった。1849-60年には国立文書館員だった。二重制を支持したために、1867年以降は世論にうとまれて政界から身を引いた。青年期の国民思想に忠実であり続けたことは確かであり、歴史家としての業績からそれは明らかである。独学者としての限界を、1850年代の外国旅行によって、ある程度補うことができた。

彼は雑誌『ユーゴスラヴィア歴史集成』に多数の史料を発表し、『クロアチア＝ダルマチア＝スラヴォニア王国文書集成』2巻を編集した（1874-75年）［HR 0088］。この仕事はかなりの専門知識を必要としたが、必要を完全に満たすことはできなかった。これより先に刊行した比較的大部の史料集は、専門知識の必要性がそれほどなかった。すなわち、1862年に3巻で出版したクロアチア議会文書集『クロアチア、ダルマチア、スラヴォニア王国法』［HR 0089］、および1288-1599年の記録を含む『クロアチア文書集』などである（1863年）［HR 0090］。同年に『クロアチア人のモンゴル人およびタタール人との戦い』［HR 0091］を、1874年に『三十年戦争におけるクロアチア人の戦い』［HR 0092］を、そして1877年に『継承戦争におけるクロアチア人』を出版した［HR 0093］。地方史研究にも力を注いだ。1854年という早い時期に『メドヴェドグラドの出来事』を上梓し［HR 0094］、1864年に「トプスコ修道院概史」［HR 0095］、1883年に『ズリン城と城主たち』［HR 0096］、そして1886年には『アカデミー紀要』に長大な論文「ヴラナ修道会管区長と神殿騎士修道会および聖ヨハネ騎士修道会」を発表した［HR 0097］。南スラヴ主義を信奉していたことは1881年の研究「ブルガリア人、クロアチア人、セルビア人の最初に戴冠した支配者と王冠」に見て取れる［HR 0098］。同論文には考古学と美術史の知識

も示されている。政治的経歴の回想録でもある政治的パンフレット『クロアチアの法的、歴史的権利とハンガリーとの妥協』は1871年にドイツ語で出版された[HR 0099]。これを読むと、ククリェヴィチが連邦制による君主国の改革を支持していたことがわかる。彼の視野は歴史学のテーマを超え、南スラヴの詩人名事典3巻（1856年）[HR 0100]を、そして1860年にはクロアチアの書誌も編纂した[HR 0101]。晩年の業績『過去の著名なクロアチア人』では評伝を書いた[HR 0102-0103]。

もちろんこのような多面性は、近代的歴史叙述のような完璧さを求めた結果ではなく、むしろ好事家としての関心の多彩さを示している。ククリェヴィチは歴史研究者としての素養、すなわち史料探査および史料に依拠した叙述方法を身につけ、さらに史料批判的な感性も持ち合わせていた。それでも全体としては、19世紀の好事家と、当時現れつつあった専門家の間に立つ、過渡的な人物だった。

*

はるかにスケールは小さいが、ククリェヴィチと同じことがS.ペヤコヴィチ（1818-1904）にも当てはまる。ペヤコヴィチはウィーンで医学と法学を学び、その後1848年革命に積極的に関わった。やがてウィーンの官庁で通訳として働いた。いずれペトリニャで市長になることを志していた。暫定的立憲制期の1865年に、歴史的な考察に基づく政治的な論争書『クロアチア・ハンガリー問題考』[HR 0104]、および『クロアチア＝スラヴォニア王国とハンガリー王国の間にいかなる連合が必要か』を書いた[HR 0105]。1861年にドイツ語で出版した史料集『1848年のクロアチア＝スラヴォニア議会と国民運動史に関する文書集』は今日でも価値がある[HR 0106]。晩年には、匿名でミリチチ一門に関する研究を著した[HR 0107]（以下で見るように、この頃までにクライチらが家門研究を重要な専門領域と見なすようになっていた）。

Š.リュビチ（1822-96）は独学者の世代に属する。ダルマチア出身であり、一時期ヴェネツィアで図書館員を務めた。神学部を卒業後、オシイェクでギムナジウム教員になり、1868年から1892年にかけてはザグレブの考古学博物館館長を務めた。リュビチも多方面にわたる関心が特徴的だった。文書を発見して公刊することを彼は好んだ。例えば、1433-1571年の史料を収めた3巻の史料集『ヴェネツィア使節報告書集』を編集し（1876-80年）、これをユーゴスラヴィア科学芸術アカデミーから刊行した[HR 0108-0110]。また南スラヴ人とヴェネツィアの関係に関する960-1409年の文書を、5巻の史料集として公刊した（1868-75年）〔ユーゴスラヴィア科学芸術アカデミーの判断も加わり、対象を1469年まで延長して、最終的に10巻本となった。第6-10巻は1878-91年に刊行された〕[HR 0111]。これらを基に中近世におけるドゥブロヴニクとヴェネツィアの関係について、複数の研究を『アカデミー紀要』に発表した[HR 0112]。この一連の研究は典型的な政治史研究だった。この主題ならば、商業や経済生活全般の観点から、今日の我々にとっても極めて興味深い問題を包含してもおかしくないのだが、リュビチが関心を抱いたのは、両都市間の政治的関係と戦争だった。1667年のドゥブロヴニク大地震に関心を寄せたのも、地震が政治に及ぼす影響に興味を抱いたからである。美術史との関連で考古学に関心を持ったが、発掘には携わらなかった。1885年に、マルリチに始まって自分自身とククリェヴィチに至る、クロアチア考古学史をまとめた研究を『アカデミー紀要』に発表した[HR 0113]。他方で1875年出版の『南スラヴ貨幣叙説』は画期的といえる書物だった[HR 0114]。極めて多数の図版を載せ、発掘などによって知られたすべての硬貨、型式、銘を網羅し、さらに貨幣打造技術や法律問題にまで言及した、当時の最高水準の研究である。金貨2、銀貨4671、銅貨26のデータを、驚くべき熱意と博識でまとめ上げた。この本が扱う対象は、バルカンにスラヴ諸国家が存在した15世紀末までの貨幣である。彼は1879-91年の間に『クロアチア考古学協会報』の編集者を務めた。

M.メスィチ（1826-78）は専門教育を受けた歴史家である。1848年以前に神学部を卒業し、1850年代初頭にウィーン大学で歴史と地理を学び、その後ザグレブの法学アカデミーの教師になった。

ザグレブ大学が誕生するとクロアチア史講座の主任となり、学長も 1 年間務めた。メスィチの関心も多岐にわたった。それまで何人もの歴史家が言及してきたポリィツァ都市法を初めて活字にした（1859 年）[HR 0115]。1866 年にスィゲトヴァールの戦闘 300 周年に合わせて N. ズリンスキ（1508 頃 -66）の大部の伝記[HR 0116]を、そして 1869 年にはベリスラヴィチ一門に関する研究を著した[HR 0117]。クルチェリチとその著作『1748 年以降の歴史』の重要性について、最初に正面から取り上げたのもメスィチだった（1875 年『アカデミー紀要』に論説を発表[HR 0118]）。しかし最も好んだテーマはヤギェウォ期だった。『文学者』に「15-16 世紀転換期のクロアチア人」を数回に分けて掲載し（1864-65 年）[HR 0119]、「ルドヴィク 2 世治世の太守ベリスラヴィチ」（1868 年）[HR 0120]を、さらに「モハーチの戦い以前のクロアチア人」を書いた（1872-73 年）[HR 0121]。ベリスラヴィチ一門に関する研究も、ほとんどがヤギェウォ期を対象とした。「国外における F. K. フランコパン」も同様である（1870 年）[HR 0122]。ラチュキはメスィチのズリンスキ伝について、肯定的な書評を 1866 年に『文学者』に書いた[HR 0123]。ラチュキはメスィチに心から傾倒し、彼の全業績を『アカデミー紀要』（1879 年）で紹介した[HR 0124]。メスィチの丹念な史料調査と批判的な史料利用を、偉大な功績として認めた。メスィチがもっぱら事件史を扱う姿勢を、ラチュキは当然のことと見なした。

ラチュキ

クロアチアの歴史研究において真に偉大といえる最初の歴史家は F. ラチュキ（1828-94）である。彼によってクロアチアの歴史叙述は発展した。ラチュキは裕福な商家に生まれ、聖職者の道を選んだ。神学生時代に早くも国民運動、すなわちイリリア主義の影響を受けた。戦闘が実際に起こる数年前に、ハンガリー人に対する闘争について愛国的な詩を書いた。1849 年からウィーンのパズマネウムで学び、やがて大学で数学と物理学を学んだ。イリリア主義から出発してスラヴ人全般へと視野を広げ、ロシア語を始めとして複数のスラヴ語を学んだ。

ウィーンではスラヴ人の歴史の創始者ともいえるキュリロスとメトディオスの活動を研究したが、それは西方教会と東方教会の接近に資するためでもあった。とはいえ、やはりスラヴ主義的な側面もあった。セニの神学校でしばらくの間、教会史と教会法の教師を務めた。ラチュキの歴史研究に注目したククリェヴィチは、イタリア行きにラチュキを同行させた。ラチュキはこの頃、つまり 1850 年代には、すでにスラヴ人使徒の研究に取り組んでいたが、歴史家としての専門的な準備が不十分だと考えた。このために教会から支援を受けて、1857 年から 2 年間ローマに赴き、教皇庁で歴史と歴史補助学の研究を続けた。こうしてラチュキは真に専門的な養成を受けたクロアチア初の歴史家となった。ローマで作品を書き上げ、ナポリでアンジュー期〔14 世紀〕に関する史料を調査し、途上ウィーンではスラヴ研究の大家たちと面識を得た。シュトロスマイエルとの交友もローマで始まった。

1860 年にイタリアで起きた一連の出来事のためローマには戻らず、国内で政治闘争に関わった。国民党（民族党）指導者の一人となり、多数の新聞記事で内政・外交問題を論評したが、常に何よりも南スラヴの一体性を、また長期的視点からはスラヴの連帯を強調した。ハンガリーにおける当時の歴史研究（サライ）との激しい論争に巻き込まれたが、一方クロアチア三王国の統一を望まないダルマチアの自治主義者とも論争した。1864 年から V. ヤギチ（1838-1923）とともに『文学者』の編集を担った。1865 年から再び政治に没頭して議員を務めた。1866 年には既述のようにシュトロスマイエルの推薦で、ユーゴスラヴィア科学芸術アカデミー総裁に選ばれ、以降 20 年間にわたって再選された。しかし、1886 年にフランツ・ヨーゼフの拒否に遭い、総裁職を辞さざるを得なかった。1877 年にザグレブ聖堂参事会員となり、収入面での心配はなくなった。ハンガリー政府の政治に抗して新政党である独立国民党を設立した。死ぬまで政治から離れたわけではないが、次第に身を引くようになった。1884 年にオデーサでの考古学会議に出席し、その後にモスクワとサンクトペ

テルブルクを訪れて、ロシアおよびスラヴ性を全身で体感した。シュトロスマイエルには、ロシアの哲学者 V. S. ソロヴィヨフとの出会いを報告した。ソロヴィヨフは正教側から教会の統一に努めた人物である。ラチュキはもちろん常にローマ教皇庁による統一を望んだが（それゆえセルビアの歴史家ルヴァラツは敬虔な正教徒の立場からラチュキを非難した）、カトリック教会、それも主に教皇に対して強い疑念を抱いていた。ロシアからの帰途、ポーランド人とも接触したが、ロシアとポーランドの対立に心を痛め、対立の原因をもっぱらポーランド人側に見出した。

ラチュキは根っからの政治家であり、クロアチアならびに南スラヴの統一と自由に身を捧げた闘士だった。そのラチュキが、歴史家としての活動を南スラヴのために役立てると公言し、実際にも、歴史学の専門的見地から十分批判に耐えうる歴史叙述を生涯にわたって残したのは、類い稀なことだった。スラヴ人使徒についての最初の重要な業績は、この意味において典型的な作品である。この本でラチュキは、使徒たちが信仰（しかもこれは教会分裂前の信仰である！）と国民性を統合させる活動を行なっていた、と強調した。（ちなみにラチュキは、シュトロスマイエルがスラヴ語典礼の許可を求めた際に、主要な助言者の一人だった。）

1860 年代初頭の政治闘争で、ラチュキはハンガリーに対するクロアチアの独自性を、歴史的議論に基づいて熱心に主張した（『民族王朝時代のクロアチア国制断章』1861 年[HR 0125]）。1863 年にはシュトロスマイエルの資金でキュリロスとメトディオスを記念する書を（活動開始の 1000 年目に）出版することができた[HR 0126]。同書でこの二人の布教者の著述を賞賛した。

1864-65 年に、『文学者』に比較的長編の論文「中世クロアチア・セルビア史料批評」を発表して、記述史料を次々に批判した[HR 0127]。ビザンツ皇帝コンスタンティノス 7 世の著述にいかなる誤りがあるかを強調し、ハンガリー王国のいわゆる『アノニムスの年代記』には信憑性がないとした。国内の年代記の信頼性に関するラチュキの主張は、今日でもおおむね有効である。翌年には、1426-1503 年にセルビア公がクロアチア＝ハンガリー王冠といかなる関係にあったかについて、さらに翌年には、16-17 世紀のクロアチア＝スラヴォニアの軍政国境地帯について、国制上の観点から比較的長い研究を著した[HR 0128]。これらの研究には、彼がその後に研究対象とするほぼすべての時代が含まれていた。アカデミー総裁であった時に、1382-1409 年のハンガリー王国における王位継承紛争に関する論文「14 世紀末と 15 世紀初頭におけるスラヴ南部の運動」を『アカデミー紀要』に連載し（1868 年）[HR 0129]、カルロ 2 世の登場をクロアチア独立の試みとして論じた。

ククリェヴィチ宛の書簡にあるように、ラチュキは早くもローマ留学時代に、ボゴミール問題に取り組もうと考えていた。なぜならボゴミール派の二元論の中に、スラヴ人の異教信仰の痕跡を読み取れると考えたからである。研究は 1869-70 年に、『アカデミー紀要』上で「ボゴミール派とパタレニ派〔ボスニアのボゴミール派〕」という題で掲載された[HR 0130-0131]。当時のカトリック聖職者としては珍しいほどに、宗派への忠誠心を抑制しながら書いている。無論ボゴミール派はスラヴ人であり、しかも南スラヴ人だった。「11 世紀における南スラヴ人の国家独立闘争」という大論文は、とりわけビザンツ帝国との戦いと政治事件を論じているが、これはクロアチア学界におけるビザンツ研究の嚆矢だった[HR 0132]。もちろんハンガリーやヴェネツィアが攻撃的な役割を果たしたことに言及するのを忘れなかった。征服者であるよそ者に対抗するために、南スラヴ人諸集団の間で同盟を結ぶべきであったのに、それが実現されなかったことをラチュキは残念だと思った。スミチクラスは、ラチュキほど真摯にこの時代に取り組んだ者はいないと称えた。

一貫して中世が彼の好む研究領域だったが、後代をも手がけて、1873 年に P. ズリンスキと F. K. フランコパンの陰謀に関する史料を分析した[HR 0133]。また 1573 年の農民蜂起に関する史料を 1875 年に（300 周年記念として）公表した[HR 0134-0135]。17 世紀におけるウスコクの歴史にも取り組んだ（1877 年）[HR 0136]。さらにオスマン時代に、クロアチア高官とオスマン高官が交わ

した書簡を活字にした[HR 0137]。

　もっともこうした業績は、中世史研究からの一時的な逸脱だった。1876 年にはクロアチア民族王朝下で活動した尚書部の姿を明らかにし[HR 0138]、1881 年には 12 世紀以前のクロアチアの領域的広がりと国内体制について長編の論文を発表した[HR 0139]。（ラチュキがクロアチア民族王朝時代への関心を国内に定着させ、それがシシチにまで伝播した。）その続編ともいえる「12 世紀以前におけるクロアチアの国内状況」を 1884 年から 1893 年にかけて発表した[HR 0140-0141]。当時としては極めて稀なことだが、同論文でラチュキは政治史だけでなく経済的、社会的関係について、すなわち土地所有構造についても論じた。ただし土地所有の構造に関しては、当然のことながら再び政治的要因が前面に出てくる。社会的関係では当時のモンテネグロに〔中世クロアチアとの〕類似性を見出したが、これも当時としては稀有な近代的視点だった（無論、この頃までにボギシチの慣習法研究はすでに知られていた）。ザドルガ〔大家族〕の存在を明示し、遺言史料を基にして土地の細分化という結論を導き出した。

　1877 年に公刊された『クロアチア古代史料集』は、クロアチアに関係する最初期の文書を集めたものだが、史料出版において極めて重要な、手本ともなる史料集である[HR 0142]。ククリェヴィチの刊行史料よりはるかに信頼が置ける。（かつての支援者ククリェヴィチとは、政治的理由からすでに 1860 年に彼は袂を分かった）。1880 年にミクロシチと協力して、新たに発見された 9-11 世紀のパンノニア、ブルガリア、クロアチアに関する史料を活字にした[HR 0143]。ラチュキは前々からスラヴ語史料出版の必要性を説き、かつ支援もしていた。ラチュキが種々の雑誌に掲載した刊行史料を、さらに列挙もできるのだが、とりわけオスマン期ボスニアの発展に関するデータが興味深い[HR 0144]。

　ラチュキはコソヴォ平原の戦い 500 周年（1889 年）の記念行事をアカデミーで開催した。史実としてではなく、南スラヴ人は統合されるべきだという教訓を前面に押し出すことが予想された。ためにハンガリーのメディアは激昂し、ハンガリーの介入によって公開の記念行事は禁止された。しかしラチュキは現状に対する発言をやめようとはしなかった。1883 年、『冠』に「1622 年のドゥブロヴニクの反ユダヤ主義」という題で、当時の宗教儀式殺人訴訟に関して、もちろん批判的な姿勢で論考を書いたが[HR 0145]、これは明らかにハンガリー〔のティサエスラール〕での儀式殺人訴訟に関連するものだった。この頃になると、そしておそらくラチュキ自身の主観においても、冷静かつ不偏不党である歴史家と、政治家は区別されるようになっていた。後世の者は、ラチュキ自身に内在していた両者をさほど区別しないが、ラチュキが専門的な観点から見ても、最も優れたクロアチアの歴史家であることは承認されている。

　ラチュキに比べれば、同時代人も後世の人々も、歴史研究と日々の政治を結びつける姿勢がはるかに乏しかった。学究生活に専念することが制度的に保障される中で、ラチュキが行ないえたような政治的な活動は、しようにもそのすべがなかったし、またシュトロスマイエルの威光に頼ることも難しくなっていた。

スミチクラス

　T. スミチクラス（1843-1914）はラチュキによって見出されたといってよい。これはスミチクラスをここで最初に取り上げる十分な理由になる。スミチクラスは合同派教会の農民の家に生まれ、聖職者になるつもりだったが、初等神学校を中退した。1863 年の中等教育修了審査ではラチュキが審査委員長を務め、スミチクラスを国費でプラハ大学に 3 年間留学させると決定した。同地でスミチクラスはパラツキーを始めとするチェコの歴史家たちと知り合った。1865 年にはウィーンで学業を継続し、翌年にオーストリア歴史学研究所に採用された。当時のヨーロッパにおける最高水準の専門教育機関であり、ここで歴史補助学の知識を彼は得た。（スプリトの首席司祭トマに関する彼の修了論文は残念ながら散逸してしまった。）1867-69 年にかけて研究所の正規研究員だったために、故国の政治変動には関わらなかった。考古学を専門とする博物館学芸員を志望したが、中等学校で数年間、教鞭を取った。スミチクラスはク

ロアチア文学の黎明期を 15-17 世紀と見なし、その見解を 1871 年に書いた論文で表明した[HR 0146]。マティツァ・フルヴァツカが 1873 年にユーゴスラヴィア科学芸術アカデミーから分離し、ククリェヴィチが会長に就任した（ククリェヴィチは自分がアカデミー初代総裁になれなかったので、初代総裁となったラチュキを決して許さなかった）。マティツァは教養ある公衆のために書物を出版し、極めてカトリック色の濃い聖イェロニム協会が一般民衆向けの出版事業を担った。スミチクラスはマティツァの活動に関わるようになり、その関連で総合的なクロアチア通史の執筆を依頼された（ラチュキもそれを望んでいたのに、依頼はされなかった）。この仕事によってスミチクラスの名は歴史家の間で知られるようになった。メスィチの死去に伴い、大学ではクロアチア史講座に空席ができた。1879 年からクライチが空席を補塡したが、スミチクラスも教員募集に応募し、ノディロの提案によって 1882 年にスミチクラスが講座教員に選ばれた。翌年にはアカデミー会員に選出され、1889 年にマティツァ会長となった。その後アカデミーは 10 年〔以上〕にわたり総裁職をスミチクラスに委ねた。彼はアカデミー総裁職に就任して、マティツァ会長職を 1901 年に辞した。1905 年にはすすんで年金生活に入ったが（本当の理由は、おそらく最も気に入った弟子のシュフライが政治的にハンガリー人側に与したためであろうが）、アカデミー総裁職には留まった。1880 年代の数年間にクロアチア議会議員を務め、ラチュキの独立国民党に加わったが、じきに政界から身を引いた。ただしその後も、クロアチア側からもセルビア側からも、スミチクラスに対する政治攻撃は続いた。にもかかわらず 1908 年には、セルビア人と一緒に南スラヴ百科事典を制作する計画を彼は提案した。

スミチクラスは非常に勤勉だった。35 歳から 39 歳までに書いた研究は 1220 枚分の分量になる。1876 年の著書『バブキチの人生と業績』ではイリリア運動を包括的に扱った[HR 0147]。もっとも、批判者たちによれば倫理的すぎる論法だった。1885 年には「1790 年から 1835 年における国民精神の防衛と発展」という研究で、再び同じ主題を扱い、運動の前史を強調した[HR 0148]。この点に自己弁護の姿勢を見て取れる。とはいえ同論文は、シシチによれば、1918 年以前に著されたものとして、近代 19 世紀史に関する唯一の本格的な研究であった。

1879 年に総合的クロアチア史の第 1 巻（1526 年まで）が出版された[HR 0149]。しかし、刊行史料のみに基づいて書かれたと批判されたために、スミチクラスは 1848 年までを扱う第 2 巻では、文書館史料を多用した（1882 年）[HR 0150]。それ以前にも幾多の試みはあったが、同書こそ、脚注はないものの、読みごたえのある初の学問的な歴史書といえる。同書は国民意識の強化を目指した、それゆえに、あえてクロアチア史の影の部分についても沈黙しなかった。この作品ももちろん政治事件史だが、国王の統治年代順にとらわれず叙述を展開し、さらに経済的発展についても言及した最初の歴史書である。

1891 年にスラヴォニアのオスマン帝国支配からの解放記念（200 周年）に合わせて、オスマン支配期のスラヴォニアについて比較的大部の 2 巻本を著した[HR 0151]。そこでは社会状況にも触れないわけにはいかなかった。同時代の研究者や先達について書いた死者略伝では、取り上げた研究者の学問業績について最初で、しかもあらゆる点で後世まで残るような評価を行なった。1892 年にククリェヴィチ[HR 0152]、1894 年にロパシチ[HR 0153]、1895 年にラチュキ[HR 0154]、そして 1898 年にリュビチについて執筆した[HR 0155]。1888 年にはシュトロスマイエルの著作・書簡選集および最初の小伝を著した[HR 0156]。

クロアチアの歴史叙述におけるスミチクラスの真骨頂は、やはり『クロアチア＝ダルマチア＝スラヴォニア王国文書集成』14 巻であろう[HR 0157]。1101 年以降のクロアチアに関するこの文書集は、専門的な見地からも極めて水準の高い、今日も使用されうる史料集成である。1904 年に 1 冊目が、形式の上からは第 2 巻として出版された。なぜなら 1877 年にラチュキによって発行された史料集を、第 1 巻としたからである。スミチクラスの『文書集成』は、専門的な細心さと正確さという点で、ラチュキの慎重な編纂をもはるかに超

えるものであった。ウィーンの研究所で過ごした数年間がここに実を結んだ。長年月をかけて史料を集め、その仕事に若い弟子たちをいざなった。特にシュフライの助力が大きかった。当時最も人気のある読み物だったスミチクラスのクロアチア史も、数十年後には時代遅れとなった。しかしスミチクラスはその優れた史料編纂ゆえに、今日においても、また国外においても、最も著名なクロアチアの歴史家である。

トカルチチ

専門教育を受けた第一世代からは多くの歴史家が輩出したが、高名な歴史家の4人目として、I.K.トカルチチ（1840-1905）を挙げよう。彼の人生は他に比べればかなり単調である。ザグレブ大学神学部を卒業し、ザグレブで聖職の道に入った。1882-96年にはアカデミー文書館館長を務めた。人生の大半をザグレブ市とザグレブ司教区との関わりの中で過ごした。同じことが歴史家としての業績についてもいえる。初期の出版物もザグレブ司教区の史料（1873-74年）[HR 0158]、あるいはザグレブ市に関するものだった（1875年）[HR 0159]。1876年の著作は、クロアチア国民がアンジュー朝のためにいかに戦ったかを書いたが[HR 0160]、その後は若干の例外を別として、再度ザグレブ市とザグレブ司教区の歴史を研究テーマとした（「13世紀のザグレブ司教座再生」1877年[HR 0161]、『14世紀ザグレブ司教区の反十分の一税蜂起』1879年[HR 0162-0163]）。ザグレブ市に関する11巻の刊行史料集『ダルマチア＝クロアチア＝スラヴォニアの首府、王国自由都市ザグレブ集成』は後世に残る業績であり（1889-1905年）[HR 0164]、スミチクラスを思い起こさせる出来栄えである。ザグレブの商業史に光を当てた彼の研究は、没後に出版された[HR 0165]。

トカルチチには都市と司教座の他に、もう一つ好みのテーマがあった。スラヴ人の典礼言語（とグラゴール文字）である。早くも1861年にはスラヴ人典礼史に関する短い概要を出版した[HR 0166]。1863年のキュリロスとメトディオス記念論集には、この両者の伝記と、スラヴ語に関する新しい論考を書いた[HR 0167-0168]。シュトロスマイエルがヴァティカンで再びクロアチア語典礼の承認を求めた1904年に、『クロアチアにおけるスラヴ語典礼』を著した[HR 0169]。三つの神聖言語の排他性に関して、はるか1000年も前のスラヴの使徒キュリロスとメトディオスが展開したのと同様の議論を行なったのである。この著作の3分の1は二人の伝道者の伝記であり、残りの部分で一次史料に基づいてスラヴ語典礼の継続性を証明しようとした。しかし、この書物はどちらかといえば、ザグレブ司教区の表面的な事件史の叙述である。近世にはラテン語で典礼を行なう司祭が次第に増えたが、それに対しトカルチチは1596年の巡察記録を持ち出した。この記録によると、司祭の多くが司教の回状について、依然としてスラヴ語か不正確なラテン語で承諾を表明しているのである。トカルチチは最後にグラゴール文字典礼書の目録を挙げて、19世紀末でもシュトロスマイエルの支援により、グラゴール文字典礼書の出版が可能だったことを示した。有益な情報を含む業績ではあるが、多少とも大衆受けを意識した言葉遣いになっている。（例えば、中世初期に教皇使節がクロアチア人とゴート人を区別できなかったことを述べる時、突然「慈悲深き神よ」などと書いている。）

ロパシチ

R.ロパシチ（1835-93）はザグレブ法学アカデミーで学んだが、体が弱くて修了できず、1860年代には行政に携わった。しかし1871年からは学問のみに生きた。専門教育を受けていないため、かなり好事家的ではあるが、見過ごせない歴史家である。なぜなら、文書館史料の渉猟を好んだが（時間も十分にあった）、中世研究に沈潜していく歴史家が多い中で、ロパシチはむしろ近代に関心を抱き、軍政国境地帯の都市や村落について、多数の地方史研究を著したからである。

地方史に関してまず挙げるべきは、軍政国境地帯の歴史に関する3巻の文書集出版（1884-89年、『南スラヴ史料集成』シリーズ）[HR 0170-0172]、およびクロアチアの土地台帳出版であり（1894年、『南スラヴ法制史集成』シリーズ）[HR 0173]、1902年に17世紀スラヴォニアの書簡を『いにし

え』に掲載した[HR 0174]。ツェティングラド（1867 年）[HR 0175]、カルロヴァツ（1879 年）[HR 0176]、ジュンベラク（1881 年）[HR 0177]、ビハチおよびその周辺の地方史を著した[HR 0178]（1890 年、1943 年に再版！）。ラショフスキとの共著『クパ川およびコラナ川流域』は没後に出版された[HR 0179]。カルロヴァツを扱った書物を読むと、ロパシチの業績の特徴がつかめる。都市の成立から歴史叙述を始めるが、それは政治史、あるいは対オスマン戦史である。19 世紀半ばまでを論じ、19 世紀初頭数年間のフランスによる支配がいかに有意義だったかを強調した（マルモン元帥がじきに立ち去らざるを得なかったことを惜しんだ）。さらに鉄道敷設がこの都市を迂回したために、同市が貧しくなったことにも言及した。カトリック教会と正教会の発展を別個に論じ、トカルチチと同様にカトリックに見られるスラヴ語典礼の痕跡を強調した。ロパシチは正教主教区が 1695 年に王令により設けられたことを、多少の反感を込めて指摘した。カルロヴァツ管区司令官たちの短い伝記も書き、さらに歴代市長の名簿も加えた。巻末にはいくつかの文書から原文も掲載した。方法においても歴史観においても、彼は当時の東欧における平均的な地方史と同等の水準にある。

軍政国境地帯とその他の地方史に加え、近代史の諸問題にも取り組んだ。スティリア文書館収蔵の 16-17 世紀クロアチア史に関する膨大な文書を雑誌に発表し[HR 0180]、ラチュキによる史料集の補遺として、P. ズリンスキと F.K. フランコパンの陰謀の歴史に関して 100 編以上の文書を公表した[HR 0181-0182]。

*

P. マトコヴィチ（1830-98）はウィーン、プラハ、ベルリンで地理学を学び、1833 年にザグレブ大学の初代地理学教授になった。自然地理学だけでなく歴史地理学にも取り組んだため、多少は経済史にも関わることになった。『アカデミー紀要』（第 7 巻）に掲載した「ドゥブロヴニク共和国の商業政策史」というかなり長い論文で 1359-1526 年を扱った[HR 0183]。1880 年代には『アカデミー紀要』に幾度も寄稿し、16 世紀にバルカン半島を旅した外国人の旅行記を基に論文を書いたが[HR 0184]、やはり政治的発展という観点が勝り、地理学的側面はむしろ好奇心の範疇にとどまった。

I. コストレンチチ（1844-1924）はスミチクラスの盟友の一人だったが、そのことを除けば歴史叙述の発展に関与することはあまりなかった。ペシュトで神学を修めたが聖職者にはならず、ウィーンで歴史とスラヴ学を学び、ウィーン宮廷図書室で数年間（1868-75 年）働いた。1875 年にザグレブ大学図書館館長に任命され、まもなく大学図書館を国民再生期に創設された国民図書館と統合し、N. ズリンスキ（1620-64）とガイの蔵書を購入した。図書館の新しい建物も、コストレンチチが館長在職の 1911-13 年に建てられた。退職したのは 1919 年である。学問上の活動はほぼウィーン時代に限られ、1869 年にセニとモドルシュの司教である M. オジェゴヴィチの短い伝記を著し[HR 0185]、1871 年に F.K. フランコパンの詩を出版した。1874 年にはドイツ語で南スラヴのプロテスタント文学史を出版した[HR 0186]。図書館長としての活動によって、歴史叙述の発展を制度的側面から支援した。

Lj. イヴァンチャン（1853-1935）は神学を修めて大学を卒業した後、ザグレブの聖堂参事会員となり、特に教会史に取り組んだ。チャズマとザグレブの聖堂参事会の歴史について、参事会成立時から論考の発表時までを扱い（1932 年）[HR 0187-0188]、クロアチアの騎士修道会（1927 年）[HR 0189]、あるいはスィサク聖堂参事会の砦の歴史など（1929 年）[HR 0190]、数々の論文を発表した。クパ川対岸のザグレブ大司教所領に関する論文は単なる所領史にとどまらなかった（1929 年）[HR 0191]。イヴァンチャンはオスマン期も研究の対象に含めた（「16 世紀スィサク近郊での対オスマン戦」1931 年[HR 0192]）。彼の業績でより重要なものは 1918 年以前に書かれた。例えばアカ一門について書いた論文（1904 年）[HR 0193]、あるいは『文書館報』（1902 年）に掲載され、シシチによって唯一重要だと見なされた研究「ヴァラジュディン管区と周辺地域農民の 1755 年蜂起」がそれである[HR 0194]。後者は新たな文書館史料を用い、農民運動の知られざる側面を

描き、長い間この分野で唯一の研究だった。

I. ボイニチチ（1858-1902）はハンガリー語とドイツ語で著書を出版した。ブダペシュト大学で法学と哲学を修め（短期間だがザグレブ大学のハンガリー語教師を務めた）、やがてザグレブの考古学博物館に職を得た。1892 年からザグレブ国立文書館で働き『文書館報』を編集した。1910 年に員外教授に任命された。1880 年代に短期間、国民党議員となり、総督クエン＝ヘーデルヴァーリ（1849-1918）を支持した。これはもちろんボイニチチの人気を高めることにはならなかった。最初の重要な業績は、14-15 世紀にウィーン大学で学んだクロアチア人学生の名簿作成である[HR 0195]。中世研究から離れることなく、文書館所蔵の民族王朝期文書[HR 0196]、および未公刊の 13 世紀の文書を公刊した[HR 0197]。もっと新しい時代に関する刊行物もある。例えばフェルディナント 1 世の贈与文書集を出版したり（1906 年）[HR 0198]、1567 年の F. タヒ（1526-73）の暴力事件の際に聴取された目撃者の証言（1910 年）[HR 0199]や、16 世紀後半から伝来するオスマン軍の動向に関する文書を公表した（1914 年）[HR 0200]。ハプスブルク家の王位継承権とフェルディナント 1 世選出を詳細に叙述した著作は、さらに重要な業績である（1897 年）[HR 0201]。魔女迫害に関する文書も公表した（1902-04 年）[HR 0202]。しかし主な関心はクロアチア貴族にあり、1899 年にその歴史を書き[HR 0203]、1900 年には貴族の発展全体を概観した[HR 0204-0205]。1899 年にはドイツ語で「クロアチアとスラヴォニアの貴族層」を発表した[HR 0206]。その中では先に述べた国民再生期のラバシュの紋章集をカラーで印刷した。

D. グルベル（1856-1927）はザグレブ大学の 1 期生で、卒業後はギムナジウムの教師として長年働き、1909 年にやっと員外教授となった（すでにその 7 年前の私講師時代に教授資格を得ていた）。1916 年から年金を受給したが、1919 年に再び准教授に任命された。1901 年にアカデミー準会員、1927 年（死去の年）に正会員となった。

最初の重要な研究論文で、スィゲトヴァール陥落からジトヴァトロク条約まで、すなわち 1566-1606 年のクロアチアとオスマン帝国の戦いを論じたが[HR 0207]、その後に二つの主要な研究分野で、価値ある業績を残した。一つは初期中世、つまりハンガリー支配以前のクロアチアの発展である。1901 年にクロアチアの初期中世について[HR 0208]、1908 年に「クロアチア人の原住地と移動について」[HR 0209]、翌年にクロアチア人の新たな故地での定住について[HR 0210]、そして 1918 年には 13 世紀以前のドゥクリャ＝バールとドゥブロヴニクの大司教座について論じた[HR 0211]。この分野のおそらく最も重要な業績は、1918 年と 1925 年の『文書館報』に掲載された論文「初期中世クロアチアの諸問題」であろう[HR 0212]。この論文では、同時代あるいは少し前の時代のクロアチアの歴史家（ラチュキ、ブリチ、シシチ）の業績に疑問を提示した。つまり彼らは多くの問題を解決はしたが、未解明の問題も残されており、それらを分析的に解決すべきだと述べたのである。実証主義派の最高水準をもって、例えば古代ダルマチアのローマ人問題などを精査した。グルベルによればクロアチア人定住後もしばらくの間ローマ人は同地に残った。また 7 世紀のダルマチア・クロアチア人の蜂起が、サヴァ・クロアチア人の反フランク闘争だったことを明らかにした。クロアチア人のキリスト教化については、従来の専門書の説く 8 世紀ないし 9 世紀ではなく、7 世紀の出来事であり、キリスト教が根づくためにキュリロスとメトディオスおよびその弟子たちが果たした役割が大きいとした。また 9 世紀のトルピミル（位 839/45 頃-64）治世において、スプリト大司教座の権限がドナウ川まで、つまりトルピミルの国を超えて広がっていたと断定した。さらに民族王朝期の細かな問題も分析した。若干の問題については今日の歴史叙述においてもグルベルの主張が認められているが、多くの論点に関してはすでに乗り越えられた。1920 年にグルベルは、ユーゴスラヴィア世論に、クロアチア王国の誕生と歴史を広く知らしめる目的で執筆し、トミスラヴ王記念論集（1925 年）に、10 世紀前半に関する研究史の概略を掲載した[HR 0213]。

多数の成果を発表したもう一つの研究分野は、アンジュー期、特にルドヴィク 1 世の対ヴェネ

ツィア戦争と、その時代のダルマチア史である [HR 0214]。ダルマチアについて『アカデミー紀要』に長い論文を連載した（1906-07 年）[HR 0215]。公表された最後の研究でグルベルは、枢機卿ゲンティリスのダルマチアにおける 1308-11 年の活動を論じた（1925-26 年）[HR 0216]。イストリア史について V. スピンチチ（1848-1933）と共同で長編の原稿を書いたが、その抜粋が注をつけずに出版されただけだった（1924 年）[HR 0217]。『名高く立派なクロアチア人』所収のボスニア史概観は、当初から一般向けに書かれたものだった[HR 0218]。

クライチ

V. クライチ（1849-1929）はグルベルより先に取り上げてもよかったのかもしれない。彼の主要な活動時期は世紀転換期より後だが、ラチュキからスミチクラスまで続く第一世代に属するともいえる。父親の望みに従い聖職者になる予定だったが、さらに大きな可能性を求めて早い時期に神学校を去った。1872 年にウィーンで大学を卒業してギムナジウム教師になったが、多数の出版物によって注目されるようになった。前述したようにメスィチの死後 4 年間〔ザグレブ大学クロアチア史講座で〕その代行を務めたが、結局スミチクラスが後任者に任命されて、クライチはクロアチア政府に救済を求めた。その後一旦、中等学校に復職したが、まもなく研究活動を再開し、1893 年にクロアチア史講座ではなく世界史講座の教授に任命された。南スラヴ主義者でなかったことも、クロアチア史講座に任用されなかった一因だったかもしれない。同年にアカデミーの準会員、1896 年には正会員となった。1906-08 年には政治的理由で中断したものの、その後は 1922 年に年金生活に入るまで講義を行なうことができた。30 年以上を大学で働き、新しい世代の多くの歴史家から師と仰がれた。

クライチは理論と方法論に対して多少なりとも関心を払った点で例外的であり、1902 年の学長演説「歴史—その課題と方法について」は実証主義歴史叙述の総論的な原則を述べたものである[HR 0219]。ただし、そこには国民的忠誠心が、学術的な発生論の背後に透けて見える程度ではあるが、表明されていた。

すでに見たように、クライチはクロアチアの家門について多数の論文を著し、1897 年には『アカデミー紀要』掲載の長編論文でこのテーマを総括した[HR 0220]（本質的に 13-15 世紀に関する研究である。なぜなら文書史料が存在するのは 13-15 世紀のみであり、氏族〔家門〕はおそらく 7 世紀から存在したのだが、早期についての詳しいことはわからない）。また地方史に関して『冠』に多数の論文を書いた[HR 0221-0222]。最初の総合的業績の一つ『ボスニア史—王国衰退まで』（1882 年）[HR 0223]は、ボイニチチによって 1885 年にドイツ語に訳された[HR 0224-0225]。当時外国では、ボスニアに関して知るべきことが十分に知られておらず、時宜を得た翻訳だった。ハンガリー語版も出版された。序文では、完全なデータを収集するために調査するべき文書館を列挙した（大部の総合的通史を執筆するために、後日これら文書館を実際に調査した）。先行研究についてクライチは、ボスニアのセルビアに対する関わりが十分に論証されていないと批判し、エンゲルについては、（基本的にはボスニアが）クロアチアの領域であるのに、あまりにセルビアに偏って論じたと批判した。この著作は実証主義の古典的な業績であり、後年の大きな総合的研究の長所と短所がすでにここに表れている。すなわち、クライチは史料が告げる事実に執拗にこだわり、極めて事件史中心の記述をしているのである。ただし、家門史研究を通して培われた社会史的側面が、ぼんやりとではあるが見て取れるのも事実である。『文書館報』では、アールパード朝統治下のクロアチア太守に関するデータをまとめ（1899 年）[HR 0226]、翌年はアンジュー期のまとめを著した[HR 0227]。このようなアルコントロギー〔官職表研究〕の他に課税史も関心の対象とし、1904 年に中世の貂皮税についてやや長編の研究を発表した[HR 0228]。大きな通史を準備する間にも、より後代にも手を広げ、1543 年のスラヴォニアの戦時税（1907 年）[HR 0229]、あるいは 1573 年の大蜂起の前提となったタヒ配下の農民に対する訴訟について（1909 年）[HR 0230]、さらには 1712

年におけるクロアチアの国事詔書について論考を書いた（1912、15 年）[HR 0231-0234]。リッテル＝ヴィテゾヴィチについて詳しく研究したのはクライチが最初だった（1914 年）[HR 0235]。マティツァが 1925 年に出版した 1000 年記念論集にはクロアチア議会史を書いた[HR 0236]。翌年、サヴァ川対岸領域の再統合を目指す 1814-22 年の戦いを分析し[HR 0237]、ヴェローナの神聖同盟会議におけるクロアチア関連の事項を発見した（1928 年）[HR 0238]。その上で赤いクロアチアと赤いロシアに関する研究によって、初期中世研究に戻った（1927 年）[HR 0239]。

最大のライフワークは 5 巻の『クロアチア史──最古の時代から 19 世紀まで』（1899-1911 年）である[HR 0240-0244]。短い補遺の 6 巻目がある[HR 0245]。表題が彼の構想を示している。従来のクロアチア国家史やクロアチア人の歴史に代わって、クライチはクロアチア人が居住する地域全体を、すなわちダルマチアからボスニアまで、さらにドラヴァ川までを叙述に含めることを示そうとした。歴史をすべて一次史料にまで遡って書こうとすることは、（たとえそれが政治史のみだったとしても）ズラタルスキのような野心的計画だった。結局 1608 年までで筆は止まった。しかしこの挿絵入りの大著は、従来の総合的通史に比べて、はるかに水準の高い通史であり、20 世紀初頭の決まり文句がいう通りの「教養ある一般大衆のために」、そして国民的な視点から執筆されている。出版社がつけた前文で、同出版社がガイの業績も出版したことに言及したのは、国民的視点を意識したためである。

この野心的な作品を詳しく見ると、実はそれほど深く掘り下げた研究業績ではないことがわかる。ジグムンド王（1368-1437）治世の初頭までは、ほとんど他の専門書に依拠している。シシチの判断によれば、1409-1608 年の時期については、文書館史料も含めて史資料の大半をクライチ自身が調査した。文体は難解であり、そのために広く読者を獲得することはできなかった。脚注はないが（シシチもこの点に短く言及している）、内容としては句点三つごとに一つ脚注が施されているような文章だった。とはいえ、結局これほど長い時代に及ぶクロアチア史をこれほどの大分量で書いた人物は、現在に至るまで他に存在しない。前文でクライチは、小民族でも存続は可能であり、大国の狭間にあっても破滅の宿命を甘受しないことをクロアチア史は如実に示していると述べた。道義的な世界においては、強者による物理的法則が常に貫徹されるとは限らないとも記した。この前文には一種の自己批判も含まれている。すなわち、スラヴ人について、国家を引き裂こうとする動きは強いが、国家を作る力はさほど強力ではないとしばしば評されるが、クロアチア人の歴史もそれを証明していると述べるのである。

クライチはクロアチア人がローマ帝国領内に住み着いたものの、同じく帝国領に定住したゲルマン諸部族が新しいローマ人となったのに比べ、クロアチア人はスラヴ人のままにとどまり、逆にローマ帝国の都市住民を同化すらさせたことを強調した。クロアチア人はヴェネツィアとビザンツに対して、また時にはハンガリー＝クロアチア王に対しても戦わねばならなかったが、その抵抗力はオスマン軍との戦闘で最もよく発揮された。それゆえオスマン時代こそがクロアチア史の英雄時代だとする。いまやクロアチアはたくましくなり（19-20 世紀転換期のことである！）、やがてはダルマチアを統合するが、これは法によって認められる正当な要求だった。クライチはこう述べる。「クロアチアはかつても今も存在し、未来永劫にも存続しなければならない」と。

栄光に満ちた過去を描くことは、当然クライチも例外ではなかった。クライチによれば、クロアチアは 7 世紀に 11 万 1000 平方キロメートルの広がりを持ち、モンテネグロと全ボスニア、そしてイストリアをも含んだ（今日この面積を領有するならばヨーロッパで 11 番目の大きさとなる）。その領域は、バルカンをヨーロッパの他の地域から分断するいくつもの河川を越えて広がっていた（つまりクロアチアは部分的にのみバルカン国家だという意味であろう）。血縁と言語に基づけば、最も近縁のセルビア人はクロアチア人と一緒に移動してきた。ズヴォニミル王は 1075 年に教皇グレゴリウス 7 世の後援を得て戴冠し、これによってクロアチアは他のヨーロッパ諸国と同等となっ

た（したがって最も重要なのは教皇による正統性承認であって、トミスラヴの王位云々ではないということになる）。ズヴォニミル治下（1075-89）でそれまで一体だった人々の間に身分的な分化が始まった。民族王朝時代を扱う第1巻は、事件史の列挙から抜け出して、クロアチア国家の内部構造を概観している。クロアチア＝ハンガリー同君連合後の、ハンガリー人に対するクロアチアの自立性を強調しようと、クライチは政治史の時代区分をダルマチアの発展から始めた。ただし、当時の通説的な歴史叙述に従えば、クロアチア史の中心舞台は、当時の領域内にあったクロアチア＝スラヴォニア王国だった。

オスマン期に関するクライチの関心は、次第にハンガリーの発展へ、あるいはトランシルヴァニアの変化へ向くようになった。その一方で、1527年（この年にフェルディナントがクロアチア王に選出された）以降については、クロアチア王国（クライチはクロアチア王国とクロアチア等族が同義であることを隠さなかった）は聖イシュトヴァーンの王冠〔ハンガリー王国〕とオーストリア世襲領邦の間で揺れ動き、以後4世紀にわたってクロアチア史が、ほとんどこの問題に終始したことを強調した。クライチは続巻でもこの問題を書こうとした。

クライチが総合的な通史を書こうとしたことは、事件史の章を書いた後に必ず物質文化と精神文化について1章ずつを割いたことからも明らかである。物質文化というのは実質的には経済史だった。文化史の方はむしろ文学と造形芸術についての要約でしかない。とはいえ、19世紀後半までのクロアチア史学史を初めて記述したのはこの著作だった（しかし同時代の歴史家や、敵対する歴史家については触れなかった）。

50歳の時に「自伝断編」という題でやや闘争的な回想録を書いたが[HR 0246]、1905年に回想録「懐かしき思い出」を記した時には、すでに穏和になっていた（懐かしくない人物には触れなかった）[HR 0247]。クライチはその後もさらにほぼ四半世紀を生きたが、若い研究者たちはクライチを乗り越えていった。クライチは狭間の世代に属した。もしラチュキと全く同世代に生まれていたら、おそらくラチュキ以上の優れた開拓者になっていただろう。もしシシチと同世代だったら、シシチと比肩することもできたであろう。つまりクライチの業績は無視することができないものなのである。しかし総合的通史が未完に終わったことは、クライチ自身が過去の人になってしまっていたことを物語っている。

*

クライチと類似のことが、スケールはかなり小さいが、E. ラショフスキ（1868-1949）についても当てはまる。ラショフスキはポーランド出身の歴史家で、ザグレブ大学を卒業し、長年にわたってザグレブ国立文書館館長を務めた。史料公刊を生涯の主要な使命と見なして、『南スラヴ史料集成』シリーズの一環としてフェルディナント1世治世に関する文書集『ハプスブルク領クロアチア、ダルマチア、スラヴォニア集成』（3巻、1914-17年）を出版した[HR 0248-0250]。これに先立ち、トゥロポリェの貴族に関する文書集4巻を出版した（1904-08年）[HR 0251-0254]。シシチによれば、ラショフスキによる史料公刊の中には、個別の問題に関して有益なものもある。例えばクパ川以南のクロアチア領における経済状況に関連して、S. フランコパン（?-1577）の所領記録公刊がある（1902年）[HR 0255]。ただし、ラショフスキの史料批判はかなり不十分だった。幾分地方史的な短い論考を数多く書き、世紀転換期の定期刊行物に掲載した。1903-05年には、系図学と紋章学の定期刊行物『ヴィテゾヴィチ』を編集し、1608-18年のザグレブのイエズス会史を1913年に著した[HR 0256]。さらに1943年には17世紀のF. オルシチ隊長（1630-86）の旅費勘定書を出版した[HR 0257]。

B. ポパリチ（1865-1948）はザグレブ大学で神学と哲学を修め、しばらくの間ザグレブでイタリア語講師を務めた。そこからイタリアとの関係を考察する業績『ルチチ著『ダルマチア＝クロアチア王国』について』が生まれた（1896年）[HR 0258]。1905年および1907年にはルチチの書簡を『いにしえ』に掲載した[HR 0259]。ポパリチがとりわけ関心を抱いたのは、海事とダルマチアの出来事だった。1899年に多数の挿絵入りの小本

『民族王朝期クロアチア海軍』を明瞭なクロアチア人意識で著した[HR 0260]。原文のままに引用された6世紀ビザンツの史料はスラヴ人の海戦について語るものだが、ポパリチはこのスラヴ人をもちろんクロアチア人として訳した。書名には「海軍」と表記はあるが、むしろ一般史である。巻末近くで、クロアチア人には3種類の軍船団、すなわち国王、部族、そしてこの二つを補完する軍船団があったと詳述した。世界海事史（2巻）も著した[HR 0261-0262]。いっそう本格的な業績『セニのウスコク史』では原史料も利用したが、ウスコクに対するポパリチの思い入れをはっきり読み取ることができる（1936年）[HR 0263]。ウスコクたちは誰も立派で信心深く（当然カトリックである）、スパルタ人を想起させると記した。16世紀の歴史を記述し、オーストリアに対してもヴェネツィアに対しても批判的だった。ウスコクはオーストリアの対ヴェネツィア対策の犠牲となったが、これはオーストリア自体にとっても損失だった。ウスコクたちは1618年に皇帝の命令によりセニを去らねばならなかった。彼らは戦いに敗れたのではなく裏切られたのであり、これにより887年の勝利から始まるクロアチアのヴェネツィアに対する抵抗は終焉した、というわけである。ポパリチは翌年、同じような論調でアドリア海をめぐる7-11世紀末のクロアチアの戦いを、『民族王朝期クロアチア海軍』とほぼ同史資料に基づいて執筆した[HR 0264]。

V.デジェリチ（1864-1941）はウィーン大学医学部で学んだ後に、ザグレブ大学哲学部で修学した。1894-1920年にザグレブ大学図書館、次いで国立文書館で働いた。カトリック精神に基づいて著述する批評家であり、歴史に関する著作ではクロアチア国民再生に関わる人物を描いた。最初の業績は、18-19世紀転換期に活動したザグレブ司教M.ヴルホヴァツ（1752-1827）の伝記である（1904年）[HR 0265]。その後ガイに関心を持ち、1828-50年のガイ宛の書簡集を出版し（1909年）[HR 0266]、1910年には情熱を込めてガイの伝記を書いた[HR 0267]。各章でガイに関する同時代史料を用い、それを脚注で典拠として挙げたが、あまりにガイへの思い入れが強いため、この本の結びで書いたことを自ら否定しているようにも受け取れる。すなわち、結びでデジェリチは、ガイには敵も友も多かったが、ガイが偉大な人物でありクロアチア国民を再生したことを、いまや偏りなく中立的な立場から記述できるようになったと述べているのである。また、1848年にスロヴェニア人がクロアチア人との合同を支持したという内容の論文を著した（1910年）[HR 0268]。ガイのイリリア主義に対する熱心な信奉者として当然の内容だが、これも現実へのやや偏った一面的アプローチである。

文学史家F.ブチャル（1866-1946）はザグレブ大学修了後に、グラーツで博士号を得た。クロアチアの宗教改革史に取り組んだ少数の研究者の一人であり、歴史研究の観点上これにより重要である。1900-01年に『文書館報』に連載された論文で、クロアチアへの宗教改革の浸透を史資料に基づいて描いた[HR 0269]。また関連するザグレブ大司教文書館の史料を1905年に公表し[HR 0270]、1913年にはメジムリェ地方とその周辺のクロアチア人地域における宗教改革と対抗宗教改革の歴史を書いた[HR 0271]。

M.ブラシニチ（1849-83）はウィーン大学で歴史を学び、その後ヴィンコヴツィでギムナジウム教師となった。ヴィンコヴツィ史に関する小論を発表し、同市のギムナジウム百年史を書いた（1879年）[HR 0272]。しかし主要な研究題目は中世初期であり、9世紀の地理と民俗に関して論文を書いた（1871年）[HR 0273]。題名は極めて現代的だが、実のところわずかの史料を紹介したものに過ぎない。1873年に論文「民族王朝期のクロアチア国家の県」[HR 0274]、および「今日のクロアチア、スラヴォニア、軍政国境地帯の1102-1301年における県」[HR 0275]、さらに1875年には「民族王朝期クロアチア国家の都市」を発表した[HR 0276]。最後の論文の記述からは、一種の有機的な研究計画を抱いていた痕跡も読み取れるが、ブラシニチの論文はどれも羊頭狗肉である。クライチと生年が同じだが、短命だったために、クライチのような業績を残せたかどうかは知る由もない。

A.ツヴァイ（1854-1927）は大学を卒業してい

ないが、学校教師を務め、1901 年に学校博物館を設立した。学校教育史の資料を熱心に集め、1907-12 年に 5 巻本で出版した。早くも 1910-12 年には、増補版として 12 巻からなる第 2 版を出版した[HR 0277]。好事家的に収集した資料は玉石混交であり、ものによっては利用できなくもない。1913 年に N. pl. スケルレツ＝ロムニチュキの短い伝記を出版したが、かなり急拵えの仕事であり、通り一遍の経歴を伝えるに過ぎない[HR 0278]。スケルレツ＝ロムニチュキへの思い入れが非常に強く、書名でそう表記している通りに彼の名前については正確を期した。つまり貴族であることを示す pl.〔plemeniti〕を常に必ず加えたのである。そのため自ずと読みづらいものとなった。

B. クルニツ（1874-1918）はザグレブ大学修了後、数年間は中等学校で教鞭を取った。1907-09 年にウィーン、ライプツィヒ、パリで歴史補助学と近代世界史を研究し、1913 年に 16-17 世紀前半の世界史教授資格を得た。この資格を得たことで、クルニツは明らかに大きな期待を抱いた。なぜなら歴史補助学は、数人の研究者が片手間に携わるだけだし、世界史についてはノディロ以外誰も取り組んでいなかったからである。しかし期待はかなわなかったようだ。研究論文では 15-16 世紀クロアチア史の問題を論じたものが数点あるのみである（「ハンガリーとクロアチアの全国訴訟」1907 年[HR 0279]、「フェルディナント 1 世の 1527-29 年のクロアチアでの下賜」1908 年[HR 0280]、そして 1914 年に発表したフェルディナント 1 世のザグレブ特使 I. パストルについての研究である[HR 0281]。）

ホルヴァト

R. ホルヴァト（1873-1947）はクルニツよりはるかに多作だったが、もっぱら一般向けの書あるいは概説書を執筆した。ザグレブ大学卒業後に中等学校教師となり、1918 年以降は 2 度の国会議員を務めた。このことがあだとなり、国家機関から、はじめは数年、のちには永遠に追放された。1904 年の大衆農民党設立メンバーの一人だった。歴史小説も書いたが、専門書と同様に退屈な文章だった。1914 年以前の活動の方がおそらく価値がある。最初期の研究の一つはクロアチア太守 I. コルヴィン（J. コルヴィーン、1473-1504）の活動を扱い（1896 年）[HR 0282]、翌年トミスラヴ王とその治世について、やや一般向けの本を書いた[HR 0283]。1573 年の農民蜂起についての著書では重要な新史料を発掘した（1897 年）[HR 0284]。『ペトリニャ市をめぐるクロアチア人の対トルコ人闘争』でも一次史料を利用した（1903 年）[HR 0285]。1904 年に通史『クロアチア史』を出版したが[HR 0286]、限られた紙幅の中ではスミチクラスの通史以上の新しいことは書けなかった。1924 年にいっそう詳しい第 2 版を出そうとしたが、1657 年までを扱った第 1 巻しか上梓できなかった[HR 0287]。1848 年革命史研究にかなりの力を注いだが、目覚ましい成果は上がらなかった（『1848 年のクロアチア人の運動』4 巻、1898-99 年[HR 0288-0291]、『1848-49 年のクロアチア人の対ハンガリー戦争』2 巻、1901-02 年[HR 0292]）。1790 年から革命までの時期に関する概説『クロアチア現代史』も書いた（1906 年）[HR 0293]。専門書として執筆したため、面白みはなく、読みやすくもないが、この時期の政治に何が起きたのかがよくわかる。この著書は、新史料や事実の発見としては大したものでないかもしれないが、叙述に関しては実証主義的事件史の見本といえよう。『文書館報』に専門的な原稿を 2 本寄稿した。1 本は 1553 年のスラヴォニアの会計簿に関する論文であり、史料も掲載した（1911 年）[HR 0294]。もう 1 本は、1536-39 年のスラヴォニアにおける三十分の一税に関する史料についてである（1913 年）[HR 0295]。『図説クロアチア史』はむしろ短い解説をつけた図版集であって、当時の平均的な国民意識を示すに過ぎなかった（コシュートは常にクロアチア人の敵であり、N. ズリンスキ（1620-64）は有名なハンガリーの詩人だったけれども、生涯を通してクロアチア人意識を維持した）（1910 年）[HR 0296]。1918 年以降は、19 世紀政治史に関する小論を書いた。例えば、I. マジュラニチ（1814-90）についての論文（1930 年）[HR 0297]、あるいはクエン＝ヘーデルヴァーリ総督期以前の政治状況に関する論文である（1933

年）［HR 0298］。ホルヴァトはダルマチアにおけるクロアチア人再生の歴史も書いた（1935 年）［HR 0299］。同書はクロアチアにおけるクロアチア人再生に関する 1906 年の著作と同様に、面白さはないものの有益である。他に地方史にも手を広げた。1907 年にメジムリェ地方に関する著書を上梓し（第 2 版 1944 年）［HR 0300］、1941 年にはリカ＝クルバヴァ県について 2 巻本を出版した［HR 0301］。ホルヴァトについてシシチは、文体は未熟で整然とせず、公刊史料についても専門書についても十分に知らないと手厳しく批判したが、ただし一部の業績について史料紹介の点で有益だと評価した。

*

K. ホルヴァト（1874-1920）は直前に登場させた R. ホルヴァトと比べて多作ではなかったが、専門的な水準は高かった。神学校修了後にザグレブ大学哲学部に入学し、引き続きローマ、パリ、ルーヴェンで歴史補助学を学んだ。1908 年に歴史補助学の教授資格を取得し、翌年は員外教授に、ほどなく正教授に任命された。しかし歴史補助学をまさに補助として利用し、史料公刊や研究に歴史補助学を活用した。サライェヴォの博物館の雑誌に書いたものを基に、1909 年に『ボスニアおよび周辺地域新史料集成』（1468-1760 年の史料）を公刊した。これが最初の史料公刊である［HR 0302］。1910 年に『南スラヴ史料集成』シリーズで『ウスコク関係ヴァティカン史料選集』を出版し［HR 0303-0304］、第 1 巻として 1550-1601 年のセニに関する史料を刊行した。クリジェヴツィの某司祭が 1752-59 年に書いた覚書を『いにしえ』に掲載した（1913 年）［HR 0305］。これは 1755 年農民蜂起に関する有益な史料である。クロアチア国王筆頭書記 I. ザクマルディ（1600 頃-67）について論文を書き（『アカデミー紀要』1905 年）［HR 0306］、クロアチア総督 T. エルデーディ・バカチュ（1558-1624）について著書を著した（1900 年）［HR 0307］。教授就任後は世界史にも取り組み、インノケンティウス 3 世に至るまでの教皇庁尚書局史（1909 年）［HR 0308］、および教皇クレメンス 8 世のハンガリーとクロアチアに対する援軍派遣について執筆した（1910 年）［HR 0309］。

クロアチアで活動した専門家のうち、シシチ他数名については、すでに 1918 年以前から仕事を始めており、この節で名を挙げることも可能である。しかし本質的にはむしろ第一次世界大戦後に生じた新状況に結びつく仕事が多い。それゆえここでは、歴史叙述の発展から外せない業績を〔第一次世界大戦前に〕残した数人の専門家のみに言及しよう。M. ポリチ（1850-1903）は批評家だった。国民党（民族党）に対立する野党に属したが、次第に親ハンガリー的になった。1901 年に総督クエン＝ヘーデルヴァーリの活動を無批判に称える伝記を著した［HR 0310］。『クロアチア＝スラヴォニア＝ダルマチア議会史』の分厚い 2 巻本は（1899-1900 年）［HR 0311-0312］、極めて焦点の定まらない、かつ非常に出来の悪い構成だが、所載の資料ゆえに言及せざるを得ない。つまり、開催された議会のほとんど全日について詳しい報告を掲載しているのである（第 1 巻は 1860-67 年、第 2 巻は 1867-80 年、つまりクエン以前の時期を収録した）。重要な演説は長々と引用されたし、例えば、国民党の大敵である権利党創設者 A. スタルチェヴィチ（1823-96）の演説もたっぷりと引用されている。その上でポリチはスタルチェヴィチに皮肉のこもった敬意を払うといった具合である。この 2 巻本から読者は、議会を焦点とする政界関連のことばかりでなく、副題〔政治・文化・社会生活の覚書〕にふさわしく、議会開催期間におおむね限られはするが、上流階層の生活ぶり全般を、脚光を浴びた新人女性オペラ歌手の演技に至るまで知ることができる。ポリチは 1871 年の蜂起に関連して E. クヴァテルニク（1825-71）に対して辛辣な意見を述べ、彼の世界観を異常だと見なした。また、フランツ・ヨーゼフの銀婚式にクロアチア表敬使節団が参列したことを感激を込めて記した。その一方、1870 年代の深刻な東方危機についてはほとんど触れなかった。1902 年から死ぬまでオシイェクで『日（ダン）』という新聞を発行したが、この新聞は公然たるハンガリー化に寄与するものだった。

J. イブレル（1862-1926）もやはり批評家であり、クロアチアの政治生活に関する論考をまとめて一つの書物にした。それは 2 巻からなる『クロ

アチア政治 1903-13 年』だが（1914-17 年）[HR 0313-0314]、明らかに 1903-06 年という動乱期が記述の中心である。

　D. シュルミン（1867-1937）は文学史家だった。ザグレブ大学を卒業し、1902 年に同大学クロアチア語クロアチア文学講座を任された。ヤギチの後に、クロアチアとセルビアの総合的文学史を書いたのは、シュルミンのみである[HR 0315]。1906 年から大衆進歩党員として議員を務め、1917 年からはクロアチア人＝セルビア人連合に加わった。政治的理由から 1908-10 年と 1914-15 年に大学の職を追われたが、1920 年には大臣となった。歴史研究にとってシュルミンの史料公刊は重要だった。1898 年にグラゴール文字とラテン文字で書かれたクロアチア語の中世法史料を、『南スラヴ法制史集成』シリーズとして出版した[HR 0316]。1901 年にボスニアとスラヴォニアに共通する過去の文学に関する著書を著した[HR 0317]。最も重要な業績は 2 巻本の『クロアチア再生』である（1903-04 年）[HR 0318-0319]。これは十分に整理されているとはいえないが、1790-1843 年の文学に関する多くの資料を含む啓蒙書であり、政治的発展に関する重要な史料でもある。なぜならイリリア主義という名称が禁止されるまでのイリリア主義の全史を描いたからである。

　K. シェグヴィチ（1867-1945）はザダルで神学を修めた後、いくつかのギムナジウムで教師を務め、小説も書き、さらに文学史も著した（『クロアチア（セルビア）小文学史』1911 年[HR 0320]）。政治家でもあり、1918 年以前は最右派だった。1918 年以降は野党の政治家となり、国家に対抗してクロアチア国民に立脚点を置いた。このためさして好まれざる人物だった。その上、あまりに多くの領域に手を広げたためなおさら嫌われた。ノディロに倣い、1898 年に著作『聖ヴィド信仰、すなわちセルビア人とクロアチア人の信仰』で、民俗資料によって古い異教信仰を再構成しようと試みた[HR 0321]。歴史研究として最も重要なのは二つの著作『クヴァテルニク—最初の追放』（1907 年）[HR 0322]、および『クヴァテルニク—2 回目の追放』（1907 年）[HR 0323]である。権利党指導者クヴァテルニクが 1860 年代に書いた日記を公表したものであり、短いが熱のこもった解説文を挿入し、この政治家の外国での苦労、そしてロシアとフランスでの生活について強い共感と愛国心を込めて論評した。1911 年にはもう一人の権利党指導者スタルチェヴィチの人生と業績について本を著した[HR 0324]。

　最後にクロアチア生まれのクロアチア人の中で、異色の人物、J. コハリチ（1877-1905）に言及しなければならない。非常に短命で、不明な点が多い人物である。ザグレブ大学でノディロに師事して世界史への関心を抱いた。しかし恩師の政治的立場とはかけ離れた左派であり、進歩的市民の新聞に投稿し、さらに社会民主党に近づいて同党の出版物にも寄稿した。実質として実証主義には理論的に凡庸な（そして理論に無関心な）歴史家が多い中で、コハリチは、実証主義哲学の古典（バックル、テーヌ、マコーリーさえも）を知っていただけでなく、実際に彼らの方法を取り入れようとした唯一の人物だった。詩人、劇作家でもあり、また文化史にも取り組もうとした。コハリチが政治的かつ学問的に実現しようとした信条は、オプシチナ〔農村共同体〕に依拠するロシア・スラヴ派の信念、親社会主義的な信念であり、そしてこの二つと並ぶセルビア＝クロアチアの一体性だった。短い人生は研究にのみ捧げられた。1900 年に「歴史叙述の思想」という論文で実証主義と社会学の方法論を論じた[HR 0325]。別の論文では 15-16 世紀のイタリアルネサンスを記した[HR 0326]。恩師の短い伝記を著し（『ノディロ』1901 年[HR 0327]）、ドイツ語で民族王朝下のクロアチア王国の没落に関する書を出版し（1904 年）[HR 0328]、さらにクロアチアの視点から見たセルビア問題の研究を発表した（1905 年）[HR 0329]。ポリィツァの県文書館に所蔵されている皇帝とヴェネツィアの特権状に関して書いた論文は、コハリチが史料を重視していたことを示す（1903 年）[HR 0330]。従来の歴史叙述の枠を超えて、世紀転換期の新たな歴史観から何かを感得していたのはコハリチだけだった。しかし少ない作品で時代に変化をもたらすことはできなかった。

3. ダルマチアにおけるクロアチア歴史叙述

　この時期にクロアチアの政治はダルマチアとの統合を常に意識していたが、ダルマチアにおける歴史研究は、クロアチアにおける歴史研究とほとんど交わらず、研究テーマは限られ、クロアチア人全体に目を向けることはなかった。政治事件史は偶然に左右されるため（数世紀にわたるヴェネツィア支配は大きな研究テーマとならず、それ以前の時代のみが大きなテーマとなった）、むしろダルマチアの歴史家が感受性を発揮したのは、事件史を超える研究領域に対してだった。例えば考古学と美術史の分野である。ただし研究者の大半はその軸足を歴史研究に置いていた。

　時間的に少し戻って、改めて好事家たちの時代から話を始めよう。J. アラチェヴィチ（1826?-1904）は法学を修め、ザダルの裁判所で働いたが、狭い範囲の郷土史に強い関心を抱いた。高齢になってザグレブの国民博物館員を務めた。スプリトにおける『ダルマチア考古学・歴史学報』創刊者の一人であり、10年にわたり編集を担った。他方ドゥブロヴニクではゲルチチとともに『ダルマチア歴史文庫』シリーズを創刊した。イタリア語で著書を出版するのはダルマチアの特徴である（『ダルマチア考古学・歴史学報』も長い間イタリア語で書かれた）。ダルマチアの地誌について、ほとんどがローマ時代の遺跡に関するものだが、多数の有益な論考が残された。

　フランチェスコ会士の S. ズラトヴィチ（1831-91）は熱心な素人考古学者だった。初期中世クロアチアの発展を解明する発掘を初めて行なった。ただしやはり素人の発掘だった。17世紀の史料を公刊し（1889年）、ダルマチアにおけるフランチェスコ会の歴史にも取り組んだ[HR 0331]。1888年にフランチェスコ会のダルマチア管区と現地住民との関係を論じる研究を出版し[HR 0332]、1895-97年に『古クロアチア文化』誌に連載した論文では、ダルマチアにおけるクロアチア人の古い部族居住地域に関する考古学的成果を発表した[HR 0333]。

　J. ゲルチチ（1849-1925）は保守的で、イタリア語で執筆しただけでなく、名前をイタリア風に綴ることをやめなかった。グラーツ大学を卒業して海事専門学校教師として働いた。一時期はドゥブロヴニクの文書館長を務めた。コトルで生まれ、ドゥブロヴニクとコトル両都市の過去に魅せられた。主な業績は、信頼性の高い二つの史料集刊行である。一つは『南スラヴ史料集成』に収められた『ドゥブロヴニク集成』シリーズ中の2巻であり（1896-97年）、これは1301-96年の都市生活に関する文書集である[HR 0083-0084]。もう一つは『ラグーザ・ハンガリー関係文書集』である（1887年）[HR 0334]。1879年にはコトル市とコトル湾の歴史的遺産について[HR 0335]、1882年にはドゥブロヴニクの海事および衛生制度史を書いた[HR 0336]。ドゥブロヴニクについて『ドゥブロヴニク市民の発展』という優れた書を著し（1884年）[HR 0337]、その後再び故郷の町の周辺地域に関心を戻して『ゼタとバルシチ朝』を著した（1899年）[HR 0338]。

ブリチ

　ゲルチチが学問的な仕事においてもやや保守的だったのに対し、F. ブリチ（1846-1934）は全く異なる。ブリチはむしろ考古学者といってよい。というのもザダルで神学校を修了した後、ウィーンで古典文献学と考古学を学び、数年経って再びウィーンで、1877-78年に考古学と刻銘学を専門的に学んだからである。後年の活動においても考古学に接近し、スプリトの博物館長となった。第一次世界大戦前にダルマチアに存在する全博物館の統轄者となった。1880年代末にクロアチア議会議員となり、1907年にはウィーンの帝国議会議員になった。その頃すでにヨーロッパ中に名声が広まり、75歳を記念して出版された大部の記念論集には、外国の学者も多数寄稿した。ハンガリーからは例えば美術史家の A. ヘクレル（1882-1940）が寄稿し、もちろんシシチも、そしてセルビアやスロヴェニアの歴史家も参加した。

　しかしここでは歴史家としてブリチを論じたい。考古学、美術史、刻銘学の業績もあるが、主な研究主題はクロアチア民族王朝期とキリスト教の始まりだったからである。考古学研究においても、

この二つの研究主題と、古代ローマ期の解明を目指した。また1894年にスプリトで「ビハチ」という歴史学協会を設立したが、これはダルマチア全域の歴史を研究するためだった。1922年にセルビア・アカデミー準会員、1925年にユーゴスラヴィア科学芸術アカデミー正会員となった。『聖なるイリリア』という題名で、ファルラティの著作の改訂版を新たに出版しようとしたが実現せず、1902-10年に『ダルマチア考古学・歴史学報』誌上で同書の補遺と訂正を数回に分けて掲載できただけだった[HR 0046]。大小様々な研究があるが、総合としての著作はカティチとの共著『クロアチア民族王朝期の国王』のような、むしろ一般向けの著作だった[HR 0339]。この著書はもともと、弟子たちと行なった現地調査の報告だった。歴史学の業績としては、ダルマチアの発展を古代から調査し、ローマ帝国期のスプリト（サロナ）司教座の創設に関する多数の小論を発表したことが、第一に挙げられるだろう[HR 0340-0341]。また1885年に古代サロナ史概論を著し[HR 0342]、1892年にドイツ語でダルマチア古代史を書き[HR 0343]、さらに1918年には皇帝ディオクレティアヌスについての一般向けの本を出版した[HR 0344]。初期中世に関する業績のうちで最も重要なのはズヴォニミル王のサロナ聖堂に関する研究（1925年）[HR 0345-0346]、および『クロアチア人の定住化とダルマチアのクロアチア化』である（1931年）[HR 0347]。

ブリチは学術史上では、むしろ考古学者として評価されている。1925年に執筆した、1冊の書籍にも匹敵する分量の大論文で、過去1000年にわたるクロアチア考古学の研究史をまとめた[HR 0348]。同論文からは、ブリチが考古学という学問を非常に広い視野で捉えていたことが了解できる。考古学者としての発掘活動でも大きな成果を残した。1894年にディオクレティアヌス帝期のキリスト教聖堂を発掘した。ここにはキリスト教徒迫害期の最後の犠牲者が埋葬されていた。この発掘は世界的なセンセーションを巻き起こし、発掘場所で国際考古学会議が開かれたほどである。またブリチは、976年建立のイェレナ王妃（?-976）の墓碑を、1898年にオトク［ソリンのゴスピン・オトク］で発見した。その碑文から二人のクロアチア王、すなわちミハイロ・クレシミル王（位949頃-69）とスチェパン・ドルジスラヴ王（位969-97?）の実在を知ることができた。トロギル近郊ではトルピミルが建立した教会跡を発見した。おそらく刻銘学における活躍がブリチを最も有名にした。1884年から『ダルマチア考古学・歴史学報』に「未公刊碑銘」を連載し[HR 0349]、『スプリト考古学博物館所蔵碑銘』を公刊した[HR 0350]。この業績によりブリチは『ラテン語刻銘集成』のダルマチア関連資料責任者になった。

ブリチの業績ももちろん無謬ではない。結論が常に正確なわけではないと後世の研究者から批判もされた。しかしその方法は当時にあって最新だったし、多数の、いや無数の研究からなるブリチの業績は、たとえのちの研究がブリチの主張の多くの論点を乗り越えたとしても、後世まで残るクロアチアの歴史学および考古学の金字塔である。

＊

A. ヴチェティチ（1845-1931）はウィーンで歴史と地理を専攻し、修了後はギムナジウムに職を得た。1903年に年金生活に入ったが、1921年にドゥブロヴニクの文書館長に任じられた。ドゥブロヴニク史の研究会を設立し、会誌も発行した。ドゥブロヴニク史が彼のほとんど唯一の研究テーマだった。最初の比較的大きな仕事として、中世最盛期以前のドゥブロヴニク海軍の歴史を紹介した（1872年）[HR 0351]。翌年に同じテーマで近代初頭を扱った[HR 0352]。1896年にクレタ戦争（1645-69年）時のドゥブロヴニク史についてモノグラフを公刊し[HR 0353]、1908年には、フランス占領軍が1808年にドゥブロヴニク共和国をいかに廃止したかについて論文を書いた[HR 0354]。さらに1929年、研究会誌に「17世紀初頭ドゥブロヴニクの領域と自由航行の保護」という論文を掲載した[HR 0355]。P. ズリンスキの1654年のダルマチア旅行に関する研究をイタリアの雑誌に発表したが、この研究もドゥブロヴニク史と関わりがある[HR 0356]。

L. ヴォイノヴィチ（1864-1951）は、ダルマチアの歴史叙述とそれほど強く結びつくわけではないが、歴史に関わりのある業績を相当数発表した。

ザグレブとグラーツで法学を修めた後、モンテネグロ君主ニコラの秘書となった。第一次世界大戦中には、セルビア人のために働いた。他方、成立目前のユーゴスラヴィア国家のために広範な批評活動を行ない、政治に関する書物を次々に外国語で出版した。イタリア語で『ダルマチアとイタリア』(1915 年) [HR 0357]、フランス語で『ダルマチア、イタリア、ユーゴスラヴィア統一』(1917 年) [HR 0358]〔イタリア語版[HR 0359]〕、『アドリア海におけるフランス王国』(1917 年) [HR 0360]、『ユーゴスラヴィアとオーストリア』(1918 年) [HR 0361]、『イタリアとユーゴスラヴィア』(1919 年) [HR 0362]、『ユーゴスラヴィア統一』(1919 年) [HR 0363]、そして英語で『ダルマチアとユーゴスラヴィア運動』(1920 年) [HR 0364]を刊行した。もちろん以上の書物の執筆に際しては史料を利用した。『アドリア海の戦い』[HR 0365]と『クロアチア再生』[HR 0366]は、現実の政治課題と無関係ではなかったが、ある程度の距離を保っている。歴史叙述の観点から興味深いのは、ドゥブロヴニク市の 18-19 世紀転換期を扱った 2 巻本の概論『ドゥブロヴニク没落』(1908 年) [HR 0367-0368]、そして同じく 2 巻本の『ダルマチア史』である (1934 年) [HR 0369-0370]。『ダルマチア史』の方はフランス語だが、1962 年にニューヨークでクロアチア語抄訳が出版された[HR 0371]。これらは一次史料に基づく専門的研究ではないが、歴史研究の諸成果をまとめ、知性あふれる読みごたえのある書物である。

M. アラチェヴィチ (1843-1927) はウィーンでミクロシチからスラヴ学を、そしてロマンス語学も学び、ダルマチアで行政職に就いた。M. マルコヴィチの筆名で 1900 年に民謡集を活字にした[HR 0372]。これは史料としても利用しうる。

M. レシェタル (1860-1942) はウィーンでスラヴ学と古典文献学を修め、セルビア＝クロアチア語チャ方言研究で教授資格を取った。1904 年にスラヴ文献学の員外教授、1908 年に正教授となった。第一次世界大戦後、1919 年からザグレブ大学で教鞭を取った。何よりもフィールドワークによる方言研究で名声を博したが、当時の伝統に倣って著述家たちの伝記も出版した。歴史学ではドゥブロヴニク史を書いた複数の小論、例えば「ドゥブロヴニク大評議会」(1929 年) [HR 0373]、「ヴェネツィア総督のドゥブロヴニクの「友人」たち」(1933 年) [HR 0374]などが重要である。こうした論文は 20 編以上あるが、『ドゥブロヴニク古銭学』2 巻に比べると影が薄い (1924-25 年) [HR 0375]。同書は基本的な概説書であり、レシェタルはのちに再びこのテーマに立ち返った (「ドゥブロヴニクの初期貨幣」1939 年[HR 0376])。

M. パヴリノヴィチ (1831-87) を取り上げるのは、政治家として活動する中で歴史的議論を活用したからである。ダルマチア再生運動、およびクロアチア・セルビア関係の大立者だった。ザダルで神学を修め、1860 年代以降は、ダルマチアで遅ればせながら勃興したクロアチア再生運動の指導的人物となった。1870 年代には帝国議会議員を務め、その任期の前と後でダルマチア州議会およびクロアチア議会議員に選出された。クロアチアの権利党に見られる大クロアチア主義からは距離を置いた。したがって、ダルマチアのセルビア人と良好な関係を築こうとすればできたはずだが、結局、セルビア人の政治家と何度も衝突した。そのためセルビア人嫌いとして知れ渡った。文学作品も著し、その偉大な遺産をブリチは歴史学的観点から編集しようとしたが、結局そこまで手が回らなかった。パヴリノヴィチはクロアチア国民精神に基づく最初の新聞『国民』をイタリア語で発行し、クロアチア人の友人たちともしばしばイタリア語で文通した。イタリア語を用いることは、やや遅れて始まったダルマチア国民再生運動の特徴である。

4. ボスニアにおけるクロアチア歴史叙述

ダルマチアのクロアチア人は同地のイタリア人から自己防衛せざるを得ず、歴史家のほとんど誰もが自分たちの領邦〔ダルマチア〕と地方史のことばかりを研究し、ダルマチアの本質がクロアチア的であることを証明しようとした。クロアチアとの関係を維持しようと努力したが、君主国の国制構造が災いして、その可能性は限られていた。ボスニアのカトリック信者、つまりクロアチア人

も、ダルマチアとは前提条件が異なるが、やはりクロアチアと隔絶していた。1878年の〔ハプスブルクによる〕占領後もクロアチアとほとんど結びつきはなかったし、占領前はなおさらだった。ボスニアの歴史叙述は長い間フランチェスコ会士が担っていた。オスマン期にはボスニア史のみを研究することが慣例となった。たとえボスニアをクロアチアと結びつけるような民族的、文化的関係を記述し、さらにそれを出版しようとしても困難であったろう。この分離状態は両大戦間期になってようやく少し緩和した（しかし、1945年以後は再び逆戻りした）。

ボスニアのカトリック信者（すなわちクロアチア人）の歴史叙述で最初に取り上げるべきは、フランチェスコ会のI.F.ユキチ（1818-57）である。彼は〔ハンガリーの〕ヴェスプレームで神学を修めたが、その前にザグレブ・アカデミー〔1777年創設。当初王立で神学、哲学、法学の3学部があった。1785年から哲学部、法学部のみとなり別途、神学校が開設された〕で哲学を学んだ。『ボスニア人の友』という雑誌を1850年と1851年に無許可で発行したため、オスマン当局に追放され、1852-54年にローマで暮らした。1851年に『ボスニアの地理と歴史』という小著を出版したことも、明らかに追放の一因だったが、ユキチに言及するのはこの冊子を書いたからである［HR 0377］。もっとも、18世紀クロアチアの歴史叙述と同様に、まだ専門的な水準に達していなかった。

フランチェスコ会士A.クネジェヴィチ（1834-89）は初期における、ある潮流の代表者だった。この潮流は、ボスニア民族は独自であるという立場に立ち、ボスニアの発展をクロアチアからもセルビアからも切り離し、かつオスマン支配（とその同盟者であるクロアチア語を話すムスリム）とも鋭く対立した。クネジェヴィチの最初の業績である『流血の本』は1869年にザグレブで出版されたが、匿名だった〔実際の著者はV.ガイ〕［HR 0378］。この本はオスマン当局の残酷な行為を描いた同時代史といってもよいが、歴史的前提も記されている。そして中世ボスニアは無批判に賞賛されている。「栄光のボスニア王国が没落した後に過ぎ去った405年の歴史」が副題である。ハプスブルクによるボスニア占領後、クネジェヴィチは自らの歴史的立場にふさわしく、ボスニア・ヘルツェゴヴィナ自治の支持者となった。1878年以降に書いた著作でも、ボスニアの分離が正しいことを歴史的議論に基づいて主張した。1884-87年に『ボスニア王国小史』3巻を出版したが［HR 0379］、従来からの知見をまとめたものでしかない。その大半はクロアチアの歴史家によって表明された知見である。1886年に『ボスニア没落』という小著を書いたが［HR 0380］、前文でボスニアはクロアチア人のものでもセルビア人のものでもないのに、両者はボスニアを分割しようとしていると述べ悲憤慷慨している。1887年の『ボスニアとヘルツェゴヴィナのトルコ人統治者1463-1878年』では、自らの見解をいっそう強調したが［HR 0381］、あたかも『流血の本』など忘れてしまったかのようだった。

M.V.バティニチ（1846-1921）もまたフランチェスコ会修道士だった。イタリアで神学を修めたバティニチの著作には、専門的な歴史家による歴史叙述への移行過程を多少なりとも見て取ることができる。ボスニアでのフランチェスコ会の歴史を調査して、一次史料も利用した。『ボスニアとヘルツェゴヴィナにおけるフランチェスコ会活動の最初の6世紀』はザグレブで出版された（1881-87年）［HR 0382-0383］。

E.フェルメンジン（1845-97）もやはりフランチェスコ会士である。しかしクロアチア人ではなく、南部ハンガリー出身のブルガリア人だった。オスマン支配から逃れてハンガリーへ移住し、カトリックに改宗したブルガリア人の子孫である。ウィーンで神学を学び、同時に哲学部の講義も聴講したので、専門教育をある程度受けたボスニア初の歴史家と見なすこともできる。10年間イロクでフランチェスコ会の神学校教師を務めた。1882年に修道会のローマ本部に入り、各管区の歴史を記述し出版する作業の継続を任された。重要な史料を発掘し、1887年に『ブルガリア教会文書集』［HR 0384］、次いで1892年にザグレブで『ボスニア教会重要文書集』を出版した［HR 0385］。後者は925-1752年の文書、記録、その他の史料を集めたものだった。クロアチア関係の資料も収

第 5 章　クロアチア　305

集したが、この仕事は手稿のまま残された。1890年に『いにしえ』にラテン語論文「聖フランチェスコ修道会ボスニア管区の厳守派」を掲載し、1339-1735 年の史料を丹念に列挙した[HR 0386]。

Ć. トルヘルカ（1865-1942）はフランチェスコ会士ではない最初の歴史家だが、ボスニアの出身者でもない。ザグレブ大学で学び、考古学と美術史を専攻した。一時期、司教シュトロスマイエルの造形芸術コレクションを管理し、その後の 1886年にサライェヴォに移住して博物館を設立し、勤務した。国家再編の後、1926 年にスコピエで大学教師となった。先史考古学がもともとの専門領域だったが、古代ローマ期考古学およびボスニア史の多数の問題、さらに歴史補助学にも携わった。終始一貫してボスニアに関わる問題群に取り組んだ。最初に出版した専門研究は、自身がグラスィナツ近郊で発掘したボスニアの先史時代出土品に関する論文である[HR 0387]。1901 年にはボスニア地方における先史時代遺跡に関して、従来の発掘成果をまとめる著作を著した[HR 0388]。ローマ期考古学に関する最初の業績は、1892 年に発表された論文「ボスニアとヘルツェゴヴィナのローマ期考古学論」[HR 0389]、およびヤイツェのカタコンベについての論文だった[HR 0390]。中世ボスニアのボゴミール派の〔ものといわれてきた〕墓石についてもかなりの研究をしたが、概説が公表されたのはようやく 1942 年になってである[HR 0391]。この概説は歴史研究への移行を体現するものだった。すでに 1901 年に論文「トルコ以前におけるボスニア国家・行政組織」を発表していたが[HR 0392]、晩年になって中世ボスニア史に立ち返り、「初期コトロマニチ家の本拠地と墓」（1933 年）[HR 0393]、および「ボスニア国民（パタレニ派）の教会」を発表した（1942 年）[HR 0394]。サライェヴォで彼は次第にオスマン期にも取り組むようになった。すでにボスニアの農業史に関するドイツ語の著書があったが（1911年）[HR 0395]、加筆してクロアチア語の本として 1915 年に出版した[HR 0396]。もともとは博物館の年報に大部の論文「ボスニア農業問題の歴史的背景」として掲載したものである（1915 年）[HR 0397]。同書は中世以来の農村住民に関する法的関係の考察であり、ダルマチアのコロナートゥスやセルビアの発展をも概観し、農民と並んで領主にも考察が及んだ。ただしこの本は、多くのオスマン史資料に基づいて記述されたオスマン期の歴史が大半を占めており、その部分には「オスマン朝の名誉回復のために」という特徴的な題がつけられた。多数の法文、および裁判記録の完全な原文を掲載し、個別事例を紹介しつつ、オスマン支配はさほど悪くなかったことを証明した。農業改革については 1876 年までを記述しただけであり、農業改革開始から数年後に行なわれたオーストリア＝ハンガリーの行政的施策には一言も触れなかった。オスマン統治の重要人物についても明らかにした（「ガーズィ・フスレフ・ベイの人生とその時代」1912 年[HR 0398]、「イサベグースチェパン公の兄弟」1917 年[HR 0399]、「コナヴレの戦い」1917 年[HR 0400]）。

トルヘルカは歴史補助学の分野でも活躍した。1889 年に最初の重要な論文「ボスニアとヘルツェゴヴィナの刻銘学概論」を発表し[HR 0401]、1898 年には自身が発見した太守クリンの碑文を紹介した[HR 0402]。1889 年にボスニアの文字記録に関する教科書を出版し[HR 0403]、1894 年にはサライェヴォの博物館に所蔵されるボスニア、セルビア、ブルガリアの硬貨について目録を作成し[HR 0404]、1897 年の論文「スラヴォニア太守の貨幣」では、出土貨幣に関して初の体系化を行なった[HR 0405]。一般向けの概説書も著した[HR 0406]。1904 年のボスニア都市に関する書物では、特に歴史的および美術的な観点で遺跡と遺物に注目した[HR 0407]。1937 年にはイリリア人の起源と文化に関する著作を上梓した[HR 0408]。トルヘルカも、いささか多面的すぎる学者に分類されよう。1918 年以降に、彼の歴史観と方法はほぼ時代遅れとなったが、考古学と歴史補助学の研究は価値を失わなかった。

J. イェレニチ（1877-1931）はまたも典型的な出自、つまりボスニア出身でフランチェスコ会士である。ブダペシュトで神学を学び、人文学部を卒業した。1919 年からザグレブで神学校教師となった。歴史家としてはボスニアのフランチェスコ会史について多くの業績を残した。サライェヴォ

の『通信』にボスニアのフランチェスコ会の文化活動に関する史料集を掲載し（1912-13年）[HR 0409]、この史料集などに依拠して『文化とボスニア・フランチェスコ会』と題する2巻の総論を出版し（1912-15年）[HR 0410]、1923-27年にはスチェスカにあるフランチェスコ会修道院の詳細な年代記を公刊した[HR 0411]。クロアチアのカトリック系雑誌『聖なるクロアチア』に1931年、主として記述史料に基づく研究「十字軍によるザダルとコンスタンティノープル占領」を発表した[HR 0412]。

S. バシャギチ＝レジェパシチ（1870-1934）はイスラーム教徒のボスニア人であり、ウィーン大学で歴史学と東洋学を学んだ。概説『ボスニアとヘルツェゴヴィナ史小論』で1463-1850年の時期について記述し、これによってB. カーライ（1839-1903）〔君主国共通蔵相〕のボスニア国民概念を根拠づけようとした（1900年）[HR 0413]。彼はもともとは作家兼翻訳家だが、政治家でもあった（1912年に最初のボスニア議会議長となった）。1912年に『イスラーム文学におけるボスニア人とヘルツェゴヴィナ人』を公刊した[HR 0414]。1918年以降はクロアチア人寄りに立場を移し、1931年にマティツァ・フルヴァツカから『トルコ帝国の著名なクロアチア人、ボスニア人、ヘルツェゴヴィナ人』を出版した[HR 0415]。この本はムスリムとなったスラヴ人のうちで、卓越した人々の評伝である。当時のマティツァ会長F. ルカス（1871-1958）は序文で、国民の宗派的分断は障害であるが（言い換えればボスニアのムスリムもクロアチア人であるということになる）、その克服は不可能ではなく、言語や人種の類似性、および精神的努力によって相違はやがて一掃されると論じた。すなわち、オスマン支配期のような困難な状況下でも、クロアチア人は有意義な活動ができることを、この著書自体がまさしく証明するのである。

5. クロアチアにおけるクロアチア歴史叙述

以下ではクロアチアの中心地に戻り、さらに幾人かの研究者を挙げよう。中には聖職者もいれば、他の人文学研究に携わった人もいる。これらの人々によって、クロアチアの歴史叙述はさらに豊かになった。

I. チュルンチチ（1830-1907）は神学を学んで司教秘書となった。やがてローマの聖ヒエロニムス学寮長となる。ローマで（そして故郷でも）、とりわけ古い手稿の発見と専門性ある史料出版を主な活動とした。例えばクロアチアで発見されたグラゴール文字の二つの記録を1860年代に公刊した[HR 0416]。1867年にはクルク、オソル、ラブ、セニ、クルバヴァの各司教座における創設期の歴史を著した[HR 0417]。『ドゥクリャの司祭の年代記』を発見し、ラテン語で出版したのはチュルンチチだった[HR 0418]。スラヴ学の基本的史料の一つ、いわゆるアッセマン写本の出版もチュルンチチの業績である[HR 0419]。『南スラヴ法制史集成』シリーズの一環である『クロアチア成文法』シリーズに含まれるクルク島（ヴルブニク）などの巻の編集にも加わった[HR 0420]。

M. ツェペリチ（1853-1920）は民俗文化収集者であり、1903年に民謡集を出版した[HR 0421]。農民織物業の熱心な理解者でもあり、マティツァの記念論集に民衆の織物と刺繍について論考を掲載した[HR 0422]。こうした業績はむしろ近代的歴史叙述としての価値があり、少なくとも経済史研究と見なすことができる。M. パヴィチ（1859-1929）との共著『ボスニア＝ジャコヴォとスリイェムの司教シュトロスマイエル 1850-1900年』2巻は、シュトロスマイエル賛美の伝記であり、ありふれた政治史と見なされているが、シュトロスマイエルの活動に関する貴重な情報を含んでいる（1900-04年）[HR 0423]。というのもツェペリチは長い間シュトロスマイエルの秘書だったからである。

L. イェリチ（1863-1922）はブリチあるいはトルヘルカと同様、考古学者の一人に数えられるかもしれない。とはいえ、ここで彼を取り上げるのは歴史に関する著述があるからであり、またイェリチはダルマチアの人でありながら、広い観点から初期クロアチア史を研究したからでもある。ザダルとローマで神学を修め、ローマでは教会史とキリスト教考古学も学び、さらに1891年から2

年間ウィーンで考古学の研究を続けた。1893 年にザダル神学校で教会史と教会法の教鞭を取った。野外調査を重視し、実際に多くの成果を上げ、発掘作業は当時の水準を十分に満たした。しかしイェリチにとって発掘は初期中世クロアチア史、つまり民族王朝期を再構成するための道具に過ぎなかった。まるで 19 世紀前半の歴史家のように、このテーマに関してしばしば空想に取りつかれ、クロアチアの初期建築を実際よりはるかに重要であるかのように紹介した。このような精神で 1895 年に『南スラヴ美術史集成』を出版した［HR 0424］。1900 年のキリスト教考古学世界会議で、キュリロスのローマ関連事績について講演し、1902 年完成の会議録にイタリア語で掲載された［HR 0425］。1904 年には、16 世紀後半におけるウスコクのクリス城をめぐる戦いに関して、マティツァ・ダルマティンスカの雑誌『マティツァ・ダルマティンスカ通信』に長編の論文を発表した［HR 0426］。『13-19 世紀グラゴール文字ローマ典礼史料集』は重要な史料刊行である（1906 年）［HR 0427］。これには、スラヴ語典礼を復活させようとするシュトロスマイエルを支援したいという目論見もあった。ニンの歴史と美術史に関する一連の論考も得るところが多い（1899-1902 年）［HR 0428］。他にスプリトとサロナに関する一般向け都市案内もある［HR 0429］。

S. ウルリチ（1867-1928）はインスブルックとウィーンで神学および古典文献学を学んだ後に、ダルマチアでギムナジウム教師となった。ダルマチアの文化史と文学史について著作を残した。二つの著作でカチチ＝ミオシチを研究し、関係史料を発見した［HR 0430-0431］。ダルマチア学校史の大作は、題名から推して、クロアチア人の登場から 1910 年までを描くはずだったようだが、実際は 1814 年までの第 1 巻を 1919 年に出版するにとどまった［HR 0432］。

I. クルシュニャヴィ（1845-1927）はいつも新しいものを求める性分の人で、多彩な才能にも恵まれた。ウィーンおよびイタリアの大学で美術史を学び、1877 年にザグレブ大学美術史教授に任じられたが、10 年後に法学部に入学し、卒業後の数年間は行政職に就き、1897 年に美術史講座に戻った。初期には国民党を支持し、シュトロスマイエルとラチュキの援助で大学に職を得たが、1884 年に袂を分かってクエン支持に回った（行政職の経歴はこれと関係する）。美術理論の他に文学と翻訳にも携わった。我々にとって言及に値するのは一つの業績のみである。『文と絵で見るオーストリア＝ハンガリー君主国』シリーズのクロアチアの巻に、1902 年に書いたクロアチア美術史総論である［HR 0433］。

6. 法制史

クロアチアとハンガリーの間には国制上の関係について論争があり、しかもクロアチア等族が政治的に重要な役割を担っていたため、法制史が早期に独自の研究領域として成立する可能性もあった。実際には、歴史家の多くが法制史上の知見を活用したとはいえ、法制史の専門家になる者はいなかった。このため法制史が独立の学問分野として形成され始めるには、19 世紀後半を待たねばならなかった。

さらに意外なのは、最初の代表的法制史家 B. ペトラノヴィチ（1809-74）が、ダルマチアの出身ではあるが、クロアチア人ではなくセルビア人だったことである。ペトラノヴィチは法学アカデミーを卒業し、1833 年にパドヴァで法学博士号を得た。シベニクの正教会主教の秘書になり、のちに 1851 年からザダルで裁判官になった。ダルマチア最初のセルビア語雑誌『セルビア・ダルマチア年鑑』を創刊した。1848 年にウィーン帝国議会議員となり、1851 年からザダルで最初の法学雑誌を刊行した。最初の業績『世界主要国民文学史』はまだ素人好事家の域を出なかった（ノヴィ・サド、1858 年）［HR 0434］。『ボゴミール派—ボスニア教会とキリスト教徒』は刊行史料だけでなく、文字化された口承資料も利用し、専門分野に近かった（1867 年）［HR 0435］。三つの比較的大きな研究（いずれも『アカデミー紀要』に掲載）は、法制史の分野でクロアチア初とはいえなくとも、少なくともダルマチア最初の業績だった。（「セルビア＝クロアチア慣習法による復讐、和解、敵対について」1869 年［HR 0436］、「奴隷について—ダルマ

チア諸都市に関するセルビアの記録と都市法による」1871 年[HR 0437]、「慣習法と文字記録に基づくセルビア人の相続権」1873 年[HR 0438-0439])。慣習法に注目した理由は史料不足を補う必要に迫られたからに過ぎず、ほぼ同時代に生きたボギシチより深遠な結論を導こうとしたからではなかった。

K. ヴォイノヴィチ（1832-1903）はウィーンで法学を修め、1856 年にパドヴァで博士となった（当時パドヴァはオーストリア領であり、したがって国外留学でないことを忘れてはならない）。故郷に戻って政界に関わるようになった。1861 年にダルマチアとクロアチアの統合についてイタリア語の小冊子を書いた。1863 年から 1875 年まで国民党（民族党）綱領を支持するダルマチア州議会議員だった。狭量なカトリック的見解ゆえに、必然的にダルマチアのセルビア人と衝突した。国民党に近い立場ゆえに、ザグレブ大学設立時にすぐに民法講座を任され、1890 年にアカデミー正会員となった。国民党分裂時はラチュキ側についた。1884 年に今度はクロアチア語で小冊子『独立国民党は何を望むか』を出版した[HR 0440]。ザグレブに来てからはクロアチア議会議員となったが、政界での経歴に関心を失ったか、あるいは、政治が学問の障害になると考えるに至ったようである。ともかく 1891 年、速やかに政界から引退してドゥブロヴニクに帰り、以後、かつての都市共和国の歴史研究に身を捧げた。

最初の法制史論文は 1889 年に発表したモンテネグロの法律に関する研究である[HR 0441]。ドゥブロヴニクに戻ってからは重要かつ多岐にわたる史資料に依拠して、研究を次々と著した。「ドゥブロヴニク共和国国家組織」（1891 年）[HR 0442]、「ドゥブロヴニク共和国司法組織」（『アカデミー紀要』1891-93 年）[HR 0443-0445]、「ドゥブロヴニク共和国財務官」（1896 年）[HR 0446]、そして「ドゥブロヴニク共和国関税体系」である（1896 年）[HR 0447]。『13-18 世紀ドゥブロヴニク共和国の信心会と産業団体』は『南スラヴ法制史集成』シリーズの第 7 巻として 2 分冊で出版された（1899-1900 年）[HR 0448-0449]。これらのうち、最後の二つの業績は社会経済史に関係する情報も含んでいるが、法学上の極めて専門的な修辞法で書かれているので、記述を入念に選り分けて情報を取り出す必要がある。

ボギシチ

クロアチアおよび南スラヴ全般の法制史研究における、ヨーロッパ型研究者の代表は B. ボギシチ（1834-1908）である。ドゥブロヴニクに近いツァヴタトで生まれた。学業に専念できたのは父親の死後だった（父親は家業を継がせたかった）。ヴェネツィアでギムナジウムを卒業し、ウィーンの法学部と哲学部で学び、中でも歴史をよく学んだ。さらにミュンヘン、ギーセン、ハイデルベルクの各大学で勉学を続け、1862 年にギーセンで博士号を取得した。学位論文は「フス派戦争におけるドイツ軍敗北の原因」である[HR 0450]。翌年ウィーンの宮廷図書室員（今日であれば研究員）となり、1864 年に法学博士の学位を得た。優れた研究で名声を馳せ、1869 年にオデーサ大学のスラヴ法教師に任じられた。1872 年にモンテネグロ公ニコラ 1 世から民法典編纂を求められ、法典は 1888 年に施行された。古い法規を規範に編纂したせいで新しい発展を阻害した、という後世の批判は当たっているかもしれないが、歴史的に見て無価値ではない。1893-99 年にモンテネグロの法務相を務め、その後はパリで暮らし、帰郷中にリイェカで死去した。

ボギシチは学問的活動のすべてにわたり、ドイツの大学で支配的だったサヴィニー派歴史法学の見解、すなわちロマン主義的な情熱で法の有機的発展と民衆的な基盤を説く見解から強い影響を受けた。サヴィニーのゲルマン的感情をボギシチは当然にも、スラヴ的情熱に置き換えた。このためスラヴ派的だと批判されることが多い。確かに慣習法、すなわち伝統を尊重したが、ボギシチ自身は近代的な人物でもあった。

名声を確立したのは、1866 年に発表したスラヴ人の法慣習に関する研究だった。1867 年に慣習法収集のため、アンケート用紙と調査手引きを作って、これを大勢の協力者に配付して収集に参加させた。その成果を基に慣習法を体系化した（『南スラヴ人法慣習集成』1874 年[HR 0451]）。それ以

前にも、スラヴ系独立国家における成文法のすべてを集めて編纂する計画があり、1872年には計画案を公表したが、結局実現できなかった。1884年にセルビア人とクロアチア人の間に見られるイノコシュティナと呼ばれる農村家族についてフランス語で論文を書き、これがザドルガと同じであることを証明した[HR 0452-0453]。

ボギシチはドゥブロヴニク法制史研究にも多く取り組んだ。1868年に『ドゥブロヴニク成文民法史』を上梓し[HR 0454]、その後ドゥブロヴニクの法律に基づいてスタナク（寄合）に関する論文を書いた（1877年）[HR 0455]。ドゥブロヴニクの1272年法について、1893年に予備的論考をフランス語で著し、その法文を1904年にK.イレチェクと共同で『南スラヴ法制史集成』シリーズの1冊として出版した（『1272年ラグーザ都市法』[HR 0456]）。多方面にわたる研究活動の傍ら、1888年にユーゴスラヴィア科学芸術アカデミーから『P.ズリンスキとフランコパン関係文書集』を出版する余裕もあった[HR 0457]。

後世から見て、彼の古い伝統への過大評価やロマン主義的法学派への執着、あるいは出版物に散見する多少の不正確さを批判することは可能だが、ボギシチがクロアチア歴史叙述における卓越した代表者の一人であることは間違いない。

V.マジュラニチ（1845-1928）は詩人I.マジュラニチの息子である。ウィーンとザグレブで法学を学び、官吏の道へ進んだ（裁判官、副知事、ザグレブ政庁官吏を歴任）。父の栄光のおかげで1918-21年にユーゴスラヴィア科学芸術アカデミー総裁の職に就いた。実務を通して、当時の人々がクロアチアの古い法学的専門用語を理解していないと気づいた。そこで1902年に論文「クロアチア法学用語辞典について」を著し、古い法学用語について解説した[HR 0458]。1908年から「クロアチア法制史事典によせて」と題する研究を発表し始め、13-19世紀の様々な資料を扱った。この研究は1922年の第10編で完結したが、1923年には早くも補遺を出した[HR 0459-0460]。マジュラニチにはボギシチのような体系化の才能も、あるいは法制史家としての確固たる概念的基礎知識もなく、全体をまとめ上げることができなかった。

仕事に疲れたのか、最晩年は全く異なるテーマに取り組んだ。『1480-1528年におけるインドでのメレク・ヤシャ・ドゥブロヴチャニン』は畑違いの東洋学で、少々想像力を働かせすぎた気分転換だったといえる（1925年）[HR 0461]。むしろ型通りに書いた政治史論文「シュトロスマイエル司教のイェラチチおよびマジュラニチとの関係」の方が得るところが多い（1926年）[HR 0462]。

7. 経済史

F.ヴルバニチ（1847-1909）はザグレブとウィーンで法学を修め、1873年に法学アカデミーで商法の教師となった。1884年にアカデミー会員になったが、大学で統計学も教えた。クロアチア議会議員に何度か選出され、ハンガリーの影響力、特に経済分野での影響力に反対した議員の一人だった。このため経済政策問題に関心を抱き、統計学の知識を基に、人口統計学にも関心を向けた。こうしてヴルバニチは専門家として経済史と社会史の問題を扱う最初の、しかも長い間、唯一の研究者だった。1874-81年におけるクロアチア鉱山業について研究書を著し（1883年）[HR 0463]、1900年には、19世紀クロアチア＝スラヴォニア軍政国境地帯の経済発展について『アカデミー紀要』に資料を発表した[HR 0464]。同誌には1896年に南スラヴ人の人口学的独自性に関する論文[HR 0465]、そして1899年に現状分析的な研究「クロアチアとスラヴォニアの人口発展」を掲載した[HR 0466]。その他法学のテーマにも携わり、1885年に当時の手形法について[HR 0467]、また1892年に商法について条文を学生用教科書にまとめ、解説を付した[HR 0468]。

8. 教会史

教会史、とりわけカトリック教会の歴史は、国家と国民の発展に極めて強く結びついていた。したがって、これまで見てきたように、歴史家が教会史の問題を正面から取り上げる時に、カトリック教会の歴史を国民史の重要な一部と見なしたのは当然だった。このことはボスニアのフランチェ

スコ会士にも当てはまる。カトリック聖職者を兼ねる歴史家にとって、プロテスタントの歴史はほとんど魅力がなかった。そもそも、挿話くらいにしか見なしておらず、取り上げるにしても、ブチャルのように国民的発展の観点からだった。

したがって優れた教会史家といえば結局、正教徒セルビア人 N.ミラシュ（1845-1915）しかいない。ミラシュはダルマチアにおけるセルビア人正教会の諸問題に専心した。シベニク生まれのダルマチア人であり、スレムスキ・カルロヴツィで神学を修めた後、ウィーン大学でも研究を続け、最後はキエフ神学大学で学んだ。帰郷後、ザダル正教神学校の教師、やがてザダルのダルマチア＝イストリア主教となった。1889 年に重要な史料集を刊行した。『15-19 世紀ダルマチア・イストリア正教史文書集』である [HR 0469]。この書物は第 1 巻として刊行されて、1412-1796 年の文書が掲載された。しかし続巻は出版されなかった。1901 年に一般向けの概説『正教のダルマチア』を書いた [HR 0470]。中世都市ストンに関する著作はダルマチア地方史でもある（1914 年）[HR 0471]。その他の業績は正教会全体に関わるものだった。『新セルビア＝ルーマニア大主教座設立の歴史・教会法的瞥見』（1873 年）[HR 0472]、『アフリカ教会法集成』（1881 年）[HR 0473]、『正教教会法』（1890 年）[HR 0474]、『セルビア正教教会法・解説付』（ノヴィ・サド、1895-96 年）[HR 0475] などである。正教会全体に関わる著作の多くは教科書だった。いかにも歴史学的な業績として『正教修道院制』がある（モスタル、1902 年）[HR 0476]。

9. 考古学

考古学、より正確には、遺跡や埋蔵品に対する関心はかなり古くから存在した。すでにマルリチにも見られたし、18 世紀の歴史家にはなおさらである。また学問領域としての考古学成立に関わった人物にもすでに言及した。その中で、ブリチは今日もクロアチア考古学の父とされている。考古学関連の組織の誕生に関して、ダルマチアで活動したイタリア人父子のことを忘れてはならない。ことの性質上、考古学研究はまず領邦ダルマチアにおいて、ローマ時代の豊富な埋蔵物の発掘と、その研究を進めることから実質的に発展した。

C.ランツァ（1781-1834）は、フランス占領軍と一緒に医者としてダルマチアにやってきたが、そもそも遺物に強い興味を抱いていた。スプリト大司教座で 1750 年に始まった収集の成果を基盤に、1821 年に公的機関として考古学博物館を創設し、初代館長となった。息子の F.ランツァ（1808-92）はスプリト生まれである。父親から医者という職業だけでなく、人文学に対する興味も受け継ぎ、1863-72 年に彼もまた博物館の館長職を務めた。（その後イタリアに「帰還し」、そこで死去した。）

スプリトの博物館に倣って、次々にダルマチア各地に博物館が作られた。1879 年にザグレブでもクロアチア考古学協会が設立され、機関誌『クロアチア考古学協会報』が発刊された。考古学の制度作りは 1896 年のザグレブ大学考古学講座創設により完成した（初代講座主任はブルンシュミド）。クニンでもクロアチア考古学協会ができ、1895 年から『古クロアチア文化』という有意義な雑誌を発行した。両協会の雑誌は歴史研究にも重要な発表の場を提供した。

ダルマチアの考古学研究においても長い間、熱心な好事家が活躍した。歴史家と同様、考古学愛好家も古代クロアチア史における文書史料や刻銘史料の乏しさを考古学の出土品で補おうとした。シベニクのフランチェスコ会士ズラトヴィチは数カ所で司祭を務めた後、修道院長になった。1870 年代にクロアチアの古い文化財を研究し始めた。『古クロアチア文化』に論文「ダルマチアの古いクロアチア部族と都市の地誌的概略」を数度に分けて発表したが（1895-97 年）[HR 0333]、これはそれまでに発掘された、あるいは発掘以外の経路で知られていた文化財の列挙に他ならなかった。ズラトヴィチにとっては、フランチェスコ会史の方が重要だった。1888 年に『ダルマチアのフランチェスコ会士とクロアチア人』を書き上げたが、従来知られていなかった文書館史料を多数利用した [HR 0332]。

J.アラチェヴィチは専門からいえば法律家だが

彼もまたローマ時代の文化財、中でも裁判官としての任地であるザダルの文化財に関心を抱いた。スプリトの『ダルマチア考古学・歴史学報』の創刊者でもある。同誌に、熱心な研究の成果をイタリア語で発表した（「シルミウムからサロナに至るローマ時代の道」1881-82 年[HR 0477]、「最古のザダル水道」1898 年[HR 0478]）。中世についての研究もある（「スプリト総督ジェンティレ 1357-58 年」1891 年[HR 0479]）。

『ダルマチア考古学・歴史学報』のもう一人の創刊者 M. グラヴィニチ（1833-95）は考古学の専門家といえる。パドヴァ大学で哲学部を修了し、ベルリンで考古学の研究を続けた。その後スプリトでギムナジウム教師となり、1873-83 年には博物館長を務めた。古代サロナの領域で行なわれていた発掘を引き継いだ。グラヴィニチの発掘方法は専門的だった。ダルマチア古代史に関するテーマで多数の論文を発表した[HR 0480]。

V. ヴレティチ＝ヴカソヴィチ（1853-1933）は初等学校の教師であり、せいぜい教員養成学校教師の経歴を持つだけだが、考古学の他、民俗学資料の収集にも携わり、中世史にも取り組んだ。考古学者としては幸運だった。コルチュラ島で紀元前 4 世紀のギリシア語碑文を発見したのである。1896 年にダルマチアにおける古代ギリシア居住地について研究を発表し[HR 0481]、他方でコルチュラ島の民俗習慣を採録した（1881 年）[HR 0482]。中世セルビアとの関係も研究した（「セルビア人とクニン地方の関係」1906 年[HR 0483]、および『ドゥブロヴニクでのドゥシャン帝』1912 年[HR 0484]）。

P. カエル（1848-1919）は神学を修め、ダルマチア各地で司祭をする傍ら、考古学資料と碑文資料を収集した（ダルマチアならどこでも可能だった）。『民族王朝期の二つの修道院』が最初の重要な業績である（1890 年）[HR 0485]。1908 年に『都市シベニクと周辺の歴史的概観』を出版した[HR 0486-0487]。第 1 部はクロアチア人の定住からコロマン王戴冠まで、第 2 部は 1412 年まで、つまりシベニクがヴェネツィア支配下に入った時点までを扱った。同年『考古学と聖人伝に見る殉教者サロナ司教聖ドゥヤム』をイタリア語で出版した[HR 0488]。この聖ドゥヤムは 284-304 年のサロナ司教であり、ディオクレティアヌス帝によるキリスト教徒迫害の犠牲になった人物である。カエルは好事家として自信たっぷりにブリチと長い論争をし、同名の聖人がもう一人いたのだと主張した。1914 年には『マカルスカと沿岸地方』と題して、同地の出土品に関する著書を上梓した[HR 0489]。

スロヴェニア人 S. ルタル（1851-1903）の名を、クロアチアの章でも挙げねばならない。歴史・地理専攻の教師としてスプリトとコトルで働いた。1879-81 年に『ダルマチア考古学・歴史学報』にコトル湾の遺物について一連の論文を書いた[HR 0490]。1894 年にブリチおよびイェリチと共同でスプリトとサロナの出土品について紹介する本を出版した[HR 0491-0492]。モンテネグロに関して地理学的な叙述も残した[HR 0493]。その他の彼の歴史研究業績については、スロヴェニアの章に譲ろう。

J. ベルサ（1862-1932）はグラーツ大学で考古学の学位を取得し、1928 年までザダルで博物館長を務めた。ほとんどの論文を『ダルマチア考古学・歴史学報』に発表した[HR 0494]。より大きな業績『ザダル歴史・美術案内と聖ドナト博物館目録』はイタリア語で著した（ザダルは当時イタリア領だった）[HR 0495]。『ドゥブロヴニクの図像 1800-80 年』は死後に出版された[HR 0496]。これは専門研究と文学作品の中間に位置するような著作である。

F. ラディチ（1857-1933）はウィーンで建築学を学んだが卒業はしなかった。各地で教鞭を取った後、故郷ブラチュ島の町で教師となった。先史から初期中世までの考古学的出土品を研究し、小論の執筆を続けた[HR 0497-0500]。

専門家として公認された最初の考古学者は、すでに名を挙げたザグレブ大学初代考古学教授 J. ブルンシュミド（1858-1929）である。（1896 年の時点でブリチの方がはるかに有名な研究者だったが、ブリチはダルマチア出身だったため候補になりえなかったか、あるいはブリチ自身がダルマチアを離れようとしなかったのかもしれない）。ブルンシュミドはウィーンで歴史と地理を学び、同時に

考古学と刻銘学も専門的に研究した。ギムナジウム教師を務めた後に、1893 年にザグレブの〔考古学〕博物館に職を得て、1896 年から 1924 年まで考古学講座主任と博物館長を兼務した。1895 年から『クロアチア考古学協会報』の編集に当たった。ウィーン大学で行なった専門研究の他に、古銭学の分野でも業績を残した。ザグレブの博物館を、主に古銭に関して充実させた。しかしブルンシュミドは三つの専門分野すべてにおいて、自分がやるべきことは現地調査や発掘ではなく、発見済みの資料の保管、整理分類、そして出版であると考えた。早くも 1886 年に、『ラテン語刻銘集成』の補遺を出していた[HR 0501]。1898 年にダルマチアの古代ギリシア都市の碑文と硬貨についてドイツ語の概説を出版した[HR 0502]。1924 年のブリチ記念論集には、ゲピート族の王クニムンドの貨幣に関する研究を発表した[HR 0503]。スィサクで発見されたローマ時代の軍事資料について論文を書いた（1911 年）[HR 0504]。中世クロアチアの遺物について『クロアチア考古学協会報』に一連の論文を掲載した（1903-04 年）[HR 0505]。ブルンシュミドの関心は先史にも広がった（「ヤブラナツ周辺の青銅墓」1901 年[HR 0506]）。「ザグレブのクロアチア国民博物館の石造文化財」はブルンシュミドの関心の広さを示す（1904-12 年）[HR 0507-0508]。というのも、この一連の論文は先史からクロアチア中世の文化財までを扱っているからである。

ブルンシュミドと同時代の好事家、フランチェスコ会士 L. マルン（1857-1939）は、発掘に関してはブルンシュミドより熱心で成果も多かった。1885 年にグラダツ、ペトロヴァツ、ツェツェラ周辺で最初の発掘を開始した。ズヴォニミル王が殺害された場所を発見するのが目的であり、実際に初期クロアチアの埋蔵物を多数掘り出した。まもなくクニンに行き、鉄道建設が開始される前に、周辺地域を徹底的に調査できる機会を捉え、相当の成果を上げた。1893 年に同地域の出土品だけで現地に博物館が設立されたほどである。1895 年には『古クロアチア文化』を創刊した。クロアチア考古学協会設立者の一人でもあり、数十年にわたって会長だった（1887-1929 年）。小論や連載論文など、研究をこまめに発表した。「ツェティンの救世主教会と古いクロアチアの墓」（1895-96 年）[HR 0509]、「異教期クロアチア人の信仰に関する考古学資料」（1897 年）[HR 0510]、「ウズドリェの聖ルカ教会跡とクロアチア公ムティミル」（1927 年）[HR 0511]などがある。

10. 世界史

ノディロ

　N. ノディロ（1834-1912）の名は本来ならばククリェヴィチやラチュキとともに挙げてもよかった。ノディロも偉大な第一世代に属するからである。ただしノディロは特に世界史研究に取り組んだので、世界史研究者として別個に語る必要がある。かなりの程度にイタリア化した船員の家に生まれた。父親はヴェネツィアで長い間働いた後でスプリトに移り、そこでノディロが生まれた。洗礼名も元はイタリア風だった（スペラト・クレッシェンテ・フルジェンテだったのをクロアチア語のナトコ・ラストコ・スャイコに変えた）。イタリアのギムナジウムを卒業後、神学を学んだが途中で放棄した。キリスト教会とキリスト教信仰から離れはしなかったが、聖職主義からは距離を置いて、当時の自由思想に接近した。ウィーン大学哲学部で歴史と地理を学び、世界史を、より正確には古代史を専攻した。帰国後ザダルでギムナジウム教師を務め、政界と関わるようになり、『国民』紙に投稿を重ねた。読者はノディロの郷土愛を評価したが、彼の反聖職主義が理由で、すでにこの頃から大勢の敵に攻撃された。1863 年に〔ロシアに対して蜂起した〕ポーランド人への支持を表明すると、セルビア人はこれを反セルビア主義と捉えた。しかし明らかにノディロはセルビア＝クロアチア一体論の支持者であり、1890 年の学長開講演説でも、この一体論について語っている[HR 0512]。

　1874 年にラチュキはノディロを世界史講座教授に推挙した。先に述べたように、教授任命に際してラチュキの言葉は重みを持っていた。その後、ノディロは 1887 年に学長に選出されたが、この時まだクエンには彼の学長就任を妨げうる力があ

った。しかし 1890 年にノディロが再び学長に選出されると、今度はクエンも承認せざるを得なかった。1893 年に世界史講座を分割した時に、クライチが後期中世と近代を任されたが、ノディロはしばらくの間、フランス革命史などを教え続けた。ただしノディロのもともとの興味は古代にあった。ザダルのイタリア語の学校報に、高学年に向けて古代の諸民族に関する連載を始めたこともあった。その際に執筆に用いた言語はいうまでもなくイタリア語だった。具体的には 1871 年にエジプト人 [HR 0513-0514]、1873 年にバビロニアとアッシリアの歴史 [HR 0515-0516]、そして 1872 年に先史時代の人類を取り上げた [HR 0517-0518]。もちろん常に（時には題名からもわかるように）最新の専門書を基に執筆した。コントから学んだ実証主義と社会学的な見方に加えて、心理学的分析を融合させようとする態度は、すでにこの連載にも示されている。教授就任後も 2 年間は古代のみを教え、学生に古典作家の作品を読ませた。ノディロ自身は二つの古典語〔ギリシア語とラテン語〕の達人だった。

革命を描いたフランスの歴史家に倣い、歴史は人生の教師であるという格言を信条とした。最初の大きな仕事『教皇の世俗支配成立――イタリア史最初の 50 年間 724-74 年』は確かに厳密な意味での専門研究だった（1878 年）[HR 0519]。第一級の史料に依拠し、当時の研究水準で、つまり少々手の込んだやり方で分析をして、教皇の世俗権力の正当性を探したが見出せなかったと結論づけた。他方、序文ではイタリア統一の達成に、したがって教皇の世俗権力無用論に賛意を示した（ちなみに、かつてのダルマチア政治論争においても、イタリア統一運動、リソルジメントを強く支持した）。ミシュレやマコーリーを思い起こさせるようなやり方で、個人の視点から政治史を描いた。つまり登場人物の心理的な誘因にまで踏み込み、公的な記録の背後に隠された動機を発見しようとしたのである。この著書は反聖職主義的だとして、当然のことながら、敵対的な反響を引き起こした。後ろ盾であるシュトロスマイエルとラチュキは慎重に意見の表明を控え、ノディロを〔教授に〕選んだことで批判を受けないようにした。しかしこれが契機となってラチュキはノディロにクロアチア史を研究するよう勧めたのかもしれない。ノディロはドゥブロヴニク史の研究に取りかかり、1883 年に編年史の校訂版をイタリア語で出版した [HR 0520]。さらに同年『アカデミー紀要』に大論文「初期の編年史とドゥブロヴニクの古い歴史叙述」を発表した [HR 0521]。ノディロは当時に手本とされた方法で、7 組に分類される写本相互の派生関係を明らかにした。ラスティチと I. グンドゥリチ（1589-1638）の年代記も、それぞれにふさわしい序文をつけて出版した [HR 0522]。序文でこの二人の年代記作者が民俗的な資料も利用していたことに言及した。

おそらくこれが次の大きな業績、すなわち『アカデミー紀要』連載論文「セルビア人とクロアチア人の信仰――民謡、民話、伝承に基づいて」に発展したのであろう（1885-90 年）[HR 0523]。この大作は合計 700 頁にも及び、各章がそれぞれ一編の論文になっている。民俗における太陽と月の役割、スラヴ人の様々な神々（ペルン、オガニュなど）を調べた。古い異教信仰を再構成するために地名も活用した。この業績によって当時、最先端の研究者になったのだが、真価は 20 世紀まで評価されなかった。当時は理解されなかったのである（チェコのニーデルレさえスラヴ古文化に関するノディロの見解を認めなかった）。門弟の一人シシチは 1912 年に、師は誰からも理解されなかったと書き、それ以上の注釈はつけなかった。ノディロはさらに資料を収集して次の出版に備えたが、他の仕事が頓挫したせいで、結局この出版も諦めたようである。

その頓挫した他の仕事とは大学の講義から生まれた企画だった。この頃の講義で彼が主に取り上げた中世史について、広範な読者向けに本を執筆しようと考えたのである。『クロアチアおよびセルビア国民のための中世史』という題も、一般向けという意図を表している [HR 0524-0526]。8 巻を予定し、ビザンツ帝国の滅亡までを描こうとした。ここでもまず史料（記述資料ではあるが）を利用したが、最新の専門書にも依拠した。しかし読者のことを考えて脚注の数を最低限に減らした。もちろん当時の一般的な世界史叙述の場合よりも、

スラヴ人、特に南スラヴ人の歴史に多くの紙幅を割こうとした。結局第3巻までしか出なかった（1898-1905年）。第1巻はローマ帝国の衰退を描き、その理由を人口減少、無秩序な貨幣制度、および軍隊の不満によって説明し、倫理的頽廃説やキリスト教主因説を否定した。第2巻はユスティニアヌス帝の死〔565年〕に至るまでのビザンツとゲルマン的西欧の紹介である。ビザンツの存続をギリシア・エトノスの果たした役割によって説明し、ヨーロッパに対してビザンツが果たした重要な役割、そして当時の西欧より高いビザンツの文化水準を強調した。この点においてもノディロは非常に先端的だった。というのもビザンツの肯定的評価は、まだほんの10-20年前に始まったばかりだったからである。第3巻は、ビザンツを打ち負かすほど強大化した蛮族について記述した。筆はヘラクレイオス帝の死〔641年〕まで進んだ。スラヴ人についての記述が最も多いのは当然この第3巻である。以上のような総合的通史に対して特に肯定的な反響は起きなかった。もともと出版を請け負ったアカデミーも、ほとんど脚注のない非学問的な書物が本当に必要だろうかと、次第に及び腰になった。このため第3巻は自費で出版しなければならなかった。こうして第4巻以降は刊行されなかった。もし全巻が出版されていたら、当時としては大胆で新しいタイプの総合的通史になっていたであろう。3巻だけでも約1300頁にも及んだ。1905年以降、ノディロは新聞雑誌の論説記事の執筆に専念し、そこでリベラリズムと自由な思考に基づく自らの主張を究めていった。すでに見たように、ノディロはドイツの学問のあり方に対して批判的であり、むしろフランスの例に倣った。ノディロの反聖職主義は決して反宗教ではなかったが、イエズス会を嫌悪の対象とした。

ノディロは主に大学の教育者として重要な役割を果たした。この点で多少はゴルを思い起こさせる。ノディロの伝記を書いたV.ノヴァクはノディロの退職後にザグレブ大学に入学したが、まだノディロの伝説的な講義ぶりの噂を耳にした。ノディロの講義を聞いたはずのシシチも、やはりノヴァクと同じ見方をしている。もっとも、ノディロはゴルと異なり、世界史研究で多くの門弟を育てることはできなかった。そもそも学問分野としての世界史は、国史や国民史の競争相手たりえなかったのである。

世界史研究者に数えられるもう一人のクロアチア人歴史家は、ノディロに比べるとかなりスケールが小さいG.マノイロヴィチ（1856-1939）である。彼はザグレブとウィーンで歴史、地理、古典文献学を修め、長年にわたりギムナジウム教師を務めた。1897年にローマ史の教授資格を得て、1901年に古代史の員外教授、翌年に正教授に任じられた。しかし1908年には早くも引退させられた。クロアチア人＝セルビア人連合に加わったからである。1914年にようやく大学に戻ることができた。1924年に引退した時は、ユーゴスラヴィア科学芸術アカデミー総裁に選ばれ、1933年まで務めた。当初はビザンツ学を志し、1910-11年に『アカデミー紀要』でコンスタンティノス帝の『帝国統治論』について比較的大きな論文を4回に分けて発表した[HR 0527]。すでに1902年にも同誌に、アドリア海沿岸地方の9世紀の歴史について、ビザンツ史の枠組みで論じた研究を掲載していた[HR 0528]。第一次世界大戦後は大学での自分の責務に応えるため、『古代オリエント史』の執筆を開始した（1923年）[HR 0529]。刊行史料と専門書のみに基づく業績だが、第1巻の3分冊を出しただけで筆を止めた。1927年に『世界史における進歩の力と法則性』という歴史哲学論を著し[HR 0530]、実証主義的見方を克服しようとしたが、実証主義の基本は残そうとしたため、不首尾に終わらざるを得ないのは明らかだった。自分ではこの試みを「帰納的歴史哲学」と称した。

第3節　専門化した歴史叙述（1918年以降）

1918年の大転換の影響は、疑いなくクロアチアの歴史叙述においても感じられたが、おそらく他の国民の場合ほどの深刻な影響はもたらさなかった。嫌悪したオーストリア、それ以上に嫌悪した

ハンガリーの干渉からの解放、あるいは支配からの解放といってもよいが、それは当然のように、当時の人々の思考に極めて積極的な影響を及ぼした。他方で、それまで明確な（しかし領土をあまりに狭く区切る、そして不公正と見なされた）国境線で分断されていたクロアチアは、セルビア人＝クロアチア人＝スロヴェニア人王国の中に、次いでさらには 10 年後にユーゴスラヴィアの中に融解した。しかし、南スラヴの統一とは一体何であるかを不明瞭にしたまま、統一だけを先行させたことは、すぐに政治問題を引き起こすことになった。

　もっともその影響は、クロアチアの歴史叙述においてはそれほど感じられず、引き続き国民史中心だった。むしろダルマチアの分立が終焉したことで、いまやダルマチアを含んだ視角からクロアチア国民の発展を捉えることが可能となった。ただし、新しいクロアチア国民史をより広い統一南スラヴの枠内に組み込むことも求められた。

1.　制度的基盤

　制度的には基本的に変化がなかった。ユーゴスラヴィア科学芸術アカデミー（名称も変更なし）、ザグレブ大学、そして、かなり影響力が後退したとはいえマティツァ・フルヴァツカ〔1911 年にマティツァ・ダルマティンスカを吸収合併〕、さらには博物館などの従来からの制度がそのまま継承された。協会組織も存続し、古銭学協会のような新たな協会も生まれた。新しい雑誌も創刊された。その多くはカトリック信仰を基盤とし、教会の支援を受けた。新しい雑誌には以下のようなものがあった。『聖なるクロアチア』（1931-43 年）は誌名こそラテン語だったが、クロアチア語による雑誌であり、さほどカトリック性を強調しなかった。『史料と論考』はかなりカトリック色が強かった。というのもイエズス会の史料とそれに関する研究が掲載された雑誌だったからである。『古銭学』（1933 年-）はこの一誌だけで歴史補助学全般の活動成果を刊行し、『クロアチアの過去』は地方史に特化した。1935 年に創刊された『ユーゴスラヴィア史学雑誌』も挙げなければならないが、この雑誌は理念からしてむしろセルビアの史学史の方に入る。他のバルカン諸国同様、歴史叙述の成果を総合しようとして、大部の記念論集も出版された。例えばトミスラヴ王記念論集（1925 年）［HR 0531］、マティツァが出版したクロアチア王国成立 1000 年記念論集（1925 年）［HR 0532］、あるいはやや趣が異なり一般向けともいえるが、多数の伝記および年表的なまとめからなる『クロアチアの偉人たち』［HR 0533］などである。

2.　歴史家たち

　すでに登場した歴史家のうち、1918 年以降も（そして少なからず 1945 年以降も）生存し、活躍し、成果を公にした者も多い。逆に、本節で初出の歴史家であっても、1918 年以前に研究活動を始めていた者も多い。1918 年以前と以後の研究者の分類は、全く筆者の主観による。ただし一応の目安はある。つまり、以下に登場する歴史家の場合、重要な業績が 1918 年以降のものであるか、あるいは 1918 年以降の業績の方が同時代や後世に対する影響力が強かったという基準である。

シシチ

　クロアチア歴史学において最も偉大な F. シシチ（1869-1940）も後者に属する歴史家である。最初の論考はすでに 1889 年に、20 歳で発表した［HR 0534］。軍政国境地帯の工兵隊長の息子だったシシチは、ザグレブとウィーンで大学を卒業した後、各地のギムナジウムで教鞭を取った。1902 年に 12-14 世紀クロアチア史で教授資格を取得し、1906 年に員外教授、1909 年に正教授となった。翌年、アカデミー正会員となった。1908-11 年には政治家としても活動し、クロアチア議会議員でもあった（1910 年までは国制が停止されたため実際には 1910 年から）。1910 年にはハンガリー議会におけるクロアチア選出議員も務め、学校教育に関わった。クロアチア人＝セルビア人連合の一員だったが、政党には所属しなかった。その後、国民進歩党の書記となったが、1911 年に公的活動から身を引いた。シシチは最も権威あるクロアチアの歴史家の一人であり、スミチクラスとノディロ

の亡き後、とりわけ 1918 年以降は、押しも押されもせぬ第一人者だった。

シシチも実証主義の歴史家であり、当時の言い方によれば発生論的歴史叙述の徒であった。したがって何よりも政治史に関心を持ち、政治史を執筆したのは、至極当然だった。歴史理論についても論文は書いたが、あまり関心はなかった。マイヤーに倣って次のように考えた。歴史学とは人々の間に起きた事件と変化に関する学問である。もちろん歴史的に見て重要な事柄が研究の対象である。その選択は歴史家が行なうべきことである。最も好まれる領域はもちろん（自分が属す）国民の歴史であり、それは有益でもある。それゆえここにおいても古くから国民史が研究されている。過去を理解して初めて現在を理解できる以上、歴史が重要である。理念と強力な人物が歴史を作る。このように考えれば、現在の社会組織の状況が理解可能となる。歴史家の課題は、信頼できる史料から事実を引き出し、事件について正しい像を提示することである。歴史は面白い。だから大勢の歴史愛好家が生まれるが、そこから未熟で根拠のない想像や国民的な先入観が生まれる。歴史家はそれを回避しなければならない。以上のようにまとめると、実証主義者の信条は浅薄に見えるが、シシチは実証主義の精神的姿勢を保ち続けた歴史家の一人であり、かつ偉大な業績を残すことができた人物である。

前述のようにシシチはまず後期中世の研究を手がけたが、ザグレブ大学教授時代に二つの総合的通史、すなわち、専門的で長文の通史と、短編の一般向け通史の両方に取り組んだ。後者はマティツァの求めによるもので、1526 年までに関する第 1 巻が 1906 年に、1790 年までに関する第 2 巻が 1908 年に出版された。1913 年に出版された第 3 巻は 1847 年までを扱った [HR 0535-0537]。1918 年以降の新しい版では加筆修正し、1918 年まで筆を進めた。これはスミチクラス以来の通史となった。1962 年にはさらに補足をつけて 1 巻にまとめて出版された [HR 0538]。古い版はバラダが、1962 年版はシダクが編集した。基本的には事件史であり、時代ごとに国家組織、社会、国家財政あるいは紋章などに関する短い補足の章がつけられた。これらの補足の章からは、著書による解釈の変化がよくわかる。新しい版ではクロアチアにおける歴史叙述発展の概略が描かれ、最重要史料が紹介された。史料の紹介は、1913 年に別の著作でも試みたが未完に終わり、その後も手つかずのままだった。中世史については文化史の章も設けたが、それ以降の時代では省かれた。解釈の変化については、二つの例だけを挙げておこう。クロアチアの国民再生について、初版では主に上層貴族と青年層の協力によるものだとしたが、第 2 版では上層貴族は要因の一つでしかないと述べた。オーストリア皇帝フェルディナント 1 世（チェコ王・ハンガリー王としては 5 世、1793-1875）に対する評価も 1918 年の前と後で変化した。さらにもう一点を挙げるなら、1848 年 9 月に J. イェラチチがハンガリー政府に宣戦布告したことについて、新しい（1937 年の）版では括弧付きだが、ウィーン政府との秘密協定に基づいていたことに言及した。

肝要な点なのだが把握しにくいのが、セルビア・クロアチア関係と南スラヴ一体性の問題である。1918 年以前において主たる考察の対象はクロアチア人およびクロアチアの歴史、しかも 1918 年以前の国境内におけるその歴史だった。1918 年以降は次第に「我が国民の西半分と東半分」が対象となり、スロヴェニア人の位置づけが不明瞭になった。今日ではシシチの過度なユーゴスラヴィア主義、新王朝礼賛、そして正確さを欠く点が批判されている。確かに、不正確な記述を列挙することはできるが、それは誰にでも起こりうる誤りに過ぎない。

シシチは実証主義的な資料細部へのこだわりを超えて、幅広い歴史解釈を打ち出した。クロアチアは長い間、西と東の間で揺れ動いたが、結局は西の方が強かった。ただし高い山脈によって海から隔てられているため、全体として大陸的である（シシチはヴェネツィアの支配下にあった地域は扱わなかった）。またクロアチアは西と東だけでなく、中欧と南欧の間でも揺れた。さらにはほとんど歴史哲学的な色彩を帯びた一般化も行なっている。すなわちギリシア人とイリリア人の戦闘以来 2000 年間、この地域では常に二つの要因がせ

めぎ合ってきた。一方は海側から来る外来の要因である。もう一方は陸側の、すなわち国内の要因であり、内陸部と沿岸地方を外来の要因から守った。キリスト教はすでに西暦 1 世紀に広まったが（ダルマチアを念頭に置いたことが明らかである）、クロアチアの歴史はもちろんスラヴ人の登場とともに始まったのである。大きな転換点は、まず 1102 年であり（ハンガリーとの連合）、その後は、国王の果たした役割が決定的で、1526 年、1790 年、そして 1918 年が転換点だった。最後の時期、すなわち 19 世紀には国民意識および国民的発展の問題が前面に押し出された。

クロアチア人は 6 世紀に今日の領域に移住してきた。多くの長所があったが（長身、活力、客好き）、短所もあった（大酒、内輪喧嘩）。国民への啓蒙を意図するシシチの記述はパラツキーやセクフューを想起させる。南スラヴ人はバルカン半島へ移住した後、一つの国民として生活を始めた。民主的で、身分の違いなく、部族あるいはそれより小さな単位に分かれて暮らした。このためバルカン半島に広く拡散して生存したことを際立って示せるような痕跡が残らなかった。クロアチア人の身分的分化はハンガリー人との共生時代になって生じた。クロアチア人やセルビア人という民族名称は 9 世紀にならないと出現しない。パンノニア・クロアチア人の公ヴォイノミル（スロヴェニアの M. コスによるとスロヴェニア人の公だった）はアヴァール人と戦うカール大帝に加勢した。フランク王国と戦った 9 世紀の首長リュデヴィト（位 817 頃-23 頃）はクロアチア史上、最重要人物の一人であり、戦いに敗れはしたがスラヴ人の大国を建国しようとした。リュデヴィトはサヴァ川とドラヴァ川に挟まれた領域を守り抜き、スロヴェニア人の被った運命に、クロアチア人が陥ることを阻止した。シシチはキュリロスとメトディオスの活動に、独立の 1 章を当てた。シシチによればこの兄弟の父はギリシア人だった。クロアチアに真の政治的独立をもたらしたのはブラニミル公（位 879-92）であり、公のおかげで、クロアチアは最終的に西方ラテン教会に属することになり、しかも、ノルマン人の轍を踏むことなく、クロアチア人は教皇の家臣とならずにすんだ。

ハンガリー人はテュルク系文化の顔を持つ上層とフィン・ウゴル系の下層民からなるエトノスとされ、カルパチア盆地にやってきた時には、すでに一体化した集団だった。ハンガリー人は西スラヴ人と南スラヴ人を分断したが（これはパラツキーの記述の繰り返しである）、ドイツの宗主権からスラヴ人を救った（これについてシシチはロシアのグロートを引用した）。クロアチア・ハンガリー関係をシシチは当然にも、連合として描いた。ただし 1918 年以降の版では、史料上に見出せない国家間条約を、祖国を思うがために掲げる必要は、もはやなくなったと付け加えた。ハンガリー人歴史家によるクロアチア征服説はもちろん根拠がないとした。

シシチは独立国家が消滅した理由について複数の原因を示した。第一は内的な多様性である。それ以外には、沿岸地方へのこだわり（これはラテン的要素の優先であり、スラヴ人の軽視だった）、クロアチア国民教会とコスモポリタンな西方教会の争い、そして国家独立よりも自らの特権を優先させた貴族の利己主義だった。19 世紀まで、クロアチア＝ハンガリー共同国家の解体を想起したクロアチア人は一人としていなかったし、王朝交代時にも貴族層はハンガリー人、すなわちハンガリー貴族と同じ側に立った。古いハンガリーは国民国家でなく法的国家だったのに対し、クロアチアは国民国家だった（この「国民」、「法的」という言葉遣いはシシチによる！）。

シシチはしばしば、自分は歴史的な真実のみを示している（すなわちもともとハンガリーに対する反感は抱いていない）と強調した。彼によればコロマン王のダルマチア都市特権状は、当時において最も自由なものであり、これと比較できるのはロンドン市だけだった。重要な転換点は、ダルマチアがヴェネツィアの支配下に編入されたことだった（1409 年）。これによってクロアチアの国民国家性は大きく損なわれ、ダルマチアはこの後、呻吟し続けることになった。他方、ボスニアのフルヴォイェ公は 1416 年まで国家の独立を保ち、クロアチア史上最も傑出した人物の一人だとした。

1493 年にクルバヴァ平原でクロアチア人はオスマン軍に敗北した。その結果、非常に多くの苦痛

や損失をもたらすオスマン時代が始まった。この頃すでに国の主は等族であり、身分制は人類の発展における必然だった。すなわち、財産、知性、組織性において優れた等族のみが国家を指導しうるのである。これは普遍的な傾向であって、クロアチアやハンガリーの貴族を利己的だと非難することはできない。ただしクロアチアとハンガリーを結びつける関係は、等族が共有する利益に限られず、より重要なのは共通の宗教、ラテン語、そして共通の敵（ヴェネツィア、オスマン帝国、オーストリア）だった。

シシチは身分制を上記のような発展論の中で考える市民だった。まさにそれゆえに1918年までのクロアチア史を貴族中心の歴史だと見なした。身分制を熱心に支持したわけではない。他方、例えば農民蜂起については市民的な視点で判断した。1514年の〔ドージャ〕農民戦争については農民の暴力を（も）批判した。1573年の農民蜂起はタヒの暴力が主たる原因であり、農民は〔皇帝〕マクシミリアン〔2世〕に忠実で、農民出身の王が生まれることを望んでいたわけではない。農民王とは貴族が考え出したに過ぎないことを強調した。マリア・テレジアについては農民への配慮、法と法律の尊重、そして信仰心を強調した。とはいえ1779年にクロアチアをブダ総督府のもとに置いたのはマリア・テレジアであり、これが独立喪失の始まりだった。マリア・テレジアとヨーゼフの啓蒙絶対主義下で、ハプスブルク帝国は封建国家から近代国家になり、啓蒙絶対主義の理論が国民運動を生んだ。

ナポレオン統治期のフランスによる占領を、シシチは肯定的に評価した。これが西欧からの最初の呼びかけであり、ダルマチアはデモクラシーの原理の洗礼を受けた最初の地域となった。また19世紀初頭にはセルビア国家が成立し、これによってセルビアとクロアチアの発展は並行し、統合にまで進んだ。統合をもたらした重要な要因の一つはイリリア運動だった。国民意識の問題はこの時に初めて、真に顕在化した。国民意識の構成要素は国民的一体性、デモクラシー、そしてスラヴ思想だった。シシチは国民概念における二つの型、ドイツ型とフランス型に話を広げた。クロアチア人にはフランス型（すなわち政治的国民）がふさわしいとした。なぜならクロアチア人は自発的にセルビア人と一つの国民になったからである。ハンガリー人との分離、そして近代クロアチア国家の誕生において1832-36年議会の時期が決定的だったとシシチは考えた。この時に共通言語の創造もなされた。J. イェラチチを重要な歴史上の人物として、かつ19世紀で最も人気のあるクロアチア人として見なすが、何よりも彼はオーストリア将校であり、ハプスブルク家と宮廷の信奉者だったとも述べた。

1918年以降に書かれた新しい部分では、シシチはスタルチェヴィチとクロアチアの権利党を反セルビア的、大クロアチア主義的立場のゆえに痛烈に非難した。これに対し、クロアチア人＝セルビア人連合を、統一を目的に掲げた新しい政治潮流として賞賛した。ただし、シシチは最新版でも1914年までしか記述しなかった。それほど歴史の実証主義的原則に固執し、世界大戦の記述にはわずか5行半しか充てなかった。ボスニア・ヘルツェゴヴィナの占領にも同程度しか紙幅を割かず、19世紀のボスニア・ヘルツェゴヴィナ史を扱った章でも、併合についての叙述がわずか3行しかない。ここにはクロアチア人・セルビア人関係に対するシシチの確信のなさも表れている。というのもセルビア史については1918年以降も独自の章を設けなかったが、ボスニアについては章を設けたからである。ということは、シシチはボスニアをクロアチアの一部と考えていたのだろうか（？）。シシチの見解の変転を見て取れる別の例もある。1908年に『クロアチアの輪』というクロアチアの雑誌に、マジュラニチの有名な叙事詩中の英雄 S. チェンギチについて論文を書き［HR 0539］、彼を公正で慈悲深く、非ムスリムにも配慮する人物と表現したが、1918年後の通史では憎むべきトルコ人圧制者と描いた。

すでに述べたが、シシチは当初、中世後期の歴史を研究した。最初のまとまった研究は1493年の敗戦についてだった（1893年）［HR 0540］。模範的な研究であり、クライチが通史を書く時に引用したほどである。1896年には、1396年のニコポリスの戦いをやはり一次史料に基づいて記述し

た[HR 0541]。『アカデミー紀要』には 1900 年に論文「ザダルとヴェネツィア 1159-1247 年」が掲載された（これがシシチの哲学博士論文だった）[HR 0542]。アンジュー期の研究については幾分グルベルに譲ったところもあるが、アンジュー家の歴史について論文を発表し（1901 年）[HR 0543]、その後、14 世紀の太守ムラデン・シュビチ（?-1343 頃）の没落を書いた（1902 年）[HR 0544]。ムラデンの父パヴァオは 1300 年頃、人々からクロアチアの支配者と見なされていたという。ただしシシチはムラデンが長期に幽閉された後にハンガリーで死去した事実をまだ知らなかった。歴史観の変化を紹介した時見たように、ボスニアのフルヴォイェ公を極めて高く評価し、『フルヴォイェ・ヴクチチ・フルヴァティニチ公とその時代 1350-1416 年』という短めのモノグラフを出版した（1902 年）[HR 0545-0546]。翌年には 14 世紀ボスニア史、より正確にはトヴルトコ〔太守 1353-77、王 1377-91〕について研究を公刊した[HR 0547]。「ポングラーツ伯家文書」と題して 1918 年『いにしえ』誌に 1300-1523 年のネリプチチ家文書摘要を掲載した[HR 0548]。1918 年以降は次第に 19 世紀に注目するようになったが、やがて中世後期に立ち返り、『いにしえ』誌にコルヴィンに関する史料について比較的長い論文を 2 回に分けて掲載した（1934-37 年）[HR 0549]。1938 年には同誌に 15 世紀初頭に関する論文を寄稿した[HR 0550]。

シシチは最後まで中世研究を続けた。世紀転換期以降は、中でも初期クロアチア史が中心となった。シシチもクロアチア史〔通史〕を原史料に遡って書くという野心的な課題を自分に課した。ズヴォニミル王の死について（1905 年）[HR 0551]、およびコロマン王とダルマチアの関係に関する研究（1909 年）[HR 0552]はその先駆である。民族王朝期を扱う第 1 巻は、短いドイツ語版が 1917 年に出版された[HR 0553]。1925 年には紙幅の約半分を専門的な脚注が占める完全版が出版された。『クロアチア通史第 1 巻―民族王朝期』である[HR 0554]。前文にある通り、出版は技術的な原因から遅れた。前文に挙げられた計画によると、第 2 巻は 1102-1790 年、すなわちクロアチア・ハンガリー共存期、第 3 巻は 1790-1918 年を論じることになっていた。出版されれば第 1 巻と同じくらいの分量（大判で 700 頁以上）になったはずである。この中で計画が実現したのは 1301 年までであり、しかも彼の死後、1944 年に出版された[HR 0555]。シシチの長所がこの仕事に最も明白に現れている。すなわち、史料だけでなく、19 世紀のとりわけドイツとハンガリーでの専門研究に通じていたこと、信頼できる情報と偽情報を見分ける博識を備えていたこと、そして中立的な議論の仕方などである。中立性はすべての実証主義歴史家が非常に意識的に努力することであり、この本でも体裁としては、本全体が中立的である。この著作は 3 部構成であり、分量はスラヴ人の定住に先立つ前史を扱った部分が最も少なく、首長時代と王国時代がともに多い。

同書でもクロアチア人とセルビア人の関係に関するシシチの説明はやはり明らかに矛盾している。シシチは、セルビア人とクロアチア人の定住後における居住地域（18 万平方キロメートル）を概観し、そこには一つの民が住んでいたが、現代に至るまで一つの国家を形成することはなかったという。また、セルビア人とクロアチア人の民族名称の広がりは、常に双方の努力と権力関係によって決まった。シシチは史料を綿密に分析し、コンスタンティノス帝はあまり信用できない、というよりほとんど信用できないと見なした。しかし、クロアチアの支配者が常に自立していたと書く時には、コンスタンティノス帝は信頼できるとするのである（ゲンス（種族）の居住地域であるジュパの広がりについても、他に史料がないのでコンスタンティノス帝に依拠するのと同じである）。スラヴ人の先史と分散的定住に関しては、ニーデルレの見解をそっくり取り入れた。他方、スロヴェニア人とブルガリア人の間に、後からクロアチア人とセルビア人が割り込んできたというヤギチの説は退けた。シシチによると、クロアチア人とセルビア人は同時に移住してきたのであり、もし信仰上の統一、そして政治的な統一さえあれば、共通の文語ができていたであろう。クライチやその他の歴史家（ポーランドのグンプロヴィチなど）によって代表される見解によれば、クロアチア人

とセルビア人は、ビザンツ皇帝によってアヴァール人対策のために招致されたに過ぎない。しかし、シシチは、もしそうであるなら数千人規模の小集団だったはずだとして、この見解も否定した（おそらくそれは正当である）。そのような小規模な戦士社会は、他の地域ではすぐに国家を形成した。しかしクロアチア人とセルビア人は部族単位で生活しており、国家の形成に3世紀も要した。リュデヴィト王はこの著作でも偉大な人物と描かれる。クロアチアを統一しただけでなく、スロヴェニア人の大部分とセルビア人をも統合した。しかしリュデヴィト王の試みは失敗に終わり、9世紀前半に二つのクロアチア人国家として、ダルマチア・クロアチアとパンノニア・クロアチアとが並立することになった。こうして二人の公が並立することになった。したがってクロアチア＝ダルマチア王国の真の創設者は、二つのクロアチア国家を統一したペタル・クレシミル王であり、彼こそ最も栄光あるクロアチアの支配者だった。しかし国家が一体であるという意識はクロアチア諸部族に浸透せず、分断状態が続いた。加えてラテン文化の影響により、ラテン的生活様式を受け入れた貴族と、スラヴ的な家父長的生活様式を続ける民衆とが乖離した。これが一因となって、クロアチア国家は没落へ向かった。拍車をかけたのは、国王たちが自らの利益を全国民の利益と結びつけられなかったことである。沿岸地方のラテン人をクロアチア人に同化できなかったことは民族王朝の悲劇だった。クロアチア王家と高位聖職者には、ハンガリー王国との同盟という考えが生まれたが、この同盟において、明らかにハンガリー王国が優位を占めた。

　この通史でも事件史が支配的である。大部の書でありながら国家の内部組織、社会（各層の法的地位）、都市発展、教育と文化については、わずか26頁しか割かれていないことによく示されている。

　中世に関して既存の刊行史料は数多かったし、シシチ自身も史料刊行に貢献した。しかし近代史についての刊行史料は数も少なく、存在するものは無定見で散発的だった。このためシシチはこの分野でも多大な貢献を果たした。重要なのは『クロアチア＝ダルマチア＝スラヴォニア王国議会文書集』全5巻であり（1912-18年）[HR 0556-0560]、これは1526-1630年のクロアチア身分制議会史料集である。この時代については、比較的小さな研究もあれば（「ズリンスキ家とフランコパン家最後の人々」1908年[HR 0561]、「1573年農民蜂起」1923年[HR 0562]、「フェルディナント1世のクロアチア王選出」1927年[HR 0563]）、『アカデミー紀要』に掲載した比較的大きな論文、すなわちレオポルト1世までのハプスブルク家のクロアチア政策を論じた研究もある（1939年）[HR 0564]。『フラニョ・トレンクと憲兵』は18世紀にまで叙述が及んだ（1900年）[HR 0565]。18-19世紀転換期と19世紀のボスニア史にも注目し、やがてシシチ自身が高く評価するナポレオン期についても論文を書いた（「カラジョルジェ、南スラヴ人、ナポレオン」1923年[HR 0566]、未完成稿「ザグレブでのミロシュ公」1924年[HR 0567]、「最新歴史研究小論（1797-1814年）第1部フランス占領直前のダルマチア、第2部フランス期」1909年[HR 0568]、あるいはウィーンの文書館史料を基にした「オメル＝パシャ・ラタス統治期のボスニア・ヘルツェゴヴィナ1850-52年」1938年[HR 0569]）。

　1918年以降になると、近代史のテーマのうちで、南スラヴ統一あるいはその前史が次第にシシチの想像力をかきたてた。一般向けの随筆で、のちには専門的な論文で、クロアチア国民意識の形成、国民運動、そして南スラヴ統一へと突き進む潮流について研究した。このような主題の作品が1918年以後に次々と執筆されたのは当然だった。多数の著作が、何よりもセルビア人読者に向けて情報を伝えるために編集され、ベオグラードにおいてキリル文字で出版された。シシチはすべての問題群において、明らかにシュトロスマイエルを重要人物と見なした。そのため彼の伝記の執筆準備に取りかかった。『シュトロスマイエルと南スラヴ思想』は伝記の第1巻として刊行され、実際にも序論的な性格の強い書である（1922年）[HR 0570]。なぜなら、前史を長々と述べたて（封建時代から）、叙述が1836年まで、すなわちイリリア主義ないし国民再生にまでしか到達しなかった

からである。シシチはこのテーマに様々な形で取り組んだ（「クロアチア人の政治・国家意識の形成」1923 年[HR 0571]、「イリリア運動 100 周年」1936 年[HR 0572]、「ガイの学校教育」1938 年[HR 0573]）。また、1848 年に関するいくつかの問題を、専門的に、さらには一般読者相手にも論じた（「クロアチア人とハンガリー人の衝突 1848 年」1923 年[HR 0574]、「イェラチチはいかにして総督になったか」1937 年[HR 0575]）。二重君主国期および同時期のクロアチア・ハンガリー関係には、すでに 1918 年以前にも一瞥を加えていた（『フィウメ問題』1912 年[HR 0576]）。しかし、本格的に取り組んだのは 1918 年以降だった。「クロアチア人のメジムリェ地方喪失 1860-61 年」（1936 年）[HR 0577]、『ボスニア・ヘルツェゴヴィナ占領と併合』（1938 年）[HR 0578]、「ルカ・ユキチの事件」（1930 年）[HR 0579]などである。また、概論的な「1918 年のクロアチア人とハンガリー人」を論集『ユーゴスラヴィア』（1930 年）に掲載したが、その唯一の目的は、やはり、セルビア人に対する啓蒙だった[HR 0580]。

この間に、シシチのシュトロスマイエルという人物へのこだわりが消えたわけではない。1860-94 年のシュトロスマイエルとラチュキの往復書簡を 4 巻本で出版し（1928-31 年）[HR 0581-0584]、シュトロスマイエルの生涯に関する記録と初期の書簡も出版した（1933 年）[HR 0585]。1815-59 年の記録を公刊した『司教シュトロスマイエルの思想』は第 1 巻として予定されたが（1928 年）[HR 0586]、続巻は出なかった。ここでもセルビア人読者の啓蒙が目的だった。

以上の問題群の締めくくりでもあり、またかつて計画された大規模な総合的通史の第 3 巻と見なすこともできる（ただし題名が異なる）著書『ユーゴスラヴィア思想—ユーゴスラヴィア民族統一と解放思想の歴史 1790-1918 年』がベオグラードのバルカン学研究所から出版された（1937 年）[HR 0587]。冒頭は『シュトロスマイエルと南スラヴ思想』（1922 年）の記述と重なる部分が多い。つまり、この著書でも時代を古くまで遡って説き起こし、1790 年以前におけるクロアチア人とハンガリー人の共存を言い訳するかのような調子で語り、共通の信仰とラテン語によって両国の共存を説明した。シシチは、もしハンガリー人が東方キリスト教に改宗していたら、ハンガリー人はブルガール＝テュルク人のようにスラヴ化したであろう、あるいは、もしクロアチア人が正教を受け入れていたら、クロアチア人とセルビア人の間に相違は生まれなかっただろうと述懐した（繰り返し現れるためらい！）。また本書に対して明確に要請されたのは、セルビア人の〔歴史〕発展に相応の位置づけを与えることだったが、シシチは 1804 年蜂起と独自の国家形成を、1918 年以前の南スラヴ史で最も重要な事件だと述べた（カーライの文章を章の冒頭で引用し、セルビア国民再生についての考えに同意を示した）。カラジョルジェは民衆が選んだ公（つまり両大戦間期における王朝の創始者）であり、近代セルビア、およびユーゴスラヴィアの基礎を築いた人物だった。それを継承して完成させたのはミロシュ・オブレノヴィチだった（シシチの頃には両王家間の激しい嫌悪はすでに過去のものとなり、中立的立場で双方の王朝の功績を評価することができた。ただし、シシチはペタル・カラジョルジェヴィチ〔位 1903-18〕の即位に言及する際に、必要な敬意を払うと同時に、〔先代の〕アレクサンダル・オブレノヴィチ王が暗殺されたことには一言も触れないという慎重さも合わせ持った。もっとも、この本が出版された 1937 年当時に、セルビア人の間で暗殺は周知のことだった。）1820-30 年代になると共同国家という考えが熟し、どちらの国民〔クロアチア人もセルビア人〕もオーストリアやハンガリーを自分たちの国とは見なさなくなっていたとシシチは主張した。しかしこの主張が当てはまるのはもう少し後の時期であろう。シシチは 1848 年が重要だったという。なぜなら、クロアチア人の加勢を得て、セルビアがオスマン帝国の属州という地位から脱し、これ以降、ユーゴスラヴィア思想の体現者となるからである。この点でシシチはおそらく正しい。また、1848 年以降オーストリアが不義理な態度を続けたために、クロアチア人はまずハンガリー人との協力を、次にセルビア人との協力を考えたという指摘も正しいといえよう。他方、偉大なる解放王と呼ばれたペタル 1 世（1844-

1921）が他ならぬ 1844 年に、すなわちガラシャニンが南スラヴ統合の入念な綱領を起草した（むしろ起草させた）まさにその年に生まれたことまでを、ペタル王の資質の一部と見なすのは行き過ぎであろう。本書はカラジョルジェヴィチ朝の賞賛で終わる。

第一次世界大戦の外交史はユーゴスラヴィア誕生の重要な前提であり、大いにシシチの興味を引いた。ただ、シシチは優れた歴史家であり、南スラヴ思想とカラジョルジェヴィチ朝だけでは、この分野を十分に叙述できないことをわきまえていた。このため、史料の刊行から取りかかり、『パリ講和会議でのアドリア問題』（1920 年）[HR 0588]、および『セルビア人＝クロアチア人＝スロヴェニア人王国成立に関する文書』を公刊した（1920 年）[HR 0589]。この後に比較的大きな研究『大戦前のイタリア政治とロンドン条約』を著した（1933 年）[HR 0590]。

シシチは、クロアチア史学史について、クロアチア通史の序文を執筆した時に概観しただけでなく、常に念頭に置いて取り組んだ（例えば、すでに述べたが、1913 年に出版した史料関連の著作を見よ）。またノディロの追悼記事を 1912 年の『クロアチアの輪』に書き[HR 0591]、1918 年には『いにしえ』誌上で、17 世紀に書かれた二つの短い年代記を公刊した[HR 0592]。これは 1553-1607 年の時期を記述したトラコシュチャンの年代記、および 1599-1601 年を記録した P.ケグレヴィチ（?-1554）の年代記である。これまで度々言及した『ドゥクリャの司祭の年代記』を、優れた校訂を行なって出版したのはシシチが最初である（1928 年）[HR 0593]。南スラヴ統一を喧伝する『ユーゴスラヴィア史学雑誌』の創刊を契機として、「クロアチア歴史叙述 16-20 世紀」と題する新たな総論を 2 年にわたって掲載したが（1935-36 年）、国民再生期までしか著すことができなかった[HR 0594]。ボスニア史の史料概観は死後に出版された（1940 年）[HR 0595]。

シシチには、国民全体の歴史を引き受けて掘り下げていく関心の奥深さ、大部の総合的通史を書こうとする意欲（と挫折）、そして世紀転換期のヨーロッパにおいて最高水準の専門的探究を求める姿勢があり、それはペカシュやヨルガを想起させる。他方、今日でも非難されるように、1918 年以降には政治状況に譲歩し、また、クロアチア国民とユーゴスラヴィア国民の間で常に揺れていた。これらはシシチの全生涯にわたる内的矛盾であり、この矛盾が職業上も、政治上も現れた。しかし、それを考慮に入れてもシシチはクロアチア歴史学で最も傑出した人物である。その弱点を誰が非難できようか。同時代の研究者、後継者たち（大半が門弟）も、水準は様々だとしても、シシチには遠く及ばない。以下ではそのような平凡な研究者に話を移そう。

＊

ボスニアの M.マンディチ（1871-1948）を最初に挙げるのは、シシチと対照的だからではなく、年齢の順による。ザグレブ大学を卒業し、故国ボスニアで考古学者として働いたが、1914 年まではギムナジウム教師が本業だった。1919 年にサライェヴォで博物館員となり、1937-41 年には館長を務めた。この時期に考古学への志向を強めた。最初の比較的大きな業績はボスニア・ヘルツェゴヴィナ占領の歴史である（1910 年）[HR 0596]。これは史料を列挙した几帳面な実証主義の著作であり、史料、それも何より公式の刊行史料を列挙した。記述内容は明らかに公刊史料に基づいており、正確で客観的な事件史である。この善意ある取り組みについて、同書を購入した読者が出版の翌年に、「紙と時間の無駄だ」と書き込みをするほどのものだった。マンディチはサライェヴォ形成史（1927 年）[HR 0597]、そしてサライェヴォの博物館の歴史を書いたが[HR 0598]、次第に考古学へ重心を移し、発掘成果を発表した（「トラヴニク周辺の先史と中世の砦」1926 年[HR 0599]、「リヴノ地域の都市、塚、遺物」1935 年[HR 0600]）。

M.メディニ（1874-1938）はウィーン大学でスラヴ学を学び、博士の学位を得た。1907 年までギムナジウム教師を務めた。同年に新聞編集者となり、1908 年からはダルマチア州議会議員を務めた。主に文学史研究で活躍し、ダルマチアとドゥブロヴニクにおけるクロアチア文学史第 1 巻を出版した（1902 年）[HR 0601]。ダルマチアに関する歴史研究もあるため、ここで挙げるべき人物である。

ダルマチアのクメットとテジャクに関する著書は、古い法制史的な見方に依拠しているとはいえ、それまで支配的だった政治史以上のものを提示した（1920 年）[HR 0602]。同様のことは文化史においても見られた（『ドゥブロヴニクの遺物』1935 年[HR 0603]、および「ドゥクリャの司祭の年代記成立について」『アカデミー紀要』1942 年[HR 0604]により、細部においてはシシチにさえなかった新しい知見を示すことができた）。

P. カルリチ（1877-1940）はザグレブとグラーツで歴史学とスラヴ学を学んだ後、長い間、中等学校教師を務めた。1921 年にヴラチチ〔フラキウス〕に関する研究で教授資格を得て、1926-32 年にザグレブ国立文書館で働き、のちに年金生活に入った。最後までダルマチアへの関心を抱き続けた。1912 年の著書『王のダルマチア（1806-10 年）』は、フランス占領期に発行されたイタリア語とクロアチア語の官報に関する初めてのまとまった研究である[HR 0605]。他方、ニン地域連盟の制定法について論文を書き[HR 0606]、マティツァ・ダルマティンスカの歴史についても 3 巻本の著書を出した（1907-13 年）[HR 0607]。ダルマチアの著作家の作品を、例えばヴァティカンに所蔵されていたグンドゥリチの『オスマン』の手稿を出版した（1912 年）[HR 0608]。また一次史料に基づき、チェコ王ヴラジスラフ〔2 世〕がハンガリー＝クロアチア国王に選出されたことについて論文を執筆した（1924 年）[HR 0609]。1918 年以降は初期クロアチア史を研究対象としたが、その業績は従来の成果を総合したものだった（『トミスラヴ王とその時代』1925 年[HR 0610]、『ズヴォニミル王』1927 年[HR 0611]、『トルピミロヴィチ朝最後の王スチェパン 2 世』1929 年[HR 0612]、『スチェパン 2 世の死から 1102 年ドラヴァ協定まで』1931 年[HR 0613]）。

M. マリャノヴィチ（1879-1955）の活動は、第一次世界大戦前から 1945 年以降のユーゴスラヴィア期にまで及ぶ。経歴も通常の文献学者にありがちなものに比べ、はるかに変化に富んでいた。マリャノヴィチは批評家であり、専門教育を受けた歴史家ではないが、波乱に富んだ生涯を送り、歴史書を残した。中等教育修了資格審査前に反ハンガリーのデモに参加して、ギムナジウムを退学させられた。プラハで 2 年制の商業学校を卒業し、帰国後は新聞記者になったが、1903 年にクロアチアから追放された。そこでダルマチアで活動を続けた（君主国末期の独自な構造がこのような紆余曲折を可能にした）。すでにこの頃に、マリャノヴィチはセルビア＝クロアチア統一の支持者となっていた。1913 年に『セルビア＝クロアチア国民の誕生』[HR 0614]、および極めて批判的な書『今日のクロアチア』を出版した[HR 0615]。1915 年 4 月にイタリアに渡り、その後ラテンアメリカに至るまで移動の連続だった。ユーゴスラヴィアでは 1929 年に大セルビア的傾向を代表する広報局長になったが、長続きしなかった。マルクス主義に接近し、1937 年に『ソヴェトの 20 年』[HR 0616]、および『スチェパン・ラディチ』を出版した[HR 0617]。1941 年にイタリアで強制収容所に収監された。戦後、国際政治研究所の研究員となり、歴史学から見て有益な業績を 2 点残すが、1 冊は死後に刊行された。『アドリアのための戦い 1914-46 年』（1953 年）[HR 0618]、もう 1 冊は『1915 年ロンドン条約』（1960 年）[HR 0619]である。

シュフライ

M. シュフライ（1879-1931）から再び専門教育を受けた歴史家に戻ろう。ただしシュフライは政治分野でもかなり重要な役割を果たし、政治で命を落とすことにすらなった。ザグレブ大学卒業後、スミチクラス門下となり、スミチクラスの抜擢で史料集成シリーズの出版に携わった。その間ウィーンのオーストリア歴史学研究所で研究に従事したこともある。哲学博士の学位論文はビザンツを主題とし、1901 年に出版された（『クロアチアと東方帝国最後の輝き』[HR 0620]）。ウィーン滞在中に歴史補助学への関心も深めた。ダルマチアの私文書についてドイツ語で著書を出版した（1904 年）[HR 0621]。数年間、ブダペシュトの国民博物館で働いた後に、1908 年にザグレブ大学で歴史補助学の員外教授となった。この時期になるとクロアチアではすでにセルビア志向が強まりつつあったが、シュフライはハンガリーを選んだ（これ

が原因で、先に述べたように恩師スミチクラスと不和になった)。〔ハンガリー人史家の〕タッローツィと協働し、さらにヤギチとも協力して、『中世アルバニア文書集』2巻を出版した（1913-18年）[HR 0622]。この分野にシュフライの関心を向けさせたのはタッローツィだった。この間に重要な研究をドイツ語で発表した（「デュラキオン・テマの政治的運命」1915年[HR 0623]、「トルコ期以前のアルバニア教会」1915年[HR 0624]、半ば公的なハンガリーの雑誌『ハンガリー展望』所収の「アルバニア部族生態学」1917年[HR 0625]）。この時期の彼には親ハンガリー（あるいはフンガルス）的姿勢だけでなく、独自の歴史観も明確な形を取って表れている。つまり歴史の道筋は血と土、気候と土壌によって決定されるのであり、歴史にいかなる法則性も見出せないという捉え方である。シュフライは実証主義的見解を克服する道を求めたに過ぎないのだが、のちに右翼的な見解として批判された。シュフライは証明された事実を羅列しただけでなく、社会の発展を描く鋭い感性を持っていたことは今日でも認められている。

　国家体制転換後は大学の職を辞し、野党の立場で政治活動に身を投じた（1921年に逮捕）。しかしこの後も優れた専門研究を発表し続けた。アルバニアへの関心は失わなかった。ウィーンで『中世アルバニアの都市と城』がドイツ語で出版された（1924年）[HR 0626]。他にも『中世セルビア人とアルバニア人の共生』などがある（1925年）[HR 0627]。専門書の他に随筆にも挑んだ（『世界史と政治から見たクロアチア』1928年：12編を集めた随筆集）[HR 0628]。1930年に最後の業績『中世史料に見るクロアチア』が出版された[HR 0629]。

　ユーゴスラヴィアにおけるシュフライの立場は不安定であり、生活さえも保障されなかった。いよいよブダペシュト大学クロアチア講座の教授に任命されるという矢先に、ユーゴスラヴィア警察の諜報員に殺害された。時代の支配的な潮流に反対して親ハンガリー「路線」を守ろうとしたわけではないが、今日、シュフライを民族間の理解と友情の先駆者として称えることはできよう。

*

　M. プレログ（1879-1931）は実際に先駆者としてしばしば賞賛を受けてきた。もっともプレログが精通していたのはチェコ人やスラヴ人一般の問題であり、ハンガリー人との協力を促進したわけではない。ザグレブとプラハで学び、プラハで学位を取得した。多くの業績がプラハで発表された。ギムナジウム教師を経て、1922-26年にザグレブ大学で中世・近代世界史教師を務めた。1927年にスコピエ大学の中世世界史教授に任命された。最初の業績、すなわちプラハでのチェコ語による学位論文は、中世を論じる『民族王朝期クロアチア人のヴェネツィアとの戦い』である（1900年）[HR 0630]。その後「ボスニア史研究」（1907-08年）[HR 0631]、および3巻本のボスニア史を書き上げた（1912-16年）[HR 0632-0633]。1918年以後は新情勢に適応し、セルビア＝クロアチア＝スロヴェニア統一の前史をまとめた。まず2巻本の『南スラヴ人すなわちセルビア人、クロアチア人、スロヴェニア人の略史』（1920-21年）[HR 0634]、次に小さな資料集を作成した（1923年）[HR 0635]。後者は年代記風に最重要の事実を示したものである。初期には三民族の、そして12世紀からはすでに三国家（！）の歴史が示された。国民意識の覚醒においてプレログも、ナポレオン期のフランス統治が果たした役割を強調した。最も重要な業績は『スラヴのルネサンス 1780-1848年』で、スラヴ人の国民運動に関する初の総合である（1924年）[HR 0636]。スラヴ人それぞれの国民運動を併記し、比較を目指したわけではないが、狭い意味での南スラヴ主義的な地平は明らかに超えている。1926年にはそれまでに書いた文章（造形美術批評も含む）を論集『歴史の肖像と論考』にまとめた[HR 0637]。フリーメーソンの歴史についても論集を著した[HR 0638]。専門的観点から見て、『1867年におけるスラヴ人とモスクワ』も極めて重要である。これはパウロヴァーの翻訳によりチェコ語で出版された（1931年）[HR 0639]。「妥協」後にモスクワで開催された民俗学の展覧会を訪れたスラヴ人政治家が、ロシアの公式政治に関して体験したことが、クロアチア政庁の文書館資料と当時の新聞を基にまとめられてい

る。この著作によると、明らかに友好的に厚遇されたのは、正教徒のスラヴ人のみだった。

M. ペロイェヴィチ（1876-1943）はダルマチアのザダルでカトリック神学校に所属した後、復古カトリック教会を経て、サライェヴォで国家機関の官吏となった。途中で新聞の編集も手がけ、また、クロアチア、ダルマチア、ボスニアの歴史について論文や本を書いた。最初は初期クロアチアの歴史を研究し（「ニン司教テオドスィイェ」1922 年[HR 0640]）、その後オスマン期にまで研究対象を広げた。代表作は『クリス城隊長ペタル・クルジチ』であり（1931 年）[HR 0641]、同市の黎明期に関する史的概略もつけた。この本は一兵士の歴史である。あらゆる恩寵を失い、経済的困苦に陥った兵士が、サポヤイ派の勧誘にも屈服せず、フェルディナント帝に忠誠を尽くすという物語である。この物語は（一般向けに書かれたにもかかわらず）厳密に時間の流れに従って記述されたため、極めて興味深いものとなったはずの心理描写が台無しになってしまった。ペロイェヴィチはさらに『オスマン統治下のクリス城』を出版し（1936 年）[HR 0642]、ジグムンド王治世におけるタッローツィ家の兄弟、およびツェティンとクリスの伯たちに関する歴史の小論を書いた[HR 0643]。『ボスニア・ヘルツェゴヴィナ史』第 1 巻の 196-592 頁を執筆したが（1942 年）[HR 0644-0645]、1885 年に出版されたクライチの通史と異なるのは方法や概念ではなく、細かな事実を詳細に積み上げたという点だけである。

L. カティチ（1887-1961）は神学校卒業後にザグレブ大学で博士号を取得し、ギムナジウム教師を経て、1945-49 年にスプリトで博物館員として勤務した。ダルマチア中世史に魅せられ、著書『スプリトの大司教ヨハネスに対するニンのグレゴリウスの闘争』で、初期中世で重要な役割を果たしたニン司教の人生を扱った（1929 年）[HR 0646]。学位論文『トルピミル公宮廷のザクセン人ゴットシャルク』もやはり初期クロアチア史に関する研究である[HR 0647]。ダルマチアにおけるクロアチア人の考古学研究に関する概要（1936 年）[HR 0648]、および一般向けクロアチア通史も著した（1938 年）[HR 0649]。1945 年以後も研究を発表し（「イモツキ地域のステチャク」1952 年[HR 0650]）、また故郷ソリン市の歴史（7-20 世紀）を書いた[HR 0651-0652]。

G. ノヴァク（1888-1978）はザグレブ、プラハ、そしてウィーンで歴史学と考古学を学び、ザグレブで学位論文「スラヴ人とヴェネツィア」を書き博士号を取得した（1914 年）[HR 0653]。1920 年にスコピエ大学の古代史講座に職を得たのち、1924 年から 1958 年までザグレブ大学の正教授を務めた。1958 年にユーゴスラヴィア科学芸術アカデミー会長に選出された（1939 年準会員、1947 年に正会員）。古代史の主な関心の対象はダルマチア史であり、ダルマチア史でありさえすれば近代にも関心を向けた。1924 年に『フヴァル史』を出版したが[HR 0654]、すでに先立つ 1918 年には、フヴァルにおける 1510-14 年の民衆蜂起の著書を出していた[HR 0655]。1955 年には『フヴァル先史』を上梓した[HR 0656]。1944 年に『ダルマチア史』2 巻を[HR 0657-0660]、そして 1957-65 年に 3 巻本の『スプリト史』を出版した[HR 0661-0666]〔4 巻本にした出版もある[HR 0667]〕。古代史の領域ではダルマチアのギリシア人居住地を扱った論文がある[HR 0668]。『我らが海—アドリア海の諸勢力と航海の発展』は一部が古代ローマ期の航海に関する概論だが、主として中世におけるクロアチアとヴェネツィアの争いを論じた（1927 年）[HR 0669]。巻末で同時代（1920 年代）を取り上げ、軍事的防衛力の整備を訴えた。1925 年には 14 世紀のヴェネツィア＝セルビア同盟に関する研究をイタリア語で著した[HR 0670]。やや後代のドゥブロヴニク史にも手を広げた（『ポジャレヴァツ（パッサロヴィツ）講和会議におけるドゥブロヴニク外交』1929 年[HR 0671]、『ドゥブロヴニクの自由のための闘争 1683-99 年』1936 年[HR 0672]）。『アカデミー紀要』に大論文「ダルマチアとクロアチアの統一運動」を発表し（1940 年）[HR 0673]、フランス語雑誌『スラヴ世界』にイリリア運動におけるダルマチア問題に関する論文を寄稿した（1935 年）[HR 0674-0675]。ここまでくると関心を広げすぎだという批判が聞こえてきそうである。しかし 1960 年代にクロアチア学界の重鎮となっていたノヴァクは、早い時期か

らすでに、現代の学際的研究者というより、むしろルネサンス期の万能人という印象を醸し出していた。ダルマチアではさほど驚くことではない。

　M.バラダ（1889-1957）は、G.ノヴァクより密度が濃く、かつ極めて高水準の中世史研究を行なった。バラダは神学校修了後にザグレブ大学哲学部を卒業した。その後ローマで歴史補助学を専攻したが、他の研究者同様に、バラダもまた歴史補助学自体を目的ではなく補助的な道具だと見なした。1932年にザグレブ大学神学部教会史教授、1940年から哲学部国史（当時はこれがクロアチア史講座の名称であった）担当の教授となった。1929年に「国王選出の慣習」を著した後 [HR 0676]、クロアチア中世史に関する諸問題について次々と論文を発表した。シシチ記念論集に掲載された太守ムラデン2世の死期と家系に関する論文（1929年）[HR 0677]、「クロアチア司教という称号」（『聖なるクロアチア』1931年）[HR 0678]、「11世紀クロアチアの王朝問題」（1929年）[HR 0679]などである。クロアチア人とセルビア人の定住化について重要な概説を著し（1934年）[HR 0680]、その後クロアチア王妃イェレナの有名な碑銘（1934-35年）[HR 0681]、および2通のクロアチア王文書を分析した（1938年）[HR 0682]。スプリト史関連の史料を集成し（1940-41年）[HR 0683]、「ボスニア教会」すなわちパタレニ派の問題についてシダクと論争した。新しい『クロアチア歴史雑誌』の第1号で、クロアチア史の年代に関する問題を解明し、シシチの見解を修正した（1943年）[HR 0684]。すなわち、ズヴォニミル王は1076年ではなく1075年に戴冠し、コロマン王は1107年ではなく1105年にザダルを占拠し、トロギルの特権状は1107年ではなく1108年に発行された、としたのである。「クロアチア貴族の成立」は重要な論文であり、クロアチア貴族層が直接的に氏族貴顕に由来するのではないことを明らかにした（1943年）[HR 0685]。またクロアチアの国家組織史を短い論考にまとめた（1943年）[HR 0686]。1944年には12-15世紀のザダルとヴェネツィアの関係を書いた [HR 0687]。第二次世界大戦後も精力的に研究を続け、戦前から続く『南スラヴ史料集成』シリーズで、トロギル関連史料集2巻を出版した（1948-51年）[HR 0688-0690]。また、クロアチア・アヴァール関係についても新たに問題を提起した（1953年）[HR 0691]。おそらく最も重要な、あるいは少なくとも最も成熟を見せた仕事だが、1288年のヴィノドル市法に関する『ヴィノドル市法に見るクロアチア貴族封建制』を著したのはこの時期だった [HR 0692]（1952年）。広い視野からの比較、および史料の渉猟により、クロアチア社会の主要な階層（農民、聖職者、貴族、「外来者」）、司法体系、そして自治都市の特徴を分析した。おそらくシシチに次ぐクロアチア中世史研究の最高峰はバラダであろう。

　V.ノヴァク（1889-1977）は多分野にわたって活躍した研究者だった。ザグレブ大学哲学部卒業後、1年間ローマで歴史補助学を専攻し、晩年はまたこの分野に立ち戻る。ギムナジウム教師兼図書館員として働いた後、1920年にザグレブ大学の歴史補助学・歴史方法論講座准教授に就任した。1922年に教授となる。さらに1924年にベオグラード大学のクロアチア史および歴史補助学担当教授として招聘され、1959年に退任した（第二次世界大戦中は強制収容所に入れられた）。初期の研究論文（「スプリト大司教座創設期の帰属問題」1923年 [HR 0693]）でクロアチア中世史に取り組んだが、じきに、19世紀クロアチア国民運動で南スラヴ主義的傾向を代表した者たちの伝記を次々に書き始めた。目的はしばしばセルビア人に向けた啓発であり、これはシシチから受け継いだものと思われる。ラチュキの伝記では、歴史家としての彼の成長過程を正面から取り上げた（1925年）[HR 0694]。その後、ザグレブ司教ヴルホヴァツの伝記を著した（1928年）[HR 0695]。ノディロ伝では彼の反聖職主義を強調したが、反聖職主義はノヴァク自身のお気に入りだった（1935年）[HR 0696]。他方シュトロスマイエル伝で最も強調されたのは教皇との対立だった（1941年）[HR 0697]。1955年にはククリェヴィチ伝を出版した [HR 0698]。ノヴァクの反聖職主義はその後も健在であり、1945年以降はもちろん何の遠慮もいらなくなった。西方教会すなわちヴァティカンが、クロアチア史において破滅的な役割を果たしたと

見なした（『大罪』1948 年[HR 0699-0700]）。ヴァティカンとユーゴスラヴィアの関係について、1953 年に、第 1 巻となる著作を出版した[HR 0701]。この時に歴史補助学に回帰し、個人的な見解も取り入れた古書体学の教科書（1952 年）[HR 0702]、および論文「古書体学と 7-15 世紀のスラヴ語・ラテン語共存」を書いた（1957 年）[HR 0703]。ボギシチとラチュキの往復書簡を出版し（1960 年）[HR 0704]、19 世紀に関する研究も継続した。ノヴァクはバラダのような没頭型の学者ではなく、政治的に都合のよいテーマに傾きがちだったが、熱心に資料収集を行ない、それによって歴史界の重鎮となった。

　J. マタソヴィチ（1892-1962）は別なタイプの研究者だった。弟子の I. カラマンはマタソヴィチの記念論集で、師は人々の日常生活を描いた稀有な歴史家であると強調した。ザグレブ、チューリヒ、ウィーンの大学で学び、ボゴミール＝パタレニ派運動に関する研究史を書き、ウィーンで学位を得た。1920 年にザグレブの国民博物館に職を得た後、1924 年にスコピエ大学近代史講座に移り、1925 年に員外教授、1932 年に正教授となった。1941-58 年にはザグレブ国立文書館館長でもあった。館長職にある間に、1943-45 年に世界文化史を、1946-59 年に歴史補助学を講座主任として教えた。

　まだギムナジウムの学生だった時、マタソヴィチは権利党の『青年クロアチア』に寄稿した[HR 0705]。最初の専門研究である、1848 年戦争を扱う『オズラ以前』では、いまだに政治史が主題だった（1919 年）[HR 0706]。のちに広い意味での文化史に携わる。例えば 18 世紀太守領の商業を扱った論文などは経済史も含む内容だった（1919 年）[HR 0707]。博士論文の一部を改稿して公表した論文もある（「パウロ派の歴史叙述瞥見」1920 年[HR 0708]、「パタレニ派に関する 3 人の人文主義者の見解」1930 年[HR 0709]）。18 世紀ヨーロッパについて大規模な総合的文化史『優美な世紀』の刊行に取り組んだが、未完に終わった（1921 年）[HR 0710]。1922 年から 1935 年まで『国民考古』誌を編集し、同誌に多数の論考を発表した。例えば国民覚醒期と新絶対主義期のザグ

レブの日常生活を描く論文「古きザグレブ」（1922 年）[HR 0711]、M. A. レルコヴィチ隊長（1732-98）と 18 世紀末のヴィンコヴツィ商会に関する論文（1923 年）[HR 0712]などである。『18 世紀ザグレブの家具』は経済史にも新たな知見をもたらしたが（1925 年）[HR 0713]、そこで利用した遺産目録は新種の史料だった。1923 年に七年戦争に関するセルマゲ伯爵の書簡をドイツ語で出版した[HR 0714]。サヴォワ公オイゲンの 1697 年におけるサライェヴォ滞在について（1927 年）[HR 0715]、またオシイェクの古橋についても著作を著した（1929 年）[HR 0716]。連載論文「ザグレブ聖堂参事会の商人レナルド」では、17 世紀リュブリャナ出身のミルポチェル（ミュールバウア）という商人の人生を紹介したが[HR 0717]、完成に至らなかった。ボスニアのイスラーム教徒が 18-19 世紀に行なった悪魔払いについての論考は、医学史的な関心に基づいていた（1931 年）[HR 0718]。1937 年に『初期近代のボゴミール史叙述』という人文主義期の原典を集めた資料集を出版した[HR 0719]。1955 年には S. テケリヤ（1761-1842）が 18 世紀末および 1811 年に行なったロシア旅行について、大部の研究を著した[HR 0720]。文化財保護の分野でも活動し、第一次世界大戦時には多数の貴重な文化財を金属物資の徴発から守り、戦間期も文化財保護に貢献した。多作だったが、扱った問題が多彩すぎた。研究の規律を保持することより、関心の広がりを優先させたようである。そのため経済史と社会史において独自の地位を占めるとはいえ、専門業績で名を残したというより、むしろ門弟たちの思い出の中で生きている。

　マタソヴィチと似た傾向を持つが、経済史への関心がいっそう強いボスニアの歴史家がいる。H. クレシェヴリャコヴィチ（1890-1959）は、サライェヴォの教員養成校を卒業しただけだが、独学で知識を身につけた。やはり文化財の保護に取り組み、1945 年にボスニア学術協会、のちのアカデミーのメンバーに選ばれた。主にオスマン期に関する大小の論文を書いた。「オスマン期ボスニアの出版」（1920 年）[HR 0721-0722]、「占領前のボスニア・ヘルツェゴヴィナの雑誌」（1922 年）[HR

0723]、ボスニア・ヘルツェゴヴィナにおける1462-1878年のギルドと手工業に関する論文の第1部〔サライェヴォ編〕（1935年）［HR 0724］［第2部モスタル編は1951年［HR 0725］］、1462-1916年の公衆浴場に関する書物（1937年）［HR 0726］、鉄加工業の中心地ヴァレシュの1891年までの歴史（1942年）［HR 0727］などである。「ボスニアの古い都市」（1953年）［HR 0728］や『ボスニア・ヘルツェゴヴィナの管区』（1954年）［HR 0729-0730］でもオスマン期を論じている。高度な専門教育を受けていれば、これらの業績はさらに実り多いものになったであろうが、実態は興味深い材料を多数提示するにとどまっている。

A.イェラチチ（1892-?）はかなり例外的な人物である。18世紀のクロアチア移民の子孫としてキエフで生まれ、サンクトペテルブルク大学を卒業した。途中でエスエル党に入党し、右派に属した。1918年にキエフで教授資格を取得し、その後しばらくサンクトペテルブルク大学の員外教授だったが、1920年に祖先の国へ移住した。帰国に際してシシチの援助を受けて取りかかった仕事は、主要業績の一つ『クロアチアおよびスラヴォニアにおける1848-49年の農民運動と農奴解放』としてまとめられた（1925年）［HR 0731］。農民運動に関する多数の資料を短期間で集め、往時の出版物を詳細に調査し、膨大な文書館資料を渉猟した。遠来の人間の新鮮な目で問題を見つめた。イェラチチ自身の記述によると、クロアチアの内政問題に関する資料が見つからなかったため、I.マジュラニチの孫に聞いたところ、J.イェラチチによる農奴解放令を最初に提案したのがI.マジュラニチであることがわかった。J.イェラチチ総督については、保守的だが、啓蒙的な人物として描いている。土地の分割を求める農民運動は目標を実現できなかったが、農奴制を復活させることはもはや不可能だという最終的な結論に達した。他の業績も1848年への関心を示している（『クロアチアの1848年運動における社会政策と国民政策』1925年［HR 0732］、『クリジェヴツィ県における1848年運動の始まり』1929年［HR 0733］、『1848年クロアチアにおける国民の要求』1930年［HR 0734］）。ロシアで得た知識は、通史的な業績で活用された（『ロシア史』1929年［HR 0735］、『チェコスロヴァキア史』1931年［HR 0736］、『ポーランド史』1933年［HR 0737］、「ウジツェのソルブ人」1934年［HR 0738］）。亡命ロシア人の雑誌『ロシア・アルヒーフ』には「ロシア文学批評および社会思想における偉人たち」を連載した（1932-35年）［HR 0739］。1922年にスコピエ大学の講師に任命され、同大学年報で理論的論文「歴史学理論補論」を発表し（1937年）［HR 0740］、総括的な研究『ロシアとバルカン諸国の政治的、文化的関係概観』を公刊した（1940年）［HR 0741］。

J.タディチ（1899-1969）はザグレブ大学の他、ベルリン、ライプツィヒ、プラハ、ベオグラードの各大学で学び、1938年にザグレブ大学准教授、1951年にベオグラード大学教授（のちにセルビア・アカデミー会員）となった。業績はドゥブロヴニク史に関わるものであり、その関連から海運史にも取り組んだ。1932年に『16世紀スペインとドゥブロヴニク』［HR 0742］、そして『17世紀ドゥブロヴニクのユダヤ人』（1937年）［HR 0743］、さらに『ドゥブロヴニクの旅人』（1939年）［HR 0744］が出版された。1948年に『ドゥブロヴニク相貌』と題する個人論集を編み［HR 0745］、また『16世紀ドゥブロヴニクの海運組織』という書も上梓した（1949年）［HR 0746］。

同じくドゥブロヴニク史に携わった歴史家に、B.ツヴェトコヴィチ（1879-1952）がいる。『ドゥブロヴニクとルドヴィク大王1358-82年』（1913年）［HR 0747］、「ドゥブロヴニクとレオポルト1世」（1921年）［HR 0748］、そして『ドゥブロヴニクと神聖同盟—1538年と1570年』（1922年）［HR 0749］はいずれも多くの新しい資料を提供した。ツヴェトコヴィチは研究主題について、争点が何かを明確にして、争点の解明を後世に託した。タディチと同様、ほとんどが一次史料に基づいた業績である。

J.ベーゼンドルファー（1876-1957）はスラヴォニアの発展を分析した。1915年に『アカデミー紀要』に「再併合直後のヴィロヴィティツァ県の生活1745-49年」を［HR 0750］、1931年に続編「1756年スラヴォニア土地台帳」［HR 0751］を発表した。最後に入念な序文と解題をつけてこの土

地台帳を出版した（1950 年）[HR 0752]。

　J. ヘルツェグは専門教育を受けた歴史家ではないが、広く読まれた彼の著書『ユーゴスラヴィア主義の先駆としてのイリリア主義』はここで取り上げるべきであろう[HR 0753]。この本でヘルツェグはクロアチア国民運動を情熱的に賛美した。生き残ったクロアチア人は国民運動により、〔ユダヤ教徒が〕紅海を渡って約束の地へと導かれたように救われたのであり、トルコ人、オーストリア人、ハンガリー人などの敵がクロアチア人に押しつけようとした筋書から逃れ出ることができたとした。またガイの言語改革がユーゴスラヴィア主義の最も確固たる基盤であるとした。この本では神の摂理にも相応の役割を割り当てた。

　V. フォレティチ（1901-86）がプラハ、ウィーン、そしてザグレブの大学で歴史・地理専攻を修了したのは、第一次世界大戦の終結後だった。中等学校で教師を務め、1941 年からドゥブロヴニクで文書館員に、そして 1949 年に文書館長となった。1929 年にドゥブロヴニクとコルチュラ島の歴史について著作を出したが[HR 0754]、コルチュラ島については 1940 年に書き直して『コルチュラ島中世史—1420 年まで』を公刊した[HR 0755]。戦後は港湾都市ドゥブロヴニクが関心の中心となり、経済史関係にも手を広げ、「ドゥブロヴニクとセルビア大ジュパン、ステファン・ネマニャの条約と古いドゥブロヴニクの世襲権」を書いた（1951 年）[HR 0756]。ドゥブロヴニクの文書館資料案内（1951 年）[HR 0757]、経済史論文「中世ドゥブロヴニクの海上商業および海事」を著し（1952 年）[HR 0758]、さらに 1151 年のザフムリェ侯デサのヴェネツィア宛文書 2 通を公表して、分析も加えた（1952 年）[HR 0759]。その後は再びコルチュラ島に立ち返った（「コルチュラ島のモレシュカ剣舞」1955 年[HR 0760]）。

　A. オレスニツキ（1888-1943）はボスニア・ムスリムの視点からオスマン統治下のボスニア史を探究した。多くの人にとって近づきがたいオスマンの史資料を利用したことが、彼の業績である。『トルコ人とクロアチア人の 1491-93 年戦争に関する逸名トルコ人作者の記述』（1933 年）[HR 0761]、『1493 年クルバヴァの戦いの勝者、ボスニア人ハドゥン・ヤクブ』（1938 年）[HR 0762]、「1001 年ラマザン 20 日（1593 年 6 月 22 日）のスィサクにおけるオスマン軍敗北の責任は誰にあるか」および「スィサクの戦いに関するオスマン史料の批判的概観」（『クロアチア考古学協会報』1942 年）[HR 0763]などである。

　M. ネハイェヴ（もともとの名は N. チフラル、1880-1931）は、ウィーンで化学の学位を取得した近代主義作家であり批評家でもあるが、歴史的な内容の著述もあり、言及に値する。「イヴァン・マジュラニチについて」（1930 年）[HR 0764]、および『二つの胸像—第 1 部クエン』[HR 0765]は厳格な学問的検証に基づく研究成果である。1871 年蜂起についての著書『ラコヴィツァ』もある[HR 0766]。

　S. クラニチェヴィチは熱心な農民党〔1904 年設立の大衆農民党の後継組織〕支持の批評家だった。『クロアチア農民運動』は新資料を列挙している（1937 年）[HR 0767]。『アンテ・ラディチ—その人生、業績、思想』は大衆農民党の設立者に贈る少々熱の入りすぎた賞賛であり（1940 年）、民衆の立場からクロアチアのエリート層を批判している[HR 0768]。クラニチェヴィチによれば、エリート層はローマ・カトリック的な文化を受容し、そのために民衆文化を軽視した。またエリート層が解放しようとしたのは民衆ではなく、祖国であった。

　J. ホルヴァト（1896-1968）は批評家だが、一般向けの通史を著した言及すべき人物である。2 巻本の『クロアチア政治史』を刊行したが（1936-38 年）、これは事件史中心だった[HR 0769-0770]。『スピロ—ある政治家の人生』は権利党指導者の人物像を描いた（1938 年）[HR 0771]。『クロアチアの政党とイデオロギー』（1939 年）[HR 0772]、および『スタルチェヴィチ—文化史的肖像』（1940 年）[HR 0773]でも、権利党に肩入れしつつ、政治の展開を考察した。版を重ねた 2 巻本の『クロアチア文化の 1000 年』は膨大な資料やいくつかの視点は注目に値するが、政治事件史中心であり、経済と社会にはほとんど触れなかった（1939 年）[HR 0774-0776]。

　以下では文学史家と言語学者を何人か挙げよう。

歴史的な問題にも関わる仕事を残しており、その業績を見過ごせない人々である。T. マティチ（1874-1968）はウィーンでヤギチ門下生として文献学を研究した。ウィーンではギムナジウム教師、次いで中央官庁官吏として勤務した。クロアチアの古い文学、中でもフランスやイタリアとの関係を主な研究主題とし、歴史にも言及した。「クロアチアの作家クハチェヴィチとブリニェ蜂起」（ドイツ語、1913 年）[HR 0777]、『ドラシュコヴィチの青年期』（1914 年）[HR 0778]、および「ヨーゼフ 2 世没後の政治史に関するヨシプ・ケレストゥリの見解」（1941 年）[HR 0779-0780]は、読者をクロアチア再生運動の始まりへといざなうものである。マティチは、こうした研究を基に、ヴェネツィア支配下のドゥブロヴニクのクロアチア人作家たち、その時代、人文主義文学に関する長大な論文を書いた（『アカデミー紀要』1925-27年）[HR 0781-0782]。また 1955 年に、リッテル＝ヴィテゾヴィチのラテン語＝クロアチア語辞書について論文を発表し[HR 0783]、1957 年には『ズリニアス』[N. ズリンスキ（1620-64）『アドリア海のサイレーン』の通称）の P. ズリンスキによるクロアチア語の翻案について『ペタル・ズリンスキ―アドリア海のサイレーン』を上梓した[HR 0784]。

言語学者 P. スコク（1881-1956）はウィーンでロマンス語学とゲルマン語学を学び、1917 年にザグレブで員外教授、1919 年に正教授となり、1952年までロマンス語学講座主任を務めた。1947 年にアカデミー会員になった。固有名詞学に関するやや短めの論文が重要である[HR 0785]。クロアチアの中世ラテン語辞書編纂にも携わった[HR 0786]。ドゥブロヴニクの形成について（フランス語、1931 年）[HR 0787]、地中海世界へのスラヴ人の登場について（1934 年）[HR 0788]、そしてアドリア海諸島におけるスラヴ語的要素とロマンス語的要素について研究を著した[HR 0789]。

F. ファンツェヴ（1882-1943）はザグレブとウィーンでスラヴ語とロマンス語の文献学を学び、文学史家となった。教員や図書館員を務めた。1919-26 年にはザグレブ大学図書館館長だった。1925 年にアカデミー会員となり、1926 年にザグレブ大学でクロアチア古文学教授に就任した。「イエズス会と 18 世紀スラヴォニアの文学」（1922 年）が最初の重要な仕事であり[HR 0790]、クロアチア語によるプロテスタント文学にも取り組んだ。この他にクロアチア再生運動に関する優れた論考も書き、関連の史資料を公刊した。すなわち『クロアチア再生運動の起源に関する資料 1790-1832 年』（1933 年）[HR 0791]、『クロアチアのイリリア運動は我々の自生的運動である』（1935 年）[HR 0792-0793]、「クロアチア再生運動におけるイリリア主義」[HR 0794]、社会史の視点からも有益な「クロアチア再生運動文学における農夫」（1937 年）[HR 0795]、「1832 年以前のドラシュコヴィチ伯爵」（1937 年）[HR 0796]などである。「クロアチア文学の発展におけるドゥブロヴニク」という研究もある（1937 年）[HR 0797]。

国民再生期についての真の専門家は A. バラツ（1894-1955）である。ザグレブでスラヴ学を研究し、1930 年にザグレブ大学のユーゴスラヴィア文学准教授、やがて教授となった。『イリリア』は 1931 年にセルビア人の一般読者向けに書かれた初の概説である[HR 0798]。綿密な総合的研究を著すのは 1945 年以後であり、『クロアチア文学―再生からユーゴスラヴィア成立まで』の第 1 巻『イリリア主義文学』（1954 年）および第 2 巻『50 年代と 60 年代の文学』（1960 年）[HR 0799-0800]がある。この著作でバラツはイリリア人を、1867 年にすべての望みをかなえたハンガリー人と対比し、なぜイリリア人が成功しなかったのか、その理由を個々人の見解、広い歴史的な枠組み、そして全体の紙幅の半分近くを割いて、作家ではなくジャンルや様式などの視点から論じた。バラツは社会の弱さをよく理解していたが、貴族の身勝手さを誇張しすぎたかもしれない。世界文学を鳥瞰する視野を持ちながら、残念なことに、同時代のセルビア文学やスラヴ文学一般に見られたクロアチア文学と類似の特徴は一顧だにしなかった。

S. イェジチ（1895-1969）もこの時代に取り組んだ文学史家である。ウィーンで文献学を学び、1945 年以後は高等師範学校教員となった。もともとは、古い時代の文学を調べ、F.K. フランコパン

の人生と業績について本を書いた[HR 0801]。最初の概論は『クロアチア史におけるイリリア運動』だった（1936年）[HR 0802]。イリリア運動期の文学選集『イリリア選集―クロアチア再生の文学的資料』を1934年に出版し、序文を付した[HR 0803]。その改訂版『19世紀前半のクロアチア再生―史的概観と記録』は1944年に出版された[HR 0804]。

M.ブレイェル（1863-1946）はクロアチアの文化と出版に大いに貢献した。トリエステ、ウィーン、ハンブルクで高等商業専門学校を卒業した。1903年にザグレブで古書店を開いてカタログと目録を出版したが、論文や本も執筆した。例えばドイツ語で『新しいクロアチアの書籍流通業』（1910年）[HR 0805]、および数編の伝記（『ザノヴィチ伯爵と息子たち 1720-1834年』1928年[HR 0806]、『イストリアのルペティーノ師』1936年[HR 0807]、『フラン・クレラツ』1938年[HR 0808]）を著した。クロアチア語による書籍の始まりについてフランス語で（1955年）[HR 0809]、また、1593年のスィサクでの勝利に対する国内外の反響について著作を著した（1943年）[HR 0810]。1937年にウィーンでドイツ語のカタログ『南スラヴの稀覯本』を出版したが[HR 0811]、1952年には新資料を補遺として付け加え、クロアチアで出版した[HR 0812]。

R.マイクスネルはウィーン、プラハ、パリ、ザグレブで文学史を研究した批評家である。1959年にスコピエ大学フランス語教師に任命された。フランス・ユーゴスラヴィア関係の歴史的側面に関する諸研究を著した。『ドラシュコヴィチ伯爵とフランス』（1938年）[HR 0813]、『総督イェラチチのフランス密使ブルリチ』（1939年）[HR 0814-0815]、「1866年トカラツの反オーストリア宣伝」（フランス語、1945年）[HR 0816]、「シャルル・ノディエとイリリア」（フランス語、1931年）[HR 0817]などがある。

B.ユリシチ（1891-1974）はザグレブで哲学部を、その後ウィーンとザグレブで法学部を卒業した。ギムナジウムの、次いで高等専門学校の教員となった。1943年に権利党指導者スタルチェヴィチの選集を出版した[HR 0818]。

3. 経済史

他の多くの国々と同様に、最初に経済史に取り組んだのは経済学者だったが、クロアチアでそれが始まるのはかなり遅かった。ここで取り上げる価値があるのは、1945年以降も活発な研究活動を続けたR.ビチャニチ（1905-68）だけである。パリに留学して経済学を修めた後、留学前に学んだザグレブ大学法学部で1931年に博士号を取得した。当時はまだ経済学部が存在しなかったためである。第二次世界大戦中は亡命した。1946年にザグレブ大学法学部の経済学教員に任命された。戦前に経済学的な研究である「クロアチアの1873-95年農業危機と経済・社会構造への影響」（1937年）[HR 0819]、および『クロアチア問題の経済的背景』（1938年）[HR 0820-0821]を発表した。経済学的な性格の強い研究から経済史的研究へ、そして初期資本主義研究に移行したのは1945年からである。入念な資料収集に基づいた『封建社会から資本主義への移行期におけるクロアチア経済』の、第1巻『マニュファクチュア時代1750-1869年』は、後世に残る研究である（1951年）[HR 0822]。これより短編の『クロアチア経済および政治における資本主義の始まり』は1952年に出版された[HR 0823]。

4. 法制史

法制史についてはこの時期にも、複数の研究者の名を挙げることができる。M.ラノヴィチはザグレブで法学部を卒業後、長年にわたって裁判官を務めたが、1927年にザグレブ大学で一般法制史の、1940年には教会法の教授となった。1918年以前にも教会法に関して短い法制史研究を発表している（「クロアチアのギリシア・カトリック教会」1912年[HR 0824]、「セルビアの教会組織」1917年[HR 0825]）。『西欧封建制とハンガリー＝クロアチアにおける前国民主義期の体制』（1928年）[HR 0826]、そして『三部法書の私法』（1929年）[HR 0827]において〔ハンガリーとの〕共生時代の問題を扱い、のちにクロアチア国家の国制問題

についても論文を書いた[HR 0828]。

A. ダビノヴィチ（1882-1964）はザグレブ大学法学部を卒業し、1934-45年にザグレブ大学法制史准教授、次いで教授となった。一般史に関心を抱いており、それが法制史研究にも表れただけでなく、次のような諸研究へ向かうことにつながった。すなわち「1869年のボカ住民蜂起の背景」（1929年）[HR 0829]、『ヴェネツィア統治下のコトル』（1934年）[HR 0830]、『第2次スカダル（スクタリ）戦争時のコトル1419-23年』（1937年）[HR 0831]、「フランス革命とクロアチア・ナショナリズム」（フランス語、1939年）[HR 0832]などである。「ダルマチアがコンスタンティノープル総主教座管轄下に入ったのはいつか」では、最終的な結論を見出すことはできなかった（1930年）[HR 0833]。大規模な通史を構想したが、1526年までを扱う第1巻『クロアチア国家・法制史』しか出版されなかった（1940年）[HR 0834]。同書の特徴は次の通りである。時代区分に関しては、クロアチア＝ハンガリー共同国家の始まりではなく、ビザンツのダルマチア支配が終了した1180年を画期として、クロアチア法制の発展を明確に西欧の発展だけに結びつけた。また、狭義の国家や法制だけでなく、都市組織や教会にもテーマを広げた。小時代区分ごとの導入部で政治事件史をかなり詳細に書いた。記述は法律家としての厳密さに欠けるものだった。要するに、同書は〔法制史というより〕むしろヨーロッパ史を背景とする中世クロアチア史を描いた書物であり、個々のテーマについて、前史はいつもカール大帝、あるいは少なくともハンガリー王聖イシュトヴァーンから始まるという具合だった。

M. コストレンチチ（1884-1976）はザグレブとウィーンで法学を学んだが、これを別として1909-11年にスラヴ法制史をプラハ、ワルシャワ、クラクフ、リヴィウの各大学で学び、最後に再びウィーン大学で研究した。1912年にザグレブ大学クロアチア法制史の教授資格を得て、1913年に同大学員外教授、1916年に正教授となった。1930年代には政府高官となり、1941-42年には強制収容所に入れられた。1945年、再びザグレブ大学教授となり、1955年に年金生活に入った。早くも1921年にユーゴスラヴィア科学芸術アカデミー会員となり、1930年にセルビア・アカデミー準会員に選ばれた。初の業績は教科書として書いた概説『クロアチア法制史』である（1919?年）[HR 0835]。コストレンチチも1288年のヴィノドル市法について『アカデミー紀要』に大論文を掲載した（1923年）[HR 0836]。（その後、1949年に豊富な解説を付した改訂版を発表した[HR 0837-838]。）中世ダルマチア都市の成立をシシチ記念論集に寄稿した（1929年）[HR 0839]。『15世紀末までのセルビアとクロアチアの法制史における公的信頼性』を書くにあたって、比較のために大量の資料を集めた[HR 0840]。このベオグラードで出版された著書では、ダルマチア、ゼタ、ハンガリーの諸制度も研究対象に含め、起源がスラヴにあることを一貫して強調した。トロギル型のダルマチア都市の自由について分析した研究もある（『アカデミー紀要』1930年）[HR 0841]。しばらく成果を発表しない時期があったが、1945年以降に発表を再開した。ドゥシャン法典を時代の反映と見なす論文を書き（1951年）[HR 0842]、さらに大きい総合的研究の準備をしたが、第1巻『クロアチア国家およびクロアチア法制史概論』の出版で終わった（1956年）[HR 0843]。

M. ヴラディサヴリェヴィチは二つの業績、『ハプスブルク君主国内におけるクロアチアの国法上の地位』（1937年）[HR 0844]と『オーストリア＝ハンガリー統治下のクロアチア自治』（1939年）[HR 0845]で、クロアチアにおける通説的解釈をハンガリーにおける解釈と突き合わせて、次のように結論づけた。すなわち、クロアチアは君主国内の一領邦ではなかった。なぜなら一定の自立性を保持していたからである。ただし、この地位をどの程度まで実現できたかは疑問である、としたのである。

5. 教会史

すでに幾人かの教会史研究者に触れたが、この時期に教会史に取り組んだ研究者は多くない。J. シムラク（1883-1946）が二つの業績を著した。『17-18世紀の南スラヴ人と教皇庁の関係』は、

第 1 期、つまり 1611-66 年についてのみ叙述している（1926 年）[HR 0846]。もう一つの業績は『17 世紀北部ダルマチアの教会合同』である（1929 年）[HR 0847]。

6. 歴史補助学

すでに見たように、歴史補助学に取り組む研究者は少なからずいたが、主要な研究対象とはならなかった。J. ナジ（1884-1981）もまた他の分野を研究していたとはいえ、歴史補助学を語るに際して名前を挙げないわけにはいかない。グラーツとウィーンで歴史学とスラヴ学を修め、1911-12 年にパリのエコール・デ・シャルト〔古文書学院〕で歴史補助学を、同じくエコール・デ・シアンス・ポリティック〔政治学院〕で外交問題を研究した。その後もこの両分野の研究を続けたが、歴史補助学上の成果の方が重要である。ナジはザグレブ高等経済学校の外交史教授であり、専門分野で論文を執筆した。クロアチア史についてならば、中世史であれ、近代史であれ、研究を行なった。業績としては『ボスニア太守とドゥブロヴニク間の最初の協約』（1931 年）[HR 0848]、『60 年代の運動における歴史的権利』（1930 年）[HR 0849]、「東方問題におけるプツィチとスタルチェヴィチ」（1937 年）[HR 0850]などがある。しかしより重要な業績は、大学教育に向けた参考書『ラテン語古書体学概論』である（1925 年）[HR 0851]。クロアチア民族王朝期の文書発給についても多数の業績があり、『文書集成 1. クロアチア民族王朝期文書集』の他に（1925 年）[HR 0852]、1925-37 年に『文書館報』誌上に「文書形式学・古書体学研究」という題で民族王朝期の文書に関する研究を連載した[HR 0853]。他方で『聖なるクロアチア』誌に修道院文書について執筆し（1933-34 年）[HR 0854]、1939-41 年には別誌に「従来の研究におけるクロアチア君主の文書」を連載して[HR 0855]、旧説に疑問を呈した。

古銭学の分野では I. レンギェオ（1884-1962）の名を挙げるべきである。ザグレブで大学を卒業した後、ギムナジウム教師として働き、1933 年から『古銭学』誌を編集した。研究の多くを同誌に発表した。専門的には高い水準にあったが、形式的な分類ばかりを追究した。当時の古銭学において、経済史的な探究はまだ一般的でなかった。「我が国の古銭」（1926 年）[HR 0856]、『ボスニアのトルコ貨幣』（1933 年）[HR 0857]、「太守 P. シュビチの貨幣」（1936 年、自身の雑誌に掲載）[HR 0858]、「クロアチア＝ダルマチア貨幣」（1934 年）[HR 0859]、「最初期クロアチア貨幣」（1936 年）[HR 0860]、「ボスニアの太守・国王の硬貨」（1943 年）[HR 0861]などを著した。1945 年以降も古銭学研究を続け、『スロヴェニア中世の硬貨』を上梓した（スロヴェニア語、1959 年）[HR 0862]。1959 年にドイツ語で出版された総合的研究『クロアチア、スラヴォニア、ダルマチア、ボスニア中世硬貨集成』が示すように[HR 0863]、系統立てて分類することに優れていた。

7. 考古学

考古学とその関連分野においては、V. ホフィレル（1877-1954）がこの時期における最高権威であり、実際に優れた専門家だった。ザグレブとウィーンで考古学を研究した後、ウィーンでヘルネスからギリシア・ローマ刻銘学を学んだ。1901 年からザグレブで博物館員として働き、1924 年に考古学・歴史学部門長となり、大学でも古典文献学教授となった。1902 年に最初の比較的大きな研究、トラキアの馬の意匠に関する論文を発表し[HR 0864]、ブルガリアの考古学研究に接近することとなった。1906 年にはドイツ語で刊行された『ブルガリアの古典古代遺物』の編著者となった[HR 0865]。『ラテン語刻銘集成』シリーズでは、イタリアやブルガリアに関わる巻の共同執筆者でもあった[HR 0866-867]。1928-42 年には考古学協会の雑誌編集に携わった。ダルマチアおよびスラヴォニアで発掘の指揮を取り、先史時代とローマ時代の埋蔵物を発掘した。活字で公表した重要な研究成果は古代ギリシア・ローマについてだった。1915 年に『クロアチア考古学協会報』に論文「ヴィンコヴツィのローマ期陶器埋蔵物」を掲載した（ヴィンコヴツィはホフィレルの生地）[HR 0868]。パリで『古典古代用具集成』（2 巻、1933-

38 年）を上梓した[HR 0869-0870]。その第 1 巻でヴチェドルでの発掘品を紹介した。1938 年にドイツ語でサリアとの共著『ユーゴスラヴィア古典古代刻銘集』第 1 巻[HR 0871]を、1940 年にはやはりドイツ語で『シルミウム発掘序説』を出版した[HR 0872]。ホフィレルの研究は国際的な関心を集め、諸外国の学会は彼を会員として迎えた。

ホフィレルは厳格に考古学と刻銘学の領域にとどまったが、Lj.カラマン（1886-1971）は歴史学でも有益な仕事を残した。それでも、やはりカラマンを考古学者と見なすべきである。ウィーンで歴史・地理専攻を修了したが、考古学と美術史も学んだ。M.ドヴォジャークとスチシゴフスキのもとで博士論文を書いた。文化財保護の分野で働き、1926 年からスプリトでダルマチア文化財保護部門の長となり、1945 年以降は全国の文化財保護の統括者となった。著書、論文を合わせて 300 以上の業績がある。カラマンは研究の中で一般史、文化財保護、文化史、美術史を有機的に結びつけた。ブリチと共同でスプリトのディオクレティアヌス帝宮殿についてモノグラフを公刊し（1927 年）[HR 0873-0874]、ダルマチアにおけるクロアチア史の始まりに関する『クロアチア史の揺籃期』を書いた（1930 年）[HR 0875]。「国民教会に関するクロアチア国王の政策」では、研究者が教会の国民的性格に対して無関心であると批判した（1931 年）[HR 0876]。1933 年に 15-16 世紀ダルマチアの美術について著書を出した[HR 0877]。カラマンの著書の多くは啓蒙書風であり、資料についての該博な知識が示されている。『歴史と美術の中のダルマチア』は 1918 年までを扱い、従来の通説に反して、ナポレオン統治を否定的に評価した（セルビア語、1934 年）[HR 0878]。それはナポレオンがエトノスの利害を正当に認めなかったからであり、実際、住民がオーストリア軍を歓迎した一因はここにあったとする。カラマンは国民再生におけるダルマチアの重要性を強調した。論集『随筆と論説』も一般向けであり、歴史的論考も収録されている（1939 年）[HR 0879]。例えばクリス城の歴史を造営から 19 世紀末まで概観した論文、あるいは、1380 年代のよく知られた〔ハンガリー王国〕南部地方での事件をクロアチア独立戦争として意義づけた論考などである。「7、8 世紀ダルマチアの文化財とクロアチア人のキリスト教化」は、論争中の問題について、7 世紀説を支持した（1942 年）[HR 0880]。1952 年にもダルマチア美術に関する概論を出版した[HR 0881]。カラマンの数多くの研究は、中世ダルマチア都市史に関する重要な補論でもあった。美術史に関しても外国、とりわけイタリアの影響を過大評価する従来の見解に対し疑義を呈し、形態分析によって内的要因を外的影響から分別した。クロアチアの歴史学においては数少ない、多面的で多彩な人物である。

A.グルギン（1888-1935）はブリチの同僚であり、かつまた協力者の役割を果たした。ウィーンで古典学を修め、その後パリで考古学研究を続けた。短い期間、スプリトでギムナジウム教師を務めた後に、没するまではスプリトの博物館員として働き、ブリチを補佐した。中世考古学、古銭学、刻銘学に関わるテーマで多数の論文を発表した。スプリトの考古学博物館が第一次世界大戦後に行なった活動について、1935 年に『ユーゴスラヴィア史学雑誌』誌上で詳しく報告した[HR 0882]。

M.アブラミチ（1884-1962）はウィーン大学で学び、その後レヴァント地方の海岸で行なわれたすべての発掘に参加した。1920 年にスプリトで博物館副館長となり、1924 年にはブリチの後任として館長となった。1937 年にユーゴスラヴィア科学芸術アカデミー準会員、1947 年に正会員となった。1909 年から研究を発表し始めたが、当初はドイツ語で書くことが多かった（「ヴェルムのローマ後期墓出土品」1909 年[HR 0883]）。ダルマチアとイストリアの発掘調査を主導し、ギリシア・ローマの遺物を発見した。プトゥイでの発掘調査成果を 1925 年にモノグラフとして公刊し（『ポエトヴィオ』[HR 0884]）、1930 年にはダルマチアにおけるビザンツ美術について概論を書いた[HR 0885]。クロアチアの古典期文化財に関する優れた研究者である。

S.グニャチャ（1909-81）は新世代に属し、業績の大半が第二次世界大戦後に発表された。ザグレブ大学を卒業し、1933 年にクニンで博物館長となった。1941 年〔のドイツ軍侵攻〕に際しては、

博物館の収蔵品を災禍から守り抜き、その後は反体制運動に身を投じた。1944 年にザダルとクニン、そしてスプリトの博物館長に復職した。『ツェティン県における地誌的問題』は最初の学問的成果の一つである（1937 年）［HR 0886］。

8. クロアチア独立国の歴史叙述

〔1941 年の〕ウスタシャによるクロアチア独立が、歴史叙述の発展に与えた影響はわずかである。ウスタシャ政権が短命だったこともあるが、歴史研究に携わる人々がウスタシャ政権の要求には、ほとんど関わろうとしなかったためでもある。1943 年に学問を組織する中央機関として国立歴史博物館が設立され、シュヴォブが臨時館長となった。雑誌『クロアチアの過去』も引き続き R. ホルヴァトの編集により刊行されたが、まるで世界大戦など起きていないかのように、淡々と地方史研究を発表し続けた。1943 年に新雑誌『クロアチア歴史雑誌』が発刊され、すでに紹介したバラダと Lj. カラマンが編集した。同誌にもバラダの論文を始めとして、学術論文が掲載された。新体制は複数の歴史書を出版することで政権の正当性を証明しようとした。例えば『太古から 1463 年までのボスニア・ヘルツェゴヴィナにおけるクロアチア人定住』を挙げることができる（1942 年）［HR 0887］。これにはシシチの遺稿も掲載され、他の歴史家の論考も再録された。

以下では、これまで言及しなかった歴史家のうち、1941 年以前から業績を発表していた者を挙げよう。とりわけファシスト国家とその指導者の言葉を、比較的真剣に受け止めたと思われる歴史家たちである。まず D. シュヴォブ（1907-45?）である。彼はザグレブ大学を卒業後、先に言及した 1943 年新設の博物館長に任命され、同時にクロアチア史講座の員外教授となった。中世バルカン史に取り組み、1935 年に論文「14 世紀におけるブルガリア皇帝スラチミルのヴィディン建国」を発表した［HR 0888］。「プタリの聖ジョルジェの偽文書」は物議を醸した（1936 年）［HR 0889］。というのも、幾度となく言及され、また利用もされてきた 852 年のトルピミル王文書の信憑性に疑義を表明したからである。つまり、シュヴォブによれば、一番古い写しでも 1568 年のものでしかないからである。

体制に真に忠実だったのは S. アントリャク（1909-97）であろう。『クロアチア歴史雑誌』に激烈な批評を書いた S.A. という匿名の著者は、おそらくアントリャクである。最初は国民再生開始期のダルマチアについて研究し、『レオーベン休戦とカンポ・フォルミオ和約におけるダルマチアとヴェネツィア』を著した（1936 年）［HR 0890］。1944 年にも『数世紀にわたるダルマチア問題』という概論を著した［HR 0891］。『クロアチア概史』は明らかに体制に貢献する目的で書かれたが、特に影響力があったわけではない（1942 年）［HR 0892-0893］。これは短い編年史に、国家組織や社会構造に関する些細な（時に数行の）概要をつけた本に過ぎない。1918 年までに関しては通説から大きく外れることもなかった（従来論争が絶えなかった年号に関して、独断を振るったせいで、読者をかえっていらだたせる結果となった程度である）。アントリャクによると、クロアチア人はアーリア（インド・ゲルマン）人種に属した。またクロアチア人は最新の研究によれば、スラヴ人ではなく、イラン＝アラン人であり、また別の研究ではゴート族に起源を持つとも述べた（この点についてはさすがにアントリャクも自分の立場を明言しなかった）。この本には執筆の動機がほのめかされている箇所もある。例えば、1858 年にクヴァテルニクはオーストリアに対抗するためロシアへ支援を求めに行くが、それがそもそも無駄であったとアントリャクは強調する。この事実は従来から周知のものであり、それをわざわざ短い編年史に特記したのは、明らかに何らかの歴史的意図を込めようとしたからである。オーストリアはそもそも両大戦間期の最良の慣行に従っても、敵対的感情を呼び起こす存在だった（ナチス・ドイツさえハプスブルク君主国を賞賛しなかった）。アントリャクによれば、クロアチアは 1918 年に独立を宣言したが、再び外国の支配下に置かれ、さっそく 1918 年 12 月 5 日に反対デモがザグレブで起きた。真の解放は 1941 年 4 月 8 日におけるクロアチア兵の蜂起から始まり、指導者 A. パヴェリ

チ（1889-1959）（ここで私は彼の名を挙げるが、アントリャク自身はこの名を記していない）の 4 月 15 日におけるザグレブ入城によって実現した。アントリャクの内容紹介はこれくらいで十分であるが、専門的見地から見て、当時の平均的水準に比して劣っていたわけではないことを付け加えておく。

E. バウエルは 1941 年に『三十年戦争期のクロアチア人』という比較的長い概説書を著した[HR 0894]。ドイツの文書館資料も利用したが、専門的な見地から見ると、やや準備不足の感がある。紋切り型だが詳細な事件史であり、クロアチア人が戦ったのは私利私欲のためではなかったこと、クロアチア人の勇敢さを世界に知らしめたことが同書から読み取れる。クロアチア兵は残酷であるという（シラー以来の）見解は、もちろん否定された。また、同書の別の箇所では、公式にクロアチア人連隊と呼ばれた部隊にクロアチア人が一人も存在しないことがよくあったと述べられている（クロアチア人は勇敢に戦った部隊だけにいたといいたいのである）。ドイツ語で出版された『クロアチアにおけるジャーナリズムの発展』は明らかに自己宣伝とプロパガンダが目的である。このうち 1941 年までに関しては、基本的に既知の資料や見解をまとめたものである（1942 年）[HR 0895]。他方、同時代については制度の解説も加えている（ラジオ局の内部組織に関する記述さえある）。しかし、当時の熱気に比べれば、控えめな解説ぶりだったといえる。

J. チュク（1891-1972）は従来地方史の研究に従事していた（「14 世紀半ばまでのポジェガ貴族とポジェガ県」『アカデミー紀要』1924-25 年[HR 0896]）。『13 世紀頃のザグレブ県』は当時流行だった定住史の方法を用いた著作である（1942 年）[HR 0897]（この方法は以前の研究でも用いていた）。杓子定規で断定的な語句の解説は時に読者をいらだたせるが、同書が独立期に出版されたことをうかがわせる唯一の証しは、書名の副題「クロアチア独立国家再建 1 周年にあたって」のみである。

9. マルクス主義の歴史叙述

マルクス主義歴史叙述の始まりは、クロアチアにおいても社会民主党の設立と結びついていた。1914 年までは唯物史観による啓蒙書という域を出なかった。それを超える業績が生まれるのは 1918 年以降である。

先駆者の中で言及に値するのは A. ツェサレツ（1893-1941）のみである。労働者の家に生まれ、進歩的な批評家となった。若い時から社会民主党の刊行物に寄稿して、1914 年に入党した。さらに 1919 年には共産党員となった。1922 年にソ連へ、1934-37 年にはスペインへ亡命したが、1941 年に処刑された。反ツヴァイ総督運動に関する小冊子『学生運動』を 1912 年に著した[HR 0898]。これが理由で禁固 3 年の判決を受けた。新聞に書いた記事を集めて『スチェパン・ラディチと共和国』を出版した（1925 年）[HR 0899]。1937 年にペンネームを使って『今日のロシア』[HR 0900]を、1940 年には 3 巻本の『ソ連邦旅行』を著した[HR 0901]。またこの間にスペイン内戦の体験を『スペイン描写』にまとめた[HR 0902]。クヴァテルニクのイデオロギー上の立場を記した著作（1940 年）[HR 0903]、および権利党の危機を記した文章（1951 年）[HR 0904]は歴史研究的性格を持つ。

本格的なマルクス主義による歴史研究の嚆矢は、V. コラチ（1877-1941）が上梓した 3 巻本の『クロアチアとスラヴォニアの労働運動史』である（1922-33 年）[HR 0905]。しかし史資料においても方法においても、これはブルジョワ史学の研究水準に及ばなかった（もちろんブルジョワ史学の研究対象はもっと古い時代だし、研究方法は型にはまった新味の乏しいものだったが）。

O. ケルショヴァニ（1902-41）はザグレブ大学林学部を卒業した後、共産党系の青年運動に加わり、1928 年に共産党員となった。急進的な批評活動を行ない、1930 年に逮捕された。マルクス主義的な通史『クロアチア史』[HR 0906]の完成を目指し、監獄で準備に取りかかった。その成果はユーゴスラヴィアにおけるマルクス主義の発展、階級闘争の展開、ダルマチアにおける政治と文化の

発展、作家の人物評などとして著された。当時のマルクス主義に見られる図式化と単純化が、ケルショヴァニの仕事にも看取できる。1941年3月に再び逮捕され、ドイツ軍の占領下で処刑された。

M. ドゥルマン（1902-41）はザグレブ大学の法学部生だった時に、労働運動に身を投じた。その後、運動から離れて、左派的市民の立場から論文や教養書を書いたが、多少マルクス主義的な見解が感じられる。例えば『1573年クロアチア農民蜂起』（1936年）[HR 0907]、あるいはL.ユキチのツヴァイ総督暗殺未遂に関する論文である（1937年）[HR 0908]。処刑は免れたが、空爆の犠牲となった。

第二次世界大戦後のマルクス主義歴史叙述を担う歴史家の中で、戦前すでに研究を発表していた二人の人物を簡単に紹介しておこう。V. ボグダノヴ（1902-67）はウィーンとベオグラードで大学を卒業し、ギムナジウム教師となった。何度も解雇され、1941-44年の間も失職した。労働運動には1919年に加わった。数冊の本と論文を著したが、師から学んだ叙述様式を踏襲することで、実質的に、マルクス主義的な視点を合法的刊行物にしのび込ませることに成功した。研究対象として好んだのは19世紀だった。最初の著書『ヴォイヴォディナのセルビア人蜂起と1848-49年のハンガリー革命』では通説と異なり、ハンガリー人およびハンガリー革命を敵対的にだけ描くことは避けながらも、セルビア人の蜂起については、ハンガリーが拒絶したことを理由に、正当化した（1929年）[HR 0909]。このテーマをハンガリー人の領主対セルビア人の農民と市民という構図によって補足したのが『1848-49年ヴォイヴォディナ住民とハンガリー人の国民的、社会的闘争』である（1936年）[HR 0910]。他にいくつもの著書を書いた。例えば、同時代のクロアチアについて（1936年）[HR 0911]、クロアチア問題について（1935年）[HR 0912]、『スタルチェヴィチとクロアチア政治』（1937年）[HR 0913]、『スタルチェヴィチと社会的正義』などである（1937年）[HR 0914]。こうした著作を通して、大クロアチア的排外主義と平民主義が衝突していることを示した。

J. シダク（1903-86）はボスニアのボゴミール運動を研究し（『我が国の歴史叙述における「ボスニア教会」の問題』1937年[HR 0915]、『独立「ボスニア教会」とその組織』1941年[HR 0916]）、1940年にこの主題で学位論文『ボスニア教会とボゴミール問題』を執筆した[HR 0917]。他の時代についても研究を残した（「スチェパン・ラディチのイデオロギー的成熟」1940年[HR 0918]など）。

以上の著作も含めて、人民解放闘争期における現実的な政治思想や歴史理論の応用から生み出された著作は、第二次世界大戦後の勝者となるマルクス主義的な歴史叙述の一部をなしている。

第 6 章

ルーマニアの歴史叙述

　ルーマニアの場合も、クロアチアと同じように二つの国家から説き起こさなければならない。ただ、この二つの国家はクロアチアよりも長期にわたって存続した。ルーマニア人の起源は今に至るまで論争の的である。ルーマニアでの理解によれば、ルーマニア人はローマ帝国の属州ダキアのダキア人とローマ人の混血から生まれ、それゆえにルーマニア人はルーマニア全領域における先住民でもある。他の理解では、例えばハンガリーの歴史家による解釈に従えば、ルーマニア人の起源はバルカン半島の内陸部に住むローマ化された人々、つまりヴラフ人と呼ばれる人々である。ヴラフ人は家畜の飼育を生業とする移動の民で、移動の結果としてドナウ川の北に広がる地域に居住するようになったという説である。いずれの説を採用するにせよ、13 世紀初頭までにルーマニア人はトランシルヴァニアおよびカルパチア山脈の北、東、そして南に広がる地域に居住するようになった。14 世紀頃、この地に二つのルーマニア国家が形成された。北方のモルドヴァと、南のワラキア（あるいはルーマニア語でツァラ・ロムネアスカすなわち「ルーマニア人の地」）である。この時ルーマニア人はすでに東方教会に帰属していたが、キリスト教への帰依自体はさらに数世紀前に遡ると思われる。

　両国家の内部編成は非常に類似しており、ともにビザンツ帝国を範とした。ハンガリーは中世において両国家に対して、あるいはワラキアに対して封建的臣従を認めさせようとしたが、モルドヴァはむしろポーランドの宗主権下に置かれることの方が多かった。

　15 世紀になると、拡大するオスマン帝国の勢力はここにまで達した。しかしこの地域はオスマン帝国のヨーロッパに対する主戦場ではなかったため、両侯国は大幅な自治を確保することができた。無論そのためにオスマンに貢租を支払わなければならず、その額は次第に増加した。侯は選挙によって選ばれたが、スルタンによる承認を必要とした。十五年戦争のさなか〔1600 年〕、ワラキア侯ミハイ（1558-1601）はモルドヴァの侯位も獲得し、さらに一時的だが、トランシルヴァニア侯位も掌中に収めた。ミハイによってルーマニア人の居住する全領域が統一されたのである。この統一は、もちろん、かなり後の時代になってからであるが、ルーマニア人の歴史意識に強く刻み込まれた。もっとも、ミハイの統一は一時的なものに終わり、オスマンの宗主権は依然として存在し続けた。

　変化は 18 世紀初めに訪れた。オスマン政府はギリシア人の侯をルーマニア両侯国に送り込み、これによって選挙侯制度は終焉した。頻繁に首をすげ替えられたギリシア人の侯は、イスタンブルのフェネルと呼ばれるギリシア人地区出身者が多かったため、ファナリオトと称された。この頃は多くのギリシア人が両侯国に領主や裕福な商人として居住した。ルーマニアの封建エリートはギリシア化した。状況が変わるのは 19 世紀前半だった。

　1821 年にギリシアで独立戦争が始まるとギリシア人はルーマニア両侯国の支援を期待した。他方、ルーマニアでも T. ヴラディミレスク（1780-1821）の指揮する蜂起が勃発した。しかし蜂起は当局によって鎮圧された。この頃になるとロシアによるルーマニアへの内政干渉が強ま

り、オスマン帝国と肩を並べるほどになった。この結果、ヴラディミレスクの蜂起以降、ルーマニア人を侯に任命せざるを得なくなった。1828-29年の露土戦争の結果、ロシアは両侯国を占領し、「組織規程」という名の憲法を施行させた。

この間、トランシルヴァニアおよびハンガリーのルーマニア人にも大きな変化が起こった。ハプスブルク政府は18世紀にローマ・カトリック教会と正教会の合同を強制し、ルーマニア人の合同派（ギリシア・カトリック）教会が誕生した。しかし正教を固持するルーマニア人も多く、その結果ルーマニア人は二つの宗派に分かれた。文化的発展という観点からすると、国家の支援を受けた合同派教会の方が重要な役割を担った。19世紀前半になると、ルーマニアの発展の重心は両侯国へと移り、モルドヴァとワラキアの合同という目標が活発に論じられるようになった。

1848年、ルーマニア人が居住するすべての地域で革命が勃発した。トランシルヴァニアのルーマニア人はハンガリー政府に反旗を翻した。モルドヴァとワラキアでも革命が起きたが、前者は一日で、後者は数カ月で鎮圧された。1853-56年のクリミア戦争時は両侯国ともオーストリアによって占領された。戦後の講和では、両侯国の合同は認められなかったが、両侯国に共通する制度作りは多少なりとも実現した。侯は選挙によってそれぞれ選出され、1859年初頭にモルドヴァ議会がA.I.クザ将軍（1820-73）をモルドヴァ侯に選出すると、ワラキアもこれに倣った。1861年にはフランスが両侯国の統一を支持し、ヨーロッパ列強は事実上、両侯国統一を承認することになった。

ここにルーマニアの近代化が始まった。新生国家は立憲君主政を採用し、農民への土地付与が行なわれた（それまでも形式的にはルーマニアに農奴制度は存在しなかった）。市民社会への転換の条件が生み出されたのである。クザ侯は1866年に政治エリート層によって退位させられたが、後継者の人選にルーマニア人はいかなる発言権も認められず、ヨーロッパ列強が長期にわたって外交協議を繰り返した。その結果、ホーエンツォレルン家の一門で、カトリックのジグマリンゲン家のカロル（1839-1914）が侯位に即いた。

1877年に再び露土戦争が勃発すると、ルーマニアはロシア側に立って参戦し、1877年春に完全独立を一方的に宣言した。ベルリン講和会議でルーマニアは正式に独立を承認されたが、ロシアにベッサラビア北部を割譲しなければならなかった。（代償にドブロジャ（ドブルジャ）を獲得したが、ルーマニア人はほとんど住んでいない地域だった。）カロルは独立後、国王を名乗った。

1912年に勃発した第一次バルカン戦争にルーマニアは参戦しなかった。しかし1913年にブルガリアが第一次バルカン戦争の同盟国を攻撃し、第二次バルカン戦争が始まると、ルーマニアも参戦し、ブルガリアから南ドブロジャを獲得した。

第一次世界大戦勃発に際して両陣営から参戦を促されたルーマニアは、はじめ独墺同盟と協定を結んだ。しかし、協商側がトランシルヴァニアの割譲を提示すると、1916年8月にオーストリア＝ハンガリーに宣戦布告してトランシルヴァニアに進軍した。これを撃退した独墺同盟側はすぐにルーマニアの大半を占領し、講和条約が締結された。しかし1918年の秋、ルーマニアは再び協商側で参戦し、最終的には戦勝国となった。こうしてルーマニアはトランシルヴァニア、ブコヴィナ、そしてベッサラビアを獲得した。ついにルーマニア人が住む地域のすべてを統一することに成功したのである。国家統一を果たしたという認識は、政党間でわずかな齟齬があったものの、揺らぐものではなかった。両大戦間期のルーマニアはフランスを始めとする西欧の同盟国に追随したが、やがてヒトラー率いるドイツとの間で揺れ動くことになる。

1938年に始まった国王独裁体制はすぐに終焉を迎えた。1940年、ルーマニアはソ連に最後通

牒を突きつけられ、ベッサラビアとブコヴィナを割譲した。また、ブルガリアは南ドブロジャを、ハンガリーは北トランシルヴァニアをそれぞれ獲得したが、これは協定に基づくものだった。1941 年、ルーマニアはドイツ側に立って第二次世界大戦に参戦した。しかし、1944 年 8 月 23 日、クーデタで I.V. アントネスク将軍（1882-1946）の専制体制が崩壊し、ルーマニア軍は連合国側に立って対独戦線に参加した。そして 1945 年 3 月、事実上の共産党政権が誕生した。

第 1 節　専門化以前の歴史叙述

1. 年代記

　中世の年代記叙述は、おそらくドナウ両侯国〔モルドヴァ侯国とワラキア侯国。ルーマニア両侯国ともいう〕の成立とともに始まった。最初は編年史体の覚書だったと思われるが、15 世紀末以前のものは実は一つも現存しない。当時の例に漏れず宮廷の命に基づいて作成され、君主とその祖先の顕彰が目的であった。長く教会の公式言語であり続けた古代教会スラヴ語を用い、修道士によって書かれた。

　後世の編纂物からわかるのは、最初の年代記がモルドヴァの傑物シュテファン大侯（?-1504）の命令と監督のもとに、おそらく 1473 年から 1504 年の間に作られたということである。この年代記を基に 16 世紀初頭に別の版が作られたと思われる。次にそれを基にして、現存する最初期の年代記が、無名の修道士たちによって書かれた。現存する最初期の年代記の嚆矢は『ビストリツァ年代記』と呼ばれる [RO 0001]。この名称は、最初の学術刊行版の編者であるボグダンが、ビストリツァの修道院で書かれたものと推測したことに由来する。1359 年から 1507 年までの期間が書かれており、ほぼ各年の出来事に言及している。モルドヴァ国家の成立から筆を起こしているため、これに先立つ編纂物も同様にモルドヴァ国家成立の記述から始まっていたであろうと推測できる。二つ目は『プトナ年代記』である [RO 0002]。これは 1457 年から 1499 年までの時期を描いたドイツ語の年代記に、若干の事項を追加しつつ、1499 年から 1502 年にかけて古代教会スラヴ語へ翻訳されたものである。三つ目の『モルドヴァ・ロシア年代記』は、ある仮説によるとモスクワ大公イヴァン 3 世の使節がもたらしたとされるが、シュテファン大侯の治世まで記述されているため、彼の死後にモルドヴァで作成されたと見る方が正しいであろう [RO 0003]。また 1566 年には、1564 年までを描くポーランドの年代記から、モルドヴァに関わる部分が翻訳された [RO 0004]。同版も他の多くの版と同様に、シュテファン大侯の重要な治世を叙述の中心とする。またすべての版には、当時の歴史認識に基づくモルドヴァ国家の起源伝承が書かれている。つまりモルドヴァとワラキアの民の名祖であるロマンとヴラハタが、モンゴル襲来に際して、ハンガリー王ラースロー 1 世を援護して戦うためこの地に来たと記される。本当のモルドヴァの建国者ドラゴシュ（?-?）は、実際には 14 世紀に実在した人物だが、伝承によると彼もラースロー1 世の許しを得てモルドヴァへ赴き、そこに国を建てたとされる。

　これらの現存している、ないし存在したことが確認できる編年史的覚書や年代記は、すべてモルドヴァのものである。ハンガリーやポーランドと接触のあったモルドヴァ国家は、オスマンの侵攻に対してもしばらくはワラキアより防衛しやすかったこともあり、より多くの記録を残せたものと思われる。

　ワラキアでも、数は少ないにせよ同種の編纂物が作成されていたはずである。しかし 15 世紀末までに限っていうなら、1456-62 年および 1476 年にワラキア侯だったヴラド串刺侯（1431-76）の

生涯に関する年代記のみが現存する[RO 0005]。同年代記はおそらく、ヴラドの息子ミフネア悪行侯（1462-1510）の侯位継承を後押しする目的で作られた。ヴラドの様々な言行に関する記述には、この残酷な君主への叙事詩的、伝承的な要素が多数含まれ、ヴラドの統治期についての信頼に足る歴史的事柄はほとんど含まれていない。

これ以降も年代記作成に関してはモルドヴァの方が重要だった。16世紀には筆者が判明する編纂物も複数現れた。時代として最初のものは、ロマンの主教であったマチャリエ修道士（?-1558）の年代記である[RO 0006]。これはおそらくペトル・ラレシュ侯（1483-1546）の命によって作成された。古い時期に関する部分は、先行する年代記の伝承に基づき記述されている。多くの箇所でビザンツの歴史家マナッシース（1130?-87?）の年代記を、文字通りなぞっている。しかし、同時代である1525年から1551年の期間については、侯の宮廷から信用できる情報を得て、詳しい知識を下地にして書いた。当然、侯に味方する記述をしている。しかしこれに先立つ諸年代記が、出来事を編年で列挙しているのとは異なり、マチャリエは品のある格調高い文体で記述した。時には英雄たちの口を通じて語らせ、時には出来事に自ら論評を加えた。広い教養を身につけており、老クロノスへの言及もあることから、古代ギリシア文化の知識も持っていたとわかる。1541年から1554年までの時期については、マチャリエの年代記の続編とされるものが、マチャリエと同じネアムツの修道院で、エフティミエ（?-?）により書かれた[RO 0007]。

エフティミエがマチャリエの年代記を踏まえていたのに対し、続くモルドヴァの代表的な年代記編纂者アザリエ（?-?）は、おそらくエフティミエの作品を知らなかった。アザリエの年代記は1574年から1577年にかけてペトル跛蹇侯（1537-94）の命で書かれた[RO 0008]。1451年以降の時期に関して独自の知識で書かれた同作品において、無論ペトル侯はよき君主として、モルドヴァのヨアン・ヴォダ残虐侯（1521-74）は血に飢えた非情な者として描かれた。この作品には新しい勢力が登場しつつある。すなわち、まだ侯が中心に座しているとはいえ、侯の権力はすでに弱体化し、大貴族層（ボイエリ）が力を増大させているのを感じ取ることができるのだ。この新勢力は、モルドヴァにおける次世紀の年代記叙述で重要な役割を担うことになる。

ワラキアでは、17世紀末に編纂された『カンタクズィノ編年史』から推測すると、16世紀に古代教会スラヴ語による年代記が作成されていたと思われる[RO 0009]。なぜなら『カンタクズィノ編年史』では14-15世紀の出来事については非常に欠落が多くあいまいであるのに対し、16世紀に関しては信頼できる情報に基づいて書かれているからである。とはいえ、ワラキアの年代記叙述に関する解釈は、いまだに仮説からなっている。一方には、侯国の歴史に関する初の完全な年代記が1525年に作成されたとする見方があり、かたや17世紀中頃にようやく『カンタクズィノ編年史』の一部が書かれたとする意見も存在するのだ。1492年から1521年までのワラキア史に関する信頼に足る情報は、イスタンブル総主教ニフォン（1435/40-1508）の伝記から得られるが[RO 0010]、もともとはアトス山の修道士ガヴリル（?-?）がギリシア語で記したものが存在した。それが古代教会スラヴ語に、次いでルーマニア語に翻訳されたのである。この他にもワラキアの年代記編纂が存在した可能性がある。

当然、ミハイ勇敢侯時代の記録は現存している。もともとこれは侯が宰相T.ルデアヌ（?-1621）に書かせた自分の伝記であり、ラテン語版とドイツ語版が現存する[RO 0011]。ドイツ語版は1597年に活版印刷でも出版された。異同を含むラテン語版とドイツ語版の下地となった原文は、おそらくルーマニア語であったろう。もしそうであるならば、ルーマニア語で書かれた初の歴史書となる。ブゼスク家の命により17世紀初頭に作られた年代記も、ミハイ勇敢侯びいきの記述となっており、ミハイの言動に関しては、侯自身が書かせた公式記録に依拠した可能性がある[RO 0012]。

17世紀前半のブラショフで、ヴァシレ（?-?）という名の司祭が書いた年代記も存在する[RO 0013]。1392年から1633年までの時期を扱うが、内容は15世紀末以降に関してのみ信頼に値する。

2. 人文主義の歴史叙述

　トランシルヴァニアにおけるルーマニア語の年代記編纂については、ワラキアにもまして推測の域を出ない。ルーマニア語歴史叙述の中心地は常にモルドヴァだった。モルドヴァでは従来の年代記叙述より大きく発展した高水準の作品が、17世紀から18世紀初頭頃に出現した。ポーランド経由で波及したヨーロッパ人文主義がこれに強い影響を与えている。以下で扱う著者たちは、多くがポーランドで学び、人文主義的歴史叙述の知識を持ち帰った。これらの年代記作者は、もはや教会で使われる古代教会スラヴ語ではなくルーマニア語で記述したが、そのこと自体が認識の大きな変化を意味している。人文主義的思考によって史料批判の要素が導入され、それまで当然の如く完璧に教会的であった世界観も、世俗的なものに変わっていった。こうした変化の重要な背景は、歴史叙述の担い手がもはや侯の命を受けた修道士ではなく、大貴族層を代表する人々に代わったことである。スルタンの寵愛や憤怒によって短い周期で交代させられる侯に代わり、大貴族層の手に政治権力が集中した。新しい歴史家たちはすでに十分自覚的に、自らが属する大貴族層の利益を代表し、その視点から物事を見た。絶対的だった侯の役割は、かくして背景に押しやられることとなった。

ウレケ

　モルドヴァの新しい年代記叙述の最初期の一人としてG.ウレケ（1590/95頃-1647/48）を挙げる。モルドヴァの裕福な貴族の子に生まれ、父は数回にわたってポーランドに長期滞在し、同地で相応の政治的役割を担った。ウレケ自身は、おそらく1612年から1617年にかけてリヴィウで学び、1634年から1647年にかけてモルドヴァで高い官職に就いた。彼の『モルドヴァ年代記』は、おそらく1642年から1647年にかけて書かれた［RO 0014-0015］。先行するモルドヴァの年代記に関する知識を持ち、それらを活用したと思われるが、さらにポーランド留学で得た知識、とりわけポーランドのM.ビェルスキやクロメルの歴史書を活用し、また父親から伝聞した出来事も叙述に加えた。同年代記には1595年までの侯国史が叙述され、膨大な資料が収集された。手稿原本は現存せず、後世に手を加えられた版がいくつか残されている。

　ウレケのポーランド体験は、当然、彼の政治的見解にも影響を与えずにはいなかった。彼がポーランドの「貴族民主政」に出会ったのは、この民主政最盛期の後半においてだった。モルドヴァ史を書き上げるにあたり、貴族の役割を明確に強調した。彼の理想は、ポーランドに倣って貴族が国家を掌握することだった。いま一つの一貫した活力源は、オスマンの侵攻に対する闘争心である。これもポーランドでの体験に由来すると思われる。それゆえ彼は、貴族層と対立した侯たちについても、オスマンと戦った限りにおいて親しみを込めて描くことができた。

　もう一点、ウレケが導入した新しい主題に触れねばならない。すでに見たように、それまでの年代記はモルドヴァ国家の起源から説き起こし、当たり前のように多くの伝説的要素を織り込み、モルドヴァ国家誕生における中世ハンガリー国家の役割にも言及していた。対するに、ラテン語を読みこなしラテン語で著述も行なったウレケにおいて初めて、漠然とした姿ではあるが、ルーマニア人のローマ起源という見解が現れるのである。

コスティン

　ローマ起源説は、ウレケの後継者にとってより大きな力を持つようになる。M.コスティン（1633-91）は、同じく貴族の家に生まれ、同じくポーランドで青年期を過ごして居住権も得た。1651年にはポーランド軍の一員としてコサックと戦う。バールのイエズス会学寮で学び、ラテン語を習得した。トランシルヴァニアにも滞在したことがあり、トゥルヌ・セヴェリン近郊にあるトラヤヌス期の遺跡に魅了された。V.ルプ侯（1595-1661）の治世に母国へ戻ったが、たちまち出世街道を駆け昇り、ついに宰相にまで昇りつめた。しかし、兄弟が起こした侯への陰謀事件に巻き込まれて処刑された。

　コスティンは、ルーマニア人のローマ起源説を、確信を持って証明しようとした歴史家の先駆であ

る。トラヤヌス期から同時代までのモルドヴァ史を書くつもりだったが、生涯をかけたこの壮大な作品は断片で終わってしまった。若い頃に『モルドヴァ民族について』という本を書いたが、多くの部分をトランシルヴァニア・ザクセン人の年代記作者 L. トッペルティヌス（1641-70）の著作に負っていた［RO 0016］。老境に至り、この自作品を改訂しながら最終的な形に仕上げた。1675 年に日の目を見た同作品は、ウレケの年代記の続編として書かれ、ルーマニア人の起源と、1595 年から 1661 年までの時期を扱っている［RO 0017］。終章は回想録風に描かれており、無論この部分が最も信頼に足るものである。彼もウレケ同様にルーマニア語で記述し、先達の文体を凌駕していっそう磨きをかけようと努めた。初期の著作では、「リンバ（言語）」と「ロムン〔ルーマニアの、ルーマニア人、ルーマニア語〕」というルーマニア語の単語に基づいて、ルーマニア人がローマ人の純粋な子孫であるという説を展開した。

1677 年に彼はモルドヴァとワラキアに関する叙事詩的年代記をポーランド語で書き、ポーランド王ヤン・ソビェスキに謹呈した［RO 0018］。全 19 章からなる同書のうち 5 章分が歴史に関わるものであり、これは未完に終わった大作に代わるものと位置づけられている。

総合的通史を書き上げたのは、息子の N. コスティン（1660 頃-1712）である。父親に倣ってポーランドで教育を受け、政治的経歴でも父親同様に宰相にまで昇りつめた。彼の作品も、ウレケの年代記と同じ『モルドヴァ年代記』と題された［RO 0019］。豊かな知識をもって執筆に取り組んだ。モルドヴァの著作物に加えてラテン語、ポーランド語、ハンガリー語資料を渉猟し、ついには天地創造から 1601 年まで、つまりミハイ勇敢侯の死までのモルドヴァ史、および広義のルーマニア人史を書いた。これらを一挙に語ることで、ルーマニア人のローマ起源が確実であることをより明瞭に示せた。ただ、全体として見れば単なる寄せ集めに過ぎず、父親が持っていた筆力や構想力に欠けている。資料としては、N. マヴロコルダト（1670-1730）と D. カンテミールの治世を書いた作品が有益である［RO 0020］。

ここで、モルドヴァに限定せずルーマニア人〔全体〕に注目した、モルドヴァの代表的な年代記作者をもう一人挙げておこう。I. ネクルチェ（1672-1745）である。後述するカンテミールより少し若いが、1711 年にロシアとの同盟に基づいて参戦した対オスマン戦争に彼も巻き込まれ、カンテミールとともに亡命せざるを得なかった。1720 年には帰国した。貴族であったという点で、彼もこれまでの〔年代記述者の〕系譜を継いでいる。1711 年以前にも、また 1720 年以後にも様々な高位の官職に就いた。そのため、年代記中に自己の政治経験に基づく知見を織り込むことができた。だが彼はポーランドで教育を受けるという経験を欠き、コスティン父子、とりわけ M. コスティンのような幅広い教養を身につけたわけではない。彼の作品は M. コスティンによる年代記の続編として、1661 年から 1744 年までの時期を描いた［RO 0021-0022］。無論同時代の事項に関して、まずは有益な資料となっている。

17 世紀のワラキアの年代記については、前述した『カンタクズィノ編年史』がある。著者はおそらく S. ルデスク（?-?）という名の小貴族で、カンタクズィノ家に仕えていた。そのため 1633 年から 1688 年までの時期を、カンタクズィノ一族の立場から記述している。敵対するバレニ家が、もう一つの旗頭だった。ワラキアの年代記叙述では、ルーマニア人のローマ起源説に触れることがなく、ルデスクはワラキア建国を 1290 年とし、それ以前の時期については語るべきものを見出さなかった。

敵対するバレニ家側からは、おそらく R. ポペスク（1655-1729）によって 1688 年以前に書かれた、『歴代ワラキア侯の歴史』が残っている［RO 0023］。著者は 18 世紀初頭にイスタンブルで学び、1719 年から 1723 年にかけて大法官を務めた。同書で興味深いのは、モルドヴァ史と並んでトランシルヴァニア、ハンガリー、オスマン帝国、ロシアの各歴史も扱われていることである。ただしワラキアについての記述のみが信頼に値する。

一方、ルーマニア語による最初の世界史は、1620 年に M. モクサ（1585/90 頃-1650 頃）がワラキアで書いた［RO 0024］。ただしこれも、ビザン

ツの既存の世界年代記と複数のスラヴ語資料からの寄せ集めで、興味深いのは主題設定だけである。

17 世紀末のワラキアで作成され、短い期間を扱った年代記を 2 点挙げておこう。一つは、R. グレチェアヌ（1655 頃-1725 頃）による、当時の重要人物 C. ブルンコヴェアヌ侯（1654-1714）の伝記である [RO 0025]。著者はカンタクズィノ家の支持者で、そのため 1688 年から 1714 年までのブルンコヴェアヌ侯の治世を批判的に描いた。だが同侯を好意的に描いた作者不明の伝記も残っている。ヨルガは、先に言及したポペスクを作者だとするが、これはあくまでヨルガの仮説である。この不明の作者は見識が高く、ラテン語、ギリシア語、オスマン語の資料を駆使できた人物である。

3. 啓蒙の歴史叙述

ここで扱う二人の歴史家は 17 世紀と 18 世紀にまたがる数十年間を生きた。オスマン支配に対する解放の試みの目撃者であり、かつ積極的に政治に関与している。C. カンタクズィノと D. カンテミールである。二人ともモルドヴァで生き、政治の一翼を担い、またある意味でモルドヴァ年代記作者の後継であり、大貴族の一員でもあった。しかし比較にならないほどの広い学識と見識、また視点の持ち主で、17 世紀の先達たちを凌駕している。

二人のうち C. カンタクズィノ（1650 頃-1716）の方が波乱に満ちた生涯を送り、長期にわたって政治を担ったせいで多くの作品を残さなかった。本来なら、カンタクズィノの方が高い学識を発揮できたであろう。ギリシア系の出身で、同名のビザンツ皇帝の末裔であると称するのを好んだが、根拠は薄い。確かなことは、父親がモルドヴァで高い官職に就き、同地からトランシルヴァニアのブラショフに亡命を強いられ、1663 年に殺害されたことである。カンタクズィノ自身は一時期イスタンブルにも滞在し、その後ヨーロッパを周遊した。ヴェネツィアに長期間滞在し、パドヴァでは大学で聴講した。一時、兄のモルドヴァ侯シェルバン（1640-88）のもとで官職に就き、その後、いとこである前述のワラキア侯ブルンコヴェアヌのもとで外交を取り仕切った。常に、反オスマン派と親オスマン派の均衡を図ろうと努めた。おそらくはカンタクズィノ一族の利益のためにブルンコヴェアヌ侯への陰謀を企て、イスタンブルに内通してブルンコヴェアヌ一族を処刑台に導いた。その後、彼の息子が侯位に即くが、2 年後には父子ともにオスマン帝国によって処刑された。

500 冊に上る蔵書を持ち、当時のモルドヴァでは膨大な数であった。M. コスティンに比べて強みだったのは、ビザンツの書物やラテン語文献とともに、ハンガリーの歴史書を用いたことである。しかも単に用いたというより、意図して批判的に解釈し、資料を比較検討した。彼は人文主義的なヨーロッパの歴史叙述をもはや超えて、同時代の西欧的博識や、初期の啓蒙思想へとつながる水準を志向した。

ただし、政治的経歴のせいで作品を 1 点しか残さなかった。当時は慣例だった長い題を持つワラキア史である [RO 0026]。理想としてはルーマニア人の歴史全体を概観するつもりだったが、執筆できたのはローマ人の侵入からフン人出現までの期間だけだった。（当時の知識に倣って、フン人をハンガリー人の祖先とした）カンタクズィノは、M. コスティンが混同していたローマによる 2 回の侵攻、すなわち 101-102 年と 105-106 年の侵攻を、区別してかなり詳細に叙述し、ローマの侵攻はダキア人を絶滅させなかったと明言した初の人物である。これほどの人口を持つ集団を絶滅させることは不可能だったと彼は考えた。カンタクズィノは M. コスティンと違って、侵入したローマ人とダキア人に混交が起こったことを強調し、その結果としてルーマニア人が誕生したという考えを初めて提唱した。さらに、二つのルーマニア国家の起源を紀元 1000 年頃に設定する従来の年代記の伝統から脱して、新しい見解を提示した。すなわち、ローマ支配の終焉直後にこれらの 2 国家が誕生したと考えたのである。後世のダコ＝ロマン人持続説〔ダキア人とローマ人の混血の結果、形成されたダコ＝ロマン人が一貫して現在のルーマニア地域に居住し、のちのルーマニア人となったとする説〕の支持者たちは、カンタクズィノが提供した事実、というよりはむしろ彼の見解に、繰り返し言及するようになる。

カンテミール

　D. カンテミール（1673-1723）は、同時代人のカンタクズィノほどの学識や見識の高さには達していなかったが、かなりの幸運にも恵まれて、より多くの作品を残した。例に漏れず彼も大貴族出身の歴史家だった。父親 C. カンテミール（1612-93）はモルドヴァ侯であった。ティムールの子孫だと自称したが、実際には、もともとこの父は一介の傭兵で読み書きもできなかった。貴族たちは彼を君主に祭り上げることで、傀儡として利用しようした。一方で息子は申し分なく優れた教育を受けることができた。カンテミールはすでに母国でギリシア語とラテン語を習得し、世界総主教がイスタンブルに設立した大学に 1688 年から 1691 年まで学んだ。そこでオスマン語に加えてアラビア語とペルシア語も身につけた。父の死後 3 週間だけ侯位に即き、その後ヨーロッパ諸国間で繰り広げられた戦争にオスマン側で参加した。1697 年のセンタの戦いにも加わった。1710 年に再びモルドヴァ侯となり、露土戦争勃発の際にはピョートル 1 世の側に立った。そのため 1711 年に敗走するロシア軍とともにロシアへ逃亡した。彼の貢献を忘れなかったピョートルから所領を与えられ、1721 年には元老院議員にも任命されて、ロシアの発展に参与することになった（彼の息子は文学史上、ロシア啓蒙思想の重要人物として扱われる）。

　1705 年に書かれた最初の作品である寓話的な『ヒエログリフ物語』では、彼の政治構想が強く主張されている[RO 0027]。つまり、モルドヴァを世襲君主政に改造し、貴族の覇権を打破せねばならぬと論じたのである。また親農民的な思想が、同書にものちの著作にも読み取れるので、彼を初期啓蒙思想の代表者と見なすこともできる。

　以降の著作は、おそらく 1711 年以前に着手はされたが、ロシア亡命後に完成されたものである。これらの著作は彼の学識と境遇を反映して、すべてラテン語で書かれた。筆頭に挙げる『モルドヴァ誌』は、ベルリン・アカデミーの依頼で 1716 年に書かれた[RO 0028-0029]。書名が示すように、まず文化的環境が叙述され、地理や民族誌に関する有益な情報に満ちている。歴史的背景にも筆が及び、また彼の理想が絶対主義国家であることを隠さなかった（この書物はピョートル時代のロシアで書かれた）。さらに、モルドヴァがかつてハンガリーやポーランドの宗主権下にあったことも否定した。当然ながら入手できた史料の範囲は狭く、歴史学的な観点から見て重要性は高くないが、同時代に関する広い見識が有用である。

　この作品より重要で、かつカンテミールの名声をヨーロッパに確立した著作が、1716 年頃に書き上げられた『オスマン帝国興亡史』である[RO 0030-0034]。これは彼の息子によって 1734-35 年に 2 巻本の英語版で出版され、1745 年にはドイツ語版、1743 年にはフランス語版が出された。実のところこれは複数のオスマン年代記からの抜粋でしかないが、年代記の一つはカンテミール自身が編纂したとする研究者もいる。初の学術的なオスマン帝国史研究書の著者 J. ハンマー＝プルクスタル（1774-1856）は、カンテミールの著作を高く評価しないが、それでもこれが重要な著作であることは揺るがない。なぜならハンマー＝プルクスタルの研究書が現れるまでの長い期間に、オスマン帝国史についてなにがしかの概観をヨーロッパへ提供した唯一の作品だったからである。この著作は本文よりも、カンテミールが施した史料批判の注釈が重要である。本文そのものはオスマン語史料に基づくオスマン寄りの記述であり、筆者自身の立場は注に表明されている。同じく有用なのは、第 2 部の衰退期（1672-1711 年）を描いた部分である。これは大部分が回想録でもあり、自らの経験に基づいて書かれ、オスマン帝国の制度や文明に関する明確な概観を、当時のヨーロッパに提供したからである。

　1714 年に書かれた『諸帝国の自然的性格について』[RO 0035]にも表明されたカンテミールの歴史認識は、実は単純なものである。つまり諸国家は、最初は拡大し発展して、その後に衰亡する。発展とは明らかに領土的拡大と同義である。政治的理由から誇大に強調されているオスマン帝国の衰退については、彼は原因の追究まで踏み込んでいない。ただオスマン衰退の帰結として彼が導き出したのは、いまやオスマン帝国を解体する時である、という主張だった。オスマンに代わって普

遍的な王国が出現するだろう、と彼は考える。それは他ならぬピョートルのロシアであった。

カンテミールのロシアにおける学術活動は幅広いものだった。1722 年にはロシア政府が組織したカフカース調査団にも参加した。他にも 17 世紀末のモルドヴァ政治史や父の伝記などの著作を残し、彼自身の政治的見解、とりわけ後期の見解は父親から受け継がれたものであることを示している［RO 0036］。

ルーマニア史の観点からは、これもベルリン・アカデミーのために書かれた 1717 年の『モルドヴァ＝ワラキア史』が重要である［RO 0037-0038］。カンテミールは、ルーマニア全史をラテン語で描いた同書を、1719-22 年の間に、より幅広い史料を加えながらルーマニア語で増補した。同書のために 150 点に上る記述史料や研究を用い、さらにそれを大きく上回る数の文書類を駆使し、ルーマニアの歴史叙述では初めて、出典を正確に記載した。カンタクズィノと同様にカンテミールも、当時の基準に基づき史料批判を行なった。つまり、時期的により早い史料をより信頼できるものとし、もし一つの事項に一つの史料しか見つからない場合は、議論の余地がありと留保をつけたのである。

構想していたルーマニア全史を書き上げることはできず、13 世紀のルーマニア国家形成までたどり着いただけだった。モルドヴァの年代記作者と同じく、ルーマニア人の純粋なローマ起源説の立場を取った点では、カンタクズィノから一歩後退したといえる。ローマ起源説が掲げる輝かしい系図を基に、政治的独立を主張するための正当性を導き出したのである。ローマ人の子孫、すなわちルーマニア人は、ローマ人がダキアから撤退した際に、山岳地帯に引きこもった人々であるという考え方を展開した。またかつてのローマのダキア属州とダキア・アウレリアナを混同して、ダキア属州がビザンツ帝国の属州として続いたことをもって、ルーマニアの政治的な連続性をも主張しようとした。

『モルドヴァ＝ワラキア史』は、彼の主要な著作の中でルーマニア語原本が現存する唯一のものである。文章からは、彼のルーマニア語が前世紀のモルドヴァ年代記作者の文体の水準に達せず、過度に難解であることがわかる。これはカンタクズィノの著作についてもいえる。

カンテミールはある意味で 18 世紀初頭の〔歴史叙述の〕頂点をなし、その後長きにわたって、両侯国では彼に追いつくことすら望めなかった。1711 年にピョートル 1 世の遠征が失敗に終わると、オスマン支配からの解放は当分の間、話題に上ることさえなくなった。両侯国の頂点にはギリシア系ファナリオトの侯が座し、前世紀におけるルーマニア出身の侯たちと同様に短期間で交代した。歴史叙述は宮廷の内に留まり、大部分をギリシア人がギリシア語で書いた（国家機関ではこの頃すでに古代教会スラヴ語に代わって、ルーマニア語が使われ始めた）。宮廷の歴史編纂官の職務は、時の侯を礼賛することだった。17 世紀のモルドヴァの年代記作者たちの間で弱いながらも見出せたルーマニア史全体への関心は、ここで再び背後に押しやられたのである。

再び貴族出身の歴史家について触れておこう。M. カンタクズィノ（1723-90/93）である。高位高官の貴族でもあったが、1768-74 年の露土戦争でロシア側に立ち、1774 年にロシアへ亡命した。同地で 1774 年から 1776 年にかけてギリシア語で『ワラキアの政治地理史』を書いた［RO 0039-0040］（1806 年にウィーンで匿名出版された）。同書は、当時の有益な経済情報を多く収集している点で注目に値するが、ワラキアの歴史を 13 世紀から説き起こす点では、伝統に回帰している。ゆえにダキア＝ローマ起源問題は登場しない。1787 年にはカンタクズィノ家の系図について、さらに重要な作品を書き上げた［RO 0041］。彼は自分の一族を 15 世紀のビザンツ皇帝家だけでなく、フランスのヴァロワ家（彼の考えでは 800 年から君臨したことになっている）とも関わりがあると見なした。自らが生きた 1750-76 年のワラキア史については、とりわけ多くの興味深い政治史的な事項が書かれている。

貴族層の歴史叙述を代表するもう一人の人物は、I. ヴァカレスク（1740 頃-97）である。様々な官職を歴任したのちオスマン宮廷から追放され、1788 年にニコポルで『偉大なるオスマン皇帝たちの歴史』という名の著作を書き始め、1794 年に脱

稿した[RO 0042]。トルコ語および西欧諸語の史料を用い、オスマン帝国初期の歴史についてはカンテミールの著作よりも多くの史料を取り入れている。18 世紀後半に関する回想録風の重要な覚書を残しており、中には例えば 2 回にわたるヨーゼフ 2 世との面会の記述もある。

これに比べて、まるで 16 世紀の年代記を彷彿させる全く異なった世界を描き出したのは、ハンガリーにも滞在し、のちにクライヨヴァに定住した修道士ディオニシエ（1759-1820）の『ワラキア年代記』である[RO 0043]。これはドゥミトラケ宰相が書いた、1768-74 年の戦争に関して信頼に足る史料を提供する年代記[RO 0044]の続編である。1774 年から 1815 年までの時期、すなわちフランス革命とナポレオン時代におけるワラキア関連の史料が数多く収められ、クライヨヴァの修道士の目から見た同時代が描かれている。ヨーロッパにおける出来事の重要性を感じ取り、目を配ろうと彼は努力している。ただし無邪気な迷信で満ちており、修道院に届くまでに多くの変容を免れなかった類の情報が書き留められている。例えば、ナポレオンははじめドイツに従軍したギリシア系のフランス将校であり、ロシアにも従軍したことになっている。だがディオニシエの特色はこうした事柄ではなく、むしろ国内で起こった多種多様な出来事と逸話の記述にある。

ディオニシエより高い水準にあるのは、同じく聖職者の N. ルムニチェアヌ（1764-1838）である。彼は 1789 年にオーストリア軍の捕虜となり、ハンガリーにも滞在した。1800-34 年に『我が国の君主たちの年代記集成』という表題の編纂書を残した[RO 0045]。天地創造から同時代までのワラキアの展開を描いている。ダキア＝ローマ起源問題がここに再び登場するが、ルーマニア語は完全にラテン語であり、ダキア語はタタール語に相似した言語であると彼は推測した。

ダコ＝ロマン人持続性の問題は、ヨーロッパをくまなく旅したあるギリシア人修道士にも大きな影響を及ぼした。D. フィリピデ（1750/70 頃-1826/32）はウィーン、パリ、ライプツィヒに滞在し、ライプツィヒでは 1816 年にギリシア語で『ルーマニアの歴史』という題の本を出版し、ルーマニアの地理に関する補遺を載せた[RO 0046]。トランシルヴァニアのザクセン人 M. フェルマー（1720-67）が初めて用いたルーマニアという呼称を、活字出版された著作においてはフィリピデが初めて用いた。これはドナウ両侯国それぞれの歴史だけでなく、広くルーマニア人全体の歴史について考えるようになっていたことを示す、最初の兆候の一つである。フィリピデの著作にはトランシルヴァニア学派の影響がすでに認められるが、これについては後で触れよう。

いま一人のギリシア人による著作も、フィリピデとほぼ同時期に現れる。D. フォティノ（1769/77-1821）は、その出自にもかかわらず反ファナリオト的観点に立つ『古きダキアの歴史』という 3 巻本を、ギリシア語で 1818-1819 年にウィーンで書き上げた[RO 0047]。第 1 巻は両侯国成立までのダコ＝ロマン人持続説を論じている。ここではすでに、属州からの撤退後に融合したダキア住民とラテン住民が山岳地帯に逃げ込み、そこに住み着いたという定式が現れている。ワラキアとモルドヴァの歴史については、建国から同時代までについて、現地の年代記や外国の著作を基にして書き上げた。同時代に関しては自身の見聞も用いている。これが実際上、ルーマニア人全体の歴史を概観した最初の著作であり、脱稿後まもなく出版された。同書より前に書き始めたが未完に終わった、歴代スルタン史についても触れておく必要がある[RO 0048]。これはカンテミールを想起させるような、繁栄と衰退という観点から、つまり初期のスルタンの有能さと、のちのスルタンの無能さの対比を通して、オスマン帝国の盛衰を描いている。

ギリシア系であるかルーマニア系であるかにかかわらず、筆者たちの主題選択からうかがえる明らかなことは、彼らが念頭に置いたのは侯国、ないし広くてもせいぜいオスマン帝国全体でしかない点であり、現実の状況の反映だったことである。持続性や起源の問題は、ギリシア人にとって中心的な問題にならなかった。両侯国内のこれらの歴史叙述は現実を映し出す鏡であり、当時すでに他所では現れていた国民という契機が、ルーマニアにはいまだ見られなかったのである。

歴史叙述および 18-19 世紀転換期によく見られた個々の侯や出来事に関する叙事詩（T. ヴラディミレスクの蜂起〔1821 年〕を題材とする叙事詩は 1821 年に書かれ、貴族の立場から敵対的に事件を描いた）はいまだ年代記の枠内にあり、また、歴史叙述が国民に寄与するということも理解されなかった。以降のルーマニアの歴史叙述の展開では、新しい方向に向かわなかった。国民という課題に応じる決定的な一歩は、両侯国ではなくトランシルヴァニアで踏み出された。大侯国に格上げされたトランシルヴァニアにおいて、当時すでに住民の圧倒的多数をルーマニア人が占めるようになっていたが、政治の舞台からは完全に排除されていた。

4. 国民再生の歴史叙述

トランシルヴァニア学派の出現は、このような政治的状況それ自体からも説明されうる。他にもう一つ、いやあと二つの契機にも注目しておかなければならない。一つは 17 世紀末の教会合同である。トランシルヴァニアの正教徒ルーマニア人を、ローマ教皇を長とする合同派教会へ強制的に帰属させたのだ。この政策は、トランシルヴァニアとハンガリーのルーマニア人は 18 世紀末にも過半数ないし半数が正教徒であったという事実を抜きにしても、重要である。二つ目の契機は、合同派教会拡大の試みと手をたずさえたハプスブルク帝国の知的環境である。ウィーン政府は教会合同を推進させるために、聖職者に高い教育を受けさせて合同派教会の指導層に据えて反正教闘争の闘士とするべく、彼らをウィーンやローマで教育した。同時にこれは、彼らを啓蒙思想の影響下に、少なくとも比較的穏健な啓蒙思想潮流の影響下に置かざるを得ないことを意味した。こうしてローマは無論のことウィーンにおいてさえ、幾人かの聖職修習生は、自分自身がローマ起源だという認識に目覚めていったのである。

トランシルヴァニア三巨星

こうした環境、こうした影響のもとでトランシルヴァニア学派は出現した。同学派の中で最も重要なのが「トランシルヴァニア三巨星」である。当時得られた最高の学問的水準を持ち、教会的であると同時に啓蒙思想にも触れた視角を備え、わけても抑圧されたルーマニア民衆の国民的解放という使命感のゆえに、トランシルヴァニア学派は 19 世紀ルーマニアの歴史叙述において牽引役を担った。またトランシルヴァニア学派はワラキアとモルドヴァ両侯国においても同様の役割を果たした。なぜなら、両侯国内においては、ワラキアとモルドヴァのそれまでの歴史叙述があまり知られていなかったからである。

トランシルヴァニア三巨星、すなわちミク・クラインとシンカイとマヨルは、トランシルヴァニアを越えて広くハンガリーとも関係を持ち、長期か短期かの別はあるが、その生涯においていずれもブダ大学印刷所の検閲官か校閲官等を務めた。同印刷所は、とりわけキリル文字書籍の出版を通して、ハンガリー内外の非ハンガリー諸国民の文化発展に重要な役割を担った。ハプスブルク政府は、帝国内の正教徒に対して、ロシアから宗教書を持ち込ませるのではなく、国内で印刷して提供しようという単純な考えに基づいて、大学印刷所にキリル文字出版物の印刷を認めたのだが、結果としてこれは本来の目的を大きく超える効果をもたらすことになった。

トランシルヴァニア三巨星のうち最年長の S. ミク・クライン（1745-1806）は 18 世紀前半の合同派司教 I. ミク・クライン（1692-1768）の甥で、ウィーンに学び、同地で学友らとともにカンテミールのルーマニア年代記の写しを手に入れた。ブラージュで 2 度、長期間にわたり合同派の神学教師を務めた。その間に短期だがウィーンで合同派聖職修習生の監督者となり、また 1804 年から死去まではブダの大学印刷所職員を務めた。60 冊の本を執筆ないし翻訳したが、大半は宗教書で、そのうち 13 点が生前に出版された。彼の作品中、5 点は明確に歴史に関するものだった。1774 年にはすでに、カンテミールの年代記を素材にしてルーマニア教会史を書き（『ワラキア人とその主教座、大主教座、府主教座に関する地誌と歴史』[R0 0049]）、4 年後にはラテン語でさらに 1 冊を著した（『ダキア＝ローマ国民の起源と進化に関する

短い歴史的覚書』[RO 0050])。後者は、ルーマニア語による抜粋だけが現存する。1791年には、今日的な意味での一般読者向け啓蒙書『ルーマニア人の歴史―問いと答え』をルーマニア語で出版した[RO 0051]。これは自覚的に、ルーマニア人の国民意識の覚醒を主な目的としている。死の直前の1805年に脱稿した、主著である4巻本の『ルーマニア人の歴史、行為、偉業』は、手稿しか残されていない[RO 0052]。第1巻は古代ダキアの歴史、第2巻は1724年までのワラキアの歴史、第3巻は1595年までのモルドヴァの歴史と1595年から1795年にかけての短い概観、第4巻は教会史を扱っており、基本的に1774年に書いたものに手を加えたものである。ここでは、1791年の著作では、作品の性格上、明確に認められなかった特徴が現れている。すなわち、極めて幅広く史料研究を行なったことが明確に現れているのである(もちろん、この時代においての史料とは、原史料だけでなく、まず記述史料と先行研究を意味した)。彼にとって基本であった歴史資料に加えて、考古学上、民族誌上、さらにはとりわけ言語学上の論拠も用いた。カンテミールの作品を読み、かつ利用もしたミク・クラインは、やはりカンテミールと同様にルーマニア人の純粋ローマ起源を論証しようとした。すなわち、トラヤヌスの征服によってダキア人は死に絶えたのであり、ダキアの地に残ったローマ人の末裔がルーマニア人であると主張したのである。ハンガリー人が到来した際に、トランシルヴァニアのルーマニア人が自らの君主としてトゥフトゥムを選出したこと、つまり実質的にこうしてハンガリー人と契約を結んだという題材は、アノニムス(12-13世紀)から取られている。ルーマニア人の政治的権利の要求と先住権の主張と並んで、これがミク・クラインおよびトランシルヴァニア学派にとって基本的な論点だった。

ミク・クラインはその他、ルーマニア語の発展にも重要な役割を担った。三巨星のもう一人であるシンカイとともに、1780年にウィーンでルーマニア語文法書をラテン語で出版したのだ[RO 0053]。これは当然ながら、ルーマニア語のラテン性を証明し、ラテン文字への移行を推進することになった。(両侯国では1830年代になってようやくキリル文字に代えてラテン文字が採用され始めた。)

Gh. シンカイ(1754-1816)は、ミク・クラインと同じく、はじめは修道士としてローマとウィーンに学んだ。しかし1784年に修道会から離脱し、世俗の世界を選んだ。1804年から1808年にかけて、ミク・クラインとほぼ同時期に大学印刷所に勤務し、その前後にはトランシルヴァニアの領主D. ヴァシュ(?-1811)のもとで家庭教師をした。主著『ルーマニア人および他の多くの民族の年代記』の大部分はここで書かれた[RO 0054]。この著作は、シンカイの死からかなり経った1853-54年に全体が出版され、生前には短い二つの部分のみがブダの暦書に掲載されただけだった。

シンカイは年代記ではなくむしろ編年史を書いた。時間軸に従い、すべての年ごとに対応する出来事を記入した。そのため、出来事の前段階とか後代への影響などについての言及はほとんど見られない。当然ながら政治的事件に重きが置かれ、またその起きた順に従って書かれたために、深部にある相互関係や長期的な展望は脇に置かれた。ただ、こう評価して片づけてしまうのは正当ではない。なぜなら彼にはある種の綿密に練り上げられた意識的な構想が見て取れるからである。つまり両侯国だけでなく、周辺諸国の歴史も編年史に織り込んでいくことによって、実質的に初めてルーマニア人全体の歴史を長期的な射程で記したのである。ルーマニア人の全体像は「その他多くの民族」の背景に潜んでいるという段階であるが。また編年体という叙述方法を取ったことの単純な結果としても、二つの侯国やトランシルヴァニアのルーマニア人を別々に論じることはできなかった。彼がこの著作の大部分を執筆したのはツァガのヴァシュ領主館であり(死去のため、叙述は1739年で終わった)、そこから、ブカレスト、そしてブダまでを見渡していたのである。ハンガリーの発展についての箇所では、親近感を覚えつつ、ハンガリー等族(フンガルス)であるかの如き意識を持って書いた。例えば1541年のオスマンによるブダ占領について、深い哀悼の意を持って記している。

クセノポルによる長編の総合的通史が現れるまで、実質的にシンカイの著作が最も詳細なルーマニア史研究だった。幅広い資料に基づいて記し、多くのラテン語文書も利用した。資料の全文を数頁にわたって引用することもあった。先行するルーマニア語以外の研究、例えば L. A. ゲプハルディ（1735-1802）[RO 0055] やエンゲル [RO 0056-0059] に関しては、その著作から多くを学ぶと同時に批判的にも用いている。

シンカイとミク・クラインも関わったルーマニア人の政治的権利宣言「ワラキア人嘆願書」（1791年）の取りまとめの中心にいたのが、三巨星の3人目、P. マヨル（1760/61-1821）である。3人のうちで最も学識が高いわけではないが、最も精力的ではあった。マヨルも例に漏れず合同派の修道士で、シンカイと同じくローマとウィーンで学んだ。彼もまたしばらくの間ブラージュで神学教師や教区司祭を務め、1809年からミク・クラインやシンカイの後を受けてブダの大学印刷所で検閲官になった。戦闘的な性格だけでなく、歴史に関する著作が生前に出版された点でも、マヨルは他の二人と異なっていた。このせいで、マヨル自身も彼らの影響を過小評価した。最も重要な著作は、1812年に当の大学印刷所から出版された『ダキアにおけるルーマニア人の起源について』である [RO 0060-0061]。伝統的な記述的歴史叙述を乗り越えて、問題を設定してその因果関係を解明するという、極めて近代的とさえいうる方法を取ったのは彼が初めてである。それはローマ人持続説の証明であった。時間軸に沿って叙述せずに、論点を列挙した。また西欧の歴史家と、すなわちまずエンゲル、次いでトランシルヴァニア・ザクセン人の F. J. ズルツァー（?-1791）、および J. C. エーダー（1761-1810）とも論争した。ダキア人とローマ人の混血説を彼は断固として否定した。マヨルの主張によれば、トラヤヌスの軍勢がダキア人の男性だけを殲滅して女性だけが生き残ったとしても、ローマ人はダキア人と婚姻することはなかった。ゆえにルーマニア人は純粋にローマ人の末裔であって、ダキア人の末裔ではない。当然、ローマ人は属州から撤退した後もダキアに残り、引き上げたのはローマ軍だけだったとする。

ハンガリー人との関係については、マヨルもトゥフトゥムとの契約に言及して、このことを書き留めたアノニムスを高く評価した。無論ルーマニア人はトランシルヴァニアでだけ先住民だったのではなく、ドナウ川の南にも居住しており、第二次ブルガリア帝国は実際にはルーマニア人とブルガリア人の共同国家だったと考えた。

この著作にはルーマニア語の起源に関する補遺があり、ミク・クラインやシンカイはルーマニア語が古典ラテン語から生じたという説を信奉したのだが、マヨルはルーマニア語が帝政期の民衆ラテン語から生じたという解釈を疑う余地のないものとして断言した。

マヨルはこの大著の1年後に、ルーマニア教会史に関する著作を出版し、同時代までの発展を論じた [RO 0062]。その論じ方は伝統的な記述形式によっていたが、正教に対する合同派教会の正当性を証明するものだった。ただし、この問題に焦点を当てたわけではない。合同派聖職者の定義づけよりも、国民意識の方が重要だった。すなわち国民意識の覚醒、および政治的権利の獲得に貢献すべきであるという使命感の方が問題だったのである。

三巨星の影にいつも隠れてしまいがちなのが、I. ブダイ＝デレアヌ（1760/61-1820）である。死後にむしろ詩人として記憶されたブダイ＝デレアヌは、狭い祖国に留まっていなかった。学業を修めてすぐにガリツィアへ行き、リヴィウの裁判所で働いた。（彼は、トランシルヴァニア学派の重要な人物の中では唯一、聖職者ではなく法律家として修養を積んだ。）

歴史家としては、ルーマニア・アカデミーが20巻に上る彼の遺稿を購入した1870年以降に、ようやく評価され始めた。その結果、彼はトランシルヴァニア学派で最も教養の深い、最も視野の広い人物であり、間違いもあったが、〔ローマ人〕持続説の優秀な理論家であることがわかった。また歴史学の観点からすると『トランシルヴァニアにおける諸民族の起源』が重要である [RO 0063]。本来の主題としてのルーマニア人の歴史と並んで（第1部は1699年までのルーマニア人の略史）、第2部においてゴート人、フン人、ブルガール人、

スラヴ人、ハンガリー人、ザクセン人の起源も扱った。

いうまでもないが、彼も純然たるラテン起源論者である。〔ローマ人〕持続説の証明として、歴史学的、言語学的要素に加えて、人名や河川名、都市名も用いた。今日から見ればかなり無邪気なものだったが、当時の言語学的研究の水準を考えれば無理からぬことであった。またダキア人については、ローマ人によって絶滅させられはしなかったが、生き残った者が逃れていきポーランド人の祖先になったとしている。それはワルシャワやポルターヴァの地名に見られる、ダキア語のダヴァという接尾辞により証明されると述べた。ザクセン人についても、古代からトランシルヴァニアに居住したゲルマン人であるとし、その上で、中世にザクセンから移民があったことにも言及した。

ブダイ=デレアヌは、マヨルより先に、ルーマニア語が民衆ラテン語を起源とすると考えていた。単語の3分の2は民衆ラテン語に由来し、残り3分の1だけが他の由来を持つとしている。未完に終わった晩年の著作であるルーマニア語・ドイツ語辞典の序言として書かれた文章では、さらに一歩進んで、ラテン系でない語はダキア語が起源であると述べた（明らかにスラヴ語起源の単語を念頭に置いている）。

トランシルヴァニアの三民族同盟とトランシルヴァニアの基本法規について書かれたブダイ=デレアヌの著作は、彼の同時代史である[RO 0064]。同書では、政治的抑圧およびハプスブルク政府による不当な経済政策をも批判した。

農民の運命について見てみよう。シンカイは著作で農民に言及したが、1514年の農民蜂起は非難している。ミク・クラインもほぼ同様の慎重な立場を取った。マヨルはこの問題に全く踏み込まなかったが、それは彼が扱った時代に農民の問題がまだ現れていなかったからである。対するブダイ=デレアヌは、農民も国民の一部だという立場を取った初めての人物である。（1791年の嘆願書もいまだルーマニア自由民の権利闘争であり、農奴のためではなかった。）ゆえに彼は、トランシルヴァニア学派のメンバーで最も先駆的な社会思想の持ち主だったにもかかわらず、ハプスブルク帝国内の政治的発展の主潮流〔国民の形成〕からすら取り残されていた。

*

19世紀の前半のトランシルヴァニア学派には、言及に値する人物があと幾人か存在する。D. ボジンカ（1802-69）は、マヨルに依拠してハンガリーのセルビア人テケリヤと論争を繰り広げ、ルーマニア史を書き始めた[RO 0065]。J. フニャディ（1407頃-56）とミハイ勇敢侯についても著した。また、N. ストイカ・デ・ハツェグ（1751-1833）は、自身も参加した1788-91年の戦争を詳述するバナート史を、1826-27年に書いた[RO 0066]。

これらは興味深いが、それ以上のものではない。トランシルヴァニア学派が取り組んだのは、ルーマニアの歴史叙述を単なる年代記編纂から脱皮させ、歴史叙述が国民的な責務を持つと明示することだった。こうして歴史叙述の重心はいまやドナウ両侯国へと移り、政治的解放と国家的統一の達成が政治の要となった。歴史叙述は政治的課題を主題とするようになり、歴史家もまた政治的エリート層から現れた。

トランシルヴァニア学派の成果は、19世紀前半になって人々に知られるようになり、A. フロリアン（1805-87）を通してドナウ両侯国の歴史叙述と交流が始まった。フロリアンはトランシルヴァニアのルーマニア人で、シビウ、ブラージュ、ペシュトの各大学で学んだが、1827年にワラキアへ移住した。同地で長い間、中等学校の教師を務め、両侯国合同後のルーマニアでは1863-65年にブカレスト大学の世界史講座主任を務めた。天職としての歴史家だったというよりも、生業としての歴史家だったといった方がよく、独創的な研究は行なわなかったが、概説書や世界史、自国史の教科書を書いた。唯一の大きな著書は、比較的若い頃の1835-38年に、ブカレストで出版された『ワラキア侯国の歴史についての素描』である[RO 0067]。大部分をゲプハルディとエンゲルの著作に依拠して書いた自国史である。第1巻は16世紀までを、第2巻は1529年から1601年までの時期を、ミハイ勇敢侯を中心に著し、第3巻は過剰なまでの詳細さで1601年から1615年の時期を扱い、ここで終わっている。トランシルヴァニア学

派の教説に沿って、教科書では純粋ローマ起源説を採用している。

コガルニチェアヌ

　三巨星とその後継者たちは、基本的にはいまだに啓蒙思想の中でも穏健な潮流を取り入れていた。ただし取り入れたのは基本的な構想だけであり、専門的な方法論にまで及ぶものではなかった。というのも、彼らの誰一人として歴史学を専門としたわけではないからである。19世紀初頭の数十年まで続いた東欧の啓蒙思想は、そのままロマン主義へと流れ込んでいった。これは歴史叙述にも当てはまる。ロマン主義的歴史叙述の最初の重要な代表者は、またもやモルドヴァ貴族のM.コガルニチェアヌ（1817-91）である。この貴族は1848年のモルドヴァ革命の指導者でもあり、そのために亡命を余儀なくされた。その後、合同ルーマニアで一時期首相を務め、大学教授やアカデミー会員を歴任した。若い頃は、モルドヴァ侯M.ストゥルザ（1794-1884）の子供たちとともに〔フランスの〕リュネヴィルとベルリンで学び、ランケや高名な法制史学者サヴィニーの講義を受講したこともあった。そのために専門教育を受けた初の歴史学者はコガルニチェアヌだったようにも見えるが、事実はそうではない。ランケを聴講したのは、歴史に関する最も長編の著作を彼が書き上げた後だった。言い換えるなら、彼もそれまでの歴史家の型、つまり独学者の型に当てはまり、彼が教師となって歴史学の専門家を輩出したのである。

　コガルニチェアヌがルーマニア語および文学の研究を、ドイツ語で執筆したのは20歳の頃だった[RO 0068-0069]。同じ年（1837年）には、ロマ人についての著作もフランス語で執筆し[RO 0070]、さらに『ワラキア、モルドヴァ、ドナウ以南のヴラフの歴史』という自身の主著となるフランス語の本をベルリンで出版した[RO 0071]。正確にいえばこの著作の第1巻が出版されたのであり、続編は結局、日の目を見なかった。本来5部構成となる計画であった。第1部は古代ダキア史、第2部は18世紀末までのワラキア史、第3部は18世紀末までのモルドヴァ史、第4部は1782年から1834年までの両侯国の歴史、第5部は慣習、法制、商業、文学を、つまり今日の言い方での経済・社会史と文化史とを扱うはずだった。1837年に出版された著作ではこのうちの最初の2部までが書かれた。

　コガルニチェアヌはこの著作を完結させることに非常に意欲的だった。一つには西欧世論に向けてルーマニア人の歴史に関する正確な知識を提供しようとしたからであり、また序言で彼が述べた如く、政治史の枠組みを乗り越え、支配者だけでなく民衆の歴史を書こうとしたからであった。ただ、入手できる史料の多くは編纂物だったが、それらは政治史の領域に属する情報を提供するだけだった。そのために意図を実現することができなかった。確かに、各政治的時期区分について叙述した後で、他の問題を概観しているが、その大部分は教会の政治的な事項に終始している。他には年代記作者たちも書いている内容、すなわち貴族、税制、法制、軍制、文学についても言及している。とはいえ、これらの章は著作全体の中でほんの小さな部分を占めるに過ぎない。つまり、大部分は政治史の枠組みを超えることができなかったのである。

　コガルニチェアヌは、トランシルヴァニア学派のローマ中心主義、すなわちローマ性を過剰に強調することを強く批判しながらも、本質的にはこれを受け入れ、一方でダキア人の役割も強調する。もしトラヤヌスがダキア人を屈服させなかったとしたら、彼らの王デケバルスがローマを征服していただろう。しかし実際には、ブグ川からドン川まで侵入したローマ皇帝がダキア人を殲滅したのであり、それゆえこの属州に入植者を連れて来ざるを得なくなった。属州からの公式な撤退後も、入植者の大部分はその地に残った。トラヤヌスはすべてのダキア人を殺戮することはできず、ダキア人にはある程度の役割が割り当てられることになった。続けてコガルニチェアヌは、トランシルヴァニア学派との論争の中で、以下のような控えめな結論に到達した。すなわちルーマニア人は、ローマ人の歴史全体を自らのものと見なすことはできないのである。しかし、ルーマニア人がニカイア公会議（325年）以前にすでにキリスト教に改宗したことを強調する。中世初期に関しては、

独立ルーマニア諸侯国の存在について言及している。そのうち、マラムレシュ、ファガラシュがハンガリーによる征服に最後まで抵抗し、ハンガリーの支配権を承認した後も独自のルーマニア人の侯を選出したとし、モルドヴァとワラキアの領域に成立したルーマニア諸侯国も独立していたと主張した。

この著作の表題にあるドナウ以南のヴラフ人とは、ドナウ下流の南側、すなわちブルガリアの領域に住むルーマニア人のことである。コガルニチェアヌは、12世紀末に成立した第二次ブルガリア帝国を、ルーマニア・ブルガリア国家としてではなく、正真正銘のルーマニア国家と見なし、ルーマニア史の中に位置づけた。彼によると、この国家の多くの君主はペータル（ペタル、?-1197）やアセン（?-1196）を始めとしてルーマニア人であった。対オスマン戦争のミハイ勇敢侯の軍隊中にはブルガリア人兵士がいたことからも、これら二つの民族の共存は継続的なものだったと説いた。

コガルニチェアヌの大著の中で、ミハイ勇敢侯はルーマニア史における絶頂期の一つとして位置づけられている。ワラキア、モルドヴァ、トランシルヴァニアの統一によってミハイ侯はヨーロッパの居並ぶ君主たちと肩を並べ、古代ダキアの統一性を取り戻した、と彼はいうのである。その娘は皇帝ルドルフが皇妃にしようとしたほど美しかった。しかしながら、ミハイの過剰な野望は敗北に終わる。後世の評価とは異なり、コガルニチェアヌによれば、ミハイの治世は軍隊による荒廃が進み、ルーマニアにとって破滅的な時代だった。しかし興味深いことに、コガルニチェアヌは1864年に首相としてルーマニア農民に土地所有権を認める時には、ミハイの名が世襲農奴制の形成と結びつくとは語らなかった。

ところで大貴族出身のコガルニチェアヌは、第三身分形成の萌芽が16世紀に見出しうると誇張したことからわかるように、この著作においてもその後の著作においても、進歩的ブルジョワの立場を代表した。ルーマニアの発展における封建制からの脱却を強調し、ゆえに様々な農民蜂起や1821年のヴラディミレスクの運動にも共感を抱いた。しかし彼にとって最も重要な点は、ルーマニアの国民的発展だった。1843年にヤシ高等専門学校の歴史学講座における講義の冒頭で、コガルニチェアヌは歴史の重要性を強調した。歴史は現在なすべきことの正しい方向性を示すからであり、国民史研究の必要性を力説するのは、それにより国民自身の未来を見ることができると考えたからだった。

若い頃に着手した総合的通史の試みは中途で断念した。時代にふさわしい総論を書くには時期尚早だと、本人も自覚していた（この著作を献呈されたモルドヴァ侯ストゥルザは、同書が列強の不信を増大させることを恐れて、不満を抱いた。そのことも続編の執筆を妨げた）。こうしてコガルニチェアヌは、未来に書かれるであろう総合的通史の準備段階として、またその基礎作業としての史料編纂に着手した。これは1845年、1847年、1852年に3巻本で出版され、17世紀モルドヴァにおける年代記作者の作品群を初めて活字化した［RO 0072-0073］。ただし当時の学問的水準に達するような出版物ではなかった。コガルニチェアヌは収録にあたり、文献に複数の版が残存する場合は、単純に、欠落の少ないものを常に採用した。彼は自ら発刊した歴史定期刊行物の巻頭辞に次のように書いた。ルーマニア人は若い国民であり、栄光が訪れるのはこれからであろう、それゆえ、過去に関するより完全な知識が必要なのだ、と。1872年に出された年代記集成の第2版では［RO 0074］、早くも満足感を持って次のように表明することができた。「すでにルーマニア〔統一国家〕は存在する。今日の歴史家は17世紀の年代記作者たちのように困難な状況の中で仕事をしているのではない。フランス革命とナポレオンの影響下で国民意識が出現して以降、新しいルーマニアにおいて社会的な問題はすでに解決された。しかも無血で。こうして、国民は自信を持って未来を見据えることができるのだ」と。

コガルニチェアヌについては、もう一つの著作にも触れなければならない。1875年にチェルニウツィーの市長が、オーストリアのブコヴィナ併合100周年を記念して大規模な式典を開催し、銅像の建立を計画した。それに対してヤシでは、コガルニチェアヌの肝いりで服喪の日が設けられ、ス

ラヴィチとの共著になる小さな本が出版された。『ブコヴィナの強奪』という表題を持つこの本はオーストリアの史料に基づきながら、オーストリアが強制的方法、およびオスマン指導者の買収によって、モルドヴァにとって不可分なこの地域を獲得したのだと論じた[RO 0075]。モルドヴァ侯 G. ギカ 3 世（?-1777）と貴族だけは反対したが、それはオーストリアが彼らを買収することができなかったからであった、と述べた。

　コガルニチェアヌは明らかに、いまだロマン主義的歴史叙述の代表者であった。支配者ではなく民衆の歴史を書くという不成功に終わった試みも、それに由来する。また、歴史上の人物に対する過大な評価も同様である。ミハイ勇敢侯に関する最初の概論においても、野望を抱く一人物の陰謀が最良の計画を挫折させ、一つの国家全体を荒廃に導くこともありうると書いている。ロマン主義的な誇張を躊躇することもなかった。これについてはすでにいくつかの例を見てきたが、オツェテアの指摘に基づいて、もう一つの例に触れておこう。概論の序言においてコガルニチェアヌは、自分はドイツ全土を旅したと書いているが、実のところベルリンとシュヴィネミュンデ（シフィノウィシチェ）に行っただけである。オツェテアを引き合いに出したので、彼からもう一つ重要な指摘を引いておこう。コガルニチェアヌは率直な歴史家であり、過去について自身が納得したことだけを書いた。もちろん信じていたことが歴史的事実とどれだけ整合していたかは別の問題であり、ロマン主義歴史家にとってこれは解決不能な問題だった。1843 年の講義の冒頭で自ら語っているように、彼は真実を探究した。しかしながら、力点はむしろ国民の偉大さへと移っていった。国民の偉大さを謳い上げ、国民意識を強化することを通じて、歴史家コガルニチェアヌはルーマニア国民のために多くをなした。また革命家としても、政治家としても大きく貢献したのである。

バルチェスク

　社会的進歩と革命への責務を自覚しながら歴史叙述に取り組んだのは、N. バルチェスク（1819-52）である。貴族出身の卓越した革命思想家だった。彼もまた専門的な教育を受けなかったが（聖サヴァ学寮で教養を身につけた）、フランス留学中に、また帰国後にも、19 世紀前半のフランスの歴史家、とりわけ階級闘争に目を向けたティエリや革命の使徒ミシュレを研究した。コガルニチェアヌが歴史家の使命としつつも実現できなかったことに関して、バルチェスクは確かに前進した。ルーマニア史の個別の問題を扱う小さめの研究において、歴史変革主体としての民衆の役割を最大限に叙述しようと努めたのである。事実、彼は驚くほど良質な幅広い史料群を用いることができた。

　1844 年に発表した最初の研究ではワラキアの軍隊を扱った[RO 0076]。彼によると、1290 年から 1716 年までが誇るべき時代であり、それに続くファナリオト体制は衰退をもたらした。ファナリオト時代については、他の著作においても完全に否定的に描いている。1846 年にモルドヴァの軍隊について著し[RO 0077]、農業従事者の社会的状況についても研究を残した[RO 0078]。この研究でバルチェスクは、両侯国に封建制が導入されたのは外国からであり、しかもそれはかなり時代が下ってからだと論じた。

　バルチェスクの研究の多くは、A. トレボニウ・ラウリアンと一緒に彼自身が 1845 年から出版した『ダキア史雑誌』という定期刊行物に発表された。コガルニチェアヌ同様に、彼も史料的基礎の脆弱さを感じたため、同雑誌をまず史料刊行に利用しようとした。専門的色彩の濃い雑誌だったにもかかわらず、これは大きな反響を呼んだ。コガルニチェアヌの『文書集』という雑誌が 100 部足らずの出版数であったのに対して、『ダキア史雑誌』は当初 1000 部、のちに 1500 部を発行した。バルチェスクの歴史観を知る上で、同雑誌の巻頭辞は興味深い。どのような種類の史料を公刊しようとするかに彼は触れている。すなわち 1) 民衆詩、民間伝承、2) 法律、公式文書、3) 年代記、4) 碑文、遺跡、史跡、5) 公共道徳を喚起する文章である。ここに表れているように、史料の範囲を幅広く理解することで、民衆の歴史も叙述するように努めたのである。

　バルチェスクは 1848 年のワラキア革命で重要な役割を担ったせいで、革命後に亡命を余儀なく

された。亡命中に彼は、歴史学的および経済学的、社会学的な著作をフランス語で執筆した。彼の最も有名で、最も完成度の高い著作である『ドナウ両侯国の経済問題』がそれである[RO 0079]。ここでバルチェスクは両侯国の農民の状況を紹介し、農奴賦役義務の実際的な規模について試算を行なった（この試算をのちにマルクスが『資本論』第1巻で引用した）。『ルーマニア人の歴史における革命の道筋』という題で同じ頃に書かれた著作では、革命がルーマニア国民の発展の底流に潜んでいたことを主張し、ヨーロッパの1848年は革命勃発の契機であって、単に余波が到来したのではないと主張した[RO 0080]。

『ダキア史雑誌』という題は古代ダキアの一体性に由来するが、亡命中も彼は、ルーマニアの領域が遅かれ早かれ統一されるという確信を繰り返し表明した。国民の一体性に加えて、彼にとって中心的だった存在とは、統一をかつて実現したミハイ勇敢侯その人であった。ミハイ侯を主題にして自身の主著となるべき作品の執筆を準備していた[RO 0081]。もちろんそこでも民衆が中心に位置づけられるはずだった。しかし計画した6部のうち書き上げられたのは4部にとどまり、かつ未完に終わった。だが、そこで展開された議論、すなわちミハイ勇敢侯が失敗した根本原因は、両侯国に世襲農奴制を持ち込んだことであるという主張は重要である。

*

バルチェスクは何よりまず革命家であり、歴史の専門家ではなかった。『ダキア史雑誌』の発行においても、実務の大半はトランシルヴァニア出身のトレボニウ・ラウリアン（1810-78?）が行なった。彼は1835年から1842年までウィーンで学び、工科大学を修了した高い学識を有する人物だった。歴史研究と同時に言語学研究にも従事し、1840年には、ルーマニア語に関する著作をラテン語で執筆してウィーンで出版した。また考古学に関する論文を初めて発表したのも彼である。1842年にブカレストで聖サヴァ学寮の教師になった。革命に挫折した後は再びウィーンに住み（1849-52年）、『ダキア史雑誌』の出版を続けた。1852年に全国視学官としてヤシに帰り、ここでコガルニチェアヌと共同でシンカイの年代記を初めて公刊した。1859年にはブカレストで再び聖サヴァ学寮のラテン語教師となり、1864年からは、この年に創立されたブカレスト大学の教授を務め、アカデミー会員となった。

『ダキア史雑誌』にルーマニア史の概略を発表し（1845年）[RO 0082]、1850年にトランシルヴァニアのルーマニア人史を概観し[RO 0083]、さらにバナート史についても研究した[RO 0084]。主著は1853年に出版された3巻本『ルーマニア人の歴史』である[RO 0085]。第1巻は、事実上、古代ローマの歴史であり、第2巻は476年から1453年までのビザンツ史であり、第3巻に至ってようやくルーマニア史となり、ヴラディミレスクの蜂起までを扱っている。ウィーン滞在の頃に、ハプスブルク君主国におけるルーマニア人についてドイツ語で著作を刊行し、他にも1848年革命の歴史など、多くの著作を発表した。

1853年発表の『ルーマニア人の歴史』に端的に表れているように、トレボニウ・ラウリアンはトランシルヴァニア学派の影響を強く受けていた。ローマ人の歴史とルーマニア人の歴史を同一のものと捉え、ルーマニア人をローマ人の直接の末裔だとする点でも、トランシルヴァニアの先駆者たちと同意見だった。言語学研究においては、ラテン語の要素に排他的な地位を与える純粋主義を貫いた。非ラテン語、特にスラヴ語起源の語彙を可能な限り排除しようと努め、ラテン系諸言語から借用した語彙で置き換えた。そのラテン主義が暴走ぎみだったため、多くの人の反感を買うことになった。史料よりも空想に信頼を置いたのも、自然の成り行きだった。

彼よりもひとまわり若いA.パピウ・イラリアン（1827-77）はもっと現実的だった。トレボニウ・ラウリアンと同様に彼もトランシルヴァニア出身で、ワラキアの1848年革命に参加した。革命の敗北後はウィーンとパドヴァで法学を修め、その後一時ヤシのミハイル・アカデミーで法学教師を務めた。1858年から1860年にベルリンで再び法学を学び、帰国後は、誕生まもないルーマニア国家の法整備に携わった。1863年から1864年には司法相になり、1868年にアカデミー会員に選

出された。

　彼にとっても歴史家の仕事は副業だった。ウィーンでの学究生活で、1848年のトランシルヴァニアにおけるルーマニア人の革命史を書き始めた。6巻本の計画だったが、第1巻で1847年までを、また革命期のブラージュ集会までを扱う第2巻を書き上げただけだった[RO 0086]。第1巻では前史を扱い、社会的な闘争と国民的な闘争を丁寧に関係づけた。さらに重要なのは1862年から1864年にかけてブカレストで出版した3巻本の史料集である[RO 0087]。国内外の史料を織り交ぜて編集し、第1巻はミハイ勇敢侯に関するものが中心で、第3巻はベルリンでの研究中に集めた史料が中心である。外国語の史料は、原語に加えて正確なルーマニア語訳を掲載した。1872年にはカンテミール期のモルドヴァに関する著作を出版した。またチェルニウツィーからブダイ=デレアヌの遺稿を入手したのも彼である。1869年に行なったアカデミー会員選出記念講演では、シンカイの歴史家としての業績を論じた。

　トレボニウ・ラウリアンとパピウ・イラリアンは、歴史学を国民の羅針盤と見なす出身地トランシルヴァニアの状況を個人的回想とともに両侯国に伝え、二人とも新生ルーマニア国家で活動の場を得た。それに対してGh.バリツィウ（1812-93）は1848年以降もトランシルヴァニアに残り、ルーマニア人の文化的、政治的指導者となった。新聞を編集し、ハンガリーにおけるルーマニア人の政治的組織化では穏健派の立場を代表した。その傍ら、1784年のトランシルヴァニア農民反乱など、歴史に関する評論や小論文を発表した。また言及しておく価値があるのは、1876年に発表した「古い農奴制と新しい農奴制」という論文である[RO 0088]。これは、農奴解放後の封建遺制を書いたものである。また、軍政国境第二ルーマニア人連隊区の歴史も書いた。歴史に関する著作中で最も重要なものは、1889年から1891年にかけてシビウで出版された3巻本の『トランシルヴァニア史断章』である[RO 0089]。同書は、1683年から1883年までの2世紀間の歴史を扱うが、特に1848年から1860年までに関する第2巻と、1860年から1883年までに関する第3巻が興味深い。

これは実のところ歴史研究というよりも、むしろ回想と史料というべきものであり、まさにそれゆえに多くの重要な素材を含んでいる。

　ルーマニアに生まれ、活躍した好事家の中では、C.D.アリチェスク（1823-86）に触れておくべきだろう。彼は詩人で、1855年から1856年にかけて、最初の重要な郷土史の著作である2巻本のクムプルング史を書いた[RO 0090]。1874年には、ルーマニアの1821年革命史を書き、ヴラディミレスクの蜂起を1848年革命およびクザ侯による両侯国合同の序章として扱った[RO 0091]。1821年蜂起と1848年革命についての資料を公刊したが、真の好事家らしく可能な限り奔放にまとめ、原本の改変も厭わなかった。

　先にバリツィウの回想録的な歴史叙述に言及したので、回想録を残した人物にあと二人だけ触れておこう。一人は侯を多く輩出した大貴族の家系出身のI.ギカ（1817-97）である。彼は1848年以前と以後の出来事について、二つの回想録を残した[RO 0092-0093]。また、I.エリアーデ=ラドゥレスク（1802-72）は1848年のワラキア革命について、革命後まもなく（1850年と1851年に）フランス語で二つの回想録を出し、革命で自身が担った控えめな役回りを書き留めようと努めた[RO 0094-0096]。ルーマニア語で書いた歴史学的な著作もある。それは『ルーマニア人の歴史概観―あるいは、ダキアとルーマニア』という題が示す通り、古代のダキアと同時代のルーマニアを同一軸に置いており、先行研究から情報を集め、多くの空想で補っている[RO 0097]。

ハスデウ

　これまでの伝記的な記述からもうかがえるように、すでにルーマニアの歴史叙述は、適切な研究機関を持ち専門教育を施す当時の西欧的水準に達しようという時期にさしかかっていた。ただ、次の時期に移る前に、もう一人の個性的な人物について触れておきたい。彼は独学者と専門家の中間に位置し、ある面では一方に、他の面では他方に近い存在だった。B.P.ハスデウ（1838-1907）がその人である。モルドヴァの古い貴族の家系に生まれ、祖先は一時ポーランドに亡命したこともあ

り、祖父は詩人として有名だった。一族の所領はベッサラビアにあり、ハスデウ自身もロシア支配下で育った。父は好奇心旺盛な人物で（これを息子も受け継いだ）、ロシアの雑誌に様々な題の論文を載せている。ハスデウはハールキウ（ハリコフ）大学法学部で学び始めたが、修了はしなかった。1857 年にモルドヴァへ行き、一時期は新聞を編集し、両侯国合同後まもなくブカレストに行って雑誌を出版した。その後は国立文書館の館長を長きにわたって務めた。大学でも教鞭を取ったが、彼の関心を継承する教え子に巡り合わなかった。おそらく、彼の語学力についていくだけでも困難だったせいであろう。ロシア語とポーランド語を巧みに操り、他のスラヴ語も解した。このような博識のルーマニア人歴史家が現れたのは、まさに久しぶりのことだった。同時に西欧諸語もよく知り、言語学への関心を持ち合わせ、総計 26 言語の知識を持っていた。

特に活動の初期には、歴史家という自覚のもとに当時のヨーロッパの専門書を読み漁った。厳密な意味での実証主義の強い影響下にあり、歴史の中に法則性を求めた。もちろん、歴史の法則を自然科学のように当てはめることはできないとよく理解していた。実証主義者として唯物論者でもあり、歴史を人間と自然の相互作用の結果だと見なした。しかし 1873 年の論文で、歴史実証主義は同時に唯物論であり、観念論であり、かつ理神論でなければならないともいっている。ダーウィン的な自然淘汰を信じていた一方で、神の意図や摂理にも同等の役割を見出した。進歩が神の摂理に由来することを、非常に抽象的に表明した。一方、淘汰を機械的なものとは考えず、摂理は単に可能性を与えるだけであり、人間の自由意志が最後は作用しなければならないとも書いている。

互いに矛盾する要素が彼の中で混在していた。民主主義者でもあり、1866 年に新君主カロルに反対する勢力に属した。民衆に対する共感が著作にも看取できる。それと同時に、強烈に権威主義的でもあり、齟齬を見逃さなかった。ルーマニア先史時代研究に学際的な接近法を導入したのも彼だったが、その時に重要な役割を果たしたのは、彼が歴史学と言語学の双方に関心を向けたことだっ

た。この方法論は、前世紀に比べて飛躍的に高い水準に達した。ハスデウの意欲と空想は、学問上の計画や発想と同程度に誇大妄想的だった。常に大事業に乗り出しては、途中で放棄したのである。なぜならば、達成がそもそも不能なものだったからである。

1864 年にはルーマニア史に関するあらゆる史料を出版する目的で『ルーマニア史文書』という雑誌の出版を始めた。外国語史料の翻訳や注釈も施して第 4 号まで刊行した。スラヴ語史料のかなり丹念な公刊に取り組んだのは、彼が初めてである。

ハスデウの著作は、大量の史料を扱ったものにありがちな物語風の文体だったが、次第に近代的な文体に変わっていった。この点で特徴的なのが、1865 年に書いたヨアン・ヴォダ残虐侯の伝記である [RO 0098]。（その他のルーマニア侯と同様に）貴族たちと闘争を繰り広げた 16 世紀の同侯に、ハスデウは、農民を搾取しない社会的正義の闘士を見出した。同書は 1864 年に実現した農業改革の翌年に出版されており、残虐侯にことよせて、実際には同時代のクザ侯を描いたのであった。

彼が本来関心を寄せたのは、ルーマニア人形成の問題であった。すでにコガルニチェアヌがトランシルヴァニア学派のローマ偏重論に対して慎重な姿勢を見せていたが、ハスデウは 1860 年の最初の大作『ダキア人は絶滅したか』で、最終的にラテン中心主義と袂を分かった [RO 0099]。ダキア人とルーマニア人の同系論・混血論を提示し、ダコ＝ロマン人一体説、および必然的にダキア人持続説に立ち至ったのである。1868 年の『ルーマニアにおける宗教的寛容の歴史』では初めて物語風の叙述をやめた [RO 0100]。ここでは、正教会にはルーマニア人の聖人がいないことを根拠に、宗教的な寛容が常に存在したと主張した。

1873 年に再び大著に取りかかった。7 部構成で計画された『ルーマニア人の批判的歴史』という著作である [RO 0101]。ワラキア史を 1400 年まで扱う第 1 部だけが出版されたが、この中で作品全体の構想を明らかにしている。すなわち、土地とそこに暮らす人々、つまり、国王や貴族層、軍隊、経済、法制、言語、文学について書くつもりだった。言い換えれば、単なる政治史にとどまらずル

ーマニア文明全体の歴史を扱うはずだった。

こうした問題を取り扱うには史料が少なすぎた。ハスデウは、一つしかない史料は事実を確証するのに十分でないという原則に立っていたにもかかわらず、実際にはこの原則に反したことをしばしば行なった。ワラキアの領域を侯の公文書における記載に基づいて設定したため、当然、14世紀にはベッサラビア全土がワラキアに属することになった。1231年の公文書に現れる「ブルガリ」という表現をルーマニア人のことだと解釈したが、彼らがブルガリア人と隣接していたというのが根拠だった。14世紀にはツラン系の遊牧民、ハンガリー人に加えてトルコ人が、ワラキア侯 A. バサラブ（?-1352）を脅かしていたことになっている。ハスデウによると、ワラキアとモルドヴァの境界はあいまいだったために両侯国合同が可能だったが、カルパチア山脈は今日〔ハスデウの時代〕に至るまで、ダコ＝ロマン人統一の障害となっている。

1874年にハスデウの関心は言語学へと向かうが、これも歴史上の課題を理解するためだった。ブカレストで大学の比較言語学講座を任されることになった。言語学の方法論でルーマニア人の農耕開始について論文を書いた[RO 0102]。〔農耕に関するルーマニア語の〕大部分がスラヴ系の語彙であることから、ローマ人の退却後に残されたダコ＝ロマン人は農耕民ではないと結論づけた。1400年前後になってもなお農耕に携わる者は稀だった。（彼の言語学的議論はのちにヨルガによって、ダコ＝ロマン人は、雌鶏という語はローマ人から取り入れたが、雄鶏はスラヴ人から取り入れたのだろうか、と風刺された。）同様に言語学の方法論で葡萄栽培と牧畜の歴史も書いた[RO 0103-0104]。84のダキア系語彙と15のダキア系地名を列挙したが、その大半に関してはのちの研究により否定された。1878年にはクライヨヴァ都市の建設を描いたが、それによるとヨアンという名のクマン人が1230年に建設し、そこから都市の名も由来したという[RO 0105]。

ルーマニア・アカデミーからの委託でもう一つの大作、ルーマニア語源辞典の編纂にも挑んだ。1886年から1893年にかけて全3巻を出版した[RO 0106]。すべての語にそれぞれ個別の解説をつけるというやり方だったため、第3巻に至ってBで始まる「バルバト（男）」までしか進まなかった。1898年に第4巻が出るが、これは実際にはネグル・ヴォダに関するモノグラフだった。ワラキア建国の父とされるこの人物が実在したことをあまりに力説したため、のちにクセノポルもそれを信じてしまったほどであった。

それ以前の1892年にバルカン諸民族の系譜に関する研究を書き上げた[RO 0107]。ここでも、有益で正しい情報と前代未聞の空想を交錯させた。（同書の序論で、国家は政治目的のために歴史を利用しなければならないと主張した。）バルカン諸民族の基層をペラスゴイ人であるとした。ペラスゴイ人は、インド＝ヨーロッパ語族でもセム語族でもなく、ハム語族であり、ペラスゴイ人の後にギリシア人とトラキア人が移住してきた。こうして、のちのルーマニア人の基層が形成された。さらにスラヴ人が移住してきた。そこからセルビア人とブルガリア人が誕生する。バルカン半島に住むルーマニア人は、ダキアのローマ人の末裔である。他方、ブルガリア人はポーランド人植民の結果であり、それは両方の言語が鼻音語だからである。またセルビア人はチェコ人の植民に由来するとし、それはRの音声的機能、およびチェコ人の隣人であるソルブ人の名から説明した。さらに、モラヴィアのヴラフ人はローマ人の末裔である。ハンガリー人に追われたルーマニア人がドナウ以南に達したのは、すでにスラヴ人とビザンツ人の戦いが始まった頃であり、彼らも参戦した。アセン朝のダキア、すなわちルーマニア＝ブルガリア国家〔第二次ブルガリア帝国〕を建てたのも、このルーマニア人だった。これがバルカン諸民族のハスデウ流全系譜だった。また1896年には、バナートのルーマニア人の持続性を主張する興味深い研究を著している[RO 0108]。

彼の歴史解釈、言語に対する幻想、そしてこじつけの独特の混合は、ここに挙げた例が示す通りである。当時の最先端の水準にあった理論的、方法論的要素を応用し、エンゲルやフェスラーの方法論を想起させることもあった。また付け加えると、ハンカや19世紀前半の愛国者と同様の発想で偽造を行なうこともあった。ハスデウも2点の

文書を公刊した。一つは 1134 年、もう一つは 1374 年のものだとし、後者はマラムレシュのコルヤトヴィチ公（?-1389 頃）の行動についての文書だった。文書館の史料であると注記し、幾度も公刊したが、版によって差異も見られる。二つの文書がハスデウ自身の捏造であることが証明されたのは、ようやく 1930 年代になってからのことである。

　国民への奉仕を行動の指針としていたが、世紀の転換が近づくにつれ、ロマン主義的な幻想への信仰はもはや減じていた。ハスデウ自身も、同時代人から孤立していることを感じ取っていた。世紀転換期には、新しい批判的な世代が登場してきた。新世代はハスデウの大言壮語をすでに無視していた。1899 年に四半世紀にわたって務めた国立文書館の館長職を辞し、翌年には大学からも去った。田舎に引きこもり、城塞のような家を建てた。その死は誰にも知られなかった。学術の進歩はすでに彼を遠く追い越していたのである。

第 2 節　専門化した歴史叙述（1918 年まで）

1.　制度的基盤

　ハスデウが時代遅れになったのは、当時すでに時代の水準に見合う歴史叙述のための制度が立ち上がっていたことを意味する。1860 年にミハイル・アカデミーを受け継ぐ形でヤシに大学が創立され、1864 年に聖サヴァ学寮の後継としてブカレストに大学が創立された。二つの大学は、ともに人文学部にルーマニア史講座と世界史講座を設けた。1866 年にルーマニア・アカデミーが設立された。ただし初期には、アカデミーが公称ではなく、まずルーマニア文芸協会、次いで 1867 年から 1879 年の間はアカデミー協会だった。アカデミーの歴史研究部門は講演会を企画し、国王臨席のもとで著名な学者たちが講義することもあった。そ

れらの講義は 1869 年から刊行されたアカデミー年報に掲載された。

　学術研究は定期刊行物によって推進された。これについてはすでにハスデウを論じた際にも触れたし、コガルニチェアヌ、バルチェスクらの初期の試みもあった。ハスデウは最初『ルーマニア歴史報』、続いて『トラヤヌスの柱』というタイトルで歴史を主眼にした雑誌を出したが、両方とも長くは続かなかった。しかし彼の提案で 1867 年からヤシで刊行された『文学界』という雑誌は、一般誌ではあるが、多くの重要な歴史研究も発表された。1882 年にトチレスクの編集で、『考古学・文献学雑誌』という専門誌が発刊された。世紀転換後に創刊された雑誌については『ルーマニアの生命』および、若い頃のヨルガの雑誌『耕す人』の 2 誌を挙げておく。いずれも『文学界』と同じく一般誌である。

　大学の〔歴史学〕講座、国立文書館、博物館、図書館が設立されたことによって、歴史学者たちの仕事は基礎が固められた。こうして歴史叙述は、好奇心の満足や使命感の対象から、職業へと変貌した。重要な歴史学者は国内での専門教育だけでなく外国留学も経験し、とりわけフランスやドイツの大学で研鑽を積んだ。これによってルーマニアの歴史叙述はヨーロッパの平均的な水準にまで達したのである。これらの歴史家たちは方法論的な意味での実証主義者となっていくのだが、それは留学中に実証主義を学んだからに他ならない。事実への敬意、史料調査と史料批判、そして信頼に足ると判断した諸事実を、注意深く論理的に整合するようまとめ上げていった。こうした総合の最終的な目的は、無論国民への奉仕であり、国民的発展の手助けだった。これはあまりにも自明のことであり、この時期に言明すらされなかった。

　国民に奉仕するためには当然、歴史叙述の分野においては唯一の方法しかない。すなわち国民史を構築することである。その最上の形は、ルーマニア国民の歴史を全体として総合することであり、いまやそれに向けて当代における歴史科学の武器庫のすべてを駆使できるようになったのである。

2. 歴史家たち

フルムザキ

　E. フルムザキ（1812-74）も、〔国民史の構築という〕目的を自らの課題とした。実際にはバルチェスクやコガルニチェアヌと同世代だが、大きな通史に取りかかる前に、史料を根本的に広げる必要があることをいっそう明確に理解していた。目的達成を目指し、1846 年から 1848 年、次いで 1852 年から 1858 年に、ルーマニア史関連の外国史料を収集して刊行するために、オーストリアの文書館を拠点として研究を行なった。作業の一環としてまず行なったのが、14 世紀後半からファナリオト期の終わりまでを網羅する両侯国の国際関係史料収集だった。計 6000 点にも達する文書を複写した。しかし存命中に全史料を出版することはできず、1874 年に同事業を継承する委員会が設立された。コガルニチェアヌ、オドベスク、D.A. ストゥルザ、R. ロセッティらが委員を務め、スラヴィチが事務を担当した。1876 年から 1899 年にかけて、近代関連の資料を主に含む大判の 12 巻が出版された。フルムザキはすでに他界していたが、作業は続けられた。N. デンスシアヌ（1846-1911）は計 6 巻を（1887-97 年）、ヨルガは計 9 巻を（1897-1918 年）刊行し、その後も作業は続けられた。編纂者の名も明記されたが、敬意を表して、すべての巻がフルムザキの名で刊行された［RO 0109-0137］。これまでに刊行された 50 巻以上に上る資料は、ルーマニアに関する外国史料の集成として無比の存在である。遅く刊行されたものになればなるほど、当然、史料批判の方法は専門的になった。

　フルムザキの大事業ほどの水準と意義を持たないにしても、同時代に類似のものは他にもある。Th. コドレスク（1819-94）は、1852 年と 1895 年の間に 26 巻本の史料集『公文書集』を編纂した［RO 0138］。また、政治家 D.A. ストゥルザ（1833-1914）は 1878 年に『ルーマニア古銭学』という題でルーマニアの貨幣史をまとめたが、好事家の仕事に近いものだった［RO 0139］。他に二つ大きな公文書集成がある。一つは 1859 年のルーマニア両侯国合同に至る道程の史料を集めた 10 巻本の史料集であり（1888-1901 年）［RO 0140］、もう一つは 1848 年のモルドヴァ革命とワラキア革命の史料集である（1902-10 年）［RO 0141］。当然のことながら、二つとも政治史資料を収めており、適切な史料批判は欠けるが、重要な文献である。

　フルムザキの編纂作業の後継者としてのデンスシアヌについてはすでに少し触れた。トランシルヴァニア出身のデンスシアヌの活動は、幾分かハスデウを想起させる。専門教育を受けていない点でも類似する。1878 年まで二重君主国の文書館で資料収集にいそしみ、特にルーマニア人の形成をテーマとした。その傍らトランシルヴァニアのルーマニア人史にも取り組んだ。1878 年にはブカレストに移り住んだ。彼が書き写した史料は手書きで 38 冊にもなった。最初の重要な著作が『トランシルヴァニアとハンガリーにおけるホレアの革命』という題で、ホレアの反乱 100 周年にあたる 1884 年に出版された［RO 0142］。デンスシアヌは同事件を端的にルーマニア国民革命と捉え、目的はルーマニア国家の樹立だったとした。のちにヨルガは、本書を永遠の価値を持つと評価した。

　それよりやや評価が低いのは、ルーマニアの軍事史研究である［RO 0143］。古来ルーマニアの政治的、社会的制度は非常に軍隊的であったとして、この厳格な軍隊的組織が解体する頃にルーマニア国家の衰退が始まったことを証明しようとした。

　自ら主著として取り組んだ古代ダキアに関する仕事は、死後の 1913 年になって出版された［RO 0144］。乏しい史料を伝承や民俗資料で補おうとしている。その結果、紀元前 6000 年にペラスゴイ帝国が存在しており、ヨーロッパ全体と地中海沿岸を支配していたことを描いてみせた。中心はダキアであった。ローマ人の祖先はそこからイタリアに移った。このように、トランシルヴァニア学派のラテン主義を証明しようと試みた。ルーマニア人はローマ人の末裔であるが、ペラスゴイ帝国に目を向けるなら、ローマよりもさらに古い前史があると主張したのである。ダキア＝ローマ問題については、ラテン語とダキア語を単一言語の二つの方言と見なすことで克服した。ダキアにおけるダキア語の碑文が存在しないことは、これに

よって簡単に説明できた。デンスシアヌによると、ダキア人は、つまりローマ人と同じ言語を話していたのである。

クセノポル

ロマン主義的歴史観から専門的歴史学への移行という観点から、A.D.クセノポル（1847-1920）はある意味で過渡的な姿を示している。父親はブルンスヴィクという名で、ドイツからヤシに移住した人物であり、ルーマニア人女性とヤシで結婚し、クセノポル（ギリシア語で「異人」）と名乗った。息子にはルーマニア人としての国民意識を持たせた。若きクセノポルは、自由主義的かつ保守主義的なジュニメアという団体の奨学金を得て、1867年から1871年にドイツのギーセン大学とベルリン大学で学んだ。当時の最も優れた歴史家であるランケ、モムゼン、そしてE.クルティウスの講義を聴いた。自身の告白によれば、歴史家になるきっかけはギゾーの著作を読んだことだった。

徹底的な専門知識を学ぶ中で、クセノポルは歴史叙述の理論的、方法論的諸問題、あるいはその意義について最初に関心を抱く歴史家となった。ドイツでの学究生活ですでに数多くの論文を『文学界』に投稿し、その中には1869年に連載した「文明の歴史」がある[RO 0145]。ここで彼は当時の実証主義の基本概念を独自に展開した。歴史叙述は科学となるべきであり、進歩の法則を明らかにするべきである、と主張した。ただしバックルなどを強く批判しつつ主張しているように、それは自然科学のように行なわれるべきではなかった。精神の本質は変化し、自然界にある単純な反復は見て取れない。それゆえ法則性は進歩という意味で用いるべきであり、進歩の推進力は科学だけでなく、精神に現れる進歩も推進力である。当時流行した民族心理学の要素を、歴史研究に取り入れることを提言したのはこのためだった。

歴史叙述の理論的問題は、1870年から1871年にかけて発表した「現在の我々の置かれた状況についての諸研究」という論考でも取り組んだ[RO 0146]。クセノポルは歴史の進歩の中に現れる法則性の存在を信じつつも、歴史の意義は政治的、愛国的役割であるとした。歴史を見ることで現在の問題が理解できるのであり、ここから解決の方策を見出すことができる。それゆえ歴史叙述はまさに国民の科学であり、同じ頃コガルニチェアヌも言明していたように、国民の未来を展望することも可能だと考えた。

30年後に再び歴史的理論の問題に立ち戻り、1899年にパリで『歴史の基本理念』という著作をフランス語で（翌年にはルーマニア語で）出版した[RO 0147-0148]。1908年にはこれを全面的に加筆、改訂して、再びフランス語で『歴史の理論』という題で出版した[RO 0149-0150]。同書ではかつての実証主義的立場を完全に放棄して、歴史に法則性を探すのは無意味であり、それは歴史が恒常的な変化に他ならないからだと主張した。この頃に浸透し始めたヴィンデルバントやリッケルトの立場については、第1版の出版前に出会っていなかった。むしろベルリンで学んだ頃の教師だったドロイゼンの影響が大きいであろう。またこの頃には知る人もわずかとなっていたフランスの哲学者クールノーの影響もあっただろう。クールノーは1861年に科学と歴史における理念の連鎖に関する著作を出版した。クセノポルはここから当時の歴史理論の基本理念である歴史的連鎖の考え方を取り入れた。物質科学と精神科学という区分に代えて、共時性の科学と継続性の科学の並立という興味深い発想を提示した（ハンガリーの歴史家E.モルナール（1894-1966）にいわせれば、状況と発展の法則、およびそれらに関する科学ということになる）。クセノポルの解釈によれば、因果律は共時性の科学よりも歴史において観察しやすい。それゆえに歴史叙述においては、諸要因の連鎖を明らかにすることが肝要なのである。歴史にはいくつか恒常的な要因が存在する。ただし、偶然性が大きな役割を果たすため、恒常的要因は歴史の筋道を決定するのではなく前提条件を設定するだけである。恒常的要因は、人種と物理的環境、および両者の相互作用によって生じる国民性である。この他にも、知的環境、種の保存の本能、模倣、生存競争、国家の拡大などといった要因、あるいは動的な要素もある。他方、偉人は因果律で説明することはできず、偶然の賜物と見なすべきである。人物、および説明可能な要素が一体と

なって歴史を形成し、次の時代には新たな組み合わせによって取って代わられるのである。クセノポルのこうした折衷主義は主に政治的諸事件の説明に適用できるもので、自身も実際に政治史に従事した。

クセノポルは 1871 年に帰国し、ヤシで検事となった。その後も各種の雑誌に投稿し、1877-78 年の露土戦争とルーマニアの独立宣言の直後には単行本も複数出版した。一書では当時の経済問題について論じ、重工業の推進を提言した［RO 0151］。1880 年には、1711 年以降の一連の露土戦争を概観し、それらがいかにルーマニアの発展に悪影響を与えたかを論じた［RO 0152］。後者は当時の世論を反映しており、1878 年のベルリン会議でベッサラビア全土のロシアへの割譲が承認されたことを強く非難した。この著作のおかげで 1883 年からクセノポルはヤシ大学の教壇に立つことになった。

翌年には大きな反響を呼ぶことになる作品を著した。ダキア人とルーマニア人の連続性を多くの側面から否定するレスラーの『ルーマニア研究』という書物との論争本である［RO 0153］（これについてはすでに 1875 年にも批判しているが）。1885 年にはクセノポルはこの著作を『ある歴史の謎―中世のルーマニア人』［RO 0154］という題でフランス語でも出版した。レスラーの論とは反対に、彼は純粋に（トランシルヴァニアで）ダキア人が持続したと論じ、ラテン偏重主義とは距離をとって、混交してダコ＝ロマン人となったこと、その後ルーマニア人住民が山岳部へ退いていったことを主張した。

ルーマニア人の形成に関する同様の問題は、『トラヤヌスのダキアのルーマニア人の歴史』［RO 0155-0160］という書名に表れているように、大著の概説でも論じられている。大学では、すでに初年度からルーマニア人の歴史全体について講義し、これを基に、初版では全 6 巻（1888-93 年）、のちに 1920 年代まで続刊が出続けた作品ができた。すでに見てきたように、多くの歴史家が全ルーマニア人の歴史を完全にまとめ上げた作品を書こうとしてきた。クセノポルは当時の学問に見合う形でこの課題を成し遂げた最初の人物であった。

このために、未刊の史料の研究を特に行なうことはなく、既刊の叙事詩やその他の史料を用いて、ゲタイ人が史料に初めて登場する紀元前 513 年から 1859 年の両侯国統一までのルーマニア人の歴史を書いた。ここでは、両侯国だけでなくトランシルヴァニアやハンガリーのルーマニア人の歴史も同一の構想のもとに書いている。彼の関心の中心は政治史だったため、当然のことながらこの作品もそれに準じている。確かに、そこここに経済的、社会的状況や文化についての章を設けているが、そこでも事件史の要素が強くうかがえる。例えば、1784 年のホレアとクロシュカの反乱については、ルーマニア人の文化についての章で触れている。

この概説は当時の学問水準におおむね見合うものだったが、自身が告白しているように、その最も重要な目的は歴史的事実そのものの発掘ではなくルーマニア国民への貢献にあった。序章において、ルーマニア人は山々の間にではなく山そのものに住み着いた唯一の民族であると表現している。カルパチア山脈は長い間ルーマニア人を分断してきたが、一方で彼らを守ってもきた。そしていつか統一が実現するだろう。

時代区分においては政治的および文化的要素に注目したが、ルーマニア人が受けた外国からの影響にも留意した。古代はローマによる征服から 1290 年まで、すなわち、クセノポルによると実在した人物であるネグル・ヴォダがワラキア国家を建設した年まで続く。中世は 1633 年までのスラヴの影響下にあった時代、近世（1633 年から 1821 年まで）はギリシアの影響下にあった時代を意味した。ヴラディミレスクの蜂起から近代が始まり、これはルーマニア人の時代、あるいは外国の影響から解放された国民自身の時代になった。

国民の歴史のロマン主義的な見方は、彼のすべての作品に強く影響している。クセノポルも、もしトラヤヌスが勝利しなかったらダキア人がローマに攻め込んでいただろうという見方を繰り返している。属州からの撤退は、アウレリアヌス帝にとって体面を保つための狂言であった。〔ダキア人の〕持続性は河川の名前からも証明することができる。すなわち、スラヴ語起源の名前は二次的

に過ぎず、スラヴ以前に起源を持つものが圧倒的に多く、ドイツ語起源やハンガリー語起源のものは皆無だというのである。ルーマニア語の教会用語に見られるラテン要素に関する問題は、その後長い間解決しなかった。また、1444年のヴァルナの戦いで〔オスマン軍に対してハンガリー軍が〕敗れたのは、ルーマニア人部隊の志気が低かったことに原因があった。クセノポルは、「ボイエル〔貴族〕」という称号が、「ボイ（闘い）」という語に由来していると考えた。ワラキアの起源問題については、〔ワラキア西部の〕オルテニア起源を主張するハスデウとだけでなく、ブルガリア＝ヴラフのアセン朝国家を起源だとする新批判派のオンチウルとも長い間論争した。クセノポルの説では、ワラキアの起源は純粋にトランシルヴァニアにあった。また彼は1831-32年に両侯国に導入された憲法「組織規程」に対して明らかに批判的だった。彼によると、これには農民に有利な規定が盛り込まれているものの、政治的にはロシア帝国の利権を認めるものになっていた。興味深いことに、クセノポルは19世紀前半のハンガリーの発展について広い知識を有し、ハンガリー化政策の登場について、ハンガリー人が比較的少数であったこととそれへの認識に基づくものであったと論じている。

1896年には大著の2巻本の概説の簡略版をフランス語で出版し[RO 0161]、ラヴィスとランボーが編集した当時最も進歩的だった世界史シリーズの第3巻と第5巻のルーマニア史の章も書いた。

クザ侯選出までを扱った概説[RO 0162]は、これによって両侯国の分断の歴史が幕をおろしたとして結ばれている。もちろん、ルーマニアの〔分断の〕歴史が終わったというわけではない。1903年にはクザ侯時代を扱った作品を出版し、この頃には完成していた理論に基づいて、民族の再生と西欧の影響について強調した。この著作では未刊の史料も扱っている。1910年にはルーマニアの政党の歴史についての著作の第1部を出版し、18世紀から1866年までの発展を論じている[RO 0163]。彼の最後の著作は、クザ時代に短期間首相を務めたN.クレツレスク（1812-1900）の伝記であった（1915年）[RO 0164]。

クセノポルはまさに総合を目指した学者であって、分析的な、深く掘り下げる研究を行なう学者ではなかった。結果的に、彼が最初に比較的近代的な形で、ルーマニア史をこれほどの規模で書き上げることになった。のちにヨルガがさらに大規模で明らかにより幅広い目配りのきいた総合的通史を書くのは、その約半世紀後のことである。政治史への偏重がクセノポルの仕事を幾分曇らせてはいたが、彼のロマン主義的な国民観は長い間、各世代に強い影響力を与え続けた。

確かに、彼のロマン主義的歴史観に対してはしばしば反発も起こった。のちにヨルガもそれに反対する立場を取った。（もっとも、さらに後の世代はヨルガを誇張のゆえに批判することになるのだが。）世紀末近くには、醒めた見方は、歴史学者の中からではなく事実上その外側から起こってきた。すでに言及した『文学界』という雑誌を中心に形成されたジュニメア（若者）協会である。これは強烈に保守的な集団で、両侯国合同以降の発展を急速すぎるとし、1866年憲法を後進的な社会には自由主義的すぎると見なし、それまでの歴史叙述、特にトランシルヴァニア学派のラテン主義を極端にナショナリスト的であるとして批判した。これらは当時のルーマニア文化の後進性と相容れず、それゆえ、歴史叙述の分野を含めて、そのヨーロッパ水準への上昇が主要な課題なのだと主張した。

マヨレスク

この集団の指導的人物は、当時のルーマニアの文化界の最も重要な代表者であったT.マヨレスク（1840-1917）である。1848年のモルドヴァ革命の指導者で大領主であったI.マヨレスク（1811-64）の子で、23歳の頃オーストリアとドイツでの勉学を終えてすぐにヤシ大学学長となった。生涯の大部分を通じて国会議員を務め、数度にわたり大臣にもなり、1912-13年には首相にもなった。

大部の歴史関係著作は1冊だけ『ルーマニア現代史』[RO 0165]という題で書いた。これは、死後しばらくして1925年に出版されたが、もともとは議会演説集の各巻に書かれた序章として1897年以降順次発表されていたものだった[RO 0166-

0170]。カロル1世の戴冠（1866年）に始まる時期の政治史、厳密には議会の歴史であり、若干回想録的でもある。マヨレスクは、歴史家は自らが生きた時代のことについてのみ正確に書くことができると考えていた。それは自分自身が体験したことであり、それについて真実を正確に知っていると考えたのだ（マヨレスクのように、高みから眺めることができるならば、だが）。また彼は、同時代人、論敵の横顔を詳細に描くことを得意としていた。カロルの保守的政権運営をドイツ、オーストリア＝ハンガリー寄りの姿勢も含めて、完全に支持した。1875年に二重君主国と結んだ関税協定も肯定的に評価していたが、それは、この協定がルーマニアの経済発展を著しく妨げたとするその頃にはすでに認識され今日でも支配的な見方とは異なっていた。一方、1877年には、ロシアとの同盟を唯一の正しい外交政策と見なした。なぜなら、これがルーマニアを独立まで導いたと見なしたからである。『日々の覚書』[RO 0171]という題で回想録を出版し、1855年から1891年までの時期を3巻にわたって扱っている。これには多くの興味深く重要な事項と並んで、膨大な瑣末事も収められている。

しかしながら、歴史叙述の発展という観点から重要だったのはこれらの著作ではなく、先行する時期と同時代の歴史家たちに向けられた鋭い批評であった。1868年にはすでに「ルーマニア文化の今日の方向性に抗して」[RO 0172]という研究論文を（当然のことながら『文学界』に）発表している。ここでは、のちにも繰り返し持ち出すことになる批判、すなわち、西洋の急激すぎる表面的な模倣は基盤のない外面的な虚構に陥っているという主張を展開した。言語改革については極端な純粋主義を批判し、盲目的ラテン主義の責任をシンカイに負わせた。ルーマニア文化の真の基盤は、上層階級の西欧風文化ではなく農民の中に見出せると考えた。同じ年には、1848年のトランシルヴァニアの諸事件で知られるS.バルヌツィウ（1808-64）の『ルーマニア人の公法』という教科書を批判した[RO 0173]。バルヌツィウがルーマニア公法をローマ法の直線的な継続と見なしていたからである。

マヨレスクは、信頼できる史料の重要性を認識していた。まさにこれを怠っているとの理由で歴史家たちを批判し、史料公刊における重要な方針を打ち立てた。すなわち、一つの文書館の全文書を包括するか、ある特定のテーマについて可能な限りすべての文書を収めるというものである。（すでに見たように、フルムザキの名を冠した集成の後期のものは、厳密にいえばマヨレスクのこうした方針を実践したわけではなかったが、マヨレスク自身はこの集成を高く評価していた。）

クセノポルをすら高く評価することはなく、新しい批判学派の代表者、オンチウルやボグダン、のちにはヨルガを評価した。ハスデウについては、多くを約束したが実現しなかったと断じている。1881年には「ルーマニア文学と外国」[RO 0174]という研究を著した。ここで評された歴史家のうちでは、ブカレスト大学教授V.A.ウレキア（1834-1901）だけが言及に値するだろう。この人物は、1891年から1902年にかけて12巻からなる多くの史料の部分的引用からなる1774-1821年のルーマニア両侯国の歴史[RO 0175-0186]と、4巻からなる1800-64年の時期の学校の歴史[RO 0187]を著した。その重要性はそれまで蓄積されていなかった時期とテーマについて扱ったということだけであり、当時においても史料集としてのみ重要であった。

*

ジュニメアは、ハスデウやクセノポルに対抗して自集団の鋭い批判精神を実践する歴史学者を、さらにその政治的立場に一致しないまでも少なくともそれに近い人物を求めていた。しばらくの間、Gh.パヌ（1848-1910）に期待がかけられた。ジュニメアはパヌを歴史学と文学の博士号取得のためにパリに留学させたが、彼はブリュッセルで法学の博士号を取得した。1879年に帰国し、自由主義的なC.A.ロセッティ（1816-85）の支持者となり、まもなくジュニメアとも絶縁した。1885年のロセッティの死後、パヌは急進党の指導者となった。1887年には、「危険人物」[RO 0188]という題の舌鋒鋭いパンフレットを出して国王と対立し、亡命を余儀なくされた。しかし、翌年に恩赦を受けて帰国した。1895年に保守党に参加し、1901年に

は自由党に属した。

政治的な紆余曲折のゆえに、歴史研究を著す時間はほとんどなく、そのための教養も語学力もなかった。しかしながら、ジュニメアが彼に注目した 1872 年には、それまでの支配的な見解を厳しく批判する一連の論文を発表していた[RO 0189]。ここでは、ルーマニア人の祖先は、ダキアからのローマの撤退後に山岳地帯に引きこもったのだという見解を表明している。スラヴ人とギリシア人とハンガリー人からの政治的、文化的影響の問題もここで扱われ、これらのうちスラヴ人の影響が最も強かったと結論づけている。その翌年、ハスデウの歴史研究をその誇張のゆえに批判し、国民的偏見に代えて国民感情を排することを歴史家の第一の義務であるとした。

考古学者で歴史学者のトチレスクに『歴史は我が国でいかに書かれているか』というパンフレット[RO 0190]の中で矛先を向けられたことを受けて、パヌは 1874-75 年に新たな一連の論文を『文学界』に発表した。「ルーマニア人による歴史研究」[RO 0191]という題のこの論文は、その実、ルーマニアの歴史叙述の発展についての初めての概観となった。ここではまだ、ロマン主義的誇張や偽造に対してはマヨレスクの思想に完全に従いながら対処している。ルーマニア人の起源については、M. コスティンやカンテミールの見解、さらにはトランシルヴァニア学派のラテン主義を強硬に否定した。バルチェスクを最初の知識人と見なした。ハスデウについては、おそらく正当にも、方法論で新機軸を打ち出したが実際には昔のものを繰り返したと評価した。厳格な方法論と客観的な意味づけの必要性を主張し、これを歴史家の第一の使命であるとした。

1907 年の農民蜂起ののちにルーマニア農民の過去の解明を目指したが、1910 年に第 1 巻の最初の部分が出版されたにとどまった[RO 0192]。この事業はその能力を超えていたようだった。一方で、回想録は一読の価値がある。1893 年には『議会の面々とその類型』[RO 0193]を書き、1908-09 年に出版した『ヤシのジュニメアについての回想』[RO 0194]という題の 2 巻本では 1901 年から 1906 年の間の出来事についてまとめた。これには多くの不正確な記述がある上、完全に捏造した事柄まで書かれているが、この時期の議会の雰囲気をおそらくマヨレスクよりもよく蘇らせている。

パヌと同世代の人物で、かつ次の時代まで生き抜いた者として、トランシルヴァニア・ルーマニア人の運動においても重要な I. スラヴィチ（1848-1925）を挙げておこう。彼はハンガリー・ルーマニア関係について多数の著作を残した。1881 年には、『オーストリア＝ハンガリーの諸民族』[RO 0195]というシリーズに、ハンガリー、トランシルヴァニア、ブコヴィナのルーマニア人の歴史と現状について書いた。その前には（1879 年）、フルムザキ集成に収められていた史料を用いて、ファナリオト期についても書いている[RO 0196]。

しかし、彼もまたマヨレスクが期待していた新しい批判学派の重要な代表者となることはなかった。パヌが賢明にも概念化し、継続的に要請したのは、他のすべての視点を放棄した厳格な方法論的、学問的歴史叙述だった。これに取り組み、部分的には実現もしたのは、次に挙げる二人のルーマニア人歴史学者である。その二人とはともに二重君主国出身のオンチウルとボグダンである。

オンチウル

ブコヴィナ出身の D. オンチウル（1856-1923）はチェルニウツィーとウィーンで歴史学を修め、そこで史料批判の最新の方法論を学んだ（当然まだ実証主義の刻印を帯びていた）。1884 年にチェルニウツィーで、ルーマニア両侯国成立についての研究で博士号を取得した。この学位論文は失われてしまったが、のちの成熟期の著作でも研究の土台をなしたのはこの問題であり、両侯国の中世史であった。最初の重要な研究は、1884 年に『文学界』に発表されたユガ・ヴォダ（?-?）のモルドヴァ侯在位期（1399-1400 年）について扱ったものである[RO 0197]。同誌には、同じ年にモルドヴァ国家の端緒についての研究も発表し、ここでドラゴシュがモルドヴァの最初の侯であって、ボグダン 1 世（?-1367）は国家組織の確立者であると論じた[RO 0198]。

翌年には、クセノポルのレスラー批判を果敢に

批評し、非常に厳密な史料批判に基づいた独自の方法でハスデウと同様の結論に至った。すなわち、ローマ化はダキア属州全土だけではなく、オルテニアとトランシルヴァニアの主に南東部、バナート、そしてモエシア属州にも強く及んだのであり、したがって、ルーマニア人はドナウ川の両岸で形成されたのである。ダコ=ロマン人とバルカン半島南部に少数存在するマケド=ロマン人はそれゆえ同一民族の子孫であり、7世紀からのスラヴ人とブルガール=テュルク人の出現によってこの人間集団は北と南へと押しやられたのである。オンチウルはそれゆえダキア人持続説を保持し、これをダコ=ロマン人は南方からの移動によって補充されたという説で補った。クセノポルと同様に、彼も第一次ブルガリア国家はダキアまで版図を広げていたという説を採用した。

1891-92年には、続論においてワラキアの形成の問題を考察し、クセノポルに代表されるようなネグル・ヴォダを建国者とする説を論破し、これが伝説上の人物であるとした。ハスデウと同様、〔ワラキア〕国家の中心をオルテニアであるとし、そこにアノニムスが言及したところのルーマニア両侯国に類似した組織が誕生したと見なした。もう1国は、アセン朝のもとで〔ワラキア東部の〕ムンテニアに誕生した。これら2国は、モンゴル襲来の後にハンガリーの属国となった。

オンチウルは、1889年にアカデミーの準会員に選ばれ（1905年に正会員）、1895年にはブカレスト大学のルーマニア史の教員になった。1899年、最初の著作を『ルーマニア両侯国の起源』[RO 0199]という題で出版した（それまでは、おそらく過度な良心のゆえに論文だけを発表していた）。実際には、以前の諸論文をルーマニア音楽堂で行なった連続講義のために編集したものだった。その序論で、ハンガリーでの征服者アッティラへの信奉はレスラーの議論への偏愛がもたらしたものであって、学問的なものではないと看破した。他方、この本では多くの問題が解決されずに残っているとし、ハンガリーによるトランシルヴァニアの征服はイシュトヴァーン1世の時期だったとした。当時の外国の専門文献については、ハンガリーのものも含めて豊富な知識を持ち、利用し、また、議論した。

1902年には、『ダキア・トライアナにおける両侯国成立までのルーマニア人』[RO 0200]という題の小さな本を出版し、ここで、ルーマニア人持続説に関する諸説をまとめた。この問題の前史まで立ち戻り、ボンフィニ〔の年代記〕に始まり、古くから見て取ることができる歴史学の伝統を重要な要素として強調した。持続説に反するような史料はそもそも存在していないとも述べた。もちろん多くの個別の問題の解決には言語、地名のさらなる研究が必要だとし、ローマ化した住民がスラヴ人の定住まで一体として居住していたために、言語の統一性が保たれたのだと説明した。これまで見てきたように、彼がすでに提示したドナウ南岸からの補充的移住説は、彼によれば持続説に反対するすべての議論を論破するものであった。

1906年に出版したアカデミー会員選定記念講演『ルーマニア史の諸時代とその区分』[RO 0201-0203]（これは1920年に増補版も出ている）では、ウィーン時代の指導教員であるローレンツに従って、世代交代とそこから帰結する時代区分をルーマニア史に適用した。彼の意見ではこれは、外部勢力の影響に基づいてルーマニア史の時代区分を行なったクセノポルのものに比べて、より自然な時代区分理念であった。古代史においては、ローマ期をイリリア征服から271年のダキア撤退まで、蛮族の時代を679年まで、ブルガール期をハンガリー建国とブルガール国家の敗北まで（1000年あるいは1018年まで）、そしてハンガリーおよびルーマニア=ブルガール支配期（1186-1257年）が続くとした。この頃にルーマニア諸国家が成立した後は、1866年まで国家の発展、侯家の交代が時代区分の軸となる。古侯家時代はミハイ勇敢侯まで約300年間続き、その後再び300年間の混合侯家の歴史が1866年まで続いた。それぞれの時代に下位区分を設定し、〔古侯家時代は〕ワラキアのオスマン支配強化（1402年）とモルドヴァのオスマン統治開始（1504年）で区分し、次の〔混合侯家〕時代には、在地侯家時代、ファナリオト時代（1711/16-1821年）、その後再び1866年まで在地侯家時代を設定した。最後の下位区分の時代をもってルーマニアの近代が開始される。この幾分

強引な時代区分によって、師匠の理論の優れた立証を行なおうとしたのである。

1906年のカロル王即位40周年にルーマニア史全体についての短い概論を書いた[RO 0204]。その3分の1は大きな尊敬の念を込めてカロル治世の歴史を扱った。それまでの時代についても軸となったのは両侯国であり、1526年以降オスマン宗主権下に置かれたハンガリーの侯国であるトランシルヴァニアのルーマニア人については、ほんの少し触れるだけだった。1878年の出来事に関しては、諸大国がいかに恩知らずかを強調した（ロシアによるベッサラビア併合が念頭にある）。この概論は基本的に政治史を中心としたものだったが、末尾に同時代のルーマニア文化についても短くまとめられている。

オンチウルは、優れた批判者であった一方で義務感の強い忠実な臣民であり、カロルに対する無条件の支持者であった（1906年のアカデミー会員選定記念講演は国王自身も聴講した）。ハンガリーに関する慎重さもこのことから説明できる。というのも、おおっぴらな論争は公式の政策と対立しかねなかったからである。すでに見たように批判にも動揺することはなかった。壮大な総論を試みたがゆえに、史料を表面的に扱ったかつての歴史学者たちとは異なり、彼はまず第一に厳格に学問的な方法論に立脚した点で特徴的であり、のちに重要な人材を輩出することになる学派を形成した。その代表が、C. ジウレスクやブルヴァンであった。この時代の真の学問的発展に準じて、彼は総合的ではなく、深い分析的な人物であった。

ボグダン

同様のことは、ブラショフ出身のI. ボグダン（1864-1919）についてもいえる。その上、ハスデウに続いてスラヴ諸語を駆使する人物で、古ブルガール語の史料をも読むことができた。ヤシ大学を卒業し、その後ドイツ、イタリアで中等教育法について学んだ。1887年にスラヴ学を修めるため、4年間の外国留学奨学生となった。当時のスラヴ学の中心地であったウィーン、サンクトペテルブルク、モスクワ、キエフ、そしてクラクフで学んだ。帰国後すぐにブカレスト大学のスラヴ語学の教員に任命された。翌1892年、アカデミーの準会員に選出され、1903年には正会員となった。1902年から1906年の間は、その頃には無味乾燥な学術雑誌となっていた『文学界』の編集長を務めた。

とんとん拍子の早い出世はこの人物にとって不相応ではなかった。ボグダンは、当時のスラヴ学の知見で武装し、近年では放置されていたルーマニア史の問題に取り組んだ。その関心は、外部的なスラヴの影響ではなく、スラヴ人との共存が〔ルーマニアの〕国家制度と文化に与えた影響に向かった。

第一の課題として取り組んだのは、ルーマニア史に関するスラヴ語史料の研究で、最新の注釈を付してそれを出版した。いわゆるプトナ年代記とビストリツァ年代記の文章は、彼自身が発見したもので、それ以前から知られていた他の年代記とともにその当時の準拠軸となるような版で1890年代に公刊した[RO 0205-0206]（彼の誤読は20世紀後半になってようやくパナイテスクによって修正された）。ほぼすべてを公刊したスラヴ語の年代記と並んで文書館史料の出版も手がけ、フルムザキ集成のうちの3巻も彼が編集した[RO 0207-0209]。ブラショフとワラキアの交易関係に関する文書群[RO 0210-0211]と、モルドヴァのシュテファン大侯に関する文書類[RO 0212]も公刊した。史料編纂のために作成した解説から、古代教会スラヴ語のモルドヴァ型変形を整理した用語集ができた。彼の死後に、ビザンツのマナッシース年代記のブルガリア語訳が出版された[RO 0213]。

ボグダンは、オンチウルに匹敵する綿密な分析的研究を行なった。中でも、1902年に発表した侯国制度の起源を扱った著作では、スラヴ語起源の表現に対応するルーマニア語独自の語彙があることを示した[RO 0214]。翌年、ルーマニア語の「クネーズ」について考察し、この語がラテン語起源で、村長（村判事）を意味したことを解明した[RO 0215]。それ以前にすでにルーマニア・ブルガリア関係についての概説を公刊し、そこで、スラヴ人の中ではブルガリア人が、ルーマニアの発展において最も密接な関係を持っていたことを

示した。

　1905 年にはアカデミー会員の選出記念講演が出版され、そこでは最古のスラヴ語による年代記に始まるルーマニアの歴史叙述の概観を行なった [RO 0216]。その序論ですでに、ルーマニア人のような弱小民にとって独自の国民文化を打ち立てることが主要な課題であって、そのためには過去の詳細な知見が不可欠であると論じた。ルーマニアの歴史叙述の発展に三つの時代を設定した。15-16 世紀は編年史作者の時代であって、編年史はブルガリアやセルビアのそれよりも高度であり、単純な様式と完全な客観性において当時の西欧の記述史料と当然同列に扱うことができると考えた。もちろん、西欧の影響がここで問題になるわけではない。というのもマチャリエやエフティミエの年代記はまだ典型的なビザンツ精神に貫かれた作品だからである。これに対して 17-18 世紀の年代記作者には、ウレケに代表されるように、すでにポーランド経由で到達した西欧の影響が感じられる。ウレケはすでにルーマニア両侯国の共通の起源を考え始めていたし、M. コスティンに至ってはそれを確信していた。厳密な意味での歴史叙述はカンテミールから始まり、18 世紀末に一気に開花した。トランシルヴァニア学派ではシンカイを最も博識だったと見なした。ハスデウについては、スラヴ語史料を使用したゆえでもあるが、紙幅を多く割いて肯定的に扱った。まさにその語学知識の欠如のゆえにクセノポルを批判した。すなわち、クセノポルは「偉大なる果敢さで」総合を試みたが、その多くの判断は時期尚早だったとした。オンチウルについては肯定的に評価したが、政治史上の時代区分が適当でないとした。持続論に関しては、偏見のない目で見れば自明のことであるとした。最も優れた歴史学者はすでにヨルガであると見なし、その高い語学力と稀に見る勤勉さ、そして尽きることのない精力さゆえに、新しく近代的で完成度の高いルーマニア史の総合が、ヨルガから期待できるとした。後で見るように、これは理由のないことではなかった。

　世紀転換期に開花したルーマニア歴史叙述の概観に続いて、ボグダンは、いくつかの一般的な方法論的基礎事項も整理した。彼によれば、歴史叙述は常に時代精神に従属しており、それゆえ、まずは宗教史、次に地域単位の政治史、そして国民史が継起した。この〔国民史という〕特徴は現在でも継続しているが、それにはすでに社会学的関心と視角も合わさっている。それぞれの階級に関する知見が必要であるが、より広くは文化の全体を研究しなければならない（今日であれば、むしろ文明と表現したであろう）。ルーマニア文化をその土着性を基準に判断することが重要だが、今日はまだそれについて語ることができないと考えた。

　その後の著作では研究上の課題について素描した。まず史料のさらなる公刊を急ぐ必要がある。中でも国内のものが最優先であるとした。なぜなら、正教会に属する民のうちルーマニア人に関して比較的多くの文書が残されているのだから。史料公刊は歴史補助学の発展にも寄与するであろう。また、歴史家の伝記、碑文集成、スラヴ語とルーマニア語に並んで近代ギリシア語史料も必要であり、また古銭学も洗練させなければならない。アカデミー会員選出記念講演は、この学者にふさわしい信仰告白で終わった。歴史研究の目的は真実の発掘でしかありえず、トランシルヴァニア学派がどっぷりとつかっていたような先入観と手を切らなければならない、と主張した。

　1896 年には、議論の的であったヴラド串刺侯に関するドイツ語とロシア語の説話のテクストを出版し、序文や注で、この伝説的に残酷な侯の評価に繰り返し言及した [RO 0217]。ヴラドとフニャディやマーチャーシュ王との関係について、2 度にわたってハンガリーの支援で侯位に即いたことなどを強調した。その残酷な行ないをイヴァン 4 世の行動と比較し、ヴラドにおいても精神病が原因であったとした。当時のルーマニアの歴史叙述は、貴族層と抗争したことからヴラドの中に理想的君主像を見出そうとしたが、それには躊躇した。

*

　ボグダンは純粋に学問的な観点を重視する批判学派の水準の高い代表者であり、オンチウルよりも持続的な影響力があった。彼らに加えて幾人かの影響力の小さい歴史家たちに言及しよう。A. パパドポル＝カリマ（1833-98）は中世に関する研

究によってアカデミー会員となった[RO 0218]。Gh. ポポヴィチ（1863-1905）は法制史の研究を発表している[RO 0219]。バナート出身の I. スルブ（1865-1922）はワラキア侯 M. バサラブ（1580-1654）の外交関係についてドイツ語で研究を出版した[RO 0220]。ミハイ勇敢侯の大部の伝記を書こうとしたが、出版された 2 巻本は 1599 年までしか扱えなかった[RO 0221-0222]。

これら名前を挙げた歴史家の多くは第一次世界大戦を生きて経験することはなく、残りの者も、1918 年の大転換の数年後には死亡した。1918 年にルーマニア人が居住するすべての地域が統一されることによって、ルーマニア史に刻まれた大きな転換が、この息の止まるような変化が、その著作の中に反映することはなかった。ここでは、この大転換が行動を決定づけることになる人物を扱う前に、いくつかの一般的な留意点に触れておかなければならない。

かつて、コガルニチェアヌが歴史叙述の責務を国民への奉仕とし、これをそれ以前の歴史家も同時代の歴史学者もそろって実行したのだが、批判学派の代表者やその周辺にいた同時代の歴史家は、この点に関して慎重だった。むしろ純粋な学問への奉仕を自らの責務とし、歴史叙述ではそれが可能であると心底確信していた。確かに、当時の政治的要請に譲歩することもあったが（それはオンチウルの外交に関する慎重さを見るだけで十分である）、そのことと学問的営為とを明確に分けていた。まさにボグダンのアカデミー会員選出記念講演が示しているように、当然彼らも国民的思想の持ち主であったが、だからこそ国民的偏狭さを克服し、学問から政治を排除することに努めた。こうした定式化されたかのような政治的関与の拒否はまた、近代的色彩を帯びた方法論、史料批判にもかかわらず、すでに世紀転換期にはある種の立ち遅れを意味した。批判学派の歴史家たちはいまだ実証主義によりかかっており、特にハスデウの幻想と議論することで史料への尊敬を謳い上げ、史料の範囲をかなり限定的に、事実上記述史料のみに限定して考えた。様々な視点から比較的近代的と見なすことができるハスデウの見解、すなわち、すべてのものが史料であるとした考え方も、非学問的として排除したのである。

ところで、世紀転換期頃にはすでに、実証主義の史実偏愛と事実上の一面的な政治史偏重に対抗して、より幅広い地平を探究する新しい方向性が現れていた。史実をすべての面から検討し、そして、物質的および精神的要素を視野に入れることである。同時に、これらの新しい方向性は再び、宣言というよりも実践において次のことを自覚し始めた。すなわち、歴史学者は、どちらかといえば肯定的な意味合いであるが、自身の時代から影響を受けるものなのである。それゆえに、人間生活のうちこれまで等閑視されてきた側面の考察に関心を向けて、新しい問題を見出す必要がある。現代の生活から逃避する学者に代わって、社会に対する責任を自覚した歴史学者たちが新たに登場した。彼らは、洗練された専門家だけに向けて微細な批判的指摘をするよりも、より広い層に向かって発言しようとしたのである。

第 3 節　専門化した歴史叙述（1918 年以降）

この一般的な傾向は、ルーマニアの歴史叙述においては、その直前に起こった巨大な変化〔大ルーマニア成立〕と同時期に起こった。世紀転換期のルーマニアの歴史家たちは、小さな二つの侯国が合同して生まれたルーマニアがすでにヨーロッパの重要な構成員となり、発展の頂点に達したと見なしていた。その数年後に状況は根本的に変わった。ルーマニアは、第二次バルカン戦争でもすでに決定的な役割を演じたが、世界大戦を経ることで領域と人口が 2 倍あまりに拡大し、小規模国家から中規模国家へと脱皮した。そして、南東欧地域で指導的役割を担うべきだと考えるようになった。この変化は、最も野心的だった国民的要求が実現したことを意味していた。明らかなのは、こうした環境の中で歴史家たちは再び現代に目を向けなければならなくなったということである。そしてルーマニア史の道程を、現在到達した頂点

から改めて意味づけし直さなければならなくなったのだ。

1. 制度的基盤

　国家規模が突然変化したことで、歴史叙述を研究する機関も根底的に変容し、拡大した。1918年以降、それ以前から存在していた2大学に、クルージュ゠ナポカとチェルニウツィーを加えた計四つの大学で歴史学を学べるようになった。ならんで、1924年には文書館学高等専門学校が別個に設立された。先見の明を持っていたヨルガは、すでに1914年に南東欧史研究所を設立し、独自の雑誌も刊行していた。クルージュ゠ナポカには大学とは別に国民歴史研究所が設立され、ブカレストにはヨルガの研究所に対抗して国民史研究所が1931年に作られた。1937年には世界史研究所が設立され、1941年には適切にもクセノポルの名を冠した国民史研究所がヤシに作られた。これらは、研究所という名称が現在意味しているような専門家を職業的に結集する機構ではなく、大学教員とその他の分野で活動する専門家を集め、定期的な講演と討論を通じて学界を動かし盛り上げる場であった。ヨルガは外国での歴史家の訓練にも関心を持ち（後で見るように彼自身も西欧留学で多くを得た）、1921年にはすでにローマとパリ近郊のフォントゥネ・オ・ローズに国立の研究所を作り、ルーマニアから送り出した奨学生をそこで受け入れ、独自の刊行物を出し（『ルーマニア研究所紀要』と『ダコロマン暦』）、研究の発表機会を設けた。

　幅広い出版の機会が生まれることは、学問の進歩の基礎的な前提であった。これ以前にも、歴史学関連の記事に紙幅を割くような雑誌はあったが、いまや全編が歴史学に特化した雑誌が発刊された。それらはその後、数十年にわたって刊行され、一部は今日まで存続している。1915年にはボグダンの編集によるアカデミーの『ルーマニア歴史学委員会紀要』が発刊された。これは1916年に戦争のため一時廃刊になったが、その後1924年から1938年まで刊行された。ヨルガは1915年に『歴史学雑誌』という名の雑誌を発刊し、編集のみならず執筆にも関わった。1924年からは、国立文書館の『文書館雑誌』が刊行を開始した。1925年からはヤシで『歴史学研究』、のちの『歴史学研究と歴史学』も発刊された。1931年から1947年まで、ヨルガに対抗する「新学派」によってブカレストで『ルーマニア史雑誌』が出され、1939年から1945年までは19世紀の史料を公刊する『ルーマニア文書館』が出された。考古学の研究成果は、1924年にプルヴァンが発刊した『ダキア』に発表された。

　新しい大ルーマニアの大小の歴史的地域でも専門誌が出されるようになった。1934年から1945年まで『トランシルヴァニア雑誌』、1922年から1943年の間『オルテニア文書館』、1928年から『バナート年報』、1929年から『ブルス地方』が刊行された。

　文書館学高等専門学校は、『金印勅書』という表題の雑誌を1941年から1947年まで刊行した。史料公刊も強力に進められたが、事前の入念な意義づけや構想がなく、思いつきによっていた。これは1918年以前にもすでに始まっていたことで、むしろそれが継続したといえる。ヨルガは1901年から1916年の間に外国で収集した史料を31巻にわたって出版した［RO 0223-0246］。Gh. ギバネスク（1864-1936）は、1906年から1933年の間に2度にわたって、大部分がスラヴ語の史料からなる全12巻と全25巻の集成を出版した［RO 0247-0272］。Gh. ポパ゠リセアヌ（1866-1945）は、1934年から1939年の間に古代および中世初期の史料を15巻本で公刊した［RO 0273-0287］。T.V. パカツィアン（1852-1941）は、『黄金の本』の題で1902年から1915年にかけてトランシルヴァニアのルーマニア人の19世紀史に関する（特に1860-70年代に関する）膨大な資料8巻をシビウで出した［RO 0288］。

　学界の組織的枠組みについて付け加えると、ルーマニアの歴史家たちはすでに20世紀初頭から定期的に開催される国際的な歴史家の会議に決まって参加し、まもなく、疲れ知らずのヨルガを旗振り役に1924年にブカレストで第1回国際南東欧歴史学会議を開催した。

ヨルガ

　N. ヨルガ（1871-1940）の名はすでにこれまでも繰り返し登場している。今日までのルーマニア歴史叙述において、国内外を問わず最も著名な人物は、疑問の余地なくヨルガである。ようやくここで彼を論じることができる。ルーマニアにおける歴史叙述の世紀転換期以降、あるいはむしろ1918年以降の転換に関してすでに触れたことはすべて、ヨルガに凝縮されている。彼の経歴は、世紀転換期のルーマニアから始まる。諸大国の陰にあった当時のルーマニアは、身の丈にあった政治を行なわねばならなかった。しかしながらヨルガは、1918年より以前に、1918年以後のルーマニアをすでに準備していたかのようだった。新国家成立後には、歴史叙述の皇帝または教皇、もしくはその両方としてふるまった。もっとも、それ以前にも以後にも、彼への反発がないわけではなかった。

　すでに存命中から伝説的な人物となり、後光がさしているかのようだった。実際、歴史学においてだけでなく、端的に国のすべての発展における中心人物となっていた。際立った個性の持ち主であった。数多くの批判が向けられたにもかかわらず、同時代の誰もが抗せなかったその人格的な魅力のゆえに、今日に回顧する時でさえ敬意が払われている。豊かな顎鬚を蓄え、大仰な身振りと名家出特有の気さくさのゆえに、今も生きて活動しているかの如くである。

　その著作活動には目を見張る。いや、むしろ理解不能だといった方がいい。生涯の終わり頃になって初めてまとめられた著作目録によると、1934年までに単行本は1003点、論文は1万2775点、時評等は4963点に上った。しかもこの時点ではまだ、彼の著述活動は終わっていなかった。今日なお正確な著作数は明らかになっていない。専門家によると総計2万点、単行本だけで1200点になると見られている。

　補足的に説明しておこう。彼の単行本はしばしば大著の一部分であることが多かった。多くの主題について何度も繰り返し書き、次第にその分量を増やしていき、その後に各国語でも出版した（無論その度に文章に手を入れていた）。時評の多くは自身の雑誌『歴史学雑誌』に掲載され、多くの場合は、どこそこの雑誌の論文に、あれやこれやの問題について有益な情報や興味深い観点が載っているといった程度の短文だった。とはいえ、こうした厳しい限定をした上でも、その生涯の仕事は瞠目に値する。公的生活でのヨルガの活動に目を向ければ、さらに目を見張ることになる。第一次世界大戦前に夏季大学を開催し、1919年には下院議長を務め、さらにそれ以前に政党を設立しており、1931-32年には首相も務めた（大した業績を上げることはできなかったが、在任時期が世界恐慌時だったためやむを得まい）。その間、常に代議士であり、新聞の政治欄に巻頭記事をほぼ毎日書いた。さらにその合間に、ラジオ講義も行ない、地方都市へ講演に通った（講演会場に入る時になって講演の題を知り、すぐに1時間話し続けたこともあった）。国際会議にも出席し、講演し、討論し、批評した。詩を書き、脚本も書き、文学作品の翻訳までした。これらはむしろ若い頃の脱線だったという方がよいだろうが。

　弁護士だった父が死んだのは彼が5歳の時だった。寡婦となった母親に慎ましく養育されたヨルガは、やがて奨学金で生活できるようになり、ヤシで大学を卒業した。この頃に社会主義思想とも出会ったが、彼の生涯に影響を及ぼすことはなく、むしろブルジョワ民主主義の信奉者となった。1888年に大学に入学し、クセノポルの講義も聴講できた。1889年秋にはもう大学卒業資格を得て、1890年に19歳で執筆活動を始めた。この頃4年間の外国留学に出発した。最初はパリ高等研究院で学び、モノーとラングロワの教えを受けた。その後ベルリンに行って中世世界史を専攻し、14世紀のキプロスの宰相ド・メズィエールの生涯について論文を書いた[RO 0289]。ベルリンで提出した博士論文も世界史をテーマとし、トマッソ・ディ・サルッツォ辺境伯を扱った[RO 0290]。帰国後、ブカレスト大学の世界史講座を任された。ただし1年間は代用教員だった（目覚ましく出世する若者に対しては、当時からすでに反発する者がいたのである）。1897年には早くもアカデミーの準会員になったが、ここでも古参会員の抵抗に遭い、正会員に選出されたのは1911年だった。

1907年の農民大蜂起の時には、農民側を支持した。その1年前には『ルーマニア人民』という雑誌を刊行し、以降、巻頭文を死の時まで書き続けた。1908年にヴァレニ・デ・ムンテに設立した夏季大学は瞬く間に有名になり、ヨルガ自身も毎年のように連続講義を行なった。第一次世界大戦が勃発すると、協商国側での参戦を主張した。1930年代にはヒトラーのファシズムと国内の信奉者である鉄衛団と鋭く対立した。一方で、ムッソリーニのファシズムに対しては妥協的だった。1940年11月27日に、蜂起した鉄衛団に自宅から拉致され、殺害された。これが、常に国民と国への奉仕を信条とし、どの歴史学者よりも多くの貢献をなした人物の悲劇的な最期であった。

1894年に教鞭を取り始めた頃、初めて歴史の理論的見方について語った[RO 0291]。歴史学者の責務は人間活動の多様性を表現することであり、歴史学にとって異質な観点は排除されるべきだとした。ランケが理想だった。史料の研究と同時に、歴史に法則性があるとする実証主義理念を奉じた。

1911年に行なったアカデミー会員選出記念講演[RO 0292]では、考古学者のトチレスクに代わってアカデミー会員に選出されたからには、トチレスクの活動を賞賛すべきだったのだが、ヨルガはその代わりに、トチレスクやハスデウのロマン主義的方法と国民的偏狭さを批判した（20年後にはヨルガ自身に向けて同様の批判がなされることになる）。

他の著作においても理論的観点を議論した。原則的に常に、民族あるいは諸民族が歴史的関心の中心にあり、個人については民族と関連する限りにおいて意義を見出した。すべての民族にはそれぞれの使命があり、それぞれの民族の歴史は決して世界史から切り離して考察できない。民族の存在意義は、領域や人口数によるのではなく、倫理的な力であると1900年に書いている。1938年にチューリヒの国際歴史学会議で行なった講演では、歴史にはいくつかの恒常的な要素があり、それらが歴史発展の骨格をなすと主張した[RO 0293]。中で最も重要な三つの要素は、土地と人種（あるいは民族もしくは国民）と理念（それぞれの時代に支配的な理念）だとした。晩年に歴史理論の基本を大部の総論として著すつもりだったが、断片しか残らなかった。

ヨルガによる大規模な史料公刊についてはすでに言及した。この事業により、およそ3万点にも及ぶ国外史料が発掘され、出版された。これらのほぼすべてがルーマニア史関連のものであることが示すように、世界史への関心を持続していた一方で、基本はルーマニア史に根ざしていた。

1905年にドイツの叢書から依頼されて、2巻本のルーマニア人史を書いた時はまだかなり若かった[RO 0294-0295]。専門家によると、これが彼の最良の業績であった。少ない紙数にもかかわらず、クセノポルの総説よりも多くの材料を用いた。後日にも繰り返し表明することになる視点を、ここですでに披露している。すなわち、イタリアから移動した農民集団によってダキアの強力なローマ化が進み、ダコ＝ロマン人を根本からラテン化した。その結果、西欧に成立した多くのローマ人地域である「ロマニア」、つまりネオラテン諸国と並んで、ローマの東の前哨としてのもう一つの「ロマニア」がここに形成されたのである。農民に対する親近感は、ルーマニア農民が長きにわたって自由を維持したため、ルーマニアにおける国家形成が遅れたという主張にも現れている。諸階級は長い間互いに敵対することなく存在した。農奴制はオスマン支配によってもたらされたのだと説明した。また多くの先学と異なり、ファナリオト時代をも肯定的に捉えている。

この総説のために収集した材料を、その後に各論としてより重厚に議論していく。ルーマニア教会史を2巻本で（1908-09年）[RO 0296]、ルーマニア軍事史を同じく2巻本で（1910-19年）[RO 0297-0298]、ルーマニア商業史（1925年）[RO 0299-0301]、トランシルヴァニアおよびハンガリーにおけるルーマニア人の歴史（1915年）[RO 0302]、ルーマニアの出版史（1922年）[RO 0303]、手工業史（1927年）[RO 0304]、公教育史（1928年）[RO 0305]を書いた。1904年にシュテファン大侯の伝記[RO 0306]を、1935年には2巻本でミハイ勇敢侯の伝記[RO 0307]を書き、1927年には1877-78年の独立戦争の歴史[RO 0308]を、1939年にはブカレスト史[RO 0309]を、1932年には半

ば回想的なルーマニアの 1904-30 年史『三人の王のもとで』[RO 0310]を書いた。ルーマニアの歴史と文明についての 1 巻本の概説はフランス語、英語、イタリア語、そしてドイツ語で出版され、1929 年にルーマニア語でも刊行された[RO 0311-0315]。1935-36 年には世界史におけるルーマニア人の位置に関する 3 巻本をフランス語で著し、ここでも様々なロマニアについて議論している[RO 0316-0318]。最後の大著である総説は、1936-39 年に 10 巻本として出版された（『ルーマニア人の歴史』[RO 0319-0329]）。その序言に書いたように、常にルーマニア史を世界史との関連に位置づけたことが彼の業績であった。しかし、後継者は現れなかった。（この頃すでに「新学派」によるヨルガへの執拗な批判が展開されており、ヨルガもまた彼らに対して非難を浴びせていた。）

大著の総説の各巻の題名は、内容だけでなく理念をも表すものとなっており、一通り眺めてみる価値がある。第 1 巻第 1 部（「ローマ人以前の人々」）は、トラキア人とイリリア人、そして彼らによりこの地域に成立した「総合」について議論した。真の総合はローマ人が成し遂げたのだが、これについては第 2 部（「ローマの印」）で扱った。第 2 巻（「大地の人々」）は次々に押し寄せては消えていく征服者と土着の人々の対立を、第 3 巻（「教会設立者」）は国家建設とその強い農民的性格について書いた。第 4 巻（「騎士たち」）は 15 世紀の、第 5 巻（「勇者たち」）は 16 世紀の対オスマン戦争を扱った。第 6 巻（「君主たち」）は 17 世紀の出来事をファナリオト体制成立まで論じ、第 7 巻（「改革者たち」）はファナリオト時代を肯定的に議論した。第 8 巻（「革命家たち」）は 1774 年から 1842 年の時期を扱った。第 9 巻（「合同者たち」）は 1848 年革命とクザ侯による両侯国合同を、第 10 巻（「統一者たち」）は 1866 年から 1939 年までの時期を扱った。ヨルガ自身が予告していたように、これは既刊の総説を増補したもので、ハンガリーの歴史家とだけでなくブルガリアの歴史家とも盛んに論争した。681 年前後のブルガール人を単なる徒党だと呼び、国家建設能力のないものと見なした。また、第一次ブルガリア帝国がダキア全土にまで版図を広げるなどありえないこ

とだと主張した。

疑いなくこれが、個人によって書かれた最大のルーマニア総合通史である。しかしその意欲のゆえに弱点がより鮮明になっている。ヨルガは、その理論的、方法論的理念に反して、歴史の原動力をつまるところ人物に見出している。そればかりか、しばしば逸脱した議論をしている。史料をクセノポルのように厳格に（あるいは頑迷に）扱うことができず、確証もないままに解釈を行なうこともあった。例えば、第 2 巻で 10 世紀以前にルーマニア人がルーマニアに居住していたことの根拠の一つとして、ヴラフ人がルーマニアに居住していたという 17 世紀の旅行記を引用しているのである。

確かに、ヨルガ自身にとってルーマニア史は極めて中心的なテーマだったが、だからといって歴史一般に対する使命感を裏切ることはなかった。西欧の発展に関しても取り組み、特に南東欧と関わりのある歴史についてはなおさらであり、十字軍の歴史については大著を著した。さらに、より影響力の大きいものとして、ビザンツ、レヴァント、南東欧に関する著書もある。ビザンツ史では、そこに衰退を見るのではなく、ローマとギリシア、東洋そして正教の要素を調和的に混交させた普遍的帝国を見出した。すでに 1907 年にビザンツに関する英文の本を書き[RO 0330]、1934 年には『ビザンツの生活史』3 巻本を著し[RO 0331-0333]、そこでは帝国全体のことだけでなく、個々の属州の発展についても考察した。特に重要なのが 1935 年に出版した『ビザンツ後のビザンツ』という著書である[RO 0334]。同書では、ビザンツの文化と様式はコンスタンティノープル陥落後も、まさにルーマニアで数世紀にわたって生き続け、最終的に国民理念の誕生とともに消滅したと説いたのである。

オスマン帝国も、数多くの制度を継承し発展させたという意味でビザンツの後継者であった。すでに 1908 年から 1913 年に、ドイツのランプレヒト叢書に 5 巻本でオスマン帝国の歴史を書いた[RO 0335]。信じられないことではあるが、彼はトルコ語が読めなかったので、他言語に訳されたトルコ語史料とビザンツの記述史料および 18-19

世紀の研究に基づき、これを書いたのである。

　1913 年にはバルカン諸国の近代史を書き [RO 0336]、1914 年の第一次世界大戦勃発直後にはフランス語訳も増補出版した [RO 0337]。バルカン戦争についてはルーマニア軍の行動だけに言及して、もし 1913 年にブルガリアが勝利していればルーマニアは二流の軍事勢力に落ちてしまっただろうと述べ、ルーマニアの第二次バルカン戦争への介入を正当化した。しかし 1914 年の秋には、バルカンとドナウ諸国民が、互いの国民の権利を尊重しつつ政治的に連合することが、バルカン問題の最終的決着であると主張した。同じく 1914 年に書いたある研究では、第二次バルカン戦争後の状況において、ルーマニアはバルカン半島に住む国境外のルーマニア人に強く関心を向けなければならないと述べ、その歴史的背景を論じようとした。バルカン諸国の歴史は、その後 1925 年に改めて出版し、1924 年までを、すなわち戦勝に続く変革までを扱った [RO 0338]。

　また、常にルーマニア人と関係づけながら、フランス史（1919 年）[RO 0339]、ドイツ史（1918 年）[RO 0340]、オーストリア史（1918 年）[RO 0341]、アメリカ史（1930 年）[RO 0342]も著し、ライン川（1912 年）[RO 0343]、ドナウ川（1913 年）[RO 0344]、地中海（1914 年）[RO 0345]の歴史、海洋の問題の歴史（1919 年）[RO 0346]、そしてヨーロッパの政治諸制度と諸社会の歴史（1927 年）[RO 0347]を書いた。自由の理念の発展史（1928 年）[RO 0348]では、機械的で統計的なデモクラシーの時代すなわち資本主義時代よりも、古代中世に、より多くの、そしてより有機的な自由を見出した。

　1926 年から 1928 年までの間に 4 巻本で世界史を出版したが、これは試論に過ぎないことを書名〔『人類史試論』〕でも示している [RO 0349-0352]。これは事実である。なぜなら、本質的にヨーロッパの発展だけを概観しているからである。ここではすでに革命に対して強硬に反対し、自身の弁によれば、大きな発展の道筋を強調したはずであったのだが、あまりに多くの事件史的な瑣末事の記述に満ちていた。諸国の歴史ではなくヨーロッパ政治史を書いたのだが、専門家には論評されず、一般読者層には知識の欠如ゆえに理解されなかった。フランス語訳は西欧で否定的な評価を受けたが、ヨーロッパ中心主義であることが原因だった。ヨルガもこの本が成功しないことは感じていた。1937 年の世界史研究所の開所にあたって、類似性、並行性、反復性の研究が世界史の基本的な課題であると述べたが、彼自身が実践した比較は大胆すぎるものであった。ダキア帝国をアッティラのフン帝国と同等のものと評価したり、ルーマニアの民俗芸術をアメリカ合衆国のインディアン芸術と比較したりした。これらの比較は、1940 年に 2 巻本で出版した著作にも登場するが、そこでは革命に対抗してフランス絶対王政を正統化しようとし、ルイ 16 世をその改革ゆえに非難している [RO 0353]。つまり、16 世の改革が革命という破滅に導いたと考えたのだ。

　この頃ヨルガは歴史論の執筆も視野に入れていた。人類の発展における特性と意義、そして最重要事項を総括し解釈することを課題とするはずだった。序論は書き上げた。この序論によると、この歴史論は総合的通史の最新の概観ではなく、古い研究からより多くのことを引き出すはずだった。なぜなら、それらこそが、彼が紡ぎ出そうとした特性をよく表現しているからであった [RO 0354]。原始古代に関する断片だけが残されたが（1968 年に彼に敬意を表して死後出版された）、実際のところ、おそらく以前から書きためていたがらくたやアイデアや史料のメモだった。ある断片には、原始の湖上住居がオーストリア゠ハンガリー二重君主国の領域でも認められると述べている。あらゆるところから引用しており、アフリカの一事例は、『イリュストラシオン』というフランスの雑誌の 1931 年 6 月 27 日号から引いている。比較の仕方として次の例を挙げておこう。つまりユダとイスラエルの二元性はエジプトとヒッタイトの影響から説明できるように、ワラキアとモルドヴァの二元性はハンガリーとポーランドの影響からきているというものだった。

　これらの膨大で豊かな著作群に、実は弱点もあるということは疑いない。いくつかの詳細については、素描程度であるが、すでに言及した。他の弱点については、「新学派」の歴史家を扱う時に、

彼らによる批判と関連づけて述べることにしよう。ここでは、疑いの余地のない彼のナショナリズムにだけ触れておく。これは当然 1918 年に生じた状況下で養われたもの、いわばそれが歴史にも反映されたものである。したがってヨルガも、彼以前の多くの歴史学者が行なったように、まずハンガリーの歴史学者と、次いでブルガリアの歴史学者とも論争した。例えば大通史の第 2 巻では、自身の諸研究によりルーマニア人の権利が回復したのであって、もはや誰もこれを奪い去ることはできない、と述べている。

日々の政治に鋭い感性を持ち、即座に反応することは、政治が日常生活の一部をなしていた人物にとっては当然のことだった。政治の影響は歴史学の著作にも見ることができ、時には積極的な影響をもたらすこともあった。だがそうでないこともあった。理論的視点は多くの点で時代遅れになり、政治的発展を強調する実践ではなおさらであった。彼の著作を読む時に、たまに大げさなジェスチャーだけを見せられ、暗示にかけるような、呪文をかけるような声を聞くことになる。それが効果的に用いられる場合ほど、背後にある真実は萎縮していった。

とはいえ、すべてを加味し、また除外した上でも、ヨルガがルーマニア歴史叙述の最大の貢献者であったことは疑いない。ゆえに後を継ぐ者は現れなかった。彼のやり方や速度は、他の平凡な人たちには耐えがたいものだったであろう。よい意味でも悪い意味でもヨルガは国民に奉仕した。そのため彼自身の時代にも、のちの時代にも、同じように大きな影響力を持ったのである。

2. 考古学

著作群と影響力によってヨルガを若干想起させる人物が一人いる。考古学者のプルヴァンである。しかし、彼について論じる前に、考古学がそれまでにたどった道を短く振り返っておかなければならない。

数世紀間も文字史料が残されていない人々の歴史においては、それを補う考古学上の発見が明らかに極めて重要である。またそのために、現代になって分離された二つの学問、つまり歴史叙述と考古学の関係は格段に密接なものがあった。考古学の発展を簡単に概観することは、ルーマニア歴史叙述の発展を理解する上で欠かせない。

ルーマニアにおける考古学の創始者は、革命期の最重要人物の一人 C. ボリアク（1813-81）である。彼は、1869 年に設立されたアカデミー考古学委員会の最初の委員長だった。トランシルヴァニアのローマ至上主義者たちとは異なり、彼はダキア人の役割に力点を置こうとし、それに関する文字史料も公刊し、発掘を主導した。だが方法論的素養が欠けており、多くの成果は得られなかった。

学問的な考古学の真の設立者は彼ではなく、ほぼ次の世代を代表する A. オドベスク（1834-95）である。1848 年のワラキア革命で活躍した将軍の息子であった。彼はすでに方法論上の訓練を受け、1850 年から 1854 年にかけてパリでも学んだ。彼もダキア人に強い関心を寄せ、全国で研究を組織しようと試みた。しかし典型的な現場主義者ではなく、美術史にも関心を寄せていた。376 年に起源を持つとされるゴート人の首長アタナリクの財宝について、その一部が他の時代のものであることを証明した。

Gr. G. トチレスク（1850-1909）については、ヨルガの対立者としてすでに触れている。もともとブカレストで法学を修め、その後ハスデウの後継者としてルーマニア中世について研究するようになった（ハスデウはのちに攻撃の矛先をトチレスクにも向けることになるが）。外国留学中にスラヴ諸語を学び、古代研究に従事した。1876 年にはプラハで『ローマ人以前のダキア』という著作を書き、1880 年に出版した [RO 0355]。ダキアの地理学と民族誌を扱い、古代史料に基づきゲタイ人とダキア人を別々の民族としつつ、両者はともにトラキア人であると考えた。1881 年に、ブカレスト大学に新設された古代史・ギリシア・ローマ考古学・刻銘学講座の主任に任命された。その同時期に国立考古学博物館館長も務めた。彼はむしろ組織者としての側面が強く、弟子を養成した。一方で発掘の指揮も取り、ドブロジャのダコ＝ロマン遺跡を 60 カ所発見し、600 以上の碑文も発見し、これによってラテン語碑文の公刊を目的に組織さ

れた国際委員会の仕事にも携わった。主著は、アダムクリシ近郊で発見されたトラヤヌス建立記念碑の調査報告書で、1895年にドイツ語で出版された[RO 0356]。

10年後に同じ主題で研究を発表したのは、オドベスクの弟子でヤシ大学の考古学教授 T.アントネスク（1866-1910）である[RO 0357]。師匠と同様に彼も発掘によって名声を得たのではなく、半分は美術史研究の方で名を上げた[RO 0358]。前述の研究書に加え、ローマとダキアの戦争を記録したものとして知られるトラヤヌスの柱について大部のモノグラフを準備した[RO 0359]。しかし、死によって同書は未完成に終わった。彼が第一に関心を持ったのは、ルーマニアの原始時代を解明することではなく、初期文明一般の問題であった。

マケドニア出身の Gh.ムルヌ（1868-1957）は、1914年からブカレスト大学の古典古代考古学教員だったが、むしろ、一般読者向けにギリシア・ローマの遺物やギリシアの壺についての本を出版して知られる。

プルヴァン

ヨルガに匹敵する人物として V.プルヴァン（1882-1927）を挙げるべきであろう。教師の息子で、ブカレスト大学で学業を修め、そこではボグダンやヨルガの他、オンチウルに師事した。その影響下で中世史の研究を始め、例えばシュテファン大侯とハンガリーの関係に取り組んだが[RO 0360]、それだけでなく、近代政治史や同時代の農民問題にも取り組んだ。大学卒業後、1904年に奨学生としてドイツに行き、古代史研究を続けた。例えばマイヤーを聴講し、帝政期ローマの商人の民族的帰属について学位論文を書いた[RO 0361]。1909年に帰国すると、ブカレスト大学の古代史・刻銘学講座の准教授に就任し、2年後にはアカデミー準会員、さらに2年後にはアカデミー正会員および教授に就任した。その昇進ぶりはヨルガよりも速かった。

歴史への視角は、当時の大勢の歴史学者と同じようにヴィンデルバントやリッケルトから影響を受けた。しかしカーライルやクローチェからも影響を受けた。この二人から影響を受けた歴史家はあまり多くなかった。過去を発掘するにあたって重要なのは個々の事実の確定ではなく、人間生活の全体と時代の精神を明らかにすることだと主張した。つまり考古学は、自己目的的ではなく、こうした目的のための道具の一つなのであった。文字史料と同様に考古資料も乗り越えていかなければならない。というのも、史資料は個別の部分が残ったものであり、歴史学者は個別の断片から全体を再構築しなければならないからである。歴史の原動力を、個々の人物に見出した。社会は受け身的な要因でしかない。大貴族的な考え方をするという点で彼はヨルガを上回っていた。プルヴァンにとって歴史学者の真の課題は、文化（文明）の理解と紹介であった。

初の大著は1911年に発表されたダコ＝ロマンのキリスト教碑文に関する研究で、この宗教のラテン的性格を強調した[RO 0362]。また、ドブロジャやヒストリアで多くの発掘を指揮し、第一次世界大戦後には、発掘の成果から抽出した見解を発表するようになった[RO 0363]。ローマ化の中心をまさにドブロジャで発見し、ルーマニア人の形成におけるドナウ下流部と農民の重要性を強調した。

主著は1926年に出版された『ゲティカ』である[RO 0364]。本書と、他に準備していた著作の主要なテーゼは、オックスフォード大学の連続講義で開陳した。同講義ではすでにダキアに中心的な役割を担わせていた。ドナウ流域では、アルプスからガリツィアやドブロジャまで、紀元前の数世紀にわたってダキアの地と関連づけることができる数多くの祭儀現象が見られるのである。ダキアはローマ時代においてもなお、今日のスロヴァキアの領域にまで広がっていた。これに関しては、第一次大戦後に出現した政治地図を思い浮かべざるを得ない。この著作の主要な論点の一つが、スキタイを始めとする東方からの影響がいかにドナウ流域に及んだにせよ、休みなく押し寄せる西欧からの影響の前では雲散霧消してしまったと説くわけだから、なおさらである。プルヴァンが西欧の影響力を過大評価していると批判されたのは、無理もないことである。

『ゲティカ』の中でプルヴァンは、この地域は

紀元前 1400 年から紀元前 700 年まで均一の文化を有しており、住民はトラキア人だったと主張している。しかし紀元前 700 年以降、スキタイ人の侵入に伴って荒廃した。もっとも、スキタイ人の支配は、以前のトラキア人の時代とスキタイ人消滅後のゲタイ人の時代の間にあって挿話的なものでしかなかった。ダキアでは、スキタイ人は先住者たちの間に浮かぶ島のような存在でしかなく、先住者たちはこの侵入を乗り切ったのである。村落の文化は、この時代においても持続的というる。スキタイ文化が事実上存在しなかったことから、ギリシア文化の影響が急速に広がったことも理解できる。ケルト人たちも散在的な影響しか残さなかった。プルヴァンが先住者たちの残存を最重要の事実と見なしたことは明らかである。ダコ＝ロマン国民の歴史は紀元前 3 世紀にすでに始まり、当初のヘレニズムの後、ローマの影響を受けた。それゆえ、ローマの支配は先住者たちを完全に新しい事態に直面させたわけではなかったと論じた。

プルヴァンによると、ダキアは中欧や東欧、西欧と恒常的な関係を持っていたが、西との関係が強かった。ケルト人は先導者であり、イリリア人は最良の協同者であり、ローマ人は最適の支配者であった。ここでは、住民は常に均質であり、属州からの撤退の後も農民住民は残存した。ダキアの後、ワラキアとモルドヴァもローマ化した。結局のところ、ドナウ流域においてローマ化した大きな一群が出現したのである。ダキアのローマ性はスラヴ人に抗して維持された。一方、パンノニアはスラヴ人とハンガリー人とドイツ人に占拠され、これによって西方のローマ化した住民との関係が途絶えてしまった。こうしてダキアは、ローマ化しなかった北方とバルカンの間にあって、ローマ化した住民の東方の半島ではなく、むしろ新たなローマ（ネオロマン）の孤立した島となったのである。

このようにプルヴァンの図式は単純である。すなわち、先住者たちはあちこちへ移動していった他の民族とは異なり、常にそこに留まったというのである。ヨルガと同様に、しばしば大きな妄想を媒介にしていくつかの事実から関連性を導き出す手法は、細部において大いに議論の余地があることは疑いない。しかしながら、同時代やのちの時代へのその影響力は、ヨルガと同様に長く残るものということができるだろう。著作の分量は、1000 単位で数えなければならないヨルガには及ばないが、プルヴァンはヨルガとは異なり学派を形成することができた。弟子を育て、弟子たちはプルヴァンから得た知識と方法をさらに後世に引き継いでいった。この意味において、今日に至っても、プルヴァンをルーマニア考古学の祖ということができる。

*

まさにそれゆえに、ここで若干先取りしてルーマニア考古学のその後の発展について、短く概観しておくべきであろう。まず、プルヴァンとほぼ同時代人ということができるが、多くの面で見解を異にする I. アンドリエシェスク（1888-1944）を挙げることができる。ヤシで学問を始め、のちにベルリン、ウィーンでも続けた。学位論文はローマ人以前のダキアの歴史に関するものだった [RO 0365]。青銅器時代や新石器時代にまで考古学研究の幅を広げ、この分野ではダコ＝ロマン時代に関してプルヴァンが担ったような重要な役割を果たした。プルヴァンとは異なり、南東欧地域の均一性を強調し、この地域全体の先住民をトラキア人と見なした。1927 年にブカレスト大学の先史講座の教授となり、原住主義・トラキア主義学派の創始者となった。南東欧地域での変化を緩慢なものとして捉える点でもプルヴァンと異なっており、ヨルガと同様に、プルヴァンの考えたような急激で破壊的な転回があったとは考えなかった。

この二人の教え子を列挙しなければならない。C. ニコラエスク＝プロプショル（1900-68）は 1938 年に旧石器時代についての概説を書いた [RO 0366]。Vl. ドゥミトレスクは新石器時代の研究を行ない、同様に R. ヴルペもドブロジャの先史時代の発掘に成果を残した [RO 0367]。I. ネストル（1905-74）は青銅器、石器時代の研究を行なった [RO 0368]。D. ベルチウ（1907-98）はオルテニアの先史時代を解明した [RO 0369]。D. M. テオドレスク（1881-1947）はハンガリーの考古学者 M. ロシュカ（1880-1961）と協力してトランシルヴ

ァニアのダキア都市を発掘した[RO 0370]。トランシルヴァニアの考古学に従事した研究者の真の師匠は、C. ダイコヴィチウ（1898-1974）である。彼は、トランシルヴァニアの先史・古代史について数冊の概説を著し[RO 0371-0372]、また、持続説の問題についても議論した（1940 年）[RO 0373]。P. ニコレスク（1890-1946）はプルヴァンのドブロジャ発掘を引き継ぎ、S. ランブリノ（1891-1964）はヒストリアで発掘された海岸のギリシア都市の専門家となった。E. コンドゥラキ（1912-87）は、ローマとフランスでの研究後、1938 年にイリリアのキリスト教遺跡についてのモノグラフを著し[RO 0374]、またローマ時代の特に貨幣流通について関心を向けた。同様にローマ時代の特に帝政期について研究したのは、D. M. ピッピディ（1905-93）である。以上の一瞥から、両大戦間期におけるルーマニア考古学の活動がルーマニアの先史各時代に広がっており、方法論的にも成果の点でも歴史叙述と同様にすでにヨーロッパの水準に達していたことが諒解できよう。

3. 歴史家たち

時間的に少し先に進んで、ほぼ現代の歴史家、考古学者にまで来てしまった。ここで、少し遡って、ほぼヨルガと同時代人である歴史学者の一群に目を向けてみよう。彼らの一部は 1918 年の高揚を経験することがなかった。まず、オンチウルの弟子で批判学派の継承者である C. ジウレスク（1875-1918）を挙げよう。彼はブカレストで学んだ後 1903 年から 1906 年までウィーンで学んだ。1908 年にはアカデミーの準会員、1914 年には正会員となったが、ブカレスト大学の准教授になったのはようやく 1912 年のことである。ヨルガの圧力で教授には任命されなかった（「新学派」にとって、この経験がヨルガに対する批判要素の一つとなった）。

オンチウルやウィーンの教師たちから学んだ分析的方法を使ってルーマニアの古い年代記の研究に向かい、多くの問題でヨルガとは反対の結論に至った[RO 0375]。それゆえにヨルガは彼を終生許すことがなかった。経済的、社会的発展の問題に優れた才能を発揮し、1908 年に出版された著作では、モルドヴァとオスマン帝国の間の経済的、経済政策的関係を分析した[RO 0376]。1915 年にはワラキアにおける農奴制の起源についての大著を著し、ここでもヨルガと対立した[RO 0377]。というのも、非常に豊かな新史料に基づいて、領主に従属する農民層は国家形成以前にすでに出現し、ヨルガが想像したように自由農民層が長期にわたって残存した事実はなかったことを示したからである。国家形成の時期にはすでに封建制が存在した。それゆえ、ミハイ勇敢侯の農奴制に関する勅令はすでに存在していた状態を法制化しただけなのである。もし農民に自らの土地所有権がないのであれば、疑いなく、領主に対して従属的な関係にあったはずである。あるいは、土地所有権を持っているなら自由農民なのである。農奴と貴族についてはさらに二つの著作を書き[RO 0378-0379]、そこでも、非常に幅広い史料に基づいて、すべての土地所有者は貴族、言い換えるなら封建支配層であったと主張した。こうして、少数ながらまだ存在していた自由農民層と農奴を搾取する貴族層の間の区別を消し去った。論理的な説明のために、歴史的現象をしばしば図式的に扱ったとして、ヨルガは彼を批判している。

先例となるように膨大な注釈をつけて年代記を公刊し、ブルンコヴェアヌの治世に関する史料[RO 0380]や 1718 年から 1738 年の短期間のオーストリアによるオルテニア支配に関する史料も刊行した（1913 年）[RO 0381]。

トランシルヴァニア出身の I. ウルス（1875-1925）は、ブカレスト大学で学んだ後、数年間の留学生活をドイツとフランスで過ごし、その後 1908 年にはヤシで、1920 年にはクルージュ＝ナポカで、1923 年にはブカレストで教授となった。第一次世界大戦中にはルーマニア統一のために精力的に活動し、1918 年にパリで『ルーマニアはなぜ戦ったか』[RO 0382]という題のフランス語冊子を出した。

1924 年にウルスは、興味深いが多分に折衷的で方法論的な著作『歴史の概念—ルーマニア人の歴史の特徴と分類』[RO 0383]を出版した。理論的な面ではクセノポルの後期の思想を発展させた。

すなわち、歴史に法則性はなく、歴史の流れを根底から決定するような要素は存在しないのである。経済は重要であるが、他の要素もこれと同格であって、偶然もまたそうである。歴史は次々と起こる「連続」として進んでいくのだ。時代区分に関してウルスは、クセノポルの文化的な、オンチウルの政治的な区分をともに批判した。代わりに提示したのは、どちらかといえば混合的な性格のものだった。彼によると、第一の時代はルーマニア人形成の端緒から 14 世紀まで続き、この時期には社会分化や国家がまだ存在しなかった。次は 14 世紀から 17 世紀で、諸国家と在地侯家の分立、社会分化、対オスマン闘争、そして支配的なスラヴ文化の時代である。第三は 17 世紀から 1918 年まで続き、この時代はラテン性が支配的となり、国民意識が出現し、統一のための闘争と農民の社会的困難の時代となった。第四が 1918 年から 1921 年の間に始まり、統一の実現、普通選挙権、社会問題を解決する農地改革の（あるいは、すべての問題の解決・達成の）時代である。明らかに、時代区分の視点は時代によって異なり、統一的な基本理念はない。しかしながら、それぞれの時代に、いくつかの特徴的な、時代を根本から画する輪郭をよく見出していた。

ただ、自らの歴史研究は、理論的な要請と比べるとやや低い水準にとどまっているようである。ペトル・ラレシュ時代の特に外交について繰り返し取り組んだ [RO 0384-0386]。パリでの研究に基づいて、フランソワ 1 世の東方政策についてフランス語で著した [RO 0387]。また、死の間際にはモルドヴァのシュテファン大侯についての大著が出版された [RO 0388]。この書は何より政治史的な色彩が強いものの、文化や教会の発展についても扱っている。

ウルスも、ハンガリーやポーランドとの関係の問題についても、具体的にはペトル・ラレシュとの関連で注目していた。他方、ハンガリーおよびブルガリアとの関係に強い関心を寄せたのは、トランシルヴァニア出身の I. ミネア（1881-1943）である。ブダペシュトとウィーンで学ぶ一方、ブカレストではオンチウルに教わった一人である。方法論の点で、オンチウルを正確に、あるいは若干正確すぎるほどに踏襲しようとし、分析を詳細への没入と解した。活動の大部分は、ヤシ大学の教授職にあった 1919 年から 1922 年に著した。（大戦では義勇兵として最後まで戦った。）14-15 世紀におけるルーマニア両侯国のハンガリーとの関係について多くの作品を残し、その後、モルドヴァの年代記について研究した [RO 0389]。また、J. ドゥゴシの年代記のルーマニア的要素についても書いた [RO 0390]。どちらの著作でも情報の役割とその信憑性について検討した。1926 年には多くの新史料を用いてカンテミールについての大著を出したが、構想が欠如していたため、ヨルガに通読困難な資料集だと評された [RO 0391]。ルーマニア文化史も書こうとしたが、1935 年に第 1 巻を出版した後で筆を投げた [RO 0392]。これは 17 世紀前半のモルドヴァ文化、とりわけウレケについて論じている。取り上げられた史料の点でより有益なのは、1933-35 年に出た 16 世紀末までのワラキアの大所領経営についての L.T. ボガ（1886-1974）との共著である [RO 0393]。

もう一人トランシルヴァニア出身の歴史学者を取り上げよう。A. ラペダトゥ（1876-1954）である。1919 年にクルージュ＝ナポカの大学の教授になり、ルパシュとともにそこで国民歴史研究所を設立した。1918 年にアカデミー会員となり、1935 年にアカデミーの会長、その間数度にわたって自由党員として閣僚になった。著作は多くなく、それらもどちらかというと細かい問題に取り組んだものだった。しかし、その仔細な分析は批判学派のよき伝統を受け継いでいた。封建時代に関心があり、ヴラド・ヴォダ修道士侯（1452-95）[RO 0394]、シュテファン大侯 [RO 0395]、ミハイ勇敢侯 [RO 0396] についての伝記を書いたが、1859 年の両侯国合同についても [RO 0397]、クザ侯と彼を追い落としたクーデタにおけるオーストリアの役割についても研究した [RO 0398]。

方法論的不安からわずかな著作しか残さなかった歴史学者の一人は、トラキア出身の D. ルッソ（1869-1938）である。アテネ、ベルリン、そしてライプツィヒで学び、長い間ルーマニア外務省に勤めた。1915 年にブカレスト大学のビザンツ学の教授に任命され、1912 年に出版された『文献考

証と公刊の技術について』[RO 0399]という小著は、方法論の観点から今日でも色あせていない。ビザンツの発展についての、次いでルーマニア・ギリシア関係についての研究を発表し、1912年にはルーマニアへのギリシアの影響をビザンツ期とファナリオト期について検討した大部の著作も出している[RO 0400]。ほぼ全生涯にわたって、近代ヘレニズムの歴史についての大著を準備したが、書き上げた部分は死後に C.C. ジウレスクらによって公刊された[RO 0401]。

さらにトランシルヴァニア出身者を続けよう。彼らはヨルガと同時代人たちであり、ウルスと同じように1918年の統一の準備において、歴史学者としての仕事だけでなく、政治の世界でも大きな役割を担った世代である。1918年以降、彼らの活動の大半が集中するこの時期において、一つ二つの例外はあるが、歴史学者としての仕事も、達成された統一の歴史的要因を解明することに費やされたのである。ヨルガの同時代人であっただけでなく、彼を模範として追随した。というのも、ヨルガ自身も百あまりの著作で、1918年にルーマニアに帰属することになった地域とその地の人々の歴史を扱ったからである。当時の政治的目的に寄与する意味が極めて公然と存在していた。

この構図に合わない人物が一人いるが、不本意ながら、年代順の記述の観点から前の世代としてではなくここで扱わなければならない。A. ブネア（1857-1910）である。彼は、ブラージュの合同派の司教座聖堂参事会員であり、神学教授でもあった。彼の周りの人々やその後の人々の場合にもしばしば見られた統一前のルーマニアへの移住はせず、トランシルヴァニアに残った。そして教会史の著作を次々と出した。1909年にはルーマニア・アカデミーの会員に選出された。

トランシルヴァニアにおけるルーマニア合同派教会の歴史を発掘する上で、ブネアは重要な功績を残した。最初の大著は、18世紀の合同派司教 I. ミク・クラインの伝記である[RO 0402]。他の著作では、ルーマニアの教会史を正教会についても幅広く扱ったが、この領域では国民精神とともに宗教的非寛容性も見て取れる[RO 0403]。晩年は、トランシルヴァニアにおけるルーマニア人の中世史関係史料を収集し、この問題について二つの著作を書き上げたが、それはその死後になってようやく出版された[RO 0404-0406]。ここで、ルーマニア人はドナウ南岸で形成され、10世紀になって初めて北に移動し始めたと主張した。初期の仕事からは手堅い史料収集が見て取れる。

ルパシュ

正教の側でブネアに相当するのは I. ルパシュ（1880-1968）である。同じくトランシルヴァニアに生まれ、ブダペシュトで大学を卒業した。一時期シビウの正教聖職者学校で教鞭を取り、1909年から1919年までサリシュテで教区司祭を務め、1919年からクルージュ＝ナポカの大学でルーマニアとトランシルヴァニアの近代史の教授となった。短期間だが2度にわたり閣僚にもなった。2度目は個人的にも友人であった O. ゴガ（1881-1938）の内閣においてだった。クルージュ＝ナポカの大学の教授として歴史教育の指導的人物であり、トランシルヴァニア・ルーマニア人の歴史の幅広い発掘のために多くの弟子を養成した。自身も、第一にこの主題で著作を残した。

ルパシュの歴史観は、1923年に書いた「歴史学の意義と目的」[RO 0407]で披露された。それによると、歴史叙述には二つの方法がある。一つ目は、説明的、学問的方法で、分析に基づいて出来事の客観的な説明を提供するものである。二つ目は、再構築的、個別的方法である。これは、研究者自身の時代と感覚がいかに関わりを持つかという問題がその本質をなす。ルパシュは、自身が後者を採用すると表明しているが、それでも彼は現代からの影響を受けながらも歴史学を学問的基盤に据えるという姿勢を取った。

1928年にルーマニア史の時代区分について書いたが、そこにはそれ以前の時代区分への批判を含め（彼の反対していた1927年のカリキュラム通達も含まれる）、同時にルーマニアの発展についての見方の短い概観も付せられている[RO 0408]。ルパシュの見解によると、ルーマニア人の古代史は1241年のモンゴル襲来まで続き、中世は1593年のミハイ勇敢侯の登場まで、近代はヴラディミレスクの蜂起が起こる1821年までであった。そ

の後に現代が始まった。これに基づき、政治史的な時代区分においてトランシルヴァニアのルーマニア人の発展も極力盛り込むことに努め、それによって、これらの時代区分を両侯国だけでなくすべてのルーマニア人の歴史に広げようとした。ダキア人とローマ人の歴史は、まだルーマニア史に属していない。ルーマニア史は、ダキアの理想主義とローマの秩序と明快さに、スラヴの神秘主義が合流した結果始まるのである（この考え方は、他の著作でも披露した）。ドイツの影響は取るに足らないものと見なした。ルーマニア国家形成初期にあったハンガリーの宗主権は、次第に消滅していった。ファナリオト期を衰退の時代と捉え、その原因としてギリシア人とユダヤ人の悪影響を列挙した。ルパシュの反ユダヤ主義は、クセノポルやたまにヨルガにも顕著に見られるものであった。19世紀に関しては、ルパシュは反ロシア主義の立場を前面に出し、1848年革命をロシアの保護権への抵抗として解釈した。結語は、完全に詩的である。詩人M.エミネスク（1850-89）によると、歴史は神の意志の実現であった。ルーマニア人に関しては1918年にこれが成就した。過去、領域の統一、民衆の活力、国民意識および道徳は、神の意志として実現したものを人間の嫉妬心でつぶしえないことを保証するのであった。

　一方でルパシュは、1907年にルーマニア農民の蜂起への共感を表したために、ハンガリー当局から3カ月の禁固刑を受けた。

　研究の大部分をトランシルヴァニアのルーマニア人の歴史、とりわけそのルーマニア教会すなわち正教会の歴史が占めた。1904年にすでに、18世紀のトランシルヴァニアにおける正教会と合同の問題について学位論文を書いた[RO 0409]。また、トランシルヴァニアのルーマニア人歴史家の著作に重厚な序論を付して、大衆向けに出版した。重要な著作は、1784年のトランシルヴァニア農民蜂起についてのモノグラフであり、1934年（蜂起150周年）に出版された[RO 0410]。蜂起をハプスブルク君主国全体の発展の中に位置づけ、1775年のボヘミアの農民蜂起とも関連づけて分析したことが有益である。すなわちルパシュは、蜂起の原因を多角的に分析し、当地の革命的伝統、教会合同に対する不満、国民意識、そして経済・社会的不満の中にそれを見出そうとした。したがって、少なくとも部分的には農民の階級利害に気がつき、容認していた。しかし結局のところ全体としては、この蜂起を国民運動として捉えた。蜂起の目的は、ルーマニア人が指導するトランシルヴァニア領邦を実現すること、それも、指導者たちがヨーゼフ2世を熱烈に信じていたがゆえにハプスブルク支配下においてそれを実現することであった。ルーマニア統一の実現の歴史も書いた[RO 0411]。国民を構成する要因を幅広く規定し、地理（あるいは経済活動）、民俗的、宗教的、理性的（言語も含む）な諸要因、さらに、慣習的、法的、道徳的諸要因を列挙した。最後に挙げた要因が最も重要であるとしたが、いずれもが国民意識によって支えられるのだと論じた。

　この国民概念には何かしら神秘的なものがある。そしてこの国民的神秘はルパシュにおいて常に繰り返し登場するが、ヨルガにあったような幅広い地平は欠如していた。彼の神秘主義において、トランシルヴァニアは常に独自の役割を担わされた。特に大戦中にドイツで行なった講演においては、トランシルヴァニアは当然常に他の二つの侯国と並べて扱われた。すなわち、トランシルヴァニアは、ハンガリー抜きでも黄金期を迎えることができたであろうが、ルーマニア両侯国抜きでは決してありえなかっただろう。16世紀中頃以降、三侯国は同一の君主のもとに、すなわちスルタンのもとにあった。しかし、スレイマンはルーマニア人を恐れていたために三侯国の合同を許さず、サポヤイ家を支援したのである。別の機会にドイツで行なった講演では、4世紀から12世紀までトランシルヴァニアのルーマニア人について史料が存在しない理由を、当時の歴史叙述が「国の支配者たちにのみ注目した」からであって、支配層は薄い層をなしていただけだったと論じた。

　ルパシュの国民的神秘主義は、同時に非常に戦闘的でもあり、歴史上の事実を現実政治に用いること、現在と関連づけることを、ヨルガと同じく非常に好んだ。ドイツで行なったある講演では、ミハイ勇敢侯によるトランシルヴァニア支配が失敗した後、ハンガリー人がルーマニア人に対して

流血の弾圧を加えたことについて語った。また、1940年に1601年と同じ村で、再びハンガリー人が一人のルーマニア人司祭を拷問し、殺害したことを脚注に記している。

　ここまで、ルパシュのナショナリズムを強調しすぎてきたかもしれない。というのも、彼のこうした傾向はここまで扱ってきたり、これから扱うであろう歴史学者を上回るものではなかったのだから。むしろここでは一つの事例研究として、ルパシュについて少し長めに触れてきたのである。

　残りのトランシルヴァニアの歴史学者について手短に触れておく。S. ドラゴミル（1888-1962）はチェルニウツィーとウィーンで研究し、1919年からクルージュ＝ナポカの大学で南東欧史の教授になった。すでに1916年にアカデミー準会員に選出され、1928年には正会員になった。ルパシュと同様に、同じくトランシルヴァニア出身のゴガと近く、ゴガ内閣や国王独裁期に閣僚にもなった。トランシルヴァニアのルーマニア人に関する課題に忠実だった。新たな資料を見つけるために、数多くの文書館に入り浸った。主題の一つはトランシルヴァニアのルーマニア教会史で、16-17世紀におけるロシアとの関係に注目した[RO 0412-0413]。もう一つは、トランシルヴァニアの1848年革命である。すでに初期に〔1848年革命時のトランシルヴァニア・ルーマニア人指導者〕A. ヤンク（1824-72）の伝記を出し（1924年）[RO 0414]、没後にはその増補版が出版された（1965年）[RO 0415]。1944年、ルーマニア革命に関して、主にウィーンの文書館で収集した史料の集成を出版し始めた[RO 0416]。トランシルヴァニアのルーマニア人に関するものの他、中世におけるドナウ川以南バルカンのルーマニア・ヴラフ人の歴史について研究をいくつか著した[RO 0417-0419]。

*

　I. モガ（1902-50）は中世トランシルヴァニアの諸問題に取り組んだ。他に17世紀末の状況について興味深い著作があり、そこでモガはオーストリアおよびポーランドの侵入、そしてルーマニア両侯国の立場を論じた[RO 0420]。

　最も若い世代の代表として、1936年に研究を発表し始めた S. パスク（1914-98）を挙げておこう。

ヨルガが編集していた雑誌にトランシルヴァニアに関するハンガリーの歴史学文献批評を掲載した。1784年のトランシルヴァニアの農民蜂起に関する新しい史料を公開し[RO 0421]、1944年にはトランシルヴァニア史を著した[RO 0422]。同様にトランシルヴァニア出身の V. ケレステシウ（1895-1971）も、名前だけ挙げておこう。彼はブダペシュトで学び、歴史家としては1944年以降に活動した。

　トランシルヴァニアと同様に、ブコヴィナとベッサラビアの歴史に取り組んだ者も多い。I. ニストル（1876-1962）は自身がブコヴィナ出身で、チェルニウツィー大学で学問を始め、ウィーン、ミュンヘン、ライプツィヒ、ベルリン、そしてブカレストで学んだ。1912年に、オーストリア支配下だったチェルニウツィー大学の教授に任ぜられ、1940年まで務め、戦時中はブカレストで過ごした。1915年にアカデミー会員となった。両大戦間の自由党内閣時代や国王独裁期に数度にわたり閣僚となった。

　最初の著作では中世後期のモルドヴァ侯国の対外貿易を扱い[RO 0423-0424]、その他、ブコヴィナのルーマニア人の教会史[RO 0425-0426]や、オーストリア支配期の政治闘争について[RO 0427]も複数の著作を残した。1923年には、ルーマニアからの視点でベッサラビア史を著し、これは古典となって繰り返し増刷された[RO 0428]。ベッサラビア問題に関連して、歴史的な視点からウクライナの問題にも取り組み[RO 0429]、また、現実政治への考察からルーマニア・チェコスロヴァキア関係についての概説も書いた（1930年）[RO 0430]。フルムザキ集成の一環として、1782年から1836年までのガラツィとブライラのオーストリア領事報告書を4巻本として公刊した[RO 0431-0433]。

　ニストルと同様に政治史を中心に研究したのは T. バラン（1885-1972）である。彼はオーストリアの大学で学業を修め、ニストルと同じくモルドヴァとブコヴィナの歴史を研究した。ブコヴィナについては特に熱心に取り組み、1933年から1942年までに全6巻の史料集を出版した〔2005-06年に第7-9巻が増補〕[RO 0434-0441]。

こうした地方史や郷土史、あるいは教会史といった細かな問題へと入っていく前に、歴史叙述の発展におけるより重要な問題に戻っておこう。

4. 経済史

ヨルガとプルヴァンというこの時代の指導的な歴史学者は、過去のすべてを発掘するように提言し、自身もそれを実現しようと努めた。彼らが繰り返し強調し、自身でも書いたように、そこには経済と社会の発展史が含まれている。ヨルガについてはすでに見た通りだが、プルヴァンもドナウ流域の古代の経済発展に関する良質な見取り図を描いた。しかし、ルーマニアの経済的、社会的発展の基本的な諸問題について見るなら、当時の現実の社会問題や農民問題、ルーマニアにおける資本制発展の遅れ等を取り上げたのは、歴史学者や経済学者ではなく、その大部分がある意味で門外者であった。

最初に言及すべきは、大地主 R. ロセッティ（1853-1926）である。1907 年の農民蜂起が勃発する前に、すでに農業生産関係に関する知見に基づいて農業問題の深刻さと未解決部分に着目し、その歴史的な前提に強い関心を抱いていた。1906 年にモルドヴァの領主・地主階級の起源とその地位の形成について本を著した[RO 0442]。翌年には『モルドヴァにおける土地・農民・地主』を書き、同書で、国家形成以前には自由農民の土地共同体が存在していたが、指導者たちが徐々に他の者たちを土地から切り離し、大規模土地所有者になったと主張した[RO 0443]。それゆえ大地主は、農民が土地から分離したことの直接的結果なのである。大地主たるロセッティがこのようなことを主張することは、1907 年のルーマニアにおいてはほとんど革命的なことであった。この本は第 1 巻だけが出版され、1834 年までの農業関係の発展を扱っている。

同じく 1907 年に出版された続編『なぜ農民は蜂起したか』には、農民蜂起の影響が直接見て取れる[RO 0444]。ここでも退屈なほど冷静に「組織規程」から 1848 年革命を経て、両侯国合同と 1864 年の農業法までの発展をたどっている。その過程における農民の土地不足と大土地所有の存在のゆえに、不可避的に蜂起が起こったと論じている。唯一の解決策は大土地所有の解体であると考え、大土地所有者たちにはある程度の補償金を得させよとした（地価の 60%まで）。これは当然、蜂起のきっかけとなった小作制の廃止をも意味していたであろう。

ロセッティの見解は、すでに言及したパヌによって 1910 年に書かれた著作『過去数世紀における農民の状況に関する考察』で攻撃された[RO 0445]。同書でパヌは、農民分類の一つである「ラザシュ」を、分割された大領地の継承者と見なした。

大土地所有がすでに国家形成以前に出現していたという主張においてパヌは正しかったのだが、西欧からの類推に基づいてローマ時代のラティフンディウムと中世の大土地所有に連続性があるとしたのは正確でない。この問題をめぐって、ロセッティとパヌの間では先鋭な論争が展開され、のちに他の論者も参加して、歴史叙述の枠を超えて広がった。

法学部出身の I. C. フィリッティ（1879-1946）は 18-19 世紀の政治問題で研究を開始し、パリで提出した学位論文でロシア占領期（1828-34 年）における両侯国の状況を分析した[RO 0446]。ファナリオトの外交的役割についてもフランス語で著した[RO 0447]。しかしまもなく、「組織規程」の時期について 3 巻からなる大著を 1915 年から 1934 年にかけて書いた[RO 0448-0450]。そこでは本質的にロセッティに似ているがさらに幅広い史料に基づき、また実際は保守的な考え方の持ち主だったにもかかわらず、19 世紀前半における農民層の歴史とその境遇の加速度的な悪化について描いた。また 1866 年憲法の資料を用いて書いた著作では、同憲法がベルギー憲法を基に作られたのではなく、ルーマニアの在地の制度が、過去 1 世紀間に発展した論理的な帰結であると主張した[RO 0451]。

1935 年に出版された『1864 年までのルーマニア両侯国における土地所有』は、1864 年改革への保守的な批判である[RO 0452]。農業の発展は、小区画への農地分割ではなく自然の選択に委ねる

べきだったと考えた。土地所有の起源に関しては、C. ジウレスクの見解に近かった。彼によれば、共通の祖先を起源に持つ氏族がもともとの土地所有者だった。その後次第に分化が生じた。一方で、土地所有権を保持したまま共同体から分離して貴族になる者が現れた。他方、共同体に留まった残りの者の中から「モシュネアン」や「ラザシュ」の名で知られる自由農民土地所有者が生まれた。その下に実際に土地を耕す者がいて、自由民の場合もあれば、領主に従属する場合もあったが、その中にはもともと土地を所有したことのない者もいた。フィリッティはジウレスクとは異なり、「モシュネアン」と「ラザシュ」層を貴族層に含めない点でより緻密だった。

フィリッティはまた、ヴァティカン文書館からの 2 巻本の史料集[RO 0453-0454]、両侯国とフランスの関係についての史料集[RO 0455]も出したが、専門の歴史学者として認められることは一切なかった。

ゼレティン

歴史学者として認識されなかったという点では、社会学者で哲学者の Ș. ゼレティン（1882-1934）もフィリッティと同様である。ゼレティンは、1927 年からヤシ大学で歴史哲学教授を務めていたにもかかわらず、歴史学の専門とは見なされなかった。はじめ小著で同時代の哲学潮流の紹介と批評を通じて、史料研究に没頭するルーマニアの歴史学者たちの視野を広げようとした。

今日まで考察に値し、論争の基となっている主著『ルーマニア市民層の起源と歴史的役割』は 1925 年に出版されたが、さして分量の多い本ではない[RO 0456-0457]。近代市民層の形成を、経済関係、交換経済の発展の中に見た。それによると 1829 年に実現した比較的自由な経済システムによって市民層は勝利した。西欧の資本主義諸国と関係を持つことが可能になり、市民層は農民層に刺激を与え、他所からの移植ではない現地ブルジョワ層の出現をもたらした。19 世紀の諸制度はその土台の上に構築された。ゼレティンはしたがってルーマニアの資本主義発展について、結局のところ楽観的な見方をしていた。土着性を証明し、時間的な後進性には重きを置かなかった。

1927 年に理論的な本をもう一つ出版した。『社会史―歴史学はいかにして因果関係の科学になりうるか』である[RO 0458]。ここではそれまでの事件史を批判し、社会学的歴史叙述を創出する必要性を訴えた。それは、集団的行為（今日では構造と名づけるだろう）に力点を置き、個人や事件は、時代精神を反映した限りにおいて意味を持ちうると論じた。この思想の基礎も明示した。社会には二つの型があり、一方には階級がなく、他方は階級に分かれている。前者が農業的、後者が金権的（今日では資本制的、あるいはより近代的な表現では産業的と呼ぶだろう）社会であった。しかしながらこの二つの型は、順番に現れてくるような単線的関係のものではなく、循環的に繰り返されるものである。ギリシア社会は紀元前 8-7 世紀には農業的であった。この頃東洋との交易関係を持ち（ゼレティンによると東洋は古代にとっての新大陸アメリカであった）、この時点から金権的時代が始まる。同様の二重性はローマの発展にも見られる。ただ、ローマの金権層は生産することなく消費するだけだった。そのため、再び自然経済が現れてきたのである。中世の 9-14 世紀は典型的な農業社会であり、ルネサンスの 15-16 世紀に再び金権社会になった。ルーマニアでは 1829 年まで農業社会が持続し、それ以降金権社会への移行期が始まり、1871 年に移行が完了した。この時代区分にも現れているように、ゼレティンの思想の弱点は、国内経済ではなく国外貿易を決定的な要素と見なしたことである。彼の考えにマルクス主義の影響が若干あったとしても、基本は観念論哲学だった。当然、フィリッティと同じように、ゼレティンもルーマニアの発展について楽観的な見方を持っていた。その点で、1918 年以降の歴史叙述全体にも近かったといえる。

*

文学史家 E. ロヴィネスク（1881-1943）についても簡潔に触れておこう。というのも、文学研究の傍ら 3 巻本のルーマニア文明史についての著作（1924-26 年）を出したからである[RO 0459-0461]。ジュニメアや T. マヨレスクの発想を、独自の方法で 1918 年以降の楽観主義と接合した。

ロヴィネスクはルーマニア発展の原動力は西欧思想にあり、それが西欧型の制度や様式の移植を強いることになったと論じた。マヨレスクがすでに指摘したように、この模倣は基盤のない形だけのものも生み出したが、ロヴィネスクはそれさえも自然で有機的な発展の結果であるとした。

Ş. メテシュ（1887-1977）はまず、1918年にトランシルヴァニアとハンガリーにおけるルーマニア教会と宗教生活に関する著作を発表し、その後徐々に経済・商業・人口の問題に関心を移していった [RO 0462]。ワラキアとトランシルヴァニアの経済関係について、両侯国におけるトランシルヴァニアの羊飼いの移動について [RO 0463]、次いでトランシルヴァニアからの移民について本を書いた [RO 0464-0466]。原理を打ち立てたわけではないが、実質的に人口学研究の先駆けと見なすこともできる。

最後に、ヤシ大学の経済学教授 Gh. ザネ（1897-1978）を挙げておこう。彼は両大戦間期にマルクス主義思想に接近した。1926年に最初の主著『ルーマニア市場獲得のための1世紀にわたる闘争』を出し、1774年から1874年までの（あるいはブコヴィナ併合から1875年の商業協定までの）オーストリア商業資本の浸透過程を跡づけた [RO 0467]。ザネはマルクスが『資本論』を書くにあたって、バルチェスクのドナウ両侯国経済問題に関する著作からどのような情報を得ていたかを明らかにした [RO 0468]。彼はとりわけ19世紀の経済問題に取り組み、1930年には両侯国の経済関係の発展について著した [RO 0469]。

5. マルクス主義の歴史叙述

上述のテーマに関連して論ずべきなのは、1880年代からルーマニアにも出現し始めたマルクス主義思想と、歴史叙述への影響についてである。解放以前の〔ルーマニアの〕歴史叙述が、強硬にマルクス主義の影響を阻んでいたのは確かである。プルヴァンは、資本主義と社会主義のいずれの影響からも歴史学思想の自由を守ろうとした。ゆえに、すでに挙げたわずかな例外を除いて、マルクス主義理論は影響力を持たなかった。

これに関して次のことにも注意しなければならない。すなわち、マルクス主義思想の初期の代表者たちは、特に社会党の結成以降に、歴史学者たちと専門分野で競い合う状況にはなかった。彼らには専門的な教養もなく、学問研究を志す職に就いてもいなかった。もちろん歴史学の主題を用いることはあったし、既知の素材から異なる認識を導き出そうと試みてはいた。だが、従来研究されてきた題材に基づいて、マルクス主義的発想によるルーマニア史の新構想を形作ろうと、漸次努める段階にとどまっていた。

社会主義思想は最初、『同時代人』という1881年から1891年まで刊行された雑誌に姿を現した。この頃はまだジュニメアの主張と同じように、ナショナリスト的誇張を嘲笑するような記事として書かれた。こうして同誌の初期には、むしろ幅広い読者層や民主勢力を社会主義理論の支持者として集めた。

名前を挙げるにふさわしい最初の人物は、I. ナデジュデ（1854-1928）である。法学を学び、フランス語教師として生活しながら、『同時代人』に寄稿した。1888年に M. コスティンについての論文を出し、そこでコスティンの年代記における階級像を初めて説明した [RO 0470]。ルーマニア貴族はポーランド貴族の権力に引かれており、自国でも同様のものを望んでいたと解釈した。だからといって、侯に対する貴族の攻撃を自由主義的ないし市民的なものとは見なさなかった。ナデジュデは、農民層の厳しい状況に対しては、自身も貴族だったゆえに関心を向けることはなかった。のちに古いルーマニア法制史に取り組み、とりわけ興味深いものとして、ルーマニアにおける慣習法の起源についての著作（1898年）を残した [RO 0471]。しかしこの頃には、もう自由主義勢力の一員だった。

次に挙げるのは、社会主義者で、生来の思想家であり、「ルーマニア社会主義の父」と呼ばれている C. ドブロジェアヌ＝ゲレア（1855-1920）である。ナロードニキ運動に参加したためロシアから追放され、ルーマニアに移住した。ここですでにマルクス、エンゲルスの著作で育った社会主義者として活動した。1892年に『歴史の唯物論的解

釈』という題の著作を出した[RO 0472]。これは、国民政治史が浸透した学界においてはかなり異質なものであり、同書を批判する評論さえわずかしか書かれなかった。大議論を巻き起こすことになる主著は、1910 年出版の『新農奴制―農業問題に関する経済学・社会学的研究』である[RO 0473]。1864 年の農業法後の発展を概観し、農業法によるあいまいな解決が農民層にとっても、大土地所有者層にとっても、国家にとっても、経済的発展をもたらさず、農奴制の形式的な廃止とともに、事実上は農民層の搾取と抑圧を持続させ、新種の農奴制を作り出した、と論じた。この本もロセッティの本と同じく 1907 年大蜂起の影響下に書かれ、ルーマニアにおける経済と社会の発展段階について、のちのフィリッティやゼレティンの著作と比べるとかなり悲観的な筆致で描いている。のちのちも彼が資本主義のルーマニアへの浸透を過小評価していたという批判が聞かれた。それでも、現存の制度の封建的色彩を果敢に批判したことは、当時においては大きな意味があった。

彼に続くマルクス主義歴史学者は、一世代若い人々の間から出てきた。その活動の多くは解放後にようやく実を結んだ。P. コンスタンティネスク＝ヤシ（1892-1977）もその一人である。一時期ヤシの神学学寮で美術史の教師を務めたが、やがて政治活動ゆえに解任された共産党員である。ルーマニア・ブルガリア関係[RO 0474-0475]や、ブルガリア国民復興運動におけるルーマニアの役割について[RO 0476]多くの著作を残した。またルーマニアにおけるビザンツ芸術の影響について美術史の著作を残した[RO 0477]。歴史理論について著作があり、そこでは歴史を社会主義理論により考察した[RO 0478]。1926 年には、ルパシュを想起させるような表題（『ルーマニア人の歴史の特徴と時代区分――一つの新しい構想』）で、初めてマルクス主義的時代区分の試みを発表し、ルーマニアの発展を世界史の発展に当てはめることを試みた[RO 0479]。彼の考えでは、ルーマニアに関しては、古代は原始共同体と奴隷制時代を意味し、中世が農奴制、近代が封建制の崩壊、1821 年から始まる現代はルーマニア・ブルジョワジーの形成を意味した。しかしながら、この構想も 1918 年以降の楽観主義の影響から抜け出ることはできず、ルーマニアの発展は結局のところヨーロッパ一般の発展に歩調を合わせていると見なし、ルーマニアの後進性に注意を払うことはなかった。

さらに若い世代の M. ロッレル（1908-58）は、最初の大著でファシズムとその社会的基盤を分析した[RO 0480]。しかし解放後に、ようやく歴史学研究に集中することができた。D. プロダン（1902-92）は、トランシルヴァニア出身の最も若い世代に属する有能な研究者である。1938 年に、1784 年蜂起の展開についてクルージュ県とトゥルダ県を素材にする研究を出版した[RO 0481]。当時のナショナリスト的解釈に反して、ルーマニア人とハンガリー人の農奴はともに戦ったのであり、国民闘争ではなく社会運動だったことを明らかにした。〔戦後にはホレアの反乱、トランシルヴァニアの農奴制、ルーマニア人ナショナリズムについて多くの大著を発表している[RO 0482-0486]。〕

M. コンスタンティネスク（1917-74）も 1784 年蜂起に取り組み、1940 年に発表した研究で蜂起の経済的、社会的原因に光を当てたが、同時に宗教的、国民的な抑圧という要素も軽視しなかった[RO 0487]。この運動はすべてのブルジョワ民主革命のように、封建制に抗して、自由農民の土地のために闘われたのだが、他のブルジョワ民主革命のように目的を達成することができなかったのだと論じた。失敗の原因は、トランシルヴァニアのブルジョワジーによる裏切りだった。こうした図式が、第二次世界大戦前夜における人民戦線政策、およびそれに対する共産党の任務といかに関わっていたかについて触れる必要はないだろう。

ドブロジェアヌ＝ゲレア後の、もう一人の個性的なマルクス主義歴史家は、1950 年代の理論闘争の犠牲となった L. パトラシュカヌ（1900-54）である。ブカレストで法学を学び、第一次世界大戦後のルーマニアの農業改革について書いた学位論文で博士号をライプツィヒで取得した。

彼は 1930 年代から歴史学の著作を開始し、19-20 世紀のルーマニア史の中心的問題に主に取り組んだ。1937 年に『1829 年までのルーマニア三侯国における資本主義の開始』を出版した[RO

0488]。また 1838 年には『真の 1848 年—1 世紀にわたる社会的熱狂』という大著を書き、これは 1945 年に出版された[RO 0489]。1821 年から 1907 年までの時期を社会運動と革命の側面から書き、ドブロジェアヌ＝ゲレアとゼレティンをともに批判した。1749 年から 1864 年までの時期を封建制とは見なさず、農奴制の時代と捉えたが、それはパトラシュカヌが封建制を自然経済と同じものと考えていたからである。商品生産は国内経済の発展によって登場したのであり、1829 年以降に現れる外圧によるのではない。1821 年は、1848 年革命の序章であった。1888 年と 1907 年の農民蜂起は 1864 年に制定された農業法の結果ではなく、資本主義の浸透がもたらしたものだった。すべての発展の鍵は、まさに資本主義が担っていた。ゆえに時間的な後進性の問題は、パトラシュカヌも取り上げなかった。パトラシュカヌは近い将来に見込まれる転換を念頭に置き、後進性の問題は時宜にかなっていないと考えたのだった。

パトラシュカヌは、ヨルガの『三人の王のもとで』という回想録を真似し、風刺して、1941 年に『三人の独裁者のもとで』という題で大部の研究書を著した（1944 年にようやく出版された）[RO 0490]。彼によると、カロル 2 世（1893-1953）の独裁は大土地所有と重工業の権力を意味し、鉄衛団の独裁はプチ・ブルジョワとルンペンの独裁であり、これはブルジョワジーにとって受け入れることのできないものだった。続く I.V. アントネスクの独裁は、国民ブルジョワジーの権力を具現化したものだった。

社会民主党に属する歴史家の中では、トランシルヴァニア出身の I. クロポツェル（1892-1986）を挙げるべきだろう。彼は、ブダペシュトとウィーンで歴史学を修め、最初にトランシルヴァニア国民党、その後国民農民党の党員となった。さらに 1930 年にはルーマニア社会党に入党した。トランシルヴァニア出身者として、1918 年に起こった転換の重要性には敏感であり、これについて、また国民革命について複数の著作を残した[RO 0491-0492]。1859 年の両侯国合同以降の、ルーマニアにおけるデモクラシーのための闘争の歴史も書いた（1921 年）[RO 0493]。1931 年には、『社会民主主義と今日のルーマニアの諸問題』という題で、すでに社会民主主義的観点で当時の諸問題の前史を扱っている[RO 0494]。1939 年には、当時の諸問題に関して、今は亡きパピウ・イラリアンであればどのように向き合ったであろうかを論ずる本を書いた[RO 0495]。

6. 世界史

ヨルガによって世界史が歴史学の一領域となった。数は多くなかったが、ルーマニア史との関わりを踏まえながら世界史を研究する者が現れた。まず N. バネスク（1878-1971）を挙げよう。このビザンツ学者は、ブカレストで学んだ後にミュンヘンで研究を続けた。1919 年からクルージュ＝ナポカの大学でビザンツ学の教授を務め、1938 年からはブカレスト大学に移った。ルーマニア・ビザンツ関係史について数多くの研究を著し、中世のルーマニア・ブルガリア関係についても精力的に取り組んだ[RO 0496]。ある著作では、第一次ブルガリア帝国がドナウ川北岸まで広がっていなかったことを、史料に基づき証明してみせた。また他の著作では、アセン朝国家においてルーマニア人が本質的な役割を担ったことを力説した。ビザンツ史研究も書き、またジェノヴァとヴェネツィア商業の発展による 15 世紀のキプロスの衰退についても書いた[RO 0497]。それだけでなく、19 世紀の代表的な自由党指導者である I.C. ブラティアヌ（1821-91）のモノグラフ[RO 0498]や、ルーマニア人の歴史について英語で概説書（1926 年）[RO 0499]も書いた。バネスクのビザンツ研究は、ヨルガ流の広い見識に厳格な史料批判を加味したようなもので、今も価値を失っていない[RO 0500-0502]。同じくビザンツ研究では、農民史に関する研究で有名になった N.A. コンスタンティネスク（1885-1971）がいる[RO 0503]。彼は、1926 年から 1947 年までブカレスト大学で歴史補助学の教授だった。

ここで再びトランシルヴァニア出身の歴史家について書こう。A. オツェテア（1894-1977）である。研究の大部分を解放後に執筆したが、1944 年以前には特に世界史に取り組んでいた。オツェテ

アはパリで学業を修め、そこでは著名なルネサンス期の歴史家グイッチャルディーニについて学位論文を書いた［RO 0504］。当時流行のテーマであった。1941年に『ルネサンスと宗教改革』［RO 0505］（のちに改訂され、ハンガリー語訳もある［RO 0506］）を出版し、経済、政治、文化の領域について、ヨーロッパ諸国におけるルネサンスの生活様式と精神の表れを研究した。その説明の鍵は、資本主義の出現であった。

しかしまもなく19世紀初頭の諸問題、特に1814年に結成されたギリシア・エテリア協会と1821年蜂起の関係に関心を移し、これに関する多くの史料を刊行した［RO 0507］。1821年の諸事件は、T. ヴラディミレスクとエテリア協会の密接な関係から説明できると述べている。ただしこの見解は、複雑な事実を若干単純化しているといえる。

1938年には『研究と発展の方法としての歴史の唯物論的解釈』という本で、この問題に若干外側から接近しようとした［RO 0508］。ただ、非常に正しいテーゼを示してはいる。歴史家は自らの同時代の経験を通してしか過去を理解することができず、研究から時代経験を排除することはできない。したがって世界観や哲学的問題を歴史研究から締め出そうとする「新学派」の試みは、実現不可能なものだと見なした。個人の役割に関してもオツェテアの解釈は考察に値する。すなわち歴史上の人物が決定的な役割を担うのではなく、人は社会的エネルギーを自身に凝縮するだけである。だが、そうであるがゆえに人物の役割を無視することもまたできないのである、と。数年後にヴラディミレスクについて書くことにより、オツェテアはこの理論を実践で示すことができた。

7. 「新学派」

ヨルガ以降に、もしくは同時期に活動し、しかしヨルガと決定的に対立していたのが「新学派」と呼ばれ、自らもそう名乗った歴史学者たちである。彼らは、ルーマニア歴史叙述におけるこの時期最後の重要な集団だった。C.C. ジウレスク、Gh. I. ブラティアヌ、パナイテスクが代表者である。若くヨーロッパ的な視野を幅広く持つ世代に属する彼らは、ヨルガのロマン主義的ナショナリズムに批判の矛先を向けつつ登場してきた。パナイテスクは、早くも1929年にルーマニア歴史学会議において次のように主張している。歴史叙述はすでに両侯国の合同およびその前史について十分に論じてきたが、今日の政治に奉仕するものだった。いまやそれらを放棄し、過去を学問的土台に据え、科学的方法論に基づき、歴史的真実を発見するためだけに検討する時が来たのだ。

この世代は、当時設立されたブカレスト国民史研究所の紀要『ルーマニア史雑誌』の創刊とともに組織化された。同誌は多額の財政支援を得ており、雑誌の外見に至るまでがヨルガの『歴史学雑誌』よりも格段に上質な雑誌として登場した。綱領は1931年の創刊号掲載の編集委員会による声明が示している。トラキア人、イリリア人の時代を始点として、ルーマニア民族の過去を扱おうというものである。すなわち今日のルーマニア領よりも広い地域を検討するというのである。過去のすべての事象、すなわち政治的な出来事の展開だけでなく、経済活動、社会、文化、民衆生活、宗教の形成も明らかにしようとする。こうした研究によってルーマニアの発展において何がルーマニア独自のものであり、何が外国から借用されたのか、またルーマニア人は人類の文化に何を与えたのかが解明されるべきだとしたのである。

古い世代（つまりヨルガを指すが）にとっては国民統一の実現が目標であり、すべての活動がそれに奉仕した。しかしこれはすでに実現しており（1918年以後の楽観主義が「新学派」にも作用していた）、いまや政治を超えて他の問題にも関心を向けなければならないと考えられた。これは近代ヨーロッパ歴史叙述の趨勢でもあった。

「新学派」も、歴史的真実の解明を最重要に掲げ、これは政治的ないし社会的な観点に従属すべきではないと考えた。真実のみが、学問的、科学的結論を導き出すのである。同時に、この真実が国民の利益を損ねることはありえない。愛国心と真実の間に対立はないのである、と。（これは、ヨルガの「国民に関することについて真実といかに向き合うべきか」という言葉への揶揄であった。）

彼らは目的を実現するために雑誌を活用しようとした。真実の解明に努めていない多くの研究論文を誌上で厳しく批判した。ヨーロッパの水準に則って研究することと、論争することを望んだ。同時にこの雑誌は、ヨーロッパの歴史叙述の発展についても、とりわけルーマニア史に関わる問題に関して、定期的な動向報告を提供しようとした。そのため外国の専門家の協力が必要と考えた。

論争では、ヨーロッパの水準と客観的な語調にこだわった。例えば、ルーマニア両侯国の紋章がハンガリー起源なのか、あるいは広義の西欧起源なのかをめぐって、ハンガリーの歴史家 E. ヴェレシュ（1868-1953）と Gh. I. ブラティアヌの間で交わされた論争にもそれが表れている。また、P. グヤーシュ（1881-1963）著『ハンガリーの文筆家―その人物と作品』[RO 0509]の書評は、同書が刊行されてから時間をおいて「ある学問的醜聞」という題で掲載された。なぜなら同書はハンガリー〔王国内〕の全文筆家を網羅的に列挙するものだったが、ハンガリー語を知りもしないルーマニア人の著者も入れられていたからである。

ヨルガはこの新雑誌創刊に対して、すぐに自身の雑誌で反応した。はじめは冷静な口調で、『歴史学雑誌』はいかなる批判も論争も真摯に受け止める、正しいものは受け入れ、真実に反するならば拒否する、と書いた。

しかし論争はまもなく毒気を帯びたものになっていった。ヨルガは新しい運動に反対して 2 冊も小冊子を書き、ジウレスクとパナイテスクも冊子や論文で応じた。時には個人的問題にまで論争は拡大した。「新学派」はまず、ヨルガの独裁的姿勢を批判した。ヨルガは自分の指導的立場を認める者だけを評価し、それ以外の者はみな追い落とそうとしていると攻め立てた。これに対してヨルガは、「新学派」が、これまで蓄積されてきた研究成果に対して否定的で、総じて祖国に対し攻撃的で、反国民的であると主張した。「新学派」の代表たちは、自分たちが、オンチウル、ボグダン、ジウレスク、プルヴァンが始めたことを継承しているだけであって、革新を行なっているのではないし、批判的かつ科学的な理念というよき伝統を正しく引き継いでいるのであると反論した。「新学派」は、ヨルガの著作である複数のルーマニア総合通史に対して、つまり 1920 年代に数ヵ国の言語で出版されたものも、1936 年から出版が開始した最後の大著をも含めて、鋭い批判を浴びせた。散見される事実関係の誤りや、史料が十分に根拠を与えていない場合は極端に直感を信頼するヨルガの姿勢を非難した。ヨルガの大著にしばしば見られる不正確さ（彼の著作のように膨大な分量の作品群には、そうした間違いは明らかに避けえないものではあるのだが）を揶揄した。「新学派」を批判する際にヨルガが標的にした内容には、ヨルガ自身がかつて書いたものさえ含まれている、ということまであげつらった。ヨルガはかつての見方を突然に変えるし、研究上はすでに解明ずみのことに対しても執拗にしがみつくし、地理的要因を軽視、というよりむしろ地理学的知識を欠いている、と強烈に批判したのである。

ヨルガは、すべての史料には（もちろん文字で書かれた史料のことが念頭に置かれた）なにがしかの利害が表現されており、ゆえにすべての史料はある程度信用できないものであり、まさにこのことが歴史家の直感を不可避としているのだと主張した。対して論敵たちは、数多くの史料（行政文書、経済上の契約書等）は利害なしに作られ、あるいはまさに対峙する利害の一瞬の妥協を表しているのであって、それゆえにこれらは十分に客観的な史料だと主張した。一方で、無論純粋に利害を表している史料もあり、ヨルガがその頃出版した回想録などはその例である、と付け加えた。

「新学派」のメンバーはこのように、ヨルガと自分たちの間にある第一の対立点は、ヨルガが軽視した方法論的問題にあると見た。第二の対立点は、歴史叙述の目的に関わるものだった。ヨルガ自身も理念上は真実の探究を目的とはしたが、例えば 1934 年に書いたルーマニア文学史では、作品の美的な価値に基づいてまとめるのではなく、ヨルガ自身の示す方向性を強調しようとした。その方向性自体、ジウレスクの一刀両断的裁断によれば、何とも「貧相な」ものだった。I.L. カラジアレ（1852-1912）については独立した節を設けずに、あちこちの章中で言及するだけにしたが、それは、この確かに優れた作家が、かつて若きヨ

ルガの著作に好意的でなかったせいであった。

　「新学派」の代表者たちは、ヨルガが彼らに向けて好んで用いた「反国民的」のレッテルに対して常に反発した。彼らも歴史叙述は国民精神の重要な結集であり、国民意識を強化しなければならないと考えていたのだ。ただ、ヨルガが常にそうだったように、歴史叙述を理想化して用いるべきではないと考えた。国民の過去には衰退の時期もあるし、いかなる歴史上の人物も批判の余地なく英雄として描くことはできない。ジウレスクは、ヨルガによって厳しく論評された、自分の総合的通史に言及しながら次の如く主張した。序文でこう述べる。ルーマニア人は南東欧において最も古い民族であり、隣人たちはすべて後からやってきた。ダキア人は古代のエリート民族であり、ルーマニア人は南東欧で最も古いキリスト教民族である。またこの地域で、唯一、恒常的に国家を有した民族だった。このような自分の見解を、どうして愛国心を欠いたものと見なすことができるのであろうか、と。「新学派」は、十分に国民精神に則る、倫理的で、真実を愛する者たちであるが、幻想や詭弁には反対する。国家が成熟しているのと同じように「新学派」も成熟しているのだ。これがジウレスクの論理であった。

　ヨルガは、彼らがジュニメアやT.マヨレスクの方向性を継承していると批判した。これを「新学派」は、完全に褒め言葉として受け取った。ヨルガ自身がその大部の総合的通史を、ボグダンやオンチウルあるいはŞ.オラシャーヌに献じている如く、自分たちはジュニメアの構想から出発しており、もしヨルガがマヨレスクの見解を根拠に欠け、ヨーロッパ的視野に欠けているというのであれば、もはや論争は不可能であろうと主張した。

　論争はヨルガの凄惨な暗殺まで続いた。相互に次第に熱していき、より煩瑣な事項をめぐる文献学的な堂々巡り、自己弁護と新たな非難の応酬となった。この論争は1930年代の思想界において非常に重要だったが、さらに詳しく取り上げる必要はないだろう。後世の目からすると、両者は非常に本質的な問題において、同じか近い立場にあったという印象を受ける。この論争をさらにたどったりはせず、その代わりに、疑問の余地なく「新学派」の高い学問水準を代表する指導者たちについて短く触れておくことにしよう。

ジウレスク

　一人目は、論戦で最も大きな役割を担ったC.C.ジウレスク（1901-77）で、C.ジウレスクの息子である。ブカレスト大学で学んだ後、ヨルガが設立したフランスのルーマニア歴史研究所で2年間過ごした（ジウレスク自身の言葉によると、ここですでにヨルガとの対立が始まっていた）。1926年にさっそくブカレスト大学講師となり、1930年に教授となった。著作ではまさに批判学派の伝統を継承し、厳格な史料批判、制度（構造）の検討を行ない、同時に、ヨルガの感傷的なスタイルとは意図的に一線を画して、明快かつ合理的な論証を行なった。

　これらのすべてが、1926年に出版された最初の重要な著作でも認められる。同書は14-15世紀におけるルーマニアの高位官職の制度的役割と意味を解明したものだった[RO 0510]。1年後にこれを増補して学位論文とした。中世を中心とする論文が数多くあり、これらすべてが批判的方法の好例である。

　ジウレスクも、若くして大部のルーマニア総合通史に取りかかった。1942年に第1巻が出版され、1432年まで（アレクサンドル善良侯（1400-32）の死まで）のルーマニア史を論じ、次いで第2巻第1-2分冊（ミハイ勇敢侯まで）、さらに1942年から1946年にかけて第3巻第1-2分冊（1821年まで）が出版された[RO 0511-0513]。この大著は短い2巻本にまとめられて人気を博した[RO 0514]。どちらの内容も、最新の研究に目を配っていることが特徴的だった。当然のことながら大部分は豊かな史料に基づく政治史だったが、各時代の事件史の後に、物質文化と精神文化に関する章に十分な分量を割いた。このようにジウレスクは、それまでの研究水準にふさわしい形式で、まさに「新学派」の理念を実現しようとしたのである。

パナイテスク

　次の指導者は、C.C.ジウレスクと同じように解

放後に活躍した P.P. パナイテスク（1900-67）である。ブカレストとクライヨヴァで学び、ハスデウとボグダン以来のよく訓練されたスラヴ学者となった。それにふさわしく、スラヴ語史料を見事に使いこなす歴史学者であった。もちろん彼もパリで2年間過ごし、1927年にはブカレスト大学の講師、1934年にはスラヴ民族史の教授となった。実際のところはヨルガの強い影響下にあり、ヨルガから時代精神への観察力、〔時代〕傾向の比較検討、より広い南東欧の文脈、さらにはヨーロッパの文脈に据えることを学び取った。パナイテスクのスラヴ語能力は、ルーマニア・ポーランド関係の発展にも寄与した。無論それは当時の政治状況と無関係でなかった（同時代の影響を結局のところ「新学派」も回避することはできなかったのである）。

パナイテスクがポーランドで行なった研究の成果は、初期の著作にも看取できる。そこでウレケとM.コスティンの業績にポーランドの影響が果たした役割について、いくつか本質的な観点を補強している。1929年にクラクフで集めた史料を基に、ポーランド人亡命者と1848年ルーマニア革命との関係を明らかにし、実質として社会革命であった運動が、ポーランド人亡命者サークルの影響を受けることで、強く国民的方向性を取るに至ったと主張した[RO 0515]。その後、経済問題や社会問題の方向へ関心を移し、ルーマニア両侯国の分立にあたり地理的な要因が大きな重要性を持ったと主張した[RO 0516-0517]。

1936年に、ミハイ勇敢侯に関する大部のモノグラフを出版した[RO 0518]。そのためヨルガの怒りを買った。なぜならヨルガ自身も勇敢侯についてほぼ同時期に本を出版していたからである。ただしヨルガの本はやや表面的で国民主義的な傾向があった。他方、パナイテスクは自分自身の原則に従って現実的なミハイ像を描こうと努力した。すなわち、ヨルガの本がルーマニア統一の実現を祝う内容だったのに対し、パナイテスクは、ミハイには国民という契機がせいぜい本能として働いたに過ぎず、意識的にはオスマンに対するキリスト教的連帯の支持者として活動したことを強調した。

ミルチェア老侯の伝記も1944年に書いたが[RO 0519]、これに対する高い評価の一つは、鋭い史料批判によって数多くのあいまいな点を明確化し、南東欧全域を検討対象にした点だった。また最初に社会的、経済的状況や、行政制度、軍制、教会、そして文化生活など、様々な構造について論じ、その上で構造に基づいて政治的事件史を扱うという、まさに最新の現代的方法を取ったことも評価された。

パナイテスクは史料公刊に関しても専門家だった。彼が刊行したものは、注釈のつけ方で手本とされ、同時に全く新しい情報も提供した。例えばルーマニア両侯国を旅したポーランド人の旅行記や、1470年から1630年までの時期に関する情報を提供してくれるシビウの文書館史料などがある[RO 0520]。

ブラティアヌ

3人目の指導者は、歴史家としての影はかなり薄い。なぜなら、人生の大半を現実の政治が占めたからである。Gh. I. ブラティアヌ（1898-1953）がその人である。有名な自由党指導者の息子で、両大戦間期と第二次世界大戦中に自身も党の要職にあった。1930年にはカロル2世の帰国と権力奪取に関わった。1941年には戦争賛成派だったが、まもなくI. V. アントネスクと対立する。戦争末期には「歴史的政党」指導者の一人として、国王とともに戦争からの離脱と王政存続を図る集団の内で重要な役割を担った。1953年に監獄で拷問死した。

しかしブラティアヌは政治的活動の傍ら、専門分野〔歴史学〕の発展にも寄与した。1924年には早くもヤシ大学の教授となり、ヨルガの死後に1947年までブカレスト大学の歴史学講座を率いた。数多くの論文を発表し、主に「新学派」の雑誌に、中世ルーマニア史に関するテーマで書いた。中でも重要なのは、13世紀の黒海におけるジェノヴァ商人の出版史料集[RO 0521]、およびレヴァント経済史に関して今日もなお重要な大部の研究書である[RO 0522]。以降もこの問題に関心を示し続けた。1930年から1937年の間に執筆し、1938年に出版したビザンツ経済社会史研究は、東部ビザ

ンツ都市の工業的、商業的性格と、周囲の遅れた農業関係の間にある矛盾に注目した［RO 0523］。ヨルガのように彼も、特に経済政策（この概念は明らかにブラティアヌ自身の時代から援用している）の方向性に関して、オスマン帝国をビザンツの継承者と見た。

中世の経済社会史の他、近代政治史にも関心を持った。1934 年に出版された『ナポレオン 3 世と諸民族』では、皇帝が国民運動への支援とヨーロッパの伝統的勢力均衡との間で揺れ動いたことを批判している［RO 0524］。もしも前者の側に立っていたなら、国民国家に基づくヨーロッパ再編は半世紀も早く実現しただろう、と。（この早急な結論はヨルガに賞賛されてもよいものである。つまり二つの学派間の対立は、さして大きなものではないことがここに示されている。）

1938 年にブラティアヌはヨーロッパ中世史に関する大部の概説を計画し、各国史の形式によらず、ディオクレティアヌスからスレイマンまでのヨーロッパの発展を概観する予定だった。ブラティアヌの構想の基本にあったのは、従来の概説は常に西欧を中心に据えて西欧の発展から出発することで東欧の要素を軽視していた、という批判だった。12 世紀末までは、ビザンツ文化の高い水準に代表される東欧こそが発展を主導したのであって、その後ようやく西欧に情勢が傾いたのである。そしてブラティアヌは、東欧がその後も軽視されるべきではないと強調した。ヨーロッパの発展はパリやローマからだけではなく、イスタンブル、キエフ、サライェヴォ、クラクフ、スチェアヴァ、ブダペシュトからも見なければならないのだ。外国の専門家たちをもこの作業に参加させようとしたが、戦争勃発のため、残念なことに計画全体が実現せずに終わった。

少し前の 1937 年に『ある歴史の秘密と奇跡──ルーマニア民族』［RO 0525］という本を出版した。書名は民族移動期に関するロートの最新刊書から借用したもので、ロートは〔ダコ＝ロマン人〕持続説を認めず、ゆえにルーマニア人の存続を秘密と奇跡だと名づけた。ブラティアヌは、持続説に基づけば「奇跡」がごく自然に説明されることを示した。なにしろ、ルーマニア人は原住地で民族大移動の時代をやり過ごせたのだから。

この問題には 1943 年に『ルーマニア人の統一性の起源と形成』［RO 0526］というフランス語の著作で、いま一度立ち返った。居住地と地理とエトノスの持続性から、統一国家の実現を説明した。中世にこの統一性は本源的なものとして存在しただけだったが、ここからやがて統一を実現する国民意識が成長したというのである。1945 年に出版された本の中では、持続説を補強するために、例えばトロイ戦争のような例に言及し、歴史的伝承も引き合いに出している［RO 0527］。

こうした世界史との類推の仕方を見ると、すでに触れたように、ブラティアヌは相当に強くヨルガの影響を受けていた。それは時によってブラティアヌ自身が不愉快になるほどであった。また「新学派」は確信を込めて、ヨルガが現実政治に関わったことを批判したが、「新学派」自体も現実政治から自由ではなかった。この点でもブラティアヌとヨルガは類似している。第二次世界大戦中にブラティアヌが、トランスニストリア地域（対ソ戦の時に、一時的にルーマニア行政下に入ったドニエストル川左岸のウクライナ領）の歴史と、オデーサのルーマニア教会に関するいくつかの研究を仕上げたことを、『ルーマニア史雑誌』〔の編集部〕は満足げに報告している。同誌は、1940 年にはブコヴィナのウクライナ人歴史家たちと論争して、ブコヴィナは原ルーマニア人の居住地域であり、ウクライナ人は 200 年前に難民として入ってきたに過ぎず、しかもウクライナ人ではなくドイツ人がポーランドの圧制から解放したのだと書いた。

まだまだ例を挙げ続けることはできるが、歴史学に対する時代の影響力に関して定型句を並べるだけになってしまうだろう。本章の後半で扱った人物たちは「新学派」を始めたし、またそれ以前に名を挙げた歴史学者も、活動を解放後にも続け、むしろ解放後が活動の中心であった。しかしながら、これはもはやルーマニア歴史叙述の新しい章に譲るべきだろう。

第 7 章

セルビアの歴史叙述

　セルビア人がバルカン半島に姿を現したのは、クロアチア人の場合と同様 6-7 世紀だった。セルビア国家の出発点は多くの場所に見出すことができる。そのうち重要性を持つのは 2 カ所である。一つは海に近いドゥクリャないしゼタ（のちのモンテネグロ）であり、もう一つは内陸部のラシュカないしラスキアである。これらの国家は当初ビザンツの宗主権下にあったが、ラシュカに対してはハンガリーもしばしば触手を伸ばした。しかしその後は再びビザンツが優勢になった。かなり早期にキリスト教を受容したが、西方教会と東方教会の間で揺れ動き、ラシュカは東方教会寄りだった。

　しかしこの問題は、その後 12-13 世紀の転換期においてラシュカがネマニチ朝のもとで再び独立を回復した時でさえ、完全に決着がついたわけでない。すなわちネマニチ朝始祖の息子であるステファン〔初冠王〕（1165 頃-1227）は 1217 年にローマ教皇の承認により国王として戴冠したが、その弟サヴァ（1175-1235）は正教会の修道士であり、のちにセルビア大主教となったのである。13-14 世紀の転換期になると再びハンガリーの影響力が北部地域で強くなった。14 世紀半ばになると、衰退しつつあったビザンツに対抗して、ステファン・ドゥシャン（1308-55）が強力な国家を打ち立て、皇帝（ツァール）の称号さえも用いた。しかしこの時期、早くもオスマンの来襲があり、1371 年と 1389 年にセルビアとその同盟者の軍は敗北を喫する。1459 年まではハンガリーの援助を得て北部地域にセルビア公国を維持できたこともあったが、その後は数世紀に及ぶオスマン占領が続いた。セルビアはオスマンの帝国秩序に完全に組み込まれた。モンテネグロは貢納する代わりに一定の自治権を得ることができたが、オスマン国家が弱体化するにつれて、この自治は主教治下でほぼ完全な独立を意味するようになった。主教は同時に公としての権限を行使した。セルビアではハイドゥクの遊軍部隊が春から秋まで侵略者に対して戦った。

　オスマン支配が始まった当初から多くの者が北へと、すなわちハンガリーへと逃れた。歴代のセルビア公は同時にハンガリー大貴族でもあり、ブダに宮殿を構えた。1688 年、対オスマン解放戦争においてハプスブルク軍がニシュにまで攻め入った時、もはやオスマンの支配もこれまでと思われた。しかし程なく、より重要な任務が西方にあることが判明し、ハプスブルク軍は退却した。ハプスブルク軍が去った後、1690 年に、折しも解放されたハンガリー南部諸地域に数千の家族が移り住み、ハプスブルク皇帝兼国王から少なからぬ特権を授与された。この中から軍政国境地帯に移った者もいれば、商人となってハンガリーの都市に移住した者もおり、移住の北端はミシュコルツにまで及んだ。これらの人々は後代までそこに留まり、正教という宗教帰属のために周囲とは異質な存在であり続けた。

　オスマン帝国の衰退によりセルビア地域でも次第に混乱が拡大した。商業に携わる農民たちが 1790 年に蜂起を企てたが鎮圧された。しかし当局によって一定の地域的自治が保障された。同地のイェニチェリが再び自治を剥奪して自治体指導者を集団虐殺すると、1804 年に再び蜂起

が始まった。当初は地方当局を攻撃対象とし、スルタンの権力が地方にまで行き届くよう要求したが、すぐに蜂起の矛先はオスマン支配全体に向かった。折しも 1806-12 年の露土戦争が進行しており、これが有利に働き、ロシアの支援によりセルビアの領土の大半が解放された。この蜂起の指導者がカラ・ジョルジェ（黒いジョルジェ）(1768-1817) である。しかし 1812 年、まさに新しい行政機構が誕生する矢先にロシアは講和を余儀なくされ、セルビアへの支援は停止された。カラ・ジョルジェはオーストリア領に逃れた。

次に、もう一人のハイドゥク指導者ミロシュ・オブレノヴィチ（1780-1860）が先頭に立ち、ついに地方当局と合意を取り結んだ。すなわち貢納する代わりにオスマンの主権下で内政自治権を有する公国が誕生したのである。1831 年にスルタン政府もこれを承認し、オスマン軍はセルビアから撤退した。ただいくつかの要塞に守備隊だけは残した。

政治エリートをなしていたハイドゥク指導者は、しばらくするとミロシュの専制支配に不満を抱くようになり、ミロシュを退位させて、その息子を後釜に据えた。しかしその息子も追放し、カラジョルジェの孫を権力の座に据えた。こうして 1842 年から 1858 年までカラジョルジェヴィチ家が公位にあった。しかしその後退位させられ、1858 年から 1903 年まで再びオブレノヴィチ家が権力の座に即いた。そして 1903 年からは再度カラジョルジェヴィチ朝となる。住民は統治する公家や王朝に迎合せねばならなかったし、逆に放逐された側を嫌悪することが求められた。

1878 年のベルリン会議はセルビア国家に完全な独立を認めた。もっともセルビアではそれまでに近代化が始まっており、1869 年に憲法が制定され（時の公ミラン（1854-1901）は幼年だった）、これにより部分的ではあるが専制政治に終止符が打たれた。より正確には、もしこの憲法が守られたなら終止符が打たれたであろう、というべきかもしれない。時代にかなった 1888 年憲法についても同様な問題があり、やっと 1903 年の政変、すなわちアレクサンダル（1876-1903）の暗殺を経て機能することになる。ちなみにアレクサンダルはすでに国王の称号を用いていた。この称号は先代のミランが使い始めたものである。1903 年に新しい王家がこの称号を受け継いだ。

クロアチア人の場合と同様、セルビア人の間でも南スラヴ統一問題が提起された。内相 I. ガラシャニン（1812-74）はすでに 1844 年に全南スラヴの統一を構想した。ガラシャニンの認識では、宗教的な差異は関係なく、すべての南スラヴ人はセルビア人であった。また外交政策として、まずオスマン支配下にある南スラヴ人を解放すること、すなわちセルビアに編入することを提起した。そしてその後でハプスブルク帝国下の南スラヴ人を解放する。なぜならオスマンの方が弱体だと考えたからである。

そもそもベルリン会議における裁定、すなわちオーストリア＝ハンガリーにボスニア・ヘルツェゴヴィナ占領を認めたことは深刻な打撃だった。なぜなら、オスマンの支配からハプスブルク管轄下に移された地域は、セルビア語を話す住民すなわちセルビア人が住んでいたからである。1908 年の併合はさらに大きな反感を巻き起こした。危うく開戦に至るかと思われたが、ロシアの仲介によってかろうじて防ぐことができた。1912 年、セルビアはブルガリア、ギリシア、そしてモンテネグロと連合してオスマン帝国に戦いを挑み、それほど大きな努力をせずに、大きな領土、すなわちマケドニアの大半を占領した。また 1913 年夏にブルガリアが攻撃してきた時にも、その防衛に成功した。領土は 2 倍に拡大した。

しかし 1914 年の夏、今度はセルビアが世界大戦の最初の犠牲となった。開戦からしばらく経った 1915 年のことである。ブルガリアの助けを借りた同盟国側がセルビア全土およびモンテネグロをも占領したからである。国王と政府は残った部隊を引き連れてコルフ島に逃れ、その地

で1917年にクロアチア亡命者と協定を結んだ。すなわち、もし戦争に勝利した場合、セルビア人、クロアチア人、そしてスロヴェニア人の統一国家を建設し、カラジョルジェヴィチ家のもとで立憲議会制の王国を打ち立てることを決めたのである。1918年12月1日、この協定はベオグラードにおいて実現した。

新生国家ではセルビア人が相対的な多数派となった。というのはクロアチアにもボスニア・ヘルツェゴヴィナにも多くのセルビア人が存在したからである。つまり最終的な勝者はセルビア人であり、セルビア人が統一を推進した。この結果、立憲制と議会制に基づきながら、単一の議会を持つ中央集権化された国家が生まれ、セルビア人が指導的な役割を担うことになった。軍そして国家権力の要職はセルビア人の手中に収められた。クロアチア人を始めとして数の上で過半数を占める他の諸民族は、この秩序に不満を抱いた。1941年4月、ドイツの攻撃によってユーゴスラヴィアは数週間で崩壊した。セルビアの領域は削られて小さくなり、ブルガリアはマケドニアを、アルバニアはコソヴォ（コソヴァ）を、ハンガリーは、ヴォイヴォディナの大半を占めるバチュカ（バーチュカ）を獲得した。セルビアは永続的占領下に置かれ、傀儡政権がこれを統治した。

だがまさにセルビア系住民の間において最も強力な抵抗運動が起こった。数週間のうちにパルチザン部隊が形成され、一部はロンドンに亡命した国王政府の側につき、他方、J.B.ティト（1892-1989）率いる共産党の指導下に入った者もあった。戦闘は、ドイツ人に対して、クロアチア人に対して、そしてセルビア人どうしの間で繰り広げられた。西側連合国は当初ロンドン亡命政府側の部隊を支援したが、やがてティトの側についた。なぜなら対ドイツ戦で最も成果を上げたのがティト派のパルチザンだったからである。1944年10月には早くもベオグラードが解放された。当初から共産党が支配する中で、セルビアは失った領土を回復し、連邦共和国の中で最も強力な構成共和国となった。

第1節　専門化以前の歴史叙述

1.　年代記・伝記

セルビア国家は2カ所でゆっくりと形成された。西方教会の影響下にあったゼタつまりドゥクリャ（これはほぼ今日のモンテネグロすなわちツルナ・ゴーラと一致する）と、結局は東方教会が根を張ることに成功したラシュカもしくはラスキア（古セルビア）であり、歴史叙述もこの二つの地域で始まった。だが、国家に関してと同様に、セルビアの中心としてさらに発展したのは後者である。

無名作者の年代記[SR 0001]は、ゼタにおける最初の年代記であり、唯一重要なものである。もともと古代教会スラヴ語で書かれたようだが、今日ラテン語の翻訳のみが残っている。ゼタの無名作者は通常ドゥクリャの司祭（ポプ・ドゥクリャニン）（1100頃-12世紀後半）の名で呼ばれる。おそらく西方教会に属する修道士で、ベネディクト会士と考えられている。この年代記は12世紀に書かれたと推測されるが、さらに細かい年代は研究者により意見が異なり、12世紀半ばや12世紀後半、あるいは13世紀初頭と主張する者もいる。この年代記はスラヴ人の形成、移動、そしてこの地における王朝の歴史を書き記した。当時の民謡を多く使っているため文学史的視点から非常に重要視されるが、これらの歌から無味乾燥な年代記しか組み立てられなかった。主に批判される

のは、同時代的な出来事については史料として使えるが、より古い時期に関する部分は信頼できないことである。また、ラシュカにおける後代のセルビア年代記では、直接これに言及するものが見当たらず、知られていたのかどうかも不明である。

　もう一方の中心における最初期のものは年代記でなく伝記であり、13世紀初頭に書かれた。セルビア国家成立まではこのような聖人伝が一般的だった。王朝を築いたステファン・ネマニャ（1114-1200）、修道士名スィメオンの伝記は、後継のステファン初冠王とその弟の修道士名サヴァという二人の息子がそれぞれに書き残した［SR 0002-0006］。この君主は晩年アトスの修道院に籠り、東方教会によって列聖されたため、どちらが書いたものも基本的には聖人伝である。聖人伝は中世に一般的だったジャンルだが、どちらの作品からも少なからぬ歴史的事実が明らかになる。1217年に戴冠した国王による伝記の方がよいと考える者もいるが、やはりサヴァによる伝記の方が価値が高いだろう。というのもサヴァは、型通りの修道士の伝記と、個人的体験および文書史料の文章を、完全に新しい方法で融合させたからである。サヴァは長くアトスに滞在した後、セルビア教会の初代大主教になり、正教会組織の形成に貢献した（当然のことながらサヴァも列聖され、しかも東方教会における最も重要なスラヴ系聖人の一人に数えられるようになった）。つまりその伝記の歴史的情報は、宮廷で際立つ役割を演じ、おそらく政治の頂点も知った著者により書かれたものなのである。ただし、王朝の起源に関しては、どちらの伝記も何も語らない。

　アトス山のヒランダル修道院で聖サヴァの弟子だったドメンティヤンという名の修道士（1210頃-64後）が聖サヴァの伝記を書いた［SR 0007-0009］。その伝記は幼年期から示された敬虔さ、神への畏れ、そして奇跡を型通りに描くが、セルビアにおけるサヴァの活動についても資料を提供する。ドメンティヤンは1242年もしくは1253年頃にこれを記し、さらに、1263年頃にはステファン初冠王が書いた聖人伝を基に、ステファン・ネマニャすなわちスィメオンの生涯も書いたが［SR 0010-0011］、歴史的視点からはさして重要でない。作者は当時の文化人だが、時に意図的に秘密めかすようなところがある。しかし、それは入手した情報が完全には信頼できないと考えていただけのことに過ぎないだろう。ドメンティヤンはサヴァ以外の聖者に関して、伝記も、より正確にいえば東方教会で一般的なジャンルである「賛辞」も書いた可能性がある。

　テオドスィイェ（1246頃-1328頃）はドメンティヤンと関わりがあった。生涯の大半をヒランダル修道院で過ごし、ドメンティヤンの傍らでテオドル・グラマティクの名により写字生として働いた。ドメンティヤンを下敷きにして同じように聖サヴァ伝を書き［SR 0012］、その後スィメオンとサヴァを称える典礼用写本をまとめた［SR 0013-0014］。さらに1310年頃にペタル・コリシュキの伝記を著した［SR 0015］。これがおそらく生涯最後の著作であろう。

　13世紀、セルビアは明白にビザンツの政治的、文化的影響下に置かれるようになった。ハンガリー王が影響力を維持できたのは北部のみであり、宮廷とそれに伴う文化は古セルビアにおいてさらに発展した。ハンガリーの影響下にあるドラグティン（1253前-1316）に対して立ち上がったミルティン（1253頃-1321）の宮廷にはダニロ（1270-1337）がいた。ダニロは一時的にアトスへ逃げ落ちたが、ミルティンの要請により帰還した。1323年に大主教になり、死ぬまで政治的に重要な役を果たし続けた。『セルビア王と大主教の生涯』という題の集成［SR 0016-0019］はこのダニロの名と結びついている。本人が書いたのは一部分か、あるいは大部分かもしれない。他の部分は弟子たちの筆による。それでもこの作品は統一が取れている。個々の伝記が本来別々に書かれたとしても、前後の伝記への言及が見られるので、少なくとも最終的な形態としては一体のものと見なければならない。これをさらに裏づけるのは次の点である。集成には列聖されていない統治者の伝記も数多く含まれており、それらは明らかに礼拝に使えないため、この集成は王朝のための典型的な伝記集成と見なせるからである。既存のものに頼ることができた初期の伝記は比較的長いが、徐々に短くなり、奇跡を示す要素が減り、歴史的に有用な記録

も減り、宗教的修辞が残った。ステファン・ウロシュ1世（1220頃-77）に関する部分では、その王位を奪った息子のドラグティンすら、他の聖俗の登場人物や著者自身と同様に「神を畏れ」、「敬虔」だと書かれている。ダニロは、中世セルビアで最も重要な支配者ステファン・ドゥシャンが王位に即く際に（それは同時に前王である父親の殺害を伴ったが）、特に重要な政治的役割を果たしたことで、自らも歴史を作った。それゆえ、奇跡よりもそのことを書き残したかったのである。この集成にはステファン・ドゥシャンの伝記も、極めて短いが、含まれる。これはおそらくいずれかの弟子によるものであろう。王朝的な意図はあちこちに現れ、ネマニチ家の人々が中心的な位置を占めた。ドラグティンとミルティンが兄弟どうしの長い闘争の後で和解した時、両者の妻が会見した場所に、ハンガリーからも多くの贈り物を携えて貴族たちがやってきたという。ステファン・ドゥシャンの伝記では、失敗に終わったカーロイ・ローベルト王による攻撃の試みが強調されている。すなわち、ハンガリー人はドゥシャン登場の知らせを聞くとすぐさま逃げ惑い、サヴァ川に溺れたという。

ステファン・ドゥシャンの死後、セルビア国家は急激に衰退に向かうため、歴史叙述は適切な庇護を得られなくなった。大きな著作はもはや現れなかった。東方教会の領域ではかなり珍しいことだが、初期の歴史叙述において、統治者の世俗の使命とともに神から授かった召命が強調された。これをハンガリーの国王伝承の影響と考える者もいる。それはハフナーのことである。ハフナーは重要な著作でこの王朝的歴史叙述の特徴を指摘した［SR 0020］。セルビア人において、召命と並んで神の慈悲や神聖な生活、統治者の美徳、修道士とのよい関係、教会の設立、敬虔さ、そして同時に、国家領域の持続的な拡大と正義の戦いなどのすべてが、聖サヴァからダニロに至るまでの伝記に継続して現れるのである。

14世紀後半になるとこの王朝的歴史叙述はもはや継続できなくなった。教会関連の作品の傍注で付随的に歴史が扱われる程度だった。例えば、イサイヤ（14世紀初-1375後）という名の修道士は、聖金口イオアン（ヨハネス・クリュソストムス）の説教に関する注釈内で、マリツァ河畔の戦い（1371年）におけるセルビア王ヴカシン（1320頃-71）の死去について短く記した［SR 0021-0022］。この戦いはオスマンによる征服の始まりとなる。イェフィミヤ（1350頃-1405後）のことも挙げておこう。ステファン・ドゥシャンの姪であり、セルビア公（デスポト）の妻である。イェフィミヤは1371年の後、バルカン諸国相互の自滅的な戦争において外交使節としても活躍した。夫の死後は修道院に籠り（イェヴプラクスィヤという名で）、そこで1389年のコソヴォ平原の戦いで斃れたラザル侯（1329-89）の伝記である『聖ラザル侯賛歌』を1402年に記した［SR 0023-0025］。これはオスマン当局の承認を得た上で書かれたものである。

オスマンの支配下においては、豊かな内容の歴史叙述は無論望むべくもなかった。修道院では既述の諸々の伝記が熱心に書き写されて歴史意識をある程度維持したとはいえ、16世紀もしくは17世紀に書かれたと考えられる『セルビア皇帝の編年史』［SR 0026］のような小規模の概説がかろうじて見られるだけである。これは732年から1554年までの国の歴史を論じるが、初期の数世紀についての記述はかなり不正確である。叙述が始まる732年はローマがキリスト教を受け入れた年と書き、832年にキュリロスがスラヴ系言語の文字を成立させ、1139年にネマニャがセルビアの支配者になったという。このような誤った年代記述をこれ以上並べる必要はないだろう。この編年史は1359年以降については詳細に記すが、オスマンの勢力拡大に関する記述はどの時代についてもあまり信頼できない。

オスマンとの戦争で劣勢に転じると、セルビア人の一部は1690年にハンガリーへ移住し、新たな状況がもたらされた。ハプスブルク帝国は全く異なる文化的環境を提供したからである。本国では筆写されることにより、からくも生き長らえるだけだった歴史叙述の後継として、新たな現象が見られるようになった。もちろんまだ原初的形態だが、セルビアの歴史叙述の揺籃期がここに始まったのである。

ブランコヴィチ

　全く前例のないことがすぐに起こった。ジョルジェ・ブランコヴィチ伯（1645-1711）はヴク・ブランコヴィチ公（1438 頃-85）の子孫と称したが、実際のところ確かなことはわからない。ブランコヴィチは、トランシルヴァニアで正教の府主教を務めた兄によって育てられた。ハンガリー語を含む多くの言語を習得し、アパフィ侯に仕えて外交で活躍した。1663 年に外交使節として活動していた時、ペーチ総主教マクスィム（?-1680）からセルビア人の公（デスポト）に任じられた。おそらくは支援を求めるためと思われるが、兄とともにロシアにも出向いた。1675 年から 1677 年までアパフィの駐イスタンブル大使だったが、その後陰謀を計画した疑いにより捕らえられ、ワラキアに逃れた。その後、Ş. カンタクズィノ侯によりウィーンに派遣された。この頃から歴史に取り組み始めた。〔対オスマン〕解放戦争が始まった年（1683 年）に、ハンガリーの男爵位を皇帝から授かった。1688 年、ブランコヴィチは、皇帝の宗主権下においてイリリアという名でセルビア国家を作るようレオポルト 1 世に提案した。この頃宮廷は公（デスポト）の称号に対して極めて神経質になっていたため、同年のうちに帝国伯位を与えた。対オスマン戦争でセルビア人が武器を取るよう期待してのことである。しかしブランコヴィチは翌年に自身の名でセルビア人に戦争を呼びかけた。このため、皇帝の指揮官バーデンにより捕らえられてウィーンに連行された。以後、長い間ウィーンで、そして 1703 年から死去まではチェコのヘプ（エーガー）において、敬意を払われた監禁生活を送った。すなわち、自ら住まいを借りることは認められながらも、そこを離れることはできなかったのである。

　ウィーンにいる時から『スラヴ＝セルビア年代記』という題の著作に着手し、それは全 5 巻（第 1 巻と第 5 巻は未完成）、手書きの原稿 2681 枚へと膨れ上がった。この膨大な情報の集積のうち、現在までに公刊されたものはほんの一部である［SR 0027］。手稿の写しが複数残されているが、実際に読んだ者は少ない。これをのちにライチが用い、さらに 19 世紀末にルヴァラツも使うことになる。第 1 巻は実際のところ世界年代記であり、中世に知られていた四つの帝国それぞれについて、すなわち、セルビアとワラキアがより詳細に、そしてハンガリーとポーランドについては少なめに書かれている。前面に出るのはスラヴ人である。このように詳細な記述で世界史を書き終えることはできないと本人もおそらく気づいたのか、未完成のままである。第 2 巻はとても短く（60 枚）、セルビアの習慣や神話概念、さらにはステファン・ネマニャの出自を記した。第 3 巻ではネマニチ朝の歴史を扱い、第 4 巻ではラザル侯からオスマン支配の開始、諸公の時代、そして当時のハンガリーとワラキアの歴史を論じた。草稿のほぼ半分（1291 枚）を占める第 5 巻は 1533 年以後を扱い、自らの祖先（本人によれば）を中心にしたブランコヴィチ家の年代記である。

　多くの史料を引用するが、ブランコヴィチのモノグラフを書いたラドニチによれば、多くは孫引きである。だが、セルビアの史料を知っていたことは疑いなく、ボンフィニやイシュトヴァーンフィ、さらに、ポーランドのクロメルの世界年代記も利用した。大抵これらを批判的注釈なしに字句通りに引用し、互いに矛盾する事実や見解を示す史料が前後しても気にしなかった。ラドニチの皮肉な解説によれば、個人的利害が関わらない時には客観的だが、逆の場合には嘘を書くことにも躊躇しなかった。祖先のヴク・ブランコヴィチはカール大帝から公の称号を得たことになっており、P. キニジ（?-1494）〔ハンガリー南部の武将〕もブランコヴィチ家の一員とされた。錯綜しており、形式も整っておらず、一貫性のない作品である。ラドニチによれば歴史書というよりは政治的な文書である。自らの賞賛とセルビア人への賞賛に加えて、第三に宗派的視点も見出せる。正教会の史料は無条件に信じ、カトリックのものはほとんど信頼しなかった。この著作は軟禁中に書かれたため、ハプスブルク政府に対しては、控えめにいっても、明らかに非礼な態度である。ブランコヴィチ家とワラキアのバサラブ朝の親族関係に触れているところでは、ヴラフ人がバルカン起源だと記した。国外の者にセルビアの歴史について教え、

誤りを正そうという明確な意図（後継者にとってもほぼ 200 年にわたって第一の動機だった）から、セルビア愛郷心をはっきりと見て取れる。最終的にスレムスキ・カルロヴツィの修道院に収められた手稿とその写しは、セルビアの歴史叙述に後々まで影響を与え、とりわけ個々の事象を知るために用いられた。この著作におけるスラヴ＝セルビア語の語法は文学史の視点から見て価値がある。また、歴史的視点から見ると、1705 年までの自らの生涯も描いた回想録的な第 5 巻は、偽りを取り除けば利用可能である。

ブランコヴィチの著作はハプスブルク君主国の文化圏から離して理解できないが、明らかに、そこだけに結びついているわけではない。後継者たちについてはなおさらそういえる。例えば H. ジェファロヴィチ（1700 頃-53）である。ジェファロヴィチはマケドニアのブルガリア人もしくはツィンツァルであり、南スラヴの紋章と統治者の肖像を銅版画で描いた『ステマトグラフィヤ』[SR 0028] を残した。

2. 国民再生の歴史叙述

P. ユリナツ（1730-85）はハンガリー南部出身の将校であり、ブラチスラヴァのルター派リセで学び、ロシアに亡命してロシア外交に従事した。ロシア語〔むしろスラヴ＝セルビア語に近い〕による『スラヴ＝セルビア国民の歴史入門』を 1765 年にヴェネツィアで出版した [SR 0029-0030]。そこではジョルジェ・ブランコヴィチまでのセルビア君公の歴史をまとめ、さらに、ハンガリーのセルビア人に関して、1690 年からマリア・テレジア期までの間に出された特権状の文章を収録した。用いた史料はブランコヴィチおよびドュ・フレスネの『新しいイリリアと古いイリリア』[SR 0031] である。本人もこれを独創的な作品とは見なさず、セルビア人に自らの過去を認識させることを目的としていた。

Z. オルフェリン（1726-85）は教師、銅版画家、さらに出版者でもあるが、歴史学者としては『ピョートル大帝の生涯と栄えある偉業』という題の 2 巻の著作（1772 年）[SR 0032] が言及に値するだろう。これはスラヴ＝セルビア語で書かれ、すぐにロシア語にも翻訳された。単純な寄せ集めで、セルビア人の間ですでに強力になっていた親ロシア感情の表現としてしか取り上げる意味はないだろう。一方、『セルビアの嘆き』（1761 年）[SR 0033-0034] という韻文の著作は短いセルビア史、より正確にはセルビア史の悲観的な概略であり、これも独創性はない。文学史における重要性の方が大きく、一般にはセルビア再生運動の始まりの一つとして意義づけられることが多い。その重要性は、少なくともハプスブルク君主国における教養あるセルビア人の中で、何らかの歴史意識が保たれてきたことを示す点にある。オルフェリンは 2 年間ヴェネツィアに滞在したが、その他は主に君主国内で活動し、定期刊行物 [SR 0035] と暦 [SR 0036] を発行した。

時代順に並べるとすれば、最初のモンテネグロの歴史学者をここで登場させるべきだろう。V（ヴァスィリイェ）．ペトロヴィチ（1709-66）はモンテネグロで生まれ、主教かつ君主であり、当時一般的だった支援要請の旅で 3 回もロシアを訪ね、最後の旅の際に客死した。1754 年にモスクワで『モンテネグロの歴史』を著した [SR 0037]。民間伝承および自らの想像を基に書いたいくつかの文章は、モンテネグロの重要性をロシア人に認めさせるためのものであり、それゆえにモンテネグロを大きくて豊かな国として描いた。この本はハンガリーにいるセルビア人の間では知られておらず、18 世紀ハンガリーにおけるセルビア人の歴史叙述に影響を与えることはなかった。それでもなお、これは初めて印刷出版されたセルビアの歴史書であり、スラヴ＝セルビア語というよりはむしろロシア語に近いが、近代のセルビアで発見され、1841 年以降何度も再刊された [SR 0038-0039]。

ペトロヴィチは、これまで取り上げ、また後で紹介する好事家たちの間においても、むしろ特異な部類に属する。他方、同時代人で多少若い J. ライチ（1726-1801）は、1772 年からコヴィリで大修道院長を務めた。ライチを取り上げることにより、再びハプスブルク君主国の文化圏に立ち返ろう。ライチは、ある意味において本当に最初の近代的セルビア史家と見なさねばならない。コマー

ルノ（コマーロム）とショプロンでギムナジウムを修了し、キエフで神学を修め、修道院長になる前はスレムスキ・カルロヴツィとノヴィ・サドで教鞭を取った。

その著作は 1768 年に完成したが、1794-95 年に 4 巻で公刊された。『スラヴ人の歴史、特にブルガリア人とクロアチア人とセルビア人の歴史』[SR 0040] であり、これもスラヴ＝セルビア語で書かれた。第 1 巻はスラヴ人一般とブルガリア人の歴史を、第 2 巻は 18 世紀初頭までのクロアチアの歴史、および 1371 年のマリツァ河畔の戦いまでのセルビアの歴史を、第 3 巻と第 4 巻では、それぞれ、ラザル侯からモハーチの戦いまで、そしてその後のペーチ総主教座の消滅（1766 年）までのセルビア人の歴史を論じた。ライチはブランコヴィチの年代記を読んだ数少ない者の一人である。さらにクロアチアのリッテル＝ヴィテゾヴィチや、J. トムカ＝サースキ（1692-1762）、当然のことながらオルビン、そしてその他の史料も利用し、コンスタンティノス 7 世の作品を何度も典拠として挙げた。

社会契約説を知っていたことから、一般に啓蒙思想の影響下にあったといわれる。史料批判についても何らかの感覚を持っていたことは著作の随所からわかり、互いに矛盾し合う史料を（常にというわけではないが）比較検討したが、いずれかを選択せずに終わることもしばしばあった。18 世紀におけるバルカンの同時代人と競うレベルであり、それを凌ぐものでもある。同時に純朴すぎる面も多々あり、例えば、フン人やアヴァール人はいうまでもなく、さらにスキタイ人やブルガール＝テュルク人もスラヴ人と見なした。だが確かなのは、この著作が独創的な構想によってまとめられ、あらゆる南スラヴ人の歴史を一緒に論じようとしたことである。確かに、結局のところ記述が並行するだけで、より正確にはそれぞれについて交互に議論するだけだが、一体であるという視点は決して失わなかった。啓蒙の影響とは関係しないが、正教の修道士にしては珍しい宗教的寛容を、ライチの特徴として取り上げねばならない。すなわち、クロアチア人を、カトリックであるにもかかわらず、南スラヴという単位の中に含めたのである。

ライチが南スラヴ人の歴史を書くにあたって明確に意識したのは、大部分がまだオスマン支配下で苦しんでいるということである。解放の頼みは遠方のロシアよりもむしろハプスブルク帝国だった。結論部分が誰かによって書き換えられた新たな版が 1823 年にブダで発行され [SR 0041]、17-18 世紀にかけてかなり広がったこのようなハプスブルク概念に賛同する立場が明確に語られている。無論、最初の版がこれに言及したのは、本を刊行するための慎重な配慮に過ぎない可能性がある。他国のものよりは祖国の史料を信用するとライチ自身が書いている通り、セルビアへの愛国心は疑いえない。いうまでもないことだが、この著作の目的は、セルビアに関する他国の歴史家の誤りを正すことである。ライチは純粋にセルビア愛国者であり、それは次のことにも示されている。すなわちライチは、セルビア以外の南スラヴと関連する事柄については、慎重なためではなく、その問題性を理解していないがゆえに取り上げなかったのである。確かなことは、ライチの書がその後数十年にわたって、セルビア人の著者が公刊した唯一の大部のセルビア史であり続けたことである。

センタ生まれの J. ムシュカティロヴィチ（1743-1809）はブラチスラヴァのルター派リセで学び、ペシュトで法学を修めた。ノヴィ・サドで弁護士の職に就いた後、ペシュトで市参事を務めた。ハンガリー等族意識（フンガルス意識）を持つ典型的な人物であり、1804 年に祖国つまりハンガリーにおける肉と魚の供給について本を著した [SR 0042-0043]。しかしハンガリー等族意識とセルビア人意識は矛盾なく両立し、ハンガリーにおけるセルビア人について長編の歴史を書き、そのうち中世から歴史家ブランコヴィチまでを論じた部分は 1844 年に『年報』に掲載された [SR 0044]。

ムシュカティロヴィチのテーマは、第一次世界大戦終了時まで南ハンガリーのセルビア人の間で継承され、専門家も現れた。1804 年にセルビア蜂起が始まると、セルビア人、より正確にはハプスブルク君主国の文化圏にいたセルビア人の中から、戦闘の渦中にあって解放を求めるセルビアを支援

するために出ていく（もしくは戻っていく）者が現れ始めた。セルビア人農民は戦いと商いには通じていたが、多くはいまだ文字を書けなかったのに対して、この人々がその後長く知的職業と官僚の大半を占めた。

続いてゼムン出身の D. ダヴィドヴィチ（1789-1838）が現れる。ペシュトとウィーンで医学を修め、1813 年から 1821 年までの間ウィーンで『セルビア新聞』という最初のセルビア語新聞を発行し、1821 年からセルビアで活動した。1821 年、ウィーンにいる間に『セルビア国民の歴史』という題の著作を刊行した[SR 0045]が、主にハンガリーのエンゲルによるセルビア史に基づいたもので、独自の内容は全くない。しかしながら、これが口語で書かれ公刊された最初のセルビア通史だった（これは 1846 年と 1848 年にベオグラードで再刊された[SR 0046-0047]）。

カラジチ

ここでセルビア史における最も偉大な人物の一人を登場させねばならない。V. S. カラジチ（1787-1864）はヘルツェゴヴィナ出身で、1815 年以後長期にわたってミロシュ・オブレノヴィチ公に仕えた。しかしながら、生涯の長い期間をウィーンで過ごし、著作の大部分はウィーンで出版した。スロヴェニア人であるコピタルの支援を受け、その作品は君主国の精神的環境から大きな影響を受けた。当然ながら、カラジチはセルビア国民再生の指導的人物として、また、文語セルビア＝クロアチア語の創出者、民謡収集家、そして文献学者としても重要である。当初はミロシュによってセルビア蜂起の歴史を書くよう命じられ、多くの蜂起指導者から話を聞き、たくさんの材料を集めてその職務を遂行しようとした（奇妙な時代錯誤かもしれないが、オーラルヒストリーを採用したともいえるだろう）。

カラジチはまず任命者の伝記『ミロシュ・オブレノヴィチの生涯と栄えある偉業』を、国外での理解を広めるため、ロシア語で書いた[SR 0048]。その後 1829 年まで毎年雑誌を出版し[SR 0049-0057]、ハイドゥク指導者の伝記[SR 0058-0059]、1828 年には蜂起初年の歴史[SR 0060]とミロシュの新たな伝記[SR 0061]を、1829 年には最も長い「セルビア英雄伝」[SR 0062]を、そして 1834 年には蜂起 2 年目の歴史[SR 0063]を著した。また、モンテネグロについていくつかの文章[SR 0064-0067]を書いた。1860 年には『カラジョルジェ時代のセルビア評議会』を公刊した[SR 0068]。この本の半分近くは、地域ごとに分けられた予約者のリストが占め、一見の価値がある。2357 人がこの本を予約した。当時としては膨大な数である。セルビア公国はすでに数十年前から存在し、二つの公家が交代を繰り返していたが、まさにこの時 2 度目の公位に即いていたミロシュも含めて、住民の大多数はまだ読み書きができなかった。ミロシュは長い 1 回目の統治期間中にカラジチと仲違いして、ついには別の者に蜂起史の記述を命じた。だが、この予約に際しては自ら 30 部を注文し、妻は 10 部を、まもなく同様に 2 度目の統治者となる息子ミハイロ（1823-68）は 20 部を、そしてさらに宮廷は 81 部を注文した。同時代人のうち、すでに名の知られていたザグレブの歴史学者らはそれぞれ 1 部のみ予約し、ペシュトのマティツァも 1 部のみである。ペシュト全体では合計 15 部、ノヴィ・サドで 16 部が売れ、一方で、イスタンブルでは 121 部が売れた。セルビア宮廷からの注文を計算に入れなければ、予約の半分以上はハプスブルク帝国内からのものである。

当然ながらカラジチは専門的な歴史学者ではないが、多くの出来事に実際に関わった者として、政治史について詳細かつ魅力的に描写することができた。ハイドゥク指導者を個人的に知り、その体験や英雄的な戦い、醜い陰謀、些細な金銭問題などについて感情移入なしで書いた。対オスマン戦争の野蛮な残酷さは指導者間の対立にまで及び、それが古風なほど単純かつ仔細に文章化された。ミロシュ自身も、指導者の一人が逆らった際、無慈悲に撃ち殺した。それにもかかわらず、そして 1804 年から 1813 年まで蜂起指導者がカラジョルジェだったにもかかわらず、カラジチはミロシュの側に立った。ミロシュは賢明な君主かつ優れた政治家で、温和でもあった。ロシアの支援に頼らず、最終的には内政自治権を持つセルビア国家を打ち立てるのに成功した。カラジョルジェに関す

る記述は、1790年代初頭に、父親を殺したところから始める。オスマンの復讐を恐れてオーストリアに一緒に逃げようとしたが、父親がそれを嫌がったためである〔カラジョルジェの父親殺しは1786年といわれている〕。そしてまさに最後の著作において、カラジチはカラジョルジェが戦いの指導者でしかなく、政治的決定権は評議会の手にあったことを示そうとした。評議会のメンバーは平等であり、ここにもロシアの影響は及ばなかったという。このようにカラジチはオブレノヴィチ家の側に立った。実際、これから見る通り、第二次世界大戦までのセルビアの歴史叙述は、オブレノヴィチ家とカラジョルジェヴィチ家の選択で二つに分かれ、1914年までは多くがオブレノヴィチ側についたが、1918年以後、公然とそうすることは不可能になった（S.ヨヴァノヴィチはそれにも成功したように見えるが）。

*

カラジチは歴史の作品においても文学的傾向を隠さなかったが、だからといって歴史に対する相応の忠実さを犠牲にすることはなかった。ミロシュに公式の歴史を書くよう命じられたカラジチの後継者 S.ミルティノヴィチ＝サライリヤ（1791-1847）は、あらゆる努力にもかかわらずカラジチに匹敵するものを著せなかった。ミルティノヴィチ＝サライリヤはサライェヴォの生まれだが、父親はゼムンの商人で、子供時代の大半を南ハンガリーで過ごした。ゼムンとセゲドで中等教育を受け、セルビア蜂起に参加した。1819年から1825年までキシナウで過ごし、ここでロシアからセルビアへの支援を得ようと尽力した。1827年から1831年までモンテネグロ主教の秘書を務めた。1831年にミロシュによってセルビアに呼ばれ、ミロシュそして息子のミハイロが退位させられた後は、アレクサンダル・カラジョルジェヴィチ（1806-85）治下で侯に反対する護憲党、つまり当時の保守派政治エリートを支持した。文学にも取り組み、民衆詩を集めて公刊した[SR 0069-0070]。

すでにモンテネグロ滞在中に、口承をいくつかの文書で補って『モンテネグロの歴史』という短い概説を著した[SR 0071-0072]。ミロシュに命じられて取り組んだ仕事の成果は『1813年初頭から1815年末までのセルビア史』である[SR 0073-0074]。大部の著作で、1888年版は548頁ある。全3年にわたる内容は、戦いをナヒヤ（郷）ごとに詳細に記し、文献を頻繁に引用し、また多くの場合、英雄たちに直接語らせた。ブルガリアのZ.ストヤノフの著作を多少思い起こさせるが、それよりもかなり荘厳な文章である。カラジチ同様もちろんここでも賢明なるミロシュが真の英雄だが、カラジョルジェにも共感した。1813年初頭、セルビア蜂起軍がロシアから援助を受けずに、圧倒的な兵力のオスマン軍と戦う場面は劇的に描かれた。多くの民謡も引用した。どちらかといえばオーストリア志向であり、1814年にフランツ帝（1768-1835）がセルビア人代表をどのように迎え、好意をもって接したかについて、敬意を払って書いた。もちろん、ミロシュがオーストリア使節とだけでなく、ロシア人と続けた交渉についても教えてくれる。巻末の付録では、ロシア皇帝アレクサンドル〔1世〕やロシアのある人物（名前は書かれていない）やメッテルニヒに宛てた支援の要請など、かなりの数の記録が収録された。1888年版では、蜂起史の研究をミロシュがミルティノヴィチに託したことを示す1834年の文章も加えられた。

Đ.マガラシェヴィチ（1793-1830）はペシュトで哲学を、スレムスキ・カルロヴツィで神学を修めた。その後スレムスキ・カルロヴツィとノヴィ・サドで神学の教授を務めた。1827年にセルビアを訪れて旅行記を書き、古い文書記録も書き写した。これは1828-29年に連続して公刊された[SR 0075-0077]。自治公国となったセルビアについて初めて書かれた地誌である。1829年にはD.オブラドヴィチ（1744-1811）のいくつかの書簡をブダで公刊した[SR 0078]。歴史の著作もいくつかあるが、当時耳目を集めたことに刺激されて書いた寄せ集めに過ぎない（伝記『ナポレオン』〔の翻訳〕1822年[SR 0079]、『1809年のシェーンブルンの和約から1821年までの最も重要なヨーロッパの政治的出来事』1823年[SR 0080]）。同様な性格を持った短い世界史[SR 0081]は没後にブダで出版された。

J.ハジチ（1799-1869）も挙げておく必要があ

る。ソンボルで生まれ、セルビアで過ごした後にノヴィ・サドで死去した。ペシュト大学で学び、一般には当時最も教養あるセルビア人だったといわれる。ミロシュ統治期にセルビアに移り、セルビア民法典および最初の憲法の編纂に加わった。しかし、まずカラジチと、そしてミロシュ本人とも摩擦を生じ、1849 年にハンガリーへ戻った。『セルビア国民の魂』という題の本を 1858 年にスレムスキ・カルロヴツィで出版した[SR 0082]が、構想が大きいわりに使っている資料は少なく、つまるところ、セルビア史全体に関する、内容の薄い寄せ集めである。蜂起の歴史についてセルビア滞在中に資料を集めたが、老年になってからこれを利用して『黒いジョルジェにより率いられたセルビア蜂起』（1862 年）を著した[SR 0083]。カラジョルジェを賞賛し、当時まさに亡命中だったカラジョルジェヴィチ家の側に立って書いた。

ペシュトで哲学を、ケジュマロクで法学を修めた J. S. ポポヴィチ（1806-56）は、セルビア文学において重要な人物である。ポポヴィチも 1840 年にセルビアに行き、まずは中等学校教師となり、のちに教育省で働き、1849 年にヴルシャツに戻った。ここで登場させたのは、セルビアのロマン主義的歴史叙述を批判する文章[SR 0084-0085]の中で、ポポヴィチがそれまでの歴史概念を一つならず疑問視し、のちに形成される批判的歴史叙述の先駆けの一人と見なされるようになったからである。バナト（バーナート）生まれの T. パヴロヴィチ（1804-54）はブラチスラヴァの法学アカデミーを修了し、M. ヴィトコヴィチ（1778-1829）のもとで法律家助手として勤務した。その後ブダとペシュトでそれぞれ新聞と雑誌を編集し、そこに最初の歴史学的性格を持つ諸論文が掲載されることになった。

3. 制度的基盤

セルビアの歴史叙述はこの時点ではいまだ専門的職業ではなかった。以下では制度的背景の形成に触れておこう。1826 年にペシュトのセルビア商人たちがマティツァ・スルプスカという文化団体を設立し、国民再生の旗のもと、国民にとって有益かつ重要な、とりわけ歴史に関する一般向けの書物を出版しようとした。マティツァ・スルプスカは 1864 年にノヴィ・サドに移り、今日に至るまで活動を続けている。マティツァは 1827 年に『年報（レトピス）』を刊行し始めた（初代編集者はパヴロヴィチである〔第 1 巻には「1825」と書かれているが実際には 1824 年に発行され、その編集者はマガラシェヴィチである〕）。これはかなり広範囲のスラヴ圏に関心を向けつつ、歴史に関する論考や史料紹介などを掲載した。『年報』の水準は 19 世紀半ばから徐々に上がり、まもなく、専門的訓練を積んだ歴史学者やセルビアで活躍する人々も寄稿するようになった。一方でパヴロヴィチが 1835 年から編集した『セルビア国民報』、さらに、1838 年から編集した『セルビア国民新聞』は、むしろ運動の政治的問題に目を向け、歴史についての論考はほとんど掲載しなかった。

セルビア本国においても専門的な環境が次第に整えられた。セルビア蜂起中の 1808 年にベオグラードに高等専門学校が設立され、セルビア啓蒙思想の中心人物であるオブラドヴィチもそこで教えた。だが実際のところこれはむしろ中等学校であり、19 世紀半ばの一時期はリセが公式名称となった。その後ようやく一種の教員養成校となり、世紀転換後に総合大学の地位に格上げされた（1905 年）。19 世紀末に現れる歴史学者はすでにここで専門的な教育を受け、時に国外で、多くはウィーンでさらに学んだ。セルビア文学協会が設立され（1842 年）、1847 年からベオグラードで刊行した『セルビア文学協会年報』には、学問的な水準の文章を掲載することが定められた（ある時期までは実現しなかった）。のちに『歴史学協会通信』が刊行され、19 世紀後半になると他の地域的な学術協会や雑誌も誕生した。だが、いずれの雑誌においても、専門的な水準を目指す論考と、無邪気な好事家趣味の文章が混合した。

いずれの王朝が権力の座にあろうと、統治者は単に権威づけのためにもセルビア史の記録を集めることに熱心だった。これに関してミロシュによる試みが成果を残したことはすでに見た。D. アヴラモヴィチ（1815-55）の業績をここに加えることができる。画家で、早くも 16 歳の時にウィー

ンの美術館で熱心に模写し、さらにウィーンの造形芸術高等専門学校を修了した。セルビアの歴史的な品々を集めて研究するために 1846-47 年にセルビア政府によってアトスの修道院に派遣された。1847 年にベオグラードで『聖なる（アトス）山にあるセルビアの遺物』という驚くほど高い技術水準の本を著した[SR 0086]。主にヒランダル修道院で仕事をしたが、他の場所でも収集を続けた。ヒランダルでは 20 のセルビア語文書を忠実に書き写し、その印章と刻銘を正確に描き、図像を模写した。アヴラモヴィチは明らかに専門家ではなかったため、文書に記された略字や、文字で示された年号を展開して全表記しようとはしなかったものの、これがセルビアにおける初めての史料公刊であり、印章学と文書形式学の基礎を築いたと見なすことができる。翌年著された『信仰、美術および歴史的側面から見た聖山』[SR 0087]は、感傷的な概説以上のものではない。

4. 初期の歴史家たち

D. メダコヴィチ（1819-81）はクロアチア生まれのセルビア人であり、人文学の博士号を取得した。ミロシュの息子たちの家庭教師となり、1847 年からノヴィ・サドで出版業を営んだ。メダコヴィチは落ち着きがなく、どこか付き合いにくい人物だったようで、国民再生運動のあらゆる領域に姿を現し、敵対者を作り出した。1851-52 年に『最も古い時代から 1850 年までのセルビア国民の歴史』全 4 巻を著した[SR 0088]。情熱を傾けて書いた通史だが、何ら新味はない。弟の M. メダコヴィチ（1823-97）も同様に変化の激しい生涯を歩んだ。スレムスキ・カルロヴツィとザダルのギムナジウムで学び、モンテネグロの詩人かつ君主、そして主教でもあるペタル 2 世ペトロヴィチ・ニェゴシュ（1813-51）の秘書を務めた。1848 年にハプスブルク帝国で運動に加わり、革命後も帝国内に留まった。最後はベオグラードでロシア外交のために働いた。モンテネグロ滞在から、短いがよく知られた著作『最も古い時代から 1830 年までのモンテネグロ史』（1850 年）[SR 0089-0090]、『モンテネグロの生活と慣習』（1860 年）

[SR 0091-0092]、『ダニロ主教』（1896 年）[SR 0093-0094]が生まれた。

優れた詩人 D. ダニチチ（1825-82）もハプスブルク帝国領の出身で、ブラチスラヴァとウィーンで法学を修めた後、カラジチと F. ミクロシチ（1813-91）の影響を受けて文献学を学んだ（カラジチのセルビア語辞典の編纂にも加わった）。1856 年からベオグラードの国民図書館で働き、1859 年以降はリセの教師となった。1873 年に、高等専門学校に昇格したこの学校で、セルビア語講座の長となった。セルビア語の文法書を著し[SR 0095]、さらに言語の歴史に関する 3 巻本の辞典[SR 0096]と、やはり 3 巻のセルビア語史を著した[SR 0097]〔3 巻のセルビア語史は詳細が不明だが、言語史の著作では『17 世紀末までのセルビア語ないしクロアチア語の形態素の歴史』（1874 年）[SR 0098]と『クロアチア語ないしセルビア語における語根とそれから成立した語』（1877 年）[SR 0099]がある〕。当然ながらこれらは重要な役割を果たし、歴史叙述にとって参考となったか、もしくはそうなることができたかもしれなかった。だが、ダニチチの名を挙げる意味があるのは、いくつもの中世期の史料を最初に公刊したためでもある[SR 0007、0010、0016-0019]。

A. ストヤチュコヴィチ（1822-96）は法学と神学を学び、革命時にはセルビア人の運動の右派に属し、1849 年からブダで官僚となり、中央官庁の審議官まで務めた後、1888 年に年金生活に入った。つまり、ストヤチュコヴィチも専門教育を受けた歴史学者ではない。だが、それまでの南部ハンガリーのセルビア人歴史学者から、ハンガリー領内のセルビア人史を扱うようになる世紀転換期以降の研究者に至る間の、過渡的な性格を持った。ストヤチュコヴィチも当初はロマン主義の潮流に従い、「メフメト 2 世はセルビア女性から生まれたのか」（1842 年）という最初の歴史的論考を書いた[SR 0100]。新絶対主義の時代にはセルビア国民運動において重要な役割を演じた。法を学んだためか、法制史の論点からもセルビア人の要求を補強しようとした。諸々の論考において、セルビア人を過小評価するハンガリー人側の視点の見直しを試み、同時に、早くも 1837 年に、セルビア

史と密接に結びついているという理由からハンガリーの史料を研究するようセルビア人に説いた〔この年にこのように説いたのは T. パヴロヴィチのようである[SR 0101]〕。ストヤチュコヴィチの伝記[SR 0102]を書いた N. ラドイチチは、あまりにも語源学に傾きすぎていると批判したが、それは多くの場合不当な評価である。とはいえラドイチチも、ストヤチュコヴィチの業績の多くが原史料を基にしたものであることは認めた。

ストヤチュコヴィチを単純に「ハンガリー等族意識を有する者（フンガルス）」と呼んでしまうのは難しい。むしろハプスブルクに忠実な、といった方がいいだろう。1843 年、1845 年、そして 1846 年に『セルビア国民報』に「栄光あるオーストリア王朝へのセルビア国民の貢献」を連載し[SR 0103]、ハンガリーの全セルビア人が 1526 年にフェルディナント〔1 世〕の側についたことを強調した。歴史への関心は多岐にわたり、1845 年にセルビア史料の公刊計画を書いた[SR 0104]。1846 年に国民史の重要性を訴えて、それが民衆すなわち民俗の中に受け継がれていると論じた[SR 0105]。この文章にはルヴァラツも注目し[SR 0106]、ルヴァラツはその後もストヤチュコヴィチの業績を評価した[SR 0107]。まだかなり若いうちに、ザグレブとスラヴォニアで集めた資料を用いて、最初の大きな著作『西方教会のスラヴ人が有する東方スラヴ系の礼拝およびキリル文字文化の歴史』（1847 年）をノヴィ・サドで出版した[SR 0108]。ハンガリーにおけるセルビア人の歴史を検討する主著『ハンガリー諸地域におけるセルビア国民の生活の特徴』は 1849 年にウィーンで刊行された[SR 0109]。中世末期までの部分は既述のムシュカティロヴィチの著作のみを用い〔著者が参照したと思われるラドイチチの伝記によれば、ムシュカティロヴィチが使った史料も参照したようである〕、1460 年から 1528 年までは史料を基に記述し、以後は自らの著作を縮めてセルビア人の貢献に関する部分を抜粋して書き、1688 年以降は再び他者がまとめたものに依拠し、さらに革命初期については回想録のように書いた。そこで強調される教訓は、迫害されたにもかかわらずセルビア人が祖国および王朝に忠実だったことである。

新絶対主義期に政治的パンフレットを書いたが、そこでも歴史的かつ法制史的議論を捨て去ることはなかった。早くも 1851 年にスレムスキ・カルロヴツィのセルビア人の要求をマティツァの『年報』に発表した[SR 0110]。1860 年に『セルビア国民史の特徴』のドイツ語による抄訳版『ヴォイヴォディナおよびハンガリー王冠の諸邦に居住するセルビア人の公法上の状況』をティミショアラで出版した[SR 0111-0112]。その結語は 11 月 13 日に書かれた。すなわち、フランツ・ヨーゼフの使節がセルビア人の要求について協議するため、ティミショアラに到着した日である。当然ながら、すでに何度も論じてきた見解をここでも表明し、領域的自治を求めた。なぜなら、それまでのハンガリーにおけるセルビア人歴史家は、常に形式的な法的平等だけを要求してきたが、そのような要求こそが容易にハンガリー化を導いたからである。翌年、ウィーンで『セルビア人の目から見たハンガリー議会の解散』というパンフレットを発行した[SR 0113]。〔オーストリアとハンガリーの〕妥協の後はあきらめて現状を受け入れ、歴史に基盤を置いた『ハンガリーのギリシア正教会の自治について』という著作を 1886 年にハンガリー語で著した[SR 0114]。

ハンガリーのセルビア人による好事家的な歴史叙述期の例として、M（マノイロ）．グルビチ（1844-99）を挙げておこう。『カルロヴァツ主教座—セルビア正教会の歴史によせて』（1891 年）[SR 0115-0116]である。グルビチは同地のセルビア語師範学校の教師で宗教教育を受け持ち、自らも聖職者だった。1 年前に死去した主教から、この著作をまとめるよう委ねられた。このような単純な好事家趣味は公刊時にはもはや流行遅れだった（この本の末尾で、セルビア人の貢献に鑑みて正教徒に優遇を与えたマリア・テレジアの布告に触れ、グルビチは将来にわたってその価値が認められるよう願った。ハプスブルクに対するグルビチの忠誠心は他に類を見ないほどである）。だが、それは措くとして、この著者は適切な文書館で真剣に調査し、公的な書類から見つけ出した資料を丁寧に整理し提示しているので、資料的に有意義

ドゥブロヴニク出身の M. プツィチ（1821-82）はヴェネツィア、パドヴァ、そしてウィーンで法学を学んだ。1841 年、若いプツィチは〔J.〕コラールと知り合い、スラヴの、もしくは少なくとも南スラヴの一体性について学び、1861 年にクロアチア議会に選出された。この時期には南スラヴ人の解放をセルビアに期待するようになっていた。クロアチア人でありながらセルビアの歴史叙述に加えられるのは、1395 年から 1423 年にかけてのセルビアの文書集 2 巻を 1858 年と 1862 年に出版したことによる[SR 0117-0119]。妥協の時期には「セルビアと東方の帝国」というイタリア語の小論をフィレンツェで著し[SR 0120]、セルビアとオスマンの間の軋轢について、当然ながらセルビアの側から描いた。

　ハンガリーのセルビア人と君主国内にいるクロアチア人と並んで、本国のセルビア人を忘れてはならない。F. ヴィシュニチ（1767-1834）は本国出身ではなくボスニアの盲目のグスラル〔一種の吟遊詩人〕であり、8 歳の頃から技芸を学んだ。1809 年にセルビアに移り、以前の自らの歌と並んで、現下のセルビア蜂起の出来事についての歌を書き記した[SR 0121-0124]。これは戦いの詳細について多くの信頼できる事実を含む。同じくボスニア出身の聖職者 P. カラノ＝トヴルトコヴィチ（1790-1865）は、ドゥブロヴニクの文書館にあるセルビア関係の文書の一部を 1840 年にキリル文字で公刊した[SR 0125]。これが出版された後で、自分で書き写したのか、それともすでに誰かが書き写した資料をカラノ＝トヴルトコヴィチがミロシュ公の弟イェヴレム（1790 頃-1856）に渡しただけなのかという大論争が湧き上がった。

　当時のセルビア本国における叙述はせいぜい史料として注目可能な程度だった。そこからある程度成熟した世紀末の専門的文献との間に橋渡しをしたのは、徐々に水準を上げていた南ハンガリーの者だけではなかった。すでに言及した通り、セルビア政府も歴史叙述の発展に尽力し、回想録の公刊（多くの事実とありがちな自己正当化で満ちた何冊もが世紀半ばに出版された）や歴史書の発行を援助した。当時何よりも必要だったのは、以前のものの寄せ集めではなく、近代的もしくはできるだけそれに近い水準で書かれたセルビア史全体の総合だった。

スレチュコヴィチ

　ほぼ職務としてこの課題に最初に取り組んだのは、P. スレチュコヴィチ（1834-1903）である。スレチュコヴィチはセルビア出身で、ベオグラードとキエフで神学を修め、歴史への関心から 1859 年にベオグラードのリセで、のちに高等専門学校で歴史を教えるようになった。1872 年に歴史学講座が国民史と世界史に分けられた際に国民史講座主任となり、1899 年までその地位にあった。

　専門的訓練を積んでいないため、批判を重視する者の目には、根拠のないロマン主義と素人的叙述の体現者と映った。もちろんこれは、まず第一に総合的研究に関してのことである。より短い論考は、これまで論じてきた歴史叙述の水準より劣ることはなく、むしろ上回るかもしれない。1882 年に『年報』に掲載された論文「1073-74 年のセルビア・ビザンツ戦争の原因」[SR 0126]では、かなりの専門知識を用いてフランス人学者の解釈を批判した。スレチュコヴィチの主張は正当であるように思われる。すなわち、そのフランス人歴史学者は、ビザンツ皇帝ミカエル 7 世がある君公の娘を自分の兄弟の嫁に請う書状を明らかにし、この君公がロベール・ギスカールだと推測した。スレチュコヴィチによれば、これはディオクレア王ミハイロ（?-1082 頃）のことだった。王は娘の婚約者がビザンツ帝国で殺されたため戦争を始めたが、その後、やはり娘を結婚させようとした。（『年報』はまだこの時期にも権威ある専門誌と見なされ、セルビアの歴史学者も投稿した。）1883 年の「12 世紀半ばのハンガリーならびにビザンツに対するセルビア族長の立場」[SR 0127]も専門性という点で見劣りする論文ではない。ラザル侯とマルコ・クラリェヴィチ（1335 頃-95）に関する史料を概観する 1900 年の論考[SR 0128]も同様である。

　総合的通史は『セルビア国民の歴史』として 1884 年と 1888 年に 1 巻と 2 巻が出版された[SR 0129-0130]が、第 2 巻すら 1367 年にしか達しな

かった。無視できないのは、この総合がある意味で国民再生運動の最終章とも見なしうることである。この運動では、すべてにおいて、より狭い専門性すなわち歴史的事実の探究よりも、国民的視点が優先されると考えられた。スレチュコヴィチも自らの著作によって「自らの種族と部族に」（つまり国民に）奉仕したいと記した。本の内容が政治上の事件史であることはいうまでもないが、国家領域や社会階級、国家組織についての短い章もある。スレチュコヴィチによれば、12世紀の対ハンガリー戦争においてセルビア国民意識が形成された。12世紀半ばまでの第1巻は、当然のことながら根拠のない推定が多い。しかし、かなり多くの文献史料に頼ることができた第2巻では、それが少なくなる。もちろん政治的視点も働いてのことだが、ロシアの歴史学者の間では第1巻から好評を博した。こうしてスレチュコヴィチは政治的な視点も念頭に置きながら第2巻を書いた。さらに、利用できるあらゆる史料（つまり公刊されたもの）を用いたとも書いている。それらを良心的に引用するが、そのために読み通すのも難しいほど著書全体が退屈になった。出来事の描き方に表れている通り理解の仕方は疑いなく貧弱だが、その原因は史料に固執したこと、および歴史家としての才能に欠けていたことにある。ルヴァラツはのちに空想の「詭弁」であると何度も批判したが、それは必ずしも公正でない。ルヴァラツは近代的な専門的歴史叙述の視点から批判し、国民というスレチュコヴィチの執筆動機を理解しなかったのである。

M.D. ミリチェヴィチ（1831-1908）の作品はスレチュコヴィチよりいくらか水準が劣るが、スレチュコヴィチほど激しい批判を浴びなかった。あらゆる人が作品の性質と目的を知っていたからである。1876年刊行の『セルビア公国』[SR 0131]は、国家について当時一般的だった記述法に従い、行政単位ごとに地理と歴史を描いた。1884年に『セルビア王国、新領土』の題で続刊が著され[SR 0132]、1878年に獲得した領土について同様な概括を与えた。歴史の資料として思いつきで寄せ集めた事実をかなり使ったが、学校に関する数値などは有益である。『秘書の回想に見る治世最後9年間のミハイロ公』（1896年）[SR 0133]では、1861年から1866年までの時期に関して、公と話した内容の記憶を（しばしば直接話法で）ほぼ1日ごとに記した。ミリチェヴィチはこの期間に公の官房秘書官としてほぼ毎日言葉を交わし、公が暗殺される前の2年間（1866-68年）は教育相秘書官を務めた。記述は部分的にのみ利用可能である。公に対する敬虔なまでの敬意は（別の著作ではオブレノヴィチ家の他の人々にも向けられる）その信憑性を弱めるし、また、政治よりも公個人の方に関心を向けているように見える。例えば、公はよく葉巻を吸ったが、閣僚会議の席では慎んだことを強調した。ミリチェヴィチによれば公は傑出した人物だったが、その活動について、時に1日1行しかないような記録からは、読者は遺漏の多い知識しか得ることができない。

それより多少早く著されたのが900頁近い大著『近代セルビア国民著名人伝』（1888年）である[SR 0134-0136]。1901年には、1900年までに死去した人物に関する補遺版が出された[SR 0137-0138]。前者の序文でミリチェヴィチは、近年においてどれほど多くの人物の行為が忘れ去られてきたかを少々哀歌調に嘆いた。紹介される人物はアルファベット順に並び、多くの場合、文学的に書かれ、逸話で装飾された。史料にほとんど依拠せず、知っていることだけを書いたため、多くの伝記が不完全である。オブレノヴィチ家への敬意はここでも欠けることがない。（ミロシュが命じた）カラジョルジェの暗殺は正当だと見なした。というのも、セルビアには平和が必要だったにもかかわらず、カラジョルジェはギリシアのエテリアに促されて無意味な戦争を始めようとし、国民を見捨てたのだから（つまり妥協的だったミロシュが当然ながら正しかったことになる）。いずれにせよ、カラジョルジェの墓碑にはオスマン側が暗殺を命じたと書いてある。

＊

少し立ち止まって考えねばならないことがある。国民再生が始まってから、つまりオルフェリン以降、ここまで見てきた作品は、セルビア国民もしくはセルビア国民に関わる時代や問題を論じていた。それ以前のジョルジェ・ブランコヴィチやラ

イチが持っていたより広い南スラヴへの関心はもはや見られなくなった。それはミリチェヴィチにおいて再び見出されるが、当然のことながら、クロアチア人もセルビア人であるという単純な意味においてである（1885 年のセルビア・ブルガリア戦争およびそこに至るまでの出来事の後では、ブルガリア人を包含することはできなかった）。ミリチェヴィチが書いた Lj. ガイ（1809-72）の伝記によれば、セルビア語（つまりカラジチ的な統一言語）を取り入れたことによって、クロアチア人は「セルビア人との偉大な共同体に加わった」のである[SR 0139]。クロアチア人の運動において傑出した軍人かつ詩人で軍政国境地帯の将官 P. プレラドヴィチ（1818-72）は、ヴィーナー・ノイシュタットの軍事アカデミーで学んでいる時に、カトリックに改宗させられた、つまりクロアチア人になることを余儀なくされたという。この問題はクロアチアにおけるほど派手に取り上げられないが、セルビアの歴史叙述においてもこの後さらに展開された。

　ロマン主義的な歴史叙述の領域については、特に重要ではないが、一例として N（ニコラ）. ヴリチを挙げておこう。ヴリチは 1892 年に D.K. スケンデルベグ（1405-68）の大部の伝記をベオグラードで発行した[SR 0140]。名前の表記も示すようにセルビアの英雄として描いた〔アルバニア語では Gj.K. スカンデルベウ〕。ヴリチの序文によれば、スケンデルベグはセルビア語名を非常に誇りにしていた。ヴリチは史料を 30 編ほど用いたというが、資料に対してとりわけ批判的であり、多くは信頼できないという（もちろんこれらの資料はスケンデルベグがアルバニア人だといっているのだから、ヴリチが批判的なのは当然である）。伝記の文中でも史料批判的な注釈が何度も繰り返された。ヴリチによれば、スケンデルベグがアルバニア人から生まれたという説はすでにファルメライヤーによって誤りだと証明されている。また、この英雄がオスマンに仕えたことには一言も触れなかった。事件史を饒舌に語った後で、最後の数頁をスケンデルベグの肉体的および精神的個性の叙述に当て、「それならば、セルビア史がスケンデルベグを誇りにしないわけはないだろう」という言葉で叙述は結ばれる。

　D. ミラコヴィチ（1804-58）はヘルツェゴヴィナ出身だが、やはりハプスブルク帝国で学んだ。ノヴィ・サドのギムナジウムに通い、ペシュトで哲学を、ウィーンで法学を修め、その後バルカンに帰った。詩人ペタル 2 世ペトロヴィチ・ニェゴシュと次のダニロ公（1826-60）の秘書を務め、短いモンテネグロ史を著した（1856 年）[SR 0141-0142]が、当然のことながら、それまでに書かれたもの以上のことはいえなかった。

第 2 節　専門化した歴史叙述（1918 年まで）

1.　制度的基盤

　歴史学者としての専門教育を受けていない者をさらに挙げることはできるが、ここからは近代的学問の基準で成果を計ることができる人々について記していこう。君主国のセルビア人がセルビア国内にいる者にその地位を譲るのはまだ先のことだが、歴史叙述の発展は、いまや実在する小さなセルビア国家内で徐々に進展し、その基盤も整い始めた。20 世紀に入ってベオグラードの高等専門学校は大学の地位に昇格する（1905 年）が、すでに 19 世紀の末には、ここで学問を修めた者が現れている。先述の通りセルビア文学協会が設立され、ある時期まではすべての学問活動を担った。それに続いたのはセルビア学術協会（1864 年）であり、これはその後ヨーロッパの模範に倣ってセルビア王立アカデミーへと改組された（1886 年）。その雑誌『通信（グラスニク）』〔1887 年以後は『通信（グラス）』〕は専門研究の中心的媒体となり、ノヴィ・サドの『年報』に取って代わった。1883 年にセルビア考古学協会も設立された。この協会は長い間好事家の集まりだったが、機関誌『好古家（スタリナル）』が中世セルビア史の研究者にも誌面を提供するようになった。セルビア

においても、歴史叙述の専門化を可能にするような精神的、学問的雰囲気がゆっくりと醸成されていった。

2. 歴史家たち

ルヴァラツ

　学問的な歴史叙述の基礎を築いたと異論なく見なされる最初の歴史学者は、それでもまだ君主国の領域から現れた。I. ルヴァラツ（1832-1905）はスレムスキ・カルロヴツィとウィーンのギムナジウムで教育を受け、ウィーンで法学を、スレムスキ・カルロヴツィで神学を学び、24歳の時に独学でセルビアの史料について最初の作品を著した［SR 0143］。ドイツ文化から多大な影響を受け、古典的な詩人を好んで引用した。だが、セルビア語環境の中で生活したため「野蛮なタタール人」であるハンガリー人の言葉に親しむことはなかった（1848年にこう呼んだ）。ハンガリーの著名なセルビア系政治家 S. ミレティチ（1826-1901）はルヴァラツの歴史に対する明白な関心を見て取り、神学の研究を思いとどまるよう促したが、ルヴァラツは1861年に修道士となり、イラリオンの名を得た。セルビアの教育相がセルビアで職を提供しようと申し出たが、1882年にルヴァラツはフルシュカ・ゴーラにある修道院の一つで修道院長になった。次第に宗教的になり、精神的な後継者と見なしていたラドニチを厳しく訓導するあまり『アンナ・カレーニナ』を読ませようと送りつけたこともあった。一方で、ロシア文学とフランス文学にも傾倒した。年を取るに従って、身体の不調に加えて教会内部での冷遇についてもしばしば愚痴をこぼすようになったが、冷遇についてはルヴァラツの考えすぎだろう。というのもヴルシャツの主教に選出されたこともあるからである。だが、多少悩んだ末に辞退して修道院に残り、時に痛風の治療のために温泉に出かけるくらいだった。

　ルヴァラツは、セルビア史の中でもとりわけ古い時代に関心を持ったが、1690年の大移住についても扱った。大抵のことに取り組み、すべてを非常に批判的に扱った。それまでの好事家的でロマン主義的な歴史叙述の美化された内容とは対照的に、史料に依拠した。ほとんど一挙に歴史叙述を同時代ヨーロッパの水準に引き上げたが、他方で国民的神話を壊し、ほぼすべての人に衝撃を与えたため、反感を買った。（ある同時代人は処刑されるべき売国奴と呼んだ。）すでに名の知られていたジョルジェ・ブランコヴィチを詐欺師かつ偽造者と断定し、生涯にわたってスレチュコヴィチを激しく批判した。また、オスマン期にモンテネグロは独立を維持していたという神話や、ウロシュ帝（1336-71）は殉教者であるという神話も壊した。ルヴァラツの攻撃は、後継者からも少しやりすぎと思われることがあった。

　ルヴァラツは第一にセルビア史に関心を向けたが、アルバニアやルーマニアのテーマも扱わざるを得ず、副次的にハンガリー人についても書いた。「初期セルビア史の自国史料の概観」（1856年）［SR 0144-0145］では、ライチの作品から史料を写すのではなく、可能な限りそれぞれの原本を調べた。記述資料を順に検討し（聖人伝にはあまり史料的価値を認めなかった）、近年の研究も含めて国外のものも取り上げ、公刊史料も検討した。これについてはクロアチアで現れ始めた成果に依拠することができた。また初期の研究「セルビア英雄詩の成立年代に関して」［SR 0146-0147］では、英雄詩が一部しか史実に基づいておらず、大部分が英雄伝説的な神話であり、起源は古いが、それゆえに歴史的視点からは信じられないことを明らかにした。英雄の一人マルコ王子（マルコ・クラリェヴィチ）はビザンツの史料において全く知られておらず、最初に言及したのはオルビンである。おそらくは太陽神神話の残存物だという。実際の歴史的出来事を語る英雄詩はステファン・ドゥシャンからジュラジ・ブランコヴィチ（1375頃-1456）までの時期にできたもののみである。無論、ルヴァラツの大いなる批判にも弱点はあった。セルビアに関するものではないが、チェコのハンカの手稿を信頼できる叙事詩と見なした（のちに再検討することもなかった）。セルビア皇帝の編年史と題された年代記については、単にそれ以前の年代記を17世紀に寄せ集めたものだという理由から価値がないと考えた（1873年）［SR 0148-0149］。

他にも、『年報』掲載のものも含め、長短様々なルヴァラツの作品を列挙できる。『年報』では史料の信頼性を批判的に論じ、それはおおむね根拠に基づいていた。1879年には再びセルビアの記述史料について多くの情報を『通信』に載せ[SR 0150]、別の研究ではマリツァ河畔の戦いの日時およびヴカシン王とウロシュ帝の死去の時期を正した[SR 0151]。セルビア国家の歴史と同時に教会史にも幾度となく取り組み、1888年に、1557年から1690年までのペーチ総主教の在位順を明らかにした[SR 0152]。ボスニアにも目を向け、トヴルトコ（1338頃-91）が太守として活動した時代（1353年から1377年まで）について、サライェヴォの『通信』に重要な研究を発表した（1894年）[SR 0153-0154]。1896年にはジョルジェ・ブランコヴィチ、総主教アルセニイェ・ツルノイェヴィチ（アルセニイェ3世）（1633?-1706）、および1690年の大移住について論文を著した[SR 0155]。1899年には『モンテネグリナ』をゼムンで出版し[SR 0156-0157]〔これは第2版のことで、初版は1898年にスレムスキ・カルロヴツィで出された[SR 0158]〕、オスマン権力が17世紀末までモンテネグロの内政に干渉したことを明らかにした。モンテネグロのイスラーム法官カーディーに関するオスマン権力の命令を紹介した、モンテネグロの歴史学者M.ドラゴヴィチ（1852-1918）による1887年の著作[SR 0159]にも言及した。1902年には、スケンデルベグがフニャディを助けようとしたのをジュラジ・ブランコヴィチが阻止したという逸話を『年報』上で批判した[SR 0160]。聖サヴァについて大著を準備したが、生前にはその一部しか公刊できなかった[SR 0161]。ルヴァラツの遺稿からは、スレチュコヴィチが良心的人物ではなく、知識も乏しくて無責任だと非難する文章も見つかった（「ラザル侯とマルコ・クラリェヴィチに関する史料のうち筆者不明の文書」[SR 0162]）。『モンテネグリナ』においても、30年前に頼まれて貸した草稿がまだ返されないと咎めている。

厳しい批判のため広範な読者に不人気であることは理解しており、単に壊すだけでなく創造もしていると書いたこともあった。歴史家向けに書いた文章では、常に全く自信がないかのように、断定よりも疑問形で回りくどい文章を書いたが、これは、独学の人であったことと並んで修道士的な低姿勢が関連しているのだろう。あいまいな書き方をしようと努めていることが見て取れる場合も多い。実際のところ卑屈といっていいほどにしばしば謙遜するが、多くの質問や詫び言は、直接の批判以上に人の感情を損なう。読者は一時的に史料批判の鋭い論理に引きつけられるが、卑屈な質問を読み進めるうちにだんだんといらだつことになる。しかし、最初の偉大な歴史学者であり、開拓者であり、確実な諸事実を明らかにしたことは確かである。幸運なことに、その批判的方法は多くの者が受け継ごうとしたが、文章の書き方を継承する者はほとんどいなかった。

*

Lj.コヴァチェヴィチ（1848-1918）はベオグラードの高等専門学校で植物学を修め、1877年から数学教師となったが、この年から歴史の研究も始め、アカデミー会員にも選出された。1894年に高等専門学校で歴史を教えており、数年の間大臣の地位（1895-97年と1901年に教育相）に就いた時以外は高等専門学校の教師を続けた。1901年以後はアカデミーの役員となり、1906年から事務局長を務めた。

Lj.ヨヴァノヴィチとともに著した概説についてはヨヴァノヴィチのところで触れよう。コヴァチェヴィチはルヴァラツのような含みを持たせることはなかったが、疑いなく批判主義歴史学の信奉者だった。史料を公刊し、慎重な史料批判を基に多くの研究を著したが、良心的な性格が手伝って、その知識に見合うほどの量は書いていない。「セルビア史におけるいくつかの年代の修正」（1879年）[SR 0163]、「オスマン内戦期のステファン・ラザレヴィチ公」（1880年）[SR 0164]を著した後、より古い時代のセルビア史に再び取り組んだ（1900年の「ステファン・ネマニャについてのいくつかの疑問」[SR 0165]、1901年の「ステファン初冠王の妻と子供」[SR 0166]）。アトス山修道院の法令を収集したが、ほとんどが世界大戦時に失われた。すべてにおいて批判的な性質を持ちながらも、コヴァチェヴィチもまた再生の時代

の何でも屋的知識人であり（専門家がそれほど少なかった！）、民俗的資料も集めた。貨幣も収集し、大きな論文はブルガリアの古銭（1908年）[SR 0167-0168]、およびそれまで知られていなかったボスニアの2種類の貨幣を紹介したもの（1910年）[SR 0169]だけだが、セルビア古銭学の創始者と認められている。さらに、大臣の職務をこなす以外に、同時代の政治問題について取り組む時間もあった。1909年に、当時衝撃を引き起こしたザグレブ大逆裁判について『クロアチアのセルビア人と1909年の大逆裁判』[SR 0170]で批判的に厳しく論じた。

ノヴァコヴィチ

批判主義歴史学の創始者たちは、修道院においてか、さもなければ政治のただ中で研究活動をしたように思われる。コヴァチェヴィチと並んで後者に入るのは、より器の大きいS.ノヴァコヴィチ（1842-1915）である。進歩党と名乗る保守政党の創設者かつ代表者の一人であり、何度も閣僚の地位に就いた。最終学歴はベオグラードのリセで、国家官僚となり、1875年に高等専門学校で教鞭を取るようになった。1879年に教育相、1885-92年に駐イスタンブル大使、1895-96年に首相、その後はパリとサンクトペテルブルクで大使を務め、1905年に年金生活に入るが、1909年には短期間ながら再度首相を務めた。その写真は、外交官的な礼服をまとい、厳しい、そして自尊心に満ちた政治家の様相である。学校制度の立ち上げに大きな役割を果たし、また、ベオグラードの国民図書館を創設した（1858年〔この年代はおそらく誤りで、教育相在任中の1881年に国民図書館および博物館に関する法の制定に尽力したことを指すと考えられる〕。図書館の前身は1832年に作られた）。この図書館は学問研究の基本的機関としてその後も機能する。外交は親露的な路線を代表したが、内政では必ずしもそれにこだわらず、国王ミランの要求にしばしば譲歩した。

広範囲にわたる関心という点ではヨルガを先取りし、様々な社会科学についての知識を持ち、文学的著作も多い。当初は詩人ダニチチのもとで文献学に進み、セルビア文学史を2度公刊した（1867年[SR 0171]と1871年[SR 0172]）。また歴史と民謡におけるブランコヴィチ家最後の人々に関する著作[SR 0173]では、民俗を歴史に利用する方法を示した。『バルカンのスラヴ人に見るスラヴ文学の最初の基礎』（1893年）[SR 0174]は、比較を用いた最初の研究である。

それでもなお、著作のほとんどは歴史に関するものであり、100を超える。スタノイェヴィチによれば、短く乾いた文体から政治家であることが感じられるという。両大戦間期に教条主義的な観念論者と批判されるが、批判精神は強かった。だが実際のところ大きな構想があったわけではない。学問的良心を否定することはできないが、場合によっては国民的利害を優先させることもあった。史資料収集には外交官としての立場も利用した。歴史に対する関心も非常に広く、セルビア史のほぼどの時代も扱い、さらに、同時代の歴史家と異なって、政治史的な事件史だけにとどまることもなかった。

ノヴァコヴィチは、批判的思考に従い、まず基盤となる史料公刊に取り組んだ。有名なドゥシャン法典を2回にわたって公刊し（1870、98年）[SR 0175-0177]、『マティアス・ヴラステリスによるスィンタグマ』（1907年）[SR 0178]、および『中世セルビア国家の法的記録』（1912年）[SR 0179-0180]を世に出した。歴史地理に取り組んだ当時唯一の人物でもあり、すでに1877年の著作でネマニチ朝の活動を地理的視点から描いた[SR 0181-0182]。さらにいくつかの短い作品を著した後、10世紀と12世紀におけるセルビアの領域を確定する概説を1880年に著し[SR 0183]、教会と都市の地誌的情報を提供し、経済史にも貢献した。1887年の論考「プロノイア保有者と相続地領主」[SR 0184-0185]と「古いトルコの法律におけるセルビアの相続地」（1892年）[SR 0186-0187]は、中世セルビアの大所領に関する最初の実質的な分析であり、社会史的にも興味深い。ノヴァコヴィチはセルビアの紋章に関する資料を初めて収集し、「セルビア人の紋章的伝統」を著した（1884年）[SR 0188-0190]。また、ローマ法およびビザンツ法に関する研究もある（1887年）[SR 0191]。

しかし結局のところ、以上の多彩な研究は、よ

り総合的な通史を書くための準備だったと説明できる（それが成功しなかったのはノヴァコヴィチに限ったことではない）。実際にはいくつかの時代について比較的大きな著作を残すことができたにとどまる。あらゆる意味で最初の作品が『14-15世紀のセルビア人とトルコ人』(1893年)[SR 0192-0194]である。これは徹底した史料知識に基づく一般的な政治的事件史であり、実質的には1413年までを検討の対象とした。1371年のマリツァ河畔の戦いに誰が参加し、どこでどのように戦いが進行したかを分析する部分は、当時の最良の方法を用いた研究の見本ともいえる。同時に、ノヴァコヴィチにしては珍しく道徳的判断を下した。すなわちこの時代全体について、オスマンの侵攻は破局的だったが、倫理的教訓でもあったと見なした。というのもあらゆる逆境にもかかわらずセルビア人は生き残ったのだから。1402年のアンカラの戦いの後でオスマン権力が崩れた時は、バルカン諸国の倫理的な力が試された転換点だった。だが、一致協力すればオスマンを撤退させることができたにもかかわらず、バルカンにおける兄弟間の呪われた対立を止めることはできなかった。多くの点で、14世紀におけるバルカンの状況は、1878年以後に形成されたバルカンの諸小国の状況をノヴァコヴィチに思い起こさせた。違いといえば、1878年以後のオスマン帝国は当時のビザンツ帝国に比べてかなり強い権力を持っていることだけだった。（ノヴァコヴィチはバルカン戦争の時代になるとこの判断が悲観的だったとし、ヨーロッパにおけるオスマン権力がまもなく崩壊すると確信した。）

サンクトペテルブルクで外交官として勤務している間、ノヴァコヴィチはセルビア国家の再興とセルビア蜂起およびその前史に関する文書館史料を集め、それらに関心を向けた。歴史的順番に従うと、最初の成果は『セルビア蜂起前のオスマン帝国』(1906年)[SR 0195-0196]という、ノヴァコヴィチ自身にとっても驚きだったと自ら書いている非常に興味深い作品である。セルビア蜂起は当初帝国内での自治を求めて始まった。ノヴァコヴィチはどのような地位の自治領域がどこにあったかを調べた。この本では、自治権を持つ多くの領域を実際に驚くほどたくさん列挙している。もちろん依拠しているのは多くが外交文書であり、その中でも既刊の文書を特にふんだんに用い、また旅行記も利用した。モレアと同様に自治を得ようとするセルビア人の試みはオーストリアによって阻止され、そのためスヴィシュトフ（シストヴァ）の講和に挿入されなかったことにも、当然ながら言及した。本の最後で、カルジャリ運動およびヴィディンのパシャだったO.パズヴァノグル（パズヴァントオグル）の地域支配など、帝国内部での問題について触れ、パズヴァノグルが勇敢で教養もあったことを認めながらも、非常に反感を持って書いた。おそらくこの本がノヴァコヴィチの最高傑作だろう。

『1804年の反ダヒヤ蜂起』(1904年)[SR 0197-0199]では、蜂起初年の出来事を実に詳細に描いた。史料分析はとても優れており、これらを公刊せねばならないという史料公刊者としてのノヴァコヴィチの声が再び響いている。非常に近代的な方法を用いながらも、19世紀前半のセルビア史家に従い、口承により残された当時の蜂起参加者に関する話を史料として使った。時に史料を長々と引用した。全体的に見て、中世史料の利用方法を、異なる性質である近代の史料に適用したといえるかもしれない。ここでも感情的な記述は多少見られるが（末尾で、すべてのセルビアの地が蜂起したと書いている）、同時に、蜂起軍の中世的な性格を非常に冷静に示した。

時代順でこれに続くのは、「セルビア国家の復活」(1904年)[SR 0200-0202]である。のちのマルクス主義による批判では（1954年の再版時のチュブリロヴィチによる批判[SR 0203]）、その題も示す通り、ノヴァコヴィチが蜂起の革命的性質を、すなわち完全に新しい国家が誕生したことを認識していないと書かれた。さらに、この本では外交の前史が第一に検討され、セルビアの内的発展と実際の戦いについて記したのは全11章のうち五つの章だけだと批判された。しかしながら、この著作についてはまず史資料の性質に触れねばならないはずであり、さらに、世紀転換期の一セルビア外交官の認識、つまり、ある小国の存亡は第一に列強にかかっているという認識にも触れるべき

である。序文と結びはやはり感傷的であり、戦いに斃れた者の永遠の栄光と魂の安寧を祈るが、本文における検討は非常に詳細な事件史である。まさにこのために、今日の読者にとっては、同時期に出版された 1804 年以前のオスマン帝国に関する本ほど感銘を与えるものではない。

チュブリロヴィチの批判はあまり根拠のあるものではない。というのも、ノヴァコヴィチは 1907 年に『カラジョルジェ時代の憲法問題と法』[SR 0204-0205]を著したからだ。これは主に既刊の史料に依拠したもので、ノヴァコヴィチ自身もそう書いている。すなわち、発生学的な解釈によって古い資料から新しい成果を得ることができるのであり、そうするよう努めたという。同時に、ノヴァコヴィチは反カラジョルジェ的な議論に与するかのように、専制に批判的な見解を示した。ここでは主要な発展の筋道に関心を絞ったため、詳細は描かれなかった。本人も書いている通り、散逸している布告をまだ集める必要があった（未公刊史料を用いた場合は大抵その全文を掲載した）。今後さらに研究が進めば、国土の解放について詳細が明らかにされ、当時のセルビア人の文化的、倫理的状態に関する具体像が描き出されるであろう。「そうすれば、この状況の叙述がどれほど有益で教訓に満ちているのかが、すべての人に理解できるだろう」。ノヴァコヴィチは一種の道徳的評価からここでも離れることができなかった。

『セルビア立憲政治の 20 年 1883-1903 年——1888 年および 1901 年憲法の時代、ならびに憲法の成立と施行をめぐる歴史的、回想的手記』（1912 年）[SR 0206]は、そのタイトルも示す通り（ノヴァコヴィチはまるで目次といえるような詳細なタイトルを好んだ）、むしろ回想録である。というのも自分も指導的立場でこの時代を生きたのだから。1888 年憲法の分析というより、同時代の政治史であり、自分のことについても三人称で記述した。これが最も大部の書であるが、最良のものではない。確実に知っていることのみを書いて判断は読者に任せたと、本人も結びで書いている。セルビアではすべてのことを大げさに声高に叫ぶことが多いが、ノヴァコヴィチはこれを避けようとした。いまだ多くの史料が個人の手にあるため、不明な点はたくさん残っていた。

引退生活に入ってから 1906 年に論集『バルカン問題とバルカン半島の歴史および政治についての小論集』を出版した[SR 0207-0208]。政治家としての立場上、明らかな意見表明ができなかったため、最初は仮名で書かれたものもある。主題は（この巻には長い書評も含まれるが）、実際のところマケドニア問題である。スコピエは様々な文章に登場するが、歴史的な性格ではない文章もある。その立脚点として探り出せることは、マケドニアにおける三つのナショナリズム、すなわちセルビアとブルガリアとギリシアのナショナリズムが互いを排除し合っているため、解決のためには何らかの形で歩み寄るしかない、ということである。1906 年の論考[SR 0209-0210]では、経済発展を遅らせるという理由から「革命的扇動」（地方的な蜂起）を批判した。すなわち、セルビア人は困難な状況にあるが、マケドニアのスラヴ系住民はどこにおいてもブルガリアの企てに反対であり、ノヴァコヴィチ自身も自覚的なセルビア人たちに出会ったことがあるという。解決のためには対立する三者のうち二者が手を組まねばならない。（ノヴァコヴィチはギリシアと組むことを考えた。）ここでの教訓は 3 点にまとめられる。バルカンの人々の内部対立は外来権力の勢力拡大を可能にしたこと、イスタンブルの権力が強い場合に小国は短期間しか存続できないこと、イスタンブルを占領せずにはどんな権力もここに根づかなかったこと、である。小国の協調は力の均衡によってしか起こりえない。セルビアとギリシアが指導力を発揮しなければならない。ブルガリア人は、他の二者も繁栄する時のみ自らも繁栄できるということをやがて理解するだろう。この本に含まれる個々の文章はもっと前に書かれたものである。だが、本自体が第一次バルカン戦争の前夜に出版されたことを忘れてはならない。1893 年の視点と比べると、ある意味での変化が明らかに感じられる。外交官の賢明さは以前の論考「皇后マラ」（1893 年）[SR 0211]でも示されていた。これはスルタンに嫁ぐことになったジュラジ・ブランコヴィチの娘の話である。これに関して、親ハンガリーと親オスマンの党派が常に王朝の中に存在し

たことを、ノヴァコヴィチは全く当然のことと見なした。

　詳しい外交史の研究の合間に、若い頃の文学史への関心が蘇ることもあった（「オブラドヴィチとセルビア文化」1911 年［SR 0212］）。この多才な独学者は遊び心で未来学にも取り組んだ。1911 年に小論を記して（「百年後」［SR 0213-0214］）、ベオグラードとセルビアが一大南スラヴ国家の中心として 2011 年にどうなっているかを描いた。この後、ノヴァコヴィチよりも優れた歴史学者が現れ、その中にはより専門性の高い者や、政治的影響をさほど受けない者も現れるだろうが、ノヴァコヴィチのように多面的な才能を持つ者と出会うことはもはやないだろう。

＊

　同時代人の V. ジョルジェヴィチ（1844-1930）は、多くの点でノヴァコヴィチと似たような経歴である。医学を学び、ウィーンで博士号を取り、1871 年に早くも軍医長となり、衛生関係の法律を起草し、1888 年に教育相となった。1890 年初頭に短期間アテネの、次にイスタンブルの大使を務め、1897 年から 1900 年には首相となった。国王ミランの主治医でもあった。長い間オーストリア寄りだったが、その後ロシア側に転じた。より正確には反オーストリア＝ハンガリーとなった。1913 年に『オーストリアよどこへ行く』という批判的な政治パンフレットを書いた［SR 0215］。歴史叙述においてはノヴァコヴィチ同様独学で学び（制服を着た印象的な風貌の写真もノヴァコヴィチを思わせる）、歴史叙述の理論的な問題を学ぶのにはそれほど熱心でなかったようだが、それでも専門性に習熟し、かなりの水準で使いこなした。1892 年に王立アカデミーの正会員になり、哲学部門であったことから、選出記念講演のテーマにはギリシアのコライスとオブラドヴィチの比較を選んだ。ここから生まれたのが『ギリシアとセルビアの啓蒙』（1896 年）である［SR 0216］。冒頭の二つの章でビザンツとセルビアの文化的関係の発展について広い視野から検討し、当時まだ一般的だった否定的なビザンツ像を批判して、ビザンツ教会がギリシア化を試みたことはなく、各地の文化を残したことを強調した。ファナリオトの時代についてすらも多くの肯定的要素を見出した。もっとも、本質的な検討部分であるコライスとオブラドヴィチの比較はかなり味気なく、比較はほとんど長文の引用で埋められた。コライスの長所は、文化的再生が政治的再生よりも先に立たねばならないことを理解していた点だという。

　最初の著作『セルビア陸軍衛生史』（4 巻、1879-86 年）［SR 0217-0220］はむしろ自身の活動の紹介だが、多くの文書を長く引用しているので史料として有益である。別の大冊『一つの王朝の終わり』（3 巻、1905-06 年）［SR 0221-0223］は回想録的な性格を持ち、その短縮版は 1905 年にドイツ語でも出された［SR 0224］。その後セルビアの軍事史に向かい、1876 年に対オスマン戦史（2 巻、1907 年）［SR 0225-0226］、1885 年に対ブルガリア戦史（2 巻、1908 年）［SR 0227-0228］を著した。どちらの本も第一に自らの活動を基にして、多くの文書や個人的な話を入れて書いた。というのもこの戦争において国王ともかなり頻繁に個人的に話したからである。さらに死者に関する多くの情報も記した（セルビア側の死者は 746 人で、ブルガリア側は 771 人だった。とはいえこの戦争はほぼ 2 週間しか続かなかった）。実際のところ日記の部分が多いが、これらの出来事を詳細に記した最初のものだということは疑いなく、さらに、公刊された文書も利用した。以前の批判に比べると、ここではミランに対して多少理解ある態度が示された。その悲劇的な運命のおかげで罪が贖われ、栄光の記憶のみが残ったのである。

　軍事史の次は外交史に転じた。バルカン戦争の前夜に叢書『ヨーロッパとバルカン──18-19 世紀バルカンのキリスト教諸国の外交史』の刊行が始まり、ジョルジェヴィチは 4 冊を書いた〔以下の 4 冊のうち、このタイトルが明示されるのは 1912 年発行の 2 冊のみで、第 2 巻の第 1 冊と第 2 冊である。この他に第 1 巻として『ヨーロッパとルーマニア』も書いた［SR 0229］。『18 世紀におけるオスマン帝国、ロシア、そしてヴェネツィア間のモンテネグロ』（1912 年）は世紀最後の三半期まで概観した［SR 0230］。『18 世紀のモンテネグロとオーストリア』（1912 年）［SR 0231］は、非常に多数のウィーンの文書館史料を長く引用しながら、

実質的にはヨーゼフ 2 世の時期を扱った。『モンテネグロとロシア（1784-1814）』（1914 年）[SR 0232]では、ウィーンとロシアに存在するさらに多くの文書館史料を用いた。ロシアの干渉について詳細に記したが、それを好ましく思っていなかったようで、モンテネグロ主教の側に立って見ている。主教は 1814 年にアレクサンドルに対して次のように書き送った。ウィーン会議の決定によってコトル湾はオーストリアのもとに留まることになり、もはやロシアによる支援の望みはなくなったが、〔ナポレオン〕戦争中にはロシアにとってモンテネグロ人による支援が重要だったはずである、と。ジョルジェヴィチによれば、このために、1814 年以後の 16 年間、モンテネグロは無政府状態になった。これについては次の著書『モンテネグロとオーストリア』[SR 0233]で言及しようとした。しかしようやく出版されたのは 1924 年であり、当然ながら書物全体に時代の影響が感じられる。この間の 1913 年には『アルバニア人と列強』という政治的なパンフレットをドイツ語で記した[SR 0234-235]。1927 年に回想録を公刊した[SR 0236]。

コトル生まれの L. トマノヴィチ（1845-1932）はペシュトとグラーツで法学を修め、学生としてセルビアの進歩的青年協会「青年団（オムラディナ）」の一員でもあった。むしろ政治評論家であり、モンテネグロで政治的経歴を積み、議会事務官となった後、外相と首相も務めた。最初の著作は君主としての詩人ペタル 2 世ペトロヴィチ・ニェゴシュを取り上げ（1896 年）[SR 0237]、1909 年にはボスニア・ヘルツェゴヴィナ併合に反対するパンフレットを著した[SR 0238]。戦後に回想録『大臣在任中の時代より』を書き（1921 年）[SR 0239]、その後再び多少は歴史的と見なすことができる『コトル湾での出来事 1797-1814 年』（1922 年）を著した[SR 0240]。この書物は、諸々の事件が疑いなく加速度的に生起したナポレオン期に関する年代記的著作だった。

Lj. ヨヴァノヴィチ（1865-1928）はベオグラードの高等専門学校を修了し、ある程度の専門的訓練を受けた歴史学者のうちに含まれる。中等学校の教師を務めた後、何年か国民図書館で働き、1903-09 年の間は高等専門学校および大学の教師となった。次に政治の道に向かい、急進党員として 1910-18 年の間はいくつもの大臣職に就いた。1917 年に数人のセルビア人将校に対してテッサロニキ裁判を進めたため、以後、人気を失った。それにもかかわらず 1922 年から翌年にかけて再び首相を務め、1924 年に N. パシチ（1845-1926）と対立する。サライェヴォ事件の際に、政府は暗殺計画を知り、阻止しようと企てた、と事件 10 周年の折に書いたからである。パシチはこれを売国的行為と見なし、1926 年にヨヴァノヴィチを党からも除名した。教授職に就いていた時期に、セルビアの学問的出版において重要な役割を果たしたセルビア文学協会創設者の一人でもあった。

唯一の大作はコヴァチェヴィチと共同で書いた『セルビア国民の歴史』（2 巻、1890-91 年）[SR 0241-0243]である。それまで 30 年間も通史が著されていなかったことから、総合的通史として計画は始まった。だが結局のところ、この分厚い 2 巻本は 11 世紀初頭までしかたどり着けなかった。実現すれば充実した総合となったことだろう。序文によれば国民の西の部分つまりクロアチア人を含み、また当然ブルガリアの発展にも注意を払うことが記された。実際、第 2 巻のほとんどは「ブルガール＝スラヴの覇権と支配の 2 世紀」と題された部分が占めた。ヨヴァノヴィチはバルカン半島全体を視野に入れた。9 世紀初頭に、ビザンツ、ブルガリア、そしてフランク人による三つの国家がここで権力を持ち、その排除後に最初のセルビアとクロアチア国家出現の可能性が生まれた。スラヴに対する著者の関心はさらに広がり、大モラヴィア国にはスロヴァキア人の土地、つまり現（すなわち〔同書が著された〕当時の）ハンガリー北西部も属していたと書くまでに至る。一方、ハンガリー人にはほとんど触れなかった。慣習的な事件史（それはまず第一にラチュキの著作[SR 0244]を下敷きにした）の他に、諸国家の地理的関係と内部組織に関心を向けた。クロアチアがバルカンの中で最も小さい国家であり、セルビアよりもずっと小さいと付記することも忘れてはいない。とはいえセルビア的要素が十分に強調されているわけでもない。このためあまり好感を得られ

ず、続刊が出なかった。しかし、著作自体は価値ある業績である。もっとも、この時代にはすでに専門性への要求が高くなっており、必ずしも一次史料に立ち返らないような総合的通史は好まれなかった。ヨヴァノヴィチは、中世に関して時代の水準にかなった研究をいくつか世に出した。例えば「ステファン公のドゥブロヴニクとの戦い1451-54年」(1888年) [SR 0245]、「ステファン・ネマニャと聖サヴァの生涯の年代によせて」(1901年) [SR 0246]、「7世紀初頭から12世紀半ばまでのボスニアについて」(1900年) [SR 0247]などである。「セルビア蜂起100周年」(1904年) [SR 0248]はありふれた記念論文である。こののち国会議員となり、学問とは完全に無縁となった。

*

D. M. パヴロヴィチ (1866-1920) も同様に急進党員として政治に関わり、1919年に新興のセルビア人＝クロアチア人＝スロヴェニア人王国の第1回制憲議会の議長となった。ベオグラードの高等専門学校で歴史を学び、西欧でさらに訓練を積んだ。テュービンゲンで博士号を取ったテーマは、ハンガリーにおいてセルビア人が国民として権利を要求した1848-49年の闘争についてである [SR 0249]。1897年に早くも高等専門学校の教員となり、1905年にこの学校が大学へと格上げされた後も残った。近現代に関心があったが、セルビア蜂起以後の時代だけでなく、前史となる18世紀にも目を向けた。大きなモノグラフはないが、いくつもの長い論文はそれまで触れられなかったテーマを扱い、新しい事実を明らかにした。博士論文のテーマに沿ったものでは、『1848-49年におけるセルビアと南ハンガリーのセルビア人運動』(1904年) [SR 0250-0251]があり、ハンガリーにおけるセルビア人の発展を概観する。18世紀初頭のオーストリア・トルコ戦争および20年にわたるオーストリアの北セルビア占領について、そしてオーストリアがオルテニアに対してと同様に、セルビアへ近代的で効率的な行政を一時的に導入したことについて、多くの研究で触れた。例えば『北セルビアのオーストリア支配』(1901年) [SR 0252]、「セルビアのオーストリア占領下における財政および経済」(1901年) [SR 0253]、「ポジャレヴァツ (パッサロヴィツ) 条約」(1901年) [SR 0254]などである。このうち2番目に挙げた研究は内容的にはまだ経済史と見なせるものではなく、むしろオーストリア当局の経済政策を検討した。その後、18世紀末に目を転じ、『最後のオーストリア・トルコ戦争期のセルビア』(1910年) を書いた [SR 0255]。バルカン戦争を機に近隣地域に目を向けるようになり『マフムト2世の改革に反対するボスニアとアルバニアの運動』(1913年) を著した [SR 0256]。

ガヴリロヴィチ

政治で活躍する歴史学者は他にも存在する。M. ガヴリロヴィチ (1868-1924) はベオグラードで哲学と歴史を修めた。1900年に国立文書館館長に任命され、在職10年の間に文書館を近代化し、同時に19世紀セルビア史の解明のため徹底的に文書を掘り起こした。1911年に大使としてモンテネグロのツェティニェに赴き、1914年にはヴァティカン大使となって、ヴァティカンの文書館史料も調査した。政府がコルフ島に亡命中は外相代理を務め、戦後は死去するまでロンドンで大使を務めたが、この時も研究から完全に離れたわけではなかった。オーストリア、ロシア、フランスの文書館で調査した。

主要な著作はミロシュ・オブレノヴィチについての伝記で3巻にわたる (1908-12年) [SR 0257-0262]。第1巻と第3巻はミロシュの時代の外交問題を扱い、第2巻は内政を扱った。さらに内政問題を論じる第4巻も準備したが、草稿は戦争の際に消失した。ガヴリロヴィチは再度執筆に取りかかるが、残されたのは以前に公刊されたいくつかの部分的な研究のみである。この君主に関する大部の伝記では、主に未公刊の文書館史料に依拠して書かれた最初のものである（この点、ノヴァコヴィチが用いたのはほとんどが公刊史料だった）。ガヴリロヴィチは特に外交手腕に秀でたミロシュの偉大さを示したが、これは読み書きできない農民かつ商人が持って生まれた才能だという。ガヴリロヴィチによれば、近代セルビアを作り上げたのはミロシュだった。1926年にガヴリロヴィ

チの選集[SR 0263]を編んだ S. ヨヴァノヴィチも、この見解にガヴリロヴィチの業績の意義を見た。ミロシュの伝記が重要なのは、セルビアの歴史叙述において二つの競合する王朝への態度が中心的問題だった時に、カラジョルジェ朝治下でこの本が日の目を見たことである。ガヴリロヴィチがミロシュの活動で強調するのは、ロシアの権力に頼ることは望まなかったが、ロシアの外交官に対して、オーストリアに対するのと同じように交渉したことである。ミロシュは冷静に計算し、故国の問題をオスマンとセルビアの内政と見なした。近代セルビアを築いたが、ヨーロッパ化することはできず、そのため失脚した。

ガヴリロヴィチは祖国で学んだ後西欧に移り、パリで提出した博士論文はフランス語で公刊された。この博士論文から、もともと中世に興味を持っていたことがわかる。『フランス国王ルイ 9 世とイギリス国王ヘンリー 3 世の間で結ばれた 1259 年のパリ条約について』(1899 年)[SR 0264]が博士論文の題目であり、英仏間の「最初の」百年戦争の問題について論じた。フランスの文書館調査で見つけた原史料は 1904 年に公刊した[SR 0265]。だがすぐに 19 世紀に目を向け、特に外交史に関心を持つようになった。S. ヨヴァノヴィチによればこれがガヴリロヴィチの本領となる。1901 年に「19 世紀におけるセルビアの外交政策」という論文を著す[SR 0266]が、これは実際には 1830 年までしか到達しなかった。ミロシュの伝記を書くための準備作業の一つだったといえる。ここにおいても、1821 年のイプシランディスの蜂起に対する支援のためにオスマン帝国との関係を悪化させないようにしたミロシュの賢明さが強調された。蜂起の組織者たちが 1804 年にオーストリアに支援を求めたのは、他の強国を知らなかったからだという。「1804 年から 1807 年までのセルビアの運動と露仏関係」(1901 年)[SR 0267]では、イスタンブル駐在フランス大使セバスティアニの文書を用い、ロシア外交の肯定的役割を主張した。「イチュコの講和」(1903 年)[SR 0268]は、セルビアとフランスの文書館史料を数多く用いてノヴァコヴィチを超えたが、注を見るとまだ専門家に必要なことを完全には習得していないことがわかる（外交文書の日付と名宛者と署名者のみを記すが、その他はフランスの資料を利用したとごく一般的に書いただけである）。ガヴリロヴィチはこの講和条約の未知の写し 2 点をモスクワの文書館で見つけた。テーマは 1806 年から 1812 年にかけての露土戦争のエピソードの一つであり、オスマン政府が背後から脅威を受けることなくロシアと戦うためにセルビア蜂起側と妥協を結び、セルビア側のすべての要求が実現されたと述べた。「最初のセルビア憲法の停止」(1906 年)[SR 0269]では、国内の反対派が勝ち取った憲法が停止されるまでの経緯を扱った。この時はロシア、オスマン、そしてオーストリアが反対したため、ミロシュは反対派に対して容易に勝利を収めることができたとする。このテーマには、最後の作品「イギリスとセルビアの外交関係の諸問題」(1922-23 年)[SR 0270]で立ち返った。この論文はロンドンで書き、短縮された形で英語で出版された。1835 年憲法を要求したのはロシアだが、メッテルニヒに配慮して基本法と名づけねばならなかったという点が強調された（まるでロシア人が憲法という言葉に心酔していたように見えるが、この文章が書かれたのは 1920 年代初頭のことである！）。この研究の中心は、1837 年にイギリスが派遣したホッジズがミロシュの専制のために目的を達成できず、イギリス政府の意図に反してロシアの影響力を強めたことにある。

S. ヨヴァノヴィチはガヴリロヴィチの東方的ないしセルビア的性質、つまり多くの仕事をこなす能力とバランスの取れた判断とを称揚した。また、ヨヴァノヴィチによれば、ガヴリロヴィチはそれほど華やかでなく、想像力にも富んでいないが、冷静で、データを尊重し、偏見を持たず、ほぼ起こった通りに出来事を書いたという。この賞賛はおそらくヨヴァノヴィチが思ったほど自明ではないだろう。

トミチ

J. N. トミチ (1869-1932) もベオグラードで哲学・歴史専攻を修了し、しばらく中等学校で教えた後、1903 年から 1927 年まで国民図書館館長を務め、政治には関与しなかった。この世代にはす

でに専門的訓練を積んだ者が多く、政治や外交において歴史学者は必要でなくなっていた。

中世セルビア国家や1804年以後の復興期に取り組んだこれまでの歴史家と異なり、トミチはわかりやすい理由により無視されてきた中間のオスマン期に取り組み、100近くの著書や論文を発表した。専門的技能である史料批判をどれほどうまく学んだかは、1901年に著した大部の「1614年クチにおける反オスマン蜂起のためのセルビア人指導者の会合と合意」[SR 0271-0272]に示されている。この会合について書かれた二つの文書は当時のものと同定できるが（一方は古くから知られており、ルヴァラツが公刊したが、疑わしいと見ていた）、この会談でセルビア人がヴェネツィアの援助を求めたというのは当時の捏造だということを、職人的な考察によって証明した。このような会合は1613年に開かれたが、そこでセルビアの有力者たちはスペイン王の支援を求めたのである。

すべての研究においてこのように模範的な史料批判を示したわけではないが、トミチの業績は信頼に足るものであり、確実な史料に基づき、オスマン支配に対する戦いや、それ以外のオスマン期の多くの問題を明らかにした。ダルマチアにおける1596年のセルビア人蜂起について1894年に書いた[SR 0273]。「血税」（1898年）[SR 0274-0275]ではセルビアにおけるイェニチェリ徴用の歴史について書いた。「1594年のバナトにおけるセルビア人蜂起」（1899年）[SR 0276]は、まず第一にヴェネツィアの文書館史料を用いて（4点は付録に掲載されている[SR 0277]）、多くの公刊史料を補った。蜂起者は Zs. バートリ〔トランシルヴァニア侯〕とも関わりを持ち、その運動は十五年戦争の一要素となった。トミチは、セルビア人がまだこの頃は独立国家を要求していなかったことにも言及した。外部へのこのような依存は成果を生まなかった。この比喩はトミチにとって明確だった。すなわち、ミロシュは他国に依存しなかったからこそ解放に成功したのである。もしミロシュが時宜を逸していたなら、ミロシュについても、トミチがバナトのセルビア人について書いたのと同じことを、数世紀後に書かれたであろう。

対オスマン戦争の別の面を示しているのが「セニのウスコクの歴史についての素描」（1901年）[SR 0278]、そして、新たな事実に基づく「セニのウスコクの歴史から」（1907年）[SR 0279]である。『オスマン支配下のセルビア人と教会の歴史における10年間（1683-93）』（1902年）[SR 0280-0281]は、非常に反オーストリア的で、ロシアの肯定的役割を重視しながら、教会と国民の結びつきの強さを強調した。1690年のセルビア人の大移住は、〔セルビア人にとってではなく〕入植した地域にとってのみ有益だった。「16世紀と17世紀のセルビア人の血闘」（1902年）[SR 0282]は日常生活を扱う。モンテネグロも取り上げ、「1528-1684年のオスマン帝国とモンテネグロの政治関係」（1904年）を書いた[SR 0283]。トミチもこの国は独立していなかったというルヴァラツの論を新たな資料により証明した。『モレア戦争期のモンテネグロ』（1907年、第2版）[SR 0284]は、第一に未公刊のヴェネツィアの文書館史料を基に、いつも通り広範な外交史の背景とともに事件史を概観する。いうまでもなく、18世紀におけるモンテネグロの役割はセルビアの発展において非常に重要だが、トミチによれば、これを理解するためには前史も知らねばならない。その中心に1688年から1692年の間に自発的に受け入れたヴェネツィア支配の問題がある。『1596年におけるクリス城』（1908年）[SR 0285]はアカデミー会員への選出記念講演であり（1906年に正会員に選ばれた）、多少告白的な人生の概括でもある。トミチによれば、若い頃はすべての問題を明らかにしようとしたが、いまやテーマを狭めねばならないと理解した。ともあれ、クロアチア国境城塞の陥落は、あらゆる人がヴェネツィアのせいにした。しかし、クリス城陥落以降、バルカンの人々自身の努力がもはや意味を持たなくなったために、この問題は終わったのである。

トミチが勤勉に著した業績を全般的に特徴づけるのは、実証主義的な史料批判であり、基本的には事件史だったということである。国際関係を中心に叙述したが、それは史資料上の可能性に制約されたからである。オスマン側の史資料は用いなかった。1921年に全く性格の異なる著作『亡命下

のユーゴスラヴィア』を出版した[SR 0286]。実際にはむしろ回想録と呼べるもので、当時の覚書の原本と 1918 年後の展開を見てから書き加えられたものが区別できない。この本全体に悲観的な雰囲気が漂っている。1918 年 12 月以後ユーゴスラヴィアにおいて徐々に深まっていく分離主義的傾向をすでにジュネーヴ亡命中に認識し、これが何世紀にもわたる南スラヴの呪いだとも見た。

B. クネジェヴィチ（1862-1905）は独特な特徴を持ち、実証主義の模範的な歴史家には加えがたい。ベオグラードの高等専門学校を修了し、長い間地方で、最後にはベオグラードでギムナジウムの教師を務めた。具体的なセルビア史というよりは、歴史哲学に関心を持ち、次の二つの本を著した。『歴史の諸原則』（1898-1901 年）[SR 0287-0288]と『思索』（1902 年）[SR 0289-0290]である。クネジェヴィチは本来の意味で実証主義者になろうとした。バックルをセルビア語に翻訳し[SR 0291]、スペンサーの影響ももちろん見受けられる。クネジェヴィチによれば、歴史は哲学と融合し、人間の発展全体を議論の対象とする。なぜなら、人間はその始まりから歴史を有したからである。歴史学は発展の法則を理解可能にするという点で有益であり（実証主義の教義！）、倫理的な利点も持つ。歴史学は、存在ではなく当為の科学であり、規範的な性格を有する。クネジェヴィチは物質が精神よりも先立つと考える。進化は均一から多様性の方向へ向かう（明らかにスペンサーの説を受けている）。部分どうしの戦いから進化の最高段階の形態である均衡が生じ、これが発展におけるあらゆる現象の位置を定める。進化に代わるものは分解であり、進化の逆の形態である。最新の現象がまず最初に衰退し、最も古いものが最後となる。実証主義の楽観性は、究極的にあらゆる悪い現象が消えるという見解に示される。後世の人々は、クネジェヴィチの著作に、スペンサーとバックルの説の独特な変異を見た。クネジェヴィチの後継者は現れなかったが、彼の政治事件史は、いずれの王朝の視点から見ても、セルビアの研究者に刺激を与えるものだった。

M. ヴキチェヴィチ（1867-1930）は、クネジェヴィチに比べれば、全体の構図の中に収まりやすい人物だった。ベオグラードの高等専門学校を修了した後、中等学校の教師となった。主なテーマは第一次セルビア蜂起の歴史であり、主としてロシアの史料を基に、政治史だけでなく他の問題も独自の手法で取り上げた。『第一次セルビア蜂起時の学校と教育』（1893 年）[SR 0292]、「第一次・第二次セルビア蜂起時の書簡」（1900 年）[SR 0293]、『カラジョルジェ』（2 巻、1907-12 年）[SR 0294-0295]などである。だが、詳細な史料調査に基づく作品「オブラドヴィチ最後の 5 年間の生涯と著作」（1911 年）も書いた[SR 0296]。一般向けの大部の概説『絵と言葉で見るセルビア国民の歴史』（1912 年）[SR 0297]は、事実誤認と内的矛盾を含み、当然、中心にはカラジョルジェが据えられた。

ジヴァノヴィチ

Ž. ジヴァノヴィチ（1852-1931）は歴史家ではなく、しかも、主著は 1918 年以後に日の目を見たが、第一次大戦前の時代に強く結びつく人物なので、ここで取り上げねばならない。ドイツの大学で自然科学を学び、帰国して自由党のお抱え記者となり、1887 年以降は議員に選ばれ、数度にわたり枢密院や内閣にも加わったが（いくつもの省の大臣の地位に就き、教育相も務めた）、1903 年の政変後、政治を離れた。初期の小著でニシュの名所を紹介し（1883 年）[SR 0298]、公教育の問題について多くの論説を書き[SR 0299]、『セルビアの課題、そして我々の政治的な誤りと任務』という政治パンフレットも発行した（1894 年）[SR 0300]。ジヴァノヴィチについて触れねばならないのは、『19 世紀後半のセルビア政治史』（1923-25 年）という 4 巻の著作[SR 0301-0304]のためである。各巻はそれぞれ 1804 年以後の前史を踏まえながら、1858-78 年、1878-89 年、1889-97 年、そして 1897-1903 年の時期を論じた。政治の、とりわけ内政の歴史の分析を意図し、議会活動を中心に置いた。あらゆる政治問題を当然のように議会活動だけを通して論じる。もちろん当時かなりの頻度で重要な地位に就き、政治を内部からよく理解していたことから、この著作は主に回想録と見ることができる。第 1 巻の冒頭で、ある失われ

た世界を復元したいとかなり自覚的に書くが、これにはいくらかの真実もある。政治からの引退を機に書いた草稿はすでに 1912 年に完成していたが、戦時下に消失しかかった。1918 年以後も、ユーゴスラヴィア的な視点で書き直そうとはせず、セルビア人意識を持ち続け、セルビアの出来事のみに関心を持った。多少雄弁過ぎる 4 巻の大冊は最も長編のセルビア史研究の一つである。

　すでにカラジチに見出すことができ、またこの後多くの者に認められるセルビアの歴史家の特徴はジヴァノヴィチの著作にも共有されている。それは、多くの政治家について語り、巧みな描写をするが、読者にとって周知のこととしてすべてを示すことである。セルビアの内政について、全員が全員を知っている（しかも嫌い合っている）大家族内部の出来事のように書いた。多くの公的な書類を扱い、新聞や当然ながら議事録も用い、さらに、多くのことを当時の内部関係者から聞いた。はっきりとは書かないが、農民の中から知識人が育ち、新たな国家組織の中に（収入のよい）居場所を見出すのを目の当たりにしたのは大きな経験だった。しかし、ジヴァノヴィチは同時にこの過程を強く批判し、1869 年憲法について、それ自体は悪くないが、政治倫理の低下が問題だと記した。単なるセルビア人意識ではなく、セルビア公国のセルビア人を念頭に置き、ハプスブルク君主国のセルビア人知識人をよそ者と見なした。外交にはあまり関心を示さず、1885 年の対ブルガリア戦争に熱狂することもなかった。もっとも、ジヴァノヴィチによれば、戦争への準備不足がその唯一の理由だった。自由党員かつ J. リスティチ（1831-99）の信奉者として、ジヴァノヴィチはミランの治世をセルビアの最も不運な時代と見たが、この統治者のよい面も認め、セルビアにおける新しい学問の発展にどれほど貢献したかを強調した。1918 年以後の状況については最終巻巻末尾で触れ、再び自由党員にふさわしく次のように述べた。すなわち、セルビアにおける発展の主要な問題は、解決を改革にではなく、革命的転換に期待することだという。新しい状況において、そろそろこの教訓を活かさねばならない。

*

　K. スボティチ（1870-1932）もジヴァノヴィチの視点によれば、よそ者である。スボティチはザグレブ、グラーツ、そしてプラハで哲学を修め、作家となり、1918 年以後はノヴィ・サド国立劇場の事務長と劇作家を務めた。しかし若い頃に歴史論文を書き、1894 年の『年報』にはルヴァラツの 60 歳の誕生日によせて、批判的だが公正なルヴァラツ評を書いた [SR 0305]。また別の研究「セルビア近代史の最初の 100 年に関する主たる史料の概観、およびその内外の学問における活用についての考察」（1895 年）[SR 0306]では、ライチからスレチュコヴィチやルヴァラツに至るまで、セルビアの歴史叙述を概括した。「17 世紀末におけるセルビア人のヴォイヴォディナおよび国民=教会の自治についての思想」（1895 年）[SR 0307]は、1690 年の特権状の準備について明らかにした。のちになるとあまり時間がなくなったようで、ツヴィチについてと（1924 年）[SR 0308]、マティツァ設立の背景について 100 周年記念の際に書いたくらいである（1927 年）[SR 0309]。

ラドニチ

　スボティチは君主国領出身もしくは君主国に居住する新しい歴史学者の先駆けであり、さらに若い世代から、本当に重要な専門家二人が現れた。その一人 J. ラドニチ（1873-1956）は、1896 年にヤギチと K. イレチェクのもとで博士号を取得した。ボスニアの最高軍団長サンダリ・フラニチ=コサチャ〔サンダリ・コサチャのこと。史料ではサンダリなどと表記される〕の生涯についての博士論文は、翌年に、ヤギチが刊行していた有名な雑誌に非常に多くの頁を割いて掲載された [SR 0310]。その後 2 年はロシアで調査し、さらにイスタンブルにあるロシアの研究所で働き、同地のセルビア系ギムナジウムの校長も務めた。1899 年から 1905 年までノヴィ・サドにあるマティツァの図書館に勤務した。1905 年に設立された大学の中世世界史の員外教授に任命され（1919 年に正教授となる）、早くも 1909 年にアカデミーのメンバーに選出された。大学を辞めて年金生活に入った後、1931 年から 1936 年までアカデミー社会科学部門の事務局長を、1937 年から 1944 年まではアカデ

ミー事務局長を務めた。

イレチェクから学んだ通り、史料批判の手助けによって事件史の再構成に取り組んだ。記念日に関わる小論を一度ならず記し、両大戦間期には日刊紙にも寄稿した（セルビア君主の妃についてのシリーズ[SR 0311]など）。1894年にはマルコ・クラリェヴィチ没後500周年に際し、この英雄が民謡では実際の歴史よりもはるかに活躍したように語られていると興味深く書いた[SR 0312]。ミルティン王の伝記と自伝については、両者が贋作であることを明らかにした（1895年）[SR 0313]。世界史上の人物について（例えば1929年のエカテリーナについて[SR 0314]）、そしてM.P.ポゴーディン（1901年）[SR 0315]、フュステル・ド・クーランジュ（1930年）[SR 0316]、ヨルガ（1931、40年）[SR 0317-0318]などの有名な歴史家についても小論を書いた。そしてもちろんセルビア人、南スラヴ人、さらにスラヴ人全般の中からも人物を取り上げて、例えばJ.コラールについても記した（1893年）[SR 0319]。ヨルガについては、世界史的背景を伴った幅広い研究を行ない、ルーマニア人に対するビザンツの影響を意図的に強調したが、南スラヴの影響はさらに強かったと評した。セルビアの歴史家についての研究や個人的回想はとても有益である。1938年に師匠のヤギチについて優れた回想録を書いた（すでに1935年にヤギチを主題にして書いている）[SR 0320-0322]。そして当然のことながら、暗殺されたユーゴスラヴィア王を称える研究を著した。『国家統一者アレクサンダル1世、勇敢王』（1936年）[SR 0323]である。パシチについては首相在任時の1920年代に書いた[SR 0324]〔パシチ亡き後、1927年と1941年に回想を書いている[SR 0325-0327]〕。

ラドニチの関心は非常に広く、セルビア国民史全体だけでなく、ハンガリーも含むヨーロッパ史へと広がった。まだベオグラードで働いていた時代に、ハンガリーにおける歴史研究を『年報』でしばしば紹介した。タッローツィとアールダーシによるセルビア文書集について（1907年）[SR 0328]、S.マールキ（1853-1925）のラーコーツィの伝記について（1909年）[SR 0329]、タッローツィのボスニアおよびセルビアの伝記や家系の研究について（1910年）[SR 0330]など、専門的視点から強い批判をしつつ、成果を認めている。

ラドニチの専門的業績における実際的価値は唯一の大きな研究テーマである次の作品に表れている。すなわち、広範な文書館調査に基づいて1911年に公刊した『ジョルジェ・ブランコヴィチ伯とその時代』[SR 0331]という伝記である。大冊で消化不能なブランコヴィチの著作をライチとルヴァラツの次にすべて読み通したのはラドニチであり、伝記のあらゆる部分についてまだ知られていなかった詳細を明らかにした（筆者もブランコヴィチについてラドニチを基に書くことができた）。ブランコヴィチに関する研究を列挙し、批評することを通して、次のような問題を指摘した。すなわち、この歴史家かつ政治家について多くの者が取り組んだが、その原典を読んでいないため、トミチも含めて、多大に誤解をしてきたというのである。ラドニチは、南部ハンガリー出身だけあってハンガリー語もできたため、ハンガリーのものを含むすべての史料を調べた。この本はあらゆるセルビアの歴史叙述の中で最も優れた実証主義的史実収集と史料批判の実例の一つである。この本は『ジョルジェ・ブランコヴィチ―「イリリア」公』という題でかなり短縮され、注なしで1929年に再版された[SR 0332]。だが、1918年以後の新たな状況に応じて、初版よりもハプスブルク政府に批判的に書き直されたのが感じられる。この本の読者は、ブランコヴィチという主題はラドニチがヨーロッパの政治について意見をいうための隠れ蓑に過ぎないという印象を受けるだろう。

1919年にパリでフランス語で出された『ハンガリーにおけるセルビア人の歴史』[SR 0333]は、まさに公刊時の状況から生まれたものである。1389年以後、ハンガリー王国内のセルビア人は、オスマン帝国を前にして北へと逃げたハンガリー人に代わって王国の南部境界を守ったにもかかわらず、抑圧されていたことをはっきりと示した。

ラドニチは少なからず国民のために思い悩んだタイプであり、また国民教育的な歴史家でもあり、自らの時代に敏感に反応したことがよい結果も悪い結果ももたらした。自らをルヴァラツの後継者

と見なしたが、これは根拠のないことではない。1932年に書いたルヴァラツについての回想[SR 0334]で、「深刻な危機と疑念、そして閉塞というこの時代において」今日の若者はルヴァラツに範を見出せるだろうと結んだ。国民の運命を憂慮し、責任を意識的に担おうとする歴史家ラドニチがこう語るのである。

イヴィチ

もう一人の若手代表は、A. イヴィチ（1881-1948）であり、同様にスレム（スリイェム）地方出身の勤勉な研究者である。同じくウィーンにおいてヤギチとイレチェクのもとで1905年に博士号を取得した。1910年までウィーンの文書館で働いたが、クロアチア議会の議員に選出され、1912年にザグレブの国立文書館員となった。1919年の転換から1945年に定年を迎えるまで、スボティツァの法学部でユーゴスラヴィアの外交史および政治史を教えた。

何年もの間文書館で働いたことは偶然ではない。イヴィチにとって文書館調査は歴史叙述の基本だった。国内外の文書館史料を用い、多くの価値ある史料を公刊した。『16-17世紀におけるハンガリー、クロアチア、スラヴォニアのセルビア人に関する記録』（第1部は1910年に刊行され、1527年から1600年までの文書が付された）[SR 0335]、「クロアチアとスラヴォニアの16-17世紀史によせて」（クロアチアの『いにしえ（スタリネ）』に1916年に掲載）[SR 0336]、『セルビア（セルビアとクロアチア〔第2巻〕、ユーゴスラヴィア〔第3巻と第4巻〕）の文学と文化で活動した人々についての文書館史料』（4巻、1926-35年）[SR 0337-0340]などである。

研究の主題は二つあった。ハンガリーにおけるセルビア人の歴史と、19世紀前半のセルビア史である。前者に関する最初のまとまった著作は1909年に出版された『クロアチアとスラヴォニアへのセルビア人の移住』であり[SR 0341]、16-17世紀を通して、オーストリア当局が移住を促した一方で、クロアチアの領主は特権を持つセルビア人移住者を嫌がり抑圧したことを、多くの史資料を使って明らかにした。（当時のセルビアとクロアチアの論争が研究テーマの選択にも影響を及ぼした。）この最初の大きな研究はすでにイヴィチが歴史家として優れている点を示す。自らが発見した史料に依拠しつつ、移住の社会経済的環境にも触れながら出来事を順に語る。『ハンガリーにおけるセルビア人の歴史』（1914年）[SR 0342]も同様な性質を持つ。クロアチアへの移住の個々の問題を検討するのは「ジュンベラクに向かう最初のセルビア人の移住について」（1918年）[SR 0343]と「ジュンベラクのセルビア人の過去から」（1923年）[SR 0344]であり、その後のより大きな研究『16-18世紀にかけてのセルビア人のクロアチアへの移住』（1923年）[SR 0345]でもまず第一に政治への関心が見られたが、それは資料が提供する情報のためである。1929年に『ヴォイヴォディナにおけるセルビア人の歴史』[SR 0346]によって総合的通史の執筆を手がけた。これは1914年に著した本の続編のつもりで書いたもので、その後に集めた文書館史料で補っている。最初の本は「軽い文体で」書いたというが、ここでは史料に遡って深く研究することに努めた。実際に膨大な文書資料を用い、ふんだんに脚注に引用した。500頁を超える大冊の半分近くを脚注が占めるが、それでもまだすべての問題に言及しておらず、さらに多くの研究が必要だという。セルビア人の歴史だけでなく、むしろ地域の歴史を書き（議論は先史時代の発掘品から始まる）、この地で起きた戦いや軍事的出来事、そして軍政国境地帯の形成の前史について草案まで含めて詳細に描いた。だが1929年頃には政治的事件史のみを前面に立てる論法はあまりに伝統的すぎて、むしろ保守的ですらあった。この間の1927年に、ペシュトにおける創設（1826年）からノヴィ・サドに移る（1864年）までのマティツァの歴史[SR 0347]を書いたが、ここでも組織の問題を史料的に論じる以上のことはできなかった。

もう一つの主題にはすでに戦争中に取り組み始めていた。『第一次セルビア蜂起と第二次蜂起の間』（1917年）[SR 0348]は、主にウィーンの文書館史料を用い、カラジョルジェがオーストリア領内に逃亡してロシアの外交使節と進めた交渉について、時に読む者を巧みに引き込むように概観し

た。ロシア側はセルビア人を最終的にロシアに移住させようと図った（ここからイヴィチはロシア人を信じてはならないと読者に感じさせた）。ロシアもしくはオーストリアからの実質的な支援は得られなかった。オーストリアの否定的な態度は別の研究『ミロシュ・オブレノヴィチ率いるセルビア蜂起に対するオーストリア』（1917 年）[SR 0349-0350]でも示された。『カラジョルジェとその息子アレクサンダル公の時代から』（1926 年）[SR 0351]は、以前に公刊された論文の集成であり、第一次蜂起およびアレクサンダル即位について、再び詳細な事件史を示した。アレクサンダルが君公にふさわしいかどうかロシア外交官のリーヴェン男爵が 10 日間にわたって審問したことも書いた。ミハイロ・オブレノヴィチを支持して起こった 1844 年の蜂起についても描いた。史資料には軍政国境地帯のペトロヴァラディン管区の資料を用いた。1875-76 年のボスニア蜂起史に関するオーストリアの文書館史料を 1918 年に公刊した[SR 0352]。

つまり、イヴィチによる歴史の著作は伝統的なもの（かつ中程度のもの）である。だが、イヴィチはセルビアの印章学と紋章学の基礎を最初に築いた。『昔のセルビアの印章と紋章』（1910 年）[SR 0353]で、ウィーンの帝室・宮廷・国家文書館資料から 12-15 世紀のセルビア君主による文書の印章 200 点を整理し（ほぼすべて実物である）、極めて良質の写真と詳細な説明を加えた。セルビアにおける近年の出来事のおかげで、セルビアの紋章学は現実的な学問になったと考察した。もちろん紋章の色彩は印章からは特定できない。ハンガリーとチェコにおける紋章の使用も西欧起源であるように、セルビアの紋章も西欧の影響下で出現したと見なす。西欧での発展は無論漸次的だったが、セルビアでは突然の転換により生じた。セルビアの金印勅書の場合には、ビザンツとヴェネツィアの影響も考えられるという。セルビアでは紋章の使用は定着できず、誰に紋章を使う権利があるのかについての規則は定められなかった。一部の意匠の伝統は数十年にわたって断絶した。もちろん最終的な断定には、イヴィチが利用できたよりもさらに多くの材料が必要だろう。歴史補助学の分野では比較的短い著作『セルビアの王朝および大貴族の家系図』（1928 年）[SR 0354]が有用な資料集である。この時代を通してこれらの補助学がイヴィチを超えることはなかった。

*

外交官である歴史学者をさらにもう一人短く紹介する必要がある。ダルマチア出身のクロアチア人だが、なおセルビア史学に属する。スプリト生まれの L. ヴォイノヴィチ（1864-1951）はザグレブとグラーツで法学を修め、裁判所に勤めた後、1896 年にモンテネグロ君主ニコラの秘書となった。1899 年から 1903 年まで法相の地位にあり、その間にヴァティカン大使も務めた。セルビア君主およびブルガリア君主のお抱え家庭教師でもあった。1912 年にニコラの官房長となり、バルカン戦争の時にはロンドンでモンテネグロ使節を務め、大戦中はセルビアの外交官となった。

研究者としての業績は重要ではない（政治評論家としての方がはるかに意義ある活動をした）。オスマン支配期のダルマチア、特にドゥブロヴニク史に取り組んだ。ドゥブロヴニクとオスマン帝国の関係に関する 3 巻本の執筆を計画した。1898 年にベオグラードで著された第 1 巻は『ドゥブロヴニクとオスマン帝国―オスマン政府と結んだ最初の条約からヘルツェゴヴィナ占領まで』[SR 0355]である。ヴォイノヴィチはこの本をセルビア人に薦めた。ドゥブロヴニクの歴史を概観し、この都市が国際関係において取った姿勢を賢明だと評価した。ヴォイノヴィチによれば、キリスト教国家はドゥブロヴニクのために何一つしなかったという。それゆえ、常にオスマン政府の宗主権下に戻ったのは正当であり、「オスマン皇帝は意図せずに…、南スラヴの最も純粋な栄光を我々のために護持したのである」。この都市を称える第二の点は、正教徒に対する宗教的寛容である。「カトリックのドゥブロヴニクが示した、セルビア国民の中の正教徒そしてブルガリア人に対する幅広い寛容は、東方正教圏におけるドゥブロヴニク共和国の権威を強めた」。この文では、セルビア国民のうちカトリックを信仰する部分がクロアチア人であるとも理解できる。セルビアの歴史叙述においてはすでに触れたように、クロアチアに

比べて南スラヴの統一性という視点がほとんど現れない。ヴォイノヴィチの場合は、おそらく、新参者の過度な熱意が示されているのだろう。そうでなくとも多少気取った文体はむしろいいたいことをあいまいにした上、常に教養を誇示した。例えば、イギリスの火薬陰謀事件を持ち出したことがあるが、それはバルカンにはやや強引に思える類推だった。

ツヴィイチ

J. ツヴィイチ（1865-1927）は地理学者だが、歴史に関心を寄せた著作もある。人文地理学における業績は飛び抜けて近代的で興味深いものだが、当時の歴史家たちは適切に評価できなかった。ベオグラードの高等専門学校を修了した後、ウィーンで学び、自然地理学の博士号を得た。その後すぐ 1893 年に高等専門学校の地理学と民族誌の教師に任命され、1907 年には大学学長になる。1895 年からアカデミーの準会員に、1899 年には正会員に選ばれ、1921 年に会長となった。1910 年にセルビア地理学協会を設立し、その会長となる。大戦中はパリに住んだ。

狭い専門領域を超えて、セルビアの学問全体の発展に重要な役割を果たした。1907 年の学長就任講演（「我々の研究能力」[SR 0356]）では、セルビア人は学問に対しても偉大な才能があるが、精神的特質のよくない部分、つまり意志が弱く、堅実でないことによって、これまで発展が阻害されてきたと語った（これも一つの国民教育的視点である）。地理学者として当然現代への関心を持ち、現実政治の問題に何度も意見表明した。1907 年に『国民的課題について』[SR 0357-0359]で、バルカンにおいてセルビアが指導的役割を果たす可能性およびクロアチアとの関係の重要性について述べ、バルカン戦争ただ中の 1912 年には、ドイツの最も権威ある『ペーターマン地理学通信』において、セルビアには海への出口が必要だと論じた [SR 0360]。

同時代への関心として挙げられる民族誌的著作に『マケドニアのスラヴ民族誌』（1906 年、第 2 版）[SR 0361]がある。これは 1890 年代の旅行を基にしながらも、多くの文献や史料を用いて書いた。一段と激しさを増すセルビアとブルガリアの論争の中で独自の視点を提示した。すなわち、そこに住むスラヴ人、つまりマケドニア人は、国民的帰属を決めておらず、不安定な集団であり、セルビア人にもブルガリア人にもなることができる。この決定はどちらが多く支援を与えるかに左右されると述べた。現実問題には即座に反応した。『ボスニアとヘルツェゴヴィナの併合とセルビア問題』（1908 年）[SR 0362-0363]は、西欧の諸言語で執筆されて公刊された〔1908 年にセルビア語、1909 年にフランス語で出版された〕。このため、興奮したり嘆いたりする書き方は理解できる。併合後にセルビアとモンテネグロが無条件に君主国に従わざるを得ない絶望的な状況に追い込まれたという視点から、土地所有関係と一般的な経済問題が検討された。オーストリア＝ハンガリーの行政が個人および財産の安全を保障したことは認めるが、カトリックの住民に対する優遇はボスニアの正教徒とムスリムに有害であり、学校教育も荒廃してセルビアにおけるよりも低い水準となった。リュブリャナからマケドニアまでの南スラヴ全域を統合せねばならない。セルビア問題（南スラヴ問題をセルビア問題と同一視した）は、最初に得られる機会を捉えて暴力によって解決せねばならないと記した。この機会が数年のうちに巡ってくるとは、この時本人すら考えもしなかっただろう。

だが、ツヴィイチの真の業績は、これらの政治的内容の著作にではなく、人文地理学における成果にある。1902 年にバルカン半島の文化地帯について研究を著し [SR 0364]、それをさらに膨らませた形で、1918 年に英語とフランス語でも公刊した [SR 0365-0367]。研究成果の一部はこの英仏版でもすでに短く紹介された。完全な形になったのは戦後に出版された『バルカン半島と南スラヴの土地』（2 巻、1922-31 年 [SR 0368-0371]。のちに 1 巻本のフランス語版が出た [SR 0372]）である。バルカン半島の地理的特徴や互いに隔てられたいくつもの盆地の多様性によって歴史的発展や小国家分立を説明した。これは実際のところ人文地理の著作というよりは歴史学の著作であり、繰り返し継続する住民の移住、すなわち、本人のいうところの「流浪の」動きが鋭く分析された。複数の

文化地帯を設定した。一つはビザンツ、二つ目はオスマン帝国に結びついたもので（主に南東部）、三つ目は西欧の影響を受けた地帯である。ここには中欧の影響が見られるものの、ハプスブルク君主国が影響を与え始めたのはようやく 18 世紀になってのことである。最後に家父長制の地帯が挙げられ、最も健全だという。これらの文化地帯はもちろん地理的に分けられるものではなく、それぞれが散在している。（西欧支配が国民に害を及ぼしたと付言した。）居住の秩序と型や社会関係、そして心理学的動機についても基本となる叙述がなされた。

ツヴィイチ自身は 2 巻本の『地形学』(1924-26 年) [SR 0373-0374]を主要著作と考えていたようだが、もし歴史叙述の分野から反応があったならば、第一に人文地理の研究が重要なものとして挙げられたはずである。国際的にも多くの貢献をなし、ヨーロッパ水準に達した最初のセルビア人研究者である。

ストヤノヴィチ

他の歴史叙述の場合にも見られたように、19-20 世紀転換期になっても、文学史は単に美学的な問題に取り組むだけでなく、文学の国民的もしくは政治的役割、つまり歴史的役割も主題と見なした。

Lj. ストヤノヴィチ (1860-1930) は政治において活躍した歴史学者に類する。ベオグラードの高等専門学校を修了した後、ウィーン、サンクトペテルブルク、ベルリン、ライプツィヒの大学で文献学をさらに深く学んだ。早くも 1891 年に高等専門学校の准教授となり、2 年後には正教授になった。同時期にセルビア文学協会の会長も 1905 年まで務めた。1899 年に急進党員という理由により、高等専門学校を退職させられた。1901 年に代議員となり、1903 年の政変後に幾度も大臣の地位に就き、短期間だが首相にもなった (1905 年)。1912 年に政治から身を引くが、1919 年には復帰し、共和政民主主義政党を創設した。1910 年代にいくつもの政治的パンフレットを書いて国家行政や官僚を強く批判し、1919 年に南スラヴ国家の新たな組織に関する計画を描き[SR 0375]、さらに、共和政体の長所について書いた (1920 年) [SR 0376]。

1894 年にアカデミー正会員に選出され、1913 年から 1923 年まで事務局の一人だったが、新聞の論説でもしばしば表明した野党的政治姿勢と両立しないという理由から辞任した。文学史を幅広く研究し、1891 年からは、クロアチアの『いにしえ』などに古い原文を掲載し始めた。1902 年から 1905 年、そして 1923 年から 1926 年にかけて、セルビアの古い文書や碑文を 6 巻にわたって公刊した[SR 0377]。1927 年にセルビアの古い系図と編年史についての研究（『昔のセルビアの系図と編年史』[SR 0378]）を発表し、これが主要著作となった。多くの文献学的指摘は今日まで有効である。1929 年にも『セルビアの古い法律と書簡』を公刊した[SR 0379-0380]が、これはより幅広い史料公刊の第 1 巻として計画していた。同時期にドゥブロヴニクおよびその近隣についての研究を発表し[SR 0381]、さらに、セルビアの学校に関する諸問題について多くの小論を著した[SR 0382-0383]。もちろん言語学の著作も重要である。4 巻のセルビア語文法 (1890-92 年) は数十年の間教科書として使われ〔ギムナジウム向けの文法書 [SR 0384-0388]のことと思われる〕、また、古代教会スラヴ語の文法書も著した (1892 年) [SR 0389]。

中世史料の公刊、および（多少の）中世研究と並んで、ストヤノヴィチの生涯を通して歴史学的に重要な業績は、カラジチの研究である。カラジチが集めた第一次セルビア蜂起の歴史に関する資料を 9 巻にわたり公刊し[SR 0390-0398]、さらに、7 巻にわたるカラジチの書簡集 (1907-13 年) [SR 0399]を公刊したのはストヤノヴィチである。これらは今日に至るまで 19 世紀前半についての資料の宝庫である。さらに 800 頁にわたる大部のモノグラフ『ヴク・カラジチの生涯と業績』も著した (1924 年) [SR 0400]。序文で、これまでカラジチを扱った研究者は少なく、カラジチについての一般的な文言だけが繰り返され、内容のある研究をしたのは自分が初めてだと述べた（慎ましいとはいえない表現だが、実のところ正当である）。膨大な資料を扱い、カラジチが書いた書評につい

てすらも詳細に検討した。結局そのためにあまりにも内容が細かくなりすぎて、読むに耐えなくなった。それでもなお、以後の研究の出発点となった。

スケルリチ

ストヤノヴィチが多少拡散的な文献学の資料収集家（ほとんど資料集積家といってもいい）とするなら、J. スケルリチ（1877-1914）は、同様に文学史を広く研究したとはいえ、ストヤノヴィチとは異なる輝かしい近代的人物である。ベオグラードの高等専門学校でフランス科を修了し、さらにパリで研究を続けた。ルナールに師事し、テーヌも聴講した。帰国後、官職には就かず、文学批評と研究活動により生計を立てた。

若い頃は熱心なマルクス主義的社会主義者であり、マルコヴィチへの尊敬は晩年まで続いた。マルクス主義的立場は、のちにブルジョワ急進主義へと軟化したように見えるが、それでも非常に戦闘的だった。思想史への関心はローザンヌにおいてフランス語で公刊された学位論文『フランスの政治的、社会的な詩における世論』[SR 0401]にも示された。帰国後はセルビア文学研究と現代批評に打ち込んだ。1901 年以後、『セルビア文学通信』に徐々に多くの批評を掲載するようになり、多くの若い作家がスケルリチのおかげで世に知られるようになった。セルビアの近代的な文学批評はスケルリチによって作られた。

1904 年に著された最初の大部の研究は、ハンガリーのセルビア人 J. イグニャトヴィチ（1822/24-89）を、セルビアの社会小説創始者として取り上げたものである[SR 0402]。次いで、文学の時代区分ごとにいくつかの本を著した。『青年と文学』（1906 年）[SR 0403]ではロマン主義的ナショナリズムを強烈に批判した。『18 世紀におけるセルビア文学』（1909 年）[SR 0404]と『セルビアの定期刊行物の歴史的概観』（1911 年）[SR 0405]は、まるで文学史の通史に向けての予備研究のようでもある。その間、『スヴェトザル・マルコヴィチ』（1910 年）[SR 0406]において、セルビア社会主義思想における最初の偉大で独特な人物について著した。これはスケルリチの最もマルクス主義的な作品だが、一定の批判も含んでいる。この本のうち伝記的部分は半分以下であり、過半はマルコヴィチに影響を与えた思想家の分析、およびマルコヴィチの思想の紹介と思想の詳細な分析が占めている。ロシアのユートピア的社会主義者（我々がナロードニキの名で知る人々である）、マルクスおよびラサールが、マルコヴィチにどれほどの影響を及ぼしたかを入念に示した。

マルコヴィチはマルクスと同様に、労働者の間ではなく商工業者に対して扇動活動をした。具体的な活動の綱領は、反封建制であり、反官僚制（これについてセルビアには多くの可能性があった）かつ反急進派だった。マルコヴィチの後継者たちが師の死後に急進党を創設したのは故なきことではない。スケルリチはマルコヴィチの国民思想も評価し（セルビア人の解放と統合）、リアリズム文学の信奉者と見なした。また唯物論と反宗教的立場を描き出し、さらには自然科学的視点も評価した。マルコヴィチから 20 世紀初頭に何が残されたのかを書く最後の部分で多少感傷的になった。セルビア人にとってのチェルヌイシェフスキー、すなわちマルコヴィチが 20 世紀初頭において語ることがあるとするなら、それはデモクラシーの実現である。マルコヴィチは思想の種をまく人だが、そのためにあまりにも多くを要求しすぎた。スケルリチは共感を抱く英雄に対しても、冷静な批判を欠かさなかった。

『近代セルビア文学史』（1912 年）[SR 0407-0409]は生涯の業績の集大成といえる〔最初に短縮版が高校教科書として公刊され、のちに増補版が出版された〕。文学の発展を五つの主要時期に区切った。すなわち、18 世紀の理性主義の時代（この中でヨーゼフ主義とその代表者であるオブラドヴィチについて論じた）、理性主義からロマン主義まで（内容的には 19 世紀前半）、ロマン主義（ここにはカラジチも含まれ、予期せず世紀前半にも言及する）、リアリズム（1870-1900 年）、そして現代である。各時代についてそれぞれの文化生活や出版、そして文学の主な潮流についてとてもよい見取り図を示し、それに次いで個々人について描くが、後者が本のほとんどを占めた。歴史家も含め、何かを書いた者はすべてこの本に含

まれた（歴史家のうち何人かについては、スケルリチのこの著作において最良の分析を見つけることができる）。この本は大きな論争を引き起こし、評判は悪かった。リアリズムだけでなく現代的な潮流の信者をも肯定的に描いたためであり、モダニズムと伝統の統合を主要な問題としたためだった。特に衝撃を引き起こしたのは、この本の短縮版が教科書として使われたことである。結局のところ、セルビアの保守派は学校で使わせないようにすることに成功した。

セルビア文学史には文章を書いた人すべてが含まれるが、スケルリチは序文においてこれを厳密化し、自らをセルビア人と見なす者に限定した。セルビア人はクロアチア人と同一の国民を形成するが、それでも別の文学を有するからである。スケルリチはセルビア・クロアチア問題についてたくさんの小論を書いた（1918年にその多くを集めて出版した[SR 0410]）。これは独特な見方だと思われる。スケルリチは文学史において国民的視点を基本と見なし、著者を評価する際に美学的視点はほとんど考慮しなかった。特に以前の文学に関しては、南スラヴの統一とセルビア独自の地位との両方を同時に信じていた。南スラヴ諸国民の個別のナショナリズムを批判した。セルビアの状況に対しては常に批判的だった。大クロアチア主義の中心人物であるスタルチェヴィチについては、セルビア人の人種的な原初的特性のすべてを有し、国民的誇大妄想癖はスタルチェヴィチを真の熱狂的なセルビア人に仕立てたかもしれないと書いた。スケルリチも熱狂的なセルビア人になれたかもしれないが、原初的特性はすでに脱ぎ捨てていた。

3. 経済史

これまでも、それぞれの歴史学者に経済史的な関心が見られる場合にはその度に触れてきた。だが経済史の出現にはまだ時が熟していなかった。一般に最初の経済史研究者と見なされるのはČ. ミヤトヴィチ（1842-1932）である。ミュンヘン、ライプツィヒ、そしてチューリヒで経済学を学び、帰国して1866年に高等専門学校の教授に任命された。1873年に自由党政権の財務相となり、1881年にミランの信任を受けて君主国と秘密交渉にあたった。この時期にはすでに保守党に属し、ミラン退位後はイスタンブルとロンドンで大使を務め、1903年の政変の後は辞任して年金生活に入り、その後は死ぬまでロンドンで過ごした。

ミヤトヴィチは、比較的若い頃に、経済史の個別問題を取り上げていくつかの論文を書いた。「昔のセルビア商業に関する書簡」（1865年）[SR 0411]、「セルビア王国の財政」（『通信』に連載、1869年）[SR 0412-0413]、そして『商業史』（1893年）[SR 0414]である。貧弱な史料的基盤は情緒的な文体で補った。だが、専門的訓練を受けた歴史学者だったとしても、このような古い時代に関しては史料に関する困難がつきまとっただろう。『国家財政学もしくは財政学の概略』という教科書も書いた（1869年）[SR 0415]。経済学への視点においてはシュタインの影響が最も大きかった。『イスタンブルの描写とその事情』（1901年）[SR 0416]は他の一般的な旅行記と異なり、オスマン人に対する敵意が見られない点で優れている。アブデュル・ハミト2世の質素な外見にはすっかり魅了されたようである。

厳密な意味での歴史叙述も試み、最初の著作『ジュラジ・ブランコヴィチ公』（2巻、1880-82年）[SR 0417-0418]が最も浩瀚だった。ミヤトヴィチはこの本で史料的基盤を広げた。もっとも、第一に利用したのは記述史料だった。それでも相当に上手に使いこなし、同時代の歴史家より色彩豊かに叙述した。ただし素朴な叙述も多かった。道徳的価値判断から免れることはできず、ブランコヴィチの最終的な評価は、「その性質の高潔さと高貴さ、そして能力と愛国心を考えれば、もっと大きな幸運に値したであろう」だった。このモノグラフに先立ってミヤトヴィチはウロシュ帝とヴカシン王について小論を著し（1872年）[SR 0419]、また、ほぼ同時期にモンテネグロの中世史にも関心を向け、「バルシチ家—ゼタ史への素描」（1881年）[SR 0420]や『バルシチ家—家系の研究』（1886年）[SR 0421]、さらにはスケンデルベグに関するセルビア語の手稿も公刊した（1890年）[SR 0422]。1917年にロンドンで『あるバルカンの外交官の回想録』を英語で出版した[SR

0423]が、カラジョルジェヴィチについて多くの侮蔑的な叙述が見られる一方で、実際に外交に携わった時期について驚くような新事実は何も記さなかった。

M.V.ヴイチ（1853-1913）はテーマの独自性を紹介するならばとても興味深いが、ここでは経済学の代表者として多少取り上げるだけにする。ベオグラードの高等専門学校を修了した後、ウィーン、ミュンヘン、ベルリン、そしてライプツィヒで学び、ヴントのもとで『実在性と因果律』[SR 0424]という論文により哲学博士となった。さらに、シュモラーとデューリングの経済学講義を聴講した。その後、すぐに政治の道に進み、1887年および1889年から1893年まで財務相となった。1901年から翌年にかけて外相を務め、1903年の政変後は多くの国で大使を務めた。政治の道に進む前の1880年から1887年にベオグラードの高等専門学校で経済学の教授を務め、1903年にアカデミーの正会員となった。

ヴイチの関心は当初、哲学的問題に向けられた。『通信』に掲載された「学問としての歴史」（1877年）[SR 0425]は実証主義的視点の紹介だった。これをより広くまとめたのが『哲学の状況と課題』（1879年）[SR 0426]である。『我々の経済政策』（1883年）[SR 0427]は当時の状況を描いた。さらに『国民経済学の諸原則』（1895-98年）のタイトルで、3巻にわたる経済学のハンドブックをシュモラーの歴史学派の原則に沿って書いた[SR 0428-0430]。

K.コスティチ（1875-1915）は、戦争中にチフスで斃れることがなかったら、最初の経済史研究者となっていたかもしれない。ベオグラードの高等専門学校で歴史と地理を学び、その後、ギムナジウムの教師として著作を出し始めた。歴史地理を基にして経済史を描いた。非常に多くの資料を集めたが、ほんの一部しか公刊することができなかった。正確にはそれすら死後に出た（『我が国の農業史資料』1921年[SR 0431]、「セルビア商工業史資料」1926年[SR 0432]）。初期の研究『中世と近代におけるセルビアの商業の中心地と街道』（1899年）[SR 0433]、および『昔のセルビアの商工業』（1904年）[SR 0434]は、少なくとも資料発掘においてすばらしい業績を上げえたであろうことを示している。中世マケドニア諸都市の経済生活に関する研究、『南部の我らの新都市』（1922年）[SR 0435]も、死後、政治的に重要になってから出版された。

4. 世界史

N（ニコラ）.ヴリチ（1872-1945）は古代史の諸問題に一生を捧げた唯一の人物である。（既述のヴリチとは別人である。）ベオグラードの高等専門学校で歴史と古典文献学を学んだ。ミュンヘンで古代史を専攻し、1896年にここでも博士号を得た。その翌年に早くも高等専門学校の員外教授に任じられ、1919年に正教授となり、その2年後にアカデミーの会員となった。1938年に政治的理由から退職させられ、1941年に強制収容所に送られた。テーマの一つは古代文化であり、ギリシアとローマ文化の偉人について何冊もの教科書と研究書を著した[SR 0436-0439]。より独創的なもう一つのテーマはセルビアにおける古代遺跡の発掘であり、これに関して古典古代の文献を漏れなく利用した。すでに1900年に南スラヴ地域の古典古代史について概説を記し、この年以降、主要作品となる「我が国の古代の記念物」を著し始め、1948年までの間に〔雑誌〕8巻に掲載した[SR 0440-0441]。1911年以降はこの著作の準備のため、自らイリリアとローマの遺跡を発掘した。ヴリチはユーゴスラヴィアの古典古代史に関するあらゆる主要問題に取り組んだ。

5. 法制史

わずかでも法制史の草分けと見なせるような専門家は、ヴァーツ生まれのN.クルスティチ（1829-1902）である。ペシュト大学で法学を修め、その後すぐに、当時まだリセと呼ばれていたベオグラードの学校で、古代法制史の講師に任命された（1853年）。そして同年にセルビア学術協会〔実際には、その前身であるセルビア文学協会〕の会員になった。1855年から1862年までリセの教授を務め、この時期に最初の法制史研究

「ドゥシャン法典の検討」「昔のセルビアの法に関する検討」〔タイトルが途中で変わるが一連の論文である〕（1854-59 年）[SR 0442-0443]を雑誌に発表した。当然のことながら、クルスティチにとって特別な調査をせずに入手できる史料の量はまだとても限られており、それをロマン主義的に解釈して民族の魂を表現するものと見なした。史料にはあまり注意を向けなかった。1862 年から司法の職に就き、1873 年から翌年までの間、任命されて代議員となり、ベルリン会議でセルビア公の特使を務めた。1869 年から 1870 年にかけて、非常に保守的な視点から、現行のセルビア法制について研究を著した〔1875 年公刊の『法の諸問題』のことか[SR 0444]〕。多くの欠点にもかかわらず、クルスティチは中世セルビア法制史研究の問題に光を当てた最初の人物である。

A. S. ヨヴァノヴィチ（1846-1920）は、ベオグラードの高等専門学校で法学を修めた後、司法の分野で働き、短期間だが、やはり政治に関わることになり、1900 年から 1901 年に首相を務めた。最初の研究では、利用可能な史資料を用いて中世セルビア法に取り組み、さらに国家組織および教会の問題を扱った。その成果が『セルビアの教会と国家におけるロゴテト〔国務長官〕』（1886 年）[SR 0445]、そして「昔のセルビア人の相続法」（1888 年）[SR 0446]である。次にオスマン期にも範囲を広げ、「オスマン支配下のヴラニェ地域における司法と行政」（1890 年）を著した[SR 0447]。資料の点から無視できない興味深い著作は『セルビアにおけるザドルガの歴史的発展』（1896 年）[SR 0448]である。比較的長い前半部分でザドルガを扱い、ブダペシュト市文書館史料（遺書と遺産目録）も利用したが、1804 年以降の法令の分析が中心である。この著作でヨヴァノヴィチはセルビア民法典成立までのザドルガに関する法令を整理し、法典を基に当時の状況と衰退の進行を明らかにした。付録部分では、ルーマニア語の文書資料も利用し、再びロゴテトについて検討した[SR 0449]。ヨヴァノヴィチによれば、当初は単なる書記だったが（最初にセルビアで言及されたのは 1327 年である）、のちに行政において重要な国家的役割を徐々に果たすようになった。

中世における訴訟や裁判についても書き[SR 0450]、また、いくつかの研究では、中世セルビア議会に参加した社会階級に関して初めて資料を集め、これにより（もちろん第一に、あらゆる法制史研究の基盤であったドゥシャン法典に基づいて）、セルビア社会における個々の階層の法的状況も明らかにしようとした[SR 0451-0452]。ヨヴァノヴィチも基礎を築いた人物に属する。収集した資料はまだかなり貧弱だったが、彼の思考というよりも、むしろ彼が感じ取ったことが、のちの研究において検討され続けた。

6. マルクス主義の歴史叙述

セルビアにおける社会主義的歴史叙述の始まりはささやかなものだった。S. マルコヴィチ（1846-75）についてはスケルリチのところですでに触れたが、マルクス主義者というよりは、まだむしろ空想的社会主義の信奉者であり、歴史叙述にも取り組まなかった。『東方のセルビア』（1872 年）[SR 0453]は、時に素朴すぎる描写ではあるが、まず第一に外交の可能性に関する描写と、解放と統一という国民的課題の設定により、同時代史的著作（もちろんこの言葉が登場する以前の段階ではあるが）となっている。

マルクス主義理論に基づく社会民主党は、1903 年の政変後、ようやく合法化され、活動できるようになった。指導者たちは内部抗争やマルクス主義理論をセルビアの状況に適用すること（また時に大学を修了すること）に忙しく、他地域で見られたように、祖国の歴史に史的唯物論の根本原則を展開して当てはめるような余裕はなかった。ここで一人、歴史の著作に取り組もうとした人物を挙げねばならない。D. ラプチェヴィチ（1864-1939）は独学のマルクス主義政治家の典型であり、今日まで議論の的となっている人物である。1903 年に再生した党〔社会民主党〕の最初の党首となったが、まもなく辞任した。しばしば党内で危機を引き起こし、あらゆる人と衝突した。1918 年以後は政治から身を引き、歴史を主題とした本を、というよりはむしろ大部の研究を著した。それでもなおここで紹介する必要があるのは、それらの

著作が 1914 年以前におけるセルビアのマルクス主義精神を代表するからである。

ラプチェヴィチの『セルビアにおける社会主義の歴史』(1922 年)[SR 0454] は、ほぼ自己弁護のために書いたものであり、個々の労働運動指導者の生涯を通して運動の発展を描いた。逸話も多く記し、国民に関わる問題にも注意を払った(「もしも初期の社会主義運動が国民的なものに、とりわけ最終的にそうなり始めたものにとどまろうとするなら…」)。注目に値するのは、ラプチェヴィチが社会構成について多くの統計数値を記したことであり、それは図らずも、大工場の労働者がほとんど存在しないこの国で社会主義思想を普及させるのがどれほど難しかったかを示した。ラプチェヴィチの功績といえるのは、西側の基準で作られた歴史概念をセルビア労働運動の発展に適用しなかったことである。村については、社会主義運動が貧農や土地なし農に頼ることができるほど階層分化が進んでいなかったにもかかわらず、これらの人々が社会主義政党に投票したのは、ほぼ唯一の野党だったからだという。同書における言葉遣いはかなり温和だったが、それは 1918 年以後政治から身を引いたことによっても説明しうる。

ラプチェヴィチには社会経済史と呼べるような著作もある。『我が国の過去の農業』(1922 年)[SR 0455]、『我が国の過去の商業』(1926 年)[SR 0456]、そして『セルビアにおける労働者階級の地位とサンディカリズム運動』(1928 年)[SR 0457] である。これらは同様の問題に取り組んだ既発表の小論に依拠している。疑いなく多くの民族誌資料を用い、また、商業についてはドゥシャン法典も分析するが、大方は 19 世紀の状況を描き、商業の将来を拓いたミロシュの重要性を強調する。テーマごとに問題を論じ、市場や市場での慣習について興味深く描いた。まるですべての資料が著者にとって新しいものであるかのように「～は興味深い」と繰り返すが、これは読者に対して印象づけようとしただけなのかもしれない。商業の他に手工業についても、また、カラジチに基づいてベオグラードのオーストリア商人についても言及した。労働歌について短いが 1 章を割いた。だが、明らかに歴史的なこれらの著作において、マルクス主義的思考は、政治的事件史を扱わなかったという点に現れるだけである。

第 3 節　専門化した歴史叙述（1918 年以降）

第一次世界大戦は歴史叙述の発展を何年間も妨げた。だが、1918 年以後、完全に新しい状況が生じた。小さなセルビア国家が、考えられる範囲のあらゆる南スラヴ人を統合し、ヨーロッパの中規模国家になった。1929 年以降ユーゴスラヴィアとなるセルビア人＝クロアチア人＝スロヴェニア人王国は、同時に南スラヴ三国民の共通国家であり、領域は以前のセルビアのほぼ 5 倍だった。三つの国民の相互関係は歴史叙述にとっても未解決のままだった。だがセルビアの歴史叙述は、特別な理論的考察もないまま、他の二つを一体的な国民の一部分と見なし（ここでは、なに国民について語るのかという形容詞は避けねばならない）、同時に、その後もセルビアおよびセルビア史の枠内で思考し続けたように見える。この不明確な二重性については、のちに何人もの歴史学者のところで具体的に検討する。他方、セルビア史には、歴史的にセルビア人が住んだことのある地域、すなわちモンテネグロ、ボスニア、さらにかつてのハンガリー南部も含まれるようになった。

これをよく示すのが、この時期の最も意欲的な集団的取り組みである『19 世紀におけるセルビア国民』全 20 巻の構想である。一見退屈そうだが、このシリーズ全体を概観する価値はある〔以下はシリーズの企画内容であり、実際の著者とタイトルとは異なるものがある〕。第 1 巻、ヤクシチ：セルビアの自由のための闘い、1788 年から 1816 年まで。第 2 巻、ヤクシチ：セルビアの自由のための闘い、1816 年から 1834 年まで、D. ストラニャコヴィチ（1901-66）：1834 年から 1858 年までのセルビア。第 3 巻、チュブリロヴィチ：1858 年から 1878 年のセルビア。第 5 巻、チョロヴィチ：1878 年から 1903 年までのセルビア。第 4-5

巻、ブロダノヴィチ：セルビアにおける憲法の発展と憲法をめぐる闘い。第 6 巻、J.P. ヨヴァノヴィチ：国民統合のための闘い、1903 年から 1908 年まで。第 7 巻、D（ディミトリイェ）. ポポヴィチ：国民統合のための闘い、1908 年から 1914 年まで。第 8 巻、J.P. ヨヴァノヴィチ：国民統合のための闘い、1914 年から 1918 年まで。第 9 巻、V.J. ベリチ（1877-1943）：セルビアとモンテネグロの戦争。第 10 巻、P. ポポヴィチ（1899-1987）：18 世紀末から 1851 年までのモンテネグロの外交と内政。第 11 巻、J. トシュコヴィチ（1895-1943）：1851 年から 1918 年までのモンテネグロの外交と内政。第 12-13 巻、O. ヌリ＝ハジチ（1869-1937）、スカリチ、チュブリロヴィチ、チョロヴィチ、V. ポポヴィチ：オスマン支配下のボスニアとヘルツェゴヴィナ。第 14 巻、ヌリ＝ハジチ、スカリチ、N. ストヤノヴィチ（1880-1964）：オーストリア支配下のボスニアとヘルツェゴヴィナ。第 15 巻、J.P. ヨヴァノヴィチ：18 世紀末から解放までの南セルビア。第 16 巻、グルイチ：ハンガリーにおけるセルビア人の自治を求める国民的闘争。第 17 巻、V（ヴェリコ）. ペトロヴィチ（1884-1967）：クロアチアにおけるセルビア人。第 18 巻、L. バコティチ（1867-1941）：ダルマチアのセルビア人。第 19 巻、V. ポポヴィチ：東方問題の歴史。第 20 巻、スタノイェヴィチ：19 世紀におけるセルビア国民の歴史。シリーズ全体の編集者もスタノイェヴィチである。

このシリーズは一部分しか完成せず［SR 0458-0469］、スタノイェヴィチによる総括も、本人が死去したため立ち消えとなった。編集委員に加わったのは、J.P. ヨヴァノヴィチ、S. ヨヴァノヴィチ、N. ストヤノヴィチである。シリーズのうち 1908 年から 1914 年までの国民的闘争に関する第 7 巻を例に挙げよう。これは、既述の外交文書集を基にして 1930 年代初頭に著されたらしい。シリーズの他の巻と同じく広範な読者に向けたものであり、注を備えた学問的総合ではない上、詳細な事件史ですらなく、むしろエッセーである。前史については 1878 年まで遡って叙述し、ほとんど外交史が占めるが、叙述は疑いなく上質である。1918 年の後で勝者としての自己認識がどれほどこの巻にも影響を与えたか、一つだけ例を挙げよう。この巻によれば、第二次バルカン戦争を引き起こした多くの要因の中で、特に挙げるべきはブルガリアだった。ブルガリアはそれまで常に迅速に容易に成功を収めてきたことから、この時にも同様のことを期待して、他者の利害に全く関心を向けなかったのである。

より強くユーゴスラヴィアの一体性を強調する企画もあった。例えば 1929 年に作られた「国民事業、国民文化協会」という出版社であり〔本の出版年からこの出版社は 1929 年よりも前に作られたと考えられる〕、『カラジョルジェ』［SR 0470］『ペタル王』［SR 0471］『統一』［SR 0472］『我らの支配者たち』［SR 0473］（これについては後述）『我らの勝利』［SR 0474-0475］『蜂起』［SR 0476］『我らの文化』［SR 0477］『我らの英雄たち』［SR 0478］『我らの偉大な国王』［SR 0479］『我らの海』［SR 0480］『我らの啓蒙者たち』［SR 0481］などの題で、挿絵を多く用いて民衆向けの本を出版した。題中の「我ら」は実際にクロアチアとスロヴェニアにまで及ぶが、それでも前面には（場合によっては全体に）セルビア史が現れた。

1. 制度的基盤

研究基盤の形成についても一言触れねばならない。以前からのセルビアの組織、つまり、アカデミー、ベオグラード大学、雑誌などはすべて継承された。リュブリャナとスコピエには大学が新設された。サライェヴォの博物館は以後セルビアの学術発展に貢献することになった〔同館の名称はボスニア・ヘルツェゴヴィナ地方博物館。オーストリア＝ハンガリー治下の 1888 年に設立された〕。マケドニアにおけるセルビア性の存在を補強するため 1919 年に発足したスコピエ学術協会は、1925 年に『通信（グラスニク）』を創刊した。ノヴィ・サドでは歴史学協会が発足し、これも 1928 年から『通信』を発行した（どちらも創設者はスタノイェヴィチである）。以前から発行されていた雑誌では、『ニコラ・チュピチ年報』と『聖サヴァ兄弟団年報』を挙げねばならない。新しく創刊された重要な雑誌では、必ずしもすべてが歴史

研究的な性格ではないが、『南スラヴ人の歴史と民族誌雑誌』〔『国民考古』のこと。ここで挙げられているのは同誌の 1931 年からの副題〕が 1922 年から、『文学、言語、民俗資料』、『法学および社会科学文書集成』、そして『アルバニアの古物、言語、民族学文書集成』も発刊された。ますます先鋭化する国内の国民的対立を少なくとも歴史叙述において橋渡しするため、タイトルからもその目的がわかる『ユーゴスラヴィア史学雑誌』が 1935 年に創刊された。研究公刊の可能性が広がり、また読者層も広がり、以前の国境線によって分割されることはもはやなかった。勝利に酔い自信に満ちた歴史叙述が開花し、あらゆる国民的闘争の成就が同時代に見出された。「セルビアの」と「ユーゴスラヴィアの」という修飾語の間にぶれがあったとしても、セルビアに関する限り、ほとんど問題とならなかった。以上で例示した企画は、完全な国民史を明らかにする時が到来したように考えられていたことを示し、そこでは、当然ながら、現在の完成を準備する 19 世紀が最も重要と考えられた。

2. 歴史家たち

スタノイェヴィチ

S. スタノイェヴィチ（1874-1937）は第一次世界大戦のかなり前から研究活動を始めた。それでもここで取り上げるべきなのは、困難な道を経ながらも、この時期にセルビアの歴史叙述において、正当にも、最も権威ある代表者かつ指導的人物になったからである。スタノイェヴィチも君主国出身である。ノヴィ・サドで生まれた。父は医者であり、家にはイレチェクもたびたび訪れた。また、ハンガリーにおけるセルビア国民運動の指導者ミレティチやその他の者も出入りした。ギムナジウムの学生だった頃に早くもルヴァラツの著作を研究した。もちろんペシュトではなくウィーンの大学を修し、そこで、2 年上のラドニチと同様に、ヤギチとイレチェクに師事した（ある学期には、ブルガリアのバラスチェフと合わせて 3 人だけでイレチェクの講義を聞いた。イレチェクは講義が下手で、登録者はあまりいなかった）。すでに学生の時に、公刊された作品の評論を書いたが、厳しく批判したため、例えばノヴァコヴィチのいくつかの本について書いたものは、著者の不興を買った。「ラドスラヴ王はいつ没したか」という短い研究も著した（1894 年）[SR 0482]。『年報』に掲載した「『ダニロの系図』の構成についての注解」（1895 年）[SR 0483] では、著作とされているものが必ずしもすべて本人の筆によるものではないことを初めて記述した。翌年にはシャファーリクについていくつも論文を書いた [SR 0484]〔1896 年の『年報』第 1 巻にはシャファーリクに関する論文がいくつも掲載されているがスタノイェヴィチは執筆していない〕。この頃、ルーマニアの哲学者コンスタンティン〔ブルガリア出身のコステネツのコンスタンティン（コステネチキ、1380 頃-1431 後）〕が 15 世紀にステファン・ラザレヴィチ公（1374-1427）について書いた伝記 [SR 0485] を発見した。スタノイェヴィチはこれを学位論文のテーマに選び、その史料的価値を示した [SR 0486]。翌年にはヤギチの推薦で再びラドニチとともに研究目的で長期間サンクトペテルブルクに滞在し、文献学者（かつスラヴ派）の V. I. ラマンスキーの家に住み、大学ではビザンツ学者のヴァシリエフスキーから大いに影響を受けた。二人ともモスクワの文書館で資料を集めた。ノヴァコヴィチは批判されたことを寛大に水に流し、二人が F. I. ウスペンスキーの指導下でロシア考古学研究所でも研究できるよう、イスタンブルのセルビア語ギムナジウムに呼びよせた（ノヴァコヴィチはちょうどその時大使として赴任していた）。同じ頃、若き日のヴァシーリエフも同地に滞在していた。

スタノイェヴィチは、ここで 2 年間（1897-98 年）ビザンツ学の知識を集積し、大作に取り組み始めた。だが他のことからも刺激を受けた。サンクトペテルブルクではピピンなど西欧派ロシア人と交際し、また、マケドニアをめぐるセルビア・ブルガリア間の論争にこの頃から注意を向けた。まだ若いがすでに影響力のあったミリュコーフの作品にも関心を寄せた。これらに触発された結果、ありふれた実証主義的事件史の一面的性格からある程度離れることができた。だがこの時期、ギリ

シアとセルビアの文化に関するジョルジェヴィチの著作を強く批判し、ジョルジェヴィチがノヴァコヴィチほど寛大ではなかったために、首相として、スタノイェヴィチのベオグラード高等専門学校への着任を妨害した。しばらくの間スタノイェヴィチはノヴィ・サドの『運動（ポクレト）』という雑誌をラドニチとともに編集した（編集部では、アシュボートの教え子の一人である T. オストイチ（1865-1921）とヤクシチが年長のロマン主義的世代を代表していた）。スタノイェヴィチは、ハンガリーにおいてセルビア人の社会的および文化的問題が凝集する地にやってきたのである。しかし短い間だけで、1900 年にはさらにビザンツ学を研究するため、ミュンヘンのクルンバッハーのところに赴いた。この年にようやく高等専門学校の准教授に任命され、1903 年に教授、そして 1905 年に総合大学となった際に員外教授になる（正教授昇任は 1919 年）。1906 年に大学内に史料編纂所を作り、その所長となった。1905 年にはアカデミーの準会員になるが、正会員になるのは 1920 年だった。ここでも敵対感情が働いた。政治的な文章も新聞に寄稿し、政府による広範囲の統一計画について『セルビアは何を欲するか』というパンフレットを 1915 年にニシュで刊行した [SR 0487]。1916 年にロシアに派遣され、革命勃発まで滞在した。戦争終了時にはセルビアの講和会議代表団の一員となった。これまで論じてきた先人ほど高い地位ではないが、スタノイェヴィチも政治に加わり、当然カラジョルジェヴィチ側の急進党についた。このためもあって両大戦間期は公的にも指導的研究者の一人と認められ、南スラヴの資料ゆえに現在に至るまで利用価値がある『セルビア＝クロアチア＝スロヴェニア国民百科事典』（1925-29 年）[SR 0488] の編集にも加わった。先述の通り、20 巻の『19 世紀におけるセルビア国民』を編集し、その計画も作った。ユーゴスラヴィア歴史学協会の設立者の一人であり、ノヴィ・サドの『通信』の編集を務めた後、この協会による『ユーゴスラヴィア史学雑誌』の初代編集者となる。

若い頃は、著作で表明した見解や批判のため、多くの敵を作り、しばしば論争の中心にあった。これらすべてはある程度スタノイェヴィチ本人が引き起こしたが、何よりも妥協を許さない専門的批評のためだった。他方、政治の影響からも逃れることができず、おそらく逃れようとも思わなかった。いずれにしてもスタノイェヴィチは成熟した近代セルビア歴史叙述の訓練を積んだ専門家であり、その高みから、昔の独学の世代に対して戦いを挑んだのである。

すでに見たように、最初に大きな関心を寄せたのは中世セルビア史であり、その最も重要な要素であるビザンツだった。ライフワークとしてビザンツとセルビアの発展の関係について書こうとした。実際、短期間に 2 冊の大著を出した。『ビザンツとセルビア人—第 1 巻、7 世紀までのバルカン半島』（1903 年）[SR 0489]、そして『ビザンツとセルビア人—第 2 巻、バルカン半島におけるスラヴ人の植民』（1906 年）[SR 0490] はノヴィ・サドでマティツァが出版した。精神的かつ倫理的な後ろ盾として〔マティツァは〕まだ重要だった。この著作では何よりもまず、スタノイェヴィチがありきたりの実証主義から抜け出していることがわかるが、基本的には非常に広範囲かつ深い史料批判に基づいた事件史である。しかしながら、例えばローマ帝国衰退の叙述では、当時の心性にも大いに注目し、例えば指導的エリートの間で徐々に自殺が増えたことを強調した。ビザンツを中心に据えたのは、セルビア史初期の 1000 年間、政治だけでなく、物質的そして精神的な文化に対しても最も強い影響を与えた勢力だと見たからである。ビザンツとの関係はセルビア史の本質だった。脚注で膨大な史料と、主にドイツにおける最新の研究を引用し、完全に時代にかなうものだった。それと同時に、当時の多くの研究書とは対照的に、非常に専門的な研究であるにもかかわらず読みやすく興味深い叙述だった。東西ローマ帝国両方の敵であるフン人については、それまでになく肯定的な姿で書いた。5-6 世紀の境にスラヴ人が破壊や目に見える変化をもたらさずにバルカン半島に現れたことは、もちろん、世界史的な重要性を持つ出来事として描いた。

第 1 巻で基本的にビザンツ史を紹介し（602 年まで）、第 2 巻で、時に第 1 巻で論じた事件史に

戻るとはいえ、むしろそこから自由になり、より深い解釈を試みた。無批判なビザンツ信奉者ではなく、帝国が存在した時期全体を通して常に同様の国内問題すなわち宮廷内の陰謀に直面していたこと、君主は多くの場合、地位にふさわしい者でなかったこと、そして神学論争に発する宗教的対立も国家を弱めたことを記した。極めて実証主義的に史料に敬意を払いながらも、スラヴ人について語る時は、自由に想像力を働かせた。7世紀のサモによる国家を、あらゆる国家的な属性を持つ最初のスラヴ人国家として非常に重視し、この国家的伝統が南スラヴ人の間に確かな影響を与えたと考えた。ブルガール＝テュルク人の登場に際して、スラヴ人に欠けていた国家建設能力を見たが、軍隊が敗れると国家も消滅するという欠点にもすぐに言及した。対照的に、セルビア人は国家建設の能力は弱いが、軍隊と国家が消滅しても民族は存在し続けたという。セルビア人においてはすべてがより緩やかに、だがより確実に進んだ。ブルガール＝テュルク人とスラヴ人の関係が征服だったのか、それとも同盟だったのかという問題には議論の余地があり、判定はできないという（この時期すでにブルガリアの歴史叙述は同盟説を唯一の正しい答えとして受け入れていた）。基本的に政治史である章と別に、経済および社会状況についての章も書いたが、これらの章を有機的に関係づけることはできなかった。聖像破壊（イコノクラスム）の原因は明らかでなく、おそらくムスリムと単性論者の影響を考えねばならないという。フン人を肯定的に評価するのに対し、アヴァール人は文化に理解のない野蛮人と見なした（まるでしいたげられたスラヴ人の本能的反感がいまだに筆者の中に生きているようである）。もちろん、第2巻全体にわたり、スラヴ人の移住説を完全に支持し、土着民であるという可能性をきっぱりと否定した。

もし初期の計画通りスタノイェヴィチが研究を続けたならば、偉大なビザンツ学者の列に加えられたかどうかは、推測するしかない。スタノイェヴィチはベオグラード大学で活動するうちに、より広い国民的使命があることに気づいた。1908年に『セルビア国民の歴史』[SR 0491] という1巻本の総合的通史を書いた。半分は当然中世史を論じたが、オスマンの支配と19世紀の戦いについても記した。最後の章で、セルビア人が住んでいる地域すべてにおけるセルビア国民の文化的一体性を唱え、セルビア人の歴史を巧みに概括した。常に半島全体の出来事に注目した。そうすることによってのみ、異なる国々にいるセルビア人の歴史を一つにまとめることができたからである。スタノイェヴィチはこの本で、中世において西方〔教会〕の影響下に入ったゼタと正教のラシュカの二重性を取り上げた。オスマンの時期は当然ながらどん底の時代である（多くの点で正当である）。近代ではロシアの影響を肯定的に強調し、オーストリアに対しては常に憤慨した。1718年から1738年にかけてのオーストリアによるベオグラード・パシャリク支配について、オーストリア人はトルコ人よりも侮蔑的にセルビア人を扱ったと強く非難した。しかしその後すぐに、1738年以後オスマンの支配がさらに苛酷になったため、セルビア人は再びオーストリアに支援を求めたのだとも記した。オーストリアと並んで、ハンガリーとクロアチアの等族も、セルビア人が1690年に得た特権を奪おうとしたことから、敵の側に含められた。ハンガリー人は、1848年にもいつもと同様に、自分だけのために自由を求めた。偉大な君主として、カラジチ以来の歴史叙述がミロシュを挙げてきたことは既述の通りである。だが、スタノイェヴィチにとって「勇敢な英雄で稀な忍耐力を持つ」偉大な指導者はカラジョルジェだった。

この本は再び大きな議論を巻き起こした。準備不足の作品である、利用していない史料がある、ゼタの強調は正教徒の敏感な感情を傷つけたなど、多くの批判があった。多くの個別問題においても議論が出た。スタノイェヴィチは受けて立ったが、残念ながら多くの場合、論争相手がするのと同じような個人攻撃や瑣末な議論となった。ボスニア・ヘルツェゴヴィナではこの本の販売が禁じられ、そのため当地の若者に大きな影響を与えた。本が時期尚早だったという批判は、確かにある意味で正しいが、それについて当時の人々は当然思い至らなかった。あまりに早かった、つまり、国民的統合の前に出版されたのである。スタノイェ

ヴィチ自身もこの著作を次のように結んだ。「そ れでもなお文化的な国民生活の水準は十分に満足 できるものだ。国民という大きな問題が現在の課 題である。文化と統一の意識は次第に広い層に及 んでいる。あらゆる危機や困難にもかかわらず、 国民的努力の脈動が感じられる」。他の時にも見 られるスタノイェヴィチの多少の情熱には目をつ ぶろう。国民という問題が議論の俎上に載せられ ていたのは確かだが、1910年に第2版が出た時に も解決の輪郭すら見えていなかった[SR 0492]。 この本は歴史の進展を先取りし、すべてのセルビ ア人が一つの国家に統合されると書いたが、この 時点ではまだ現実的でないように思われた。1908 年のボスニアとヘルツェゴヴィナの併合はその逆 の方向を示しているようだった。この本は国民的 統合を示唆するが、それにはもう10年待たねば ならなかった。

スタノイェヴィチは当然併合に憤慨し、意見表 明を行なったが、それがまた批判を呼び、特にト ミチから攻撃された（トミチはスタノイェヴィチ が講座を得た時の対立候補だった）。退却と呼ぶ のすらふさわしいような『ネマニチ朝国家におけ るカトリック教会独立のための闘い』（1912年） [SR 0493]は、スタノイェヴィチの忠実な伝記作 者であり戦友でもあるラドニチによれば、おそら く最良の作品だった。これもまた、深い史料知識、 批判、そして同時に広い視野の見本となる作品で あるが、時に西方教会における当時の内部問題に 入り込みすぎる。だが、教皇庁がスプリトとドゥ ブロヴニクの要求を聞かずに、セルビアのカトリ ックをバール大司教のもとに置き、それによって 新たな問題が生じたことを明らかにした。すなわ ち、13世紀にはすでにセルビア人の多くが正教の 信徒に固定化していたのである。スタノイェヴィ チはラシュカの国家における宗教的寛容を強調し た。そして、他の二つの大司教座の偽造文書に関 する史料批判によって、文書形式学に熟達してい ることを示した。いずれにせよ1912年からアカ デミーの『通信』に、総計ほぼ800頁にわたって 「セルビアの文書形式学に関する研究」を連載し た[SR 0494]。ラドニチによれば、ハンガリーの 文書発行方法の影響が重要だったにもかかわらず、

スタノイェヴィチがそれに目を向けなかったのは 残念だった。しかも、セルビア文書形式学の本も 書かなかった。全10巻のセルビア史料集を計画 したが、結局はセルビア史に関わる他国の主要な 中世史料を集めた第1巻をチョロヴィチとともに 出版しただけだった（1921年）[SR 0495]。一連 の「セルビアの文書形式学に関する研究」の欠点 は、公刊された文書のみを基に書いたことであり、 ゆえに外的史料批判の問題は提起すらできなかっ た。明らかにこのため、スタノイェヴィチは文書 形式学の本を執筆しなかったのである。

第一次世界大戦後に状況が変化し、すでに述べ たように、スタノイェヴィチは指導的人物となっ た。そして、新たに独自の仕事に取り組み始めた。 『ビザンツとセルビア人』と同様、深く徹底した 内容の中世セルビア史を書こうとしたのである。 そのため多くの資料を集めた。しかし結局、史料 を分析する第1巻しか完成しなかった[SR 0496]。 編集の仕事や組織者としての課題や新しいテーマ などがますます増大した。すぐに戦争責任に関す る議論にも加わった。『オーストリア皇位継承者 フランツ・フェルディナントの暗殺』（1923年） [SR 0497]はヴェンデルによりドイツ語に翻訳さ れた[SR 0498]。歴史学者としてのあらゆる技術 に熟達した著者による極めて巧みなこの小著は、 著者の告白によると主に関係者からの聞き取りに よって情報を集め（再びある種のオーラルヒスト リーの先駆である！）、暗殺は当然の成り行きだ ったことを明らかにした。つまり、ヴィルヘルム 2世がコノピシュテでフランツ・フェルディナン トと会談した時に対セルビア戦争に同意したため、 戦争を暗殺によって防ぐ必要があったというので ある。情報の出所は巧妙に伏せられた。そして、 セルビア人による暗殺は戦争勃発の原因ではない と安堵して断定した。

『1912年のセルビア・トルコ戦争』（1928年） [SR 0499]の資料は戦後すぐに集め始めた。ここ でもまた関係者との対話から始めるが、当然のこ ととして先行する外交史上の出来事も検討した。 ロシアに対する以前の思い入れはもはやほとんど 残っていない。第一次バルカン戦争の前史に関す る背景は重厚に描くが、戦場で何が起こったかに

ついては（それが主題であるにもかかわらず！）一言も触れなかった（この本は書評でも貧弱な作品と見なされた）。極めて稀にだが、セルビア軍の規律に問題があったこと、あるいは、キリスト教徒住民（すなわちマケドニア人）が必ずしも期待通りに行動しなかったことを認めた。同時に、ハンガリーにおいて「臣民としての忠誠心が表れたことは、忌まわしくも愚かなことであった」と不快感を示した。

先述のシリーズの 1 冊である『我らの支配者たち』（1927 年）[SR 0473]はスタノイェヴィチ本人が一人で執筆し、君主たちについて極めて一般向けに短くまとめたものである。主に扱ったのはセルビアの君主だった（90 頁中クロアチアの君主については合計 6 頁を割き挿絵は一つのみだが、セルビアの君主はすべて挿絵付きで、多くの場合 19 世紀的なロマン主義的空想画である）。文章は君主それぞれの行動に関する短く好意的な評価からなり、具体的な情報は少ない。著者は完全無欠の英雄について語るのではなく、多少の批判も加えた。

聖サヴァ伝も書いた（1935 年）[SR 0500]。これもまた極めて大衆向けだった。厳密に中世の伝記に則りながらわかりやすく書き換えたものだが、何にもまして、大主教サヴァがセルビア史における最も傑出した人物であり、セルビア文学とセルビア・ナショナリズムの創出者であると評価した。

1908 年に著した総合的通史が早すぎたのなら、国外に紹介する目的で書いたフランス語の短い『ユーゴスラヴィア史』（1936 年）[SR 0501]は遅すぎたといえるかもしれない。すでに実現した国民的要求に沿って書かれ、内容はすべての南スラヴ国家に及び、半分以上は中世の南スラヴ諸国家とオスマン朝支配についての短い（後者については当然とても短い）概説である。ユーゴスラヴィア国民統合の実現は、最初の近代セルビア国家の歴史とともに始まり、1918 年の統一によって締めくくられる。南スラヴ人が一つの民族の子孫でありながら多くの国家に属したため、共生に問題が存在することを認めた。だが、1934 年の残念な事件（国王アレクサンダル 1 世（1888-1934）の暗殺）にもかかわらず、この本には楽観的な響きがある。しかしながら、激しい情熱はない。

これらの晩年の著作はスタノイェヴィチの弱い面を示す。ヨルガほど多産でなく、ペカシュほど深遠でもなく、そしてズラタルスキほど自らのテーマに固執することもなかったが、それでもなお、セルビアの歴史叙述の最も独特で最も水準の高い代表者である。

S. ヨヴァノヴィチ

この時代のもう一人の重要人物は、むしろ古いタイプの独学者を感じさせる S. ヨヴァノヴィチ（1869-1958）である。ヨヴァノヴィチはスタノイェヴィチより多少年長だが、他界したのは後だった。対象とした時代はより狭いが、歴史家としての全作品の重要性は劣らない。ジュネーヴで法学を修め、外務省事務官を務め、1897 年から高等専門学校の、のちに総合大学の法学部で 1941 年まで公法を教えた。その間、1939 年に大臣となり、1941 年には数日の間だけ D. スィモヴィチ（1882-1962）の政権で大臣を務めた。この政府の一員として西欧に逃れ、1942-43 年には亡命政権の首相となった。祖国では 1946 年に命令不服従の罪で死刑を宣告されたが、ユーゴスラヴィア亡命国民委員会では委員長を務めたこともある。基本的な思想は自由主義的だったが、自由党で活躍したわけではない。

見方によっては、一定の水準を保ちながら多くの問題に取り組んだ広範な関心を持つ文筆家と捉えることも可能である。文学史にも文書資料公刊にも取り組んだ。多産な著述家であり、1932 年から 1936 年の間に発行された全集は 16 巻になる。1940 年には 17 巻目が出た[SR 0502-0511]。当初は講義に関連して「主権について」（1897 年）などを執筆した[SR 0512-0513]。「二院制について」（1899 年）[SR 0514-0515]ではイギリスとフランスの議会制度の成立と理論について高い水準で的確に説明し、『大国民議会』（1900 年）[SR 0516]、『セルビア王国公法の基礎』（2 巻、1907-09 年）[SR 0517-0518]、そして『国家に関する法理論の基礎』（1906 年）[SR 0519]を著した。叙述活動は戦後も滞ることなく、『国家について』（1922 年）を出版した[SR 0520]。新国家の憲法の状況を最

初に整理したのは『セルビア人、クロアチア人、スロヴェニア人王国の憲法』（1924 年）[SR 0521] である。さらに、第一次大戦前に法および政治についての諸論文を 2 巻にわたり出版した（1908-10 年）[SR 0522]。時に公法から政治学へと目を向け、『アメリカの連邦制』（1939 年）[SR 0523]、『政治社会学の諸例』（1940 年）[SR 0511、0524] を著した。常に世界史的な視野に関心を向け、共感するマキアヴェッリの伝記[SR 0525]を 1907 年に、そしてフランス革命指導者列伝[SR 0502、0526]を 1920 年に刊行した。以上のすべてを合わせても全体のほんの一部に過ぎない。

これらの多様な著作それぞれが注目に値する業績だが、同時に、ヨヴァノヴィチは、19 世紀セルビア史の解明と研究においても基本となる作品を著し、専門家たちにも認められた。常に第一に国内の文書館において非常に広範に史料を調査した。これらの作品の多くは 20 世紀初頭に書いており、それまでに公刊されたものだけでなく、未公刊の回想録も入手可能な限り用いている。

初期の比較的短い論文は、専門である公法に関するものだった。すなわち「セルビアの法典編纂者ヨヴァン・ハジチ」（1899 年）[SR 0527-0530] はハプスブルク君主国領出身の専門家を取り上げ、その自由主義的奮闘を強調した。「19 世紀における我々の憲法問題」（1905 年）[SR 0531-0533]では、次々に定められた憲法について、短いが優れた分析を示し、1869 年の憲法は外からの強制ではない最初のセルビア憲法だと力説した。P. トドロヴィチ（1852-1907）についての研究（1908 年）[SR 0534-0536]では急進党の指導者の一人を紹介した。トドロヴィチはロシア思想を宣伝したために投獄され、失意の後は政府の雇われ記者となり、現在ではそのようにしか知られていない。

トドロヴィチの研究はもちろん急進党への批判も意図していた。急進党批判は当時のヨヴァノヴィチにおいてそれほど突飛なことではない。なぜなら、その間にマルコヴィチの伝記（1903 年）[SR 0537-0538]も書き、与党急進党の精神的始祖と見なされるマルコヴィチを、かなり見下したように論じているからだ。マルコヴィチは空論家として描かれ、独自の思考を持たず、チェルヌイシェフスキーの理論をセルビアの土壌に移植しようとし、マルクスについてはそれほど取り上げることもなかったという。移植の試みが不可能だったことを証明するため、ヨヴァノヴィチは当時の経済と社会構造に関する多くの統計資料を用いたが、これは、歴史的著作において普通は政治的側面に固執したヨヴァノヴィチにしては珍しい。マルコヴィチの反知性主義を強く批判し、空想的社会主義の犠牲者と呼んだ。マルコヴィチは国民的課題の認識も誤っており、影響力はそれほど大きくなかった。マルコヴィチ伝の第 2 版が 1920 年に出された際に[SR 0539]、ヨヴァノヴィチは、スケルリチのマルコヴィチ研究に対して書いた批判を盛り込んだ。それを一言でまとめると、テーヌを思わせるこのような俊才によって高く評価されたことは、マルコヴィチにとって幸運だったということである。

ヨヴァノヴィチはスケルリチを対等の相手と見て議論した。しかし、他の場合にも、論文ほどに膨らんだ書評を非常に個人攻撃的な調子で書くことがあった（これはルヴァラツを始めとして他の歴史家でも珍しいことではなかった）。ガヴリロヴィチのミロシュ伝について 2 回も『セルビア文学通信』で論じ（1909、13 年）[SR 0540-0542]、全体として独自のミロシュ伝となった。同様に E. ヴェルトヘイメル（1848-1930）による Gy. アンドラーシ（1823-90）の伝記に関連して、このハンガリー人政治家についての文章を 1913 年にノヴィ・サドの『年報』に連載した[SR 0543-0544]。

最初の大著がこの時期に公刊された。それにより、19 世紀半ばから 1903 年までのセルビア内政の発展に関する記述が開始された。『護憲党とその政府 1838-58 年』（1912 年）[SR 0504、0545-0547]は実質的にアレクサンダル・カラジョルジェヴィチの統治について、および寡頭政治との闘いについて記した。この続きは第一次大戦後となる。すなわち、『ミロシュとミハイロの 2 度目の統治 1858-68 年』（1923 年）[SR 0505、0548-0549]、『ミラン・オブレノヴィチの支配』（2 巻、1926-27 年）[SR 0506、0550-0552]、そして『アレクサンダル・オブレノヴィチの支配』（2 巻、1929-31 年）[SR 0507、0553-0555]である。これ

らについては一般的な説明を加えておく必要がある。すでにカラジチのところで述べたが、セルビアは小さく、すべての人がすべての人を知っているという前提は、ヨヴァノヴィチについても当てはまる。つまり、読者にとってほとんどの登場人物が既知であり、さらに、最も重要な出来事についてもそうである（本によっては章のタイトルが単なる日付の場合もあるが、それが何を意味しているか読者は即座にわかる、もしくは少なくともわからねばならないのである）。同時に、個人に関してはうわさ話のような細部までが饒舌に語られるが、多くの場合は見事に人物像が描かれた。出来事については物語調でなく、むしろ分析と解説を行なった。（今日の読者にとっては、書物で議論されていることを理解するため、少なくとも年表的な概観を用意する必要がある。）尽きることがない人物描写と解説は、粗っぽくいえば冗長である。冗長なためしばらく読めば飽きるとはいえ、当時の無味乾燥な実証主義を考えれば、爽快感があるのは疑いない。ヨヴァノヴィチは偏らずに書くよう努力したと記すが、自由主義への傾倒およびリスティチへの心酔は否定できなかった。

護憲党に関する著書で、立憲制の思想はオーストリアのセルビア人に由来すると述べ、君主と、護憲党の集まる枢密院との闘いでは後者の側に立った。すなわち、当初は体制のよい面だけが現れ、個人的権利の欠如や役人による家父長主義的支配は後になって増大したというのである（つまり、よい面が本質であり、悪い面は副産物でしかない）。ミロシュによる専制の後、護憲党支配下で国家組織、公的制度、行政、司法、公教育の創設が始まった。この時期に、自前の知識人が新国家に備わるよう、有能な若者をドイツとフランスの大学に送り出し始めた（ハプスブルク君主国領からの出身者はよそ者と見なし、影響力を排除しようとした）。ヨヴァノヴィチは多くの批判を呼ぶことになる解釈をこの本で書いた。すなわち、保守党のガラシャニンを偉大な政治家と見ず、内相として経済分野でほとんど何も成果を上げなかったと非難したのである。アレクサンダル公を1858年に退位させることができたのは、公が無能で支配を覆すことができたからだとした。（カラジョルジェヴィチ家が統治する1912年に、祖先の一人であるアレクサンダルを無能で優柔不断な小人物として描くのは、意味のないことではない。）いずれにせよ、1858年はヨヴァノヴィチによれば最も平和な年だった（当時もその後も他の研究者は革命の年と見なした）。次の著作（1923年）では、ミロシュの復位を革命的行動と評価した。農民大衆が復位を迫ったのであり、実際にミロシュは農民の負担を軽減しようとした。ミロシュは粗野な人間であり、生来の優れた政治家だが、疑い深く、突然怒り出す専制君主であり、結局のところ耐えがたい人物だった。ミロシュとミハイロの10年にわたる統治は全体として非常に重要であり、この時代に軍隊が作られ、オスマン帝国の地方守備隊が廃止された。そして、世紀末まで存続する官僚的軍事主義国家が成立した。

ヨヴァノヴィチは脚注で多くの史料を引用するが（多くの場合は専門的な規則に従わずに）、引用しない方がさらに多く、単に「街では［つまりベオグラードの中心街では］こういわれている」とだけ記すこともあった。ミハイロ・オブレノヴィチについては、同時代人が評価するようなリアリスト政治家とは見なさないが、優れた統治者だったと捉えた。なぜなら、国民という目的のために必要な専制と軍国主義を打ち立てたからである。ミランについての評価は賛否が入り交じり、オブレノヴィチ家最後の君主に対しては非常に批判的だった。史料の引用に関しては、アレクサンダルについての本でも、ミランとアレクサンダルの直接会談を再構成する箇所で典拠を示さないなど、問題がある。この本の最後ではオブレノヴィチ家の君主たちの一般的な特徴づけを行なった（その中で、オブレノヴィチ家が統治者の地位に再度就くことは不可能だと考えていることが理解できる）。ヨヴァノヴィチによれば、その中でミロシュが最も重要な統治者である。とにかく、この章はヨヴァノヴィチ的手法の精髄である。無礼で知的なおしゃべりと名づけられるかもしれない。読者は何一つ新たな知識を得られないのだから。

ライプツィヒの戦いの100周年記念に『ナポレオンと南スラヴ人』［SR 0556］という一般向けの小論を書いた〔著者は次項のJ.P.ヨヴァノヴィチ

である〕。公刊は1918年になってからであり、ヨヴァノヴィチにはふさわしくないほど大衆的な書物だが、セルビアを超えた南スラヴへの関心が感じられる。ヨヴァノヴィチによればナポレオンこそが南スラヴの一体性を準備した（ヨヴァノヴィチは皇帝ナポレオンに心酔していた）。なぜなら国民的自覚の普及に貢献したのだから。

ヨヴァノヴィチは1929年にクロアチアに関する2本の長い論文を著した。そのうちの一つ「フラニョ・ラチュキと南スラヴ思想」［SR 0557-0559］は記念式典用原稿であり、感情を込めてセルビアとクロアチアの国民的統一に対するラチュキの貢献を強調した（普段はこのような直接的書き方をしなかった）。いま一つは、シシチが公刊したシュトロスマイエルとラチュキの往復書簡を紹介しつつ、シュトロスマイエルが実現させようとした外交目的、すなわち、カトリックのクロアチアとロシア人の協力について書いたものである。ヨヴァノヴィチによれば、双方の理解不足のため、シュトロスマイエルは落胆する結果となった［SR 0560-0561］。

ヨヴァノヴィチの登場はかなり遅かったが、古いタイプの好事家と専門的な訓練を積んだ歴史学者の中間的存在だった。歴史学における業績の水準が平均以上だったことは疑いえない。

J. P. ヨヴァノヴィチ

J. P. ヨヴァノヴィチ〔ヨヴァン・M. ヨヴァノヴィチ・「ピジョン」の略であり、J. M. ヨヴァノヴィチとも記される〕（1869-1939）は、S. ヨヴァノヴィチと生年が全く同じで、姓も同じだが血縁ではない。ベオグラードとパリで法学を修め、しばらく国家官僚を務めた後、高等専門学校で教鞭を取り、その傍ら外交にも携わった（1912-14年の間はウィーン大使を務めた）。1920年に年金生活に入り、1929年の政変後は野党に与した。外交官としての勤務経験からも歴史研究への刺激を与えられ、まず第一に外交史の問題を論じ、1902年から息を引き取るまで新聞に多くの論説も書いた。

歴史家として興味深いのは、1923年に、新たな状況下で編纂された最初の歴史教科書の一つ『セルビア人、クロアチア人、スロヴェニア人の歴史―初等学校生徒用』［SR 0562-0563］を執筆したことである。この歴史は、スラヴ人、中でも南スラヴ人の定住から始まるが、南スラヴ人のうちブルガリア人が登場するのは、セルビア人を攻撃する時だけである。南スラヴ人の諸国家を同時並行で論じながらも、もちろんより大きな関心を寄せたのはセルビア国家だった。国民的視点と並んで（1918年後の革命的時代のことである！）、社会的視点が前面に現れる時もあった。1573年のマティヤ・グベツ（?-1573）の蜂起に関する紹介は、1950年代の歴史学者からも評価された。あらゆるところで三位一体の国民的関係を強調したが、兄弟であるロシア人の支援に言及することも忘れなかった。宿敵はブルガリア人であり、もちろんこれにトルコ人、のちにドイツ人（ハプスブルク帝国を示す）が加わった。セルビア人に最も被害を与えたのは、トルコ人やアルバニア人以上に、ブルガリア人だった（これはバルカン戦争に関わる部分で明言された）。南スラヴ人の間の友好、およびあらゆる外部者との対立という趨勢は自明のことであり、今後とも予想される。ハンガリー人はあまりに弱体化したため、もはや宿敵に数えられることさえなくなった。

以上で見た教科書よりも学問的だが、まだ評論的水準にある概説が『セルビア人、クロアチア人、スロヴェニア人の共通国家の創生』（3巻、1928-30年）［SR 0564］であり、1903年からの展開を検討した。ヨヴァノヴィチによれば、オーストリア＝ハンガリー君主国は当然ながら常に戦争を欲し、セルビアは常に平和な近隣関係を欲した。実際に非常によく書いている概説だが、極めてバランスが悪く、世界大戦についてよりもサライェヴォ事件の前史について多くを語り、尋問記録までも詳細に紹介した。ロシアについてはニコライ2世の退位までしか関心を寄せず、その後の出来事には一言も触れなかった。

ヨヴァノヴィチは19世紀セルビア史シリーズのうち国民統合のための戦いに関する2巻を執筆した。執筆に際しては以前の作品で使った材料を基にして、それを平易に書き直した。最初に1914年から1918年の巻を（1935年）、次に1903年から1908年までの巻を（1938年）著した［SR 0463、

0465]。

サライェヴォ事件についてはすでに独立した作品を書いていた（1927 年）[SR 0565]。それが前述の著書における詳細な検討を生み出したことは明らかである。ただし、世界大戦におけるセルビアの宣伝戦略や、亡命政権のクロアチア人との交渉には、全く言及しなかった。初期の著書『オスマン帝国におけるセルビア教会』（1912 年）[SR 0566]では、マケドニアに対するセルビアの要求をはっきりと支持した。

最後に著した興味深い本『新ヨーロッパの外交史 1918-38 年』（1938-39 年）[SR 0567]は特筆に値する。資料としてトインビーが編集したイギリス外交研究所年報を用い、前史は 1815 年から短く論じた。本論では年ごと、および国ごとに最も重要な情報を挙げた。資料として新しいものは何もなかった。言及に値するのは、ヴェルサイユ体制を穏健に批判したことだ。ヨヴァノヴィチによれば、講和条約は常に戦争を終わらせるために勝者が作る。だがヴェルサイユ体制には誰も満足しなかった。もちろん評価できる点はあった。国際連盟の成立、および帝国に代わって国民国家が生まれたことだった。だが、国境線の変更は不公正であり（例として、イタリアに有利に、ユーゴスラヴィアとオーストリアに不利となる不公正があったことを挙げた）、以前の経済的一体性を分断した（ここでは例を挙げなかった）。さらに、講和条約によって多くのハンガリー人がチェコスロヴァキアやルーマニアの支配下に入ったことも認めた。君主国の継承諸国は経済的一体性が崩壊したため安寧を得られず（これこそが先ほど挙げるべきだった例である）、ハンガリー人は新たな国境に満足できなかった。いうまでもなく、ハンガリーの赤色テロルも白色テロルも、どちらも国境線回復を目指したが、ヨヴァノヴィチはそれに同意しなかった。1927 年に結ばれたイタリアとハンガリー間の協定は、ユーゴスラヴィアの利益を強く危険にさらした。

ヨヴァノヴィチは年代順に叙述し、各年に表題をつけた。表題を見ると、1920 年代は平和への方向性が暗示され、1930 年代には危機と困難が徐々に浮かび上がってくる。合邦（アンシュルス）が脚注の出来事に含まれていたのも不思議ではない。本全体からは、ファシスト国家への反対と西欧デモクラシーへの賛成という立場が見て取れる。幸運にも、ヨヴァノヴィチは自らの心配が現実となるのを見届けるまで生き長らえなかった。

ヤクシチ

G. ヤクシチ（1871-1955）はベオグラードの高等専門学校を修了し、ギムナジウムで教鞭を取った後、1906 年から翌年にかけてパリで研究し、そこで 2 回のセルビア蜂起に関する文書館資料を収集した。博士号もパリで取得した。第一次世界大戦中はパリで亡命セルビア政府のために働いた。1921 年にベオグラード大学の員外教授に任命され、1924 年に正教授となった。パリだけでなくウィーンの文書館でも熱心に材料を集め、第一に外交史に関心を向けた論文と著作は、常に信頼できる史料に基づいている。

パリでの学位論文『セルビアの再生とヨーロッパ』（1907 年）はフランス語で公刊され[SR 0568]、1927 年には新しい資料も加えてセルビア語で出された[SR 0569-0570]。フランスの他にロシアの文書館資料も用いて、1791 年以降のセルビア国家形成の国際的前提を検討した。史料に厳密に依拠し、そこから対話を引用したこともあった。ある時期まで 19 世紀前半の国際関係に没頭し、19 世紀後半についても同じ方法で研究しようとした。『ロシアとオスマン帝国間で結ばれた 1826 年のアッケルマン条約』（1911 年）[SR 0571]もまた詳細な史料引用に基づく論文の例である。おそらく最も価値ある著作は「「秘密条約」の歴史」（1925 年）[SR 0572-0574]であり、1881 年に君主国とミラン王の間で結ばれた条約の有効性を検討した。のちの論文でもこの問題に立ち返り、大臣だったミヤトヴィチの回顧録を扱った際（1925 年）[SR 0575-0576]にも論及した。この時期には、主にミランの時代を研究し、非公開の文書館史料を使ってミランの離婚と退位の経緯を初めて記した（1929 年）[SR 0577]。また、「パシチとスタンボロフ、1889 年のエピソード」（1929 年）[SR 0578-0579]という新聞論説では、ブルガリアの首相〔スタンボロフ〕が、セルビアの首相〔パシ

チ〕との交渉を、どのように君主国領事ブリアーンに隠し続けたのかを書いた。ブリアーンはいわれたままを信じたが、それはブリアーンがどれほど情報を得ていなかったかを示している。スタンボロフはセルビアを冷遇しているようにふるまったという。この頃、ヤクシチは好んで新聞に論説を寄稿し、適切な証拠を提示することもあった。もっとも、資料を組み合わせただけの時もあった。1945年以後は史料集を編纂し（『ガラシャニン書簡』1950年[SR 0580]、『F. フリスティチのリスティチ宛書簡』1953年[SR 0581]）、論文を書いた。君主国政府が1882-83年にボスニアとヘルツェゴヴィナの併合を検討していたことを立証し（1954年）[SR 0582]、V. J. ヴチュコヴィチ（1910-64）との共著では、ベルリン会議でこの2州の運命がどのように決められたかを詳細に検討した[SR 0583]〔ヴチュコヴィチとの共著はベルリン会議についてのものではなく、1954年の「ボスニアとヘルツェゴヴィナ併合の試み」である〕。以前にパリの文書館で集めた資料は死後『第一次および第二次蜂起についてのフランス文書』として公刊された（1957年）[SR 0584]。シシチの記念論集には、クロアチアの権利党による1871年蜂起の試みについての研究を寄稿した（「ラコヴィツァの反乱」1929年[SR 0585]）。

チョロヴィチ

V. チョロヴィチ（1885-1941）はボスニア出身で、ウィーンでヤギチとイレチェクに師事した。博士号は、ハンガリーにおいてセルビア啓蒙思想を代表する人物であるL. ムシツキ（1777-1837）の研究で、1908年に取得した[SR 0586-0588]。その後ミュンヘンでクルンバッハーを聴講し、主に中世を研究しようと考えた。1909年にサライェヴォの博物館でスラヴ部門の長となった。1914年に大逆罪で投獄され、1917年に恩赦により出獄し、ザグレブに移り編集者となる。1919年にベオグラード大学の員外教授に任命され、2年後に正教授に就任した。1922年にセルビア・アカデミー準会員に、1934年に正会員に選出された。ドイツ侵攻の際に死去したようである。

歴史家としての著作は主に第一次世界大戦後に著した。誠実に中世史研究に取り組んだが、むしろ文学史、あるいはより広く文化史に関心を向け、小さな伝記作品を数多く著して史学史を豊かにした。中世の人物伝を公刊し、また、前述のようにスタノイェヴィチとともにセルビアに関する国外の史料を公刊した。チョロヴィチも慣習的な実証主義の方法を用いたが、全体としてそうだったとしても、いくつかの小論ではより広い関連性にも目を向けた。例えば、1919年のベオグラード大学就任講演「過去における宗教と人種」[SR 0589]である。偉大な勝利を記念して次のように語り始めた。「我々は、抑圧された国〔という状況〕から」の解放に向けて、そして、「あなたがた」（すなわちセルビアに生きる者たち）は兄弟を助けることに専念してきた。いまやそれ以外のことに考えを向けることが可能である。チョロヴィチはこのように述べた後、正教がセルビア人を守ったのか、それともセルビア人が正教を守ったのかという問題を提起した。やはりゼタとラシュカの二重性を取り上げ、ラシュカが保守的であり、部族的な枠組みを支持していたこと、そして両者の闘い（そしてラシュカの優位）が避けられなかったことを認めた。この闘いにより、統一国家の中に宗派的統一が実現した。統一以前はまだ選択の余地が残されていた。しかし、国家統一によって、西部がハンガリーの、そして東部が正教のブルガリアの支配下に入ることが阻止された。宗教については国民的役割が重要だった。本来、セルビア人は寛容であり、キリスト教は深く根づいておらず、多くの言い習わしは瀆神的とすらいえる。正教によって国家と教会が一体化され、国家滅亡の際には修道院が政治的発展の中心となり、聖職者が多くの蜂起を率いた。「我々の部族のカトリック部分」であるクロアチア人はカトリック的性質のため国民的伝統を失い、聖職者と貴族は民衆と乖離した。

チョロヴィチの講演を詳しく引用したのは、セルビアの歴史叙述における南スラヴとセルビアの二重性を最も明白に表現していると考えるからである。すなわち、南スラヴ人は一つの国民であるが、実際には、セルビア人のことである。なぜならセルビア人は正教徒だからである。また、すで

に 1918 年に、「文語統一のために」[SR 0590-0591]という題で、セルビア方言とキリル文字を統一的な文章語として提案する論文を発表していた。クロアチア国民再生期の優れた詩人で軍政国境地帯の将官でもあったプレラドヴィチは、チョロヴィチによればセルビア人だが、やむを得ない事情でカトリックとなり、二つの国民を結びつけようとしたという（1918 年）[SR 0592-0593]。チョロヴィチの叙述に従えば、かつて二つの国民が存在したことは当時のセルビア人の思想にとって受け入れがたいが、過去は受け入れねばならないし、もちろん現実には誤りであり、二つの別の文学の存在〔という考え〕も誤りだった。当然ながらボスニアの歴史にも取り組み、太守クリン（1164 頃-1204 頃）について（1921 年）[SR 0594]とトヴルトコ・コトロマニチ 1 世について（1925 年）[SR 0595]大きな研究を書いた。「コトロマニチ家の起源の問題」（1925 年）[SR 0596]では、このボスニア王家はドイツ系だが、ハンガリーの出身だと論じた。

新たな状況の中で、狭義の自らの祖国についてユーゴスラヴィア全体に紹介する義務を感じ、『ボスニアとヘルツェゴヴィナ』（1925 年）[SR 0597]を著した。この地域の住民は常にセルビア人とクロアチア人だったこと、そして、ボスニアはクロアチアが独立を失った後で別の道を歩み始め、14 世紀にトヴルトコが強力なセルビア＝クロアチア国家を作ろうとしたことを記した。この時に最も強く東方と西方の影響力が交錯した。オスマン帝国支配期は、東方の影響が強くなった。歴史的概観は石器時代から始める（サライェヴォの博物館の収集品を利用した）。ボスニア（ボゴミール）教会は、ハンガリーの征服に対抗する国民的抵抗を基に発展した。カーライによるボスニア国民形成の試みを厳しく批判したが、サライェヴォの博物館設立および雑誌創刊における功績は暗黙のうちに認めた。19 世紀の発展はほとんど論じず、個々人の名前と著作の題名を並べただけだった。

ボスニア研究にはその後もたびたび立ち返った（『モスタルとそのセルビア正教会自治体』1933 年[SR 0598]、「中世ボスニア国家の領域的発展」1935 年[SR 0599]、『ボスニアとヘルツェゴヴィナの政治状況』1939 年[SR 0600-0601]、「太守ボリチとその子孫」1940 年[SR 0602]など）。長編の総合的通史を準備したが、中世を論じた第 1 巻を出版しただけだった（1940 年）[SR 0603]。

中世セルビアの歴史に関しても詳細な論文がある。『民間伝承における聖サヴァ』（1927 年）[SR 0604]は、研究の方法論としても興味深く、伝承と崇敬をはっきりと区別し、その上で後者について書こうとした。「ドラグティン王とミルティン王の間の権力の分有」（1929 年）[SR 0605]では、伝説的なトポスを多く有する伝承が、「我々のカトリック教徒において」も見出せることを強調した。チョロヴィチは古い時代からの文学史にも関心を示し、19 世紀に重要な役割を演じたセルビア文学協会の歴史を執筆した（1932 年）[SR 0606]。また、古書体学に重要な貢献をなしたのは「昔のスラヴの記録に見る相互の結びつきと影響」（1938 年）[SR 0607]だった。時が経つにつれ、より新しい時代に関心を向け、最後に公刊した研究は「スレムスキ・カルロヴツィ条約（カルロヴィツ条約）からポジャレヴァツ条約までのモンテネグロのドゥブロヴニクとの関係」（1941 年）[SR 0608]であり、これは再び模範的な史料利用の例となった。

大衆向けの著作にも取り組んだが、それには当然ながら、かなり具体的な政治目的があった。『我々の文化における南セルビア』（1928 年）[SR 0609]は、中世初期のキュリロスとメトディオスを始めとして、マケドニアにおけるセルビア人の存在を示した。先に触れた「国民事業」出版によるシリーズでは、『我らの勝利』（1929 年）[SR 0474-0475]を執筆した。これも優れた概説であり（チョロヴィチの文体は執筆者の間でも抜きん出ていた）、もちろん多くの絵が挿入された。フランツ・ヨーゼフ、ヴィルヘルム 2 世、フェルディナント 1 世〔ブルガリア王〕、メフメト 5 世〔オスマン帝国スルタン〕は「我らの敵たち」という題のもとにまとめられ、絵の下に称号が示されただけで、名前は表記されなかった。

『バルカン独立のための戦い』（1937 年）[SR 0610-0612]も実際のところこの種の著作である。

中心となる主張は、外からの干渉がなければバルカン諸国はいつでも相互に妥協可能だということである。中世初期から概観が始まり、ハンガリー人の登場は重要だと見なした。なぜなら、アジア起源の民族のうち建設的な能力を示したのはハンガリー人だけだったからだ。13世紀のセルビアとブルガリアの同盟は、まだバルカンがバルカン人のものであるというスローガンがない時代のことだが、外からの征服者に対するバルカン人の抵抗だと見なした。ロシアの影響を常に肯定的に捉え、セルビアの独立という観点から見て、ロシアはオーストリアほど有害ではなかったという。中心は当然ながらセルビアの発展であり、特に19世紀初頭以降を扱い、バルカン全体の協力を目指したミハイロを最も偉大な人物として取り上げた。バルカン諸国の政策は、多くの場合、国民の利益に合致しなかった。第二次バルカン戦争におけるブルガリアの攻撃は、ハプスブルク君主国が「セルビアに仕返しする」ために〔ブルガリア〕政府をけしかけたものだった。1918年以降の新時代になると、バルカン半島はバルカン人のものとなり、バルカン協商がこれを保障した。バルカン協商は誰に敵対するものでもなく、人類の幸福に寄与したという。いつもは明晰なチョロヴィチだったが、その明晰さを損ねたのは、公然たる政治的意図だけではなかった。本の構成にも問題があった。すなわち、チョロヴィチは外交上の主題ごとに叙述を進めたため、しばしば時間を戻して前史を語らねばならなかったのである。

最後に紹介するのは、長大な概説『ユーゴスラヴィア史』（1933年）［SR 0613］である。1冊が1941年2月に〔ハンガリーの歴史家〕ホーマン宛に寄贈され、ラテン語で献辞が記してある。この本でチョロヴィチは、一体としての南スラヴ史、つまり、当然のこととして諸国家の歴史ではなく諸民族の歴史を意識的に描こうとした。なぜなら、国境に煩わされることがなければ、どのような関係が生起したのか、はっきりとわかるからである。もっとも、この視点を最後まで貫き通すことはできなかったが、志は明白であり、一体としての南スラヴ（セルビア？）の立場は一貫している。混乱を引き起こしたのは常にブルガリア人だった。

また、クロアチアは領土的にハンガリーに征服されたのではなく、国として自らハンガリーに加わった。そしてボスニアのトヴルトコは、セルビアとクロアチアの双方に君臨した最初の王という（やはり国家は無視できなかった）。ドージャ軍は主に今日のバチュカとバナトを荒らし回った（チョロヴィチは民衆運動に対して、国民的目的で戦ったのでない限り、あまり好感を寄せなかった）。ブルガリア人はオスマンの攻撃によって軍隊とともに自らの国家も失い、以後、抵抗する意志も失った。その反対に、南スラヴ人は自らの不備を認識し、国家への責任を自覚したため、抵抗の意志を持ち続けた。チョロヴィチはオスマン期の経済史的概観も多少記したが、もちろん得意な分野ではなかった。むしろ、オスマン時代は政治的事件があまり多くなかったためである。政治的事件が起こった時には、問題が生じた。例えば、N. ズリンスキ（1620-64）はハンガリー人と近しく、ハンガリー人との関係も多く、叙事詩もハンガリー語で書いたのである。

チョロヴィチは南スラヴ人が住んでいた国家について語らざるを得ず、したがって国家の歴史を組み入れることを余儀なくされた。このため、中世以降はハンガリーに、18世紀末以降はオーストリアにも言及した。どちらに対してもあからさまに反感を示したが、改革期のハンガリー人の運動が多分にナショナリズムの要素を含みながら、自由民主主義の要素も数多く含んでいたことも認めた。他方、改革期に関しては、スロヴェニア人が独自の文章語を形成し、「いまだに方言を手放さない」ことを深く嘆いた。セルビアの指導的政治家を描写する際は、他の通史より多少批判的になろうとしたようで、セルビア人政治家の過ちも認めた。スタルチェヴィチについては、セルビア人について知ろうとせず、大クロアチア主義的政治を推し進め、排他的にクロアチア側に立った政治を行なったと断定し、その反セルビア的姿勢に憤慨した。ウィーンは〔1867年の〕妥協により、セルビア人とクロアチア人を生贄としてハンガリー人に差し出したが、クロアチアとハンガリーの妥協は以前の状況に比べれば前進だった。1918年以後の発展も概観し、主として、ユーゴスラヴィア

の平和的な外交政策を強調した。ただし、連邦制を望むクロアチア人に対しては多少の反感を示した。チョロヴィチはユーゴスラヴィアの統合について、1918年にはまだ他人事のように論じ、本の結びで初めて感傷的になった。すなわち、いまだ南スラヴ国民は困難な時代を生きているが、必ず未来はあると述べたのである。クロアチアに対しては時におもねったが、スロヴェニアの独自性には批判的だった。こうした見解を表明したのはチョロヴィチだけではなかったが、彼は統合主義の代表格であり、しかも〔学問的〕水準も最も高かったと思われる。

＊

R.M. グルイチ（1878-1955）も同様に君主国領出身だった。スレムスキ・カルロヴツィで神学を修めて叙階も受け、その後ウィーンで法学を学んだ。ザグレブ大学では歴史学者としての教育を受け、そこで1919年に博士号を取得した。1920年にスコピエに新設された大学の国民史担当教員に任命され、1937年にはベオグラードの神学部でセルビア教会史の教師になった。スコピエ大学では学術協会を創設し、長い間会長を務め、会誌『通信』の編集も行なった。ベオグラードでは教会博物館を設立した。

研究業績は戦争前から発表し始め、「スラヴォニア文化史資料」（1913年）[SR 0614]の題で1710年から1756年までの記録を公刊した。様々な時代について180編ほどの論文を著した。政治史と並んで当然ながら教会史も扱い、しかも、教会史を通して社会経済史にも関心を向けた。すなわち、中世セルビア修道院所領について[SR 0615]、17-18世紀の南ハンガリーにおけるセルビア人農民の状況[SR 0616-0618]、セルビア人のクロアチアおよびスラヴォニアへの移住[SR 0619-0620]、さらにはハンガリーにおけるセルビア人学校について[SR 0621-0623]も論文がある。何でも屋的なところもあり、スコピエ勤務の時はすべてを基礎から始めねばならず、発掘も手がけた。

G.-G. エレゾヴィチ（1879-1960）はベオグラードの高等専門学校を修了した最後の学年に属し、ギムナジウムの教師となった。1920年代に短期間だけ国家官僚を務めたこともある。文献学者でもあり、2巻にわたるコソヴォ＝メトヒヤ地方のセルビア語方言辞典を公刊した（1932-35年）[SR 0624]。エレゾヴィチの名を挙げる必要があるのは、歴史家が無視してきたトルコ語史料を非常に熱心に翻訳したからである。『トルコ語史料』（1940、52年）[SR 0625-0626]の表題で多くの翻訳史料を活字化した。明らかにこの功績で、1946年にアカデミー準会員に選出された。エレゾヴィチの功績は分析にではなく、史料収集にある。

ラドイチチ

N. ラドイチチ（1882-1964）はスレム地方出身で、グラーツ、ザグレブ、ウィーン、イェーナ、ミュンヘンなど多くの場所で学び、ビザンツ学の優れた教育を受けた。1907年に（ザグレブで）ビザンツ学の博士論文『コンスタンティノープル帝位におけるコムネノス朝の最後の二人』を書いた[SR 0627]。長い間ギムナジウムの教師を務め、歴史地理学の実績からヴェルサイユ講和会議に専門家として加わった。1920年に新設されたリュブリャナ大学でセルビア＝クロアチア史の員外教授となり、1922年に正教授となった。1941年にベオグラードに戻り、戦後はアカデミーのビザンツ学およびバルカン学研究所で働いた。

ビザンツ学に属する業績では、11-12世紀におけるビザンツの歴史家3人（スキュリツェス、ブリュエンニオス、ゾナラス）がセルビア人とクロアチア人をどのように呼んでいたのかについての論文（1926年）[SR 0628]、「セルビア人に関するアンナ・コムネナの記述」（1927年）[SR 0629]、マリツァ河畔の戦いに関するギリシア語史料を分析したドイツ語論文（1931年）[SR 0630]などがあり、「ユスティニアヌス帝のスラヴ出身説について」（1940年）[SR 0631]では、俗説を批判した。中世セルビア国家の問題にも取り組み、「ドゥシャン法典の法的効力」（1924年）[SR 0632]、および法と裁判の関係について中世セルビアとハンガリーを比較した研究（1925年）[SR 0633]では、中世セルビア国家の特徴を理解しようと試みた。ネマニチ朝に関するイタリアの史資料を集めたが（1928年）[SR 0634]、これによってラドイチチも中世セルビア議会の身分制的性格を証明しよう

とした（1929 年）［SR 0635］。長編の研究では、歴史家として前述したテオドスィイェの社会観と政治観について、すなわち、中世の伝記で最も好まれた主題を取り上げた（1931 年）［SR 0636］。テオドスィイェの著作が再版された時には長大な序論を書き加えた［SR 0637］。また、「ネマニャ時代のセルビアにおける社会と国家の構造」（1934 年）［SR 0638］では新たな研究成果をまとめ、さらにバールの年代記〔ポプ・ドゥクリャニンの名で呼ばれる既述の年代記を指す〕の分析で補完した（1935 年）［SR 0639］。「クロアチア王ズヴォニミルの死去についての伝説」（1936 年）［SR 0640］では、ズヴォニミルが 1089 年の十字軍布告の際に議会で殺されたというポプ・ドゥクリャニンのクロアチア語版にある叙述を否定し、自然死だったことを史料で示した。常に歴史的伝説を正そうとし、ハンガリー王ラースロー 4 世が正教徒だったという伝説も否定した（1934 年）［SR 0641］。「聖サヴァとセルビアおよびブルガリア教会の自治的性格」（1938 年）［SR 0642］では、膨大な史資料を用いてサヴァの教会設立者としての重要性を明らかにした。1940 年に再び中世セルビア議会に関する見解をまとめた［SR 0643］。稀にだが、19 世紀の問題にも触れ、「カラジョルジェのセルビアにおける軍隊の設立」（1934 年）［SR 0644］、府主教 S. ストラティミロヴィチ（1757-1836）に関する二つの論文（1936, 37 年）［SR 0645-0646］、そして 1848 年のセルビア教会会議も取り上げた（1938 年）［SR 0647］。1921 年には国民的一体性という理念をセルビアおよびクロアチアの歴史学から急いで引き出そうとした［SR 0648］。「アレクサンダル 1 世統一王」（1934 年）［SR 0649］は、暗殺後に、スロヴェニア語で肯定的な評価をまとめたものである。リュブリャナで教鞭を取った時期には、これ以外の個々の問題についても研究成果をスロヴェニア語で著し、また、セルビア的視点を説明する論考を数多く著した［SR 0650-0652］。

ラドイチチの業績は史学史研究において特に価値がある。ルヴァラツを非常に尊敬し、多くの研究でその業績を評価した。「ルヴァラツによる真実の追究」（1909 年）［SR 0653］は、ルヴァラツ史学の方法を発展させようと計画した大作の一部であり、死後 25 周年の際に公刊された（1930 年）〔1932 年に公刊した「ルヴァラツの歴史の方法について」［SR 0654-0655］のことか〕。ラドイチチはルヴァラツの赤いクロアチア論を分析し（1933 年）［SR 0656］、ルヴァラツの選集も刊行した（1934 年）［SR 0657］。スタノイェヴィチ編の百科事典では国内外の歴史学者について多くの項目を書いた（例えばエンゲルやカニッツ）。ライチにも多くの研究を捧げた。「ライチの『歴史』の基礎」（1921 年）［SR 0658］やライチの伝記［SR 0659］を著し、その『歴史』を書き上げたのが 1768 年だったことを明らかにした。また、ズラタルスキ記念論集ではライチのブルガリア史に関する記述を分析した（1925 年）［SR 0660］。「セルビア人における歴史批判の始まりについて」（1922 年）［SR 0661］はルヴァラツに関わるものであり、また、イレチェクについては二つの優れた回想を書いた（1923 年［SR 0662］、1925 年［SR 0663］）。『チェコ歴史学雑誌』に初めてセルビア史学史を寄稿したのもラドイチチだった（1925 年［SR 0664］、セルビア語での公刊は 1929 年［SR 0665］）。ラドイチチの基本的な主張は今日まで有効だと考えられる。クロアチアの歴史学者に向けて、クロアチア民族王朝史に関するセルビアでの研究のまとめをトミスラヴ王記念論集に著した（1925 年）［SR 0666］。マティツァが設立以後 100 年間でいかにセルビアの歴史叙述に貢献したかは、やや長めの論考で明らかにした［SR 0667］。16 世紀のクロアチアの歴史家ヴラメツの史料を発掘し（1928 年）［SR 0668］、ユリナツの業績を近代的な視点から初めて分析した（1929 年）［SR 0669］。18 世紀セルビア史叙述における文化史への関心を示し（1933 年）［SR 0670］、オルフェリンについても論文を著し（1933 年）［SR 0671］、さらにノヴァコヴィチの歴史家としての業績を評価した（1942 年）［SR 0672］。

ラドイチチの次の関心領域は歴史地理学だった。明らかに政治的目的のため、いち早く 1919 年に一般向けとして、セルビア人のヴォイヴォディナに関する概説を出版した［SR 0673］。ツヴィイチ記念論集では、セルビアにおける従来の歴史叙述の立脚点を地理的視点から総括し（1924 年）［SR

0674]、11-13世紀のビザンツとセルビアの境界の特徴を興味深い研究で示した（1933年）[SR 0675]。この領域で最も成功した著作は『19世紀初頭のセルビア地理に関する理解』（1927年）[SR 0676]で、マルスィリとトムカ＝サースキを始めとする前史を手際よくまとめ、それに続いて、ヴァインガルテンというオーストリアの司令官が公務で作成した資料を紹介した。この資料は当然ながら軍事機密書類だったが、コピタルが写しを入手し、コピタルとカラジチの二人が不足を補ったものである。本書はその地誌全文を掲載している。

1945年以後ラドイチチは史料公刊に取り組んだ。ステファン・ドゥシャンの法典二つに長編の序文と注釈をつけ、世に出した（1960年）[SR 0677]。さらに、ステファン・ラザレヴィチ公の鉱山法も公刊した（1962年）[SR 0678]。研究においては中世および19世紀という以前からのテーマを継続し、ハンガリーに関しても「アンドラーシュ2世のステファン初冠王への贈り物」（1954年）[SR 0679]を書いた。また、12世紀末にハンガリー・セルビア関係に生じた変化についても記した（1954年）[SR 0680]。史学史の作業も続け、1952年に『セルビアの歴史家ライチ』というモノグラフを著した[SR 0681]。広範なテーマとスロヴェニアでの大学教授としての活動は、チェコのハロウペツキーを思い起こさせ、学問的位置においても比肩する。

＊

ヘルツェゴヴィナ出身のV.ポポヴィチ（1887-1941）はウィーンとグラーツで哲学部を修了し、1923年にベオグラードで近代史の准教授になった。その後、1925年に員外教授に、そして1930年に正教授に就任した。公式な専門は外交史だが、それよりもかなり広い範囲に関心を向け、独特な思想家という面もあった。政治中心的な歴史観からおそらく最も離れたのはポポヴィチである。早くも1920年に『南スラヴ人の歴史』の第1巻を著し[SR 0682]（第2巻以降は書かなかった）、文化史を取り入れて中世を論じた。文化史とは第一に、当時の思考や心性の検討を意味した。1924年には近代歴史叙述の現実的課題に関する論考を著し[SR 0683]、政治史と並んで他の分野の重要性を指摘した。歴史発展における機械的かつ生物学的な法則性を概念化しようとした。初期の二つの研究でも、政治史を超えて、ザドルガの問題にまで取り組んだ（『ザドルガ―歴史的議論』1921年[SR 0684]、「ザドルガ―理論と文献」1922年[SR 0685]）。

だが、研究の多くは19世紀の外交史に属する。最初の研究で、モンテネグロ公ダニロが1857年にパリで行なった外交活動を論じ（1923年）[SR 0686]、ここから『ナポレオン3世時代のフランスとオーストリアのバルカン政策』（1925年）[SR 0687]へとテーマを広げ、さらに長編の論文でベルリン会議を分析した（1928年）[SR 0688-0689]。この頃に『東方問題』[SR 0690-0692]という概説も書き、実際、セルジューク朝以降の東方問題をめぐる外交交渉と様々な国際戦略構想を俯瞰した（コシュートの連邦構想にも何行か触れる）。おそらくは一般向けのつもりで書いたのであろうが、残念ながら退屈な事件史である。とはいえ、重要な発展に焦点を合わせており、しかもセルビアの役割を拡大解釈しなかった。メッテルニヒの中東政策に関する研究も著した（1931年）[SR 0693]。その後関心は社会史へ戻ったようで、1949年に『ボスニアの農業問題とトルコの混乱』[SR 0694]を著し、1860年代のミトハト・パシャによる改革の試みを論じた。

セルビア19世紀史シリーズでは、『解放の時代のヨーロッパとセルビア問題1804-1918年』（1940年）[SR 0469]の巻を書いた。この本の叙述は非常に断定的であり、冒頭で、バルカンでは常に列強の政策が影響力を持ったと認めているものの、かなり大セルビア主義に染まっていた。セルビア問題はドイツやイタリアと同様だったと国民的自負心を持って語った。というのも、いずれの場合も国民的領域の統一が問題だったからだというのである（本質的な違いには触れなかった）。ヨーロッパがセルビア問題を現実のものとして認識したのは1908年の併合危機によってだった。今日のヨーロッパは、歴史学者以上に（セルビア人歴史学者も含めて）、小さなセルビア民族の歴史的重要性をよく知っている。しかしポポヴィチは、ヴァルダル渓谷がブルガリアよりもセルビア

にとって非常に重要であるという理由から、マケドニアがセルビアに属する地域だと証明することに力点を置いた。1918年の変化により、セルビア国民は東方問題を「威信と成功により解決した」。教科書である『近代史 1492-1815 年』(1941 年)[SR 0695]の執筆は興味深い試みだった。そこでポポヴィチは、事件史だけでなく各時代の基本的問題も取り上げ、それを章ごとに論じたのである。対応する文献目録が常に記された。もしポポヴィチが国民的貢献に専念するのをやめ、この本で提示した問題にもっと目を向けていたなら、さらに重要な歴史家となっていたであろう。

M. ディニチ(1899-1970)はフランスで第一次世界大戦を経験し、モンペリエで歴史研究を始めた。1928-30 年にウィーンで学業を終え、博士号を取った。1937 年にベオグラード大学准教授となり、1940 年に員外教授となった(1950 年に正教授)。ドゥブロヴニクの文書館で長く研究し、セルビアおよびボスニアの中世史と、さらにはクロアチア史にも目を向けた。常に個別テーマを研究した。ディニチの史料発見と史料批判は賞賛に値するが、想像力は乏しかった。

最初の研究は中世スレム地方についてであり(1931 年)[SR 0696]、翌 1932 年にはトゥルトコ 1 世の戴冠についてアカデミーの『通信』誌上に論文を書き[SR 0697]、また、N. アルトマノヴィチ(1348-73 後)についても書いた[SR 0698]。お気に入りの史資料の一つは、国外、特に西欧からの旅行者による記録だった。15 世紀のヴィンデッケによるボスニア報告を要約したのはディニチだった(1935 年)[SR 0699]。「聖サヴァ公の土地」(1940 年)[SR 0700]は、15 世紀におけるヘルツェゴヴィナの形成を論じている。

ディニチは、ドゥブロヴニクでの文書館調査を通して経済史の問題に注目したが、これは当時の研究者には珍しいことである。「ドゥブロヴニクとその隣国における火器の歴史によせて」(1934 年)[SR 0701]、そして「ドゥブロヴニクの税」(1935 年)[SR 0702]を著し、「中世ドゥブロヴニクの隊商貿易」(1937 年)[SR 0703]では、バルカン半島を通過する商業の問題を取り上げた。文化史の問題にも触れたのは、「中世ドゥブロヴニク共和国領におけるスラヴ語の礼拝」(1934 年)[SR 0704]である。

セルビア(そしてルーマニア)の中世史における事件史上の問題については、「コソヴォとロヴィネの戦いに関する史料としてのサン=ドニ修道士の年代記」(1937 年)[SR 0705]、および「コソヴォの戦いに関する二人の同時代人」(1940 年)[SR 0706]で資料を提供した。「16 世紀におけるフランス人 3 人の旅行記作家が記した我が国土」(1940 年)[SR 0707]では、スラヴ系住民の存在を証明する意見に焦点を当てた。「クロアチア侯イリコ」(1938 年)[SR 0708]では、初期クロアチアの歴史に光を当てようと試みた。

ディニチの重要な業績は 1945 年以後の歴史学に属する。中世のボスニアおよびセルビア、そして経済史に対する関心は、1945 年以後も研究の中心であり続けた。

V. スカリチ(1869-1943)はグラーツで歴史・地理専攻を修了した後、ギムナジウムで教え、1918 年から 1936 年までサライェヴォの博物館長を務めた。生まれた町と狭義の祖国すなわちボスニアをテーマとして、ローマ時代から 19 世紀までを扱った。サライェヴォのセルビア人正教徒について国民と教会の視点から比較的長い論考を書き(1928 年)[SR 0709]、『サライェヴォとその周辺』(1937 年)[SR 0710]という本も著した。スカリチも、オスマン時代に取り組んだ稀な例である。「ボスニアのスィパーヒによる 1123 年(〔西暦〕1711 年)の記録」という題で、注釈をつけて史料を公刊した[SR 0711]。ボスニアの経済史と社会史の問題について、しばしば地方史的性格を持つ論文を多く著した[SR 0712-0714]。地名に関するものや、地理学の専門用語一般に関する研究は注目に値する。地名に残る古いボスニア貴族の痕跡について 1922 年に書き[SR 0715]、1927 年にはボスニアとヘルツェゴヴィナの地名について著した[SR 0716]。18 世紀の M.M. バシェスキヤ(1732 頃-1803 後)のサライェヴォ年代記に関する大きな研究[SR 0717]、および昔のセルビアとボスニアの鉱山法と技術に関するモノグラフもある(1939 年)[SR 0718]。サライェヴォ史以外には、個別研究を大きな総合にまとめ上げようとはしな

かった。一般向けの概説「ボスニアとヘルツェゴヴィナの 19 世紀史から」は死後に公刊された（1949 年）[SR 0719]。

D. パンテリチ（1879-1955）はウィーンで人文学を修め、ギムナジウムの教師になった。転換〔ユーゴスラヴィア成立〕後はベオグラードの軍事高等専門学校で世界史を教え、次にベオグラードの高等師範学校で自国史および世界史の教師となった。1945 年にアカデミー文書館に勤務した。スカリチと同じように、まず第一に未調査の文書館史料を基に、狭義の祖国すなわちセルビアに絞って近代史の個別問題に取り組んだ。『スヴィシュトフ（シストヴァ）講和後のベオグラード・パシャリク』（1927 年）[SR 0720]は大作の一つであり、さらにこのテーマを論じた『第一次セルビア蜂起前のベオグラード・パシャリク』（1949 年）[SR 0721]は最も重要な業績である。テーマからすれば政治史の枠を超えるべきだったが、地域史という限界のため、個別問題の慎重な検討にとどまった。

スレム地方出身の M. コスティチ（1886-1980）はウィーン大学を修了し、ギムナジウムで教鞭を取った。1921 年にスコピエ大学准教授となってグルイチの後を継ぎ、1923 年に員外教授、そして 1932 年に正教授となった。また、スコピエ学術協会会長と機関誌『通信』の編集者も務めた。1945 年以後はしばらくアカデミー文学研究所で働き、1954 年から 1957 年の間はノヴィ・サドに新設された大学で自国史を教えた。1958 年からはセルビア科学アカデミーの歴史学研究所所長かつ『史学雑誌（イストリイスキ・チャソピス）』編集者も務めた。コスティチもそれまで目を向けられていなかった時代に関心を寄せて、18 世紀に関わるテーマを取り上げた。特に当時の対露関係問題に取り組んだため、純粋な政治史から離れねばならなかった。18 世紀におけるセルビア人のロシア移住について複数の研究を著し、新セルビアと呼ばれた南ウクライナ地域での定住について（1923 年）[SR 0722]、さらに、「古セルビアにおけるセルビア人とアルバニア人の反オスマン蜂起とハンガリーへの移住」（1930 年）[SR 0723]を書いた。どちらも、多くの新しい文書館資料を見つけ、ロシアにおけるセルビア人移住者の生活について興味深い像を示した。業績の多くは 1945 年以後の時代に属し、18 世紀を対象とする研究も継続した。すなわち、フランス革命のセルビアでの反響[SR 0724]、18 世紀セルビアにおけるピョートル大帝崇敬[SR 0725-0726]、鉄道の出現までのドナウ川とサヴァ川の水運による商業の発展[SR 0727]などに取り組んだ。1952 年に啓蒙思想の偉大な代表者オブラドヴィチに関する初めての本格的な伝記を著し、オブラドヴィチを当時のヨーロッパの中で位置づけた[SR 0728]。

G. チュレモシュニク（1890-1958）はスロヴェニア出身であり、グラーツ大学で歴史を修め、1915 年にイレチェクのもとで博士号を取った。1917 年に、短命に終わったサライェヴォのバルカン学研究所で、イレチェクの新参の弟子として、事務長となった。国家的転換〔ユーゴスラヴィア成立〕後は長年にわたりサライェヴォの博物館に勤務した。セルビア科学アカデミーの準会員にも選出されたが、それは彼の学問的業績が第一にセルビア史の諸問題と結びついていたからだった。1935 年にスコピエ大学に中世世界史の員外教授として迎えられ、のちに正教授となった。1946 年にリュブリャナ大学でバルカン諸民族史の教授となり、狭義の祖国に戻るが、その後も主にドゥブロヴニクの文書館資料を基に、セルビア、ボスニア、そしてドゥブロヴニクの問題に取り組んだ。その間に歴史補助学の領域でも活動し、経済史分野でも貴重な研究を著した。

最初の大きな研究は中世の奴隷に関してである（1922 年）[SR 0729]。次に中世の商人団体を扱った（1924 年）[SR 0730]。これに続いて「昔のドゥブロヴニクにおける貨幣制度」（1925 年）[SR 0731]を著した。ドゥブロヴニクという都市共和国の全体に関心を持ち、「1300 年までのドゥブロヴニクの尚書局とドゥブロヴニク文書館の最古の蔵書」（1927 年、もちろん掲載したのは従来と同様にサライェヴォの『通信』だった）[SR 0732]を著した。1932 年にこのテーマでより大きな史料集『尚書局と公証人の記録 1278-1301 年』を活字にし[SR 0733]、さらに政治史にも手を広げ、「1358 年までのドゥブロヴニクのヴェネツィアと

の関係」を著した（1933 年、クロアチアの『国民考古』誌に掲載）[SR 0734]。1940 年にセルビアの古書体学と文書形式学について研究を書いたが [SR 0735]、これは未完の総合的研究の一部に過ぎなかった。1946 年以後はリュブリャナにおいてまずドゥブロヴニクの文書を公刊し（1278-82 年の公証人の証書、1951 年 [SR 0736]〔発行地はザグレブ〕）、ドゥブロヴニクにおけるセルビアあるいはクロアチア尚書局の形成を描いた（1952 年）[SR 0737]。チュレモシュニクはテーマからすればクロアチアの歴史叙述にも含まれるが（シシチは彼の研究を高く評価した）、経歴は最終的にスロヴェニアで全うしたことから、スロヴェニアの歴史叙述としても考慮される必要がある。チュレモシュニクは、研究テーマと活動から見れば、真の「ユーゴスラヴィア的」歴史学者ということもできる。だが、彼の経歴が非常に独特だったということは、まさに次のことを示している。すなわち、両大戦間期における「ユーゴスラヴィア的」歴史叙述は、様々な試み、さらには強い後押しにもかかわらず実現せず、国民的統一が強調されたにもかかわらず、三つの国民の歴史叙述がそれぞれ別の道にとどまったのである。とりわけボスニアの国民的帰属は歴史叙述において論争点として残った。すなわち、クロアチア人もセルビア人もボスニアとヘルツェゴヴィナの発展を自らの歴史として描いたのである。

1945 年以降も研究を続け、さらには 1945 年以降の時期に重要となる歴史学者に言及することが次第に増えてきた。さらにもう二人のセルビア人歴史学者を紹介し、その次に他の歴史叙述部門に目を移すことにしよう。

ポポヴィチ

D（ドゥシャン）．ポポヴィチ（1894-1965）はザグレブとウィーンで哲学を修め、ザグレブで博士号を取得した。1921 年にベオグラード大学に移り、1926 年に准教授、1930 年に員外教授、そして 1935 年に正教授となった。しかし、出身地のノヴィ・サドを忘れず、1928 年から 1940 年までノヴィ・サドの『通信』を編集し、1945 年以降も再び同地で活動した。

当初から、狭義の祖国に関する歴史に打ち込み、1925 年にバチュカの紹介を出版した [SR 0738]。一目で非凡とわかる歴史学者であり、広い視点から地域史を捉え、社会経済的問題や、民族誌にも目を向けた。最初の大作はその好例であり、おそらく最大の成功を収めた。すなわち『ツィンツァルについて』（1927 年）[SR 0739] である。この本は、セルビアではツィンツァル（ツィンツァリ）、他所ではアロムン人と呼ばれるバルカンの民族集団の歴史について、膨大な資料を用いて（これはどの著作にも共通する特徴である）、年代順には厳密にこだわらず、テーマに沿って紹介したものである。分厚いこの本のうち、かなりの部分は個々の家族史の描写である。ツィンツァルは閉鎖的で独特な小集団であり、多くは豊かな商人である。ポポヴィチによれば、民族的視点では定められないのが特徴であり、時とともにいずれの国民にも同化しうる人々だった。ブルガリア人としても、またセルビア人としても知られるジェファロヴィチはツィンツァルに属した（A. シャグナ（1809-73）も同様である）。ディアスポラで暮らしている先では、どこでも経済的役割が大きかった。ポポヴィチは必ずしも形式にとらわれない分類方法で、注目すべき貴重な多くの事例を（そして多くの余計なことを）列挙した（のちの著作でもこれが主な特徴である）。疑いなく、セルビアのブルジョワジー形成に関する多くの個別事例を提示しており、そこからセルビアのブルジョワジー形成を描くことも可能だろう。とてつもなく広範な史資料を用い、ハンガリー語のものさえ数多く用いた。

次の本は『ハイドゥクについて』（2 巻、1930-31 年）[SR 0740] であり、オスマン支配に対して戦う農民パルチザンに関する資料を整理しようとした。しかも、それ以外の問題をいろいろと取り上げ、イスラームに改宗したセルビア人にも触れている。オスマンに対して深い理解を示し、ある種の民主政の実現を 16 世紀のオスマン帝国に見て取った。さらに、トルコ人以外が立身出世することに何の制限もなかったと指摘したが、それは正当な指摘である。民族誌的情報も記し、どのような服を着てどのような武器で戦い、また、戦い

でない時（秋から春まで）何をしたかも教えてくれる。それでもなお主たるテーマはオスマン帝国に対する戦いであり、そのために最大限に活用した史料は民俗だった。すなわち、ハイドゥクについての民衆詩であり、ここでは、前の研究と異なり、事件史が優位に立った。

1945年以降は、当時の概念でいうヴォイヴォディナのセルビア人の歴史についてのみ書いた。『1690年のセルビア人大移住』（1954年）[SR 0741]は、大移住の結果としてもたらされた損失、すなわち同化されてしまう恐れを前面に掲げた。だが、移住先のセルビア社会の中から知識人層が登場し、再びセルビア人統合を推進したことも認めた。もちろん、それは第一に教会の知識人を意味したが、少なくとも言語的には、カトリック化されたブニェヴァツ（ブニェヴツィ）とショカツ（ショクツィ）との一体性を保ち、信仰面ではハンガリー領内のルーマニア人も率いた。

その間、『スレム地方の1736/37年までのセルビア人』（1950年）[SR 0742]、『18世紀末までのバナトのセルビア人』（1955年）[SR 0743]など、移住したセルビア人の歴史をより短い論考で扱った。『ヴォイヴォディナのセルビア人』（3巻、1957-63年）[SR 0744-0746]は浩瀚な総合的通史で、大衆向けを意図したため脚注がなく、章ごとに数行の文献目録がつくだけである。ここでも明らかに、いくつもの視点が入り交じった構成になっている。すなわち、ヴォイヴォディナ地域の歴史に関しては定型的な書き方で先史時代から始めるのに対し、セルビア人の歴史はハンガリー史全体との関わりの中で論じられる。これに関連して、ハンガリー史における重要な問題が時代ごとに適切に概観されている。経済と社会に関する章も時代ごとに挿入され、他の著作と同様に、発見した資料も列挙される。教会史に簡単にしか触れなかったのは、別個に書く必要があったからである。オスマン期の行政と司法についてはF. シャラモンの作品が重要な情報源の一つだった。18世紀は非常に重要だが、軍政国境地帯のセルビア人など、多くの問題について先行研究が全くなかった。このため、資料が原因で再び政治史が主軸となった。中世以降にハンガリーへ逃げたセルビアの大貴族と貴族について、知っていることをすべて書いたからである。どのような筆記具を用いたのか、外来の名前をキリル文字に書き換えられなかったことにまで言及した。興味深い膨大な資料が無秩序に詰め込まれたことを、再び指摘せねばならない（テーマ別の構成は形式的なものである。例えば、軍政国境地帯についてと述べながら、実際にはセルビア人の18世紀におけるロシア移住が論じられた）。必要に応じて新たな史料調査で補えば、膨大な資料を活かしたよい研究を著すことができたであろう。ポポヴィチは資料収集の水準でとどまり、饒舌のあまり専門的でなくなり、資料の山ゆえに、広く認められなかった。

チュブリロヴィチ

V. チュブリロヴィチ（1897-1990）はポポヴィチより水準は高いが、時に評論家的な方向に迷い込んだ。サライェヴォの暗殺に加わり、年少者だったため拘禁刑の判決を受け、そのため研究開始が遅れた。ベオグラード大学で歴史を修め、1929年に博士号を取得した。1934年に准教授となり、1939年に近代世界史の員外教授となった。第二次大戦中は強制収容所で過ごした。1946年に再びベオグラード大学でユーゴスラヴィア近代史の教授になるが、政治にも関与し、何度も大臣を務めた。

ボスニア出身であり、そのため歴史研究でもしばしば狭義の祖国が登場する。『ボスニア蜂起1875-78年』（1930年）[SR 0747-0748]、「1788-91年のオーストリア・トルコ戦争におけるボスニアの義勇兵」（1933年）[SR 0749]などである。「ボスニアとヘルツェゴヴィナのムスリム貴族の起源」（1935年）[SR 0750]では、ベイの家系を除けばムスリム貴族がスラヴすなわちセルビア起源であることを示した。19世紀セルビア史のシリーズでチョロヴィチとともに1858-1903年の歴史（1938年）[SR 0460]、すなわちオブレノヴィチ朝の時代について鋭い批判を交えながら執筆した。『第一次セルビア蜂起とボスニアのセルビア人』（1939年）[SR 0751]では、何度ものちに繰り返すことになる見方、すなわち、この蜂起が基本的に農民の階級闘争だという見方を記した（慎重にではあるが、チュブリロヴィチはこの時すでにマ

ルクス主義の概念で考えていた)。『クロアチア人の政治的過去』(1939 年) [SR 0752]は、当時先鋭化していたセルビアとクロアチアの対立に関する評論である。

解放後はマルクス主義史観の指導的人物の一人となった。「中世封建制の研究」(1952 年) [SR 0753]は、祖国の研究者を導くため唯物史観の基本的問題を論じた。『19 世紀セルビアの政治思想史』(1958 年) [SR 0754]は最も成熟した業績であり、知識を一般読者にわかりやすいよう書き直した著作である。当然ながら世紀初頭の農民蜂起の思想と、その後のマルコヴィチおよび一般的な進歩的左派思想の検討が中心テーマであり、自由主義者や保守派に対してはあまり理解を示さなかった。

*

J.M. プロダノヴィチ (1867-1948) を多少なりともここで検討するのは、その影響力と政治的役割のゆえである。ベオグラードの高等専門学校で自然科学を学び、「青年団」に属し、教師生活をしばらく送った後に野党側に立つ編集者となった。急進党の指導者でもあり、のちに急進党から分離した独立急進党を率いた。ユーゴスラヴィア成立の後は共和民主党に加わり、連邦制を支持した。1945 年に大臣となり、1946 年から死去するまで副首相を務めた。

『我々の国民文学』(1932 年) [SR 0755]は、どちらかといえばエッセー集であり、中世における戦記物の叙事詩および民俗における異教的要素を強調した。プロダノヴィチが主に取り組んだのは現代政治史であり、このテーマで多くの新聞論説を書いた。より長編の著作『セルビアにおける憲法の発展と憲法をめぐる闘い』(1936 年) [SR 0461]では、カラジチと、1389 年に征服者のスルタンを殺した M. オビリチ〔オビリチは通称で、本名はコビリチ〕(?-1389) を比較した。晩年に『セルビアにおける諸政党と政治潮流の歴史』(1947 年) [SR 0756]が出版されたが、これは以前に書いた論考を集めたものである。

D. ラドイチチ (1905-70) はベオグラード大学で歴史を学んだ後、ドイツとスイスに留学した。大学時代に早くも頭角を現し、1908 年から 1918 年までの史料を公刊するため、学生による作業班を率いた。1934 年から国民図書館に勤めた。1945 年以後は文学史研究の専門家としてアカデミーの文学研究所、ベオグラードの高等師範学校、そしてノヴィ・サド大学に奉職した。この時期にアカデミー会員に選出された (1955 年および 1965 年)。

両大戦間期は中世セルビア史の問題に取り組み、図書館員だった時、史料への関心から中世キリル文字の手稿に没頭し、そこから文学史への関心が始まった。ロヴィネの戦いの年代についてフランス語で書き、ヨルガの雑誌に寄稿した (1928 年) [SR 0757]。また、「ロシアの旅行記作家輔祭イグニャティイェに見るコソヴォの戦いに関する同時代の知らせ」(1937 年) [SR 0758]では、セルビア史の転換点に関わるそれまで知られていなかった史料を披露した。

「総主教ダニロ 3 世の選出とラザル侯の列聖」(1940 年) [SR 0759]もセルビア中世に関わるものである。さらに、ルーマニアとの関係では、1945 年以後、「14-17 世紀におけるセルビア・ルーマニア関係」(1956 年) [SR 0760]を出版したが、そこでは文化史を最重要視した。「ビザンツ文学とスラヴ諸文学」(1961 年) [SR 0761]では、影響の授受という問題を提起した。

3. 教会史

教会史を代表する S.M. ディミトリイェヴィチ (1866-1953) はスレム地方出身であり、ベオグラードとキエフで神学を修め、1920 年から 1936 年までの間、ベオグラードの神学部でセルビア教会史を教えた。ロシアおよびアトスの教会収蔵資料について知悉し、それらを基に熱心に研究を著した。「17 世紀におけるペーチ総主教のロシアとの関係」(1900-01 年) [SR 0762]、ペーチ総主教座の歴史 (1924 年) [SR 0763]、ベオグラード大主教およびセルビア府主教ミハイロの伝記 (1933 年) [SR 0764-0765]などがある。厳密に教会のみに目を向けたため、一般の歴史や社会史にあまり寄与するところはないが、それはもともと関心外だった。ディミトリイェヴィチの重要性は、研究で各地に赴いた際に、国民図書館のために 600 ほ

どの手稿や古い文献を入手したことにある。

4. 世界史

両大戦間期のビザンツ学はベオグラード大学のG. オストロゴルスキー〔セルビア語ではオストロゴルスキ〕（1902-76）が世界的水準の代表だが、それはロシアの歴史叙述で触れるべきであろう〔本書のロシア史学史の章では言及されていない〕。セルビア人の中ではD. アナスタスィイェヴィチ（1877-1950）の名を挙げねばなるまい。ベオグラードで古典文献学を学び、ミュンヘンでクルンバッハーにビザンツ学を学んだが、むしろ文献学者であり続け、ミュンヘンでの学位論文も文献学のテーマだった（『ギリシア語文献における訓告的アルファベット』[SR 0766]）。ベオグラード大学で1906年に准教授、1919年に員外教授となったが、教授となるのは1920年であり、神学部においてだった。1946年にアカデミーの正会員に選出された。

アナスタスィイェヴィチは中世セルビア史、とりわけビザンツとの関係に関心を寄せた。ネマーニャの父親について仮説を立てた（1914年）[SR 0767]。より長編の研究「西ブルガリアについての仮説」（1927年）[SR 0768]は10世紀後半のビザンツ・ブルガリア・ロシア戦争を論じ、サムイル帝（?-1014）のマケドニア国家がブルガリア国家の一部だったというブルガリアでの解釈を退けた。「聖サヴァはステファン初冠王を戴冠させたのか」（1935年）[SR 0769]では、この表題の問いに肯定の答えを出した。1936年には、聖サヴァが1236年に死去したと主張した[SR 0770]。ビザンツをテーマにした二つの論文を著した。「唯一のセルビア出身のビザンツ皇后」（1939年）[SR 0771]、およびプラハのコンダコフ学院の年報にロシア語で掲載したビザンツ皇帝暦についてである（1939年）[SR 0772]。1921年以後は主に神学雑誌に寄稿した。

5. 法制史

ここでは二人のロシア人亡命者を取り上げねばならない。研究テーマがセルビア史に関わり、特に法制史と結びつくからである。T. V. タラノヴスキー（F. タラノフスキー）（1875-1936）はロシア人の父とポーランド人の母の間に生まれ、ワルシャワのロシア語大学およびサンクトペテルブルク大学で法学を修めた。その後、ワルシャワ、タルトゥ、そしてサンクトペテルブルクで教授となり、1920年にユーゴスラヴィアに亡命し、すぐに法学部のスラヴ法制史の教師に任命された。

タラノヴスキーは任命を真剣に受け止め、まもなく、教科書を意図した『スラヴ法史入門』（1922年）[SR 0773]で理論的基礎を記し、のちにスラヴ法制史について詳細な研究史[SR 0774]を著した。また、法律小辞典[SR 0775]も公刊した。当初はサヴィニーの歴史法学を支持したが、のちに社会学的理解に近づいた。これは浩瀚な概説である『ネマニチ朝国家におけるセルビア法の歴史』（3巻、1931-35年）[SR 0776-0778]にも示された。第1巻の3分の1近くは、ほぼマルクス主義者と呼びうる方法で、13-14世紀セルビアの社会構造を分析し、その経済的基礎を強調した。セルビア人の先駆者たちに倣い、タラノヴスキーもネマニチ朝のセルビアを身分制国家と見なした（とはいえ、尊敬に値するほど熱心に集めた史料からは、議会に参加したのが国王に呼ばれた者だけであることが簡単に了解できる。つまり、時代は下るが、ロシアとの類似性が示唆されている）。ともあれ、この比較的長大な概説は中世セルビア法について法制史の視点から整理した最初のものである。ラドニチによれば、中世スラヴ法の歴史の概説を書いた別の草稿もあったが、ビザンツとブルガリアの資料を十分に渉猟したわけではなかったので、公刊しなかったという。ドゥシャン法典について大きなモノグラフを準備していたが、死去のため未刊に終わった。

もっと若いA. V. ソロヴェヴ（ソロヴィヨフ）（1890-1971）は、タラノヴスキーほど長く国外で経歴を積み重ねたわけではない。戦前にワルシャワで法学を修め、短期間だがワルシャワで教鞭を取り、その後ロストフに移った。ソロヴェヴも1920年にベオグラードに移住し、1946年まで一般法制史の教授を務め、1947年から1949年まで

サライェヴォで教えた。その後ジュネーヴに移り、1952年から1961年までスラヴ学の教授を務めた。

『12-15世紀末までのセルビア法選集』（1926年）[SR 0779]はノヴァコヴィチが以前に書いたあまりにも詳細すぎる本の代わりとして、教科書用に作った資料集である。あらゆる種類にわたる145の文書を掲載し、このうちノヴァコヴィチも採用したものが49あった。この49例も手稿と照らし合わせた上で、新たな文献で補った。とても有益なハンドブックである。『ドゥシャン法典の成立と意義』（1928年）[SR 0780-0781]は短い論文であり、主要な関心は国家組織、等族、そして支配者の三者関係にあった。当時のラテン教会地域では一般的だった宗派差別と比べて、ドゥシャンが他宗派に対して寛容だったことを強調した。ドゥシャンはセルビアの種族的野望とビザンツの伝統を基に、強力な（明らかに言葉の近代的意味における）法治国家を作ろうとした。「バルカンにおけるビザンツ法の意義」（1928年）[SR 0782]および「ドゥシャン国家の都市裁判官と法廷」（1930年）[SR 0783]ではこの問題をさらに検討した。また、多くの史料や未公刊史料集を、多くの場合、わかりやすい序文と解説をつけて出版した（『ドゥブロヴニク市法令全集』1936年[SR 0784]、「グルバリ県の特権書」1938年[SR 0785]、「16-17世紀のオミシュ慣習法に関するボギシチのコレクション」1940年[SR 0786]）。大学での講義録『スラヴ法制史講義』は1939年に出版された[SR 0787]。1945年以降はボゴミール派の運動に関心を寄せ、『ボスニア教会の教義』（1948年）[SR 0788]、「ボゴミール派の消失とボスニアのイスラーム化」（1949年）[SR 0789]を書き、ソロヴェヴも多くの研究者の見解と同様に、ボゴミール派の浸透が、比較的急速にイスラーム化した原因だと見た。

6. 考古学

セルビアの考古学は、クロアチアと異なり、ゆっくりと発展した。確かに、1883年にセルビア考古学協会も設立され、1884年からは『考古研究』誌も定期的に出るが、これはむしろ中世史研究発表の可能性を作り出したものだった。また、1888年に設立されたサライェヴォの博物館を活用したのはクロアチア人だった。考古学協会は、長い間、考古学に関心を持つ好事家（もしくは歴史学者）の場であり、発表は派手な受け狙いであったり、できるだけ古い（もしくはそう思われる）発掘品に関心が向けられたりした。セルビアの考古学は、世紀転換期になってようやく学問的水準に到達し始めたが、それは第一にヴァスィチの業績のおかげだった。1918年の転換の後にようやくベオグラードに考古学講座が設立され、同じ頃に考古学博物館もでき、研究成果を適切に発表できるようになった。1921年には、よく知られた政治的配慮から、考古学、中世、そして民族誌の3部門を持つ南セルビア博物館がスコピエに設立された。スコピエ学術協会の『通信』は、ベオグラードの（そして多少は他の）雑誌と並んで、考古学の研究発表における新たな要となった。スコピエが重要なのは、マケドニアで1920年代に国際的協力による発掘調査が進められたからである。

M. ヴァスィチ（1869-1956）は、セルビア人で初めて専門教育を受けた考古学者である。ベオグラード大学で歴史と古典文献学を学び、短い間ギムナジウムで教え、のちに博物館の学芸員補になる。1896年からベルリンで2年間、ミュンヘンで1年間考古学を学び、ミュンヘンのフルトヴェングラーのもとで博士号を取った（『ギリシア人の宗教と芸術における松明』[SR 0790-0791]）。帰国してベオグラードの高等専門学校で講師に、1904年に准教授、1920年に員外教授、そして1922年に正教授に昇進した。1906年から国民博物館館長も務めた。1945年以後はアカデミー考古学研究所の設立に加わり、1949年に準会員、そして1952年に正会員となった。

ヴァスィチは当初受けた専門教育に基づき、博物館長になる前から、先史、美術史、宗教史、および民族誌の論文を数多く著した。美術史に関連する著作『9世紀初頭から15世紀初頭までのダルマチアの建築および考古学』（1922年）[SR 0792]では、セルビア人読者にこのテーマを紹介しようとした。非常に専門的で、多くの場合独創的な説明がなされ、ビザンツの影響を大きく評価した。

しかし、11世紀からは西方の（イタリアの）影響が徐々に東方の影響を拭い、アンジュー期にこの傾向がさらに強まったことを認めた。国民博物館館長としてヴァスィチは大規模な発掘事業に着手することができたため、ベオグラードから数キロメートルのヴィンチャで、新石器美術の点から見ても全ヨーロッパ的な水準で重要性のある非常に豊かな遺跡を発見した。戦争開始まで、そして1929年から1934年までヴィンチャで発掘を続け、成果を4巻の『先史時代のヴィンチャ』で発表した（1932-35年）[SR 0793-0796]。それでも完全に発掘しつくすことができず、この遺跡はそれ以後も考古学者、文化史家、文筆家の驚嘆の的である。もちろんヴィンチャ以外にも先史時代の遺跡を発掘し、新石器時代をより広い関連の中で研究することにも興味を持った。「トロイの問題の解決に向けて」という題で論文を発表し[SR 0797]、バルカンの新石器文化はエーゲ＝クレタ文化圏の影響の結果として生まれたとの理論的帰結を導いた。1948年の「イオニアの植民地ヴィンチャ」[SR 0798]で再びこの問題に立ち返った。また、セルビアの古典古代遺跡にも関心を向け、さらに中世期の発掘も続け、ジチャおよびラザリツァの修道院領の調査結果を1928年に発表した[SR 0799]。中心的な研究手法は様式の分析と比較であり、当時としては一般的手法だった。ヴァスィチの理論はのちの研究者からしばしば批判されるか、少なくとも疑問視されるが、彼の重要性は、確かな鑑識眼および学問基盤の多面性にある。

M.マンディチ（1871-1948）はボスニア生まれであり、長い間ギムナジウムで教えた。1919年にサライェヴォの博物館に移り、1937年から1941年まで館長を務めた。自らの祖国について多くの短い論考を書いた。『ボスニアおよびヘルツェゴヴィナ占領の歴史』（1910年）[SR 0800]にクロアチア人読者が紙の無駄だと書き込みをしたが、それは明らかに、マンディチがあふれんばかりの忠実心で出来事をまとめたからである。サライェヴォの博物館の歴史（1938年）[SR 0801]、サライェヴォ形成についての論文（1927年）[SR 0802]、また、生地トラヴニクの過去と現在について過不足ない紹介を著した（1931年）[SR 0803]。あえてここで挙げる必要があるのは、好事家的考古学者として多くの資料を集めたからである。1926年から、サライェヴォの『通信』にトラヴニク周辺で見つかった先史時代と中世の砦について書き[SR 0804]、1935年には「リヴノ近郊の城跡」を著した[SR 0805]。単なる収集家だが、熱心ではあった。

V.ペトコヴィチ（1874-1956）はベオグラードの高等専門学校を修了し、その数年後、1905年にハレで博士号を取得した。国民博物館に長期にわたり勤務し（1921年から1935年まで館長を務めた）、1911年にはベオグラード大学で准教授に、1919年に員外教授に、そして1922年に正教授になった。また1932年にアカデミー会員となり1945年から死去するまでアカデミー考古学研究所の所長を務めた。両大戦間期に多くの発掘を指揮した。フィールドワークを基に総合的研究『セルビア国民史を通して見る教会遺跡の概観』を著し[SR 0806]、いくつものセルビアの修道院に関してモノグラフを著した[SR 0807-0811]。中世セルビア美術研究により、セルビア美術史の基礎を築いた。特に絵画に関心を寄せ、図像学に関する叙述は今日まで価値を持つ[SR 0812-0817]。中世期の史資料も数多く公刊した[SR 0818-0819]。

Ђ.マザリチ（1888-1975）はブダペシュトの造形芸術高等専門学校を卒業した画家だが、美術史に関する多くの研究も著した。1945年以後は、ボスニアの各都市について、考古学と美術史の視点からモノグラフを書いた（トラヴニク[SR 0820]、ビオグラド[SR 0821]、ヤイツェ[SR 0822]、ヴィソキ[SR 0823]、他[SR 0824-0827]）。

ここでまたセルビアに根づいたロシア人亡命者が登場する。D.セルゲイェフスキ（1886-1965）である。サンクトペテルブルク大学を卒業し、1921年にユーゴスラヴィアに移り住んだ。ギムナジウムで教えた後、1930年からサライェヴォの博物館で働いた。古典古代の遺物と古代キリスト教の考古学が専門であり、主に博物館の機関誌に研究を載せ、多くの発掘を行なった。1928年にグラモチュ、リヴノ、そしてリブニクのローマ時代の石碑について著し[SR 0828]、1929年に「ディアナとシルヴァヌス」[SR 0829]でローマ神話に関

する地元の遺跡について論文を書いた。1932 年にゼニツァの古代後期の遺跡についてドイツ語でまとめ[SR 0830]、1937 年にはヤイツェ近郊で発掘したミトラ神殿をドイツ語で紹介[SR 0831]した。1945 年以後も、ローマ時代と古代キリスト教の遺跡について[SR 0832-0835]、そして北西ボスニアのローマ時代の鉄鉱山について継続的に論考を書いた（1963 年）[SR 0836]。

J. ペトロヴィチ（1892-1967）はウィーンで考古学と人類学を学んだ。サライェヴォとベオグラードの博物館で働き、ベオグラードの博物館では古銭学部門を率いた。1930 年代にストビ近郊で発掘を指揮し、これについてモノグラフを著した[SR 0837-0838]。のちにこの発掘に立ち返り「ストビにおけるセルビア中世の財宝」（1940 年）[SR 0839]で発掘成果を発表した。その間、「ローマ時代におけるベオグラードの地誌によせて」（1934 年）[SR 0840]で古典古代に関する考古学にも取り組み、また、1939 年にブドヴァ近郊の墓地の発掘について報告した[SR 0841]。

しかしながら、ペトロヴィチの重要性は古銭学の業績にある。それまで未開拓同然だったこの学問領域を、多くの個別論文によって切り開いた（「貴重なセルビアの古銭」1932 年[SR 0842]、「古銭学で見るジュラジ・ブランコヴィチ公」1934 年[SR 0843]、「戦前のセルビアの貨幣収集家のコレクションから」1934 年[SR 0844]、「ヴラソティンツェ近郊マロ・ボニンツェ村の非常に珍しい中世セルビアのクルシュ（グロシュ）貨」1934 年[SR 0845]、「セルビア最古の貨幣」1937 年[SR 0846]、「古い貨幣の美」1938 年[SR 0847]、「オブドヴァツのローマ貨幣」1955 年[SR 0848]）。

M（ミオドラグ）. グルビチ（1901-69）は完全に近代的な考古学の教育をプラハ大学で受けた。ベオグラード、スコピエ、そしてノヴィ・サドの博物館に勤め、先史時代と古典古代の遺跡の発掘に加わった。バルカンの新石器時代の問題について多くの研究を著したが、ローマ時代についての研究（ユーゴスラヴィアにおけるローマの肖像について[SR 0849]）もある。1929 年にプロチュニクの銅器時代の居住地に関する調査結果をドイツ語で発表した[SR 0850]。主要な業績は N. ヴリチ（1872-1945）との共著『古典古代器集成』（1937 年）[SR 0851]であり、古典古代の陶器の発展についての解説、および最初の時系列的概観である。『遺跡発掘の基礎』（1953 年）[SR 0852]は調査実習の教科書であり、1954 年にはマケドニアの遺跡に関する概説を書いた[SR 0853]。

以上、考古学者だけでなく、歴史学者に関しても、1945 年以降に活動を続けた幾人もの研究者について触れてきた。すでに見たように、1941 年から 1945 年の間には、歴史叙述分野においても深刻な人的損失が見られた。それさえなければ、この空白期間は単なるエピソードのようにも考えられる。しかし、連続性は個人の中にしか存在しなかった。他の多くの国と異なり、解放後のセルビアでブルジョワ的歴史叙述が生き残ることは全くなかった。マルクス主義思想がすぐに支配的になり、さらに義務となったのである。

第 8 章

ブルガリアの歴史叙述

　現ブルガリアの領域にスラヴ人が住み始めたのはおそらく西暦 6-7 世紀頃であり、スラヴ人はビザンツの緩やかな宗主権下にあった。ブルガリアの国名と民族名はスラヴ起源ではなく、ブルガール人、あるいはブルガール＝テュルク人と通称される人々に遡る。ブルガール人は南ロシアのステップ地帯に遊牧民帝国を建設したが、7 世紀の中葉にハザール人によって滅ぼされ、短命に終わった。ブルガール＝テュルク人の一部がドブルジャ（ドブロジャ）に移り住んだのはこの時期だった。諸々の資料によると 681 年に、ブルガール＝テュルク人はビザンツを攻撃し、領土の一部を割譲させ、占領地に住んでいたスラヴ人を征服した。こうして形成された強力な国家はビザンツに与することもあったが、攻撃に回ることの方が多かった。ブルガール＝テュルク人は数の上では被支配民のスラヴ人より少なかったようで、次第にスラヴ人に同化していった。864 年、首長ボリス（ボリス 1 世ミハイル、?-907）は東方教会を通じてキリスト教を受け入れ、人民も強制的に教化した。教会組織は自立性を守るため、ローマ教皇にも使節を派遣したが、最終的にはコンスタンティノープルを選択し、ブルガリア人（この時期にはすべてスラヴ人化していた）はコンスタンティノープルの総主教座に属することになった。ボリスの息子スィメオン（864/65-927）も対ビザンツ戦争を継承し、皇帝位にさえ即いた。しかし繰り返し行なわれた戦争により国土は疲弊した。10 世紀後半、ビザンツはロシアの助けを借りてブルガリア国家を打ち倒した。その後、領土の西南部にあたるマケドニア地域においてブルガリア国家は生き延びたが、1018 年にビザンツはすべての領土を奪還し、ブルガリアの住民はビザンツの宗主権下で暮らすことになった。

　1185 年、タルノヴォにおいてビザンツに対する反乱がペタル（ペータル、?-1197）、アセン（?-1196）兄弟の指導によって引き起こされた。この兄弟の出自については今日に至るまでいろいろと議論がなされ、クマン人説もある。ルーマニアではルーマニア人だとされ、さらにこの国家それ自体がルーマニア・スラヴ国家だったと見なされている。この他に、スラヴ系出自説を支持する意見もある。ともあれのちにブルガリア国家を再建したことだけは確かであり、ビザンツ帝国やその後のラテン帝国との戦争で領土を押し広げ、版図はバルカン全体の相当部分に及んだ。ハンガリーとの間で戦争が行なわれたこともあったが、13 世紀の中葉には、ハンガリーがブルガリア王室になにがしかの影響力を行使したようであり、ブルガリア皇帝の一人は〔ハンガリー王家のカールマーンにちなんで〕カリマン（1232-46）と名づけられた。13 世紀末は一時的にモンゴルの影響下に置かれた。14 世紀末までにブルガリアは三つに分割され、1393 年にはオスマンによって首都のタルノヴォが占領された。1396 年にヴィディンも占領される。これにより第二次ブルガリア帝国は終焉を迎えた。

　オスマンの支配は約 5 世紀間続いた。セルビアの場合と同様、ブルガリアでもハイドゥティンと名づけられた自由な男たちがオスマンの支配に抵抗して戦った。また 1598 年、あるいは 1688 年など、キリスト教国の軍隊が間近に迫ってくると、都市でも反乱が起こった。もっとも

いずれの場合も、オスマン側は反乱を比較的容易に撃退した。ブルガリアの場合、戦略的要所において住民の強制的なイスラーム化がしばしば行なわれたが、これはオスマン帝国に一般的な現象ではなかった。デヴシルメ、すなわち血税もブルガリアに損失をもたらした。なぜなら平均すると5年ごとに、青年となったキリスト教徒がイスタンブルに徴用され、そこでイェニチェリに育て上げられたからである。この慣行は17世紀前半になくなった。ブルガリア人もクロアチア人やセルビア人と同様、オーストリアが解放してくれることを長い間期待し続けたが、18世紀になるとそのような期待は到底抱くことができなくなった。修道院はロシアから財政的な支援を仰いだ。神学の本もその一つだった。このため、「イヴァンおじさん」（この呼び名はイヴァン4世に遡る）がブルガリア人を圧制のもとからきっと解放してくれるという期待感が生まれた。

　ブルガリアでは修道院が、幾世紀にもわたって自己認識を保持し続ける役割を果たした。これに対して在俗聖職者はさして大きな役割を果たさなかった。なぜなら、在俗聖職者を率いていたのはギリシア人主教であり、彼らが普及させたのはギリシア文化だったからである。富裕な商人たちはこちらになびき、お互いどうしですらギリシア語を使うことが多かった。

　これに対抗したのが国民再生運動だった。国民再生運動はロシアの支援を当てにしたが、数十年にわたって文化運動の枠内にとどまった。19世紀中葉になるとギリシア人高位聖職者に対抗する運動が始まったが、その目標はイスタンブルの総主教から独立したブルガリア教会を生み出すことだった。オスマン政府は長い紆余曲折を経て、1870年に総主教から独立した総主教代理座の創設を承認した。これに対して他の正教会は破門をもって応え、ロシアとの関係も悪化した。総主教代理座のもとにブルガリア人と見なされた住民の居住する地域が編入された。したがって、マケドニア全土もここに含まれることになった。

　ブルガリア人はこの勝利に続いて、武力的な闘争を急進派が組織し始めた。セルビアとギリシアの先例に倣ったのである。最初に試みたのは外国から小規模な部隊を送り込むことだった。これに住民が呼応するだろうと期待したのである。しかし実際にはそうならなかった。送り込まれた部隊は粉砕された。1876年、今度は組織的な準備を全国的に行ない、四月蜂起が勃発した。オスマン当局はこの蜂起も無慈悲に圧殺し、ヨーロッパで抗議の声が上がった。

　1877-78年の露土戦争の結果、ブルガリアの領域が解放された。1878年3月に締結されたサン・ステファノ条約によってブルガリアは自治権を持つ公国として、オスマンの宗主権下に置かれることになった。また、領域は総主教代理座の権限が及ぶ範囲とされた。こうしてロシアの影響力が伸長するはずだったが、列強が介入した。すなわち1878年夏にベルリン会議が開催され、マケドニアとエーゲ海に面したトラキアをオスマン帝国に返還させたのである。こうしてバルカン山脈の北および南西にかけて広がる領域にオスマン支配下のブルガリア公国が生まれ、南東にかけては東ルメリアという名の州が置かれた。東ルメリアはオスマン帝国に対して従属性の強い州だったが、総督はキリスト教徒から選ばれた。この瞬間からブルガリア世論における最優先の政治課題は、失った領土の回復となった。

　1879年、いまだロシアが支配していた時期に制定されたタルノヴォ憲法により立憲議会王政が生まれた。これはベルギーを範としたものだった。列強はアレクサンダル・バッテンベルク（1857-93）をブルガリア公の候補者として擁立した。しかしロシアの影響は強く残り、軍務大臣としてロシアの将軍が就任し、次官の相当部分もロシア人だった。アレクサンダルはこの状態を改善しようとした。1885年に東ルメリアがブルガリアに編入された。この「統一」は大きな勝利だった。ロシア政府は東ルメリア併合に反対だったし、セルビアは宣戦を布告したが、戦闘は短期間で終息し、その目的を達成できなかった。しかし、アレクサンダルはロシア皇帝

の不興を買い、1886年に退位せざるを得なかった。

　1887年、オーストリア゠ハンガリー二重君主国の若い騎兵隊長フェルディナント・コーブルク（1861-1948）が公位に即いたが、ロシアは承認しなかった。しかし1894年の〔ロシア皇帝〕アレクサンドル3世の死去後、ロシアとの妥協が成立し、これによりフェルディナントの地位が強化された。こうして実質的にフェルディナントの意向に沿って与党の指名がなされるようになった。1908年、国家の独立が宣言され、フェルディナントはブルガリア皇帝位に即いた。これは国王の位に相当した。

　1912年、ブルガリアは他のバルカン諸国とともにオスマン帝国に対して宣戦を布告し、ブルガリア軍はイスタンブル間近まで迫った。ロンドンの和平協定ではブルガリアにトラキアの大半の領土、さらにはエディルネも与えられた。しかし、マケドニアの領土の過半はセルビアが獲得した。1913年6月、フェルディナントはそれまでの味方に攻撃を始めた。マケドニアを武力で奪おうとしたのである。しかし、オスマン帝国だけでなくルーマニアまでもこの戦争に介入し、1カ月後にブルガリアは和平条約を結んだ。ブルガリアは獲得したばかりの領土の一部を失い、エーゲ海に至る回廊を確保するのが精一杯だった。ブルガリアはこれを国民的破滅と名づけた。

　1915年、ブルガリアは世界大戦に介入した。なぜなら、中央同盟国側がマケドニアを与えると約束したからである。そして実際にブルガリアはマケドニアを占領した。しかしブルガリアは敗戦国となり、さらに領土を失った。その中にはエーゲ海沿海地方も含まれた。ヌイイ条約はハンガリーにおけるトリアノン条約と同様の反応を引き起こした。フェルディナントは戦争末期、退位を余儀なくされたが、その息子ボリス〔3世〕（1894-1943）は王位を継承し、王政を維持することができた。ブルガリアは失った領土の返還を求めて修正主義政策を推し進め、近隣諸国から孤立した。このためブルガリアはイタリア、そしてドイツの支援を当てにすることになった。1941年4月、ブルガリアはユーゴスラヴィアとギリシアに攻撃をしかけ、マケドニアとトラキアの沿海地方を奪い返した。ブルガリアの世論は国民的目標を成功裡に達成したと考えた。しかし1944年9月、ブルガリアは降伏を余儀なくされ、戦時中に獲得した領土を再び失った。内政においてもほどなく政権は共産党によって掌握された。

第1節　専門化以前の歴史叙述

1.　年代記

　他のどの地域においても見出される年代記や、少なくとも編年史が、ブルガリアの初期の歴史叙述では知られていない。そういった書物はおそらく存在しなかった公算が大きいが、存在したことを完全に否定することもできない。カロヤン（1168?-1207）は13世紀初めに、教皇インノケンティウス3世との往復書簡の中で、先人たちが書いたものについて言及したが、先人とは最初のブルガリア国家の支配者に他ならなかった。とにかく長文の記述史料は現存しておらず、我々は端緒を他に求めねばならない。

　ブルガール・ハン名録［BG 0001］は非常に古い時代に関する事柄を伝えているので、伝統的に最古の歴史書と見なされることが多い。この名録は独特な作品であり、ハンの治世を年代順に伝え、治世の始まりの年にはテュルク系の干支名と通し番号がテュルク語でつけられている。おそらく元

来はギリシア語表記であったが、古代教会スラヴ語に翻訳された写本が一部残されている。この名録は建国の祖イスペリフ（アスパルフ）（640頃-701）が681年から700年の間に作成し、第2部は766年以降に書かれたと推測される。ただ、第2部はスィメオン期のものである可能性も高い。初代のハンはアヴィトホルと称され（おそらくアッティラと同一人物）、300年間君臨し、ドゥロ氏族の出身だった。続くイルニクの治世は150年間だった。これは明らかに一つの時代を一人の治世にまとめる口承的伝統を示すものであるが、イルニクより後のハンに関する記述は信頼に足るものと思われる。名録編纂の目的が権力の正当化にあったことは明らかである。

名録に続く史料は、ブルガール＝テュルク系ハンの碑文であり、すでにいくつかが発見されているが、その制作目的は名録と同じであったろうと思われる。これらの碑文はギリシア語で書かれ、編年史の欠如を補い、治世下の重要な出来事の記録となっている。特に9世紀初めの支配者オムルタグ（?-831）は記念碑の制作に大いに力を入れた。マダラの騎馬像の周囲にある碑文の一部も、おそらくは彼にちなむものであろう。また、碑文作製やブルガール・ビザンツ関係について語る、十分に信頼するに足る碑文も存在する。タルノヴォ碑文は哀歌調の雰囲気さえ湛えている。「よき人生にも終わりあり。新たな命、誕生す。のちに生まれし者よ、この碑、刻みし者を追憶せよ」。ここに歴史を書き記す意義を見出すこともできるだろう。オムルタグに続くハンに関わる碑文としては、対ビザンツ戦を伝えるマラミル（?-836）の碑文、およびキリスト教への改宗を伝えるボリス〔1世〕の碑文を挙げておこう。

我々は碑文を見るうちに、第一次ブルガリア帝国のキリスト教時代にまでたどり着いた。キュリロスとメトディオスの弟子たちが、ブルガール人の新国家に定住した時代である。特にスィメオンの時代（893-927年）には首都プレスラフ、そして遠く離れたオフリドに二つの学派が形成された。学派形成に際してスィメオン自身も積極的な役割を果たした。すなわち、ビザンツのギリシア語書籍を古代教会スラヴ語へ翻訳する事業を推進したのである。多くは教会関係のものだが、他の作品も翻訳され、さらに、付録部分には原典の情報を見出すこともできる。メトディオスの弟子であるコンスタンティン・プレスラフスキ（9-10世紀）の『歴史』という表題の9世紀末の作品[BG 0002]は、そうした翻訳の例である。そこでは聖書の諸王から始まって、エジプトの支配者を経てビザンツまで、大帝国の君主が894年に至るまで、328年からは君主在位表もつけて列挙されている。次の世紀の初め、914年から919年の間には『歴史抄録』[BG 0003]が作成された。これはニケフォロス総主教の著作を基に、いくつかの補遺を加えて、匿名の著者が翻訳したものである。

しばしば言及される『文字について』[BG 0004]は、ギリシア語に対して、スラヴ語叙述を前面に出し、ビザンツを差し置いてブルガリア国家の尊厳を繰り返し主張した。著者は自らを「立派な修道士（チェルノリゼツ・フラバル）」と名乗るが、彼が支配者スィメオン自身だと考える人は多い。具体的な史実をそこに見出すことはできないが、以後数世紀にわたってブルガリア史の基本問題となるブルガリアとビザンツの対立の図式が、すでに非常に意識的な形で現れている。

スィメオンは夥しい数のビザンツの年代記を翻訳させた。より正確にいえば、ビザンツの年代記を基礎に古代教会スラヴ語版が編纂された。年代記から取られたのは情報だけであり、今日的な意味での翻訳ではなかった。

記述史料の中では聖人伝が重要な部分を占めた。キュリロスとメトディオスの伝説[BG 0005-0008]は、おそらく弟子のオフリドの聖クリメント（840頃-916）が古代教会スラヴ語で書いたものである。ナウム（830頃-910）の伝記[BG 0009]は匿名者の手になるが、ブルガリア人に関してもう少し多くのことを知ることができる。ただ、中世人らしい慎み深さで、間違いなくもっと多くの情報を見出せたはずだが、これしか見出せなかった、と著者は付言している。

もう一点、全体としては伝承的で文学的な説話にも言及しておこう。聖ゲオルギの奇跡は、ブルガリア人の場合も、おそらく10世紀に由来し、奇跡譚の舞台はハンガリー人との戦いである。ボ

ゴミールに対抗して書かれた長老コスマス（10世紀?）の論考[BG 0010-0013]もこの時代のものであり、よくある事件史的な事項を発掘することはできないが、支配的なエリートに対する強い批判を伴ったブルガリア社会論となっている。

第一次ブルガリア帝国末期の人、Iv. ヴラディスラフ（?-1018）に関する1016年の碑文は、国家の解体を招いたビザンツ侵攻期のものであり、避難所として使用されるべきビトラ城塞の強化について書かれている。おそらくこれが、正確に時期を特定できる事件を伝える編年史的な記録としては、オムルタグ以降で最初のものである。

ビザンツ統治期のイサイアの預言と呼ばれる聖書外典は預言書の形式を取っているが、史実も含んでいる。例えば、ブルガール＝テュルク人の侵入、1041年の対ビザンツ蜂起、そして、ハンガリー人と称された異民族による破壊的な軍行である。この最後の史実はおそらく、1064年のオグズ人侵攻のことであろう。こうした聖書外典は、預言者ダニエルの名を冠した別の書とともにまとまったシリーズをなしていたのかもしれない。パタラのメトディオスの預言書では、ビザンツに仕えるH. ハルドラドが赤髭という名で活躍する。つまり、この預言書も示しているように、そもそも上記の書物は碑文とは対照的に、歴史的事件を書き留めるために著されたものではない。というのも、史実は他の史料に依拠して初めて明らかになるのであり、二次にわたる中世ブルガリア国家の歴史に関しては、ビザンツの年代記が最も重要な史料の大半を占めているからである。例えば、イサイアの預言によればブルガリアという国はあらゆる物が豊かで、農奴の負担が少なかったとされるが、もし上述のコスマスが描いた暗い像と対比するならば、それを史実として受け入れることは難しくなる。コスマスの像は明らかに反対の方向に誇張されている。

聖人伝については、隠者であったリラの聖イヴァン（876-946）の最初の伝記に言及せばならない。この書は、ハンガリー国王（ベーラ3世）がこの聖人の遺骨をエステルゴムに移送したことを記していないので、1183年以前に書かれたことは確かである。伝記の主たる典拠は聖人が残した10世紀の祈祷書である。皇帝ペタル1世（10世紀初-970）が隠者との面会を希望したが、隠者がそれを断った件りは（多数の奇跡に加えて）、興味深いエピソードである。

ビザンツが征服された後、オフリドに居を移したビザンツ大主教テオピュラクトス（1050前-1107後）がオフリドのクリメント伝説を書いたのは、明らかにビザンツの敵に対する共同戦線にブルガリア人を引き込むためだった。この書にここで言及する意味は、ブルガリアにおけるクリメント伝説の原典と考えられる文献が、おそらく史料として活用されていることにある。

ビザンツ支配を脱した後に建国された第二次ブルガリア帝国は、13世紀前半のバルカン史において重要な役割を果たしたが、前の国家同様、歴史的文書を多く残すような貢献はしていない。残された文書としては、異端ボゴミールに対抗すべく招集された教会会議に際して作成された文書である、皇帝ボリル（?-1218後）のいわゆるシュノディコン（教会会議録）がある。この書籍は異端の拡大についての確かな事実も含み、のちに新しい事実も付け加えられ、ほぼ編年史のような機能を果たすことになった。しかし、価値ある事実は見当たらない。それでも、12-13世紀転換期における、既述のカロヤンと教皇との往復書簡は、少なくとも、第二次帝国の支配者たちが第一次ブルガリア帝国について知識を有していたこと、そしてカロヤンが自身を第一次帝国のいわば正統な相続者と見なしていたことを証明している。同じように教会会議録の補遺の一つは、例えばイヴァン・アセン2世（?-1241）の治世である1235年に、総主教区が再建されたことを伝えている。

1230年に作られたイヴァン・アセン2世のタルノヴォ碑文は、まさにブルガリアで最も重要な遺産である。なぜなら碑文は、アセン2世がエピロス侯テオドロス1世コムネノスに勝利した際に、40人の殉教者を記念して建てた教会について伝えているからである。最近発見され、「イヴァン・アセン2世期のブルガリア編年史」と名づけられた史料[BG 0014]は、1228年から1242年の間に書かれたと思われるが、内容は聖人伝というよりはむしろ聖ペトカ（パラスケヴァ）（11世紀）の物

語である。聖ペトカは、助けを求めたイヴァン・アセン2世に招かれ、古代キリスト教徒の聖遺物をタルノヴォにもたらした人物であった。この書は、何かもっと大部の作品の一部だったのかもしれない。

この時期、カロヤンとボリスに言及する9世紀の戦士ミハイルの伝記[BG 0015]のように、いくつかの史実を含む類似の伝承も作られた。また、二つの異本があるリラの聖イヴァンの短い伝記[BG 0016]のように、以前からあるものを下地にして、後年、伝記作家が新たに作成したものもあった。13世紀末頃にはゾグラフォスの殉教者について編年史風の注解が作られ、14世紀初めの写本の形で残されている[BG 0017]。この注解は、コンスタンティノープルから追放された十字軍兵士の攻撃について伝えている。兵士は1275年10月10日にアトス山の修道院に押し入り、193冊の書物と多くの祈祷用具を焼き払い、21人の修道士と4人の俗人を焼き殺した。注解は彼らを記憶に留めるために、その年のうちに作成された。

この注解は、ほとんど時代性を持たずに語られた以前の聖人伝と比較すると、ラテン人と彼らに引かれるビザンツ皇帝に対する激しい憎悪を伴っている。それでも結果として、イヴァン・アセン2世のタルノヴォ碑文と同様に、具体的な歴史的事件の正確な記述となっている。イヴァン・アレクサンダル帝（1301-71）のために作られ、いくつかのミニアチュールで飾られたある14世紀の作品、すなわちビザンツのマナッシース年代記の翻訳[BG 0018]も同じ性格を持ち、本当に重要な事項だけを含んでいる。この翻訳の中で、19の補遺がブルガリア史の重要な日付に言及している。（ちなみに、109の彩色画のうち、29がブルガリア人に関するもの、中でもクルム・ハン（755-814）とボリスを称えるものであり、間違いなくブルガリア人芸術家の仕事である。）補遺はスラヴ人の定住から第二次ブルガリア帝国の成立までを扱い、補遺の筆者はブルガール＝テュルク人についてもはや知識を有していなかった。ブルガリア人は完全にスラヴ人であり、セルビア人やバルカンのヴラフもスラヴ人として挙げられた。記述はスィメオンが復讐心から起こした対ハンガリー遠征にも及び、ビザンツ皇帝バシリオス2世に敗れ、失明させられたブルガリア人兵士の物語を知ることもできる。補遺の筆者によれば、イヴァン・アレクサンダルはタルノヴォに第二のコンスタンティノープルを築いたというような誇大な主張も、執筆依頼者には明らかに好意的に受け止められていた。さらに、教会にまつわる史料として、ブルガール人のキリスト教化に関する14世紀の物語[BG 0019]についても言及しなければならない。この物語は、時期としては、ブルガール人とギリシア人が長く争い（平和な時代を見つける方がひどく難しいが）、深刻な伝染病が国を襲った時に、支配者（ボリス）がこれに恐慌し、キリスト教を受け入れたと述べている。この物語は、ボリスがキリスト教を受け入れたために起こった蜂起を鎮圧したことにも触れている。

聖人伝は第二次帝国期にもなかったわけではない。まず、タルノヴォで学派全体を創始したエフティミー（エウスゥミオス）総主教（1325頃-1403頃）を第一に挙げねばならない。彼自身はコンスタンティノープルで学び、東方正教会の学識すべてを身につけ、帝国末期には総主教の位に就いた（さらに彼は、オスマン軍による首都占領を生き抜き、オスマン人により国外追放された）。エフティミーは、教会内で当時広がっていた内部改革を推進し、神秘的な信仰を喧伝する静寂主義運動の信奉者でもあった。これに加えて正書法改革も導入し、自らの著作を流麗な文体で書き残した。中でもリラの聖イヴァンの伝記[BG 0020]は、歴史的にも興味深い。というのは、聖人伝のあらゆる定型句、およびバロック的な過剰装飾様式に加えて、歴史的に興味深い事実をも示してくれるからである。例えば、ペタル帝が聖なる隠者に会おうと試みた話も登場する。それによれば、皇帝はイヴァンに献金するが、イヴァンは支配者にこそ武器と兵士を得るために資金が必要だとして、受け取らなかったという。この逸話は、自身が生きた時代が、オスマン帝国による征服直前の時代であることを多少エフティミーに想起させたのであろう。エフティミーは、1187年にハンガリー国王が、すすんで聖人の遺骨を返還したことも伝えている。遺骨はスレデツ（ソフィア）にもたらさ

れ、それをイヴァン帝（イヴァン・アセン2世）が取り戻し、その後タルノヴォに送られた。13世紀の聖ペトカ（パラスケヴァ）の伝記[BG 0021]には、イヴァン（再びイヴァン・アセン2世のこと）がフランク人に聖人の遺骨を要求し、タルノヴォに持っていったと記されている。その後、この聖人はタルノヴォを外国人の支配から守ったとされる。エフティミーは、ボリルのシュノディコンも編纂した[BG 0022]。補遺の多くはエフティミーの筆になるもので、中でもオスマンとの戦いを伝えるものはそうだった。エフティミーはおそらく、イヴァン・アセン2世のタルノヴォ碑文を知っていたが、ギリシア人に対する勝利には触れていない。なぜなら、彼の時代にはオスマン帝国に対抗するため、キリスト教徒の連帯が不可欠とされていたからである。

Gr. ツァンブラク（1364-1420頃）はエフティミーの弟子であり、長く放浪生活を送った司祭である。彼はオスマン征服後、セルビアに逃れ、国王所有のデチャニ修道院の院長となったが、数年後にモルドヴァ侯国に赴いた。さらにリトアニア大公国に移り、ヴィータウタス大公によってキエフ大主教に任ぜられた。歴史書といいうる著作も3冊ある。1冊はエフティミーの伝記[BG 0023]であり、オスマン征服後に書かれた。このため、のちの征服が影を落とすようにエフティミーの人生を描いている。ツァンブラクは、エフティミーがタルノヴォを離れたことや、人々を結集させようとした亡命中の活動も書き記した。2冊目の著作[BG 0024]は、すでに何度か言及した聖ペトカの遺物をタルノヴォからヴィディンへ（ヴィディンでは、タルノヴォ占領以後3年間、つまり1396年まで、ブルガリア国家が存続していた）、さらにはセルビアへと移送したことについて叙述している。この著作はハンガリー国王の敗北（ジギスムントのニコポリスでの大敗のこと）にも触れている。エフティミーの著作には、強いブルガリア人意識が感じられるが（イヴァンの伝記では、ブルガリア人であることが強調されている）、ツァンブラクもこうした自己認識から無縁ではなかった。しかし、ツァンブラクはブルガリア国家の最終的な崩壊を受け入れ、ペトカについての著作では、まさにこの聖人がセルビア人を庇護していたため、異教徒たちは彼らを征服できなかったと結んだ。ここにおいて神は、ブルガリア人の栄誉をセルビア人に引き渡したのだった。ツァンブラクは他の聖人の伝記[BG 0025-0026]も書いているが、それらはもはや単なる聖人伝としての興味深さを留めているに過ぎない。

K. コステネチキ（コステネツのコンスタンティン、1380頃-1431後）は、バチコヴォ修道院におけるエフティミーの孫弟子の一人だが、1410年にオスマン征服を避けてセルビアに逃れ、ステファン・ラザレヴィチの宮廷書記として侯の伝記[BG 0027-0030]を書いた。コステネチキはその中で、セルビアは他の国に比肩なきほど肥沃な土地であり、金や銀が豊富に取れ、葡萄が豊かで、敬虔な人々が住んでいると繰り返し述べている。彼はパレスティナへも赴き、ケサリヤで入手した地誌に基づいて旅行記[BG 0031]を著し（実際的に、個々の居住地が互いにどれほどの距離にあるのかについても報告し）、その後ブルガリア領に戻った。

14世紀最後の10年の歴史に関しては、もう一人の証人がいる。ヴィディンに逃れたブルガリア皇帝の求めで、同地の府主教に任命されたY. ブディンスキ（14世紀）である。彼は聖フィロテアの一生を扱った著作[BG 0032]の中で、ブディンスキの君主がタルノヴォの侯から聖人の遺骸を譲り受けるために、彼を同地に遣わし（1394年）、聖人の奇跡を知ったタルノヴォの侯がこの要求を受け入れた、と書いている。皇帝の息子コンスタンティンの随行員として、彼はこの旅行に加わったのであった。（タルノヴォの侯とは、本当は、同地のトルコ人総督のことであるが、それについては一言も触れられていないのは、彼の個人的な慎重さを示している。）

15世紀初め、それまでと比較すると、より大部で、全体として世俗の事項を扱ったある歴史的著作が生まれた。無名の作者の手になるものであり、16世紀の写本が現存するこの年代記は、『ブルガリア年代記』[BG 0033-0036]と呼ばれている。1417年以降に書かれた可能性が高く、1296年から1396年まで、つまりヴィディンの占拠に至る

オスマン征服の歴史、その中にはバヤズィトの息子たちの争いも描かれている。他の史料では知られていない事実もあり、対オスマン戦を有利に進めるため、14世紀半ばにブルガリア・ビザンツ・セルビア連合を形成する試みがあったと述べている。

ゾグラフォス修道院のコスマス（コズマ、?-1323）の伝記[BG 0037]は、むしろ定型化した聖人伝であり、アトス山に行くため、聖人がいかにして貴族の両親のもとから逃げ出したのかが描かれている。コスマスは1323年に没し、したがって伝記はその後に書かれた。古代教会スラヴ語とギリシア語の両方の版があるが、聖人のブルガリア人出自が強調されていることから、聖人がブルガリア人と見なされていたらしいことがわかる。同様の伝説はその後も書き継がれている。例えば、イスラームへの改宗を拒んだために焚刑に処せられた聖人、ソフィアの新聖人ゲオルギ（1497-1515）の伝説（1515年）[BG 0038]がある。また、昔からの伝説も変わることなく懸命に書き写されていった。しかしオスマン支配期は、たとえどんなに小さな作品でも、独自の新しい著作を生み出すには、決して適した時代ではなかった。とりわけ歴史的な性格の作品の場合はそうであった。

2. 人文主義の歴史叙述

ただ、一つだけ例外があった。17世紀の高位聖職者、P. B. バクシェフ（1601-74）の作品である。彼の仕事はかなり後になってようやく発見されたので、ブルガリア史学の発展においては、何ら役割を果たさなかったことを付け加えねばならない。しかし、年代記という観点から見ると重要だった。バクシェフは西方教会がバルカンへの布教や正教徒の改宗に腐心し、他方でバルカンの人々がオスマンへの対抗上、援助を得るためにはそのような犠牲も甘受しようとした時代を代表する人物だった。バクシェフはチプロフツィで生まれ、おそらくかなり裕福な市民の出身で、ペタルの名はフランチェスコ会修道士になった時に得たものだった。ローマで学び、博学で知られた。帰国後は活発な活動を行わない、1641年に教皇よりソフィア司教に任ぜられ、のちに大司教となった。カトリックの布教活動は一時的に相当大きな成功を収め、司教区もいくつか置かれた。バクシェフは司教区をオスマンに対抗する組織としても活用し、この戦いを率いる（もちろんカトリックの）知識人の育成を試みた。ローマに送られた報告は、実際のところ、歴史的状況や現況を知らせるものであり、彼は膨大な史料を渉猟して報告書を書いていた。

バクシェフは人文主義的な歴史家の中で育ち、史料の重要性にも通じ、すべての著作に史料一覧が付された。ただ、彼はしばしばスラヴ語の記述史料を用いたが、史料のテーマしか記さなかったため、今日ではもはやそれを同定することは難しい。古い時代に関してバクシェフは、当然、古典古代の著名な作家を挙げた。のちの時代の著作の中では、バロニウスや、オルビン（『スラヴ人の国』1601年）などの同時代の著作が挙げられ、ボンフィニやクロメルの世界年代記さえ使用した。

『ブルガリア王国地誌』[BG 0039]は、バクシェフが最初にイタリア語で書いた著作であり、かつ分量としても最大のものである。バルカン諸都市の人口構成に常に注意深く言及しながら、まず第一に当時の状況を描いている。また、1640年の布教旅行の際に見聞した都市の歴史についても、繰り返し触れている（実際、この旅行の報告を、彼は布教聖省宛に書いていた）。バクシェフは正教会の主教を厳しく批判し、正教徒について「愚鈍で無知な人々なので、書き記されたことは何でも信じる」と見ていた。この種の著作でも古代のラテン語碑文への注釈が必要だと考えるあたり、彼の歴史への関心の高さが示されている。

バクシェフはほぼ同時期に、マルコマンニ族（これは彼においてはモラヴィア人を意味する）がキリスト教を受容した時期のことを扱ったイタリア語のやや短い著作を書いている[BG 0040]。彼はキュリロスとメトディオスの招聘を871年とし、ハザール人をスラヴ人と考えた。1653年にイタリア語で、主としてブルガール人征服後のソフィア史を書き[BG 0041]、2年後に同じくイタリア語で、一方ではオフリドの、他方ではセルビアおよびプリズレンの司教座の歴史を書き[BG 0042]、オフリドのブルガリア的な性格の存在を力説した。

カトリックの布教活動を研究したドゥイチェフの推察によれば、この二つの相似た著作は、二つの司教区の関係を明らかにするために書かれたものであるという[BG 0043]。バクシェフは晩年の1667年、ラテン語でブルガリア史[BG 0044]を書いたが、その理由は、序言によれば、すでに外国人によって何度も叙述されたが、ブルガリア民族出身者によっても書かれることが望ましいと考えたからだった。この著作は聖省によって出版もされたが、それは失われてしまった。そのため写本しか現存せず、その中でバクシェフの手になるのは、セルディカの宗教会議に至る部分までである。彼は初めの何章かで、ブルガール人がやってきた時に、どのようなキリスト教住民と出会ったのか、どのような教会が存在したかを書き記した。そこには布教への熱意に加えて、ブルガリア人意識も明らかに存在していた。そうした自意識が彼に、ブルガリアはセルビア、ボスニア、ダルマチア、クロアチア、あるいはハンガリーよりも広大であるという文章を書かせたのである。

『ブルガリア王国地誌』を除いて、他の著作は大部の作品ではなく、エッセーに近いものだった。それでも、人文主義的な歴史叙述の持つ優雅さ、そしてやむを得ぬ誤解も含めて、これらの作品は後代の歴史叙述にとって歴史的遺産として何らかの意味を持ちえたかもしれなかった。しかし、実際はヴァティカン文書館の片隅に放置され、遠き異国への布教も長くは続かなかった。ブルガリアの地では、明らかに彼の著作は誰にも知られていなかった。バクシェフに限らず、中世期の著作は、どうにか歴史書と名づけうる作品の場合でも、事情は同じだった。そのため、後年、ブルガリア史研究を志す者は、未知の領域に踏み込むことになり、すべてを一から始めねばならなかった。

3. 国民再生の歴史叙述

パイスィー

18世紀半ばの史学史はヒランダルのパイスィー（1722-73）の登場をもって始まる。さらに広くいえば、国民復興（再生）運動全体さえも、彼の登場によって開始された。

パイスィーが書いた『スラヴ・ブルガリア史』は、数多くの写本が作成され、国全体に広まった[BG 0045-0047]。つまり、人々は実際にこの著作についての知識を持ち、それから学んだのである。この著作から知りうることは、アトス山のヒランダル修道院で1762年に書かれ、当時著者は40歳だったことのみである。著者については、民衆出身に間違いないと長らく考えられてきたが、のちには、マケドニア出身であることも当然とされた。パイスィー後の100年間ほどは、ブルガリアの知識人の多くが裕福な商家の出身だったように、パイスィーも同じ階層の出身だった。このことが学術的に信頼に足る方法で明らかになったのは、ほんの数年前である。パイスィーは修道士になり、セルビア人の同僚から絶えず、ブルガリア人には歴史がない、皇帝もいない、聖人さえもいないと難ぜられたため、それに反証を加えるために一生を捧げた。多くの場所で事実を調査し、写本を発掘し、スレムスキ・カルロヴツィ大主教座の図書館にも長く滞在した。最も重要な史料はすでにバクシェフの項でも触れたオルビンだった。パイスィーは史料を探すため、何十年間も作業を続け、ギリシア文化の優越性に魅了されている同胞たちの民族意識を喚起しようとした。パイスィーは著作に比較的長い序文を書き、まさに民族覚醒の使命を強調した。何人もブルガリア人だからといって自らを恥じるべきではない、見よ、ブルガリア人にも皇帝はいたし、聖人もいたのだ、と。

もちろんパイスィーはブルガリア人がスラヴ人であると認識しており、したがって国家を建てたブルガール人もスラヴ人とされた。彼は民族の起源を聖書のノアの伝説から始め、多くの場合、歴史上の事件にほぼ重ね合わせながら、ブルガリア人の歴史を簡潔にまとめた。もっともその歴史は明らかに支配者と国家の歴史だった。パイスィーはそこにある種の連続性を見出し、彼にあっては、200年間のビザンツ支配も全体で数十年に圧縮され、全く関心も払われなかった。パイスィーはオスマンの征服まで書き進め、それ以降はブルガリア民族の歴史はなくなる。もはや国家が存在しないからだった。

『スラヴ・ブルガリア史』の半分は追記と呼び

うるようないくつかの補遺からなる。セルビア皇帝に関する独立した 1 章が叙述に挟み込まれ、その後にブルガリア人支配者が再度列挙された。別の章では、ブルガリア人支配者の中で高名な人々を再び取り上げ、なぜ有名だったのかを強調した。同様に独立した 1 章を、キュリロスとメトディオスから始まるスラヴの師に捧げ、また別の 1 章をブルガリア人の聖人に充てた。パイスィーは、史料としてはマヴリブールに（すなわち、オルビンに）重きを置いたが、マヴリブールはカトリック信者であり、そのためブルガリア人を蔑んでいるとして非難もした。

パイスィーの著作は、全体として、まだ中世の摂理論の上に成り立っている。神の恩寵が人々や皇帝の諸事全般を司るという考えである。事件史としては大筋で歴史的事実に符合するが、その理解は素朴さに満ちており、より恵まれた状況にあった東欧の国々における 18 世紀の歴史学者とは明らかに水準が異なる。史料に依拠した研究というよりは、中世の年代記だった。しかし、当時の生活環境や体験に照らして、パイスィーが驚くほど、そして疑いなく近代的だったのは、その強固な国民意識だった。パイスィーは同時代にあっても、明らかに、極めて狭い階層の意見を代弁したに過ぎなかったが、近代的な国民形成への欲求を概念化した。このこと自体が非常に重大なことであるが、それにとどまらず、過去に生気を吹き込んだことが、疑いなく歴史家の仕事であった。現存する多数の異本が、極めて多くの人がパイスィーの著作を読み、そこを発想の原点としたことの証しである。数十年を経た 1844 年に、Hr. パヴロヴィチ（1804-48）がブダにおいて、『皇帝の書』の表題で異本の一つを出版したが[BG 0048]、著者の名前はもはや示されなかった。パイスィーは、ある意味で、共有の財産となったのである。

パイスィーの著作自体もすぐに史料にされた。1785 年にはパイスィーの著作に基づいて短い抄本が作られた[BG 0049]。1792 年には、同じようにパイスィーの著作を基に、修道士スピリドン（?-1815）が『スラヴ・ブルガリア人小史』を書いた[BG 0050]。事実はパイスィーから取ったものだったが、強固な国民意識に欠けていた。

読み書きのできるブルガリア人の間でパイスィーは知れ渡ったが、停滞の時代はさらに何十年間も続いた。ただしこの間に、ブルガリア社会には確実に大きな変化が生じ、裕福な商人が市民へと変容する兆しを見せ始めた。繰り返された露土間の戦争に連動して国民復興運動が展開された。あるいは展開されようとした。それは最終的に、国土の完全な解放を目標に据えることになる。この運動は、歴史的な知見なしでは成り立ちえなかった。もちろん、19 世紀後半に至るまで完全独立はいまだ理想ですらなく、市民層は独立に伴う革命的変化にしり込みし、解決をオスマン帝国内部に求めた。したがって、オスマン帝国内部での政治的解決に基づいて全体としての歴史観を組み立てた著作をこれから取り上げることになる。と同時に、革命の道を選び取った人々の歴史観も登場する。

*

前者の歴史観の例として、テッサロニキで 1839 年に出版された N. カラストヤノフ（1778-1874）の短い著作[BG 0051]を挙げることができる。これはいくつかの史料を掲載し、アトス山の 12 の修道院を描いたものである。国民再生運動の文化的時期における重要な代表者 V.E. アプリロフ（1789-1847）は、ちょうどパイスィーが記したように、裕福な商家の末裔がギリシア贔屓になった典型例であり、カルパート・ウクライナ出身のロシア人史家 Yu. I. ヴェニェリン（1802-39）のロシア語で書かれたブルガリア史[BG 0052-0053]を読み、ブルガリア人としての自らの民族性に気づかされた。アプリロフは 1835 年に、最初の世俗的なブルガリア人中等学校をガブロヴォに設立した。著作の中では歴史的な問題にも言及し、初期の著作の一つは、1841 年に、キュリロスとメトディオスはセルビア人を最初にキリスト教化したとする説に異議を唱えて、スラヴ文字すなわちキリル文字のブルガリア的な性格を主張している[BG 0054]。1841 年に出版された『新ブルガリア文化の夜明け』と題された著作[BG 0055]は、スラヴ（すなわちブルガリア）語文学史の記録として、より正確には、それに関する事実の編纂として最初の試みであり、1 年後にはそのことを謳った補

遺を出版している[BG 0056]。こうした運動の重鎮である P.R. スラヴェイコフ（1827-95）も歴史に関心を抱き、教会独立のための闘いやそれを率いた個人に関する短めの著作をいくつか残した[BG 0057-0059]。もちろん、これらは歴史書というよりは、むしろ回想録であり、世紀後半になってようやく出版された。

革命派は 1860-70 年代に形作られたが、大多数の指導者は歴史書を著す余裕がなかった。その歴史観については、せいぜい Hr. ボテフ（1848-76）に最も優れた例を見出す程度である。1870 年代前半に亡命先で出版されたボテフの論評[BG 0060-0067]からは、彼の革命的な考えが空想的社会主義の段階に達していたことを示す多くの証拠を見出すこともできる。

しかしボテフは歴史書を残さなかった。歴史書を著したのは、この運動の少し前の時期、つまり 1860 年代を通じて組織作りの指導者であり、イデオローグであった G. St. ラコフスキ（1821-67）である。ラコフスキも裕福な商人の息子であり、オスマン支配に対する武装蜂起の組織化に全生涯を捧げた。彼はブルガリアの過去を想起することによって、組織作りを促進させようと努めた。『偉大なるブルガリア皇帝アセン 1 世とその息子アセン 2 世』と題された著作が、1860 年にベオグラードで出版された[BG 0068]。1865 年には、『ブルガリアの遺物』というタイトルの雑誌も刊行し（わずか 1 号のみが出版された）、古い通貨の歴史資料的価値を訴えた[BG 0069]。もちろん知識や見方において、パイスィーを凌駕するには至らなかったが、パイスィー以上に、あらゆることを徹底的にブルガリア史の枠組みに引きつけた。デモステネスやコンスタンティヌス大帝をブルガリア人と見なしたように、ペラスゴイ人もスキタイ人もフン人も、みなブルガール人とされた。サンスクリット語は古代ブルガリア語と同じであり、したがって、マヌはブルガリア最初の立法者だった。ラコフスキはヨーロッパ的博識を身につけた人物であり、自身がこれらの主張を本気で信じていたか否かは定かでない。しかし、国民的闘争においてそれらが重要な要素になるとは考えていた[BG 0070-0071]。

*

革命を否定する穏健派はもう少し現実的なやり方で、つまり権力に対して従順に、ブルガリアの歴史をまとめた。もちろんそれは政治的事件史となった。また、同時代のオーストリアやロシアにおけるスラヴ研究の成果を渉猟し、それらに依拠しており、エンゲルのブルガリア史[BG 0072]も参照していたようである。D.P. ヴォイニコフ（1833-78）の『簡略ブルガリア史』[BG 0073]もそうした著作の一つであり、1861 年にウィーンで出版され、1879 年には第 2 版も出た。

その間、ブルガリアの国民運動は一定の文化的な成果を達成していた。文化的発展の重心はまだしばらく亡命の地にあったが、書籍はもはや亡命先だけでなく、本国でも出版できるようになった。イスタンブルで 1856 年にブルガリア文芸協会が設立され、翌年に『月刊雑誌』という表題の雑誌が刊行された。他方で、1869 年にブライラでも、のちの科学アカデミーの直接の前身となるブルガリア文芸協会が設立された。『月刊雑誌』では 1857 年に、D.K. ツァンコフ（1828-1911）が「ブルガリア史瞥見」という表題の通史を発表している[BG 0074]。後年の解放〔1878 年のブルガリア公国建国〕以降、ツァンコフは首相であり、かつ党指導者であり、その後、再び政治亡命者となった。彼の著書は 1866 年以降、本国でも国外でも多くの版を重ねた[BG 0075-0077]。ツァンコフもブルガリア史をオスマンの征服までしか叙述せず、自身の妥協的な政治的立場に符合するかのように、ビザンツ帝国、すなわちギリシア人をブルガリア民族の主たる敵と見なした。

スラヴェイコフと並ぶ運動の重鎮に Y. グルエフ（Y. グルエフ・プロイチェフ、1828-1912）がいる。困難な状況下ではよくあることだが、ギリシア語のギムナジウムを卒業しただけのグルエフが、解放後に高位の国家司法職やその他の顕職に就いた。彼は詩人でもあり、1869 年にはブルガリア史も上梓している[BG 0078]。1906 年に出された回顧録[BG 0079]は、もはや次の時代に属するものであった。G. クラステヴィチ（G.K. バエフ、1820-98）は、1843 年、パリで法学を修め、その後総主教代理座に仕えて様々な役職に就いた。

1879年から1884年には東ルメリアの内務長官（内務大臣）となり、1884年から1885年にかけて、つまり併合までは総督であった。経歴が示すように、彼は権力との妥協を受け入れ、その生涯をイスタンブルで終えた。彼は科学アカデミーないし学術協会設立の必要性を説いた最初の人物であり、1859年には雑誌『ブルガリア読本』をしばらくの間編集した。1871年にブルガリア文芸協会の会員にも選ばれた。この雑誌にクラステヴィチは、歴史や言語学に関する短い研究[BG 0080]を発表した。原史料を渉猟したブルガリア通史を書こうと考えたのは、グルエフが最初だった。3巻本での出版を構想し、第1巻はフン人の歴史を扱い、485年まで進み、第2巻は681年まで、第3巻は1014年までと計画した。しかし、最終的には1869年に第1巻のみがイスタンブルで出版されるにとどまった[BG 0081]。『ブルガリア史』の書名だが、ギリシア語やラテン語の著作も広く用い、加えてロシアやドイツの研究も活用し、恐ろしく詳細な（そして、退屈な）フン人の歴史を叙述した。なぜなら、グルエフはフン人の歴史をブルガリア史に直接連なる前史であると考えたからであった。

さほど詳細ではない、むしろ教科書として使用しうる通史がいくつか著された。D.T.ドゥシャノフ（1837-1904）は1870年に、初等学校向けに企画された『質問と回答』を執筆した（1874年ですでに3版を数えた）[BG 0082-0083]。書籍や新聞を発行していたD.V.マンチョフ（1824-1908）は1872年にウィーンで『ブルガリア小史』を出版し[BG 0084]、第2版も同じく教科書として出版した[BG 0085]。これは1880年代でも版を重ねた。この項の最後はT.N.シシュコフ（1833-96）で締めくくろう。彼は1873年にイスタンブルで『ブルガリア人の歴史』を出版した[BG 0086]。比較的多くの文献を使用し、以前より進んだ知見に基づいて執筆している。すなわち、彼にあってはブルガール＝テュルク人だけがスラヴ人であり、それ以前の民族はもはやスラヴ人ではなかった。1393年まではおおむね歴史に忠実に、最も重要な事件を叙述している。しかし、オスマン征服以降は、オスマンのおかげでブルガリア人が存続しえたことだけに焦点を当てた。イスタンブルの総主教から独立したブルガリア教会が設立されたこと、つまり総主教代理座が創設（1870年）されたことによって、すべての問題は解決されたのである。グルエフと同じくシシュコフも、1878年以降、国民復興運動の代表的人物について、回想的な論考をいくつか発表した。オスマン政府は1860年代にも、こうした性格を持った著作の出版を一定程度支援した。あるいは、少なくとも許容した。例えば、K.D.モラヴェノフ（1812-82）が執筆したプロヴディフのキリスト教徒住民についての著書は、1869年にイスタンブルで出版されている[BG 0087]。

4. 専門化した歴史叙述の始まり

パラウゾフ

Sp. N. パラウゾフ（1818-72）は専門的な訓練を受けた最初のブルガリア人歴史学者である。故国ブルガリアに関心を抱いていたが、ブルガリア史学界に属することはなく（『ブルガリア読本』に論文を1編だけ発表している）、むしろロシア史学界の構成員となった。すなわち、ある伝記作家が記しているように、彼はロシア人に対して、ロシア人として書いたのであった。パラウゾフは、ベッサラビアへ移住したブルガリア人の子孫としてオデーサで生まれた。法学を学んだ後、1840年から1844年にかけてボン、ハイデルベルク、そしてミュンヘンで学び、1849年に経済学博士号も取得した。1844年、モスクワ大学のボジャンスキーのもとに赴き、その後、サンクトペテルブルクのスレズネフスキーのもとで研究を続けた。同地でスィメオンに関する研究によって修士号を取得した。複数の省庁に勤務し、1854年のクリミア戦争時はI.パスケヴィチ（1782-1856）の司令部で働き（当時、彼はモルドヴァの修道院で多くの調査を行なった）、ロシア語文献学の仕事も任されたが、この間、検閲官でもあった。検閲官の立場でロシアの革命的民主主義者の支援も試みた。革命的民主主義者以上にパラウゾフに大きな影響を与えたのが、スラヴ派と、部分的には西欧派だったが、主たる影響はスラヴ派から受けた。西方教

会およびブルガリアにおける教会合同の試みに対する彼の嫌悪は、ここに由来する。

パラウゾフは西欧でビザンツ学の教育も受け、ファルメライヤーに師事した。ロシア人たちも、パラウゾフをビザンツ研究者と見なしていた。学歴と語学的知識が、特に中世との関連で、彼をバルカン地域の歴史へといざなった。関心は近代へも向けられたが、評論の域にとどまった。著書『ブルガリア皇帝スィメオンの時代』[BG 0088] は 1852 年に出版されたが、歴史家としての彼の相貌はすでにこの本の中に明確に現れていた。同時代の西欧史学に倣い、彼も法則性を盛んに唱えたが、実際には、この時代に特徴的な政治史中心の関心に基づいていた。枝葉末節に陥りがちでもあった。そうした時、「しかし、元に返るが…」という言葉とともに、事件の本流に戻っていった。疑いなく、同時代の歴史家と同じ水準で、原史料に基づく仕事を心がけていた。なぜなら、事件史に最も確かな足場を与えたのが原史料だったからである。スィメオンについての著書では、いくつかの新たな史実、すなわち 9 世紀初頭のブルガリアとフランクの関係や、メトディオスの弟子たちのブルガリアでの活動にも関心が払われた。彼はボリルのシュノディコンを出版し、初めてそれに解説を付したが[BG 0089-0090]（彼は写本の一つを従兄から贈り物として手に入れ、その重要性を認識していた）、どちらかといえば、異端者という性格ゆえにボゴミール派の研究は避けた。彼は南東欧の 14 世紀の歴史について大部の書を準備したが、1330 年までしか筆が進まず[BG 0091]、キリスト教諸国の崩壊を連帯の欠如によって説明した。彼は個々の研究で中世ブルガリアに関する史料を数多く取り扱い、中には出版したものもあった[BG 0092-0094]。スィメオンの時代やブルガリア教会史に関しても、一大史料コレクションを残した。中世セルビア国家についての研究[BG 0095]は、当時知られるようになったステファン・ドゥシャン法典に基づいて執筆された。パラウゾフは史料に加えて、専門的な文献にも通じていた。例えば、スィメオンについての著書の中ではエンゲルとしばしば論争し、エンゲルがブルガリアを単に中世ハンガリー国家の従属地域としか見なかったことについて、それは非歴史的な偏見であると非難した。この著書、あるいはその他の研究においても、例えば、マチョー太守であったロスティスラフについては、シュヴァントナーが出版したハンガリーのラテン語史料や、フェイェールの『ハンガリー文書集成』までもが駆使された。パラウゾフはエンゲルだけでなく、フェスラーのことも知っていた（パラウゾフの情熱は時にフェスラーを思い起こさせる）。

パラウゾフはクリミア戦争の最中に集めた資料を基にドナウ侯国に関する大部の著作[BG 0096]を著したが、歴史的前提よりも、むしろ現状に関心を集中させた。これは彼の関心が、評論的分野へ移行しつつあったことを示してもいる。評論的性格の著作は、特に 1850 年代から 1860 年代初頭にかけて書かれたが[BG 0097-0101]、それらはオーストリアについてであったり、オーストリア国内の民族間関係、あるいはその理論的問題に関するものであった。これらの著作の中では、民族とは民族誌的、歴史的、あるいは政治的な意味合いを持ちうるものであり、中でも言語と結びついた民族誌的なものが最も重要であると何度も明言した。なぜなら、他の二つは過去と現在のことを語っているに比して、民族誌は未来に向けて語りかけているからだった。この視点は、同時代のバルカンの運動やオーストリア国内のスラヴ人の運動に優れて適合的であり、ロシアの国益の観点から分析していたパラウゾフには、これを活用してオーストリアの解体を予想することすら可能であった。ハンガリー人に対しては明白な共感を抱いていたが、上記の視点からすれば、ほとんど理解できない事柄である。彼はオーストリアの中央集権化構想に反対し、ハンガリー人の要求を支持した。そして、イエズス会（カトリック）の邪悪な陰謀に対しては、正教徒の心情を吐露することで応えた。ハンガリー人に関する著作で最も広く知られているものの一つが、J. フニャディに関するものである[BG 0102]。この書も、当然ながら、主にボンフィニから引用された仔細な事件史的な事項で満たされているが、それ以外の多くの史料も明らかに活用されている。フニャディの出自に関するいくつかの説、そして J. テレキの説も（彼がア

カデミーの総裁であることも）パラウゾフは知っていた。パラウゾフはフニャディを、南東欧連携の英雄として、また祖国ハンガリーにおける中小貴族の指導者として描き出し、彼の高潔な道徳性に言及した。おそらく、パラウゾフにとってハンガリーとハンガリー人は、同時代のロシアの政治的利害から見て、特別な位置を占めたのであろう。評論家的な感性から、強力な国家統一性を求めるオーストリアの中央集権主義に対する最も強固な反対派が、ハンガリー政界の中に存することを、パラウゾフは看破していたのである。

一方、パラウゾフはかつての師ファルメライヤーについて[BG 0103]、またあまり熱心ではなかったがツィンカイゼンについても[BG 0104]回想記を残している。パラウゾフは、結局のところ、独特な存在であり、ブルガリア史学発展の本流には属さなかった。彼は孤高を保ったという意味だけでも、発展の本流には属さなかったが、次のことは確かである。すなわち、これまで善意に満ちた愛郷者に何度か言及したが、同時代の尺度によって測るならば、たとえ最上位に位置づけられなくとも、パラウゾフは間違いなく彼らの後を継ぐ、最初の本物の歴史家であった。

ドリノフ

M. ドリノフ（1838-1906）は、ブルガリア史学発展の端緒を真に開いた最初の歴史家と位置づけることができる。彼もまた国外で、パラウゾフと同じくロシアで活躍したが、祖国との結びつきははるかに強固だった。このため、彼は長らくブルガリア史学の父と見なされた。彼の一生は、オスマン支配期の知識人の典型でもあった。4年制の学校を卒業すれば、教師になるには十分だったが、長じてロシアに渡り、神学を修めた。神学校校長の許可を得て、モスクワ大学で歴史研究者になる教育を受け、修士号を取得した。その後、ロシアの奨学金を受けて留学し、1873年に講師、1876年からはハールキウ（ハリコフ）大学で教授となり、スラヴ文献学講座を率いた。露土戦争の際に帰国し、ロシアの占領軍当局内部で役職に就き、公教育の整備に大きな役割を果たした。彼の提案を受けて、ソフィアが新たに建設された国家の首都とされた。なぜなら、（マケドニアとトラキアも含めて）ブルガリア人が居住する全領域の中心がソフィアだったからである。その後、ドリノフはハールキウの講座に戻ったが、祖国との関係は維持した。彼はブルガリア文芸協会の創立者の一人であり、わずかな断絶はあるが、1869年から1898年まで会長も務めた。

当時、ブルガリア人の学者が一般的にそうだったように、ドリノフもほとんどすべての問題を扱わねばならなかった。初めて公刊された著作[BG 0105]はイエズス会士たちの悪行、つまりブルガリアでの教会合同の試みに対抗するものだった。彼は、首都選考においてだけでなく、ブルガリア語の正書法を作り上げることでも役割を果たし、また民族誌的なテーマも研究した。著作集[BG 0106]の第3巻の大部分は、1878年から1879年の間の公文書や報告書によって構成されている。これらの文書は、新国家の内部機構の立ち上げ促進に関わるものだった。彼はスラヴ文献学講座を率い、ビザンツ学の教育も受けたが、第一義的にはブルガリア（と南スラヴ一般）の歴史を専攻する歴史研究者であり、この分野において、内容のある著作を書き残した。ただし、量的にはさほど多くの著作を残したわけではない。というのは、彼はモスクワの恩師から質にこだわる完璧主義を学び、手に入るあらゆる史料を吟味した上で、初めて書き始めたからである。今はまだ大部の総合的通史を書く時ではないと彼は考えたが、学問的な水準の最初の通史は、別にチェコ人のK. イレチェクがすでに準備していた（この通史[BG 0107-0108]は、大きな民族蜂起が起き、ヨーロッパの関心が、わずかの間にせよ、ブルガリアとブルガリア人に向けられた1876年にまさに出版された）。ドリノフは史料の発掘を最重要と考え、国外においても多くのブルガリアに関する記録を発掘した。

1869年、比較的大きな著作が2冊同時に出版された。『ブルガリア国民の起源とブルガリア史の淵源』[BG 0109]、および『ブルガリア教会通史―原初から今日まで』[BG 0110]である。前者においてドリノフは、先達や同時代の人々と論争し、ブルガリア人がスラヴ人であること、アスパルフに率いられたブルガール＝テュルク系の人々は最

大でも10万人規模でブルガリア地域にやってきたに過ぎず、つまり人々のスラヴ的性格を変化させるには至らなかったことを証明した。一方で彼は、従来の見方に対抗してブルガール＝テュルク人を、シャファーリクの説に従って、フィン＝チュヂ〔エスト〕系の出自であるとした。これは、多くの人々がブルガール＝テュルク人をフン人と親族関係にあるとしてきた従来の見解から明確に決別するものだった。1872年には、『我々はフン人なのか』という、やや憤りを露にした表題の書[BG 0111]で、再度この問題を扱い、当然、その答えは否であった。他方、教会史においては、キリスト教の早期伝来、すなわち教会組織の完成を既存の史料を基に示し（彼はこの書をプラハ滞在の折に執筆した）、ブルガリア教会がすでに870年には完全に独立していたと述べ、総主教座の設立をスィメオンの時代のこととした。

次の大著では、バルカン半島へのスラヴ人の定住を扱った（1873年）[BG 0112]。彼は、古典古代の著述家に言及しながら、紀元前2世紀にはすでにスラヴ人が姿を現したことを示した。しかし彼によれば、スラヴ人が実際にバルカン地域に定住したのは紀元4世紀以降のことだった。彼はこのことを特に地名によって確かめ、同時に、ビザンツの諸史料の中に当時すでにスラヴ語の言葉が現れていたことも指摘した。さらなる資料や観点は、アルバニア語とルーマニア語の歴史研究から得た。

『10世紀の南スラヴ人とビザンツ帝国』（1876年）[BG 0113-0114]は、スィメオンの時代をブルガリアが強国だった時代として描き、対照的に、クロアチア人やセルビア人が国家建設を進めたという説は不確かなものとした（10世紀のクロアチア史は不明なことばかりである、と書いている）。ドリノフはクロアチアの国家建設では、フランク権力の役割を過度に強調したが、セルビア国家が成立しなかった原因は、まさにこのフランク権力の弱さから説明した。この書の中でも、また他の場所でも、ボゴミール派の問題は避けて通れなかった。ドリノフはパラウゾフと同様に、宗教的な考察から、またのちにボゴミール派がオスマンの征服を助けたことからも、ボゴミール派を非難した。しかし、のちの論文では非難は消え、同時代の社会への批判が顔を覗かせている。ただ、彼の関心が基本的に政治史に向いていたため、ドリノフが社会批判に特別な重要性を付与していなかったことも事実である。彼には、南スラヴ人相互の間に境界線を引くことが他の著作においても見られた。1874年から1876年、マケドニア地域がブルガリア国家の焦眉の問題だった時に、彼は文芸協会の紀要にサムイル（?-1014）の国家の起源について論考を書いた[BG 0115]。1887年の論文で、再びこの問題に立ち戻り、マケドニア地域にセルビア人が居住したことはなく、そこにいたスラヴ人はブルガリア国家に従属しており、したがってブルガリア人であったと論証した[BG 0116]。

中世研究はドリノフが受けた教育と明らかに呼応した。ブルガリア国家が存在したのは中世だけであり、ドリノフの時代に支配的だった考えに従えば、歴史叙述の真の主題はまさに国家の歴史であった。このためドリノフは、教会史を例外として、近世・近代のテーマには関与せず、オスマンの征服も始まりだけを扱った。むしろ関心を寄せたのは、農民の状況がオスマン支配によって決して悪化せず、農民がオスマン征服に反対の態度を示さなかったことにであった。1904年にブルガリア憲法制定の歴史について一書を著すが、これは回顧録風のものだった[BG 0117]。

ドリノフはパイスィーを発見した事実においても先駆者だった。『パイスィー師、その時代、史書、そして弟子たち』は1871年に出版され[BG 0118]、その後も新たな資料に出会うと、彼はこの主題に立ち戻った。彼は国民復興運動との関連でパイスィーの重要性に気づき（学問的な観点からは、『スラヴ・ブルガリア史』は必ずしも重要とは見なさなかった）、復興運動はパイスィーから考察すべきことを示唆したのは、彼が初めてだった。

このことは、ドリノフが寡作家だったにもかかわらず、後世のブルガリア史学にどれほどの影響を与えたかを示す好例である。イレチェクも、ドリノフがいなければ、著作の構想を練り上げることはできなかったであろうと語っている。ドリノフによって取り上げられた諸テーマは数十年間に

わたって、ブルガリア史学の主題の選択を決することになる。のちにズラタルスキも自身をドリノフの弟子と称したが、それは現実にはありえず、あくまで比喩的な意味においてのことだった。

ドリノフはマルクス主義者が現れるまで、あるいはさらにずっと後世まで、ブルガリアの歴史家が政治に手を染めず（ドリノフの 1878 年から 1879 年にかけての活動は、必要に迫られての挿話であり、彼自身もそう考えていた）、ある種の自由な立場を代表した点でも、範を垂れた人物だった。実際には、ドリノフは彼なりのリベラルさをもってではあるが、ロシアのスラヴ派に近い見方を取っていた。要するに、ドリノフがロシアで学んだのはスラヴ派だったということである。オスマンからの解放以前は、彼もブルガリア問題の解決を権力との妥協の中に見出していた。1869 年に出版された著書でドリノフはブルガリア人の起源を論じたが、その序で、現在支配の座にある賢明な政府は、ブルガリア人に対して独自の歴史研究を可能にしてくれていると言及している。ロシアの支援はもちろんのこと、政府の援助も同様に重要と考え、機会があればドリノフ自身も実際に支援に加わった。

ドリノフの著作の大部分はロシア語ではなく、ブルガリア語で出版された。この点で（最も重要な著作は、それでもロシア語で日の目を見たが）、彼はパラウゾフとは異なり、祖国の学問的発展と常に結びつきを保った。とはいえ、結局は外部からの影響だった。しかし、この時代はブルガリア国内でも、部分的にせよ、歴史叙述の発展が見られ始めた時期だった。したがって、以下では本国での発展の状況へと立ち戻ってみよう。そこでは、歴史学の場においても、1878 年から根本的な変化が生じていたのである。

第 2 節　専門化した歴史叙述（1918 年まで）

1.　制度的基盤

1877 年から 1878 年にかけて、露土戦争の結果としてブルガリア国家が成立し、文化発展の枠組みは根本的に変化した。その中で、歴史叙述の可能性も拡大した。東ルメリアの分離は単なる挿話となり、1885 年にブルガリア公国に統合された。ブルガリア公国は、ロシア、あるいはのちの時代には他の列強が背後に控えることになったとはいえ、実際上は独立していた。正式な独立宣言は 1908 年だが、王国の成立〔1908 年〕は、我々の観点からすると、何ら実質的な変化をもたらさなかった。

教育に関して、初等・中等段階は、1878 年以前にすでにかなりの成果を上げていた。すなわち、母語を教育する条件は整い、高等教育だけが欠けていた。事情は出版社や雑誌も同様であり、初期には亡命先で、その後ようやく帝国内部において、歴史を主題とした研究や書籍を刊行できるようになった。1858 年から 1862 年にかけてイスタンブルで発行された『ブルガリア読本』、および 1868 年にブライラで設立されたブルガリア文芸協会についてはすでに触れた。文芸協会は、1870 年から 1876 年の間、ブライラで『定期雑誌』という表題の機関誌（第 1 期）を発行した。少なくとも学問的な著作だけを掲載したいというのが願いだった（ドリノフもここを主たる発表の場としていたことはすでに見た）。

新国家はまず高等教育の問題を何らかの形で解決せねばならなかった。加えて、中等学校教師の養成も国外でしか行なえず、当初一時期はロシアに頼った。しかし、1886 年の政治的断交後は、それも難しくなった。1888 年、最初は教員養成のためにソフィアに高等教育課程が設立され、翌年に

は新国家の行政を担う専門家養成の高等専門学校に改組された。やがて国外で学んだ教師によって、かなり多くの分野で高度な教育を施すことが可能になり、高等専門学校は 1904 年に大学へ改組された。この大学で学べないのは工学と自然科学だけだった。1910 年代に現れるブルガリアの歴史家第二世代は、こうした国内の大学で基礎教育を受けていた。引き続き国外留学によって向上を図りたいのであれば、いまや国家の費用でそれが可能だった。

学術研究の指導的役割は、1881 年にソフィアで再編されたブルガリア文芸協会が引き継ぎ、翌年、今度こそ真に学術成果公刊のため『定期雑誌』が復刊した。協会の改組は、高等教育制度の改編よりも長い時間を必要とした。独立宣言後の 1911 年に、ようやく協会は改組され、ブルガリア科学アカデミーとなった。しかし、両団体間の連続性を強調する意味で、1911 年以前に授与された会員資格は、（今日に至るまで）アカデミー会員の地位と同等であるとされている。この年から、『定期雑誌』は『ブルガリア科学アカデミー雑誌』の名で、定期刊行を（1943 年まで）続けた。1913 年に新たな出版物『ブルガリア科学アカデミー集成』（1949 年まで）が発刊された。歴史学の重要な著作の多くがこれらの雑誌、あるいは大学紀要において日の目を見た。大学紀要はすでに 1908 年に、専門雑誌（『ソフィア大学紀要—歴史・文献学部』、副題はのちに「歴史・文献学科」）として刊行された。

ブルガリアの中世史研究は、国内の記述史料が乏しかったため、はじめから考古学が大きな役割を担った。考古学を単純な美術品愛好のレベルから専門的学問に高めることは、唯一国家財政によってのみ可能だった。1892 年に〔ソフィアに〕考古学博物館が設立され、1909 年には学術研究所に格上げされた。考古学協会は 1901 年に創設され、成果はすぐに雑誌上で公開された。同年秋には首都において、高等専門学校や中等学校の教師による発意でソフィア歴史学協会が創設された。歴史学協会は 1905 年から『ソフィア歴史学協会報』の表題で会報を出版した。ソフィア歴史学協会という命名とは異なって、当初から全国を視野に入れていた（後年、1918 年にブルガリア歴史学協会の名が冠された）。

専門教育、次第に形成される師弟関係、出版の可能性（もちろん、これらは社会の発展に即して継続的に拡大していく）といった歴史叙述の第一歩となる制度的枠組みは、より条件が整った国民であれば半世紀ないし 1 世紀前にすでに作り上げられていた。それがいま、ようやくブルガリアの歴史叙述にも創出された。いうまでもなく、枠組みに内実を込めることはさらに困難なことだった。

2. 回　想

最初の数年間、ないし数十年間は、引き続き好事家が書を著し、専門教育を受けていない人々がオスマンから解放された環境の中で、もはや戻ることのない過ぎ去った時代、まずは直前の過酷な時代を回想しようとした。これは後世の研究にとって史料となり、研究環境が整う時期に至るまで、専門的な史料刊行を補うことにもなった。史料の刊行は、次の理由で長い間必要とされなかった。すなわち、国家史との関わりでは、ビザンツの年代記が中世史の最も重要な史料であり、すでに比較的良好に史料刊行が進展していた。たとえソフィアで手近に入手できなくても、ヨーロッパの他の図書館において閲覧可能だった。ソフィア大学の図書館は無から設立せねばならず、ドリノフはパラウゾフの 700 冊以上からなる蔵書を基礎となる文献として手に入れた。国民図書館の設立も実にのんびりとしたものだった。しかし、とにもかくにも史料を手に入れることはできるようになった。だが、多くの史料は、当時においては、未知の状態に置かれていた（1876 年以前の革命委員会の議事録の一つは、手に取った者が気づかなければ、雑紙として使われてしまったかもしれないような目立たない場所から、思いがけず発見された）。

回想の執筆者の中で、先駆けとはいえないが、質的には Z. ストヤノフ（1850/51-89）を第一に挙げなければならない。彼は、言葉のかつての意味でいえば、歴史学者と見なしてよい。ストヤノフも大変興味深く、かつ典型的な経歴を有する。若

い頃に羊飼いや仕立て職人の見習いを経験し、その後は読書サークルの司書補佐をした。革命運動へ積極的に参加し、1876年の四月蜂起における指導者の一人だった。オスマンからの解放後は左派的な立場から、初代の公の体制を批判した。評論家として成功し、政治家にもなり、資産も蓄えた。国会議長として、またフェルディナント公の猟友として一生を終えた。結果的には、筋の通った人生だった。すなわち、独立国家建設のためにその一生を賭け、それによって国家の指導的な政治家となる権利も獲得した。「上流階級」の代表者となったのは余禄であり、功績の必然的な帰結だった。決してストヤノフ自身の熱望によるものではない。

1883年、ストヤノフは独立戦争で最も共感したV. レフスキ（1837-73）の伝記を、まずは個人的な経験に基づいて著した[BG 0119]。2年後は、1860年代の運動、すなわちF. トトュ（1830-1907）、ハジ・ディミタル（1840-68）、St. カラジャ（1840-68）によって率いられた、いわゆるチェタ（ゲリラ集団）の時代について語り[BG 0120]、1888年にはボテフの伝記を執筆した[BG 0121]（彼はこれを、控えめに、かつ自戒的に伝記の習作と称した）。これらの伝記もすべて活用しながら、今日に至るまで何度も出版され、文学的な観点からも古典と見なされるような著作『ブルガリアの諸蜂起に関する覚書』（3巻、1884-92年、最終巻は没後の出版）[BG 0122]を著した。かつての熱情、数多くの出来事に関する記憶、そして文学的水準の高さをもって、彼は独立運動の英雄叙事詩を描いた。明らかにそれは今日的な意味での学術研究ではないが、個人的な弁明に寄与する回想以上のものであり、独自色、表現力、多面性を十分に兼ね備えていた。

民族誌的、ないしはその他の国民的な知見の普及を目指した『民芸集成』という雑誌は、多くの回想を掲載した。前の時期のものもあったが、もちろんそれも19世紀のものと理解すべきである。G. キーロフは1895年に、Zh. ヴィチョフ（1813-68）の記録を、1813年から1868年のコテル市史のために出版した[BG 0123]。Gr. St. パルリチェフ（1830-93）は1894年に、1830年から1892年にかけての時代に関する自叙伝を著した[BG 0124]。Y. Y. ネノフ（1826-1903）も同様に自叙伝を1896年に執筆し[BG 0125]、1890年には国民復興期のタタール・パザルジク市史のために回想的な資料を編纂した[BG 0126]。N. E. ゲンチェフはプリレプでの教育活動を回想している（1904年）[BG 0127]。N. サプノフは『定期雑誌』誌上で、イスタンブル初のブルガリア教会の建設日誌を公刊した（1881年）[BG 0128]。M. T. ヴライコフは1904年に、蜂起前後のパナギュリシュテ市の経済状況に関する書物を出版し[BG 0129]、Iv. St. Hr. ニコヴィチは1898年に、ラズグラードについて教師年報にあたるような記録を出版した[BG 0130]。

最も多く公刊されたのは、終結してまだ数年しか経っていない戦争の歴史を扱った反オスマン的な著作や回想だった。1904年には早くもSt. Iv. クラエフ（1857-1916）が、1396年から1877年に至る全時代を（83頁の）一書にまとめた[BG 0131]。回想の中では、著者の筆力から、Iv. カサボフ（1837-1911）の著書『革命思想とともに生じたブルガリアの復興についての我が回想』[BG 0132]が傑出している。カサボフは1857年にノヴィ・サドにおいて、当時の革命運動の指導者だったラコフスキと知り合い、その後1864年にウィーン大学で法学を修め、解放後は判事の職を得た（St. スタンボロフ（1854-95）の独裁期は亡命した）。M. Iv. マルコフスキの『ブルガリア革命運動についての回想と素描 1868-77年―レフスキとその同志たちのタルノヴォ市地域での活動』（1902年）[BG 0133]は出世作であり、その後1925年に、1873年から1876年にかけての最重要期に関する小論を刊行した[BG 0134]。Hr. I. ミレフは、1868年にハジ・ディミタルのチェタ活動に対して行なわれた掃討について、二人の蜂起者St. D. オレシュコフとHr. N. パトレフの伝記も添えて書き記している（1886年）[BG 0135]。

K. A. ツァンコフ（1847-1903）は、レフスキの1871年から1872年にかけての23通の手紙とメモを、すでにほぼ近代的といっていい史料刊行の様式で1900年に出版した[BG 0136]。V. フラノフはレスコヴォの革命委員会について書き、ブカレス

トに置かれた中央革命委員会の回状を出版した（1910年）[BG 0137]。1874年から1878年にかけての時期については、Iv. ダンチェフが1878年に実に新鮮な体験録を残した[BG 0138]。

1876年蜂起の流血を伴った鎮圧は広範な憤激を呼び起こし、列強は調査団を派遣した。その中では、蜂起を支援したという点でアメリカ総領事E. シュイラー（1840-90）が傑出していた。彼の活動に関する回想は、P. ディミトロフが出版した（1918年）[BG 0139]。既出のK.A. ツァンコフはボテフの部隊に関するルーマニア語とトルコ語の文献を1901年に出版し[BG 0140]、D. ニコラエフは蜂起に関する文書を刊行した（1894年）[BG 0141]。N. ベロヴェジュドフ（1856-1930）は、コプリフシュティツァ地方の四月蜂起に向けた準備、すなわち武器の獲得について大部の著作を1901年に刊行した[BG 0142]。P.T. チャルダフォン（1860-1906）は蜂起の際のガブロヴォでの事件を（1905年）[BG 0143]、G. エフティモフはペトリッチ村とスモルスコ村を（1902年）[BG 0144]、ヴラディキン（N. ヨンコフ）（1862-1918）はベルユスコーを（1887年）[BG 0145]、T. ゲオルギエフは四月蜂起の中心地の一つであったスレドナ・ゴラ山地で起きた事件を（1901年）[BG 0146]それぞれ回顧している。当局が行なった最も陰惨な虐殺の一つであるブラツィゴヴォでの事件は、Hr. ペトレシュコフが回顧した（1905年）[BG 0147]。P. チェルノヴェジュド（1845-1903）はパナギュリシュテの蜂起を（1893年）[BG 0148]、A. ゴラノフは（ボイチョの筆名で）バタクでの別の大きなポグロムを（1892年）[BG 0149]、Hr. ポプコンスタンティノフはアク・チェレビで生じた出来事を書き残した（1884年）[BG 0150]。D. ヨルダノフは、ボテフが1876年に結成し、オスマン軍によって殲滅された非正規部隊に一書を献じた（1897年）[BG 0151]。同部隊については、M. モスコフがより大部の136頁の本を書いている[BG 0152]。P. ディミトロフは当局の残虐行為の検証とその行為がもたらした影響について回想を公刊した（1901年）[BG 0153]。T.N. サベフは、蜂起の鎮圧から露土戦争勃発までの時期のスヴィシュトフ市での体験を書き記した（1885年）[BG 0154]。Vl.R. ブラスコフは1899年に、解放戦争の過程で命を落とした人々を永遠に記憶に留めようとした[BG 0155]。チェルノヴェジュドの一般的な題名の回想『我らが現代に』（1891年）[BG 0156]もこの系統に属する。

多種多様な一連の回想録の分量は、数頁の論文から比較的長くて100頁ほどの書物まで様々である。Z. ストヤノフの回顧録を例外として、それ以外は歴史家のような力量など全くなく、蜂起への単なる参加者たち（ないしは、その関係者たち）が回顧録を書き残したのである。もちろんその中には、丹念な作品をいくつも書き残した書き手もいた。A.P. ショポフ（1855-1922）は1881年に、『十日天下』という表題で、ある蜂起者の日記を公刊した[BG 0157]。のちに彼はオスマン支配下に留まった地域の問題、第一にマケドニア問題を扱い始めた。また、1890年にはブルガリア復興運動に関わるマケドニアの文学作品やブルガリア語書籍も取り上げた[BG 0158]。1893年には、ヴィラーエット（州）に生きるブルガリア人の生活や実状に関する大部の著書を出版した[BG 0159]。これももちろん歴史書の水準に達していないが、後代に確かな資料を提供した。この2年後、早くも彼はオスマン帝国に住むブルガリア人の近代史をまとめようとし[BG 0160]、オフリド総主教の写本などいくつかの文書の刊行も手がけた[BG 0161]。また、St. チョマコフ（1819-93）のような復興運動の二線級の人物の人生や遺稿を紹介した[BG 0162]。

仮にショポフがテーマ的に少し歴史叙述の方に近づいたとするならば、ブルガリアの初代外務大臣M.D. バラバノフ（1837-1921）も、回想録の側面が強かった（また、有用ではあった）ものの、似たような道程を歩んだ。バラバノフは1891年にN. トリセの筆名で、1876年蜂起時のトリャヴナ市内における事件を蘇らせた[BG 0163]。1904年には、興味深い多くの断片的資料を集めて、『我が国の政治的復興についての書』という大部の著書を刊行した[BG 0164]。また、同じく非常に大部な著作としてクラステヴィチの伝記を初めて著したのもバラバノフだった（1914年）[BG 0165]。1919年にはさらにラコフスキの青年期の

書簡を刊行した[BG 0166]。

　復興運動や武装蜂起に加えて、1877 年から 1878 年にかけての戦争にも多くのブルガリア人義勇兵が戦闘に加わり、それにまつわる多くの回想を生んだ。P. キスィモフは『ブルガリアの現在についての回想』（1894 年）[BG 0167]、および『独立戦争期についての回想』（1896-1902 年）[BG 0168]といった著作を 2 種類も出版した。St. I. リソフはまさにブルガリア人義勇兵部隊の歴史を描き（1897 年）[BG 0169]、1902 年には増補新版が出された[BG 0170]。N. ラデフはシプカ峠での防衛戦についての回想（1902 年）[BG 0171]、そして義勇兵部隊のいわゆるサマラの旗（ロシアのサマラ市から、ブルガリアの国章であるライオンで飾られた旗が送られた）について書いた[BG 0172]。

　解放後の歴史についても、いくつか著作が出された。この時代は、たとえ意志と史料があったとしても、専門的な歴史叙述における固有の原則に忠実であれば、手をつけることのできない時代である。初代のブルガリア公アレクサンダル・バッテンベルクはその治世（1879-86 年）において、混迷した政治ゆえに数多くの批判を招いたが、後継者の治世には忘れ去られるべきとされた。しかし、K. S. ミハレフは 1898 年に、『アレクサンダル・バッテンベルク公―我が国と諸外国におけるその緩みなき活動』という大いに好意的な視点で書いた小著を出版した[BG 0173]。I. ツァノフも 1889 年に、1885 年に達成された統一に関しての回想を綴っている[BG 0174]。作家であり、歴史小説や歴史悲劇を数多く物した T. ハジスタンチェフ（スタンチェフ、1850 頃-1902）は 1881 年に『ブルガリア人の戦い、苦悩そして成功 679-1882 年』を書き[BG 0175]、また 1886 年には、前年に 2 週間にわたって戦われたブルガリアとセルビア間の戦争の歴史をすぐさま書き下ろした[BG 0176]。N. ラデフは新ブルガリア軍の英雄の人生を、『ダナイル・ニコラエフ―ブルガリア軍の総主教』（1934 年）として描いた[BG 0177]。その素朴な書名は、これらの書が多くの点で善意ではあるが、非常にアマチュア的であることを、時として雄弁に物語っている。

　すでにこの当時、オスマン支配期の文書やトルコ語の文書さえも出版されていたという事実は、重要な出来事だと考えられる。つまりそれは、永遠の敵に対する民衆的で国民的な憤怒から、より冷静な学問的な検証に向けての離陸を示すからである。1891 年の『民芸集成』は、リラの修道院にスルタンが与えた特権状を公刊し[BG 0178]、1894 年には St. P. ジャンサゾフが別のトルコ語の文書[BG 0179]を公刊した。また 1914 年には D. G. ガジャノフが近代史に関するトルコ語史料について記し[BG 0180]、『過去』という名の、どちらかといえば一般向けの雑誌が、スルタン・マフムト 2 世がプレスラフ市に与えた二つの特権状を出版した[BG 0181]。1890 年の『民芸集成』はほとんど毎号、復興運動に関する文書を掲載した。1906 年から 1907 年にかけては N. チェフラロフがこうした活動を引き継いだ[BG 0182]。1890 年には、N. ドブルスキ（1858-1918）も歴史＝考古学の講義録を『民芸集成』に掲載し[BG 0183]、1901 年には皇帝の三つの印璽について書いた[BG 0184]。

　世紀転換期に近代的な歴史叙述がすでに花開いていたことを示すのは、以上の事実のみにとどまらない。記念出版物や論文集、あるいは、いまだ未完ではあったが、政府の直接的な指示によって準備された通史なども姿を現した。1894 年の『ブルガリアにおける新聞 50 周年と創始者 K. G. フォティノフ記念論集』[BG 0185]、それに続いて T. N. ボイチェフの著書『25 周年記念祭を迎えるブルガリアの歴史』（1903 年）[BG 0186]が発刊され、統一 25 周年にはボイチェフによって別の図書も刊行された（1910 年）[BG 0187]。また 1900 年には、大変控えめな表題の書である『M. ドリノフ教授記念小論集』が出され[BG 0188]、ドリノフの学問的業績に関するズラタルスキの詳細な論考が収録された[BG 0189]。大人へと成長を遂げたブルガリア史学とその最も重要な担い手の一人が、この書において、初代の師に謝意を表したのである。以下、国内的発展の結果として学問のレベルに至った歴史叙述の第一世代について見ていくことにしよう。

3. 第一世代

　読者は、ここでいう第一世代を第一次世界大戦前に活動を始めた人々と考えるかもしれない。それは正しいが、補足も必要である。第一世代の代表的な人物は、多くが解放のはるか以前に生まれ、世紀転換期までに出版を始め、少なからず両大戦間期にも活動を継続した。したがって、個々の人物について、この項で取り上げるか、あるいは第一次世界大戦後の時代で取り上げるかは、独断的に決めた。

　N.E.ナチョフ（1859-1940）は国民再生期の博学であり、ギムナジウムしか卒業していないが、歴史学以外にも、書誌学、民俗学、言語学に造詣が深く、加えて重要な文学作品も生み出した。すでに 1884 年にブルガリア文芸協会（すなわちアカデミー）の準会員に選ばれ、1906 年に早くも正会員になった。30 年間、中等学校の教師として働き、1922 年から 1929 年にかけて大学図書館に勤務した。1910 年代からブルガリアの国民的な文献目録作成に貢献する無数の論考を執筆し、1921 年には、1806 年から 1877 年にかけての書籍印刷と出版の歴史について比較的大部の研究[BG 0190]を公刊した（1806 年に、最初のブルガリア語の書籍が出た）。ナチョフの歴史的な関心は次第に文化史の方面に引き寄せられていった。1921 年に刊行された研究は重要であり、イスタンブルを 1877 年以前のブルガリア文化の中心の一つと見なした[BG 0191]。彼は復興期に重要な役割を果たしたカロフェル市の 1707 年から 1877 年にかけての歴史を著し（1927 年）[BG 0192]、ボテフ（1918、31、38 年）[BG 0193-0195]や東ルメリアの初代総督 Al.St.ボゴリディ公（1822-1910）（1929 年）[BG 0196]、そして Hr.P.タプチレシュトフ（1812-75/78）（1935 年）[BG 0197]といった当時の著名人の伝記をいくつか著した。

　E.スプロストラノフ（1868-1931）はマケドニアのオフリドにおける国民再生期の歴史を書き（1896 年）[BG 0198]、ブルガリアの聖シノド図書館に保存されている写本の注釈を手がけた（1900 年）[BG 0199]。これに続いてリラの修道院の写本に注釈をつけ（1902 年）[BG 0200]、同修道院の図書館の歴史に関する資料も出版し（1901 年）[BG 0201]、ソフィアの教会史に関する資料出版も行なった。

　Hr.ケスャコフはオスマン期の歴史に関する資料を探し求め、国内史料の不足を補うため、ヨーロッパからの旅行者の著作を検討した。彼が初めてこのテーマに取り組んだのは 1886 年であり、1886、87、91、94 年に[BG 0202-0205]、16-18 世紀の旅行記から抜粋した原文を出版した。また、ハンガリー国王ウラースロー 1 世やオスマン軍の遠征について述べている K.ブナコルシの年代記のうち、ブルガリア関連の部分を 2 冊の研究書にまとめて刊行した（1891、92 年）[BG 0206-0207]。

　R.ラドスラヴォフは 1878 年に、タルノヴォ蜂起の影響、および自身の体験に基づいたタルノヴォ監獄の状況について著し、また四月蜂起を、全体として、1853 年に勃発したクリミア戦争とロシアの政治的野心という見取り図の中に位置づけた[BG 0208]。エカテリーナ 2 世から 1891 年に至るロシアのバルカン外交を親ロシア的でない視点から詳らかにした著作も独創的だった（1891 年）[BG 0209]。ブルガリア人の一般的な親ロシア感情は以前からほぼ一貫しており、その後もずっと長い間、支配的な潮流だった。ラドスラヴォフはこうした感情を肯定しつつも、1880 年代における経験を経て、支配的潮流と対立するが、それでいて無視できない政治的影響力を有する別の潮流を担う最初の一人となった。もちろんそれは、いまや学問的といいうる水準に達した歴史叙述の場においてのことであったが。

　G.ディミトロフは、ブルガリア公国に関する歴史学的、地理学的、民族誌的な記述を、1894 年から 1900 年にかけて 3 巻本で刊行した[BG 0210-0212]〔第 3 巻は別タイトルでも公刊された[BG 0213]〕。

　ジャーナリストである Sv.ミラロフ（Sv.N.ミラロフ＝サプノフ、1850-92）は革命運動を理由に、1870 年から 1872 年という早い時期に投獄されたが、その後 1876 年にザグレブ大学法学部を卒業している。投獄についてミラロフは、ザグレブ滞在時に『視界』というクロアチアの新聞に回想を

掲載した[BG 0214]。解放戦争時は自らも戦闘に加わり、その後、親ロシア派の代表的人物となった。スタンボロフ政府の成立時に亡命を余儀なくされ、のちに帰国するが、反スタンボロフの企てに関係したとして処刑された。彼の著作『ブルガリア民衆史 679-1877 年』は 1885 年に出版されたが[BG 0215]、すでに触れた 1870 年代の通史を手本として執筆され、オスマン権力に対する忠誠心を残すものだった。というのも、東ルメリアの首都であるプロヴディフが出版地だったからである。彼がブルガリア文芸協会員になったのは 1884 年だった。

T. St. ブルモフ（1834-1906）は総じて国民再生運動に与したが、その中では保守派だった。1857 年にキエフで神学を修め、その後教師として働いた。さらにのちにはイスタンブルで新聞記者や編集者をした。ブルガリアの教会闘争に関して、ロシアの新聞にも数多く寄稿した。1877 年から 1878 年にかけてロシアの参謀本部で働き、その後も親ロシア派の指導的役割を担った。1879 年に短期間だが、首相と外相も務めた。彼にはキリスト教信仰の起源や、キリスト教のブルガリア人社会への浸透や定着についての小著もある[BG 0216-0217]。だが、真に重要な作品は『ブルガリア・ギリシア教会断絶 1867-70 年』という著作である。自らがこの問題に積極的に関与し、闘争の中心にいたので、史料的な価値も高い。初版を 1885 年に執筆し、その後、版を重ねるごとに史料を増補した（1902 年版は史料の追加により、600 頁以上になっていた[BG 0218]）。ブルガリア文芸協会の創設時からの会員であった。

D. ミシェフ（D. ミシェフ・ディミトロフ、1856-1932）もギムナジウムしか卒業していない。しばらく教師をし、解放戦争期はロシア軍の通訳として働いた。1895 年から 1901 年の間はイスタンブルで総主教代理の秘書を務め、その後は編集者やジャーナリストをした。1917 年に『平時と戦時』という書名で、バルカン戦争の回想を出版した[BG 0219]。戦時中と終戦直後に多くの著作を著した。マケドニアがブルガリアであることを史料によって裏づけた『ブルガリアの歴史』を上梓し（1916 年[BG 0220]、1919 年に英語版[BG 0221]）、続いて英語で『マケドニアの真実』（1917 年）[BG 0222]、および『世論の前のセルビアとブルガリア』を出版した（これはフランス語で 1918 年）[BG 0223]。1930 年にもフランス語で『バルカン連邦―その起源と発展と現実的な展望』を著した[BG 0224]。こうした類の著書は、その後も枚挙に暇がない。彼は 1884 年以来ブルガリア文芸協会の会員であり、バルカン戦争時にはアカデミー会員となった。1925 年に書いたブルガリアの黎明期に関する著作によって[BG 0225]、歴史研究者にとってもミシェフは重要な人物となった。1930 年には、ブルガリア語の出版物が国民復興運動において果たした役割についてもまとめている[BG 0226]。

A. St. ツァノフもジャーナリストであり、1887 年にブルガリアの政党について小冊子を発行した[BG 0227]。1895 年にアレクサンダル・バッテンベルクの伝記を書き[BG 0228]、1879 年には『ブルガリアと東方問題』という書名の、史料も付された比較的大きな著書を著した[BG 0229]。

St. St. ザイモフ（1853-1932）は教師だったが、反オスマン運動に参加し、そのため 1876 年に死刑を宣告された。1878 年になってようやく釈放されたので、決定的な出来事には参加できなかった。1882 年に、モスクワ教育大学を三十路間近で卒業し、その後、教師とジャーナリストを職業とした。もちろん、親ロシア派だったので、スタンボロフ政権下では亡命せざるを得なかった。1903 年から 1908 年の間は、国民図書館の館長を務めた。国民再生運動とともに成長し、その後も運動から離れることはできなかった。1884 年に『過去―1870 年から 1877 年のブルガリア革命運動史の文学的、歴史的素描』という著書を出版し、早くも 1888 年には第 4 巻が上梓された[BG 0230]。その後 1898 年から 1899 年にかけては改訂版が出された[BG 0231]。他方、ザイモフはまるごと一冊 Z. ストヤノフの記録に関する、実質的には一連の研究からなる本（1895 年）[BG 0232]も書き、レフスキの伝記（1895 年）[BG 0233]といった著作も著した。1905 年には「解放者」皇帝（〔ロシア皇帝〕アレクサンドル 2 世）の総司令部に関する回顧録を出版した[BG 0234]。解放戦争に参加した

ロシア人部隊に捧げる各地の記念碑建立、および歴史遺産や史料収集でも多大な貢献をした。彼自身、そして他の人々が集めた史料を2巻本の『ブルガリアの聖地』にまとめたが（1912年）[BG 0235-0236]、この本は一種の解放記念便覧だった。

M. Iv. マジャロフ（1854-1944）も国民再生運動に育てられた一人であり（G. ベンコフスキ（1843-76）の甥である）、教職に就いていたが、イスタンブルにあったアメリカ系のロバート・カレッジに入り、1877年に卒業した。彼は東ルメリアの財務長官にもなった。1884年に文芸協会に入会を許された。1886年に生じたブルガリアとロシアの断交後は、オデーサに亡命した。1889年に帰国し、弁護士やジャーナリストとして再び政治に関わりを持ち、1894年から1899年にかけては労働大臣を務めた。1912-14年はロンドンで、1914-15年はサンクトペテルブルクで大使を務め、1919-20年は外務大臣だった。外交活動は第一次世界大戦後に出版された著作の中で活かされた。著作の水準は一般的な外交史の域にほぼ到達しており、もちろん回想的な逸話も数多く付されていた。『戦争への外交的準備』（1932年）[BG 0237]が最も重要な著作であり、回想に近い東ルメリアに関する著書（1925年）[BG 0238]も重要である。

4. 1918年までの歴史家たち

シシュマノフ

Iv. D. シシュマノフ（1862-1928）もまた国民再生期を取り上げたが、関心は多岐にわたり、ヨーロッパの水準と比べても、かなり高度な域に達していた。シシュマノフは資産家の出身であり、イェーナ、ジュネーヴ、そしてライプツィヒの大学を卒業した。1894年からソフィアの高等専門学校で比較文学史の教員を務め、1903年から1907年の間は教育大臣も務めた。ブルガリアの学問をヨーロッパの水準に押し上げ、ブルガリアという枠を超えて、ヨーロッパ全体へ国内の成果を結びつけようとした最初の人物がシシュマノフだったといえよう。多くの小論や書評で外国の成果に言及し、国外においては彼自身が著名人だった。マイヤーの百科事典では、ブルガリア文学の見出し語の執筆を依頼され、ハンガリーの刊行物に掲載された著作もあった。言語学、民族誌学、そして民俗学にも関心を持ち、研究活動30周年の1920年に出版された記念論集[BG 0239]では、民族誌学の論考が巻頭に置かれた。1889年に刊行された最初の仕事も、ブルガリアにおける民族誌学の意義と課題に関するものだった[BG 0240]。シシュマノフは『民芸集成』の創始者の一人であり、すでに1891年の号に、古のブルガリアを旅した者たちについて研究を発表している[BG 0241]。彼のヨーロッパへの関心は、これによっても確認することができる。

彼はドリノフの説にあえて異を唱えた最初の人物でもあった。1900年に『民芸集成』誌上で、ほぼ1冊の本に匹敵する研究「原ブルガリア人（あるいはブルガール＝テュルク人）の起源に対する言語的観点からの批判的視座と「ブルガール」の語源」を発表した[BG 0242]。シシュマノフはフィン起源説を排して、原ブルガリア人をテュルク系と考え、民族名称もテュルク語から説明した。世紀末の非常に広範な反トルコ感情がいまだ残る状況のただ中にあって、この立場は際立った。

シシュマノフは言語学にも取り組んだが、主たるテーマはブルガリアの国民再生にあり、文学史家としてこれを研究した。事象の性格上、歴史的側面を切り離して国民再生を取り扱うことはできなかった。シシュマノフは一書をなすほどの分量でK. G. フォティノフ（1790頃-1858）について書き（1894年）[BG 0243]、N. ボズヴェリ（1785-1848）の未知の著作を発掘して、分析を行なった（1901年）[BG 0244]。ミラディノフ兄弟の重要性を示した仕事もある（1912年）[BG 0245]。殊に重要なのはパイスィーに関する研究であり（1914年）[BG 0246]、復興運動がパイスィーとともに始まるというドリノフの示唆を受け入れ、国民再生運動全体に対する一般的な見方を初めて解説した。ラコフスキとその文学的遺産には何度となく立ち返った（1918、19年）[BG 0247-0248]。ドリノフとK. シャプカレフ（1834-1909）についても、またアプリロフについても回想論文を書いた（1925、26年）[BG 0249-0250]。Iv. ヴァゾフ（1850-1921）に関しては、死後、遺稿集として

出版された（1930 年）[BG 0251]。最晩年の著書『西欧の復興運動とブルガリアの復興運動』（1928 年）[BG 0252]、および『ブルガリア復興運動史序説』（1930 年）[BG 0253]においては、全編にわたって、復興運動に関する自説を展開した。

上記の書名が示すようにシシュマノフは、国民再生運動（および、シシュマノフはあまり評価していなかったオスマン権力との闘争）をブルガリアに固有の現象と見なす、従来の一致した見方から離れようとした。シシュマノフはヨーロッパのルネサンスに通暁し、評価もしていたので、ブルガリアの国民復興運動もそれに類する現象であると考えた。無論、彼はこの比較を社会史的考察によって行なったのではなく、国民的発展において果たした役割という観点、すなわち現象の機能的側面に類似点を見出したのである。模範を西欧に求めたため、時代的にもより近かった東欧の類例に配慮することはなおざりにされた。だが一方で、例えばチェコの学問的成果については、常に関心を払っていた。

ズラタルスキ

シシュマノフはブルガリアの学界において最初の、卓越した知識を持ったヨーロッパ主義者だった。他方、ほぼ同時代の V.N. ズラタルスキ（1866-1935）はヨーロッパや西方にあまり関心を持たなかった。学問的な関心も細分化しておらず、一度選んだ課題に対してはシシュマノフよりも意識的、集中的に取り組んだ。こうしてズラタルスキはヨーロッパの水準に達したブルガリア初の歴史家となり、20 世紀の初めにはヨーロッパでも著名な学者となった。1898 年に文芸協会の準会員に選ばれ、1900 年には正会員となった。彼は国外においてもブルガリア史家として知られ、1928 年にはハンガリーのケーレシ・チョマ協会の会員にも選出された。

シシュマノフと異なり、ズラタルスキはよく踏みならされた道を終生踏み外すことがなかった。彼の個人的に卓越した点は、能力に加えて、勤勉さと精進にあった。父親は村の教師であり、オスマン支配下の典型的な環境の中で成長した。ズラタルスキはロシア政府の奨学金を得て、サンクトペテルブルクでギムナジウムを卒業し、大学も同地で卒業した。1891 年に博士候補資格を得た。ビザンツ学者としての教育を受け、サンクトペテルブルクの大学でもこの分野で真に最上の学派に属した。ビザンツ学の学習に加えて、祖国からの奨励もあって考古学の教育も受け、1893 年から 1895 年にはベルリンで学んだ。ヨーロッパでも最上の学識を身につけて帰国し、高等専門学校の講師に任ぜられた。1897 年に准教授、1901 年に員外教授、1906 年には当時すでに大学に昇格していた高等専門学校の正教授になった。ブルガリアとバルカンの民族史講座（1921 年にニコフのために、この講座からバルカン民族史が新規の講座として独立した）を率い、没するまでブルガリア史学の「聖翁」であり続けた。国外でもブルガリアを代表する最も有名で、敬意を払われ続けた歴史家だった。歴史学協会を創設した一人であり、1911 年から没するまで会長を務めた。

ズラタルスキは世紀転換期に考古学者として、プレスラフやタルノヴォの発掘現場で活動した時期もあった。明らかにビザンツ学といえる著作も著し、それはブルガリアにも関わるものだった。例えば、アレクシオス 1 世コムネノス期におけるブルガリアのビザンツ総督についての著作であり（1932 年）[BG 0254]、断片的な史料、とりわけオフリド大主教テオピュラクトスの書簡を基に、信頼に足る事実を年ごとにまとめ上げている。第一次世界大戦の連合国を始めとする諸外国に情報を提供するため、オスマン征服までの簡潔で大衆向けのブルガリア通史を上梓した[BG 0255-0256]。のちの時代、より正確にいえば、国民再生期についても研究した。1806 年から 1812 年の露土戦争におけるヴラツァのソフロニー（1739-1813）の政治的役割について（1923 年）[BG 0257]、1829 年のアドリアノープル条約の締結について（1930 年）[BG 0258]、ブルガリアとバルカンの近代政治史と社会史について（1921 年）[BG 0259]、さらに、19 世紀半ばまでのブルガリアの蜂起についても概説書を著した（1930 年）[BG 0260]。第一次世界大戦の戦時下にあって、彼も領土問題論争を避けて通ることはできなかった（『ヴラフはドブルジャ地域に何らかの歴史的権利を有するか』

（1917年）[BG 0261]には、明白に否定的回答を行なった）。ルーマニアの歴史家と第二次ブルガリア帝国の問題について論議したが、第二次ブルガリア国家建設に際してヴラフの果たした役割に関するルーマニア側の意見ははねつけている。1885年に実現した併合についても、1917年に書いた大衆向けの論文がある[BG 0262]。

ズラタルスキは、歴史叙述分野の先達について、適切な敬意を持って追憶することをまるで義務であるかのように感じ、パイスィー（1929年）[BG 0263]、シャファーリク（1925年）[BG 0264]、ヴェニェリン（1903年）[BG 0265]、イレチェク（1905、17年）[BG 0266-0267]、ドリノフ（1904、08年）[BG 0268-0269]、そしてN.I.ミレフ（1925年）[BG 0270]について回想を著した。

もっとも、これらはすべて副産物に過ぎず、彼の畢生の事業は中世ブルガリアの姿を蘇らせることだった。しかし、ズラタルスキはまさに自身が受けた専門教育ゆえに、ブルガリアの過去への探究は、当時の学問的水準（すなわち、事実を発掘し、それを評価する実証主義）からすれば、これからの課題であることをはっきりと見通していた。そして、世紀転換期の国内状況を見回せば、この課題を担いうる専門家はいまだ少なかった（のちに、そういった人材を育てることになる）。こうしてズラタルスキはこの大きな課題、すなわち時代にふさわしいブルガリア史の総合を書くという事業に乗り出すことを決意した。オスマン支配を受けた500年近くの年月は取り組むことすらいまだ困難に見えたし、分析視角の観点からもそうであった。国民再生運動も学問的な検討の対象とするには、まだあまりに近い出来事だった。このため、総合的通史は中世の（二つの）ブルガリア国家の歴史を含まざるを得なかった。これには次のことも理由としてあった。つまりズラタルスキは、歴史叙述の真の対象は国家史、すなわち政治的事件史であり、国家とは最上位での国民統合であるという点に疑念を抱いていなかったためである。同時代のヨーロッパの歴史叙述は、疑いなくこの考えを体現していた。ズラタルスキはこの考えをロシアとドイツの大学で学び、事実は史料から立証されなければならないことも学んだ。そして、それはまた適切な洞察と批判によって成り立ちうるものであり、確実かつ客観的な事実の列挙によって（もちろん常にそれと悟られないようにと努めていたが、彼は想像力を少しだけ働かせることを恐れてはいなかった）、発展全体の道筋を描きうることも学んでいた。無論、その本質は自国の国民国家的な発展にあった。彼は、サムイルが45年間にわたって国民の自由な精神を育むことに成功し、それによってビザンツ支配下における国民の存続を助けたと書いている。この事実は史料にあるのであろうか。ズラタルスキは、史料にあると考えたのであろう。なぜなら、もし史料が存在しなければ、判断を控えたはずだからである。例えば、あるビザンツの史料によれば、895年にブルガリア人とビザンツ人は捕虜を交換したという。しかし、それがどこで、またどのように、ということについて史料は語っていない。ならば、この設問は解答しえないことになる。

他方で、ズラタルスキも大戦中および大戦後に、（決して彼一人ではなかったが）現実の政治課題に資する研究の執筆に参与した。しかし、ズラタルスキはよき実証主義者にふさわしく、研究と政治を一体化させることは不可能と考え、賢明にも両者を混同することはなかった。もっとも、バルカン戦争時に書いた研究において、カロヤンが復讐心と征服欲から対ビザンツ戦争を起こしたと説いた時には、これは現在の状況に酷似していると言及している。ズラタルスキは自身が生きた時代の政治状況から完全に自由だったかといえば、ブルガリア国民の中世国家史を叙述していることだけを見ても、決してそうはいえない。ただし、これをもって彼を非難できるのは、あらゆることを熟知した意地の悪いその後の世代が、道義的にも自らが適格者であると感じた時だけであろう（実際にそう感じる者はいなかった）。

ズラタルスキは総合的通史を自らの水準で、すなわち同時代のヨーロッパの最高水準で叙述することを望んだ。しかし、そのための先行研究はほぼ完全に欠けていた。他方でビザンツの年代記は存在し、それが示す事実は受け入れるべきだった（ズラタルスキはしばしばビザンツ史料を長々と引用し、少なくともその語りに従った。批判的評

価でビザンツ史料に向き合うことは稀だった）。ヨーロッパ流の批判の篩を通った史料は他にほとんど存在せず、国内の史料はまだ近代的な史料批判の洗礼を受けていなかった。この作業もズラタルスキが仕上げねばならず、歴史補助学の基盤整備も実質的に彼の名に結びついた。もっとも、ズラタルスキ自身はこれを歴史家としての当然の義務と見なしていた。こうしてズラタルスキは次々と書籍刊行に取り組み始めた。細部の詰めや史料批判は別立ての論文、あるいは個々の巻の余録で補われたり、他の学説に対する論争は長い脚注で触れられたりした。

1918年に、通史[BG 0271-0274]の第1巻の第1部が出版された（緒言の日付は1917年3月1日となっており、献辞はブルガリアの国民統合のために命を賭した、記憶すべき戦士に捧げられた。戦士とは、当時すでに第一義的には、2度にわたるバルカン戦争と第一次世界大戦の兵士のことだった。なぜなら後者は、わずか数年であったが、宿願の完全統一を実現したからだった）。ズラタルスキはここで執筆計画を述べている。「ブルガリア国家中世史」（これが書名となる）を3巻にわたって叙述する。第1巻では、第一次ブルガリア国家の歴史が2部にわたって扱われ、第1部はフン＝ブルガール支配を、第2部はスラヴ化の過程を扱う。第2巻はビザンツ支配の時代であり、同様に2部構成で、蜂起とギリシア化の時代が対象である。第3巻では第二次ブルガリア帝国の歴史が扱われる。第3巻も2部からなり、新国家におけるブルガリア人の統一と最大版図への領土的拡大（時はまさにブルガリア人がほぼこれに近い領土に達しようとした時だった）、および衰退と独立の喪失が扱われる。

ズラタルスキは明言しなかったが、すでに触れたように、国家の歴史は国民の歴史と同一化された。ただ、ここでいう国民は二つのエトノスからなる。ズラタルスキ自身はもはや、原ブルガリア人がスラヴ人であったであろうとは書けなかった。彼は二つの集団を慎重に区分した。すなわち、スラヴ人が人口と活力を、ブルガール人が組織と名称を与えたのである。ズラタルスキはまだブルガール人をフン＝ブルガール人と称したが、これは副次的なことであり、最も重要な点はテュルク的性格を認めたことである。ボリスの時代までブルガール人は支配民族だったが、スラヴ人は従属民であったわけではなく、同盟者だった（ビザンツ史料を根拠としたこの独自のテーゼは、幾通りにも解釈でき、ズラタルスキよりも長命だったのみならず、ブルガリアのあらゆる変遷をくぐり抜けた）。ハンは二つの集団の融合を自ら目指した。なぜなら、ブルガール人は人口がはるかに少なく、スラヴ人の統一者や解放者の役割を演じない限り、権力を保持できなかったからである。国家の指導的地位をスラヴ人首長にも開放したのはそのためだった。ブルガール人貴族の反乱に対しても、ハンはスラヴ人に支援を求めた。スラヴ人はキリスト教をもたらした人々であり、このことが同権を求める上で主要な武器となった。ビザンツの影響もキリスト教とともにもたらされた。ハンはビザンツを模した専制的支配権力を維持するため、自らの民族性を犠牲にし、他方、スラヴ人は同権を得るため、元来の民主的な制度を諦め、専制権力を受け入れたのだった。

ズラタルスキはここで、のちの歴史叙述において基本となる問題を少なからず提起した。しかし、導入部の素描的な主張は誤解を招きやすかった。すなわち、彼は議論の過程で瑣末なことに没入し、弟子や同僚とも論争になった。事件史および制度史についても、重箱の隅をつつく議論となってしまった。

大部の第1巻第2部は1927年に刊行され、その後1934年に第2巻第1部（事実上の第3巻）が、そしてズラタルスキ没後の1940年に同第2部が出版された。詳細な議論の積み重ねは、13世紀中葉にまで達しただけだった。それでも、彼の仕事は超人的であり、一世代の研究者が全体として、かなり恵まれた環境でなしうることを一人で実行した。ズラタルスキは史料刊行も行なった。彼がし忘れたことをすべて長々と列挙することも可能だが、何らの価値も、公正さもないであろう。彼の時代、要するに第一次世界大戦前の時代において、彼が議論し、おおむね解決した問題は、歴史叙述において最も重要な主題だった。

総合的通史以外の形で刊行された研究の大部分

は、通史のための詳細な予備研究に過ぎなかったが、通史の一部として組み込めなかったものも散見される。その数は膨大で、逐一言及するのも無意味なので、特徴的な二つだけに言及しよう。その一つ『アンナ・コムネナのスキタイ部族はどのような人々か』は 1932 年に刊行された[BG 0275]。ズラタルスキは、ビザンツ支配時代に関する 12 世紀の史料を取り上げ、通説に論争をしかけた。ヴァシリエフスキーはスキタイ人をロシア人と見なし、ヨルガはルーマニア人と考えたが（別の著作では、ルーマニア人ではないと実証している）、ズラタルスキはこの民族名は遊牧民でテュルク系のオグズ人のことだとし、ベッサラビアのガガウズ人が現在の子孫であると考えた。

もう一つはずっと以前の論考で、ブルガリア史とは無関係だが、ズラタルスキの史料批判力を示す好例である。「ピンキウスとその息子プレショのいわゆる「特権状」」が題であり（1920 年）[BG 0276]、ファルラティによって 1765 年に出版された二つの特権状に関する論考である。この特権状には 994 年と 1000 年（のちの修正では 1073 年）の日付があり、スプリトの教会設立について述べている。長らく本物であると見なされ、ククリェヴィチ＝サクツィンスキとラチュキもそう考えていた。ズラタルスキは堅実に歩を進め、考えうるあらゆる方法と観点を視野に入れ、それが 1333 年と 1335 年に作られた偽書であることを明らかにした。この結論を導いた証明は、実証主義的な歴史叙述の白眉である。ズラタルスキの総合的通史、およびその他の中世に関する著作も、こうした傑出した実証主義的な証明で満ちている。

ズラタルスキには未知の、あるいは新史料に対する嗅覚が備わっており、史料分析においても彼の貢献は大であった。時に、批判者たちが決定的な反論を持ち出してきた場合には、以前の見方を再検討することにも吝かではなかった（だが多くの場合、特に人生後半の数十年間は、新事実によってむしろもともとの解釈が支持された）。

今日の時点で振り返ってみても、以下のことは断言できる。すなわち、ズラタルスキ以後の研究は 50 年を超える年月の中で、夥しい新事実、そして多くの新しい観点や方法を提示し、現在、我々は多くの事柄についてズラタルスキよりはるかに多くのことを知っている。しかし今日に至っても、中世ブルガリア政治史を最も詳細にまとめ上げた作品は、ズラタルスキの著作と総合的通史である。同時代人にとっても、後継者にとっても、ズラタルスキは手本であり続け、国民を代表する歴史学者である。

イヴァノフ

ズラタルスキの同時代人の中からまず挙げるべきは、Y. イヴァノフ（1872-1947）であろう。彼は、他の国では大勢の人を巻き込んで進められた史料刊行を、勤勉な調査研究によってほぼ一人で担った。それはちょうどズラタルスキが近代的な通史を独力で執筆したのと比肩できる。イヴァノフはそもそも歴史学者ではなく、職業としてはシシュマノフと同じく、文学史家だった。1892 年、ソフィア高等専門学校でスラヴ文献学を修め、その後さらに 2 年間ローザンヌで学んだ。彼はギムナジウム教師となり、その後 1899 年からソフィア高等専門学校のフランス語講師となった。マケドニア出身だったため、同地に残るブルガリア人関連の史跡に興味を持った。1906 年、マケドニアの史跡をさらに研究するため、テッサロニキで営業していたブルガリア商社の支店事務員になった。1909 年に文芸協会の会員、すなわちアカデミー会員になり、同時に私講師となった。1911 年に准教授、1917 年に員外教授、そして 1925 年に正教授となり、ブルガリア文学講座の主任を務めた。この間、2 度（1920-23 年と 1927-30 年）にわたってパリに長期間滞在し、東洋言語学院でブルガリア語を教えた。

彼は新しい史料を次々に発掘し、出版することに熱中した。ギリシア、ロシア、そしてユーゴスラヴィア（セルビア）でも調査し、イギリス、スペイン、フランス、ポーランドの文書館に足を運んだ。1906 年、アトス山のゾグラフォス修道院でパイシーの手稿を原本で発見し、1914 年に出版した[BG 0277]。

1906 年にマケドニアの史料を扱った最初の著書『北マケドニア―歴史的事実』が出版された[BG 0278]。この著作は、故郷の町キュステンディル

の歴史を書くために調べた成果を基に、それを発展させたもので、写本や碑文、その他の史跡が主題や地理的な配置に沿って掲載されている。発見したばかりの民俗資料も収録されている。1908 年には、今日においても基本文献である『マケドニアのブルガリア遺物』を出版した［BG 0279］。これは、1906 年から 1908 年の間の研究成果であり、あらゆる種類の入手可能な史料がやはり地理的に整理されている。中でも第二次帝国期のブルガリアの文書が最も多く収録されている。イヴァノフは第一次世界大戦時に兵士として再び同地を訪れ、さらに新しい資料を発見した。この新資料補充により、1931 年に同書の増補版を刊行した。文書に加えて、殊に碑文が重要だった（解放期に至るまでの幅広い時代について、発見したすべての碑文を掲げた）。彼は碑文が発見された経緯も記し、古い碑文は複写も掲載した。

大戦中にさらに新しい資料を出版した。今回は関心がマケドニアのブルガリア人に集中しており、書名は『マケドニアのブルガリア人—その歴史と言語と民族性に関する資料と文書』（1917 年）だった［BG 0280］。ボゴミール運動史の重要文書は多くの人が刊行していたが、『ボゴミールの書籍と伝説』（1925 年）［BG 0281］という著書において、それまでに知られていた史料を初めて集成したのはイヴァノフだった。彼は『古いブルガリアの説話』（1935 年）［BG 0282］という表題の文学アンソロジーに近いものもまとめ、古代教会スラヴ語の文書に添えて、ブルガリア語の翻訳と解説をつけた。1936 年には、リラの聖イヴァンの伝説も同様な体裁で刊行した［BG 0283］。

イヴァノフの仕事の重心は、まさに史料刊行にあった。だが、考古学的な発掘も進め、民俗資料の収集も行なった。1909 年に、北西マケドニアのブルガリア語方言についても書き残した。また、サムイルの帝都プレスパや 1014 年に起こったベラスィツァの戦闘についても、大部の研究書（1910、11 年）［BG 0284-0285］を著し、パウロ派も取り上げた（1922 年）［BG 0286］。さらに、サムイル帝の部族的な起源についても論じた（1925 年）［BG 0287］。このようにイヴァノフはマケドニアに関する問題について非常に多くの著作を残

した［BG 0288-0292］。マケドニアに対する思い入れのため、1944 年以降、しばらく暗い影がさすことになるが、資料発見者としての価値は誰も否定できなかった。実際、それこそが彼の名を不朽ならしめた。

*

第一世代からはまだ幾人かの名前を挙げねばならない。他の研究分野の専門家（正式な専門教育を受けていない場合もあった）であったが、歴史関連の著作も残した人々である。民俗資料収集家の A. ポプストイロフ（1869-1928）もその一人である。彼は 1906 年から文芸協会の会員になり、1918 年から 1921 年まで民俗博物館の館長を務めた。活動の重点は、ブルガリアの民俗資料の国際比較研究だった［BG 0293］。マケドニアのブルガリア人の歴史についても史料を出版し（1917 年）［BG 0294］、1835 年の反オスマン蜂起についての研究（1923 年）［BG 0295］も執筆した。また、ゾグラフォス修道院の歴史についての重要文書も出版した（1925 年）［BG 0296］。

Y. Tz. トリフォノフ（1864-1949）は 1906 年に文芸協会の会員になったが、ソフィア大学を卒業した後は、ギムナジウムの教師として働いた。非常に多くの作品を著した。彼が好んだテーマの一つはブルガリア中世で、ブルガリア貴族に関して大部の興味深い研究を著した（1923 年）［BG 0297］。また、マナッシース年代記の翻訳に解説を付し（1924 年）［BG 0298］、10 世紀の反ボゴミール文書の作者コスマスとは誰だったのかを解明しようとした（1923 年）［BG 0299］。スィメオン時代の宮廷生活にも取り組んだ（1926 年）［BG 0300］。さらに、ボリスの長男であり、短期間だけ王位にあったヴラディミル（850 頃-93 後）が失明させられたという年代記記述の信憑性に疑念を投げかけた作品もある（1927 年）［BG 0301］。以上の他に、ボリス 1 世ミハイルについても一書をなした（1927 年）［BG 0302］。論文としては、トラキア＝ローマ時代およびブルガール＝テュルク時代のプレヴェン史（1930 年）［BG 0303］、オスマン支配下のプレヴェンの状況（1930 年）［BG 0304］、1330 年のヴェルバジュドの戦い以降の 14 世紀ブルガリア史（1930 年）［BG 0305］、19 世

のプレヴェンでの生活、特に教会闘争の地方的な展開について（1931、32 年）[BG 0306-0307]などがある。プレヴェンに関する論考は、1933 年に単行本『解放戦争までのプレヴェン市史』としても出版された[BG 0308]。キュリロス（コンスタンティノス）の一生とその業績について[BG 0309-0315]、そしてリラの聖イヴァンについて（1939 年）[BG 0316]多くの研究を残した。コステネツのコンスタンティンに関しても長大な研究を著した（1942 年）[BG 0317]。トリフォノフは古い時代の歴史叙述に関心を持ったが（「ゾグラフォス修道院で書かれたブルガリアの歴史」1940 年[BG 0318]）、「18 世紀後半のブルガリア史叙述における第二次ブルガリア帝国の成立問題—パイスィーの歴史叙述を中心として」1939 年[BG 0319]）、さらに関心はブルガリアの国民再生運動にも及んだ。彼はこの問題についても、初期の頃から取り組んでいた。ギリシア人高位聖職者がブルガリア語の書物や写本を強制的に廃棄したのは本当かという問題について、最初に学問的な研究を書いたのもトリフォノフだった（1917 年）[BG 0320]。スラヴェイコフの歴史書も視野に入れていたし（1929 年）[BG 0321]、のちの主教 V. ドルメフ（1840-1901）の伝記も執筆し（1926 年）[BG 0322]、さらに教会問題の解決におけるロシアの関与も扱った（1929 年）[BG 0323]。次の二つの研究は民族誌と歴史叙述の境界に位置している。一つはショプという名称の起源に関してであり（1921 年）[BG 0324]、もう一つは、初期のブルガリア・ビザンツ間の条約締結に際して、ブルガール＝テュルク側で行なわれた異教的儀礼に関するものである（1937 年）[BG 0325]。他の人の場合であれば賞賛するのが常であるような関心の広さである。彼を例外とする必要はないが、いわば「無意識の実証主義者」として各論的な問題の解決をこそ自らの課題だと考えていたことは、当然留意されるべきだろう。

D. A. イフチエフ（1854-1913）は商家の出身で、イスタンブルの法科高等専門学校で学び、1884 年からソフィアで弁護士をした。その後、国家公務員になり、1900 年から 1908 年の期間、国民図書館でトルコ語文書の管理者をした。彼も専門教育を受けた歴史学者ではないが、研究を通してトルコ語によく通ずるようになったのが最大の持ち味であり、トルコ語史料の出版を開始したのも彼だった。こうして例えば、19 世紀初頭のカルジャリ運動関連の文書（1907 年）[BG 0326]、オスマン政府によって義務化されたエスナフ、つまりギルドの文書（1907 年）[BG 0327]、いわゆるワクフと呼ばれるイスラーム寺院財団の財産に関する文書（1909-10 年）[BG 0328]、そしてキリスト教徒レアーヤの特権に関する文書（1909 年）[BG 0329]が刊行された。彼は、図書館が受け入れた文書資料から、手当たり次第に選抜しただけで、まとまった史料の刊行はリラの修道院に関する 625 編の文書（1910 年）[BG 0330]だけだった。原文の転写においても誤りがしばしば見受けられ、解説の注も必ずしも最良のものではない。しかし、彼を除いて当時誰一人としてオスマン時代を扱う者はおらず、たとえ史料が利用されるのがまだ後のことだったとしても、史料刊行は非常に価値のあることだった[BG 0331]。

ここまでの叙述で明らかなように、オスマン支配の時代にあっても、国民復興期は早くから素人でさえ手がけた重要なテーマだった。D. T. ストラシミロフ（1868-1939）はこの問題に、とりわけ国民復興期の最後の 10 年ないし 20 年間の政治運動の研究に身を捧げた。ベルン大学で歴史学と文学の研究を続け、帰国して、トリフォノフと同じく中等学校の教師になった。革命運動関連の史料を収集・整理するため、文書館や個人の遺稿を多方面にわたって熱心に調査した。1908 年に『復興運動文書』の表題で文書を 2 巻の本にまとめ、第 1 巻にまず差出人ごとに区分けした書簡を収録し、第 2 巻には 1885 年の統一関連の文書を収めた[BG 0332-0333]。レフスキ関連の文書を分厚い 1 冊にして出版したのも彼である（1929 年）[BG 0334]。ラコフスキ伝（1924 年）[BG 0335]、およびレフスキの晩年（1927 年）[BG 0336]についても執筆した。すでに 1927 年には、四月蜂起に先立つ 10 年間の専門家であると見なされており、そのため後述するブルガリア千年史論集で、この時代についての執筆を彼がしなければならなかった（1930 年）[BG 0337]。翌年に出された最初の一書は、

秘密中央委員会についてかなり詳細に扱った [BG 0338]。彼の名声は、3巻本の主著『四月蜂起の歴史』によってすでに 1907 年に確立していた [BG 0339-0341]。多くの文書を用い、確かな手法で重要事項を明示し、蜂起の前史を蜂起の渦中に起きた諸事件と巧みに結びつけ、さらにヨーロッパの反響にも言及した。ストラシミロフにとって、すでに膨大な資料を収集していた蜂起の指導者たちがいかに重要であっても、蜂起の実際の経過を叙述することはあたかも彼に、民衆、すなわち無名の大衆が事件の中で果たした役割も明らかにするようにと強いてくるかのようであった。中世について詳述したのがズラタルスキだとすれば、ストラシミロフは近代における特定の 10 年間について徹底的に詳論した。それは、以後誰一人としてこのテーマに取り組む者がなかったほどに徹底していた。当時の考え方に従えば、たとえ過ぎ去ってしまった時代にせよ、30 年前の出来事を発掘すること自体がほとんど冒険に近かった。正式な専門家組織の外部にいたストラシミロフだからこそ、その作業を自身に課すことができたのである。

スタネフ

N.B. スタネフ (1862-1949) は、熱心な好事家と専門家の中間に位置する。彼は、17 世紀にワクフ保有の権利を得た農家の出身だった。神学校を終えた後、ギムナジウムの教師になった。一時、シシュマノフに招かれて『民芸集成』の編集に携わり、その後再び教壇に立ち、1918 年に年金生活に入った。しかし、歴史教師のサークルで盛んに活動し、中等学校教師向けの雑誌の編集長を長く務めた。政治的には、自由主義を基礎とする穏健な反対派だった。

彼は調査や新史料発掘を目指す真の歴史学者のタイプには属さず、むしろ既存の研究に広く目を向け、それを人々にわかりやすく概説したいと考えた。実際にも、専門の歴史学者の読みづらい研究成果を、教師やその他の知識人層に広めることに貢献した。だが、彼の概説的な著作が固有の視点を持っていないわけでは決してなかった。スタネフは時に原史料も使い、さらに、同時代に関しては個人の語りも活用した。スタネフ自身は自覚していなかったが、それは極めて近代的な手法だった。第一作ではフランス革命の原因を分析し (1891 年) [BG 0342]、1903 年までに 2 版を重ねた [BG 0343]。1917 年には、前述のズラタルスキによるドイツ語版中世史の続編を執筆した。この著作はオスマン時代を含むが、主として新生ブルガリア国家の歴史を扱っていた [BG 0344]。のちにこのテーマは、新たな作品の中でさらなる史料によって補われ、より詳細に語られた。他方、第一次世界大戦中は、兵士向けの陣中読本シリーズを創刊し、自ら『ブルガリア国民の歴史』(1917 年) を書いた [BG 0345]。この表題はズラタルスキのものと対比すると興味深いが、当時の状況も考慮してつけられたのであろう。スタネフもレフスキに関して著作を著した (1923 年) [BG 0346]。ブルガリアの近現代史を 2 巻本で紹介する試み (1924-25 年) [BG 0347-0348] は、無謀な試みに近かった。第 1 巻は 1878 年から 1912 年まで、第 2 巻は、当時よく取り上げられた主題である 1912 年から 1918 年の時期、すなわち戦争の時期を扱っている。オスマン時代全体に関して大部の『軛の下のブルガリア』(1928 年) [BG 0349] を上梓したが、よくまとめられた通史である。1878 年までの歴史が語られ、国民再生期に関する叙述が満載されている。その後、中世史に復帰し、スィメオンについての本 (1929 年) [BG 0350]、中世期のブルガリアに関するより大部の本 (1934 年) [BG 0351]、そしてフランス語で、表題も年代記風のブルガリア通史 (1938 年) [BG 0352] を書き下ろした。どれほど細心の注意を払い、また、どれほどの愛国心を持って執筆したかを知らなくとも、著者が誠実な職人肌の人物であったことは容易に想像できるであろう。実際、誠実で尊敬すべき人物だった。専門家たちの陰に謙虚に身を潜め、専門家と同等に見られることは決して望まなかった。ソフィアが解放された時、82 歳だったが、あたかも春秋に富んでいるかのような若々しい情熱を持って、現実の瓦礫と精神の瓦礫を片づける作業に取りかかった。軛の下で苦しむブルガリアを扱った著書は、1947 年に新版となって出版された [BG 0353]。

ラデフ

　表面的には、S.T. ラデフ（1879-1967）もやや似たような人物といえるかもしれないが、本質は全く異なる。マケドニア生まれの青年ラデフはジュネーヴで法学を学び、1902 年に祖国に戻るとジャーナリストとして活躍し、1913 年から 1940 年までは外交官として職務を果たした。ラデフはスタネフほどの専門性も持ち合わせなかったが、法学研究を通してある程度は習熟するようになった。彼も研究者タイプではなかったが、刊行された史料や研究を用いるだけでなく、自身で史料も発掘した。彼の 2 冊の大著には言及せればなるまい。1 冊は『今日のブルガリアを築いた人々』（2 巻、1910-11 年）[BG 0354]であり、もう 1 冊はフランス語で書かれた『19 世紀におけるマケドニアとブルガリアの復興運動』（1918 年）[BG 0355]である。後者に史料を補足して 3 巻本のブルガリア語版も刊行している（1927-28 年）[BG 0356]。また 1943 年には、新たに要約版を、表題も少し変えて出版した（『ブルガリアの復興運動におけるマケドニア』[BG 0357]）。

　つまり、ラデフは、スタネフと同じく直前の時代を扱ったが、スタネフのやや素朴な愛国主義に対して、歴史の襞により深く入り込んでいった。一方で、彼はマケドニアとマケドニア人のブルガリア性を証明しようとする路線に明らかに与していた。1918 年に出版されたフランス語の著書は、次のように結ばれている。兵士たちは「ブルガリア人の力によって実現された正義と自由が公正な条約によって容認されることを、強く待ち望んでいる」と。ラデフは 300 頁を超える著作で、国民復興運動はまさにマケドニア地域から始まり、たとえのちに中心が東部のブルガリア地域に移ったとしても、マケドニアが運動の中で忘れ去られることはなかったという事実を明らかにした。

　他方で、ラデフは自力での解放は不可能との立場を代表していた。しかし、解放が実質的にロシアの影響力の増大につながったことは、彼の自由主義的な信念に従えば、決して容認できるものではなかった。彼は、時に悪意あるコメントを付すことがあったとしても、解放のために戦った闘士には常に敬意を表していた（ラコフスキは、学問上の問題を自身の判断に従って処理した）。ラデフは今日のブルガリアを築いた人々の中から、第 1 巻ではアレクサンダル・バッテンベルクを取り上げた。ラデフが真の創造者と見なしたのは革命家ではなく、改革の実行者、あるいは政治家としての思慮深さを持った実践者だった。この本は第 2 代ブルガリア公であるフェルディナントが権力の座に即いて 25 年近くが経った時に刊行されたが、フェルディナントに対してやや批判を込めた書でもあった。

　スタネフの一点の曇りもないほどに素朴な明快さに対して、ラデフは未解決の問題に悩み、落ち着かない風情でそれらを列挙した。知識人の間では、多くの人々がラデフの著作を好んで読んだ。しかし、彼を好ましい人物と考えた体制が一つとしてなかったことは、驚くにあたらない。

5. 隣接の学問

　以下、評価に異論が少ない専門家の話題に戻ろう。A.T. イシルコフ（1868-1937）は、1891 年、ソフィア高等専門学校の歴史専攻を修了し、その後ライプツィヒで地理学を専攻した。1898 年に、新設の地理学・民族誌講座の准教授となり、1903 年に員外教授、1904 年に文芸協会の準会員、1906 年に正会員、そして 1909 年に正教授となった。紆余曲折のない経歴は、彼がブルガリアにおける地理学の創設者だったことによって裏打ちされている。イシルコフの地理学は、今日、経済地理学や人文地理学と呼び習わされている学問領域であり、人口学と関連する領域も含まれていた。

　歴史学者は政治的な関心ゆえに都市を前面に押し立てたが、イシルコフは初めて農村に目を向け、1906 年に農村研究に関する方法論的指針を作成した[BG 0358]。また 1910 年には、ブルガリアにおける人文地理学全般に関する著書を出版した[BG 0359]。イシルコフも都市を無視したわけではなく、ブルガリアの都市が有する典型的な性格も詳説した（1925 年）[BG 0360]。1921 年に発表されたブルガリア人の人口（無論、ブルガリア国内に限らなかった）に関する論文[BG 0361]、および『ブルガリアの人口密度における歴史的、政治的

要因』（1925 年）[BG 0362]は人口学への関心を示している。ブルガリアの人口に関する歴史的、民族誌的な総論[BG 0363]も、ここに入れて考えることができる。イシルコフは歴史地理学にも関わり、17 世紀におけるソフィアの状況、および同市の人口と経済生活についての著書を出版した（1912 年）[BG 0364]。多くの史料、中でも外国人の紀行文を原典のまま活字にした。1922 年には、1443 年に起こったズラティカの戦いの場所を同定した論文を書き[BG 0365]、翌年には別の論考で、ハンガリー国王ウラースローが 1443 年から 1444 年にかけて率いた遠征の経路を明らかにした[BG 0366]。

第一次世界大戦下、さらには大戦後、講和条約の定めた新たな国境線が不当であることを地理的、歴史的に裏づける作業に、イシルコフも加わらざるを得なかった。こうして彼は、ブルガリアがマケドニアおよびトラキアと地理的にどう関係するのか（1925 年）[BG 0367]、あるいはブルガリアがエーゲ海とどう関係するのかを論じた（1914 年[BG 0368]、1919 年にフランス語版[BG 0369]）。また、スコピエ地域がペーチ（ペヤ）のセルビア総主教下に置かれていた時でも、ブルガリア人がいたことを証明しようとした（1915 年）[BG 0370]。さらに、ヌイイ条約におけるトラキア関連の条項に関して特別に一書を上梓し（1920 年）[BG 0371]、ドブルジャのブルガリア人たちの歴史や民族誌については、フランス語での出版も行なった（1918 年[BG 0372]、フランス語版は 1919 年）。1930 年には、トラキアの地名や境界線の歴史的変遷に再び立ち返った[BG 0373]。もちろんイシルコフはこの種の著作でさえ、最良の学問的信念に従って執筆した。ブルガリアの民族政策について書いた論文（1929 年）[BG 0374]も同様である。

イシルコフに加えて、別の学問分野の代表者にも言及しよう。まず新しい学問分野について少し触れておこう。ブルガリア言語学、より広くいえば、スラヴ学は、概して、歴史叙述と同時期に、同様の過程を経て生まれた。新規の学問分野を代表する出版物は、当時の（また、その後の）歴史学にとっても重要だった。なぜなら、中世の史料は少なく、教会の祈祷書や聖人伝などの資料は、史料として直接に使用できないが、一定の結論を裏づけるに足る歴史的重要性を有していたからである。

B. St. ツォネフ（1863-1926）はブルガリア言語学の創始者の一人と見なされている。ウィーンとライプツィヒの大学を卒業し、1900 年に文芸協会の会員となり、大学でブルガリア言語史を担当する最初の教員となった。彼の主著『ブルガリア言語史』は歴史学者にも有用であり、1919 年から 1937 年にかけて刊行された[BG 0375]。国民図書館の手稿や古い出版物について 2 巻本で出版する一方（1910-23 年）[BG 0376]、アカデミー文書館所蔵のスラヴ語写本についても論じた（1916 年）[BG 0377]。また、プロヴディフの国民図書館にある古い手稿や出版物について記し（1920 年）[BG 0378]、ボジェニツァの碑文についても幅広く論じている（1921 年）[BG 0379]。

Al. St. テオドロフ＝バラン（1859-1959）は言語学者であり、書誌学者でもあった。［1878 年の］解放後のブルガリアにベッサラビアから移住し、プラハおよびライプツィヒの大学でスラヴ学を専攻した。1884 年に文芸協会の会員となり、ソフィア高等専門学校の教員であり、かつ初代学長となった。彼は、近代言語学的な観点に従って、初めてブルガリア語文法を体系化した。また、近代的なブルガリア文学史を初めて執筆したのも彼であった（1896 年）[BG 0380]。ブルガリア語の正書法にも繰り返し取り組んだ。歴史学的には、書誌学での業績が最も重要である。1641 年から 1877 年までに出版されたブルガリア語の書籍目録を編纂した（1893 年）[BG 0381]。1906 年には、この目録の前史、つまり先人の努力を詳細に研究した[BG 0382]。1909 年には、1806 年から 1905 年の間に出版された書籍の目録を刊行した[BG 0383]。目録の見出し数は、1 万 5258 件に及んだ。この目録の出発点は、近代ブルガリア語で初めて印刷された書物でもある説教集成[BG 0384]であり、ヴラツァのソフロニーが 1806 年に出版したものだった。それゆえ、テオドロフ＝バランは 1906 年に、ソフロニーとブルガリアの出版史に関する著作も刊行した[BG 0385]。

L.G.ミレティチ（1863-1937）は、ブルガリアにおけるスラヴ学の創始者と見なされている。1885年に、ザグレブとプラハの大学でスラヴ学を修めた（1888年にザグレブ大学で博士号を取得した）。彼はソフィア高等専門学校の創設者の一人で、1892年から1934年まで教授を務め、1898年に文芸協会の会員になった。トランシルヴァニアとバナートに定住したブルガリア人に関する研究によって、ハンガリー民族誌学協会の会員にも選ばれている。1928年から1937年にかけてマケドニア学術研究所の総裁を務め、1925年から1936年の間は雑誌『マケドニア評論』の編集長だった。彼はブルガリア言語史と方言学の研究者でもあり、多くの言語学的記録を出版した。ブラショフのヴラフ＝スラヴ人（すなわち、スラヴ語を話すルーマニア人）の文書もここに含まれ、関連する多くの出版物を世に出した（1896、1910年）[BG 0386-0387]。彼は、ブルガリア人とルーマニア人の文化的な関係全般についても興味を抱いた（「ダコ＝ロマン人とスラヴ語文献」1893年[BG 0388]、「ルーマニア学術旅行覚書」1893年[BG 0389]、ともにD.D.アグラと共著）。

おそらくルーマニアとの関連で、ミレティチはハンガリーにおけるブルガリア人の定住に関心を持ったのであろう。ハンガリーに定住したブルガリア人は、17世紀末にオスマン支配から逃れて来た人々だった。彼はこの問題に関して、「トランシルヴァニアのブルガリア人」という表題で最初の研究を書き（1896年）[BG 0390]、その後、何度となくこのテーマに立ち返った（「トランシルヴァニアとバナートにおけるカトリック教徒のブルガリア人の定住」1897年[BG 0391]、『トランシルヴァニアのブルガリア人とその言語』1926年[BG 0392]）。後者は一書をなす長さのモノグラフである。この主題に関連して、17世紀のブルガリアにおけるカトリック使節の活動にも言及した。同様に、のちにカトリック教会に加わったパウロ派も取り上げ、1905年には、彼らに関する大部の論考を上梓した[BG 0393-0394]。

マケドニア・トラキア問題に関する文献の氾濫から距離を置くことは、ミレティチにもできなかった。1913年に生じたトラキアのブルガリア人の破滅について、すでに1918年に一書を（資料付きで）公刊し[BG 0395]、同じく1918年に、『ブルガリアのマケドニア―歴史的、文化的覚書』という表題のフランス語の著作も出版した[BG 0396-0397]。1925年には、『マケドニアおよびマケドニアのブルガリア人』を書いた[BG 0398]。1920年代にミレティチは、マケドニアにおける革命指導者の回顧録を刊行し[BG 0399-0407]、その後、1912年から1913年のマケドニアにおけるセルビアやギリシア当局の反ブルガリア活動について資料集を刊行した（1929年）[BG 0408]。この資料集は、翌年、フランス語でも出版された[BG 0409]。

同時代史の政治との関連における著名な言語学者たちの活動は、のちにまた立ち返るが、状況がいかに深刻であり、いかに矛盾を抱えていたかを物語っているだけでなく、隣接の学問領域である歴史叙述が、当時すでに、倦むほど過度に政治史への傾斜を強めてしまっていたことをも示している。歴史叙述の主たる領域が政治史だったため、この領域において数十年の遅れを取り戻さねばならなかったのである。このことは、誰も明確に指摘しなかったが、誰もが自覚していた。このため、歴史学者の側から経済史に関心が向かわず、むしろ我々が出会うのは経済学者の側のイニシアティヴだったが、それは全く驚くにあたらない。

A1.アジュデラの2本の論文「解放以前のブルガリアにおける手工業者と家内工業」（1897年）[BG 0410]、および「解放以前の手工業者と工業」（1902年）[BG 0411]は、初期の好事家臭さを留めるが、当時すでに衰退したと考えられていた世界についての資料を提供するものである。

G.T.ダナイロフ（1872-1939）は1895年にモスクワで法学を修め、その後ウィーン、ミュンヘン、そしてベルリンで経済学と統計の研究を続けた。1897年から准教授として、その後1903年から1907年にかけて、そして1925年以降はソフィア経済高等専門学校の教授を務めた。1901年から文芸協会の会員になり、1918年および1930-31年にかけて民主党員として大臣職にも就いた。

当初、ダナイロフは法学関係の著作によって世に出、今日に至るまで論争の的になっている中世

初期の史料「法書」の手続法的な分析を完成させた人物だった（1901 年）[BG 0412]。その後、関心を世界全体に広げたが、それは経済の領域についてだった。彼は文明人（つまり、白人）の経済発展について（1923 年）[BG 0413]、世界大戦の社会的、経済的結果について（1934 年）[BG 0414]、そしてブルガリア初の織物工場について（1905 年）[BG 0415]論考を著した。『ブルガリア人口学研究』（1930 年）[BG 0416]は、人口学的な関心の成果である。

ここで、国外に存在したブルガリア関連史料の精力的な収集者であった、ある特別な人物について触れておこう。N.V. ミホフ（1877-1962）である。本格的な研究は何一つ残さなかったが、史料収集では今日に至るまで重要な人物であり、1947 年、70 歳になった時、アカデミー会員に選出されるほど高く評価された。ミホフは復興期の遺産から多くを学びとった。1897 年から 1900 年にかけて、ジュネーヴとブリュッセルで社会学と生物学を学び、統計学で博士号を取得した。中等学校で教え、しばらく統計局でも働き、1908 年から 1909 年および 1911 年には国民図書館副館長職に就いた。1912 年から 1932 年にかけてウィーン、ベルリン、ジュネーヴ、パリ、マルセイユ、ロンドンといったヨーロッパの大きな図書館を次々と訪れ、のちに何巻にもわたって刊行される膨大な史料のほとんどを、そこで収集してきた。『トルコおよびブルガリア史の史料目録』（4 巻、1914-34 年）[BG 0417]が、最初に刊行された仕事である。しかし、表題と異なり、それは国外の著作の単純な文献目録的記述ではなく、両国に関係する記述が原典から原語で引用されているのである。『18-19 世紀におけるトルコとブルガリアの住民』（5 巻、1915-67 年）[BG 0418]では、出版された書籍に加え、文書館の史料までもが掲載されている。1918 年にはフランスの書籍から採録した原文をフランス語で出版し[BG 0419]、1929 年にはドイツ語で同様の出版を行なった[BG 0420]。1938 年に、トルコとブルガリアに関するドイツ、イギリス、フランス、イタリアの雑誌論文をフランス語で出版した[BG 0421]。また、1941 年には、その時々で表題がドイツ語になったり、フランス語になったりする『（ブルガリア）貿易史データ』（6 巻、1941-70 年）[BG 0422-0426]という刊行物を創刊した。これはもっぱら文書館史料のみを掲載し、多くは領事報告書だった。ミホフは、他国では研究者集団全体が取り組んでも長い年月を要したであろう課題を、独力で完成させたのである。

6. 法制史

政治史、すなわち国家史的な関心を持つ歴史叙述に対して、似たような発想に基づく法制史においてもすぐに類似の歴史叙述が現れた。というのは、法制度の実際的な研究は新しい（部分的には外来の）分野であり、政治史研究に勝る重要なテーマをいまだ持たなかったからである。

St. S. ボブチェフ（1853-1940）は法制史における最初の専門家である。彼は 1876 年にイスタンブルで医学校を卒業した。その後 1880 年までにモスクワで法律家の資格も取得し、スラヴ法に対しては親スラヴ的な信念と関心を抱くようになった。1881 年に文芸協会の準会員、1884 年に正会員に選ばれている。国家の司法行政組織においても活躍し、1911 年から 1912 年にかけて教育大臣（文芸協会をアカデミーに昇格させる法案を準備したのは彼である）、その後 1914 年まで在サンクトペテルブルク大使を務めた。他方、すでに 1902 年から准教授であり、1927 年には法学部教授となった。最初はブルガリアおよびスラヴ法講座を、のちに教会法講座を率いた。40 年にわたって（1893-1933 年）、法学研究の中心的雑誌『法学評論』の編集を担当したのもボブチェフだった。

歴史への関心が、彼の仕事を根底で方向づけた。1881 年、イレチェクに倣って、ブルガリア史の中等学校用教科書を執筆した[BG 0427]。大学時代以来、ボブチェフはロシアと良好な関係を築き、親露派の確信的な代表者だった。1889 年にはロシア語で『マケドニア問題書簡集』を書いている[BG 0428]。ブルガリア初の定期刊行誌から説き起こし、1844 年から 1894 年の間にブルガリアの出版がいかに発展したかを描いた著書もある（1894 年）[BG 0429]。その後、法律を分野別に

分類し、ブルガリア慣習法の記録を出版し始めた（3巻、1896-1915年）[BG 0430-0432]。他方で、1903年には、古いブルガリアの法律に関わる記録も出版した[BG 0433]。これは一般的な史料刊行の一環と見なすこともできる。同じ年に、ブルガリアの法律関連文献目録も編纂している[BG 0434]。彼は、クルムによる法律の制定についても論文（1906年）[BG 0435]をまとめ、さらに、本ほどの長さの、ブルガリアの大家族の現在と過去に関する論文（1907年）[BG 0436]も執筆した。後者の論文には膨大な史料も収めたが、同時代の人々がそれを活用することはなかった。1910年に、古い時代（すなわち中世）のブルガリアにおける法制史を著し[BG 0437]、1917年には、ブルガリアの民事訴訟法について教科書を書いた[BG 0436]。「ブルガリアの考古学と法制史」という題名の理論的な論文（1923年）[BG 0439]には、歴史への関心が見られ、東ルメリアに関する長大な論文[BG 0440]は、1878年から1885年にかけての時代における公法問題を前面に掲げたものだった。

　彼はこの後も長らく中世法に取り組み、第二次帝国期の文書を基に租税制度を精査したり（1925年）[BG 0441]、スィメオン期のブルガリアを公法的な観点から叙述した長大な論文も執筆した（1928年）[BG 0442]。後者は、1930年に要約版が新たに出版された[BG 0443]。別の著作では、中世ブルガリアにおけるローマ法とビザンツ法の役割を扱った（1925年）[BG 0444]。中世研究の後は、中世に続く時代へと向かい、『ブルガリアの公法的、社会的組織』を著した（1937年）[BG 0445]。この時代については、すでに以前から資料刊行を行なっていた（1923年）[BG 0446]。復興運動期も視野に入れた論文がいくつか存在し、A. ロボフスキの自伝と書簡集を刊行し（1905年）[BG 0447]、さらにラコフスキを扱った論文も2編ある。一つは、ラコフスキのジャーナリストとしての活動を紹介したものであり（1918年）[BG 0448]、もう一つは、ブルガリアの法制史に関する彼の見方を扱ったものである（1918年）[BG 0449]。ルドゴリエ（デリオルマン）のテュルク系少数派の歴史的系譜にも触れている（1929年）[BG 0450]。さらにボブチェフは民謡や俗諺についても出版し（1918年）[BG 0451]、1877年から1878年の戦争[BG 0452]や、現代世界の政治・社会史に関しても、専門的ではないが、かなり大部の概説史を出版した（1930年）[BG 0453]。ボブチェフもブルガリアを襲った不正義に抗議する言論界の動きに対して、これを見て見ぬふりをするわけにはいかなかった。（『ブルガリア国民は何を望むか—歴史的、政治的スケッチ』1915年[BG 0454]、『1913年6月19日前後のバルカンにおける諸事件の展開について』1935年[BG 0455]）。学問的に裏づけられた法制史をブルガリアで始めたのはボブチェフだった。彼に続く者は、彼が築いたものから出発することができ、より高い段階に進むことができた。ボブチェフは、歴史叙述の分野でズラタルスキが果たした役割を、法制史の分野で果たしたといえる。ボブチェフの歴史論文集は、1928年には早くも第3版が出されているのである[BG 0456]。

　ここで、歴史家ないし考古学者 G. D. バラスチェフ（1869-1936）に言及してもよいだろう。彼はソフィア高等専門学校を卒業後、ウィーン大学でも考古学の研究を続け、中等学校の教員となり、その後、博物館員となった。彼は南スラヴ人への関心から、ドリノフの後継者たらんとした。バラスチェフの著作の大半は、中世ブルガリア国家に関するものである。オフリドの聖クリメントの祈祷書に、ギリシア語の対訳を添えて刊行したものが、彼の最初の重要な仕事だった（1898年）[BG 0457]。その後、ブルガール＝テュルク時代の有形遺産について著書を出版し（1902年）[BG 0458]、この時代の国家・軍事機構と君主号についても研究を著した（1909年）[BG 0459-0460]。オムルタグの碑文について（1909-10年）[BG 0461]、ブルガリアの国章について（1910年）[BG 0462]、アセン2世について（1912年）[BG 0463]、マケドニア地域で発見されたスラヴ語碑文について（1912年）[BG 0464]、そして君主の位をいかに獲得するかについて（1909年）[BG 0465]も書いている。『7-8世紀のバルカン半島における最古のスラヴ国家とその民族構成』（1924年）[BG 0466]、および『10世紀末のブルガリア人』（2巻、1927-30年）[BG 0467]などの概説もある。古代ト

ラキア人の聖地と神々について（1932 年）[BG 0468]、またウラースローの遠征とヴァルナの戦いについて（1935 年）[BG 0469]の著作も書いた。ロシアの原初年代記に書かれているヴラフや近隣の民族に関する情報を分析した書物もある（1936 年）[BG 0470]。イフチェフと共同で、オスマン帝国内のキリスト教徒に与えられた特権状の刊行も行なった（1909 年）[BG 0471]。また、17 世紀初めにおけるソフィアの造幣所に関する論文も書いている（1912 年）[BG 0472]。多様に過ぎるほどに広がった彼の関心から生まれた作品は、第一次世界大戦後の時期には、もはや必要とされる水準を満たすものではなかった。ムタフチェフは、ボブチェフに対してならば問題にしなかったことでも、バラスチェフに対しては批判的に問い質したのである。

V. Y. ガネフ（1880-1966）は歴史学者ではないが、一流の法学者だった。彼はライプツィヒとジュネーヴの大学で法学を修め、1908 年に准教授、1913 年から教授となった。法理論と商法を教えた。1919 年に司法相にもなった。1920 年から 1922 年にかけて在プラハ大使を務め、1926 年からは弁護士活動にも従事した。1944 年に起こった政変の後は、摂政も務めた。ブルガリアにおける商法の発展に関して 2 編の長大な論考を執筆している（1916、21 年）[BG 0473-0474]。後者は実にしっかりしたモノグラフである。かなり後になって、先に触れた初期中世スラヴ人の「法書」に取り組み、1959 年に、これに関する法制史的で分析的な論文集が刊行された[BG 0475]。

7. 教会史

教会史の叙述はまだこの時代においては、素人的な資料の発掘ないし編纂の段階にとどまっていた。St. スタニミロフ（1858-1943）がブルガリア教会史の概説を著し（1894 年）[BG 0476]、長く総合的概論としての地位を保ち、1925 年ですでに第 3 版を数えた[BG 0477]。もう一つの概説はキリスト教会史全体のまとめだが、事実上は正教会の歴史をまとめたものである（1897 年）[BG 0478]。スタニミロフは個々の修道院について、すなわちガブロヴォ（1925 年）[BG 0479]やバチコヴォの修道院（1928、35、37 年）[BG 0480-0482]などについて論文を著し、ソフィアの新聖人ゲオルギの殉教伝説（1931 年）[BG 0483]、およびその異説の一つを活字にした（1932 年）[BG 0484]。スタニミロフの業績で真に興味深いのは、個人的にも知己の関係にあった Y. ソコルスキ（1786-1879）を多くの著作で取り上げたことである。ソコルスキは、ギリシア人に対する教会闘争がオスマン当局の反対のために絶望的に思えた 1850 年代に、ローマとの教会合同を模索した。しかし、その試みはロシア政府の反対で挫折し、ソコルスキはロシアの修道院で生涯を閉じた（「ソコルスキ追憶」1922 年[BG 0485]、「ソコルスキ大主教の人生と活動」1924 年[BG 0486]、「ソコルスキ大主教と正教会回帰の試み」1925 年[BG 0487]）。

ブルガリアの教会史については、D. ツフレフも書いている（1910 年）[BG 0488]。彼は古いブルガリアの文献ではキリル文字のみが使用され、グラゴール文字は使われていなかったことを立証した[BG 0489]。Y. バカロフは修道院に関する資料を出版し（1895 年）[BG 0490]、D. イルコフはリラの修道院について（1895 年）[BG 0491]、I. シャンダロフはソフィア近郊のクレミコフツィの修道院について（1898 年）[BG 0492]、それぞれ論考を著した。

8. 古銭学

ブルガリアで歴史補助学がこの時代にもまだ形成されていなかったのは、文書史料が乏しかったことによる。ただし、碑文に関してはズラタルスキやその他の人々が類似の仕事を成し遂げていたし、その後ベシェフリエフが高い水準で行なった碑文の分析も、この種の仕事と見なすことができよう。

唯一例外的に発達した歴史補助学が古銭学である。ブルガリア地域からはローマ時代以降、実際にはそれよりもさらに古い時代からも、実に膨大な古銭資料が収集されたので、早い時期から研究が可能だった。この作業を担ったのが、N. A. ムシュモフ（1869-1942）である。彼は、パリ大学で

政治学を学んでいたが、経済的事情で学業を全うできなくなり、1894 年から考古学博物館の古銭学部門で働くようになった。こうしてムシュモフは、事実上、独学で祖国の貨幣について傑出した専門家になった。ついにはフランス科学アカデミーの準会員にも選ばれ、1920 年からソフィアの考古学研究所の所員にもなった。

最初のモノグラフ『バルカン半島の古銭とブルガリア皇帝の貨幣』は、1912 年に出版された[BG 0493]。7606 個の貨幣について、的確で専門的な解説がつけられ、古代の貨幣は発掘場所ごとに、ブルガリアの貨幣は支配者ごとに分類された。この後もブルガリアの貨幣に関して多くの研究を公刊した(「双頭の鷲が描かれたブルガリア貨幣」1913 年[BG 0494]、「古代ブルガリアの貨幣」1914 年[BG 0495]、「古代ブルガリアの貨幣名称」1915 年[BG 0496])。また、ブルガリア古銭学の歴史と貨幣の分類についてなど(1921 年)[BG 0497]、数多くの論文を執筆した。ムシュモフはこれらを踏まえて次のモノグラフである『ブルガリア皇帝の貨幣と印璽』(1924 年) [BG 0498]を著し、合わせて西欧とブルガリアの造幣技術の紹介も行なった。これによってブルガリア印章学の基礎が確立された。続いて『セルディカの貨幣と造幣所』(1926 年)[BG 0499]が刊行され、ローマおよびオスマン時代のソフィアにおける打造と 994 個の貨幣に関して解説が加えられた。1927 年には、トラキア王の貨幣に関して別の著作を上梓した[BG 0500]。その後も、新たに発見された印璽について(1929 年)[BG 0501]、ブルガリアの貨幣における女性描写について(1932 年)[BG 0502]、デフニャ川の河岸で発見された埋蔵物についてなど(1934 年)[BG 0503]、続々と新たな部分研究や旧稿の補遺版が出版された。彼の論文は取り上げればきりがないほど多い。狭い領域だが、基礎を築いたという点でズラタルスキに肩を並べる人物である。

9. 考古学

伝統的な歴史補助学の領域では、史料がほとんど存在せず、ムシュモフを例外として、信頼の置ける学者は出なかった。しかし、考古学ではすでにこの当時から(そして後の時代にも)、そうした学者が登場する。なぜなら、史料の特殊性ゆえに、ブルガリアでは考古学の存在が真に重要なものであったからである。考古学はすぐに独自の学問へと成長していくが、それでも実際には今日に至るまで、歴史叙述と密接な関係を保ち続けている。

当初、二人のチェコ人考古学者がいたことに触れなければならない。二人とも著作をブルガリアで発表した。内容はブルガリア史に関するものであり、チェコ史学の発展の中に位置づける意味はないだろう。二人のうち K.V. シュコルピル (1859-1944) は、プラハの工科大学を卒業し、その後ブルガリアに移って、1894 年からギムナジウム教員となり、ヴァルナで暮らした。1901 年、彼はヴァルナ考古学協会を設立し、初代の会長にもなり、1906 年から亡くなるまでヴァルナ考古学博物館の館長でもあった。1918 年にはアカデミー会員に選ばれている。

1899 年に K.V. シュコルピルは、ブルガリアの最初の首都、プリスカ地域で発掘に着手した。F.I. ウスペンスキーとともに、発掘現場として当時のアボバ村を推したのが彼だった。当時すでに古墳に関する研究を兄である H. シュコルピルと共著で出版していた(1898 年)[BG 0504]。また 1885 年には、トラキアの考古学的、歴史学的研究についても論考を発表していた[BG 0505]。プリスカの発掘については、概説書『アボバ=プリスカのブルガール人遺物』を 1905 年に刊行した[BG 0506]。その中では、アボバがブルガール=テュルク系のハンにとって根拠地だったことが確信を持って語られ、最も重要な建造物は自身の発掘で明らかにされた。この直後にはブルガリアの碑文に関する記録をドイツ語で出版した[BG 0507]。K.V. シュコルピルはプリスカの後、バルカン山脈の反対側、つまり南側に位置した第二の首都プレスラフの研究も始めた。プレスラフについては、早くも 1914 年に報告書を書いたが[BG 0508]、同じ年にルセンスキ・ロム河畔で発見された遺物についても論文を出版している[BG 0509]。プレスラフ地域の位置は、すでに 1910 年に発表した論

文で正確に突き止めていた[BG 0510]。1919 年には、古い時代のブルガリア人兵士の駐留地や防塁について、チェコ語で論文を発表した[BG 0511]。ブルガール＝テュルク時代に、ビザンツに対抗して築かれた何キロメートルにもわたる防塁システムが、プリスカとプレスラフに続く第三の研究領域となった。個々の問題については 1925 年と 1929 年に、また 1940 年にも論文が出版されている[BG 0512-0514]。プレスラフでの発掘成果は 1930 年に長大な論文にまとめられた[BG 0515]。

ブルガリアに移ってほどなく、K. V. シュコルピルは兄と共著で一般的な解説書『ブルガリアの地理と統計』を出版しているので[BG 0516]、兄の H. シュコルピル（1858-1923）に触れる価値はあろう。ただ、彼の仕事は考古学というよりは、むしろ古生物学の領域に属する。H. シュコルピルもプラハの工科大学を卒業したが、その後、どちらかといえば自然科学的な関心を抱いてブルガリアに移り、中等学校の教員になった。彼は、1882 年にブルガリアの鉱物資源について[BG 0517]、1884 年に天然資源一般についてモノグラフを発表した[BG 0518]。また、ブルガリアの古代遺物に関するロシア語のモノグラフがオデーサで出版されている[BG 0519]。

ブルガリア考古学を基礎づけたのは、明らかに K. V. シュコルピルの業績である。彼は、独学にもかかわらず、当時最新の考古学研究の手法を身につけ、プリスカ、プレスラフ、そして防塁を発掘することによって、のちの研究の主たる結節点を創出したのだった。

H. シュコルピルとの関連で、もう一人のブルガリア人古代考古学者 R. P. ポポフ（1876-1940）について言及する必要がある。彼は 1901 年にソフィア高等専門学校の自然科学専攻を修了し、1909 年から 1911 年にかけてベルリンで地質学と古生物学を学んだ。1911 年にソフィア考古学博物館の古代部に就職し、1929 年から 1938 年まで館長を務めた。自然科学的な関心から、国内で見出されうる化石の発掘を自身の専門とした。それゆえ、彼と歴史叙述との接点は研究行政職を通してのみ生まれた。〔ポポフには先史時代についての著作もある[BG 0520-0521]。〕

Y. S. ゴスポディノフ（1872-1953）は K. V. シュコルピルと異なり、国民再生期の熱心な好事家主義を代表する人物だった。彼は中等学校（師範学校）卒だが、幸運にも考古学研究に従事するようになり、1906 年にプレスラフで考古学協会と考古学博物館を設立し、晩年までプレスラフに関する仕事に携わった。彼は、中世プレスラフの水道施設を発見し（1928 年）[BG 0522]、新たに発見された騎馬の図について報告をした（1939 年）[BG 0523]。多くの場所で見出される騎馬の描写の意味（トラキア人の神であるが）については、当時はまだ論争中だった。ゴスポディノフはプレスラフの中世期のみならず、古代の遺物にも目を向けた（1940 年）[BG 0524]。一般的には彼がブルガリアにおける考古学研究の先駆者と見なされている。確かにそれは正当だが、考え方や手法は彼自身が生きた時代よりも数十年昔のものではあった。

10. 古典学

G. I. カツァロフ（1874-1958）は古代史の研究者であり、特にトラキア問題の専門家として重視されるが、考古学者でもあった。彼はライプツィヒ大学で古典文献学と古代史を学び、1899 年に卒業した。その後しばらくベルリンとミュンヘンで研究を続けた。1900 年に若くしてソフィア高等専門学校の准教授に採用され、1904 年には教授に昇進した。1910 年から 1943 年まで東洋・古典古代講座の主任を務めた。彼は、1908 年にブルガリア考古学協会が一新された際の中心人物であり、初代会長にもなった。1909 年に文芸協会の会員に選ばれ、1921 年に考古学研究所の所員にもなり、1940 年から 1947 年の間は所長も務めた。

古典文献学の研究成果の一つとして、1906 年に有名な「アンカラ碑文」のブルガリア語訳を出版した[BG 0525]。初期ブルガリア史にも取り組み、異教徒時代のブルガール人の宣誓文言に関する論文を書いた（1912 年）[BG 0526]。ローマ時代のブルガリアに関する問題にもかなり早くから関心を向け、重要なモノグラフである『ソフィア古代史資料』を著した（1910 年）[BG 0527]。この論考はソフィアに残るローマ時代の遺物に注目した

ものである。

　副次的だが、ブルガリアの考古学にも取り組んだ。考古学の将来展望について執筆する傍ら（1927 年）[BG 0528]、スラヴ人が定住するまでのブルガリア古代史に関する概説的な著作をも著した（1926 年）[BG 0529]。古代を扱ったところではマケドニアにもしばしば触れ、トラキアやトラキア問題にはさらに多く言及した。カツァロフはトラキア研究の確立者だった。1906 年に、トラキア人の女性神であるベンディスについて論文を書いた[BG 0530]。1915 年に D.デチェフとの共編書『トラキアとマケドニアの古代史・地理史料』を刊行し[BG 0531]、1916 年に著書『トラキア人の文化史資料』（前記の書の史料の大半は、この書の中に掲載されている）が、サライェヴォにおいてドイツ語で出版された[BG 0532]。カツァロフはマケドニア人の帰属についても早くから関心を持ち、多くの論文で、マケドニア人がギリシア人ではないことを論証している（1908、09 年）[BG 0533-0534]。この点について詳細に論じているのは、モノグラフ『パイオニア―マケドニア古代史・民族誌資料』（1921 年）[BG 0535]、および『マケドニア国王フィリッポス 2 世―紀元前 336 年までのマケドニア史』（1922 年）[BG 0536]である。これとは別にベス族に関して（1924 年）[BG 0537]、あるいはトラキア人の経済生活と日常に関しても著作を出版している（1928、34 年）[BG 0538-0539]。1938 年にはパンノニア叢書の中で、2 巻本の著書『ブルガリアの遺物に見るトラキア人騎馬神』をドイツ語で刊行した[BG 0540]。トラキア人の宗教に関するモノグラフも、同じくドイツ語で 1936 年に公刊された[BG 0541]。

　カツァロフの古典文献学の素養は、「アンカラ碑文」に加えて、その他の翻訳が証明している。彼は古代研究から出発して同時代の現象、すなわち反ユダヤ主義へと関心を広げ、多くの論文で反ユダヤ主義に反対する態度を表明した（「反ユダヤ主義の起源」1922 年[BG 0542]、「ユダヤ人に対する嫌悪」1925 年[BG 0543]、新聞論説）。彼はさらに、アルメニア人の起源や古代アルメニア国家の歴史についても扱った（1927、29 年）[BG 0544-0545]。一方で、ケポフとの共編で、ベルリン会議での決定に抗議した 1878 年のクレスナ蜂起の記録を公刊した（1942 年）[BG 0546]。明らかに読者はもう、紋切り型の結論を期待しているであろう。すなわち、カツァロフこそがブルガリアの古典学の確立者であり、中でも、今日トラキア学と呼ばれる学問の確立者であると。残念ながら、そうした紋切り型から読者を救うことはできそうにもない。その通りだからである。

第 3 節　専門化した歴史叙述（1918 年以降）

　1918 年以降に関しても、第一世代に属する人々の業績に出会う。1918 年を画期として新たな状況が現れた、というもう一つの紋切り型が存在するのは、他の多くの国民の場合と同様である。しかしブルガリアでは、この紋切り型が完全に当てはまるわけではない。なぜなら、他国のどのような歴史叙述と比較しても、ブルガリアでは 1918 年以前との一貫性がはるかに強固だからである。歴史叙述にどのようなものであれ、影響を及ぼす政治問題が現れたのは、むしろ 1918 年以前であり、その深刻さも 1918 年以降と同等だった。このため、回り道になるが、ごく簡単に一般的な歴史的背景に触れざるを得ない。

　マケドニア地域とトラキアには実に多くのブルガリア系住民が暮らしていたが、この両地域は 1878 年に成立したブルガリア新国家には含まれなかった。両地域、ことにマケドニアでは、19 世紀末、ブルガリアで 1870 年代に生起したのと同じ運動が生じていた。1903 年には、1876 年の四月蜂起と全く同じ形態の大蜂起が勃発した。この蜂起は鎮圧されたが、以降、マケドニア問題はさらに重要性を増していった。1912 年に第一次バルカン戦争が勃発し、その結果、ブルガリアはエディルネを含む広大なトラキア地域を獲得した。しかし、マケドニアの大部分はセルビアのものとなった。1913 年の第二次バルカン戦争でブルガリアは隣国すべてと敵対し、トラキア地域の大部分をす

ぐに失うことになった。第一次世界大戦において は、両陣営がブルガリアを自らの側に引き入れよ うとしたが、協商側はセルビアに配慮し、マケド ニア全体の併合は決して約束しなかった。しかし、 中央同盟側はこれを簡単に約束し、ブルガリアは 1915年に中央同盟側に立って参戦し、マケドニア を獲得した。しかし、1918年の軍事的敗北により、 獲得したほぼすべての地域を再度失った。加えて、 トラキア地域で保持していたエーゲ海へのわずか な出口も失った。また、南ドブルジャは1913年 にルーマニアが獲得していた。ヌイイ条約により ブルガリアの領土喪失は確定し、新たな失地回復 思想や運動が生まれる契機となった。ブルガリア は隣接するすべての国に対して領土要求を持ち、 わずかではあったが、トルコに対しても有してい た。これから述べることを理解するには、以上の ことをまず述べておく必要があった。さらに事態 を複雑にしたのは、親露主義と反露主義の二重性 だった（政府もその時々により態度を変えた）。 というのは、援助がゆえにロシアに感謝すること もありえたし、同調的な政治姿勢の対価としてよ り多くを期待することもありえたが、援助がなか ったとしてロシアに対して怒りを向けることもあ りえたからだった。さらに、1917年、ソヴェト国 家がロシアに代わると、すべての状況がいっそう 複雑化することになった。

1878年の新たな時代の到来とともに、回想や歴 史的論拠を活用した多くの著作が刊行され始めた が、同じことが今回、1918年にも起こった。すで に一部は世紀転換期から、またあるものは戦争中 に、そしてもちろん、多くの場合が戦後に始まっ た。幾人かの歴史家を紹介する中で、すでにこの 点での実例を挙げたが、一群の新たな刊行物につ いては再度言及する必要があろう。同時代の人々 もそう考えていたように、それは実際のところ、 歴史叙述のカテゴリーに含まれるからというわけ ではなく、それらの著作のどれもが歴史的論拠を 活用し、新史料の発見に基づくものさえ少なくな く、それらが当時の歴史家たちの作品全体に影響 を与えていったためである。さらに制度的な枠組 みも、これから見ていくように、本質的には何ら 変わらなかったが、それでもいくつかの点で拡充 がなされたのである。

1. 回顧録

カサボフが1895年に出版したパンフレット 『ロシアとブルガリア問題』[BG 0547]、およびD. フリストフの1791年までの出来事を扱った著作 『ロシアと東方問題』（1905年）[BG 0548]は、い わば国際的な背景を描写したものであり、特に後 者は1903年蜂起の帰結を念頭に置いた上で著さ れた。

国境外に住むブルガリア人のうち、数が最も多 かったのがマケドニアであった。そのため、この ことが、同地でのいくつかの蜂起の試みもあって、 最も早くから関心を呼んだ。D. マリノフは、『西 部ブルガリアにおける政治運動と蜂起』という表 題の長い論文を著し（1890年）[BG 0549]、St. E. ルセフは早期に起こった蜂起を描いた（1895年） [BG 0550]。P. ストイコフの『マケドニア革命の 鍵』（1898年）[BG 0551]は問題解決の可能性を模 索するものだったが、少し後に書いた『マケドニ ア指導者の秘密』（1902年）[BG 0552]はむしろ運 動に批判的だった。なぜなら、政治的な制約から、 もはや明瞭にブルガリアへの編入案を喧伝しえな かったからである。蜂起の年に2冊の著書、ある いはむしろパンフレットと呼ぶべきものが出版さ れた。St. ジェチキンの『マケドニア運動』[BG 0553]と、Iv. N. マランゴゾフ（1874-1959）の 『ノヴォ・セロの蜂起』[BG 0554]である。Al. C. ツァンコフは、蜂起後に著した『マケドニア問題 とバルカン同盟』（1906年）[BG 0555]で今後の課 題を掲げた。その一方でツァンコフは、別の著作 においてセルビアとブルガリアの通商・政治上の 関係に関わる問題も取り上げている[BG 0556]。 1909年に『過去』という表題の雑誌が創刊され、 ブルガリア＝マケドニア学術雑誌という副題に雑 誌の使命が明示された（上に挙げた論文で刊行年 しか示していないものの多くは、この雑誌に掲載 された）。

2度のバルカン戦争の時期に論陣を張ったのは 新聞だけだった。しかし、国民に関わるすべての、 ないしはほとんどすべての問題が解決したかのよ

うに思われた 1915 年以降になると、長期化する戦争の結末同様、それらの問題はまたすぐに不確かになり、著作やパンフレットが新たに刊行された。ズラタルスキとスタネフがドイツ語で書いた2巻本のブルガリア史については、すでに言及した。V. アントノフは短いながらはるかに強力で現実的な鋭さを持った著書『始原から今日までのブルガリア国家の存在（679-1917 年）』[BG 0557]を、やはりドイツ語で 1917 年に出版した。Al. C. ツァンコフも、同年、『ドナウ川と海洋における我が国の経済的利害』[BG 0558]の表題で、ブルガリアが獲得した領土の正当性を解説した。

Iv. Evst. ゲショフ（1849-1924）は経済学者であり、政治家であり、人民党と親ロシア派の指導者でもあった。1911 年から 1913 年に首相を務め、1915 年に早くも、バルカン同盟に関する（自己弁護的な）回顧録を刊行し、関連文書も収録した[BG 0559]。さらに翌年、『戦いと勝利の日々』という表題で続編を著した（没後の 1924 年に人民党員たちが、ゲショフの考えや行動の正当性を示す著作集を出版し[BG 0560]、1928 年には回顧録[BG 0561]と論文集の新版[BG 0562]が刊行された）。

1915 年に刊行された政府肝いりの『ブルガリアにおける中央同盟―歴史的、経済政策的研究』は、参戦を根拠づけるものだった[BG 0563]。Hr. スィリャノフ（1880-1939）の『セルビア・ブルガリア論争とロシア』（1915 年）[BG 0564]も同様の主張だが、明らかに反ロシア的な観点からである。もちろん、多くの著作が引き続きマケドニア問題を論じていた。K. パルリチェフは、ブルガリア語とフランス語で著書『マケドニアにおけるセルビア支配と革命戦争 1912-15 年』（1917 年）[BG 0565-0566]を、また A. トモフ（?-1951）とバジュダロフは共同で、マケドニアの革命運動に関する大著を同じく上記の 2 言語で出版した（ともに 1918 年）[BG 0567-0568]。ドブルジャ地方はブルガリアによって占領され、中央同盟国側は共同統治地域と見なしたが、M. G. マルコフはドブルジャに対するブルガリアの歴史的権利の正当性を主張した（1917 年）[BG 0569]。M. A. マヴロディエフもドブルジャに関して書き著している（1917 年）[BG 0570]。フェニックスの名で出されたパンフレットは、ベルリン会議以降の、すなわち 1878 年から 1916 年に至るドブルジャの政治的運命を紹介している（1917 年）[BG 0571]。

敗戦後、再び領土喪失が確実視される中で、講和条約締結の前からパンフレットや弁明書の氾濫が再び起こった。その中には公式の刊行物も含まれ、敗戦の責任を負うべき政治家たちへの議会調査委員会による聴聞記録も刊行された（『ゲショフおよびダネフ政府への聴聞』1918 年[BG 0572]）。フランス語の『ブルガリア問題とバルカン諸国―解説と記録』は、半ば公式的な刊行物だった（1919 年）[BG 0573]。続編が『ブルガリアに向けられた非難の真実―第 1 巻、解説と記録、第 2 巻、ファクシミリ』である（1919 年、全体で 700 頁以上）[BG 0574]。G. ベルチェフの『ブルガリアと隣国―事実と記録 1870-1915 年』は、より広範な歴史的背景を示そうとしており、この本もブルガリア語[BG 0575]とフランス語[BG 0576]で出版された（1919 年）。K. ステファノフはベルンにおいて『ブルガリア人とアングロサクソン人』（1919 年）[BG 0577]という表題で 400 頁に迫る大部の著書を英語で出版し、アングロサクソン勢力の立場と、さらに、かつてはブルガリア寄りだった世論の実態を明らかにした。K. ソラロフの『ブルガリアとマケドニア問題―バルカン戦争の原因』（1919 年）は、マケドニア地域をブルガリア領として確保するための議論であり、フランス語で出版され、ブルガリア語の要約版が 1925 年に出された[BG 0578]。既出の K. ステファノフは、前作同様ベルンにおいて英語で出版し、『我々はマケドニア人である』（1919 年）[BG 0579]という表題を用いることにより、直接の当事者に代わってヨーロッパの世論に訴えかけた。ブルガリア語とフランス語で出版された『ブルガリアの文化・政治生活におけるマケドニア人』（1918、19 年）[BG 0580-0581]は著者不詳で刊行された。Hr. ゲルチェフ（1883-1966）は 1918 年にブルガリア語で[BG 0582]、1919 年にはフランス語で[BG 0583]、マケドニアのブルガリア的性格を認めるセルビア人の文書を刊行した。さらに 1921 年には、ブルガリア語で『モラヴァ地方のブルガリア人に関す

るセルビア人の証言』を出版している[BG 0584]。K. ステファノフはトラキア問題に関する英語のパンフレットも出版し（1919 年）[BG 0585]、他方 Vl. A. ツァノフも、かつてのヨーロッパ・トルコ領に居住する諸民族の分布に関するアメリカ使節団の報告と書簡を英語で刊行した（1919 年）[BG 0586]。Kr. ディンチェフは 1930 年に、いくらかの歴史的な距離は取りながらも、軽減されることのない苦渋をにじませながら、ヌイイ条約に関する著作をフランス語で（トゥールーズにおいて）出版した[BG 0587]。

別種の回顧録の一群も現れた。それは（またもや 1878 年以降の刊行物に酷似しているが）、新たな政治状況の中（フェルディナント国王は 1918 年 10 月に退位し、亡命した）、戦前ないし戦中期を振り返るものだった。D. ユルコフはブルガリアの政治生活全般について回想を出版し（1932 年）[BG 0588]、D. ガンチェフ（1854-1936）の回顧録は 1864 年から 1887 年に限ったものが 1939 年に出版された[BG 0589]。P. ペシェフの『解放前夜から今日までの歴史的事件と人物』（1929 年の第 2 版は 800 頁を超えた[BG 0590]）は、第 1 版が『我が人生における歴史的事件』という表題で 1925 年に出版されていたが[BG 0591]、分量は第 2 版のほぼ半分だった。A. スタンチョヴァは、フェルディナント時代に関する『宮廷・外交記録 1887-1915 年』（1934 年）[BG 0592]を執筆した。M. G. コステンツェフ（1832-1929）の『我々の精神的復興の歴史によせて—我が出版活動の回想』（1923 年）[BG 0593]は、ほとんど例外的といっていい内容だった。キリル大修道院長の個人的回想は、1896 年から 1898 年にかけてトラキアのクサンティで試みられたブルガリア教会のための闘争に関するものである（1930 年）[BG 0594]。大戦前の体制を痛烈に批判したパンフレット『個人独裁と追従者に対する闘い—ブルガリア政治史資料、第 1 巻、民主党政治 1908-11 年』（1922 年）[BG 0595]は、マルティウスという筆名を使って初めて出版可能だった。A. パパンチェフの『罪深き支配—フェルディナント 1 世、ブルガリア人のツァーリ』（1923 年）[BG 0596]も同様に批判的であり、さらに多岐にわたる批判が盛り込まれている。政界においてまさに指導的な役割を果たし、多くの釈明を強いられた V. Hr. ラドスラヴォフ（1854-1929）に言及して、この一群の区切りとしよう。彼は 1886-87 年、そして 1913-18 年にかけて首相を務め、個人的な感情をあまり交えない形で綴られた回顧録『ブルガリアと世界危機』を 1923 年に出版した[BG 0597]。

ラドスラヴォフの書は同時に、回顧録の次なる一群、すなわち戦争期に関する回想の始まりでもある。O. バルバルは 1923 年に、1912 年から 1918 年にかけての戦争に関する回想を出版した[BG 0598]。行政による公式の文書刊行によって、『ヨーロッパ戦争へのブルガリアの介入に関する外交文書、第 1 巻 1913-15 年』（1920 年）[BG 0599]、および『ヨーロッパ戦争におけるブルガリアの参戦に関する外交文書、第 2 巻 1915-18 年』（1921 年）[BG 0600]が世に出た。政治プロパガンダ的な性格にもかかわらず、バルバルの大部の刊行物は、戦後に始まった一連の史料刊行の成果に属する。A. トドロフの著書『カタストロフ—1913 年 6 月 16 日と 1918 年 9 月 16 日の政治的、戦略的、心理的原因と教訓』（1930 年）[BG 601]は回想と研究の中間に位置する。バルカン戦争については、さらに多くの回想が言及している。ソラロフの『1912-13 年におけるバルカン同盟と解放戦争』（1926 年）[BG 0602]、N. イヴァノフの『バルカン戦争 1912-13 年』（1924 年）[BG 0603]、Iv. フィチェフ（1860-1931）の『1913 年 6 月 16 日—文書と個人的覚書』（1927 年）[BG 0604]などである。フィチェフは全ヨーロッパ戦争についての個人的記録を、1921 年という早い時期に出版している[BG 0605]。また『バルカン戦争 1912-13 年—体験および注釈と文書』（1940 年）[BG 0606]は、新たな戦争によってあらゆる問題が再び現れた時に出版された。I. S. カブレシュコフは、1915 年から 1918 年におけるギリシア戦線に関する回想と覚書を出版し（1932 年）[BG 0607]、S. ストヤノヴィチは 1915 年に勃発したセルビアとの戦いについて書いた（1926 年）[BG 0608]。以下の著作は世界大戦での個々の部隊の歴史を論じている。大部分が回想録だが、分析的でもある。例えば、V. タスラコフの『1915-18 年の全ヨーロッパ戦争にお

ける第35 ヴラツァ歩兵連隊』（1930年）[BG 0609]、あるいは St. トシェフ（1859-1924）の『1916年における第3軍のドブルジャでの軍事行動』である（1921年）[BG 0610]。また、K. ツォコフはある将校が1916年から1918年にかけて記した覚書を出版し（1934年）[BG 0611]、Gr. クセフは1918年5月29日から30日にかけてのヤレビチナの戦いに関する記録を出版した（1930年）[BG 0612]。

さらに、第一次世界大戦の軍事的敗戦に関して、あるいは協商国軍による1918年9月のドブロ・ポレ突破作戦に関しての、目撃者や従軍した者による研究がある。N. リバロフの『ドブロ・ポレ突破の真相』（1921年）[BG 0613]、D. バンコフの『敗北の原因』（1922年）[BG 0614]、L. マレエフの『ブルガリアの1918年9月のカタストロフに関する真実の資料』（1921年）[BG 0615]、K. ヤンコフの『ドブロ・ポレと前線突破』（1919年）[BG 0616]、Iv. A. ルセフ（1872-1945）の『ドブロ・ポレと第2トラキア歩兵師団』（1921年）[BG 0617]などである。これらの著作はすべて1923年以前に出版された。いまだ農民党政府の時代であり、戦時下の政治や戦争指導の誤りを批判することがまだ可能な時代だった。

次なる一群は1923年以降の時代、すなわち1918年以前の体制にやや後戻りした時期に出版された著作である。それらは、時に自伝的な要素も散見されるが、問題を歴史的に検証したいという欲求によって、世に出たものである。G. ネデフは『世界大戦下のブルガリア』（1930年）[BG 0618]の表題のもと、時代全体について書き著した。T. G. ヴライコフ（1865-1943）の『我が民族の岐路—国民問題に関する注釈と論文』では、失地回復要求がすでに国民的な自己憐憫とないまぜにされている（1930年）[BG 0619]。二重の敗北（1913年と1918年）を前にしてヴライコフは、ブルガリア人の軍事的な栄光を、過去に遡って呼び起こさねばならなかった。N. ジェコフの『ブルガリア軍事史1878-1928年』（1928年）[BG 0620]は、解放以後の過ぎ去った時間を見渡しているだけだった。N. R. ミフリューゾフの『ブルガリアの戦争と政治の歴史的概観』（1933年）[BG 0621]は

より長い時代を扱っているが、1935年には早くも追憶の書である『ブルガリア人兵士の英雄詩』が出されている[BG 0622]。S. ボブチェフは1877年から1878年の露土戦争50周年記念のために概説を執筆し（1928年）[BG 0623]、A. ベンデレフ（1859-1946）は、ブルガリア人義勇兵の闘いやブルガリアの解放についての著作を著した（1930年）[BG 0624]。これらはすべて歴史研究と呼びうる大著である。ミフリューゾフは、1876年のパナギュリシュテの蜂起やブルガリア解放のための闘いについて書いている（1934年）[BG 0625]。1885年、1912/13年、および1915/18年に起きた戦争におけるプレスラフ歩兵連隊の歴史や（1934年）[BG 0626]、第1砲兵連隊とその兵団の歴史に関する著作（1935年）[BG 0627]も出された。St. トシェフの『敗北せざる敗戦』はすでに表題が内容と性格を示している（1924年）[BG 0628]。

B. ケシャコフ（1886-1966）は『1878-1925年のブルガリア外交資料』（1925-26年）を3巻本にまとめ[BG 0629-0631]〔のちに第4巻も公刊した[BG 0632]〕、P. トドロフは『ブルガリアの敗北の歴史』（1930年）[BG 0633]を2巻に著した。G. ニキフォロフは、1913年に被った政治的敗北に関する資料をまとめた[BG 0634]。Iv. アルタノフの論考『東方問題と新生トルコ—特にブルガリアの利害に鑑みて』（1926年）[BG 0635]は、歴史的な前提を考慮した上で、新たな可能性を求めた研究であった。

以上の第二の著作群がそれ以前のものと異なり、1923年以降、大半が1930年代に刊行されたことは明らかに偶然ではない。なぜなら、この時期になると、国民的な破局からの脱却を予感しうる新たな政治状況が生まれていたからである。

1923年に起こった転換以降、1918年に失った領土問題を扱う著作が再び大量に生み出された。その中には、領土問題を過去の重要な事件に関連づけ、何よりも歴史的観点から論じたものもあれば、むしろ現在や将来を見据えて論じるものもあった。ただその場合でも、後者の著作は歴史的な根拠づけをもって問題を扱った。しかし、いうまでもなく、専門家がこの問題に関わったとしても、領土問題を扱った著作が歴史叙述の主たる領域と

なったわけではなかった。それゆえ、この問題に関しては文献の簡潔な列挙にとどめたい。

マケドニアは最大の失地であり、人口も最大だった。また、マケドニアでは（ブルガリアの西部国境沿いも同様に）共産主義者と右派勢力が矛盾を孕みつつ混在する革命組織も活動していた。このため、多くの著作が同地を取り上げたのは当然のことだった。L. ネマノフの『バルカン危機』（1923 年）[BG 0636]は、どちらかといえば政治的実状を知らせるパンフレットだった。I. S. ボブチェフの『マケドニアのブルガリア人とブルガリアの国民文化』（1922 年）[BG 0637]は和解的立場を代表した。Hr. ボジュコフは、マケドニアの革命運動全体を手短に概観した（1923 年）[BG 0638]。N. ニコラエフの『独立マケドニア』（1924 年）[BG 0639]は、より現実的に思える案に賛同する立場を取った。G. スィメオノフスキの『西部マケドニア地域の政治史—サムイル時代 980-1014 年』（1927 年）[BG 0640]は遠い過去を引き合いに出した。上記のパンフレットと比較すると、大部の歴史研究といった方がよい。V. パスコフは内部マケドニア革命組織の成立と発展を概観した（1924 年）[BG 0641]。1926 年には、1903 年のイリンデン蜂起を記念して論文集が出版された[BG 0642]。1927 年には、別の論集『ヴァルダル川以西の運動と最高派に対する闘い』、すなわち左派を指導した人物の回想が公刊された[BG 0643]。マランゴゾフは、ノヴォ・セロの蜂起の歴史について書いている（1925 年）[BG 0644]。ヴェリタスの筆名で書かれた書『軛の下のマケドニア 1919-29 年』は、歴史的前提も詳細に明らかにしている（1931 年）[BG 0645]。G. トライチェフ（1869-1945）の著作もいくつか出版された。『マケドニアの革命関係史資料』（1925 年）[BG 0646]、フランス語で出版された『マケドニアのブルガリア人の精神的特質』（1930 年）[BG 0647]、および『マケドニアの修道院』（1933 年）[BG 0648]である。T. パヴロフ（1880-1937）の『モラヴァとティモク渓谷のブルガリア人』は、同一の問題を別の土地について論議したものである（1931 年）[BG 0649]。イリンデン蜂起は、30 周年で再び取り上げられた。すなわち、スィリャノフは『マケドニア解放闘争—イリンデン蜂起』（1933 年）[BG 0650]の表題で大部の著作を出版し〔第 2 巻は 1943 年公刊[BG 0651]〕、G. フォテフも同じ 1903 年のプレオブラジェンスキ（変容の祝日）の蜂起について、回想を出版した（1933 年）[BG 0652]。P. ジドロフのパンフレット『マケドニア問題』（1930 年）[BG 0653]に加えて、キリル・リルスキ大修道院長（1825-95）が教会史的観点で書いた書『バルカン半島のイリリアにおけるブルガリア独立教会と使徒の活動』（1930 年）[BG 0654]も挙げることができる。後者は、マケドニアがブルガリアの教会組織に属することを論証している。ミレティチは、マケドニアとトラキアにおける M. ゲルジコフ（1877-1947）の活動についての回想（1928 年）[BG 0655]を出版した。

最後に挙げた刊行物は、トラキアのブルガリア人問題へとつながっていく（この領域はオドリン、すなわちエディルネ地域とも称されてきた）。この地域を失ったことに対する最初の反応は、D. ポプ・ニコロフが書いた『オドリンのトラキア』（1919 年）[BG 0656]というパンフレットだった。St. ポポフも多くの著書の中でこの問題を扱った。つまり、『バルカン地域を表す民族誌地図に見る西部トラキアの住民』（1928 年）[BG 0657]、『バルカン戦争前後のトラキアの住民』（1930 年）[BG 0658]、そして『バルカン戦争後のトラキアの住民数』（1932 年）[BG 0659]である。N. N. チャラコフの『マケドニアとトラキアの住民に加えられた 20 世紀の破壊行為』[BG 0660]は、早くも 1930 年に第 2 版[BG 0661]が出され、1918 年以降に開始されたブルガリア系住民の追放や、ブルガリアへの移住についても言及している。A. Sp. ラズボイニコフは、トラキアのいくつかの村の運命に関する研究（「ブルガルキョイ村」1930 年[BG 0662]、「クロコトニツァ村」1930 年[BG 0663]、「スヴィレングラード」1932 年[BG 0664]）に加えて、ブルガリア人の移住に関しても書いている。『西部トラキアの非ブルガリア人化 1919-24 年』（1940 年）[BG 0665]がそれである。フォテフは、『トラキアの近い過去から』（1932 年）[BG 0666]という表題で、1889 年から 1895 年の間の年月に関する回想を出版した。K. N. ペトナコフは、往時のトラ

キアの革命組織のイデオロギーを紹介した（1933年）[BG 0667]。D. ディミトロフの『トラキア問題とブルガリアのエーゲ海への経済的出口―サン・ステファノ条約から今日までのトラキア問題の諸段階』（1938 年）[BG 0668]は、トラキア問題の外交史的変遷に光を当てた最初の作品である。この本は 1939 年にフランス語でも出版された[BG 0669]。

Vl. デャコヴィチの『ブルガリア人のベッサラビア―歴史的、民族誌的素描』（1918 年）[BG 0670]、および『ベッサラビアのブルガリア人』（1930 年）[BG 0671]は、1806 年から 1812 年にかけての露土戦争後にベッサラビアに移住したブルガリア人たちの歴史を記している。V. トドロフ＝ヒンダロフの『オスマンの公式史料に基づいたドブルジャの歴史』（1930 年）[BG 0672]は、歴史的な議論によりながら、北部での失地回復の可能性を後押しした。

ここでもう一つの方向性にも言及しておこう。農民党（正式には、ブルガリア人民農民同盟）は 1919 年から 1923 年まで与党だった。その後、クーデタで政権は倒され、党の指導者だった Al. スタンボリースキ首相（1879-1923）は殺害された。いくつかの著作が農民党の立場から著され、1900 年に創設された党の歴史を研究の俎上に載せている。主観的な記述が多いものの、豊富な資料を載せている。K. スピサレフスキの『農民運動―始まりと展開』（1923 年）[BG 0673]、キラノフの『ブルガリア農民運動』（1927 年）[BG 0674]、あるいは M. トゥルラコフ（1872-1940）の『ブルガリア人民農民同盟の歴史、政策、戦略』（1929 年）[BG 0675]は党全体に目配りしている。1929 年には、『スタンボリースキ―人物・著作・時代』という選集が出版され[BG 0676]、N. ペトコフも『スタンボリースキ―その人物と思想』（1930 年）[BG 0677]という伝記を著した。Y. タバコフも同年、より簡略な伝記を著している[BG 0678]。

2. 制度的基盤

多くの冗長で、明らかに退屈な（なぜなら、何度も同じテーマを繰り返す）著作の列挙を終え、ようやく我々は 1918 年に始まる新たな時代にたどり着いた。歴史叙述の組織的枠組みはわずかしか変化しなかった。歴史学の主たる研究機関、すなわち大学やアカデミーは自らが刊行する雑誌の存在とともに、引き続き指導的役割を担っていた。1920 年に考古学研究所が創設されたのは新たな動きだった。この研究所は、一つに遺跡発掘を全国的に組織する役割を担った。二つ目にアカデミーと同じく会員を選定し、会員であることが、一種の学問的な権威を意味した。それは歴史学者にとっても同様だった。なぜなら、既述の如く、二つの学問分野は緊密な関係にあったからである。このことを理解するならば、なぜ 1923 年にマケドニア学術研究所が創設されたのかも、もはや我々は理解することができる。この研究所は、考古学研究所と同じく、会員資格を授与することによって学問的な権威をも付与したのである。1928 年には、トラキア学術研究所が同様の性格をもって創設された。

三つの研究所の中では、マケドニア学術研究所が、政治的にはもちろん、場合によっては学問的にも最も重要である。創設者の中には Y. イヴァノフや S.T. ラデフ、そして特に 10 年以上（1925-1936 年）にわたって研究所の紀要を編集したミレティチのような、すでに我々になじみの名前も見出される。すなわち同研究所は、歴史、地理、民族誌、そして経済に関わる問題を学問的に研究することを任務としていた。史料刊行も任務であり、実際、1925 年から 1931 年の間に 11 巻の文書集を刊行した。第一のテーマは、マケドニア革命運動史に関するものだった。1924 年に『マケドニア評論』という表題の紀要も創刊した。副題によれば、学術・文学・文化に関わる問題を論議するとされ、実際にいくつもの重要な研究（掘り下げた個別研究の成果ではなかったが）がこの機関誌上で発表された。論文は時にフランス語やロシア語でも発表された。トラキア学術研究所は 1928 年から 1935 年にかけて、厚い 6 巻本の研究書を『トラキア集成』の表題で刊行した。他方、1942 年に『エーゲ海評論』という表題の紀要が刊行され、新たな出版の機会を提供した。副題に従えば、ブルガリアのエーゲ海沿岸についての歴史、自然・地理

的な環境、言語、民衆生活、経済活動、そして文化活動を研究することがこの紀要の目的だった。もう 1 冊言及すべき雑誌がある。ブルガリア歴史学協会が 1928 年から 1933 年の間に出版した『ブルガリア歴史雑誌』である。この雑誌は、『歴史学協会報』と並んで、幅広い読者向けに発行されたが、扱った内容の性格ゆえに、専門的な観点から見て重要な論考も掲載された。

　政府は、新たな研究機関を創設することのみによって、歴史叙述に対して影響を及ぼそうとしたわけではなく、いわゆる「中央刊行物」を通して、半ば公式的な立場を作り上げようと努めた。同時に、広い意味で専門を代表する人々を糾合しようとした。大判で、1000 頁以上もあり、教育大臣のはしがきが添えられた『ブルガリアの 1000 年 927-1927 年』[BG 0679]は、こうした発意から生み出された典型であり、最も重要なものでもあった。スィメオンの死後 1000 年が刊行の機会を与えたが、この年はブルガリアの解放 50 周年、国王ボリス 3 世の治世 10 周年でもあった。研究の一部はスィメオン時代を扱い、別の部分は国民復興運動の文化的、政治的問題、および 1876 年の蜂起を扱った。実際、高名な学者はみな、著者に名前を連ねた（もし著者名を挙げるとなれば、すでにここまでで言及するか、これ以降言及するであろう歴史学者のほとんどは、その名をいま一度ここで列挙しなければならないであろう）。1878 年以降の時代を論ずる書物の刊行も企画されたが、これは実現しなかった。『ブルガリアの 1000 年』も 1930 年になってようやく刊行された。1937 年には、第二次ブルガリア帝国を扱った別の書物が刊行されたが[BG 0680]、最初の書ほどの力は注がれなかった。

　この時期、全般的に記念出版の形を取った刊行物や論文集が増加した。その中には権力の自己正当化に奉仕するだけのものもあった。例えば『ブルガリア皇帝ボリス 3 世閣下――自伝と戦歴』（1926 年）[BG 0681]、『父帝フェルディナント 1 世への記念選集』（1931 年）[BG 0682]、あるいは N. イリエフの著書『ブルガリア人の皇帝ボリス 3 世』（1935 年）[BG 0683]であり、E. モンチロフの著書『ブルガリア人の支配王朝』（1930 年）[BG 0684]をここに加えることもできる。他方、以下に掲げる選集・論集は、専門的に価値ある論文に出版の機会を提供するものだった。例えば、解放 50 周年を記念したソフィア市の記念論集（1928 年）[BG 0685]や『ブルガリア公国記念選集』（1929 年）[BG 0686]であり、他に『ブルガリア半世紀のアルバム』（1929 年）[BG 0687]や『1877-78 年の解放戦争記念――ロシア・ブルガリア選集』（1929 年）[BG 0688]（内容は、例えば、N. ボブチェフの筆になる、ロシアにおけるスラヴ派の活動に関する論文や近代ブルガリアの教育に関する論文[BG 0689]などだった）、また『1912-13 年のマケドニア＝オドリン（エディルネ）の人民蜂起記念』（1933 年）[BG 0690]などもある。かなり頁数の少ない『ガブロヴォのアプリロフ高等学校第 1 回卒業 30 周年記念選集』（1925 年）[BG 0691]のような論集もあった。

　N. ニキトフは『パイスィーから解放までのブルガリア復興運動の使徒たち』（1933 年）[BG 0692]という表題のもと、主たる人物の著作からの抜粋を出版した。翌年には P. M. マテエフが『ブルガリア国民の大恩人』という表題で、解放前後に功績を上げたイギリス人の伝記を集録した[BG 0693]。この他、1877-78 年の露土戦争に関する K. ヤンチュレフ（1896-1961）の著作（1931 年）[BG 0694]、1885 年の統一および統一のための（ブルガリア・セルビア）戦争に関する T. カンタルジエフ（1861-1945）の著作（1935 年）[BG 0695]、あるいはパイスィーを顕彰する T. フリストフの著作（1936 年）[BG 0696]なども、記念の年に関連して編まれている。フリストフは同じく 1936 年に、現代ブルガリアに関するドイツ語の著書も出版しているが[BG 0697]、これはプロパガンダへ再び回帰するものだった。

　個人に敬意を表する記念出版では、専門性が重視された。タルノヴォの大主教 I. マカリオポルスキ（1812-75）の死後 50 周年を記念して、1925 年に 2 巻本の記念論集が刊行された[BG 0698]。そこでは国民再生期に関して、とりわけ独立ブルガリア教会設立のための闘いに関する数多くの事実が取り上げられている。この他にも記念論集が教会関係の個人に敬意を表して刊行されたが（ヴァ

ルナ・プレスラフ府主教スィメオン、1922 年[BG 0699]、プロヴディフ府主教マクスィム、1932 年[BG 0700])、学問的にはあまり見るべきところはない。他方、優れた学者に敬意を表して刊行された記念論集は、専門的にも優れた論考を集めている(ズラタルスキ記念論集、1925 年[BG 0701]、親スラヴの偉大なるフランス人レジェに捧げる書、1925 年[BG 0702]、B. ディヤコヴィチ、1927 年[BG 0703]、ミレティチ、1933 年[BG 0704])。『スィリストラとドブルジャ』(1927 年)[BG 0705]、およびブルガリア・チェコスロヴァキア関係を検討した論文集(1930 年)[BG 0706]は、学問的な体裁の研究を数多く含んでいた。

1934 年 9 月にソフィアにおいて第 4 回国際ビザンツ会議が開催されたことは、ブルガリア史学の成長と国際的な評価を示すものだった。会議の資料は、フィロフによって 1935 年から 1936 年にかけて 2 巻本で出版された[BG 0707] (第 1 巻は再びズラタルスキ記念号とされた)。この時期にはもうブルガリア人の歴史学者や社会科学者も、これ以外の国際会議の場にも出席するようになっていた。

3. 史料刊行

史料刊行については、すでにマケドニア学術研究所との関連で言及した。量的に見ると、参謀本部戦史局が大変多くの史料刊行を行なった。1885 年のブルガリア・セルビア戦争に関する 1 巻本(1925 年)[BG 0708]、およびバルカン戦争に関する 8 巻本(1930-33 年)[BG 0709]が刊行された。第一次大戦に関しても 6 巻本(1936-40 年)[BG 0710]が計画されたが、全巻は刊行されず(第 2 巻が最初に出され、第 1 巻は出されずじまいだった)、叙述も 1916 年で終わった。これらの書は原理的には公式の研究と見なしうるが、実際に価値を持つのは、長々と引用された文書の方である。

ブルガリア科学アカデミーの創設期には、史料の刊行も課題の一つとされた。第一の関心は国民復興期に注がれ、運動において革命側に属さなかった N. ゲロフ(1823-1900)の書簡集第 1 巻が、T. パンチェフの編集で 1911 年に出版された[BG 0711]。第一次世界大戦後、史料叢書の刊行が開始され、再びゲロフの遺稿が M. G. ポプルジェンコによってまとめられた(1931-32 年)[BG 0712]。一方、オスマン時代の文書の刊行も初めて着手された。ドレフは、1564 年から 1872 年と、1873 年から 1909 年の 2 巻に分けて文書をまとめた(1940-42 年)[BG 0713]。ニコフとロマンスキは、多くのブルガリア関連の文書館史料を収集したが、刊行はようやく 1944 年以降に実現したに過ぎず、ニコフが集めた史料が出版されたのは 1951 年であった[BG 0714]。

アカデミー以外でも、年鑑や雑誌、あるいは単行本として、当時の基準に照らせば、全般的には、学問的な水準を満たす史料刊行が数多く行なわれた。Vl. トドロフは『資料集』(1925 年)[BG 0715]の表題のもと、ヴィディン蜂起や 1860 年に実現した教会合同に関する文書、および 1864 年から 1873 年にかけてのドナウ州(ほぼブルガリア全土に相当する)の経済状況に関する統計資料を刊行した。Hr. T. スタンボルスキ(1843-1932)の自伝と日記、そして 1852 年から 1877 年にかけての遺稿は 2 巻本で出版された(1927 年)〔1931 年に第 3 巻も公刊された〕[BG 0716]。A. シヴァチェフ大修道院長は教会闘争やイスタンブルのブルガリア教会に関する文書(1928 年)[BG 0717]を、Al. ラチンスキはあるブルガリア義勇兵が 1855 年から 1856 年に南ベッサラビアで記した書簡(1929 年)[BG 0718]を、また K. M. サラフォフはベルギー外務省の文書を出版した(1931 年)[BG 0719]。さらに、M. アンコフの 1872 年から 1878 年にかけての回想(1936 年)[BG 0720]も出版され、A. ムセヴィチ=ボリコフはサンクトペテルブルクの参謀本部付属戦史委員会の秘密文書館史料から、1877 年から 1878 年にかけての戦争に関する文書を上梓した(1937 年)[BG 0721]。P. N. オレシュコフは、パラウゾフが 1845 年から 1854 年の間にブルガリアの修道院と交わした書簡を刊行した(1941 年)[BG 0722]。加えて、L. ヴラディキンの著書『タルノヴォ憲法史』(1936 年)[BG 0723]を挙げることもできる。そこでは数多くの美辞麗句と並んで、貴重な文書もかなり掲載されている。

ドレフのオスマン文書（さらにガラボフの著作 [BG 0724-0727]）は、オスマン時代の史料発掘の第一歩に過ぎない。中世の国内史料は、基本的に、Y. イヴァノフがすでに刊行していたが、国外史料の国内出版に関しては、単純に財政的な要因もあって、誰も夢想だにしなかった。こうして史料刊行は結局のところ、多くが相変わらず国民復興期に関するものだった。ほんのわずかに 1878 年以降の時期について、手に入りやすい史料が刊行されただけだった。

1918 年以降は、歴史学者個人についても、多くの場合、それ以前からの連続性を見てとることができる。すなわち、ズラタルスキは威光が徐々に薄れつつあったとはいえ、他の多くの創始者と同様に、両大戦間期においてもいまだ健在だった。また、1918 年以降の時期で最も有名なニコフとムタフチエフも、1914 年以前に第一作や評価の高い著作を著すなど、すでに世に出ていた。ただし以下では、ニコフらの業績を紹介する前に、より年長の世代で言及すべき人物がまだ幾人か残っているので、そこから始めよう。すでに述べたように、1918 年を境とする分割はかなり恣意的であり、彼らは 1918 年以前の項で言及してもよかった歴史学者かもしれない。

4. 歴史学者

L. Iv. ドロスィエフ（1865-1932）も、むしろ年長の世代に属する人物として取り上げることができるかもしれない。すなわち、彼は国民再生期の世代に属し、専門家でもない。合わせてもギムナジウムの 6 学年を卒業したに過ぎず、教育省と検閲局に勤務し、その後、視学官を務めた。この頃から研究を発表し始め、小アジアにおけるブルガリア人の居住地（1922 年）[BG 0728]、あるいは復興期の学校の役割を取り上げた（1929 年）[BG 0729]。国民再生期に教育や文化生活において重要な役割を果たしたネオフィト・リルスキ（1793-1881）の伝記も執筆している（1931 年）[BG 0730]。

St. N. シシュコフ（1864-1937）は民族誌と民俗学の研究者であり、ロドピ山脈地方で現地調査を行ない、そこと地理的につながりのあるトラキアも対象にした。『ヨーロッパ戦争前後のトラキア』（1922 年）[BG 0731] や『マルマラ海沿岸のブルガリア人』（1928 年）[BG 0732] は、先にまとめて列挙した著作の中に含めてもよかったが、大著『トラキア地域における羊の飼養』（1933 年）[BG 0733] は経済史に資料を提供するものでもあった。また別の著作では、ムスリムのブルガリア人であるポマクを歴史的、地理的、民族誌的に概観する中で、歴史的な観点から見ても新たな事実を発掘した（1936 年）[BG 0734]。

St. P. ダネフ（1858-1949）も間違いなく復興期の人物である。彼は、1873 年から 1878 年にプラハでギムナジウムに通い、その間、1876 年にトトュの非正規部隊に加わって戦った。1881 年にハイデルベルクで博士号を取得し、1883 年にはパリで研究を続けた。1884 年に弁護士となり、その後政治家、進歩自由党の指導者、1901 年から 1903 年は首相を務めた。1912 年から 1913 年はロンドンで講和使節団の団長として交渉を行なった。第二次バルカン戦争期は、短期間だが再び首相を務め、さらに 1918 年から 1920 年には財務大臣となった。1894 年から 1898 年の間、高等専門学校の私講師を務め、1916 年から 1934 年の間は、いわゆる市民講座でブルガリア外交史を講義した。これらの講義から、通史である『ウィーン会議から今日までの現代外交史』（1936 年）[BG 0735] が生まれた（ブルガリアでは、この分野はほとんど未開拓だった）。比較的短い論文である「バルカン同盟」（1939 年）[BG 0736]、「1912-13 年のロンドン会議」（1939 年）[BG 0737]、「1912 年のクリミアへの我が使命」（1940 年）[BG 0738]、「1912 年 10 月のペシュトでの我が行動」（1940 年）[BG 0739] は、むしろ回顧録のカテゴリーに入ろう。

P. V. ドレフ（1878-1938）の名前は、すでにオスマン文書刊行のところで目にしている。彼はイスタンブルの法科高等専門学校で学び、1904 年から 1907 年の間ウィーンでも法学を専攻した。卒業後、イスタンブルに戻り、1908 年に青年トルコ党から立候補し議員になった。1909 年から 1911 年の間は総主教代理の法律顧問、1912 年から 1934 年の間は外交官として働いた（1914 年から

1916 年はブダペシュト総領事だった)。こうした経歴に関連した比較的短い著作として、『外交政策と我が国の破局の原因』(1924 年)［BG 0740］、および『外交政策、我が国の問題、そして世界の問題』(1926 年)［BG 0741］がある。ドレフは卓越したトルコ語能力を駆使してオスマン文書の研究も始めたが、2 巻本の著作［BG 0742］が刊行されたのは没後だった。

N. I. ミレフ (1881-1925) は、1909 年にソフィア大学で歴史学を専攻し、その後ウィーンでも研究を続け、ドリノフに関する学位論文を執筆したが、出版されなかった。1915 年から 1922 年の間、ブルガリア史講座の准教授だったが、その後は政治に身を投じた。彼はマケドニア解放組織のメンバーであり、農民党政府を打倒した 1923 年クーデタの首謀者の一人でもあった。

ドリノフをテーマに選んだことにも示されているように、ミレフの最大の関心は国民復興運動に向かっていた。ミレフの関心はすぐにオスマン支配時代の初期にも広がった。18 世紀末のオスマン帝国の状況に関する短い論文をいくつか出版した (1913 年)［BG 0743］、その後 18 世紀におけるマケドニアの商業 (1921 年)［BG 0744］、およびオフリド総主教アタナスィーの 1597 年から 1615 年における国外での苦難についての著作 (1922 年)［BG 0745］も出版した。ブルガリア・ポーランド関係に関する通史も存在する［BG 0746］。ミレフは国民再生期を扱った著作を相当数執筆したが、それにとどまらず、国民再生期全体をより深いレベルで解釈しようとした最初の人物でもあった。その成果が論考「ブルガリア復興運動の諸要因」(1920 年)［BG 0747］であり、シシュマノフ記念論文集［BG 0748］の中で発表された。ミレフが考察対象としたのは、1572 年以降にオスマンの封建的軍事体制が衰退したこと、ヨーロッパ列強が及ぼした影響、中でもカトリック教徒による宣教活動の影響、対外経済関係の構築においてブルガリア人商人が果たした役割、フランス革命がセリム 3 世の改革事業に及ぼした影響、とりわけ統治制度に及ぼした影響などである。フランス革命の知らせは、ブルガリア民衆の間に解放の可能性を知らしめた。他方、18 世紀末の混乱の中で、ギルド組織は体制を安定させる力となっていた。ミレフは、国民として自己認識を持つことの役割やロシアの影響も念頭に置いていた。オスマン支配はブルガリア人が住む全領域を統合し、ブルガリア人というまとまりを保全することになった。ミレフはこれに関わる多くの重要な要因を列挙し、彼の見解が支配的になった時期があったことは明白である。さらにカトリック宣教使節団の問題にも関心を向けなければならない。ミレフはこのテーマで一書を著した最初の人物であり、『17 世紀ブルガリアにおけるカトリック教徒の宣教活動』(1914 年)［BG 0749］がその書である。これ以外にも、ミレフは徐々に 17 世紀の諸問題に関心を広げ、当時使われていた姓名の研究も行なった［BG 0750］。

ニコフ

ミレフは厳密な意味での専門家の系譜を復活させたが、P. ニコフ (1884-1938) は、その新しい時代の指導的な人物である。ミュンヘンとウィーンの大学を卒業し、ビザンツ学の素養を身につけた。1921 年にソフィア大学の准教授、そして 1923 年に教授となり、ビザンツ・バルカン講座の主任も務めた。1923 年にアカデミーの準会員に、1937 年に正会員に選出された。准教授就任講義「ブルガリア歴史叙述の今日的課題」(1921 年)［BG 0751］は、ブルガリア史学がたどってきた道程を振り返るものだった。ニコフは先駆者たちにしかるべき敬意を払い、適切な批判を加えた上で、ブルガリア史学の可能性と今後の課題を指摘した。ブルガリア史学のその当時の発展に関してニコフは、中世期の試みがあって、パイスィーによって新しい時代が開かれ、その時代はドリノフによって閉じられたと考えた。そして、その時代をロマン主義的歴史観の時代と見なした。ドリノフに関しては、やや批判的に過ぎる感もあるが、ドリノフ後に学問的歴史叙述の時代が始まるとした。ニコフは、すでにこの時点で、ズラタルスキのような大規模な総合的通史の試みは不可能だと確信していた。したがって、先行する他の国民の例に言及しながら、とにかく史料の刊行を急いだ。ブルガリア史料集成のようなものの出版を目的として

掲げたが、その思いは明白だった。すなわち、まだ通史を書く時ではないと彼は考え、通史ではなく、個々の事実を丹念に発掘し、解明することこそを望んだのであった。

ニコフは、第一次ブルガリア国家の歴史に関する研究も数点著している。ズラタルスキ記念論文集では、ズラタルスキに敬意を表して、オムルタク・ハンの貴顕の一人である宰相（カフカン）イスブル（9世紀）について執筆し、ビザンツ史料が伝えるわずかな事項を紡いで、政治的な伝記を物した（1925年）[BG 0752]。だが、ニコフは自らの専門領域は第二次帝国時代であると考えていた。なぜなら、第一次国家の歴史はズラタルスキが自身の専門領域と考え、丹念に研究していたからである。ニコフはまだ若かった1912年にボリルの歴史に関する研究を出版し[BG 0753]、同じく1918年という早い時期に、北西ブルガリア地域について別の研究を出版した[BG 0754]。このテーマは、第二次帝国時代の中でも、一貫してニコフお気に入りの主題だった。ブルガリア・ハンガリー関係もニコフの注目するところとなった。というのも、「北西ブルガリア地域」とはベオグラードやバランチュ太守領のことを指し、この地をめぐって両国の利害が常にぶつかり合っていたからである。1920年には、1257年から1277年にかけてのブルガリアとハンガリーの関係に関する長大なモノグラフを発表し[BG 0755]、ハンガリーの史料にも配慮しながら、この地域の変転する帰属問題を整理した。ニコフにとってもう一つの重要な問題は、ブルガリアとタタールの関係だった。これについては、問題全体を精査し、特にスミレツ（?-1298）皇帝時代に関して、1921年〔と1929年〕に論文を執筆している[BG 0756-0757]。加えて、中世ブルガリア教会史についても、この頃から議論し始めた[BG 0758]。また、国外で刊行された史料の中に現れた、ブルガリアにとって価値のある文書も、解説を付して出版した（例えば、ギリシア語の文書13編を1922年に刊行した[BG 0759]）。1323年までのヴィディン侯国の歴史も長編のモノグラフとして発表し（1922年）[BG 0760]、オスマンの征服とシシュマン家の最後に関する歴史は、別の研究にまとめた（1928年）[BG 0761]。13世紀初めに始まる中世ブルガリアの外交史[BG 0762]は、むしろ大衆向けのレベルで書かれた。オスマン支配期、ヴィディンにおいて指導的な役割を果たしたシシュマン家が、ブルガリア最後の王朝と無関係だったことを明らかにしたのもニコフだった[BG 0763]。ニコフは、第二次帝国関連の研究成果の要約を『第二次ブルガリア帝国 1186-1396年』（1937年）[BG 0764]という著書の中で提示しているが、そのスタイルは自らの原則に従って、決して専門的ではなく、大衆に向けたものだった。

ニコフの明白なビザンツ研究としては、多数のビザンツ史料を翻訳したことと、クルン（クロウノス）市とその周辺地域に関する研究を著したこと（これはドイツ語で執筆され、没後の1939年に出版された）[BG 0765]が挙げられる。

オスマン支配時代については、全く補足的にしか取り組まなかった（『ブルガリアの黒海沿岸地方について18世紀に著された未知の資料』1932年[BG 0766]）。

ニコフの専門的な関心の中心は、第二次ブルガリア国家の歴史だった。特定の問題に何度も立ち返ることがあっても、各論的な学問研究を旨とすることが彼の理想だった。ニコフが大きな関心を抱いたもう一つの研究領域はブルガリア教会史と国民再生期だったが、それらは専門家としてというよりは、むしろ自覚的な愛国者としての関心を表しているかのようでもあった。1929年にブルガリア国民復興運動について大著を出版したが[BG 0767]、この著書には基本線が二つあった。一つは、教会の政治闘争、つまり総主教代理座の創設だった。二つ目は、復興運動をより深遠な精神的、知的変容であると見なし、それは1870年の段階ではまだ達成されていないとした点にあった。1930年に著した研究[BG 0768]でも、核心は教会の復興だった。他方、すでに手慣れたものとなっていた史料発掘の手法を用いて、ヴァルナとその周辺における復興運動に関する大著を執筆した（1934年）[BG 0769]。ラコフスキの伝記（1933年）[BG 0770]でも、資料を提示した。『1887年におけるブルガリア国家とブルガリア教会の関係』（1932年）[BG 0771]という研究では、19世紀の

教会史を概観し、1879年以降の展開を重視した。というのは、この時期になると、新国家と教会の間に多くの軋轢が生じ、聖職者たちは教会会議の招集を試みたが、失敗に終わり、結局、両者の関係の先鋭化がどちらの側をも傷つける結果になったからである。

彼の晩年の仕事の一つはズラタルスキについて、偉大な先達にふさわしい敬意を払いつつ、その業績を評価することだった（1937年）[BG 0772]。個別の問題において、時にズラタルスキから離れたことがあったにしても、ニコフは基本的にズラタルスキの歴史観や手法を踏襲していたので、この仕事はニコフにふさわしかった。おそらくニコフの手法の方がやや近代的で、より広範なヨーロッパ的視野を持っていたが、彼は実証主義的な事実の精査の内にとどまった。そして、ズラタルスキや先人の誰もがそうであったように、もちろん彼も最終的には、歴史叙述を愛国主義的で、国民に関わる事柄であると考えた。と同時に、国民としての感情と学問研究の間には真に大きな懸隔が存在することも前提として了解していた。したがって、学問の政治的利用をニコフも拒否したのだった（もっとも、それはズラタルスキでも難しかったように、ニコフもそれを貫き通せたわけではなかった）。

ムタフチエフ

ここで取り上げるムタフチエフはブルガリア史学上、おそらく、最も偉大な人物である。彼はニコフに最も近い同時代人であり、友人だったが、すでに実証主義的な視点は克服していた。彼が、史料批判や史料に基礎を置くことについてあまり原則的でも、熱心でもなかったというわけではない。むしろ、ニコフ以上にそうであった。ただ、ムタフチエフは使用可能な史料の範囲を拡大することに熱心だった。ニコフは、ズラタルスキと比較しても、研究の範囲を記述史料だけに限定する傾向があり、一歩後退した感があった。

P. St. ムタフチエフ（1883-1943）は、1910年、ソフィア大学の歴史・地理専攻を修了した。ビザンツの土地所有に関する最初の重要な著作（1908年）[BG 0773]を書いたのは、早くも在学中のことだった。卒業後、国民博物館の中世部に入った。1920年に国の奨学金を得て、ハイゼンベルクのもとでビザンツ学を学ぶため、ミュンヘンに向かった。1923年にビザンツ・東欧講座の准教授に、1927年に員外教授に、そして1938年には正教授となった。ニコフの死後、ブルガリア史の講座も率いた（ニコフは、ズラタルスキの死後、これを引き継いでいた）。1937年には、アカデミーの正会員にもなった。

ムタフチエフは非常に若い頃からすでに仲間の間で傑出しており、ズラタルスキは彼を引き立て、歴史学の道にいざなった。ズラタルスキは、何よりもまず、彼をビザンツ学者に育てたかった。ムタフチエフもまた、このテーマで多くの基礎的な著作を残した。ノモス・ゲオルギコス（農民法）を基にしたビザンツの土地所有に関する論考が第一作だった[BG 0774]。彼は鋭い理論分析で、共同体所有の耕作地と私的所有の耕作地のいずれもが、初期のビザンツ帝国に存在したことを実証した。「13-14世紀ビザンツの軍政地と兵士」（1923年）[BG 0775]では、ストラティオテス型土地所有がプロノイア型土地所有の拡大にもかかわらず、後代においても残存した事実を示した。ただし、ムタフチエフはストラティオテス型土地所有の恩貸地的な性格には疑問を投げかけ、むしろこの時代の過渡期的な存在であると強調した。1934年には、教育目的から、翻訳をつけたビザンツ史の史料を刊行している[BG 0776]。

ムタフチエフも先駆者や同時代人と同じく、何よりもまず中世ブルガリアの発展問題を考察したが、それは彼が受けた教育によるものでもあった。先行研究の多い政治史の分野での研究が少なくなかったが、ムタフチエフはそこでも史料批判と論理によって、全く新しい主張を提示した。初期の著作の一つである「プロセクの君侯」（1913年）[BG 0777]は、12世紀から13世紀の世紀転換期におけるマケドニア州の君侯についての分析である。この研究で彼は、それまでのブルガリアとセルビアの捉え方に異を唱え、マケドニアの君侯として繰り返し言及されるフリツとストレツは、通説がいうような同一人物ではなく、二人の異なった人物であり、しかも二人ともがブルガリア人である

事実を明らかにした。フリツは、第二次帝国の成立につながるアセン一族の対ビザンツ蜂起に参加していたのである。1918年から1919年に偶然発見されたボジェニツァの碑文を基に、ムタフチエフはここでも論理で史料を補足し、オスマン征服の始まりやそれに対抗する反乱に関して新たな主張を行なった（1921年）[BG 0778]。

単にブルガリア人と近隣民族との間の歴史的な関係のみならず、近隣民族自体にも興味を見出したのは（この点がよりよく表れていたのは、どちらかといえば、講義だったのは事実であるとしても）、ムタフチエフが初めてだった。殊にブルガリア人とルーマニア人の関係は彼を捕らえ、1927年にこれに関するモノグラフを出版し[BG 0779]、また同年、ある個別問題についての論文もフランス語で出版した[BG 0780]。ある個別問題とは、ドブルジャという地名の起源に関してであった。ムタフチエフは、ドブルジャがブルガリア人の侯ドブロティツァ（?-1385）の名に由来するとし、侯の名前に指小形はありえないと主張する〔ルーマニアの〕ヨルガと論争になった。これに対してムタフチエフは、ヨルガの主張は根拠稀薄だとした。なぜなら、実に多くのブルガリア人支配者の名前に、指小形を見出すことができるからである。この問題については、論争の中で1931年に改めて言及している[BG 0781]。ムタフチエフは10世紀のハンガリー人の侵入も取り上げた（「ハンガリー人と10世紀第3四半期におけるブルガリア・ビザンツ関係」1935年[BG 0782]）。彼はハンガリーの研究者の見解に対して異を唱え、ハンガリーの攻撃が始まったのはスィメオンの没後であり、また、ブルガリア・ビザンツ関係が崩壊したのもハンガリーの攻撃のゆえではなく、ブルガリアが支払うべき税を拒否したためであると実証した。ここでも彼は、矛盾し合うビザンツ史料を整合的に解釈することに成功しているのである（ハンガリー人に関しては、野蛮な遊牧民としてかなり軽蔑的に叙述した）。1928年には、長く議論を呼んできたアセン王朝の起源問題の解決を試みた[BG 0783]。ムタフチエフは地名を基に、アセン一族がロシアの出身であるとの立場を取った。ドブルジャの問題については、他との関連でも言及し、「中世のドラスタルの命運」（1927年）[BG 0784]では、ドゥロストルム（スィリストラ）の発展をローマ時代に遡って詳説し、この土地がすでに7世紀末にはブルガリア国家の一部になっていたことを示した。

ムタフチエフは、こうしたいわばお決まりの主題を超えて、他の史料にも関心を広げ、それを基礎により包括的な結論を導き出した。1915年に『ストレマ（ストリャマ）渓谷とトポルニツァ渓谷の古城と古道』[BG 0785]を出版したが、ムタフチエフは現地での調査旅行の際に、新たな一次史料を数多く収集している。その後、1931年には、バルカン山脈の修道院に関する長編のシリーズを刊行した[BG 0786]。この地に関する彼の踏査は1915年が最初で[BG 0787-0788]、1930年に2回目を行なったが、すでに多くの歴史的遺産が失われていた。これらの研究を通して、とりわけ最初の論文で、遺跡の年代確定のためにはブルガリア建築史が必要であると問題提起をした。古代ローマ人は財政的に恵まれていたため、定型のプランに基づいて城塞を建設していたことを、ムタフチエフは知っていた。他方、中世のブルガリアでははるかに小さな財政的余裕しかなく、城の造営は地域的条件に左右されざるを得なかった。このことから後者はブルガリア人が作った城塞だとわかるのである。「トラヤヌス門を通って続く古道」（1937年）[BG 0789]もこの類の研究に属し、トラヤヌス門が実在したこと、ただし、それは（トラヤヌス期ではなく）ローマ時代後期のものであり、遺構はオスマン時代にもまだ残っていたことを明らかにした。加えてムタフチエフは、中世期の主要な軍事道路がどこへ通じていたのかも解明し、フニャディがバルカンへの軍事遠征の際に使用した、主要道と並走していた道路も発見した。

新たに発見された書簡（書簡は、金銭的な援助を国外の支配者たちに求めている）を基にした、17世紀中頃のソフィア大主教座の困窮した財政状況に関する研究（1927年）[BG 0790]は、偶然の産物に近かった。他方、セルジューク・トルコ人が13世紀にドブルジャに入植したとするオスマン史料が偽書であり、そうした入植がなかったことを証明した研究は、まさにムタフチエフの非常

に機知に富んだ史料批判によるものだった（1943年）[BG 0791]。

ニコフのように詳細ではなかったが、ムタフチエフも国民復興問題に言及し（「復興の精神と遺産」1934 年[BG 0792]）、その後、復興運動は結局のところ、（1941 年に実現する）全ブルガリア地域の統一によってのみ完了するとの考えに至った。

ニコフがズラタルスキを批評したように、ムタフチエフもニコフを批評した（1940 年）[BG 0793]。ただし、それはニコフの没後のことであり、二人は独特だが、よき友人関係にあった。

ムタフチエフは若い頃にマルクス主義の影響も受けたと思われるが、社会決定論的な感覚は終生持ち続けた。しかし、より重要なのは、歴史学者としてのもう一つの義務感、すなわち個々の史料や事実を超えて、過去をより広い見地から解釈するという使命感を持った最初の人物だったということであろう。大学の就任講義において、ムタフチエフはヨーロッパ中世における西と東の役割を示した（1925 年）[BG 0794]。この講義で彼は、実際、歴史哲学的な考察における根本的な問題の一つ、中世ブルガリアにおけるビザンツ性（ビザンティニズム）の役割についてすでに問題提起をしていたのである。これは彼が後日、立ち戻ることになる問題でもある（「ブルガリアの歴史哲学について―中世ブルガリアにおけるビザンツ性」1931 年[BG 0795]、ドイツ語でも出版[BG 0796]）。

第二次世界大戦中、ムタフチエフは「この混乱の時代には」拠り所となるものが必要だと感じ、ブルガリア史をより広範な人々に向けて叙述し始めた[BG 0797]。この動機が示すように、彼はどこにでもいる単なる実証主義の研究者ではない。このことは、叙述の中に同時代への示唆がしばしば現れることにも示されている。例えば、ブルガリア人は平等を尊重するスラヴ的伝統ゆえに、強大な人物を決して好まなかったし（今も好まない）、もしそういう人物が存在すれば、そこから解放されることを望むか、少なくとも、自分たちから遠ざけようとしたというのである。ムタフチエフは著書の冒頭でよく次のような考えを表明した。私が書くブルガリア国民史は史料に基づく歴史である。それは多くの人の意にそぐわないかも

しれない、と。明らかにそれは、史料に忠実であろうとすれば、明と暗の両方を叙述の中に織り込まねばならなかったからである。

もちろん、そうした叙述は多くの点で、彼自身が作り上げた歴史観に結びついていた。そこには、建国期にブルガール＝テュルク人とスラヴ人との間で結ばれた契約も含まれる。だが、ブルガリアの歴史発展全体については、スラヴ的な要素の方が決定的だった、とムタフチエフは述べている。彼によれば、キリスト教を選択したボリスがブルガリアで最も賢明な支配者であり、メトディオスの弟子たちの活動によってブルガリアの国民文化が基礎づけられた。また、スィメオン時代における経済的、文化的発展が強調された。ムタフチエフは 10 世紀に経済格差が深刻化したことを認めるが、完全に貨幣経済に転換していたビザンツ帝国に比べるなら、それも軽微なものだった。ただし、経済格差の広がりは、ボゴミール派のような異端の成立を説明するものではあった。対ビザンツ戦の最中、サムイルは兄のアロンを殺害させるが、それはアロンが降伏を説いたビザンツ側の人間であったためであり、愛国の義務が何よりも重要とされた。第二次ブルガリア国家を扱った巻では、アセン一族の出自に関する従来の考えを修正した。つまり、アセン一族をロシア人とクマン人の混血と見なすようになり、他方、ヴラフ起源の可能性は以前よりも明確に否定した。ヴラフには国家の伝統がなく、いかなる国家形成にも反対したからである。イヴァン・アセン 2 世時代のブルガリアは南東欧で唯一の強国だったが、ビザンツとの関わりが再び問われることになった。すなわち、ビザンツ帝国はブルガリアにとって主な敵だったが、同時に、ブルガリアの国家体制および社会制度全体はビザンツ風だったのである。ただ、ムタフチエフが 1227 年のイヴァイロの農民蜂起を内戦と呼んでいることにも注意を喚起しておきたい。

ムタフチエフには『ブルガリア国民の歴史』という 2 巻本の著作があるが、彼は当初から中世ブルガリア国家の歴史を書きたかっただけだった。ところが、筆は 1323 年で止まってしまった。「国家権力再建の試み 1300-71 年」がこの本の主要部

になるはずだったが、ミハイル・シシュマン（1280後-1330）に関する章の書き出しがムタフチエフの絶筆となってしまった。その書き出しとは、「この時代にブルガリア人とビザンツ人が成し遂げた成果は、かくもはかないものだった」であった。この後に続く章は、ムタフチエフの忠実な弟子であるドゥイチェフが執筆し、1943年に2巻本で出版することができた[BG 0798]。

この本とは別に、ムタフチエフは完全に大衆向けの著作も執筆していた。『ブルガリア人について』である。この著作は手稿のまま残され、出版されなかったが、1987年になってようやく刊行された[BG 0799]。もっとも、一部は1983年にすでに出版され[BG 0800]、ムタフチエフが国境の拡大について解説した次のような一節を含んでいた。すなわち、ムタフチエフによれば、ブルガール＝テュルク人は、バルカン山脈がビザンツ帝国への対抗上、優れた自然国境であることを知っていた。しかしこの見方は、スラヴ系の人々がツラン系の人々と同格になる頃までに変化していた。つまり、宿敵ビザンツ帝国からブルガリアを防衛するためには、領土を恒常的に拡大することがいまや不可欠であると考えるようになったのである。国家も生物と同じで、成長しなければ、すぐに衰退するしかないというわけである。領土拡大の主たる方向は、当然トラキアだった。しかし、トラキアはビザンツ人にとってコンスタンティノープルの前庭であり、守りは強固だった。そのため攻撃の矛先は主として西南方向に、つまりマケドニアに向けられた。なぜなら、マケドニアにはブルガール＝テュルク系の末裔もいたし、マケドニアのスラヴ人も、スラヴ化したブルガール国家との統一を望んでいたからだった。ビザンツの伝説によれば、統一は830年だったと推測される。この著書自体は、ビザンツ帝国に関する短い章で始まり、その後中世ブルガリアの発展へと向かう（理論的、歴史哲学的な定式化は、中世の通史に関しても行なわれている）。ムタフチエフは、ブルガール＝テュルク系の人々を建国者と認め、ブルガリアはクブラト（591後-650頃）の大ブルガール帝国の一部、あるいはその残滓に過ぎないと見なした。もちろんムタフチエフも、契約説を受け入れている。

また、天与の要害となっているバルカン山脈を、基本的な歴史的要件と考えた。スラヴ人は歩兵戦士として重要であり、彼らの存在によってブルガリアの戦力は保証された。テュルク系の人々が容易にスラヴ化された理由としては、スラヴ人が早くからキリスト教に改宗していたことが挙げられる。だが、ブルガリア国家は、バルカンのスラヴ人全体を統一することはできなかった。ブルガリアの発展は何か早熟的で、恒常性に欠け、いびつで不自然さが残った。それは、例えば、ゆっくりと発展したセルビア人の場合のような、有機的な発展ではなかった。いびつだという特徴を、この著書の中でムタフチエフは、キリスト教をビザンツ経由で受け入れた影響だと説明している。西方キリスト教会は、わずかな期間しかローマ帝国と関わらなかったので、自由を確保できた。ボリスが西方キリスト教会を選択したのはそのためであり、ボリスの政治的達見だったが、その試みは失敗に終わり、ブルガリアはビザンツ文化圏に留まることになった。

のちにムタフチエフは、史料に対して過度に批判的だったとして非難されるようになる。「メセンヴリア修道院史」という表題の研究[BG 0801]で、1331-1371年の日付があるギリシア語の文書を偽書と見なし、それ以降、この文書からは一切の事項を取り上げようとしなかった。また、ロシアの年代記に登場するブルガリア史料に関する研究（1912年）[BG 0802]の中で、シャフマートフの主張を批判した。シャフマートフによれば、スヴャトスラフは〔ブルガリアにある〕80の城塞を占拠したことになっているが、ブルガリアの史料に基づけば、それはありえなかった。というのも、ブルガリアには総計でもそんなに城塞は存在しなかったからである。それなのにシャフマートフは、スヴャトスラフがプロヴディフを占領後、住民2万人を串刺しの刑にしたという事実は、信じうるとして一度ならず受け入れているのである（確かに、この史料に出てくる数字に関する疑念は、最近になって問題視されている）。

もちろん、これらのことは根本的な問題ではない。ムタフチエフは、最良の先駆者や模範となる歴史学者が理解していたことはすべて理解してい

たし、さらには、史料や史実以上のものを歴史の中に見出していた。全集の第 4 巻 [BG 0803] が出版されたのは 1947 年だが（そこには、ドブルジャ関連の研究が収められている）、当時すでに、ムタフチエフはブルガリアのファシスト史家というレッテルを貼られていた。その後、長きにわたってムタフチエフに関して語られることはなかった。しかし、1973 年に 2 巻本の大部の選集が出版され [BG 0804]、1986 年には、1943 年に刊行された著書が復刊された [BG 0805]。1987 年には、大衆向けであった別の著作の完全版が出版された [BG 0806]。ズラタルスキの人物像は、ムタフチエフと比べると、その死後もほとんど変更されなかった。この事実からなにがしかの結論を導き出すことも許されるのではないだろうか。

ベシェフリエフ

V. Iv. ベシェフリエフ（1900-89）のライフワークは一貫しており、難問の解明を諦めない人物だった。1919 年にソフィア大学で歴史学とスラヴ文献学を学び始め、その後 5 年間にわたって、ハレ、イェーナ、そしてヴュルツブルクで古典文献学を修めた。1929 年に、ソフィア大学で古典文献学講座の准教授となり、1933 年から 1945 年まで講座主任教授、1949 年からは考古学研究所で、1965 年からはバルカン学研究所で研究に従事した。1941 年には、アカデミーの準会員に選ばれている。

彼は歴史学以外に古典文献学の分野でも活躍し、古代マケドニアの諸エトノスについても何度か取り組み（1929、32 年）[BG 0807-0808]、ギリシア語に関する 2 巻本の歴史文法書も出版した（1939-43 年）[BG 0809]。「古典文献学者としてのピコロ博士」という論考（1941 年）[BG 0810] では、復興期におけるこの分野での研究史を明らかにした。また、初期キリスト教（1963 年）[BG 0811]、およびビザンツの石棺碑文についても刊行論文がある（1940 年）[BG 0812]。この他に、エーゲ海沿岸への古代ギリシア人の入植についても研究を著している（1942-43 年）[BG 0813-0814]。

しかし、前述の通り、ベシェフリエフが真に自身の専門領域と考えたのは、第一次ブルガリア国家時代に遡るギリシア語碑文の収集と、その校訂版の出版だった。彼はまず碑文のギリシア語法を分析し（1925 年）[BG 0815]、その後、個々の碑文に関する研究を次々に著した。様々な解釈がなされていたマダラの騎士の碑文、むしろ碑文群と呼んだ方が適切だが、この碑文にベシェフリエフは何度も取り組んだ [BG 0816-0818]。ベシェフリエフは碑文を研究した文献を通覧し（1934 年）[BG 0819]、当時知られていたすべての碑文に十分かつ詳細な解説を施して出版した（1934 年）[BG 0820]。この史料集には、1936 年に早くも、新たな補遺が必要となり、増補版が刊行された [BG 0821]。これによって彼は、その後長きにわたって最も基本となる手引書を編集することになったのであり、それは評価の高かった Y. イヴァノフのもの以上に、体系的な史料集であった。

ベシェフリエフを様々な主題の歴史研究へと導いたのは、碑文解釈だった。すなわち、ブルガール＝テュルク人の宗教に関する言及（1939 年 [BG 0822]、個々の細かな事項に関しては以前から研究を行なっていた [BG 0823-0828]）、811 年のビザンツの軍事遠征（1936 年）[BG 0829]、あるいはこれら以外にも、初期ブルガリア史に関わるその他の諸問題にも取り組んだ（1936 年）[BG 0830]。ベシェフリエフは 1944 年以降もほぼ一貫して研究を続け、1954-55 年に古代の地名命名法の史料的価値に関する重要なモノグラフを出版した [BG 0831-0832]。また 1956 年には、マダラの騎士の碑文だけを取り上げた研究を執筆し、新しい解釈に反論を加えた [BG 0833-0834]。1963 年には、ブルガール＝テュルク人の碑文すべてについて、後世に残る学問的な考証資料を付した上で、ドイツ語で再度刊行を行なった [BG 0835]。1964 年には、国内で発見された後期のギリシア語、ラテン語碑文も出版した [BG 0836]。こうした研究活動の中で彼は新たな学問であるトラキア学にも関心を示し、1965 年に、トラキア人の人名に関するモノグラフを出版した [BG 0837]（これは、1970 年にドイツ語でも出版された [BG 0838]）。ベシェフリエフは研究者によくあるタイプの典型であり、自身の狭い専門領域に関しては何でも熟知し、すべてを明らかにし、そしてそれらを解説した。したが

って、その成果についても当然、満足していた。

5. 隣接の学問

St. ムラデノフ（1880-1963）は、1902年にソフィアで文献学を修め、その後も国外の大学に長期間滞在した。ムラデノフが属した大学は、いずれもスラヴ学や文献学の中心地であり、1903年から1904年はウィーン、1904年から1905年はサンクトペテルブルクとプラハ（ここで博士号を取得）、さらに1911年から1912年にはパリとミュンヘンにも滞在した。1910年に准教授、1916年に員外教授、1921年からは正教授となり、一般・比較言語学講座の主任も兼ねた。1918年にアカデミーの準会員となり、1929年に正会員となった。彼は語源学に深く取り組み、それまでゲルマン起源であると信じられてきた民衆スラヴ語の多くの言葉について、ゲルマン起源説を批判し、1929年にはブルガリア語史を執筆した[BG 0839]（1979年にはドイツ語でも出版された[BG 0840]）。

ムラデノフは従来のスラヴ学者に比べ、直接、歴史的主題に取り組むことは少なかった。だが、有名なスンニコラウ・マーレの宝物がブルガール＝テュルク人のものであって、ペチェネグ人やその他の起源でないことを、いくつかの研究において論証しようと試みた（1925、26、35年）[BG 0841-0843]。また別の研究において、ペチェネグ人、オグズ人、ないしはクマン人がブルガリア史において果たした役割をまとめた（1931年）[BG 0844]。さらに言語学の観点から、ムラデノフは祖国定住を果たしたブルガール＝テュルク人をウラル＝アルタイ語族の中に位置づけた（1921年）[BG 0845]。また、アスパルフ（イスペリフ）の軍営地の位置を、言語学的な論拠に基づいて、南ベッサラビアのカフル市近郊に特定した[BG 0846]。

St. M. ロマンスキ（1882-1959）もスラヴ文献学を修め、民族誌研究にも携わった。ソフィアでスラヴ文献学と民族誌の教授となり、1929年にはアカデミー会員になった。ロマンスキの学位論文はブルガリア語におけるラテン語借用に関するものであり、言語学的な業績だが、歴史学的に見ても価値がある（1909年）[BG 0847]。彼はブルガリアにおけるスラヴ文献学の文献目録を刊行し（1906年）[BG 0848]、さらに、キュリロスとメトディオスに関するキリル文字で書かれたスラヴ語史料の目録も出版し、国際的な評価を得た（1935年）[BG 0849]。

スラヴ故地についての研究史を批判的にまとめた論文（1938年）[BG 0850]は、さらに歴史学に近い業績だった。しかしながら、ロマンスキが高い評価を得たのは、国民復興期に関する文書の刊行だった。この史料集からは、のちに多くの歴史研究が生み出された。特にウィーンの文書館で多くの史料を発掘し、それを基に1841年のニシュのブルガリア人蜂起に関する史料（1912年）[BG 0851]を公刊した。また、1841年のブライラでの蜂起未遂に関する文書は、歴史的な解説を付して2巻本で出版した（1915年）[BG 0852]。G. ママルチョフ（1786-1846）による1835年の陰謀を詳細に解明した研究もある（1921、35年）[BG 0853-0854]。ラコフスキによる1842年のブライラでの蜂起未遂に関する研究[BG 0855]、あるいは1843年のV. ハジ・ヴァルコフに関する研究[BG 0856]などは、モノグラフといっていいような研究業績であった。第一次世界大戦中はロマンスキも、ドブルジャのブルガリア人について、あるいはブルガリア人とルーマニア人の民族境界としてのドナウ川について、一再ならず発言を行なった（1915、18年）[BG 0857-0859]。ロマンスキはまた、パイスィーの歴史書をソフロニーが写した手稿の刊行も行なった。この手稿は1781年に新たに発見されたものであり、1765年のそれまで知られていた版と対照したものだった（1938年）[BG 0860]。ドナウ・ブルガリアに関するカニッツの著書と、そのオリジナルのスケッチを、『カニッツのスケッチに見るブルガリア人』（1939年）[BG 0861]で最初に世に出したのも彼であり、これは今日に至るまで第一級の史料と見なされている。

V. Sl. キセルコフ（1887-1937）は、数年間の教員生活の後、ソフィアとザグレブでスラヴ文献学を修めた。1914年にザグレブで博士号を取得し、博士論文はスラヴ人へのキリスト教伝来についてであった。ソフィアでは、中等学校の教師と大学

講師をしていた。彼は文学史家であり、主に中世ブルガリアの文献を専門とした。その著作は、もちろん歴史的な観点からも価値があり、少なくとも歴史的知識を伝えるものだった。キセルコフはコスマスの反ボゴミール論に注釈を施し、幾度か出版を行なった[BG 0862]。キュリロスとメトディオスの伝記も執筆し[BG 0863-864]、いわゆるパンノニア伝説を翻訳した（1923 年）[BG 0865]。ブディンスキについて（1931 年）[BG 0866]、エフティミー総主教について（1939 年）[BG 0867]、さらにはオフリドの聖クリメントについての著作もある（1941 年）[BG 0868]。オフリドの聖クリメントに関する書物は、聖クリメントの伝説の出版も兼ねていた。この出版形式は、以前にリラの聖イヴァンの伝説について行なったのと同じものだった（1940 年）[BG 0869]。彼はこのテーマを、中世ブルガリア文献学の専門家として『ブルガリアの 1000 年』の中で論じている（1930 年）[BG 0870]。歴史的な観点から最も多くのことが語られているのは、リラの修道院に関する著書（1937 年）[BG 0871]においてであろう。彼は、中世に加えて、国民再生期についても取り組み、ラコフスキのイスタンブルでの活動についての資料を出版し（1922 年）[BG 0872]、さらに 1963 年にはヴラッツァのソフロニーに関する伝記を出版した[BG 0873]。

M.P. アルナウドフ（1878-1978）も文学史家だったが、研究対象は国民復興期だった。ソフィア高等専門学校でスラヴ文献学の研究を始め、1898 年から 1900 年にライプツィヒとベルリンでインド・ゲルマン学を学び、1904 年にプラハ大学で博士号を取得した。1908 年から 1909 年には、パリとロンドンで研究を継続した。1918 年にアカデミー準会員、1929 年に正会員となり、1928 年から 1944 年までソフィア大学の比較文学史講座の主任だった。広い視野とヨーロッパ的な素養を持った学者であり、ブルガリアにおける復興運動期の文学をヨーロッパとの関連の中で分析した。その結果として、第一にアルナウドフが評価したのは、復興運動がブルガリアの国民的発展の中で果たした役割であり、そのため彼の著作は歴史学的な観点からも重要なものとなった。例えば、再生運動の国民的意義と、そこにおける文学の動員力を明らかにしたのが、1938 年に発表した論文だった[BG 0874]。あるいは、再生期に生きた多くの文学者の伝記を（やむを得ず、政治家のものも）執筆し、多くの場合付録として有用な新史料を数多く添付した。まず俎上に載せたのがラコフスキの著作と思想であり、伝記という形式で分析した（1922 年）[BG 0875]。その後、ドルメフ、すなわちタルノヴォ司教クリメントについての研究と記録を出版し（1927 年）[BG 0876]、ボズヴェリの人生と時代についても執筆した（1930 年[BG 0877]、1971-72 年に増補版が 2 巻本で出版された[BG 0878]）。さらにアプリロフ（1936 年）[BG 0879]、Iv. セリミンスキ（1799-1867）（1938 年）[BG 0880]、そしてミラディノフ兄弟についても執筆した（1943 年[BG 0881]、1969 年に第 2 版[BG 0882]）。シシュマノフの没後、彼についての評価を最初に著したのもアルナウドフだった（1928 年）[BG 0883]。1941 年には、国民復興運動およびその国民的、文化的、自立的な側面に関する概説を書いている[BG 0884]。彼は教会問題にも関心を持ち、教会合同の試みについての研究（1925 年）[BG 0885]、1881 年から 1900 年にかけてのブルガリア総主教代理座の発展に関する資料刊行（1944 年）[BG 0886]、ヨシィフ総主教代理と総主教代理座設立以後の文化闘争に関する資料の出版なども行なった（1940 年）[BG 0887]。ラコフスキの生涯については、モノグラフの執筆後も取り組み、新たな資料を発掘した。それらは例えば、1853 年から 1854 年というあまり知られていない期間に関する資料だったり（1937 年）[BG 0888]、後世の人々の目から見たラコフスキの人物像についてのものだった（1942 年）[BG 0889]。19 世紀初頭のブルガリアとギリシアの文化比較も行なった（1928 年）[BG 0890]。さらに、地方史にも時間を割き、コテル市に関する経済史的な史料と民俗的な史料を刊行した（1931 年）[BG 0891]。ソフィア大学創立 50 周年が近づいた頃、アルナウドフは高等専門学校史と大学史の執筆を委嘱され、その本は 1939 年に刊行された[BG 0892]。

アルナウドフの国民的な感性とヨーロッパ的素

養は、文学史と歴史叙述という違いはあるが、ムタフチェフとやや似ていた。ただ、アルナウドフはムタフチェフほど早く他界しなかったため（100歳の誕生日のほんの少し前まで長生きした）、1944年以降、「大ブルガリア覇権主義者」として名指しされ、不穏当な人物として大学からも追放された。長きにわたって出版も許されず、マケドニアへの言及が許される頃になって初めて（以後はむしろ、できる限り頻繁に口にしなければならないようになったが）、研究を再開することが許された。既述の如く、彼の著作の再版、あるいはL. カラヴェロフ（1834/35-79）に関する大部の伝記（1964年）[BG 0893]が出版できたのもこの時期だった。最も重要な著作は、1869年から1876年までのブライラにおけるブルガリア文芸協会の歴史に関する大部のモノグラフである（1966年）[BG 0894]。これは彼の持つすべての知識とあらゆる観点を総合した作品であり、ライフワークにふさわしい絶筆の書であった。

M.ディミトロフ（M.ディミトロフ・ダフィンキチェフ、1881-1966）も同じく文学史家である。そして、同じく国民再生運動の文学を扱った。ザグレブとベルンで学び、最後は1908年にソフィアで大学を卒業した。文学史に加えて、心理学にも興味を抱いた。1921年に助手として心理学講座に入るが、マルクス主義的な主張から教授資格が得られず、ギムナジウム教員として生活した。ようやく解放後の1946年、ソフィア大学の教授に任命され、加えてアカデミー会員にも選ばれた。彼はブルガリアの学界再編に重大な役割を果たした。

ディミトロフが主として扱った国民再生期の人物は、ボテフだった。1919年にボテフについて最初のモノグラフを出版し[BG 0895]、1924年には、それまで未刊行だったボテフの著作、およびかなり詳細な自叙伝を刊行した[BG 0896]〔より大部の再版もある[BG 0897]〕。ボテフに関連して、ディミトロフは様々な組織や委員会に関わる問題に逢着し、中でも長老派と呼ばれた委員会について詳しいモノグラフを執筆した[BG 0898-0899]。この委員会は1850年代に活動した、絶対的な親ロシア派からなる保守主義者の集まりだった。1940年にボテフ全集の刊行も始めたが、完結したのは没後の1971年だった[BG 0900]。2巻本のカラヴェロフ全集（1957-65年）[BG 0901]と彼の伝記も、ディミトロフが出版した[BG 0902]。カラヴェロフとセルビアとの関係（1936年）[BG 0903]、そしてレフスキについては、1944年以前に短めの論文を書いていたが、完結させることができたのは1944年以降だった（1948年）[BG 0904]。ディミトロフの著作では、1944年以前でも歴史学的要因が認められるが、いうまでもなくそれは、当時白眼視されていたマルクス主義的な素養をディミトロフが身につけていたことを意味した。

B. N. ペネフ（1882-1927）は、ソフィアでスラヴ文献学を修め、1909年から准教授、1925年からはソフィア大学の教授となり、1918年にアカデミー準会員に選ばれた。彼も文学史家であり、第一に復興運動期の文学に取り組んだ。主として彼が取り組んだのは、文学の歴史的役割や文学を取り巻く環境に関してであった。ペネフはディミトロフ以上に心理学の成果を多用した。生涯における代表作は、没後に刊行された4巻本の『新ブルガリア文学史』（1930-36年）[BG 0905]である。第1巻だけは『ブルガリア復興運動の始まり』という書名で1918年に刊行されていたが、分量はかなり少なかった[BG 0906]。だが、ここでいう復興とは、ペネフによれば、16世紀にまで起源を遡るものだった。彼はこの書のために、かなり古い国外の、中でも西欧の旅行記や著作を収集し、そこから史料の抜粋を行なった（1920年）[BG 0907]。こうした文学史のまとめは、19世紀末にまで筆が及んだ。狭い意味での国民再生期に活躍した人々の中では、文筆活動の点でも間違いなく重要だったカラヴェロフの人物像を取り上げてモノグラフにまとめた。ただし、このモノグラフを出版したのはB. ヨツオフだった（1936年）[BG 0908]。「ブダペシュトの牢獄におけるカラヴェロフ」（1925年）[BG 0909]は、革命家カラヴェロフのハンガリーにおける逸話を詳述したものである。ペネフは、シュメンの文化発展に関する興味深い研究も行なった[BG 0910]。

6. 歴史家たち

　Hr. N. ガンデフ（1907-87）はソフィアで歴史学を学び、その後 1932 年から 1935 年の間はプラハで研究を続け、博士号を取得した。1940 年に准教授、1946 年に教授および近代世界史講座の主任に就任した。初期の研究でガンデフは、16-17 世紀の西欧における人格の理想像の形成において、カルヴァンの倫理が果たした役割について考察した（1937 年）［BG 0911］。ガンデフはその著書『ブルガリア再生の諸要因』［BG 0912］において、N. I. ミレフに多少倣って、復興運動の基礎をおおむね類似の契機に見出し、17 世紀以降を考察した。ガンデフが主として活動した時期は解放後〔第二次大戦後〕であり、関心は経済史および人口統計学の問題に移っていった（『18 世紀北西ブルガリアのチフトリキ経済における資本関係の誕生』1962 年［BG 0913］、『15 世紀のブルガリア民族―人口統計学的、民族誌的考察』1972 年［BG 0914］）。

　P. N. オレシュコフ（1884-1953）はソフィア大学を卒業した後、1909 年から 1912 年にウィーンとサンクトペテルブルクでスラヴ文献学を研究した。ウィーンでも博士号を取得し、その後ソフィアの図書館で働いた。1917 年に、兵士向けの愛国教育に寄与するシリーズ、「野戦文庫」を編集した。また、19 世紀初頭の政治的展開に関する文書である O. パズヴァントオグル（パズヴァノグル、1758 頃-1807）のヴィディン支配（1914 年）［BG 0915］や、R. ジンズィフォフ（1839-77）の批評活動についてといった、19 世紀初頭の政治的展開に関する文書（1928 年）［BG 0916］も刊行した。さらに、1866 年から 1868 年のブルガリア解放運動に関するロシアの公文書も刊行した（1935 年）［BG 0917］。したがって、オレシュコフも自身の活動の大半を国民再生期に捧げた一人だった。ただし、イスタンブル地域に残るビザンツの遺物に関する研究も行なった（1915 年）［BG 0918］。

　Iv. G. クリンチャロフ（1877-1942）は学問的な観点からではなく、政治的な観点から見て興味深い人物である。教員生活の後に、遅れて大学に入り、1906 年にソフィアで文学専攻課程を修了した。その後、1910 年にリヨンで法学を修め、1915 年にブリュッセルで博士号を取得した。再び教員の道を歩んだ後、弁護士として活動した。1898 年にはブルガリア社会民主党に入党している。そのため、国民再生期を扱った初期の著作においては、マルクス主義の影響も一定程度見て取れる。1923 年夏のクーデタ以降は、彼も武装蜂起の必要を訴える立場を取った。その後、その立場を翻し、党から追放された。1910 年、Hr. ボトョフ（当時はまだボテフの名をこのように表記していた）に関する最初のモノグラフを出版し［BG 0919］、その後、レフスキについて（1924 年）［BG 0920］、そしてカラヴェロフについて（1925 年）［BG 0921］著書を執筆した。翌年、ボテフについての書は、加筆・修正の上、再版された［BG 0922］。クリンチャロフはそれまでに発掘されていた史料を基に、社会的な背景を強調しながら、ボゴミール派の指導者であるボゴミール司祭に関する著書も著した（1927 年）［BG 0923］。『共産党内の危機』（1923 年）［BG 0924］は、離党以後の立場を反映しており、一種の史料と考えることもできる。1926 年には、ブルガリアにおけるマルクス主義の父、D. ブラゴエフの伝記［BG 0925］も著した。

　D. P. キョルチェフ（1884-1928）は、ソフィアで法学部を卒業したが、それ以前にはライプツィヒでも学んでおり、弁護士になり、国民自由党の指導者となった。ちなみに彼は、文芸批評家としてモダニズムの諸潮流、特に象徴主義の信奉者でもあった。しかし同時代の政治的な事件にも反応し、「1922 年のヨーロッパ」（1923 年）［BG 0926］では政治的な概観を行ない、『バルカン同盟か、ユーゴスラヴィアか』という論考（1919 年）［BG 0927］も書いている。

　G. バジュダロフ（1881-1929）も 1907 年にソフィア大学を卒業し、その後は主にギムナジウム教員ないし新聞記者を務めた。テッサロニキにもしばらく滞在している。マケドニアでの運動の精力的な活動家であり、1903 年の蜂起にも加わった。マケドニア学術研究所の創立メンバーであり、1927 年からは副所長を務めた。マケドニアでの運動の分裂以降は左派の側に立ち、反対派によって殺された。『マケドニア問題の昨日と今日』（1925

年）[BG 0928]や『マケドニアの地―印象と解説』（1926 年）[BG 0929]は、どちらもすでに言及してきた政治パンフレットの範疇に属するといえるが、後者は同時代の史料として注目すべき情報も伝えている。

Hr. Iv. カラマンジュコフ（1876-1952）も同様の経歴を持つが、ただもっと長かった。彼は 1899 年以来、マケドニア革命組織のメンバーであり、1903 年の蜂起の闘士だった。その後、ソフィア大学歴史・文献学部を卒業し、中等学校の教師になった。マケドニアに次いでトラキアに関わり、1928 年から『トラキア集成』の編集委員となった。1934 年から 1935 年の期間は、（閉鎖されるまで）トラキア学術研究所の所長だった。カラマンジュコフは、トラキア問題の諸相や歴史について自らの論文を研究所の紀要に発表したが（「トラキア問題瞥見」1932 年[BG 0930]、「クサンティのブルガリア人の教会闘争資料」1932 年[BG 0931]、「St. カロヤノフの遺稿の刊行および記述資料」1933 年[BG 0932]）、それらは回顧録に近かった。

Iv. A. ゲオルゴフ（1862-1936）は 1888 年にイェーナで哲学と教育学を学び、同年、高等専門学校の哲学史講座の主任に任命された。1902 年に文芸協会の会員になる。1934 年まで講座を率いたが、その間に哲学史概説を公刊した[BG 0933]。1923 年から 1927 年にはマケドニア学術研究所の所長を務め、この時にマケドニアに関する著作を著したが、それらは歴史学の観点から見ても一読に値する（『セルビアとギリシア支配下のマケドニアの現況と国際連盟』1925 年[BG 0934]、『マケドニア問題におけるセルビアの最近の立場』1928 年[BG 0935]）。

Iv. P. ケポフ（1870-1938）は 1892 年にソフィア高等専門学校を卒業し、その後中等学校の教師を務めた。妻との共著で歴史教育の方法論（1932 年）[BG 0936]、学校用教材のブルガリア史読本（1933 年）[BG 0937]、さらに歴史啓蒙書も出版した（『オスマン支配下のブルガリア』1931 年[BG 0938]、『ブルガリア公国史』1933 年[BG 0939]）。ボボシェヴォとペルシュティツァの地域史を扱った著作には重要な内容が含まれ、中でも新史料を含む『1876 年のペルシュティツァ蜂起』は重要である（1931 年）[BG 0940]。

V. ヨルダノフ（V. ヨルダノフ・ヴァルコフ、1872-1944）はライプツィヒで文学を学び、大学に奉職した後、官吏となった。1928 年から 1934 年にかけて国民図書館の館長を務めた。ブルガリアの古い文化や公教育を取り上げ、1911 年にブルガリアの公教育に関わった著名人の伝記集を刊行した[BG 0941]。その後は、マルコ・クラリェヴィチの伝説群について文学史的な観点から研究した（1916 年）[BG 0942]。ソフィア国民図書館史についてのモノグラフは重要である（1930 年）[BG 0943]。『ライプツィヒとブルガリア人』（1938 年）[BG 0944]は、さらに古い時代のブルガリア文化と西方との結びつきに関する研究である。他方、1940 年のメドヴェン村の歴史的、社会的発展を扱った著書[BG 0945]は、多くの詳細な新事実を明らかにした。

St. チリンギロフ（1881-1962）は、本来は作家だったが、明らかに彼も復興運動を取り上げた。中でも、ブルガリア独自の特徴である読書サークルの役割について取り組んだ。このテーマでやや長めの論文を執筆し、『ブルガリアの 1000 年』（1930 年）の中に収め[BG 0946]、また同年、700 頁近い長大なモノグラフも物している[BG 0947]。レフスキについての小著（1923 年）[BG 0948]もある。初期の著作においてチリンギロフは、マケドニアやドブルジャのブルガリア人問題を論じ（『セルビアの証拠に基づいたモラヴァ渓谷』1917 年[BG 0949]、『ドブルジャと我が国の復興』1917 年[BG 0950]）、同様に戦時文献としてセルビア・ブルガリア関係史概説も著した（1918 年）[BG 0951]。

Al. A. ギルギノフ（1879-1953）はライプツィヒで法学を修め、民主党左派に属した。1931 年から 1934 年にかけて内相を務め、1944 年 9 月第 1 週には、K. V. ムラヴィエフ（1893-1965）の短命内閣において再び閣僚となった。戦犯として有罪になったが、早くも 1945 年には釈放された。彼は同時代について歴史書風の著作をいくつも残した。それは、多くの史料を用いてはいるものの、歴史家というよりも、むしろ回想者としての著作だった（『国民的破局―1912-13 年の戦争』1926 年[BG

0952]、『世界大戦前のブルガリア』1932年[BG 0953]）。1935年に刊行された、通史的な2巻本の著書『復興運動から1912年のバルカン戦争に至る現代ブルガリアの史的発展』（1934-35年）[BG 0954]では、第1巻で政治的発展が、第2巻で文化的発展が論じられている。

K.コジュハロフは外交史研究の大著『東方問題とブルガリア1875-90年』（1929年）[BG 0955]を出版している。

M.ゲノフ（M.ゲノフ・ジュルゲロフ、1880-1950）はブルガリア国内で神学を修め、しばらくサンクトペテルブルクで神学教師を務めた。その後、祖国で再び中等学校の教員をした。研究においても、大衆向けの著書においても、第一義的には、中世ブルガリア文学および文化史を論じた（『文献に見るスィメオン時代』1928年[BG 0956]、『コスマス長老と彼の反ボゴミールの書』1929年[BG 0957]、『ブルガリア人、ロシア人、セルビア人、ルーマニア人の文化関係史から見たツァンブラク』1930年[BG 0958]、『イヴァン総主教代理』1931年[BG 0959]、『勇敢なる修道士』1931年[BG 0960]と1942年[BG 0961]、『コンスタンティン・プレスラフスキ』1932年[BG 0962]）。

G.G.コンスタンティノフ（1902-70）は1926年にソフィアで歴史・文献学部を卒業し、その後新聞記者になり、ブルガリアとロシアの文献を対象とした研究[BG 0963-0964]を著した。特筆に値するのはカラヴェロフの伝記（1936年）[BG 0965]と、新資料を収録したマケドニアの復興運動に関する著書（1934年）[BG 0966]であろう。

オルマンジエフ

Iv.P.オルマンジエフ（1890-1963）はソフィア大学で歴史学の研鑽を積み、1945年まで中等学校の教員を務めていた。トラキア学術研究所の所員として、研究活動も第一義的にはトラキアと結びついていた。1895年から1903年にかけてのトラキア蜂起の動きに関する文書や資料を4巻本で出版し（1927-1941年）[BG 0967-0970]、ストランジャ蜂起におけるG.コノヴァロフの役割に関しても小著（1927年）[BG 0971]を著した。総主教代理アンティム1世（1928年）[BG 0972]、レフスキ（1937年）[BG 0973]、そしてA.ウズノフ（1857-87）の伝記（1937年）[BG 0974]も執筆した。また、クルクラーレリ（トラキア）解放戦争に関する大著（1941年）[BG 0975]を刊行し、1903年蜂起の30周年を記念する著作も出版した（1933年）[BG 0976]。トラキア運動に関わる10巻分の資料集が、手書きの遺稿の中に残されていた。1921年に、14世紀の軍事的指導者モムチル（1305/20-45）の人物像を民俗資料と史実の両面で研究し始め[BG 0977]、1941年には彼に関する大著を出版した[BG 0978]。この大著でオルマンジエフは、モムチルがオスマン権力に臣従していながら、なぜに民俗資料の中で対オスマン戦の英雄として描かれることになったのかを解説している。同時代の現実的外交問題については、政治的パンフレットを書くこともあった（『ブルガリア国家が執着するトラキア問題』1929年[BG 0979]、『ブルガリアの外交―トラキア問題を注視して』1934年[BG 0980]、『歴史という光のもとでの地中海』1940年[BG 0981]）。蜂起したブルガリア人犠牲者を、グラッドストーンが救おうとした1876年の政治的行為を、丹念に明らかにしたのもオルマンジエフだった（1938年）[BG 0982]。

オルマンジエフは、歴史の政治的重要性を敏感に感じ取り、『我が国の歴史の教育的重要性』（1935年）[BG 0983]ではその問題について書き記した。両大戦間期、オルマンジエフは典型的な国民概念の提唱者であり、専門を同じくする同僚たちと比べても、より鮮明に（ただし、精緻さには欠けていたが）民族とは何かを表現していた。とはいえ同僚たちもオルマンジエフも、結局のところ、同じ意図を共有していた。オルマンジエフは『ブルガリア国民の近現代史』という表題の通史を執筆し[BG 0984]、ムタフチエフの仕事を多少なりとも継承しようと考えたが、近代に関する部分は、はるかに先鋭的な政治的内容を含んでいた。この著書は不幸にも、印刷所の諸事情から、1945年になってようやく刊行されたが、即座に、大ブルガリア的排外主義の典型的かつおぞましき表明として激しく指弾された。

*

Iv.パストゥホフ（1876-1961）は近代史を扱い、

クリミア戦争に至るまでのブルガリア人と東方問題の関係に関する研究を著した（1929 年）[BG 0985]。国の起こりから 1878 年の解放までを扱った 2 巻本の『ブルガリア史』（1942-43 年）[BG 0986]も執筆している。

同様に B. ヨツオフ（1894-1945）も国民再生運動とその文学上の諸問題に取り組んだ。ブルガリア革命のロマンという表題のもとに、D. チントゥロフ（1822-86）とラコフスキについて書き（1929 年）[BG 0987]、また、カラヴェロフの活動について論じた（1929 年）[BG 0988]。国民再生運動におけるチェコ人ドブロフスキーの役割を指摘したのも彼だった（1930 年）[BG 0989]。ヨツオフはそれまであまり関心が寄せられなかった歴史と国民意識の問題に取り組み、隷属期にイヴァン・アセン 2 世が覚醒者として果たした役割（1930 年）[BG 0990]や、1878 年以前にブルガリアの歴史著作が〔国民意識に対して〕果たした覚醒的役割（1933 年）[BG 0991]、そしてパイスィーの歴史哲学について（1937 年）[BG 0992]も論じ、さらにブルガリア人の歴史意識について大著（1938 年）[BG 0993]を著した。

ドイツの大学にも通った Iv. パナヨトフ（1885-1974）は、専門的な基礎を積んだ上で、ブルガリア近代外交史に関する研究に着手した、この分野では嚆矢だった。ドイツ語で出版された博士論文は、1912 年に締結されたバルカン同盟の前史とその成立を、新史料によりながら論じたものである（1923 年）[BG 0994]。『ブルガリアの危機とヨーロッパ』（1924 年）[BG 0995]という表題のパンフレットは、1923 年の政変の広範な波紋について書いている。パナヨトフはスタンボロフの 1894 年の失脚における外交上の要因（1930 年）[BG 0996]、1912-13 年戦争における二重君主国の対ブルガリア政策（1931 年）[BG 0997]、そしてブルガリア解放運動の理念形成においてロシアが果たした役割について（1932-33 年）[BG 0998]も論じた。さらに、ロシア・ドイツ関係と 1887 年のブルガリア問題に関する著書（1934 年）[BG 0999]や、ヨーロッパにおける東方問題の役割に関する論文（1936 年）[BG 1000]もあり、ビスマルク失脚との関連で再びブルガリア問題を論じた著書（1940 年）[BG 1001]もある。『フェルディナント選出以後 1888-96 年までのロシア、列強およびブルガリア問題』（1941 年）[BG 1002]は、大部分が刊行文書によっている標準的な外交史の手堅い著作の一例である。確かに力作ではあるが、当然ながら、当時のナショナリズム的な見方にとらわれている。

専門的な知識はやや乏しいが、パナヨトフと同様に、A. トシェフ（1867-1944）も類似の外交史の著書を、強い熱意をもって著した（『バルカン戦争』2 巻、1929-31 年[BG 1003-1004]、『小協商と新たに結ばれた条約』1933 年[BG 1005]、『セルビアの国民政策と政治的現実』1932 年[BG 1006]、『統合主義と連邦主義』1933 年[BG 1007]）。後三者は政治的パンフレットに近かったが、バルカン戦争を扱った大著はブルガリア人読者に多くの資料を提供した。

K. ストヤノフ（ヴァルカノフ、1868-1927）は国民的な視点に立った論文を著し、やや被害者意識が強い見解を示した（「ブルガリア人を犠牲にした 19 世紀の政治的同盟」1910 年[BG 1008]、「モルトケの書簡に見るブルガリアとブルガリア人」1924 年[BG 1009]）。ビザンツにも関心を寄せていた（『ビザンツの東洋化と南スラヴ人』1921 年[BG 1010]）。

P. ダルヴィンゴフ（1875-1958）は個人的な経験も反映させた著作を著し、軍事史およびマケドニア＝トラキアの解放運動を論じた（『プロヴディフ、ソフィアから、イスタンブル、スコピエまで―軍事力比較』1903 年[BG 1011]、『ピリンの戦い』1904 年[BG 1012]、『連合国との戦争におけるマケドニア＝エディルネの民衆蜂起史』1919-25 年[BG 1013]、『ブルガリア史における海軍力の影響』1935 年[BG 1014]）。このうち 1919-25 年の著書は、多くの事実を明らかにしている。また、第一次バルカン戦争史の中でもエディルネの包囲を、心理学的、芸術的観点をも取り入れた、他の著作にはない方法で分析した（1932 年）[BG 1015]。彼は、ブルガリア国民の歴史的課題に関して、同時代において影響力を持った著述家であった（『ブルガリア国民史の精神』1932 年[BG 1016]、『不滅のブルガリア人の庇護下で―マケドニアと

トラキアのブルガリア人との 60 年』1939 年[BG 1017])。書名がすべてを物語っている。

St. ストヤノフは、ブルガリアにおける定期刊行物の出版に関する歴史的概説（1936 年）[BG 1018]を初めて執筆した。他方で、軍事史の諸問題に関する注釈（1933 年）[BG 1019]も行なっている。D.M. ムスタコフはブルガリア軍事史の浩瀚な通史を準備していたが（『ブルガリア人の戦争史』1927 年[BG 1020]）、中世を扱った第 1 巻が刊行されただけだった。Y. ヴェネディコフ（1871-1957）は、『ブルガリアの 1000 年』において、スィメオンの遠征、1876 年の蜂起、そして 1877-78 年の戦史をまとめて扱っている（1930 年）[BG 1021-1022]。スィメオンの遠征については、S.G. カシェフも短い本を書いた（1927 年）[BG 1023]。Vl. ケツカロフ（1893-1960）は、689 年から 972 年の間のブルガール人によるトラキア遠征を、同時代史料の分析を基に研究した（1940 年）[BG 1024]。N. ネデフは、1877-78 年、1885 年、1912-13 年、そして 1915-18 年の戦争をまとめて一書を著した（1929 年）[BG 1025]。St. ネデフは 811 年に起きたブルガール・ビザンツ戦争について、つまりクルムの勝利について研究を発表したが、専門的な観点から見ても評価に値する分析だった（1937 年）[BG 1026]。

G. ザネトフは、第一次世界大戦中に、マケドニアのブルガリア人に関する著書を刊行し始め（『ブルガリア民族の西部境界線』1916 年[BG 1027]、『西部ブルガリア人の領土とセルビア—歴史と民族誌』1917 年[BG 1028]、『大モラヴァ川渓谷の居住者』1918 年[BG 1029]）、その後バルカン戦争にまつわる諸問題も扱った（列強の干渉について論じた『バルカン戦争における干渉』1925 年[BG 1030]、『バルカン戦争時におけるルーマニアとの関係』1926 年[BG 1031]、および『オーストリア＝ドイツのブルガリアに関する政策』1928 年[BG 1032]）。この 3 点のうち、後二者は専門的な観点からも注意を払う価値のある著作である。

G. ガラボフは、オスマン関係の文書館文書を調べる根気のいる仕事に一生を捧げた。彼は、独自の法的地位を持った軍政地区、いわゆるヴォイヌク村落に関するスルタン文書を刊行した（1928 年）。その後、イェニチェリの徴用に関する文書も公刊した（1939 年）〔いずれも前出ガラボフ著作集[BG 0724-0727]に収録〕。シェイタノヴォ村の村民の権利保護を目的としたスルタンの勅令も刊行した（1944 年）[BG 1033]。

トドロフ＝ヒンダロフは、1850 年に発生したヴィディン蜂起（1926 年）[BG 1034]、また解放以前の蜂起と民衆運動一般に関する著書（1929 年）[BG 1035]を出版した。

Kr. クラチュノフ（1880-1942）はパナヨトフと同様に外交史の著作を出版したが、叙述は歴史学的な観点というよりも、むしろ国際法的な観点からのものだった（『1885-86 年のセルビア・ブルガリア戦争に関わる外交史』1921 年[BG 1036]、『1885 年の統一に関する外交史の一局面』1921 年[BG 1037]、『ブルガリア外交史 1886-1915 年—列強とブルガリア 1886-87 年』1928 年[BG 1038]）。もちろんクラチュノフも、近代における問題の出発点をサン・ステファノ条約の修正時に求め（1932 年）[BG 1039]、1880 年から 1920 年にかけてのブルガリア外交政策史概論をフランス語で執筆した（1932 年）[BG 1040]。この間のマリノフ政権期（1908-11 年）については、ブルガリア語のモノグラフで紹介した（1931 年）[BG 1041]。マケドニア、トラキア、ドブルジャに対するブルガリア人の権利については、パンフレットを書いている（1933 年）[BG 1042]。公教育の発展についての概説（1934 年）[BG 1043]、および独自の視点からの現代ブルガリア政治史論（1941 年）[BG 1044]も著した。彼はドリノフの人物描写も著している（1938 年）[BG 1045]。

D. ヤラノフも領土問題を取り上げ、1939 年に、エーゲ海沿岸のトラキアに関するフランス語の著書を出版した[BG 1046]。マケドニアやアルバニアのブルガリア人が 15 世紀から 19 世紀に東部ブルガリア地域へ移住した史実について行なった研究（1932 年）[BG 1047]は、専門的な観点からも評価しうるものだった。またヤラノフは、西部ブルガリアとマケドニアのブルガリア人に関する民族起源論争を扱った文献を、過去 10 年間分、議論を巻き起こすような形で見渡したり（1934 年）[BG 1048]、トラキアのブルガリア系住民の歴史

を過去80年間にわたって概観するなどした（1938年）[BG 1049]。

V. T. ヴェルチェフはジュネーヴで自然科学を学んだのち、中等学校の教員となり、解雇された後は新聞記者となった。1930年代はファシストの代弁者だった。1878年蜂起以降の重要な問題を扱った歴史学的著作を執筆したが、内容は政治的な着想に満ちたものだった（『近代政治史資料—スタンボロフとフェルディナント』1922年[BG 1050]、『崩壊—我々の国民的理想はいかにして瓦解したか』1926年[BG 1051]）。

V. P. ヴェルチェフ（1907-91）はソフィアでスラヴ文献学を修め、中等学校の教員となり、その後、1943年に准教授、1945年からはロシア文学の教授となった。彼の文学史に関する仕事は、主に1944年以降の時期に発表された。第一次ブルガリア帝国の文化を詳細に綴った著書『古代ブルガリア文学におけるキュリロス（コンスタンティヌス）とメトディオス』（1939年）[BG 1052]は重要である。また、パイスィーがバロニウスの教会史の著書からどのような事実を借用したのかを、綿密な文献学的方法を用いて検証した長大な研究もある（1943年）[BG 1053]。

N. フィリポフは文学史家であり、ボゴミール派の起源（1929年）[BG 1054]や、ボゴミールの教えの哲学的な諸問題を扱った著作（1930年）[BG 1055]をいくつも著し、1941年には、ボゴミールの運動全体に関する小史を出版した[BG 1056]。『ブルガリアの1000年』では、復興運動における文学の役割を執筆し（1930年）[BG 1057]、また、総主教代理座の設立以前に、マケドニアの文学者たちがブルガリア人としてのエトノス意識を有していたことを実証した（1937年）[BG 1058]。

Iv. A. バタクリエフ（1891-1973）は、1923年にソフィアで歴史・地理学を修め、1927年から1928年にはイェーナとベルリンで、1933年にはウィーンで研究を続け、彼の仕事に一定の影響を与えた地政学の理論と出会った。イシルコフと同様に、彼も人文地理学的な問題に取り組み、地政学的な視点が歴史学的な関心においても有効であることを示した。タタール・パザルジク市を歴史学的、地理学的観点から取り上げたモノグラフ（1923年）[BG 1059]は優れた専門的仕事であり、ブルガリアの黒海沿岸地方についての著書（1932年）[BG 1060]も同様である。バタクリエフは、政治的境界線としてのロドピ山脈に関する研究（1932年）[BG 1061]、バルカン山脈の斜面に位置するブルガリア諸都市の歴史的、地理的特質についての研究（1940年）[BG 1062]も著した。1918年から1940年までのブルガリア地理学の発展を論じた概説はドイツ語で書かれ、学術史的に見ても有用である（1943年）[BG 1063]。この概説は先行研究にも目配りをし、特に自身の分野に近い郷土史や人文地理学的な方面には大きな関心を払っている。

Iv. ストヤノフ（1874-1934）は、ブルガリア史の中から情操教育と学科教育に活用できる価値のあるものを拾い上げ（1921年）[BG 1064]、一般向けに定型化された主題設定を提示した（『ブルガリア国民の復興』1931年[BG 1065]、『マケドニアとマケドニア問題』1933年[BG 1066]、『統一戦争』1933年[BG 1067]）。ブルガリア史学や考古学における K. V. シュコルピルの重要性について、初の詳細な評価を記したのもストヤノフだった（1934年）[BG 1068]。

D. ヨツォフ（1875-1969）は外交史研究の領域で分析を行ない、セルビアの政策をブルガリアの解放〔すなわち、ブルガリア公国の建国〕との関係で取り上げた（1905年）[BG 1069]。解放〔建国〕期までを扱ったヴラツァ市の文化・政治史についての著作（1937-43年）[BG 1070]は、有益である。しかしその後、ヨツォフは再び外交史に回帰していった（『イグナティエフ伯と我が国の解放』1939年[BG 1071]、『ロシア、ボスポラス、ダーダネルス』1944年[BG 1072]）。

Sv. ゲオルギエフは初期の著作でエネア・シルヴィオ・ピッコローミニを扱い、人文主義者かつ対トルコ十字軍の宣伝者として描いた（1911年）[BG 1073]。のちにゲオルギエフは、十字軍の歴史とそこにおけるブルガリアの役割にも取り組んだ（『第1回十字軍とブルガリア地域』1928年[BG 1074]、『第4回十字軍とフランドル伯ボードゥアン』1929年[BG 1075]、『緑の伯サヴォワのアメデオ6世と黒海沿岸地域への遠征』1929年[BG

1076]、『バルカン半島とブルガリア地域における皇帝フリードリヒ・バルバロッサ』1930 年[BG 1077]、また、遠征に関する史料も 1932 年[BG 1078]と 1940 年[BG 1079]に刊行している)。ある研究では、教皇ニコラウス 1 世がボリスの問いに対して与えた返答と 9 世紀の歴史に関してそこから導き出しうる教訓に言及している(1930 年)[BG 1080]。自身の専門にはさしたる影響も与えなかったが、ランプレヒトの文化史論をブルガリアの専門家に最初に知らしめたのは彼だった(1923 年)[BG 1081]。

P.M. ノイコフはパイスィー以前におけるブルガリアの教育を概観し(1925 年)[BG 1082]、G. ニコロフは 1877 年から 1932 年にかけてのブルガリアにおける日刊新聞の歴史を、2 巻本の著書に著した(1932 年)[BG 1083]。

7. 最も若い世代

他分野の代表的な人物とアマチュアを取り上げてきたが、以下では再び歴史叙述、およびブルガリアでは歴史学と親密な関係にある文献学の専門家に話を戻そう。ただし、この世代の業績は主として解放後〔第二次世界大戦後〕の歴史に属している。

Iv. ドゥイチェフ(1907-86)はムタフチエフの弟子として 1932 年にソフィア大学を卒業し、1933 年から 1935 年にはローマで研究し、その後ムタフチエフの講座に席を得た。1939 年には准教授となり、師が没した後は、二つの講座(ブルガリア史とビザンツ・バルカン)の主任を引き継いだ。既述のように、彼はムタフチエフによる中世概説史を、想像力にはやや欠けるが、極めてよく要点を押さえ、専門的な見地から見ても非の打ち所のない形で完結させた。

もちろんドゥイチェフもブルガリアの中世に関心を向けた。1940 年から 1944 年にかけて、中世のブルガリア語文献に関する手軽な「史料選」を編纂した[BG 1084-1085]。また、17 世紀のカトリック布教問題を探究したのは彼が最初であり、著書『17 世紀ブルガリアのカトリック』(1937 年)[BG 1086]をイタリア語で出版した。これはその後に続く彼の著作『チプロヴェツと 1688 年の蜂起』(1938 年)[BG 1087]につながった。というのは、この蜂起はカトリックによる影響の帰結でもあったからである。また 1939 年には、ソフィアのカトリック大司教座の 17 世紀史を、文献付録付きで書き著してもいる[BG 1088]。1941 年には、ブルガリア史学において繰り返し問われてきた問題を取り上げ、いくつかの小論を執筆した(『ブルガリア史におけるマケドニア』[BG 1089]、『オフリドの聖クリメント』[BG 1090]、および没後 700 周年の記念に『皇帝イヴァン・アセン 2 世』[BG 1091])。ドゥイチェフは、教皇インノケンティウス 3 世がカロヤンなどのブルガリア人と交わした書簡も刊行し、それに長文の緒言を付している(1942 年)[BG 1092]。1944 年にはさらに、大衆向けの通史である『ブルガリア史の記録』が出版された[BG 1093]。彼は 1945 年に免職になり、その後しばらくは出版も許されなかった。しかし、1960 年代以降、ドゥイチェフは学問的活動を再開し、以前にも増して実り多い成果を残した[BG 1094-1103]。

Vl. Iv. ゲオルギエフ(1908-86)は、1930 年、古典文献学をソフィア大学で修め、1934 年にウィーンで博士号を取得した。その後 1939 年にウィーンとフィレンツェで、そして 1946 年から 1947 年にはパリでさらに研究を続けた。他方、1936 年に准教授、1945 年には一般言語学の教授となり、同時に、アカデミーの準会員にもなり、1952 年には正会員となった。ここでは、ドイツ語で出版された比較言語学の著作について言及しておかねばなるまい。『クレタ=ミケーネ文化の媒介者―その起源と言語』(2 巻、1937-38 年)[BG 1104]が、それである。第 1 巻は古代ギリシア人と古代イリリア人(トラキア=イリリア人)を、第 2 巻は「イタリア人」と古代イリリア人とエトルリア人の言語を扱っている。この書においてゲオルギエフは、古代ペラスゴイ語の存在やエトルリア語のヒッタイト起源を証明し、また特に、バルカン諸言語の中でのトラキア語の位置を明らかにした。このことは、のちの 1960 年代に開花するトラキア学にとって重要な事柄だった。

弟の E. Iv. ゲオルギエフ(1910-82)はスラヴ文

献学を修め、1938 年にソフィア大学を卒業した。プラハとウィーンでも学び、ウィーンで博士号を取得した。スラヴ文献学の中でも、第一にスラヴ語における表記法の生成、つまりキュリロスとメトディオスの活動に関心が向けられた。ゲオルギエフは、キュリロスの手になるとされた文書について（1938、39 年）[BG 1105-1106]、いわゆる「イタリア」の伝説について（1939 年）[BG 1107]、そして古代ブルガリア語、すなわち古代教会スラヴ語のアルファベットについて（1940、42 年）[BG 1108-1109]、研究を刊行した。キュリロスとメトディオスの文学的な活動に関する短めの総論も執筆した（1943 年）[BG 1110]。1945 年の解放以降もこのテーマに一貫して取り組み続け、さらに研究を発展させた[BG 1111-1112]。

P. N. ディネコフ（1910-92）は文学史、そして専門の〔歴史学の〕領域でも国際的に名の知られた指導的な研究者であった。彼はソフィア大学卒業後、1934 年から 1935 年にワルシャワ大学でポーランド文学に取り組み始め、1945 年以降はポーランド文学も大学教授としての研究テーマに加えた。もっとも、彼がのちに数多くの基本的な総合的研究で論じたのは、第一義的には、ブルガリア文学の近代における発展であった。戦間期には、ドリノフに関して新史料の存在を明らかにする研究を 2 点著し（1934、37 年）[BG 1113-1114]、ソフィア史についても著作を残した。『19 世紀のブルガリアの解放までのソフィア』（1937 年）[BG 1115]という長大なモノグラフの大部分は、学校教育や文学、あるいは教会の発展を取り上げているが、政治的問題や蜂起にも言及した。この後ディネコフは、16 世紀のソフィアで活動したブルガリア人文学者を個々に取り上げ（『ペヨ司祭』1939 年[BG 1116]）、やはり 16 世紀のソフィアにおけるブルガリア人とトルコ人の関係について、信頼の置ける研究を著した（1940 年）[BG 1117]。また、前出のカニッツの著書に対して、ブルガリア人がどのような反応を示したのかを調べたのも彼だった（1942 年）[BG 1118]。

8. 経済史

歴史専門家は政治史に強く引きつけられていたため、この時期においても経済史は経済学者、さらには勤勉な好事家の領分であり続けていた。仮に好事家の中に歴史学を修めた者がいたとしても、ソフィアにおいても、外国での研究においても、経済史を専門とした人間は皆無だったので、経済史が歴史学の中で大きな地位を占めることはありえなかった。

D. V. ヨルダノフ（1870-1946）は初等学校教員で、大学卒業の直後から、マルクスの理論を、当時の水準ではあったが、経済学に応用していた（1903 年以降は、社会民主党の党員だった）。『ソフィア工業史資料集』（1929 年）[BG 1119]は、史料的価値から見ても看過しえない著作である。G. コンスタンティノフは解放以前の農業について、民族誌的な史料も用いながら大部の研究を著した（1911 年）[BG 1120]。Iv. ドロスィエフは鉄道史を書いた（1935 年）[BG 1121]。P. ティシュコフは解放以前の手工業の歴史を（1922 年）[BG 1122]、Y. ユルダノフはブルガリアの商業を取り上げた（1937 年）[BG 1123]。Hr. ヒンコフは手工業の現況について 2 冊の著書を著した（1920、26 年）[BG 1124-1125]。P. トドロフは解放以前の農業について書いたが、初期については要約的に概観しただけだった（1923 年）[BG 1126]。

サカゾフ

歴史学の専門教育を受け、マルクス主義の影響のもと、独学に近い方法で経済史家となり、この領域で最初の重要な歴史学的著作を出版した無二の人物が、Iv. サカゾフ（1895-1935）だった。サカゾフはまず部分研究として商業史に取り組み、7 世紀から 11 世紀について（1914 年）[BG 1127]、次いで 12 世紀から 14 世紀について分析した（1922 年）[BG 1128]。中世の修道院経営を対象とした研究（1923 年）[BG 1129]は、完成度の高いものだった。さらに、オスマン支配下についても同様のテーマで研究した（1925 年）[BG 1130]。ブルガリア人奴隷に関するアレクシオス 1 世コム

ネノスの新勅法を分析した際には（1925 年）[BG 1131]、経済史から、慎重にではあるが、社会史をも俯瞰していた。そして、中世ブルガリアにおける人民と権力の関係を概観し（1928 年）[BG 1132]、その後は再び商業史へと回帰した。というのは、彼が見出した史料の中で最も多くのデータは商業史に関するものだったからである。こうして、ブルガリアとジェノヴァの 14 世紀における貿易関係についての研究（1929 年）[BG 1133]、あるいはドゥブロヴニク（ラグーザ）とブルガリア地域の 16 世紀から 17 世紀にかけての貿易についての研究（1930 年）[BG 1134]が著された。後者は豊富な史料のおかげで、すでに完全なモノグラフとなっていた。この間、ドイツ語で経済史総論の執筆に取り組むが（1929 年）[BG 1135]、史料の用い方が表面的であるという非難がブルガリア国内で湧き起こり、総論の執筆は時期尚早であると考えた。同年には、16 世紀から 17 世紀にかけての黒海における貿易[BG 1136]、およびブルガリアとアンコーナの交易についての概説[BG 1137]も執筆している。『ブルガリアの 1000 年』でサカゾフが担当したのは、第一次帝国期の社会経済発展に関してと、多くの新たな研究成果を盛り込んだ 18-19 世紀の手工業と都市生活の発展についてであった（1930 年）[BG 1138-1139]。同時期に別の小論で、アセン朝統治期の経済や社会の発展についても論じている[BG 1140]。ドゥブロヴニク関連の資料公刊は引き続き行なわれ（1935年）[BG 1141]、新たにキリスト教改宗以前や 10 世紀の初期ブルガリア国家における経済発展も取り上げた（1934 年）[BG 1142]。また、ヨルガのバルカン雑誌に、中世バルカンの経済生活に関するドイツ語の短い概説（1936 年）[BG 1143]を発表した。政治史を専門とする歴史家は、サカゾフによる史料の扱いが不適切だと非難したが、方法論的に見てすでに洗練されていた政治史における史料の用い方と比較すれば、非難は確かに全く根拠のないものではなかった。サカゾフはマルクス主義に関する知識を持ち合わせていたにもかかわらず（もっとも、それをあからさまに標榜することはあまりふさわしい行為ではなかったが）、経済発展に関する捉え方は、まだかなり素朴なものだった。すなわち、存在する史料に合わせて解釈を行なったため、商業の役割が際立つことになった（経済一般が問題になっている場合でも、商業の問題ばかりが取り上げられた）。近代ヨーロッパの経済史学を応用することは、サカゾフにはまだ荷が重かった。それでも、ブルガリア史学がこの領域においてなしえたこと（正確には、なしえなかったこと）を考慮に入れるなら、サカゾフは先駆者の名にふさわしい人物である。

*

Iv. G. キンケル（1883-1945）はブリャンスク生まれで、ロシアのエスエルの活動家だった。彼は 1911 年に経済学をチューリヒで修め、1913 年からサンクトペテルブルクの農業高等専門学校で准教授を務めた。1917 年にブルガリアに移住し、以降ブルガリアで活動した。著作のほとんどはブルガリア語でも出版されたので、ブルガリアの章で取り上げるのは適切であろう。1921 年以降、キンケルはソフィア大学法学部で経済学と経済史を講じ、1930 年から教授となった。彼の主導で、マルクス主義者の唯一合法的な集会の場であったブルガリア社会学協会が創設され、キンケルは 1932 年から 1938 年まで会長を務めた。

彼はマルクス主義の原理を他の学問研究、特にフロイトの学説と融合させようとしたが、当時、多くの者が同様の試みを行なった。ソフィアで出版された最初の大著は、国際法に対する世界大戦の影響を解説したものだった（1920 年）[BG 1144]。続く 1921 年に理論的な著作『文化的人類の経済発展に関する新理論の構築への試み』[BG 1145]が刊行された。この著書でキンケルは、多方面から集めた膨大な事実に基づいて、周期的発展論を展開した。人類は彼が生きた時代までに 3 回の周期を経験し、それぞれの周期には 4 回の小周期が存在するとした。近代経済史に関する大学での講義を基に、1925 年に本を出版したが[BG 1146]、そこでは比較の視点を取り入れ、オスマン支配期から世界大戦に至るまでのブルガリアにおける経済発展も概観した。キンケルは理論的な著作を数多く刊行した。しかし、いずれの著作でも雑多に集められた事実によって根拠づけを行なったため、後世に引き継がれるべき業績は生まれ

なかった。もっとも、一般論として、ブルガリアというかなり狭い学界の中にこのような研究者が現れたことは、たとえ彼がブルガリア人でなかったにしても、決して意味のないことではなかった。キンケルには、学問と宗教を精神分析社会学の観点から分析した大著（1921 年）[BG 1147]があり、さらに革命運動の社会心理学的分析を行なった大作（1924 年）[BG 1148]もある。また、同時代の文化的人類の経済組織と社会構造を描いた作品（1930 年）[BG 1149]もある。エトノス的な要因が経済史において果たす役割を論じた著作も 1930 年に刊行された[BG 1150]。その後、人類全体の経済と文化の歴史における生物学的要因についても論じている（1934 年）[BG 1151]。政治経済学史研究では、3 冊分の本に相当する著作を著した（1936-38 年）[BG 1152]。別の書では、様々な経済学派の経済史的、イデオロギー的（学問・哲学的）、そして社会的な基盤を考察した（1938 年）[BG 1153]。多くの理論的、ならびに学説史的な著作に加えて、オスマン期のブルガリア経済史に関する新しい研究も行なった。その中で生まれた『トルコ隷属期のブルガリア国民の経済活動におけるブルガリア商人身分の役割、および国民精神の復興と国民復興に対する重要性』（1938 年）[BG 1154]は新たな知見をもたらすものだった。この研究はすでに、1944 年以降に形成されるマルクス主義的な歴史観に近いものとなっていた。

Il. D. ヤヌロフ（1880-1962）はもともと法律家だが、経済学と社会学の研究も行なった。法学部の教授となり、福祉政策と労働法を専門とした。歴史的な観点に立ち、多数の史料を用いた研究で、1915-18 年戦争期のブルガリアにおける福祉政策を検証した（1941 年）[BG 1155]。

K. N. ボブチェフ（1894-1976）は 1919 年にソフィアで法学を修め、1924 年にフライブルクにおいて経済学研究で博士号を取得した。1925 年から高等専門学校の教授となり、1930 年から 1939 年にかけては商務相を務めた。研究面では、経済史的な出来事にも言及しながら、経済活動分野で国家がより大きな役割を果たすべきだと主張した。

P. キラノフ（1894-1978）はソフィアで法学を修め（1916 年）、フランクフルト・アム・マインで経済学を学び（1923 年）、博士号も取得した。弁護士となり、省庁の官僚も務めた。1932 年から 1935 年は統計局長だった。『様々な国や国民における協同組合』（4 巻、1935-38 年）[BG 1156]は、当時としては他に類を見ない観点を切り開くものだった。キラノフも取りまとめに加わった 1934 年の全国農業国勢調査[BG 1157]は、農業史の重要な史料である。1920 年以降、キラノフは農民党員だったが、協同組合に対する彼の関心は、この点からもある程度説明できよう。

キラノフとともに国勢調査をまとめた Iv. M. ステファノフ（1899-1980）は、1919 年以来ブルガリア共産党の党員だった。1924 年にベルリンで経済学を修め、1931 年にモスクワの国際農業研究所に勤務し、1937 年から 1946 年の間はスヴィシュトフ高等専門学校で統計学の教師を務めた（1946 年から 1949 年には財務大臣を務めた）。統計学に関する著作のいくつかは、同時代史料として重要である。例えば、上で触れた国勢調査はその一つであり、さらに『農業・工業生産品価格とブルガリアにおける農場の実収入』（1937 年）[BG 1158]、『ブルガリアの農業統計』（1939 年）[BG 1159]、そして『戦後ブルガリアの外国貿易』（1939 年）[BG 1160]も同様である。

9. 法制史

法制史の領域では、N. P. ブラゴエフ（1868-1944）が最も多くの業績を残した研究者だった。1906 年に、古い時代のブルガリアの公法に関する最初の教科書を出版し、その後も多くの総合的通史をまとめた（『ブルガリア法制史講義』1926 年[BG 1161]、『ブルガリア法制史教程』1934 年[BG 1162]、『ブルガリア法制史』1929 年[BG 1163]）。また、古代教会スラヴ語で書かれた中世初期の「法書」の分析も行なっている（1915 年）[BG 1164]。

彼の関心は中世ブルガリア史にも向けられた。ブラゴエフは主に法制史的な観点から、ニコラウス 1 世の返書を詳細に分析し、研究結果を出版した（1916 年）[BG 1165]。また、ビザンツ人やオスマン人がいかなる理由からブルガリア人を征服

したのかを問う論考（1920 年）[BG 1166]も執筆し、第一の理由を国家秩序の崩壊に見出した。既知の史料に基づいて、クルム治下のブルガリアが置かれた国際状況やクルムの政策を検討した（1939 年）[BG 1167]。また、新たな仮説を立てて、8 世紀の歴史を豊かにした（『8 世紀後半のブルガリアにおけるクーデタ』1940 年[BG 1168]）。いわゆる西部ブルガリア帝国の歴史にも何度か取り組んだ（「皇帝サムイルの国家の起源と性格」1925 年[BG 1169]、『西部ブルガリア帝国論』1941 年[BG 1170]、『ダヴィド、モイセイ、アロン、サムイルの4 兄弟』1941 年[BG 1171]）。ボゴミール派もブラゴエフが何度も立ち返った研究テーマだった。この研究でブラゴエフは、それまで見過ごされてきた史料にも光を当てた（『ボゴミールの法的、社会的観念』1912 年[BG 1172]、「コスマス長老によるボゴミール派批判の説教」1923 年[BG 1173]、『コスマス長老はいつ生き、いつ説教を書いたのか』1940 年[BG 1174]、『ブルガリアにおけるボゴミール派の本質』1943 年[BG 1175]）。ただ、このテーマにおいてもブラゴエフの興味をかきたてたのは、法学的、政治史的な観点だった。彼の著作全体に当てはまることでもあるのだが、ある種のやや無味乾燥な法制史的な議論がなされ、根拠に乏しくとも仮説作りの方に引かれる姿勢がしばしば見受けられた。

Vl. N. アレクスィエフ（1884-1962）は、狭義の法制史研究に取り組んだ。より正確にいうと、形式的な法学的概念を、ブルガリア中世の発展に応用しようと努めた（『ビザンツ・ブルガリアの法的関係資料』1928 年[BG 1176]、『9 世紀以降の史料に基づいた古ブルガリア家族法』1932 年[BG 1177]、「刑法の史的考察―血の復讐と死刑」1933 年[BG 1178]、『古いブルガリア法による婚姻の法的性格』1935 年[BG 1179]、『農民法と 13-14 世紀のブルガリア皇帝金印勅書による土地所有』1937 年[BG 1180]）。1940 年に、自身の研究を『ブルガリア法制史の基礎』[BG 1181]にまとめている。

中世に沈潜した法制史家がいた一方で、G. P. ゲノフ（1883-1967）は全く異質であり、その全著作はほぼ同時代史に集中している。ゲノフは 1912 年にソフィアで法学を修め、1913 年から 1915 年までパリとローマで国際法を学び、1925 年にソフィアで国際法の教授となった。

ゲノフの歴史学的な研究は、最初の大著が示すように、外交史と国際法の境界を行き来した。最初の大著『東方問題』（2 巻、1924-26 年）[BG 1182]は 1774 年から 1919 年に至る期間を概観するが、明らかに歴史的視点を強く取り入れている。その後、『イスタンブル会議、サン・ステファノ会議、そしてベルリン会議におけるブルガリア問題』（1929 年）[BG 1183]、『ハティ・シャリーフとハティ・フマユン、そしてブルガリア国民にとってのその重要性』（1931 年）[BG 1184]が続いた。復興運動の政治的スローガンについても論文を書いている（1934 年）[BG 1185]。マイノリティについて書いた研究は、当然ながら歴史学的な要素に乏しかったが、極めて重要である（『民族的マイノリティ』1927 年[BG 1186]、『特に近隣諸国におけるブルガリア人マイノリティから見たマイノリティの法的地位』1929 年[BG 1187]）。彼が学術的な水準においてヌイイ条約批判を執筆したのは当然であり（『ヌイイ条約とブルガリア』1933 年にフランス語版[BG 1188]、1935 年にブルガリア語版[BG 1189]）、トラキア問題、すなわちエーゲ海へとつながる回廊地域についても別に著作を刊行した（『トラキアとエーゲ海への出口』1932 年[BG 1190]、『国際法の観点から見たエーゲ海への出口』1933 年[BG 1191]、『ギリシア・ブルガリア関係』1942 年[BG 1192]）。ゲノフはブルガリアに関係する国際的な取り決めや条約を集めた大部の資料集も刊行した（1940 年にブルガリア語版[BG 1193]とフランス語版[BG 1194]がともに刊行された）。1940 年には、自身の見解をドイツ語でまとめてもいる（『ブルガリアの運命―押しつけられたヌイイ講和条約に対する闘い』[BG 1195]）。疑いなく、ゲノフはブルジョワ学者であり、ナショナリストだった。しかし、ゲノフの仕事はヨーロッパ的基準から見ても極めて水準が高く、今日の知見をもってすれば、1944 年において彼に向けられたような憤怒は減ずることも許されるのではなかろうか。

L. ダナイロヴァは、法制史の中でも、ビザンツ法とそのブルガリアへの影響についての著書を出

版した（『ビザンツ法学派とそのブルガリア法およびスラヴ法への影響』1942 年[BG 1196]、『初期ビザンツ法が我が国の古い法に与えた影響』1943 年[BG 1197]）。

10. 教会史

St. St. ツァンコフ（1881-1965）は神学と法学を修め、1923 年から 40 年間、神学部において教会法とキリスト教社会学の教授を務めた。1931 年にアカデミー会員になった。ブルガリア正教会の組織（1918 年）[BG 1198]と運営（1920 年）[BG 1199]について、ドイツ語の著書を出版した。エフティミー総主教について（1906 年）[BG 1200]、さらにはソフィア大学神学部の 1923 年から 1933 年にかけての歴史についての小著（1934 年）[BG 1201]もある。

Iv. Iv. スネガロフ（1883-1971）は、教会史研究を代表する最初の権威だった。マケドニアの貧しい家庭に生まれ、しばらく小学校教師をしていたが、1912 年にキエフの神学校を修了した。神学校ではオフリドの大主教について論文を執筆し、博士候補資格を取得した。イスタンブルの神学高等専門学校で、短期間、教会史とロシア語の教師をした後、ソフィアのギムナジウムで教えた。1926 年にソフィア大学神学部の准教授、1929 年に員外教授、そして 1933 年に正教授となり、教会史講座の主任にもなった。1935 年にはアカデミーの準会員となり、1943 年にアカデミー会員となった。解放後も、広範な言語知識や知見を活用し、1947 年にギリシア語・ラテン語史料を刊行するために創設された作業班の責任者となった。この作業班は歴史学研究所の部局になった。1951 年にアカデミー史料編纂所の所長に任命された。この編纂所は、もともとブライラのブルガリア文芸協会が残した遺産の管理のため、より一般的には学術史の振興のために設立されたものだが、すぐに国内すべての文書館組織の指針を定める中心となった。主な任務は、文書館の改組や歴史学研究に奉仕できるよう文書館を整備することだった。スネガロフは、こうした点においても大いに貢献した。1959 年まで所長の任を担い、編纂所の紀要を編集し、多くのブルガリア史料集を世に出した。

スネガロフはオフリド生まれだったので、オフリド大主教座や総主教座の歴史は一貫した研究テーマだった。1912 年にすでにこのテーマで最初の研究を出版し[BG 1202]、1924 年に総合的な通史の第 1 巻（オスマン支配まで）を、1931 年には第 2 巻を刊行している[BG 1203-1204]。第 2 巻は総主教座の廃止（1767 年）までの事件を扱っており、彼はのちにもこの問題に回帰している（1940 年）[BG 1205]。オフリド以外の研究としては、オスマン支配期におけるタルノヴォ大主教座の歴史を検証した（1934-36、37 年）[BG 1206-1207]。『現代正教会小史』（2 巻、1944-46 年）[BG 1208-1209]は、表題に反して実際は、賞賛に値する業績であり、殊に第 1 巻はブルガリア、ロシア、セルビア教会の歴史をおよそ 700 頁にわたって論じている。

これらの著作は、当然のことながら、狭義の教会史のみを取り上げているわけではなく、文化的な発展にも丹念に取り組んで光を当てている。加えて、教会組織のブルガリア的性格も明らかにしている。すなわち、いくつかの研究で明示的にこの問題を扱い（「11-13 世紀のビザンツ史に現れたマケドニアのブルガリア的性格に関する証言」1925 年[BG 1210]）、オフリドの聖クリメントの伝記（1927 年）[BG 1211]でも、大主教がブルガリア人であったことを論証している。1962 年のフランス語の論文でもいま一度この問題に立ち戻ったが、以前の考えに反して、クリメントの伝承はテオピュラクトス大主教によって書かれたものではないと立証した[BG 1212]。『ブルガリアの精神文化におけるテッサロニキ—史的素描と史料』（1937 年）[BG 1213]では、トラキアのブルガリア人の存在に関する論拠を列挙した。この著作も、『教会分裂以降におけるブルガリア教会とその他の正教会の関係』（1929 年）[BG 1214]と同様に、19 世紀の教会史、さらには政治史に優れた資料を提供した。他方、オフリドの歴史についても、1928 年にいくつかの研究を出版した[BG 1215]。マケドニアを題材にした著作では、セルビアだけでなく、ギリシアとも論争を戦わせる必要があった（「ブルガリア解放前におけるオフリド=プレ

スパ主教区のブルガリア的精神」1943 年[BG 1216])。一方、スコピエ主教区については、セルビア人が主たる論敵だった（1938-39 年）[BG 1217]。解放〔第二次大戦終結〕後は、主に史料刊行に参与し、R. ポポヴィチの書簡（1959 年）[BG 1218]、プロヴディフ大主教座のギリシア語写本（1949 年）[BG 1219]、ネオフィト・リルスキにまつわる文書や 300 通のギリシア語の書簡（1951 年）[BG 1220]を刊行した。スネガロフはブルガリアとロシアの文化的、政治的関係に関する 2 巻本の著書、すなわち中世についての第 1 巻（1950 年）[BG 1221]と 16-18 世紀についての第 2 巻を出版した（1953 年）[BG 1222]。『オスマン支配—ブルガリア民族とバルカン諸民族の文化的発展への障害』(1958 年) [BG 1223]は、明らかに論争的な書物だったが、同時に民族間の友好も説いている。総主教代理座の歴史に関する史料も大量に収集したが、公刊されず、遺産として残された。

スネガロフは 1928 年にボゴミール派に関する啓蒙書[BG 1224]も著したが、この時には明白に神学的、精神的な運動としてボゴミール派を描いた。しかし、1951 年に著したブルガリアの国民再生期に関する時代区分論や階級構造論を見ると、重大な視角の転換が生じている[BG 1225]。それでも、教会史を国民的な視角から検討することには、一貫して忠実だった。

スネガロフと同時代に教会史を扱った著作は存在するが、スネガロフの水準には及ばなかった。イノケンティ大修道院長（1896-1987）はロシア人学校の最初のブルガリア人学生について（1931 年）[BG 1226]や、ヴァルナの教会の聖品について（1940 年）[BG 1227]研究を著した。V. イヴァノヴァは 4-12 世紀の古い教会や修道院に関する知見を大部の研究にまとめ（1926 年）[BG 1228]、オリャホヴォ修道院の文書（1932 年）[BG 1229]やプリスカの大聖堂（1938 年）[BG 1230]を世に紹介した。イヴァノヴァは、グラゴール文字の痕跡が東部ブルガリアに残っているとの見方を示す興味深い研究も行なっている（1933 年）[BG 1231]。M. コヴァチェフ（1905-72）はドラガレフツィ修道院の遺物（1940 年）[BG 1232]、および

ゾグラフォス修道院の文書（1942 年）[BG 1233]についてそれぞれ一書を著し、また、アトス山の修道院に対するブルガリア人寄贈者の活動を研究や小論の形で紹介した（1943 年）[BG 1234]。Sp. ガネフと V. ナイデノフはグロジェネ修道院を（1937 年）[BG 1235]、パスティレフ大修道院長はバチコヴォ修道院を（1928 年）[BG 1236]、N.K. カラネシェフ（1876-1964）はタルノヴォの「キリストの変容」修道院の歴史を（1927 年）[BG 1237]それぞれ描いた。イヴァノヴァとコヴァチェフの著作は、他の好事家的な専門書の域を脱していた。

11. 歴史補助学

専門的研究者が現れた歴史補助学分野は、両大戦間期においても、古銭学と印章学に限られていた（もちろん、ムシュモフはこの時代も精力的に研究を行なっていた）。新進の研究者で、専門教育もよく受けていたのは T.D. ゲラスィモフ（1903-74）である。1930 年にソフィア大学を卒業したが、1926 年から 1928 年、さらに卒業後の 1931 年から 1932 年にベルリンで学び、考古学も学んだ（のちにケルト人集落の発掘にも関わった）。1932 年に考古学博物館に採用され、1938 年に考古学研究所の所員になった。数多くの論文を著し、中世ブルガリアの貨幣（1934 年）[BG 1238]、印璽（1934 年）[BG 1239]、イヴァン・アセン 2 世の最初の金貨（1934 年）[BG 1240]、ゲオルギ・テルテル（?-1301 後）とその息子トドル・スヴェトスラフ（1270 年代-1322）の銅貨（1937 年）[BG 1241]、スィメオンとペタルの鉛の印璽（1938、44 年）[BG 1242-1243]、君侯イヴァンコの貨幣（1939 年）[BG 1244]、そして新たに発掘されたミハイル・アセン（1322 頃-55）の貨幣（1940 年）[BG 1245]やコンスタンティン・アセン（?-1277）の金印（1944 年）[BG 1246]を紹介した。しかし、貨幣形態論や美術史的分析から先に進んで、貨幣流通や経済史のより深い領域へと到達することは彼にもできなかった。

12. 地方史

地方史の開拓には、先行する時代においても、すでに多くの熱心な愛郷者が心を砕いてきた。都市史の研究史については、1930 年に T. ネノフがすでに概説を発表している[BG 1247]。しかし、研究水準が向上したのは、傑出した歴史家がこのテーマに関心を持ち始めてからだった。ズラタルスキは、全く副次的であったが、中世との関連で、実質的な地方史的発見を数多く行なった。また、ムタフチエフが遺跡研究を地域に結びつけたのは、非常に意識的なことだった。他の地方史的関心を有した歴史家の業績については、すでに述べてきた。

Y. ポプゲオルギエフ（1869-1921）は多くの作品を残した。アルバナスィ村について（1903 年）[BG 1248]、エレナ市について（1904 年）[BG 1249]、ヴラツァ市について（1904 年）[BG 1250]、1876 年のパナギュリシュテの蜂起について（1900 年）[BG 1251]、パズヴァントオグルのヴィディンにおける役割とカルジャリの人々について（1900 年）[BG 1252]、そして 18 世紀と 19 世紀の世紀転換期における給料未払いの放浪・略奪イェニチェリたちについても書いている（1900 年）[BG 1253]。加えて、19 世紀半ばの教会闘争にも関心を持ち、関連史料を公刊した（1907-08、21 年）[BG 1254-1255]。さらに、合同派教会のソコルスキに関する文書も刊行した（1914 年）[BG 1256]。

1918 年以降は地方史に対する関心も高まり、地方史研究者の大多数は歴史専攻修了者の中から現れた。V. デチェフ（1866-1941）はチェペラレの歴史について（1928 年）[BG 1257]、A. Hr. メジディエフ（1899-1985）は解放〔ブルガリア公国建国〕期までのドゥプニツァの歴史について（1935 年）[BG 1258]、Y. グランチャロフはエレナのチョルバジ（地域の富裕な指導者たち）の出自とその時代について（1925 年、残念ながら、テーマの興味深さに分析が追いついていない）[BG 1259]、St. オストロヴァルホフはエレナ周辺の村々について（1931 年）[BG 1260]、それぞれ書物を著した。国民再生期のガブロヴォは経済の中心地としても重要な役割を果たし、文化面でも著しい発展を見せたため、多くの人々がガブロヴォ史に取り組んだ。Hr. ガベンスキ（1866-1943）と P. ガベンスキ（1870-1955）のガブロヴォ史（1903 年）[BG 1261]は、国全体の発展の地方への刻印を前面に押し出す古いタイプの研究であり、具体的には、解放戦争でガブロヴォが果たした役割が論じられた。もっとも、P. ガベンスキは地方（じかた）商人の役割にも関心を示している（1931 年）[BG 1262]。R. カロレフ（1846-1928）はアプリロフ学校の歴史を研究し（1926 年）[BG 1263]、P. ツォンチェフ（1867-1947）は多くの論文と 2 冊の著書を著し、ガブロヴォの経済的、文化的重要性を明らかにした（『ガブロヴォ経済史』1929 年[BG 1264]、社会史と文化史は 1934 年[BG 1265]、個々の手工業種の発展については 1923-26 年[BG 1266-1269]）。V. カンチョフ（1862-1902）は、スコピエ（1898 年）[BG 1270]やカザンラク（1901 年）[BG 1271]について書いた。A. パヴロフはカザンラクの経済発展について分析し（1912 年）[BG 1272]、カザンラクの過去と現在に関する大部の論集が 1928 年に出版された[BG 1273]。Hr. ポポフは四月蜂起におけるクリスラ市の役割を分析し、四月蜂起に至るクリスラの発展についても解説を加えた（1926 年）[BG 1274]。G. イヴァノフはロヴェチ市とその近郊を扱った（『ロヴェチ近郊の史料と伝統』1915 年[BG 1275]、『国民教会闘争におけるロヴェチ』1922 年[BG 1276]、レフスキの同地における活動については 1933 年[BG 1277]）。D. マリノフはチプロフツィとロムの歴史について論文（1894 年）[BG 1278]を執筆した。チプロフツィ史については Y. ザハリエフ（1877-1965）が専門的な分析方法に基づいた研究（1938 年）[BG 1279]を著していたが、さらに市の周辺に住むショプと呼ばれるエトノス集団にも取り組んだ（1944 年）[BG 1280]。プロヴァディヤ史は N. ガネフによって研究された（1929 年）[BG 1281]。Hr. セメルジエフは、サモコフとその周辺のオスマン時代の歴史を解放期まで論じた（1913 年）[BG 1282]。S. タバコフ（1880-1918）はスリヴェン史に関する著書を出版した（1911-29 年）

[BG 1283-1285]。M. ゲオルギエフはソフィアとその周辺の経済史を明らかにした（1926 年）[BG 1286]。Y. ヨルダノフは 19 世紀初頭のソフィアにおけるブルガリア系住民を研究した（1940 年）[BG 1287]。イルコフはスタラ・ザゴラ史を論じた（1908 年）[BG 1288]。スヴィシュトフ史を論じたのは、St. ガンチェフ（1929 年）[BG 1289]と G. ポプフリストフ（1936 年）[BG 1290]である。後者は古代から解放期まで（86-1877 年）を扱い、イルコフはトラン市についても書いている（1930 年）[BG 1291]。P. D. クルセフはタルノヴォの仕立屋ギルドを取り上げ（1942 年）[BG 1292]、1856 年から 1919 年までのギルド帳簿を基に注目すべき論考を執筆した。ツフレフはヴィディンとその周辺の歴史を書いた（1932 年）[BG 1293]。

ヴラツァ近郊の村々とその革命秘密委員会については、A. ツヴェトコフが論考（1933 年）[BG 1294]を著し、のちにそれを全国的な委員会創設の話題へと発展させた（1940 年）[BG 1295]。D. Iv. パパゾフは自らの回想も活用して、アルバナスィ村の歴史を著した（1935 年）[BG 1296]。アルバナスィ村はアルバニア人商人の存在ゆえに、復興期には重要な存在となった。G. Iv. ガネフは、ドリャノヴォ県のガンチョヴェツとその周辺の村々について歴史研究を行なった（1944 年）[BG 1297]。

さらなる文献の列挙は控えるが、1930 年代になると、地方史が専門性を高めたことは明らかである。しかし、断片的な情報の中から活用可能なものを見出すことは、1930 年代以前の時代についても十分可能である。特に都市（および商業）関係で可能であり、ユルダノフの『解放期以前のブルガリア商業史』がそれらの整理を試みている（1938 年）[BG 1298]。

13. 考古学

考古学が歴史学と結びつくようになったのは、まず何よりも中世考古学研究を通してであり、次いで古代考古学研究によって関係が深まった。20 世紀に入ると、専門分野としての考古学の発展が見られ、全国を先史考古学のテーマごとに分析することさえ可能となった。

先史考古学における最初の重要人物は、V. ミコフ（V. ミコフ・ヴァロフ、1891-1970）だった。彼は 1922 年にソフィア大学歴史・地理専攻を修了し、考古学研究所に入り、先史考古学部門を創設した。1950 年から 1964 年にかけて部門長にもなった。ブルガリアの墳墓に関する論文を 1929 年に著し[BG 1299]、その後トラキア人の埋葬習慣について執筆した（1932 年）[BG 1300]。1933 年に総括的なモノグラフ『ブルガリアにおける先史集落と発掘品』[BG 1301]を発表した。また、新石器時代の偶像を論じた論文もある（1934 年）[BG 1302]。1944 年以降、重要な発掘がミコフの手で相次いでなされ、中でもカザンラクのトラキア人の墓（1954 年）[BG 1303-1305]、およびヴァルチトランの宝物発掘品（1958 年）[BG 1306]についての研究は書物として刊行された。のちの時代に対しても、副次的とはいえ、強い関心を抱き、ブルガリアの都市や村落に関する史料目録を出版した（1935 年）[BG 1307]。のちには地理的名称の総合的解釈も試みた（『我が国の町、村、川、山そして土地に関する名称の起源と意味』1943 年[BG 1308]）。この他にも、ブルガリア史で重要な役割を果たした土地に関する啓蒙書をオルマンジエフとともに出版したり（1936 年）[BG 1309]、ブルガリアに関する旅行記を研究したり（1935、38 年）[BG 1310-1311]、さらにはオスマン時代の文書の刊行さえも行なった。先史時代への自らの関心をまとめた啓蒙書『ブルガリアに生きた部族と民族の軌跡』（1956 年）[BG 1312]もある。

Iv. ゴシェフ（Iv. ゴシェフ・イヴァノフ、1886-1965）は 1909 年にソフィア大学神学部を卒業した後、チェルニウツィーとウィーンで考古学と美術史の研究を行なった。1921 年、ソフィアで教会史・考古学博物館を創設し、1958 年まで館長を務めた。1926 年に神学部の准教授、1929 年には教授となり、典礼学・キリスト教考古学・美術史講座を牽引した。1933 年に考古学研究所の所員、1941 年にアカデミーの準会員、1945 年には正会員となった。

彼の関心は第一に中世以降の碑文にあり、全 6 巻に及ぶ著作を出版したが、そのうち 5 冊は続編

としての刊行だった（1926-37 年）[BG 1313]。また、マケドニアの聖ナウム修道院の聖璽のような、修道院の美術品の紹介を行なったのもゴシェフであり（1940 年）[BG 1314]、修道院史関連文書の刊行と紹介も手がけた（1931-34 年）[BG 1315-1318]。さらに、近代教会史についても発言している（「タルノヴォ最後のギリシア人主教たちの時代（1820-70 年）におけるトリャヴナ」1930 年 [BG 1319]）。ゴシェフは修道院研究の中で古書をも扱ったが、1944 年以降は再び碑文研究を優先させるようになった。1945 年には、新たに発見された、1388 年の作とされるタルノヴォの君主の墓碑を公刊し [BG 1320]、1963 年には、グラゴール文字とキリル文字によって書かれた、ブルガリアにおける 9-10 世紀の碑文についてモノグラフを出版している [BG 1321]。

B.D. フィロフ（1883-1945）は国王独裁期に首相となり、政治的には否定的役割を担った。そして、ボリス 3 世の死後は摂政となり、解放後に戦争犯罪人として処刑された。しかしこのことは、フィロフがヨーロッパ的水準の考古学者であり、加えて、美術史の優れた専門家でもあった事実を揺るがすものではない（ブルガリアでは史料の性格上、考古学と美術史は、考古学と歴史叙述のように、密接な共生関係にあった）。彼はボン、パリ、そしてローマの大学で学問を修め、1920 年には新設の考古学研究所の初代所長となった。大学では考古学講座の主任であり、1929 年にはアカデミー会員に選ばれ、1937 年から 1944 年までは総裁職にあった。

フィロフの業績は、古代、中世いずれの考古学においても重要だった。初期の研究に、モエシアにおけるローマの援軍に関するものがあり（1906 年）[BG 1322]、ブルガリア考古学協会史も彼が執筆した（1914 年）[BG 1323]。最初の大作は、古代に起源を有するソフィアの聖ソフィア教会を調査したモノグラフである（1913 年）[BG 1324]。その後、プレスラフの、いわゆる円形教会研究（1933 年）[BG 1325]やソフィアの聖ゲオルギ教会（1933 年）[BG 1326]に関するモノグラフも執筆した。古代ブルガリア美術に関する最初の概説書の第 2 版が出版されたのは 1924 年だった [BG 1327]。フィロフは、古代ブルガリアの教会建築（1930 年）[BG 1328]や 13-14 世紀の絵画（1930 年）[BG 1329]に関する研究も著した。ロンドンで保存されているイヴァン・アレクサンダル皇帝の、ブルガリア人を題材とした挿絵が多数描かれている福音書を、専門的な観点から初めて調査したのも彼だった（1925、29 年）[BG 1330-1331]。フィロフは近代におけるブルガリア絵画の再興にも関心を払い（1931 年）[BG 1332]、プリスカとプレスラフでの新発見にも注目していた（1937、39 年）[BG 1333-1334]。組織者としての職務、そしてのちになると政治活動によって、フィロフは創造的仕事から遠ざかっていった。しかし、中世におけるブルガリア美術の発展をヨーロッパ的視野の中に初めて位置づけたのはフィロフであり、また、その後数十年間にわたって重要な役割を果たすブルガリア人考古学者たちが、フィロフ一門の中から育っていったことは間違いない。プリスカとプレスラフの発掘はすでに世紀転換期から重要な争点であり、1929 年に V. アヴラモフが編者となって、発掘に関する 3 巻本の記念論集が刊行された [BG 1335-1336]。

一般に考古学者は、歴史学やより狭い〔考古学の〕専門教育を受けた人々の中から生まれたが、S.N. ボブチェフ（1892-1984）は建築技師を目指してベルリンで学んだ。ところが、ベルリン在住中から建築の歴史的な側面に興味を抱き始め、セレス市周辺にある二つの古い教会に関する研究を 1920 年に出版した [BG 1337]。1920 年には考古学研究所の準会員にも選ばれた。ルセで建築家として働きながら、1923 年にローマ時代のニコポリス・アド・イストルムの発掘を始め、1928 年には発掘の成果をまとめたモノグラフを発表した [BG 1338]。1930 年にソフィアへ移り、1934 年から 1942 年の間は市の職員として働いた。この間に史料を収集し、1943 年に『セルディカ考—都市の地勢・構造・建設によせて』として出版した [BG 1339]。この著書は題名が示すように、何よりもまずソフィアの古代遺跡を紹介するものだった。また、ボブチェフは 1941 年にプロヴディフ近郊のアネヴォ城の発掘にも着手し、さらに 1943 年にはポガノヴォ修道院とバチコヴォ修道院の納骨

堂の発掘も行なった。解放後、ボブチェフは再びニコポリスに戻ったが、1950年代の前半はソフィアでの発掘も続けた。1946年からソフィア工科高等専門学校の准教授となり、建築史を講じた。大学の講義を基に2冊の著書、『古代建築史』(2巻、1954-55年)[BG 1340]と、『中世建築史』(1973年)[BG 1341]が生まれた。彼は古代建築技術論の専門家として傑出し、66歳となった1958年に、この主題で教授資格候補論文さえも執筆した。

Iv. ヴェルコフ (1891-1958) はウィーンで大学を卒業し、古代史と古典古代考古学を学んだ。博士号はウィーンでも取得している。1919年に国民博物館の館員となり、1938年から1944年まで館長を務めた。ヴェルコフはブルガリアの最初の首都であるプリスカについて論文を書き (1928年) [BG 1342]、1927年には最初の大作モノグラフ『ヴィト渓谷の古い集落と砦』[BG 1343]を出版した。さらに、ブルガリアにおけるローマ人の集落や街道 (1929年) [BG 1344]、ニコポリス・アド・イストルム (1930年) [BG 1345]、黒海沿岸のブルガリア地域における古代の植民 (1932年) [BG 1346]などのテーマで論文を執筆し、同時期に、ドゥヴァンリイにおいて発見された墳墓の埋葬品についての論文も刊行した[BG 1347]。この間に大衆向けの書物 (『死の町』1933年[BG 1348]、『名高き砦』1938年[BG 1349]) も執筆した。メゼクとスヴィレングラード地域において1932年から1933年にかけて行なわれた発掘については、1937年に報告を行なった[BG 1350]。アルダ川中流域沿岸で発見されたトラキア人の中世の砦についても考察した (1940年) [BG 1351]。1950年にはブルガリア城塞概論を執筆し、城塞の体系化と年代判定を試みた[BG 1352]。

Kr. Iv. ミヤテフ (1892-1966) はウィーンでスラヴ文献学とバルカン諸民族の歴史を学び (1915年)、1922年から1924年にはベルリンでビザンツ美術史を研究した。1927年にソフィアで大学教員となり、1951年から1963年にかけては考古学研究所の所長も務めた。1949年以降、タルノヴォにおける発掘の総監督を務めた。

ミヤテフは以前にも、プリスカ、プレスラフ、タルノヴォで発掘調査を行なったことがあり、最初の論考は、タルノヴォにおけるボヤールの本拠トラペズィツァのモザイクについて述べたものだった (1922年) [BG 1353]。その後、リラの修道院の美術品について考察し (1925年) [BG 1354]、中世ブルガリアにおける壁画の装飾様式を体系化した (1925年) [BG 1355]。さらにその後、ミヤテフはプレスラフで働き、プレスラフの円形教会に関するモノグラフ (1932年) [BG 1356]を著した。他方で、中世ブルガリアの工芸美術を扱った小論 (1928年) [BG 1357]や、9-10世紀のブルガリア美術概論なども出版した (1928、30年) [BG 1358-1359]。マダラの騎士については、ミヤテフも何度も取り組んでいる (1929、30年) [BG 1360-1361]。また、プレスラフについては、教会に見られる郷土の伝承や国民的な要素について (1931年) [BG 1362]、さらなる発掘の進展について (1932年) [BG 1363-1364]、そして発掘された陶器の系統的整理について (1936年) [BG 1365]論文を執筆した。碑文史料についても、新たに発見された碑文の報告を行なった (1931年) [BG 1366]。西部ブルガリアにおける古い教会群の類型化にも取り組んだ (1939年) [BG 1367]。プリスカにあったクルムの宮殿やその他の新たに発見された建築物については、浩瀚な研究を上梓した (1942年) [BG 1368]。ミヤテフは解放後も活発な出版活動を継続した (『バルカンにおけるスラヴ考古学の観点から見たブルガリアのスラヴ陶器とその重要性』1948年[BG 1369]、『リラの修道院』1957年[BG 1370]、『ボヤナの壁画』1961年[BG 1371]、『中世ブルガリアの壁画』1961年[BG 1372]、『中世ブルガリアの建築』1965年[BG 1373])。

ミヤテフと似ているが、美術史的傾向が強いのが、N. P. マヴロディノフ (1904-58) の業績である。マヴロディノフはリエージュの大学で考古学と美術史を学び、1926年に卒業した。1931年に考古学博物館の館員となった (1944年から1949年には館長を務めた)。1939年から考古学研究所にも所属し、1946年にアカデミー準会員となった。1953年には高等専門学校の教授に就任した。

研究の手始めとしてマヴロディノフは、ブルガリアの古い教会の外部装飾を取り上げ (1934年)

［BG 1374］、その後はビザンツとブルガリアの古い時代の建築を比較研究した（1939 年）［BG 1375］。例えば、プリスカにおける聖堂の遺構を基に、ビザンツの例からも推測し、ブルガール人の宮廷儀礼を再現した（1939 年）［BG 1376］。また、マケドニアにおける考古学研究と美術史研究についても紹介を行なった（1942 年）［BG 1377］。スンニコラウ・マーレの宝物を分析し、これをブルガール＝テュルク起源のものとしたモノグラフをフランス語で発表し、ブダペシュトで出版した（1943 年）［BG 1378］。古い時代のブルガリア絵画に関する総合的研究は、1946 年に出版されている［BG 1379］。比較的短い論文だが、ブルガリアとセルビアの美術遺産の研究者としてカニッツを評価した論考もある（1942 年）［BG 1380］。解放後になると美術史への傾斜を強め、1947 年に近代ブルガリア絵画について［BG 1381］、また 1957 年には復興期のブルガリア美術について論じた概説書［BG 1382］を刊行した。没後には、古い時代のブルガリア美術について論じた著作の新版が出版されている（1959 年）［BG 1383］。

D. ツォンチェフ（D. ツォンチェフ・ミンチェフ、1898-1962）はソフィア大学で学び、1934 年にプロヴディフの国民図書館と博物館の館長となった。ツォンチェフは終生変わることなく、プロヴディフ市に献身した。また、主として自らが収集した膨大な資料を基に考古学博物館を設立し、1953 年以降、館長を務めていたことも忘れてはならない。タルノヴォで中等学校の教師をしていた時は、T. ニコロフとともに『ヴェリコ・タルノヴォとその周辺の遺物案内』（1933 年）［BG 1384］という著書をまとめている。1938 年には、プロヴディフの古代史料集も上梓した［BG 1385］。ツォンチェフは個々の事象を熱心に研究し、それに没頭するタイプの専門家であり、好感の持てる人柄だった。

P. カラスィメオノフは 1942 年に、プリスカでの最新の発掘成果をまとめ、出版した［BG 1386］。

D. P. ディミトロフ（1908-75）はソフィアで古典文献学・歴史学を専攻し、大学を卒業した後、フライブルクに移り、1936 年から 1938 年まで考古学を学んだ。1940 年に考古学研究所の研究員となり、1941 年にアカデミーの準会員、1967 年に正会員となる。1941 年からソフィア大学の准教授、1946 年に教授となった。1951 年から 1963 年まで考古学博物館の館長を務め、1963 年から 1970 年は博物館と統合された考古学研究所の所長を務めた。

ディミトロフは本来の専門領域ですでに研究業績を上げていた（「演劇レソスにおける歴史的主題」1930 年［BG 1387］、「アウグスタ・トラヤナ問題」1932 年［BG 1388］、「ヒペルペリオンという名の部族は存在したか」1937 年［BG 1389］）。しかし、次第に古代考古学へと傾斜していき（「スタラ・ザゴラ県の古代地理と民族誌への覚書」1933 年［BG 1390］）、1941 年にブルガリア考古学の 60 年をドイツ語で概括した［BG 1391］。1939 年には、モノグラフ「北東マケドニアにおけるローマ時代の古代墓碑に見る肖像画」も出版している［BG 1392］。また、1942 年には、北部ブルガリアの墓碑についての論考も発表した［BG 1393］。ディミトロフはキリスト教考古学にも取り組んだ（「ブルガリアにおけるよき羊飼いの二つの描写」1944 年［BG 1394］）。後年、研究の企画運営で忙殺されるが、それでも 1958 年に至ってもまだ、考古学の入門書を出版していた［BG 1395］。

A. D. プロティチ（1875-1959）はマケドニア出身で、考古学から美術史へと関心を移していったが、それはマヴロディノフ以上に徹底したものだった。彼は、ハイデルベルク、ドレスデン、そしてライプツィヒでゲルマン学、哲学、美学を学び、1901 年にドイツでの研究を終えた。自らが創設した教育省文化課を長らく率いて、1920 年から 1928 年にかけては国民博物館の館長を務めた。1946 年にアカデミーの正会員になっている。

プロティチは、ブルガリアにおける教会建築の形成と発展を示そうとした（1922 年）［BG 1396］。また、13-14 世紀のブルガリア壁画における南西派（あるいは、マケドニア派）を取り上げ、さらにブルガール＝テュルク美術に見られるササン朝の影響を分析した（1927 年）［BG 1397］。『ブルガリアの1000 年』では、1393 年から 1879 年の間のブルガリア美術における民族性の喪失と復興を描き（1930 年）［BG 1398］、イヴァン・アセン 2 世時代の美術品の考察も行なった（1930 年）［BG

1399]。美学的関心が歴史的関心よりも強く、そのことはビザンツを扱った後年の研究が物語っている（「ビザンツの記念碑的絵画におけるバロック的要素」1940 年[BG 1400]、『図像学とビザンツ美術』1942 年[BG 1401]、後者では美術史研究の方法論も取り上げた）。プロティチの広い視野と全ヨーロッパ的な視座に肩を並べうるのは、フィロフだけであろう。

14. 世界史

世界史の領域で優れた専門家が現れたのは、ブルガリア史と結びつきのある古代史においてのみだった。D. デチェフ（1877-1958）はライプツィヒとゲッティンゲンで古典文献学と哲学を学び、1903 年に博士号を取得した。1921 年にラテン語講座の准教授となり、1924 年に教授、そして 1928 年から 1945 年まで講座主任を務めた。当初、デチェフはブルガリア古代史に関心があり、碑文や考古学にも取り組んだ。1915 年にはブルガリアの古代地理に関する研究を著している[BG 1402]。また同年、トラキアとマケドニアの古代史と地理に関する史料を史料集として刊行し[BG 1403-1404]、研究成果を「ヘムスとロドパーブルガリア古代地理によせて」として公刊した（1925 年）[BG 1405]。トラキア人について取り組んだのはかなり早い時期からであり、ケルト人とトラキア人の宗教慣行について研究を著した（1922 年）[BG 1406]。また、トラキア人の宗教的な基盤について概論を著し（1928 年）[BG 1407]、トラキア人の環状碑文について新たな解釈を提示した（1931 年）[BG 1408]。

こうした研究業績によって、彼はブルガリアにおけるトラキア学の創始者の一人とされている。しかし、デチェフの古典文献学的素養は、中世ブルガリア史にも活かされた。まず、1308 年の作とされる『作者不詳の東欧記』と題された写本を、ブルガリアの観点から詳細に検討した（「ブルガリアの風土に関する中世の叙述」1923 年[BG 1409]）。また、スモレノイ族の定住地の同定という主題にも挑み（1925 年）[BG 1410]、さらには、ブルガールという民族名が東部ゲルマン起源であるとの説を唱えた（1926 年）[BG 1411]。1927 年に教皇ニコラウス 1 世の返書集を公刊し[BG 1412]、1933 年には様々な異本を分析している[BG 1413]。

もう一人の古代史家である Y.Y. トドロフ（1894-1951）は、ソフィア大学卒業後、ミュンヘンで学び、1928 年に准教授、1944 年に教授、そして古代史講座の主任も務めた。トドロフは『下モエシアにおける異教、異教信仰と神々』（1928 年）[BG 1414]の執筆に際して、極めて広範に史料を収集し、余すところなく専門文献を渉猟したが、これらの長所はのちの著作にも見て取れる。彼は宗教に加えて、文化一般にも興味を抱いていた。「ブルガリアの古代文明」（1929 年）[BG 1415]と「ブルガリア地域におけるキリスト教以前の宗教」（1930 年）[BG 1416]は、ブルガリアの発展とかなり密接に結びつく内容だった。ブルガール・ハン名録に関する研究「天体信仰の視点から見た東アジアの干支」（1931 年）[BG 1417]は、不可思議に思われてきたハン名録のテュルク語表現の謎を最終的に解き明かした。古代において東洋がローマ帝国に及ぼした影響を詳説した（1932 年）[BG 1418]。これに次いで、トラキア人支配者の治世の順序を明らかにし（1933 年）[BG 1419]、後年には、リウィウスにおける古代マケドニアの解釈について著した（1944 年）[BG 1420]。彼は、ブルガリアとビザンツの年代学において、日付を正確に決定するためには非常に有用な手引きの作成も行なった（1943 年）[BG 1421]。結果としてこの手引きは、歴史補助学の基礎の欠けている部分を埋め合わせてくれた。

M. ブラチコヴァは、碑文史料を基に古代メセンヴリア市の内部構造について検討し（1922 年）[BG 1422]、アンタルキダスの和約に関する既存資料の体系化も行なった（1928年）[BG 1423]。

古代史の領域で最も若く、実際には 1944 年以降に頭角を現す世代を代表するのが、Hr. M. ダノフ（1908-97）である。彼は、1932 年にウィーンで古代史研究を修め、博士号もウィーンで取得した。〔ブルガリアの〕大学に着任したのは、解放後〔第二次大戦後〕だった。トドロフや D. デチェフと比較すると、自らの研究領域をかなり狭く設

定し、第一の関心はブルガリア史にあった。それでも、ブルガリアの黒海沿岸にあったギリシア植民市には、特別な関心を寄せた。「新たに発見された二つの碑文に見る、黒海帝国と黒海西部沿岸地域との関係」(1937年) [BG 1424] がその代表例であり、また、下モエシアのイシス崇拝についても書いている (1940年) [BG 1425]。彼は、解放後には、国外でも知られた古代史研究者へと成長していった。

　近代世界史で言及できるのは、ロシア人のP. ビツィリ (1879-1953) だけである。彼はオデーサで生まれ、同地の大学を1905年に卒業し、1918年から1920年までオデーサの高等専門学校で教員を務めた。1920年にユーゴスラヴィアに亡命し、3年間、スコピエ大学で教鞭を取った。1923年にソフィア大学へ移り、近代世界史の教師となった。ズラタルスキの記念論集に彼も寄稿し、「イグナティウス・デ・ロヨラとドン・キホーテ」(1925年) [BG 1426] を執筆した。後年も、どちらかといえば理論的な問題を提起するか [BG 1427-1428]、あるいは極度に伝統的な外交史のいずれかが、ビツィリの著作の特徴だった。比較的短い研究はブルガリア語でも発表した。「解放戦争前夜 (1870-77年) のロシアとヨーロッパ」(1929年) [BG 1429]、「クリミア (東方) 戦争」(1930年) [BG 1430]、あるいは理論的な著作の典型である「ヨーロッパ史における「東」と「西」の相互関係について」(1939年) [BG 1431] などである。『近現代史研究入門―時代区分試論』(1927年) [BG 1432]、および『キリスト教時代の始まりから今日までのヨーロッパ史における基本的傾向』(1940年) [BG 1433] は、大学での講義を基に執筆された。「ニコライ1世治下のロシアと東方問題」(1929年) [BG 1434] はロシア語で書かれ、明らかに祖国で収集していた史料に基づく論考だった。後年になってもロシア語で著した。文化史におけるルネサンスの位置づけを扱ったもの (1933年) [BG 1435]、あるいはロシア文学史についての小論 (1934年) [BG 1436] がそれである。他の亡命者と同様、ビツィリも祖国での系統だった研究の潮流から外れ、当たり前のごく一般的な史料を手にすることもできなかった。こうして残された道は、大きな理論に向けての彷徨だったが、実際のところ、そこから本質的で、新しい理論が現れることはなかった。

15.　マルクス主義の歴史叙述

　第一次世界大戦に先立つ時期、マルクス主義的歴史叙述は比較的恵まれた環境の中で発展することができた。合法的な労働運動が存在し、さらに1903年以降は合法的に活動する労働者政党が二つもあったからである。もちろん、マルクス主義的歴史叙述といっても、史的唯物論の紹介や宣伝が精一杯であり、それまでの研究や公刊史料の再解釈を基礎に、ブルガリア史に史的唯物論を当てはめたに過ぎなかった。

　マルクス主義をブルガリアに紹介したD. ブラゴエフ (D. ブラゴエフ・ニコロフ、1856-1924) が、まさに典型例である。彼は政治、理論、美学などあらゆることについて発言し (1957年から1964年にかけて、全20巻の著作集が出版された [BG 1437])、歴史的な問題にも言及した。『我々の使徒たち』という著書 (1886年) [BG 1438] の中で、ボテフとカラヴェロフを人民革命家として紹介し、国民的英雄と見なすブルジョワ的な理解に対抗した。『ブルガリア社会主義史資料』という著書 (1906年) [BG 1439] はさらに有名である。この本の全編を通して、ブラゴエフは社会主義者の内部闘争を描いたが、序においてはブルガリア史を概観し、ブルジョワ歴史家が否定したブルガリアにおける封建制の存在を肯定した。無論、今日においては、双方に真理があったことが明らかになっている。すなわち、ブラゴエフは封建制度をマルクスの概念、つまり封建的な支配階層と搾取される農民という二重性として理解し、かつ実際にもそれを見出した。他方、ブルジョワ歴史家は封建制度を支配階層の中の階層性、あるいは身分的な二重性として理解し、正当にもそれをブルガリア史に見出すことはなかったのである。

　ブラゴエフが生まれたのは国民再生期で、貧しい家庭の出身だった。教師を務めていたが、その後、新聞記者や政治家へと転身した。他方、Hr. St. カバクチエフ (1878-1940) は復興期の裕

福な名望家系の出身で、パリで医学を学び始めたが、法学に転じ、ブルガリアでは弁護士として活動した。この間にマルクス主義的な歴史観を喧伝する文章を書いた。多くのテーマに取り組み、バルカン連邦問題も取り上げた（1915 年）[BG 1440]。1929 年には、共産主義インターナショナルの結成と発展をロシア語で論じた[BG 1441]。1927 年にモスクワへ移り住み、1935 年から歴史学研究所のスラヴ部門に勤務した。1891 年から1923 年までの党文書を公刊目的で編纂した[BG 1442]。ブラゴエフ選集も編纂し、ブラゴエフについて[BG 1443]やテスニャキ派の社会主義について[BG 1444]の手稿が残っている。

G.Y. キルコフ（1867-1919）も裕福な名門家系の出身であり、高等学校の教師だった。彼はカバクチエフと並ぶテスニャキ派のイデオローグであり、マルクス主義理論やそれのブルガリアへの応用について数多くの論文を執筆した[BG 1445-1446]。

G. ゲノフ（G. ゲノフ・ディミトロフ、1892-1934）は法学を学び、1923 年蜂起の指導者だった。蜂起後、ソ連に亡命し、1927 年から党の高等専門学校でブルガリア共産党史を講義した。

V.P. コラロフ（1877-1950）は多くの新聞記事を執筆する傍ら、『ブルガリアの左翼分派主義とトロツキー主義に抗して』（1930 年）[BG 1447]という表題で、党の歴史分析を行なった。また 1948 年、オスマン支配からの解放にまつわる文章を 1巻の書物にまとめ、上梓する機会に恵まれた[BG 1448]。

共産主義者たちの活動は、1923 年以降、亡命先でのみ可能だった。祖国に留まった者たちは、ごく限られた枠の中で活動しうるのみだった。興味深いのは G.Iv. バカロフ（1873-1939）であり、左右どちらの派にも分類できる人物である。創設期の社会民主党に入党し、ジュネーヴで自然科学を 2 年間学んだ。党の分裂（1903 年）に際して離党し、しばらく（1908-20 年）右派（シロキ派、広範主義派）に加わったが、1920 年に〔左派のテスニャキ派が結党した〕共産党の党員となった。最も強く影響を受けたのはプレハーノフであり、やや自己流に解釈したマルクス主義を、主に文学の領域で主張した。1911 年に『ブルガリアの文学と社会主義』という表題で思想的立場を表明し、この他にも文学と芸術について著作を残した[BG 1449]。1925 年から 1932 年の間、ソ連とフランスで亡命生活を送り、この時に国民再生期の革命家に関する研究を執筆した（『ボテフのロシア人同志』1937 年[BG 1450]、「ボテフとニェチャエフ」1929 年[BG 1451]、『ブルガリア人サークルにおけるロシア革命時の亡命者』1930 年[BG 1452]）。1932 年に帰国すると、以前に出版した著作が評価され、アカデミーの準会員に選出された。言い回しは慎重になったが、マルクス主義的な見方を否定することは決してなかった。ラコフスキとボテフについての著書を著し（1934 年[BG 1453-1454]）、その後、『ブルガリア国民革命運動史概論』（1936 年）[BG 1455]の表題で、国民復興運動に関する自らの考えを表した。その翌年には『ブルガリア復興運動の遺産』[BG 1456]を刊行し、復興運動からいくつかの教訓を導き出している。

裕福な商人の家系に生まれた Y.Iv. サカゾフ（1860-1941）は、ドイツ、フランス、そしてイギリスの大学に通い、1903 年以降は社会民主党右派の指導者となった。『歴史とブルガリア人』を著し、自らの考えを表明した（1917 年[BG 1457]、早くも翌年に新版が刊行された）。ボリシェヴィズムとは、国内のファシズム運動に対してと同様に折り合えなかった。しかし、サカゾフの歴史観は明らかにマルクス主義の上に成り立っており、D.ブラゴエフとは論争を繰り広げたが、両者の立場はかなり近かった。

P.G. クニン（1900-78）は農学を学んだが、1923 年蜂起に加わったため、1925 年から 1929 年の間は亡命生活を送ることになった。一旦帰国するが、1934 年に再度亡命した。しかし、1936 年に再び帰国した。1940 年に、ブルガリア農業の性格を論じた著書を出版した[BG 1458]。1945 年には農業経済学の教授となり、経済史も含めた理論経済学的な著作を著した[BG 1459-1460]。

以上のように、マルクス主義者は亡命を余儀なくされるか、あるいは国内に残って慎重な態度を取るしかなかった。いずれの場合でも歴史叙述は政治闘争の手段にしか過ぎず、決して専門的な仕

事ではなかった。マルクス主義的なアプローチで歴史を分析した専門家も多少はいたが、第二次世界大戦中には早くも、共産主義者の新世代が現れた。この世代の専門家養成に際しては、共産主義の理論を持ち込むことが可能だったからである。とはいえ著作の執筆においては、いまだ慎重に言葉を選ぶ必要があった。Zh. ナタン（1902-74）は1939年に国民復興運動についての概説［BG 1461］を出版し、経済的、社会的基盤を前面に押し出した。Al. K. ブルモフ（1911-65）は1943年に『ブルガリア革命中央委員会 1868-76年』という著書［BG 1462］を刊行し、同委員会の組織的な発展を新史料に基づいて明らかにした。

　第二次世界大戦においてブルガリアは、形式的にせよ、他国のようにドイツによって占領されることもなかったため、歴史叙述の発展における断絶、ないしは空白を被ることもなかった。すなわち、専門教育を受けた、マルクス主義的な新世代がすでに頭角を現しており、この世代が解放後の歴史叙述において指導的役割を担うことができたのである。他方、旧世代の歴史家もほぼ全員が、根本的に変化した新しい方法論を受け入れ、すぐさま（あるいは、ゆっくりと）新たな歴史叙述に適応していった。ブルガリア史学における大きな転機は、まさにこの時に訪れていたのである。ブルジョワ的発展の時代は短く、その時代を代表する最初の世代の中にすら、生涯の仕事を完成させたのは1944年以降だった者が一人ならずいたのである。それほどに、過ぎ去った時代は短かったのである。

第 9 章

スロヴァキアの歴史叙述

　前章のブルガリアと異なり、スロヴァキアの場合は事態の見るべき展開を語りうるのは、かなりの時を経てからである。9 世紀の大モラヴィア国にはスロヴァキア人も属していたが、この時期はまだ単にスラヴ人と表現する方がよいだろう。ハンガリー人による国土征服後に、スロヴァキア人居住領域は中世ハンガリー国家の支配下に置かれ、スロヴァキア人はモラヴィア人やチェコ人から分断された。おそらくこのためにスロヴァキアの民族性は独自の発展を遂げたと考えられる。スロヴァキア人の民族的自覚はゆっくりと生成され、長きにわたってハンガリー等族意識と共存していた。宗教改革の影響はスロヴァキア人にも及び、都市のドイツ人住民の影響を受けて福音派教会に改宗する者もいた。しかし結局、大半はカトリックにとどまった。福音派に改宗したスロヴァキア人はチェコ人との関係を保ち、中世末に聖書の翻訳に用いられたチェコ語を礼拝に使用した。

　啓蒙思想の影響は主としてスロヴァキア人の聖職者知識人層に及び、彼らが国民的「覚醒」の先導者となった。覚醒運動は 1840 年代に盛んとなり、カトリック信者たちもシトゥールの言語改革を受け入れた。この言語改革は中部スロヴァキア方言を文章語の基礎に据えた。1842 年にスロヴァキア人指導者たちは、国王〔請願書の宛名は皇帝＝国王〕への請願書でハンガリー化政策からの保護を求めた。

　1848 年 5 月にリプトウスキー・スヴェティー・ミクラーシで集会が開かれ、多くの要求が提出されたが、主眼はスロヴァキア人を国民として承認せよという主張だった。しかしハンガリー政府にこの要求を受け入れる意志はなかった。ただし、対ハンガリー人蜂起に参加した者はわずかであった。

　ハンガリーの立憲制再生期にマルティンで再び集会が開催され（1861 年）、席上でハンガリー国内における領域的自治が要求された。世紀転換期にこの方針を放棄すると、1、2 名の議員を国会へ送れるようになった。だが二重君主国時代のスロヴァキア国民党は消極主義へと後退し、スロヴァキアの政治情勢は絶望的に見えた。ロシアを頼みにする者や国民党を当てにする者もいたが、チェコに期待を寄せる者が次第に増えた。

　1918 年、チェコの亡命活動家たちはピッツバーグでチェコスロヴァキア国家の建設に合意する取り決めを行なった。取り決めによればスロヴァキアに自治が与えられるはずだった。第一次世界大戦末期の 1918 年 10 月 30 日に、スロヴァキア国民会議が結成されて、チェコスロヴァキア建国に加わることを表明した。しかしチェコ人はスロヴァキアに自治を与えなかった。A. フリンカ（1864-1938）の率いる人民党はスロヴァキアの自治を主張したが、ほとんど野党の地位にとどまり続けた。

　1938 年 10 月 6 日にジリナでスロヴァキア自治政府が誕生した。そしてヒトラーがチェコスロヴァキアを解体すると、1939 年 3 月 14 日には独立スロヴァキア国が宣言され、ドイツ帝国がその独立を保障した。ただしこの独立スロヴァキア国はすでに領土的に縮小されていた。な

> ぜなら1938年11月2日の独・伊によるウィーン裁定に基づき、ハンガリー人の密集して住む南スロヴァキア地域がハンガリーに与えられていたからである。これはスロヴァキアに、ハンガリーにとってのトリアノン条約と同じ衝撃をもたらした。
> 　1944年8月29日にスロヴァキア国民蜂起が勃発した。矛先はドイツとスロヴァキア政府に向けられた。ドイツはこのパルチザン運動を1カ月で山岳部へ撃退したが、住民の大半はパルチザンに共感を抱いた。また当初は好調だったスロヴァキア国の経済も、戦争末期には疲弊した。住民は不満をつのらせ、チェコスロヴァキア共和国政府の復活を承認した。こうしてスロヴァキアは戦勝国側に立つこととなった。

第1節　専門化以前の歴史叙述

1. 人文主義の歴史叙述

　東欧の大民族とは異なり、中世の年代記や編年史がスロヴァキアにおける歴史叙述の始まりではなかった。人文主義の時代になってようやく歴史叙述の始まりを示すいくつかの兆候が現れる。スロヴァキアにおける歴史叙述の最も重要な特徴は、ハンガリーの歴史意識や事実認識が蓄積される中で、最初はある種のスラヴ人意識が芽生え、かなり後にこれとは別に、スロヴァキア人としての意識が徐々に芽生えたということである。スロヴァキア人意識が生まれると、自分たちの祖先を過去の歴史に探し求め始めたのだが、依然として意識においてはハンガリーの枠組みを外れるものではなかった。この過程に少なからぬ役割を果たしたのが宗教改革であり、スロヴァキア人の間にルター派の一種が根づいた。とりわけチェコ人説教師がハンガリーに逃れてきた1620年〔ビーラー・ホラの戦い〕以降に、スロヴァキア人福音派はチェコのプロテスタントと恒常的に関係を持つようになった。

　最初に取り上げるのは、福音派聖職者やスロヴァキア語を母語とする貴族たちの著述である。彼らの主題はハンガリーの歴史であり、やや時が下ると、ハンガリー史におけるスロヴァキア人の役割や、プロテスタント教会史とそれにまつわる人的関連、あるいは地方史的性格を持つ著作などが現れた。使用言語は圧倒的にラテン語であったが、一部の作品はドイツ語で書かれた。いずれの作品群においても、スラヴ語＝スロヴァキア語の単語が使われるとか、また著者がスラヴの出自であることに言及される場合があったが、このような表現とか意識とかが表出された著作でも、ハンガリー等族意識は普遍的だった。したがってラテン語で書かれたハンガリー全体を扱う他の著作と区別して列挙することは困難である。また個人の著作については、完成しても出版に至らないことがしばしばであった。あるいは著作そのものが散逸したために、他の史料によって初めて知りうるものもある。

　まず特異な例として、ブラチスラヴァ〔当時のポジョニ〕に置かれた財務局の書記であったM.ラコウスキー（1535頃-79）を挙げよう。ラコウスキーはオスマン帝国による破壊についてラテン語で詩を著し、1560年にも韻文作品『諸国家変容の原因』を書いた[SK 0001-0002]。アリストテレスの影響を受けたラコウスキーは、同書で社会集団を八つに分け、農民と日雇い層を最も重要なものと見なした。国家が変化する原因は、万物が流転することと、民衆の運動によると考えた。1574年に著した『世俗権力に関する哀歌風の三書』では、支配者の地位は正義が行使される時にのみ神から授けられるのだと主張した[SK 0003]。ラコウスキーの考えをこのように単純化すると十分に進歩的であるかに見えるが、実際には普通の人文主義

の考え以上のものではなかった。

　ハンガリー全体に関わるテーマをよく示しているのは、J. ザーヴォツキー（1568-1626）である。彼は Gy. トゥルゾー宮中伯（1567-1616）の秘書であり、のちにトゥルゾー家の家人となった。ザーヴォツキーは、主としてトゥルゾー家を介して知りえた出来事を「1568 年から 1624 年までのハンガリー史覚書」という題で著した[SK 0004]。これは公刊された貴重な著作の一つであり、M. ベル（ベール、1684-1749）により 1735 年に出版された。

　次に挙げるのはスロヴァキア語の引用を含むラテン語年代記である。これらは福音派聖職者の手稿であり、『ジリナのアンドレイ・トゥルスキによる覚書』[SK 0005]（つまり、1555 年から 1625 年まで生きた A. トゥルスキの年代記）、および『ニコラエ・バティシの覚書』（1558 頃-1623 年）[SK 0006]、そして J. ロフマン（1596-1645）と M. ロフマン（1631-79）が 1579 年から記した年代記『ロフマン家のマチェイと息子と甥による覚書』[SK 0007]である。ロフマンの年代記には、地方史と教会史の情報が含まれている。福音派の聖職者 J（ヤーン）. カリンカ（1567-1640）が著したラテン語の年代記『メレテマタ（考察）』については、17 世紀初頭に書かれたことだけがわかっている[SK 0008]。

　本章に含めることもできるし、チェコ歴史叙述の先駆者として挙げることもできるのが、チェコの福音派聖職者かつ教師でもあった J. ヤコベウス（1591-1645）である。ヤコベウスは、プラハの大学で学び、ビーラー・ホラの戦い後にザクセンへ移り、のちにハンガリーへ亡命した。ハンガリーでは、まず G. イイェーシュハーズィ（1593-1648）の支援を受け、やがて東部のスロヴァキア人地域で聖職に就いた。ヤコベウスはラテン語の著作を 2 冊出版した。チェコのプロテスタント教会史および同時代の状況を論じた『ボヘミア王国における福音派諸教会の変遷の理念』（1624-25 年、アムステルダムで出版）[SK 0009]、および『ボヘミア福音派教会の現状』である（1632 年、ヴィッテンベルクで出版）[SK 0010]。これらは 1620 年以前の繁栄と、1620 年以後の迫害や崩壊の記録だが、当然のこととして信憑性のある情報ばかりでなく、それを凌駕するほどに数々の修辞が含まれている。ハンガリーで過ごした晩年に、ヤコベウスはハンガリー史上の出来事にも関心を寄せるようになり、オスマン軍による破壊やマーチャーシュ王（1443-90）について、独特なラテン語詩を創作した。ヤコベウスはスロヴァキア語の説教、より正確にいうと多少スロヴァキア語化したチェコ語の説教以外に、1642 年にレヴォチャで出版した『スラヴ種族の涙―呻きと願い』という小著を残した[SK 0011]（実態は、V. クレメント＝ジェブラーツキー（1589 頃-1636 頃）が書いたチェコ語詩の翻案である）。同書にはスロヴァキア人の状況が補遺として付されており、これをチェコ語で書かれた文章『スラヴ種族の活写』[SK 0012]でベルが目にしたというが、その後に散逸してしまった。

　17 世紀後半に書かれた福音派聖職者の自伝群には、個々の人生記録も描かれているが、それにもまして歴史に関連する多くの情報を見出すことができる。中にはガレー船の囚人だった者もいた。セニェツの聖職者 S. ピラーリク（1615-93）は、最初の自伝『ピラーリクの運命』を 1666 年にジリナで出版し、オスマン軍との戦いを描いた[SK 0013-0014]。その後、1678 年にヴィッテンベルクにおいてドイツ語で『ヤハウェの奇跡の戦車』という題の本を出版し、オスマン軍の捕虜となった時のことを描いた[SK 0015-0016]。1684 年には、『トルコ人＝タタール人の残虐性』という本で、1663 年のオスマン軍遠征についても書いている[SK 0017-0018]。ガレー船の囚人となった者の多くが、チェコ語またはドイツ語で回想録を著した。T. マスニーク（マスニツィウス、1640-97）は入獄と解放の回想録を書き、さらにドイツ語で『前代未聞の監獄裁判』という題名で、彼らの受けた有罪宣告について記した[SK 0019]。J. シモニデス（1648-1708）は同様に入獄と解放について記し（1676 年）、J. ラーニ（1646-1701）はドイツ語で『教皇至上主義者たちの牢獄に関する前代未聞の歴史物語』（1677 年）[SK 0020]を著した。ガレー船の囚人となることを免れた M. ノヴァーク（1620 頃-86）は、1680 年にドイツ語による『ハ

ンガリーの信頼すべき真実の報告』で、1658 年から 1674 年までの対抗宗教改革運動史を描いた[SK 0021]。J（ヨアヒム）.カリンカ（1601-78）は追放先のドイツで、ドイツ語とチェコ語の年代記を著した。同様に、J.ブリウス（1636-89）は、資料集『福音派パンノニアの歴史年代記概説集』を編纂した[SK 0022]。福音派の教会や教区が関心の的だった時に、教会学校にも注目したのは博識の学者ブリウスだった。亡命先で没した J.レジク（?-1711）は、1663 年に『教育論ないしハンガリーの福音派学者および教師の歴史』という手稿を著した[SK 0023]。レジクはまた『1687 年に建立されたプレショウ劇場ないしプレショウの処刑』という題名で流血裁判の回想録も著した[SK 0024-0025]。他方、年代記や日記の一種として、福音派聖職者 J.ザーボイニーク（1608-72）の手稿『記録 1660-70 年』[SK 0026]と、ほぼその続編といえる J.ラーニ（1646-1701）の手稿『記録 1671-73 年』[SK 0027]がある。

ラーコーツィ蜂起への興味深い反響に言及する前に、17 世紀に起こったもう一つの重要な契機であるスラヴ人＝スロヴァキア人意識の出現、およびこの意識と大モラヴィア国の伝統の結びつきを検討する必要がある。スラヴ人としての自己意識は、スラヴ語（あるいはスロヴァキア語化された聖典チェコ語）の重要性を認識し、主張することを通して、ハンガリー等族であるという確信から次第に分化し離脱する歴史意識を準備することになる。ここでも福音派聖職者が役割を果たした。D.シナピウス＝ホルチチカ（1640-88）は 1678 年にポーランドで出版した『ラテン語＝スラヴ語のネオフォルム』で、スロヴァキア語使用の実態に言及した[SK 0028-0029]。序文で、P.レーヴァイ（1568-1622）に依拠して先史時代のスラヴ人の偉大さに触れ、アレクサンドロス大王がスラヴ人に与えた特権状を、カレル 4 世（1316-78）によるスラヴ語使用勅書に比肩しうるものとして取り上げた。アレクサンドロスの特権状は、人文主義時代になり広く世に知られていた。J.フィシェル＝ピスカトリス（1672-1720）はヴィッテンベルクで『善なる神とともに、スラヴ語の起源、規則および用法について』を出版して、世界の主要言語の一つとしてスラヴ語を賞賛した[SK 0030]。

カトリックの聖職者たちもパンノニアの聖人キュリロスとメトディオスの記憶を蘇らせることで、こうした福音派の動きに合流した。イエズス会の B.セーレーシ（1609-56）は、1655 年にレヴォチャで出版した『カトリック聖歌』序文で、パンノニアにおける両聖人の伝統、すなわちキリスト教の古い起源に言及した[SK 0031]。スラヴ人としての明確な自覚をまだ抱かないセーレーシにとって、この『カトリック聖歌』はむしろハンガリーにおけるカトリックのより古い起源を発掘しようとするものだった。しかしこの聖歌集の流布を通して、大モラヴィア国の伝統を掘り起こす機運が広まり、最終的にスロヴァキア人カトリック聖職者の間にもスラヴ人意識が芽生えるのを助けた。当然ながらこれは、18 世紀においても依然として「マリアの王国」であり続けたハンガリー枠内でのことだった。M.ミリス（1640 頃-1703 頃）は『スラヴ語に関する一考察』を著して、幾分遠巻きにではあるが大モラヴィア国の伝統に連なった[SK 0032]。

福音派聖職者の教会史に寄せる関心は 18 世紀に入っても続いた。他方で、18 世紀になって貴族層が著者として登場する。貴族たちは当然ハンガリーの歴史に関心を寄せたが、彼らの中にもスラヴ人＝スロヴァキア人意識は現れた。K.パルシチ（1630 頃/32-1713）はその例である。パルシチは 1697 年に『ハンガリー概要』という題名で、特にスロヴァキア人が居住する諸県の地理・歴史概説を著し、都市名を三つの言語で表記したが、スロヴァキア人だけが居住する場所はスロヴァキア語名のみを記した[SK 0033]。パルシチは鉱山都市に関する知識を自身の経験から得ていた。二つ折版で 300 頁にも及ぶパルシチの手稿をベルが購入して自作に使用した。1687 年にドイツへ亡命したパルシチは、ヴィッテンベルクで『ハンガリーのキリスト教君主・王侯の小誌』（1702 年）という著作を出版した[SK 0034]。同書でヴェスプレームを本拠としたスヴェトプルク（?-894）を、モラヴィアとパンノニアの統治者として挙げている。パルシチはスロヴァキア人を、ランゴバルド人の直後に今日の場所に渡来した、極めて古い住民で

あると見なした。特に注目すべき点は、パルシチがハンガリーの多民族性という事実を強調した点である。

ラーコーツィに先行するものとして、テケリが率いた蜂起に関する個人的経験を記した年代記『バルタザール・ニクレキの覚書』がある[SK 0035]。ラーコーツィの蜂起に関してはいくつかの年代記が残されており、その一つが、J. ジャムボクレーティ（ジャーンボクレーティ、1680-1748）の年代記『ラーコーツィの革命、あるいはクルツ〔ハプスブルクからの独立推進派〕戦争の覚書』である[SK 0036]。編者ジャムボクレーティは、イィェーシュハーズィ家の農場管理人であり、自身もラーコーツィの戦闘に参加した。ラーコーツィの蜂起における著名人、福音派聖職者 D. クルマン（1663-1740）は、ラーコーツィの外交官であり、1708 年から 1709 年までスウェーデン王カール 12 世（1682-1718）のもとに使節として派遣された。クルマンの報告には、当時のポーランド情勢に関する有用な覚書が記されている。蜂起後の 1717 年頃、クルマンは全ハンガリーの福音派教会史『福音派のハンガリーとその諸邦史』を著した[SK 0037]。クルマンの著作には教会やハンガリー等族としての視点だけでなく、スラヴ人としての視点も役割を果たしているが、それを示す 1719 年の手稿『スラヴ人の起源に関する論議』は失われてしまった[SK 0038]。

J. J. シライベル（1676-1750）は、1719 年に出版した著作『低地ハンガリーの王国自由都市モドラ概説』をクルマンに奉げた[SK 0039]。同書でシライベルは、福音派教会の発展に果たした同市の役割について、冒頭部にラテン語、ドイツ語、およびスロヴァキア語の詩で紹介した。教会、県当局、また領主のもとで書記として働いた G. コリノヴィチ＝シェンクヴィツキー（1698-1770）は、756 頁にも及ぶ自伝『ガブリエル・コリノヴィチ＝シェンクヴィツキーの生涯と業績』を著した[SK 0040]。またラテン語の短い自伝も 2 編書いている。福音派聖職者 M. バヒル（1706-61）は 1746 年にプレショウからドイツへ亡命し、ハンガリーにおける福音派教会の状況について『ハンガリーのプロテスタント派諸教会の凄惨たる相貌』を著した[SK 0041-0042]。また 1747 年に同書をチェコ語とドイツ語に翻訳した。福音派聖職者の G. バラショヴィチ（1711/17-54）は、農村における学校の整備と刷新の始まりについて、バヒルよりもやや楽観的に 1749 年にチェコ語で記した。A. シマール（1706-66）は、『ハンガリーにおける福音派信仰の歴史―解題のための備忘録』の題名で、個々の教会教区史を描いた[SK 0043-0044]。

中等学校の歴史に関する史料を収集した M. ロタリデス（1715-47）は、『古代・中世・近代のハンガリー文学史概説』（1745 年）という題名で、今日でいう書誌学的資料集を編纂した[SK 0045]。M. ホルコ（1719-85）は『ハンガリー著作家目録』という類似の資料集を作成し、チェコ〔ボヘミア〕やモラヴィアからハンガリーに到来した追放者の伝記も取り上げた。ホルコが著書に取り上げた人物の基準は、ロタリデスと同様に、ハンガリーで生まれた者か、ハンガリーで活動する者だった。さらにハンガリー大平原のスロヴァキア人、M. マルコヴィチ（1702/07-62）の名を挙げなければならない。強いスロヴァキア人意識を抱くマルコヴィチは、チェコ語によるハンガリー王権小史の手稿を 1745 年に完成させた。

18 世紀半ばに至っても依然として、大半は手稿や、国外で出版された著作、あるいはプロテスタント的勤勉さによる資料収集や自伝ばかりだった。しかしこれらは最も良質なものでも史料であって、歴史的な理念はまだ見出せない。結局のところ、これまでに列挙した人物や業績の大部分は、ハンガリー文学史の範疇であり、実際に多くはハンガリー文学史に含まれている。これらの著作においてはエトノスよりも、教会や地域という観点がはるかに重要視され、国民的観点を云々することはできないであろう。なおかつ、ハンガリーにおける他の言語集団と比べて、スロヴァキア人がいかに不利な状況に置かれていたかを、これらのすべてが物語っている。スロヴァキア人出自の貴族は、エトノスにおいて最も長期間にわたりハンガリー等族としての観点に固執し、まさにその結果としてハンガリー化することになった。他方、18 世紀になると、スロヴァキア人としての自意識、より正確にいえばエトノス的にハンガリー人ではない

という自意識の表明が現れる。同世紀にはこれに関連する書籍も出版され始め、時代が下るにつれ、ある種の一般的なスラヴ人自意識と、それとは明らかに区別できるスロヴァキア人自意識の間で揺れ動く歴史観を見ることもできる。この歴史観は、当時一般的だったハンガリー等族という捉え方からゆっくりと、そして徐々に分離生成されたものだった。

マギン

上記の歴史観を代表する嚆矢と見なせるのは、カトリック神父 J.B. マギン（1682-1735）である。マギンの著作は当時においても、スロヴァキア人意識の重要な表明として一定の反響を呼んだ。1722 年にトルナヴァの大学教授 M. ベンチク（1670-1728）が小冊子『ハンガリー王国の君主と最近の名誉ある議会』を出版し[SK 0046]、ハンガリー人による国土征服、すなわち非ハンガリー人に対する征服に言及すると、トレンチーンの貴族たちは、ベンチクの小冊子に反駁することをマギンに求めた。マギンは『棘あるいは栄光に満ちたトレンチーン県および同名の都市のための弁明』（1728 年）というバロック風の非常に長い題の著作を出して、対話形式でこの問題に答えた[SK 0047-0048]。ここでマギンは県の古い特権に言及して、スロヴァキア人は先住民であり、ゆえにハンガリー人と同等の権利を有したのだと主張した。この主張を皮切りとして、以後、国土を征服したハンガリー人をスラヴ先住民は快く受け入れたのであり、つまりハンガリー人はスラヴ人を征服したのではない、という説が流布していった。ほぼ同時期にベルも自身の方法で諸説を総合して征服説を受容した。受容した上で、ハンガリー人が征服後に他の者たちをすすんでナティオへ受け入れたのだと彼は説明した。

マギンが具体的で論争的な文章の中で部分的に主張したに過ぎない説を、イエズス会の S. ティモン（1675-1736）が引き継いで完成させた。ティモンは依然としてハンガリー等族意識の内にとどまってはいたが、同時代人によると、彼は強いスロヴァキア人意識を有していた。S. カトナ（I. カトナ、1732-1811）は同じイエズス会士であるティモンについて、ティモンなら嬉々としてジュピターさえスロヴァキア人だといいかねない、と述べている。『古代ハンガリーの肖像—フン人の領域と到来の歴史』（1733 年）という作品でティモンは、国土征服以前のハンガリーの地域はどのようであったかを描いた[SK 0049]。スロヴァキア人は（あるいはスラヴ人といってもいいのだが、依然として両者を明確に区別などできない）先住民であり、3 度にわたるフンの到来（つまりフン、アヴァール、そしてハンガリー人の出現）もこの点を何ら変えるものではなかったというのである。この作品には人文主義者やバロック期の歴史叙述に一般的に見られるように、単純素朴な傾向が強い。上述の諸著作がスラヴ的要素の重要性を主張したのは当然だった。例えばティモンはパンノニアという名称がスラヴ語のパーン（主人）に、ヤース人がヤズィク（言葉）に由来すると主張した。確かにハンガリー語のキラーイ〔王〕、ヴァイダ〔侯〕、バーン〔太守〕という名称が、スラヴ語からハンガリー語に取り入れられたということは正しい。スラヴ先住民がハンガリー人の国土征服を好意的に受け入れ、のちのち平和的に共存したという説を最初に表明したのはティモンだった。好意的な受け入れとは、同盟のようなものの成立を含意した。『現代ハンガリーの肖像—ハンガリー支配下の諸王と諸地方』（1734 年）でティモンが示した歴史像は、従来のハンガリー人的観点に立ちながらも、ハンガリーにおける混合的エトノスの構成を強調するものだった[SK 0050]。

2. 啓蒙の歴史叙述

コラール

ティモンは、当然だがハンガリー史学史においても一定の位置を占めている。同様に、A.F. コラール（1718-83）を抜きにして 18 世紀ハンガリーの歴史と政治の発展は考えられない。スロヴァキア人評者が書いているように、コラールは 18 世紀にスロヴァキア人として最高位に昇った人物であり、ウィーンの宮廷図書館館長となってからも、スロヴァキア人としての出自を常に標榜していたのは疑いない。コラールは、明確にハンガリー等

族の観点からハンガリー史を捉えた最後の人物である。ただしセヴェリニを考慮に入れれば、コラールはほぼ最後の人物であるといわねばなるまい。ともあれ出版されたコラールの著作『ハンガリー使徒列王の教会保護権の歴史』（1762年）[SK 0051]、および『ハンガリーの使徒列王の立法者の権限の起源と行使』[SK 0052] は、同時代のハンガリーの政治的発展に意見したものであり、特権身分層に対する君主の権利を強調している。後者は1764年に出版されて論議を巻き起こし、ブラチスラヴァでは公開の場で焚書された作品である。これらは重要な史料に基づいてまとめられた著作だが、歴史的事実を解明することが実際の目的ではなかった。またコラールは宮廷の命により、多くの歴史史料を用いた手稿を著し、1773年までに書かれたものだけで34稿が残っている。大半は、国家君主の国庫と貴族の間で争われた財産権裁判において、彼に求められた専門的意見の手稿だった。前に挙げた著作と比べて歴史的な性格は弱いが、ある種の歴史観の輪郭を抽出することができる。基本的な視点は、どの場合でも王権と等族の関係にある。コラールの考えでは、ハンガリーは1231年まで絶対主義だったが、この時期に1回目の危機が起こり、次いでルクセンブルク家のジグムント（1368-1437）統治下で2回目の危機が生じた。コラールは、ハンガリーも17世紀初頭までにポーランドを彷彿させるような貴族共和国と見なせる存在になっていたと考える。ちなみにコラールは歴史の専門教育を受けたわけではなく、イエズス会士だったが、叙階を受ける前に脱会した。職務への義務とは無関係に、彼は歴史に関心を寄せた。歴史以外にも東洋学や書誌学に興味を持ち、それらの著作も出版した。ハンガリーの文書集出版を初めて計画したのはコラールであり、同僚を通して約25巻分の史料を収集した。M.オラーフ（1493-1568）の作品を始めとして、歴史史料を出版した。『ハンガリー王国の歴史と公法の美点』という著作で、ハンガリー初期王政を紹介し、王の県の強大な権力を強調した [SK 0053]。コラールはハンガリーへの関心を基本としつつ、スラヴ人の歴史にも取り組んだ。『ハンガリー王国の美点』でも、コンスタンティノス〔7世〕に依拠して古スラヴ人の軍事組織を記し、スラヴ人がパンノニアの先住民だったと詳述した。しかしながら他の著作と比べれば、同作品は断章としての意味しか持たない。啓蒙絶対主義に仕えてハンガリーの特権身分層と対立したコラールだったが、歴史的ハンガリーという圧倒的な力を示す事実から逃れることはできず、また明らかに、逃れようとする意志も認められないことが彼の特徴である。

セヴェリニ

　スケールは小さいが、コラールの特徴が J. セヴェリニ（1716-89）にも当てはまる。マダーチ所領監督官の息子であるセヴェリニは、24歳で初めて中等学校の勉強を始めた。その後ドイツの大学に通い、1755年からバンスカー・シチアウニッツァの福音派ギムナジウムの校長になった。セヴェリニには、同市の歴史に関する著作『栄えあるバンスカー・シチアウニッツァ梗概』があるが [SK 0054]、これは大著の付録として1767年に出版された。その大著とは『ドナウ川以北／以東ハンガリーにおける古き住民に関する史論』である（1767年）[SK 0055]。セヴェリニも古代の著述家やティモンに依拠して、スラヴ人が先住民であると主張し、スラヴ人の故地を現ハンガリー領域に位置づけ、ゴート人とサルマチア人を古スラヴ人と同一視した。セヴェリニもまたハンガリー人と結んだ同盟、つまりハンガリー人を友好的に受け入れたという説を表明した。1773年に出版した歴史教科書『市民史の基礎―都市創設から現代まで』は、徹底した検閲を受けたため、文中ではハンガリー人の見解に従って「国土征服」をハンガリー人による征服と見なしている [SK 0056]。資料に関してセヴェリニは、すべてを J. プライ（Gy. プライ、1723-1801）の著作に倣った。

　セヴェリニは古代についてならばさほど制約を受けないだろうと考えた。そこで、1770年にライプツィヒで『パンノニア古事解題―ティサ川流域ダキアとともに』を出版し、再びスラヴ人が先住民であることの証拠を古代の著述家から収集した [SK 0057]。セヴェリニはこのテーマを自分の本質的な専門領域と見なした。前述した著作『市民

史の基礎』および2巻本で出版した『種族の起源から我々の記憶に至るハンガリー史考察』はむしろ編纂書に過ぎない（1769-72年）[SK 0058-0059]。『パンノニアの古い城市の発見方法』（1781年）という著作は主に古代の著述家による史料を引用したものである[SK 0060]。同書でも同時代のハンガリー歴史家に論争を挑み、サルマチア人やイリリア人がスラヴ人でなかったのなら、パンノニアにこれほど多く存在するスラヴ人は一体どこから来たのかと述べて、スラヴ人の数の重みと歴史の重みを強調した。

彼は古代に関して原史料を使用した。しかしバンスカー・シチアウニツァの歴史に関する著作では市文書館の史料を使用せず、コラールから譲られた写本のみを使ったことは興味深い矛盾というべきである。それでもなお、セヴェリニはいくつかの問題で正しい結果に到達した。すなわちスラヴ人を主題とする著作や、またそれ以外の著述でも、たとえ呼称が多様であってもスラヴ人は一つの民であり言語も一つであるという彼の見解に出会う。（もう一人のコラール、つまりJ.コラールはおそらくこの基本的な考えをセヴェリニから得たと思われる）。セヴェリニはスラヴの様々な民の呼称を知っていたが、スロヴァキア人に対してのみスラヴ人という一般名称を使用した。スロヴァキア語がチェコ語と異なることをセヴェリニは明らかに理解していたが、決してそれを明記しなかった。しかし他の教科書（自然誌についても執筆している）のラテン語文中で、いくつかの概念に対してチェコ語ではなく、スロヴァキア語の名称を採用している。ギムナジウムでトムカ＝サースキの教え子だったセヴェリニは、トムカ＝サースキの影響で地理への関心を育み、地理の教科書も執筆した。その人格、関心、認識において、セヴェリニはハンガリー等族としての歴史観から出発し、やがてそれと決別してスラヴ人＝スロヴァキア人としての視点による歴史観へと変わる過渡期を体現していた。以下で論ずる人々は、すでに後者の立場に立っている。もっとも、ののちスロヴァキア人の歴史をハンガリーの全体史から切り離すにはさらに長い時を要し、実際には1918年まで実現しなかった。

3. 国民再生の歴史叙述

セヴェリニは過渡期の人物であった。何より啓蒙思想の立場に立ち、そのため国民と宗教に関して彼は寛容な考えを持っていた。彼に続く人々は同じく啓蒙思想から出発したが、原則をスロヴァキア人エトノスの歴史、とりわけ同時代の状況と関連づけた。これによって彼らはスロヴァキア国民の復興、覚醒、再生の基盤作りに貢献した。しかも当時にふさわしく、何にもまして歴史著作を通じて尽力した。ここで見過ごせない点を指摘しておこう。つまり、一種の啓蒙思想ないし穏健に変容した啓蒙思想を国民の歴史に取り入れる指導的役割を果たしたのは、これまで多少なりとも歴史と見なしうる著述で役割を担ってきた福音派のスロヴァキア人ではなく、カトリックのスロヴァキア人だったということである。（この後も宗派の違いが、歴史叙述においても長く影響を与え続けた。）さらにもう一つの契機を述べるが、これはセヴェリニにはまだ見出せないものである。すなわちもう一つの契機は、ハンガリー等族認識からゆっくりと生まれてきた歴史叙述（むしろ単なる歴史の見方といった方が似つかわしいものだ）が、ハンガリー全体の視点を即ハンガリー人のエトノスとに直結させる見方と対立するようになった契機である。言い換えれば、ハンガリーの歴史を近代的な意味でのハンガリー人の歴史として理解する見方に対抗して生まれた契機である。近代的なハンガリー理解が主流となり、貴族層がたちどころに支持をすると、これと対立する見方は防衛的守勢に回ることになった。この防衛的な契機はやがて深刻さを増し、長い期間にわたって告白のようにつぶやかれ、さらに時代が下ると（例えばサシニェクがそうであるが）、後代の分析によってやっと明るみに出されるというほど控えめになった。

しかしそうではあっても、ハンガリーの歴史叙述に対し守勢に立つこのスロヴァキア人の歴史叙述も、スロヴァキア人の発展全体の一部分を担うものだった。18世紀から19世紀への世紀転換期に学術団体設立の試みがしばしば起こり、啓蒙思

想の影響から学術全般への関心が高まると、国民意識を涵養しようとする活動と結びついた。文章語としてのスロヴァキア語を最初に定式化したカトリックの神父 A. ベルノラーク（1762-1813）は、言語改革を支援するために 1792 年にスロヴァキア学術協会を設立した。1793 年には歴史・言語学・民族誌の研究機関として、ハンガリーのスロヴァキア人によるスロヴァキア・チェコ協会が設立された。福音派リセの言語講座とともにチェコ・スロヴァキア言語文学講座がブラチスラヴァに設立されたのは 1803 年だった。また 1808 年にはマロホント学術協会が結成されて長期にわたって運営された結果、かなりの蔵書が収集された。年報も 25 年間にわたり出版された。1809 年には B. タブリツ（1769-1832）が鉱山地域学術協会を設立した。こうした学術協会は（地方史だけの場合もあったが）、それぞれの企画に歴史叙述を取り上げた。もっともそれらは学術活動全般の一端としてであって、特に歴史を目的としたわけではない。ここで再び、スロヴァキア人が抱えた困難な状況に言及しなければならない。富裕な篤志家が存在しないせいで、最終的にこれらの企画は、早晩失敗に終わり、スロヴァキアを意識に置く学術的な枠組みは創出されなかった。

パパーニェク

　J. パパーニェク（1738-1802）の場合、ハンガリー人に対する防衛的特徴が明白に現れた。パパーニェクは、Š. サラギウス（I. サラージ、1730-96）著『パンノニアの教会の状態について』[SK 0061]という書物に反論した。サラギウスの著作はスラヴ人が現ハンガリー領域にやってきたのは 6 世紀だと記している。ハンガリー大平原のカトリック教区司祭だったパパーニェクはこれに異議を唱えた。当時すでに、あらゆる大家が、スラヴ先住民が存在したことに言及していたからである。パパーニェクは『スラヴ種族の歴史』（1780 年）で、前世紀のチェコの歴史家バルビーンやペシナに依拠して、現在のハンガリー領域がスラヴ人の故地であると再度唱えた[SK 0062]。パパーニェクはとりわけ大モラヴィア国を根拠にこれを主張し、ペシナから継承した紀元前 4 世紀以降のスラヴ人（パパーニェクにとってはスロヴァキア人）諸侯と諸王の長いリストを、最重要人物スヴェトプルクに至るまで記している（1 世紀前に、ペシナは、諸侯・諸王をモラヴィアの支配者として列挙していた）。パパーニェクの著作は 14 章からなり、古代から同時代までのスラヴ人＝スロヴァキア人の発展を概観し（時に史料ではマルコマンニ〔ゲルマン部族〕と呼ばれることもあるが、当然、それはスラヴ人のことだと述べている）、すべてのスラヴ人はスロヴァキアの地から、すなわち、スロヴァキア人から生まれ出たのだと述べた。この見解において、大モラヴィア国はいずれにせよハンガリーと一体視されている。パパーニェクは題名にも表れているように、スラヴ人ないしスロヴァキア人の歴史を書きたかったに過ぎないのだが、バロック的な熱狂をもって大モラヴィア国とハンガリー国双方の栄光を唱えている。（パパーニェクはハンガリーについて別章を設け、教会組織にも 1 章を割いたが、）当時のハンガリーはどの国民にとっても等しく祖国であるということは、パパーニェクにとって自明の理であり、両者の融和もまた疑う余地がなかった。

ファーンドリ

　パパーニェクの著作の簡約版を作成した J. ファーンドリ（1750-1811）はカトリック神父であり、スロヴァキアの国民再生にとって極めて重要な人物である。1793 年に『スラヴ種族略史』という通史を出版した。ファーンドリ自身が記しているのだが、スロヴァキア人以外の人が読んでも真実を知ることができるようにと、同書はラテン語で書かれた[SK 0063]。スクレナールの著作も使用し、さらに当時の新しいチェコ史学からドブナーの業績も取り入れた。ファーンドリはパパーニェクよりさらに挑戦的に、スロヴァキア人の王スヴェトプルクの偉大さや、スロヴァキア人の先住性、またハンガリー人に対して及ぼした影響の重要性を強調した。ファーンドリはまた大モラヴィア国の伝統、およびキュリロスとメトディオスの業績を、チェコ人とスロヴァキア人の歴史観における共有財産とすることで、パパーニェク以上の影響力を及ぼした。ファーンドリの見方は、聖イシュトヴ

ァーン（975頃-1038）より古い国家の存在を提起しており、ハンガリーの歴史認識から完全に乖離している。彼の観点は後代のスロヴァキア歴史叙述にも保持され、時にわずかな変形は生じることがあったとしても、長期にわたり生き続けた。J. ティベンスキー（1923-2012）が強調したように、先住民であること、大モラヴィア国時代、そしてハンガリー人とハンガリー語に与えた影響は、たちどころに最も好まれる三大テーマになった。最後のテーマには、フンガリア（ハンガリー）発展全体におけるスロヴァキア人の役割も含まれる。

スクレナール

ファーンドリが用いたスクレナールの著作は、これを精査してみるとファーンドリとかなり異なる解釈を示しており、パパーニェクの主張とは正反対の認識だといえる。もっとも、スクレナールの場合も明瞭に自己弁護しているように、関心は歴史的事実にではなく、現実政治に向けた主張にあった。J. スクレナール（1744-90）は、ブラチスラヴァのカトリック・ギムナジウム教師だった。『最古の大モラヴィアの地勢とフン人の最初の侵入・襲撃』（1784年）という著作で、まずカトナに論争を挑み、大モラヴィア国はモラヴィア地域にあったのではなく、セルビアのモラヴァ川沿いにあったと主張した[SK 0064]。スクレナールは、ドブナーに依拠して『アノニムスの年代記』の作者を強く批判した。ドブロフスキーは大モラヴィア国の位置についてスクレナールが行なった推定には疑いを抱いていたが、スクレナールによる『アノニムスの年代記』の作者への批判に関しては同意している。スクレナールには明確な現実の目的があった。ハンガリー人がモラヴィア国を征服し、そこにパンノニアは含まれていたが、しかしスロヴァキア人居住領域は含まれていなかった、と主張したかったのである。スロヴァキア人は後からハンガリーに加わったに過ぎず、またハンガリー人がスロヴァキア人を暴力的に征服したのではなく、スロヴァキア人の方が自主的にハンガリー国家の枠内へ入ったのである。こう主張することで、スクレナールはすでに幾度も主張されてきた友好的受容説に到達した。ハンガリーを全体として見る視点は、スクレナールの場合、国家の現実的存在を受け入れる形でしか現れないが、スロヴァキア人以外の国民に対する憎しみを煽る者は、結局は祖国の敵であるということも強調した（スクレナールをスロヴァキア人の守護者と呼んだカトナさえもこれに含められた）。

*

世紀転換期の数十年について、さらにいくつかの名前を挙げるべきであろう。描かれる主題は従来と同様に、スロヴァキア人の先住性とか、地方史の概観であったが、すでにスロヴァキア人としての自覚を伴っていた。前者の例としてJ. ロホニ（1771-1831）を挙げることができる。ロホニは早くも1791年に、福音派聖職者の間で使われていたチェコ語を用いて、『スロヴァキア人によって著され、生まれながらのスロヴァキア人によって出版されたスロヴァキア人の讃歌』を著した[SK 0065]。同書で注目すべきはスラヴ人＝スロヴァキア人の二重性に終止符が打たれ、スロヴァキア人が独自の民として明白に描かれていることである。

L. バルトロマエイデス（バルトロメイデス、1754-1825）は、『古代と現代におけるマロホント県のボヘミア人について』を1783年にヴィッテンベルクで出版した[SK 0066]。同書は福音派聖職者である彼が当然興味を抱いたイスクラ時代のチェコ移民について記したもので、1796年にブラチスラヴァで再版された[SK 0067]。バルトロマエイデスは、他に地方史的な意味を持つ著作も著した（『シチートニク地方の記録』1799年[SK 0068]、『上部ハンガリーの有名なゲメル県の歴史・地理・統計的報告』3巻、1806-08年[SK 0069]）。福音派の聖職者であり、教師でもあったA. ブラクサトリス（1782-1848）は、チェコ語で『ハンガリーのスロヴァキア人—ホントとズヴォレンにおけるスロヴァキア人の記憶』を著した[SK 0070]。これまで言及した人々と異なり、ブラクサトリスはハンガリー人の征服説を受け入れた。スロヴァキア人は農業に従事して、兵士ではなかったと彼は述べ、ゆえにハンガリー人はスロヴァキア人を服従させることに成功したというのである。先住民説は『クルピナの編年誌』（1810

年）[SK 0071-0072]という著作におけると同様、この本でも維持された。ブラクサトリスはスラヴ人の起源に関しても執筆したといわれるが、手稿は失われてしまった。

やや新しい世代に属し、別な角度から眺めても異彩を放つのが、福音派牧師タブリツである。タブリツはドブロフスキーに影響を受けて文学史の資料収集を始めた。1806 年から 1812 年にかけて 4 巻本で出版した詩集では、初めの数章に、収集した資料を「チェコ・スロヴァキアの叙事詩人あるいは詩人たちの回想」という題名で発表した[SK 0073-0075]。この著作には狭義の文学者だけでなく、当時は一般的だった広い解釈に基づき、ある主題に関してこれを執筆したすべての人物が収められている。タブリツは伝記や文献目録などの情報を熱心に収集したが、もっと進んで幾人かの著者については何かしらの評価を行なおうと試みた。収集された資料は極めて膨大なもので、のちに J. ヴルチェク（1860-1930）もこれを有効に活用している。しかしながらタブリツの重要性はこの点にではなく、著作の題名が示すように、チェコスロヴァキアという国民単位を構想した初の人物だったという点である。同書でチェコ人とスロヴァキア人が相関的に取り上げられ、ある時期にはハンガリーに来てスロヴァキア人のもとで活動したチェコ人が多数いたこと、同時にチェコ人地域に移住してチェコ文化に貢献したスロヴァキア人もいたことが指摘された。タブリツはスロヴァキア人のスラヴ人意識醸成に果たしたプラハの大学の役割を強調した。チェコスロヴァキア人の一体性を掲げる場合、当然のように大モラヴィア国の伝統がいっそう強く活用されたが、それはタブリツにおいてもハンガリー人への対抗意識からだったことは明らかである。ハンガリー人がスヴェトプルクを打ち負かすことができたのは、他にも多くの協力者がいたおかげであることを示した。タブリツは古い著作の出版も手がけ、中には我々もすでに知っているピラーリクの伝記[SK 0076]や J. ヤーノシーク（1688-1713）についての歌もある（18 世紀初頭に処刑された無法者で農民の叛徒でもあったヤーノシークは、この頃からスロヴァキア国民運動の先駆者としての役割を担い始め

た）。タブリツの死後 10 年経って、『チェコ博物館雑誌』に「過去と最近のスロヴァキア人文学に現れたチェコ人およびモラヴィア人との関係」（1842 年）という研究が発表された[SK 0077]。まさにスロヴァキア人の運動内部でカトリックと福音派の両陣営が団結し、国民としてチェコ人から区別することが日程に上っていた時期であった。

1848 年以前の 20 年間は、カトリックと福音派が団結した時期だったばかりか、スロヴァキア人の運動が強化された時期でもあった。当然のことながら、歴史の解釈も大きな役割を与えられた。運動の政治指導者たち自身も、歴史を執筆した。無論、政治的指導者たちの著作が、当時の基準に照らして（すでに 19 世紀の半ばである）、研究に基づく学術作品となることはなかった。むしろ続く数十年間にそのテーマや見解に反響が起きるようなことが語られたのである。

ついでながら、ここである独自な契機に言及しておこう。スロヴァキア人の歴史観は、19 世紀半ばにはすでにハンガリー等族という思考枠から外れて、大モラヴィア国という祖先を発見したが、スラヴ人とスロヴァキア人の二重性は依然存在していた。スロヴァキア人の歴史的視点はハンガリー等族に基づく共通の祖国から離れて、いまやスラヴ人の広大な共同体へと向かった。ここからスロヴァキア人の歴史へと明白な回帰を見せるのは、1848 年革命とそれに続く 20 年間の変化の影響を受けた後のことである。1848 年革命後のスロヴァキア人の歴史は、もはやハンガリーの歴史と同一化せず、スラヴ人の一体性にも埋没せず、スロヴァキア人エトノスの歴史、つまり当時のロマン主義的な言葉を借りれば、スロヴァキア民衆の歴史となるべきものだった。P. J. シャファーリク（1795-1861）や J. コラール（1793-1852）はスロヴァキア人であるが、実態としてはチェコの歴史叙述の章で論じざるを得ないが、ここでも一瞥しておく必要がある。なぜならとりわけコラールの場合は、肯定的、否定的どちらの意味においても、後代のスロヴァキア人の歴史的思考に影響を与えたからである。シャファーリクはスロヴァキア人を独立した種族（ゲンス）として認識したばかりか、生きた生活言語で広まる民間伝承が、過去を

知る上で重要であることを指摘した。コラールはスラヴ人の共同体という魔力を、1 世紀にわたってスロヴァキア人の歴史観に植えつけただけでなく、チェコスロヴァキアという国民単位から距離を置き、この見解に対して極めて批判的だった人々にすら影響を与えた。

コラールのように広範な影響を与えなかったが、同時代の歴史観に見逃せない影響を与えたのは、カトリックの教区司祭 J. ホリー（1785-1849）である。ホリーはベルノラークが始めたスロヴァキア文章語を使用した唯一の重要詩人であり、当時はよく読まれた『スヴァトプルク』[SK 0078]、『キュリロスとメトディオスの物語』[SK 0079]、『英雄スラーフ』[SK 0080]等の題の叙事詩を著し、スロヴァキアのロマン主義歴史観の頂点をなした。ホリーは散文も著し、ティモンやパパーニェク、あるいはサラギウスを利用して、キュリロスやメトディオスの伝記などを描いた。ポーランドのスロヴィェツキに倣って、スラヴ人の故地をインドと見なし、同地からスラヴ人がタトラ山のふもとへ、次いでタトラ山から分散してヨーロッパ全土に移動したというスラヴ神話を、より正確にいえばスロヴァキア人の古いお伽噺考（おそらくこれが最も正しい訳である）を著した。ホリーは自分の解釈をいっそうもっともらしく見せようと、叙事詩にも歴史史料を利用した。

政治運動の指導者のうち、J. M. フルバン（1817-88）は、歴史物語を数編描き、大モラヴィア国時代について叙事詩を構想し、論集『ニトラ』を編集した[SK 0081-0087]。Ľ. シトゥール（1815-56）は 1841 年に『スロヴァキア人の旧時代と新時代』という題名の概史を描いた[SK 0088]。ハンガリー人に対抗して、シトゥールがドイツ語で書いたパンフレット（『19 世紀とハンガリー化』1845 年[SK 0089]）にも歴史への言及があるが、同時代についての記述が中心である。1848 年革命後、失望したシトゥールは、歴史哲学とも見なしうる著作『スラヴ民族と未来の世界』を著した[SK 0090]。その中で、言語および宗教をロシアと一体化させることがスロヴァキア人および全スラヴ人にとっての解決策であると考え、世界史におけるロシアの未来像を描いた。こうした理念の萌芽は、1842 年から 1843 年にかけて連載された記事「アジアとヨーロッパ、あるいはアジアに対するロシアの使命」にもすでに認められる[SK 0091]。

第一級の指導者たちの後塵を拝する人々の中では、古い時代の福音派教会史の伝統に結びついた二人に触れる必要がある。バンスカー・ビストリツァの監督であり、のちにウィーンの福音派神学アカデミーの教師となった K. クズマーニ（1806-66）は、1840 年にルターの伝記を著した[SK 0092]。そこではルターとフスおよびフス派運動の関係を検討した。J. ハルプカ（1791-1871）は、ハンガリーのプロテスタント二宗派〔福音派とカルヴァン派〕の 1791 年宗教会議に関わる歴史をドイツ語で著した[SK 0093]。J. パルコヴィチ（1769-1850）も言及に値する。彼はブラチスラヴァの福音派リセのチェコスラヴ言語文学講座の教師であり、数多くの暦を出版した。その暦にパルコヴィチは世界史に関する記事を多数書き、特にフランス革命とナポレオン時代について記した。パルコヴィチが純粋に知識の流布を超える野心を持っていたのではないことは明らかだが、彼をスロヴァキアにおける世界史研究の始祖と見ることは当を得ている。

1848 年革命の影響のもとに、スロヴァキア義勇軍の指導者の一人 J. フランツィスツィ（1822-1905）は自伝を著し、1848 年革命を回想した[SK 0094]。同種の書物であるが、さらに高い願望を題名が示しているのは、1850 年に著した（ただし未完に終わった）、M. ドフナーニ（1824-52）の『1848 年スロヴァキア蜂起の歴史』である[SK 0095]。ここでドフナーニは自分が参加した実際の出来事よりも、むしろ蜂起の構想について書き記した。スロヴァキア系の血が多少は流れていたハンガリー人の P. ヴァシュヴァーリ（1826-49）は、フランスの空想的社会主義者たちと知遇があり、フスに関するルイ・ブランの研究を翻訳した。

シトゥールの教え子だった P. ケルネルは、Z. ホスチンスキー（1823-73）というペンネームを使った。福音派神学研究の傍らで法律も学んだホスチンスキーは、特にスロヴァキア人の「1861 年覚書」が出された時期にマルティンで新聞記事を書

いていた。記事の中でハンガリーとスロヴァキアの歴史に関するいくつかの問題提起をしたが、それは実のところ「覚書」の政治的要求を歴史的側面から支援するためだった。ホスチンスキーは、スロヴァキア人もかつてはハンガリーの歴史的国民であり、アールパード朝時代にハンガリー人とともに戦い、スラヴ人のおかげで国力を保てた点を強調した。例えば、アンドラーシュ3世（1265-1301）を大領主たちから守ったのはスラヴ人だったが、それは王が国家を具現化しているとスラヴ人が考えたためであった。スロヴァキア人とハンガリー人の協力関係は、カーロイ・ローベルト（1288-1342）時代以後は消滅したが、上部ハンガリーは16世紀以降、法律に基づいても（ここで自分の法律知識が役立った）独立した領邦だった。スロヴァキア人は数世紀にわたって平等な権利を享受したが、1790年になって制約が始まった。ホスチンスキーは、ハンガリーの国家組織中にどれほど多くのスラヴ起源の概念と相応する機関が存在するかを引き合いに出した。ホスチンスキーの見方はかなりロマン主義的だったが、記事を書くにあたり真剣に予備研究を行なった。師のシトゥールと同様に、ホスチンスキーも最終的にスラヴ・メシア主義思想に到達した。1871年にペシュトで『いにしえのスロヴァキア神学』という、スラヴ人の神話を再構成する著作を出版したが、これはメシア主義への傾倒を如実に示すものだった［SK 0096-0097］。パンノニアという名称をスラヴ語のパーン〔主人〕という言葉に由来させる説が彼にも認められる。

「1861年覚書」の執筆者の一人である弁護士のŠ.M.ダクスネル（1822-92）は、政治的要求を援護するために歴史的根拠づけを行ない、歴史の概説書を著す時でさえ、時々の政治目的を念頭に置いた。最も重要な著作『スロヴァキアからの声』は、1861年にペシュトにおいてドイツ語とスロヴァキア語で出版された［SK 0098］。これは当時成立していたスロヴァキア人の歴史観の総括であり、注目に値する。いわくスロヴァキア人は先住民であり、ハンガリー国家の建設やあらゆる発展に加わったが、ハンガリー国家の内部においても独立性を保ったとする。ダクスネルは、ニトラ公に言及し、その地位にM.チャーク（1260頃-1321）やJ.コルヴィーン（I.コルヴィン、1473-1504）が即いていたことを領域的独立性の証明であるとした。ロシア人にスロヴァキア人の状況を知らせる目的で、ダクスネルは1868年にロシアの雑誌『国民教育省雑誌』に論文を1本発表した。またあたかも辞世の言葉のようになってしまったが、1892年に発表した「1849年以後」という表題の文章では、ウィーン政府がスロヴァキア人の試みを支援しなかった理由を説明しただけでなく、スロヴァキア人の運動の発展の概観も描いた［SK 0099］。ダクスネルはこれと同じ様式で自伝も記し、没後の1899年に出版された。1860年代に書いた記事では、スロヴァキア人は今もハンガリーを祖国と思っているが、かつてスロヴァキア人に独立した国家があったことを論拠として、ハンガリー内にあってスロヴァキア人が同権を要求しているのだということを繰り返し強調した。

フロジャンスキー

やはり同時代の政治的要求から出発し、やがて完全に独自の歴史観に到達したのがJ.H.フロジャンスキー（1836-76）である。イエズス会修道士として1862年から1864年までプラハの大学で歴史を学んだ。この点だけでも同時代人としては稀有な存在だった。のちに修道会を辞して評論家になり、スロヴァキア語の雑誌に寄稿した（1870年9月に古きヨーロッパの崩壊について記事を書き、禁固10カ月の判決を受けた）。その後に一時期レヴーツァでギムナジウムの教師になった。1868年から1872年にかけて、フロジャンスキーは『ビエレ・ウホルスコ（白ハンガリー）』という雑誌を全部で6号刊行し、事実上すべての記事を自分で執筆した。この雑誌や他誌において、フロジャンスキーは自らの歴史観全般についてのみならず、ハンガリー史の解釈も書き記した。1872年の秋にロシアへ移住し、1874年からトゥーラのギムナジウムで古典語を教授した。

フロジャンスキーは経歴と同様に、その見解も慣例に倣うものでなく、ドロイゼンに倣って、歴史叙述の本質に理論的な問題を提起した最初の人物だった。またフロジャンスキーは歴史補助学の

重要性に言及した最初の人物でもあり、自身をとりわけ歴史補助学の専門家であると考えた。フロジャンスキーによると、最も重要な歴史補助学は紋章学、古銭学、衣装学、建築学だった（選んだ歴史補助学の種類はかなり思いつきだが、月並みでなかったことは議論の余地がない）。ハンガリーに文書形式学が上梓される必要性にも触れている。またフロジャンスキーは、マチツァ・スロヴェンスカーが学問領域のすべてに有効に取り組むことは不可能だとして、1868年に、スロヴァキア人による歴史学＝文献学の協会を設立するよう提案した。

ハンガリー史についてまずフロジャンスキーが表明した見解は、中世に関してである。彼の見方の基礎となったのは、アノニムス〔逸名者〕（12-13世紀）があれほど地名を間違えたのは外国人だったからに違いないとし、ポーランドのビェロフスキに倣って、アノニムスはベーラ4世（1206-70）に仕えたグイド・デ・コルメラ（1210頃-87頃）であると指摘したことである。フロジャンスキーはハンガリー人の首長たち、つまりジョルト（10世紀前半?）〔実際には首長でなかった可能性が大きい〕、タクショニ（905頃-70頃）、ゲーザ（940-97）、イシュトヴァーン時代の出来事についても執筆したが、そこには名前の間違いがあり、ハンガリーの歴史に何ら関係のないフンとクマンに関わる歴史的事象も含まれていた。ハンガリーのスロヴァキア語名ウホルスコは大モラヴィア国とその継承国を指すこと、またモイミール1世（?-846頃）以降、その首都がセーケシュフェヘールヴァールであったことから、アールパード朝時代になっても、同地に首都がとどまったとフロジャンスキーは説明した。これが白ハンガリー、つまりスラヴ人の国家であり、一方、10世紀末にティサ川から東にあった黒ハンガリーがハンガリー人の国家だとされた。首長ジョルトは920年にモイミール2世（?-906頃）の娘と結婚したことで白ハンガリーを相続し、東の黒ハンガリーと統一を達成したが、スロヴァキア人領域は1009年まで独立していた。もともとセーケシュフェヘールヴァール大公だったイシュトヴァーン1世がスヴェトプルクの国を再建し、その後黒ハンガリーを征服したのである、等々と彼は説いた。

今日のスロヴァキア歴史叙述は、フロジャンスキーの解釈に全く根拠がないと見なす。しかし、〔1867年の〕妥協後のハンガリーにおいて、このような歴史の捉え方を表明することは、独自な思想表明であることは認めねばならない。フロジャンスキーほどに歴史史料を無視し、不明瞭な事柄に依拠することはなかったにせよ、1918年以前のスロヴァキアの歴史叙述では、このような傾向が途絶えることはなかった。

*

フロジャンスキーの極端な見解は、スロヴァキア知識人からも批判を受けた。J. ザーボルスキー（1812-86）は歴史家としてフロジャンスキーを批判した一人だった。福音派聖職者であるザーボルスキーは、歴史劇の筆者として文学史に名をとどめたが（ドージャについても脚本を書いている）、ハレの大学で学ぶ間に、専門知識をある程度は習得した。しかし、手稿「始まりからジグムント時代までのハンガリー王国の歴史」は内容があまりに独創的だとして、マチツァ・スロヴェンスカーにさえ受け入れてもらえなかった [SK 0100]。

さらに数人の聖職者や知識人の名前を挙げなければならないが、彼らは依然として、本業の傍ら副次的に歴史に取り組み、地方史や教会史を執筆した人々である。教育者 J.P. トマーシェク（1802-87）は『イェルシャヴァとムラーニの名所』と題する手稿を著した [SK 0101]。弟の福音派聖職者 S. トマーシク（1813-87）がのちにそれを補足し、より専門的にした「ゲメルとマロホントの名所」を1872年にマチツァの雑誌に発表した [SK 0102-0103]。トマーシクは1883年にドイツ語で記した『祖国の歴史に関連したムラーニ城の回想録』という著作で初めて農奴の問題に触れ、さらに同城の経営にも話題を広げた [SK 0104]。これは農業史叙述の始まりとなった書とされている。他にも様々な分野の著作が現れた。例えば、カトリック教区司祭だった Š.N. ヒーロシ（1813-88）はリプトウに関する文書を刊行した。また1876年に近くのリカウカ城とその領主たちについて小冊子を出版し [SK 0105]、『昔の教会と絵画の

記録』[SK 0106]を手稿で残した。これは美術史の始まりといってよい。弁護士の A. ロムバルディニ（1851-97）は1886年から1888年にかけて、スロヴァキアの都市や城、および個人に関する「スロヴァキア人の英雄列伝（プルタルコス）」という膨大なデータ集成の連載を発表した[SK 0107]。福音派の教会史にも次の人々が引き続き取り組んだ。A.H. シクルテーティ（1819-92）は1889年にレヴーツァの福音派ギムナジウム史について[SK 0108]、J. モツコ（1843-1911）は福音派の賛美歌史に取り組んだ。J. ボルビス（1832-1912/13）は、ドイツ語でハンガリーにおける福音派教会史を著した[SK 0109]。

第2節　国民覚醒の歴史叙述（19世紀後半）

1. 制度的基盤

19世紀後半になるとスロヴァキアの歴史叙述にとって、これまでより幾分か有利な状況が生まれた。しかしこのことは誇張されてはならない。この時期にスロヴァキアの歴史叙述が、他の諸国民の場合と同様に、大学講座や諸制度、時に学派の形成をも伴う専門の歴史叙述として形成されたとはいえないのである。そういう状況からスロヴァキア人はまだ非常に遠いところにいた。だが制度的枠組みは同時期に形成されつつあった。まず1861年の「覚書」が拒否された後に、ウィーン政府はスロヴァキアの社会教育協会設立を認めた。バンスカー・ビストリツァの司教 Š. モイゼス（1796-1869）が資金を出して計画を支援し、国王〔皇帝、ハンガリー王国では国王〕も資金を下賜した。こうして1863年にマチツァ・スロヴェンスカーが設立され、全スロヴァキア人に向けた社会教育と学術の全国的な組織化が計画された。この団体は1864年に『マチツァ・スロヴェンスカー年報』という雑誌を、その後『マチツァ・スロヴェンスカー論集』という一種の年報を刊行した。もちろん歴史は公刊物のほんの一部を占めたに過ぎないが、ともかくも定期的な刊行の可能性が生まれた。しかし長くは続かなかった。1875年にハンガリー政府がパン・スラヴ主義的な活動の容疑で、この団体を全体として禁止し、出版物の発行も禁じられた。これを補おうとして歴史学者のサシニェクは1876年に『スロヴァキア歴史・地誌・考古学・民族誌年報』という雑誌を始めたが、1882年まで刊行されただけで、持続的な解決には至らなかった。他方、1881年に『スロヴァキア展望』という雑誌が、ヴルチェクと J. シクルテーティの編集で刊行された。同誌は以降、数十年間にわたってスロヴァキアの学術活動にとっても指導的な機関誌となった。文学作品も同誌に発表されたため、必然的に歴史叙述にはわずかな紙幅しか残らなかった。

世紀転換期になると再び状況が好転し、少なくとも学術的な著作については継続的に携われる可能性が生まれた。国民運動の熱心な先駆者であり、資金提供者でもあった A. クメチ（1841-1908）が1895年にスロヴァキア博物館協会を設立した。この協会は以前のマチツァ同様にマルティンで運営され、1896年から年報『スロヴァキア博物館協会論集』を刊行し、1898年から雑誌『スロヴァキア博物館協会雑誌』も発行した。1918年に至るまで、この二つの定期刊行物が『スロヴァキア展望』と並んで、学術的業績発表の主要媒体となったが、いうまでもなく、すべての学問分野にとって研究発表の場だった。さらに二つの雑誌を挙げなければならない。その一つは『声（フラス）』である。マサリクに賛同し、スロヴァキアの保守的な政治指導者を鋭く批判する若者たちの雑誌『声』は、もちろん第一に政治評論を掲載したが、歴史文献と見なせる論文も発表された。『声』は1898年から1905年まで刊行され、1909年から『潮流（プルーディ）』によって継承された。1918年以降にこの『潮流』が再刊され、関心の対象を従来より広い範囲に拡大して文学についても掲載するようになったが、ブラチスラヴァではこの雑誌の周辺に歴史に関心を持つ人々の常設的な小規模サークルが結成された。博物館協会は本の出版にも取り

組み、制度面での可能性がさらに広がった。1869年に結成されたカトリックの聖ヴォイチェフ協会も書籍を出版したが、1918 年以前は宗教書と文学作品に出版活動が限られていた。しかし 1918 年以降になると、限られた範囲ではあれ、学術的書籍の出版において重要な位置を占めるようになった。1901 年から 1918 年の間だけでも歴史を対象とする論説を『スロヴァキア博物館協会雑誌』は 254 編、『スロヴァキア博物館協会論集』は 75 編、『スロヴァキア展望』は 244 編掲載したが、こうした数字が定期刊行物の重要性を示している。

このように見てくると、専門的学問の成果を出版する場所はすでに存在していた。問題は誰が何を書くのかだけだった。これに関しても 19 世紀半ばの状況に比べれば、一定の前進があった。ただし、大学で専門教育を受ける可能性はすでに生まれたにせよ、専門教育を受けた歴史研究者が歴史を著述したわけではない。そのせいで独特な事情が生じた。すなわち、19 世紀末から 20 世紀初頭にかけて、国民運動の最も重要な国民的学問は歴史学ではなく、言語学、文学史、民族誌等の分野だった。これらの分野では、ハンガリー国内においてスロヴァキア人の独自性を議論することが容易だったからである。言語学や民族誌の分野は、その性格からして、とりわけ現状からデータを収集することが可能であった。あるいは文学史ならば、対象のテーマと言語からして、ハンガリー全体の発展の中からスロヴァキア人を取り上げて、区別することが歴史学よりも容易だった。この頃になると、ハンガリー等族という観点からの分離は、説明が不要なほど自然になっていた。すでに言及したように分岐していく民衆の概念を超えて、何をスロヴァキア人の歴史の対象と見なすかという点がいっそう深刻な問題性を帯びた。多くの者が取り組んだのは地方史だった。地方史によってスロヴァキア人エトノスの存在と発展を示すことが可能だったからである。個々の都市、稀には村落、あるいは県についても、それを示すことが可能だった。しかし全国を対象としてこれを行なうことは困難だった。1861 年の「覚書」で要求されたスロヴァキア人の自治地域に注目することは可能だったかもしれないが、ハンガリー当局がそうした領域を認めないためにこの試みも実現しなかった。そこでスロヴァキア人全体をテーマに選ぼうとすると、サシニェクが行なった全ハンガリーの枠をスラヴ人で満たそうとするやや素朴な試みか、あるいはボトが行なったはるかに近代的な取り組み、つまり追跡可能なスロヴァキア人の政治運動を描写することしか残されていなかった。

取り組み方法において別な道を見つけることはできた。スロヴァキア語の発展と現状については、明瞭に特定できる史資料から明らかにできるし、文学史も史資料を比較的簡単に入手できた。また民族誌と民俗資料の収集は村落に赴きさえすればよかった。他方、歴史史料の大部分は公的な組織、つまり県や都市の文書館に保存されており、常に整理された状態にあるとは限らず、また史料の分析・活用にはすでに最低限の専門的知識が必要とされた。

とはいえ実際は、さほど難しい知識は必要とされなかった。なぜなら当時はどこでも、血の通わぬ無味乾燥な実証主義が史料の分析と活用における支配的方法だったからである。実証主義は情報の収集と系統的整理を求めたに過ぎず、独学でも習得可能だった。そのため〔第一次〕世界大戦に至るまでは、歴史に取り組むのは、歴史を専門に執筆したり、あるいはこれを職業とする者ではなく、クリシコのようなわずかな例外を除いて、多くが依然として歴史叙述を副次的活動とする知識人だった。これらの知識人は、従来通りに大部分が聖職者であり、福音派とカトリックは半々だった。これは実際の宗派別の人口比を全く反映していない。何度も見てきたように、福音派の聖職者にははるかに豊かな伝統があった。この頃に聖職者と並んで、いま一つの職業が知識人の職種に加わった。すなわち 19 世紀半ばには僅少な例しかなかった法律家、実際には弁護士であった。聖職者も弁護士も、大学または高等専門学校を修了し、その専門的な勉学には歴史も入っていた。方法の習得までは無理としても、歴史学の基礎知識を習得することはできた。当時のハンガリーの教育において、法制史は、法学的視点がかなり浸透していた歴史教育と非常に近いところに位置した。

生業の傍らで歴史叙述に従事した知識人が、い

わば国民の責務としてではなく、歴史学そのもののために歴史に取り組む例は、わずかだったことを忘れてはならない。大多数は何らかの形で政治運動に参加し、まさに政治のために、たとえレベルは低かったにせよ歴史に取り組んだのである。このため当然、次のことが起こった。歴史叙述の主題は政治的利害に応じて選択され、その解釈も政治的利害によって決定された。歴史叙述は以前から長期にわたりそうだったように、引き続き国民運動に奉仕することとなった。巨大な存在でありよく組織された諸制度を有する国家に対抗して、スロヴァキア史、つまりスロヴァキア人の歴史に取り組むことは困難である。またハンガリー的性格から区別して、スロヴァキア人の存在を繰り返し主張しなければならない。このため実証主義が強く求める中立的な研究をここで実現することは、明らかに不可能だった。それゆえに、手法としては実証主義的な歴史叙述が採用されたにもかかわらず、歴史の解釈においては引き続き 19 世紀半ば、もしくはそれ以前のロマン主義的視点にとどまらざるを得なかった。この状況は、ハンガリー人の描く歴史ロマン主義に対抗して、事実を主張しようと努めた時ですら変わらなかった。この時代の歴史家たちは、ハンガリーの歴史叙述やチェコの歴史叙述、あるいは他のスラヴ人の歴史叙述、とりわけガリツィアのポーランド語の著作に、さらにロシア、ドイツ、オーストリアの歴史叙述にも目配りすることで専門教育の不足をある程度補った。これらは全く言語的な観点から、当時のスロヴァキア知識人が接近しえたものだった。西欧のイギリスやフランスの影響は、実態としてスロヴァキア人に全く及んでいないが、当時の東欧においてこれは例外ではなかった。

2. 歴史家たち

世紀転換前の数十年間と同様に、世紀転換期の数十年間についても、歴史観形成に影響を与えた政治的指導者を軽視することはできない。はじめの例として、1848 年革命期のフルバンの息子 S.H. ヴァヤンスキー（1847-1916）について述べなければならない。ヴァヤンスキーはブラチスラヴァの法学アカデミーを卒業したのち、弁護士として数年間働き、1878 年から没するまで先導的な政治新聞『国民新聞』を編集した。ヴァヤンスキーは歴史的正確さをある程度有する長文エッセーも書いたが、その歴史観は『国民新聞』に彼が発表した記事から再現できる。ちなみに、文学者としてのヴァヤンスキーが小説で繰り返し取り上げた主要なテーマは、スロヴァキアを出自とする貴族のハンガリー化である。ヴァヤンスキーによると、ハンガリー化は神の法にそむく罪だった。非常に保守的だったヴァヤンスキーは、ロシア皇帝アレクサンドル 3 世の養育係で宗務院の代弁人 K. ポベドノースツェフ（1827-1907）から影響を受けた。ポベドノースツェフほど保守的な人物は他に想像もできない。しかし、ヴァヤンスキーは近代的な文献も利用し、例えばテニエスの自然共同体理論からも影響を受けた。ヴァヤンスキーは、自明のことながら、スロヴァキア人をテニエスのいうような自然の共同体と見なした。保守的な政治家ヴァヤンスキーは、1906 年にラーコーツィの遺骨が故国に送還された際に、ラーコーツィ崇拝を拒否した。このため、社会民主党と同じ陣営に属する結末となったのは歴史の皮肉である。すなわちヴァヤンスキーも、ラーコーツィはチャークやテケリと同様の封建大領主であり、スロヴァキア人の解放のために闘ったわけではないと指摘したのである。

ヴァヤンスキーの歴史理解で最も重要な命題は、18 世紀末までスロヴァキアの歴史は存在しなかったという点である。なぜなら、スロヴァキア人の国民運動が存在しなかったからである。無論それ以前にハンガリー人の国民運動が存在したわけでもない。なぜならハンガリーは、千年祭〔1896 年〕の前後にハンガリーの歴史叙述が描いたような国民国家ではなかったからである。ヴァヤンスキーは保守主義のゆえにスロヴァキア国民運動史の中で、当初は〔政治的立場が保守的な J.〕コラールの側に立ち、コラールとシトゥールの連続性を強調した。のちにマサリクとそのスロヴァキア人信奉者が、チェコとスロヴァキアの接近を主張しても、ヴァヤンスキーはシトゥールの側に立ち続けた。（ヴァヤンスキーは帝政ロシアの信奉者

だったため、マルティンの通りで傘を手にマサリクを追いかけ回したことがある。）ヴァヤンスキーは「1861年覚書」運動をスロヴァキア人の政治的頂点と見なし、その後は毎年この「覚書」を回想した。無論ロシアからの支援を語ることはできなかったが、「覚書」の政治的理念が相変わらず有効であると新聞記事に記した。ヴァヤンスキーはスロヴァキアの政治運動を幾度も詳細に記述し、また大部分は個人的な経験に基づく指導者たちの肖像も描いた。ハンガリー人との交渉には何も期待せず、セーチェーニやデアークを、まだしも交渉の余地のある最後のハンガリー人だったと見なした。

現在の政治的観点から見ると、ヴァヤンスキーは現実的な解決を提案できず、社会的な綱領も全く持ちえなかったといえる。彼はチェコ人からの分離と独自の政治運動を中心に据えた点で歴史家に影響を与えたが、そのため若い世代からは最も強い反発を招くことになった。シチェファーニェクやM.ホジャ、および雑誌『声』の周りに集まった若者たち、いわゆるフラス派の者たちは、全く異なる概念を構築した。彼らについては別個に述べる必要があるが、フラス派の見解の先駆は、J.スメタナイ（1867-1953）が1896年にプラハで発行した『スロヴァキア』と題された小冊子だった［SK 0110-0111］。スメタナイはシトゥールに対抗して、運動の正しい方向を〔チェコ語とスロヴァキア語を単一の言語であるとした J.〕コラールの中に、つまりチェコスロヴァキアという国民単位の中に見出した。

世紀転換期の状況やその評価については、すでにもう述べすぎたくらいなので、ここで歴史的な著作を用いて政治活動を行なった人々、つまり歴史著述家たちの話題に戻ろう。

サシニェク

F. V. サシニェク（1830-1914）は、すでに1870年代から真のスロヴァキア人歴史学者であると目され、陰で彼への批判が口の端に上るようになるのは後代のことだった。靴職人の息子に生まれたサシニェクはフランチェスコ修道会に入り、聖職者となり、一時期はマチツァの職員だった。マチツァ閉鎖後に、教区の仕事に就いてしまえば歴史に取り組めなくなるとして、専門的な問題をめぐって幾度も書簡のやりとりをしてきたパラツキーに、年収約600グルデンの職探しを依頼した。（この求めに対してパラツキーは、相応の勤め口があったにもかかわらず、すでに欠員は埋まってしまったので教区の仕事に専念するようにと返事を送った。）1882年から1892年までサシニェクはプラハで働き、1901年にグラーツ近くの修道院に隠遁してそこで亡くなった。この間もサシニェクはスロヴァキア人との関係を変わらず保ち、引き続き多くの著作を発表した。1876年から1882年にかけて、既述した年刊学術雑誌『スロヴァキア歴史・地誌・考古学・民族誌年報』を編集し、多くの文書、特にアールパード朝時代に関する文書を発表した。サシニェクはアールパード朝時代を自らの専門領域と見なして、同時代に関するハンガリー人歴史学者の立場を全く信用しなかった。多くの文書を、それもまさに最も重要なものを、贋作であると主張した。それより時代の下る史料集も、1872年と1873年に2巻本の『スロヴァキア人の歴史と文学のための古いチェコ・スロヴァキアの文書・資料・歴史史料集成』として出版した［SK 0112-0113］。

1863年から書物を公刊し始め、最初の大著『今日のハンガリー領土における古代諸民族の歴史』（1867年）の主眼はもちろんスロヴァキア人にあった［SK 0114-0115］。翌年、『今日のハンガリーに関する初期の歴史』を著し［SK 0116］、その後、2巻本の『ハンガリー王国史』（1869-71年）［SK 0117-0119］と『アールパードとハンガリー』が続いた（1884年）［SK 0120］。キュリロスとメトディオスの伝記も著し（1885年）［SK 0121］、同年に9世紀のチェコ研究を書き上げ、別にプラハのカトリック司教座の設立に関する研究も著した。1902年には『ハンガリーのスロヴァキア人』という小著を出版し、スロヴァキア人は大モラヴィア国以来、現在の領域で暮らし続けているが、他のエトノスは13世紀になってやってきたと改めて主張した［SK 0122］。スロヴァキア人の領域は、973年まではチェコに、次いで1025年まではポーランドに属していた。その後、独自の公領として

ハンガリーに属することになった。ウホルスコ＝フンガリアの名称は非常に古く、スラヴ語のウ・フォル（山の麓）という表現に由来するとサシニェクは述べた。ハンガリー人の歴史学者と何度も論争し、歴史の真実と客観的な事実という名のもとに、ハンガリー人のロマン主義的歴史像を常に批判した。サシニェクは自著のハンガリー通史を補足するばかりか、彼自身が書いているように、抜本的な見直しを行ない、改めて1912年と1913年に3巻本の新たな『スロヴァキア人のためのハンガリー略史』を出版した[SK 0123]。

しかし同書でもサシニェク本来の観点は、大きく変化していない。ハンガリー側の史料を信用せず、むしろビザンツ皇帝コンスタンティノス7世を尊重して、皇帝から真実を知ることができるとした。無論アールパード朝時代に関して、コンスタンティノスはあまり妥当な史料とはならないため、サシニェクもやはりハンガリーの年代記を用いて書かざるを得なかった。（例えばアンドラーシュ1世（?-1060）とベーラ1世（1016頃-63）の剣か王冠かという一場面は、ハンガリー側の年代記からのみ知りうることである。）サシニェクは、史料には混乱があること、したがってそこから真実を探り出すのは難しいことを常に強調した。それでも次のことは確かだと主張した。すなわち、アールパード（845/55-900頃）はスラヴ系のブルガール人指導者であり、まさにスラヴ系ハザール人のカガンに起源を持つ。したがってそこに成立したハンガリーはスラヴ人の国であった。このスラヴ人たちは正教徒であり、後代にイシュトヴァーン1世が西方キリスト教を導入しようと試みたに過ぎない。しかもそれはグラゴール文字とスラヴ語典礼を保ったままであった。1046年蜂起は、西方教会の影響に対抗する正教徒の運動だった。同時代の史料がイシュトヴァーンをキリスト教の導入者と見なしたのは、西方教会のみをキリスト教と見なしていたせいである。サシニェクは常に史料に基づいて仕事を行ない、そのためにラテン語のザル・ラディスラウス（?-?）はツァー・ラジスラウ〔ハンガリー語ではラースロー〕のことであり、つまり彼はスラヴ人だったという発見をした。シャラモン（1052-87）の時代、ラースロー〔ハンガリー王ラースロー1世、1040頃-95〕はビホルの副侯だった。ビホルはキリル表記ではヴゴル、つまりハンガリーの領域である。ちなみに、ラースローは熱心な正教徒であり、このことはラースローが開いたサボルチ宗教会議の定めた断食期間規定が、正教の規則を受け入れていることで証明される。ハンガリー人の祖先は、クマン人とペチェネグ人であり、ベーラ4世の時代に、ウホル人と婚姻関係を結び、そのウホル人をクマン化、つまりハンガリー化したのである。ハンガリー人について語りうるのはこの時以降である。チャークの名前は、スロヴァキア人のチャカ村出自であることを示し、チャークが入植させて作らせた村々はスロヴァキア人の国民感情を表すレフオトカと名づけられたが、ハンガリー人の誇大妄想がこれらの村をジャルマトと名づけた（明らかにサシニェクはこの地名に植民地を意味するハンガリー語〔ジャルマトの原義は入植村であり、植民地は派生した語義〕を読み取った）。ラヨシュ1世（大王）（1326-82）はポーランド人である母の影響により熱狂的なスラヴ人であり、宮廷全体もそうだった。ジグムント王は1401年の夏に、大領主たちから逃れてトルナヴァの忠実なスロヴァキア人のもとに行った。（ジグムントが捕虜になったのち、スロヴァキア人たちがポーランドのヴワディスワフ〔3世〕を王に選んだこともサシニェクは数行前に記しており、ジグムントに対するスロヴァキア人の忠実さは一義的なものではない）。ジグムントは父のカレル4世がスラヴ人的精神で育てたために、クマン語、つまりハンガリー語も理解はできたが、第一言語はチェコ語＝スロヴァキア語だった。マーチャーシュはポジェブラディに書き送った手紙の中で、自身をヴラフ人の王であると述べ、ハンガリー人を憎んでいることを隠さなかった。ラヨシュ2世（1506-26）も熱狂的なスラヴ人だった。1526年までに歴史上35人の王がいたが、その中で、クマン語（のちのハンガリー語）を理解していたと認識できる王はわずか5人に過ぎない。またサシニェクがプロテスタントを肯定的に評価した点には、彼の宗教的な中立性が表れているが、彼はプロテスタントの直接的な先駆をフス派の中に見出した。ラーコー

ツィをハンガリーに招いたのはムカーチェヴェの二人の正教聖職者であり、ルシン人の防衛を呼びかけたことはラーコーツィ自身もルシン人だったことを示している等々、とサシニェクは主張した。

サシニェクの同様の解釈をさらにいくらでも引用することができるが、不必要だろう。付言すればサシニェクは、当時の歴史叙述の原則に従って政治的事件史のみに興味を示し、17-18 世紀に関しては農奴の置かれた困難な状況について時にチェコ語史料を引用した。1046 年のヴァタの乱については、失敗に終わったこの革命に言及して、革命は常に混乱を引き起こすと述べた。保守主義者であるサシニェクから何か他のことを期待できるだろうか。興味深い点は、サシニェクの見方が完全に間違っている点にではなく、サシニェクが人民の歴史を過去の暗闇から引き出し、それによって自覚を促そうとした点である。かつてはスロヴァキア人をハンガリーという国の枠内で他の住民と対等な存在と見なす立場が表明されていた。しかしサシニェクは過去 100 年間の発展の結果、スロヴァキア人が他と対等な住民であるかどうかという点ではなく、スロヴァキア人自身の歴史に関心を持つようになったのである。サシニェクは英雄的な努力を払って、遅まきながら、ハンガリー全体の歴史をスラヴ人のための、より正確にいえばスロヴァキア人のためのものにしようとした。それにより当時のスロヴァキア人が置かれた過酷な状況をより際立たせようとした。フロジャンスキーのところで既述したように、このような試みは、世紀転換期に専門的な視点からすでに維持できなくなっており、また同時代の政治運動にも役立つものではなかった。

ボト

J. ボト (1848-1926) はゲメルの福音派聖職者の家に生まれた歴史著述家であり、彼が著した大部な通史は同時代の要請によく応えるものだった。ボトはレヴーツァのスロヴァキア語ギムナジウム教師だったが、同校が閉鎖された後は、法律を修めていたので 1874 年から弁護士として活動した。しかし 1920 年に大きな償いがもたらされた。レヴーツァでスロヴァキア語ギムナジウムが再び開校されると、その校長となり、やがて高齢のために校長職を退いてからも、一教員として勤め続けたのである。ボトも文書館にはほとんど通わず、地方史を書く際も文書館を十分に活用せず、ハンガリー語の専門文献を強く批判しながらも、ハンガリー語文献の成果に依拠していた。ただし専門の視点から見てサシニェクよりも高い水準にあったことは間違いない。最初に狭義の自分の故郷ゲメルの歴史を描き、F. ペシュティ (1823-89) による地名の解説を訂正した。その後、「覚書」時代における指導者たちの人物像を描き、またこの時代に関する総合的な歴史を著した。この範疇以外の人物、例えばチャークについても伝記を書いた。ボトによればチャークはスロヴァキア人だったが大領主であり、国民的英雄ではなく、その領邦はニトラ公国でも大モラヴィア国の継承国でもなかった。1923 年にはヨーゼフ 2 世 (1741-90) とロシアのエカテリーナ 2 世の外交関係、およびそれが祖国の発展に与えた影響を論じる研究も著した[SK 0124]。

ボトの真の重要性は、1906 年から 1910 年にかけて刊行された 2 巻本の概説史にある (のちに 1923 年の改訂版で、ある程度の修正を行なっている)。その題名は『スロヴァキア人の国民的自覚の発展を考慮したハンガリーの歴史』となるはずだった。しかし検閲官はこの題名を許可しないだろうと、〔J.〕シクルテーティが説得し、結局、『スロヴァキア人—国民意識の発展』となった[SK 0125]。要するにボトは同書の大部分で過去 100 年間のハンガリーの政治的発展を示したのであり、元の題名の方が本の内容にふさわしいものだった (第 1 巻では 1875 年までを描き、第 1 巻とほぼ同分量の第 2 巻では執筆時までのわずか 25 年間の歴史を描いた)。政治史にしか関心を注がなかったため、第 2 巻は読者、特にフラス派から、社会・文化史が欠如していると批判された (第 2 版ではスロヴァキア文学の発展に 1 章を充てたが、これとても政治的な関心から描かれている)。ボトは法律家だったが、特に法制史に関心があったわけでなく、興味を示したのはせいぜい国家機構の発展についてだった。

ボトはサシニェクと対立的な解決法を選択した。

ハンガリーの歴史をスロヴァキア人の歴史に書き換えるのではなく、ボトはハンガリー国家の発展とほぼ並行して、スロヴァキア人固有の発展を著そうとした（いくつかの章は、ほぼ発展に応じて区切られた）。彼の歴史は政治運動史であるため、大モラヴィア国以降1848年にかけてはスロヴァキア人に歴史がないことになる。（実際には、1792年頃からスロヴァキア人意識の形成が始まったと書いている。）しかし自立の権利は歴史的過去に依存しないので、スロヴァキア人に1848年まで歴史がないことは問題ではないと、原理的な説明も行なっている。結局のところ、（ボトは従前のスロヴァキア人の見解を繰り返し）1848年以前にはハンガリー人にも固有の歴史はなく、貴族の歴史があったに過ぎないと述べる。貴族たちのエトノス上の出自は多様だったが、多くはスロヴァキア人だった。1848年以前にも、スロヴァキア人はエトノスとしても倫理的にも全き存在だったが、それを自覚していなかっただけなのである。当然ながら、ボトにとってスロヴァキア人意識の覚醒とは、政治運動指導者の覚醒を意味した。ボトは（もちろんサシニェクが考えたようにではないが）、大モラヴィア国時代を自己の時代の水準で議論し、大モラヴィア国が封建的ハンガリー国となることで、スロヴァキア人の政治的役割は消滅したと記した。もっともボトが実質的に議論したのは1792年以降であり、国家の全体像とスロヴァキア人の政治的発展を検討して、1848年革命を王朝への忠誠という立場から論じた（ある箇所では、ハンガリー人の伝統的な保守主義者たちが革命予備軍であったと注釈している）。それにもかかわらず1867年に王朝はスロヴァキア人をハンガリー人に引き渡した。スロヴァキア語ギムナジウムの閉鎖に反対する政治家たちに、フランツ・ヨーゼフ（1830-1916）は接見しようとしなかったのである。ボトには宗派的偏見がなく、カトリック系新聞『ハンガリー国家』がスロヴァキア語ギムナジウムの閉鎖を批判した唯一のハンガリー語新聞だったことに言及した。1848年にシュテファン副王（1817-67）は国会開会にあたって、ハンガリー人におもねり、ハンガリー人の功績のみに言及した。皇位継承者ルドルフ（1858-89）も1885年の全国博覧会の開会にあたって同様にふるまったと指摘する。（しかしルドルフがハンガリーの複数の民、したがって他の国民にも言及している演説部分を、ボト自身が引用しているのだが。）世紀転換期に関する最も主要な史料は『国民新聞』で、そこから出版刑事訴訟やその他の抑圧的な措置を次々と引用した。経済発展についても触れ、ボトは、スロヴァキア人領域において経済活動の鍵となる地位はドイツ人とユダヤ人に握られていると指摘し、ユダヤ人高利貸しについて辛辣な筆致で数多く記した。M. ポチェムラ（1922-）がボトを、スロヴァキア人ブルジョワジーの利害を体現する歴史家だと見なしたのは当然である。

2巻本の大著は教育ある読者向けだったので、1914年にボトは96頁の短い要約版を民衆向けに出版した[SK 0126]。同書でボトは、最も困難な時期に尊敬すべき男たち（シトゥールらを指す）を国民の代表として遣わした神の意志を引き合いに出した。同書中の表現のいくつかについて、当局がボトに対する訴訟手続きを開始したが、戦争の勃発で中断された（ボトは自分の弁護のために優秀な弁護士も雇うことができた）。1917年には、義理の息子 J. イェセンスキー（1874-1945）がロシアの捕虜になっていることに触れて、皇帝カール1世（1887-1922）に自身の赦免を求めた。それでもなお訴訟手続きが再開され、1918年5月に本の残部を没収する結末に終わった。（これも二重君主国時代の民族的抑圧に関する一種のデータである。）

以上で見た概説史がボトの主著であるが、今日のスロヴァキア史学が評価するのは一次史料を使用した研究の方である。1918年に至るまでの同時代人にとって、ボトこそが最も学識のある歴史著述家だった。サシニェクを一瞥してみれば、誰でもそれに同意できるだろう。

＊

同時代人を見回しても、ボトを凌駕するほどに学識がある歴史家は見当たらない。この時代に至ってもなお、19世紀半ばで触れた献身的な著作家たちから、さほど進歩したとはいえないのである。
M. コヴァレウスキー（1838-1916）は、福音派

の聖職者（こう書くのは何度目だろうか）だった。彼は 1898 年にルジョムベロクの福音派教区史を描いた[SK 0127]。福音派の初等・中等学校について丹念に資料を収集し、多くの記事を発表した。1904 年にルジョムベロクの初等学校に関する記事では、1831 年蜂起について最も多くの紙幅を割いた。同様にウィーン、バーゼル、チューリヒで福音派神学を修めた J. マリアク（1854-1945）は、一時期スイスで中等学校の教職に就き、帰国後に師範学校で教鞭を取った。その後、南部ハンガリーのイロクに私立女学校を設立し、1911 年から 1914 年まで自らの雑誌『家政と学校』を刊行した。農場を経営し、その収益で女学校と雑誌を維持した。1919 年にユーゴスラヴィアでギムナジウム教師になり、80 歳の時にスロヴァキアへ戻った。自身の雑誌や他誌にも学校の歴史について多くの記事を書いた。ほとんどの場合に原史料を使用したが、つまるところ原資料を基にした年代記だったといえる。執筆に際しては、自身や他者の回想にも大きく依拠した。（例えば、レヴーツァのギムナジウムを記した例がそれである。）スピシの司教座聖堂参事会員だった J. フラツキー（1827-1904）はハンガリー語とドイツ語でも出版活動を行なったが、スロヴァキア語やラテン語で書く方を好み、自らの出身県の歴史について、ほとんど教会史といいうる書物を著した（『スピシスケー・ポドフラジエにおけるローマ・カトリック教会教区の簡略史』を 1891 年にスロヴァキア語で著した[SK 0128]）。J. クレムパ（1839-94）はヤツォウスキーという筆名を使って、1860 年代から 1880 年代にかけて教会史関連の記事を書いた。クレムパはスロヴァキア人地域の地誌やハンガリー大平原のスロヴァキア人の歴史について、さらには、オスマン占領期にスロヴァキア人の間に入植したクロアチア人についても取り組んだ。スロヴァキア博物館協会の設立者であるクメチは、副次的とはいえ考古学研究に従事した初の人物であり、1893 年にシトノ山で見つけた出土品について、専門知識に基づく報告をした。J. ペトリコヴィチ（1846-1917）は、同様に考古学と古銭学の出土品について書き、Š. ミシーク（1843-1919）はスピシの副司教で、地方史と民族誌に取り組み、地名の歴史的重要性を強調した。

E. ストドラ（1862-1946）については、個別に述べなければならない。ストドラは政治家としての経歴を積み（チェコスロヴァキア第一共和国では、長期にわたり上院議員を務めた）、社会問題に最も関心を寄せ、スロヴァキア人が移民として流出することの経済的、国民的な危険性を指摘した。国事詔書期のハンガリー人口に関する研究もある（無論アチャーディに依拠している）。

教会史叙述にも（宗派的な不寛容も含む）伝統を継承する代表者がいた。J. コフート（1828-1900）はドルニー・クビーンの教区司祭であり、自らの県であるオラヴァの発展について書き、スロヴァキア語による説教に関する歴史文献についても多くの資料を集めた（1890 年）。F. R. オスヴァルト（1845-1926）は教区司祭から名誉司教の高位にまで昇り、1896 年にベルノラーク派に関する論争的な著作『我々の神学校におけるスロヴァキア文学団体の歴史によせて』を著し、スロヴァキア国民の防衛にあたり福音派だけでなく、カトリック教徒も役割を果たしたことを強調した[SK 0129]。

福音派聖職者の中では、J. Ľ. ホルビ（1836-1923）が考古学と民族誌に関わる資料収集に取り組み、ゼミアンスケ・ポドフラジエの福音派教会小略史（1884 年）[SK 0130]、およびジリナの福音派教会小史を著した（1910 年）[SK 0131]。17-18 世紀の教会と学校の歴史について多くの小論を発表し、同業組合の歴史についても民族誌の視点から描き、ハンガリー福音派教会史関連の多くの資料を収集した。L. パウリニ（1815-1906）は 4 巻本でニトラの福音派監督職の歴史を描いた[SK 0132-0135]。J. スラーヴィク（1855-1934）はドブラー・ニヴァの福音派教会史を（1898 年）[SK 0136]、さらにズヴォレンの福音派友愛協会および長老会の歴史を著した（1921 年）[SK 0137]。スラーヴィクは例外的にカトリックに対して寛容であり、中世美術史の問題にも関心を抱き、教会史に関する論文では、常に全国的な発展やチェコとの関係に注目した。著作は文書館の史料を基にして、読み物として生き生きとおもしろく描かれたが、そのせいで多少、寄せ集め的なものとなっ

た。

　歴史を著述した者たちは、ある者は生き生きと、ある者は退屈に、一次史料に基づいたり、あるいは二次文献を焼き直したりして執筆したわけだが、依然として自らの活動の主眼は国民的な課題であると考えた。歴史を執筆するのは時々の要請に応えるためであった。各々の生業において、歴史の執筆が極めて重要な活動と見なされたからである。彼らは最もよき意味での好事家であった。1918年以前は、受けた教育の程度に関わりなく、なにがしかは歴史の専門家だと見なせる者はわずか数人に過ぎなかった。

ツァムベル

　歴史の専門家といいうる人物として最初に挙げるべきは、歴史学者ではなく言語学者の名である。1902年に出版されたS.ツァムベル（1856-1909）の『スロヴァキア文章語の手引き』はいくつも版を重ねた[SK 0138]。同書でツァムベルは、スロヴァキア語が西スラヴ語ではなく南スラヴ語的な特徴を持ち、したがってスロヴァキア人は南スラヴ人であると述べた。彼はポーランド人が去った後に、スロヴァキア人が南から移動してきて現居住地に到来したという説を示し、ゆえにスロヴァキア人はチェコ人と何の関係もないと述べた。これがツァムベルに言及すべき第一の理由である。ツァムベルが興味を引く第二の理由は次の通りである。1902年にツァムベルはチェコ＝スロヴァキアという国民単位の過去、現在、未来についての本をハンガリー語で書いた[SK 0139]。同書でスロヴァキア語やスロヴァキア人に対するチェコの影響はフス派時代に始まるが、18世紀末にはチェコ人からの区別が進み、チェコ語に代えて独自のスロヴァキア文章語が導入されたことは自然で正しい試みだったと記した。ハンガリーの国家理念も自説の根拠として持ち出し、チェコ人の試みに対抗するよう直接ハンガリー政府に要求した。これはかつてのハンガリー等族的観点を、いわば近代的に変形したものだが、それにしてはあまりにも時代遅れである。1世紀余に及ぶハンガリー人やハンガリーからの分離傾向をいまさら覆すことはできず、ツァムベルの文法書は有用なものだったのに、同時代人は彼を国民の裏切り者と見なした。しかしスロヴァキア国民を独自だと見る彼の考えは評価しうるものであり、のちも、チェコスロヴァキア主義に対抗してツァムベルが言及された。

クリシコ

　歴史の専門教育は受けていないが、専門家と見なしうるのがP.クリシコ（1841-1902）である。彼はクリジュコー・パールの名でハンガリー史学でも知られる。クリシコは手工業職人の家庭を出自とするが、歴史に抑えがたい興味を抱き、ギムナジウムの生徒の頃から家族の歴史を描き始めて、まずチェコ語で、のちにハンガリー語で著した。中等教育修了後にクリシコは教師になり、高等教育は受けなかった。熱狂的なスロヴァキア愛郷者で、1863年のマチツァ設立集会にも参加した。1861年と1865年にクレムニツァ周辺で岩に刻まれたルーン文字を発見し、これによってスロヴァキア人が土着の存在であることを示した。（ただし年下の友人で弟子同様でもあったマトゥナーク が、この文字はクリシコ自身の捏造で、有名な画家 J.B.クレメンス（1817-83）が彫ったことを暴露した。これは約50年前のハンカの偽造を連想させる。）だが碑文が発見された時、スロヴァキア人の世論は大きな熱狂をもってこのニュースを受け入れた。

　幸いにもクリシコはこうしたロマン主義的な捉え方に拘泥し続けなかった。クレムニツァの文書館に職を求め、史料の分類に従事した。その後、一旦は金銭的な理由から（10人の子供がいた）市の経理職に数年間従事したが、1889年には文書館に戻った。定年退職まで文書館で働き、退職後わずか1年で亡くなった。文書館では歴史研究に要される専門性を実践から習得し、国立文書館から白羽の矢が立てられるほどクリシコの仕事ぶりは優れていたが、おそらくは国民意識によってこの栄達を断りクレムニツァに留まった。スロヴァキア語、ハンガリー語、ドイツ語で執筆し、実際にこれらの諸言語で出版された。ハンガリー語の雑誌『世紀』に幾度も論文が掲載され、パッラス大百科事典の執筆者にも名を連ねた。同時代におい

て業績で名声を博したのはサシニェクだったが、スロヴァキアの歴史叙述において中心的人物となったのはクリシコだった。当時の代表的ハンガリー人歴史家たちも、クリシコを対等なパートナーと見なした。クリシコが残した往復書簡は 624 人との交際関係を証すもので、中にはスロヴァキア人政治家もいれば、フェイェールパタキやフラクノーイなどのハンガリー人歴史学者もいた。

クレムニツァの歴史的諸問題に関するクリシコの最初の研究は『スロヴァキア展望』に発表された。最後まで地方史にこだわって、市文書館の豊富な史料を発掘した。今日のスロヴァキア史学によればクリシコは 157 編の研究を著した。スロヴァキア語による初期の著作では文字史を書いたが、これはまだ二次文献の焼き直しであった。詳細な「クレムニツァの財務局と伯爵たち」という研究は、1880 年にハンガリー語で公刊され、翌年にスロヴァキア語版が『スロヴァキア展望』に掲載された[SK 0140-0141]。2 編の大部なモノグラフ『王国自由主要鉱山都市クレムニツァの歴史』（1874 年）[SK 0142]および『クレムニツァのローマ・カトリック教区の歴史』（1887 年）[SK 0143]はドイツ語で記してドイツ語で出版した。ラーコーツィ蜂起下における鉱山都市の歴史について、1 巻の書の分量にも相当するモノグラフもドイツ語で書いたが、これは生前に出版されなかった[SK 0144]。クリシコは同書でラバンツ〔親オーストリア派の兵士たち〕を常に敵と呼んだ。富裕な木材商人に関する研究「15 世紀の大商人スタニスラウ・ヴィルヘルモヴィチ」を 1885 年にスロヴァキア語で、1898 年にハンガリー語で発表した[SK 0145-0146]。同研究はクレムニツァにもスロヴァキア語を話す市民層がいたことを示した。同作品はこの時代の専門著作でよく用いられた慣習的方法や研究手法の模範である。つまり文書館史料を入念に分析し、控えめな一般化により教訓を引き出したのである。この論文の水準は、掲載誌『ハンガリー経済史評論』だけでなく『世紀』の所収論文と比べてみてもひけを取るような水準ではなかった。クレムニツァ近郊のスロヴァキア人農奴についても著述し、農奴がクレムニツァ市の公領地農場を、堅実に良識ある、しかも合理的な方法で経営していたことを明らかにした。スロヴァキア人のマルクス主義者は、このような研究の性格ゆえに、クリシコを同時代のスロヴァキア人小市民の代弁者と見なした。残された手稿の一つは、最古のハンガリー民族法（1563 年）に関するものであり、この法律によれば上部ハンガリーの諸都市では非ドイツ人にも、市内の土地や建物、さらには市民権をも入手することが許可されていた。これもクリシコが民族問題に敏感だったことを示している。クレムニツァにあるクリシコの家は、同市内に住むスロヴァキア人社会の中心となったが、他方、著述においてはスロヴァキア人の政治活動に関与することを避け、日常の政治から距離を置いて専門性を保った。

1891 年に古いスロヴァキア人の洗礼名に関して『スロヴァキア展望』に論文を発表し、1 年後には地名研究を発表するが、ここにはクリシコの優れた歴史的感性が現れている。また地名収集の指針となるべき手稿も書いている。以上の論文でクリシコが明らかにしたことはすべてが事実だとはいえないが（彼の主張によれば、スロヴァキア語の地名こそがすべて本来の地名であり、ドイツ語の地名は 13 世紀以降に現れ、ハンガリー語はさらに後代のものに過ぎない。もしそれ以前の文書にハンガリー語の地名が登場する場合は、王の尚書部がハンガリー化を施した結果に過ぎない、というのである）、書かれた史料のみを尊重したこの時代において、全く異なる性質の史料群を調査に導入した姿勢は、やはり重要である。

マトゥナーク

ハンガリー語で多くの作品を公表したクリシコであるが、自分がスロヴァキア人であることを決して否定しなかった。クリシコの友人であり、弟子でもある M. マトゥナーク（1866-1932）についてはすでに触れた。彼もマトゥナーク・ミハーイという名前でハンガリー史学において知られているが、クリシコよりも複雑な人生を歩んだ。マトゥナークは農民出身の若者によくある進路を選んだ。ハンガリー語のギムナジウムに通ううちに母語のスロヴァキア語を忘れ始め、その後はブダペシュトのカトリック中央神学校と大学に学び、助

任司祭として各地で働いた。ギムナジウムの学生の頃にマトゥナークはタリの影響によって、熱狂的なクルツ的愛郷者となり、スロヴァキア語でクルツの詩を書き、それを父親の蔵書から見つけた詩であるとしてタリに書き送った。1888 年にニトラ県の地名に関してタガーニと論争したが、マトゥナークはタガーニが多くの地名をあまりにスラヴ起源と見なしすぎだと考えた。1890 年にマトゥナークは自身にとって狭義の故郷であるシュラニとその周辺について、同地域は 17 世紀末になって初めてスロヴァキア人が住んだが、以前はハンガリー人が住んでいたと新聞記事の中で述べた。マトゥナークは上部ハンガリー・ハンガリー文化協会の熱心な会員でもあった。しかし 1894 年から 1898 年までクレムニツァの助任司祭の職に就き、その時にクリシコと知り合った。この出会いも、マトゥナークのスロヴァキア人意識の覚醒に影響を与えたのではないかと思われる。その後もハンガリー語で多くの著作を執筆し、クルピナで働いた時には、『クルピナとその近郊』というハンガリー語の雑誌を編集した。しかし、最初のクレムニツァ滞在以降の彼はスロヴァキア人と見なしてよいだろう。マトゥナークが 1918 年以後にチェコスロヴァキア共和国を熱狂的に歓迎し、自分のスロヴァキア人意識のために司教から迫害されたと不満を表明したのも当然だった。

歴史研究において、マトゥナークは最初チェコウに、その後は鉱山都市に取り組み、シュラニ城史の年代記を編集して、ボスニャーク家が南スラヴ出身であることを証明した。(これまでボスニャーク家はポーランド起源であると考えられていた。)「オスマン庇護下のノヴェー・ザームキ 1663-85 年」を 1898 年に『スロヴァキア展望』で発表し [SK 0147]、これはようやく 1901 年にハンガリー語でも単行本として出版された。マトゥナークはオスマン占領時代に熱心に取り組み、ハンガリー北西部におけるオスマン対ハンガリー人の戦いに関する長編の研究を 1897 年に著した [SK 0148]。ヴェリチ版のオスマン土地台帳に依拠してオスマンの土地所有に関する秀逸な概観を記した。マトゥナークは出来事を一般に時系列で描く業績を残し、クレムニツァの文書館の史料を用いた。国境城塞の歴史についても『軍事史報』に多くの論説を書いた。20 世紀初頭には論説の執筆を中断し、20 年間にわたりブレズノ教区司祭として植物学と古銭学に取り組み、民謡収集も行なった。1918 年の国家体制転換後にマトゥナークは再び歴史叙述に立ち返り、スラヴ人の先史時代に取り組み始めたが、専門的な文献を入手できなかった。1919 年に J. シクルテーティに書き送った長編論文の中では、ツァムベルに依拠して、スロヴァキア人はモラヴィア人やウクライナ人と同様に南スラヴ人の系統を引いていると主張した。この研究はシクルテーティの気に入らなかったようで、公刊もされなかったが、マトゥナーク自らが 1926 年に刊行して、2 年後には増補した第 2 版を発行した [SK 0149]。大モラヴィア国についての論説では、同国がスロヴァキア人の国家であったと書き、他にもキュリロスとメトディオスの伝承について、あるいはハンガリー人がいかに遅れてスロヴァキアに到来したかについて (1926 年) [SK 0150]、さらにはスロヴァキアがチェコにもポーランドにも属さなかったことについて論説を書いた (1927 年) [SK 0151]。特徴的なことだが、マトゥナークが最も歴史研究の専門性を深めたのはまさにこの時期であり、1922 年からクレムニツァの文書館司書となって、クリシコと同様に市の文書館で資料を収集したのである。1928 年に『自由上級鉱山都市クレムニツァの歴史から』を出版した [SK 0152]。同書はクレムニツァの都市の発展に関する諸問題を扱う 11 の個別研究からなり、何よりまずオスマン占領期について記した。マトゥナークの遺稿として、都市の歴史に関する多くの収集資料が残ったが、教会史はすでに研究が完成していた。若い時期に慣れ親しんだ実証主義の詳細な調査を、生涯にわたって遂行し、ひたすら細かな事実にこだわった。

*

Ľ. V. リズネル (1849-1913) もやはり専門家ではなく、教師だったが、民族誌の資料収集や地方史にも取り組んだ。しかし、リズネルの業績で重要なのは、この領域ではなく、没後かなり経って刊行された大資料集『最古の時代から 1900 年末までのスロヴァキア語文献目録』である (6 巻、

1929-34 年) [SK 0153-0156]。これは 35 年間に及ぶ収集の成果だった。リズネルはスロヴァキアの J. スィンニェイ (1830-1913) ともいえるような人物であり、スィンニェイ同様に文学史的に興味深い情報を収集しただけでなく、記述作品のすべてのジャンルを調査した。彼の作品はスィンニェイの作品と同じくあまり高く評価されていないが、あらゆる学者が恒常的に引用し、今日においても基本的な史料である。

クヴァチャラ

1918 年以前については、さらにもう一人、J. クヴァチャラ (1862-1934) の名前を挙げる必要がある。彼はスロヴァキア歴史叙述における全く独自な存在で、これまで述べてきた人々とは根本的に異なる人物である。彼は南部ハンガリーにおけるスロヴァキア人福音派教師の息子だった。サルヴァシュのハンガリー語ギムナジウムで学び、のちにハンガリー語の雑誌『世紀』や『ブダペシュト評論』、『歴史集成』にも多くの研究を発表した。1880 年からはブラチスラヴァの福音派神学校で、その後にライプツィヒの大学の哲学部で学び、1886 年から 1893 年にかけてブラチスラヴァの福音派リセの教師となり、古典文献学とスロヴァキア語を教えた。1890 年から 1920 年までロシア帝国領内のタルトゥ大学で教鞭を取ったが、1920 年に帰国してブラチスラヴァの福音派神学校教授になった。クヴァチャラは 16 世紀から 18 世紀にかけての文化史と教会史に関心を持ち、ハンガリー語で発表した論文の大半がこの分野に関するものだった。さらに教会中心の視点からではあるが、この時代の政治的発展にも関心を抱いた。保守的で教会的なクヴァチャラの見解は、世紀転換期の若いスロヴァキア人知識人から強く批判され、マサリクとも対立した。

クヴァチャラがタルトゥの教授になり、ヨーロッパの著名人となったのは、これまで挙げた研究によってではなく、ライプツィヒ時代にコメンスキー (コメニウス) の業績に取り組み、瞬く間にコメンスキー学の権威として国際的に有名になったからである。ライプツィヒで書いた哲学博士の学位論文は、コメンスキーの哲学、とりわけ物理学について、ドイツ語で分析したものである (1886 年) [SK 0157]。1892 年に、やはりドイツ語で『ヨハン・アモス・コメニウス―その生涯と著作』という概説書を出版し [SK 0158-0160]、1897 年から 1902 年にかけて、プラハのチェコ・アカデミーからコメンスキーの書簡集を 2 巻本で刊行した [SK 0161]。1904 年にはコメンスキーの教育学研究がドイツに与えた影響に関する 17 世紀末までの資料を 2 巻本にしてドイツ語で出版した [SK 0162]。1909 年には J. B. ノヴァークとともに、校訂版コメンスキー全集の出版を始め、1910 年からチェコ語の雑誌『コメンスキーの生涯と著作に関する研究のための文書集成』を発行し、大部分の論説を自ら執筆した [SK 0163-0171]。タルトゥでは、『コメンスキー分析』という別の雑誌を発行した [SK 0172]。

クヴァチャラはコメンスキーから出発し、その孫でベルリンの宮廷説教者 D. E. ヤブロンスキー (1660-1741) にたどり着いた。ヤブロンスキーの遺稿を調査して、ライプニッツとの往復書簡集を出版し、ドイツ語でヤブロンスキー伝を著した (『50 年間にわたるプロイセン宮廷付き説教師の職』1895 年 [SK 0173-0174])。この後、ヤブロンスキーの日記を基に、ヤブロンスキーとポーランドの関係についてさらに 1 冊の本を上梓した [SK 0175]。

クヴァチャラは、カンパネラの研究でもヨーロッパの権威になった。カンパネラの教育学に関する見解に関して、1909 年に『カンパネラ―末期ルネサンスの改革者』をドイツ語で出版した [SK 0176]。〔カンパネラの主著である〕『太陽の都』も出版し、1911 年にカンパネラの著作の由来を執筆した [SK 0177]。クヴァチャラが使った資料の大部分は、ヴァティカンの文書館で調査したものである。カンパネラの先駆者を追跡する過程で、その成果を『ポステリアネ―宗教改革期における神秘主義の歴史に関する文書』(1915 年) としてドイツ語で出版した [SK 0178]。ここでクヴァチャラはとりわけ東洋学者であり宗教学者でもある G. ポステル (1510-81) を取り上げ、ポステルの宗教観に関する資料とその伝記を描いた。

帰国後に、クヴァチャラはスロヴァキアの宗教

改革の歴史を描こうとした。残された遺稿の中にこの題名の原稿の下書きがあり［SK 0179］、まさにスロヴァキア教会史そのものだった。ただし、クヴァチャラは全ヨーロッパにわたる広範な概観や、狭義の教会問題を超える文化史についても執筆することを望んだが、それに関する手稿は残されていなかった。

クヴァチャラは祖国の問題群から離れて、はるかに広範囲なヨーロッパの地平に視野を広げた最初のスロヴァキア人歴史家だった。狭い祖国の問題や政治的問題への矮小化には、興味を示さなかった。（彼は生まれ故郷では好まれなかった。）クヴァチャラにはヨーロッパ的視野とヨーロッパ的水準が備わっていた。他方、スロヴァキアの歴史叙述は、依然として常に国民的課題と格闘しなければならなかった。

第3節　専門化した歴史叙述の始まり（1918年以降）

1. 制度的基盤

1918年以降も引き続いて活躍したのは、クヴァチャラ一人ではなかった。1918年以前も研究に携わっていた著述家が、以下においてまだ幾人も出てくる。中には研究活動が1918年以前の方が以降よりも多い者すらいる。しかし歴史家としての仕事はむしろ1918年以後に結びついている人々である。以下、1918年の大きな転換点について、少し触れることにしよう。

チェコスロヴァキアの建国は、スロヴァキアの歴史学の発展にも根本的な変化をもたらし、1918年の転換が同様に決定的だったチェコ人やポーランド人などと比べても、いっそう大きな影響を被った。スロヴァキア人の場合、この時期から（あるいは、むしろこれ以降の時期にこそ）歴史叙述が専門的学問として成立したと見なしうる点でも特異である。ここで最も重要な役割を果たしたのは、国家体制転換後に設立されたブラチスラヴァのコメンスキー大学である。大学の設立によって、これまで欠けていたスロヴァキアにおける歴史学者の専門教育が可能になった。コメンスキー大学の教員には、主としてチェコの学者が任用されたが、それはふさわしい専門教育をすでに受けていたのはチェコの学者だけだったからである。スロヴァキアの大学においてチェコ語で講義が行なわれたのは明らかだが、チェコ語とスロヴァキア語は言語的に近いことから、障害にならなかった。それまでハンガリー語で聴講していたのに比べて、チェコ語での聴講はかなり容易だった。もちろん何よりも重要なのは、言語の近さによる可能性ではなく、教育の体系性である。長い伝統を有するチェコ史学の代表的人物たちは、体系だった専門教育を行なうことができた。ブラチスラヴァに来たのは一流の歴史家たちだった。ハロウペツキーの名前を挙げれば十分であろう。両大戦間期に大学を卒業したスロヴァキア人歴史学者は、何らかの形でみながハロウペツキーの弟子であったと考えてよい（クロフタが実質的に大学で教えたのはほんの短期間だけだった）。

歴史に携わることが専門となり、職業になったことが最も重要な変化だったのは疑いない。しかし、他の諸機関の設立も非常に大きな意味を持ち、もちろん、マチツァ・スロヴェンスカーも再興可能となった。マチツァは協会としてむしろ民衆教育活動を継続したが、他方で書籍を出版し、さらに学問的水準の論文を発表する場として『論集』の発行を再開した。1935年からは『マチツァ・スロヴェンスカー論集―言語学、文学史、歴史学、民族誌』というタイトルで刊行された。学術部門も活動を始め、大規模な言語学の研究が開始された。まだ科学アカデミーは存在しなかったが、それを補う学術協会がシャファーリクの名前を取って1926年に設立され、『ブラチスラヴァ』という季刊誌を発行した。（より正確にはシャファジーク学術協会である。チェコの会員がシャファーリクの名をチェコ語表記で用いることにこだわったからであるが、当然、これはチェコスロヴァキア主義としての政治的立場を示した。）年配者が集まった保守的なマルティンのマチツァと比べ、シ

ャファーリク学術協会は協会自身が依拠した大学とともに、チェコの学術および一般的にチェコの精神生活から強く影響を受けた。このことは同時に、より近代的で進歩的な見方を意味したが、それはもちろんブルジョワ的精神生活という枠内でのことだった。1934年でも会員のわずか4分の1がスロヴァキア人であり、それ以外はチェコ人で、大部分が大学教師だった。

以前から発行されていた雑誌は刊行を続け、中には活動を刷新するものもあった。『スロヴァキア展望』と『スロヴァキア博物館協会雑誌』は、相変わらず保守的な精神を維持したが、1921年に復刊された『潮流』は、近代的な考え方に対してより開放的になった。チェコスロヴァキアのブルジョワ民主主義はマルクス主義に基づく学術活動も可能にし、1921年からはチェコスロヴァキア共産党が指導的役割を果たした。雑誌『群衆（ダウ）』はマルクス主義者を結集し、歴史の専門論文を掲載する志向があったわけではないが、歴史的な思考を促進することになった。

歴史叙述を促進するための本来的制度には長期にわたる欠落があった。つまり史料を保管する機関である文書館に適切な専門家をすぐに配属できなかったのである。文書館での研究が可能になるまで時間を要した。それでも徐々にではあれ、ハンガリー人の文書館専門家が、コメンスキー大学やプラハの文書館専門学校で学んだスロヴァキア人専門家で置き換えられていった。遅々としてではあったが、この点に関しても学問としての歴史学が構築されたのである。

近代的なチェコ精神の影響が歴史理論にも及んだ。少なくとも若者への大衆的影響は間違いなかった。ただし問題が生じなかったわけではない。それは国民的動機づけである。つまり、西欧のブルジョワ的思考がスロヴァキア人の精神生活に充満したとはいえ、それには留保が必要だった。歴史叙述への影響がそれほどではなかったのである。その理由は、チェコの歴史叙述それ自体がドイツをモデルとし、古くて保守的な政治史を好み、方法論的な視点から見ると、古い実証主義を継承する理論が広く浸透していたからである。

本質的な点は、新たな国民的配置が以前と全く異なる展望をスロヴァキアの歴史研究に与えたことである。つまり、突如として、それまでの国民運動全体が1918年の解放に至る過程であるとされ、それに疑いを差し挟むことはできなかったのである。もっとも、引き続き政治運動がスロヴァキア史の根幹を意味したことは軽視できない。他方、いまやスロヴァキアは実在であり、正確にその領域的広がりを認識することができるようになった。その領域において時間的には過去に向かって、展望に関しては将来に向かって、スロヴァキア史を研究しなければならなかった。ハンガリーによる支配は最終的に消滅し、遅くともサシニェク以来スロヴァキア歴史叙述の第一義的課題だったハンガリーの歴史叙述や歴史観との論争は、後景へと退き始めた。それでも1920年代にはかなりの数の論争が起こったが、もう特別な感情をかきたてることはなかったため、論争はまもなくすると終わった。

ハンガリーとの論争がなくなった別の理由は、スロヴァキアの歴史叙述がいまやもう一つの問題、つまりチェコとスロヴァキアとの関係に突き当たり、これと格闘せねばならなくなったからである。スロヴァキアは単一のチェコスロヴァキアの一部であり、ブラチスラヴァの大学のチェコ人歴史学教師は、過去についても、スロヴァキアを単一のチェコスロヴァキアの一部として見る必要があると結論づけた。公の政治もチェコスロヴァキアという国民単位を主張し、当然のこととして、前身となる過去を探究するよう歴史学者に求めた。スロヴァキアの歴史叙述もこの見方を考慮しなければならなかった。このような要請に対して、複数の回答が可能だった。それぞれを代弁した人々については後で見るが、第一の回答はチェコスロヴァキア主義を完全に受け入れることだ。つまり文章語は二つ存在するが、実際は単一のチェコスロヴァキア国民だという回答である。スロヴァキア人の間で多くの者がこの立場を受け入れた。もっとも新たに脚光を浴びるようになった歴史家はこの観点を受け入れなかった。第二の回答は、若い歴史家を代表する多くの者が選択したものである。すなわち、基本的には二つの異なる国民だが、それを超えて、単一の共同国家形成という共通の終

着点から二つの過去を検証する立場である。なぜならば、この共同国家は二つの国民に国民的発展の完全な自由を保障するものであり、さらにいえば、共同国家だけがそれを保障しうるという立場である。（裏を返せば、両者が別々に存続するのは難しいということだが、誰もそれを口にしなかったし、すべき事柄でもなかった。ただし、誰もがそれを知っていた。）第三の回答はスロヴァキアの国民的独立性を完全に引き受ける立場である。この立場は、現状に関してはスロヴァキア人の自治を要求するという政治的結論を伴うものであり、過去に関してはチェコ人との結びつきではなく、区別を主張することになる。第二と第三のグループはいずれもシトゥールを引き合いに出したが、第一の方向性の代弁者はシトゥールに熱狂しなかった。

　三つの方向性は両大戦間期に変動を被った。それは当然のことながら、全体としての政治的発展と無関係ではなかった。第一の方向は後継者の補充がなく、世代の高齢化とともに後景へと退いた。第二の方向は長期にわたってその地位を保ったが、方向性が強まったのは第三の立場だった。1938年から1939年には突然の政治的変動によって、過渡的に第三の方向性が支配的になった。

　このゆえに、この時点から歴史叙述においても、また制度と歴史観の双方においても変化が生じた。こうした変化は、他ではクロアチア人の間でしか起こらなかった。

　スロヴァキア人は自治を獲得し、次にヒトラーの庇護下に置かれ、独立スロヴァキア国の成立に至った。その結果、制度に関してはブラチスラヴァの大学からコメンスキーの名称が削除され、スロヴァキア大学と呼ばれるようになった。名称の変更だけでなく、チェコ人教授は1、2名の例外を除いて、チェコへと戻った。空席になったところに、チェコ人教授が養成した新たな世代が助手や大学の員外教師から教授職に就き、さらに若い世代が助手として大学に職を得た。1939年夏にシャファーリク学術協会を部分的に継承して、スロヴァキア学術協会が設立された。しかしこれは人的な構成において前身の学術協会を継承したため、政府は1940年にスロヴァキア・カトリック・アカデミーを設立した。（ちなみに福音派はすでに1936年に一種の学術協会であるシトゥール福音派協会を設立していた。）カトリック・アカデミーは五つの部門からなり、その中で一つだけが自然科学を、その他は社会科学を代表した。最初に設立されたのはもちろん神学だった。国立の学術研究所が協会組織から独立して設立され、1942年に考古学研究所が設置された。同年、議会はスロヴァキア科学芸術アカデミー設立に関する法律を制定し、1943年から運営が開始された。もっとも、体制側はこれを不信の目で見ており、資金的にも十分に支援しなかった。三つの部門が設けられ、人文社会科学の部門には、三つのセクション（神学・哲学、郷土学、法学）があり、その他、自然科学と芸術の部門にも多くの委員会があった。アカデミーは複数の研究所も設立したが、それぞれの研究所の研究者数はわずか1-3名であり、むしろ1945年以降発展する研究所体制の萌芽に過ぎなかった。これらの研究所やアカデミーの会員となった学者の多くは、当時の政治体制に親近感を抱かなかった。このため1945年以後になっても、1952年のスロヴァキア科学アカデミー設立による学術活動全体の再編に至るまで、わずかな人員の変更だけで、アカデミーは活動を継続できた。

　定期刊行物類にも変化が生じた。マチツァは、少しの間従来のシリーズを続けたが、1943年に、これらに代えて新しい雑誌の発行を始めた。歴史学者向けに1943年からそれまでの年報に代えて季刊誌『マチツァ・スロヴェンスカー歴史部門雑誌』が創刊された。この雑誌の編集に、新たな体制を代表する歴史学者フルショウスキーが一時的に携わったこともあった（1944年秋にフルショウスキーが大学教授に任命されるまで。なぜこの任命がそれほど遅くなったのか、同時代人には理解できなかった）。スロヴァキア学術協会は1940年から雑誌を刊行し、その中には、『ヒストリカ・スロヴァカ（スロヴァキア史）・スロヴァキア学術協会雑誌』があるが、その創刊号が刊行されたのは1942年10月であり、しかも1940年と1941年の合併号としてだった。この雑誌の編集には新しい世代を代表する一人、ヴァルシクが携わった。しかし、発行の遅れが示しているように、戦争下

の状況が制度の立ち上げにも災いし、二つの新雑誌は、解放に至るまでわずかな号しか出版されなかった。1918年以降に結成された諸団体は雑誌とともに生き残ったが、例外は1938年に発行禁止となった『群衆』だった。チェコ人の離脱は、大学を除いて、学界内部に変化をもたらすものではなかった。当時までに大学以外の歴史関連機関は、すべてスロヴァキア人専門家が担っていた。

ここで一見微妙な問題に触れておく必要がある。1939年以降、チェコの歴史叙述は困難な状況に陥り、ほとんど活動不能となった。ポーランドについては言うに及ばないだろう。しかしスロヴァキアの歴史叙述にこれは当てはまらない。確かにスロヴァキアの歴史叙述は、スロヴァキアの教権ファシスト国家の中において営まれたのは事実である。しかしながら、一見して体制のファシスト的、あるいは疑似ファシスト的性格は、1、2名の個人的例外を除いて、歴史学に影響を与えることはなかった。これにはいくつかの理由が考えられる。歴史学界が直接的な政治関与を嫌ったこと（これは当時すでに歴史学の不文律となっていた）、個々の歴史学者の個人的な良識、体制側が社会科学に自らのイデオロギーを受容させる能力を持っていなかったこと、戦時下で時間と手段がなかったという事実、その他の一般的な、あるいは個人的な種々の要因が働いたのだろう。20年間ですでにかなり高い水準に達した歴史学がファシストのイデオロギー的影響から実質的に免れることができたのは事実である。

スロヴァキアの発展の独自性は宗派的性格および宗派的対立にあり、その影響は前の時代にも見出すことができたが、両大戦間期にも当てはまる。すなわち、体制側が注意深く、体裁を整えるあらゆる努力を行なったにもかかわらず、不可避的にカトリック教徒たちが前面に出てくる形になった。福音派と比べると、カトリック教徒たちにはチェコ人とスロヴァキア人が協働するという伝統が薄かったのである。福音派教徒たちがチェコ人との関係を断ち切るのは困難であり、それどころか、チェコ人とスロヴァキア人の共同国家が最良の解決方法であるという確信を維持していた。それを明言することはできなかったが、歴史学者の中でラパントを参照すればわかるように、容易にうかがい知ることができる。

実際、チェコ人に関わる国家の運命ははるかに不利な状況にあり、チェコスロヴァキアという国民を単位とした問題は政治日程から下ろされ、むしろチェコ人は同情の対象とさえなりえたので、それまで大きな論争を引き起こしていたチェコ人・スロヴァキア人関係の問題は、歴史叙述においてほとんど取り組まれなくなった。その分、もう一つの問題が精力的に取り組まれた。

スロヴァキア自治の開始と時期的にほとんど同時に起こった変化として、まず第一次ウィーン裁定およびその結果としての領土変更が挙げられる。ここから生じた衝撃は、トリアノン条約による変動を通してハンガリーの歴史叙述（とハンガリーの社会全体と）が経験したこととそっくりである。それゆえ、チェコ人・スロヴァキア人関係に代わって、ハンガリー人・スロヴァキア人関係が、現実政治においてだけでなく、過去との関係においても前面に現れた。なぜなら、当然のように、歴史叙述の主要なテーマは引き続きスロヴァキアの歴史であり、それは短命と目されたウィーン裁定による国境ではなく、1920年に最終決定された国境と結びついていた。

1940年という早い時期にA.ミシコヴィチ（1902-67）の本『正された不正——スピシ、オラヴァ、およびチャッツァ郡において返還された領土』が出版された[SK 0180]。（ここで問題にされた領土は1918年ないし1938年にポーランド領になった小さな、数カ村規模の領域のことである。これらの領土はヒトラーによるポーランド占領後、寛大にもスロヴァキアに引き渡された。）正されるべき不正がまだ他にもありうることが、この本の題名にも暗示されている。ルーマニアの西部国境に関して第二次ウィーン裁定以前に出版されたルーマニア語の著作に対する論評の中で、ヴァルシクは、ルーマニアが1940年以降スロヴァキアよりも有利な状況に置かれたと記した。なぜならば、新たな国境の両側にはほぼ同数ずつ両国の国民が少数派として残ったが、ハンガリーとの関係では、スロヴァキアはそのような解決を図れなかったからである。ヴァルシクは、これ以上あからを

さまに述べることはできなかった。1938年に経験したショックには、領土変更をもたらしたのが他ならぬ自分たちの後見人、大ドイツ国家だったことも含まれていた。ドイツをあからさまに非難することはできなかったのである。

こうしてハンガリー人との歴史的過去をめぐる関係は悪化した。しかし歴史学に関してはむしろ大人の関係が生まれていた。すなわち、両国の歴史学は全体として敵対的になることはなく、ハンガリーの歴史研究について数多くの紹介がなされたのである。チェコの過去を研究するよりも、こちらの方がスロヴァキアの歴史に近かったからである。頻繁に論争を挑んだにせよ、内容としては専門的な学術的成果を常に認める紹介となっていた。

体制の公式イデオロギーの中で役割を担うことになったのはかつてのロマン主義的な見方だった。例えば聖イシュトヴァーンの新しい王冠に比べて、プリビナ（800頃-61頃）の王冠の方がより古いとか、大モラヴィア国の歴史を独占することなどであるが、ほとんど影響力を持たなかった。ここでは美術史家 J. チンチーク（1909-92）の『歴史学論集』に掲載された評論にだけ言及しよう。「切手に現れたスロヴァキアの統治者」は、新たな切手シリーズによって初めてスロヴァキア人統治者の特徴的性格が明示されることになったと論じた（1944年）[SK 0181]。すなわちプリビナは平和を愛し、モイミール1世は意志が強く、屈強で、スロヴァキア人を一つにまとめたのに対して、ラスチスラウ（820頃-70頃）は賢く、スヴェトプルクは戦闘的だったなどである。（この論説の補足として切手も掲載された。後から振り返っていえることは、こうした性格を明瞭に一義的なものとして発見するには、実際、美術史家のたくましい想像力が必要だったということである。）

2. 歴史家たち

これまで一般的な特徴を紹介してきたが、先に進みすぎてしまったので、1918年直後の段階に戻って、国家体制転換以前の歴史叙述において役割を果たし始めたか、あるいは少なくとも歴史思想上の役割を果たした人々の業績を見てみよう。

最初の例として、かつてのフラス派のメンバーである V. シロバール（1867-1950）を挙げるのがふさわしいだろう。医者であったシロバールは、1918年から政治家の道に進み、国家体制転換後、最初のスロヴァキア統治全権大臣になった。フラス派によくあるように、シロバールもチェコスロヴァキア主義に近い立場を取り、このテーマについて大きめの論考「チェコスロヴァキア問題とフラス派」を書いた（1927年）[SK 0182]。もう一つの論考「マサリクとスロヴァキア人」はさらに歴史的な性格を有しているが、非常に主観的である（1930年）[SK 0183]。回想録（『解放されたスロヴァキア―1918年から1920年の回想』の2巻本）は史料として非常に興味深い（1928-32年）[SK 0184-0185]。

F. ホウジェク（1877-1953）は経済学者であり、18世紀末までの経済活動に関する個別問題や同業組合組織について研究を著した。D. リハルト（1812-82）の経済活動について書物を著したのはホウジェクが最初である[SK 0186]。回想録的な『1918年におけるハンガリー人の降伏』（1928年）は、その10周年を記念して書かれた[SK 0187]。パリの講和会議については、もちろん同時代の新聞や回想録のみを基にして書いたものだが、『スロヴァキア国境の形成』が興味深い（1931年）[SK 0188]。

ボイニツェの聖堂参事会長であり、スロヴァキア博物館協会の会長でもあった K. A. メドヴェツキー（1875-1937）は、1919年からマチツァの歴史・民族誌部門の長になり、当然にもフラス派とは全く異なり、カトリックの宗教的立場を強力に代弁した。ただし実質的にメドヴェツキーが最も強く抱いた関心は民族誌だった。彼は民衆バラードを出版し、ジェトヴァ地方についても執筆した（1905年）[SK 0189]。その後、博物館協会の設立者の一人クメチの伝記を著したが、注釈はない [SK 0190-0191]。1918年以前に書いたスロヴァキア人カトリック教徒の教会史を1920年になって、『旧ハンガリーにおけるカトリック系スロヴァキア人教会の状況』という題名で出版した[SK 0192]。『スロヴァキアの国家体制転換』では、

1918年に起こった変動の前史と経過について歴史的概説を試みた（4巻、1930-31年）[SK 0193-0196]。その序文において自ら認めるように、このテーマの完璧な研究は一人の人間の能力を超えている。メドヴェツキーはスロヴァキア国民会議の議長として、1918年10月30日にチェコスロヴァキアへの加盟を宣言する会議の席上にいたため、自らが知っていることを書くのは義務だと考えた。この本の中で、第一次世界大戦下での国外における組織化についてかなり詳細に記し、1918年以前のハンガリー人との関係については、解放直後の喜びの中で、当然であるが、かなり否定的な評価を行なった。コシュートをスロヴァキア人の裏切り者と見なし、セーチェーニの説得力がスロヴァキア人貴族をハンガリー人の陣営に引き込んだと強調した。政治的問題においてハンガリー人と合意できないのは、彼によれば、ハンガリー人の心性が特異であり、ハンガリー人の中に異教的残滓があるためだった。メドヴェツキーは熱狂的なカトリック信者であるにもかかわらず、チェコスロヴァキア国家の信奉者でもあり、第一次世界大戦下のチェコ人主導による組織化を常に「我々の」活動として描いた。1935年に出版した回想録は個人的な性格のものだった[SK 0197]。

ブラチスラヴァで福音派の神学教授だったS. Š. オススキー（1888-1975）は、（1938年に発行され、第2巻は1945年以後に公刊された）『国民への奉仕』の中で、スロヴァキア人の運動における福音派の功績を強調した[SK 0198-0199]。スロヴァキアの政治指導者たちの哲学的見解と一般的なスロヴァキア人の哲学的思考の発展の両方に関心を持ち、3巻本の『シトゥール派の哲学』という概説書を著し[SK 0200-0202]、1939年には『最初のスロヴァキア哲学史』という一般的概説書を刊行した[SK 0203-0204]。後者ではドイツ観念論古典哲学の重要性が強調された。

かつてのフラス派メンバーの中で、特に言及しなければならないのは、M. ホジャ（1878-1944）である。福音派聖職者の息子で、1848年革命期のM. M. ホジャ（1811-70）の甥であり、世紀転換期はフランツ・フェルディナント（1864-1914）周辺のグループに属した。またハンガリー議会の議員としてホジャはスロヴァキア人政界でも重要な役割を果たした。法律を修め、弁護士として働き始めたが、ホジャはウィーンの大学でスラヴ学と社会学を聴講し、哲学で博士論文を書いた。この博士論文はのちに単行本として出版され、大評判を得ると同時に論争も巻き起こした。1918年の国家体制転換以後はブラチスラヴァの大学で近代スロヴァキア史の教授となった。しかし、再び次第に政治活動に引き込まれていった。第一共和国の最後の時期に首相となり、その後アメリカ合衆国に亡命した。

1914年までにホジャが歴史をテーマとして書いた論説は、当然、原史料の調査に基づいたものではなかった。ホジャはマサリクの信奉者としてブルジョワ急進主義の立場を代表し、歴史の主要な問題は階級闘争にあると考えた。スロヴァキア人に関しては、第一に農民闘争が重要だった。ホジャによる歴史評論は常に現実の問題に関連しており、1906年に行なわれたラーコーツィの祝典については、大領主としてラーコーツィを批判しただけでなく、利用されただけの農民もラーコーツィの旗のもとで戦ったと指摘し、実質的に農民も批判した。ホジャは同時代のスロヴァキア人の間で、追放されたラーコーツィを描いたセクフューの本を肯定的に受け入れた唯一の人物であり、また、1848年ハンガリー革命の否定的評価に際しては、E. サボー（1877-1918）の文章（マルクス＝エンゲルス選集の序文）を引き合いに出してさえいる。

すでに触れた学位論文は、『チェコスロヴァキア国民の分裂』という題で出版された（1920年）[SK 0205]。この本の中で、ホジャはシトゥールとその仲間の決定、すなわちスロヴァキア語の文章語創出を分裂と見なした。ホジャはこのテーマの前史を詳細に分析し、早い時期からチェコ人とスロヴァキア人が結びついていたことを強調した。その上でシトゥールが取った行動を政治的理由のみから説明しようとした。すなわちシトゥールは「ハンガリー政治」上の理由から、スロヴァキア人貴族を自らの運動に引き込もうとしたのであり、シトゥールは自らがハンガリー愛郷者であることを決して否定しなかったことを証明しようとした。シトゥールはハンガリー化に対抗して、文章語の

形成によってスロヴァキア人を守ろうとしたが、政治的目的を達成することもなく、チェコスロヴァキアという国民単位に悪影響を与えた。ハロウペツキーは熱意のこもった批評の中でホジャの本を褒め称え、ホジャの中にチェコスロヴァキア主義の代弁者を見出した。疑いなくホジャもチェコスロヴァキア主義の信奉者であることを公言していたが、誰かが書いたように、ホジャはよきチェコスロヴァキア人でありたいと願ったと同時に、よきスロヴァキア人でもありたいと考えた。亡命中に英語で出版した本『中欧における連邦主義』は、根本的に変貌した世界情勢の中で自らの経歴を回想したものである（1942年）［SK 0206］。この本の中でホジャは視野を広げて政治的発展についても振り返り、1938年以前に逃した機会を多少の後悔の念をもって書き記した。

ホジャの最も近い同僚の一人に、社会学者のA.シチェファーニェク（1877-1964）がいる。シチェファーニェクはギムナジウムの教師を経て、両大戦間期にはブラチスラヴァの大学で正規の社会学教授となった。ホジャよりもいっそう明瞭に、チェコスロヴァキアという国民単位の信奉者であり、社会学の視点から二言語単一国民問題を把握しようと努めた（1924年の「チェコスロヴァキア問題」［SK 0207］、1931年の「チェコスロヴァキアの二言語使用によせる論考」［SK 0208］）。国民意識の問題についても社会学の手法を用いたアプローチを試みた。社会学の論説以外に、より狭義の歴史的作品も書いており、『〔1918年の〕国家体制転換前と転換期のスロヴァキア』（1923年）［SK 0209］、マロホント学術協会について（1928年）［SK 0210］、さらにJ.コラールのナショナリズムについて［SK 0211］も著作を著した。ヤンシャークの本によせた序文は、歴史社会学創設への試みであり、その中で、中世のスロヴァキア人社会の構造を描いた。

シクルテーティ

J.シクルテーティ（1853-1948）に関して、1918年以降について議論するのはかなり困難である。なぜなら彼の業績の大部分が1918年以前に書かれているからである。しかし、シクルテーティの歴史観は国家体制転換以後になって最も効果的に表明された。また彼の業績の大部分は歴史に関するものでもなかった。福音派の手工業職人の息子として生まれたシクルテーティは、何年か教師をしたのち、ブダペシュトで歴史の講義を聴講したが、従来と同様、シクルテーティも実質的には独学者だった。1881年からマルティンで『国民新聞』の編集者となり、1890年から『スロヴァキア展望』もシクルテーティが編集した。政治活動にも携わり、残った時間で言語学や文学史、やがて歴史についての研究を著した。シクルテーティは保守的なスロヴァキア国民党指導者の一人だったが、まずもってスロヴァキア学界の偉人だった（スロヴァキア語正書法の改革は、シクルテーティの死後に導入された。それほど彼の権威は大きかったのである）。

言語学では大著を執筆しなかったが、論説や主として編集の仕事を通してスロヴァキア語、特に学術的スロヴァキア語の発展のために多大かつ根本的な貢献を行なった。ツァムベルのスロヴァキア人とその言語の起源に関する南スラヴ説を否定し、大モラヴィア国の伝統を前面に立て、大モラヴィア国をもっぱらスロヴァキア人の国家であると見た。1922年にコメンスキー大学スロヴァキア語および文学教授としての就任講演「大モラヴィア国崩壊以後のスロヴァキアとスロヴァキア語の運命」を行ない、ここでも彼の歴史に関する捉え方を表明した［SK 0212］。

シクルテーティの生涯の大半はオーストリア＝ハンガリー時代だった。のちにこの時代を振り返ってシクルテーティは、西欧列強がオーストリアの存続を望んでいると考え、1903年からはその精神で執筆したと記している。それでもシクルテーティはハンガリー人と合意に達することは不可能だと考えた。1904年の「ハンガリー人とオーストリア」という論説の中で［SK 0213］、ハンガリー人は当初から（副題で9世紀から19世紀までとある）、スロヴァキア人に対抗してオーストリアと組んだと主張し、ロシアのグロートの捉え方を否定した。グロートはハンガリー人の国土征服はドイツに対する防衛を意味したのであり、スロヴァキア人にとっても有利だったと主張していた。

またシクルテーティは 1911 年に執筆した研究の中で、グロートと V. I. ラマンスキーを批判し、パラツキーの説を正しいものと評価した。つまりスラヴ人の視点から見て、ハンガリー人の国家建設はスラヴ人相互の分離を引き起こし、ビザンツからも切り離されたことによって、打撃を与えた出来事だったと主張したのである。(論文の題名自体が注目に値する。「ハンガリー人は、ドナウ川中流域への到来によって、ドナウ川に沿って下ってくるドイツ人の進出を防げたか。パラツキーが正しいのか、それともラマンスキーが正しいのか」)[SK 0214]。1903 年のラーコーツィ蜂起 200 周年記念に際して、シクルテーティはまだ積極的に蜂起を評価して書いたが、1906 年には蜂起を現在に関連づけることを否定し、ラーコーツィ自身についてもかなり批判的に捉えるようになった。1911 年の「覚書」50 周年には、スロヴァキア人の要求が同時代においても、そして 1848 年革命当時においてもいかに現実的であるかを主張し、それがハンガリーの分割を求めたものではなく、国家内部における領域的自治をより広く君主国全体の連邦的再編成の枠組みの中で求めたものだと主張した[SK 0215]。1918 年以降の著作では、当然であるが、いっそう鋭く表現するようになり、ハンガリーの領土修正主義的見方に反駁した(『かつての上部ハンガリーについて』(1929 年)[SK 0216]では、B. イヴァーニ (1878-1964) と論争し、この著作はハンガリー語でも発表された)。

1918 年以降になると、スロヴァキア国民の存在という視点から最も危険なのはハンガリー人的立場ではなく、チェコスロヴァキアという国民単位の理念であるとシクルテーティは考えるようになった。1920 年に『125 年にわたるスロヴァキア人の活動』というシクルテーティにとって最も分量のある著作を出版し[SK 0217]、その中で先回りしてホジャの著作を批判した(ホジャの著作は同じ年に幾分遅く出版されたが、ホジャの見方はすでに知られていた)。シクルテーティは独自の文章語の創出というシトゥールの行動と、それを通してチェコ人から分離したスロヴァキア人の国民としての存在を正しいものと見なした。シトゥールは単に貴族を味方につけようとしたのではない。ホジャが示唆するように、もしシトゥールが実際にハンガリー人の利益に奉仕していたとしたら、ハンガリー人はシトゥールを支持したはずである。シクルテーティによれば、シトゥールが引き裂いたとされるチェコ人とスロヴァキア人の共同体なるものは存在しなかった。なぜなら、チェコ人とスロヴァキア人の間には 1000 年にわたって国境線が引かれていたからである。スロヴァキア人意識の成立は、意識的にスロヴァキア語を使って書いた最初の人物であるベルノラークから始まった。(福音派のシクルテーティの側から見れば、カトリックのベルノラークを評価したことは、疑いなく宗派へのこだわりの克服である。) ボトをも批判し、スロヴァキア人の歴史は 1848 年ではなく、18 世紀末のベルノラークから始まったと主張した。それ以前に政治運動は存在せず、社会運動や農民運動があっただけである。ハロウペツキーは、明らかにホジャの側に立って議論し、シクルテーティの主張を退けたが、多少肩をすくめるような態度でスロヴァキア文化と学術発展におけるシクルテーティの功績を認めた。

これに対してフラス派は、すでに世紀転換期において、まずシクルテーティの保守的見方を批判し、社会問題を無視していると非難した。シクルテーティはあえてこれを甘受した。まず先に国民的解放が必要であり、社会問題の解決はその後で取り組み始めることができると考えた。このため、チェコスロヴァキア主義がスロヴァキア国民の解放に疑問を付すものであることを悟った時、シクルテーティは論争において不寛容になった。シクルテーティは絶え間なくブラチスラヴァの大学のチェコ人歴史学者と論争し、時にその弟子であるスロヴァキア人たちとも論争した。ただこの時すでに年老いて、以前からの見解を修正できなくなっていた。本格的な歴史著作ではなく、時々に新聞記事で示されただけだったが、スロヴァキア人の歴史的発展に関するシクルテーティの見方は、サシニェクについては言うに及ばず、ボトなどの従来の歴史家に比べても、輪郭として、かなり近代的であったということができる。

言語学者であり、文学史家でもあったシクルテーティの歴史的著作は、スロヴァキアの歴史全体

に及んだが、過去100年ほどの歴史については、原史料に基づいて描いた。それにもかかわらず、著作は好事家が書いた歴史の水準にとどまり、彼自身が歴史のテーマを現在の問題と関連づけることに反対していたにもかかわらず（この原則に常に従ったわけではないにせよ）、国民的課題を第一と考えた。シクルテーティの視点は近代的だったが、その熱狂はいまだロマン主義的で、何にもまして国民的だった。晩年の数十年間における同時代の若いスロヴァキア人による歴史叙述も、依然としてこの二重性をさほど乗り越えてはいなかった。

しかし、国民的な目的への奉仕が若い世代においても視野の外に追いやられなかったとしても、専門的教育、方法論的規律、ヨーロッパ的水準という点から見て、若い世代がシクルテーティを最後とする従前の歴史家たちに比べて、一挙に高い水準へと飛躍したことは否定できない。

ラパント

年齢からしても若い世代の中で筆頭に位置し、最も卓越した人物はD.ラパント（1897-1988）である。プラハの大学と文書館高等専門学校で学び、成熟したチェコ歴史叙述の優れた大家たちの授業を聴講した。ブラチスラヴァで文書館司書としての仕事を始め、その後大学でチェコスロヴァキア史の教師となった（1939年からは実質的にも、形式的にも、スロヴァキア歴史学講座の主任となった）。1945年以降に登場するマルクス主義歴史叙述を代表する多くの人々もラパントの教養講義で歴史研究の基本的知識を身につけ、専門講義で歴史の主要な潮流について学び、さらに演習で研究への刺激を受けた。ラパントはパリで研究を補完することができたため、そこからヨーロッパ歴史研究の広範囲な知識、中でも1920年代にいまだ指導的な地位を保っていた実証主義の大家たちの知識を持ち帰った。政治史の優位を当然のこととして受け入れながらも、ラパントはあえて政治史優位を主張しない捉え方を生涯すべての著作の中で通した。ラパントはより近代的な問題設定に対する感性を備えていなかったが、これはラパント一人だけでなかった。

ハロウペツキーが、チェコ（そしてチェコスロヴァキア）の歴史のあらゆる時代に関心を持ち、それに見合う著作を残したチェコ人最後の人物だったとすれば、ラパントは関心の大部分が早期に19世紀スロヴァキア政治史へ移ったにせよ、スロヴァキアの歴史学者の中で幅広い関心を持った最初の人物だった。

ラパントは歴史理論と方法論の問題に関心を持った最初の人物でもあった。1930年にペカシュの記念論文集に「チェコスロヴァキア史―問題と方法」を書いた［SK 0218］。ラパントはチェコスロヴァキアという国家単位、そしてハンガリー支配下からの解放が最初の大きな体験だった世代に属した。そのため、この点を公言することが明らかにできなくなった1939年以降になっても、チェコスロヴァキアという国家単位に固執した。しかし同時に、ラパントは上に掲げた著作の表題で提起した問いに対して、政治的観点というよりは専門的観点から、専門教育を受けた歴史学者に要求される水準で取り組んだ。チェコスロヴァキアという概念自体は1918年以後に初めて成立したものであり、過去に遡った歴史的現実の中でこの概念を捉えることはできないと見なした。これはチェコスロヴァキアという国家単位に対立する立場の表明だった。チェコ人とスロヴァキア人は二つの異なる国民であり、それは数世紀にわたって異なる国家に属していたからではなく、そもそも二つの異なる国民として形成されたからである。もっともラパントによれば、以上の点とは無関係に、チェコスロヴァキアの歴史は国民の統合と分離の歴史として存在する。ラパントは現実として歴史に現れた結びつきも考慮し、両国民の発展における相違だけでなく、類似の特徴をも示したのである。そして、そのような意味においてチェコスロヴァキアの歴史を捉え、研究する基本線を描いた。

ラパントは1929年にベルに関するシクルテーティの評価を批判し、ベルをスロヴァキアの学術的発展の中のしかるべき場所に位置づけた。またベルのハンガリー等族的視点を説明した。（シクルテーティによると、ベルは最初のそして最も危険な親ハンガリー派だった。）同様に、ラパントはベルノラークを親ハンガリー派とする非難から

擁護した。もっとも、ベルノラークの場合は共通の祖国への結びつきを強調しすぎたと思われる[SK 0219]。ラパントはさらに、非常に古い時代のスロヴァキア史、つまり大モラヴィア国の歴史においても、方法論的観点から見て模範となる著作を1940年に出版した。『スヴェトプルクの三人の息子』は精密な史料分析によってモイミール2世とスヴェトプルク2世（?-906頃）以外に、プレツラウ（?-?）と呼ばれた3番目の息子が存在すると証明した[SK 0220]。史料分析の正確さにおいて、チェコの〔V.〕ノヴォトニーよりも細部で高い成果を上げうることを示した。

ラパントが真に興味を持った時期は19世紀であり、これに関する研究を発表したが（例えば、シトゥール派について、「タトリーン―運命と記録」1935年[SK 0221-0223]）、彼の主たる活動領域は膨大な範囲の史料収集と並んで、史料集の出版であり、史料を幅広い視野から解釈することだった。これが彼の主要な方法論的原則となった。一連の分厚い史料集を出版し、様々な文書館から集められた多様な言語で書かれた史料に対して、論文に匹敵する序文や後書きを付した。（その方法は、多少『フォンテス』シリーズ〔両大戦間期に刊行された歴史資料集シリーズ〕を想起させるものであり、ラパントはそのうちの数巻を紹介してもいる。）このうち最初のものは『ハンガリー化の最初の試みによせて』という表題であり（2巻、1927-31年）[SK 0224-0225]、この中でマリア・テレジア（1717-80）の時代から1790年と1792年に制定された法律に至るまでのハンガリー語の国家言語としての始まりと、これに関する同時代の意見を検討した。いわばセクフューの『フォンテス』の巻〔『ハンガリー国家語問題史資料集』〕に対応する著作として、当時は統一的な国家言語が問題になっていたに過ぎないことを示した。また、ラパントは資料収集を19世紀前半にまで広げたが、ハンガリー化の開始に関する巻の続きは1947年になって初めて出版することができた。すなわち『非合法のハンガリー化』であり[SK 0226]、1790年から1840年までの時代を包括した。最も大規模な取り組みは、1848年から1849年のスロヴァキア革命史料の出版であり、1937年に第1巻『1848-49年のスロヴァキア蜂起の歴史―その歴史と記録』が刊行された。そして、1972年には最後となる第5巻が刊行された[SK 0227-0239]。この二つの巻の間はいくつかの副次的な巻に分けられた。これらの巻の刊行に取り組んでいる最中にも、ラパントは他のテーマについて執筆した。1943年に『スロヴァキア人による1842年の皇帝宛請願書』という福音派教会内部のハンガリー化に反対するウィーン宮廷宛請願書の前史と、その運命について2巻本の著作が出版された[SK 0240-0241]。さらに、1861年の「覚書」が退けられた後にウィーン宮廷に宛てられた訴状の歴史に関する著作も出版した[SK 0242]。（1953年に、1831年のスロヴァキア東部における農民蜂起について、2巻本の著作も出版された[SK 0243-0245]。）先の1943年に出版された著作に関連して、この史料出版によってラパントはヨーロッパの最も重要な歴史学者たちと肩を並べたと、ある評者が述べている（1944年）。方法論的な緻密さと広い視野において、実際にラパントは同時代のヨーロッパ的水準に達し、チェコやポーランドに対するスロヴァキアの歴史叙述の後進性は克服された。しかしながら、ラパントにおいても国民的課題の第一義性は明白なものであり続けた。彼は1848年の蜂起を（革命という表現は好まなかっただろう）政治運動として評価し、この蜂起がハンガリー人の支配に対して向けられ、そのためハンガリー人の運動と武力衝突にも至ったが、いまだ貴族が前面に立った半ば封建的な性格のものだったと見なした。ラパントは同時代のハンガリーの歴史叙述も注視しており、時にはその功績を認めた。ラパントによると、ミシュコルツィがクロアチア問題について書いた『フォンテス』の巻は、それまでに書かれたハンガリー人の作品の中で最も客観的なものであると、『チェコ歴史学雑誌』の中で書いている。1931年にはセクフューやA.マルコー（1885-1966）と論争し、はたしてハンガリーの歴史叙述はいつになれば史料に基づいて、適切な、つまり歴史的真実に見合った成果へと到達できるのだろうかと強い疑問を投げかけた。スロヴァキアの歴史叙述はハンガリーの政治に対立する代わりに、ハンガリーの歴史叙述との恒常的

な議論を引き受けざるを得なくなったことによって、成熟したように思われる。

ヴァルシク

B. ヴァルシク（1904-94）は、ハロウペツキーのゼミナールで最初の比較的大きな研究を執筆し始めたので、ハロウペツキーの弟子と見なしうる。ラパントと同様、文書館司書になり（当時他の国においても慣習となっていたように、研究テーマとは全く関係なく）、やがてスロヴァキアの大学で近代世界史の教師となった。もっともヴァルシクが研究を始めたのは中世の研究者としてだった。1926年に発表した最初の研究は中世プラハの大学で学ぶスロヴァキア人学生たちを考察したものだった[SK 0246]。ハロウペツキーの勧めによって、フス派と宗教改革の時代におけるチェコ人・スロヴァキア人関係に取り組み、そのモノグラフはハロウペツキーが始めたシリーズの中で出版された。『ジリナ宗教会議までのスロヴァキアにおけるフス派と宗教改革』は、従来からの伝統的な歴史学研究と一次史料の達人的な分析によって、すなわち歴史学における最良の実証主義の伝統を用いて執筆されたものである（1932年）[SK 0247]。しかし同書の内容は、従来の学問的伝統とは異なり、スロヴァキア人の間ではルター派の宗教改革がフス派による影響の直接的継続ではなく、むしろ両者間に有機的関係がないこと、さらにチェコの影響が強い西部の諸県で最も遅く宗教改革の影響が及んだことを示すものだった。

このモノグラフは16世紀にも言及しており、ヴァルシクは明らかに近代のテーマにも関心を寄せた。それを示したのが『トルナヴァの大学における民族問題』という研究だった（1938年）[SK 0248]。この本で論証しようとしたのは、パーズマーニがハンガリー人の国民的目的からこの大学を設立したのではないこと、トルナヴァと周辺部のエトノス的な背景が完全にスロヴァキア人だったこと、そしてこのことを踏まえて、トルナヴァではスロヴァキア人が常に重要な役割を果たしたことである。

ヴァルシクは以前から定住史に取り組み始めていたが、この研究テーマの出版は1945年以降だった。1938年の変動はより具体的な課題も与えた。1940年の『過去2世紀におけるスロヴァキア人とハンガリー人の民族的境界線』という著作は、「スロヴァキア学術協会」叢書の最初の巻として、スロヴァキア語とドイツ語で公刊された[SK 0249-0250]。この中で数多くの詳細な資料によって、エトノス上の境界線は常に変化しており、比較的平和な時期に、スロヴァキア人がドナウ川までやってきたが（つまり、1938年以前の国境までということになる）、しばしばハンガリー人による入植やオスマンから逃れるため、スロヴァキア人は山の奥へ押し戻されたことを示した。ジェヴィーンにおけるエトノスの歴史は、1938年に執筆され、1940年と1941年に論文として発表された。その論文で以下のことが主張された。すなわち11世紀から12世紀にかけて、古いスラヴ人の居住地へドイツ人、ハンガリー人、セーケイ人、ペチェネグ人が到来した。その後主としてドイツ人が、そして16世紀にスロヴァキア人が北から、クロアチア人入植者が南から到来した。このうちクロアチア人は、ドイツ人、あるいはスロヴァキア人のエトノスの中に吸収された。

フーシチャヴァ

A. フーシチャヴァ（1906-69）は、ブラチスラヴァの大学で教鞭を取った、最も若い歴史学教授であり、大きな熱意をもって歴史補助学講座を率いた。広範囲な資料収集に着手し、私蔵されていた史料を巧みに散逸から救った。最初の学術テーマは文書学と中世の定住史だった。ハロウペツキーのゼミナールで方法論的な知識と研究テーマ、すなわち「リプトウ県の14世紀終わりまでの集落」を与えられた（1930年）[SK 0251]。この研究はマーユス学派の定住史研究に対する回答でもあった。フーシチャヴァの著作をめぐるラパントの批評に端を発した大論争が『ブラチスラヴァ』誌上で交わされた。ハロウペツキーは13世紀以前のリプトウ県定住史について、全く知る由がないという古い立場を固持したが、多くの者はフーシチャヴァの立場、つまりより早い時期の入植に賛意を示した。リプトウの文書史料研究により14世紀に証書偽造で有罪判決を受けたJ. リテラトゥ

ス（?-1390）の活動が明らかになった。この業績『ヤーン・リテラートとリプトウの偽造』がフーシチャヴァの歴史補助学上における研究活動の基盤を形作った（1936年）[SK 0252]。その後はトルナヴァの歴史に取り組み始め、『トルナヴァ市の最古の特権状』という題名で13世紀の文書を出版し（1939年）[SK 0253]、これらを基にして都市の住民がスラヴ人であったことを示した。トルナヴァに関連して、オコリチャーニ家の文書庫の文書から史料集『オコリチネー出身の貴族一門の文書』を上梓した（1943年）[SK 0254-0255]。その他の貴族家系についても系図学として取り組み、例えば「ボフンカ＝ボシャーンスキ家の貴族起源をめぐる論争」など（1944年）[SK 0256]、小著を著した。執筆理由の一つは、19世紀初めに至るまでその家族がスロヴァキア語を使っていたことを証明するためだった。

フーシチャヴァと類似のテーマを論じたのは、マルティンの文書館で働くM. イェルショヴァー＝オポチェンスカー（1899-1978）である。イェルショヴァーの作品からマーユス学派との間に隠れた論争があったことがいっそう明瞭にわかる。トゥリェツの一族に関わる系図について、大部の研究書『ヨルダーンとドラシコヴィツェのイヴァンコ一族』を書き（1937年）[SK 0257]、またマルティンのスロヴァキア国民博物館の文書館について、模範的な目録を出版した[SK 0258-0259]。プラハの大学を卒業したA. ガシパリーコヴァー＝ホラーコヴァー（1896-1987）は、ラーコーツィとスラヴ人との関係について学位論文「ラーコーツィ蜂起とスラヴ人」を書いた（1930年）[SK 0260]。この論文は正確にいえば外交的な側面について論じたものである。ロシア人とポーランド人との関係を扱っているが、後年、J. トラノスツィウス（ユライ・トラノウスキー、1592-1637）以前のスロヴァキア人福音派教会の文献を検討してもいる。若い世代の中で、ガシパリーコヴァーは、プロテスタントとの結びつきを通して、チェコスロヴァキアという国民的単位の受容に傾いた少数派に属する。K. ゴラーニ（1895-1961）はチェコ出身だが、スロヴァキアの環境に適応し、次のような著作を残した。ゴラーニはラパントと同様、1848年革命の個別問題を研究し、最初の著作『革命の世代』では1848年革命におけるミヤヴァのスロヴァキア人革命家について考察した（1926年）[SK 0261]。その後モラヴィアのM. ミクシーチェク（1815-92）の文書を『革命渦中のスロヴァキアで1848-49年』として出版し（1931年）[SK 0262]、のちの研究『スロヴァキア政治思想の発展によせる論考』で、スロヴァキア人指導者がプラハのスラヴ人会議で表明した立場を分析した（1940-41年）[SK 0263]。すなわちゴラーニによれば、シトゥールはすでにハンガリーから分離しようとしたが、これをフルバンとホジャ、シャファーリクさえも妨げた。他方、クロアチア人はスロヴァキア人指導者の立場を鋭く批判したとされる。『シトゥール派との1年』は運動全体についての概観を与えている（1944年）[SK 0264]。ギムナジウムの教師であったP. フロレク（1895-1963）は、のちに博物館学芸員となり、地方史に関心を持ち、トゥリェツ県のズニエウ城の始まりについて（1933年）[SK 0265]、さらに原史料を基にマルティンの中世史を描いた[SK 0266]。J. シクラ（1898-1945）も地方史と、スロヴァキア人貴族家系の系図学に取り組んだ。シクラはギムナジウムの教師であり、興味深い著作『トゥリェツ県の地方史』の中で、所領ごとに資料を編纂した（1944年）[SK 0267]。現代史の叙述は政治的含意を伴うため、歴史学者の注意を喚起することはあまりなかった。J. シュヤン（1904-68）は例外的な存在であり、第一次世界大戦下に国外の独立運動において指導的役割を果たしたM. R. シチェファーニク（1880-1919）について著作『若きシチェファーニクと若きスロヴァキア』を著し（1932年）[SK 0268]、チェコの政治家マサリクやベネシュを批判的な視点で描いた。

ボケス

F. ボケス（1906-68）はさらに若く、1939年以降に現れる歴史叙述において最も重要な人物である。1945年以前は大学の助手だった。ボケスが最も関心を抱いたのは19世紀の政治史だった。ラパントの影響を受け、19世紀後半の政治史について文書館資料で丁寧な調査を続けた。彼もスロヴ

ァキア・ハンガリー関係の問題に対して敏感に反応した。『1861-68 年におけるスロヴァキア人とハンガリー人の妥協の試み』（1941 年）という著作では、妥協が失敗した原因をハンガリー人側に帰した[SK 0269]。また『1869-72 年におけるスロヴァキア人議員ヴィリアム・パウリニ゠トート』（1942 年）では、失敗に終わったスロヴァキア人政治運動指導者の同様の試みについて議論した[SK 0270]。同時代の考え方を反映したものに、『過去と今日のスロヴァキア人の生存圏』（1943 年）があり、ヴァルシクと同様、1938 年の国境変更が損失であることを証明した[SK 0271]。『19 世紀のスロヴァキア人領域に関する観念の発展』（1945 年）は、1943 年の研究を増補したものであり、スロヴァキア系住民はヴァーツとソルノクを結ぶ線から北部の全領域を定住地とするべく何度も努力したのに、強制的なハンガリー化によって常に妨げられたと繰り返し主張した[SK 0272]。1861 年の「覚書」によって要求したスロヴァキア人自治領域の地図も掲載した（ちなみに、その国境を見ると、驚くほど 1938 年以降の国境に似ている）。

　ボケスは類を見ないほどの働きを成し遂げ、戦時下の雑誌が彼の書いたもので埋め尽くされるほどだった。ハンガリーの歴史研究を数多く論評して、関心を徐々にスロヴァキアの歴史全体に広げた。これを示すのが、ヤンコヴィチやポラとともに出版した 1939 年から 1941 年までのスロヴァキア史文献目録である（1943 年）[SK 0273]。同目録には「スロヴァキア史の特徴の結果として」かなりの数のハンガリー語文献（かつての学術雑誌の大半）が収録された反面、チェコ語とポーランド語の文献が欠如しているという事実が明瞭になった。当時ボケスはある程度フルショウスキーの通史に対抗する意図を抱きつつ、スロヴァキア通史を準備したが、それが出版されたのは 1946 年であり、スロヴァキア郷土学研究叢書としてだった。題名は『最古の時代から解放までのスロヴァキアとスロヴァキア人の歴史』であり、民主的精神で書かれているが、もちろんマルクス主義的精神には立脚していない[SK 0274]。1945 年以降におけるボケスの活動は複数の時代を包含する関心

と知識を有していたことを示している。おそらくボケスはそのような能力を実際に示しえた最後の人物だった。

＊

　ボケスと同様に、あるいはそれ以上に若い世代の筆頭だったのが、V. ヤンコヴィチ（1915-97）である。ヤンコヴィチは一時期はブラチスラヴァで、その後はバンスカー・シチアウニツァで文書館司書となった。当初はバンスカー・シチアウニツァの地方史に取り組み、同地のイエズス会の活動について著作を出した（1941 年）[SK 0275]。また「16 世紀のバンスカー・シチアウニツァ」（1943 年）と題する論文で、セクフューの見解に対抗して、1570 年代にはまだ都市発展に衰退が認められないことを示した[SK 0276]。ヤンコヴィチはのちの時代の様々な問題についても関心を払った。例えば『J. チャプロヴィチ―生涯、人格、業績』という伝記を 1945 年に発表した[SK 0277]。またヤンコヴィチは当時、経済史と社会史の問題に対して優れた感覚を示したほとんど唯一の存在だった。B. ポラ（1917-2000）は、ボケスと同様に、19 世紀の政治的諸問題を研究し、1867 年から 1868 年にかけて上部ハンガリー諸県が、当時準備中だった民族法に対して公式に取った立場について、1943 年に論考を著した。この法律は予想通り諸民族に対して偏狭な立場に立つものだったが、マチツァの閉鎖に対するハンガリー議会での反響についても研究を著した[SK 0278]。1945 年以降、ヤンコヴィチは突如として考古学に方向転換した。

　J. スタニスラウ（1904-77）は言語学者であり、ブラチスラヴァの大学でスラヴ学の教師だった。スタニスラウのスロヴァキア語歴史文法論はスロヴァキア語のチェコ語からの分離という視点から見ても、基礎的なものだった。言語学分野の人物ではあるが、ここで取り上げるべきである。なぜならスタニスラウは大モラヴィア国やキュリロスとメトディオスの活動に関する多くの論文を書き、歴史理解の発展という視点から見て重要だからである。すでに 1933 年に彼は大モラヴィア国について記念論集を編集した[SK 0279]。また「スロヴァキアにおける古代教会スラヴ語典礼、および

メトディオスとゴラズドの居城」と題した論文の中で、ニトラをメトディオスの大司教座が置かれた場所とした（1940-41 年）[SK 0280]。1944 年には古いスロヴァキア人の文化について一般向けの概説書を出版した[SK 0281]。地名の語源学を通して、スタニスラウも定住史研究に取り組み、I. クニエジャ（1898-1965）とも多くの論争を交わした。スロヴァキア南部地域の先史スラヴ人による定住を論じた『中世のスロヴァキア南部』は、1948 年になってようやく出版された[SK 0282]。

文学史家の中からスロヴァキア人の再生の始まりに関する広範な歴史的特徴を論じる者も現れた。その例として、『マギンと 1728 年における政治的、国民的、文化的スロヴァキア擁護論』（1936 年）[SK 0283-0284]を書いた A.A. バニーク（1900-78）、そしてファーンドリのスロヴァキア国民意識についての研究書（1938 年）[SK 0285]、および『J.I. バイザとスロヴァキア語』（1941 年）[SK 0286]を著した書誌学者 I. コトヴァン（1910-89）を挙げることができる。

フルショウスキー

F. フルショウスキー（1903-56）は中等学校教師や編集者という職に就き、1944 年に大学教授になった。彼はまたスロヴァキア国の公式史家ともいえる人物だった。1945 年春にイタリアへ、その後アメリカ合衆国に亡命した。フルショウスキーも 1860 年代の政治史を研究し、1941 年に『スロヴァキア国民の覚書とその運命』という著作を出版した[SK 0287]。彼のスロヴァキア史の理解は、1939 年に刊行された講演中ですでに輪郭が示されている。フルショウスキーの「中欧史におけるスロヴァキア」は 1938 年 4 月に行なった講演の原稿であり、自然国境としてのドナウ川はスロヴァキアが諸民族と諸文化の十字路に位置するという地理的特徴と同列に位置づけられた[SK 0288]。文化の十字路という特徴には肯定的、否定的両面の結果が伴い、ドイツ人に対しても同様の留保がつけられた。スロヴァキアの位置は諸文化の十字路となる結果ももたらし、キリスト教は他の民よりも早期にスロヴァキア人のもとに伝来し、チェコへはここから伝播した。キリスト教の受容によってスロヴァキアは最終的に西欧に合流し、それにより東から来る征服者に対して優越性が保障された。キリスト教的なスロヴァキア文化がハンガリーの文化全体にとって基盤となり、ハンガリーにおけるすべての民がその中で役割を与えられた。ハンガリーは、スロヴァキアを通して西欧との関係を持ち、スロヴァキアはハンガリーの中で最も発展した地域だった。スロヴァキア人が持って生まれた能力によって、あらゆる西欧の潮流をこの地に根づかせることができた。ここで強調されたのは次のことだった。オスマン時代のハンガリーは、実際上スロヴァキアと同一であり、したがってキリスト教の砦は実質的にスロヴァキアだった。これに対して、ハンガリー等族による一連の蜂起は国を荒廃させた。チェコスロヴァキアによってスロヴァキア人は国民生活が発展するための持続的で確実な基盤を獲得した。

フルショウスキーの『スロヴァキアの歴史』は何度も版と改訂版を重ね[SK 0289-0290]、1940 年までに 6 版となり、1942 年には幾分簡略化した絵入りの普及版『絵で見るスロヴァキアの歴史』が出版された[SK 0291]。この本はフリンカのスロヴァキア人民党を支持するカトリック系スロヴァキア人の観点を表現し、当時すでに強力となっていた親ドイツ的な立場に立つものだった。他方、チェコ人やハンガリー人には一様に友好的でなかった。ただし、カトリック的偏向を緩和しようと努めてはいた。例えば 1942 年の絵入り版では、以前の版に比べてアメリカのスロヴァキア人、および彼らが 1918 年の解放に果たした役割がより大きな比重を占めるようになった。

フルショウスキーの捉え方によるスロヴァキアの歴史は領域の歴史であり、先史時代に始まる。このためローマ時代を論じ、179 年に起こった雨の奇跡に触れている。すなわち、キリスト教徒からなる兵団の雨乞いによって雨が降り、マルクス・アウレリウスのローマ軍が崩壊から免れた逸話である。教権的スロヴァキア国において、奇跡に疑いを差し挟むのは不適切だったが、20 世紀における歴史著作で奇跡を歴史的要因と見なすことも適切でない。このため、フルショウスキーはこれに論評なしで言及するにとどめた。またフルシ

ョウスキーはキリスト教の伝播において東フランク王国の役割を強調し、ここに端緒があったとした。

『スロヴァキアの歴史』は国民性についても論じている。スロヴァキア人は陽気であり、客好きであるが、軽率で無規律である。戦いを好まないが、攻撃されれば頑強に守ることができ、無慈悲にさえなりうる。これらの特徴は今日まで残っている。存在が明らかな最初のスロヴァキア人支配者はプリビナであり、ニトラがスロヴァキア人の初の城であり、ゆえにこれらの名称は貴重であり、そこから国民の歴史が始まる、と。

フルショウスキーは、明らかに、サシニェクの夢想に従うわけにはいかなかったので、スロヴァキア人のものと見なされた大モラヴィア国に続く時代について、スロヴァキア国民の歴史を提示できる国民運動の開始まで、スロヴァキアの経済的発展と社会変動、諸都市のスロヴァキア化を論じた。その後は伝統的な方法で、国民運動の開始から始まるスロヴァキア国民史を紹介した。スロヴァキア国民の歴史は、領域の歴史と並んで、スロヴァキア史のもう一つの対象、というより真の対象だった。大モラヴィア国の文化をハンガリー人が継承したというのは、以前からの伝統的な歴史像だが、他方でハンガリー人のトルコ＝タタール起源説は学術的観点から見て、1939年頃にはすでに保持できなくなっていた。ハンガリー人が生肉を食べていたとか、重労働を嫌ったといったことも、当時の学術的な水準に立った主張ではない。他方、ハンガリー人が類なく大胆で容赦なかったのは事実である。スロヴァキアは10世紀から11世紀の世紀転換期にハンガリー国家の一部になり、モラヴァ川から西方にある領域はそこから切り離された。このためスロヴァキアは小さな国民になった。ハンガリーはエトノスと文化に関してだけでなく、地理的にもまとまっていなかった。スロヴァキアの領域はエステルゴム司教区と大体同じであり、ニトラを中心にして別の公国を形作った。フルショウスキーはイシュトヴァーン王を類い稀なる統治者であるとし、絵入り版の中で、イシュトヴァーンが母とともにコッパーニ（?-998?）から逃れて、フロン地方のスロヴァキア人豪族フントとパーズマーニのもとに身を寄せ、そこで初めて身の安全を感じることができたという短い説話を伝えている。チェコとの関連は強調しなかったが、フス派との関係には言及している。ただし、以下のようにである。モンゴル襲来以降、スロヴァキアには大規模な荒廃は起こらなかった。他方でイスクラは数の上で優勢なJ.フニャディ（1407頃-56）の軍勢を打ち負かしたが、全体としてオスマン軍の侵攻をくい止めたのはスロヴァキア領域であり、スロヴァキアの城とスロヴァキアの人々がスロヴァキアの地でヨーロッパを守ったことに大きな力点が置かれた。またフルショウスキーはエトノスと定住地について1章を割き、次のように結論づけた。スロヴァキア人は数の上で優位を失うことがなく、数によって祖国に対する所有権を保持した。他者を同化できたことは彼らの強い生命力を示すものである。フルショウスキーは明らかに国民的な視点から、宗教改革に対抗してカトリックの対抗宗教改革が有した積極面を強調した。

実際のところ、フルショウスキーは経済と社会問題にかなり大きな関心を示した。ハンガリー貴族の多くはスロヴァキアの領域に暮らし、農奴は平均よりも重い負担を負った。〔マリア・テレジア期の〕土地台帳改革はこの負担を減らしはしなかったが、さらなる負担増加は疑いなく防いだ。また、土地台帳改革による土地整理によって農奴の手に渡った土地は、スロヴァキアの領域のわずか11％だったが、ヨーゼフ2世の経済・社会改革は有益なものだったとフルショウスキーは見なした。

フルショウスキーは、スロヴァキア人意識の始まりを17世紀初めに見られるある種の反ハプスブルク性、ないし反ドイツ性の中に見出した。また彼は19世紀の政治史を詳細に考察し、1894年にスロヴァキアの政治生活が大きく変化したこと、つまり反ユダヤ主義の急先鋒たる人民党が出現したことを指摘した。フルショウスキーの反ユダヤ主義的理解によれば、ユダヤ人の経済的影響力がスロヴァキア人の貧困を招いただけでなく、ユダヤ人はハンガリー化し、ハンガリー人支配の信奉者として常にスロヴァキア人に敵対した。20世紀

については、自治のための闘いを前面に置き、すでに第一次世界大戦期にそれが始まっていたとした。アメリカのスロヴァキア人たちは第一次世界大戦中の1915年にクリーヴランドで、来るべき共同国家に関して、チェコ人との間で最初の協定を結んだが、当時はいまだ君主国が念頭に置かれていたため、同君連合とスロヴァキアの完全な自治が目指された。もっとも、すでに当時からスロヴァキア人はチェコ人がこの協定を守るとは信じていなかったし、チェコ人の諸声明はこの疑いを強めた。両者の敵対関係は1918年の国家体制転換後に強まることになった。チェコ人は自らの歴史的使命を理解していなかった。チェコ人の多くは高等教育を受けていなかったのに、チェコ人はスロヴァキアに文化を広めることが自らの任務であると公言した。このため、スロヴァキア人はチェコ人に対して当初は不信感を、のちに憎しみを抱いた。フルショウスキーは、チェコスロヴァキア共和国の建国に関して、スロヴァキア人による1918年10月30日宣言だけを論じ、10月28日のプラハ独立宣言に言及しなかった。またシチェファーニクを殺したのはチェコ人であるとほのめかした。

フルショウスキーはチェコスロヴァキア共和国をかなり肯定的なイメージで描いた。もちろん、スロヴァキア国民の要求を満たさなかった以上、引き続き闘うことが必要であり、最終的には分離、独立が必要となった。独立によって、スロヴァキア国民は最終的に自らの存在にとって有効な枠組みを見出した。もっとも1938年のウィーン裁定は誤った統計を基に下され、多くのスロヴァキア人居住地域がスロヴァキア国から切り離されたという。当然ながら、フルショウスキーはもはや新しく独立した国家の歴史を論じなかった。これ以上彼の歴史理解を他の分野にまで広げて詳細に論じる必要はないであろう。これまで論じた中から、彼の代表的著作がファシストのイデオロギーによって埋め尽くされているわけでないことが見て取れるだろう。公式的なキリスト教国家としての性格づけは、明らかに血と人種神話の強調を妨げたのである。専門的観点から見ると、フルショウスキーの著作に新味はなく、当時のスロヴァキアにおける史料志向の歴史叙述に適合していなかった。

体制派歴史学者の中で他に言及に値するのはK.チュレン（1904-64）である。1942年に『在米スロヴァキア人の歴史』を2巻本で著し[SK 0292-0293]、1944年にもう一つの著作『チェコスロヴァキア共和国の公職に就いたスロヴァキア人とチェコ人』が急遽出版された[SK 0294]。西側に亡命する前に、スロヴァキア人の積極的な参加を記録にとどめようとしたからである。K.シドル（1901-53）はフリンカ党の指導的政治家の一人だったが、1939年に表舞台から退いた。シドルは専門の歴史学者ではなく、歴史を扱った政治家であり、非専門家による歴史叙述という時代遅れのジャンルを代表している。シドルはフリンカを賞賛する伝記を1934年に著し[SK 0295]、1943年には『プラハ議会におけるスロヴァキア政治』という2巻本も出版した[SK 0296]。一部は回想録風であり、それまで知られていなかった相当数のオリジナルな文書を伝えており、そこに積極的な意味がある。

3. 経済史

歴史叙述が政治史以外の分野で発展しえたのは、1918年以降だったことは明らかである。この時になっても経済史では独学の歴史家が名を連ねた。これは歴史学の専門家が政治史にかかりきりになっていたせいであろう。建築学を修めたŠ.ヤンシャーク（1886-1972）はスロヴァキア考古学の創設にも役割を果たした。ヤンシャーク自身も発掘を行ない、その成果から『東部スロヴァキアにおける先史時代の住居と黒曜石加工』（1935年）[SK 0297]および『スロヴァキアにおける古代の定住—先史時代のフロン川下流とイペリ川』を出版した（1938年）[SK 0298]。しかしながら、ここではむしろ経済史関連の彼の著作を挙げよう。1932年に出版した『ハンガリー封建制期のスロヴァキア』は、公刊された史料と専門文献を基に、ドージャの時代から1848年までの経済発展について描いた[SK 0299]。当然のことだが、とりわけ農業について概観し、スロヴァキア人農奴の困窮の原因を他ならぬハンガリー封建制に見出した。封

建制という概念を用いたこと自体が新しい見方を示しているが、まだこれをマルクス主義の著作と呼ぶことはできない。ヤンシャークはスロヴァキア人政治家の伝記『D. G. リハルト—伝記的スケッチ』（1912年）[SK 0300]、『Š. ファイノル伝』（1935年）[SK 0301]、『クメチ』（1941年）[SK 0302]を著した。

I. ホウジェク（1887-1985）も技術者だった。旅行者として地方史に関心を抱くようになり、『ヴァーフ川岸の城と城館』（1924年）[SK 0303]、『ヴィソケー・タトリの運命』（1936年）[SK 0304]などを執筆したが、特に取り組んだのが経済問題だった。1918年以前のスロヴァキアの株式会社制工場について1935年に執筆し[SK 0305]、1943年にはスロヴァキアの同業組合組織について著した[SK 0306]。情報の一部は有用だが、専門的な著作ではない。ホウジェクは民衆言語中の経済用語法にも関心を寄せた。同じく技術者だったA. カヴリヤク（1885-1952）は、13世紀のオラヴァ県についてロマン主義的な概論を著した（1937年）[SK 0307]。『スロヴァキアのヴラフ人』（1933年）という著作は、職業集団を指すようになっていたヴラフ人について文書館資料を基に論じ[SK 0308]、彼らのエトノス面での変化や、本来のヴラフ系住民によるスロヴァキア語への影響を示した。カヴリヤクは古い土地単位についても特筆すべき取り組みを行ない、スロヴァキアの林業や森林経営の歴史を著した（1942年）[SK 0309]。営林技師のJ. バルターク（1896-1959）は類似の関心を示したが、スロヴァキア農業文書館の館長として多くの文書史料を使用し、より専門性の高い業績を残した。例えば、1929年に、バンスカー・ビストリツァ周辺の14世紀から18世紀までの国家による森林経営の歴史について[SK 0310-0311]、また1942年にスロヴァキアにおける林業専門教育の歴史についてそれぞれ著作を出版した[SK 0312]。

4. 法制史

法制史も分岐し、当然のこととして法律家がこれに取り組んだ。Ľ. クナペク（1906-83）はブラチスラヴァの大学准教授であり、教会法と教会行政の問題を論じた。ヴァティカンの文書に基づいて『10世紀から14世紀末までのハンガリー司教職の任命』を執筆した[SK 0313]。Š. ルビ（1910-76）は大学で民法の教師になり、県の文書摘要集の分析に尽力して、大部の研究『1391年のリプトウ県とトゥリェツ県の文書摘要集—スロヴァキアにおける資産贈与システムの問題によせて』（1932年）を著した[SK 0314]。J. カルパート（1914-）は、ハンガリー関連の比較法研究に取り組んだ。彼の『アールパード朝時代のハンガリー王冠』（1937年）では、ハンガリーの法制史家たちに論争を挑みながら、王冠の概念に関してイギリス、フランス、チェコとの並行性を分析した[SK 0315]。のちにカルパートはこの問題に立ち返り、『法的観点から見たハンガリー国家概念の歴史—問題とその解決のスケッチ』（1941年）で、王冠概念が極めて重要であることを新たに強調したが、この時は何よりもイギリスとの類似性や、さらにイギリスからの影響を指摘した[SK 0316]。

5. 教会史

J. シピルコ（1896-1954）は教会史を本来の専門としたわけではないが、美術史の問題に取り組み、ジェフラの教会フレスコ画について、最新の考古学調査に基づいて以下のように述べた（1940-41年）。1870年に発見されたフレスコ画の下に、より古い15世紀初頭に由来する層があることから、ケルレーシュ（キラレシュ）の戦いの描写はハンガリーの美術史が記すような14世紀のものではなく、15世紀末に描かれたと考えるべきであると指摘した。シピルコの主要研究テーマはスピシ地方の歴史であり、『スピシ地方史におけるフス派、イスクラ派とチェコ兄弟団 1431-62年』（1937年）は、勤勉な史料調査に基づいて執筆された[SK 0317]。だが1943年に刊行された2巻本の教会史は二次文献の焼き直しに過ぎず、当時の批評も好意的ではなかった[SK 0318-0319]。専門的な教会史では堅実な成果が生まれた（1939年に『スロヴァキアのカトリック神学（テオロギア・カトリカ・スロヴァカ）』という雑誌も発行

された)。この分野ではまず V. ブツコ（1911-93）の名を挙げるべきだろう。ブツコは、『オストリホム〔エステルゴム〕の大司教区における宗教改革運動（1564 年まで）』（1939 年）[SK 0320]、および『M. オラーフとその時代』（1940 年）[SK 0321] という、対抗宗教改革の初期段階を熟考する著作を書いた。Š. ファイト（1894-1979）は、18 世紀カトリックの説教者たちについて、注目に値する著作を出した（1941 年）[SK 0322]。フランチェスコ会士の S.L. ダニショヴィチ（1898-1975）は、スロヴァキアのフランチェスコ会について大部の通史を執筆するべく準備したが、短編の論文をいくつか発表するにとどまった[SK 0323-0325]。

福音派では、トラノスツィウスに先立つスロヴァキアの宗教詩について取り組んだ文学史家 J. ジュロヴィチ（1894-1955）の著作に言及すべきである[SK 0326]。また J. オベルチ（1902-56）はブラチスラヴァの福音派神学教師であり、敬虔主義者ベルに取り組み、1936 年にフランス語でもこの主題で著作を出版した[SK 0327]。彼はベルに関する資料収集も行なった。

文学史家の中では、R. ブルターニ（1907-98）の名を挙げる必要がある。ブルターニのモノグラフ『バロック期のスラヴ主義』（1939 年）は、実質上、バロック様式の文学的表出を世界史的な観点で検討しているからである[SK 0328]。

6. 考古学

考古学も両大戦間期になると、19 世紀の素人的な先行者を引き継ぎつつ、初めて発展を語ることができるようになる。ヤンシャークの業績がこの方向に向かうものだったことはすでに言及した。最初の専門教育を受けた考古学者は V. ブジンスキー＝クリチカ（ブダヴァーリ、1903-93）である。彼はマルティンの考古学研究所所長を務めた後、ブラチスラヴァの大学で考古学教授となり、ヤンシャークと同じく、先史時代を何より好んで研究した。ブジンスキー＝クリチカが関心を持ったテーマの一つが、スラヴ人関連の出土品である。『トゥリェツとリプトウにおける最初の古いスロヴァキア人の群墓』（1944 年）と題する著作で、考古学上の発掘に基づき、スロヴァキア中央部が 13 世紀に始まる定住の前にも、無人ではなかったことを最初に証明した[SK 0329]。J. ホダール（1888-1963）は職業的考古学者ではなかったが、プリビナ時代の教会と修道院に関する著作（1930 年）を書いた[SK 0330]。スロヴァキア国民博物館で考古学者として働いた Ľ. クラスコウスカー（1904-99）は、青銅器時代とラテーヌ時代の文化を発掘し、さらにスラヴ人関連の埋蔵品の発掘も手がけた。中世と近代の出土貨幣に専門的に取り組んだのは彼女が最初だった。チェコ人の V. オンドロウフ（1891-1963）はギムナジウム教師としてスロヴァキアに来たが、1939 年以降もスロヴァキアに留まって古代史の大学教師になった。オンドロウフの考古学的研究調査はローマ時代に集中し、初期帝政時代のデナリウス貨幣出土について 1934 年に著し[SK 0331]、スロヴァキアにおけるローマ時代の碑文記録も（完璧というわけではないが）編纂した（1938 年）。大部のモノグラフ『スロヴァキアにおけるローマ帝国国境（リーメス）』（1938 年）[SK 0332]を書き、戦時下においても、ストゥパヴァとボリンカ周辺のローマ時代の遺跡で多くの発掘を行なった。

7. マルクス主義の歴史叙述

スロヴァキアでマルクス主義歴史叙述が始まるのは、歴史叙述全般の発展におけるのと同様に、明らかに遅くなってからである。実際のところ 1945 年まで、この分野での実質的な歴史著作は存在しない。F. クラビーク（1874-1921）は、世紀転換期まではブダペシュトで、その後にはアメリカ合衆国で労働運動に参加し、スロヴァキアの労働運動関連紙に、教訓的な現地報告記事や社会主義の歴史に関する啓蒙記事をアメリカから書き送った。E. ボレク（1880-1924）はウィーンのチェコ人労働運動出身で、1906 年から 1918 年にかけて社会民主党のスロヴァキア語新聞を編集した。彼は史的唯物論の基本原理や、労働運動の偉人たちについて、一般向けの新聞記事を書いた。両大戦間期になると、共産党は知的水準の高い支持者

を擁するようになった。例えば、V. クレメンティス（1902-52）、L. ノヴォメスキー（1904-76）、G. フサーク（1913-91）などの名を挙げることができる。しかし、この青年たちは歴史叙述がすでに時代遅れであり、社会学こそが労働者階級の闘いを支援できる学問だと見なした。社会問題の詳細な研究を『群衆』などに寄稿し、これらは当時の歴史史料として非常に興味深いものだが、彼ら自身は歴史的アプローチを時代にかなうものと見なさなかった。1918 年以前の世代はハンガリー人による抑圧をマルクス主義的階級論に基づいて批判したが、両大戦間期の世代にとってこの問題はもはや興味を喚起しなかった。1938 年に共産党が禁止され、人民党の一党独裁体制に移行すると、マルクス主義思想は合法的手段で意志表明ができなくなった。非合法活動において過去は必然的に現在の脇へと押しやられ、過去はせいぜい背景として登場するだけだった。

　両大戦間期に現れた新世代の代表者たちは、その多くが 1945 年以降も活動を継続し、実際にその活動が拡大した。戦後はマルクス＝レーニン主義が基盤となった。したがってこれは別の主題になるだろう。それでも、以下のことは触れておくに値する。すなわち一方で、スロヴァキアの歴史叙述はその置かれた状況ゆえに、他の東欧諸国民と比較しても遅れていた。しかし他方で、基礎となしうる 1918 年以降の体系的な専門教育があった。この両者があいまって、他の多くの国々よりも 1945 年以後のマルクス主義歴史叙述の開花に際して、大きな可能性を保障したのではないかと思われる。なぜならば、スロヴァキアの歴史叙述は他国に比べて、歴史学のブルジョワ的伝統や先入観によってさほど大きな影響を被ることがなかったからである。

第 10 章

スロヴェニアの歴史叙述

> スロヴェニア人は自分たちの出自を大モラヴィアに求めるだけでなく、さらに時代を遡った 7 世紀中葉に存在したサモ（?-658）の帝国にも求めている。当時のスラヴ人居住地域は今日のオーストリア領の相当部分にまで広がっていた。しかしほどなく、ドイツ（バイエルン）の支配下に組み込まれ、スロヴェニア人は劣勢となった。宗教改革は一時的な影響を及ぼすだけにとどまり、対抗宗教改革により、宗教改革の痕跡さえ消し去られた。
>
> スロヴェニアでも国民運動、国民的覚醒は啓蒙思想の影響により始まり、聖職者層の間で広まった。その最大の関心事は文語形成だった。1848 年革命の中、スロヴェニア人の地域的統一が提起された。スロヴェニア人は主としてカルニオラ（クランスカ、クライン）〔以下、領邦名はラテン語読みで記し、初出時にスロヴェニア語やドイツ語読みを示す〕に住んでいたが、隣接する二つの直轄州、スティリア（シュタイエルスカ、シュタイアーマルク）とカリンティア（コロシュカ、ケルンテン）にもスロヴェニア人がいたのである。
>
> 統一要求は実現しなかった。立憲体制期、スロヴェニアには複数の政党が生まれたが、1848 年の時のような要求を掲げる政党はなかった。変化をもたらしたのは世界大戦だった。1918 年 10 月 28 日、スロヴェニア人の議員たちはオーストリアからの分離を宣言した。そして 12 月 1 日、ベオグラードで南スラヴ人の王国に加わった。
>
> 新生国家の公式名称にスロヴェニアが入っていたとはいえ、実質的にこの国家を支配したのはセルビア人だった。さらにスロヴェニア人はクロアチア人と異なり、セルビア人と同じ言葉を話すという不確かな利点さえ享受できなかった。というのは、スロヴェニア人は国民再生の時、すでに自分たちの文語を作り上げており、この文語は基本的にセルボ＝クロアチア語と相当に乖離があったからである。このため以後も権力から離れたところにいた。
>
> ユーゴスラヴィアの崩壊後、スロヴェニアはドイツとロシアの支配下に置かれ、1943 年からはドイツだけに支配された。1945 年、共産党率いる新生ユーゴスラヴィアが誕生し、連邦を構成する共和国がスロヴェニアの領域に形成された。

前章までと異なり、スロヴェニア人に関する最も古い記録については、スロヴェニア人以外が記した著作も概観しなくてはならない。スロヴェニア人の著者は 18 世紀まで現れないからである。スロヴェニア人はとりわけカルニオラに、さらにカリンティア、スティリア、イストリア〔イストラ、イストリエン〕、ゴリツィア〔ゴリシュカ、ゲルツ〕、グラディスカ〔グラディシュカ〕の各領邦内に住んでいたため、まずはこれらに関する著作から始める。

第 1 節　専門化以前の歴史叙述

1. 年代記

　最も卓越したスロヴェニアの歴史家 M. コスは、スロヴェニアの歴史叙述の歴史を概観するにあたって、ジークフリートというある修道士から始めている（1935 年）[SLO 0001]。ジークフリートは 1260 年以降に、バーベンベルクのレオポルト 6 世（1176-1230）について叙事詩を書いた[SLO 0002]。レオポルト 6 世は聖ゲオルギウス修道院の創設者であり、ジークフリートもその修道士だった。14 世紀には、メス出身のヨハネスという、カリンティアのヴェトリンのシトー会修道院長が、『確かな歴史の書』[SLO 0003]と題し、領邦の 13 世紀から 14 世紀の歴史を一般的な年代記の形式で記述した。14 世紀前半、ドイツ語で書かれた作者不詳の『スティリアの韻文年代記』[SLO 0004]は、1246 年から 1309 年までの出来事を扱っており、比較的多くの信頼できる歴史的情報を含んでいる。1460 年頃には同じく作者不詳の、ラテン語のツェリェ年代記が制作された。後世のスロヴェニア史学はこれを重視しており、のちに初めて刊行したのもスロヴェニア人歴史家である[SLO 0005]。
　J. ウンレスト（1420/30-1500）は、バイエルン出身で、カリンティアの教区司祭を務め、多くのドイツ語の年代記を書いた。『オーストリア年代記』[SLO 0006]は実質的に神聖ローマ皇帝フリードリヒ 3 世について、また『ハンガリー年代記』[SLO 0007]はアッティラからマーチャーシュまでのハンガリーの歴史を描いている。ここで最も重要なのは『カリンティア年代記』[SLO 0008]で、オトカル 2 世についての韻文形式の年代記と、オーストリアに関する他の年代記を編集したものである。

2. 人文主義の歴史叙述

　ここでも、最初に刊行されたのは、ドイツ人の人文主義者である H. メギゼル（1554/55-1619）の著作である。メギゼルはライプツィヒの教授、ザクセン宮廷史編纂官を務めたのち、教区司祭としてツェリェに赴き、スティリアの等族の宮廷史編纂官となった。彼は、M. G. クリスタルニク（1530/40-95）が 1578 年に書いた『カリンティア史』[SLO 0009]という著作を幾分短くして、『カリンティア編年史』[SLO 0010]と題して出版した（1612 年）。その中では原本から多くの伝承も転載したが、コスによると創作の部分も少なくなかった。
　17 世紀の歴史叙述はむしろ国についての記述というべきものであり、その中には人文主義の伝統とバロックの伝統が同じくらい混ざり合っていた。その最初の重要な例は、J. L. シェーンレーベン（1618-81）の著作である。彼はイエズス会士であり、のちにリュブリャナの教区司祭となり、カルニオラ領邦等族お抱えの歴史編纂官でもあった。信仰心高揚を目的とする多くの作品と賛辞を連ねた詩作の傍ら、『カルニオラ古今』（1680-81 年）[SLO 0011]と題して、この領邦の歴史を天地創造から描き起こした。関心を持ったものは奇跡までも含めてすべて記述しており、無秩序に、とはいえ大いなる博識を注いで書いている。また彼は熱心な愛郷主義者ともなり、リュブリャナの歴史を書こうとした最初の人物でもある（『アエモナ』1674 年[SLO 0012]）。手稿では、いくつかの家系図（ハプスブルク家、クロアチアのブラガイ家）と、領邦内で発見された古い貨幣についての 2 巻に及ぶ古銭学的図像集が残されている[SLO 0013]。
　シェーンレーベンの著作からほどなくして出版された J. W. ヴァルヴァソル（1641-93）の著作は、カルニオラ領邦の栄光をドイツ語で綴ったものである（『カルニオラ公領の栄誉』1689 年[SLO 0014]）。彼はリューベックの E. フランツィスツィ（1627-94）の協力（彼は古代史部分を書いた）により、この領邦の詳細な地誌、統計、歴史、民俗を記述した。ヴァルヴァソルは 16 世紀にこの

地に移住したイタリア貴族の家系の出身で、1663-64年にはN.ズリンスキ（1620-64）の指揮のもとで戦争に参加した。1672年以降に領邦を旅してまわり、カルニオラ、カリンティアの諸都市と各地方、またランベルク家領の城塞について、版画を多用した多くの地誌をまとめた。古い時代についての記述は大部分がシェーンレーベンの著作から引いたものだが、コスによると、シェーンレーベンのナイーヴな記述をさらに誇張している。同じくコスによると、それに比べて16-17世紀についての記述には価値があり、文書館資料も使用している。最近の研究は、この著作の地誌および民族誌の部分に価値を見出しており（版画には民族衣装も描かれている）、またヴァルヴァソルが初めて地名のスラヴ語ないしスロヴェニア語表記を掲載したことも高く評価されている。さらに、スロヴェニア語の詩を活字で出版したのも彼が初めてである。ちなみにこの本やその他の著作の出版に、彼は財産のほとんどをつぎ込んだ。

　J.G.ドルニチャル（1655-1719）という、リュブリャナ市長の息子についても触れなければなるまい。彼はインゴルシュタットとボローニャで法学を修め、のちに彼自身も故郷である都市の書記官になり、さらには法務官となった。リュブリャナとその制度についてラテン語の年代記をいくつか書いたが、『リュブリャナ市略史』（1714年）[SLO 0015]を除いて、それらはすべて死後かなり経って19世紀になってから出版された（『リュブリャナ聖堂史』1882年[SLO 0016]、『リュブリャナ公共図書館』1900年[SLO 0017]、1660-1718年の間の出来事を書きとめた『リュブリャナ市編年史』1901年[SLO 0018]、『リュブリャナ市古事』1902年[SLO 0019]）。他に『リュブリャナの糸杉、もしくは墓碑銘と刻銘』[SLO 0020]という著作にも触れておかなくてはならない。これはその内容ゆえに一番最初に（1860年）出版されたものであり、これによって彼は、スロヴェニア人にとって刻銘学の創始者となった。

　18世紀のドイツ人歴史家については、もう考慮に入れないことにする。18世紀になると、すでにスロヴェニア人の手による歴史叙述が現れるからである。

3.　国民再生の歴史叙述

　というのも、この時代にはすでにスロヴェニアの国民的覚醒ないし再生の最初の代弁者たちが、少数ながらも出現したからである。彼らはみな、国民的覚醒に貢献するような仕事をしようと望み、それにふさわしい歴史作品をまとめることもその中に含まれていた。跣足のアウグスティノ会士M.ポフリン（1735-1804）は、何よりも言語学上の仕事によってスロヴェニア学術史において重要であり、1768年に最初のスロヴェニア語の文法書と辞書を出版した[SLO 0021]。彼はアウグスティノ修道会の歴史と[SLO 0022]、同修道会のリュブリャナ修道院の歴史を書いた[SLO 0023]。『カルニオラ集成』（1803年）[SLO 0024]という、カルニオラに関する諸研究を列挙した文献目録は、今日でも便利な参考文献である。彼はまず、スロヴェニア語で『カルニオラ年代記』[SLO 0025]という概説を書いた。もちろんこれは、それまでに知られていた資料のうち、特にヴァルヴァソルのものをまとめただけであり、むしろ政治的役割が重要である。ちなみにポフリンは、カルニオラのスロヴェニア人の歴史しか書いていないが、それはスロヴェニア人がこの地で住民の多くを占めていたからである。他の領邦はまだ関心の範囲に入っていなかった。

　A.T.リンハルト（1756-95）で、世俗の知識人の登場となる。ウィーンの大学で官房学すなわち国家学を学び、啓蒙の支持者となり、したがって当然フリーメーソンの一員であった。彼はリュブリャナの文書館司書となり、のちに役人になった。啓蒙の基本理念に沿って歴史にも取り組もうとして、大規模な総合書の執筆を始め、ドイツ語で2巻が刊行された（1788-91年）[SLO 0026]。これは『カルニオラとその他のオーストリア・スラヴ人居住域史試論』と題した4巻本の計画で、歴史の基礎から始めたため、第1巻は民族移動まで、第2巻はカール大帝までとなった。批判的かつ慎重に発展の過程を検討し、歴史叙述の先駆者たちが用いていた言い伝えの要素を排した。ヴォルテールの影響を受け、政治的な事件の展開ではなく

文明の発展を書こうとしたが、当然ながら使える資料が少なかったため、彼自身の意志とは異なり、諸事件の記述にとどまった。もっとも、大規模に新しい資料を発掘したというわけでもなかった。歴史的事件の他には、地理的条件や経済についても一言二言触れている。また数少ない考古資料も使用した。彼が書こうとしたのは事実上スラヴ文明の初期の歴史だったため、国民的＝言語的観点と地方史的観点とが組み合わされていた。中世前期にカランタニアというスラヴ人の公国が存在した、と論じている。オーストリアの南スラヴ人、ひいてはスラヴ人一般の歴史に言及している点は極めて重要である。それによってあたかも、オーストリアはスラヴ人が多数を占める国家である、ということを示唆しているようでもある。これが国民的覚醒の役割を担っていることは明らかである。これとは別に、彼は1784年にはすでにリュブリャナのリセの図書館の設置を主導し、1791年に実現した。この図書館のために多くの手稿や稀少本を入手した（これが現在の国民および大学図書館の基礎となった）。第一に関心を寄せていたのはカルニオラだが、それ以外の近隣諸領邦に住むスラヴ人もやはりスロヴェニア国民であると信じていた。もっとも、まだカルニオラとその他の領邦内のスロヴェニア人とを、領域に基づいて区別していたのもまた事実である。言語それ自体を史料と見なすのは、おそらく啓蒙の多面的な関心のあり方に影響されたのだろう。

その出自のゆえに、もう一人の啓蒙のスロヴェニア人、K. ロイコ（1744-1819）にも触れておくべきであろう。彼はプラハ大学の教会史の教授であり、ドイツ語で4巻のコンスタンツ公会議の歴史を書いた（1780-85年）[SLO 0027]。これは実際には国家と教会の関係について論じる書であり、もちろん教会の要求を強く批判して書いたため、カトリックの側から強く攻撃された。

啓蒙の支持者の中では、V. ヴォドニク（1758-1819）もまた言及されるべきである。彼は1784年にフランチェスコ会修道士から在俗聖職者となり、各地の教区司祭を歴任した後、ギムナジウムの教師となった。フランス支配下で校長を務めたため、1815年には引退させられて年金生活に入った。だがその後もイタリア語は教え続けることができた。初期の国民再生論の支持者として、詩作もした。1809年にはドイツ語で『カルニオラ公国、トリエステ領とゴリツィア伯領の歴史』を著した[SLO 0028]。独創性という点ではリンハルトの著作に遠く及ばないが、それよりも広い時代を扱っており、また読み物として広く親しまれ、1825年には3版を数えることになった。

ヴォドニクはすでに、次の世代への橋渡し的存在であった。これまでの歴史叙述は基本的に、年代記的叙述を哲学的な水準に高めようとしたものだといえる。これに比べて次の世代のものが、専門性という点でより高い水準になったというわけではない。しかし、次の世代は、啓蒙の批判精神を打ち捨てて、ロマン主義的な情熱で国民の栄光ある過去を構築しようと努めることになる。特にスロヴェニア人に限られない場合もあるが、少なくともスラヴ人一般の栄光の過去を描こうとするのである。

U. ヤルニク（1784-1844）という教区司祭は、国民運動家としての様々な面を持ち、詩人で、評論家で、言語学者だった。国民防衛のロマン主義的な捉え方が、1826年に出版された研究『カリンティアのゲルマン化についての警告』[SLO 0029]の中で述べられている。いうまでもなくこれはドイツ語で書かれた。この中で、アルプス地域のドイツ人というのは実際のところ、同地に住んでいたスラヴ人の子孫であり、バイエルン人からドイツ語を受容した、と証明しようとした。これと類似するのが、もう一人の同時代のスティリアの教区司祭 A. クレンプル（1790-1844）である。スロヴェニア語教育の支持者で、著述もスロヴェニア語で行なった。『スティリアの地で起こったこと』（1845年）[SLO 0030]という著書は、まだどちらかというと年代記の性格を保っている。当然ここでもスラヴ人は先住民として描かれている。

これと関連して、彼らより随分若い世代に属するもう一人の名前を挙げなくてはならない。D. トルステニャク（1817-90）は、職業はもちろん教区司祭で、世紀の中頃にはギムナジウムの教師を務めていた。多くの論文を著し、それらはほぼ近代的な方法を取っていた。というのも、文字史料

の他に考古資料や神話的な要素をも使用し、著作は典拠を示す脚注で満ちていたからである。しかし、このように広範囲の資料発掘は、ただ一つの目的に奉仕するためのものであった。すなわち、スラヴ人が現在住んでいる地域の全域において先住民であったことを証明するという目的である。当然、古代の史料に登場する様々な民族がすべてスラヴ人であることも、それを証明する。彼に先立つ 100 年前には似たような作品がまだ多く書かれていたが、リンハルトはもうこのような方法を取らなかった。つまり、同時代の、形成されつつあったスラヴ学がすでにこのような素朴さから抜け出していたのに比べると、トルステニャクは大きく後戻りしている。

スラヴ学の発展に関連して、二人のスロヴェニアの知識人の名前を挙げなくてはなるまい。二人とも歴史家ではないが、それぞれ 19 世紀に、学問としてのスラヴ学の発展に重要な役割を果たした。一人目はまだ過渡期に位置づけられる。J. コピタル（1780-1844）はウィーンで法学と文献学を学び、検閲官となり、のちに宮廷図書館の監督官となり、またウィーンに住むスラヴ人の世話役でもあった。（その嫉妬深さや悪意について、おそらく根拠がないわけではない風説が行き交っていたのだが。）彼は多分にロマン主義的な要素を持っていて、1810 年にドイツ語で書いた『あるスラヴ人の愛国的幻想』[SLO 0031]において、ウィーンこそがスラヴ人の中心地たるべきと主張した。チェコのスラヴ学者とは多くの論争を繰り広げるようになっていった。というのも彼らはむしろロシアの方を向いていたからである。彼はまた、スラヴ人たちの共通言語を作り出そうと考えてもいたが、当時の比較言語学からはすでに取り残されていた。様々なことに手を出したため、まとまった著作は一つもなく、1857 年にドイツ語で論文集[SLO 0032]が出た（また 1944-45 年にスロヴェニア語で 2 巻の論文集が出た[SLO 0033]）。ただし古いスラヴの史料を多数出版した。中でも注目されるのがフライジングの断片であり、議論があるもののスロヴェニア語の最も古い遺文と考えられている（1836 年）[SLO 0034]。これに先立ちスロヴェニア語の文法書（1808 年）[SLO 0035]も出版した。これは、スロヴェニア人が住んでいた三つの主な領邦の方言から、スロヴェニア語の文語を作り出そうとする試みだった。チェコ人のドブロフスキーとの間で交わされた往復書簡集は、ヤギチがサンクトペテルブルクで刊行した（1885-97 年）[SLO 0036-0038]。彼がオーストリア・スラヴ主義の最初の重要な代表者であったのは明らかである。好事家を嫌い、自分よりも知識のない者を見下すなど様々な欠点があったにせよ、最初の批判的言語学者でもあった。ハンカによる捏造について、あざけりながら批判したこともあった（これもチェコの同時代人たちの共感を得られなかった理由である）。言語学の仕事だけでなく、多くの文章を書き、スラヴ人問題に対する関心を広めた。また多くの人をスラヴ学へ導いたのも功績である。

そういった同時代人たちの中に、F. ミクロシチ（1813-91）がいた。彼はグラーツで文献学、ウィーンで法学の博士号を取得した（それぞれ 1838 年、1840 年）。その後も宮廷図書館に入り、コピタルの同僚となったが、コピタルの死によってそれは短期間で終わった。ミクロシチは言語学者としてはコピタルよりはるかに重要である。すでに近代的な比較言語学を適用し、スラヴ語以外にルーマニア語とアルバニア語も研究した。1850 年には古スロヴェニア語語彙集を出版し[SLO 0039]、さらにそれを 1862-65 年に改訂して『古スロヴェニア語・ギリシア語・ラテン語辞書』[SLO 0040]として冊子の形に改めた。（すでに大学生の時に、ラテン語とギリシア語の知識で傑出していた。）ドイツ語で出版したスラヴ語源辞典（1886 年）[SLO 0041]は、やがて多くの細かい点で古びてしまったが、当時も、そして以後長い期間にわたって、基本文献として用いられた。しかし、そのライフワークは水準が高く、国民的ロマン主義から距離を置いたものだったために、コピタルほど歴史的な思惟に影響を与えなかった。それでも、1856 年にダルマチアとモンテネグロを長く旅し、各地の修道院で古いスラヴ語の手稿を調査し、これらの史料を 1858 年に『セルビア、ボスニア、ラグーザ史に見るセルビア文献集』[SLO 0042]として出版したことは触れておくべきだろう。

第 2 節　専門化した歴史叙述の始まり

かくして 1848 年以降の時代へと到達した。この時期に、セルビアとチェコの例に倣ってスロヴェニアのマティツァが設立されたにもかかわらず、国民再生運動はすでに下火となっていた。歴史叙述の基盤は形成されつつあったが、スロヴェニア人特有の状況に応じたものだった。つまり、領邦ごとに別々に、ドイツ語かイタリア語によって書かれ、ドイツ人かイタリア人が主導していた。

歴史学の協会組織は領邦ごとに作られ、それぞれに定期刊行物を発行し、ドイツ人（そしてイタリア人）に混じってスロヴェニア人歴史家もそこで発表することができた。以前から定期刊行物はいくらか存在しており、1811 年から『カリンティア』が、1818-35 年には『カリンティア雑記』、1850-1903 年には『スティリア歴史学協会報』、1838-44 年には『カルニオラ』、1846-68 年には『カルニオラ歴史学協会報』、1829-37 年の間と 1869 年からは『トリエステ古文献学』が刊行された。そして、1846 年から 1852 年まで発行された『イストリア』はスロヴェニア人の P. カンドレル（1804-72）の編集による。1843 年にはオーストリア南部諸領邦の、1846 年にはカリンティアの、1847 年にはカルニオラの、1850 年にはスティリアの歴史学協会が設立された（カルニオラの協会ではトルステニャクが指導者に名を連ねていた）。しかし、スロヴェニア語の定期刊行物が発行され、母語での発表が可能になるまでには時間がかかった。

それは世紀の後半になって実現した。1869 年から『マティツァ・スロヴェンスカ年報』がマティツァによって発行され、ある時期まで、歴史家が発表できる唯一のスロヴェニア語の定期刊行物だった。トルステニャクはここに多くの論文を寄せた。この刊行は 1898 年まで続き、1899 年から 1912 年まではマティツァの年報『マティツァ・スロヴェンスカ論集』が発行された。1889 年には『カルニオラ博物館協会報』〔ドイツ語〕が創刊され、1891 年からはそのスロヴェニア語版がコブラルによって発行された。1903 年にはマリボルで歴史学協会が設立され、翌年から『歴史学・民族学雑誌』という定期刊行物を発行した。1910 年から 1918 年には『カルニオラ』という二言語の雑誌が発行された。

博物館はすでにあり、図書館もあったが、もちろん博物館の館員はほとんどドイツ人であり、スロヴェニア人はわずかだった。大学はグラーツとウィーンにあったが、これらもドイツ語のものだった。スロヴェニア人は、専門教育という点で、1918 年までスロヴァキア人とほぼ同様の後進的な状況にあった。

歴史家の大半はまだカトリックの聖職者であり、それゆえ専門教育を受けておらず、いまだ国民的情熱によって歴史を叙述していた。その中で D. デジュマン（1821-89）の登場は十分に例外的な出来事だった。彼はウィーンの大学で医学と法学を学び、1848 年にはウィーンでスロヴェニア人の運動を指導し、その後リュブリャナの博物館に勤めた。1856 年に初めて、ロマン主義的で無批判な研究に反対の声を上げた。先史考古学にも取り組み、発掘も行なった。彼の主導により 1888 年にリュブリャナ博物館が建設され、同年に博物館案内がドイツ語で発行された。また、立憲体制下には再び政治の世界に入り、領邦議会の、のちには帝国議会の議員にもなり、完全に親墺的な政策を取り続けた。

S. コチャンチチ（1818-83）は聖職者であるという点で平均的な人物である。スロヴェニア語の雑誌に一般向けの文章を書き、1850 年代にはクロアチアの『ユーゴスラヴィア歴史集成』にゴリツィアとイストリアのスロヴェニア人の歴史を書き [SLO 0043]、その後、リュブリャナ司教区のラテン語雑誌に、ゴリツィアの大司教区といくつかの教区の歴史を書いた [SLO 0044]。

I. オロジェン（1819-1900）はマリボルの神学校で美術史を教えていた。彼はツェリェの年代記を初めて公刊し（1854 年）[SLO 0045]、またベネディクト会のある修道院で 1426 年に作成された

土地台帳を公刊した[SLO 0046]。地域史を扱った多くの論考を雑誌に書き、見つけた資料はすべて発表した。またラヴァントの司教区と諸教区の年代記を書いた[SLO 0047]。文化財保護者として美術史研究に貢献し、碑文の収集も行なった。彼は多方面で活動する善意の好事家の一人であり、この後も同様の人物は繰り返し現れることになる。

近い時期では、J. トルディナ（1830-1905）が挙げられる。彼はウィーンで歴史とスラヴ学の教育を受けたが、主に作家として、そして民謡収集家として活動した。一時は中等学校の教師だったが、1867 年に自由思想家であるという理由で解雇された。彼はスロヴェニア人には珍しく、オーストリアとオーストリア人に対して批判的で、敬意を払わなかった。すでにギムナジウムの生徒だった時にスロヴェニア史の概説を書き[SLO 0048]、1866 年に無許可で出版したが、当然ながらそれは不出来な寄せ集めに過ぎなかった。のちに文学作品を作る傍ら、二つの回想録を書いた。最初のものは『我が回想』と題して 1855 年までの時期について[SLO 0049]、二つ目は 1853-67 年にクロアチアの中等学校で教えた経験について『バッハの軽騎兵たちとイリリア人』（1903 年）の題で著した[SLO 0050]。さらに晩年にはもう一編を『我が生涯』と題して書いた[SLO 0051]。歴史研究ではないが、これらの中には興味深い情報が含まれている。

J. パラパト（1838-79）は、聖職者、作家、かつ翻訳家だが、その歴史叙述も一定以上の水準にある。16 世紀の農民蜂起についての研究や、さらに大きな研究である『15、16 世紀のトルコ戦争、スロヴェニア人を中心に』を書いた（1871 年）[SLO 0052]。その中で部分的には文書館資料も使用した。長らく途絶えていた古銭学に再び取り組んだのも彼である。

ディミツ

聖職者ではないが、国民的情動に突き動かされた歴史家という点で典型的なのが、A. ディミツ（1827-86）である。彼はウィーンで法学を修め、官僚となった（著書の奥付によると、君主国財政審議官であり、カルニオラの歴史学協会の事務長を務めていた）。早くも 1859 年に考古学者かつ歴史家としてのヴォドニクについて論文を書いている。彼は初めてカルニオラについてドイツ語で大部の総合を書いた。『カルニオラの歴史、太古から 1813 年まで』という題で、それぞれに厚い 4 つの巻からなる（1874-76 年）[SLO 0053]。中世の部分は何よりもまず、当時知られていた記述史料に基づいている。16 世紀の初頭から 60 年代までを扱った第 2 巻からは、等族の政治的役割を描くのに、領邦文書館の資料も用いた。しかしこれは詳細な事件史の羅列でしかない。誰を領邦議会の議員に選び、その中から誰を皇帝のもとへ送ったか、ということならば正確に知ることができる。しかしながらディミツの仕事の意義は、この本の副題にあるように文化史にも言及した点である。当時の捉え方では文化史は社会・経済史も含んだため、都市の発展や学校制度の状況についても様々なことを知ることができる。信仰深いカトリックのスロヴェニア人の中でも際立っていて、例えば宗教改革期の信仰修養書についても詳しく記している（もちろん文学についての章は、ほとんど文献目録のようなものである）。領邦の歴史を書いたため、中世後期以後の記述は、第一にドイツ人＝オーストリア人エリートの活動を扱っていて、スロヴェニア人にはごくわずかな回数しか触れず、それも申し訳程度にしか扱っていない。一方序文の中では、皇帝と祖国に対する自身の忠誠が確かなものだということを読者に示し、その後で、二つの言語が話される祖国において、両民族の相互理解と協力を目的とし、公務以外の時間をこの本の材料の収集と執筆に充てた、とも書いている。興味深いのは、この地で最初のスラヴ人国家である 7 世紀のサモの帝国について、驚くほど短くしか扱っていないことである。確かに、これを示す記述史料はたった一つしかないのだが。フランス支配期で同書の記述を終えており、その肯定的な面と否定的な面について、十分にバランスを取った記述をしている。否定的な面として、ドイツ語とスロヴェニア語に代えてフランス語による学校教育を導入したために、多くの子供が学校に通わなくなったことを挙げた。カルニオラの愛郷者として、ドイツ人をも称揚した（876 年にア

ンデルナッハの戦いにおいて、ドイツの勇敢さがフランスの悪意に打ち勝った、と記している)。一方で末尾では、1813年以降に展開したスロヴェニア人国民運動の検証はこの本の主題には属さないと述べた。とはいえ、国民再生の時代の先駆として、ヴォドニクの『再生するイリリア』という詩の原文とドイツ語訳を両方掲載した。この本は1886年にドイツ語の短縮版でも刊行された[SLO 0054]。

*

専門家ではない者による歴史叙述についてさらに続けねばならない。A. コブラル(1854-1928)は聖職者で、一時リュブリャナで司教の書記を務め、のちに地方の教区司祭となり、世紀転換期からキリスト教社会党の議員として政治との関わりを深めていった。1891年に『カルニオラ博物館協会報』を創刊し、1908年まで編集に携わり、自身も多くの論考を執筆した。大半は教会の地域史を扱ったものである。リュブリャナ司教区内の諸教区の歴史を編集し、自身もその中のいくつかを執筆した。多くの文書館資料を収集し、その一部を出版した(『フリウリの文書館からの小断片』1891-94年[SLO 0055])。クラン市の教区の歴史に関する論考も書いた[SLO 0056]。

I. ステクラサ(1846-1920)は『マティツァ・スロヴェンスカ年報』に、1565年のボサンスカ・クルパの陥落について[SLO 0057]、また祖国の(一部クロアチアの)政治家と軍事指導者たちの人生について描いた[SLO 0058]。

S. ルタル(1851-1903)は、若い頃にクロアチアとダルマチアでギムナジウムの教師を務めた。とりわけコトルでは1879-81年に『コトル古事』という雑誌を発行し、1894年にはブリチとイェリチとともにスプリトのガイドブックを刊行した[SLO 0059]。歴史・地理学を専攻し、1890年代にはスロヴェニアの各領邦を描いたシリーズを出版した(『ゴリツィアとグラディシュカ』1892-93年[SLO 0060]、『トリエステとイストリア』1896-97年[SLO 0061]、『ヴェネツィアのスロヴェニア』1899年[SLO 0062])。『スロヴェニア人の地、スロヴェニア諸領邦の自然誌・統計・文化・歴史に関する記述』がシリーズのタイトルだが、むしろ同時代について、特に自然地理についての記述および統計データが大半を占め、歴史的な知見は少ない。主著と見なされるのは、トルミン地方の歴史についてのモノグラフである[SLO 0063]。スロヴェニア地域の古代史と考古学にも取り組み、オーストリア人の共著者とともにドイツ語のモノグラフ『カルニオラにおけるローマの道と要塞』(1899年)[SLO 0064]を書いた。もちろん考古学分野は完全に独学だったが、各領邦のオーストリア人の考古学者から多くを学んだ。彼の功績は、スロヴェニア語の考古学用語の基礎を築いたことである。スロヴェニア地域におけるハプスブルク支配600周年に、マティツァ・スロヴェンスカが記念論集を出版し、そこに彼は比較的長い論文「スロヴェニアにおける等族とフェルディナント1世による軍政国境地帯の設置」を書いた[SLO 0065]。

J. グルデン(1869-1922)もまた聖職者であり、一時期リュブリャナの神学校で教会法と教会史を教えた。試行錯誤の後、世紀の初めにスロヴェニア語で一般読者向けに6巻からなる概説『スロヴェニア国民の歴史』を書き、この中で1789年までを扱った(1910-16年)[SLO 0066]。もちろん大半は政治史と教会史が占めており、極めてカトリック的な視点から書いた。若干の文化史的知見も提供している。政治史の部分では、当然それぞれの領邦における等族の活動を記した。それでも、多くの領邦に分かれていたスロヴェニア人の歴史をまとめようとしたことには、間違いなく価値がある。初期中世の歴史に多く取り組み、カリンティア公即位の独特な儀式について多くの研究を著し、また中世の社会階層に関してはドプシュの理論を受け入れた。経済史はこの本の中では一切触れない。だが、コスがいうように、当時の研究に基づいて農業発展の主な道筋についてまとめることもできたはずである。キリスト教普及におけるアクィレイアの役割を過度に強調した(1902年)[SLO 0067]。西方教会で長く用いられていたグラゴール文字と典礼をスロヴェニアだけのものだと考え、ダルマチアの慣習に注意を向けなかった(1905-06年)[SLO 0068-0069]。カトリックへの情熱は、短期間で終わった宗教改革の描き方にも

現れた。宗教改革について、領主の暴力の結果であったとし、また、(まさにスロヴェニア語を使って書くことによって) 伝統が絶えることになり、他のスラヴ民族との関係を引き裂く結果を招いたとする (「プロテスタンティズムのスロヴェニアにおける歴史によせて」1907 年[SLO 0070]、「プロテスタント時代の迷信と神秘主義派」1908-09 年[SLO 0071])。いくつかの地方史研究もあり、その中でもプロテスタントを批判した (「プロテスタント時代のストゥデニツァ修道院」1909 年[SLO 0072])。より価値があるのは、中世スロヴェニアの教会史を扱った諸研究である (『15 世紀のスロヴェニア人社会における教会分裂とリュブリャナ司教区の設置』1908 年[SLO 0073])。個別研究においては、より後の時期も取り上げた (『我々の文化におけるヤンセニズム』1916 年[SLO 0074])。

F. コス

　グルデンは幅広い業績によって当時の専門的な水準に近づきつつあったといえるだろう。そして、その水準におおむね達した最初の人物が F. コス (1853-1924) である。まだ専門家以外の人物も登場するとはいえ、コスとともに専門家の時代が始まったのである。コスはウィーンで大学を修了し、歴史と地理を学んだ。この専攻の組み合わせは偶然ではない。状況が許さなかったため彼はギムナジウムの教師にしかなれなかった。この専攻分野の組み合わせが重要なのは、次の点をおそらく最初に認識したのがコスだからである。すなわち、スロヴェニアの歴史叙述では、軍事的栄光やヨーロッパでの役割に言及できないため、スロヴェニア人住民、すなわち共同体の定住、内的発展、そして教会と文化面での達成についてまず検証せねばならず、地方史に大きな比重を置きながらも、従来の地方史叙述が持った好事家精神は排除しなければならないのである。これはもちろん、専門家以外が担っていた従来の歴史叙述と決別することを意味した。彼は、史資料の批判的な収集が最も重要であると考えた。1902 年には『スロヴェニア中世史資料』[SLO 0075]の第 1 巻を出版した。この第 5 巻については、のちの 1928 年に息子が編集した。合わせて 4000 に上る膨大な文書の内容をまとめ、多くの場合その本文も掲載した。この時代に他の諸国民は史料を完全な形で掲載するようなシリーズをすでに刊行していたが、スロヴェニアでは、501 年から 1246 年にわたる期間について、これが長い間最も重要な史料集となった。他にも古いテクストを公刊した。『資料』の各巻に書いた序文は、それ自体がスロヴェニアの中世史を描いている。また 1890 年代後半には 500 年から 1269 年までのスロヴェニア人の歴史を書き、マティツァに献呈したが、個々の (オーストリアの) 諸領邦に目を配ったものではなかったために、出版されなかった。マティツァはむしろ領邦単位で書かれたものを望んだのである。それは明らかに体制に従うということだった。コスは数多くの研究を発表し、当然それらはコスが資料を収集した初期スロヴェニア史についてのものだった (「祖国の歴史より 843-67 年」1897 年[SLO 0076]、「南スラヴ人の 6 世紀の歴史」1898 年[SLO 0077]、「8 世紀、キリスト教徒スロヴェニア人と異教徒スロヴェニア人の闘い」1900 年[SLO 0078]、「スロヴェニア人の歴史への登場」1901 年[SLO 0079])。博士論文は、ウィーンでマケドニアの古代史について書き (1881 年) [SLO 0080]、のちにスロヴェニア地域の古代史にも取り組んだが、その一部はスロヴェニア人登場以前の時期を扱っていた (「スロヴェニア人は現在の地にいつやってきたのか」1896 年[SLO 0081]、「スロヴェニア人定住以前の我が国についての概略」1897 年[SLO 0082]、「東ゴート人の領土」1895 年[SLO 0083])。地名についても多く取り組み、地域史の研究をいくつも著し、中でも中世ゴリツィアの歴史についてのシリーズを長期にわたって書いた (1919-25 年) [SLO 0084]。このシリーズの最後の部分は、死後に出版された。その息子が正当にも記しているように、F. コスはスロヴェニアの歴史叙述を好事家精神のレベルから引き上げたのである。

　A. カスプレト (1850-1920) は、中世後期から近代までの時期に関する研究によって、コスの仕事を補完した。彼はグラーツで学び、グラーツや他の都市のギムナジウムで教えた。『歴史学・民族学雑誌』を創刊し編集したのも彼である。彼は

ドイツ語とスロヴェニア語の両方で執筆し、多くの史料、中でも近世の土地台帳を刊行した。16-17世紀における農業の状況と農民運動に格別の関心を払い、1573年の農民蜂起についてスロヴェニア語で比較的長い研究を書いた（1909年）[SLO 0085]。そしてついに本の形で、同様にスロヴェニア語によって、15-16世紀転換期の上カルニオラの農民の状況について刊行した〔この内容のドイツ語による論考は[SLO 0086]〕。これらは常に文書館の原資料を用いて書かれた。いくつか地方史も書いた（『ソテスカの城と所領』1893年[SLO 0087]）。また、初めてヴァルヴァソルについて研究し（1890年）[SLO 0088]、コピタルとランケの関係に取り組んだ（1892年）[SLO 0089]。さらに19世紀の詩人F.プレシェレン（1800-49）の祖先についても研究した。ある程度は法制史の最初の代表者と見ることもできる。レティナという名の領邦税についてドイツ語で論文を書き（1905年）[SLO 0090]、1500年頃の農民および都市の民会ヴェチュについてスロヴェニア語で比較的長めの研究を書いた（1907年）[SLO 0091]。

＊

J.アピフ（1853-1911）はウィーンで学び、明確に近代のテーマを選択して著作を著した。作品は完全に近代的なものといってよく、19世紀のテーマに関して、公刊史料だけでなく、同時代人から聞き取った情報も用いている。というのも、同時代の文書館史料はまだ閲覧できなかったからである。代表作は「カルニオラ領邦の等族 1818-47年」であり（1890年）[SLO 0092]、ドイツ語を話す等族がスロヴェニア国民の発展に果たした役割を、必要な敬意を示しつつ記述するように努めている。この主題について概説も書いた（「貴族と国民的発展」1887年[SLO 0093]）。もちろん地方史も書き、スロヴェニアにおける学校制度の導入について比較的長い研究を著した（1894-95年）[SLO 0094]。1848年革命について、革命40周年に際して最初の概説を書いた（『スロヴェニア人と1848年』1888年[SLO 0095]）。一方で、18世紀オーストリアの経済政策についても論じた（1894年）[SLO 0096]。

F.コマタル（1875-1922年）はウィーン大学を卒業した後、オーストリア歴史学研究所で学び、文書館司書の教育も受けた。彼はリュブリャナを始め、いくつかの都市の文書館を整備した。それでも中等学校で教鞭を取り、主に史料出版の点で歴史学の発展に寄与した。文書館学にも取り組み、1904年にはカルニオラの文書館の活動目的について、また祖国の歴史学にとって文書館がいかに重要であるかについて、当然のこととしてドイツ語で論文を書いた[SLO 0097]。またカルニオラの文書館に関する専門文献の目録一覧をドイツ語でまとめた[SLO 0098]。比較的長めの研究3本は挙げておく価値がある。すなわち、フェルディナント1世のクロアチア王選出におけるH.カツィアナー（1491-1539）の関与について（1899年）[SLO 0099]、カツィアナーの初期の勤務について（1900年）[SLO 0100]、そして、1527年のサポヤイとの戦争への関与について（1902年）[SLO 0101]であり、いずれも文書館史料に基づいた高い水準の個別研究の例である。

F.コヴァチチ（1867-1939）はローマで神学を学び、マリボルの神学校で哲学と美術史の教師となった。1903年にマリボル歴史学協会の創立に取り組んだ一人であり、1921年まで事務長を務めた。1918年以前は地方史の作品を書いた。彼は必ずしも親墺派というわけではなく、パリ講和会議ではユーゴスラヴィア代表団に専門家の一人として随行した。1918年以後は比較的大きな作品を出版し始めた（『スロヴェニアのスティリアとプレクムリェ』1926年[SLO 0102]、『ラヴァント司教区の歴史』1928年[SLO 0103]）。周囲の人々の中でも、群を抜いて同時代史への関心を示しており、政治家A.M.スロムシェク（1800-62）の書簡を出版した（1932年）[SLO 0104]。時代区分の問題にも取り組んだ。以前の歴史家であれば区分するとしても慣習的に王朝と支配者のみに依拠していたが、彼は全く異なる方法を取り、以下のように6つの時代区分を設けた。1) ハンガリー人到来までの古スラヴ期、国家形成の試みの時代、2) 復興と新たな植民地化、13世紀まで、3) ハプスブルク家とツェリェ伯の支配、1500年まで、4) 農民蜂起と宗教戦争の時代、1789年まで、5) 国民再生および封建制との戦い、1848年まで、6) 立憲制

と国民闘争の時代、1848-1919 年である［SLO 0105］。

さて、コヴァチチとともに、1918 年以後か、あるいは 1945 年以後まで活動し続ける歴史家の世代に入ってきた。だが、次の時代に進む前に、いま一度ここで扱ってきた時代を振り返り、歴史叙述の隣接諸分野で活動した者たちについて概観しよう。

1. 隣接の学問

D. ロンチャル（1876-1954）は型破りな人物である。プラハで学び、マサリクに影響を受け、さらにのちには社会民主党員となった。教師だったが、1918 年以後は国民博物館の館長になった。特に 1848 年から 1919 年までの政治史を扱い、その史料を公刊し、1909 年には J. ブライヴァイス（1808-81）の伝記を出版した［SLO 0106］。1921 年には彼の『スロヴェニア政治史、1797 年 1 月 4 日-1919 年 1 月 6 日』［SLO 0107］、すなわちユーゴスラヴィア成立までの歴史が第 2 版を数えた。1920-47 年にはマティツァの会長で、スロヴェニア人の政治的および文化的自治のために闘った。1918 年以前の時代で彼を取り上げるのは、1911 年の作品「スロヴェニア人の社会史」［SLO 0108］のためである。M. コスがいったように、これはブルジョワ民主主義とマルクス主義的要素の混在した概説である。学問的な充実度はロンチャルの他の仕事に及ばないが、これまで付随的にしか扱われなかった主題に取り組んだ初めての試みだった。

V. レヴェツ（1877-1904）はグラーツとウィーンで法律と歴史を学んで法学の博士号を取得し、その間オーストリア歴史学研究所にも所属し、1903 年にはスイスのフリブールの大学でドイツ法制史を教えたが、短期間のことだった。修学歴からいって、彼は最初に専門教育を受けた法制史家である。当時において、法的状況を研究することは、社会史の研究に取り組むことも意味した。国外の多くの文書館でも調査した。初期の定住史と社会史を扱う研究で、彼が初めて土地台帳地図を史料に用いた。最初の研究は、グラーツで師事したルシンの勧めでカルニオラ領邦の特権状についで書き（1898 年）［SLO 0109］、その後関連する研究を「プトゥイの研究」と題して著した。どちらもドイツ語である。後者については最初の 2 部が 1898 年と 1899 年に出版され［SLO 0110］、また 1903 年にはフリウリの文書館で収集した中世史料をスロヴェニア語で出版した［SLO 0111］。プトゥイの研究の完結部は 1905 年に著された［SLO 0112］。この中世スロヴェニア社会についてのシリーズは、彼の短い人生の中で主著となったが、根本的に誤った結論を引き出した。グラーツにおけるもう一人の教師、パイスカーの主張を証明しようとしたためである。パイスカーによれば、初期スロヴェニア人社会では牧夫の数が非常に多く、農業は軽視され、13 世紀においても焼畑農業のみが知られていた。カリンティア公即位式の問題についても誤った解釈に立った。他の研究者は、これが実際には二つの儀式であると理解していた。すなわち、新たな公は、一方の儀式によってスラヴ人に受容され、もう一つの儀式によって領邦の支配権を獲得すると解釈されていたが、レヴェツはこれを受け入れなかった。

これまでいくつかの小民族の例で見てきたように、好事家精神の時代を過ぎても歴史の問題に携わった隣接諸学の代表は、第一に文学史であった。というのも文学はこのような民族にとって極めて重要な歴史的役割を担っていたからである。中でも F. イレシチ（1871-1942）は、これまで登場した者に比べても、独特の存在である。グラーツで学び、一時ギムナジウムの教師を務め、1914 年にザグレブで教授資格を得て、ザグレブの大学で 1919 年から 1941 年まで教えた。彼はスロヴェニアの国民的覚醒について、極めて少数派である系譜を受け継いだ。すなわち、クロアチア人との協力を主要な国民的課題とし、そのためには母語の放棄さえ厭わなかったのである。1900 年以後このような主張は全くできなくなったが、それでも彼は、少なくとも学術研究においてクロアチア語を使用するよう提案し、スロヴェニア語を文学に限定するよう主張した。自身もこの二言語を使い分けて出版した。文学史研究においては特に、19 世紀前半にイリリア主義を受容しクロアチア語で詩を発表した S. ヴラス（1810-51）を扱った（1927-

34 年に一連の論文を書いた）[SL0 0113]。またスロヴェニア文学史を紹介する研究も 1905 年にクロアチア語で出版した[SL0 0114]。スロヴェニア語では、イリリア主義を拒絶したプレシェレンの立場について（『プレシェレンとスラヴ人』1900 年[SL0 0115]）、そしてスロヴェニア人における宗教改革について研究し（「P. トルバルとその時代」1908 年[SL0 0116]）、さらにヨーゼフ主義時代のスティリアのスロヴェニア人についても著した（1904 年）[SL0 0117]。広い博識を有したが、以上のように、しばしば周辺的な主題について、基本的に誤った視角から取り組み、それに戦闘的なまでにこだわった。したがって、1848-49 年のスロヴェニア・クロアチア統一についての研究は（1909 年）[SL0 0118]、むしろ綱領のようなものとも見なしうる。

Lj. ピウコ（ピヴェク、1880-1937 年）は二重君主国のいくつかの大学で学んだ。そのうちプラハでチェコ・ナショナリズムと出会って影響を受け、のちに第一次世界大戦下では将校として協商側に寝返った。彼が研究したのはスラヴ学とゲルマン学であり、実質的に彼に触れる必要があるのは、1907 年に偽名で書いた短い一般向けの概説『スロヴェニア国民の歴史』[SL0 0119]のためである。この本は実際に非常に広く読まれ、1912 年には第 2 版が出版された。王朝に忠実なそれまでの総合的通史から逸脱する論調であり、偽名で書く必要があったのも明らかにそのためだった。彼はそこで、完全に内的な発展に基づく時代区分を行なった。この区分はいくつかの点でコヴァチチの区分との関連が認められる。やはり六つの区分からなる。すなわち、1) スラヴ人の時代、568 年まで、2) 800 年頃のキリスト教受容までの異教徒時代、3) ハプスブルク支配下に入るまでのゲルマン化と隷属の時代、1282 年まで、4) 最悪の時代、16 世紀半ばまで、5) 近代、宗教戦争の時代、国民的覚醒の開始、1800 年まで、6) 国民的覚醒の時代、1800 年以降（したがって 1848 年に始まるブルジョワ時代もここに含む）である。

I. ヴルホヴェツ（1853-1902）はウィーンの大学で学んだ。いくつかの地方史の著作を見れば（『過ぎ去った諸世紀のリュブリャナの市民』1886 年[SL0 0120]、『ノヴォ・メストの歴史』1891 年[SL0 0121]）、世紀転換期の世代のありふれた顔ぶれに数えてもよいのだが、19 世紀末の数年間にウィーン中央文化財保護局専門官だったため、美術史家と見ることもできる。この主題については以前から関心を持っていたようで、1886 年にドイツ語で『非常に称えるべき領邦君主の首都について』[SL0 0122]、すなわちリュブリャナについての案内を書いている。のちにリュブリャナの歴史学協会の雑誌に研究を発表した。

もう一人の美術史家、A. ステゲンシェク（1875-1920）は、スロヴェニア人におなじみの経歴の持ち主である。神学を修めたが、ローマで美術史と考古学を学び、マリボルの神学校で教師となった。1909 年にはスティリアの文化財管理官に任命された。彼は美術史的地誌研究の先駆であり、その論文はある神学雑誌に長期にわたって発表された。1914 年には『キリスト教芸術愛好者』という雑誌を創刊し、そこで個別研究の発表を続けた。もちろん歴史学的にも価値がある。

P. ラディチ（1836-1912）はウスコクの将校の家系に生まれた。グラーツとウィーンの大学で歴史と地理を学んだが、修了せずに新聞記者となった。歴史と文学史に関して主にドイツ語で多くの論文を書き、演劇史と音楽史にも関心を持ったためここで取り上げる。歴史の論文では宗教改革について執筆した[SL0 0123]。また初めてヴァルヴァソルについてドイツ語で詳細な伝記を書いた[SL0 0124]。

これまで取り上げてきた諸民族と同様、何人かの政治家についても少人数ながら言及せねばなるまい。彼らの著作や政治的行動に、歴史的な考察や主張が用いられているからである。最初に、医学を修め、マティツァ設立者の一人だった J. ヴォシュニャク（1834-1911）に触れよう。彼は幾度も領邦議会や帝国議会の議員となった。彼は政治活動を通じて、自由主義をスラヴの相互関係の理念と調和させようとした。二重制成立の際には『我らスロヴェニア人は何を望むか』（1867 年）[SL0 0125]において、スロヴェニア人の領邦を統一する要求を提起した。この要求が最初に登場した 1848 年よりも以前に遡って、歴史的要求に基

づいて立論している。「スロヴェニア人と帝国議会」（1873-74 年）[SLO 0126]と題された連載もある。

F. シュクリェ（1849-1935）は、歴史家から政治家になった人物である。ウィーンで歴史学を修めてギムナジウムの教師となり、のちに議員となった。王党派であり、宮廷顧問官の称号を得た。オーストリアの国立教科書出版所の所長となり、のち 1908 年から 1911 年までカルニオラ領邦の総督だった。若い頃はフランス革命についてドイツ語で一般向けの文章を書き、筆者自身は 1792 年 9 月の事件についての記述を最良のものと考えた[SLO 0127]。歴史学的に重要なのは彼の回想録であり、一つは 3 巻本の『我が回想から』（1926-29 年）[SLO 0128]、もう一つは少し後の『大小の同時代人たち』（1933 年）[SLO 0129]である。もちろんこれらは歴史の研究書ではなく、オーストリア人やスロヴェニア人の政治生活のこまごまとした事柄が書かれていて、1918 年後には実質的に時代遅れとなっていた。しかしながら、大戦間期のスロヴェニア史叙述はあまり二重制期に取り組まなかったため、そうした研究を補うものだった。

J. スタレ（1842-1907）はまだ若年だった 1867 年に、スロヴェニア人内部の政治対立のためクロアチアで職に就いた。プラハで歴史とスラヴ学を学び、評論家として活動した。その出自ゆえにここで取り上げるが、それだけでなく、二次文献を焼き直して一般向けにスロヴェニア語で 5 巻にわたる世界史を書いたためでもある（1874-88 年）[SLO 0130]。また『オーストリア＝ハンガリーの諸民族』に、クロアチアとスラヴォニアにおけるクロアチア人について執筆した[SLO 0131]。

I. フリバル（1851-1941）は、チェコとの結びつきを持った政治家だった。急進主義者でのちに自由主義者になったが、同時に狂信的なスラヴ主義者でもあったため当局に好まれず、1910 年にリュブリャナ市長に当選したが承認されなかった。シュクリェと同じく彼も回想録ゆえに重要で、1928 年に 2 巻本の『我が回想』[SLO 0132-0133]を、1932-33 年にさらに 2 点の補遺[SLO 0134-0135]を書いた。これと類似のケースが A. ガブルシュチェク（1864-1938）で、彼はゴリツィアの

スロヴェニア自由国民党の指導者の一人だったが、その前は教師で、のちに印刷所を設立した。『ゴリツィアのスロヴェニア人』（1932-34 年）[SLO 0136]という 2 巻本の回想録は、スロヴェニア人国民運動の主流から外れた政治組織の形成活動について広範な情報を提供している。

B. ヴォシュニャク（1882-1959）は二重君主国内の様々な大学で法学を修めた。1910 年には法制史とも見なしうる『イリリア諸邦の国制と行政』[SLO 0137]を出した。オーストリアに失望したスロヴェニア人の一人であり、大戦中は亡命した。イギリスで英語の著作、『対独防壁』（1917 年）[SLO 0138]と『瀕死の帝国』（1918 年）[SLO 0139]を書いた。前者ではスロヴェニア人の歴史を描き、後者ではハプスブルク帝国を厳しく批判した。ハプスブルク帝国をオスマン帝国になぞらえ、その中でドイツ人が完全に支配していると幾度も書いた。スロヴェニア人がナポレオン時代のフランス支配をどれだけ歓迎したかを述べた箇所は協商国に向けられたものである。また強硬なユーゴスラヴィア統合論者であり、スロヴェニア人はユーゴスラヴィア人になりたいと思っていると強調した。

これまで見てきた通り、1918 年までの成果は、より恵まれた諸国民と比較するならば、ささやかなものでしかない。国民的使命感と好事家精神が長く残存した点で似たような状況にあったのは、スロヴァキア人だけだったからである。国民史叙述を真の意味で担う制度的基盤はいまだ形成されず、学校教育も行き渡らず、国民運動が国家の援助を得られないという点で明らかに同様の状況にあった。もちろん相違点もあり、スロヴァキア人の歴史叙述をハンガリー国家は（禁止しなかったとしても）援助せず、そのためスロヴァキア人の歴史叙述は初めから戦闘的だった。封建制に由来する独自の階級はスロヴェニア人の間にも存在しなかったが、それでもオーストリア南部諸領邦等族による、また 1861 年以後はブルジョワ政治家による一定の援助を期待することができた。その援助は領邦自治に基づくものであり、領邦自治の利益のために期待できるものであった。もちろんその代償は、国家への、すなわち帝国への忠誠だ

った。

第3節　専門化した歴史叙述
　　　　（1918年以降）

1.　制度的基盤

　このような状況は1918年に転換した。スロヴェニア人は解放され、その名はしばらく国名にも掲げられた。ひれ伏すのも、また第二ヴァイオリン奏者の役割も、これで終わったかに見えた。それが完全に実現したわけではないが、スロヴェニア人と国家権力の関係は以前と全く違うものになった。学校教育は完全に国民の言語で行なわれた。博物館、図書館、文書館もスロヴェニア人の手中に収まった。前述したように、1918年以前もここにスロヴェニア人が存在しなかったわけではないが、間違いなく副次的な地位にしかいなかった。以前から定期刊行物がなかったわけではないが、いまや出版の可能性はより大きくなった。1918年に創刊された『スロヴェニア言語文学歴史雑誌』は1931年まで主要な人文科学の雑誌であり、1919年から『スロヴェニア博物館協会通信』も発行された。

　真の変化を示すのは、1919年にリュブリャナに大学が設置され、歴史家もスロヴェニア語で専門教育を受けられるようになったことである。他のどの場所でも見られたように、独自の大学は歴史叙述が発展する基本的条件であり、大学が歴史叙述の最も重要な作業場となる。スロヴェニア人の場合もそうであり、スロヴェニアの歴史叙述は実際のところ1918年に初めて誕生したといえる。スロヴァキア人の場合は、チェコ人の教授たちが大学の最初のスタッフとなって、スロヴァキア人の歴史家を育てねばならない状況だった。スロヴェニア人の場合、時代状況の制約を受けながらも、すでに1918年以前に歴史家としての経歴を歩み始めた者がいて、1918年の直後から後継者養成の役割を担った。そこで、以下では、1918年以前から著述を始めていた何人かの歴史家から始めなくてはならない。その中には、1945年以降に研究活動を完成させた者もいる。

2.　歴史家たち

ハウプトマン

　最初に取り上げるべきはLj.ハウプトマン（1884-1968）である。ハウプトマンも「ユーゴスラヴィア」的なスロヴェニア人で、人生のほとんどをクロアチア人の間で過ごし、クロアチア史に関しても重要な主張をしているため、クロアチアの章で扱うこともできた。しかし1918年以後ある時期まで、スロヴェニア史学において当時のヨーロッパの水準に立つ指導的な人物であった。グラーツの大学を卒業後中等学校の教師となり、1920年に新設のリュブリャナ大学でスロヴェニア史の教師に任命された。1926年までその職にあり、形成されつつあったスロヴェニア歴史叙述の中心人物だった。1926年にザグレブの大学に移った。この大学では創設後半世紀以上も研究活動が続いていたため、よりよい設備が整っていたからである。1947年に退職するまでそこで活動した。

　20歳の大学生の時に著作活動を開始し、1956年にベルンで出された10巻本の世界史ハンドブック『ヒストリア・ムンディ』第5巻に、西スラヴ人と南スラヴ人の初期の歴史を書いたのも彼である[SLO 0140]。主要な関心領域は中世であり、専門的研究においてこれより新しい時代は扱わなかった。スロヴェニア・エトノスの初期の歴史とスロヴェニア農民史に関心があった。初期の研究はドイツ語で公表され、のちにもドイツ語で著述した。初期スロヴェニア史について、まず、当時すでに議論の分かれていた問題に取り組んだ。彼は、初期の史料で言及されるコセズは貴族であり、出自はクロアチア人だと考えた（「自由民」1910年[SLO 0141]ドイツ語、「初期スロヴェニア人の社会と諸階層」1918年[SLO 0142]、『初期スラヴと初期スロヴェニアの「自由」』1923年[SLO 0143]）。最初の比較的大きな研究論文は、ウィーンの研究所の年報に書いた「6世紀末から9世紀

半ばのスロヴェニア人社会の政治的変容」(1915年)[SLO 0144]である。多くのスロヴェニア人によるそれまでの理解と異なり、初期スロヴェニア人国家の説を捨て去った。つまり、スロヴェニア人はアヴァール人とともに現在の地にやってきて、始めから異民族の支配下にある奴隷だったと考えた。つまり、史料に現れる農奴地はスラヴ人住民のものであり、自由農民地はバイエルン人のものだったと述べた(「バイエルン人の故地と入植地における農地」1928年[SLO 0145]、ドイツ語)。ハウプトマンはこの議論によってユーゴスラヴィアの統一性を歴史学的に支えようとした。アヴァール支配の苛烈さについてはその後の研究でも扱った。1920年にフランク辺境伯領の成立について[SLO 0146]、1923年に下パンノニア辺境伯領について、すなわちコツェル(833-76)の支配の問題について研究を書いた[SLO 0147]。大戦下で始めた研究、『オーストリアのアルプス諸領邦の歴史地図解説』(1929年)[SLO 0148]の対象はスロヴェニア中世史全体にわたり、前史としてローマ支配の時代にも言及した。この年に出版されたスタノイェヴィチの百科事典[SLO 0149]ではスロヴェニアの通史を書いたが、これは例外的に中世以降について書いたものである。内容の分け方はある種の時代区分も示していて、政治史を基にしている。最初の時代は異民族による征服、すなわちアヴァール人とフランク人の時代を合わせて1000年までとし、その後は王朝ごとに三つの時代に区分している。近代の始まりは軍事、社会、宗教という三つの危機によって示され、これがおおむね16世紀とされた。1620-1780年は絶対主義と啓蒙絶対主義の時代である。1780-1918年を最後の時代とするところに特徴があり、この時代を規定するのはスロヴェニア人自身の国民的努力である。この中ではもちろん1848年が大きな分水嶺をなす。区分はほぼハプスブルク帝国の発展に沿っているが、ヨーゼフ2世についてはもう重きを置いていない。

スロヴェニア、またクロアチアと大モラヴィア(「ドナウ流域をめぐるドイツ人とスラヴ人の闘争における大モラヴィア国の役割」1932年[SLO 0150])というテーマを通じてドイツ史へも関心を広げた。この関係を永遠の闘争の典型例として見た点はパラツキーを想起させる。ドイツ帝国のミニステリアーレスのテーマも扱った。政治評論的な著作では近代にも言及した。『イタリアと中欧』(1928年)[SLO 0151]では、19世紀のイタリアの発展を検討しつつ中欧の問題にも触れた。彼は、二重君主国で小民族の連帯が実現できなかったのは、ロシアがそれに十分な時間を与えなかったためと考えた。この研究の主要な論点は、ユーゴスラヴィアに対するイタリアの脅威である。イタリアの帝国主義的目的については、手元にある史料と照らし合わせて皮肉をこめて語っただけだが、同時にイタリア人の美点は認めた。ハウプトマンの広い関心は、第二次世界大戦下に出版されたクロアチア百科事典でオーストリアとブルガリアの歴史を扱った項目を彼が書いたことにも表れている(1941-42年)[SLO 0152]。

歴史・地理学を修めたため、特にスロヴェニア人とクロアチア人の歴史では、地理学的、地政学的観点を常に視野に入れた。両者の関係について畢生の業績を後世に残した。史料を丹念に検討し、コスが強調したように、精密かつ明確に記述を組み立てた。それでも、本質的な問題においては、初期スロヴェニア史に関しても、またクロアチア人のペルシア起源説の強調という点でも、同時代の歴史叙述にすでに遅れを取っていた。もちろん誤った結論に頑なに固執したとしても、スロヴェニア史とクロアチア史の両方の歴史叙述の水準を引き上げた点に彼の役割があった。あたかも両民族の歴史の間を漂っていたかのように、どちらにも完全には自身を結びつけることができなかった。このようにして、1930年代からは彼ではなく、小コスがスロヴェニアの指導的な歴史家となったのである。

M. コス

M. コス(1892-1972)はF. コスの息子であり、父のおかげで当然のように歴史に関心を抱いた。まだギムナジウム第8学年の時に最初の研究を書いた。ウィーンの大学で歴史と地理を学びながらスラヴ学も履修した。卒業後は文書館に勤めたため、パリ講和会議の際にはユーゴスラヴィア代表

団に文書館の専門家として加わり、オーストリアがどの史料を引き渡さなければならないかを調べ、その報告書を作成した（「サン＝ジェルマン講和条約とオーストリアの文書館に対する要求」1921年[SLO 0153]）。スロヴェニアに帰りリュブリャナの大学図書館に勤め、スラヴ語の手稿を研究し、これに基づいてその後多くの研究を発表した。1931年に文学史家のステレとともに、スロヴェニアにおけるすべてのスラヴ語の手稿についてより大きな概説を出版した。1924年に大学で歴史補助学の教授資格を取得し、この分野において経歴を積むことになる。その翌年にザグレブで、1926年にはリュブリャナ大学でこの分野における員外教授となり（1931年に正教授）、中世世界史の講座主任、さらにハウプトマンの退任後はスロヴェニア史の講座主任となり、のちにスロヴェニア中世史を担当した。第二次大戦期には学長であり、イタリア占領期にも大学の活動を続けた。1943年にドイツ占領下に入ると教育を続けることはできなくなった。しかしコスは職に留まり大学の設備を守ることに尽力したため、戦後も3年間学長代理の地位にあった。1941年から1950年までと1958年から1965年までリュブリャナ大学歴史学研究所の所長を務めた。スロヴェニア・アカデミーの前身と見なされる学術協会には1928年に会員に選ばれ、1938年に科学芸術アカデミーが設立された時には、最初の7人の会員の一人だった。学長代理を退任後、1948年に設置されたアカデミー歴史学研究所の所長となった（のちにこの研究所に彼の名が冠せられた）。1937年にはユーゴスラヴィア・アカデミー、1945年にはさらに多くのアカデミーや協会の会員に選出された。1946年には設立されたばかりのスロヴェニア歴史学協会の会長となった。

人生を通して取り組んだ三つの大きなテーマは父親から引き継いだ。それは史料、スロヴェニア人の定住史、そして農業史だった。B. グラフェナウエル（1916-95）はコスの短い伝記の中で、コスの書いた本、論文、書評を合わせて375と数えた[SLO 0154]。だが、さらに50束ほどの手稿はここに含まれていない（一つ二つは死後かなりして出版された）。

史料の出版にも重要な役割を果たした。すでに見たようにF. コスが取り組んだ史料摘要の最終巻を公刊し[SLO 0155]、実に多くの中世の土地台帳を出版し、中でもザルツブルク大司教区と沿岸部所領の土地台帳集（3巻、1939-54年）[SLO 0156]は最も大部だった。史料批判についても後世に残る仕事をした。1924年に『フライジングの断片についての古書体学および歴史学論集』[SLO 0157]を出版し、1931年にこのテーマに戻り、『フライジングの断片についての新研究』[SLO 0158]を出した。ラテン語文書に混じるスロヴェニア語の文言をめぐって、当然言語学者から論争が持ち上がった。これについてコスは、あるひとまとまりの手稿ではなく、互いに独立したいくつかの部分からなっていると考えた。コスによればこれらは、フライジングの司教区の聖職者のために作成され、1000年前後の四半世紀にバイエルンの聖職者たちによってまとめられたものだった。977年から981年に書かれたと考えられる原典の文書と、フライジングの断片の一部について、その書き方を比較したところ、書き手の特徴が一致することが確認され、これによって年代を確定した。第二と第三の断片の作者は、ミュンヘンの他の集成に別の文書を残しているルオデリウスというフライジングの貴族かつ聖職者であると推定した。しかしこの推定については、これを否定する証拠はないが、確証できないと正直に述べた。どちらの研究も、コスのすばらしい博識と文献学的正確さを示している。

1936年にはスロヴェニア人とスラヴ人全般の初期の歴史における基本的な史料の一つ、『バウァリア人とカランタニア人の改宗』[SLO 0159]として知られる記述史料を出版した。これによってもう一つの領域である、スロヴェニア人の定住や初期のスロヴェニア人の歴史全般の問題へと踏み込んだ。コスの最も多くの研究、中でも主著はこれに関連している。ただし、伝記作家によれば理論上の問題には興味を示さなかったということを、まず述べておかねばならない。具体的な研究を重視していたからである。それでも1935年にスロヴェニアの史学史を著し（1918年以前に関しては本書も基本的にこれに依拠している）[SLO 0001]、

1936年にはスロヴェニア史の時代区分について短い概論を書いた[SLO 0160]。後者はすでに大著を出した後にクロアチア語で書かれたもので、彼の歴史観の概説のようなものだった。それまでのスロヴェニア史叙述とは異なり、政治史だけでなく経済史と社会史の観点も採用した。最初の時代は、定住に始まりスロヴェニア人が他の南スラヴ人と分岐する6世紀と7世紀の転換期を経て、10世紀初頭までとした。ここに二つのスロヴェニア人の国家、すなわちサモの国家（632-58年）とドナウ右岸のコツェルの国家（865-74年）が含まれる。ちなみにコスは、サモのスラヴ人国家がのちに独立した公国として存続し（カリンティア公の即位の儀式が典拠である）、840年頃にドイツ帝国あるいはバイエルンの封建的上位権を受け入れたことを、確証された事実と見なした。次の時代はドイツ人の政治的な支配と入植の時代で、910年から12世紀半ばまでであり、この時に指導権はすでにドイツ人領主の手中にあった。公位の所有者は頻繁に交代した。この時代にスロヴェニア人はクロアチア人と完全に分岐し、また最も悲劇的な民族的抑圧を被り、スロヴェニア人の居住区域は深刻なまでに縮小した。西欧の強い影響を受けるのもこの時代からであり、それに伴って西欧型の大所領制が支配的になった。第三の時代は12世紀から15世紀までで、スロヴェニア史の中世にあたる。経済的、社会的な安定期であるとともに、ドイツ人諸侯の間で領地をめぐって政治的な闘争が繰り広げられた。その中から最終的に勝者として現れたのがハプスブルク家である。この時代には文化的にも発展し、ヨーロッパ世界と結びつき、都市が出現し、同時にドイツ化が強まった。ここまではコスが実質的に取り組んだ時代であり、彼の総合的通史が扱った部分だが、この論文では後の時代にも説き及んでいる。第四の時代は15世紀末から18世紀半ばまでであり、ヨーロッパの近代、すなわち宗教改革の時代であり、スロヴェニア人にとっては同時に大規模な農民蜂起の時代であり、母語による文学が出現し、対オスマン戦争によってクロアチア人およびセルビア人との新たな関係が生まれた時代であった（これによってコスはユーゴスラヴィア主義に敬意を表している）。1640年から1740年の間の対抗宗教改革は、衰退をも意味する。第五の時代は18世紀半ばから1918年までの国民復興期である。まず文化の領域から始まり、1848年に政治的な同権を要求したことによって政治に重心が移った。中でも1809年から1813年のイリリア諸州時代を肯定的に評価する。1918年から最後の時代が始まる。すなわち現代は政治的諸問題が支配する時代であるが、同時に最も広範な層にまで真に国民復興が行き渡る時代でもあった。先行する時代ですでにクロアチア人およびセルビア人との多くの関係が強まっていて、それによってスロヴェニア人が自由な社会へ、そしてユーゴスラヴィアの統一へと参入することが可能になった（ここで再度敬意を表している）。

この短い通史の前半が、主著である『定住から15世紀までのスロヴェニア史』（1933年）[SLO 0161]に書かれている。真の「国民の」歴史として当然スラヴ人の定住以前の期間についても概観した。コスによればスラヴ人定住はローマ時代の道路網に沿って展開したからである。ハウプトマンと異なって、カランタニアのスロヴェニア人国家の独立性を強調し、これまでにわかっている最初の公として630年頃のワルクス（スロヴェニア名ヴァルク）を挙げる。しかしこの本の大部分はその後の時代を扱っており、ゲルマン人の入植と、その後のスロヴェニア人の状況を扱った。当時確立されつつあった定住史研究の方法を駆使し、主に地名に基づいて、スロヴェニア人の居住領域が9世紀に最大となり、のちに3分の1に縮小したことを示した。経済的発展と社会構造の諸問題にも時代ごとに触れ、また行政組織と教会組織も扱った。莫大な素材をとても熱心に整理したが、村ごとに民族分布を分析するなど詳細すぎる内容であり、広範な読者に向けた総合的通史としてはひどく退屈なものになった。しかしこのような細部にこそ本質が存在した。この本の改訂版は1955年に出版され、1960年にはそのセルビア語版が公刊されたが、さらなる改訂のための膨大な資料が遺稿として残された。彼は15世紀を危機の時代と見なした。経済的危機は、村落の荒廃、貨幣経済の拡大、貨幣価値の下落に、政治的危機は、小

規模の農民運動と、ハプスブルク家支配下においてツェリェの伯たちの領域が拡大したことに、それぞれ現れた。危機からのある種の脱出口がのちの宗教改革だったのだが、これはもう彼の扱う時代ではないと一言で片づけている。

『スロヴェニア人定住史の条件と課題』（1940年）[SLO 0162]は研究指針を示す論文であり、幾分は自分自身のために書いた。

文化史上の問題にも関心を向け、そこでは後の時代のことも取り上げた（「スロヴェニアにおけるゴルドーニ」1927年[SLO 0163]）。彼には、偉大な歴史家の場合に見られるような、幻想を打ち壊そうとする傾向もあった。ダンテ記念論集の中で（「南スラヴ人の中のダンテの痕跡」1921年[SLO 0164]）、ダンテが南スラヴ人たちと親交があったという伝説があるが、これに実際の根拠はないと明言した。

主にスロヴェニア史を好んで研究したが、時としてその枠組みの外にも目を向けた。まだウィーンにいた頃、ローマ化したバルカン住民に目を向けるようK.イレチェクに示唆され、ダルマチアのロマンス系住民についてドイツ語の論文を書き[SLO 0165]、また『スロヴェニア人の中のヴラフ人とヴラフ名』（1939年）[SLO 0166]を書いた。1927年にはビザンツ研究のシンポジウムで、セルビア人の文書発行の慣習にビザンツが与えた影響について報告し、1935年にも同様の報告を行なった。遺稿の中には歴史的連続性についての研究も残されており、スロヴェニアには政治的＝制度的な連続性は見られないものの、居住における連続性はあると論じた。

1945年以後も多くの研究を残している。戦後すぐに国境画定のために二つの英語の研究を出版した（『スロヴェニア西部国境の歴史的展開』1946年[SLO 0167]、これはフランス語[SLO 0168]、ロシア語[SLO 0169]でも出版、「文明的、政治的観点から見たスロヴェニア海岸の帰属」1946年[SLO 0170]、これはロシア語でも出版[SLO 0171]）。1949年には『スロヴェニア史叙述の諸問題』[SLO 0172]として再び研究指針を示す著作を出したが、ここでも第一に初期スロヴェニア史上の問題を扱った。『ユーゴスラヴィア諸民族の歴史』という通史では、1500年までを扱った第1巻でスロヴェニア史の大部分を彼が書き（1953年）[SLO 0173-0174]、ユーゴスラヴィア百科事典では、スロヴェニアの歴史家の項目などを担当した。カランタニア大公国の通史をフランス語で書き（1968年）[SLO 0175]、最新の文献によって補完しつつ、この主題でこれまでに主張してきたことをまとめた。以前に収集した資料を1963年に『国外文書館における最初期のスロヴェニア人関連資料』[SLO 0176]として出版し、資料を詳細に列挙して、第二次世界大戦中の散逸を多少埋め合わせた。

彼はスロヴェニア最大の歴史家なのだろうか。1945年以前ではその通りである。理論への反感、細部への耽溺という点から見ると、当時のペカシュ、ヨルガ、ムタフチエフとは異なるタイプであるが、この違いにはそれまでのスロヴェニアにおける歴史叙述の発展も影響した。スロヴェニア史叙述の発展と照らし合わせてみれば、あちらこちらを彷徨したハウプトマンではなく、コスこそが真の国民的に偉大な歴史家である。

マル

J.マル（1884-1978）もウィーンで学んだ。歴史と地理の他に文化史を学び、2年間ウィーンのオーストリア歴史学研究所で文書館員を務めた。1909年からリュブリャナの国民博物館に勤め、1924-45年と1960-61年には館長の任にあった。短い論文では19世紀スロヴェニア史の諸問題を扱い、中でもリュブリャナの博物館協会の100年史を扱ったものが重要である（1939年）[SLO 0177]。この他に、16-18世紀のスロヴェニア文化史の諸問題についても研究した。新しい国家が誕生した直後といえる時期に、三国民統一を記念して一般向けの通史を書いた（『スロヴェニア・クロアチア・セルビア文化史』1924年[SLO 0178]）。1928年から1939年の間に冊子の形式で出版した『スロヴェニア人の歴史』[SLO 0179]は一般向けのもので、7-16巻が出版された。博物館での活動を通して何らかの中心的な役割を果たそうとして、新たな時代の初めに研究指針を示す論文を連載し（『スロヴェニア史学の新たな道』1923年[SLO 0180]）、スロヴェニア史で論争になっている解決

すべき問題を列挙した。この際特に中世初期に関する問題を重視した。近代史と並んで彼が好んで取り組んだ主題だからである。のちにいくつものより大規模な研究の中で、この主題に立ち戻った。『シュヴァーベンシュピーゲルとカリンティア公たちの即位』（1938 年）[SLO 0181]、『スロヴェニア初期史の諸問題』（ドイツ語、1939 年）[SLO 0182]、『スロヴェニア神話の遺物』（1940 年）[SLO 0183]、『カランタニア公の即位の諸基盤』（1953 年）[SLO 0184]、「スロヴェニア人のカランタニアと中世ドイツ人国家」（1953 年）[SLO 0185]である。初期スロヴェニア社会に関しては、彼も完全にアヴァール人に従属していたとは考えず、ハウプトマンと対立した。ただ、両者に関係があった点は認め、コセズ層という名称もアヴァール人に由来すると考えた（カザフ＝コサックの名称と関連づけた）。彼らはもともと顕職に就いていたが、時とともに平貴族に転落したと見た。即位の儀式については、シュヴァーベンシュピーゲルを最古の史料とした（これはのちに B. グラフェナウエルの研究によって誤りであることがわかった）。マルはのちの研究でも、この儀式が先史スラヴの習慣に遡るという見解を保持した。最も有名なスロヴェニアの考古学遺跡、クランの近郊で 1900 年に発掘されたゲルマン人の墓地を、610-26 年、あるいは 663-64 年のものであるとし、これによって 568 年にランゴバルド人が撤退した後もランゴバルドの後見のもとにあり、したがってアヴァール人の支配下になかったことを証明しようとした。スロヴェニアの領域にアヴァール人の定住地は一切なかったと考えており、これもアヴァール人支配を否定する要素だった。彼が編集した『1918-28 年のスロヴェニア人』（1928 年）[SLO 0186]という論集は、新国家でスロヴェニア人が好ましい状態にあることを示した。時に近世の主題も取り上げ、オスマン支配時代についても書いた（『ウスコクの移住とスロヴェニアの境界領域』1924 年[SLO 0187]）。

*

A. メリク（1890-1978）も、いうまでもなくウィーンで歴史と地理を学んだが、まず地理学者になった。1927 年からリュブリャナ大学に勤め、地理学の雑誌を編集した。しかしメリクの地理学の研究の中には歴史への関心も見え隠れした。『ユーゴスラヴィア、地理概説』（2 巻、1921-23 年）[SLO 0188]がそうである。基本的に自然地理の概観だが、ユーゴスラヴィアに属さない南スラヴ領域（イストリア、トリエステ、オーストリアの諸州）も含んだ。それぞれの地方と大きな都市について簡単な歴史的概観を記載した。1910 年の国勢調査の民族帰属データにしばしば言及し、時にユーゴスラヴィア最初の国勢調査のデータで補った。したがって、ユーゴスラヴィアの多民族構成を多く取り上げ、ヴォイヴォディナについてはとりわけ民族的混住を強調して、最も詳しく歴史を紹介した。世紀末に行なわれた鉄門の大工事について言及するが、誰によって施工されたのかには触れない。マケドニア人について、彼もセルビア人とブルガリア人の中間に位置すると見なした。なぜなら、より多くの歴史をセルビア人とともにしてきたからである。同様の地理概説を、スロヴェニアのみについて、2 巻本で 1935-36 年に書いた[SLO 0189]。彼の研究には、リュブリャナ盆地の定住史（1927 年）[SLO 0190]、そして、早い時期に書いた 2 巻本『スロヴェニア人・クロアチア人・セルビア人の歴史』（1919-20 年）[SLO 0191]という一般向けの作品がある。1945 年以後は、F. ゲストリン（1916-99）とともに『スロヴェニア人の歴史』[SLO 0192]という通史を著し〔ゲストリンと共著で『スロヴェニア人の歴史』を著したのは息子の V. メリク（1921-2009）である〕、またどちらかというと地理学になるが、『アメリカとアメリカのスロヴェニア』（1956 年）[SLO 0193]を書いた。

悲劇的な運命をたどった J. ルス（1888-1945、強制収容所で死亡）は幾分年を取ってから、まさに歴史的瞬間の年、すなわち 1918 年に歴史・地理専攻でウィーン大学を修了し、リュブリャナのリセの図書館に勤めた。メリクと同様にその研究の大部分は自然地理学だった（『スロヴェニア地方』1924 年[SLO 0194]）。二つの歴史研究があり、クロアチア人とセルビア人の歴史が早くから結びついていたことを、スロヴェニア人読者に紹介した。これはある種控えめなユーゴスラヴィア主義

の表明である（『スヴェヴラディチ王朝の構成員たち、クロアチア人とセルビア人の最古の共通君主たち』1931 年[SLO 0195]、『クロアチア人、セルビア人の最初のキリスト教化、スヴェヴラディチ諸王の歴史における新しい章』1932 年[SLO 0196]）。これは 8-9 世紀の半ば伝説上の王朝について一般向けにまとめたものである。

J. オロジェン（1891-1989）から、実質的に 1918 年以後に登場した歴史学者となる。プラハで法学を学び、第一次大戦には志願兵として参加し、大戦後に新設のリュブリャナ大学で歴史学を学び始めた。1924-50 年の間、（戦争による中断を挟んで）ツェリェでギムナジウムの教師だった。ツェリェの経済発展と都市の文化史について、これまでの研究をまとめた上で新しい資料を列挙し、価値ある作品を書いた（『ツェリェの歴史』1927-30 年[SLO 0197-0199]）。1945 年以後も地方史を研究した（『1918 年までのトルボウリェ、フラストニク、ドルの歴史』1958 年[SLO 0200]）。

F. バシュ（1899-1967）はリュブリャナ大学で歴史学と地理学を学び、1950 年までマリボル博物館に勤めた。マリボルの歴史学協会の事務長であり、1939 年から 1941 年の間は会長を務めた。はじめはツェリェとプトゥイの都市史に打ち込んだ（『プトゥイの小城塞』1950 年[SLO 0201]、『マリボルの歴史的、地理的発展』1926 年[SLO 0202]、『マリボル』1928 年[SLO 0203]、『プトゥイの歴史的、地理的発展』1933 年[SLO 0204]）。その後、オーストリア領にとどまったスロヴェニア人居住地域の初期の歴史を研究した（『下スティリアにおける国民生活の歴史』1931 年[SLO 0205]）。1930 年代にはマリボル近郊の考古学遺跡を発掘し研究した（『ポホリェとマリボルの後期ハルシュタット期の遺物』1933 年[SLO 0206]、『マリボル近郊ポブレジュエの先史時代の新遺跡』1939 年[SLO 0207]）。辺境の小都市に典型的な何でも屋の文化人であり、民族誌の研究も書いている。

F. ペトレ（1906-78）は文学史研究者で、ザグレブ大学のスロヴェニア文学の教授だったが、初めて国民再生期について多くの史資料に裏づけられた研究を発表し、その中で政治史上の問題も扱った。『ヴラスのグラーツでの日々 1830-38 年』（1938 年）[SLO 0208]は、すでに本書で言及した、イリリア主義を重視しクロアチア語で詩を書いたスロヴェニア人詩人を取り上げ、青年期の成長と大きな転機とを綴ったものであり、この主題は当時共感を呼んだことだろう。この主題をより一般的な主張によって敷衍したのが、『スロヴェニア人におけるイリリア主義の経験 1835-49 年』（1939 年）[SLO 0209]である。明白に政治史の問題を論じた研究は、1940 年に公刊された『プラハの文書における 1848 年の「スロヴェニア王国」の要求』[SLO 0210]である。第二次大戦後は狭義の文学史の主題に立ち戻った（『I. ツァンカルの家族と青年期』1947 年[SLO 0211]）。

I. J. コラル（1896-1974）の『国民再生運動家たち 1912-14 年』（1930 年）[SLO 0212]は、第一次大戦以前の青年国民運動という、国民復興運動の新しい形態を非常に好意的に描いた。個人の回想も利用し、これは現代史を扱ったテーマにもまして目新しい手法だった。現代史は当時のスロヴェニアにおいて定着し始めたばかりだった。コラルは専門の歴史家ではなく、おそらくそのためもあって極めて熱烈にユーゴスラヴィアの統一を支持した。パシチについては、スロヴェニア人をスロヴァキア人と言い間違えるという失敗を犯したことがあるが、非常に多忙であったことを考慮してこれを許すと書いている。

ツヴィテル

F. ツヴィテル（1905-82）はすでに、1945 年以降マルクス主義史学を発達させた世代に属する。リュブリャナ大学で受けた教育をウィーンとパリでさらに補い、第二次大戦まで一般的な歴史学者としての経歴を歩んだ。1938 年に［M.］コスのもとでスロヴェニア史講座の准教授となり、それ以後近代史の講義を担当し、近代について研究を発表した。ただし、近代以前についても取り組み、13-17 世紀のカルニオラの都市史を著した（『カルニオラで最も古い諸都市と市民』1929 年[SLO 0213]）。パリで研究した時にアナール派の指導者たちと知り合い、その理念の熱心な普及者かつ実践者となった。1938 年に『社会学と歴史学』[SLO 0214]という理論書で、この二つの統合が歴史叙

述の未来を示すと表明した。この時までに自身もそれを実践してみせた。『イリリア諸州の社会的諸問題』（1932 年）[SLO 0215]では、ナポレオンのフランスによる支配は肯定的な影響を多くもたらしたと述べた。コスの研究を引き継ぎ、18 世紀から現代までのスロヴェニア人口史を書いた（1936 年）[SLO 216]。イリリア諸州時代の政治に関してまとめ、パリで刊行された雑誌『スラヴ世界』に寄稿した（『政治的イリリア主義の始まりとイリリア諸州の形成』1933 年[SLO 0217]）。そこでは、スロヴェニア人のみならず南スラヴ人全体の国民再生を、主にフランスによる占領の結果として描いた。この頃からオーストリアに残されたスロヴェニア人へ関心を寄せ（『カリンティア問題』1937 年[SLO 0218]）、1945 年以降これが主な研究対象となる。

第二次大戦期、1942 年に政治的な理由で逮捕され、イタリアによる占領終了の際に逃亡に成功し、パルチザンに身を投じた。それまでの社会学的およびマルクス主義的諸研究を考えれば、この転換は準備されていたといえる。戦後はスロヴェニア人の民族的境界に関する研究の第一人者となり、1941 年までイタリア統治下にあった諸地域を得るために文筆をもって闘い（『トリエステをめぐって』1945 年[SLO 0219]）、その後カリンティア国境の変更を主張した二つの文章を英語で書いた（『ナチズムを根絶するのか、それとも報償を与えるのか―スロヴェニア人の住むカリンティアの問題の一局面』1947 年[SLO 0220]、『カリンティア問題資料集』1948 年[SLO 0221]）。周知の通り、この闘争が成果を上げたのはイタリアに対してのみであり、それも完全に期待に沿う形ではなかったが、帰結がわかるのはもっと後のことである。国境問題の終結とともに研究に戻り、再びカリンティアの諸都市と市民の歴史を連載で執筆した（1952-53 年）[SLO 0222]。ここでは特に都市のスラヴ人あるいはスロヴェニア人住民を扱った。同時期にユーゴスラヴィアの歴史学者による 2 巻本の総合的通史に、17 世紀後半から 18 世紀にかけての、初めて真に学問的水準にあるスロヴェニア人の歴史を書いた（『ユーゴスラヴィア諸民族の歴史』第 2 巻、1959 年[SLO 0223-0224]）。もちろんコスと同じように、主に民衆の歴史を書いたが、18 世紀については国民運動の始まりを取り上げた。

1960 年に、クロアチア人のシダク、セルビア人のボグダノヴとともに、フランス語で『ハプスブルク君主国における国民問題』[SLO 0225]という本を出した。この本は、当時流行していた主題に関して、とても客観的に、かつ巧みに記述している。この中では、事件史に基づいて、三月前期、〔1848 年〕革命、1870 年代まで続く危機、その後の安定、最終的な危機、そして二重君主国の解体を論じた。実現した解決策だけでなく、実現しなかった計画にも触れる。オーストリア・スラヴ主義については、通常と異なり好意的に論じた。バウアーに従って、彼も封建エリートがいた民族といなかった民族を区別し、その違いがブルジョワ時代にまで及ぼす影響を強調した。この見方は明らかにスロヴェニア人の歴史的経験に由来する。大戦期に提起された民主的な連邦構想が、保守派政権のために実現しなかったことを、残念がっているように見える。ハンガリー語文献にもとても明るく、コシュートについて、民族問題に関して犯した過ちにもかかわらず、賞賛に値する人物と見た。1868 年の民族法については、紙上だけの存在と述べているが、そう見なすのも当然である。ハンガリーの状況をよく知っていたので、トランシルヴァニアの合同を 1865 年としたのは、明らかに筆が滑ったのだろう。新味があるのは、当時の社会主義運動と国民運動の関係についての記述である。諸政党は問題全体の中にむしろ障害を見たが、ツヴィテルはまさに国民問題の存在が労働運動の発展を促進したと考えた。ここには明らかに第二次大戦時の経験の影響が見られる。1964 年の研究において、スロヴェニア人の国民再生運動の展開を、ヨーロッパの国民問題の中に位置づけた。1967 年の『オーストリア史年報』に「スロヴェニア人とハプスブルク帝国」[SLO 0226]を著し、自身の見解をまとめている。

カルデリ

ツヴィテルが時とともにマルクス主義的スロヴェニア史叙述の重要人物になっていったのに対し

て、E. カルデリ（1910-79）はマルクス＝レーニン主義の歴史家であり、しかも歴史家というより実際には政治家である。政治的理由から 1930 年代に国民問題に関する歴史的教訓へ目を向けた。1933 年に T. ブロダルという名前で『科学的問題としての国民問題』[SLO 0227]を書き、理論的な基礎づけを行なった。主著は、スペランスの名前で公刊した『スロヴェニアの国民問題の展開』（1939 年）[SLO 0228]という、多分に冗長な作品であり、大戦後に様々な改訂版や翻訳が出た。この本は、反ファシズム闘争の過程で、国民という契機を利用してファシズムと右翼の影響下から大衆を奪い返すために、国民問題をマルクス主義理論の枠組みに取り込んだ典型例である。カルデリは実質的に 16 世紀からこの問題、すなわちスロヴェニア人の歴史を論じた（ちなみに、カリンティア公の即位式を先史スラヴ人の民主政の証拠とした）。新たな研究ではなく、それまでの研究成果を解釈したもので、ブルジョワ歴史家、特にマルや、さらにディミツからも肯定的に引用した。一方、国民問題はフランス革命以後に初めて出現するという法制史研究者ドレンツの捉え方には異議を唱えた。カルデリはマルクスに則り、早くも16 世紀のスロヴェニア地域に資本主義を見出し、国民的アイデンティティの最初の兆候を当時の大規模な農民運動に見出した。国民的覚醒の時代には、ドイツ人（オーストリア人）ブルジョワジーがそれを抑制する勢力になる。ヴラスについてはそのイリリア主義ゆえに非難した。カルデリにとって国民的発展を計る基準はスロヴェニア最大の詩人プレシェレンが取った立場だった。カルデリは、1848 年のクロアチア人による対ハンガリー人蜂起、ハプスブルク君主国の二重制、また、スロヴェニアのキリスト教社会主義運動（すなわち実質的には国民党）を非難した。最後のものを非難したのは、それが単に間違った方向へ向かったという理由からである。つまり、自由主義ブルジョワジーが国民と対立するようになったからで、代わって真の国民の指導者として労働者階級が登場した。戦間期、スロヴェニア人ブルジョワジーは階級利益のために大セルビア主義に屈服した。そして 1929 年に国王独裁が成立し、スロヴェニア国民は政治から排除された。以上は、名称と具体的事実を取り替えれば、東欧のどの小民族においても共産党の政治綱領として通用するだろう。当時の状況においてこれは全く正当な理論だったが、それまでのスロヴェニア史学とは異なって、歴史解釈をあまりにも直接的な方法で現実政治の利害に従属させた。1945 年以降、この捉え方は長きにわたって影響を持つことになる。

3. 経済史

マルクス主義者でない歴史家の記述に戻ろう。J. ジョンタル（1895-1982）はウィーンの大学を修了し、オーストリア歴史学研究所のメンバーでもあった。1920 年代にドプシュのもとで特別に教育を受け、1930 年にリュブリャナ大学で法学の学位を取った。様々な学位を持っていたにもかかわらず、ギムナジウムの教師となり、研究職に就いたのは 1950 年以後の数年間だけだった。経済史分野で受けた教育を活かそうとして、『ユーゴスラヴィア社会経済史の主要な諸問題』[SLO 0229]というドイツ語の小論で解決すべき諸問題を示した。すでにその前に「中世スロヴェニアの銀行と銀行家」（1932 年）[SLO 0230]を公刊していた。中世社会史の諸問題にも関心を寄せ、クランの都市史を共著で書いた（1939 年）[SLO 0231]。その中で 1900 年に発見された遺跡について、ビザンツ、東ゴート、ランゴバルドへと受け継がれて使われた軍事的な物見櫓だと推測した。コゼズについてもいくつかの研究で扱い（1940 年）[SLO 0232]、その中に農奴はいなかったが、後代に彼らの名を取って名づけられた土地は古い農奴地であると示した。1946 年に再び問題提起的な研究をドイツ語で著し、ユーゴスラヴィア法制史に関する考古学上の課題について論じた。その後、手堅い論考（『16-20 世紀スロヴェニアの養蚕業と絹織物業』1957 年[SLO 0233]）において、利用しうる史料をすべて用いて、何よりも、18 世紀のマニュファクチュアの発展と、19 世紀後半に販売が困難になったこと、および絹織物業の衰退を描いた。南東欧における都市フィラハの役割についてもドイツ語で研究を著した（1960 年）[SLO 0234]。

M. ピヴェツ＝ステレ（1894-1973）はウィーンで大学を出て、パリで引き続き経済史を学び、大陸封鎖の経済的影響の研究によって1931年に新たに博士号を取得した。彼の本はその前の1930年に公刊された。フランス語の『イリリア諸州の経済生活 1809-13年』[SLO 0235]であり、この問題に関する研究史の批判的整理を行なった。この主題に関連した論考に、「ナポレオンのイリリア諸州設置の動機」（1930年）[SLO 0236]もある。リュブリャナで図書館司書となり、ほどなく経済史から図書館史へと専門を移した。『我らの図書館』（1933年）[SLO 0237]という論文は、1918年以降に生じた状況を扱った。スロヴェニア博物館協会が1891年から1939年までに出版した歴史の文献について、有用な目録を作成し（1939年）[SLO 0238]、「スロヴェニア歴史学文献の現状」（1940年）[SLO 0239]で問題を列挙して、今後の課題を指摘した。ただ、この課題が果たされるのは、大戦後になってからのことである。

P. ブラズニク（1903-84）はリュブリャナ大学を卒業してギムナジウムの教師となり、長らく校長を務めた。スロヴェニア農業史を地方史の視点から検証し、シュコフィヤ・ロカ、ドレンスカ、リュブリャナ周辺の定住と農業の発展についていくつもの論考を書き、多くの事実を明らかにした。理論的方法論に関して「入植史研究の方法について」（1940年）[SLO 0240]を、自らの経験に基づいてまとめた。戦後は政治経済学を教えた。

4. 隣接の学問

J. クレメンツ（1898-1967）はザグレブ大学で考古学を修め（当時リュブリャナ大学にまだこの専攻はなかった）、考古地誌学において重要な役割を担った。サリアとともにプトゥイとロガテツの考古遺跡について地図を作成し（1936-39年）[SLO 0241-0243]、単独でザグレブの遺跡について概論を書いた（1939年）[SLO 0244]。ザグレブでも博物館学芸員として1942年まで活動した。その間に祖国の硬貨出土品の目録を作成し、1910年から1936年までに発見されたユーゴスラヴィアの貨幣出土品について一連の研究を著した（1934-36年）[SLO 0245]。古代についても考古学研究をした（『先史時代およびローマ時代のセニ』1940年[SLO 0246]、『古典古代後期のプトゥイ城』1950年[SLO 0247]）。1946年にリュブリャナ大学の古代考古学および歴史学の教授となった。

同様に古銭学で秀でていたのはE. バウムガルトネル（1895-1951）で、スロヴェニアの造幣について数多くの研究を書き、フリーザッハのデナリウスについて国際的にも著名な専門家となった。最初の重要な研究は「アンデクス＝メラニア伯時代のスロヴェン・グラデツとカムニクの造幣所」（1933年）[SLO 0248]である。13世紀リュブリャナの造幣について（1934年）[SLO 0249]、またEriacensisという刻印についてドイツ語で（1935年）[SLO 0250]書いた。同様にドイツ語でより長い2編の研究、「フリーザッハのデナリウスの黄金時代」（1949-61年）[SLO 0251]と「フリーザッハの造幣によせて」（1947年）[SLO 0252]を書いた。スロヴェニア国境周辺の造幣地について、手稿を多く残した。

M. ドレンツ（1875-1941）はスロヴェニア法制史の創始者といえる。ウィーン大学で法学を修め、一時期は法務省に勤めた。1920年にリュブリャナ大学で刑法学の教授となり、1923年からはスロヴェニアおよびユーゴスラヴィア法制史教授となった。主な著作は『スロヴェニア諸地域の法制史』（1935年）[SLO 0253]で、もちろん領邦ごとに法制度の発展を検証した。この本で、葡萄畑をめぐる裁判においてすでに15世紀にスロヴェニア法が存在しており、それは大家族の慣習法から形成されたもので、大所領が定めた法規範と対立した場合でも効力を持ったことを示した。『コスタニェヴィツァ修道院領における司法 1631-55年』（1914年）[SLO 0254]と、いくつかの比較的大きな研究は原史料に基づいている。ドゥシャン法典の規定と当時のゲルマン法について、特にスロヴェニア人に注目して大部のモノグラフを書いた（1925年）[SLO 0255]。『スロヴェニア人の間の象徴的な法的行動と表現』（1938年）[SLO 0256]では、初期のスロヴェニア慣習法について書いた。

R. クシェイ（1875-1951）はウィーンで法学を修め、ドレンツと同様にある時期まで判事を務め

た。1919年にリュブリャナ大学で教会法の教授となり、1938年にはアカデミー会員となった。『ヨーゼフ2世とオーストリア南部諸邦領の教会制度の外的規制』(1908年)[SLO 0257]というドイツ語の研究で、スロヴェニア人が居住していたオーストリア諸邦におけるヨーゼフ主義を論じた。二重君主国における諸宗派の権利について多くの研究がある。2巻本の総合も書いた。『セルビア人＝クロアチア人＝スロヴェニア人王国の状況から見たカトリック教会の教会法』(1923-27年)[SLO 0258-0259]である〔2巻本ではなく、1927年の巻は史料等を加えたものである〕。

J.ポレツ(1880-1956)はグラーツで法学を修め、ドレンツやクシェイと同じ道を歩み、判事を務める傍らウィーンの官庁でも働いた。1919年にリュブリャナ大学で外国法制史を教え始め、1925年から常勤となった(それまでは公務に就いていたため名誉教員扱いだった)。レヴェツと同様彼も原資料に基づく研究に重点を置き、16-19世紀のテーマでモノグラフをいくつも書いた。特にスロヴェニア地域の農民の状況を扱い、自由農民も存在したことを立証した。『イリリア王国』(1925年)[SLO 0260]では、ナポレオン時代の法制の変化を考察した。リュブリャナの高等教育に関する研究もある。

J.ケレミナ(1882-1957)は文献学者、ゲルマン学研究者であり、学位論文はトリスタン伝説について扱った[SLO 0261]。語彙論と地名研究、さらにスロヴェニアの民俗学にも携わった。しかし『古スロヴェニア慣習法集成』(1935年)[SLO 0262]は法制史上も重要で、史料も掲載している。

N.ジュパニチ(ズパニチ、1876-1961)は、名前の呼び方からもわかるようにスロヴェニア語とセルビア語の両方で著述しており、そうでなくてもスロヴェニア人歴史家の中では例外的な人物だった。ウィーンで考古学と地理学を学び、その後ミュンヘンでも学んだ。テレジアヌムでも学び、最終的に当時最新の分野である民族学・人類学の専門家となった。第一次大戦以前はベオグラードの美術館の監督官、すなわち職員であり、戦時期は亡命してユーゴスラヴィア委員会〔ロンドン委員会〕に加わった。1921年にリュブリャナの民族学博物館館長となり、『民族学者』という雑誌の創刊を主導し、13年間にわたって編集した。1940年から1957年までリュブリャナ大学の民族学講座主任を務めた。バルカンと小アジアのエトノスに関する諸問題について、エトノス起源論とともに研究した。「ペラスゴイの痕跡」(1922年)[SLO 0263]では、バルカンの先住民と推定される人々について研究した。「白セルビア―クロアチア人とセルビア人の定住に関する皇帝コンスタンティノス7世(ポルフィロゲニトス)の叙述に対してヤギチが加えた解釈への批判」(1922年)[SLO 0264]では、バルカンで6世紀に起こったスラヴ人の襲来は、まだスラヴ人の定住を意味するものではなかったと考えた。オスマン＝トルコ人のエトノス起源も扱った(「アンカラとコンヤ地方のオスマン＝トルコ人の人類学」1927年[SLO 0265])。しかし主にはバルカンのスラヴ人とその他のスラヴ人に関する問題を論じた。「いくつかの古いバルカン半島の地名とエトノス名の意味」(1933年)[SLO 0266]、「アント人の起源と名前」(1934年)[SLO 0267]、「赤クロアチアの呼称における色彩の意味」(1938年)[SLO 0268]、「アント人の王ボズ」(1961年)[SLO 0269]では、ビザンツの史料からボズという名の君公を読み取った。「勝利せる王ピピン頌詩」(1955年)[SLO 0270]は、古い史料に登場するアヴァール人の地とアヴァール人の名前について解説した。その人生のみならず研究においても非常に風変わりで、ジュパニチによる叙述のうち、のちの研究によって証明されたものは少なかった。

F.ステレ(1886-1972)は歴史学、スラヴ学、美術史をウィーンで学び、そのうち美術史を専門として、1912年にカルニオラの中世絵画について学位論文を書いた[SLO 0271]。カルニオラの文化財保護局に勤め、長期の捕虜生活後スロヴェニア全域を管轄するリュブリャナの文化財保護局の局長となった。復元ではなく保存することを重視するウィーン学派の理念に沿って活動した。1938年に大学の美術史教授となった。長期にわたる連載論文でカムニク地域の文化財の地誌をまとめた(1922-29年)[SLO 0272]。『スロヴェニア美術史概観』(1924年)[SLO 0273]で、スロヴェニア人

が独自の美術を持っていたことを彼が初めて指摘した。複数の論文において、ヨーロッパ美術がスロヴェニア美術に与えた影響と、スロヴェニア美術のヨーロッパ的性格を強調した。国内スロヴェニア人の絵画だけでなく、建築についても研究を書いた。さらにスロヴェニア美術の地誌についても書いた。リュブリャナの都市建設の諸問題にも関心を持ち、また、スロヴェニアの美術史的文化遺産について初の目録を2巻本で出版した（『スロヴェニア美術集成』1935-38年[SLO 0274-0275]）。理論や方法論に関する著作に『教会美術、その問題・理念・歴史』（1934年）[SLO 0276]がある。中世スロヴェニアの教会絵画についてモノグラフを書いた（1937年、増補版の出版は1966年）[SLO 0277]。大戦下では、出版が可能である限り、図像学の論文をいくつも書き、ビザンツ美術の影響を研究した。1945年以降も途切れることなく研究を続け、1949年にはスロヴェニアの画家についてまとめた。『画家F.ベルガント、芸術家と様式』（1957年）[SLO 0278]は、18世紀リュブリャナの画家で、民衆バロックの代表者であるベルガントの作品分析からその個性に迫り、教会画に描かれた自画像と考えられる姿を基に、その外見の再構成を試みた。沿岸部（イストリア）の美術についてもモノグラフを書いた（1960年）[SLO 0279]。80歳の時に弟子たちが記念論集を出版し、スロヴェニア美術史の創設者として誕生日を祝った。

さらに何人かの文学史学者にも触れねばならない。I. プリヤテル（1875-1937）は、歴史学者として挙げることもできるだろう。というのもスロヴェニア人の国民再生の問題とその代表者たちについて書いた作品は、先行研究がなかったために当時の政治史および経済史上の問題にも触れているからである。ウィーンではヤギチのもとでスラヴ学を学び、学位論文ですでに国民再生の問題に関して論じた。2年間のロシア留学の後、1905年にウィーンの宮廷図書館の職員となった。1919年に新設リュブリャナ大学のスラヴ文学教授に任命された。若い頃に文学作品も書き、そのため説明原理として共感を重視するようになった。さらにヤギチの文献学とテーヌの実証主義の影響を受けて、論理的理解の方法を考案した。ステレと同様、スロヴェニア人の発展がヨーロッパの発展に属することを強調した。文学研究としては、社会的条件と精神的な風潮について、ヨーロッパの影響がオーストリアに媒介されたことを研究した。『J. ケルスニク、その作品と時代』[SLO 0280]というモノグラフで、二重君主国期における老スロヴェニアと青年スロヴェニアの政治論争についても述べた。主著の『スロヴェニアの覚醒者たちの精神的肖像』（1935年）[SLO 0281]は、様々なアプローチを鮮やかに総合したものである。キドリチが勤勉な文献学者で、文献学の創設者だったとするならば、プリヤテルは国民的幻想と厳しく対峙したイデオローグの役割にあったといえるだろう。

I. グラフェナウエル（1880-1967）はウィーンでスラヴ学とゲルマン学を学び、長くギムナジウムの教師をした後、1920年にザグレブで員外教授の資格を得た。新旧のスロヴェニア文学の双方を、文献学に基づいて研究した。1940年にスロヴェニア・アカデミーの準会員に選ばれ、1946年に正会員となった。1949年にアカデミーの民族学・言語学研究所の所長となった。手稿の出版によって中世スロヴェニア文学の研究に貢献し、他の中世スラヴ文学と比較した。スロヴェニア民族誌の概説でスロヴェニア人の民衆詩について書き、個々のモチーフについては別に研究を著した。19世紀の作家たちの作品も出版し、また彼が初めて近代スロヴェニア文学史を2巻本で書き（1909-11年）[SLO 0282]、その第2巻では多くの個性的な解釈を示した。詩人ヴォドニクについてモノグラフを書いた（1918年）[SLO 0283]。

A. ピリェヴェツ（1887-1943）も同様にウィーンでスラヴ学を学び、1921年からリュブリャナの国立図書館手稿部門の責任者となった。1927年に『スロヴェニアの男性たち』[SLO 0284]で主要な作家、詩人、政治家の短い伝記をまとめて出版した。『図書館とその活動』（1940年）[SLO 0285]は便利な概説で、スロヴェニアの状況がよくわかる。経済史や一般的な歴史の諸問題について短い論文を多く書いた。マウトハウゼンの強制収容所で死亡した。

F. キドリチ（1880-1950）はウィーンで法学を

学び始めたが、ほどなくスラヴ学に転じた。学位論文ではグラゴール文字で書かれた教会写本におけるトリエント公会議以降の修正について論じた（1906 年）[SLO 0286]。まず宮廷文書館で働き、1920 年からリュブリャナ大学で古スラヴ文学の教授となった。学位論文以来好んで扱った主題の一つがスロヴェニアの宗教改革とその文学で、代表的な文筆家について 1920 年代に研究を発表した [SLO 0287]。資料が少ないと考え、それをカトリック教会による焚書の結果と説明した。当時の重要な出版物のいくつかは彼が再発見したといっていいだろう。というのも、対抗宗教改革は宗教改革の記憶をも消し去ろうとしたからである。プロテスタントによるスロヴェニア語とクロアチア語の著作について文献目録を作成した（1927 年）[SLO 0288]。同時に、彼は実質的に初めて対抗宗教改革時代の文献の全体像を明らかにした（『16世紀南スラヴ宗教改革文献の書誌学的入門』1927年[SLO 0289]）。自身の研究をまとめた通史的な著作が、『始まりから Ž. ゾイス (1747-1819) の死までのスロヴェニア文学の歴史』（1929-38 年）[SLO 0290]である。『スロヴェニア国民復興期の初期における発展の方向』[SLO 0291]という研究も著した。この作品から、国民再生という、彼のもう一つの主要な研究領域が広がる。これについても多くの本や論文を書いた。もちろん主人公はプレシェレンであり、彼の作品を出版し、伝記にも着手したが、伝記は 1838 年までしか至らず（1938 年）[SLO 0292]、プレシェレンの残した作品の大部分については諸論文の中で分析した。国民再生を広く捉えており、文学史上の問題としてだけでなく、時代精神にも関心を寄せた。隣のクロアチア文学の発展にも目を配った。ゾイスと同時代人の書簡集も彼が出版した。興味深いのは「ナポレオン期イリリア内のクロアチア領域におけるフリーメーソンのロッジ、ウィーン警察文書を基に」（1915 年）[SLO 0293]であり、また 1910年にすでにヴラスについて研究を書いた。ドブロフスキーとスロヴェニア国民再生の関係も分析した（1930 年）[SLO 0294]。1942 年から 1945 年まで強制収容所にいた。1945 年から 1948 年までスロヴェニア・アカデミーの会長を務め、その後文学史研究所に勤めた。初期の著作から、この分野でずっと支配的だった好事家精神を清算することに尽力した。このような意味で、歴史学におけるコス父子の役割を、文学史において独力で果たした。

F. ラモウシュ（1890-1952）はウィーンとグラーツで言語学を学んで博士号と教授資格を取得し、1919 年にリュブリャナ大学のスロヴェニア言語学教授となった。1938 年に彼が科学芸術アカデミーの設立を主導した（1950 年から 1952 年まで会長となる）。彼はスロヴェニア言語学の創設者といえよう。1936 年に『スロヴェニア語史』第 1 巻 [SLO 0295]を出版した。1931 年にスロヴェニア語方言地図を出版し[SLO 0296]、1937 年にコスとともにフライジングの言語史料の出版に携わった。初期の重要な言語史研究はまだドイツ語で書いた。2 巻本の『スロヴェニア語研究』（1918-20 年）[SLO 0297]である。彼もコセズ問題に関わり（1925 年）[SLO 0298]、その語源を古代トラキア語の koseggos とした（しかしこの説は時代の隔たりが大きすぎて受け入れられない）。これによって、この単語がアヴァール起源でないことを証明しようとしたのだが、スラヴ起源だともいえなくなった。

考古学の発展は、ドイツ語を母語とする研究者たちの知的支配があったために、歴史学に比べて困難だった。他の分野でも研究していた者の名前は、すでにいくつか挙げてきた。ここでもう一人挙げておかねばならない。S. ブロダル（1893-1987）はウィーンで考古学を修めたが、ギムナジウムの教師となった。リュブリャナ大学の先史学の教授となったのは 1946 年である。1919 年からこの講座を率いていたのは、B. サリア（1893-1974）だった。ブロダルは戦間期に数多くの発掘調査によって、スロヴェニア領域にも旧石器時代の遺跡があることを証明し、1945 年にも新たな遺跡を発見した。ドイツ語で『ユーゴスラヴィアの旧石器時代』（1938 年）[SLO 0299]をまとめた。

この国にとって、1941 年春に勃発した大戦は、クロアチア人にもたらしたような、あるいはそれ以前にスロヴァキア人にもたらしたような可能性を、当時のスロヴェニア人にもたらさなかった。

つまり、見せかけの独立という形態にすら至らなかったのである。1943年までのイタリアの占領下では細々とはいえ最低限の出版が可能だったが、ドイツ占領期には、せいぜい生存の可能性があっただけだった。そして、すでに見てきたように、それも誰にでもあったわけではなかったのである。

第 11 章

20 世紀後半の歴史叙述

1. 全　般

　20 世紀後半の東欧・ロシアは、自称では「平和陣営」、外からは「ソ連圏」などと呼ばれた。本章では、この時期の東欧・ロシアにおける歴史叙述の特徴を概観する。ここで扱う東欧にはギリシアとトルコは含まれない。歴史的に見ると前者は遅くともこの時代までに、後者はさらにそれ以前の時期に、一般的な東欧・ロシアの歴史と異なる道を進むようになった。本書が論じてきたのも、基本的にギリシアとトルコを除く領域だった。この時代の東欧諸国の歴史叙述には、ある顕著な特徴がある。すなわち、模範国であるソ連の歴史叙述の展開に倣わなければならなかったことである。そのため、この時期の東欧の歴史叙述を分析する前に、まず 1945 年までの四半世紀間にソ連で生じた歴史叙述の展開を再検討し、その主な特徴を整理しておく必要がある。それによって約半世紀に及ぶ東欧・ロシアの歴史叙述において何が重要な要素となったのかが明らかとなる。

　ソ連の歴史叙述の変化は、いわば上から命令されたかのように、はじめから急激に始まったわけではない。逆に、当初はかなり緩慢に、国内および国際関係の推移に歩調を合わせる形で進展した。このことは、その後のいわゆるソ連圏の歴史叙述における転換が、ほとんど同時に起こったことと比較すると対照的である。それゆえ、ソ連の歴史叙述、すなわちマルクス＝レーニン主義的歴史叙述の展開は、1930 年代初頭を出発点としなければならない。この展開の根幹をなしたのは、歴史研究組織の掌握と初等学校から高等教育機関に及ぶ教育の再編だった。まず公教育科目から歴史が削除され、それに代えて社会科学が導入された。そして、それに応じて高等教育の歴史学も変化した。マルクス主義のテーゼに即し、歴史の発展に一般法則を見出すことが指針とされ、これは当然の如く、月並みの決まり文句に収斂していった。一方、こうした状況においても多くの優れた伝統を誇る、従来の実証主義的歴史研究も生き残った。しかし歴史研究の第一線にはならなかった。実証主義史学に代わって歴史学を牽引したのは、信頼可能なマルクス主義歴史学者であり、ロシアでは〔M.N.〕ポクロフスキーが死ぬまでこの役割を担った。ポクロフスキーはブルジョワ体制期の教育を受けて歴史学者となったが、歴史学の変革に極めて熱心に取り組んだ。ここでいう歴史学の変革は、むしろ歴史学の清算といった方が適切であろう。これ以前の時期から活動していた研究者は、新しい原理に基づいて研究を行なう限り（〔実際上〕これは従来の実証主義の継続を意味した）、多くの場合、職に留まることができた。しかし、問題設定や研究の方向性には大きな変化が生じ、中でも事件史に注目する主題と並んで、「時代にふさわしい」近代的な主題、すなわち経済史と社会史が付け加わったことが特筆すべき点である。経済の発展が歴史の展開を規定するものとされ、社会史はこれと関連するとされたからである。ただし、社会の歴史は歴史そのものであるから、一般的に社会史という名称を用いることはできなかった。こうした歴史認識において、君主は支配階級の操り人形であり、支配階級が目指したのは広範な人民の搾取だということが前提とされたため、ロシア国家の歴史的役割に紙幅が割かれることはほとんどなかった。

　スターリンはこのような状況に不満を感じてい

た。1934年、スターリンは二人の仲間と共著で代表的な雑誌『階級闘争』に長大な論文を掲載し、その中で、こうした「単なる社会学化」では、歴史上の英雄や偉人など、歴史の推進に貢献した人々が抜け落ちてしまうと厳しく批判した。つまりスターリンは、従来のロシア・ナショナリストの歴史観を、多少マルクス主義的音調を加えつつ、事実上継承したのである。この新しい潮流のスローガンは「すべてが特異だった」という言葉に凝縮されるが、実際には何も変わるところはなかった。ロシアは大帝国であり、一再ならずヨーロッパ最大の支配者だった。

ソ連の体制はソ連が多くの民族から構成されていることを自覚しなければならなかった。その形式的実践が様々な『ソ連史』の編纂であり、ソ連内のすべての民族の歴史が取り上げられた。だが諸民族の歴史は基本的にロシア史の展開の引き写しとして、あるいは脇役として扱われた。ソ連史は、それまでもそうであったように、本質的にロシア史だった。

多くの歴史学者が研究職に留まったとはいえ、高等教育全体においてマルクス=レーニン主義が支配的立場になった。これにより、歴史家は新たな歴史像を受け入れざるを得なくなった。ちなみにマルクス=レーニン主義という表現は、あの不運なトロツキーが考案したものだが(その後も広範に用いられた)、たとえこの事実を知っていたとしても、あえて公の場でそれに触れる者はいなかった。この時期に歴史学者になった世代は、もはやそれにまつわる苦々しい思い出を持っていなかった。1917年以前の体制は長い間、あからさまに否定されたが、それも次第に緩和された。

ソ連において生じたこのようなプロセスとその帰結は、1945年以降、東欧各国にそのまま移植されることになった。この移植過程は、各国で親ソ連派指導部の輪郭が形成された1944-45年頃に始まり、遅くとも1949年頃にはすべての国で同じような状況が生み出された。第二次世界大戦の終結直後という状況ゆえに、この時期にまず不可欠とされたのは、ファシズムとの闘いだった。しかし、それだけでなく、それまで支配的だった国民史像から右翼的な特徴がすべて除去され、その記憶も批判の対象とされた。これが、完全な転換、すなわち、ソ連的な歴史認識の移植のためのイデオロギー的素地の一つをなした。ユーゴスラヴィア、あるいはより小規模だがブルガリアでは、以上の転換が解放の直後に行なわれた。これに対して両国の北方に位置する国々では、1944-45年に続く一時期においても、1945年以前の歴史叙述が(あるいは、少なくとも、1945年以前の歴史叙述も)継続可能ではないかと期待された。しかしまもなく、遅くとも1949年には、それが幻想であることが判明した。転換は強制だった。この転換には各国間に若干の差異があったが、それもせいぜいのところ、従来の(多くの場合、教会の影響を受けた)歴史叙述も舞台裏に退いて生き長らえることができたかどうかという程度の差でしかなかった。しかも多くの国ではそれさえ不可能だった。実際、ポーランドのみが、そして部分的にはハンガリーやスロヴァキアが例外だった。この状況は、社会主義時代の末期になると緩和された。いくつかの国ではマルクス=レーニン主義的な方法論と思想の指導的役割(独裁ではなく)のみが問題とされただけだった。いずれにしても主要な趨勢はマルクス=レーニン主義であり続けた。

転換以前に指導的な立場にあった歴史家の中には、すでに第二次世界大戦末期に亡命し、亡命先から母国の趨勢に異を唱える者もいた。他方、祖国に留まった者のうち、最も頑固にマルクス主義に反対した場合は排除され(人々は冷静に事態を洞察しており、こうした者は多くなかった)、職を追われ、国外逃亡に追い込まれることさえあった。何らかの職に留まることができた場合でも、結局は研究や学界から排除された。逆に、新しい方法論と世界観を習得した者は、研究者生命を維持することができた。東欧諸国の体制は、ソ連の体制と比べてより寛容だったため、この点でもかなり裁量の余地があった。反マルクス主義的な教義を喧伝することなど誰にもできないだろうという確信から、寛大にも、新しい方法論と世界観に対する信念に偽りはないであろうと見なしたのである。かつて指導的な立場にあった歴史学者の一部は失業を免れ、以前のようには自由に行動できなかった。中には従来の地位を維持できた者もい

たが、人事、出版、そして研究の方向性について、重要な決定はマルクス主義者の手中にあった。確かに、マルクス主義を受け入れなかった者は昇進できなかったが、研究の自由がマルクス主義者の権力濫用によって妨げられることはほとんどなく、研究を発表することさえできた。この点では恵まれていた。1950年代にあるハンガリーの著名な哲学者が語ったように、信頼に足るか否か（あるいは受け入れられるか否か）は、言葉遣いの問題でしかなかったのである。

歴史家のこうした境遇はその後も変わらなかった。新しい若い世代の歴史家は、すでに最初からこの体制のもとで教育を受けており（正確にいえば、そう想定されていたに過ぎない）、マルクス＝レーニン主義が基調をなした。しかし、もっと重要だったのはソ連という模範だった。あらゆるテーマについて前例をロシアに見つけなければならず、逆にそれさえあれば万事安泰だった。また、かつての支配階級もおしなべて全面的な批判の対象となったわけではなく、革命直前期の支配階級だけが常にあからさまに否定的、犯罪的とされ、それ以前の支配階級については、他の多くの観点から論じる必要があった。また宗教と教会も基本的に否定的なものと見なされたが、宗派によって著しい差異があった。多くの場合、カトリック教会は全面的に、あるいはほぼ完全に否定的に扱われたが、プロテスタント教会は、まさにカトリックに対比する形で、むしろ肯定的に見られた。このことは正教の教会についても同様だった。合同派教会はローマ・カトリック教会よりも否定的に考えられたが、それは、合同派教会が真の信仰を裏切った（と見なされた）からだった。教会に対して、異論の余地なく肯定的に見られた歴史的存在は労働者階級であり、またその歴史的役割だった。労働者階級について議論できるのは過去数十年間に限られたが、まさにこのゆえに、その数十年間が（基本的には20世紀が）、歴史上最も重要な時代となった。ただ、この数十年間に労働者階級が何らかの歴史的役割を担ったとしても、その数はほんのわずかだったという弱点があった。

労働者階級は現代において確かに歴史的役割を担ったが、それ以前の時代はそれほど決定的な役割を演じなかった。各時代の評価は、国民史においてどのような役割を演じたかにかかっていた。というのも、国民史、実際には、歴史叙述によって作り上げられた国民像が重要であり、まさに歴史的に形成された国民国家が最も重要な歴史的要素とされた。（もちろん公式には、階級闘争がすべてを導く造物主（デミウルゴス）とされた。）その結果、国家ではあったが国民ではなかったチェコスロヴァキアやユーゴスラヴィアの歴史を語ることは、細心の注意を払って初めて可能となった。また国民史が優先されたことにより、そこから非常に重要な帰結が生じた。それは暫定領域性と名づけうるかもしれない。つまり、ある国民国家の歴史が展開した地理的領域を今日の（つまり第二次世界大戦後の）領域と同一視し、いかなる時代においてもこの領域を念頭に置かねばならないとされたのである。このような現象は東欧各国の偉大な模範だったソ連においても見られた。ソ連ではこの点に事細かな注意が払われ、いかなる逸脱も許されなかった。もちろん、暫定領域性を考慮する場合でも、個々の領域に対する主権請求者は複数存在しえた（し、実際にもそうなった）。相互に重なり合う要求の序列化に際して、決定的要因は第二次世界大戦後の立場、つまり実効支配している領域だった。極端に単純化していえば勝者の観点だが、これは歴史学文献において日常茶飯のことである。もちろん、これらすべては偉大なソ連という模範に倣うことと関連した。

ブルジョワ体制期の歴史研究は、大学の講座や個々の著名な大学教授を中心に組織されることがおおむね一般的だった。もちろん、この他にも職員が研究に従事する文書館や図書館といった施設もあったが、こちらはどちらかといえば第二級の研究者を意味した。この状況はソ連の例に倣ってアカデミーの研究機関が設立されたことによって、がらりと変化した。この変化は歴史研究のみならず、すべての学問分野に変化をもたらすほど広範なものだった。つまり、明言されなくとも、研究は主としてアカデミーの研究機関の枠内で行なわれることになったのである。それとともに、教育がマルクス主義の教義の普及にとって最大の手段と位置づけられたことから、筋金入りのマルクス

主義者が大学に職を得ることになった。その一方で、日の当たる中央に職を得ることができなかった研究者も、教義の普及とは直接関係しない機関に居場所を見つけることができた。つまり、マルクス主義者として問題があっても、そうした機関に身を置くことができ、しばしば研究に参加することも可能だったのである。このような個人レベルにまで及ぶ再編には、多くの場合数人の、またはたった一人の信頼のおけるマルクス主義者が歴史学全体を取り仕切ることも含まれた。例えば、のちの経歴は大きく異なるが、チェコでは J. マツェク（1922-91）、ハンガリーでは E. アンディチ（1902-86）が挙げられる。もっとも、指導者が一人であろうと複数であろうと、状況は基本的に変わらなかった。

　計画の作成はマルクス主義者以外の人々にとって新奇なものだったが、歴史研究者にとっては、何ら目新しいものではなかった。というのも、歴史研究は常に何らかの事前の構想いわば計画に基づいて行なわれるからである。当初の非常に厳格な時期においては、経済計画に倣って研究計画が構想されたが、まもなく、厳密な計画は学問の分野になじまないと認識されたため、計画はかなり柔軟になった。この点で、マルクス＝レーニン主義的見地に関する場合よりも譲歩が容易だった。実際、研究は従来のやり方で行なわれたのである。ただ、新しい言葉遣いだけには、なじまねばならなかった。すでに述べたように、それによって信用が担保されたからである。

　もちろん、研究成果を公表する際に、疑問視することの許されないタブーには注意しなければならなかった。多くの国や民族にとって、そうしたタブーの筆頭がロシアやロシア人との関係だった。ロシアとの関係は肯定的に解決されたことを強調することが推奨された。またそれが史実と矛盾するとしか考えられないような最も極端な場合は、史実から乖離する必要はなく、規範からの逸脱に何らかの特別な説明を見出せば受け入れられた。

　東欧諸国では、ソ連に対する関係に基づいて、ある種の序列化が生じた。これはしばしば公式の外交儀礼上の序列と同じだった。

　歴史的対立について特に強調する必要はなく、軽くあしらえばよかった。それよりも重要なことは、西欧と対峙する団結（もしこのようなものがあったとするならば）を過去から見つけ出して誇張することだった。当然のようにこうした問題では、基本的に 19-20 世紀だけに関心が集中した。それ以前の時期については、国民との関連性がない限り、マルクス主義者はあまり関心を持たなかった。

　歴史化、すなわち、歴史上の事件・人物と現在の事象とを結びつけることは、すべての東欧・ロシア諸国で流行したわけではない。これについて、長い間、独自の国家を持たなかった国民国家はなすすべがないからである。歴史化のよい例はハンガリーに見られる。もし誰かが 1848 年の諸事件に関連してイェラチチ批判を著したとすれば、実際にはティトを念頭に置いていた。ハンガリーではこれは当然のこととされたが、この種の問題に深く関わる者はいなかった。

　ポーランドとロシアの関係というテーマは、東欧・ロシアで最も古い対立の歴史を持っているため、一般にタブーとされ、考察対象から除外することが賢明とされた。同じことはロシア人とモルドヴァのルーマニア人（婉曲的に述べるならばモルドヴァ人）との関係にも当てはまる。過去においてこの関係は人々の関心を引くものではなかったが、もし社会主義時代においてルーマニア人とモルドヴァ人を区別しなかったなら、誤解を招きかねない問題だった。この問題についても、議論しないことが最善だったことはいうまでもない。

　東欧・ロシアの歴史学はマルクス＝レーニン主義に基づいたリップ・サービスであふれたが、それと同様、またはそれ以上に重要なテーマがあった。統一的な国民史像である。これについて、日々、様々な形で言及がなされた。国民史像に関して一定の図式が各国で生み出され、それを（少なくとも大枠で）堅持しなければならなかった。だが、個別問題については見解の相違も認められ、その結果、実際に国民史における基本問題をめぐってしばしば重要な国内論争が行なわれ、時に広範な関心を集めることもあった。さらにマルクス主義的解釈の枠内でも論争可能な問題を示すことができた。このことは、東側では画一的で強制的

な見解しかありえない、と西側が批判し続けていたことを考慮するならば、重要である。

次に、これまで述べてきたことに留意し、各国民（民族）、すなわち、各国ごとにいくつかの特殊な問題を議論していきたい。基本的に考察の順序は当時の外交儀礼上の序列に従うが、地理的な理由や関連性を考慮して、その順序から逸脱することもある。

2. ソ　連

上記の観点に基づくなら、最初にソ連を取り上げねばならないことは疑いの余地がない。ソ連が数多くの民族から構成されていたことはよく知られている。しかし、すでに述べたように、基本的にロシア民族のみが重視され、これがソ連史と同一視された。また、歴史学上の正当な根拠の存否にかかわらず（多くの場合、存在した！）、ロシア史に準拠して、多くの民族の歴史を時代区分しなければならなかった。社会主義政権は時代区分に特別な重要性を付与し、各国では、封建時代が開始した時期、崩壊した時期、そしてどのような時代区分をすべきかについて（ここでもロシアの事例だけが重視された）、本質的かつ激しい議論が行なわれた。

中心的な役割を与えられたロシア民族に対して、他の民族は事実上その引き立て役に過ぎなかったが、当然のことながら、この事実をあえて書き記す者はいなかった。基本的にソ連内の小規模な民族は、このような付属的な役割に対して不満を抱かなかったし（要するに、歴史上の主体になったことがなく、せいぜい受難者でしかなかった）、ベラルーシ人すらもおおむねこのような役割を受け入れた。スラヴ人の中ではウクライナ人だけが比較的扱いにくい存在だった。ウクライナ以外のスラヴ諸民族との間には過去をめぐる極めて深刻な問題はなく、ロシアとの関係は専門書でも概して曇りのないものとして取り上げられた。もっとも、何か不都合が生じたとしても、いつでもその原因を憎むべき支配階級に帰することができた。もちろんその場合でも、いつもロシア人以外の民族に原因が求められた。特にウクライナ人の場合はそうであり、問題をナショナリズムに直結させることで、解決することができた。

ロシアではアジアの植民地と本国とが陸続きだった。このような主として偶然的な状況ゆえに、ロシアによる植民地化が問題にされることはなかった。ロシアの拡大は当然のこととされるか、またはロシアが諸民族の独立を守ったとされた。はたして誰から守ったのだろうか。いうまでもなく、西欧からである。こうした側面を非ロシア人がどの程度真剣に捉えたか、あるいは深刻な問題として提起されることがなかったかは、常に国内的、国際的な政治状況に左右された。ロシアの必然的な拡大と、諸民族の独立の防衛という二つの契機が持つ影響力を疑う者はいなかったし、実際にそれを正当化する者が広範に存在した（衛星国では当然、状況が異なっていた）。ロシアによる植民地化はなかったとする以上、他と比較する契機も、そもそもありえなかったし、考慮する必要もなかった。第二次世界大戦後に生じた状況は、当然、全く性格が異なる。衛星国について語ることができる敵は西側だけだった。

ソ連内部での民族的同権について、現状の観点から疑いを差し挟むことは許されず、この問題が取り上げられることもほとんどなかった。民族間の関係史を扱う研究も少なからずあったが、支配階級間の陰謀を別とすれば、常に同意や友情、相互扶助がテーマとされた。

これまで見てきたことは、当然、沿バルト地方の三つの小民族にも当てはまる。ただし、彼らの扱いはソ連内の他の民族と同じではなく、場合によって、独立を経験したことがない他の民族よりも大きな位置が通史の中で与えられた。

さらに、ロシアに服属したことがない国とロシアとの関係は別種の問題だった。つまり、他の民族（国民国家）の歴史において、ロシアがどのような役割を演じたのかという問題である。ここにおいても、当該の国民国家がソ連の内部にあるのか、または外部にあるのかによって若干の差異が見られた。当然のことながら、ロシアはどちらのグループに対しても基本的に肯定的な役割を演じ、発展を支援し、独立を守ったのである（いささかぶしつけな譬えを用いるならば、個々のケースに

おいてアメリカのように伯父の役割を演じた）。またソ連圏外の諸国に関しては、その都度の外交環境が重要だった。ソ連にとって重要な国については、一般的に慈善的な契機が強調された。しかし、現代においてソ連との関係が良好でない場合は、これを過去にも投影させることが何のためらいもなく可能とされ、その結果、関係は常に否定的なものにされた。その場合でも、少なくとも理論上、過去の何らかの友好関係を引き合いに出せる場合もありえたが、その時は、支配階級によって友好関係が台無しにされたと叙述されるのである。支配階級は好きな時に引き合いに出せる歴史の造物主（デミウルゴス）だった。こうしたことのすべてが、大国としてのロシアの役割と不可分だった。それを前提として初めて、ソ連と他国の関係は注目に値するものとなった。

とはいえ、この問題はあまり議論されなかった。無論、必要があれば、大国としてのロシアという主題を扱わざるを得なかったが、それについて多くを語ることは不適切とされた。もし多くを語れば、ロシアが好意的で父親のような役割を演じたという主張の説得力が失われただろうし、ロシア以外の大国との関係も取り上げられる恐れがあったからである。どう見てもこうした事態は明らかに好ましいことではなかった。またロシアは、ソ連時代を除けば諸列強の先頭に立ったことはなく、大国の役割というだけでは何の意味もなさなかった。この点は明らかに難題だった。

他方、ロシアの発展が比類のないほど独特であるということが自明のものとされ、常に強調されるべきだった。ロシアにおいては、すべてが同じような状況にあった他の国々と比べて、少なくともどこか少し異なっていなければならなかった。ソ連圏内でこのことはあまり議論されなかったが、だからこそ、強調される必要があった。ソ連圏諸国の歴史学においても、ロシアにおける国民的発展が独特で、時に唯一無比であることは、おおむね受け入れられていた。もしこのことを裏づける事実があまり見つからない時は、宿敵や内なる敵が引き合いに出された。ソ連圏のほぼすべての国の歴史叙述は、ロシアの独特な役割を取り入れた。ただし、最も貧しい国々ではこの枠組みでロシアとの関係を叙述することはできなかった。その場合は「邪悪な」隣人が諸悪の根源とされることが常だった。もちろん、国民の特異性をこのように描くことは、ソ連圏の国に限られない。

3. バルト三国

バルト諸国は、自らの歴史像において、自国をソ連と半独立国の中間に位置づけた。ロシアとの関係が独特かつ複雑だったため、バルト諸国では自らについて、ソ連の構成国とはいささか異なる歴史像を作り上げることが常に可能だった。もちろん実際に独立を勝ちえたのは遅かった。リトアニアは中世以降、独立国家ではなく（このことを強調することは好ましいことではなかった）、残り二つのバルト諸国は1917年に至るまで独立したことがなかった。このため、バルト諸国では、他の国々のように国民の独立が何よりも重要な契機とされることはなかった。

中世に関してはドイツに従属していたので、独立性を強調することがふさわしかった。しかし、ロシアによって征服された後の時代については独立性を強調できなかった。このテーマもどちらかといえばタブーだった。

1950-60年代のバルト諸国では、先に見た「邪悪な」隣人と敵対的な西欧という主題に加えて、もう一つの主題が強調された。「より少ない悪」というスローガンがそれである。これは、ロシアによる征服は、西欧の大国のいずれかによる支配と比べれば、それほど悪くなかった、という意味である。一時期、より少ない悪症候群がしばしば見られたが、1970年代を境に次第に消えていき、「より少ない悪」という役割すらソ連に担わせることができなくなった。一方、バルト三国が第一次世界大戦後にそれまで欠如していた独立を達成したことについては、自力解放という認識が公式見解とされ、場合によってソ連の好意的な支援が付け加えられた。ここでは、このような見解が実際の歴史的経緯とどれほど相容れないものであったかが、はっきりと見て取れる。〔両大戦間期の〕ブルジョワ史学の歴史叙述でさえ、自力解放という見解を押し通そうとすることはなく、でき

る限り国内勢力に有利な記述を心がけたに過ぎなかった。

4. ポーランド

これまで見てきたように、バルトの民族もしくはバルトの国民国家の問題は、ある意味で、ソ連に属した民族と実際上ソ連に属していない民族との中間に位置するといえる。ソ連に属さない民族の中では、まずポーランドの事例を取り上げねばならない。ポーランドは、独立および対ソ連関係に関して最も多くの問題を惹起した。とはいえ、ソ連にとってポーランドの事例は、先に取り上げた規範的な標準が存在したため、大した問題ではなかった。それに対してポーランド本国におけるポーランドの歴史叙述はより困難な状況に直面した。18世紀のポーランド三分割および1939年の二分割からそれほど時間が経っておらず、これらがポーランドの歴史意識に深く刻み込まれていたため、国土分割を否定することも無視することもできなかったからである。この問題に対しては次のような解釈がなされた。まず、18世紀にポーランドの分割を望んだのはロシアではなく、プロイセン王フリードリヒ2世だった（こうすればロシアは最初の段階で罪を免れうる）、さらにロシアはポーランド国家の独立を是認するつもりはあったが、ポーランド人自身が国内的に分裂し、自ら隣国の介入を招いた、したがってポーランド人自身にも責任があるという解釈である。

ポーランドの歴史観においてまず指摘しなければならないのは、リトアニアをせいぜい副次的なものとしてしか扱っていないことであり、ポーランド＝リトアニア国家は事実上常にポーランド国家と見なされたことである（後でハンガリーについても同様のことを見るであろう）。しかし、ポーランド国民史像にほとんど場を与えられないのは、リトアニア人だけではない。ポーランド＝リトアニア国家が多くの民族から構成されていたこと、すなわち、国内の民族関係を無視してポーランド史を理解することは困難であるという事実に言及されることはさらに少なく、たとえ言及されても副次的な扱いでしかなかった。こうした状況において、ドイツ人もポーランド国内の諸民族に含まれていたことは、ポーランドの歴史叙述にとって救いだった。ドイツ人に対しては、過去に関しても、手心を加える必要がなかったからである。

ポーランドの歴史叙述ではポーランド国家だけが扱われているわけではない。何にもまして重要だったのは独立であり、そのために多くの戦争が隣国との間で繰り広げられた。同時にポーランド国家は（存在していた時には）ヨーロッパの大国であり、ヨーロッパ大陸全体の展開において重要な役割を担った。確かに国土分割以前のポーランドは、領土の面でヨーロッパの大国だったといえるだろう（大抵の場合、実際にそのようにふるまっていた）。しかし国内が脆弱だったため、ポーランドはヨーロッパ史の主体ではなく客体でしかなかった。だがポーランドの歴史学者の中でこのように述べた者は一人もいない。ヨーロッパにおけるポーランドの役割は常に東欧・ロシアとの関連で論じられたのであり、問題の対象地域は明らかに限定的だった。基本的にポーランドと隣接する二大国との関係は友好的なものではなかったが、ドイツとの関係だけが強調された。また、国家の独立が歴史的に最も重要とされたため、ポーランド国内の対立は副次的なものとしてしか扱われなかった。国内の封建エリート、つまり貴族支配階級はどちらかといえば肯定的な役割を演じたとされたが、この点は史実とも合致する。ポーランド人とは、（敵にとっても味方にとっても）何はさておきポーランドのことであり、抑圧者であったか、あるいは被抑圧者であったかは二の次とされた。つまり、国民国家をめぐる問題が支配的な視点だったのである。

5. チェコ

ポーランド人には二つの宿敵が存在したが、チェコ人の宿敵は事実上、ドイツだけだった。チェコ国民の発展では、その発端からドイツの存在が刻み込まれていた。チェコの歴史叙述では、ハプスブルク時代の初期を除けば、チェコ国家が神聖ローマ帝国の一部ではなかったことを証明するために、多くのエネルギーが費やされた（しかし、

明らかに神聖ローマ帝国の一部だった)。このような一義的な独立に関する見解は、マルクス主義の歴史叙述にもそのまま継承され、新たな証拠が続々と提示された。しかしこの問題は、ハプスブルク帝国期においては異なる様相を呈していた。なぜなら、チェコ国家がこの帝国の一部となり、さらに帝国内でも先進的で相応の評価を受ける部分となったことに加え、ドイツ帝国とは何の関係もなくなったからである。ハプスブルク支配に対する批判は1918年まで不可能だった。1918年以降はそれが可能となったが、その頃には、宿敵ドイツが再び浮上した。

1918年までチェコ国民国家だけが重要だったが、チェコスロヴァキアの成立以降、状況は複雑化した。真のチェコ国民の立場からすると、スロヴァキア人は厄介者に他ならなかった。当時の政府はある種のチェコスロヴァキア愛国心、つまり国民意識を喚起しようと躍起になったが、スロヴァキア人の大半はこれに与せず、チェコ人読者層もほとんど受け入れなかった。

1918年までチェコ人のハプスブルク帝国に対する関係は多義的だった。チェコ人は、ハプスブルク帝国への帰属が一定の繁栄をもたらしたこと、また、帝国内でオーストリア諸邦と並んでチェコ諸邦が最も発展していることを十分に自覚していた。もちろんそうした中でも、抑圧に対する不満は常に見られた。1918年以降、ハプスブルクないしオーストリアとの多義的な関係は清算されたが、同時にそれまでチェコが享受していた利点も消滅した。こうして、チェコ史学は中世の独立から近代の独立へと最短の弧を描いて進んだのである。

チェコの国民像において、ロシアはスラヴ人国家として好意的に捉えられた。とはいえ、チェコ人は18世紀末からすでにロシアによる征服の企てに恐怖心を抱いていた。ロシアの脅威は、ハプスブルク帝国への帰属によって和らげられた。また1918年以降も新しいソヴィエト国家はまだ危険視されていなかった。(そう認識された時はすでに手遅れだった。)この点に関連して、チェコ人が後になってハプスブルクに謝意を示すことはなかった。そのような感謝は、政治にも歴史にもそぐわないからである。

チェコスロヴァキアはヨーロッパの中心に位置するとよくいわれるが、チェコ人もそう考えている。したがって中欧はチェコの歴史意識において、極めて重要な役割を演じた。特に1945年以降は、これによって自分たちをロシア人およびロシアからはっきりと区別することが可能だった。もちろん、チェコとロシアの関係は、ロシアとポーランドほど問題の多いものでは決してなかった。

6. スロヴァキア

スロヴァキア人は、1918年以前、独自の国家を持たなかった(のちにその空白を埋めるため9世紀の大モラヴィア国が引き合いに出された)。この結果、1000年に及ぶハンガリーの抑圧によって国家形成が妨げられたことが、スロヴァキアの歴史観の基礎をなすことになった。1918年以降、最初の高揚感が収まると、ハンガリー人に代わってチェコ人が抑圧者の地位に就いた。チェコとの関連で言及したように、チェコスロヴァキア第一共和国ではチェコスロヴァキア国家の存在がイデオロギーとなった。当時、スロヴァキア人の中にこの考え方を受け入れた者もいたが、ほとんどの者は聞く耳さえ持たなかった。かといって、1939年3月に成立した独立スロヴァキア国を受け入れるわけにもいかなかった。というのも、ドイツのおかげで成立したこの国家は、ハンガリー、チェコに続いてドイツによる抑圧を意味するものであったし、そもそもファシスト国家だった。独立スロヴァキア国家は多くの点で正義を体現したが、ドイツが、スロヴァキア国家の形成を常に模範例として引き合いに出し、実際にもドイツの庇護下でスロヴァキア国家が維持されたのも事実である。

このような二重、あるいは三重の抑圧は、スロヴァキア民族の間にある種の劣等感を生み出した。この感情はハンガリー人に対してよりも、むしろチェコ人に対して向けられた。この種のコンプレックスはバルト諸民族にも見られるものだが、バルト諸民族の場合は1918年に独立を達成して以降、解消していった。もちろん、スロヴァキア人の対チェコ関係は一義的ではなく、多種多様な解釈が可能だった。その際、1918年以前に行なわれ

たチェコ人からの支援と、その後スロヴァキアにも及んだ国家独立の輝かしい雰囲気が重要な役割を演じた。結局のところ、スロヴァキア人にとってチェコ人はヨーロッパを意味した。このことは、スロヴァキア人が常に、自分たちは西と東の間に位置すると感じていることにも関わり、外からもスロヴァキアはそのように見られていた。ともあれチェコ人との結びつきは、西との結びつきを意味した。ほぼ同様のことは以前のハンガリーとの関係においてもいえるが、このことは現在すでに忘れ去られている。

スロヴァキアには宗派の問題もあった。スロヴァキア人の大半はカトリックだったが、福音派が20-30％の少数派をなしていた。このことは考慮されなければならなかったが、19世紀末頃には本質的な問題と見なされなくなった。しかし宗派の問題は、対ハンガリー関係、あるいは対チェコ関係にも関わっていた。ハンガリー支配期にはカトリックが優勢を占め、ハンガリーの体制に適応した。これに対して両大戦間期は、チェコ人との結びつきによってチェコの世俗的な知識人の影響を受けるようになり、非カトリック、すなわち福音派に有利な状況が生まれた。その後、J. ティソ（1887-1947）の独立スロヴァキア国ではカトリックが再び優遇され、かなり意図的な教会政策が行なわれた。また1945年以降は、ドイツとの関係が再度問題となった。すなわち、ドイツは一方で西を意味するようになったと同時に、第二次世界大戦期に関する回想は好ましくないとされた。結局のところ、スロヴァキア国民史学はスロヴァキア国民運動と一体化し、せいぜい18世紀末に始まるに過ぎない。この結果、スロヴァキアの歴史叙述は今日においても19-20世紀史が中心である。国家独立の問題は既述のように、必ずしも一義的に叙述できるものではないため、チェコ人との間に何らかの共通的立場を見出すことは事実上困難だった。

7. ハンガリー

本章での順序づけからすれば、チェコの次にハンガリーを論ずべきだったかもしれない。そうせずにスロヴァキアを先に扱ったのは、チェコとの結びつきが明らかに重要だったからである。

いうまでもなくハンガリー国家の歴史は古く、国民の記憶の中でハンガリーは中世におけるヨーロッパの大国だった。その後、約4世紀にわたってハプスブルク宗主権下に置かれた結果、19世紀以降、ハンガリーの歴史叙述に二つの潮流が生じた。一つは、ハプスブルクからの独立を理想的な状態と見なすものであり、19世紀末以降、独立史観と呼ばれた。もう一つの潮流は、ハプスブルク帝国への帰属が19世紀においてもなおハンガリーに大国の地位をもたらしているとして、国民的発展の観点から帝国への帰属を重視する立場である。歴史叙述においてより支配的、あるいは少なくとも最も声高だったのは明らかに独立史観の方だった。党国家体制下の数十年間、少なくともその初期において、ハプスブルクが西欧、つまり抑圧者と見なされたことから、独立史観が席巻した。こうした状態は1970年代になって弱まり始めたが、学界では相変わらず独立史観が強力な地位を占め続けた。1990年の体制転換後でさえ、ハプスブルク派の潮流が力を増すことはなかった。というのも、その頃には独立史観の重要性がすでに無視できないほど確立していたからである。

ハンガリーの歴史叙述にはもう一つ重要な要素がある。それは基本的にハンガリーを常に国民国家と捉え、多民族性を歴史像から排除してしまったことである。党国家体制期には絶えず、多民族性を強調することが好ましいとされたが、実際にはそれほど真剣に受け止める必要はなかった。党国家体制期、ハンガリー周辺諸国の歴史叙述では、なぜハンガリーの歴史学者がトリアノン条約後のハンガリー史を扱わないのか、偉大なる兄弟の精神に則って、繰り返し問い質した。これに対して、当時のハンガリー共産党でさえ、これに真剣に答える必要性を感じていなかった。つまりハンガリーが国民国家であるなら、民族的少数派問題はハンガリーの歴史的発展に関わる問題にはならないという見方である。党国家体制初期には民族的少数派に関する研究が行なわれたが、その後、この問題は近代における政治問題へと矮小化され、やがてそれも姿を消した。それには間違いなく言語

能力の問題も関わっていただろう。英語が必須で、さらにドイツ語も必要とされるかもしれない今日において、一体誰がかつてのハンガリーの民族的少数派の言語を習得するだろうか。しかし、民族的少数派問題の矮小化は、国内における諸問題相互の相対的比重を歪めてしまうため、明らかにハンガリーの歴史について全く誤ったイメージを与えることになる。今のところこの問題について何の解決策もないように見える。ハンガリーが基本的に国民国家であるとする認識は、1526-1918年のハプスブルク帝国期にも当てはまるとされ、ハプスブルク期においてハンガリーは抑圧者であると同時に、被抑圧者でもあったという解釈が党国家体制期における一般的見方だった。

8. ルーマニア

ルーマニア史の基本命題の一つは、ダキア゠ルーマニア持続説、すなわち、今日のルーマニア人はラテン化したダキア人の後裔であり、現在の居住地域、とりわけ、トランシルヴァニアに古くから住んでいたとする見解である。この持続説が、党国家体制期の党教育において第一の基本テーゼとされた。またこの持続説には別の側面もある。つまり、国家形成以来、モルドヴァ、ワラキア、トランシルヴァニアという三つのルーマニア人国家が存在したが、いずれもルーマニア国民国家であり、この三国がのちに統一されたとする見解である（すなわち、19世紀半ばにモルドヴァとワラキアが統一され、1918年にトランシルヴァニアがそれに加わったと考える立場である）。また形式的にせよ、ルーマニアの歴史叙述は、統一されることになる三つのルーマニア国家の多民族性を、ハンガリーよりも明らかに強く自覚していた。しかしながら、国民的発展の根幹に関わる問題については、ハンガリーの歴史叙述におけるハンガリー国民国家と同様、この（これらの）国家はルーマニア国民国家として扱われた。さらに党国家体制期には、統一のための戦いが常に社会発展にも貢献したことも付け加えられた。こうした解釈は、副次的だが、今日も目にすることができる。そして、当然のことながら、ルーマニア国家とは、基本的に、ルーマニア国民国家であるということが疑問視されることは一切ない。

ルーマニア国家の統一は何世紀にもわたる分裂状態の末に達成され、ルーマニア国家は統一時の領域の（ほぼ）すべてを今日も維持している。このことは、ルーマニアの歴史叙述にある種の勝利者意識を与えた。つまり、歴史的発展の軌跡は直線的に国民国家へとつながるのである。このような単線的発展がルーマニア歴史学の本質をなしている。一時期、極めて強引に押しつけられたマルクス主義的意識は、今日その痕跡さえ残っていない。

ここでもう一つの契機についても言及しておく必要がある。それはルーマニアの歴史学者が（過度に強調することを望まないとしても）ルーマニアが南東欧の国家であることをすすんで承認していることである。その際、ルーマニアはバルカンに属するのかという問いは全く問題にならない。つまり、ルーマニアはバルカン国家ではなく、ラテンのルーツを持っており、バルカンとは何の関係もない、とされるのである。この議論において興味深いのは、近世のオスマン支配の問題がほとんど触れられないことである。その結果、オスマン人が宿敵であるという、かつては有力だった観点は、もはや跡形もなく消え去った。というのも、ルーマニアの三国家は実際に長期にわたって独立していたからである。いずれにせよ、バルカンに属することは恥ずべきこととされ、おくびにも出さない。この結果、宿敵として残るのは（トランシルヴァニアに関連して）ハンガリー人だけになった。ただ、最近はむしろロシア人が宿敵になっている。なぜなら党国家体制期は言うに及ばず、常にロシアはルーマニア両侯国を手中に収めようと試みたからである。もちろん、この契機の取り扱いは今日においても慎重を期さねばならない。

9. クロアチア

今日ではもうユーゴスラヴィアの歴史叙述は存在しない。だが、それが存在するのかどうかは以前も自明ではなかった。クロアチア・エトノスとスロヴェニア・エトノスは西方教会に属したし、

セルビア・エトノスは東方教会に属した。これだけでもすでに大きな相違である。さらにクロアチアの場合、中世半ば以降、ハンガリーと国家連合を結び、クロアチアはその中で、常に第二バイオリンの役割を演じた。ハンガリー国王はクロアチア国王を兼任し、その逆もまたしかりだった（このようなことは、ハンガリー国内の他の民族には見られなかった）。また双方の大貴族は相互に密接な関係を構築したため、両者の民族的アイデンティティはしばしば不確かだった。この関係はある種の、不幸せな結婚とでも形容できるものだが、おそらく双方の大貴族の介在によって、クロアチアの独自性はハンガリーの政治エリートによって常に承認されていた。このことは、クロアチアの西欧への帰属とも関連した。すなわち、ローマ・カトリック教会が事実上排他的な支配を確立したことにより、クロアチアの西欧への帰属は決して疑問視されなかった。この点でクロアチア人とハンガリー人の間に何の対立もなかった。他方、周知のように 20 世紀までに、クロアチアにとってもう一つの、すなわち南スラヴとの結びつきが重要となった。この結びつきはチェコ人とスロヴァキア人の場合よりもさらに密接だった。というのも、両民族の言語は事実上同じであり、クロアチアやセルビアをそれぞれ国民と呼んだのは、もっぱら儀礼的理由によるものだった。とはいえティト時代でも、ユーゴスラヴィア人という民族意識があるかのような印象を与えることはできなかったし、あえてそれを試みる者もいなかった。16-18 世紀のクロアチアにおけるエリートはハプスブルク帝国への帰属を受け入れた。それは、この帰属が西欧との結びつきを意味したからでもあった。多くの場合、彼らは、ハプスブルク帝国に与することにかなり好意的だった。それによりセルビア人との違いを強調できたからでもある。バルカンへの帰属問題については、ルーマニアのような厳格な見解は存在しないが、バルカンがとりたてて強調されることもない。クロアチア・セルビア関係は、ある程度スロヴァキア・チェコ関係を想起させるが、クロアチアとセルビアのどちらがより強力かは明瞭でないという点で相違している。

ユーゴスラヴィアが存在した時、セルビアとの結びつきが最も重視されたが、それとともに、クロアチアの国民史像の中では常にハンガリー人やセルビア人に対峙する国家の独立が強調された。クロアチアにとって南スラヴの統一、すなわち単一の南スラヴ国民という考えは疎遠なものとはいえなかったが、折々の国家権力と対立してまで、支持する人はあまり多くなかった。

クロアチアの独立以降、セルビアとの結びつきは、当然、表舞台から退いた。19 世紀初頭に国民運動が始まって以来、クロアチアにとって南スラヴとの関係が極めて重要な問題だったことは間違いない。もちろん、この関係は否定的にも肯定的にも結論づけることができ、結論如何によって、クロアチア国民史像は（当然、セルビアの国民史像も）大きく変わる。つまり、ユーゴスラヴィアとの関係が肯定的だったのか、あるいは否定的だったのかという根本的な問題に多大な影響を及ぼす問題である。さらに、これまで他の多くの事例でも言及したように、現在の解決策、すなわち、クロアチア国家の完全独立は最終的な解決と見なしうるのか、という問題も提起することができよう。おそらく政治学者の中にはこれを肯定的に捉える者もいるだろう。だが歴史研究者なら、このような形で終止符が打たれた諸事件に対して、最終的な判断を下すのは時期尚早だと考えるであろう。

10. スロヴェニア

本来ならクロアチアの次にその相手方であるセルビアを取り上げるべきだが、ハプスブルクと西方教会との結びつきを考慮して、先にスロヴェニアの事例を検討する。ここでもチェコとスロヴァキアの間で見られた関係とのある種の類似性が想起されがちである。確かにスロヴェニアは、スロヴァキアと同様に 1918 年まで独自の国家を有したことがなかった。しかし、チェコ人とスロヴァキア人の関係に比べて、スロヴェニア人は基本的に異なっている。前史となる中世史がはっきりせず、明確にスロヴェニア史であると言い切れる中世史がないのである。全くあやふやな中世史の後、19 世紀に国民運動が到来する。しかし、クロアチ

アの国民運動と比較すると、重要とはいいがたい。結局、残るのは数世紀に及ぶハプスブルクの支配だけである。ハプスブルク支配下のスロヴェニア人は主としてオーストリアの一領邦であるカルニオラ（クランスカ、クライン）に居住したが、隣接する領邦にも住んでいた。ハプスブルクとの結びつきは、そのもとでスロヴェニア・エトノスが維持されたことから、今日に至るまで極めて重要な契機となっている。さらに、19世紀初頭にクロアチア人がカイ方言のクロアチア語ではなく、今日のスロヴェニア語に近い方言を文章語の基礎にしていたなら、スロヴェニア・エトノスとその後のスロヴェニア国民は形成されなかっただろうということも付け加えなければならない。

　過去2世紀間は南スラヴ人、つまりセルビア人やクロアチア人との結びつきが間違いなく極めて重要な要素だった。しかし、スロヴェニア語がクロアチア語に包摂されなかった結果、スロヴェニア・エトノスおよびスロヴェニア国民も個別に取り扱われる対象となった。そしてやはり国民運動が同時にスロヴェニア史でもあった。スロヴェニア人は、他の二つの南スラヴ人同胞の弟分とされ、ユーゴスラヴィア人の中で常に第三の地位にあった。他方、発展の度合いではオーストリア諸邦に帰属していたことが大きく幸いし、第二次世界大戦後に南スラヴ諸民族の中で最も急速な発展を遂げることができた。飛躍的ともいうべき過去100年間の急速な経済発展の結果、スロヴェニアは独立国家としてもやっていける、という考えが広まり、スロヴェニア民族の間で自意識が芽生えた。いくつかの民族の事例で確認したように、今日の視点から振り返ると、スロヴェニアでも次第次第に国民運動が国民の歴史を意味するようになった。スロヴェニアの場合、1918年以前、ましてや、さらにそれに先行する時代においては、今日のような国民的自尊心を喚起する状況はあまりなかったため、国民史が20世紀になって始まったのは、他の国民の場合に比べても、当然だった。

11. セルビア

　セルビア国民史の最初の頁を占めるのは中世である。中世のセルビアは、時にビザンツの宗主権下にあったにせよ、ある程度独自な発展の道を歩んだ。その後、オスマン、ハンガリー、ハプスブルクによる抑圧が続いた。これらの抑圧は、宗派の相違を伴っていたため、クロアチア人の場合と比べてはるかに対立的にならざるを得なかった。今日セルビア人が居住する地域は、近世になると、その一部がハンガリーを介してハプスブルク帝国に属し、残りはオスマン帝国の支配下に置かれた。このような分割状態に加えて、ハプスブルク帝国の支配下にあった地域の方が経済的、社会的には発展していた事実も念頭に置く必要がある。しかし真の、あるいは本来のセルビアはハプスブルク支配下の地域ではなく、オスマン支配下の方だった。オスマン支配下の地域は19世紀初頭になって一定の独立を獲得したが、ハプスブルク帝国に属していた地域よりも経済的にははるかに困難な状況に置かれていた。オスマン支配下のセルビアは、本来の、つまり、セルビア人が事実上の多数派を占める地域であり、オーストリア＝ハンガリー君主国下のセルビア人よりも先に独立を果たした。これに対して1918年に成立したセルビア国家〔セルビア人＝クロアチア人＝スロヴェニア人王国、およびその継承国であるユーゴスラヴィア王国〕は、理論上は南スラヴ三民族すべての共通の祖国、共通の国家とされたが、実際には無条件にセルビア人の国家と見なしうるものであり、セルビア人自身も、また国内の他民族もそのように考えた。セルビア人にとってこれは受け入ることのできる解決策だった。他方、バルカンへの帰属について、セルビア人は躊躇することなく、むしろ自覚的にバルカンを受け入れた。セルビア人は自らの国家がバルカン国家であることを当然と見なし、侮蔑的と考えなかった。一般的にセルビアでは、中欧でなくバルカンに属するという考えが受け入れられた。

　セルビアの支配が確立したのは、国民間の平等を求めるスローガンがしきりに叫ばれた党国家体制期だった。このため、公言することは許されなかったが、セルビア人にとって党国家体制は、十分に受け入れうる解決策だった。しかし、1991年のユーゴスラヴィア解体の結果、少なからぬセル

ビア人居住地域が隣国の領土となり、事実上、セルビアは分断された。すでに党国家体制の末期に、セルビア人は他の民族の犠牲者であり、セルビア人だけが重荷を背負っている、しかるに、他の民族は自らの生活スタイルを維持している、といったことが語られていた。常に勝者だったセルビア人が、今回の南スラヴにおける戦争で初めて敗者となった。このことは、近年のセルビア国民史観に決定的な影響を与えた。しかし、セルビア人は敗北にもかかわらず、本当の勝者はセルビア人だとして、自らを慰めている。結局のところセルビア人は、現状を歴史的発展の終着点と見なせずにいる。

12. ブルガリア

国土の分断はブルガリアの場合も同様である。中世のブルガリアは強国だったが、その後、約600年間オスマン支配下に置かれた。ブルガリアが比較的大きな国家を得たのは、ロシアの援助によってオスマンの軛を振り払った後だった（ブルガリア人はこれを自力で達成したとはいいたがらない。そうしてしまうと、長兄、つまりロシアの支援の余地がなくなるからである）。この国家はサン・ステファノ条約（1878年）で承認されたため、今日においても、この国家とその時の領土はサン・ステファノのブルガリアと呼ばれている。しかし当時の国際条約はそのような大スラヴ国家の成立を認めなかった。このため、ロシアの支援だけでなく、他国の加勢も得て初めて、ブルガリア国家が成立した（今日の領土よりは大きい）。ただし、オスマン政府への従属が条件だった。ともあれ、1878年以降、ブルガリアはほぼ独立を達成した。しかし、2度の世界大戦で陣営選択を誤ったため、その後国土は少しずつ縮小していった。この結果、マケドニア問題が生み出されたが、これについてはマケドニアのところで論じる。ブルガリアの領土縮小の原因は「邪悪」な近隣諸国にあり、あらゆる機会にブルガリアから次々と領土を奪ったとされる。このような展開は、ハンガリー人のトリアノン・コンプレックスを想起させる。（実際、ブルガリア人は1918年以降、ハンガリーの修正主義を想起させる外交を展開した。）両大戦で2度とも選択を誤ったのはこのためである。

両大戦間期のブルガリアは、ビザンツの後継者であるギリシア人、トルコ人、そしてルーマニア人のすべてを悪人に仕立て上げた。このうちルーマニアは、ブルガリアから得た領土が最も少なく、それすらも第二次世界大戦時に返還しなければならなかった。このため党国家体制期において、ブルガリア・ルーマニア間の摩擦は最も少なかった。またこのことは国民史像にも影響を及ぼした。すなわち、トルコとギリシアは今なお宿敵だが、ルーマニアはもはやそうではない。これは党国家体制期の国民史像と見事に調和する。というのも、ギリシアとトルコは党国家体制期に「帝国主義」陣営の国家となったため、両者に怒りをぶつけることに何の支障もなかったからである。

「災い転じて福となす」の如く、ブルガリアの国民観では、遅い国家形成（1878年）を受け入れ、むしろブルガリアがバルカンで最も若い国家であることが強調された。これも一種の国民的自尊心なのかもしれない。ただし、バルカンで最も若いという地位は、マケドニア人によっても主張されている。バルカンへの帰属もブルガリア人は19世紀以来、好意的に受け入れてきた。バルカンに侮蔑的な意味合いが込められていることを了解した上でのことであり、何らかの反抗心が働いたのであろう。要するにこれらは、ブルガリア国民史において留意すべき座標軸である。バルカンは若くて力強い諸国民が生まれ育つ土地であり、同時に、ある種の劣等感も随伴する。ただしこの点を過度に強調する必要はない。

13. マケドニア

本書ではマケドニアの歴史叙述を論じなかったが、筆者は、自分がマケドニア人であり、したがってブルガリア人だというマケドニア人に何度か出会ったことがある。また少なくともそれと同じくらいの回数、自分はマケドニア人であり、したがってブルガリア人ではないというマケドニア人にも出会った。これらのことからすぐにわかることは、これがブルガリア人とマケドニア人の問題

であり、両者間で解決すべき事柄だということである。

マケドニア国民史観は、多くの部分でブルガリアの国民史観と重なる。マケドニア人も隣人による犠牲者であるが、現在ではブルガリア人もその列に加わっている。中世における最初のブルガリア国家は、両者に共通の祖先と見なすことができるが、第二次ブルガリア国家は領域がほぼ今日のマケドニアと重なるため、マケドニア国民の過去に属する。しかしブルガリア人は無理やりそれを自分のものにしようとしている。19-20世紀の諸事件においては、両者はもはや別々の民族である。このことは今後の研究に多くの問題を投げかけるに違いないし、現在でも困難の種である。この論争に部外者が期待しうることは、この問題にほとんど利害関係のない西側諸国が、やがて受け入れ可能な何らかの解決策を見出すかもしれないということである。だが当面は、この問題を無視するか（これはほとんどありえないだろう）、あるいは、どちらかの立場にはじめから肩入れするかの、いずれかである。おそらく今後数十年間は解決の見通しが立たないだろう。

＊

本章は、20世紀後半に生じた国民史像の変化に関する詳細な分析ではない。その議論には膨大な紙幅が必要だろうし、満足のいく何らかの結論に近づくこともないのは確実である。それでも本章によって、これらの問題が今もなおいかに複雑かを紹介することだけはできたのではないだろうか。

さらにこれまでの（本章および本書全体の）議論から、以下のような教訓を得たといえるだろう。すなわち、東欧・ロシアの国民意識は常に、当該の民族が置かれた状況、国家領域、近隣関係、国際関係に基本的に依存しているということである。歴史研究の具体的な成果によっても、この点に変更を加える必要はほとんどないと思われる。

過去からの多くの要素（ナショナリズムや社会主義など）が取り除かれた後、現在における東欧・ロシア諸民族の状況は、異論の余地なく、最終的な解決策といえるだろうか。政治学者なら是の方に賭けるかもしれない。だが、現在のみならず過去にも取り組む歴史学者は、歴史的視野の中で捉えねばならない。もちろん、歴史学者も望むと望まざるとにかかわらず、現状から出発しなければならないことはいうまでもない。本書での議論によって歴史叙述の科学性が立証されたわけではないことは明らかであるし、そもそもそれは本書の目的でもなかったことは、誤解を避けるため、付言しておく。

第 12 章

ま　と　め

　本書の叙述、とりわけ夥しい数の名称と数字に最後まで付き合った忍耐強い読者は、当然のことながら、本書の最後に何らかの総括、わけても比較を期待していると思う。比較によって歴史叙述の発展における類似性と相違性が浮き彫りにされる。ただし以下では、本文中で触れた事柄に再度立ち戻ることはしない。すでに詳細は述べてあるので、個々の名称を取り上げることは控え、国や国民にのみ言及する。

1. 歴史叙述の時代区分

　以下ではまず、歴史叙述発展の画期を概観する。第 1 期は中世である。この時代の歴史叙述は編年史、ないし年代記として著された。これに伝記を付け加えることもできるが、伝記としてはまず聖者伝があり、支配者の伝記がこれに加わる。東欧・ロシアには年代記という様式に関して偉大な前史がある。ビザンツの世界年代記である。これは今日においてもビザンツ国家とその隣国に関する第一級の史料であり、その質において文学作品とさえいうことができる。しかしこれはギリシア語で書かれており、ギリシア語を解しなかったラテン語系の東中欧（ポーランド、チェコ、ハンガリー、クロアチア地域）においては、事実上、未知のままであった。他方、正教会の諸地域、つまりロシアおよびバルカンにおいてはビザンツ年代記が読まれていた。というより、極めてよく知られていた。聖職者たちはギリシア語を理解し、知的生活に参加していたのである。理解しただけでなく、多くの場合、古代教会スラヴ語への翻訳さえ行なった。もっとも翻訳は通常、受け身の作業であり、せいぜいのところ、自分たちの周りで起こった出来事をところどころに挿入する程度だった。このためバルカンでは地域起源の見るべき年代記が長い間生まれなかったが、やや時代が下って、おそらく早くても 15 世紀末からと思われるが、ルーマニアで独自の年代記が現れ、17 世紀には開花した。もっともこの頃、東中欧など、他の地域では人文主義的な歴史叙述の時代が始まろうとしていた。

　ロシアの原初年代記は一風変わった編年史であり、最も古い部分は年代記風に描かれている。

　つまるところ、年代記が作成された地域は東中欧に限られた。この地域では西方に倣って、稀ではあるが、編年史風の記述も生まれた。特に初期の時代はそうであった。しかしその後、年代記、つまり出来事を連続的に語っていく叙述の仕方が普通の様式となった。またそれぞれの国ごとの歴史を語るのが一般的な様式だった。物語の始まり部分については（これが国史の始まりにもなるのが常だった）いまだ多くの伝説的な要素が含まれていた。しかし時代が下るにつれ、次第に実際に起こった出来事を描くようになった。年代記は多くの場合、支配者の宮廷で編纂されたため、同時代については詳細に描かれた。他方、過去については古い年代記から引き写された。年代記が精通していたのは出来事についてだけではない。それぞれの時代の支配者がどのような出来事を書き残そうと欲したか、そしてどのような出来事を忘れ去ろうとしたかについても雄弁である。したがって近代の歴史叙述がこうした物語を通して史料批判を学んだのは偶然ではない。一般的にいえば、年代記は同時代およびそれに先行する数十年間については意味のある、つまり利用価値のある情報を与えている。

年代記であろうと、編年史であろうと、いずれも教会に関連するものであり、それはヨーロッパの東西を問わなかった。教会が精神生活の柱であり、教会の理念と原理を守ること、そしてそれを喧伝することが求められた。また当然ながら、歴史叙述は王朝のものでもあり、それぞれの支配者に合わせて編纂された。形式的にせよ国家が存在する場合は、例えばポーランド、チェコ、ハンガリーの場合であるが、国王一人が叙述の対象だった。これに対して国としてのまとまりがなかった場合、例えばロシアの場合であるが、地域の支配者、ないし地域の権力者に合わせて編纂された。ただしその場合でも、国全体を見渡そうとする配慮がなされた。「ルーシの地は一体どこから来たのか」、ロシア原初年代記はこれを説明しようとした。東中欧の場合、王権の発展が詳細に記述された。

中世末になると、特定された関心に基づく年代記が現れる。例えば都市の歴史がそうであり、ひとまとまりの特別な政治的事件についての年代記もある（例えばフス派の年代記）。ここでは国全体という視点は霞んでいるが、全く消滅したわけではない。

もう一点。いずれの作品形式においても、作者（多くの場合、作者不詳として隠されている）が語ろうとするのは重要な出来事、あるいは政治的な事柄であり、作者の視野がそれを超えることはなかった。

ブルガリアの場合、事実上、年代記は存在しなかった。あるのは伝記だけである。スロヴァキアやスロヴェニアでは伝記も見当たらない。ヨーロッパにおける次の歴史叙述の時代は人文主義であるが、東欧・ロシアでは狭い範囲だけに現れた。つまり人文主義が見られたのは東中欧のみだった。人文主義やルネサンスが到達したのはこの地域、つまりポーランド、チェコ、ハンガリー、そしてクロアチアだった。また当然のことだが、人文主義の影響はどの国でも限られていた。こうした影響のあり方は年代記が製作された当初から変わっていない。この地域の中で人文主義が最も重要性を持ったのは、おそらくハンガリーであろう。つまりボンフィニからイシュトヴァーンフィおよびサモシュケズィに至る流れである。ハンガリーの場合、国が二分されていたことが関連するのではないかと思われる。トランシルヴァニアでは何か特別な人文主義の前史があったわけではないが、それにもかかわらずトランシルヴァニアのハンガリー歴史叙述を人文主義に入れることが慣例になっている。この地域ではトランシルヴァニア侯の宮廷が中心的な存在であり、他のところでも同様だが、ここでも大半が宮廷の歴史叙述だった。こうした歴史叙述を人文主義的であると名づけるにはためらいが残るが、ラテン語の様式美ゆえに、あるいはまさに母語で書かれているので、人文主義的ではある。ただしそこにはイタリアの歴史家が誇った明晰さはあまり見当たらない。

むしろ重要なのは次の時代、すなわち啓蒙の時代である。なぜなら啓蒙思想はロシアにも、そして小規模な国民の場合にも見られたからである。啓蒙思想は西欧においては単に国王や上流貴族の行為だけを記述するのでなく、民衆生活の成り立ちについても記述することを求めた。もちろんそれを全面的に実現することは、西欧でもできなかった。せいぜい理性の力を指摘しようとしただけである。東欧・ロシアでも啓蒙思想によって民衆史が生まれたわけではない。それでもナルシェヴィチのように構想として民衆史を取り入れることはあった。歴史叙述の基礎となった史資料は、それまでと同様、記述史料ないしそれ以前の作品であり、そこから情報を丹念に書き写した。場合によっては啓蒙的な常套句が織り込まれた。「歴史家」はまだこの時期においても専門家として養成されたわけではなく、最良の場合でも教会人だったことは無視できない。つまり高等教育の過程で、何らかの歴史学の素養を身につけることができた人々である。この状況は西欧においてもさほど違っていたわけではなく、ヴォルテールも専門教育を受けていなかった。それでもヴォルテールの歴史作品は読者の間で模範とされた。啓蒙思想は歴史叙述の領域でも、東欧・ロシアにおいてはまずドイツ的形式においてもたらされ、ロシアで見られたように、代表的啓蒙思想家を通してであった。

東欧・ロシアにおいて啓蒙は二重の機能を果たした。すでに歴史叙述の伝統をある程度蓄積し、

かつ啓蒙思想が比較的強く影響を及ぼしたところでは、啓蒙思想はまず批判的に歴史を叙述する基礎となった。過去における解釈、見解、定義づけ、これらを批判的に理解しようとしたのである。ポーランド、チェコ、ハンガリーがそうだった。つまりこの状況が生まれたのは東中欧だけだった。

啓蒙の二つ目の機能は国民史の形成である。すなわち啓蒙の歴史叙述においても祖国、あるいは国民史を新たな基礎の上に築くことが目指されたのである。ナルシェヴィチがポーランドの歴史を書き始めた。チェコの場合も、もっと初歩的なレベルだったが、やはり国民全体の歴史を書くことが求められた。M. ベール（ベル）は当初からハンガリー全体の過去と現在の状況に見取り図を与えようとした。またプライや I. カトナ（S. カトナ）のようなイエズス会の歴史家たちも、やはり国全体の歴史を念頭に置いた。カラムジンについても啓蒙的な動機づけを無視することはできない。小規模な国民の場合は祖国の歴史を示すことが任務だった。なぜなら過去にそのような通史が存在しなかったからである。セルビアのライチ、トランシルヴァニアのルーマニア人、そしてスロヴァキア人がこうした状況にあった。ブルガリア人とスロヴェニア人の場合は、まだこれもなしえなかった。

東欧・ロシアの全体に起こったことは、誰もほとんど気づかないうちに啓蒙思想がロマン主義へと転換したことである。これもヨーロッパにおける発展段階と符合する。ただ西欧ではそれが近代の成熟した歴史叙述の理念、とりわけその手法の導入と手をたずさえていた。中世への熱情はどこでも見ることができた。ドイツ人の場合、『ドイツ史料集成』シリーズを編纂しようという機運が現れ、歴史叙述のための独自な方法論、つまり史料批判が生まれつつあった。また歴史理論も同時に誕生しつつあった。例えばランケの歴史主義であり、あるいはコントの実証主義である。東欧・ロシアのロマン主義は国民的契機を強化する役割を果たし、史料批判に耐えない見解を数多く生み出した。例えばスロヴァキア人の場合、スキタイ人やサルマチア人もスラヴ人である、あるいは古代に繁栄した民はすべてスラヴ人だったとする見解が一般的だった。ハンガリーの I. ホルヴァートが描いたハンガリー古代史には、栄光に満ちた祖先しか登場しなかった。トランシルヴァニアのルーマニア人は言語に基づいて自分たちの祖先が古代ローマ人であるとした。

歴史叙述がまず背負ったのは国民的な任務だった。つまり眠れる国民を覚醒すること、あるいは国民としての意識を持たせることである。この点はチェコのパラツキーにも当てはまる。彼は 19 世紀前半の歴史叙述の到達点をよくわきまえていたが、それでも国民的な利害を歴史的な真実より優先すべきだと考えた。国民再生という現象全体の中で、基本的問題の一つが過去、それも国民的な過去だった。活力と能力を備えた者はこの問題に近代的方法で取り組んだ。それができない者は、素朴にロマン主義的な誇張によって取り組んだ。

以上は専門化した歴史叙述に至る前史であり、準備作業であり、地ならしであった。19 世紀中葉以降、東欧・ロシアの歴史叙述はヨーロッパの水準に追いつき始めた。ただしスロヴァキア人とスロヴェニア人の場合、それはまだ先であり、1918 年の大変動を待たねばならない。この両国民はいまだ自らの国家を持ち合わせなかった。これ以外の国民は、バルカンも含めて、もう自らの国家を持っていた。19 世紀中葉以降における決定的な変化は、自国で歴史家の養成を始めたことである。この地域に特殊だったのは、歴史家としての教育を外国だけで受けるという状況になかったことである。祖国で専門教育を受けた後、駆け出しの歴史家として外国に赴くことはありえた。

こうして専門化した、そして成熟した歴史叙述が独自の方法とともに誕生した。それは柔軟で多様な性格を持ち、理論的には慎ましいものだった。制度的基盤の面では西欧の規範を踏襲することが義務づけられた。歴史叙述はもはや庇護者に依存することがなくなり、副業的な趣味ではなく、職業となった。最新の方法や歴史補助学が外国に出かけた人々によって祖国に持ち帰られた。またこれらを根づかせるため、手引書に任せるのではなく、自らが教壇に立って範を示した。教師と弟子の間に緊密な関係が生まれ、指導的な人物や大学を中心に学派が形成された。1918 年以後も基本的

に変化はないが、しんがりのスロヴァキア人とスロヴェニア人が追いつくことになる。

2. 歴史家と歴史学の目的

　歴史家は出自に関わりなく、職種として中産階級に属した。もっともこのことで歴史家が思い悩んだわけではない。近代においても大貴族層の中から歴史好事家が現れた。ただし彼らが高い評価を得るには専門家としての知識が必要だった。もっとも大貴族出身の素人歴史家は以前からすでに典型ではなくなっていた。貴族身分を歴史的に持たなかった国民の間では、そもそもこれは問題にならなかった。専門化した歴史叙述は中産階級的、つまり市民的なものである。日常の政治に奉仕しない、あるいは党派抗争から距離を置くことが、専門化した歴史叙述のこだわりだった。もっともそれは原則論ないし一般論であり、例外もあった。しかしその場合でも学術的な活動から日々の政治を排除することが心がけられた。人々は生まれ育った社会秩序を基本的に受け入れ、社会秩序について内省的な考察を行なったわけではない。もちろん、仔細な点について批判すべきことはあった。それはいうまでもなく、何よりも国民的視点に基づく批判だった。ただしそれによって現実の秩序が根底から揺らいだわけではない。

　少数ではあったが、社会主義の理念を受け入れた者もいた。彼らはおおむね素人歴史家であり、同時に政党指導者でもあった。社会主義は19世紀末から20世紀初めにかけて、東欧・ロシアでは一義的にマルクス主義を意味した。その中で例外的に高度な歴史専門知識を身につけた者もいた。例えばE.サボーである。社会主義を奉じる歴史家の多くはもっぱら自党支持者の間にマルクス主義理論を普及させることに腐心した。しかしそれ以上の野心を持った場合、それはここでも国民と結びついた。というのは、社会主義を奉じる歴史家も、新しい教えに従って書き直そうとしたのは国民史だったからである。専門家はこうした試みを妄想的だと見なしたが、マルクス主義歴史叙述に注目することはあまりなかった。もっとも実際に社会主義者が権力を掌握した時は、彼らに注意を払わざるを得なかった。しかしその時に下した評価はいうまでもなく、それまでの評価の追認に過ぎなかった。

　西欧の歴史学においても、20世紀初頭に至るまで優れた理論は生まれなかった。実証主義が支配的であり、原理的には歴史学が自然科学の序列に引き上げられるようになることが大目標だった。歴史的出来事の織り成す世界から法則性を見つけ出すことができるか否かが鍵だった。日々の実践の中で理念が篩にかけられた。目の前に残されたのは史料だけであり、そこから史実を明らかにしなければならない。史実が明らかにされた後は、それを因果関係の法則に従って、論理的な順番に並べなければならない。こうした作業が以前の時代に比べてより高次のものだったのは明白である。もちろんすでに啓蒙思想も因果関係の説明を義務づけてはいたのだが。

　通常、歴史家は因果関係の説明という一線を越えて進むことはなかった。そもそも実証主義の信条を理論的にまとめた歴史家さえ稀だった。したがってその先にまで踏み込む歴史家は例外的だった。そのような歴史家としてクセノポル、ヨルガ、ロシアのカレーエフを挙げることができる。ハイナルのように独自の社会発展論を築き上げた歴史家は例外中の例外だった。しかもそのハイナルでさえ理論を敷衍する意図はなかった。ハイナルは個別的で具体的な専門的問題に関して、例えば識字文化について、あるいは技術発展について自らの見解を述べたに過ぎない。さらに高い水準にあるポーランドの歴史家でさえ、理論面ではほとんど業績を残さなかった。

　理論は方法論と一体化していた。これまで述べてきた一般論も、どちらかというと方法論に関わるものだった。方法論は西欧で発展し、次々と手引書が出版されたが、それは第一に中世の資料に基づくものだった。歴史補助学も現れ、それぞれが独自の方法論を備えていた。これらは誰でも習得でき、実際に使うこともできた。スロヴァキアやスロヴェニアでは1918年以後になってこの過程が進行したが、他の地域では20世紀への転換期において進行していた。西欧の手引書があまりによくできていたため、東欧・ロシアで同種の教

科書を作るべく腐心する必要はなかった。同種の教科書を作ったのはポーランド人だけである。『文書集成』はポーランド、チェコ、ハンガリー、そしてクロアチアにおいて数多く編纂され、他にも史料集の出版が多数なされた。ロシアでは国の機関が関与して、古い時代のものも含めて、編年史や法令集が出版され、ロシアで最も重要な史資料となった。ルーマニアやブルガリアでは史料のうち最も重要なものが出版された。正教会地域ではこうした出版の件数は途方もなく多いというわけではなかった。

歴史学ないし歴史叙述の理論的問題に取り組んだ人が多くなかったように、歴史叙述の目的にまで思いをめぐらした歴史家となると、ごくわずかか、事実上、皆無だった。それでも歴史叙述の目的を著作の中から弁別すれば、つまるところ二つだった。一つは国民への奉仕である。いま一つは歴史的な真実の探究である。後者の方はどちらかというと、より後の時代に探究されたが、場合によってはそれ以前に遡ることもできる。

20 世紀に入ると社会学やその他の社会科学が歴史叙述における第三の目的に光を当てた。すなわち正統化、つまり現存する秩序の正当化である。歴史叙述はいつの時代においても、権力への奉仕だった。歴史家たち自身がこの点を意識することはあまりなかったが、もちろんそれは西欧でも同じだったし、東欧・ロシアではなおさらだった。中世においては、権力への奉仕は当然だったし、年代記は宮廷や支配者のために作成された。また支配者の徳を称えることが年代記の使命であり、そこには、現存の秩序を正統化することも含まれた。もっとも、年代記作者に正統化という概念は理解できないであろう。彼らにとって宗教的な考え方、ないし神の摂理ゆえに、支配者と臣民の区別はあまりにも自明だったし、それについて詮索などしなかった。現存の秩序を擁護する必要など、そもそも考えることもなかった。なぜならそれは神の御計らいだからである。

人文主義の歴史叙述は従来よりも人間に対して大きな役割を与えたが、それでも人は神とともにあり、神に逆らったり、神を抜きに存在するものではなかった。したがって人文主義時代の歴史叙述も、現存の秩序を擁護するために特別の証拠集めをしている、などと意識したわけではなかった。歴史家にとって時代の秩序は、中世と同様、所与のものだった。せいぜいなにがしかの矯正を施せばよかった。

啓蒙時代になると、批判の精神によって過去の誤りさえすすんで直視するようになった。これに関連して次の事情を考慮する必要がある。すなわち、人文主義時代も含めて、啓蒙時代以前の歴史叙述においては、前の時代を書き写し、自らの時代に対してのみ何か意味のあることをいうにとどまったということである。これに対して、西欧の啓蒙家は前の時代を軽蔑するのを原則とした。それはちょうど人文主義者が中世に対して取った態度と同じであるが、それもあくまで原則としてであった。東欧・ロシアでは原則においてすら軽蔑的立場を取らなかった。なぜなら過去は常に国民と関わっているからである。民衆の歴史を記述することは、旧い秩序への批判とも見なしうるが、批判は「旧い」という部分に限られた。西欧の啓蒙は理性、すなわち人間の時代がすぐに到来する、そしてほとんどすべての問題が解決されると確信した。時代はすでにその方向に進んでいる、啓蒙君主こそが理性的秩序の創造者である、やがてこれが正しい秩序にもなると考えられた。啓蒙思想においても有機的な社会という理解は超えられなかった。少なくとも東欧・ロシアに到達した啓蒙思想は社会をそのように理解した。

ここで立ち止まる必要がある。これまで、現存の秩序、および権力という二つの概念はほぼ同義として用いてきた。しかし二つは全く同じではない。啓蒙思想による東欧・ロシアの歴史叙述は、すでにこの二つを区別していた。もちろん完全に自覚して区別していたわけではないが、権力に対して批判的になることは可能だった。旧い秩序に対しても同様である。ただし、何らかの権力が必要であるという正当性について、疑いを差し挟むことはなかった。もっとも歴史叙述においては過去と向き合えばよく、過去の誤りに不満を述べ、さらには人々のつらい運命について言及するすべもあった。他方、同時代の権力には必ずしも正面から向き合う必要はなかったが、その必要が生じ

た時は、服従しかなかった。

　ロマン主義時代は革命の時代でもあった。この時代も歴史家は目の前で起きた革命と関わりを持つ必要はなかった。たとえ必要が生じても、例えばレヴェルの場合であるが、専門的な見解と政治的な見解とを区別することは可能だった。もちろん過去における革命の問題は別であるが、ロマン主義時代の歴史家は祖国の過去における革命とも正面から向き合う必要はなかった。農民反乱について記述することは可能だったし、共感することさえできた。しかし反乱が一度たりとも成功しなかったことも合わせて指摘したのである。他方、反乱に対する共感もなく、むしろ批判的に叙述する者もいた。なぜなら、そうした反乱はただ混乱や無秩序をもたらすだけだと考えたからである。ここにも既存の秩序を正当化する態度が見られる。しかし決して意識した結果ではない。

　専門化した歴史叙述は以前の時代と峻別されなければならない。近代の歴史家は自らと自らの時代の関係をかなり意識するようになった。彼らは同時代の権力に奉仕する必要もなかったし、権力もそれを求めなかった。たとえ求めたとしても、例えばロシアの場合だが、上からの命令によっていたわけではない。歴史家が歴史家として同時代の権力者と関係を持つことはなかった。他方、過去については、その当時の権力を批判することがすでに可能だった。ハンガリーのプロテスタント派歴史家は対抗宗教改革の側に立つハプスブルク家への反感を隠そうとしなかった。他方歴史家としてフランツ・ヨーゼフについて態度を表明する必要もなかった。ペカシュはマサリクと論争し、この時はペカシュが優位に立ったが、マサリクが大統領になった時、ペカシュが職を剥奪されることはなかった。またチェコスロヴァキア共和国の施策について、ペカシュはこれを批判することもできた。同様の例が本書の各章に数多く挙げられているので、参照されたい。

　したがって、歴史家は過去の権力を批判することも可能となったし、実際にも徹底的に非難することがあった。しかし自らの時代の権力に対して正面から対決することはなかった。なぜなら現状は歴史家の守備範囲ではないからである。現存の秩序についていえば、これを扱うことはなく、ただ受け入れた。ロシアを例外として、どこでも少なくとも制度として存在した議会制に満足していたのである。ロシアでも19世紀から20世紀の転換期には、もはや歴史家は絶対王政を支持しなくなり、それが半ば崩れた時には、新しい秩序を心から受け入れた。しかし歴史家が必要だと感じたのはせいぜいのところ、社会と政治の構造に関する部分的な改革だった。しかもそれは明らかに無意識的だった。ロシアの歴史家は自分たちがよく知っている過去に比べれば、自分たちの時代の秩序の方がましである、あるいは正義がより守られていると見ていた。いま振り返るなら、それ以後も、この時代を上回る秩序を見出せなかったことは明白である。ロシアの歴史家は何か根本的な変化を望んだわけではない。これに対して社会主義者は変化を望んだ。しかし社会主義者は過去に興味を抱かなかった。彼らは将来のために働いた。それは歴史家の場合も同様だった。社会主義者以外の歴史家は同時代の秩序を正当と見なしていたのだろうか。もっともこのような設問が彼らに投げかけられることはなかった。

　すべての人が疑いなく意識したのは、国民に対する奉仕である。中世における奉仕の対象は、いうまでもなく、支配者と国、つまり王国だった。しかし人文主義時代になるとそこに国民が混じり合った。ただし人文主義時代における国民が意味したのは貴族だけだった。啓蒙時代になると国民的契機の方が大きくなり、その含意も近代的になった。そしてロマン主義および国民再生の時代になると、最終的に国民は近代的な意味を持つに至った。歴史家の義務は国民を称え、あるいはその悲劇を知らしめ、もって人々を奮い立たせ、目覚めさせることだった。すでに見たように、国民運動において歴史は言語と並んで求心力の一方の旗頭だった。啓蒙時代の批判的精神は、もはやこの時代において通用しなかった。国民を奮い立たせることは否定的な出来事の排除を意味したわけではない。悲劇が歴史叙述に描かれてきたのであり、悲劇の原因は他者に転嫁されることが普通だった。

　歴史叙述が近代的なものへと成長した時、国民への奉仕はどう扱われたのか。ヨーロッパの歴史

叙述は19世紀末から20世紀初頭にかけてすでに、現実に基づく像を描くことが要請されていたし、またそれが専門分野としての要件でもあった。しかし国民への奉仕は、実践的には、いまだ色褪せていなかった。なぜなら、第一に専門的な立場に求められたのは一次史料に基づく研究であり、これは国内の史料に基づくものでしかありえなかったからである。外国の文書館資料が考慮されたのは、せいぜい自国関連の史資料収集に限られた。（ガリツィアの）ポーランド人やハンガリー人は西欧の重要な文書館を探索するため、一大発掘計画を立てた。K. ゲーレシ（1841-1921）はロシアにまで足を運んだ。フルムザキも外国の史資料を収集した。しかし大事なのは自分の国、つまり自国民に関係していることだった。史資料が国内のものであれば、研究も自国との関連に限られた。第一級の歴史家は外国のことも考えたが、多くの素人歴史家にとって国民以外のテーマを見出すことは困難だった。

　歴史叙述にはもう一つ目的があった。学問的真実の探究である。この目的はヨーロッパにおける専門化した歴史叙述の一般的な要請でもあった。もちろん実証主義的方法を用いた上でのことである。誰もがこの目的を意識的に受け入れた。もし真実の探究と国民への奉仕が相反した時、歴史家は真実の方を選ばねばならなかったし、実際にもそれが一般的だった。歴史叙述は国民神話を清算した。もちろんどこでも清算できたわけではないが、歴史叙述が成熟した時、国民神話は清算されるのが普通だった。ここにはある種の素朴な信仰さえあった。すなわち、いまや支配的となった方法に基づけば、完全な歴史的真実を描き出すことができる、あるいは真実にたどり着けるという信仰である。つまり歴史家がいうことは歴史的真実でもある、という信仰である。もっとも西欧ではすでに、過去とは歴史家が創造したものに他ならないのではないかという疑問がささやかれ始めていた。これに対してヨーロッパの東側ではそうした疑問は全く差し挟まれず、国民と国は一体であり、常に存在していたと見なされた。国が存在しない場合でも、少なくとも国民だけは存在したと考えられた。例えばバルカンの場合がそうである。

スロヴァキアとスロヴェニアの場合は、国民と国の発見は容易な作業ではなく、発見までに非常に長い時間を要した。国や国民が存在しさえすれば、過去を明らかにすることは可能であるとされ、あとは史料と方法の問題だった。学問的な真実を明らかにしなければならないが、それは国と国民についてであった。したがって、国民への奉仕は学問的な真実の探究においても除外されることはなかった。

3.　国民的契機

　以下では次の問題群に移ることにしよう。つまり国民的契機である。すでにこれまでの叙述から明らかなように、これこそが最も重要な問題である。国の方が重要だった古い時代を除けば、遅くともロマン主義の時代か、あるいはすでに啓蒙の時代以降、国民が最も重要だった。

　ポーランドはこの点で他と異なる。つまりまさに近代において国がなくなり、国民だけが残った。このため国があった過去の時代を明らかにすることがいっそう重要になった。歴史叙述に必要とされたのは国の偉大さ、そして国が失われた理由を明示することだった。また国を完全に失ったわけではないということを歴史から導き出すことが大切だった。それが現実としても明らかになった時、つまり1918年、新生ポーランド国家は歴史家に霊感を与えるものとなった。ヨーロッパの中流国家になった1918年の地点から振り返った過去は、いっそう輝いて見えた。いまや近代的な方法論に従って、自らの過去を描くことができるようになり、ポーランド史の全体が1918年の復活に一直線につながるものとなった。

　チェコ史の場合は神聖ローマ帝国との関わりが中心だった。それは不完全なものであり、どのような形であれ、否定の対象となりうるものだった。しかし時代が下ると、この問題はさして重要でなくなった。というのも、チェコ諸領邦はハプスブルク帝国の一部となり、他の多くの国と同様、横並びの構成員になったからである。ところが、やはり1918年に状況が変化した。それまでの歴史叙述の枠組みはハプスブルク君主国であり、その

中における同権的地位の実現だった。しかし1918年以後、新しい国家が枠組みとなり、すべての道は聖ヴァーツラフから始まり、1918年に通じることになった。

東欧・ロシアの中でロシアだけが非常に長い間完全な独立を保った唯一の国家だった。このためロシアにおける国民的契機は別の形態で現れた。すなわちロシア以外の場合は国民が前面に押し出されたのに対し、ロシアでは依然として国ないし国家が前面に残った。この国家は当然のことながら、その名が示すようにロシアだった。帝国内のスラヴ人はすべてロシア人であり、非スラヴ人はこの帝国の一部ではあっても、それ以上の役割を果たしたわけではなかった。ロシアという国の歴史はロシア人の歴史だった。

ハンガリーの歴史叙述も1918年までは同様に明快だった。つまり1918年まで国はハンガリー人の国として存在し、ハンガリー人以外の住民はこの時まで、いかなる場面においても役割を演じることはなかった。唯一の例外はクロアチアである。この点はハンガリーの歴史叙述も自覚的であり、クロアチアの歴史について、ハンガリーと関連する場合を除いて、独自に取り組むことはしなかった。ダルマチアはダルマチアとして存在していた限り、ハンガリー領だった。1918年以後のハンガリーの歴史叙述も、1918年以前と同様、歴史的なハンガリーを叙述の対象とし、その運命を論じた。唯一の変化は、ちょうど1795年以後のポーランドと同様、なぜハンガリー国家が解体したのかを説明しなければならないことだった。この解体は一時的なものと見なされた。このため通常、歴史叙述が1918年を明示的に述べることはなかった。なぜならあまりにも当然視されていたからである。1918年後の状況は一時的なものに過ぎないと受け止められたために、ほとんど取り上げられなかった。対象との歴史的な距離がいまだ存在しなかったのである。

クロアチアの状況もある意味でハンガリーと似ていた。クロアチアの専門化した歴史叙述には最も古い時代、つまりハンガリーに占領される以前の時代にも注意を払う可能性が与えられていた。クロアチアには自分たちの国家、そして国民が常に存在したのである。ところが1918年になると、ここでも状況が変わった。南スラヴ人との共存が新しい立脚点となり、1918年へと至る道、つまり南スラヴの統一が前面に出てきたのである。南スラヴとクロアチアという二重性が生まれ、歴史叙述においてどちらを基本的とすべきか、実際のところ、途方にくれてしまった。これが両大戦間期における国民的契機の核心だった。

ルーマニアの歴史叙述における国民的契機は持続性の問題だった。すなわち、ルーマニア人がハンガリー人よりも先にトランシルヴァニアに住み始めたことを証明することだった。ルーマニアの二つの侯国については、持続性は問題にならなかった。なぜならここにはルーマニア人だけが住んでいたからである。ダキア属州は祖先とされるダキア人とのつながりについても、またローマ帝国とのつながりについても、両方をともに証明するものだった。全体として、1918年までは二つの侯国の発展だけが関心の対象だったが、1859年以後に関しては、統一国家の視座からも関心が向けられた。それでも国境の向こう側に住むルーマニア人に対する関心は低かった。しかし1918年はいうまでもなく新しい枠組みをもたらした。すなわち大ルーマニアであり、そこへ至る道もいまや明らかだった。

セルビアの場合、セルビアとモンテネグロという二重性は特段の問題を起こさなかった。誰もがモンテネグロの住民はセルビア人であることを知っていたし、モンテネグロの方がセルビアより歴史が古い国であることも周知の事柄だった。このため別々に歴史を記述するのがふさわしかった。この二重性よりも重要だったのは、南スラヴの統一問題である。セルビア人は1918年以前においても、南スラヴ統一とは他の南スラヴ領域にセルビアが拡大することであると見なしていた。1918年以後、これがさらに当然視されることになった。ただしセルビアの歴史家は1918年以降もセルビアの歴史だけに取り組むことの方がより一般的だった。

ブルガリアの歴史には長い間スラヴ人としてのブルガリア人しか登場しなかった。ブルガリア人は現在の状況から出発して、自らをスラヴ人と見

なし、古い時代の住民もすべてスラヴ人と見なした。専門化した歴史叙述に至って初めてブルガール＝テュルク人が登場する。近代においては史料を参照することが不可欠とされたからである。そこで、ブルガール＝テュルク人とスラヴ人が反ビザンツ軍事同盟を結んだという盟約説が登場した。しかし古い時代についてはこれがすべてであり、その後のおよそ200年に及ぶ異教徒時代は、ブルガリア史の中でさしたる役割を与えられなかった。ブルガリアの歴史叙述において決定的だったのはスラヴ的な性格である。スラヴ化したブルガリア人はキリスト教に改宗したが、ブルガリア人にとって際立って重要な役割を果たしたのは正教会への帰属であり、これはセルビア人の場合よりもさらに重要だった。総主教代理座が置かれた後の歴史叙述は、大ブルガリアを念頭に置いていたものの、スラヴ的な色彩が常に支配的だった。1918年以後のブルガリアの歴史叙述はブルガール＝テュルク人を盛り込むようになったが、それはちょうどスラヴ人であるセルビア人が〔ブルガリアの〕国民理念の実現を妨げたことと釣り合いを取るものだった。同時にこれは西欧との対決姿勢を強める役割も果たした。なぜならブルガリア人は、オスマンの脅威からヨーロッパを守ったのはブルガリア人だったにもかかわらず、西欧はその恩義を忘れたと考えたのである。1918年以後のブルガリアの歴史叙述は、中世の偉大さと近代における国民の破滅という対比が基調だった。

スロヴァキアの歴史叙述は他の東欧・ロシアの事例とは異なる特殊な事情に直面した。すなわち大モラヴィア国を例外として、1918年に至るまで、自らが一体化できる国が存在しなかったのである。正確を期せば次のようにいえるかもしれない。すなわち、スロヴァキア人はハンガリー人よりも前に定住しており、自分たちの場所にハンガリー人を受け入れたのであるから、スロヴァキア人が長きにわたってハンガリー〔王国〕に自らを一体化させてきたとしても、それは当然である。1918年以降、スロヴァキア人は半ば自分たち自身の国を持ったが、チェコスロヴァキアという仮想の単一国民論と戦わねばならなかった。とはいえ、いまや明瞭な国境を周囲に持ったことは、何よりも僥倖であり、この国境線の内側を舞台に、スロヴァキア・エトノスの戦いが前面に押し出された。

スロヴェニア人の状況はスロヴァキア人よりさらに厳しかった。なぜなら中世初期の国家がスロヴェニア人の歴史意識から消え去っていたからである。スロヴェニア人は長い間自分たちをカルニオラ（クランスカ、クライン）と一体化させ、歴史叙述もそれに従った。それも臣従の姿勢においてである。したがって、スロヴェニアの歴史は国民の歴史でしかありえなかった。

4. 主題設定の仕方（1）：分野

国民的契機という役割をそれだけで取り上げて論ずる必要はないだろう。なぜならポーランドからスロヴェニアに至るまで、多少の違いはあるにしても、どこでも基本的には同じ状況が存在したからである。ただし主題設定の仕方における違いを指摘する意味はあるかもしれない。すなわちこれには二通りの検討方法が存在する。一つは歴史のどの分野が中心的な関心事だったかという視点であり、二つ目は、歴史叙述において最も好まれ、かつ最も取り組まれた時代はいつだったかという視点である。

歴史叙述が政治的な事件史を取り扱ってきたというのは、以上の考察から見て驚くにあたらない。西欧でも政治的事件史が支配的な潮流であり、そこから学ぶことも、移植することも可能だった。

政治史の中でも総合的な国民史が非常に重要な役割を果たしたこともまた、驚くにあたらないだろう。これは歴史叙述の国民的性格から生じた当然の結果である。歴史家はどこでも何らかの総合を生み出そうと試みた。啓蒙時代以降は、世論もそれを期待した。

歴史を総合するには二通りのやり方がある。一つ目は、基礎的方法論を踏まえた上で、一次史料にまで遡って通史を叙述する方法である。この方法はあらゆるところで試みられた。ポーランドではナルシェヴィチがかなり早い時期に試みたが、未完に終わった。チェコではパラツキーがロマン主義時代に試みたが、ハプスブルク支配が始まるまでの、自立的と見なしうる時代のチェコ史に限

られた。ロシアでは〔V.N.〕タティーシチェフ以後の歴史家のうち、主だった者はみな、これを試みた。その中で最も時代を下ることに成功したのはクリュチェフスキーであり、18世紀末まで叙述した。ハンガリーでは19世紀中葉に、先駆け的な試みを行なった M. ホルヴァートとサライがいるが、いずれも比較的成功したといえる。次いで、19世紀末に複数の歴史家が共同して、建国1000年を記念した10巻本の『ハンガリー国民史』を著した。この題名は一つの方針を示していたが、何巻かはハンガリー国の歴史という表題を掲げた。クロアチアではクライチ、そして少し遅れてシシチがこの種の歴史の総合を手がけたが、いずれも未完に終わった。唯一成功したのはヨルガだったが、完璧ではなかった。ズラタルスキははじめから中世だけに的を絞ったが、それでも完成に至らなかった。

二つ目の方法は短縮型であり、可能であれば1巻ないし、最大で2巻にまとめてしまうやり方である。多くの場合、総合の試みは、中世の年代記やその他の記述史料を基にして、短縮型の通史から始められた。ロマン主義時代における国民的な要請を満足させるには短縮型で十分だった。19世紀末、そしてそれ以降は蓄積した二次文献を使うこともできるようになった。いうまでもなく、こうなると真の意味で専門的な研究業績ではなくなったが、それでも多くの者が短い通史を著した。ポーランドではクラクフ学派の傑出した二人、シュイスキとボブジンスキが複数巻にわたる通史を書いた。両大戦間期ではハレツキがいる。チェコでは教科書以上の域にたどり着かなかったが、その理由は明らかに、これを専門的研究と見なさなかったからである。ハンガリーでは19世紀末から20世紀にかけてアチャーディが『ハンガリー帝国史』という直截な表題の本を著し、内容的にもそうした方向を目指した。その他にマルツァリもいる。クロアチアではシシチであり、ロシアやルーマニアでは複数の者が通史を書いた。ブルガリアではこの時代の最後になってムタフチエフが現れるが、その前の時代に通史を試みた者もいた。スロヴァキアではサシニェクがいるが、同時代の水準に比べてかなり見劣りする。これに対してボトはもう少し高い水準だった。ボトに次いで現れたのはフルショウスキーだった。スロヴェニアの〔F.〕コスの場合、当初から民衆史のみに限定されていた。

両大戦間期になるとシリーズものの通史の編纂が2カ所で企画された。一つはチェコだが、計画された中の数巻が日の目を見たに過ぎず、仮に完成したとしても、複数の著者の手になるはずだった。これに対してホーマンとセクフューの『ハンガリー史』（建国1000年記念の企画と同様に題名で方針が表明されている）は初版では7巻にわたる完結した唯一の通史である〔第2版以降は5巻にまとめられた〕。

政治的な事件史については通史で触れた以上のことをいう必要はあまりないが、強いて挙げれば次の点だろう。すなわち中世に関連するが、中世において国家として独立していた場合、事件史は外交、つまり国際関係にも関わっていた。いうまでもなく、それは誰が、いつ、どの領地を占領したかという視点である。中世以降はロシアを除くと、1918年まで独立した外交は問題にならず、議論すべき材料がない。ロシアも長期にわたって鎖国状態だったため、外交史というテーマは存在しなかった。ロシアがヨーロッパの大国になった後は、再びヨーロッパとロシアの関係が問題になるが、もっぱら対抗的な関係だった。19世紀について外交史が同時代に書かれることはなかった。やっと1918年以後、つまり各国民が何らかの形で自分自身の国家を持つに至って初めて、1914年までの19世紀外交に注意を向けるようになった。

東欧・ロシアの歴史叙述は、現在の言葉遣いに従えば、基本的には内政が支配的だった。当時は内政という考え方はなかった。歴史といえば国の歴史であり、どのような動機を持って臨むにせよ、国王、議会、そして戦争の歴史が所与の事実を基に著され、それが国の歴史だった。この点は西欧でも19世紀末に至るまで、基本的に同じだった。違いは西欧では国家としての独立があり、場合によっては大国であったという点に過ぎない。すでにランケが外交の優位という命題を掲げて、外交に関心を引きつけた。

経済史は西欧でも1880年代頃に始まる。した

がって、東欧・ロシアで始まるのがかなり後になるか、そもそも全く存在しなかったのも驚くにあたらない。また社会史が経済史から切り離されて、独自の歴史として描かれる必要が唱えられたのは19世紀から20世紀への世紀転換期以降であり、実際に社会史が著されたのは20世紀も後半に入ってからである。したがって東欧・ロシアに社会史がなかったことを理由に不満を述べるわけにはいかない。ただしポーランドだけであるが、国制史への関心があったことは確認しておいてよいだろう。

文化史は次のような状況だった。東欧・ロシアの歴史叙述が成長を遂げた頃、多様な学問分野が自立し始めた。例えば文学史、芸術史、音楽史はすでに独自の学問分野となり、それぞれが独自の方法論と史資料を備えていた。歴史学一般に比べて、それを上回る理論を持つことさえあった。最良の場合、専門別の歴史叙述の成果が総合的な歴史叙述に取り入れられることもあった。しかし、それは例外であり、時期的にも主に両大戦間期に限られた。

宗教史はポーランドの場合、あまりにも歴史一般と一体化していたため、宗教史だけを著したのは素人歴史家だけだった。正教会の国々においても状況は同じだった。ただし理由は別だった。つまり正教会の国では教会は国家機関、つまり国家のもとに置かれた組織であり、国家の歴史を研究すれば、教会を除外するわけにはいかなかったのである。その場合、当然だが、教会は国家の歴史という観点から取り扱われたに過ぎない。チェコやハンガリーでは、当初から比較的多くの関心が教会の発展に向けられたが、それは教会が国に対して従属的な存在だったからではなく、まさに教会が政治において果たした役割のゆえに他ならない。スロヴァキア史やスロヴェニア史では独自に国民を束ねる教会組織が存在しなかったため、宗教史への関心そのものが欠如していた。

地方史はヨーロッパにおいて常に付随的分野であり、登場するのもかなり後の時代である。東欧・ロシアでは二通りの地方史が存在した。一つは領邦史である。もう一つは狭義の地方史であり、都市史や村落史など、地方自治体ごとの歴史である。領邦史に属するのはモラヴィア史、あるいはポーランドにおけるマウォポルスカ史やヴィエルコポルスカ史である（ただし非常に少数だった）。ロシア史にも同様の地方史がある。つまり小ロシアの歴史としてウクライナ史にも叙述が割かれたのである。ただしこのような例は数少なかった。狭義の地方史はほとんどどこでも広く著されたが、いつの時代でも書き手の多くは善意の素人歴史家だった。領邦史は定型的な歴史叙述が普通だった。都市史の場合、常のこととして、とりわけ首都の歴史の場合はいうまでもなく、いかに国全体に関わる出来事が自分たちのところで起きたのかが検討された。近代的な社会史がいまだ欠如していた時代において、地方史にも社会史が欠けていたとしても、それは当然だった。量的に見れば、どこでも多くの成果が現れ、地方ごとの愛郷主義を強化した。しかし真に学術的な果実となると、極めて稀であり、それも力のある歴史家が分析を行なった場合に限られた。そのような例として首都の歴史を挙げることができるが、プラハの場合で見たように、ほとんどの叙述は首都で生起した全国的事件を物語るにとどまった。

世界史の概説は人文主義時代のポーランドで著されている。またほぼ同じ頃の同様の試みとして、ロシアの『フロノグラフ』や、ヴラチチ〔フラキウス〕の編纂した作品がある。さらにレレヴェルも中世に限ってだが、ヨーロッパ史に取り組んだ。しかし専門化した歴史叙述の時代へと近づくにつれて、この問題設定は次第に消えていく。支配的な方法論に基づいて世界史を著すことは不可能だったのである。西欧でも世界史と銘うっても、せいぜい各国史を並べる程度だった。あるいは大国の歴史をヨーロッパ全体に対して意味を持つように拡大解釈するのが精一杯だった。これならさほど困難ではなかった。

世界史に成功した例外が三つある。一つ目は両大戦間期のハイナルである。彼はドイツの社会学を基にして全く独自の社会史理論を築き上げた。それは識字文化と技術史に関するものであり、『近代史』と題された大著の通史も、ある意味で社会史理論を敷衍したものだった。また同時にこの書物は通常のヨーロッパ事件史でもあった。二

つ目の例外はスラヴ諸国で見られた。すなわち他のスラヴ人への関心の結果として、世界史的な分野が生まれたのである。数ある中で重要な意味を持ったのはチェコの場合だけであり、それも結局のところ各国史だった。3番目の例外はロシアの場合である。すでに見たように、ロシア人は国家の権威として世界史を著すことが求められた。そのためビザンツ学や他のスラヴ諸民族、さらには西方の国々への関心が生まれた。さらに唯一ロシア史学だけが、チェコのフロズニーを例外として、ヨーロッパを越えた地域へ、すなわちアジアにまで関心を広げた。もちろんそれには政治的な動機づけがあった。

5. 主題設定の仕方 (2):時代

主題設定は別の角度からも検討しておく必要がある。つまり時代に注目して主題設定を分析することである。どの時代に注目するのか、そして何を無視したかを検討するのである。

最初は先史時代の歴史である。つまり自分たちはどこから来たのか、そして今日の領域の先住民はどのようだったかを研究することである。ポーランドとチェコの場合、スラヴの先史時代がこれに該当し、19世紀前半に最初の仕事が現れた。スラヴ人の故地を探し求めるため、多くの努力が払われた。これはヨーロッパ全体に関わる関心事であり、西欧の専門家、わけても大勢の言語学者がこの問題に取り組んだ。論争は今日でも完全に決着がついたとはいいがたいが、カルパチア盆地をスラヴ人の故地とする説は、近代の歴史叙述では採用されていない。近代以前におけるバルカンのスラヴ人歴史家はスラヴ先住説を説き、バルカンに古い時代に住んでいた諸エトノスもスラヴ人だと見なした。しかし近代に至って、この説には無理があることがわかり、以後、スラヴ人の移住とビザンツ史においてスラヴ人が果たした役割を前面に押し出した。ロマン主義時代に至ると、スラヴ人の先史時代はスロヴァキアやスロヴェニアの歴史家の空想力をかきたてた。

先史時代に関して二つの独自な事例がある。一つはハンガリー人の場合であり、国土征服という疑いを差し挟む余地のない事実である。ここから様々な政治的な権利が派生したのであるが、同時に、当然のことながら、この事実は他の諸民族に比べてハンガリー人が後からやってきたことも意味した。とすれば、次の問題はハンガリー人がどこからやってきたのか、どこに彼らの故地があるのかである。はじめの頃の歴史叙述は、後からやってきたという不利な事実を帳消しにするため、フン人とハンガリー人との血縁関係に言及した。この関係は代々、年代記でも触れられた。他方、アヴァール人については誰も血縁関係を主張しようとはしなかった。近代になると、国土征服以前のハンガリー人に関して書かれた記述史料が利用可能となり、建国1000年を記念した分厚い書物の中でこの点に言及がなされた。そこではハンガリー人の起源に関して二つの解釈が競合した。いずれも以前から主張されていた説である。一つはテュルク起源説である。遊牧騎馬民族という過去がこの説の根拠だった。この説を取ると、それ以前に唱えられたスキタイ起源説を放棄しなければならなかったが、それでもテュルク起源説ならば誇れるものだった。いま一つの説は主として言語学者が擁護した考えだが、フィン=ウゴル起源説である。この説は長い間不評をかこった。なぜなら「魚くさい親戚」は華やかな祖先という像に似つかわしくなかったからである。しかし時間の経過とともに後者の説が優勢となった。それでもハンガリー人の故地についてはヨーロッパの中に、つまりロシア領内に求められた。

もう一つの独自な事例はルーマニア人であり、ルーマニア人は自分たちが古代ローマ時代のダキアと直接つながると主張した。問題は、はたしてルーマニア人が当初信じていたように、古代ローマ人の直系なのか、それともルーマニア人の祖先にはダキア人も含まれるのかにあった。最終的には19世紀中葉において後者の説が有力となり、19世紀末にはこの説が以下の説によって補完された。すなわち、バルカンにもルーマニア・エトノスが存在し、それがダキア起源のルーマニア人に合流したという考え方である。こうした補充的移住説により民族起源問題を解決し、西欧の言語学者が抱いた疑問も解消された。

民族起源論にあまり熱狂しなかった唯一の例はロシア人である。なぜならロシア人は自らがスラヴ人であることに全く疑いを持たなかったし、スラヴの故地は少なくともその一部にせよ、ロシア領内に求めることができたからである。ノルマン人の役割についてはやや神経質にならざるを得なかったが、原初年代記の権威に逆らって、ノルマン人の役割を否定する者は少なかった。したがってこの問題には深入りしないことが最も簡単な解決策だった。

一般に、中世に自前の国家を有した国民にとって、中世という時代はひときわ重要な時代だった。これはポーランド人、チェコ人、ハンガリー人、クロアチア人の場合だけでなく、セルビア人やブルガリア人にとってもそうだった。とりわけ最後に挙げた二つの国民にとって、中世だけが長い間考察の対象だった。なぜならオスマン支配について研究することは望ましくなかったからである。国民再生は19世紀末になって初めて学術的な研究課題となったに過ぎない。ポーランド人の場合は国家の誕生、そしてポーランド＝リトアニア国家の形成が重要かつ優先的な話題だった。チェコ人は自立した国家性を有していたハプスブルク以前の時代、つまり聖ヴァーツラフの時代に遡って中世を祝福することができた。第一次世界大戦後のチェコスロヴァキア第一共和国でさえ聖ヴァーツラフを顕彰している。したがってフス派の時代についてはいうまでもない。ハンガリー人は中世について、ハプスブルク抜きの独立国家を語りうるだけでなく、ヨーロッパの大国として多くの属領諸邦を有し、幾多の戦いにおける勝利についても誇ることができた。またもし敗れた戦いだったとしても、愛郷主義的な悲しみをもって説明すればよかった。クロアチアの場合は、自前の王家の存在が特に重要だった。スロヴェニア人の場合でも中世が重要だった。というのはこの時に居住地域が最大規模だったからである。ロシアの場合は国家形成が比較的早かったにもかかわらず、中世を特別視していない。これは東欧・ロシアの中では例外的である。ロシアの場合、ノルマン人の存在が厄介な事実として存在したし、その後のタタールの軛がある。それ以前の遊牧民との関係は言うに及ばない。モスクワ公国による統一の時代を迎えて初めて輝きが生まれ、多くの意見によれば、この時代に初めて実際上のロシア国家が誕生した。ルーマニアの場合は二つのルーマニア国家の成立が少し遅れたため、やや困惑もあったが、持続性という考え方によって問題を解消することができた。スロヴァキアの場合は大モラヴィア国ないしスラヴ人のウホルスコ〔ハンガリー国家のスラヴ的性格〕についてのロマン主義的な解釈が存在した。

オスマン支配はバルカンの人々にとって国民的屈辱の奈落だった。オスマンに対する最後の戦い、防衛、そして悲劇的な敗北が極めて重要だった。他方、小国家どうしの協力がなかったことへの指摘は少ない。他の地域では、その反対に、オスマンとの戦いが国民史の一つの頂点をなしている。これはポーランドの場合についてもある程度当てはまるし、とりわけハンガリー人とクロアチア人の場合がそうである。ポーランド人はそもそも16-17世紀を国民にとっての偉大な時代であると位置づけた。ポーランドは、もちろんリトアニアとともにであるが、確かにヨーロッパの大国だったし、それゆえに16-17世紀は非常に重要な時代だった。

18世紀が際立って重要だったのはロシア人にとってだけである。つまりピョートルの改革が実際に大きな変化をもたらしたのである。ピョートルの時代はロシア国民にとって偉大な時代である（ロシア人がこうはいわないにしても）。忠誠心からピョートルと並んでエカテリーナ2世の名もよく挙げられる。確かにエカテリーナ2世は実際にもそれにふさわしい人物であるが、そのことを知っている者は少なかったし、エカテリーナ2世がピョートルの後継者だと喧伝した人々の間ですら、事情は同じだった。18世紀はロシア以外にとって荒廃の時代であり、少なくとも18世紀の前半の半世紀以上に及ぶ時期はそうだった。ポーランドの場合はスタニスワフ・アウグストまでがまさに衰退期であり、外国に対する従属の時代だった。チェコ人にとっての18世紀は1620年に始まる暗黒時代の延長線上に位置した。ハンガリーでは「非国民的」な時代だった。他方、18世紀を興

隆と創造の時代だったと正当に評価したのは、セクフューだけである。もっともセクフューを信じた者は少なかった。ルーマニア人は 18 世紀といえばファナリオトを思い浮かべ、そこに何か肯定的なものを見出そうなどとは思いもよらなかった。

18 世紀末の数十年間に事態は変化した。ポーランド人はここに改革期を見出したが、同時に分割による国家消滅という結末も度外視するわけにはいかなかった。それでもあらゆる学派がこの時期を偉大な時代と見なした。チェコ人は啓蒙、そして啓蒙をもたらした啓蒙絶対主義をこの時代に見出す。ヨーゼフ 2 世はチェコ人にとって最も重要なチェコ国王の一人である。他方、ハンガリー人にとってヨーゼフ 2 世はハンガリー王として戴冠しなかった国王であり、ドイツ化を進めた国王だった。国民再生の運動が起こるのは、彼の死んだ後である。スロヴァキア人はヨーゼフ 2 世時代をどちらかといえば、肯定的に見ている。

18 世紀末に続く時代、19 世紀（第一次世界大戦まで）は、事実上、1918 年以後になって初めて歴史叙述の対象となる。それも主として 19 世紀の前半だけである。19 世紀を、世紀の中葉までだが、本書では国民再生の時代と呼んだ。チェコ人は国民復興と呼んでいる。ブルガリア人、スロヴァキア人、そしてクロアチア人も同様である。その他のところではこうした包括的な名称は流行とならなかったが、それについては説明が必要である。ポーランドの場合、19 世紀前半は分割支配の時代である。もしこの時代が度重なる国民的蜂起というきらめく光によって照らし出されることがなければ、バルカンにおけるオスマン支配時代と同様、19 世紀前半は屈辱の時代となっていたであろう。ロシア人にとっては国民的栄光という点で無視できない 1812 年の対ナポレオン戦争があり、他方で、国民的屈辱であるクリミア戦争もあった。またこの時期のロシアは独立国家であり、再生というような概念も必要なかった。ハンガリーでは改革期という呼び方が普通である。改革期、さらには改革期と結びつく 1848-49 年革命そして独立戦争も含めて、この時期を歴史叙述の対象とすることは、すでに 19 世紀後半に用意ができていたが、実際に専門的な歴史家の中でこれに着手した者は少なかった。なぜならハンガリーの独立戦争を打ち破った当のフランツ・ヨーゼフはいまだ在位中であり、しかも彼はハンガリー王としても戴冠式を行ない、人々に愛されていたのである。これに対して、改革期に先行する数十年については、非国民的な時代だと見なされた。歴史叙述と文学史は、すでにこの時期、相当に乖離しており、歴史学者にとって 19 世紀初頭の四半世紀における言語の刷新やハンガリー文学の重要な初期作品群は関心の埒外にあった。（今日に至るまでこの態度が支配的である。）ルーマニアの歴史叙述も、再生に相当する特別な概念を作り出さなかった。その理由は明らかである。すなわち第一に、ルーマニアはどのようなものであれ、国家性を保持していた。ファナリオト時代においてさえ、ハプスブルク君主国時代のチェコより、ルーマニアの国家性は強かった。第二は国民運動の分裂性である。すなわちルーマニア国民運動における文化主導期は主としてトランシルヴァニアと結びつき、ルーマニア両侯国に重心が移るのはのちの時代だったのに対して、政治主導期はまず両侯国と結びついていたのである。つまり国民運動を一体として語ることが、そもそも困難だったと思われる。

19 世紀後半、20 世紀初頭、そして第一次世界大戦が歴史叙述の視野に入るのは 1918 年以降のことである。いまだ部分ごとの像が描かれたに過ぎないが、極めて重要な史料の多くが利用可能になった。1918 年は一つの時代に終止符を打ったが、だからといって、それ以降、歴史を俯瞰してものをいうことが完全にできるようになったわけでもない。新しい枠組みが生まれ、それに基づいてすべてを説明することも可能だったが、まだあまりにも身近すぎた。セクフューもエッセーという形式で時代を語ったに過ぎず、厳密な意味で専門的な研究として取り上げたわけではない。『ハンガリー史』よりも『三世代』の方が大きな影響を及ぼしたことはおそらく間違いないが、専門家はその影響を妬みながら、『三世代』は真の歴史叙述ではないと指摘した。

1918 年以後の時代が歴史叙述の主題になることはこれまでなかった。これはどこにおいても同じであり、議論の余地がない。1918 年以降は現代で

あり、歴史学は現代史の叙述を排し、これを社会学に譲り渡した。社会学にとって現代史の叙述は守備範囲だった。

6. 主題設定の仕方（3）：歴史補助学と隣接学問

もう一つの側面から主題設定の仕方を検討する必要がある。すなわち支配的な歴史理解の中で歴史補助学ないし隣接科学と呼ばれた学問分野から眺めてみることである。これに関して近代以前については、ほとんど語るべきものはない。こうした学問分野が分化するのは、全体として近代における歴史叙述のあり方と関わっている。

歴史補助学の中で文書形式学や古書体学がまずは東中欧諸国で発達したのは当然だった。なぜなら東中欧では識字文化が、正教会を奉じた国に比べて、かなり広範にわたって浸透したからである。実際にそういう状況が存在した。ポーランド、チェコ、そしてハンガリーやクロアチアでは様々な『文書集成』が次から次へと生まれ、文書に対する史料批判が次第に洗練されていった。ところが文書の史料批判に関する手引書はかなり後になって初めて作成されるか、あるいは全く作られなかった。その理由は次の事情による。すなわち東中欧における識字文化はその全体が西欧における発展と極めて密接に結びついており、ハイナルはこの点を十二分の説得力をもって示した。文書で用いられる略号の展開に至るまで、手引書は西欧から移植することが可能であり、それを新たに編集する必要はなかった。二つの学問分野においてさらに重要だったのは規範的な理論研究ではなく、実践だった。この分野に関連する重要文献をロシアにおいて見出すことはあまりなく、バルカンでは皆無だった。ブルガリアの歴史叙述において第一次帝国期からは石碑が残っているだけであり、第二次帝国の2世紀間については16の文書だけである。無論、史資料の喪失について考慮する必要はあるが、それはどこでも起こったことである。アールパード朝ハンガリーにおける数万点の文書量と比べるなら、やはり大きな隔たりがある。

紋章学と系図学の場合も事情は同じだった。西欧の影響を受け、ポーランド、チェコ、ハンガリー、そしてクロアチアの封建エリートは紋章を取り入れた。紋章の登録や管理はこれらの諸国民において、相応の学問を生み出すことになった。印章学についても同様である。ロシアの場合、紋章が流行となるのは19世紀末以降であり、実際にも紋章学が生まれた。バルカンの場合、この時代には貴族層がいなかったので、紋章学も系図学も存在しない。この二つの学問は、東中欧の政治生活において、依然として強力な地位を誇った封建エリートによって強く後押しされた。わけてもハンガリーがそうだった。ポーランドの場合はロシアの宗主権下にあったため、そのような贅沢は望むべくもなかった。この点でガリツィアは異なり、確かにこの種の学問を見出すことができる。これらの学問分野は実際にも文字通り補助学であり、歴史家は史料批判のために、これらの学問が生み出した方法を活用したが、歴史家が理論的な一般化に努めることは通常は稀だった。

どこにおいても生まれた補助学がある。それは古銭学である。古銭はどこでも発掘され、国民的な栄光を伝えるものだった。しかも貴金属で作られており、それだけで価値があった。貴族にも市民にも、収集家が多かった。19世紀末頃から専門家が現れ、古銭の体系化を行なうようになった。しかし貨幣の経済的な重要性を研究した者はいなかった。ただ形態上の鑑定を行なうだけだった。

もし歴史隣接学を幅広くとるなら、すでに述べたように、文学史、芸術史（音楽もここに入る）、そして言語学も含まれる。しかしこれらはすでにあまりにも自立的な専門分野となっており、歴史学者がその成果に注目し始めたのはせいぜい1918年以後だった。その場合でも関心は控えめだった。バルカン、ないしスロヴァキアのような比較的小規模な国民の場合、隣接分野を代表する人々が歴史叙述の面でも際立った役割を果たした。このような場合、彼らを歴史家と見なすべきだし、本書では実際にそうしてきた。反対に、歴史家が他の学問分野で業績を残した例は少なく、事実上、無視することができる。

法制史は立法を行なう国家が存在したところにおいて、すなわちスロヴァキアとスロヴェニアを

除いたすべてのところで生まれた。ただしロシアの場合は国家の歴史と一体化し、独自の学問分野にならなかった。バルカンにおいてはなおさらだった。さらにバルカンでは、歴史的に研究可能な国家は中世にしか存在せず、中世国家だけが考察の対象だった。チェコの場合も政治家が好んで依拠する国家権は、中世になって初めて成立したに過ぎない。ハンガリーの場合はもう少し時代に左右されない研究が可能だった。なぜなら少なくとも国家の一貫性が保持されたからである。国家の重要性ゆえに、公法は極めて重要な研究題目だった。他方、私法が研究対象となるのはかなり後である。

社会学は世紀転換期以降、歴史学への挑戦を意味したが、歴史家はそれに気づかなかった。なぜなら社会学は現在を研究対象とする以上、過去を扱う歴史叙述とは接点を持たないと考えたからである。1918年以後、ロシアのコヴァレフスキーやハンガリーのハイナルによって社会学を応用する試みが始まるが、今日に至るまで歴史学と社会学はかなり強固な仕切りで分けられたままである。考古学も歴史学の隣接分野であり、早期から趣味的に興味を抱く人が存在した。考古学も19世紀末には自立した専門分野に発展したが、多くの点で歴史叙述と緊密な関係を保った。第一にはブルガリア史に見られるように、文字史料が乏しい場合である。第二にはローマ帝国の版図に入っていた地域の場合である。ブルガリア史は両方に当てはまる。ハンガリーの場合はパンノニアとダキアという二つの特別な研究分野が生まれた。特に前者がそうであり、1918年以降の発掘作業はパンノニアに限られた。国土征服時代についても考古学研究が重要だった。ただし建国以前の時代に関する考古学的研究は歴史家の興味をあまり引かなかった。他方ルーマニアの場合は明らかに、持続性という関心ゆえに、歴史家は考古学に大きな関心を払い、緊密な関係を保った。スラヴ人の国では中世初期のスラヴに関わる発掘が耳目を引き、例えばチェコの場合はニーデルレが重要な総合的解釈を打ち出した。考古学と歴史学は以上に述べた理由から緊密な関係にあったとはいえ、方向性としては結局のところ、完全な分離に向かった。た だしブルガリアだけは例外だった。

7. 国民の問題領域（1）：運命的問題

国民という問題領域はこれまでの叙述からも明らかだが、すべてを巻き込む性格のものであった。国民的契機を論じた際にも、またこれまで取り上げた主題設定の中でも、「国民の運命的問題」（もちろん「国民の運命的問題」という表現そのものは当時のものではない）は当時の日常の政治、政治思想、そして言論界において幾度も取り上げられ、歴史学も避けて通るわけにはいかなかったし、避けようとしたわけでもない。ただしこれは近代歴史学の現象であり、近代以前の歴史学はこの問題をまだ自覚していなかった。啓蒙時代はその楽観主義ゆえにこの問題に鈍感だった。ロマン主義時代にこの問題が登場し、近代歴史学がそれを継承した。

以上で述べたことを見出し語風にまとめると、ポーランド人にとって1918年までは三分割が第一義的に火急の問題だった。1918年以後は、それまでも未知の問題ではなかったが、両隣の二つの大国、ドイツとロシアに挟まれているという問題が前面に出た。しかもロシアはいまやソ連と名を変えて威嚇するように聳え立った。チェコ人にとっては1620年以後の暗黒の時代、あるいは一般的にハプスブルクによる抑圧が、1918年以降、ドイツの脅威に取って代わられた。ロシア人にとってはヨーロッパとロシアという構図が運命的問題であり、他に問題はありえなかった。なぜならツァーリがすべての問題を解決するはずだったからである。1918年以後は、十月革命とその後にロシアが歩んだ道が亡命者にとって運命的問題となった。ハンガリー人にとっては中世における強大なドイツ、その後はハプスブルク家の支配とオスマン帝国の占領が運命的問題だった。ハプスブルクの抑圧は常に持ち出すことのできる問題だったが、トリアノン条約での損失を前にして、すべてが卑小なものになった。クロアチア人にとってはハンガリーとの関係が運命的問題の一半であり、もう一半は南スラヴ人統一問題だった。ルーマニア人にとっては持続性の問題が運命的問題だったが、

1918 年以降は大ルーマニアが実現し、大きな運命的問題としては国内の民族問題だけが残った。セルビア人やブルガリア人にとっては中世におけるビザンツとの関係が運命的問題の役割を果たした。ブルガリア人の場合はもちろん大ブルガリアの問題が存在したが、大ブルガリアが存在したのは短期間だった。他方、オスマンによる占領はあまりに忌むべきものだったので、国民の運命的問題の水準にまで達しなかった。スロヴァキア人とスロヴェニア人の場合には、運命的問題が熟すための時間が十分ではなかった。

以上のような「運命的問題」は国民という問題領域の基本的諸問題から生じたが、一般の反響を呼び醒ましたわけではなく、第一級とはいえない歴史家の場合には、せいぜいその存在が所与のものとされたに過ぎない。この問題が正面から扱われたのは 19 世紀末以降、とりわけ 1918 年以後に、真に偉大といえる歴史学者によってである。例えばハレツキ、ペカシュ、セクフュー、シシチ、ヨルガ、スタノイェヴィチである。彼らはいずれも職業的専門家として歴史家を目指しただけでなく、程度の差こそあれ、国民全体に責任を持つ国民的教育者の使命を担おうと真剣に考えた。例えばセクフューの 60 歳の誕生日を記念して出版された本の書名はまさにこれ〔『国民的教育者』[ZZ 0001]〕だった。

8. 国民の問題領域（2）：教会の役割

教会史については先に触れたので、ここでは教会が歴史一般の中でどのような役割を与えられたのかを検討する。西方教会に属する国民の間では、一様ではないが、教会の重要性が自覚されていた。中でも教会を最も重視したのがポーランドだったが、そのポーランドでも反教権的な歴史家がいた。チェコでは歴史家が教会の人間である場合を除いて、さほど教会は重視されなかった。ハンガリーでは教会の分裂が長きにわたって影響し、カトリックの歴史叙述では西方教会の重要性が強調されたのに対して、プロテスタント（第一義的には改革派だった）が強調したのは宗教改革の重要性だった。1918 年以前はプロテスタント側の歴史家が主導権を持ったが、1918 年以後はカトリックに代わった。国民が宗派に分裂したところでは、歴史叙述が成熟した時代になると、宗派に無関心な歴史家が多数存在するようになり、また宗教に関心を示した歴史家でさえ、次第に宗派性を強調しなくなり、結局のところ、宗派性の強調は不適当と見なされるようになった。スロヴァキア人の場合もハンガリーに似た状況があったが、ハンガリーよりは宗派への帰属が多少強調され、それぞれの宗派の歴史的役割が問題にされた。とはいえスロヴァキア人の場合は二つの宗派しか存在しなかった。スロヴェニアの場合はポーランドと同様、カトリック教会の国民的役割は明白だった。

正教会の場合はすでに見たように、そもそも国民教会であり、あらゆる面でそれにふさわしい認知を受けた。また歴史一般の中においても、おおむね、相応の地位を与えられた。ロシアの場合はバルカンと比べると、教会批判も少なくなかった。

教会の役割を全面的に否定する、あるいは教会の否定的な位置づけは近代以前の歴史叙述では考えられなかったし、啓蒙時代においてさえそうであった。近代の歴史叙述でも史料へのこだわりのため、教会を無視するわけにはいかなかった。しかし個別の問題については教会を批判することが可能となり、西方教会の影響圏では、対抗宗教改革が格好の標的となった。教会の肯定的役割をすべて否定した人は例外といえるほど少ない。

9. 国民の問題領域（3）：敵イメージ

国民的契機に関連して敵についても触れたが、よそ者に対する敵対的な態度、あるいはよそ者の敵視は国民的問題と同様、繰り返し現れる現象であり、年代記時代にまで遡る。異なる言語、異なる慣習の排斥は、先史時代以来常に存在する一般的な人類史的現象である。敵の数は時代によって変わり、一つの敵だけが矢面に立たされることもあれば、一度に複数の敵が現れることもある。

ポーランド人の場合はまずドイツ人が最初の敵であり、具体的には神聖ローマ帝国、のちになるとドイツ騎士修道会に体現された。ロシア人もかなり早い時期に現れるが、最大の敵になるのは三

分割時代以後のことである。それ以前の時期については、中世ならチェコ人が、16-17 世紀ではスウェーデン人が最大の敵だった。三分割後については、分割を行なった三大国が敵であり、オーストリアも例外ではなかった。確かにオーストリア支配下のガリツィア地方の事情は、ロシアやプロイセン支配地域に比べて少しはましだったが、だからといって、それがロシアやプロイセンの支配地域に住むポーランド人の慰めになったわけではない。

チェコ人の場合も第一の敵はドイツ人だった。その後、中世にはポーランド人が加わる。しかしポーランド人の役割はどちらかといえば一時的であり、最大の敵は常にドイツ人だった。その表象はしばしばハプスブルクだったが、多くの場合、神聖ローマ帝国だった。1918 年以後、ハンガリー人も敵に加わるが、それは一つにはスロヴァキア人の顔を立てるためであり、またハンガリーの修正主義がもう一つの原因だった。

ロシア人にとっての敵は昔から南ロシアの騎馬遊牧民であり、次いでその役割を演じたのはモンゴル人だった。その後あまり時間を置かずにドイツ人（騎士修道会）やスウェーデン人が敵として登場し、時代がさらに下ると、オスマンが敵になる。19 世紀になると、ロシア帝国の確立およびその世界的規模での役割のゆえに、固定観念化していた敵は霧散してしまったかのようになる。ロシアは非常に強大化したため、敵を恐れる必要がなくなり、敵を念頭に置く意味はなくなったかのようだった。周囲の敵に代わってヨーロッパ列強が敵イメージと結びつくようになったが、敵イメージは政治情勢に大きく左右された。例えばオーストリアは同盟者だったり、最も危険な敵にもなった。こうした変化がしばしば起こったため、敵としてのオーストリアのイメージが歴史叙述の中で明示されることはあまりなかった。最終的に唯一の大きな敵としてヨーロッパないし西方が立ち現れるが、それは西方がどのような形であれ、常にロシアを打ち負かそうとしていると考えるようになったからである。西方はロシアにとって他者であり、そして異端であるがゆえに敵である。また西方から多くの文物を取り入れなければならず、17 世紀までのようには自らに閉じこもることはできないという理由からも、敵とされたのである。

ハンガリー人にとって最初の敵は神聖ローマ帝国だった。またほぼ同時期からビザンツ帝国も敵だった。この両者をそれぞれ引き継いだのはハプスブルクとオスマンだった。19 世紀初頭からはロシアの脅威が加わり、1849 年にこの脅威は現実となった。国内の諸民族を恐れる必要はあまりなく、むしろ貴族たちの世論は優越感を持って、時には国内諸民族を友好的にすら見ていた。しかし 1918 年、状況は根本的に変化し、以後、新しい隣人たちがそれまでの主要な敵に取って代わった。ハプスブルクは消滅し、トルコ人とは遅くとも 19 世紀後半以降、大いなる友好を温めるようになっていた。いうまでもなく、ソ連は敵対者の中で重要な地位を占めることになった。

クロアチア人の場合、最初の敵はオスマン帝国だった。これにひきかえハンガリー人との関係は一義的ではなく、ハンガリー人が主要な敵となるのは国民再生期以降である。ハプスブルクが敵とされるのは 1867 年以降である。

ルーマニア人の場合、ビザンツは敵ではなかった。なぜなら、ルーマニアの二つの侯国が誕生する頃、ビザンツはもはや誰にとっても脅威ではなく、しばらくすると滅亡したからである。むしろルーマニア人の敵はビザンツの後を継いだオスマンだった。ロシアは時折、援助を与えたが、まもなく侵略の脅威を与える存在ともなり、次第に脅威の側面が前面に現れた。ハンガリー人が真にルーマニア人の敵となるのは 1867 年以降のことである。つまりトランシルヴァニアのルーマニア人が 1867 年以降、全面的にハンガリー支配下に組み込まれてしまったように見えたからである。

セルビア人が主要な敵だと見なしたのもビザンツだった。またハンガリー人についてもかなり早い時期に同様の見方をするようになった。その後、オスマンが敵となり、何世紀にもわたってオスマンが敵の役割を担った。19 世紀になるとバルカンにおける競合相手としてブルガリアが敵対者の仲間入りをし、マケドニアをめぐって、またバルカンにおける主導権をめぐって、ブルガリアとの間に抗争が繰り広げられた。ユーゴスラヴィア誕生

後はイタリアも敵として現れ、以後、ダルマチアをめぐって非常に遠い過去にまで遡って、イタリアとの敵対関係が問題にされた。

ブルガリア人にとっては明らかにビザンツ、そしてオスマン帝国が敵だった。近世になってビザンツに取って代わったのはギリシアの高位聖職者だった。セルビアも敵となったが、それは、セルビア人にとってブルガリア人が敵となったのと同じ理由だった。

スロヴァキア人にとってはハンガリー人が第一義的に敵だった。1918年以後になると、チェコ人も無垢な兄弟ではないかもしれないとの思いが湧き起こった。

スロヴェニア人は人口も非常に少なく、しかも弱小だったため、真の敵のイメージは生まれなかった。ドイツ人、あるいはハプスブルクが真の敵の候補者だったかもしれないが、ウィーン政府に対するスロヴェニア人の忠誠心の方が勝った。

敵イメージの基礎は多くの場合、長い戦争状態にあった。つまり敵イメージには歴史的な土台があったのである。しかし常にそうだったわけではない。例えばルーマニア人は（1941年まで）ロシア人と戦ったことは一度もなかったが、ロシアの政治的な影響力は敵イメージの形成に行きついた。数多くの事例において、征服されるかもしれない、あるいは敵対するかもしれないという恐れが敵イメージの形成につながった。大雑把に一般化するなら、隣人ないし隣国が敵であるといっても差し支えないかもしれない。また19世紀に関していうならば、いずれかの列強が敵であり、セルビアの場合ならば、20世紀への世紀転換期以降、オーストリア＝ハンガリー君主国が敵となった。

ここで取り上げた敵イメージは歴史叙述の中に映し出された固定観念である。こうした固定観念が社会の上層だけのものだったのか、それとも社会のもっと深い層でも敵対心が普通に見られたのかは別問題である。表面的な印象ではあるが、近代に至るまで隣人関係が幅広い下層諸階層の間にまで、恒常的な敵対関係をもたらしたことはなかったと思われる。とりわけ、混住地域においてそうだった。学校教育がこの階層にまで及んだ時、社会上層の敵対的な関係が全国民的な憎悪へと転換したのである。

問題の立て方をひっくり返し、敵対心の代わりに友好のイメージを探すと、途端に該当する事例は非常に少なくなる。友好の一例として最初に目に留まるのは、スラヴ諸国民にとってのロシアである。スラヴ諸国民は長い間、唯一の独立したスラヴ国家であるロシアを友好的な支援者と見ていた。もっともロシアと接するポーランド人は例外だった。それ以外ではせいぜいのところ、ロシア人が十分な支援を与えず、政治的に失望感を与えた時にセルビア人が動揺したことがあったくらいである。ロシア人にとっては、正教会を信奉する国民、そしてスラヴ人は友人と見なしうる人々であり、場合によっては正教会信者とスラヴ人は同義だった。もっともチェコ人やクロアチア人は怪しい存在でもあった。なぜなら彼らは呪うべきポーランド人と同様に、カトリックだったからである。それでも正教徒であれスラヴ人であれ、ロシアにとって政治的な利用が可能な場合は、庇護の対象となり、面倒を見る対象となった。しかし彼らがロシア人の支えとなってくれる、あるいは支援を与えてくれるという意味での友人ではありえなかった。そもそもロシアは強大であり、支えなど必要としていなかったのである。

10. ヨーロッパとの関係

ハンガリーの歴史家であるセクフューはキリスト教＝ゲルマン文化圏への帰属を基に、ドイツ人そしてハプスブルクを友人と見なす陣営の旗頭の一人だった。しかし、セクフューを脇に置けば、多くの場合、西欧に友人を見出そうとした。西欧の中ではまずはイギリスとフランスが筆頭であり、さらに20世紀初頭からはアメリカ合衆国もこの仲間に入れることができる。しかし、アメリカは英仏と並べるなら、やはり第二線級の存在である。ともあれ、この問題は次の問いかけへと我々を導く。すなわちヨーロッパとの関係という問題である。ここではヨーロッパと西欧は事実上、同一視されている。ロシア人、ルーマニア人、セルビア人にとってはドイツないしハプスブルク帝国も西欧を意味したが、ドイツやハプスブルクに隣接し

て住む人々にとっては、英仏という離れたところにある西欧列強が西欧を意味した。

　先に述べたように、ロシア人の場合、ヨーロッパとの関係は基本的に拒絶的であり、敵対的だった。もっともロシアにおける世界史の叙述は、東欧・ロシアの中では例外的に、単純なものではなかった。それはいうまでもなく、叙述対象の性質に起因した。他方、スロヴァキア人とスロヴェニア人の場合はあまりにも小規模な国民であり、西欧との関係を問うこと自体が問題にならなかった。セルビア人とブルガリア人にとっての西欧は第一にハプスブルク帝国であり、それは恐れと憎悪の対象でもあった。しかし1918年以後、西欧はどちらかといえば友人となった。ブルガリア人の場合は1918年以前からこうした認識が生まれていたが、1918年後になると、西欧によって見捨てられたと感じるようになり、西欧はむしろ敵となった。チェコ人が西欧の国を友人と見なすようになったのは、やはり主として1918年以後だった。ポーランド人の場合は西欧を友人と見なす古くからの伝統があり、遅くとも1831年の大亡命時代までにそうなっていた。1918年以後、西欧への親近感は実際にも果実を生んだ。そもそもポーランドの歴史叙述は他の東欧・ロシア諸国と比べても、早くからフランスの歴史叙述と関わりを有していた。ルーマニア人の場合はラテン系の兄弟関係を基に、フランスに対する強い熱狂が19世紀初頭以来見られるようになった。イタリアもこの兄弟関係の一部だったが、フランスほどの重要性は長い間見られなかった。ナポレオン3世がルーマニアの統一に果たした貢献は誰もが強調することである。フランスへの熱狂は1918年以後、さらに高まった。1930年代末になると熱狂は冷めるが、歴史叙述にその影響は見られない。ハンガリー人の場合もドイツを西欧と見る傾向が強く、ドイツよりさらに西に位置する国はさほど重要とは見なされなかった。もっともハンガリーとイギリスの国制上の近親性は幾度も取り上げられた。

　当然のことながら、東欧・ロシアにおけるいずれの歴史叙述も、自らをヨーロッパであると見なしたが、それ以外の見方は想像できなかった。場合によっては小規模な国民がヨーロッパ性を強調しないことはあったが、それも自明のことと理解していたからである。ロシア人の場合も、ロシアとヨーロッパという二項対立があったにもかかわらず、ロシアのヨーロッパへの帰属を疑うことはなかった。それはヨーロッパ列強としてのロシアの地位を考えただけでも明らかである。ユーラシア主義を持ち出したのは亡命者だけだったし、亡命者がすべてユーラシア主義者だったわけでもない。ハンガリーの歴史叙述においてアジア的ないしツラン的要素が重要な役割を果たすことは一度もなかったし、明らかに近代以前にこうした問いが提起されたことは、そもそもなかった。

　ヨーロッパとの関連で注目すべきもう一つの現象は、東に対抗して西を守るという視点である。ポーランド人、ロシア人、ハンガリー人、クロアチア人は近代においていずれもこの点を強調した。オスマンとの関連ではブルガリア人も同様だが、セルビア人はさほどではない。ポーランド人はロシア国家を東の脅威と見なし、ロシア人はモンゴル人を、ハンガリー人はタタール人とトルコ人をそれぞれ東の脅威と見た。特徴的なことに、東の脅威論は国民再生の時代にはほとんど役割を果たしておらず、近代の歴史叙述だけがこの問題を取り上げている。ハンガリーの場合は1918年以降、とりわけ東方脅威論が強調されたが、それは西欧の恩知らずぶり〔トリアノン条約のこと〕をいっそう際立たせるためであった。

　ヨーロッパに関連してもう一つだけ問題を提起することができる。それは自国民のヨーロッパにおける位置である。これも直前の問題と同様、近代以前においては全く意味をなさなかった問いであり、啓蒙時代においてもほとんど無意味な問いかけである。この問いは国民再生とともに生まれた。すなわちこの時代においてスラヴ人はヨーロッパの中で重要な地位を占めることになり、スラヴ系の小さな国民の地位も高まったのである。実際にこの問題が歴史叙述において前面に出されるようになったのは近代であるが、概括的にいえるのは、国が大きいほど自国民がヨーロッパにおいて大きな存在だと見なした。つまりこの場合、歴史叙述における評価が歴史的な現実と合致していたのである。ロシアの場合、少なくともピョート

ル大帝の時代以降、自らのヨーロッパにおける役割を強調する理由は多々あった。だがそれにもかかわらず、あまり強調されなかった。おそらく、ロシアがヨーロッパと対立していたためだったと思われる。ポーランドの場合は、自らが大国であった時代のヨーロッパにおける役割は明らかだった。例えば1683年のウィーン救出に際してポーランドが取った行動に言及すれば十分であろう。1918年以降、ポーランドではこの点を強調することはあまりなくなった。それはこの時期、ポーランド人は自らをおおむねヨーロッパの大国と理解していたからである。1918年以降はむしろ三分割時代にポーランド人がヨーロッパのあちこちで他国民や自国民の自由と独立のために戦ったことに言及する方が多くなった。チェコ人はフス派の時代を、そしてハンガリー人は中世における自国の大国性を強調した。

11. 歴史家と同時代

歴史家が社会の中でいかなる地位を占めたかについてはすでに言及したが、歴史家が他の社会階級の状況をどう見ていたのかを、ここで一言述べておくことは有意義だろう。いうまでもなく、歴史学は研究対象との間に時間的距離を置こうとするため、労働者階級という全く新しい現象は歴史叙述の中で役回りを持ちえなかったし、労働者階級を取り上げたのは社会民主主義的な歴史家だけだった。労働者は西欧においては19世紀末頃に国民社会の中に統合されたが、東欧・ロシアにおけるこの過程は1918年以後になってやっと始まる。

ここで忘れてならないことは、社会民主主義者は別として、歴史叙述は意識して階級ではなく、国民もしくは列強を枠組みとして捉えていたことである。貴族的伝統を持つ国民の場合は明らかに、関心の中心に封建エリートが位置した。なぜなら政治を行なったのは彼らであり、政治だけが重要だったからである。市民は中世の創造物であり、中世において市民が都市ないし等族の中で占めた地位が研究対象となった。しかしそれは社会史の視点からではなく、一般史の一部としてだった。近代的な意味におけるブルジョワジーの場合も、やはり一般史の一部として登場した。小規模な国民の場合、とりわけバルカンの場合、事実上、この問題は俎上に上ることはなく、歴史叙述に登場するのは国民的英雄だけだった。

もちろん一つだけ例外があった。農民である。歴史叙述はおおむね近代化以前の時代を取り扱ったが、それはまさに住民の圧倒的多数が農民の時代だった。いうまでもなく農民が歴史に登場するのは例外的な場合、すなわち反乱を起こした時だけであり、農民反乱が歴史家の共感を得ることは少なかった。史料的条件も影響して、この話題は例外的にしか歴史家の関心を引きつけなかった。それでもポーランドのボブジンスキ、チェコのクロフタ、ハンガリーのアチャーディなどはこの題材だけで1冊の本を書いている。ロシアの歴史叙述でも農民は大きな役割を与えられた。というのは19世紀末頃においても国民の大多数は農民であり、また近世における北東やシベリアへの移住において、先頭に立ったのは農民だったからである。ルーマニアの場合は19世紀末から20世紀初頭にかけて大きな農民反乱があり、それが歴史家の注意を農民に向けさせた。セルビアとブルガリアの場合は19世紀においても人口はおおむね農民だけからなり、英雄も農民出身だったが、農民出身であることが特に強調されることはなかった。

本書の各章では歴史家の生きた同時代が歴史叙述に与えた影響について詳しく論じたが、過大に論じすぎたかもしれない。同時代が歴史叙述に影響することは明らかであるから、結局のところこれは些細な問題である。すでに中世以来どこでもこの影響は存在した。以下では、冒頭の序章で国民と国家の関係の変遷について述べたこと、あるいはこの「まとめ」で国民的契機や国民の運命的問題について述べたことを、再度取り上げようと思う。すでに各章では1918年以後に生じた状況が、いかに大きな変化をもたらしたかについて論じたが、1918年以前のハンガリーの歴史家がハンガリーの運命を振り返ってどう見たのか、それはトリアノン条約後の歴史家の場合と比べて明らかに異なっていた。ブルガリアの場合はハンガリーと同様だが、他の東欧・ロシアの国民の場合は評

価が逆だった。

時代を少し遡ると、同時代の影響はおおむね自覚されていた。国民再生期においては国民への奉仕がそれであった。これに対して近代の歴史叙述では政治の排除が義務とされた。それではどうやって同時代は影響を与えたのか。答えは非常に簡単である。そもそも、日々の政治が本格的な歴史叙述に影響を与えることはなかった。また、様々な政党の綱領が歴史叙述に直接的な影響を与えることもなかった。そのような影響を排除することは容易だった。同時代は間接的にのみ影響を及ぼした。一般的な政治状況が歴史叙述の立脚点を決定づけたのである。このことは、これまで様々な箇所で述べてきたことをよくよく考えてみれば、たちどころに理解できるであろう。低俗な歴史家は同時代の影響を受けたが、それは無自覚的だった。偉大な歴史家は自らの国民的な責任を自覚しており、全般的な状況にも自覚的だった。彼らは良心にやましいところはなかった。偉大な歴史家は日々の政治ではなく、国民に従ったのである。

12. 西欧の歴史叙述の影響、東欧・ロシアの歴史叙述の意義

もう一つの論題を提起しておく必要がある。すなわち西欧、つまりヨーロッパの歴史叙述からの影響であり、これは中世以来常に存在した。おそらく受容は自覚的になされたと思われるが、それを示唆する記述は見つかっていない。古い時代において専門的な影響があったかどうかについて語ることはできないが、ヨーロッパの手本が受け入れられたのは全く自然なことだった。

近代の歴史叙述の場合、この問題はもっと突き詰めて考える必要がある。19世紀の後半以降、自国でも専門家養成制度が打ち立てられたちょうどその頃から、歴史家が西欧で学ぶことは普通のことになったように見える。大学修了後、卒業者はこぞって、西欧の大学を目指すことが一般化したのである。問題はどこの大学に行くかだけだった。ハプスブルク帝国では歴史家の多くがウィーンのオーストリア歴史学研究所でさらに高度な教育を受ける機会を与えられた。ドイツの大学に行った者もいた。バルカンの場合は通常ドイツで学んだ。これは当然だった。東欧・ロシアの歴史叙述が成人の域に達した時に、方法論を学ぶことができたのは、まずドイツからだった。フランスの大学に行く者はほとんどなく、イギリスへは誰も行かなかった。セルビアとブルガリアの場合はもう一つの可能性があった。ロシアの大学である。というのは、ロシアのビザンツ学は19世紀末までにヨーロッパの水準を代表するに至っており、バルカンの人々にとってビザンツ学が最も重要だった。

ロシアとハンガリーの場合、他と比べて外国への留学者数が相当少なく見えるかもしれない。しかし、ハンガリーの場合、ウィーンの歴史学研究所で学んだ者が数多くいたことは明らかである。ロシアの場合は、むしろモスクワかサンクトペテルブルクで学んだのである。政府も海外留学を望まなかったのかもしれない。このためすでに職を得た者だけに海外の文書館調査を許可したのである。

みなが西欧の大学に行けたわけではないが、西欧の方法論は近代の段階ではいずれの国においても支配的だった。

東欧・ロシアの歴史叙述における発展は以上のような経路をたどった。要するに西欧に学び、西欧の方法論を受け入れ、西欧に理論があれば、そこから教訓を引き出したのである。非常に稀に東欧・ロシアで独自に新しい理論的考察を掲げる歴史家が現れたが、それが西欧で認められることはなかった。東欧・ロシアの歴史叙述は模倣だったのか。この問いに対する答えは基本的には、「しかり」であるといわざるを得ない。本書には、東欧・ロシアがほとんどすべてにおいて西欧を模倣し、追随していたことが反映されている。

歴史叙述はどこでもそれぞれの国や国民を扱ってきた。したがって西欧がもし関心を示したなら、数多くの未知のものを見出したはずである。実際にも、やっと20世紀の後半になってではあるが、それが現実となった。もっともここでも、歴史家が生きる同時代の一般的政治状況が原因だったことを付け加えておく。すなわちソ連および社会主義陣営に属する国々が冷戦ゆえに重要度を高め、西側の歴史叙述もそれに従ったのである。1945年

以前は、このようなことはほとんどなかった。西欧の歴史家が東欧・ロシアの国を取り上げることがあったとしても、それは例外的だった。当然ともいえる例外はビザンツであるが、これは大昔の時代のことである。もう一つだけ西欧の関心を引いたのはロシアであるが、明らかに大国という地位のためである。

東欧・ロシアの歴史叙述が理論面でも方法論の面でも自立していなかったとしても、その反面で、長年にわたって蓄積してきた史実の方は自立した存在である。まさにロシア史はロシア人がよく知っているし、同じようにスロヴァキア史はスロヴァキア人がよく知っている。近代の歴史叙述が長い年月をかけて蓄積した資料、すなわち、とりわけ中世に関して刊行された史料、研究書、史料から紡ぎ出された史実、これらは東欧・ロシアの歴史叙述において後世にまで残るものである。1918年以前の時代に関して今後、新しい史料や驚きの事実が発見されるとは思われない。（考古学分野については、当然、事情は別であるが、新発見は偶然性に大きく依存している。）したがって1918年以前の時代について歴史家が果たす役割は、第一に解釈である。もちろんいかなる新史料も新事実もありえないといっているわけではない。まだまだ研究すべきことは多々ある。しかし、本書で見てきた題材を考えると、まず問題となるのは政治史であり、1918年以前の政治史に関して新しい発見を数多く期待することはできない。

したがってこれまでに確立された史実は東欧・ロシアの歴史叙述として今後に引き継がれていくものである。懸念されるのは、運命的問題や敵イメージも今後長きにわたって継承されるだろうということである。実際にも、敵イメージはソ連時代を生きのび、ソ連後の時代においても消え去っていないように見える。東欧・ロシアの歴史叙述はかなり長い間、国民という旗印のもとで展開してきた。今後もその状況は長く続くように思われる。

主要参考文献

※ 小見出しおよびハンガリー史学史の文献は、訳者が補ったものである。

全 般

Isztoriografija novogo vremeni sztran Evropü i Ameriki, (Red. I. Sz. Galkin et al.) Moszkva, 1967.
Isztoriografija novoj i novejsej isztorii sztran Evropü i Ameriki, (Red. I. Sz. Galkin et al.) Moszkva, 1977.
Macůrek, Josef, Dějepisectví evropského východu, Praha, 1946.
Niederhauser Emil, Egyetemes történetírás Kelet-Európában a 19. században (Vázlat.), Európa vonzásában. Emlékkönyv Kosáry Domokos 80. születésnapjára, Budapest, 1993, 163–168.
Niederhauser Emil, A kelet-európai történetírás útja a mítosztól a tudományig, Világosság, 1983.
Niederhauser Emil, A gazdaságtörténetírás kialakulása Kelet-Európában, Gazdaság, társadalom, történetírás. Emlékkönyv Pach Zsigmond Pál 70. születésnapjára, Budapest, 1989, 181–195.
Niederhauser Emil, A marxista történetírás kezdetei Kelet-Európában, Történelmi Szemle, 1984.
Niederhauser Emil, Polgári történeti iskolák és politika Kelet-Európában, Kortárs, 1985.
Niederhauser Emil, A történetírás szerepe a kelet-európai nemzeti mozgalmakban a felvilágosodás korában. Vázlat, A tudomány szolgálatában. Emlékkönyv Benda Kálmán 80. születésnapjára. Budapest, 1993, 287–292.
Tanasoru, A., Points de vue sur le rôle social de l'historiographie dans le Sud-Est de l'Europe aux XVI–XVIIIe siècles, Revue des Etudes Sud-Est Européennes, 1987.

ポーランド史学史

Adamus, Janusz, Monarchizm i republikanizm w syntezie dziejów Polski, Łódź, 1961.
Bardach, Juliusz, W stulecie Krakowskiej szkoły historycznej, Kwartalnik Historyczny, 1973.
Bardach, Juliusz, Wacław Aleksander Maciejowski i jego współcześni, Wrocław–Warszawa–Kraków, 1971.
Bronowski, Franciszek, Idea gminowładztwa w polskiej historiografii. (Geneza i formowanie sie syntezy republikańskiej Lelewela.), Łódź, 1969.
Dąbrowski, Jan, Dawne dziejepisarstwo polskie (do roku 1480), Wrocław, 1964.
Feldman, Józef, Udział Polski w badaniach nad historią nowożytną, Kwartalnik Historyczny, 1937.
Grabski, Andrzej Feliks, Historiografia i polityka. Dzieje konkursu historycznego im. Juliana Ursyna Niemcewicza 1867–1922, Warszawa, 1979.
Grabski, Andrzej Feliks, Myśl historyczna polskiego Oświecenia, Warszawa, 1976.
Grabski, Andrzej Feliks, Orientacje polskiej myśli historycznej. Studia i rozważania, Warszawa, 1972.
Grabski, Andrzej Feliks, The Warsaw school of History, Acta Poloniae Historica, 1972.
Handelsman, Marcely, Czasy porozbiorowe 1795–1918, Kwartalnik Historyczny, 1937.
Hejl, František, Kapitoly z dějin polské historiografie. I. Od počátků dějepisné tradice do osvícenství, Brno, 1982.
Historiografia Polski w dobie pozytywizmu. (1865–1900). Kompendium dokumentacyjne, Red. Ryszard Przelaskowski, Warszawa, 1968.
Inglot, Stefan, Rozwój historii społecznej i gospodarczej, Kwartalnik Historyczny, 1937.
Konopczyński, Władysław, Rozwój badań nad dziejami Polski nowożytnej, Kwartalnik Historyczny, 1937.
Kukiel, Marian, Dzieje wojskowe, Kwartalnik Historyczny, 1937.
Kutrzeba, Stanisław, Historia prawa polskiego, Kwartalnik Historyczny, 1937.
Kürbisówna, Brygida, Dziejopisarstwo wielkopolskie XIII i XIV wieku, Warszawa, 1959.
Kürbisówna, Brygida, L'historiographie médiévale en Pologne, Acta Poloniae Historica, 1972.
Labuda, Gerard, Główne linie rozwoju rocznikarstwa polskiego w wiekach średnich, Kwartalnik Historyczny, 1971.
Łempicki, Stanisław-Kazimierz Hartlib, Historia kultury, Kwartalnik Historyczny, 1937.
Maternicki, Jerzy, Idee i postawy. Historia i historycy polscy 1914–1918. Studium historiograficzne, Warszawa, 1975.
Maternicki, Jerzy, Warszawskie środowisko historyczne 1832–1869, Warszawa, 1970.
Semkowicz, Władysław, Nauki pomocnicze historii, Kwartalnik Historyczny, 1937.

Semkowicz, Władysław, *Rozwój nauk pomocniczych historii w Polsce*, Kraków, 1948.
Serejski, Marian Henryk, „L'école historique de Cracovie" et l'historiographie curopéenne, *Acta Poloniae Historica*, 1972.
Serejski, Marian Henryk, *Historycy o historii. I. Od Adama Naruszewicza do Stanisława Kętrzyńskiego 1775–1918. II. 1918–1939*, Warszawa, 1963–1966.
Serejski, Marian Henryk, *Joachim Lelewel. Z dziejów postępowej myśli w Polsce*, Warszawa, 1953.
Serejski, Marian Henryk, *Naród i państwo w polskiej myśli historycznej*, Warszawa, 1973.
Smoleński, Władysław, *Szkoły historyczne w Polsce. (Główne kierunki poglądów na przeszłość.)*, Warszawa, 1898.
Spór o historyczną szkołę krakowską. W stulecie Katedry Historii Polskiej UJ 1869–1969, Red. Celina Bobińska–Jerzy Wyrozumski, Kraków, 1972.
Tymieniecki, Kazimierz, *Zarys dziejów historiografii polskiej*, Kraków, 1948.
Umiński, Józef, Historiografija. (Stan badań i ważniejsze postulaty), *Kwartalnik Historyczny*, 1939.
Wierzbicki, Andrzej, *Narod-państwo w polskiej myśli historycznej dwudziestolecia międzywojennego*, Wrocław-Warsawa-Kraków-Gdańsk, 1978.
Zarys historii historiografii polskiej, I–III., Lódź, 1954–1959.

チェコ史学史

Černý Václav, Badania w zakresie dziejów gospodarczych a szczególnie rolniczych i gospodarczych w Czechoslowacji od r. 1918, *Roczniki dziejów społecznych i gospodarczych*, 1932–1933.
Černý Václav, Bádání o dějinách hospodářských v Československu od r. 1932, *Roczniki dziejów społecznych i gospodarczych*, 1937.
Goll, Jaroslav–Josef Šusta, *Posledních padesát lét české práce dějepisné*, Praha, 1926.
Hobzek, Josef, *České dějepisectví doby barokní a osvícenské*, Praha, 1941.
Kutnar, František, *Přehledné dějiny českého a slovenského dějepisectví. L Od počátků národní kultury až po vyznžění obrodného úkolu dějepisectví v druhé polovině 19. století. II. Od počátků pozitivistického dějepisectví na prah historiografie marxistické*, Praha, 1973–1977.
Novotný, Václav, *České dějepisectví v prvém desetiletí republiky*, Praha, 1929.
Odložilík, Ottokar, Modern Czechoslovak historiography, *The Slavonic and East European Review*, 1952.
Pekař, Josef, *Dějepisectví. (1848–1898) Památník na oslavu padesátiletého jubilea jeho Veličenstva císaře a krále Františka Josefa I.*, Praha, 1898, 3–58.
Pfitzner, Josef, Neue Wege der tschechischen Geschichtswissenschaft, *Historische Zeitschrift*, 1936.
Prokeš, Jaroslav, *Literatura dějepisná. Československá vlastivěda*, Praha, 1931, 254–305.
Šusta, Josef, *Posledních deset let české práce dějepisné. (1925–1935)*, Praha, 1937.
Šusta, Josef, Les sciences historiques en Tchécoslovaquie. *Bulletin of the International Committee of Historical sciences*, 1927.
Vojtěch, Tomáš, *Česká historiografie a pozitivismus. Světonázorové a metodologické aspekty*, Praha, 1984.
Vojtěch, Tomáš, České buržoazní dějepisectví o svém vývoji (pokus o kritickou rekonstrukci), *Československý Časopis Historický*, 1982–1983.
Werstadt, Jaroslav, Politické dějepisectví devatenáctého století a jeho čeští představitelé. (Kapitola z ideového vývoje moderí české historiografie.) *Český Časopis Historický*, 1920.

ロシア史学史

Amburger, E., Bericht über die Veröffentlichungen zur Geschichte Russlands und der Sowjetunion ausserhalb der Sowjetunion, *Historische Zeitschrift*, 1957/183.
Bayerly, Elisabeth, *The Europocentric Historiography of Russia. An Analysis of the Contribution by Russian Emigré historians in the USA, 1925–1955, concerning 19th Century Russian History*, The Hague-Paris, 1973.
Cimbaev, Nikolaj, *Szergej Szolovev*, Moszkva, 1990.
Gapanovitch, J. J., *Historiographie russe. (Hors de la Russie.) Introduction à l'histoire de la Russie*, Paris, 1946.
Grothusen, Klaus-Detlev, Die russische Geschichtswissenschaft des 18. Jahrhunderts, *Jahrbücher für Geschichte Osteuropas*, 1960/8.
Halm, H., Achtzig Jahre russische Geschichtsforschung ausserhalb Russlands, *Jahrbücher für Geschichte Osteuropas*,

1957/5.

Mazour, Anatole, *Modern Russian Historiography*, Princeton, 1958.

Miljukov, P. N., *Glavnüe tecsenija ruszszkoj isztoricseszkoj müszli*, Szanktpeterburg, 1897.

Ocserki isztorii isztoricseszkoj nauki v SzSzSzR, I. Red. M. N. Tihomirov–M. A. Alpatov–A. L. Szidorov. Moszkva, 1955.

Ocserki isztorii isztoricseszkoj nauki v SzSzSzR, II. Red. M. V. Necskina. Moszkva, 1960.

Ocserki isztorii isztoricseszkoj nauki v SzSzSzR, III. Red. M. V. Necskina. Moszkva, 1963.

Vernadsky, George, *Russian Historiography. A History*, Belmont, 1978.

ハンガリー史学史

Bartoniek Emma, *Fejezetek a XVI–XVII. századi magyarországi történetírás történetéből*, Budapest, 1975.

Erős Vilmos, *A Szekfű-Mályusz vita*, Debrecen, 2000.

Glatz Ferenc, Történetírás Magyarországon, 1949–1990, *Történelmi Szemle*, LIII, 2011, 315–334.

Gunst Péter, *A magyar történetírás története*, Debrecen, 1995.

Gyáni Gábor, *Történészdiskurzusok*, Budapest, 2002.

A magyar történetírás új útjai, szerk. Hóman Bálint, Budapest, 1932.

Kristó Gyula, *Magyar historiográfia I. Történetírás a középkori Magyarországon*, Budapest, 2002.

Kulcsár Péter, *Humanista történetírás Magyarországon*, Budapest, 2008.

Lederer Emma, *A magyar polgári történetírás rövid története*, Budapest, 1969.

Mályusz Elemér, *Királyi kancellária és krónikaírás a középkori Magyarországon*, Budapest, 1973.

R. Várkonyi Ágnes, *A pozitivista történetszemlélet a magyar történetírásban*, I–II., Budapest, 1973.

Romsics Ignác, *Történelem, történetírás, hagyomány*, Budapest, 2008.

Romsics Ignác, *Clio bűvöletében - Magyar történetírás a 19–20.században,* Budapest, 2011.

Szakály, Ferenc–Katalin Péter–Ambrus Miskolczy–Zoltán Szász–Ignác Romsics–György Gyarmati, Hungary and Eastern Europe: Research Report, *Etudes Historiques Hongroises 1980*, II., Budapest, 1980, 613–805.（ハンガリー語版は *Századok*, 114(3), 1980 の特集 A felszabadulás utáni évtizedek magyar történetírása. Rövid áttekintes.）

Szűcs Jenő, *Nemzet és történelem*, Budapest, 1974.

クロアチア史学史

Antoljak S(tjepan), *Hrvatska historiografia do 1918*, I–II. Zagreb, 1992.

Črnja, Zvane, *Cultural History of Croatia*, Zagreb, 1962.

Gross, Mirjana, Wie denkt man kroatische Geschichte? Geschichtsschreibung als Identitätsstiftung, *Österreichische Osthefte*, 1993.

Klaić, Vjekoslav, *Povjest Hrvata od najstarijih vremena do svršetka XIX stoljeća*, I. Zagreb, 1899.（序章にクロアチア史学史概説あり。）

Kostrenčić, Marko, *Tadija Smičiklas*, Zagreb, 1962.

Margalits Ede, *Horvát történelmi repertórium*, I–II. Budapest, 1900–1902.

Novak, Viktor, *Franjo Rački*, Beograd, 1958.

Novak, Viktor, *Natko Nodilo. Rodoljub – naučnik – propovednik slobodne misli*, Novi Sad, 1935.

Šišić, Ferdo, Hrvatska historiografija XVI do XX stoljeća, *Jugoslovenski Istorijski Časopis*, 1935–1936.

Šišić, Ferdo, *Pregled povijesti hrvatskoga naroda*, Zagreb, 1962.（序章にクロアチア史学史概説あり。）

ルーマニア史学史

Andreescu, Ștefan, Les débuts de l'historiographie en Moldavie, *Revue Roumaine d'Histoire*, 1973.

Andreescu, Ștefan, Premières formes de la littérature historique roumaine en Transylvanie, *Revue des Etudes Sud-Est Européennes*, 1975.

Bogdan, Ioan, *Istoriografia română și probleme ei actuale*, București, 1905.

Boia, Lucian, *Evoluția istoriografiei române*, București, 1976.

Georgescu, Vlad, Idées sociales et politiques dans la littérature historique des Principautés Roumaines. Pendant la seconde moitié du XVIIIe siècle et au début du XIXe siècle, *Revue des Etudes Sud-Est Européennes*, 1967.

Enciclopedia istoriografiei românști, Coord. Ștefan Ștefănescu, București, 1978.

Lupaş, Ioan, *Cronicari şi istorici români din Transilvania. Şcoala ardeleană*, Craiova, 1933.

Maciu, Vasile–Ştefan Pascu–Dan Berindei–Miron Constantinescu–Virgil Liveanu–Petre P. Panaitescu, *Introduction à l'historiographie roumaine jusqu' en 1918*, Bucarest, 1964.

Makkai, Ladislas, L'historiographie roumaine dans les dernières dizaines d'années, *Revue d'Histoire Comparée*, 1943.

Nicolae Iorga – l'homme et l'oeuvre, Réd. D. M. Pippidi, Bucureşti, 1972.

Panaitescu, P. P., *Începuturile istoriografiei în Ţara Românească. Studii şi materiale de istorie medie*, V., Bucureşti, 1962, 195–255.

Pascu, Ştefan–Eugen Stănescu, Istoriografia modernă a României. Încercare de periodizare şi fixare a principalelor curente şi tendinţe, *Studii*, 1964.

Teodor, Pompiliu, *Die Entwicklung des historischen Denkens in der rumänischen Geschichtsschreibung*, Cluj, 1972.

A. D. Xenopol. Studii privitoare la viaţa şi opera sa, Bucureşti, 1972.

セルビア史学史

Hafner, Stanislaus, *Studien zur altserbischen dynastischen Historiographie*, München, 1964.

Margalits Ede, *Szerb történelmi repertórium*, I., Budapest, 1918.

Radojčić, Nikola, Krátký přehled moderní srbské historiografie, *Český Časopis Historický*, 1925.

ブルガリア史学史

Danova, Nadja, Konsztantin Fotinov i razvitieto na bålgarszkata isztoriografija prez XIX vek, *Isztoricseszki Pregled*, 1992. no. 8–9.

Dimitrov, Bozsidar, *Petår Bogdan Baksev. Bålgarszki politik i isztorik ot XVII vek*, Szofija, 1985.

Gjuzelev, Vaszil, *Petår Mutafcsiev*, Szofija, 1987.

Kajmakova, Milijna, *Bålgarszka szrednovekovna isztoriopisz*, Szofija, 1990.

Ljubenova, Lizbet, *Petår Nikov. Zsiznen påt i naucsno delo*, Szofija, 1986.

Niederhauser Emil, A bolgár történettudomány fejlődése, *Századok*, 1955.

Panova, Sznezska, Bålgarszkata isztoriografija do vtorata szvetovna vojna po våproszite na szocialno-ikonomicseszkoto razvitie prez XVIII vek, *Isztoricseszki Pregled*, 1990, no. 9.

Problemi na bålgarszkata isztoriografija szled vtorata szvetovna vojna, Szofija, 1973.

Todorov, Goran D., Bålgarszkata isztoriografija prez XI–XIV v., *Isztoricseszki Pregled*, 1967, no. 3.

Todorov, Goran D., Zarazsdane i nacsalno razvitie na bålgarszkata isztoriografija (681–1018), *Isztoricseszki Pregled*, 1967, no. 2.

スロヴァキア史学史

Butvin, Jozef, K historickým koncepciám Jozefa Škultétyho so zreteľom na novodobé dejiny Slovákov, *Historický Časopis*, 1981.

Glassl, Horst, *Die slowakische Geschichtswissenschaft nach 1945*, Wiesbaden, 1970.

Horváth, Pavel, Počiatky slovenskej historiografie, *Historický Časopis*, 1982.

Horváth, Pavel, Slovenská historiografia v období pred národným obrodením, *Historický Časopis*, 1983.

Kopčan, Vojtech, Michal Matunák a jeho dielo, *Historický Časopis*, 1981.

Marsina, Richard, Historické názory Jozefa Hložníka-Hložanského, *Historický Časopis*, 1981.

Marsina, Richard, Osvietenský historik Ján Severini (1716–1789), *Historický Časopis*, 1981.

Marsina, Richard, Samuel Timon a jeho predstavy o najstarších dejinách Slovákov, *Historický Časopis*, 1980.

Podrimavský, Milan, Slovenské dejiny v diele Š. M. Daxnera, *Historický Časopis*, 1981.

Slovenská historiografia v rokoch 1901–1918, Zost. M[ichal] Poternra, Košice, 1980.

Tibenský, Ján, Adam František Kollár ako osvietenský historik, *Historický Časopis*, 1983.

Tibenský, Ján, Slovenská historiografia v období slovenského národného obrodenia. (1780–1830), *Historický Časopis*, 1980.

スロヴェニア史学史

Kos, Milko, Pregled slovenske historiografije, Milko Kos, *Srednjeveška kulturna, družbena in politična zgodovina Slovencev. Izbrane razprave*, Ljubljana, 1985, 7–20.

訳者あとがき

　本書は Niederhauser Emil, *A történetírás története Kelet-Európában* (História・MTA Történettudományi Intézete, Budapest, 1995) の全訳であり、さらに、原文には記載されていない文献情報を補ったものである。邦訳に際して著者より、日本語版への序文、ハンガリー史学史（第 4 章）、20 世紀後半の東欧史学史（第 11 章）を寄稿していただき、合わせて訳出した。

　著者のニーデルハウゼル・エミル氏は、チェコスロヴァキア第一共和国時代のブラチスラヴァで 1923 年に生まれた。ドイツ系ハンガリー人の家系であり、若いうちから両言語に加えてスロヴァキア語を習得し、さらに多くの言語を学び、のちには 16 の言語を操ることができたという。その語学力を基礎に、主に東欧ロシア地域を対象にして、幅広い視点から歴史を論じてきた。本書（原題は『東欧における歴史叙述の歴史』）の他にも、『東欧の農奴解放』（1962 年）、『東欧における諸国民の誕生』（1976 年）、『ハプスブルク家』（ゴンダ・イムレと共著、1978 年）、『東欧史』（2001 年）など多くの著作があり、英語やドイツ語やスロヴァキア語などにも翻訳されている。2010 年に、本訳書の見本版を目にしてから、静かに他界された。著者に関しては家田修「ニーデルハウゼル・エミル先生と日本の東欧史研究者」（『東欧史研究』34 号、2012 年、41-46 頁）を参照されたい。

　翻訳のきっかけは、訳者の一人である家田の発案によるものだった。ハンガリー史研究者に声をかけ、2005 年に東欧ロシア史学史研究会を結成し、年 2 回ずつ研究会を開催しつつ翻訳を進めた。だが、そもそもハンガリー以外の地域に関する内容であり、また、文献タイトルや固有名詞について、原語での情報が記されていないため、翻訳は難航した。そこで、東欧各地域の歴史を専門とする方々に、内容について助言をいただき、さらに文献情報を一つずつ調査していただいた。調査した文献は 1 万件近くに上る。この文献リストおよび歴史家の一覧を作成して世に出すこと自体が東欧史研究に大きく貢献すると考え、本訳書に文献番号を挿入し、文献リストを付録の CD に収録することに決めた。このリストはインターネット上に公開し、今後も更新する予定である（http://www.osaka-kyoiku.ac.jp/~nabeaki/a/Welcome.html）。新たな文献情報等があれば、また、誤記等を見つけられた場合は、管理者までご一報頂きたい。翻訳では、章ごとに担当者が訳出し、用語や表記の統一には渡邊があたり、文章に関しては、2 章を除いて家田が調えた。だが、このように幅広い内容の書であるため、まだまだ遺漏も多いと思われる。お気づきの点はお知らせ頂ければ幸いである。

　気がつくと、本書は単なる翻訳を超えた大プロジェクトになっていた。土台となる文献情報の収集にあたっては、ニーデルハウゼル氏の薫陶を受けたショーシュ・イシュトヴァーン氏、そしてとりわけトート・ガーボル氏にお世話になった。新井正紀、石田信一、唐澤晃一、木村真、桐生裕子、香坂直樹、越村勲、小山哲、佐原徹哉、薩摩秀登、白木太一、鈴木健太、土肥恒之、中澤達哉、中島崇文、中根一貴、長與進、林忠行、百瀬亮司、森下嘉之、山崎信一、吉岡潤、吉田浩の各氏は、いずれかの章を読み通して専門的な助言を下さり、また、文献調査に協力して下さった。他にも、地域やテーマごとに様々な質問に答えて下さったり、一緒に考えて下さったりした方は、数え切れないほどいる。遅々として進まない作業に辛抱強くお付き合い下さった北海道大学出版会の今中智佳子氏、丁寧に校正して下さった円子幸男氏、原稿を整理しレイアウトして下さった細野弥恵氏にも大変お世話になった。このように本書作成を支えて下さったすべての方に、この場を借りて深くお礼を申し上げたい。

　なお、本研究は JSPS 科研費 20242020 の助成を受けたものである。

訳者の一人　渡邊昭子

人名索引

※ 同一人物の別表記に関しては矢印で示した。
※ 現地語綴りと生没年、在位年に関しては、付録CD内の人名表を参照のこと。

ア

アーコシュ 252
アールダーシ、A. 264, 423
アールパード 556, 557
アールパード朝（家） 263, 270, 271, 294, 551, 552, 556, 557, 581, 641
アイスネル、J. 154
アイゼンマン 245, 246
アヴィトホル 462
アウグスティヌス 241
アウグスト2世 15, 64
アウグスト3世 15, 42
アウグストゥス 168, 224, 225
アヴラモヴィチ、D. 405, 406
アヴラモフ、V. 532
アウレリアヌス 363
アカ一門 292
アクサーコフ、K.S. 176
アグラ、D.D. 491
アザリエ 342
アジュデラ、Al. 491
アシュボート 435
アスケナーズィ、S. 36-39, 41, 43, 51, 64, 67
アスパルフ 462, 472, 514 →イスペリフ
アセン 354, 459 →アセン1世
アセン1世 469 →アセン
アセン2世 463, 469, 493 →イヴァン・アセン2世
アセン家（朝、一族） 359, 364, 367, 388, 510, 511, 525
アダーメク、K.V. 129
アダシェフ 165
アタナスィー（総主教） 507
アタナリク 376
アダムス、J. 66
アダルベルト（聖） 3
アダルベルトゥス（聖） 73, 103, 133, 139 →ヴォイチェフ
アチャーディ、I. 263, 264, 560, 636, 647
アッティラ 252, 259, 367, 375, 462, 586
アッピアヌス 69
アナスタスィイェヴィチ、D. 454
アヌチン、D.N. 219
アネシュカ（ボヘミアの福者） 152
アノニムス 5, 251, 252, 257, 288, 350, 351, 367, 548, 552
アパフィ 400
アピフ、J. 594
アファナシー 165
アブデュル・ハミト2世 429
アブラハム、W. 31, 32, 34
アブラミチ、M. 334
アプリロフ、V.E. 468, 481, 504, 515, 530
アメデオ6世 522

アラチェヴィチ、J. 301, 310
アラチェヴィチ、M. 303 →マルコヴィチ、M.（1843-1927）
アラリック1世 170
アリストテレス 223, 540
アリチェスク、C.D. 357
アルギルダス 9
アルセニイェ・ツルノイェヴィチ（アルセニイェ3世） 412
アルセニエフ、Yu.V. 217
アルダシェフ、N.N. 215
アルタノフ、Iv. 501
アルツィバーシェフ、N.S. 184
アルトマノヴィチ、N. 449
アルナウドフ、M.P. 515, 516
アルノシュト（パルドゥビツェの） 152
アルノルト、E. 93
アルノルト、S. 65, 68
アルブレヒト 65
アルベルトランディ、J. 11
アレクサンダル・オブレノヴィチ 321, 396, 439
アレクサンダル・カラジョルジェヴィチ（アレクサンダル公） 404, 425, 439, 440
アレクサンダル・バッテンベルク 460, 478, 480, 489
アレクサンダル1世 423, 438, 447
アレクサンデル 6, 23
アレクサンドル（善良侯） 391
アレクサンドル1世 2, 163, 172, 173, 175, 188, 193-195, 198, 199, 205, 206, 247, 404, 417
アレクサンドル2世 163, 174, 179, 187, 189, 193, 194, 202, 205, 480
アレクサンドル3世 183, 192, 196, 461, 555
アレクサンドレンコ、V.N. 209
アレクサンドロス（大王） 281, 542
アレクサンドロフ、P.A. 210
アレクシオス1世コムネノス 482, 524, 525
アレクスィエフ、Vl.N. 527
アレクセイ・ミハイロヴィチ 162, 166, 189, 192, 198, 212
アロン 511, 527
アンコフ、M. 505
アンジャル、D. 264
アンジュー家 16, 252, 287, 291, 293, 294, 319, 456
アンディチェ、E. 616
アンティム1世 519
アントネスク、I.V. 341, 388, 392
アントネスク、T. 377
アントノフ、V. 499
アンドラーシ、Gy.（子） 140
アンドラーシ、Gy.（父） 439
アンドラーシュ1世 557
アンドラーシュ2世 448
アンドラーシュ3世 551
アンドリエシェスク、I. 378
アントリャク、S. 335, 336

アンドレイ・クルプスキー　165
アンナ　167, 169
アンリ 4 世　40, 120

イ

イイェーシュハーズィ、G.　541
イイェーシュハーズィ家　543
イヴァーニ、B.　572
イヴァーニ=グリュンヴァルド、B.　271
イヴァノヴァ、V.　529
イヴァノフ、G.　530
イヴァノフ、N.　500
イヴァノフ、P. I.　216
イヴァノフ、Y.　485, 486, 503, 506, 513
イヴァン（ゴリツィア首席司祭）　275
イヴァン（総主教代理）　519
イヴァン（トロギル司教）　275
イヴァン（リラの聖）　463, 464, 486, 487, 515
イヴァン・アセン 2 世　463-465, 469, 493, 511, 520, 523, 529, 534　→アセン 2 世
イヴァン・アレクサンダル　464, 532
イヴァン 3 世　168, 173, 203, 212, 341
イヴァン 4 世（イヴァン雷帝）　161, 162, 165, 166, 173, 175, 178, 185, 189, 198, 202, 369, 460
イヴァンコ　529, 576
イヴァンチャン、Lj.　292
イヴィチ、A.　424, 425
イェヴプラクスィヤ　399　→イェフィミヤ
イェヴレム（オブレノヴィチ）　408
イェジェルスキ、F. S.　10
イェジチ、S.　330
イェセンスキー、J.　559
イェフィミヤ　399　→イェヴプラクスィヤ
イェラチチ、A.　328
イェラチチ、J.　274, 283, 285, 309, 316, 318, 321, 328, 331, 616
イェリチ、L.　306, 307, 311, 592
イェルショヴァー=オポチェンスカー、M.　576
イェルリコフ、V.　215
イェレナ　302, 326
イェレニチ、J.　305
イェロニーム（プラハの）　128
イェンショフスキー、B.　141
イオアン（聖金口）　399　→ヨハネス・クリュソストムス
イグナティエフ伯　522
イグナトヴィチ、I. I.　213
イグニャティイェ　453
イグニャトヴィチ、J.　428
イコニコフ、V. S.　195
イサイヤ　399
イサベグ　305
イジー（ポジェブラディの）　71, 77, 118　→ポジェブラディ
イシュトヴァーニ、G.　271
イシュトヴァーン 1 世（聖イシュトヴァーン）　143, 156, 279, 296, 332, 367, 547, 552, 557, 569, 579
イシュトヴァーン 5 世　110
イシュトヴァーンフィ、M.　255, 400, 628
イシルコフ、A. T.　489, 490, 522
イスクラ、J.　138, 548, 579, 581
イスブル　508
イスペリフ　462, 514　→アスパルフ
イチュコ　419
イッレーシュ、J.　265
イノケンティ（大修道院長）　529
イプシランディス　419
イフチェフ、D. A.　487, 494

イブラヒム・イブン・ヤクブ　62
イブレル、J.　299
イポイ、A.　265
イラーセク、A.　115
イリイン、A. A.　216
イリエフ、N.　504
イリコ　449
イリチ=オリオヴチャニン、L.　283
イルコフ、D.　494, 531
イルニク　462
イレシチ、F.　595
イレチェク、H.　123, 125
イレチェク、K.　133, 134, 309, 422-424, 434, 443, 447, 450, 472, 473, 483, 492, 602
イロヴァイスキー、D. I.　180, 192
イングロット、S.　67
インノケンティー・ギゼル　166
インノケンティウス 3 世　299, 461, 523

ウ

ヴァーツィ、P.　271
ヴァーツラフ 1 世（聖）　73, 74, 76, 84, 97, 108, 113, 139, 152, 153, 634, 639
ヴァーツラフ 2 世　75, 98, 110
ヴァーツラフ 4 世　71, 76, 85, 143
ヴァーンベーリ、A.　265
ヴァイツ、G.　24, 102, 103, 233
ヴァインガルテン　448
ヴァウェク=チェルネツキ、T.　69
ヴァズィーネク、Fr.　124
ヴァヴジネツ（ブジェゾヴァーの）　76, 77, 103
ヴァカレスク、I.　347
ヴァシーリエフ、A. A.　228, 246, 434
ヴァシュ、D.　350
ヴァシュヴァーリ、P.　550
ヴァシリエフスキー、V. G.　226-228, 230, 235, 236, 434, 485
ヴァシリチコフ、A. I.　179
ヴァシレ　342
ヴァシンスキ、S.　49
ヴァスィチ、M.　455, 456
ヴァセンコ、P. G.　183
ヴァゾフ、Iv.　481
ヴァタ　558
ヴァツェク、Fr.　121
ヴァッラ、ロレンツォ　233
ヴァニェチェク、V.　151
ヴァホフスキ、K.　43
ヴァポフスキ、B.　6
ヴァヤンスキー、S. H.　555, 556
ヴァラヴェンデル、A.　67
ヴァリシェフスキ、K.　51
ヴァリル、P.　9
ヴァルヴァソル、J. W.　279, 586, 587, 594, 596
ヴァルカノフ、K.　520　→ストヤノフ、K.
ヴァルク　601　→ワルクス
ヴァルシク、B.　567, 568, 575, 577
ヴァルトシュタイン　96　→ヴァレンシュタイン
ヴァレンシュタイン　96, 106, 107, 121, 128, 142　→ヴァルトシュタイン
ヴァロワ家　347
ヴァンチュラ、J（インドジフ）．　104
ヴァンチュラ、J（ヨゼフ）．　132
ヴィーコ　33, 232
ヴィータウタス　465
ヴィェジネク家　45
ヴィェジボフスキ、T.　32, 48

ヴィェルホルスキ、M.　10
ヴィェロポルスキ、A.　64
ヴィオレ＝ル＝デュク　50
ヴィクリフ　97, 112, 126
ヴィシェフラトの聖堂参事会員　74
ヴィシュニチ、F.　408
ヴィスコチル、J.K.　152
ヴィスティト、M.　121
ヴィダイェヴィチ、J.　64
ヴィチ、M.V.　430
ヴィチョフ、Zh.　476
ヴィッペル、R.Yu.　223, 224, 234
ヴィデルシャル、L.　70
ヴィトコヴィチ、M.　405
ヴィトコフスキ、S.　69
ヴィノグラードフ、P.G.　203, 211, 220, 224, 233-236, 246
ヴィルヘルモヴィチ、S.　562
ヴィラーグ、B.　259
ヴィルヘルム2世　244, 437, 444
ヴィンクレル、P.　217
ヴィンツェンツィ　74
ヴィンデッケ　449
ヴィンテル、Z.　104
ヴィンデルバント　200, 242, 362, 377
ウヴァーロフ、A.S.　218, 219
ウヴァーロフ、S.S.　175, 218
ヴウォダルスキ、B.　64
ヴェーグ、J.　126
ウェーバー　58, 147, 148, 235
ヴェシェレーニ、F.　263, 273
ヴェセロフスキー、N.I.　219
ヴェセロフスキー、S.B.　212
ヴェトゥラニ、A.　65, 66
ヴェニェリン、Yu.I.　229, 468, 483
ヴェニュコフ、M.I.　179
ヴェネディコフ、Y.　521
ヴェランチチ、A.　254
ヴェリタス　502　→マランゴゾフ
ヴェルコフ、Iv.　533
ヴェルシュタト、J.　95, 115, 145, 146, 157, 158
ヴェルチェフ、V.P.　522
ヴェルチェフ、V.T.　522
ヴェルトヘイメル、E.　439
ヴェルナツキー、G.V.　246-248
ヴェルベーツィ　134, 151
ヴェルホフスコイ、P.V.　214
ヴェレシュ、E.　390
ヴェレチェンニコフ、V.I.　208
ヴェンギェルスキ、A.　7
ヴェンギェルスキ、ルドヴィク　62　→ラヨシュ1世、ルドヴィク1世
ヴェンツェル、G.　263
ヴェンデル　437
ウェンビツキ、Z.　50, 57, 68
ヴォイト、M.A.　84　→フォイクト
ウォイコ、F.　10
ヴォイーシェク、V.　152
ヴォイチェフ(聖)　73, 103, 133, 139, 554　→アダルベルトゥス
ヴォイチェホフスキ、T.　24, 30, 61, 62
ヴォイチェホフスキ、Z.　66
ヴォイトコフスキ、A.　65
ヴォイニコフ、D.P.　469
ヴォイノヴィチ、K.　308
ヴォイノヴィチ、L.　302, 425, 426
ヴォイノミル　317
ウォヴミャンスキ、H.　65
ウォキェテク　62　→ウヴディスワフ1世、ウヴディスワフ短身王

ヴォコウン、P.T.　87
ヴォシュニャク、B.　597
ヴォシュニャク、J.　596
ヴォジンスキ、W.　31, 49
ヴォツェル、J.E.　130
ヴォドニク、V.　588, 591, 592, 609
ヴォランスキ、A.　43　→ソブリツァ
ヴォルケル、J.　141
ヴォルテール　87, 170, 587, 628
ヴォルニー、Ř.T.　128
ヴォルフ、J.　120
ヴォルフ、J.H.　87
ヴォルフ、M.　143
ヴォロンツォフ、V.P.　179, 183
ウカシェヴィチ、J.　15, 16
ヴカシン　399, 412, 429
ウカシンスキ、W.　36
ヴキチェヴィチ、M.　421
ヴクチチ・フルヴァティニチ、フルヴォイエ　319　→フルヴォイエ
ウシチキェヴィチ、W.　50
ウストリャーロフ、N.G.　174, 175, 192, 209
ウズノフ、A.　519
ウスペンスキー、F.I.　226, 227, 434, 495
ウスペンスキー、K.N.　227, 228
ヴチェティチ、A.　302
ヴチュコヴィチ、V.J.　443
ヴァジギン、A.S.　236
ヴャゼムスキー、P.A.　173
ヴャトキン、V.L.　220
ウラースロー1世　138, 479, 490, 494　→ウヴディスワフ3世
ヴラーンゲリ　247
ヴライコフ、M.T.　476
ヴライコフ、T.G.　501
ヴラジヴォイ　128
ヴラシェフ、G.A.　217
ヴラジスラフ1世　73
ヴラジスラフ2世 (?-1174)　74, 152
ヴラジスラフ2世 (1456-1516)　124
ヴラジスラフ3世インドジフ　127
ヴラス、S.　595, 604, 606, 610
ヴラステリス、マティアス　413
ヴラチスラフ2世　74
ヴラチチ・イリリク、M.　276　→フラキウス・イリリクス
ヴラディーミル　161, 165, 200
ヴラディーミル2世　170
ヴラディキン　477　→ヨンコフ
ヴラディキン、L.　505
ヴラディサヴリェヴィチ、M.　332
ヴラディスラフ、Iv.　463
ヴラディミル　486
ヴラディミレスク、T.　339, 340, 349, 354, 356, 357, 363, 381, 389
ヴラド・ヴォダ (修道士侯)　380
ヴラド串刺侯　341, 342, 369
ウラノフスキ、B.　32, 34, 62
ヴラハタ　341
ヴラメツ、A.　277, 279, 447
ヴリチ、N (ニコラ). (1872-1945)　410, 430
ヴリチ、N (ニコラ).　430, 457
ウリャニツキー、V.A.　209
ウルグ・ベク　220
ウルス、I.　379-381
ヴルチェク、J.　105, 549, 553
ウルバーネク、R.　113, 137, 138
ヴルバニチ、F.　309
ヴルペ、R.　378
ヴルホヴァツ、M.　297, 326

ヴルホヴェツ、I. 596
ウルリチ、Š. 307
ウレキア、V.A. 365
ウレケ、G. 343, 344, 369, 380, 392
ヴレティチ=ヴカソヴィチ、V. 311
ウロシュ帝 411, 412, 429
ヴワディスワフ（ポーランド皇太子） 201 →ヴワディスワフ4世
ヴワディスワフ・ヤギェウォ 4, 16, 46, 62 →ヨガイラ
ヴワディスワフ1世 32 →ウォキェテク、ヴワディスワフ短身王
ヴワディスワフ3世 138, 557 →ウラースロー1世
ヴワディスワフ4世 11, 41 →ヴワディスワフ（ポーランド皇太子）
ヴワディスワフ短身王 1, 16, 32 →ウォキェテク、ヴワディスワフ1世
ヴント 430
ウンレスト、J. 586

エ

エヴゲニー 213 →ボルホヴィチノフ
エウスゥミオス 464 →エフティミー
エーヴェルス、J.P.G. 174, 185, 188
エーダー、J.C. 351
エカテリーナ2世 9, 147, 162, 167, 170, 172, 180, 189, 196, 197, 199, 205, 208, 210, 218, 233, 423, 479, 558, 639
エグゼンプリャルスキー、A.V. 217
エゴロフ、D.N. 236, 237
エシェフスキー、S.V. 195, 232
エストライヒェルヴナ、M. 69
エックハルト、F. 270
エネア・シルヴィオ・ピッコローミニ 76, 253, 522 →ピウス2世、ピッコローミニ
エフィメンコ、A.Ya. 179
エフティミー 464, 465, 515, 528 →エウスゥミオス
エフティミエ 342, 369
エフティモフ、G. 477
エミネスク、M. 382
エムレル、J. 98, 111, 112, 119, 127, 128, 133, 148
エラスムス（ロッテルダムの） 102
エリアーデ=ラドゥレスク、I. 357
エリザヴェータ 167
エリシュカ 75, 76
エルデーイ、L. 265
エルデーディ、N. 279
エルデーディ・バカチュ、T. 299
エルトフ、I.D. 226
エルベン、K.J. 92, 98, 99
エレゾヴィチ、G.-G. 446
エンゲル、J.Ch. 257, 258, 294, 351, 352, 359, 403, 447, 469, 471
エンゲルス 93, 179, 212, 237, 238, 386, 570

オ

オイゲン（サヴォワ公） 327
オグロブリン、M.M. 218
オコリチャーニ家 576
オジェゴヴィチ、M. 292
オジェルスキ、Š. 7
オスヴァルト、F.R. 560
オススキー、S.Š. 570
オストイチ、T. 435
オストロヴァルホフ、St. 530
オストロゴルスキー、G. 454
オストロゴルスキー、M.Ya. 180
オストロルク、J. 31, 32
オソキン、N.A. 233
オタ 74 →オットー

オツェテア、A. 355, 388, 389
オッソリンスキ、J. 9
オット、E. 123, 124, 605
オットー 74 →オタ
オットー（百科事典編者） 124
オトカル2世 586 →プシェミスル・オタカル2世
オドベスク、A. 361, 376, 377
オドロジーク、O. 120, 143
オビリチ、M. 453 →コビリチ
オブラドヴィチ、D. 404, 405, 416, 421, 428, 450
オブレノヴィチ家（朝） 396, 404, 409, 440, 452
オベルチ、J. 582
オポチェンスキー、J.H. 140
オムルタグ 462, 463, 493
オラー、M. 254 →オラーフ
オラーフ、M. 545, 582 →オラー
オラシャーヌ、Š. 391
オラチェフスキ、フェリクス 33
オリガ 165
オルシチ、F. 296
オルナツキー、A.A. 213
オルビン、M. 278, 402, 411, 466-468 →マヴリブール
オルフェリン、Z. 401, 409, 447
オルブラフト 23 →ヤン1世オルブラフト
オルマンジェフ、Iv.P. 519, 531
オルリーク、V. 79
オルロフ、E. 211 →ロートシュテイン
オレシニツキ、Z. 5
オレシュコフ、P.N. 505, 517
オレシュコフ、St.D. 476
オレシュニコフ、A.V. 216
オレスニツキ、A. 329
オレニン、A.N. 218
オロジェン、I. 590
オロジェン、J. 604
オンチウル、D. 364-370, 377, 379, 380, 390, 391
オンドロウフ、V. 582

カ

ガーズィ・フスレフ・ベイ 305
カーライ、B. 306, 321, 444
カーライル 377
カール1世 107, 559
カール4世 71, 76 →カレル1世、カレル4世
カール5世 232, 254
カール6世 96
カール7世 122
カール12世 42, 543
カール大帝 231, 236, 317, 332, 400, 587
ガールドニ、A. 265
カーロイ、Á. 265
カーロイ、M. 250
カーロイ・ローベルト 252, 399, 551
ガイ、L.j. 274, 282, 285, 292, 295, 297, 321, 329, 410
ガイ、V. 304
カイズル、J. 122
カヴェーリン、K.D. 185-187, 189, 192, 194, 223
カウニツ家 153
カウフマン、A.A. 179
カウフマン、I.I. 216
カヴリヤク、A. 581
ガヴリル 342
ガヴリロヴィチ、M. 418, 419, 439
カエル、P. 311
カサボフ、Iv. 476, 498
カシェフ、S.G. 521

人名索引　661

ガシパリーコヴァー=ホラーコヴァー、A.　576
カジミェシ・ヤギェロンチク　59　→カジミェシ4世
カジミェシ1世（復興公）　62
カジミェシ2世（公正公）　4
カジミェシ3世（大王）　1, 4, 10, 28, 29, 37, 42, 44, 46, 48, 65
カジミェシ4世　5, 9, 23, 31, 32　→カジミェシ・ヤギェロンチク
カジモウル、J.　149
ガジャノフ、D. G.　478
カズィンツィ、F.　86
カスプレト、A.　593
カズブンダ、K.　141
カタンチチ、M. P.　281, 282
カチェノフスキー、M. T.　184, 188, 195, 221, 237
カチチ=ミオシチ、A.　281, 282, 307
カチマルチク、Z.　65
カツァロフ、G. I.　496, 497
カツィアナー、H.　594
カッソ、L. A.　202, 205, 234
カッツ、V.　153
カティチ、L.　302, 325
ガテラー　47
カドゥウベク（ヴィンツェンティ）　4, 6, 44, 63
カトナ、I.　257, 258, 544, 629　→カトナ、S.
カトナ、S.　257, 544, 548, 629　→カトナ、I.
カドレツ、K.　131, 134, 135, 157
カニッツ　447, 514, 524, 534
ガネフ、G. Iv.　531
ガネフ、N.　530
ガネフ、Sp.　529
ガネフ、V. Y.　494
カバクチエフ、Hr. St.　536, 537
カピストラーノ、ジョヴァンニ・ダ　114
カプチェレフ、N. F.　214
カプラス、J.　125, 150, 151
ガブリエル、Fr.　150
カプリナイ、I.　256
ガブルシュチェク、A.　597
カブレシュコフ、I. S.　500
ガベンスキ、Hr.　530
ガベンスキ、P.　530
カメニーチェク、Fr.　105
カラ・ジョルジェ　396　→カラジョルジェ
カライドヴィチ、K. F.　218
カラヴェロフ、L.　516, 517, 519, 520, 536
カラジアレ、I. L.　390
カラジチ、V. S.　274, 403-406, 410, 422, 427, 428, 432, 436, 440, 448, 453
カラジャ、St.　476
ガラシャニン、I.　322, 396, 440, 443
カラジョルジェ　320, 321, 396, 403-405, 409, 415, 419, 421, 424, 425, 430, 433, 435, 436, 447　→カラ・ジョルジェ
カラジョルジェヴィチ家（朝）　322, 396, 397, 404, 405, 440
カラスィメオノフ、P.　534
カラストヤノフ、N.　468
カラネシェフ、N. K.　529
カラノ=トヴルトコヴィチ、P.　408
ガラボフ、G.　506, 521
カラマン、I.　327
カラマン、Lj.　334, 335
カラマンジュコフ、Hr. Iv.　518
カラムジン、N. M.　172-174, 176, 184, 185, 190-192, 204, 629
カランドラ、Z.　157
カリスタ、Zd.　141
カリマン　459
カリンカ、J（ヤーン）．　541
カリンカ、J（ヨアヒム）．　542

カリンカ、W.　18, 21-23, 25, 26, 33, 36, 39
カリンスキー、N. M.　215
ガル・アノニム　3, 13, 61
カルヴァン　7, 126, 134, 223, 242, 262, 517, 550
カルサヴィン、L. P.　237
カルタノフ、P. A.　215
カルデリ、E.　605, 606　→スペランス、プロダル、T.
カルパート、J.　581
カルボヴィチ、M. M.　247
カルリチ、P.　323
カルロ2世　288
カレーエフ、N. I.　19, 183, 211, 240-243, 630
カレル（ジェロチーンの）（父）　80, 99
カレル1世　71　→カール4世、カレル4世
カレル4世　71, 73, 75-77, 85, 110, 111, 123, 129, 143, 148, 152, 542, 557　→カール4世、カレル1世
カロ、J.　16, 33,
カロウセク、J.　91, 96, 97
カロヤノフ、St.　518
カロヤン　461, 463, 464, 483, 523
カロル1世　340, 358, 365, 368
カロル2世　388, 392
カロレフ、R.　530
カンタクズィノ、C.　345-347
カンタクズィノ、M.　347
カンタクズィノ、S.　400
カンタクズィノ家　344, 345, 347
カンタルジエフ、T.　504
ガンチェフ、D.　500
ガンチェフ、St.　531
カンチョフ、V.　530
ガンデフ、Hr. N.　517
カンテミール、C.　346
カンテミール、D.　344-350, 357, 366, 369, 380
カンドレル、P.　590
カンパネラ、T.　564

キ

キーロフ、G.　476
ギェイシトル、A.　65
キェニェヴィチ、S.　65
ギカ、I.　357
ギカ3世、G.　355
キケロ　21, 26, 78, 81
キスィモフ、P.　478
キゼヴェッテル、A. A.　205, 246
キセレコフ、V. Sl.　514, 515
ギゾー　24, 188, 233, 362
キドリチ、F.　609
キニジ、P.　400
ギバネスク、Gh.　371
キバル、V.　112, 113, 119
ギボン　87, 226
キュキュレイ、J.　5
キュネル、N. V.　245
キュリロス（聖）　78, 86, 133, 152, 190, 199, 232, 287, 288, 291, 293, 307, 317, 399, 444, 462, 466, 468, 487, 514, 515, 522, 524, 542, 547, 550, 556, 563, 577
キョルチェフ、D. P.　517
キラノフ、P.　503, 526
キリスト　1, 3, 15, 45, 92, 120, 127, 130, 133, 139, 143, 161, 162, 163, 168, 170, 202, 214, 232, 241, 246, 247, 249, 251, 252, 269, 270, 273, 275, 277, 293, 301, 302, 306, 307, 311, 312, 314, 317, 321, 334, 339, 353, 377, 379, 391, 392, 395, 399, 416, 425, 438, 443, 456, 457, 459, 460, 462, 464-468, 470, 471, 473, 480, 484, 487, 494, 511-514, 525, 528, 529,

531, 534-536, 542, 557, 578-580, 592, 593, 596, 604, 606, 635, 645
キリル・リルスキ　502
ギルギノフ、Al. A.　518
キルコフ、G. Y.　537
ギルフェルディング、A. F.　229　→ヒルファーディング
キレエフスキー、I. V.　176
キンケル、Iv. G.　525, 526
ギンデリ、A.　95-97, 100, 103

ク

グアニーノ、A.　7
グイッチャルディーニ　389
グイド・デ・コルメラ　552
クヴァチャラ、J.　564, 565
クヴァテルニク、E.　299, 300, 335, 336
クールノ　362
クエン=ヘーデルヴァーリ、K.　293, 298, 299, 307, 312, 329
クキェル、M. W.　65
ククリェヴィチ=サクツィンスキ、I.　281, 283, 285-290, 312, 326, 485
クザ、A. I.　340, 357, 358, 364, 374, 380
クシヴィツキ、L.　51
クシェイ、R.　607, 608
クシェヴィチ、J.　282
クシジャノフスキ、S.　18, 34, 46-48, 59, 61-63
グシチ一門　279
クズネツォフ、S. K.　216, 217
クズマーニ、K.　550
クセノポル、A. D.　351, 359, 362-367, 369, 371-374, 379, 380, 382, 630
クセフ、Gr.　501
クチシェバ、S.　28, 31, 44, 45, 47, 52, 53, 65
クデラ、J.　144
クテン（シュプリンスベルクの）、マルチン　78-80
クトゥーゾフ、M. I.　173, 175
クトナル、Fr.　139, 149, 158
クドリャフツェフ、P. N.　231, 232, 240
クトルガ、M. S.　221, 222, 226, 232, 240
クナペク、L'.　581
クニェヴシェフ、A. M.　212
クニエジャ、I.　578
クニムンド　312
グニャチャ、S.　334
クニン、P. G.　537
クネジェヴィチ、A.　304
クネジェヴィチ、B.　421
クハジェフスキ、F.　50
クハジェフスキ、J.　70
クハチェヴィチ、M. A.　330
クバラ、L.　31
クフィヤトフスキ、K.　11
クブラト　512
グミレフスキー、D. G.　213　→フィラレート
クメチ、A.　553, 560, 569, 581
グモフスキ、M.　69
グヤーシュ、P.　390
クラ、W.　67
クライチ、V.　278, 284, 286, 290, 294-297, 313, 318, 319, 325, 636
グラヴィチ、Š.　276
グラヴィニチ、M.　311
クラエフ、St. Iv.　476
クラコフスキ、A.　54
クラコフスキー、J. A.　224
クラシェニンニコフ、M. N.　225
クラシツキ、Z.　18
クラスコウスカー、L'.　582
クラステヴィチ、G.　469, 470, 477　→バエフ
クラチュノフ、Kr.　521
グラッドストーン　519
クラトフヴィール、J.　145
グラドフスキー、A. D.　193, 194, 201
クラニチェヴィチ、S.　329
グラノフスキー、T. N.　205, 231, 232, 239, 240
クラビーク、F.　582
グラフェナウエル、B.　600, 603
グラフェナウエル、I.　609
クラマーシュ、K.　146
グランチャロフ、Y.　530
クリエヴァ、A.　276　→ケルヴァ、ケルヴァリウス、ツリィエヴィチ、トゥベロン
クリク、J.　144
グリゴリエフ、V. V.　215, 244
グリゴロフスキー、V. I.　229
クリシコ、P.　554, 561-563
クリジャニッチ、ユーリー　200
クリスタルニク、M. G.　586
クリスチアーン　73, 84, 97, 108, 113
クリステン、Zd.　143
クリストフォロス（聖）　275
クリツマン、L.　128
グリボエードフ、A. S.　210
クリマントヴィチ、Š.　276
グリム、E. D.　225
クリムスキー、A. E.　245
クリメント、J.　151
クリメント（オフリドの聖）　462, 463, 493, 515, 523, 528
クリメント（タルノヴォ司教）　515　→ドルメフ
グリュクリヒ、J.　118
クリュコフ、D. L.　221
クリュチェフスキー、V. O.　188, 190, 195-199, 201-206, 208, 209, 211, 224, 636
グリュンヴァセル、H.　52
クリン　305, 444
グリンカ、F.　176
クリンチャロフ、Iv. G.　517
グルイチ、R. M.　433, 446, 450
グルエフ（・プロイチェフ）、Y.　469, 470
グルカ、O.　59, 63
グルギン、A.　334
クルジチ、ペタル　325
クルシュニャヴィ、I.　307
グルスキ、K（カロル）．68
グルスキ、K（コンスタンティ）．43
グルスキ、S.　7
クルスティチ、N.　430, 431
クルセフ、P. D.　531
クルチェリチ、B. A.　275, 280, 281, 287
クルティウス、E.　362
クルティウス・ルフス　221
グルデン、J.　592, 593
クルニツ、B.　298
グルビチ、M（マノイロ）．407
グルビチ、M（ミオドラグ）．457
クルプスキー、A. M.　175
クルフュルスト、Fr.　145
グルベル、D.　293, 294, 319
グルベル、J.　122
クルマン、D.　543
クルム　13, 464, 493, 521, 527, 533
クルンバッハー　435, 443, 454
グレコフ、B. D.　212, 213

人名索引　663

グレゴリウス（ニン司教）　325
グレゴリウス7世　295
クレシェヴリャコヴィチ、H.　327
クレスチニン、V.V.　171
グレチェアヌ、R.　345
クレチマル、M.　52
クレツァンダ、V.　153
クレツレスク、N.　364
グレブ　218
グレフス、I.M.　234, 235, 237
クレブル、J.　150
クレムパ、J.　560　→ヤツォウスキー
クレメンス、J.B.　561
クレメンス6世　128
クレメンス8世　299
クレメンツ、J.　607
クレメンティス、V.　583
クレメント=ジェブラーツキー、V.　541
クレラツ、フラン　331
クレンブル、A.　588
クローチェ　377
グロート、K.Ya.　229, 317, 571, 572
クロシュカ　363
グロデツキ、R.　63
クロノス（老）　342
クロフタ、K.　109, 116, 117, 119, 122, 136, 137, 565, 647
クロポツェル、I.　388
クロポトキン　203
クロムウェル　40
クロメル、M.　6, 7, 343, 400, 466
クワチコ、J.　50
クン、B.　250
グンドゥリッチ、I.　313, 323
グンブロヴィチ　42, 51, 319

ケ

ゲアラハ　74　→ヤルロフ
ゲーザ　552
ケーザイ、S.　5, 252
ゲーテ　86
ゲーレシ、K.　633
ゲオルギ（聖）　462, 532
ゲオルギ（ソフィアの新聖人）　466, 494
ゲオルギ・テルテル　529
ゲオルギエフ、E.Iv.　523, 524
ゲオルギエフ、M.　531
ゲオルギエフ、Sv.　522
ゲオルギエフ、T.　477
ゲオルギエフ、Vl.Iv.　523
ゲオルギオス・ハマルトロス　228
ゲオルゴフ、Iv.A.　518
ケグレヴィチ、P.　322
ゲショフ、Iv.Evst.　499
ゲストリン、F.　603
ケシャコフ、B.　501
ケシャコフ、Hr.　479
ケツカロフ、Vl.　521
ゲノフ、G.P.　527
ゲノフ（・ジュルゲロフ）、M.　519
ゲノフ（・ディミトロフ）、G.　537
ゲブハルディ、L.A.　351, 352
ケブルレ、J.　122
ケポフ、Iv.P.　497, 518
ゲラスィモフ、T.D.　529
ゲリエ、V.I.　203, 223, 224, 233, 234, 240, 241
ケルヴァ、A.　276　→クリエヴァ、ケルヴァリウス、ツリィェヴィチ、トゥベロン
ケルヴァリウス　276　→クリエヴァ、ケルヴァ、ツリィェヴィチ、トゥベロン
ゲルゲイ、A.　272
ゲルシェンゾーン、M.O.　209
ゲルジコフ、M.　502
ケルショヴァニ、O.　336, 337
ケルスニク、J.　609
ゲルチェフ、Hr.　499
ゲルチチ、J.　301
ゲルツェン、A.I.　178, 205, 209
ケルネル、P.　550　→ホスチンスキー、Z.
ケルバー　97
ゲルマン、I.F.　212
ケレス=クラウス、K.　51
ケレステシウ、V.　383
ケレストゥリ、ヨシプ　330
ケレミナ、J.　608
ゲロフ、N.　505
ゲンチェフ、N.E.　476
ケンチシンスキ、S.　53, 57, 61, 62
ケンチシンスキ、W.　17, 30, 47, 48, 61

コ

コヴァチェヴィチ、Lj.　412, 413, 417
コヴァチェヴィチ、T.　280
コヴァチェフ、M.　529
コヴァチチ、F.　594-596
コヴァチチ、J.M.　257
コヴァチチ、M.Gy.　257
コヴァレウスキー　559
コヴァレフスキー、M.M.　193, 237-239, 241, 243, 642
ゴウェンビョフスキ、L.　11
コウォンタイ、H.　9-11, 27, 41
ゴーゴリ、N.V.　191
ゴーチェ、Yu.V.　210
ゴガ、O.　381, 383
コガルニチェアヌ、M.　353-356, 358, 360-362, 370
ゴシェフ（・イヴァノフ）、Iv.　531, 532
コシチューシコ、T.　26, 40, 55
コシュート、L.　272, 298, 448, 570, 605
コジュハロフ、K.　519
コス、F.　593, 599, 600, 610, 636
コス、M.　317, 586, 587, 592, 593, 595, 599-602, 604, 605, 610
コスティチ、J.　275
コスティチ、K.　430
コスティチ、M.　450
コスティン、M.　343-345, 366, 369, 386, 392
コスティン、N.　344
コステネチキ、K.　434, 465　→コンスタンティン（コステネツの）
コステンツェフ、M.G.　500
コストマーロフ、N.I.　190, 191, 194, 197, 202
コストレンチチ、I.　292
コストレンチチ、M.　332
ゴスポディノフ、Y.S.　496
コズマ（ゾグラフォス修道院の）　466　→コスマス（ゾグラフォス修道院の）
コスマス　73-75, 85
コスマス（ゾグラフォス修道院の）　466　→コズマ（ゾグラフォス修道院の）
コスマス（長老）　463, 486, 515, 519, 527
コチ、L.　64
コチャンチチ、Š.　590
コツェル　599, 601
ゴットシャルク　325
コッパーニ　579

コト、S.　57, 69
コトヴァン、I.　578
コドレスク、Th.　361
コトロマニチ家　305, 444
コナルスキ、K.　58
コナルスキ、S.　9
コノヴァロフ、G.　519
コノプチンスキ、W.　41, 42, 51, 53, 55, 57, 64
コハノフスキ、J.K.　42, 52
コハリチ、J.　300
コピタル、J.　403, 448, 589, 594
コビリチ、M.　453　→オビリチ
コフート、J.　560
コブラル、A.　590, 592
コペルニクス　50
コマタル、F.　594
コムネナ、アンナ　446, 485
コメンスキー、J.A.　80, 95, 103, 105, 107, 136, 143, 564-567, 571
コヤローヴィチ、M.O.　194
コラーイス　416
コラーシュ、M.　128
ゴラーニ、K.　576
コラール、A.F.　257, 280, 544-546
コラール、J.　92, 408, 423, 546, 549, 550, 555, 556, 571
コラチ、V.　336
ゴラノフ、A.　477　→ボイチョ
コラル、I.J.　604
コラロフ、V.P.　537
コランコフスキ、L.　60, 61
ゴリコフ、I.I.　171
コリシュキ、ペタル　398
ゴリツィン、A.M.　199
コリノヴィチ=シェンクヴィツキー、G.　543
ゴル、J.　100-109, 111-116, 118, 119, 127, 133, 134, 137, 144-147, 158, 314
コルヴィーン、J.　298, 551　→コルヴィン
コルヴィン、I.　298, 319, 551　→コルヴィーン
コルサク、A.K.　212
コルゾン、T.　25, 26, 43, 44
ゴルドーニ　602
ゴルドツィヘル、I.　265
コルニーロフ、A.A.　205
コルニデス、D.　257
ゴルビンスキー、E.E.　214
コルフ、M.A.　175
ゴルブツォフ、V.V.　217
コルマン、H.　128
コルヤトヴィチ、T.　360
コレッティ、J.　280
ゴレニシチェフ、V.S.　222
コレリン、M.S.　233
ゴルドツォフ、V.A.　220
コロマン　273, 282, 311, 317, 319, 326
ゴンショロフスカ=グラボフスカ、N.　67
ゴンショロフスキ、L.H.　50
ゴンショロフスキ、S.J.　68
コンスタンティヌス（大帝）　277, 469
コンスタンティネスク、M.　387
コンスタンティネスク、N.A.　388
コンスタンティネスク=ヤシ、P.　387
コンスタンティノス 7 世　30, 169, 288, 314, 319, 402, 545, 557, 608
コンスタンティノス 11 世　165
コンスタンティノフ、G.　524
コンスタンティノフ、G.G.　519
コンスタンティン（皇帝の息子）　465

コンスタンティン（コステネツの）　434, 465, 487　→コステネチキ
コンスタンティン・アセン　529
コンスタンティン・プレスラフスキ　462, 519
コンダコフ、N.P.　228, 245, 454
コント　242, 313, 629
コンドゥラキ、E.　379
コンラト、K.　157　→ペール、K.
コンラト（シロンスクの）　40
コンラト公（1 世、マゾフシェ公）　30

サ

ザーヴィシュ（ファルケンシュテインの）　121
ザーヴォツキー、J.　541
サーザヴァ修道院の修道士　74
サーデツキ=カルドシュ、L.　264
ザーボイニーク、J.　542
ザーボルスキ、J.　552
ザイオンチコフスキー、A.M.　210
ザイモフ、St.St.　480
サヴァ（聖）　355, 356, 360, 395, 398, 399, 412, 418, 433, 438, 444, 447, 449, 454
ザヴァドフスキー、P.V.　181
サヴィニー　28, 29, 123, 308, 353, 454
サヴィン、A.N.　236, 246
サヴェーリエフ、P.S.　216
サヴォナローラ　233
ザヴォロヴィチ、D.　278
サヴォーロフ、L.M.　217
ザオゼルスキー、A.I.　212
サカゾフ、Iv.　524, 525
サカゾフ、Y.Iv.　537
ザクシェフスキ、S.　34-36, 41, 43, 52-54, 56, 59, 63, 66
ザクシェフスキ、W.　29, 34, 39-41, 45
ザクマルディ、I.　299
ザゴースキン、N.P.　215
サシニェク、F.V.　546, 553, 554, 556-559, 562, 566, 572, 579, 636
サトゥルニーク、Th.　157
ザネ、Gh.　386
ザネフ、G.　521
ザノヴィチ、A.　331
ザハリェフ、Y.　530
サビナ、K.　93, 156
サブノフ、N.　476, 479
サブリャル、M.　284
ザベーリン、I.E.　218, 219
サベフ、T.N.　477
サポー、D.　272
サポー、E.　570, 630
サポヤイ、ヤーノシュ　254, 325, 382, 594
ザホロフスキ、S.　34
サムイル　454, 473, 483, 486, 502, 511, 527
サムソン　198
サモ　90, 436, 585, 591, 601
ザモイスキ、J.　7, 9, 26, 39, 40, 45
サモシュケズィ、I.　255, 628
ザヨンチコフスキ、S.F.　64
サラージ、I.　547　→サラギウス
サライ、L.　260, 287, 636
サラギウス、Š.　547, 550　→サラージ
サラトナイ、J.　126
サラバ、J.　122
サラフォフ、K.M.　505
サラレフ、S.G.　215
サリア、B.　334, 607, 610
サルスティウス　276

人名索引　665

サルニツキ、S.　7
サンダリ・フラニチ=コサチャ　422
サンディウス、K.　7
ザント、A.　58

シ

ジークフリート　586
ジーゲルバウエル、M.　83　→ツィーゲルバウアー
シートン=ワトソン　146
ジーハ、O.　157
ジーブルト、Č.　104, 105
シーボーム　234
シヴァチェフ、A.　505
ジヴァノヴィチ、Ž.　421, 422
ジヴィシュ、J. V.　122
ジウレスク、C.　368, 379, 385, 391
ジウレスク、C. C.　381, 389-391
ジェヴスキ、S.　10
シェーンレーベン、J. L.　586, 587
シェグヴィチ、K.　300
ジェコフ、N.　501
シェスタコフ、S. P.　228
ジェチキン、St.　498
ジェドゥシツキ、M. I.　15
シェバーネク、J.　153
ジェファロヴィチ、H.　401, 451
ジェベレフ、S. A.　223
シェミェンスキ、J.　28, 40, 45, 52, 56
シェリング　184
ジェリンスキ、T.　49, 69
ジェルベール　236
シェロンゴフスキ、A.　41, 51
シェンキェヴィチ、H.　31, 59
ジェンティレ　311
ジギスムント　465　→ジクムント、ジグムント、ジグムンド
シクスト（オタースドルフの）　79
ジクムント　76, 77, 112　→ジギスムント、ジグムント、ジグムンド
ジグムント　545, 552, 557　→ジギスムント、ジクムント、ジグムンド
ジグムンド　295, 325　→ジギスムント、ジクムント、ジグムント
シクラ、J.　576
シクルテーティ、A. H.　553
シクルテーティ、J.　553, 558, 563, 571-573
シシチ、F.　276, 278, 279, 281, 289, 290, 292, 293, 295, 296, 299, 301, 313-323, 326, 328, 332, 335, 441, 443, 451, 636, 643
ジシュカ、J.　93, 95, 109, 112, 113, 123, 138, 140
シシュコフ、St. N.　506
シシュコフ、T. N.　470
シシュマノフ、Iv. D.　481, 482, 485, 488, 507, 515
シシュマン、ミハイル　512
シシュマン家　508
シゾフ、V. I.　219
シダク、J.　316, 326, 337, 605
シチェゴレフ、P. E.　210
シチェファーニェク、A.　556, 571
シチェファーニク、M. R.　140, 576, 580
シチェプキン、V. N.　215
シチェルバートフ、M. M.　170, 171, 173
シチャーポフ、A. P.　187, 188, 194, 195
シッケル　31, 48
シトゥール、Ľ.　138, 539, 550, 551, 555, 556, 559, 567, 570, 572, 574, 576
シドニウス・アポリナリス　232
シドル、K.　580
ジドロフ、P.　502

シナイスキー、V. I.　225
シナピウス=ホルチチカ、D.　542
シビルコ、J.　581
シフナー、J.　88　→シフネル
シフネル、J.　88　→シフナー
ジベル、N. I.　179
シマーク、J. V.　129, 153
シマール、A.　543
シムラク、J.　332
シメク、E.　154
シモニデス、J.　541
ジャーチェク、V.　156
ジャーンボキ、J.　254, 255
ジャーンボクレーティ、J.　543　→ジャムボクレーティ
シャイノハ、K.　16, 24
ジャウィンスキ、A. T.　17
シャグナ、A.　451
シャファーリク、P. J.　12, 89, 92, 99, 105, 130-133, 174, 188, 434, 473, 483, 549, 565, 567, 576　→シャファジーク
シャファジーク、P. J.　92, 133, 565　→シャファーリク
シャブカレフ、K.　481
シャフマートフ、A. A.　164, 182, 183, 209, 215, 512
ジャムボクレーティ、J.　543　→ジャーンボクレーティ
シャラー、J.　87　→シャレル
シャラモン　557
シャラモン、F.　266, 452
シャレル、J.　87　→シャラー
ジャンサゾフ、St. P.　478
シャンダロフ、I.　494
シュイスキ、J.　13, 21-25, 27-29, 33, 35, 41, 43, 49, 636
シュイラー、E.　477
シュヴァルツェンベルク　112
シュヴァルツェンベルク家　127, 150
シュヴァントナー　471
シュヴィーテン　280
シュヴェアル、I.　282
シュヴェルマ、J.　157
シュヴォイ、J.　87
シュヴォブ、D.　335
ジュウキェフスキ、S.　40
シュクリェ、F.　597
シュコルビル、H.　495, 496
シュコルビル、K. V.　495, 496, 522
シュジェ　231, 239
シュスタ、J.　103, 109, 111, 112, 114, 119, 132, 138, 139, 141, 144, 148, 156, 157
シュタイドレル、Fr.　144
シュタイン　429
シュチギェルスキ、S.　8
シュテイエル、L.　272
シュテファン（大侯）　341, 368, 373, 377, 380
シュテファン（副王）　559
シュテルンベルク、カスパール　88, 89
シュテルンベルク、フランツ　89
シュトロスマイエル、J.　283, 287-291, 305-307, 309, 313, 320, 321, 326, 441
ジュパニチ、N.　608　→ズパニチ
シュビチ、パヴァオ　319, 333
シュビチ、ムラデン　319　→ムラデン2世
シュファイニツ、J.　49
シュフライ、M.　290, 291, 323, 324
シュプリンガー、A.　93, 119　→シュプリンゲル
シュプリンゲル、A.　93　→シュプリンガー
シュペングラー　177
シュミット、J.　82
シュミラウエル、V.　155
シュムルロ、E. F.　199, 200

シュメラル、B. 157
シュモラー 430
シュヤン、J. 576
シュラーニル、J. 154
シュリーマン 222
シュリャプキン、I. A. 215
シュルミン、D. 300
シュレーツァー、A. L. 87, 164, 169, 171, 172, 174, 190, 197, 258
ジュロヴィチ、J. 582
ジョーニ、M. 270
ショポフ、A. P. 477
ショル、M. 49
ジョルジェヴィチ、V. 416, 417, 435
ジョルト 552
ジョンタル、J. 606
シラー 336
シライベル、J. J. 543
シリヴィンスキ、A. 59
シリヴェストル 164
シルジェル、N. K. 194, 195, 210 →シルダー
シルダー、N. K. 194 →シルジェル
シロバール、V. 569
シンカイ、Gh. 349-352, 356, 357, 365, 369
ジンズィフォフ、R. 517

ス

ズィグムント1世 6, 20, 32, 60
ズィグムント2世アウグスト 32
ズィグムント3世 11, 40, 65
スィメオノフスキ、G. 502
スィメオン 459, 462, 464, 470, 471, 473, 486, 488, 493, 504, 510, 511, 519, 521, 529
スィメオン（聖） 398 →ステファン・ネマニャ、ネマニャ
スィメオン（府主教） 505
スィモヴィチ、D. 438
スィラージ、S. 262
スィリャノフ、Hr. 499, 502
スィンニェイ、J. 564
スヴェトスラフ 529
スヴェトプルク 542, 547, 549, 552, 569, 574
スヴェトプルク2世 574
スウォヴァツキ、J. 23
スヴォーロフ、A. V. 176, 178
ズヴォニミル 295, 296, 302, 312, 319, 323, 326, 447
スヴォボダ、J. 155
スヴォラト（聖） 143
スヴャトスラフ 161, 169, 512
スカーラ、P. 80
スカーラ（ドゥブラヴィウス）、J. 79
スカウォフスキ、A. M. 64
スカリチ、V. 433, 449, 450
ズカル、J. 129
スカルスキー、G. 136, 153
スカルスキー、G. A. 126
スカンデルベウ、Gj. K. 410 →スケンデルベグ
スキュリツェス 446
スクチル、J. 154
スクレナール、J. 547, 548
スケルチ、J. 428, 429, 431, 439
スケルツ＝ロムニチュキ、N. 298
スケンデルベグ、D. K. 410, 412, 429 →スカンデルベウ
スコヴォロダ、G. S. 203
スコク、P. 330
スコット 221
スコロフト＝マイェフスキ、W. 47

スターシツ、S. 9, 10, 12
スターリン 147, 613, 614
スタスユレヴィチ、M. M. 226, 232
スタドニツキ、A. 18
スタニスラウ、J. 577, 578
スタニスワフ（聖） 3, 4
スタニスワフ・アウグスト 2, 8-10, 23, 26, 27, 33, 55, 639 →ポニャトフスキ
スタニミロフ、St. 494
スタネフ、N. B. 488, 489, 499
スタノイェヴィチ、S. 413, 433-438, 443, 447, 599, 643
スタルチェヴィチ、A. 299, 300, 318, 329, 331, 333, 337, 429, 445
スタレ、J. 597
スタンチェフ、T. 478 →ハジスタンチェフ
スタンチョヴァ、A. 500
スタンボリースキ、Al. 503
スタンボルスキ、Hr. T. 505
スタンボロフ、St. 442, 443, 476, 480, 520, 522
スチェパン・ドルジスラヴ王 302
スチェパン2世 323
スチシゴフスキ 334
スティーベル、M. 135
ステクラサ、I. 592
ステゲンシェク、A. 596
ステファノフ、Iv. M. 526
ステファノフ、K. 499, 500
ステファン・ウロシュ1世 399
ステファン・ドゥシャン 90, 230, 395, 399, 411, 448, 471 →ドゥシャン
ステファン・ネマニチ（初冠王） 395, 398, 412, 448, 454
ステファン・ネマニャ 329, 398, 400, 412, 418 →スィメオン（聖）、ネマニャ
ステファン・ラザレヴィチ 412, 434, 448, 465
ステファン公 418
ステレ、F. 600, 607-609
ステンプコフスキ、I. A. 218
ストイカ・デ・ハツェグ、N. 352
ストイコフ、P. 498
ストウルザ、D. A. 361
ストウルザ、M. 353, 354
ストツキー、A. 153, 154
ストドラ、E. 560
ストヤチュコヴィチ、A. 406, 407
ストヤノヴィチ、Lj. 427, 428
ストヤノヴィチ、M. 433
ストヤノヴィチ、S. 500
ストヤノフ、Iv. 522
ストヤノフ、K. 520 →ヴァルカノフ
ストヤノフ、St. 521
ストヤノフ、Z. 404, 475-477, 480
ストラーンスキー、P. 80, 87, 93
ストラシミロフ、D. T. 487, 488
ストラティミロヴィチ、S. 447
ストラニャコヴィチ、D. 432
ストラホフスキー、L. 247
ストリィコフスキ、M. 7
ストルイピン、P. A. 196, 225
ストルーヴェ、P. 183, 213, 237
ストレツ 509
ストロウカル、K. 139, 158
ストローエフ、P. M. 182
ストロガノフ、P. A. 195
ストロンチンスキ、K. J. 17, 47, 48
ズナメンスキー、P. V. 214
スネガロフ、Iv. Iv. 528, 529
ズパニチ、N. 608 →ジュパニチ

人名索引　667

スピーツィン、A.A.　217, 219, 220
スピサレフスキー、K.　503
スピネッリ　139
スピリドン　468
スピロ、F.　329
スピンチチ、V.　294
スプロストラノフ、E.　479
スペランス　606　→カルデリ、ブロダル、T.
スペランスキー、M.M.　175, 182, 199
スペンサー　237, 421
スポティチ、K.　422
ズマン、Fr.　148
スミジーツ一門　144
スミチクラス、T.　288-292, 294, 298, 315, 316, 323, 324
スミルノフ、I.M.　230
スミルノフ、P.P.　213
スミルノフ、V.D.　244
スミレツ　508
スメタナ、B.　114, 115
スメタナイ、J.　556
スモリーク、J.　128
スモルカ、S.　24, 25, 29, 34, 41, 48, 62
スモレンスキ、T.　49
スモレンスキ、W.　21, 24-28, 33
スラーヴィク、J.　560
スラヴァタ、V.　81, 140
スラヴィーク、Fr.A.　129
スラヴィーク、J.　137, 146-148, 157
スラヴィチ、I.　354, 355, 361, 366
スラヴェイコフ、P.R.　469, 487
スラヴニク家　154
ズラタルスキー、V.N.　228, 295, 438, 447, 474, 478, 482-485, 488, 493-495, 499, 505-509, 511, 513, 530, 536, 636
スラチミル　335
ズラトヴィチ、S.　301, 310
スラトコフスキー、K.　144
ズリーニ、M.　256, 273　→ズリンスキ、N. (1620-64)
ズリンスキ、J.　277
ズリンスキ、N. (1508頃-66)　277, 287
ズリンスキ、N. (1620-64)　256, 273, 278, 292, 298, 330, 445, 587　→ズリーニ
ズリンスキ、P.　273, 288, 292, 302, 309, 330
ズルツァー、F.J.　351
スルブ、I.　370
スレイマン　382, 393
スレズネフスキー、I.I.　183, 192, 215, 226, 229, 233, 470
スレチュコヴィチ、P.　408, 409, 411, 412, 422
スロヴィェツキ、W.　12, 550
スロムシェク、A.M.　594

セ

セヴェリニ、J.　545, 546
セーチェーニ、I.　266, 271, 556, 570
セーレーシ、B.　542
セクフュー、Gy.　268-270, 272, 317, 570, 574, 577, 636, 640, 643, 645
セドラーク、J.　112, 126
セドラーチェク、A.　128
セニョボス　58, 245, 246
セバスティアニ　419
セミョーノフ、A.V.　212
セムコヴィチ、A.　30
セムコヴィチ、W.　48, 49, 54, 55, 62, 68
セメフスキー、V.I.　179, 193, 199
セメルジェフ、Hr.　530
セリミンスキー、Iv.　515

セリム3世　507
ゼリンスキー、F.F.　225
セルゲイェヴスキー、D.　456
セルゲエヴィチ、V.I.　193, 201
セルマゲ　327
セレイスキ、M.H.　65
セレーミ、Gy.　254
ゼレティン、Ş.　385, 387, 388
セレドーニン、S.M.　217
セントペーテリ、I.　271
ゼンブジュスキ、L.　69

ソ

ゾイス、Ž.　610
ゾヴァーニ、J.　272
ソコウォフスキ、M.　50
ソコルスキ、Y.　494, 530
ソコルニツキ、M.　56
ソコロフ、F.F.　222, 225
ソコロフスキー、P.A.　179
ゾナラス　446
ソビェスキ、W.　19, 28, 39, 40, 42, 51, 57, 59
ソビェスキ、ヤン　9, 12, 26, 344
ソビェスラフ1世　74
ソブリツァ、T.　43　→ヴォランスキ
ソフロニー　482, 490, 514, 515
ソボレフスキー、A.I.　215
ソメル、O.　155
ソラロフ、K.　499, 500
ソロヴィヨフ、A.V.　454　→ソロヴェヴ
ソロヴィヨフ、S.M.　172, 180, 187-190, 192-198, 203, 204, 206, 209, 211, 240, 241, 454
ソロヴィヨフ、V.S.　209, 247, 288
ソロヴェヴ、A.V.　454, 455　→ソロヴィヨフ、A.V.
ソロン　224
ソンツェフ、F.G.　218

タ

ダーウィン　358
ダイコヴィチウ、C.　379
ダヴィド　527
ダヴィドヴィチ、D.　403
タカーチ、S.　266
タガーニ、K.　263, 265, 563
タキトゥス　173, 221, 224, 276
タクショニ　552
ダクスネル、Š.M.　551
タスラコフ、V.　500
タッローツィ、L.　266, 324, 423
タッローツィ家　325
タティーシチェフ、S.S.　194, 210
タティーシチェフ、V.N.　166-172, 215, 636
タディチ、J.　328
タドラ、F.　127
ダナイロヴァ、L.　527
ダナイロフ、G.T.　491
ダニエル（預言者）　463
ダニエル・アダム　79
ダニショヴィチ、S.L.　582
ダニチチ、D.　283, 406, 413
ダニレフスキー、N.Ya.　175, 177, 192, 200, 201, 203
ダニロ　398, 399, 434
ダニロ（モンテネグロ公）　410, 448
ダニロ3世　453
ダニロ主教（ダニロ1世ペトロヴィチ・ニェゴシュ）　406

ダネフ、St. P.　499, 506
ダノフ、Hr. M.　535
タバコフ、S.　530, 531
タバコフ、Y.　503
タヒ、F.　293, 294, 318
ダヒノヴィチ、A.　332
タプチレシュトフ、Hr. P.　479
タブリツ、B.　547, 549
タラノウスキー、T. V.　454　→タラノフスキー
タラノフスキー、F.　454　→タラノヴスキ
タリ、K.　263, 563
ダリミル　75, 85
ダリミル・メジジーチスキー　75
ダルヴィンゴフ、P.　520
タルレ、E. V.　243, 244
ダンチェフ、Iv.　477
ダンテ　602

チ

チェイハン、V.　157
チェチューリン、N. D.　210, 213
チェフ　84
チェフラロフ、N.　478
チェペラーク、V.　149
チェラコフスキー、J.　124, 125, 127
チェルヴィンカ、I. L.　131
チェルトコフ、A. D.　219
チェルニー（ニグラヌス）、J.　79
チェルニー、V.　149
チェルニーン家　121
チェルヌイシェフスキー、N. G.　187, 191, 196, 428, 439
チェルノヴェジュド、P.　477
チェルノリゼツ・フラバル　462
チェンギチ、S.　318
チチェーリン、B. N.　186, 187, 189, 194, 238
チホンラヴォフ、N. S.　215
チャーク、M.　551, 555, 557, 558
チャーダ、Fr.　151
チャアダーエフ、P. Ya.　209
チャーンキ、D.　264, 265
チャツキ、T.　12, 23, 29
チャラコフ、N. N.　502
チャルダフォン、P. T.　477
チャルトリスキ、A.　22, 38, 55
チャルノツキ、A.　12　→ドウェンガ＝ホダコフスキ
チャルノフスキ、S.　58
チャルンクフのヤンコ　4
チュク、J.　336
チュブリロヴィチ、V.　414, 415, 432, 433, 452, 453
チュメニェフ、A. I.　212
チュルンコ、F.　277
チュルンチチ、I.　306
チュレモシュニク、G.　450, 451
チュレン、K.　580
チュングノフ、A. K.　212
チョマコフ、St.　477
チョロヴィチ、V.　432, 433, 437, 443-446, 452
チリンギロフ、St.　518
チンチーク、J.　569
チントゥロフ、D.　520

ツ

ツァイスベルク　31
ツァノフ、A. St.　480
ツァノフ、I.　478
ツァノフ、Vl. A.　500
ツァムベル、S.　561, 563, 571
ツァンカル、I.　604
ツァンコフ、Al. C.　498, 499
ツァンコフ、D. K.　469
ツァンコフ、K. A.　476, 477
ツァンコフ、St. St.　528
ツァンブラク、Gr.　465, 519
ツィーゲルバウアー、M.　83　→ジーゲルバウエル
ツィンカイゼン　472
ツヴァイ、A.　297
ツヴァイ（総督）　336, 337
ツヴィチ、J.　422, 426, 427, 447
ツヴィテル、F.　604, 605
ツヴェタエフ、I. V.　225
ツヴェトコヴィチ、B.　328
ツヴェトコフ、A.　531
ツェサレツ、A.　336
ツェペリチ、M.　306
ツォコフ、K.　501
ツォネフ、B. St.　490
ツォルノヴァ、I.　87, 150
ツォンチェフ、P.　530
ツォンチェフ（・ミンチェフ）、D.　534
ツフレフ、D.　494, 531
ツリイェヴィチ　276　→クリエヴァ、ケルヴァ、ケルヴァリウス、トゥベロン

テ

デアーク、F.　260, 556
ティートマル　5, 233
ディートリヒシュタイン　120
ディヴェーキ、A.　272
ティエリ　233, 355
ディオ・クリソストモス　225
ディオクレティアヌス　225, 302, 311, 334, 393
ディオニシエ（修道士）　348
テイゲ、J.　127
ティシュコフ、P.　524
ティシュコフスキ、K.　65
ティソ、J.　621
ティツ、T.　64
テイト、J. B.　397, 616, 623
ディニチ、M.　449
ディネコフ、P. N.　524
ティベリウス　224
ティベンスキー、J.　548
ティポルト、N. A.　217
ティミェニェツキ、K.　31, 41, 57, 63, 64
ディミツ、A.　591, 606
ディミトリイェヴィチ、S. M.　453
ディミトロフ、D.　503
ディミトロフ、D. P.　534
ディミトロフ、G.　479
ディミトロフ、P.　477
ディミトロフ（・ダフィンキチェフ）、M.　516
ティムール　346
ティモン、S.　257, 544, 545, 550
ディヤコーノフ、M. A.　210, 215
ディンチェフ、Kr.　500
デーカーニ、I.　271
テーヌ　240, 300, 428, 439, 609
デール、J.　270
テオドスィイェ　398, 447　→テオドル・グラマティク
テオドスィイェ（ニン司教）、T.　325
テオドリック（大王）　231

テオドル・グラマティク 398 →テオドスィイェ
テオドレスク、D.M. 378
テオドロス1世コムネノス 463
テオドロフ=バラン、Al.St. 490
テオピュラクトス 463, 482, 528
デケバルス 353
テケリ、I. 264, 543, 555
テケリヤ、S. 327, 352
デサ 329
デジェリチ、V. 297
デジュマン、D. 590
デチェフ、D. 497, 535
デチェフ、V. 530
デツィウシ、J.L. 6
テニエス 555
テノラ、J. 120
テブリー、Fr. 121
デボリスキー、N.N. 217
デモステネス 469
デャコヴィチ、B. 505
デャコヴィチ、Vl. 503
デューリング 430
デュブリュック、P. 218
デリャビン、A.F. 212
テレキ、J. 260, 471
デンスシアヌ、N. 361, 362
デンビンスキ、B. 33, 36, 37, 51

ト

ド・メズィエール 372
トインビー 177, 442
ドゥ・フレスネ 401
ドゥイチェフ、Iv. 467, 512, 523
ドゥゴシ、J. 4-6, 8, 19, 25, 31, 77, 380
トゥールスキ、A. 541
ドウェンガ=ホダコフスキ、Z. 12 →チャルノツキ
ドヴォジャーク、M. 109, 334
ドヴォジャーク、R. 129
ドヴォルニーク、Fr. 152
トゥガン=バラノフスキー、M.I. 213, 237
トゥキュディデス 223
ドゥクリヤの司祭 276, 278, 306, 322, 323, 397 →ポプ・ドゥクリャニン
ドゥゴニチ、A. 259
ドゥジーク、B. 98, 99
ドゥシャノフ、D.T. 470
ドゥシャン 277, 311, 332, 399, 413, 431, 432, 446, 451, 454, 455, 607 →ステファン・ドゥシャン
ドゥダ、F. 34
ドヴナル=ザボルスキー、M.V. 206
ドゥニ、E. 104, 120
トゥフトゥム 350, 351
ドゥブラフカ 3
ドゥブロヴチャニン 309
ドゥブローヴィン、N.F. 192, 193
トゥベロン、L. 276 →クリエヴァ、ケルヴァ、ケルヴァリウス、ツリイェヴィチ
トゥマンスキー、F.O. 171
ドゥミトラケ 348
ドゥミトレスク、Vl. 378
ドゥヤム（聖） 311
トゥライェフ、B.A. 222
トゥルゾー、Gy. 541
トゥルチノヴィチ、O. 212
トゥヴルトコ・コトロマニチ1世 319, 412, 444, 449
ドゥルマン、M. 337

トゥルラコフ、M. 503
トゥローツィ、J. 5, 77, 252-254
トゥン、レオ 93
ドージャ 318, 445, 552, 580
トーブ、M.A. 246
トカシ、W. 40, 43, 53
トカラツ、I. 331
トカルチチ、I.K. 285, 291, 292
ドギェル、M. 9
トクヴィル 241
トシェフ、A. 520
トシェフ、St. 501
トシュコヴィチ、J. 433
ドストエフスキー、F.M. 209
トチレスク、Gr.G. 360, 366, 373, 376
トッペルティヌス、L. 344
トトュ、F. 476, 506
トドロヴィチ、P. 439
トドロフ、A. 500
トドロフ、P. 501, 524
トドロフ、Vl. 505
トドロフ、Y.Y. 535
トドロフ=ヒンダロフ、V. 503, 521
ドビアーシュ、J. 155
ドビアーシュ=ロジェストヴェンスカヤ、O.A. 237
ドプシュ 234, 592, 606
ドブナー、G. 83-87, 547, 548 →ドブネル
ドブナーニ、M. 550
ドブネル、G. 83 →ドブナー
ドブルスキ、N. 478
ドブロクロンスキー、A.P. 214
ドブロジェアヌ=ゲレア、C. 386-388
ドブロティツァ 510
ドブロフスキー、J. 75, 84-89, 99, 111, 120, 520, 548, 549, 589, 610
トボルカ、Zd.V. 118
トマ 275, 289
トマーシェク、J.P. 552
トマーシク、S. 552
トマシチ、I. 276
トマス・モア 243
トマッソ・ディ・サルッツォ（2世） 372
トマノヴィチ、L. 417
ドマノフスキ、S. 269
トマン、H. 123
トミスラヴ 273, 293, 296, 298, 315, 323, 447
トミチ、J.N. 419, 420, 423, 437
トムカ=サースキ、J. 402, 448, 546
トメク、V.V. 93-98, 100-102, 104, 112, 127, 137
ドメンティヤン 398
トモフ、A. 499
トライチェフ、G. 502
トラウブ、H. 141
ドラグティン 398, 399, 444
ドラゴヴィチ、M. 412
ドラゴシュ 341, 366
ドラゴミル、S. 383
ドラシュコヴィチ、J. 282, 330, 331
トラノウスキー、ユライ 576 →トラノツィウス
トラノツィウス、J. 576, 582 →トラノウスキー
ドラバチ、J.B. 88
ドラホマノフ、M.P. 224
トラヤヌス 343, 344, 350, 351, 353, 360, 363, 377, 510
トリセ、N. 477 →バラバノフ
ドリノフ、M. 472-475, 478, 481, 483, 493, 507, 521, 524
トリフォノフ、Y.Tz. 486, 487
ドルゲート家 150

ドルゴルコフ、P.V. 217
トルステニャク、D. 588-590
トルストイ、A.N. 202
トルストイ、I.I. 216
トルストイ、L.N. 198
ドルチナ、Fr. 152
トルディナ、J. 591
ドルニチャル、J.G. 587
トルバル、P. 596
トルピミル 293, 302, 325, 335
トルフラーシュ、J. 128
トルヘルカ、Č. 305, 306
ドルメフ、V. 487, 515 →クリメント（タルノヴォ司教）
トレジャコフスキー、V.K. 169
ドレフ、P.V. 505-507
トレボニウ・ラウリアン、A. 355-357
トレンク、F. 320
ドレンツ、M. 606-608
ドロイゼン 362, 551
ドロスィエフ、Iv. 524
ドロスィエフ、L.Iv. 506
トロツキー 537, 614
ドンブルフカ、J. 4
ドンブロフスキ、J. 62, 63

ナ

ナイデノフ、V. 529
ナウム 133, 462, 532
ナヴラーチル、B. 113, 119
ナキェルスキ、S. 8
ナジ、J. 333
ナジ、P. 278
ナジェジュジン、N.I. 217, 221
ナタン、Zh. 538
ナタンソン=レスキ、J. 68
ナチョフ、N.E. 479
ナデジュデ、I. 386
ナポレオン 2, 12, 36, 38, 51, 64, 65, 112, 135, 149, 162, 172-176, 178, 194, 195, 218, 244, 273, 274, 318, 320, 324, 334, 348, 354, 404, 417, 440, 441, 550, 597, 605-608, 610, 640
ナポレオン3世 393, 448, 646
ナルシェヴィチ、A. 9-12, 14, 16, 21, 22, 24, 27, 35, 628, 629, 635

ニ

ニーデルレ、L. 130-133, 135, 153, 154, 313, 319, 642
ニーブール 49, 184, 185, 221
ニェヴォストルイエフ、K.I. 219
ニェザビトフスキー、V.A. 212
ニェチャエフ、S. 537
ニェトゥシル、J.(I.V.) 224, 225
ニェボルシン、G.P. 212
ニェムツェヴィチ、J.U. 11, 12, 18, 23
ニェムツォヴァー、B. 115
ニキツキー、A.I. 212, 216
ニキツキー、A.V. 222
ニキトフ、N. 504
ニキフォロフ、G. 501
ニケフォロス総主教 462
ニコヴィチ、Iv.St.Hr. 476
ニコフ、P. 482, 505-509, 511
ニコラ1世 303, 308, 425
ニコライ1世 163, 175, 179, 189, 194, 198, 199, 205, 208, 210, 221, 247, 536
ニコライ2世 244, 441

ニコラウス1世 523, 526, 535
ニコラエスク=プロプショル、C. 378
ニコラエフ、D. 477
ニコラエフ、N. 502
ニコラエフ、ダナイル 478
ニコリスキー、M.V. 222
ニコレスク、P. 379
ニコロフ、D.ポプ 502
ニコロフ、G. 523
ニコロフ、T. 534
ニコン 165, 187, 198, 214
ニストル、I. 383
偽ディミトリー 40, 175
ニフォン 342

ヌ

ヌリ=ハジチ、O. 433

ネ

ネイェドリー、Zd. 94, 102, 104, 109, 114-116, 128
ネウーストゥプニー、J. 154
ネヴォーリン、K.A. 185
ネオフィト・リルスキ 506, 529
ネグル・ヴォダ 359, 363, 367
ネクルチェ、I. 344
ネストル 164, 169, 174, 181
ネストル、I. 378
ネデフ、G. 501
ネデフ、N. 521
ネデフ、St. 521
ネノフ、T. 530
ネノフ、Y.Y. 476
ネハイェヴ、M. 329
ネポムクの聖ヤン 81 →ヤン・ネポムツキー
ネマニチ朝（家）395, 399, 400, 413, 437, 446, 454
ネマニャ 399, 447, 454 →スィメオン（聖）、ステファン・ネマニャ
ネマノフ、L. 502
ネロ 49, 225

ノ

ノア 167, 282, 467
ノイコフ、P.M. 523
ノイマン、A.A. 151
ノヴァーク、J.B. 110-112, 564
ノヴァーク、M. 541
ノヴァーチェク、V.J. 127
ノヴァク、G. 325-327
ノヴァク、V. 314, 326
ノヴァコヴィチ、S. 413-416, 418, 419, 434, 435, 447, 455
ノヴィコフ、N.I. 172
ノヴォサドスキー、N.I. 222
ノヴォトニー、J. 150
ノヴォトニー、V. 105, 106, 109, 110, 112-114, 116, 120, 137, 140, 142-144, 574
ノヴォフラト家 110
ノヴォメスキー、L. 583
ノジチカ、J. 150
ノスティツ家 86
ノディエ、シャルル 331
ノディロ、N. 290, 298, 300, 312-316, 322, 326
ノヘイロヴァー=プラートヴァー、E. 153
ノルデ、B. 246

人名索引

ハ

ハーイェク（リボチャニの）、ヴァーツラフ 78, 79, 81, 82, 84, 88
パーヴェル1世 170, 175, 194, 195, 206
バーズマーニ 579
バーズマーニ、P. 255, 265, 575
バーデン 400
バートリ、Zs. 420
バイエル、G.S. (T.S.) 169, 170, 190
バイスィー 467-469, 473, 481, 483, 485, 487, 504, 507, 514, 520, 522, 523
バイスカー 595
バイスケル、J. 108, 132, 133
ハイゼンベルク 509
ハイデンシュタイン、R. 7
バイトナー、J.T. 85 →バイトネル
バイトネル、J.T. 85 →バイトナー
ハイドレル、J. 119
ハイナル、I. 270, 630, 637, 641, 642
ハインリヒ、G. 68
ハインリヒ・ラスペ 232
ハインリヒ5世 170
バウアー 605
バヴィチ、M. 306
バヴィンスキ、A. 31, 36, 48
パヴェリチ、A. 335, 336
バウエル、E. 336
バウエル、V.V. 240
パウカ家 48
ハウプトマン、Lj. 598-603
バウムガルトネル、E. 607
ハヴリーチェク、K. 118, 141, 145
パウリニ、L. 560, 577
パヴリノヴィチ、M. 303
パウレル、Gy. 262, 263
パウロ、P. 275
パウロヴァー、M. 155, 324
パヴロヴィチ、D.M. 418
パヴロヴィチ、Hr. 468
パヴロヴィチ、T. 405, 407
パヴロフ、A. 530
パヴロフ、T. 502
パヴロ=シリヴァンスキー、N.P. 206, 207
パエフ、G.K. 469 →クラステヴィチ
パカツィアン、T.V. 371
バガレイ、D.I. 202
バカロフ、G.Iv. 537
バカロフ、Y. 494
バクーニン、M.A. 157, 205
バクサ、B. 125
バクシェフ、P.B. 466, 467
バゲメイステル、Yu.A. 212
バコーツ、T. 265
バコティチ、L. 433
バサラブ、A. 359
バサラブ、M. 370
バサラブ朝 400
ハジ・ヴァルコフ、V. 514
ハジ・ディミタル 476
ハシェスキヤ、M.M. 449
ハシュテインスキー（ロプコヴィツェの）、ボフスラフ 77, 87
ハジスタンチェフ、T. 478 →スタンチェフ
ハジチ、J. 404, 439
パシチ、N. 417, 423, 442, 604
バシャギチ=レジェパシチ、S. 306
バシュ、F. 604

パシュケヴィチ、H. 65
バジュダロフ、G. 499, 517
バシリオス2世 464
パズヴァノグル、O. 414, 517 →パズヴァントオグル
パズヴァントオグル、O. 414, 517, 530 →パズヴァノグル
バスク、Ş. 383
パスケヴィチ、I. 470
パスコフ、V. 502
バスティレフ 529
ハスデウ、B.P. 357-361, 364-370, 373, 376, 392
パストゥホフ、Iv. 519
パストル、I. 298
バタクリエフ、Iv.A. 522
バックル 300, 362, 421
バッハマン、A. 113
バティニチ、M.V. 304
ハト、J.E. 122
バートリ、S. 7, 29, 31, 40, 55, 65, 162, 165
バトフスキ、H. 65
バトラシュカヌ、L. 387, 388
バトレフ、Hr.N. 476
パナイテスク、P.P. 368, 389-392
パナヨトフ、Iv. 520, 521
バニーク、A.A. 578
パヌ、G. 365, 366, 384
ハヌシュ、J. 105
バネスク、N. 388
ハネル、J. 123, 284
パパーニェク、J. 547, 548, 550
パパゾフ、D.Iv. 531
パパドポル=カリマ、A. 369
パパリチ、D. 276
パパンチェフ、A. 500
パピウ・イラリアン、A. 356, 357, 388
バヒル、M. 543
バブキチ、V. 290
ハプスブルク（家） 2, 7, 36, 56, 60, 71, 72, 78, 82, 94, 107, 115, 117, 125, 136, 140, 142, 144, 147, 156, 200, 229, 249, 253-258, 262, 263, 266, 267, 269, 272-274, 280-282, 293, 296, 304, 318, 320, 332, 335, 340, 349, 352, 356, 382, 395, 396, 399-403, 406, 407, 410, 422, 423, 427, 439-441, 445, 543, 579, 586, 592, 594, 596, 597, 599, 601, 602, 605, 606, 619-624, 632, 633, 635, 639, 640, 642, 644-646, 648
パフタ、J. 109
ハフナー 399
パプロツキ、B. 7 →パプロツキー
パプロツキー、B. 80 →パプロツキ
パペー、F. 31, 32, 53
パポウシェク、J. 145, 158
バヤズィト 466
パラウゾフ、Sp.N. 470-475, 505
パラショヴィチ、G. 543
パラスケヴァ（聖） 463, 465 →ペトカ
パラスチェフ、G.D. 434, 493, 494
バラダ、M. 316, 326, 327, 335
バラツ、A. 330
パラツキー、Fr. 77, 78, 86, 89, 91-102, 104-106, 108, 109, 112, 113, 119, 123, 124, 126, 127, 130, 137, 139, 140, 143, 146, 147, 152, 158, 174, 230, 285, 289, 317, 556, 572, 599, 629, 635
バラニ、Gy. 271
バラーニャイ・デチ、J. 255
バラノフスキ、I. 47, 213, 237
パラパト、J. 591
バラバノフ、M.D. 477 →トリセ
ハラフ 128
バラン、T. 383

バリツィウ、Gh.　357
バルギヤンスキー、M.A.　185
バルコヴィチ、J.　550
バルシチ、K.　542, 543
バルスコフ、N.P.　195
バルゼル、O.　18, 21, 31, 34, 43-45, 51-54, 59, 64-66
バルソフ、N.P.　217
バルターク、J.　581
バルチェスク、N.　355, 356, 360, 361, 366, 386
バルトシェク（ドラホニツェの）　77
バルトシュ　77, 109
バルトシュ、F.M.　108, 140
バルトニエク、E.　271
バルトリド、V.V.　245
バルトロマエイデス、L.　548　→バルトロメイデス
バルトロメイデス、L.　548　→バルトロマエイデス
バルヌツィウ、S.　365
バルバル、O.　500
バルビーン、B.　81, 82, 85, 107, 547
ハルプカ、J.　550
バルリチェフ、Gr.St.　476
バルリチェフ、K.　499
ハレツキ、O.　29, 37, 59-61, 68, 134, 636, 643
バレニ家　344
バレノヴィチ、Š.　285
ハロウペツキー、V.　137, 138, 143, 149, 156, 448, 565, 571-573, 575
バロニウス　466, 522
ハンカ、V.　75, 86, 88, 89, 93, 97, 103, 123, 127, 153, 174, 359, 411, 561, 589
バンクロフト　102
バンコフ、D.　501
バンチェフ、T.　505
パンチェンコ、B.A.　227, 228
パンテリチ、D.　450
ハンデルスマン、M.　37-39, 57-59
バントキェ、J.S.　11, 12
バントキェ、J.W.　12
ハンマー=プルクスタル、J.　346

ヒ

ピアスト家（朝）　71
ビーチ、J.L.　130, 131
ヒーブル、Fr.　111, 133, 134
ビーレヨフスキー、B.　77, 78
ヒーロシ、Š.N.　552
ピヴェク、Lj.　596　→ビウコ
ピヴェツ=ステレ、M.　607
ビウコ、Lj.　596　→ピヴェク
ピウス2世　76, 253　→エネア・シルヴィオ・ピッコローミニ、ピッコローミニ
ピウス4世　110
ピウスツキ、J.　2, 28, 37, 41, 54, 56, 59
ピェコシンスキ、F.　29-32, 47, 48
ビェルスキ、J.　7
ビェルスキ、M.　6, 7, 343
ヒエロニムス（聖）　168, 306
ビェロフスキ、A.　17, 552
ピコロ、N.S.　513
ビジョフスキー、M.　80
ピスコルスキー、V.K.　243
ピストロン、J.S.　69
ビスマルク　40, 64, 111, 520
ピター、B.　83, 544　→ピテル
ピチャニチ、R.　331

ビチューリン、N.Ya.　244　→ヤキンフ
ピツィリ、P.　536
ピッコローミニ　76, 77, 79, 111, 253, 522　→エネア・シルヴィオ・ピッコローミニ、ピウス2世
ピッピディ、D.M.　379
ピテル、B.　83　→ピター
ヒトラー　59, 61, 72, 251, 267, 268, 340, 373, 539, 567, 568
ピドロ、J.　111, 134, 142, 146, 147, 155, 156
ピピン　434
ピピン（イタリア王）　608
ピブル、V.　107
ビャウコフスキ、L.I.　63
ピャセツキ、P.　7
ヒューム　87, 173
ビュヒャー　242
ピョートル1世（大帝）　162, 167, 169-171, 174-178, 182, 184-186, 188, 189, 193, 197, 200, 202, 203, 205-208, 210, 212, 214-218, 235, 239, 240, 346, 347, 401, 450, 639, 646, 647
ピョートル2世　210
ピョトロヴィチ、L.　69, 70
ピラーリク、Š.　541, 549
ピリェヴェツ、A.　609
ビリパソフ、V.A.　232
ヒルコフ、A.Ya.　167
ヒルファーディング、A.F.　229　→ギルフェルディング
ビロン、E.I.　169
ピンカス、A.M.　119
ピンキウス　485
ヒンコフ、Hr.　524

フ

ファーンドリ、J.　547, 548, 578
ファイト、Š.　582
ファルマコフスキー、B.V.　219
ファルメライヤー　410, 471, 472
ファルラティ、D.　280, 302, 485
ファンツェヴ、F.　330
フィアラ、E.　128
フィシェル、J（ヨゼフ）．（1878-1944）　149
フィシェル、J（ヨゼフ）．（1891-1945）　152
フィシェル=ピスカトリス、J.　542
フィチェフ、Iv.　500
フィビヒ、Zd.　114
フィヤウェク、J.　45
フィラレート　213　→グミレフスキー
フィリッティ、I.C.　384, 385, 387
フィリッポス2世　497
フィリピデ、D.　348
フィリプ、J.　154
フィリポフ、N.　522
フィロテア（聖）　465
フィロフ、B.D.　505, 532, 535
フィンケル、L.　32, 33, 36, 61, 64
フウェンドフスキ、K.　50
フヴォストフ、M.M.　224
プーシキン、A.S.　172, 173, 184, 185, 208, 210
フーシチャヴァ、A.　575, 576
プーフェンドルフ　168
フェイェール、Gy.　259, 471
フェイェールパタキ、L.　265, 562
フェスラー、I.A.　258, 359, 471
フェルディナント・コーブルク　461　→フェルディナント1世（ブルガリア皇帝）
フェルディナント1世（オーストリア皇帝）　89, 316　→フェルディナント5世
フェルディナント1世（神聖ローマ皇帝）　71, 79, 97, 293, 296,

人名索引　673

298, 320, 325, 592, 594
フェルディナント1世（ブルガリア皇帝）　444, 461, 476, 489, 500, 504, 520, 522　→フェルディナント・コーブルク
フェルディナント2世　94
フェルディナント5世　89, 155, 316　→フェルディナント1世（オーストリア皇帝）
フェルドマン、J.　64, 70
フェルマー、M.　348
フェルメンジン、E.　304
フェレーリ、G.S.　143
フォイエルバッハ　242
フォイクト、A.　84, 85, 105　→ヴォイクト
フォティオス　152
フォティノ、D.　348
フォティノフ、K.G.　478, 481
フォテフ、G.　502
フォルガーチ、F.　255
フォルステン、G.V.　200, 210
フォルチンスキー、F.Ya.　233, 236
フォレティチ、V.　329
ブガチョフ　192, 193, 199
フサ、V.　157, 158
フサーク、G.　583
ブジェスキ、T.　68
プシェミスル・オタカル1世　71, 127
プシェミスル・オタカル2世　74, 94, 97, 98, 110　→オトカル2世
プシェミスル家（朝）　71, 73-75, 110, 154
プシビーク・プルヴァ（ラデニーンの）　76　→プルカヴァ
ブジンスキー＝クリチカ、V.　582　→ブダヴァーリ
フス、ヤン　45, 71, 76-79, 85, 90-94, 97, 98, 102, 103, 105, 108, 111-120, 123, 126-128, 136-138, 140, 142-145, 147, 151, 155-157, 229, 231, 232, 308, 550, 557, 561, 575, 579, 581, 628, 639, 647
ブスラーエフ、F.I.　195
ブゼスク家　342
ブゼスクル、V.P.　223
ブダイ、É.　258
ブダイ＝デレアヌ、I.　351, 352, 357
ブダヴァーリ、V.　582　→ブジンスキー＝クリチカ
ブタシツキ、S.　42
ブタシニク、J.　45-47, 49, 66
ブチャル、F.　297, 310
ブツィチ　333
ブツィチ、M.　408
ブツコ、V.　582
ブディナ、S.　277
ブディンスキ、Y.　465, 515
ブドヴェツ、V.　80, 118
ブトゥルリン、D.P.　175
ブトコフ、P.G.　216
プトレマイオス、クラウディオス　154
ブナコシ、K.　479
フニャディ、J.　352, 369, 412, 471, 472, 510, 579
フニャディ家　260, 265
ブネア、A.　381
ブビチカ、Fr.　84, 87, 90
ブフテラ、K.　130, 131
ブブノフ、N.M.　236, 239
フベ、R.　28, 29, 31
フメリニツキー、B.　191
ブヤク、F.　32, 45-48, 57, 58, 66-68
フュステル・ド・クーランジュ　226, 235, 423
フョードル（ロシア皇帝）　166, 173, 218
フョードル・ポリカルポフ　167
ブラーシェク、J.V.　132
ブラーフ、A.　122
ブライ、Gy.　257, 545, 629　→ブライ、J.

ブライ、J.　257, 545, 629　→ブライ、Gy.
ブライヴァイス、J.　595
ブラガイ家　586
フラキウス・イリリクス、M.　276-278, 323, 637　→ヴラチチ・イリリク
ブラクサトリス、A.　548, 549
フラクノーイ、V.　265, 562
ブラゴエフ、N.P.　526, 527
ブラゴエフ（・ニコロフ）、D.　517, 536, 537
ブラシニチ、M.　297
ブラシュカ、R.G.　95
プラジュモフスキ、A.　11
ブラスコフ、Vl.R.　477
ブラズニク、P.　607
ブラセク、V.　129
ブラチコヴァ、M.　535
プラチコフ、P.O.　216
フラツキー、J.　560
ブラティアヌ、Gh.I.　389, 390, 392, 393
ブラティアヌ、I.C.　388
プラトーノフ、S.F.　192, 196, 201, 202, 206-209, 244
プラトン（首都大主教）　213　→レフシン
ブラニミル　317
フラノフ、V.　476
フラバーク、J.　122
ブラフト、O.　149
ブラホスラフ、J.　79
ブラン、ルイ　242, 550
フランケンベルゲル、O.　145
フランコ、I.　18
ブランコヴィチ、ヴク　400
ブランコヴィチ、ジュラジ　411, 412, 415, 429, 457
ブランコヴィチ、ジョルジェ　400-402, 409, 411, 412, 423
ブランコヴィチ家　400, 413
フランコパン、F.K.　287, 288, 292, 309, 330, 331
フランコパン、S.　296
フランコパン家　320
フランソワ1世　380
フランチェスコ（アッシジの聖）　103, 120, 133, 152, 241, 252, 275, 276, 281, 301, 304, 305, 309, 310, 312, 466, 582, 588
フランチェスコ・フェルッチ　243
フランチシェク・プラシュスキー　75
フランツ　404
フランツ・フェルディナント　274, 437, 570
フランツ・ヨーゼフ　20, 99, 135, 287, 299, 407, 444, 559, 632, 640
フランツィスツィ、E.　586
フランツィスツィ、J.　550
フランツェフ、V.A.　230
ブランドル、V.　99, 100
ブリアーン、I.　443
ブリアン＝シャニノフ、N.　246
フリードリヒ、G.　127, 128, 152, 153
フリードリヒ（プファルツ侯）　148
フリードリヒ・バルバロッサ　523　→フリードリヒ1世
フリードリヒ1世　74　→フリードリヒ・バルバロッサ
フリードリヒ2世（神聖ローマ皇帝）　232
フリードリヒ2世（プロイセン王）　111, 619
フリードリヒ3世　240, 586
ブリウス、J.　542
フリスティチ、F.　443
フリストフ、D.　498
フリストフ、T.　504
プリセルコフ、M.D.　209
フリチ、J.V.　119, 141
ブリチ、F.　280, 293, 301-303, 306, 310-312, 334, 592
フリツ　509, 510

プリニウス（小） 225
フリニェヴィェツキ、B. 69
ブリノフ、I.A. 208
フリバル、I. 597
プリビナ 569, 579, 582
プリヤテル、I. 609
ブリュエンニオス 446
ブリュックネル、A. 49, 68, 69
フリンカ、A. 539, 578, 580
ブルヴァン、V. 368, 371, 376-379, 384, 386, 390
フルヴォイェ 317, 319 →ヴクチチ・フルヴァティニチ
ブルーノ（クヴェルフルトの） 133
ブルガーコフ、M.P. 213, 214 →マカリー
ブルカヴァ 76, 83, 85 →プシビーク・プルカヴァ
フルショウスキー、F. 567, 577-580, 636
ブルターニ、R. 582
プルタルコス 69, 553
フルトヴェングラー 455
ブルナシェフ、V.P. 212
フルバン、J.M. 550, 555, 576
フルビー、Fr. 120, 149
フルビー、V. 153
ブルフニク、A. 56
フルムザキ、E. 361, 365, 366, 368, 383, 633
ブルモフ、Al.K. 538
ブルモフ、T.St. 480
ブルリチ、A.T. 331
ブルンコヴェアヌ、C. 345, 379
ブルンシュミド、J. 310-312
ブレイェル、M. 331
フレイサ、F. 126
ブレーヴェ、V.K. 203
プレシェレン、F. 594, 596, 606, 610
ブレシコ=ブレシコフスカヤ、E.K. 203
ブレシュコフスキ、P. 49
プレショ 485, 542, 543
プレスニャーコフ、A.E. 209
ブレツラウ 574
フレドロ、A.M. 8
プレハーノフ、G.V. 179, 180, 537
ブレラドヴィチ、P. 410, 444
ブレログ、M. 324
フロイト 525
プロケシュ、J. 142
プロコピオス 228
プロコプ（聖） 73, 141
フロジャンスキー、J.H. 551, 552, 558
プロズニー、B. 132, 638
プロゾロフスキー、D.I. 216
ブロダノヴィチ、J.M. 433, 453
ブロダリチ、I. 254 →ブロダリチ、S.
ブロダリチ、S. 276 →ブロダリチ、I.
ブロダル、S. 610
ブロダル、T. 606 →カルデリ、スペランス
ブロダン、D. 387
プロティチ、A.D. 534, 535
プロハースカ、Fr.F. 85, 105
プロハースカ、J. 150
プロハスカ、A. 32
プロフォウス、A. 155
フロベニウス 107
フロリアン、A. 352
フロリンスキー、M. 247
フロリンスキー、T.D. 230
フロレク、P. 576
プワスキ、K. 42
フント 579

ヘ

ベアトリクス 253
ヘイノシュ、W. 66
ヘイロフスキー、L. 123
ヘヴェネシ、G. 256
ベーケフィ、R. 264
ヘーゲル 24, 93, 119, 185, 188, 231-233, 240, 241
ベーゼンドルファー、J. 328
ペーター（ツィタウの） 75 →ペトル・ジタフスキー
ペータル 354, 459 →ペタル
ベーム、J. 153, 154
ベーラ1世 557
ベーラ3世 463
ベーラ4世 552, 557
ベーラ王 251
ベール、K. 157 →コンラト、K.
ベール、M. 256, 541, 629 →ベル
ペカシュ、J. 95, 97, 98, 100, 106-109, 111-116, 118-121, 132, 135, 136, 138-140, 143-147, 149, 150, 155, 158, 322, 438, 573, 632, 643
ヘクレル、A. 301
ペシェフ、P. 500
ベシェフリエフ、V.Iv. 494, 513
ペシナ、T.J. 82, 547
ペシャーク、V. 144
ペシュティ、F. 558
ヘス、A. 252
ペステリ 210
ベストゥジェフ=リューミン、K.N. 192-194, 199, 201
ベゾブラーゾフ、P.V. 209
ペタル 322, 354, 433, 459 →ペータル
ペタル・カラジョルジェヴィチ 321
ペタル・クレシミル（4世） 320
ペタル1世 321, 463, 464, 529
ペタル2世ペトロヴィチ・ニェゴシュ 406, 410, 417
ペチョーリン、V.S. 209
ペツコフスキー、J.Fr. 82
ペテー、G. 255
ペトカ（聖） 463-465 →パラスケヴァ
ペトコヴィチ、V. 456
ペトコフ、N. 503
ベドナーシュ、Fr. 126, 152
ペトナコフ、K.N. 502
ペトラノヴィチ、B. 307
ペトラルカ 76
ペトリコヴィチ、J. 560
ペトル（跛躄侯） 342
ペトル（ムラドニョヴィツェの） 76, 113
ペトル・ジタフスキー 75 →ペーター
ペトル・ジャテツキー 77
ペトル・ラレシュ 342, 380
ペトルシェフスキー、D.M. 234, 235, 246
ペトルシュケヴィチ 247
ペトレ、F. 604
ペトレシュコフ、Hr. 477
ペトレン、G. 264, 269
ペトロヴィチ、J. 457
ペトロヴィチ、V（ヴァスィリイェ）. 401
ペトロヴィチ、V（ヴェリコ）. 433
ペトロフ、M.N. 239, 240
ペトロフ、P.N. 218
ベネシュ、E. 106, 111, 117, 146, 157, 576
ベネシュ・クラビツェ（ヴェイトミルの） 76
ベネディクト（聖） 3, 8, 73, 83, 98, 128, 143, 251, 264, 266, 276, 278, 397, 590

人 名 索 引　675

ベネフ、B.N.　516
ヘネル、K.　124
ヘフラー、C.　91, 102, 103, 127
ヘムス　535
ペヤコヴィチ、S.　286
ペヤチェヴィチ、F.K.　281
ペヨ司祭　524
ヘラクレイオス帝　314
ペリクレス　223
ベリスラヴィチ　287
ベリスラヴィチ一門　287
ベリチ、V.J.　433
ベリャーエフ、D.F.　228
ベリャーエフ、I.D.　176
ベリャーエフ、I.S.　215
ベリンスキー、V.E.　217
ベリンスキー、V.G.　178, 184
ベル、M.　256, 541, 629　→ベール、M.
ベルガント、F.　609
ベルサ、J.　311
ヘルダー　184
ヘルタイ、G.　255
ベルチウ、D.　378
ベルチェフ、G.　499
ヘルチツキー、P.　103
ヘルツェグ、J.　329
ヘルツェル、A.Z.　17, 29, 47
ベルツル、Fr.M.　81, 84, 85, 105
ヘルネス　333
ベルノラーク、A.　547, 550, 560, 572-574
ヘルプスト、S.　65
ヘルモールト　236
ベルンハイム　43
ペレスヴェートフ、I.　165, 205
ペレンツ、A.　69
ペロイェヴィチ、M.　325
ペロヴェジュドフ、N.　477
ペロウトカ、E.　132
ヘロドトス　278
ペンコフスキ、G.　481
ベンチク、M.　544
ベンデレフ、A.　501
ヘンリク（・ヴァレズィ）　29, 40
ヘンリク1世髯公　25

ホ

ボイチェフ、T.N.　478
ボイチョ　477　→ゴラノフ
ボイニチチ、I.　293, 294
ホウォニェフスキ、A.　53
ホウジェク、F.　569
ホウジェク、I.　581
ボードゥアン（フランドル伯）　522
ホーマン、B.　139, 269, 445, 636
ポール＝ドベルスキー、J.　149
ボガ、L.T.　380
ボギシチ、B.　289, 308, 309, 327, 455
ボグダノヴ、V.　337, 605
ボグダン、I.　341, 365, 366, 368-371, 377, 390-392
ボグダン1世　366
ボグチャルスキー、V.A.　206　→ヤコヴレフ
ポクロフスキー、M.M.　225
ポクロフスキー、M.N.　206, 208, 211, 234, 246, 613
ボケス、F.　576, 577
ポゴーディン、A.L.　230
ポゴーディン、M.P.　174, 188, 191, 195, 221, 423

ボゴスロフスキー、M.M.　205, 207, 246, 247
ボゴミール　288, 305, 307, 327, 337, 444, 455, 462, 463, 471, 473, 486, 511, 515, 517, 519, 522, 527, 529
ボゴリディ、Al.St.　479
ホサーク、L.　155
ホジウシ、S.　6, 29
ホジェツキー、S.M.　212
ポジェブラディ　90, 91, 137, 138, 151, 557　→イジー（ポジェブラディの）
ホジャ、M.　138, 139, 556, 570-572, 576
ホジャ、M.M.　570
ボジャンスキー、O.M.　229, 470
ボジュコフ、Hr.　502
ボジンカ、D.　352
ボズ　608
ボズヴェリ、N.　481, 515
ホスチンスキー、O.　114
ホスチンスキー、Z.　550, 551　→ケルネル
ポステル、G.　564
ボスニャーク家　563
ポソシコフ、I.T.　206
ホダール、J.　582
ボチェク、A.　93, 99, 119, 153
ボチェムラ、M.　559
ボチカイ、I.　105, 140
ホッジズ　419
ホディニツキ、K.　63
ホディンカ、A.　264
ボテフ、Hr.　469, 476, 477, 479, 516, 517, 536, 537　→ボトフ
ボト、J.　554, 558, 559, 572, 636
ポド、P.　256, 560
ポトカンスキ、K.　33, 34
ポトツキ、S.K.　11
ボトフ、Hr.　517　→ボテフ
ポドラハ、A.　126
ボナ・スフォルツァ　6
ボナパルト、ジョゼフ　231
ポニャトフスキ　2, 8, 9, 55　→スタニスワフ・アウグスト
ポニャトフスキ、J.　12, 33, 36, 64
ポパ＝リセアヌ、Gh.　371
ポパリチ、B.　296, 297
ホフ、K.　148
ポプ・ドゥクリャニン　276, 397, 447　→ドゥクリャの司祭
ホフィレル、V.　333, 334
ポプゲオルギエフ、Y.　530
ポプコンスタンティノフ、Hr.　477
ボフシュ＝セスチシェンツェヴィチ、S.　12
ポブジンスキ、M.　20, 21, 23-25, 27, 32, 36, 39, 43, 52, 53, 55, 56, 636, 647
ポプストイロフ、A.　486
ポプチェフ、I.S.　502
ポプチェフ、K.N.　526
ポプチェフ、N.　504
ポプチェフ、S.　501
ポプチェフ、S.N.　532, 533
ポプチェフ、St.S.　492-494
ポプフリストフ、G　531
ホフマン、L.K.　111
ポフリン、M.　587
ポプルジェンコ、M.G.　505
ポフンカ＝ボシャーンスキ家　576
ポペスク、R.　344, 345
ポベドノースツェフ、K.　555
ポポヴィチ、D（ディミトリイェ）．　433
ポポヴィチ、D（ドゥシャン）．　451-452
ポポヴィチ、Gh.　370
ポポヴィチ、J.S.　405

ポポヴィチ、P. 433
ポポヴィチ、R. 529
ポポヴィチ、V. 433, 448, 449
ポポフ、Hr. 530
ポポフ、R.P. 496
ポポフ、St. 502
ボホモレツ、F. 9
ホミャーコフ、A.S. 176
ポムヤロフスキー、I.V. 225
ホメロス 222, 224
ポラ、B. 577
ホラーチェク、C. 122
ポラチクウナ、H. 68
ホラティウス 235
ボリアク、C. 376
ホリー、J. 550
ポリエフクトフ、M.A. 209, 210
ボリス（1世ミハイル） 459, 462, 464, 484, 486, 511, 512, 523
ボリス・ゴドゥノフ 172-174, 202
ボリス3世 461, 504, 532
ポリチ 444
ポリチ、M. 299
ポリャコフ、I.S. 219
ボリル 463, 465, 471, 508
ホリンカ、R. 143
ホルヴァート、I. 259, 629
ホルヴァート、M. 259, 260, 636
ホルヴァート、J. 329
ホルヴァート、K. 299
ホルヴァート、R. 298, 299, 335
ホルコ、M. 543
ホルチン、I.N. 170, 171, 197, 204
ホルナ、R. 151
ホルビ、J.C. 560
ボルビス、J. 553
ボルホヴィチノフ、E.A. 213 →エヴゲニー
ボルン、I. 84
ホレア 361, 363, 387
ポレヴォーイ、N.A. 184, 185, 194
ポレーノフ 147
ボレク、E. 582
ボレスラフ1世 128
ボレスラフ2世 128
ボレスラフ3世 128
ボレスワフ（勇敢王） 16, 35, 55
ボレスワフ3世（口曲公） 3
ポレツ、J. 608
ボロヴィチカ、J. 139
ポロトニコフ 166
ボンカーロー、S. 271
ボンフィニ、A. 253, 255, 367, 400, 466, 471, 628

マ

マーチャーシュ 71, 253, 265, 269, 369, 541, 557, 586
マーユス、E. 269, 270, 575, 576
マーラー 114
マーリア 254
マール、N.Ya. 219
マールキ、S. 423
マイクスネル、R. 331
マイツェン 132
マイヤー 223, 225, 316, 377, 481
マウェツキ、A. 29
マウォヴィスト、M. 65
マヴリブール 468 →オルビン
マヴロコルダト、N. 344

マヴロディエフ、M.A. 499
マヴロディノフ、N.P. 533, 534
マガラシェヴィチ、D. 404, 405
マカリー 213 →ブルガーコフ
マカリオポルスキ、I. 504
マキアヴェッリ 439
マギン、J.B. 544, 578
マクシェフ、V.V. 230
マクシミリアン（2世） 80, 277, 318
マクスィム（プロヴディフ府主教） 505
マクスィム（ペーチ総主教） 400
マコーリー 300, 313
マサリク、T.G. 102-107, 109, 111, 112, 114-116, 118, 119, 122, 127, 130, 136, 145-147, 156, 158, 553, 555, 556, 564, 569, 570, 576, 595, 632
マザリチ、D. 456
マジャロフ、M.Iv. 481
マシュー・パリス 232
マジュラニチ、I. 298, 309, 318, 328, 329
マジュラニチ、V. 309
マズーア、A. 247
マスニーク、T. 541 →マスニツィウス
マスニツィウス、T. 541 →マスニーク
マダーチ（家） 545
マタソヴィチ、J. 327
マチェイ（ミェフフの） 6 →ミェホヴィタ
マチェイ（ヤノフの） 120
マチェヨフスキ、W.A. 13, 44, 49, 91
マチャリエ 342, 369
マツーレク、J. 156
マツェク、J. 616
マッカイ、L. 271, 272
マッカイ、S. 271
マッハ 223, 237
マティアーシュ、J. 80
マティアス 120
マディエヴ・デ・バルベザニス、M. 275
マティチ、T. 330
マティヤ・グベツ 441
マテエフ、P.M. 504
マトウシェク、J. 144
マトゥナーク、M. 561, 562, 563
マトコヴィチ、P. 292
マナッシース 342, 368, 464, 486
マヌ 469
マノイロヴィチ、G. 314
マハーチェク、Fr. 155
マフムト2世 418, 478
マブリー 10
ママルチョフ、G. 514
マヨル、P. 349, 351, 352
マヨレスク、I. 364
マヨレスク、T. 364-366, 385, 386, 391
マラ 415
マラミル 462
マランゴゾフ、Iv.N. 498, 502 →ヴェリタス
マリア・テレジア 87, 88, 119, 121, 124, 125, 141, 142, 148, 150, 257, 270, 272, 280, 318, 401, 407, 574, 579
マリアク、J. 560
マリニン、N. 180
マリノフ、A. 521
マリノフ、D. 498, 530
マリヤノヴィチ、M. 323
マル、J. 602, 603, 606
マルクス 22, 51, 52, 65, 101, 106, 114-116, 136, 137, 146, 147, 157, 158, 179, 180, 192, 202, 205-207, 211-213, 223, 224, 235-240, 243, 244, 246, 268, 270, 323, 336, 337, 356, 385,

人名索引　677

386, 387, 414, 428, 431, 432, 439, 452-454, 457, 474, 511, 516, 517, 524-526, 536-538, 562, 566, 570, 573, 577, 581-583, 595, 604-606, 613-616, 620, 622, 630
マルクス・アウレリウス　49, 132, 578
マルコ・クラリェヴィチ　408, 411, 412, 423, 518　→マルコ王子
マルコヴィチ、M.（1843-1927）　303　→アラチェヴィチ、M.
マルコヴィチ、M.（1702/07-62）　543
マルコヴィチ、S.　428, 431, 439, 453
マルコー、A.　574
マルコ王子　411　→マルコ・クラリェヴィチ
マルコフ、A. K.　216
マルコフ、J.　151
マルコフ、M. G.　499
マルコフスキ、M. Iv.　476
マルシャン、R.　121
マルスィリ　448
マルチーネク、Fr.　145
マルツァリ、H.　263, 636
マルティウス　500
マルティノヴィチ、I.　265
マルテンス、F. F.　182
マルモン　292
マルリチ、M.　276, 286, 310
マレン、L.（S.）　312
マレエフ、L. M.　501
マレシュ、Fr.　127
マレチンスキ、K.　64
マンキエフ、A. I.　167
マンチョフ、D. V.　470
マンディチ、M.　322, 456
マントイフェル、T.　65, 68

ミ

ミェシコ公（1世）　3, 35, 62
ミェシコ2世ランベルト　30
ミェシコ（3世）老公　24, 25
ミェホヴィタ、M.　6　→マチェイ（ミェフフの）
ミカエル7世　408
ミク・クライン、I.　349, 381
ミク・クライン、S.　349-352
ミクシーチェク、M.　576
ミクラーシュ・ビスクペツ（ペルフジモフの）　76
ミクロシチ、F.　289, 303, 406, 589
ミコツィ、J.　281
ミコフ（・ヴァロフ）、V.　531
ミシーク、Š.　560
ミシェフ（・ディミトロフ）、D.　480
ミシコヴィチ、A.　568
ミシュコルツィ、Gy.　272, 574
ミシュチェンコ、F. G.　223
ミシュレ　188, 313, 355
ミツキェヴィチ、A.　23, 111
ミトハト・パシャ　448
ミトロファノフ、P. P.　243
ミネア、I.　380
ミハイ（勇敢侯）　339, 342, 344, 352, 354-357, 367, 370, 373, 379-382, 391, 392
ミハイル（戦士）　464
ミハイル・アセン　529
ミハイル・フョードロヴィチ・ロマノフ　162, 166, 168
ミハイロ（ディオクレア王）　408
ミハイロ（ベオグラード大主教、セルビア府主教）　453
ミハイロ・オブレノヴィチ　283, 403, 404, 409, 425, 439, 440, 445
ミハイロ・クレシミル　302
ミハイロヴィチ、N.　195

ミハイロフスキー＝ダニレフスキー、A. I.　175
ミハレフ、K. S.　478
ミフネア（悪行侯）　342
ミフリューゾフ、N. R.　501
ミホフ、N. V.　492
ミャコチン　246
ミヤテフ、Kr. Iv.　533
ミヤトヴィチ、Č.　429, 442
ミュラー、G. F.　167, 169, 170, 172　→ミュルレル
ミュルレル、F. I.　169　→ミュラー
ミュンツァー　239
ミラコヴィチ、D.　410
ミラシュ、N.　310
ミラディノフ兄弟　481, 515
ミラロフ（＝サプノフ）、Sv.　479
ミラン・オブレノヴィチ　396, 413, 416, 422, 429, 439, 440, 442
ミリス、M.　542
ミリチェヴィチ、M. Đ.　409, 410
ミリューチン、N. A.　205
ミリュコーフ、P. N.　185, 202-205, 207, 209, 211, 237, 245, 246, 434
ミル、J. S.　187
ミルスキー、D. S.　246
ミルチェア（老侯）　392
ミルティノヴィチ＝サライリヤ、S.　404
ミルティン　398, 399, 423, 444
ミルポチェル　327
ミレティチ、L. G.　491, 502, 503, 505
ミレティチ、S.　411, 434
ミレフ、Hr. I.　476
ミレフ、N. I.　483, 507, 517
ミロシュ・オブレノヴィチ（ミロシュ公）　320, 321, 396, 403-406, 408, 409, 418-420, 425, 432, 436, 439, 440

ム

ムーシン＝プーシキン、A. I.　173
ムク、J.　155
ムシツキ、L.　443
ムシュカティロヴィチ、J.　402, 407
ムシュモフ、N. A.　494, 495, 529
ムスタコフ、D. M.　521
ムセヴィチ＝ボリコフ、A.　505
ムタフチェフ、P. St.　494, 506, 509-513, 516, 519, 523, 530, 602, 636
ムティミル　312
ムラヴィエフ、K. V.　518
ムラヴィヨフ、N. M.　176
ムラデノフ、St.　514
ムラデン2世　326　→シュビチ、ムラデン
ムラトーリ、L. A.　83
ムルヌ、Gh.　377

メ

メイチク、D. M.　215
メイン　234, 237
メギゼル、H.　586
メジディエフ、A. Hr.　530
メジョフ、V. I.　218
メスィチ、M.　286, 287, 290, 294
メダコヴィチ、D.　406
メダコヴィチ、M.　406
メッテルニヒ　404, 419, 448
メディニ、M.　322
メテシュ、S.　386
メドヴェツキー、K. A.　569, 570

メトディオス　78, 86, 133, 152, 232, 233, 277, 287, 288, 291, 293, 317, 444, 462, 466, 468, 471, 511, 514, 515, 522, 524, 542, 547, 550, 556, 563, 577, 578
メトディオス（パタラの）　463
メフメト2世　165, 406
メフメト5世　444
メランヒトン　276
メリク、A.　603
メリク、V.　603
メルエンプタハ　49
メンドル、B.　137, 148, 150

モ

モイセイ　527
モイゼス、Š.　553
モイミール1世　552, 569
モイミール2世　552, 574
モーツァルト　115
モガ、I.　383
モクサ、M.　344
モジェストフ、V. I.　224
モシチェンスカ、W.　58
モスコフ、M.　477
モツコ、J.　553
モノー　242, 372
モムゼン　107, 224, 225, 233, 362
モムチル　519
モラヴェノフ、K. D.　470
モラチェフスキ、J.　15, 16
モラフスキ、K. M.　43, 49, 55
モラフチク、Gy.　270
モルナール、E.　362
モンチロフ、E.　504

ヤ

ヤーサイ、P.　259, 260
ヤーノシーク、J.　549
ヤギェウォ家（朝）　1, 4, 6, 7, 11, 22, 23, 25, 31, 32, 35, 48, 56, 59-61, 71, 144, 158, 159, 265, 287
ヤギチ、V.　287, 300, 319, 324, 330, 422-424, 434, 443, 589, 608, 609
ヤキンフ　244　→ビチューリン
ヤクシチ、G.　432, 435, 442, 443
ヤクブ、ハドゥン　329
ヤクブチク、W.　65
ヤコヴェンコ、P. A.　228
ヤコウベク（ストシーブロの）　120
ヤコヴレフ、V. Ya.　206　→ボグチャルスキー
ヤコベウス、J.　541
ヤシンスキー、A. N.　230
ヤツォウスキー　560　→クレムパ
ヤドヴィガ　1, 4, 16, 25
ヤドリンツェフ、N. M.　218
ヤヌロフ、Il. D.　526
ヤノウシェク、E.　150
ヤブウォノフスキ、A.　31, 32, 48
ヤブロンスキー、D. E.　564
ヤラノフ、D.　521
ヤルニク、U.　588
ヤルロフ　74　→グアラハ
ヤロスラフ・フセヴォロドヴィチ　218
ヤロホフスキ、K.　15, 16
ヤロミール　74
ヤン（ドラジツェの）　75
ヤン（ルクセンブルク）　75　→ヨハン

ヤン（ロキツァニの）　114　→ロキツァナ
ヤン・ネポムツキー（聖）　81, 86, 108　→ネポムクの聖ヤン
ヤン1世オルブラフト　31　→オルブラフト
ヤンク、A.　383
ヤンコ、J.　133
ヤンコヴィチ、V.　577
ヤンコフ、K.　145, 501
ヤンシャーク、Š.　571, 580-582
ヤンチュレフ、K.　504

ユ

ユガ・ヴォダ　366
ユキチ、I. F.　304
ユキチ、L.　321, 337
ユスティニアヌス　314, 446
ユリアヌス　132
ユリシチ、B.　331
ユリナツ、P.　401, 447
ユルコフ、D.　500
ユルダノフ、Y.　524, 531
ユングマン、J.　86, 88

ヨ

ヨアキム　166
ヨアン・ヴォダ（残虐侯）　342, 358
ヨアン・グラザティー　165
ヨヴァノヴィチ、A. S.　431
ヨヴァノヴィチ、J. P.（J. M.）　433, 440-442
ヨヴァノヴィチ、Lj.　412, 417, 418
ヨヴァノヴィチ、S.　404, 419, 433, 438-441
ヨーゼフ（大公）　269
ヨーゼフ2世　72, 80, 82, 84, 85, 87, 88, 124, 126, 140, 141, 243, 260, 263, 280, 318, 330, 348, 382, 417, 428, 558, 579, 596, 599, 608, 640
ヨガイラ1　→ヴワディスワフ・ヤギェウォ
ヨスィフ（総主教代理）　515
ヨツոフ、B.　516, 520
ヨツオフ、D.　522
ヨハネ15世　127
ヨハネ22世　152
ヨハネス（スプリト大司教）　325
ヨハネス・クリュソストムス　399　→イオアン
ヨハン（ルクセンブルク）　75, 76, 110, 564　→ヤン（ルクセンブルク）
ヨルガ、N.　188, 322, 345, 359-361, 364, 365, 369, 371-384, 388-393, 413, 423, 438, 453, 485, 510, 525, 602, 630, 636, 643
ヨルダノフ、D.　477
ヨルダノフ、D. V.　524
ヨルダノフ、Y.　531
ヨルダノフ（・ヴァルコフ）、V.　518
ヨンコフ、N.　477　→ヴラディキン

ラ

ラーコーツィ、F.（2世）　263, 271, 423, 542, 543, 555, 557, 558, 562, 570, 572, 576
ラージン、S.　191
ラースロー1世（聖）　273, 341, 557
ラースロー4世　447
ラーニ、J.　541
ラープ、Fr. A.　148-150
ライチ、J.　400-402, 409, 411, 422, 423, 447, 448, 629
ライプニッツ　240, 564
ライマン、P.　158

人名索引 679

ラヴィス、E. 364
ラウシェル、R. 150
ラヴロフ、P. L. 178, 203, 241, 242
ラエフスキー、V. F. 210
ラキエール、A. B. 217
ラコヴィェツキ、I. B. 12
ラコウスキー、M. 540
ラコフスキ、G. St. 469, 476, 477, 481, 487, 489, 493, 508, 514, 515, 520, 537
ラサール 428
ラザル 399, 400, 402, 408, 412, 453
ラシーン、A. 148
ラショフスキ、E. 292, 296
ラスチスラウ 569
ラスティチ、J. 280, 313 →レスティ
ラズボイニコフ、A. Sp. 502
ラズモフスキー、K. G. 171
ラタス、オメル＝パシャ 320
ラチュキ、F. 279, 283, 284, 287-290, 292-294, 296, 307, 308, 312, 313, 321, 326, 327, 417, 441, 485
ラチンスキ、Al. 505
ラチンスキ、E. 17
ラツェル 123
ラッツィ、S. 278
ラッポ＝ダニレフスキー、A. S. 200, 201
ラディーシチェフ、A. N. 147, 172, 176, 205
ラティシェフ、V. V. 222
ラディスラウス 90, 138
ラディスラウス、ザル 557
ラディチ、F. 311
ラディチ、P. 596
ラディチ、アンテ 329
ラディチ、スチェパン 323, 336, 337
ラデフ、N. 478
ラデフ、S. T. 489, 503
ラドイチチ、D. 453
ラドイチチ、N. 407, 446-448
ラトカイ、J. 278
ラドスラヴ 431
ラドスラヴォフ、R. 479
ラドスラヴォフ、V. Hr. 500
ラドニチ、J. 400, 411, 422-424, 434, 435, 437, 454
ラドラ＝アナスタシウス 139
ラドリンスカ、H. 58
ラドロフ、V. V. 245
ラノヴィチ、M. 331
ラバシュ、I. N. 282, 293
ラパント、D. 568, 573-576
ラブダ、G. 65
ラブチェヴィチ、D. 431, 432
ラブチェフ、I. 215
ラペダトゥ、A. 380
ラマンスキー、E. I. 212
ラマンスキー、V. I. 229, 230, 434, 572
ラムセス2世 49
ラモウシュ、F. 610
ラヨシ1世 557 →ヴェンギェルスキ、ルドヴィク／ルドヴィク1世
ラヨシュ2世 254, 557 →ルドヴィーク、ルドヴィク2世
ラングロワ 58, 237, 372
ランケ 24, 111, 188, 227, 232, 240, 353, 362, 373, 594, 629, 636
ランサヌス、P. 253
ランツァ、C. 310
ランツァ、F. 310
ランブリノ、S. 379
ランプレヒト 33, 39, 41, 42, 107, 132, 374, 523

ランボー、A. N. 364

リ

リーヴェン 425
リーゲル、B. 124
リーゲル、Fr. L. 119, 123, 139, 141, 146
リウィウス 5, 225, 535
リスケ、K. 19, 24, 29-31, 33, 43, 47
リスティチ、J. 422, 440, 443
リズネル、L. V. 563, 564
リソフ、St. I. 478
リチェプーティ、F. 280
リッケルト 234, 362, 377
リッター 188
リッテル＝ヴィテゾヴィチ、P. 279, 280, 295, 330, 402
リッペルト 42
リテラート、ヤーン 576 →リテラトゥス
リテラトゥス、J. 575, 576 →リテラート
リハチョフ、N. P. 215
リハルト、D. 569, 581
リバロフ、N. 501
リブシェ 73, 89
リマノフスキ、B. 52
リャシチェンコ、P. I. 213
リューリク 171, 217
リューリク朝 161, 162, 166, 168, 173, 185, 188
リュクルゴス 232
リュデヴィト 317, 320
リュバフスキー、M. K. 202, 208, 217, 234
リュビチ、Š. 285, 286, 290
リンハルト、A. T. 587-589

ル

ルイ・フィリップ 189
ルイ9世 419
ルイ11世 239
ルイ14世 240
ルイ16世 189, 375
ルイズロフ、A. 166
ルイチコフ、P. I. 171
ルイレーエフ、K. F. 176
ルー、ジャック 241
ルヴァラツ、I. 288, 400, 407, 409, 411, 412, 420, 422-424, 434, 439, 447
ルージチカ、J. 122
ルートヴィヒ 152
ルーニン、M. M. 221
ルオデリウス 600
ルカス、F. 306
ルカレヴィチ、J. 278 →ルッカリ
ルキウス、ヨアンネス 278 →ルチチ
ルキニチ、I. 271
ルクセンブルク家（朝） 71, 74-76, 110, 121, 127, 138, 545
ルクレール、N. 171
ルコムスキー、V. K. 217
ルゴンファルヴィ・キシュ、I. 272
ルシン 595
ルス、J. 603
ルセフ、Iv. A. 501
ルセフ、St. E. 498
ルソー 9, 10
ルター 77, 80, 126, 144, 232, 239, 276, 277, 401, 402, 540, 550, 575
ルダコフ、A. P. 228
ルタル、S. 311, 592

ルチチ、I. 278, 279, 296 →ルキウス
ルチツキー、I. V. 234, 242, 243
ルッカリ、G. 278 →ルカレヴィチ
ルッソ、D. 380
ルデアヌ、T. 342
ルデスク、S. 344
ルドヴィーク 71 →ラヨシュ2世、ルドヴィク2世
ルドヴィク1世（大王） 1, 10, 293, 328 →ヴェンギェルスキ、ルドヴィク／ラヨシュ1世
ルドヴィク2世 287 →ラヨシュ2世、ルドヴィーク
ルトコフスキ、J. 46, 57, 66, 67
ルトマン、R. 57, 58
ルドミラ（聖） 73, 108
ルドルフ（皇位継承者） 559
ルドルフ2世 80, 95, 112, 116, 120, 139, 140, 142, 354
ルナール 428
ルパーチ、P. 79
ルバシュ、I. 380-383, 387
ルビ、S. 581
ルビエニェツキ、S. 8
ルプ、V. 343
ルペティーノ（師）、B. 331
ルムニチェアヌ、N. 348
ルリーク、J. 88
ルンメル、V. V. 217

レ

レヴィツキ、A. 30, 32
レヴェツ、V. 595, 608
レーヴァイ、P. 255, 542
レーヴェース、I. 272
レーニン、V. I. 114-116, 147, 180, 237, 270, 583, 606, 613-616
レーマン、M. 36
レオポルト1世 87, 97, 263, 279, 320, 328, 400
レオポルト2世 125, 243
レオポルト6世（バーベンベルクの） 586
レオンティエフ、K. 177
レオントヴィチ、F. I. 193
レジェ 505
レシェタル、M. 303
レジク、J. 542
レシチンスキ、S. 32
レスティ、J. 280 →ラスティチ
レスラー、R. 363, 366, 367
レゼク、A. 97, 98, 100, 106, 119, 135
レッペルト、W. R. 50
レトシュニーク、V. 142
レナルド 327
レフ 10, 29, 278
レプシ、K. 65
レフシン、P. G. 213 →プラトン
レフスキ、V. 476, 480, 487, 488, 516-518, 530
レベル、R. 16, 33
レムケ、M. K. 208
レルコヴィチ、M. A. 327
レレヴェル、J. 12-16, 18, 21-25, 34, 38, 46, 47, 51, 53, 63, 246, 285, 632, 637

レンギェオ、I. 333
レンツ 106, 111
レンボフスキ、A. 32, 37, 51

ロ

ロイコ、K. 588
ロイド・ジョージ 40
ロヴィネスク、E. 385, 386
ロウビーク、Fr. 142
ローゼン、V. R. 245
ロート、F. 393
ロートシュテイン、F. A. 211 →オルロフ
ローメル、F. F. 266
ローレンツ、O. 97, 367
ロキツァナ、J. 114 →ヤン（ロキツァニの）
ロザート、J. 97
ロジェストヴェンスキー、S. V. 207, 208
ロシュカ、M. 378
ロシュコフ、N. A. 205, 211
ロジュンベルク家 110, 122
ロスヴィータ 233
ロスティスラフ 471
ロストフツェフ、M. I. 203, 225, 226, 228, 246
ロセッティ、C. A. 365
ロセッティ、R. 361, 384, 387
ロタリデス、M. 543
ロット 237
ロッレル、M. 387
ロテック 24
ロドパ 535
ロバートソン 173
ロパシチ、R. 290-292
ロバノフ=ロストフスキー、A. 247
ロバノフ=ロストフスキー、A. B. 217
ロプコヴィツ家 138
ロフマン、J. 541
ロフマン、M. 541
ロベール・ギスカール 408
ロホニ、J. 548
ロボフスキ、A. 493
ロマン 341
ロマンスキ、St. M. 505, 514
ロム、Fr. 150
ロムバルディニ、A. 553
ロメル、E. 68
ロモノーソフ、M. V. 169, 170, 190
ロヨラ 536
ロンチャル、D. 595

ワ

ワグナ、S. 31
ワグナー 114
ワスキ家 29
ワット・タイラー 235, 238
ワルクス 601 →ヴァルク

地名国名索引

※ 別表記に関しては矢印で示した。
※ 現地語綴りに関しては、付録CD内の地名索引を参照のこと。

ア

アイトリア 222
アヴィニョン 48, 111, 138
アウシュヴィッツ 57, 58
アク・チェレビ 477
アクィレイア 592
アジア 6, 162, 170, 189, 200, 219, 220, 229, 244-247, 265, 445, 506, 535, 550, 608, 617, 638, 646
アストラハン 167
アダムクリシ 377
アッシリア 49, 132, 222, 313
アッティカ 224
アテネ 222, 223, 232, 240, 247, 380, 416
アトス 342, 398, 406, 412, 453, 464, 466-468, 485, 529
アドリア海 268, 297, 303, 314, 325, 330
アドリアノープル 482
アナニノ 219, 220
アニ 219
アフリカ 222, 229, 310, 375
アボバ 495 →プリスカ
アムステルダム 279, 541
アメリカ 40, 59, 135, 143, 167, 203, 232, 245, 247, 375, 385, 439, 477, 481, 500, 570, 578, 580, 582, 603, 618, 645
アルザス 6, 279
アルザス=ロレーヌ 140
アルダ川 533
アルバナスィ 530, 531
アルバニア 280, 324, 397, 410, 411, 417, 418, 434, 441, 450, 473, 521, 531, 589
アルハンゲリスク 171
アルボーナ 276 →ラビン
アルメニア 219, 222, 497
アンカラ 414, 496, 497, 608
アンコーナ 525
アンデルナッハ 591

イ

イェーナ 29, 276, 446, 481, 513, 518, 522
イェルシャヴァ 552
イェンジェーユフ 4
イギリス 4, 28, 38, 40, 64, 85, 102, 103, 110, 118, 135, 143, 148, 172, 182, 186, 233, 234, 237, 239, 247, 260, 419, 426, 438, 442, 485, 492, 504, 537, 581, 597, 645, 646, 648
イスタンブル 161, 226, 227, 247, 339, 342, 344-346, 393, 400, 403, 413, 415, 416, 419, 422, 429, 434, 460, 461, 469, 470, 474, 476, 479-481, 487, 492, 505, 506, 515, 517, 520, 527, 528 →コンスタンティノープル
イストラ 585 →イストリア、イストリエン
イストリア 276, 282, 294, 295, 310, 331, 334, 585, 590, 592, 603, 609 →イストラ、イストリエン
イストリエン 585 →イストラ、イストリア
イスラエル 375
イタリア 5-7, 11, 33, 38, 46, 47, 50, 61, 62, 73, 83, 87, 90, 94, 98, 111, 120, 140, 144, 158, 225, 231, 233, 236, 237, 243, 244, 253, 255, 273, 275, 278, 280, 281, 283, 287, 296, 300-304, 307, 308, 310 313, 322, 323, 325, 330, 333, 334, 361, 368, 373, 374, 408, 442, 446, 448, 456, 461, 466, 492, 523, 524, 578, 587, 588, 590, 599, 600, 605, 611, 628, 644, 646
イモツキ 325
イラン 225, 335
イリリア 274, 276, 277, 279, 280, 282, 285, 287, 290, 297, 300, 302, 305, 316, 318, 320, 325, 329-331, 367, 374, 378, 379, 389, 400, 401, 423, 430, 502, 523, 546, 591, 592, 595, 597, 601, 604-608, 610
イロク 304, 560
イングランド 234-236, 238, 239, 242
インゴルシュタット 587
インスブルック 307
インド 221, 244, 309, 335, 359, 515, 550
インドジフーフ・フラデツ 121, 122, 155

ウ

ヴァーツ 430, 577
ヴァーフ川 139, 581
ヴァティカン 18, 47, 48, 89, 100, 111, 116, 127, 128, 136, 142, 265, 291, 299, 323, 326, 327, 385, 418, 425, 467, 564, 581
ヴァラジュディン 292
ヴァルダル渓谷（川） 448, 502
ヴァルチトラン 531
ヴァルナ 138, 364, 494, 495, 504, 508, 529
ヴァルミア 6
ヴァレニ・デ・ムンテ 373
ヴィーナー・ノイシュタット 410
ウィーン 2, 12, 17, 31, 42, 48, 84, 85, 90, 96-98, 101, 102, 109, 111, 116, 117, 121, 126-128, 133, 141, 142, 145, 149, 153, 162, 173, 249, 255, 256, 258, 265, 266, 270, 272-274, 277-280, 286, 287, 289, 291-294, 297, 298, 301-304, 306-312, 314-316, 320, 322-325, 327, 329-334, 337, 347-351, 356, 357, 366-368, 378-380, 383, 388, 400, 403, 405-408, 410, 411, 416, 417, 424-427, 430, 434, 441-443, 445, 446, 448-451, 457, 469, 470, 476, 490-493, 506, 507, 514, 517, 522-524, 531, 533, 535, 540, 544, 550, 551, 553, 560, 568, 570, 574, 580, 582, 587, 589-591, 593-599, 602-604, 606-610, 645, 647, 648
ヴィェルコポルスカ 4, 16, 63-65, 637
ウィサ・グラ 3
ヴィシェフラト 74
ヴィスワ（川） 20, 41, 42, 49
ヴィソキ 456
ヴィソケー・タトリ 581
ヴィッテンベルク 80, 276, 541, 542, 548

ヴィディン　335, 414, 459, 465, 505, 508, 517, 521, 530, 531
ヴィト渓谷　533
ヴィノドル　326, 332
ヴィリニュス　13, 39, 45, 54, 55, 60, 63, 64, 66, 68, 181
ヴィロヴィティツァ　328
ヴィンコヴツィ　297, 327, 333
ヴィンチャ　456
ウージホロド　150　→ウングヴァール
ヴェスプレーム　304, 542
ヴェトリン　586
ヴェネツィア　141, 229, 230, 238, 273, 275, 276, 278-281, 285, 286, 288, 293, 295, 297, 300, 301, 303, 308, 311, 312, 316-319, 324-326, 329, 330, 332, 335, 345, 388, 401, 408, 416, 420, 425, 450, 592
ヴェリーキ・ウースチュグ　207
ヴェリコ・タルノヴォ　534　→タルノヴォ
ヴェルサイユ　442, 446
ヴェルバジュド　486
ヴェルム　334
ヴェレフラト　99, 154
ヴェローナ　295
ヴォイヴォディナ　337, 397, 407, 422, 424, 447, 452, 603
ヴォウィン　54
ヴォー　238
ヴォルィニ　59, 64, 258　→ロドメリア
ヴォルガ上流域　198
ウクライナ　2, 15, 16, 18, 32, 35, 53, 54, 59, 60, 143, 145, 162, 167, 182, 183, 190, 191, 193, 198, 202, 203, 209, 217, 223, 224, 229, 245, 246, 264, 383, 393, 450, 468, 617, 637
ウジツェ　328
ウズドリェ　312
ヴチェドル　334
ウッチ　67
ウニェチツェ　154
ウホルスコ　551, 552, 557, 639
ヴュルツブルク　513
ヴラソティンツェ　457
ヴラツァ　482, 490, 501, 515, 522, 530, 531
ウラディーミル・スーズダリ公国　164
ヴラナ　285
ヴラニェ　431
ヴルブニク　306
ヴルシャツ　405, 411
ヴルタヴァ川　77
ヴロツワフ　3, 17, 29, 33　→ブレスラウ
ウングヴァール　150　→ウージホロド

エ

エーガー　400　→ヘプ
エーゲ（海）　456, 460, 461, 490, 498, 503, 513, 521, 527
エジプト　49, 132, 222, 224, 313, 375, 462
エステルゴム　254, 255, 265, 463, 579, 582　→オストリホム
エディルネ　461, 497, 502, 504, 520　→オドリン
エトルリア　221, 224, 523
エレウシス　222
エレナ　530
沿岸部所領　600

オ

オーストリア　15-17, 20, 21, 25, 30, 35, 41, 49, 52, 59, 60, 71, 72, 89, 90, 92-97, 101, 104, 106-108, 116, 117, 121-126, 128, 130, 134, 135, 140-142, 149, 157, 182, 238, 240, 243, 250, 260, 261, 263, 264, 274, 283, 289, 296, 297, 303, 305, 307, 308, 314, 316, 318, 321, 329, 331, 332, 334, 335, 340, 348, 354, 361, 364-366, 375, 379, 380, 383, 386, 396, 404, 407, 414, 416, 418-420, 424, 426, 433, 436, 437, 440, 441, 445, 448, 452, 460, 461, 469, 471, 521, 555, 562, 571, 585-587, 589-595, 597, 599, 600, 602-606, 608, 609, 620, 624, 644, 645
オーストリア＝ハンガリー　59, 128, 134, 140, 261, 264, 274, 305, 307, 332, 340, 365, 366, 375, 396, 416, 426, 433, 441, 571, 597, 624, 645
オシイェク　281, 286, 299, 327
オストリホム　582　→エステルゴム
オスマン（帝国）　42, 133, 144, 165, 188, 230, 245, 249, 250, 253, 254, 256, 261, 266, 267, 271, 273, 276, 281, 282, 288-290, 292, 293, 295, 296, 304-306, 317, 318, 321, 323, 325, 327-329, 339-341, 343-348, 350, 354, 355, 364, 367, 368, 373, 374, 379, 380, 392, 393, 395, 396, 399, 400, 402-404, 408-412, 414-416, 419, 420, 423, 425, 427, 429, 431, 433, 436, 438, 440, 442, 444, 445, 449-452, 459-461, 464-470, 472-480, 482, 483, 486-488, 491, 494, 495, 503, 505-508, 510, 518, 519, 521, 524-526, 528-531, 537, 540, 541, 560, 563, 575, 578, 579, 597, 601, 603, 608, 622, 624, 625, 635, 639, 640, 642-646
オソル　306
オックスフォード　225, 234, 377
オデーサ　181, 287, 308, 393, 470, 481, 496, 536　→オデッサ
オデッサ　181, 193　→オデーサ
オドリン　502, 504　→エディルネ
オパヴァ公領　125, 129
オブドヴァツ　457
オフリド　462, 463, 466, 477, 479, 482, 493, 507, 515, 523, 528
オラヴァ　54, 560, 568, 581
オラデア　265
オランダ　23, 102, 144, 213, 232
オリエント　49, 132, 222, 224, 314
オリャホヴォ　529
オルテニア　364, 367, 371, 378, 379, 418
オルビア　222
オルホン　245
オレンブルク　171
オロモウツ　83, 99, 119, 120, 143, 149, 151

カ

カーニウ　9
カールパートアイア　72　→ザカルパッチャ、ポトカルパツカー・ルス、ルテニア
カザン　165, 171, 181, 187, 214, 228, 230, 233, 242, 244
カザン・ハン国　165
カザンラク　530, 531
カタロニア　243
カトヴィツェ　54
カフカース　70, 84, 162, 182, 192, 203, 222, 238, 244, 347
カフル　514
ガブロヴォ　468, 477, 494, 504, 530
上オーストリア　135
カミニク　607, 608
ガラツィ　383
カランタニア　588, 600-603
ガリツィア　2, 16-21, 25, 36, 41, 47, 50, 54, 60, 101, 145, 258, 351, 377, 555, 633, 641, 644　→ハルィチナ
カリンティア　279, 585-588, 590, 592, 595, 601, 603, 605, 606　→ケルンテン、コロシュカ
カルニオラ　279, 585-588, 590-592, 594, 595, 597, 604, 608, 624, 635　→クライン、クランスカ
カルパート・ウクライナ　468
カルパチア　92, 170, 229, 251, 317, 339, 359, 363, 638
カルルシュテイン　150
カルロヴァツ　292, 407
カルロヴィツ　444　→スレムスキ・カルロヴツィ
カロフェル　479
ガンチョヴェツ　531

カンポ・フォルミオ　335

キ

ギーセン　308, 362
キヴァ・ハン国　244
キエフ　1, 32, 60, 161, 163, 164, 166, 170, 181-184, 189-191, 195, 200, 202, 206, 209, 212, 213, 216, 223, 225, 227, 230, 232-234, 236, 242, 243, 247, 310, 328, 368, 393, 402, 408, 453, 465, 480, 528
キエフ・ルーシ　1, 60, 209, 227, 247
キオス　228
キシナウ　404
北ドヴィナ川　171
キプチャク・ハン国　161
キュステンディル　486
キラレシュ　581　→ケルレーシュ
ギリシア　28, 69, 132, 164, 167, 169, 184, 203, 212, 214, 218, 219, 221-224, 226-229, 240, 264, 276, 311-314, 316, 317, 325, 331, 333, 334, 339, 340, 342, 345-348, 359, 362, 363, 366, 369, 374, 376-379, 381, 382, 385, 389, 396, 407, 409, 415, 416, 430, 435, 446, 454, 455, 460-462, 464-470, 480, 484, 485, 487, 491, 493, 494, 497, 500, 508, 512, 513, 515, 518, 523, 527-529, 532, 536, 589, 613, 625, 627, 645

ク

クサンティ　518
クチ　420
クトナー・ホラ　127
クニン　284, 310-312, 334, 537
クパ川　292, 296
クバン　219
クムブルング　357
グラーツ　51, 278, 297, 301, 303, 311, 323, 333, 417, 422, 425, 446, 448-450, 556, 589, 590, 593, 595, 596, 598, 604, 608, 610
クライヨヴァ　348, 359, 392
クライン　279, 585, 624, 635　→カルニオラ、クランスカ
クラクフ　1-7, 10, 13, 16-34, 37, 39-41, 43-50, 52, 53, 55, 56, 59, 61, 62, 65, 67-69, 134, 332, 368, 392, 393, 636
グラスィナツ　305
グラダツ　312
グラディシュカ　585, 592　→グラディスカ
グラディスカ　585　→グラディシュカ
グラモチュ　456
クラン　592, 603, 606
クランスカ　585, 624, 635　→カルニオラ、クライン
クリーヴランド　580
クリジェヴツィ　299, 328
クリス　307, 325, 334, 420
クリスラ　530
クリミア　61, 174, 177, 179, 187, 192, 210, 229, 245, 340, 470, 471, 479, 506, 520, 536, 640
クリミア・ハン国　61, 245
クルージュ県　387
クルージュ=ナポカ　261, 264, 265, 271, 371, 379-381, 383, 387, 388
クルク　306
クルクラーレリ　519
クルバヴァ　279, 299, 306, 317, 329
クルピナ　548, 563
クルン　508　→クロウノス
クレタ　302, 456, 523
クレムニツァ　561-563
クロアチア　30, 80, 92, 123, 134, 193, 229, 230, 250, 251, 253, 256, 261, 267, 272-337, 339, 395-397, 402, 403, 406, 408, 410, 411, 413, 417, 418, 420, 424-427, 429, 432, 433, 435, 436, 438, 439, 441-447, 449, 451, 453, 455, 456, 460, 467, 473, 479, 560, 567, 574-576, 585, 586, 590-592, 594, 595, 597-599, 601-606, 608, 610, 622-624, 627, 628, 631, 634, 636, 639-642, 644-646
クロアチア=スラヴォニア王国　283, 286, 296
クロアチア=ダルマチア王国　320
クロアチア=ダルマチア=スラヴォニア王国　284, 285, 290, 320
クロウノス　508　→クルン
クロコトニツァ　502
グロジェネ　529

ケ

ケーニヒスザール　121　→ズブラスラフ
ケサリヤ　465
ケジュマロク　405
ゲッティンゲン　24, 36, 102, 258, 535
ゲメル　548, 552, 558
ケルソネソス　218, 228
ケルチ　218
ゲルツ　585　→ゴリシュカ、ゴリツィア
ケルレーシュ　581　→キラレシュ
ケルンテン　279, 585　→カリンティア、コロシュカ

コ

コヴィリ　401
コスト　108
コソヴァ　397　→コソヴォ
コソヴォ　289, 397, 399, 446, 449, 453　→コソヴァ
コテル　476, 515
コトル　301, 311, 332, 417, 592
コナヴレ　305
コノピシュテ　437
コプリフシュティツァ　477
コマールノ　402　→コマーロム
コマーロム　402　→コマールノ
コラナ川　292
ゴリシュカ　585　→ゲルツ、ゴリツィア
ゴリツィア　275, 585, 588, 590, 592, 593, 597　→ゲルツ、ゴリシュカ
コルチュラ島　311, 329
コルフ島　396, 418
コロシュカ　585　→カリンティア、ケルンテン
コンスタンツ　60, 76, 112
コンスタンティノープル　161, 164, 187, 214, 226, 227, 232, 306, 332, 374, 446, 459, 464, 512　→イスタンブール
コンヤ　608

サ

サーザヴァ　73, 74
サヴァ川　295, 317, 399, 450
ザカルパッチャ　72, 139, 150, 154, 264　→カールパートアイア、ポトカルパツカー・ルス、ルテニア
ザクセン　2, 16, 51, 64, 74, 104, 142, 255, 325, 344, 348, 351, 352, 541, 586
ザグレブ　123, 273, 274, 277, 278, 280-284, 286, 287, 291-294, 296-301, 303-305, 307-312, 314-316, 320, 322-337, 403, 407, 413, 422, 424, 425, 443, 446, 451, 479, 491, 514, 516, 595, 598, 600, 604, 607, 609
ザダル　275, 280, 300, 301, 303, 306, 307, 310-313, 319, 325, 326, 335, 406
サボルチ　557
サマラ　478
サマルカンド　219, 220, 245

サモコフ 530
サラィェヴォ 229, 284, 299, 305, 306, 322, 325, 327, 328, 393, 404, 412, 417, 433, 441-444, 449, 450, 452, 455-457, 497
サラトフ 190
サリシュテ 381
サルヴァシュ 564
ザルツブルク 600
サロナ 275, 276, 280, 302, 307, 311 →スプリト
サン・ステファノ 460, 503, 521, 527, 625
サン・ドニ 231
サン・ドマング 64
サンクトペテルブルク 29, 36, 134, 162, 170, 181, 183, 185, 187, 191, 192, 194, 196, 199-201, 205-207, 209, 213, 215-219, 221-223, 225-229, 232, 235, 240-245, 287, 328, 368, 413, 414, 427, 434, 454, 456, 470, 481, 482, 492, 505, 514, 517, 519, 525, 589, 648

シ

シェイタノヴォ 521
ジェヴィーン 154, 575
ジェヴィーンスカ・ノヴァー・ヴェス 154
ジェトヴァ 569
ジェノヴァ 388, 392, 525
ジェフラ 581
シカゴ 203
シストヴァ 414, 450 →スヴィシュトフ
シスライタニア 125, 283
シチートニク 548
ジチャ 456
シトノ山 560
シビウ 352, 357, 371, 381, 392
シプカ峠 478
シベニク 278, 307, 310, 311
シベリア 26, 161, 162, 167-169, 179, 187, 188, 199, 205, 218, 219, 245, 246, 647
シマンカス 95
ジムジ 59
下オーストリア 135
下スティリア 604
下モエシア 535, 536
ジャコヴォ 283, 306
ジャルマト 557 →レフオトカ
シュヴィネミュンデ 355
シュコフィヤ・ロカ 607
シュタイアーマルク 121, 279, 585 →シュタイエルスカ、スティリア
シュタイエルスカ 585 →シュタイアーマルク、スティリア
ジュネーヴ 223, 421, 438, 455, 481, 489, 492, 494, 522, 537
シュラニ 563
ジュンベラク 292, 424
小アジア 170, 229, 506
上部ハンガリー 261, 267, 272, 548, 551, 562, 563, 572, 577
ショプロン 402
シリア 155
ジリナ 139, 539, 541, 560, 575
シルミウム 311, 334
シレジア 71, 80, 101, 125, 129, 131, 151 →シロンスク
シロンスク 4, 25, 40, 41, 44, 54, 57, 58, 62, 63, 66, 70 →シレジア
神聖ローマ（帝国） 5, 41, 71, 74, 91, 94, 124, 125, 148, 151, 240, 249, 251, 586, 619, 620, 633, 643, 644
シンフェローポリ 247

ス

スィゲトヴァール 277, 287, 293

スィサク 292, 312, 329, 331
スイス 36, 118, 140, 172, 238, 260, 453, 560, 595
スィリストラ 505, 510 →ドゥロストルム、ドラスタル
スヴィシュトフ 414, 450, 477, 526, 531 →シストヴァ
スヴィレングラード 502, 533
スウェーデン 2, 8, 31, 40, 42, 66, 98, 161, 178, 543, 644
ズヴォレン 548, 560
スエズ運河 99
スカダル 332 →スクタリ
スカンジナヴィア 64, 171
スキタイ 166, 173, 203, 218, 219, 222, 253, 278, 377, 378, 402, 469, 485, 629, 638
スクタリ 332 →スカダル
スコピエ 305, 324, 325, 327, 328, 331, 415, 433, 446, 450, 455, 457, 490, 520, 529, 530, 536
スタラ・ザゴラ 531, 534
スタラー・ボレスラフ 81
スチェアヴァ 393
スチェスカ 306
スティリア 279, 292, 585, 586, 588, 590, 594, 596 →シュタイアーマルク、シュタイエルスカ
ストゥパヴァ 582
ストビ 457
ストラホフ 88, 247
ストレマ（ストリャマ）渓谷 510
ストン 310
スパルタ 223, 297
スピシ 34, 54, 257, 560, 568, 581
スピシスケー・ポドフラジエ 560
ズプラスラフ 74, 121 →ケーニヒスザール
スプリト 275, 276, 280, 284, 289, 293, 301, 302, 307, 310-312, 325, 326, 334, 335, 425, 437, 485, 592 →サロナ
スペイン 14, 15, 94, 95, 119, 120, 140, 157, 229, 243, 277, 328, 336, 420, 485
ズボーリウ 145, 153 →ズボロフ
スポティツァ 424
ズボロフ 145 →ズボーリウ
スモルスコ 477
スモレンスク 9, 65
スラヴォニア 274, 278, 280-286, 288, 290, 291, 293, 294, 296-300, 305, 309, 320, 328, 330, 333, 336, 407, 424, 446, 597
スリイェム 280, 306, 424 →スレム
スリヴェン 530
ズリン 285
スレデツ 464 →ソフィア
スレドナ・ゴラ 477
スレム 280, 424, 446, 449, 450, 452, 453 →スリイェム
スレムスキ・カルロヴツィ 310, 401, 402, 404-407, 411, 412, 444, 446, 467 →カルロヴィツ
スロヴァキア 12, 72, 86, 92, 101, 105, 109, 117, 130, 131, 136-140, 151, 154-156, 257, 261, 267, 272, 377, 417, 539-583, 590, 597, 598, 604, 610, 614, 615, 620, 621, 623, 628-630, 632, 633, 635-641, 643-646, 649
スロヴェニア 229, 274, 277, 279, 283, 284, 297, 301, 311, 315-317, 319, 322, 324, 333, 397, 403, 418, 432, 433, 435, 439, 441, 445, 447, 448, 450, 451, 585-611, 622-624, 628-630, 633, 635-639, 641, 643, 645, 646
スロヴェン・グラデツ 607
スロヴェンスケー・ジャルモティ 86 →バラッシャジャルマト
スンニコラウ・マーレ 514, 534

セ

西欧 3, 7-9, 15, 22, 23, 25, 30, 32, 35, 37, 38, 47, 51, 52, 56, 57, 61, 63, 65, 66, 93, 95, 101, 110, 134, 148, 158, 166, 169, 170, 172, 174, 176-178, 181, 184, 186, 187, 189, 193, 194, 198, 200, 202, 204-207, 212, 217, 221, 226-228, 231-234,

237, 238, 240-243, 246, 247, 261, 314, 318, 331, 332, 340, 345, 348, 351, 353, 357, 358, 364, 365, 369, 371, 373-375, 377, 378, 384-386, 390, 393, 418, 419, 425-427, 434, 438, 442, 449, 470, 471, 482, 495, 516, 517, 555, 566, 571, 578, 601, 616-618, 621, 623, 628-631, 633, 635-638, 641, 645-649
西中欧　61
セヴァストーポリ　192, 210
セーケシュフェヘールヴァール　552
セゲド　265, 270, 404
ゼタ　301, 332, 395, 397, 429, 436, 443
セニ　279, 287, 292, 297, 299, 306, 420, 607
セニェツ　541
ゼニツァ　457
ゼミアンスケ・ポドフラジエ　560
ゼムン　403, 404, 412
セルディカ　467, 495, 532
セルビア　90, 92, 133, 165, 229, 230, 266, 274, 276-285, 288, 290, 294, 295, 300-305, 307-326, 328-332, 334, 337, 352, 359, 369, 395-457, 459-461, 464-468, 471, 473, 478, 480, 485, 490, 491, 497-500, 504, 505, 509, 512, 516, 518-522, 528, 534, 548, 585, 589, 590, 601-603, 605, 606, 608, 623, 624, 629, 634, 635, 639, 643-648
セルビア人＝クロアチア人＝スロヴェニア人王国　274, 315, 322, 418, 432, 439, 608, 624
セレス　532
ゼレナー・ホラ　86, 88
センタ　346, 402

ソ

ソヴェト（国家）　145, 147, 202, 323, 498, 620
ソフィア　164, 203, 212, 213, 228, 464, 466, 472, 474, 475, 479, 481, 485-491, 493-496, 504, 505, 507, 509, 510, 513-520, 522-529, 531-536　→スレデツ
ソリン　302, 325
ソルノク　577
ソ連　2, 40, 55, 136, 143, 144, 146, 147, 182, 202, 207, 210-213, 222, 236, 244-246, 270, 336, 340, 537, 613-619, 642, 644, 648, 649
ソンボル　405

タ

ダーダネルス　522
大ブルガール帝国　512
（大）モラヴィア国　71, 76, 84, 99, 131, 154, 417, 539, 542, 547-550, 552, 556, 558, 559, 563, 569, 571, 574, 577, 579, 599, 620, 635, 639
ダキア　49, 171, 339, 345, 347-359, 361-363, 366, 367, 371, 373-379, 382, 391, 545, 622, 634, 638, 642
ダキア・アウレリアナ　347
タタール・パザルジク　476, 522
タタール・ハン国　161
タトラ山　250, 550
タマニ　218
タルトゥ　174, 200, 210, 228, 230, 244, 454, 564　→デルプト
タルノヴォ　459, 460, 462-465, 476, 479, 482, 504, 505, 515, 528, 529, 531-534　→ヴェリコ・タルノヴォ
ダルマチア　133, 193, 230, 273-276, 278-287, 290, 291, 293-296, 299, 301-303, 305-308, 310-313, 315, 317-320, 322, 323, 325, 326, 332-336, 420, 425, 433, 455, 467, 589, 592, 602, 634, 645
タンボフ　205

チ

チェコ　3, 4, 7, 32, 34, 35, 41, 60, 62, 64, 66, 71-159, 170, 200, 224, 229, 230, 232, 238, 249, 251, 278, 284, 289, 313, 316, 323, 324, 359, 383, 400, 411, 425, 442, 447, 448, 472, 482, 495, 496, 520, 539-543, 546-550, 555-558, 560, 561, 563-570, 572-582, 589, 590, 596-598, 616, 619-621, 623, 627-629, 631-633, 635-647
チェコウ　563
チェコスロヴァキア　72, 106, 108, 109, 113, 115, 117, 118, 120, 125, 129, 136-138, 140, 142-145, 148, 149, 151-155, 158, 245, 328, 383, 442, 505, 539, 540, 549, 550, 556, 560, 561, 563, 565, 566, 568-573, 576, 578, 580, 615, 620, 632, 635, 639
チェシーン　125
チェスケー・ブジェヨヴィツェ　150
チェペラレ　530
チェルヴォナ　54
チェルニーヒウ　213
チェルニウツィー　354, 357, 366, 371, 383, 531
地中海　51, 155, 330, 361, 375, 519
チプロヴェツ　523　→チプロフツィ
チプロフツィ　466, 530　→チプロヴェツ
チャカ　557
チャズマ　280, 292
チャッツァ　568
中欧　61, 62, 117, 125, 135, 150, 151, 157, 316, 378, 427, 571, 578, 599, 620, 624, 627, 628, 629, 641
中央アジア　162, 219, 220, 244, 245
中国　166, 244, 245
中東　244, 448
チューリヒ　158, 327, 373, 429, 525, 560

ツ

ツァヴタト　308
ツァガ　350
ツェツェラ　312
ツェティニェ　418
ツェティン　312, 325, 335
ツェティングラド　292
ツェリェ　586, 590, 594, 602, 604
ツルナ・ゴーラ　397　→モンテネグロ

テ

ティサエスラール　289
ティサ川　545, 552
ティニェツ　8
ティミショアラ　407
ティモク　502
テッサロニキ　417, 468, 485, 517, 528
デブレツェン　258, 261, 272
テュービンゲン　418
デリオルマン　493　→ルドゴリエ
デルフォイ　222
デルプト　174　→タルトゥ
デンマーク　31, 243

ト

ドイツ　1-8, 14-17, 19, 23, 26, 30, 33, 37, 40, 42, 43, 49, 51-53, 55-57, 59, 61-67, 71-75, 77, 78, 80-102, 104, 106-108, 110, 112, 113, 119, 121-128, 130-133, 135, 137, 140, 144, 145, 148, 149, 153, 157, 158, 162, 169, 172, 174, 181, 182, 194, 204, 214, 225, 229, 230, 233, 236, 238-240, 243, 245, 249-252, 256-259, 267-270, 275, 277-280, 286, 292-294, 300, 302, 305, 308, 312, 314, 317-319, 323, 324, 327, 330, 331, 333-337, 340-342, 346, 348, 352, 353, 355, 356, 360, 362, 364, 365, 368-370, 373-375, 377-379, 382, 393, 397, 407, 411, 416, 417, 421, 426, 435, 437, 440, 441, 443, 444, 446, 448, 453, 457,

461, 470, 483, 488, 492, 495, 497, 499, 504, 508, 511, 513, 514, 520-523, 525, 527, 528, 534, 537-543, 545, 550-553, 555, 559, 560-562, 564, 566, 569-572, 575, 578, 579, 585-592, 594-603, 606-608, 610, 611, 618-622, 628, 629, 637, 640, 642-646, 648
ドゥヴァンリイ　533
トゥーラ　219, 551
ドヴール・クラーロヴェー　88
トゥールーズ　500
東欧　6, 7, 15, 35, 51, 52, 54, 55, 60-62, 66, 134, 155, 156, 180, 188, 220, 242, 245, 246, 252, 267, 271, 272, 292, 353, 370, 371, 374, 378, 393, 468, 482, 509, 535, 540, 555, 583, 606, 613-616, 619, 626-631, 634-637, 639, 646-649
ドゥクリャ　276, 278, 293, 306, 322, 323, 395, 397, 447
ドゥクリャ＝バール　293
東中欧　61, 627-629, 641
ドゥブニツァ　530
ドゥブラヴニツェ　128
ドゥブロヴニク　133, 230, 273, 276, 278, 280, 284, 286, 289, 292, 293, 301-303, 308, 309, 311, 313, 322, 323, 325, 328-330, 333, 408, 418, 425, 427, 437, 444, 449-451, 455, 525　→ラグーザ
トゥムタラカン　218, 220
トゥリェツ　576, 581, 582
トゥルダ県　387
トゥルヌ・セヴェリン　343
ドゥロストルム　510　→スィリストラ、ドラスタル
トゥロポリェ　296
トシェボニ　127
ドナウ（川）　35, 71, 229, 250, 267, 293, 339, 341, 348, 351-354, 356, 359, 367, 375, 377, 378, 381, 383, 384, 386, 388, 450, 471, 499, 505, 514, 545, 572, 575, 578, 599, 601
ドニエプル川　161, 198
トプスコ　285
ドブラー・ニヴァ　560
ドブルジャ　340, 459, 482, 490, 498, 499, 501, 503, 505, 510, 513, 514, 518, 521　→ドブロジャ
ドブロ・ポレ　501
ドブロジャ　340, 341, 376-378, 459　→ドブルジャ
トポルニツァ渓谷　510
ドマジュリツェ　76, 138
ドラヴァ（川）　295, 317, 323
ドラヴニク　322, 456
ドラガレフツィ　529
トラキア　333, 359, 374, 376, 378, 380, 389, 460, 461, 472, 486, 490, 491, 493, 495-498, 500-503, 506, 512, 513, 518-521, 523, 527, 528, 531, 533, 535, 610
トラコシュチャン　322
ドラスタル　510　→スィリストラ、ドゥロストルム
トラペズィツァ　533
トラン　531
トランシルヴァニア　156, 249, 250, 253-256, 258, 260-262, 264, 267, 271, 296, 339-341, 343-345, 348-354, 356-358, 361, 363-369, 371, 373, 376, 379-383, 386-388, 400, 420, 491, 605, 622, 628, 629, 634, 640, 644
トランスニストリア　393
トリアノン　156, 250, 266, 268, 461, 540, 568, 621, 625, 642, 646, 647
トリエステ　331, 588, 590, 592, 603, 605
トリャヴナ　477, 532
ドル　604
トルコ　162, 244, 245, 265, 276, 298, 304-306, 318, 324, 329, 333, 348, 359, 374, 413, 414, 418, 436, 437, 441, 446, 448, 451, 452, 465, 477, 478, 481, 487, 492, 498, 500, 501, 506, 507, 510, 522, 524, 526, 541, 579, 591, 608, 613, 625, 644, 646
トルナヴァ　544, 557, 575, 576

ドルニー・クビーン　560
トルボウリェ　604
トルミン　592
トルン　64, 80
ドレスデン　534
ドレンスカ　607
トレンチーン　89, 544
トレント　110
トロイ　222, 393, 456
トロギル　275, 302, 326, 332
ドン川　353

ナ

ナポリ　287
ナルヴァ　167
南欧　316
南東欧　62, 370, 371, 374, 378, 383, 391, 392, 471, 472, 511

ニ

ニコポリス・アド・イストルム　532, 533
ニコポル　347
西ゴート　170
ニジニ・ノヴゴロド　203
ニシュ　395, 421, 435, 514
西ローマ帝国　231, 435
ニトラ　139, 550, 551, 558, 560, 563, 578, 579
日本　244
ニューヨーク　303
ニン　307, 323, 325

ヌ

ヌイイ　461, 490, 498, 500, 527

ネ

ネアムツ　342
ネーデルランド　254

ノ

ノヴィ・サド　92, 133, 307, 310, 402-407, 410, 422, 424, 433-435, 439, 450, 451, 453, 457, 476
ノヴェー・ザームキ　563
ノヴォ・セロ　498, 502
ノヴォ・メスト　596
ノヴォロシア　214
ノヴゴロド　161, 163, 164, 166, 178, 185, 188, 191, 212, 213, 215, 216
ノルトハウゼン　39

ハ

バーゼル　45, 76, 90, 111, 276, 560
バーチュカ　397　→バチュカ
バーナート　405　→バナト
バーベンベルク　586
バール（ウクライナ）　42, 343
バール（モンテネグロ）　293, 437, 447
ハールキウ　181, 358, 472　→ハリコフ
バイエルン　35, 104, 152, 585, 586, 588, 599-601
ハイデルベルク　308, 470, 506, 534
ハインフェルト　118, 157
パタク　477
バチコヴォ　465, 494, 529, 532

地名国名索引　687

バチュカ　397, 445, 451　→バーチュカ
パッサロヴィツ　325, 418　→ポジャレヴァツ
パドヴァ　276, 307, 308, 311, 345, 356, 408
パナギュリシュテ　476, 477, 501, 530
バナト　405, 420, 445, 452　→バーナート
ハプスブルク帝国（君主国）　2, 36, 56, 71, 72, 140, 249, 256, 257, 266, 272, 280, 282, 304, 318, 332, 335, 349, 352, 356, 382, 396, 399, 401-403, 406, 410, 422, 427, 439-441, 445, 597, 599, 605, 606, 620-624, 633, 640, 645, 646, 648
バラッシャジャルマト　86　→スロヴェンスケー・ジャルモティ
バランチュ太守領　508
パリ　4, 10, 14, 18, 33, 50, 57, 61, 72, 88, 111, 119, 146, 152-154, 175, 178, 183, 188, 194, 203, 205, 218, 232, 233, 237, 241, 242, 244, 245, 247, 270, 276, 298, 299, 308, 322, 331, 333, 334, 348, 362, 365, 371, 372, 376, 379, 380, 384, 389, 392, 393, 413, 419, 423, 426, 428, 441-443, 448, 469, 485, 492, 494, 506, 514, 515, 523, 527, 532, 537, 569, 573, 594, 599, 604, 607
ハリコフ　181, 190, 202, 203, 221, 223, 225, 236, 237, 239, 358, 472　→ハールキウ
ハルィチナ　258　→ガリツィア
バルカン　57, 61, 133, 134, 170, 194, 211, 214, 226, 229, 249, 266, 278, 286, 292, 295, 315, 317, 321, 328, 335, 339, 340, 359, 367, 370, 375, 378, 383, 395, 399, 400, 402, 410, 413-418, 420, 425, 429, 433, 435, 437, 441, 444-446, 448-451, 455-457, 459-461, 463, 464, 466, 471, 473, 479, 480, 482-484, 493, 495, 497-500, 502, 505-507, 510, 512, 513, 517, 519-523, 525, 529, 533, 537, 602, 608, 622-625, 627, 629, 633, 638-644, 647, 648
ハルシュタット　154, 604
バルト　1, 2, 40, 41, 51, 54, 64, 162, 169, 174, 175, 181, 200, 209, 229, 233, 574, 617-620
ハレ　456, 513, 552
パレスティナ　277, 465
ハンガリー　1, 18, 32, 34, 35, 52, 55, 59, 60, 62, 68, 71, 72, 86, 90, 94-96, 107, 108, 110, 117, 126, 128, 130, 134, 136-141, 143, 150, 154, 156, 170, 227, 229, 246, 249-283, 285-290, 293-296, 298, 299, 301, 304, 305, 307, 309, 315-321, 323, 324, 329-332, 334, 337, 339-341, 343-346, 348-352, 354, 357, 359, 361-369, 373-378, 380, 382, 383, 386, 387, 389, 390, 395-409, 411, 415-418, 423-426, 428, 432-439, 441-446, 448, 450-452, 459, 461-465, 467, 471, 479, 481, 482, 490, 491, 508, 510, 516, 539-566, 568-581, 583, 586, 594, 597, 605, 606, 614-616, 619-625, 627-629, 631-648
バンスカー・シチアウニツァ　545, 546, 577
バンスカー・ビストリツァ　550, 553, 581
パンノニア　35, 257, 279, 282, 289, 317, 320, 378, 497, 515, 542, 544, 545-547, 548, 551, 599, 642
パンノンハルマ　251

ヒ

ビーセク　129
ビーラー・ホラ　71, 80, 104, 107, 109, 115, 116, 120, 126, 139, 140, 142-144, 148, 149, 155, 540, 541
ビオグラド　456
東アジア　244, 245, 535
東フランク王国　579
東ルメリア　460, 470, 474, 479-481, 493
東ローマ帝国　226, 227, 435
ビザンツ（帝国）　131, 134, 148, 152, 155, 157, 161, 164, 166, 177, 187, 209, 216, 220, 224, 226-231, 240, 244, 245, 247, 249, 270, 273, 288, 295, 297, 313, 314, 320, 323, 332, 334, 339, 342, 345, 347, 356, 359, 368, 369, 374, 380, 381, 387, 388, 392, 393, 395, 398, 408, 411, 413, 414, 416, 417, 423, 425, 427, 434-437, 446, 448, 453-455, 459, 462-464, 466, 467, 469, 471-473, 475, 482-485, 487, 493, 496, 505, 507-513, 517, 520, 521, 523, 526-528, 533-535, 557, 572, 602, 606, 608, 609, 624, 625, 627, 635, 638, 643-645, 648, 649
ヒストリア　377, 379
ビストリツァ　341, 368
ヒッタイト　132, 219, 375, 523
ピッツバーグ　539
ビトラ　463
ビハチ　292, 302

フ

ファガラシュ　354
ファチャノヴォ　220
フィウメ　321　→リイェカ
フィラハ　606
フィレンツェ　164, 243, 278, 408, 523
フィンランド　203
フヴァル　325
フェニキア　222
フォントゥネ・オ・ローズ　371
ブカレスト　350, 352, 356-361, 365-368, 371-373, 376-380, 383, 387-389, 391, 392, 476
ブグ川　353
ブコヴィナ　340, 341, 354, 355, 366, 383, 386, 393
ブジェヴォフ　73, 86, 127
ブスコフ　165, 166, 216
ブダ　252, 253, 257, 266, 281, 282, 318, 324, 349-351, 395, 402, 404-406, 468
ブダペシュト　261, 264, 265, 269, 270, 305, 323, 380, 381, 383, 388, 393, 431, 456, 507, 516, 534, 562, 564, 571, 582
ブドヴァ　457
ブトゥイ　334, 595, 604, 607
ブラージュ　349, 351, 352, 357, 381
フライジング　589, 600, 610
フライブルク　526, 534
ブライラ　383, 469, 474, 514, 516, 528
ブラジシュチェ　73
ブラショフ　342, 345, 368, 491
フラストニク　604
ブラチスラヴァ　89, 105, 117, 119, 136, 138-141, 143, 151, 153-155, 256, 261, 266, 401, 402, 405, 406, 540, 545, 547, 548, 550, 553, 555, 564-567, 570-573, 575, 577, 581, 582　→ポジョニ
ブラチュ島　311
ブラツィゴヴォ　477
フラデツ・クラーロヴェー　94, 152
プラハ　72-96, 98, 100-102, 104-107, 112, 114-116, 118, 119, 122-128, 130-136, 139-143, 146, 148-155, 157, 179, 200, 205, 228, 230, 245, 247, 255, 289, 292, 323-325, 328, 329, 331, 332, 376, 422, 454, 457, 473, 490, 491, 494-496, 506, 514, 515, 517, 524, 541, 549, 551, 556, 564, 566, 573, 575, 576, 580, 588, 595-597, 598, 637
フランクフルト（・アム・マイン）　37, 89, 121, 526
フランス　1, 2, 4, 14, 23, 33, 35, 37-39, 42, 43, 51, 55, 60, 64, 67, 69, 70, 85, 88, 90, 95, 101, 103, 108, 110, 111, 118-120, 131, 132, 135, 140, 142, 150-152, 155, 171, 172, 174, 175, 178, 182, 184, 186, 187, 194, 200, 203, 210, 218, 233, 235-247, 249, 258, 274, 292, 300, 302-304, 309, 310, 313, 314, 318, 320, 323-325, 330-332, 340, 346-348, 353-357, 360, 362-364, 374, 375, 379, 380, 384-386, 391, 393, 408, 411, 418, 419, 423, 426, 428, 438-440, 442, 443, 448-450, 453, 480, 485, 488-492, 495, 499, 500, 502, 503, 505, 507, 510, 521, 527, 528, 534, 537, 550, 555, 581, 582, 588, 591, 592, 597, 602, 605-607, 645, 646, 648
ブランデンブルク　31, 64
フリーザッハ　607
フリウリ　592, 595

プリスカ　495, 496, 529, 532-534　→アボバ
プリズレン　466
プリニェ　330
フリブール　595
ブリャンスク　525
ブリュッセル　14, 60, 134, 365, 492, 517
ブリレプ　476
ブルガリア　70, 92, 133, 134, 165, 228-230, 280, 281, 285, 289, 304, 305, 319, 333, 335, 340, 341, 351, 354, 359, 364, 367-369, 374-376, 380, 387, 388, 396, 397, 401, 402, 404, 410, 413, 415-417, 422, 425, 426, 433, 434, 436, 441-445, 447, 448, 451, 454, 459-539, 599, 603, 614, 625, 626, 628, 629, 631, 634-636, 639-648
ブルガルキョイ　502
フルシュカ・ゴーラ　411
ブルゼニ　149, 155
フルダ　3
ブルノ　86, 99, 105, 118-120, 125, 126, 131, 136, 137, 141, 143, 144, 149-151, 153, 154, 156
プレヴェン　486
プレクムリェ　594
プレショウ　542, 543
ブレズノ　563
プレスパ　486, 529
ブレスラウ　29　→ヴロツワフ
ブレスラフ　462, 478, 482, 495, 496, 501, 505, 519, 532, 533
プロイセン　2, 5, 15, 16, 29, 33, 36, 38, 40, 41, 43, 64-66, 93, 97, 103, 104, 111, 240, 241, 564, 619, 644
プロヴァディヤ　530
プロヴディフ　470, 480, 490, 505, 512, 520, 529, 532, 534
プロセク　509
プロチュニク　457
フロン（川）　579, 580
フン帝国　375

ヘ

ペーチ（ハンガリー）　62
ペーチ　400, 402, 412, 453　→ペヤ
ベオグラード　245, 246, 276, 320, 321, 326, 328, 332, 337, 397, 403, 405, 406, 408, 410, 412, 413, 416-419, 421, 425-428, 430-433, 435, 436, 440-443, 446, 448-457, 469, 508, 585, 608
北京　244, 245
ペシュト　257, 259, 265, 266, 281, 292, 352, 402-405, 410, 417, 424, 430, 434, 506, 551
ベッサラビア　340, 341, 358, 359, 363, 368, 383, 470, 485, 490, 503, 505, 514
ペトリッチ　477
ペトリニャ　286, 298
ペトロヴァツ　312
ペトロヴァラディン　425
ヘブ　400　→エーガー
ペヤ　490　→ペーチ
ベラスィツァ　486
ペラスゴイ帝国　361
ベラルーシ　2, 26, 54, 162, 209, 246, 617
ベルギー　23, 384, 460, 505
ペルシア　132, 222, 245, 346, 599
ペルシュティツァ　518
ヘルツェゴヴィナ　134, 229, 274, 275, 283, 304-306, 318, 320-322, 325, 327, 328, 335, 396, 397, 403, 410, 417, 425, 426, 433, 436, 437, 443, 444, 448, 449, 451, 452, 456
ベルフジモフ　76, 155
ペルミ　167, 247
ベルユスコー　477
ベルリン　29, 33, 36, 49, 68, 102, 106, 111, 179, 187, 188, 221, 233, 237, 245, 292, 311, 328, 340, 346, 347, 353, 355-357, 362, 363, 372, 378, 380, 383, 396, 427, 430, 431, 443, 448, 455, 460, 482, 491, 492, 496, 497, 499, 515, 522, 526, 527, 529, 532, 533, 564
ベルン　487, 499, 516, 598

ホ

ボアズキョイ　132
ボイニツェ　569
ポーランド　1-70, 74, 80, 91, 92, 101, 103, 134, 135, 138, 142, 144, 150, 156, 162, 165-168, 170, 173, 175, 178, 181, 182, 188, 191-193, 199, 201, 202, 205, 206, 209, 217, 229-231, 240, 241, 247, 249, 251, 272, 278, 288, 296, 312, 319, 328, 339, 341, 343, 344, 346, 352, 357-359, 369, 375, 380, 383, 386, 392, 393, 400, 454, 485, 507, 524, 542, 543, 545, 550, 552, 555-557, 561, 563-565, 568, 574, 576, 577, 614, 616, 619, 620, 627-631, 633-647
ポーランド＝リトアニア　1, 7, 15, 17, 35, 55, 61, 167, 182, 192, 206, 209, 619, 639
ボカ　332
ポガノヴォ　532
北欧　155
ボサンスカ・クルパ　592
ポジェガ　336
ポジェニツァ　490, 510
ポジャレヴァツ　325, 418, 444　→パッサロヴィツ
ポジョニ　141, 251, 256, 540　→ブラチスラヴァ
ポズナン　4, 16, 17, 33, 43, 50, 54, 55, 63-66, 68
ボスニア　134, 229, 254, 274, 275, 277, 281, 283, 288, 289, 294, 295, 299, 300, 303-307, 309, 317-322, 324-329, 333, 335, 337, 396, 397, 408, 412, 413, 417, 418, 422, 423, 425, 426, 432, 433, 436, 437, 443-445, 448-452, 455-457, 467, 589
ボスニア・ヘルツェゴヴィナ　274, 275, 283, 304, 318, 320-322, 325, 327, 328, 335, 396, 397, 417, 433, 436
ボスポラス　522
ボスポルス王国　222, 225
ポトカルパツカー・ルス　72, 154　→カールパートアイア、ザカルパッチャ、ルテニア
ポブレジュエ　604
ボヘミア　71-76, 78-85, 87-92, 94-103, 105, 107-109, 112-114, 116, 118-122, 123-133, 136, 137, 140, 142-145, 148-150, 152, 154-157, 229, 230, 232, 382, 541, 543, 548
ボヘミア＝モラヴィア保護領　72
ポボシェヴォ　518
ポホリェ　604
ポモジェ　7, 30, 34, 40, 62, 64
ボヤナ　533
ポリィツァ　287, 300
ポリンカ　582
ポルターヴァ　352
ホルモゴルイ　171
ボレスラフ　75
ボローニャ　275, 280, 587
ボン　532
ホント　548

マ

マウォポルスカ　17, 46, 637
マウトハウゼン　609
マカルスカ　311
マグデブルク　276, 277
マケドニア　69, 377, 396, 397, 401, 415, 426, 430, 433, 434, 438, 442, 444, 449, 454, 455, 457, 459-461, 467, 472, 473, 477, 479, 480, 485, 486, 489-493, 497-499, 502-505, 507, 509, 512, 513, 516-523, 528, 532, 534, 535, 593, 603, 625, 626, 644

地名国名索引

マゾフシェ　26, 27, 37, 47
マダラ　462, 513, 533
マラムレシュ　354, 360
マリツァ　399, 402, 412, 414, 446
マリボル　590, 594, 596, 604
マルセイユ　492
マルティン　139, 539, 550, 553, 556, 565, 571, 576, 582
マルマラ海　506
マロ・ポニンツェ　457
マロホント　547, 548, 552, 571

ミ

ミェフフ　6, 8
ミクロフ　120
ミケーネ　523
ミシュコルツ　395
南ドブロジャ　498　→南ドブルジャ
南ドブルジャ　340, 341　→南ドブルジャ
ミヤヴァ　576
ミュンヘン　61, 72, 308, 383, 388, 429, 430, 435, 443, 446, 454, 455, 470, 491, 496, 507, 509, 514, 535, 600, 608
ミレフスコ　74

ム

ムカーチェヴェ　264, 558
ムラーニ　552
ムンテニア　367

メ

メクレンブルク　236
メジムリェ　297, 299, 321
メス　586
メゼク　533
メセンヴリア　512, 535
メディア　132
メドヴェドグラド　285
メドヴェン　518
メルセブルク　233

モ

モエシア　367, 532, 535, 536
モスクワ　5, 7, 31, 33, 47, 61, 92, 114, 134, 141, 161, 162, 164, 165, 167-169, 172-175, 181-186, 188, 191, 193, 195-199, 201-205, 207, 209-223, 227-229, 231, 233, 234, 236, 237, 239-241, 246, 247, 268, 287, 324, 341, 368, 401, 419, 434, 470, 472, 480, 491, 492, 526, 537, 639, 648
モスタル　310, 328, 444
モドルシュ　292
モハーチ　249, 253, 254, 259, 261, 265, 276, 287, 402
モラヴァ（セルビア、ブルガリア）　499, 502, 518, 521, 548
モラヴァ（チェコ、スロヴァキア）　579
モラヴィア　7, 71, 72, 76, 80, 82-85, 87, 89, 91-93, 97-101, 105, 116, 119, 123, 125-129, 131-133, 141, 142, 149-155, 229, 359, 417, 466, 539, 542, 543, 547-550, 552, 556, 558, 559, 563, 569, 571, 574, 576, 577, 579, 585, 599, 620, 637
モルドヴァ　7, 339-350, 353-355, 357-359, 361, 364, 366-368, 375, 378-380, 383, 384, 465, 470, 616, 622
モレア　414, 420
モンゴル　161, 173, 174, 176, 185, 189, 211, 215, 245, 247, 275, 285, 341, 367, 381, 459, 579, 644, 646
モンテネグロ　280, 289, 295, 303, 308, 311, 395-397, 401, 403, 404, 406, 410-412, 416-418, 420, 425, 426, 429, 432, 433, 444, 448, 589, 634　→ツルナ・ゴーラ
モンペリエ　449

ヤ

ヤイツェ　305, 456, 457
ヤシ　354, 356, 360, 362-364, 366, 368, 371, 372, 377-379, 380, 385-387, 392
ヤブラナツ　312
ヤレビチナ　501
ヤンコフ　145

ユ

ユーゴスラヴィア　251, 274, 275, 283-287, 290, 293, 302, 303, 309, 314-316, 321-325, 327, 329-332, 334, 336, 397, 421-424, 430, 432-435, 438, 442, 444-446, 450-457, 461, 485, 517, 536, 560, 585, 590, 594, 595, 597-608, 610, 614, 615, 622-624, 644
ユーラシア　200, 246, 247, 646
ユダ　375
ユトレヒト　7

ヨ

ヨーロッパ　2, 6-8, 14, 15, 19, 22, 23, 25, 28, 35, 37, 38, 42, 50-54, 60, 61, 64, 67, 70, 76, 89, 90, 92, 95, 101, 103, 106-108, 110, 116, 120, 122, 127, 129, 131, 132, 134, 141, 146-148, 152, 154, 159, 162, 163, 169, 173, 177-179, 184, 186, 189, 190, 195, 200, 202, 204, 207, 211, 215, 219-221, 226, 230, 232-234, 238, 239, 243, 245-247, 249, 251, 253, 258, 260, 261, 269-271, 276, 277, 280, 289, 295, 301, 308, 314, 322, 327, 332, 339, 340, 343-346, 348, 354, 356, 358-361, 364, 370, 375, 379, 387, 389-393, 404, 410, 411, 414, 416, 419, 423, 427, 432, 442, 448, 450, 456, 460, 469, 472, 475, 479, 481-484, 488, 492, 499, 500, 506, 507, 509, 511, 515, 517, 520, 525, 527, 532, 535, 536, 550, 551, 564, 565, 573, 574, 579, 593, 598, 601, 605, 609, 614, 619-621, 628, 629, 632, 633, 635-639, 642, 644-648

ラ

ライデン　80
ライプツィヒ　39, 83, 179, 298, 328, 348, 380, 383, 387, 427, 429, 430, 440, 481, 489, 490, 494, 496, 515, 517, 518, 534, 535, 545, 564, 586
ライフラト　83, 98, 127, 128
ライン川　277, 375
ラヴァント　591, 594
ラウジッツ　130, 131, 154
ラグーザ　133, 273, 276, 278, 301, 309, 525, 589　→ドゥブロヴニク
ラコヴィツァ　329, 443
ラザリツァ　456
ラシュカ　395, 397, 398, 436, 437, 443　→ラスキア
ラスキア　395, 397　→ラシュカ
ラズグラード　476
ラテンアメリカ　120, 323
ラテン帝国　459
ラビン　276　→アルボーナ
ラブ　306
ランゴバルド　233, 234, 542, 603, 606

リ

リイェカ　156, 308　→フィウメ
リヴィウ　5, 16-20, 24, 28-36, 41, 43, 44, 46-48, 52-55, 61, 65, 69, 332, 343, 351
リヴォニア　65, 165, 175, 243

リヴノ　322, 456
リエージュ　73, 533
リカ=クルパヴァ　279, 299
リトアニア　1, 7, 9, 12, 14, 15, 17, 25, 35, 42, 44, 47, 54, 55, 59-61, 63-66, 68, 167, 175, 182, 192, 193, 199, 202, 206, 209, 217, 465, 618, 619, 639
リトミシュル　79, 114
リトムニェジツェ　90, 127
リパニ　76, 138, 145, 157
リプトウ　552, 575, 576, 581, 582
リプトウスキー・スヴェティー・ミクラーシ　539
リブニク　456
リャザン　192, 203, 218
リューベック　80, 586
リュツェン　145
リュネヴィル　353
リュブリャナ　277, 327, 426, 433, 446, 447, 450, 451, 586-588, 590, 592-594, 596-598, 600, 602-604, 606-610
リヨン　517
リラ　463, 464, 478, 479, 486, 487, 494, 515, 533

ル

ルーヴェン　247, 299
ルーマニア　54, 130, 135, 156, 254, 271, 310, 339-393, 411, 416, 423, 431, 434, 442, 449, 452, 453, 459, 461, 473, 477, 483, 485, 491, 498, 510, 514, 519, 521, 568, 589, 616, 622, 623, 625, 627, 629, 631, 634, 636, 638-640, 642-647
ルジョムベロク　560
ルシン　35, 72, 264, 271, 558
ルセンスキ・ロム川　495
ルテニア　72　→カールパートアイア、ザカルパッチャ、ポトカルパツカー・ルス
ルドゴリエ　493　→デリオルマン
ルブリン　1, 7, 54, 63

レ

レヴーツァ　551, 553, 558, 560
レヴォチャ　541, 542
レオーベン　335
レスコヴォ　476
レフオトカ　557　→ジャルマト

ロ

ロヴィネ　449, 453

ロヴェチ　530
ロウドニツェ　138
ローザンヌ　428, 485
ローマ　5-7, 33, 35, 45, 49, 57, 61, 69-71, 74, 91, 92, 94, 100, 102, 109, 111, 112, 116, 123-125, 128, 132, 134, 136, 142, 143, 148, 151, 152, 154-156, 164, 166, 177, 200, 216, 221, 222, 224-226, 230-235, 240, 247, 249, 251, 256, 261, 265, 275-277, 279-281, 287, 288, 293, 295, 299, 301, 302, 304-307, 310-312, 314, 325, 326, 329, 333, 334, 339, 340, 343-345, 347-353, 356, 358, 359, 361-363, 365-367, 371, 373, 374, 376-379, 382, 384, 385, 393, 395, 399, 413, 430, 435, 449, 456, 457, 459, 466, 486, 493-496, 510, 512, 523, 527, 532-535, 560, 562, 578, 582, 586, 592, 594, 596, 599, 601, 602, 607, 615, 619, 620, 623, 629, 634, 643, 644, 638, 642
ローマ帝国　35, 71, 111, 125, 132, 166, 224, 226, 295, 302, 314, 339, 435, 512, 535, 582, 620, 634, 642
ロガテツ　607
ロクリス　222
ロシア　2, 5-7, 12, 13, 15, 16, 18, 19, 25-29, 31, 33, 34, 36-38, 40, 42, 43, 51-53, 57, 60, 61, 64, 65, 80, 89, 92, 97, 107, 109, 115, 130, 131, 134, 135, 143-147, 161-248, 250, 258, 264, 266, 287, 288, 295, 300, 312, 317, 324, 327, 328, 335, 336, 339-341, 344, 346-349, 358, 363-365, 368, 369, 382-384, 386, 396, 400-404, 406, 409, 411, 416-422, 424, 425, 428, 434-437, 439, 441, 442, 445, 450, 452-456, 459-461, 468-472, 474, 478-483, 485, 487, 489, 492, 494, 496, 498, 499, 503, 504, 507, 510-512, 516, 517, 519, 520, 522, 525, 528, 529, 536, 537, 539, 550, 551, 555, 556, 558, 559, 564, 571, 576, 585, 589, 599, 602, 609, 613-620, 622, 625-649
ロストフ　454
ロドピ山脈　506, 522
ロドメリア　18, 258　→ヴォルィニ
ロマン　342
ロム　530
ロレーヌ　60, 140
ロンドン　200, 203, 209, 225, 244, 317, 322, 323, 397, 418, 419, 425, 429, 461, 481, 492, 506, 515, 532, 608

ワ

ワシントン　247
ワラキア　339-345, 347-359, 361, 363, 364, 367, 368, 370, 375, 376, 378-380, 386, 400, 622
ワルシャワ　2, 11-13, 16, 20, 21, 25-28, 31-33, 36-41, 43-45, 47-49, 52, 54, 55, 58, 59, 61, 63, 67, 134, 181, 193, 234, 235, 241, 242, 332, 352, 454, 524

訳者および担当箇所

家田修 .... はじめに、4章、12章
　　北海道大学スラブ研究センター教授
飯尾唯紀 .... 1章、4章
　　城西大学現代政策学部准教授
平田武 .... 2章、4章
　　東北大学大学院法学研究科教授
三苫民雄 .... 3章、4章
　　愛知産業大学短期大学通信教育部
　　国際コミュニケーション学科教授
鈴木広和 .... 4章、5章
　　大阪大学大学院人間科学研究科准教授
秋山晋吾 .... 4章、6章
　　一橋大学大学院社会学研究科准教授
渡邊昭子 .... 4章、7章
　　大阪教育大学教育学部教養学科准教授
戸谷浩 .... 4章、8章
　　明治学院大学国際学部教授
山本明代 .... 4章、9章
　　名古屋市立大学大学院人間文化研究科教授
姉川雄大 .... 4章、10章
　　千葉大学アカデミック・リンク・センター特任助教
吉橋弘行 11章

総覧　東欧ロシア史学史
2013年8月25日　第1刷発行

　著　者　　ニーデルハウゼル・エミル
　訳　者　　家田修・飯尾唯紀・平田武・三苫民雄
　　　　　　鈴木広和・秋山晋吾・渡邊昭子・戸谷浩
　　　　　　山本明代・姉川雄大・吉橋弘行
　発行者　　櫻井義秀
　発行所　　北海道大学出版会
　　　　　　札幌市北区北9条西8丁目
　　　　　　北海道大学構内（〒060-0809）
　　　　　　Tel. 011 (747) 2308・Fax. 011 (736) 8605
　　　　　　http://www.hup.gr.jp

印刷・製本　株式会社 正文舎
Ⓒ 2013　東欧ロシア史学史研究会
ISBN978-4-8329-6764-9